漢譯傳記

帕斯捷尔纳克传

上

[俄罗斯] 德·贝科夫 著 王嘎 译

人 民 文 学 出 版 社

著作权合同登记号　图字 01-2016-6303

图书在版编目(CIP)数据

帕斯捷尔纳克传:全2册/(俄罗斯)贝科夫著;王嘎译.—北京:人民文学出版社,2016
(汉译传记丛书)
ISBN 978-7-02-011575-4

Ⅰ.①帕… Ⅱ.①贝…②王… Ⅲ.①帕斯捷尔纳克(1890～1960)—传记 Ⅳ.①K835.125.6

中国版本图书馆 CIP 数据核字(2016)第075240号

责任编辑　张福生
装帧设计　柳　泉
责任印制　苏文强

出版发行　人民文学出版社
社　　址　北京市朝内大街166号
邮政编码　100705
网　　址　http://www.rw-cn.com

印　　刷　三河市华成印务有限公司
经　　销　全国新华书店等

字　　数　974千字
开　　本　680毫米×960毫米　1/16
印　　张　64.5　插页20
印　　数　6001—10000
版　　次　2016年8月北京第1版
印　　次　2017年3月第2次印刷

书　　号　978-7-02-011575-4
定　　价　88.00元(上、下册)

帕斯捷尔纳克

帕斯捷尔纳克的父亲列·奥·帕斯捷尔纳克与妻子罗·伊茜多洛夫娜　1890 年摄于敖德萨

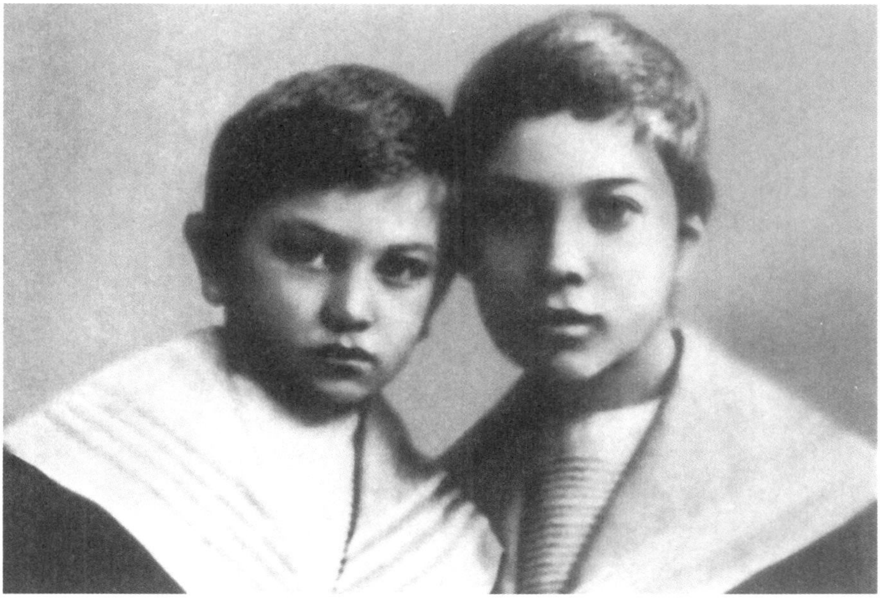

帕斯捷尔纳克与弟弟亚历山大 1898 年

站立者（从左到右）：帕斯捷尔纳克的姑妈安·奥·弗莱登伯格、帕斯捷尔纳克和表妹奥·弗莱登伯格；坐者为：帕·达·艾丁格尔、列·奥西波维奇和女儿若尼娅及儿子亚历山大 1903 年夏摄于奥勃连斯克

帕斯捷尔纳克　1907 年摄于莱基村

著名作曲家亚·尼·斯克里亚宾肖像素描　列·奥·帕斯捷尔纳克作于1909年

斯克里亚宾在阿法纳西耶夫巷的住所

亚·施蒂赫，帕斯捷尔纳克青少年时代的好友，叶·维诺格拉德的表兄，1910 年前后

诗人谢·勃布罗夫　1910 年前后

奥·弗莱登伯格　1910 年前后

帕斯捷尔纳克当年在马堡住过的小楼　本书作者拍摄

马堡的城堡景观　本书作者拍摄

帕斯捷尔纳克的父亲列·奥·帕斯捷尔纳克　20世纪20年代

帕斯捷尔纳克的父母及两个妹妹移居国外时的合影　20世纪20年代

帕斯捷尔纳克与妻子叶·弗拉基米洛夫娜及儿子热尼亚　莫·纳别里鲍乌姆摄于1924年

玛丽娜·茨维塔耶娃与女儿阿利娅（阿利娅德娜） 1924 年摄于捷克

帕斯捷尔纳克与弗·马雅可夫斯基 1924 年

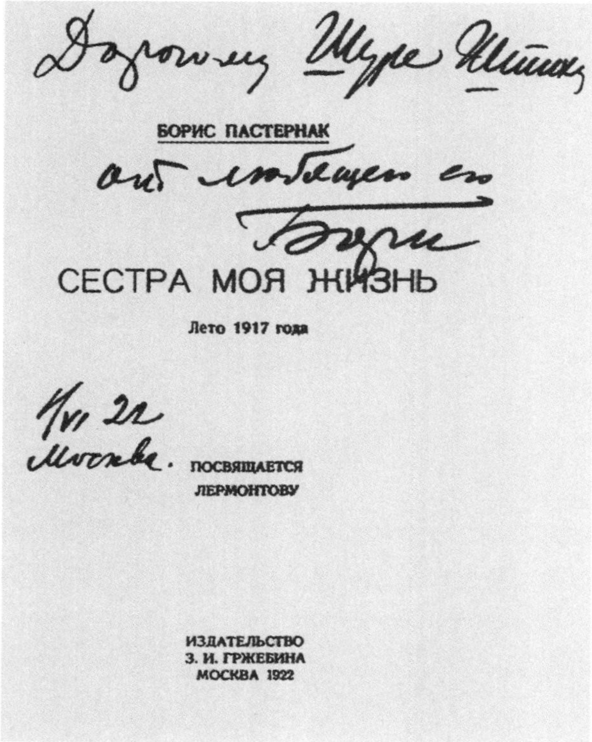

Дорогому Шуре Штиху

БОРИС ПАСТЕРНАК

от любящего его

Бори

СЕСТРА МОЯ ЖИЗНЬ

Лето 1917 года

1/VI 22

Москва.

ПОСВЯЩАЕТСЯ

ЛЕРМОНТОВУ

ИЗДАТЕЛЬСТВО

З. И. ГРЖЕБИНА

МОСКВА 1922

诗集《生活，我的姐妹》扉页，带有赠给亚·施蒂赫的题词

阿·马·高尔基　20世纪20年代

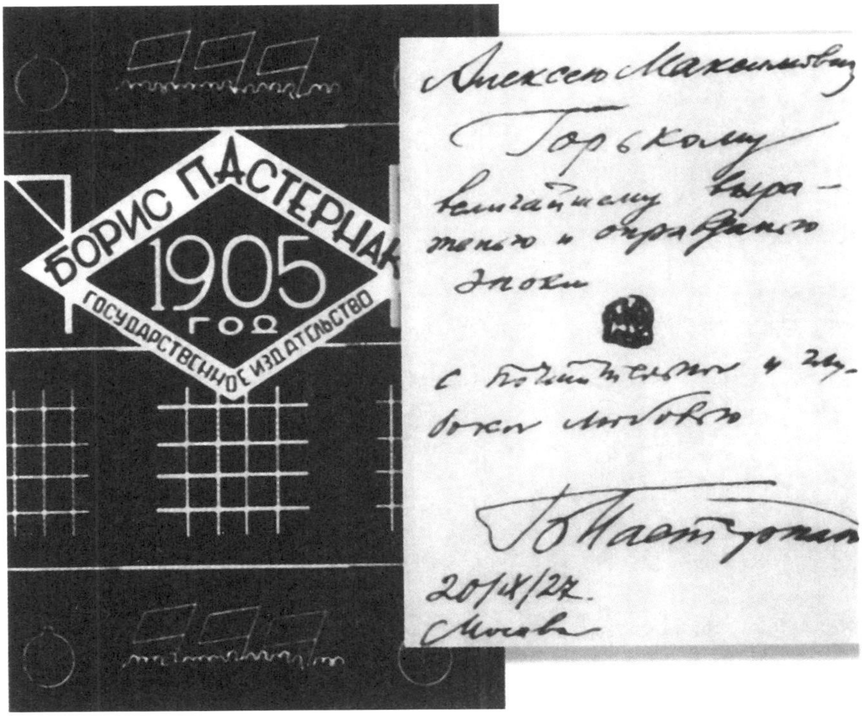

叙事长诗《一九〇五年》及赠给阿·马·高尔基的题词

诗人弗·希尔洛夫　20世纪20年代

弗·希尔洛夫的妻子奥·希尔洛娃（彼得洛夫斯卡娅）　20世纪20年代

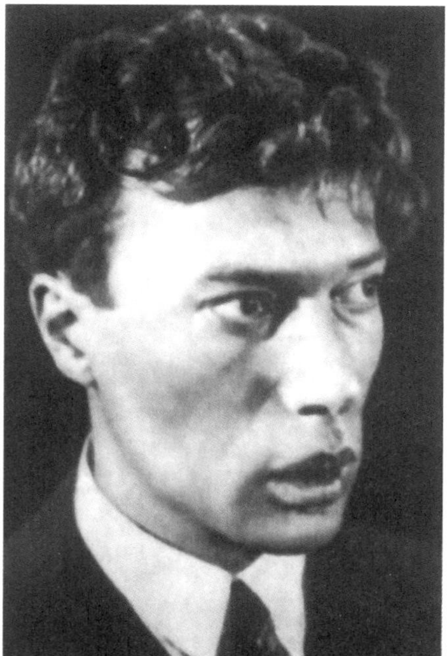

帕斯捷尔纳克在马雅可夫斯基灵柩旁　1930年4月

帕斯捷尔纳克与科·楚科夫斯基在共青团第十次代表会议上 1932 年

格鲁吉亚诗人纪·塔毕泽夫妇及女儿

奥·曼德尔施塔姆　莫·纳别里鲍乌姆摄于1931年

斯大林与少先队员在一起
20世纪30年代

著名钢琴家亨·涅加乌斯与父母及妻子济·尼古拉耶夫娜（后来与丈夫离异，成为帕斯捷尔纳克的第二任妻子）

帕斯捷尔纳克在第一次苏联作家代表大会主席团席位上就坐　1934 年 8 月

帕斯捷尔纳克与安·马尔罗及弗·梅耶荷德合影　1936 年 3 月 5 日

帕斯捷尔纳克　安·莱萨摄于 1956 年

“所有头绪都被解开，一切事物都被命名，简单、明朗、伤感。”安·莱萨摄于1956年

帕斯捷尔纳克与尼·阿谢耶夫及伊·谢尔文斯基合影　1943年摄于契斯托波尔

别列捷尔金诺别墅　M. 布尔拉克摄

帕斯捷尔纳克在别列捷尔金诺别墅的书房

帕斯捷尔纳克与妻子济娜伊达·尼古拉耶夫娜及儿子廖尼亚合影　摄于别列捷尔金诺

帕斯捷尔纳克与尼娜·塔毕泽及廖尼亚在别墅露台上　C. 涅加乌斯摄于1947年

帕斯捷尔纳克在作家俱乐部举办的联合创作晚会上与安娜·阿赫玛托娃合影　1946年4月2日

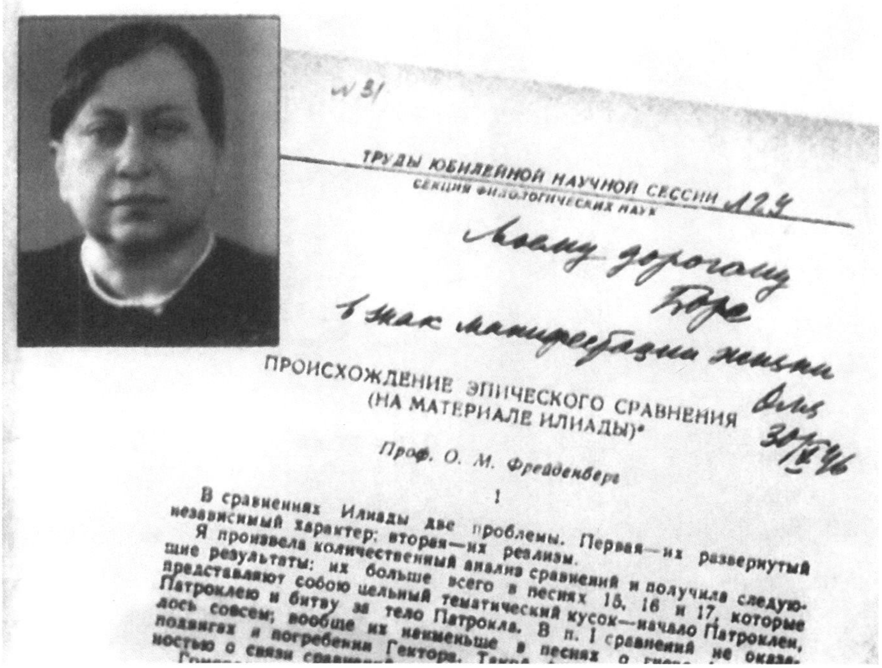

奥·米·弗莱登伯格的照片与论文，带有赠给帕斯捷尔纳克的题词

位于拉夫鲁申巷的作家之家，帕斯捷尔纳克曾在此居住　M. 巴尔茨维尼克摄

帕斯捷尔纳克与亨·涅加乌斯在别列捷尔金诺

莫斯科艺术剧院演员鲍·利万诺夫

帕斯捷尔纳克在别列捷尔金诺　1953 年

“你平素娇俏，寡言少语……”帕斯捷尔纳克的情人奥·伊文斯卡娅　1958 年

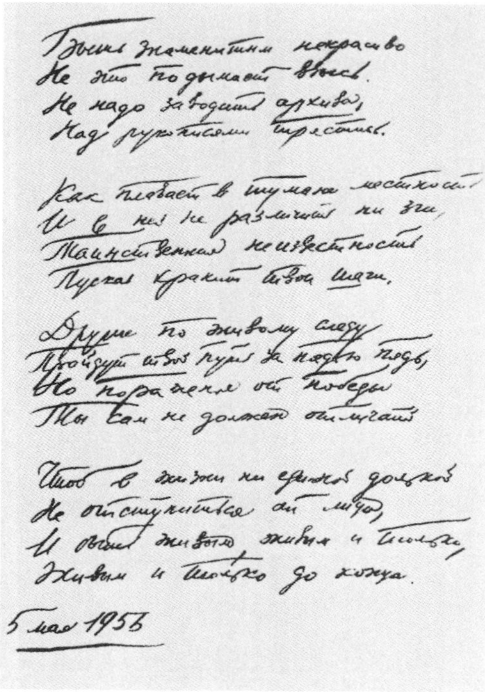
Быть знаменитым некрасиво
Не это подымает ввысь.
Не надо заводить архива,
Над рукописями трястись.

Как пропадает в тумане местность,
И в ней не различишь ни зги,
Таинственная неизвестность
Пускай скрывает твои шаги.

Другие по живому следу
Пройдут твой путь за пядью пядь,
Но поражения от победы
Ты сам не должен отличать.

Чтоб в жизни ни единой дольки
Не отступиться от лица,
И быть живым, живым и только,
Живым и только до конца.

5 мая 1956

《人有名气不见得光彩》手稿

楚科夫斯基夫妇祝贺帕斯捷尔纳克荣获诺贝尔文学奖　1958年10月24日

通往“小别墅”的路

伊文斯卡娅在别列捷尔金诺租住的房屋（被帕斯捷尔纳克和她戏称为“小别墅”）

帕斯捷尔纳克在别列捷尔金诺别墅的书房里回复信件　1958 年

帕斯捷尔纳克与奥·伊文斯卡娅

帕斯捷尔纳克与奥·伊文斯卡娅的女儿伊·叶梅里扬诺娃合影　1959年

帕斯捷尔纳克生前最后一张照片　196C 年 2 月

别列捷尔金诺主显圣容教堂　M. 布尔拉克摄

“万籁俱寂之时，我登上舞台，
轻轻倚靠在门边。
回声自远处传来，
我从中捕捉此世的安排。” 安·莱萨摄于1956年

序

本书的责编张福生编审和译者王嘎不约而同地期望笔者能为他们多年心血的结晶写个序，但当我面对这部由俄罗斯著名诗人德米特里·贝科夫撰写的厚重专著时，竟忐忑不安起来。不错，笔者有缘接触过鲍里斯·帕斯捷尔纳克，特别是他的诗，也曾为"集艺术的高度、思想的深度和翻译的难度于一体"的《帕斯捷尔纳克诗全集》写过前言，但那只是从冲破语言障碍的角度引导读者去"循着独特的艺术逻辑解读帕诗"。如今摆在我面前的却是一位俄罗斯当代诗人洞悉一位前辈诗人的心路历程而得的精深感悟，我只是长年沾"与高人为伍"的光对帕诗的难与美略有所感而已，自知不够为如此高端的诗歌论著写序的分量。在我很不自信的关头，福生编审却鼓励我说，这是论俄文诗的专著，也是论俄文诗的译著，期望我凭多年译帕诗的经验能为本书把一把关，王嘎还特地为我提供了一份由他精心翻译的珍贵资料，即俄裔旅美文学评论家伊琳娜·柴科夫斯卡娅对《帕斯捷尔纳克传》的书评《善与光的产儿》（刊载于俄罗斯《海鸥》杂志2006年12月第24期）供我参考，并且给我提供了一个信息：《帕斯捷尔纳克诗全集》前言在我国诗歌界受到普遍好评，被认为是国内学界对帕诗本体的重要研究成果，并建议我适当予以引用以飨我国读者。

笔者拟从借鉴先行者，即伊琳娜·柴科夫斯卡娅的视角切入，先梳理一下她对本书的总的评价、对作者研究方法的剖析、对书中独特闪光点的捕捉以及她所看到的不足之处或瑕疵。诚然，伊琳娜·柴科夫斯卡娅凭着她精通作为母语的俄语、俄罗斯文化和历史等学术优势和在本论题上的厚积薄发，值得作为外国研究者的笔者借鉴之处肯定很多；但是，在学术领域里，仁者见仁，智者见智的现象还是屡见不鲜的。何况诗无国界，对于帕氏这样一位具有世界影响的大诗人，各国学者的研究无疑是相得益彰的。“纵观帕斯捷尔纳克诗歌创作的漫长道路，他以艺术家多维触觉的敏感、普通人的真诚和哲人的深邃毕生遵循着三条艺术逻辑：瞬间中的永恒、变形中的真实和繁复中的单纯。这也就是帕诗的纯诗意境、帕诗的意象结构和帕诗的风格特征，它们共同组成了帕氏与众不同的诗美体系。在这个诗美体系中，瞬间中的永恒是主体，变形中的真实和繁复中的单纯是两翼，两翼是主体衍生出来又为补充主体而不断完善的。……在号称‘抒情史诗’的长篇小说《日瓦戈医生》中，如果没有作者对近半个世纪的俄罗斯社会各层面艺术信息海绵般的繁复汲取，怎么可能出现日瓦戈坎坷人生诗情的清泉般的单纯喷涌呢？……帕斯捷尔纳克的诗是新的和美的，但不是一目了然的。帕斯捷尔纳克的诗是深邃隐晦的，但不是无法解读的。帕斯捷尔纳克的诗美需要通过恰当的解读步骤不断加以发现。所谓恰当的解读步骤，既包括认知诗人的时代背景和生活经历，更包括诗人与众不同的形象思维模式，即艺术逻辑。他的诗是思想的诗，更是艺术的诗，是用艺术阐述深刻思想的诗。他的诗是冷峻的诗，更是炽热的诗，他在对世界的各个瞬间感受中不断倾吐对大自然、人类和宇宙的永恒的挚爱。”（参见顾蕴璞：《帕斯捷尔纳克诗全集》前言，上海译文出版社 2014 年版）。

伊琳娜·柴科夫斯卡娅在书评一开头先说：“德米特里·贝科夫是一位著名的诗人，他的文字我以前读过……为了完成这部 881 页的厚重著作，根据标记的日期判断，贝科夫起码耗用了八个月的写作时间，而且据一档电视节目介绍，他把所有材料都放在书中。毋庸置疑，这一鸿篇巨制的主人公——鲍里斯·列昂尼德维奇·帕斯捷尔纳克——值得作者将大好时光消耗在书桌前，正如他在俄罗斯历史衬托之下所呈现的人生起伏和作家的命运，值得人们进行严肃而不失时代感的探讨。”在末尾又说：“在有关帕斯捷尔纳克的作品中，德米特里·贝科夫的书将会占据应有的位置。这是一本智慧的、材料丰富的、具有现代感的书。还可以说是一本诗人写的书，其中充满新奇和深邃的隐喻……当古典艺术遇到基督，它便复活了——于是人们称之为‘文艺复兴’。”

接着，她还说，贝科夫的作品……具有长篇小说与艺术研究相结合的自由文体……从序言到尾声，日期都不连贯——贯穿始终的只有时间的断面。序言截取了1890年1月29日《莫斯科消息报》和1960年5月30日《真理报》上刊登的几则报道。一打开书，读者会惊异于这两个时代的如此不同，如此生疏，甚至相互敌对，而作品的主人公居然就生活在它们的疆界之内。尾声则以“死后的生命”为标题，详尽列举了帕斯捷尔纳克去世之后著作出版的日期、亲友去世的日期、电影开拍及剧作上演的日期、博物馆揭幕的日期等等。主人公的生命，从这些慧眼卓识所发现的时代界线当中倏忽而过。“这究竟是怎样的一生，在贝科夫看来？这个人活着，不顾世道沧桑和它的可怕诱惑，不顾时常出现在周围的难以承受的重压——诗中向往着节日与光明。他善于发现它们，更重要的是，他善于将它们带给身边的人——不仅通过诗歌和散文，而且还借助于自身在世界的存在。没有田园诗。贝科夫充分展示着诗人的‘苦难历程’，从青年时期的彷徨失措到当局构陷和他身陷其中的绝境，接踵而来的是因肺癌猝然发作而过早降临的死亡。然而，当你在记述中听到帕斯捷尔纳克阅读自己翻译的剧作时发出的笑声，当你读到那位利季娅·楚科夫斯卡娅对他的回忆——你就会明白，强加于他生命尽头的悲剧角色并非适合于他，也并非出自他的某一剧目……”

伊琳娜·楚科夫斯卡娅在德米特里·贝科夫所著《帕斯捷尔纳克传》中捕捉到的第一个独特闪光点就是她在自己的书评一开头引用的那句话：“我快乐”——这是鲍里斯·帕斯捷尔纳克留给世界的最后一句话。另一个独特闪光点便是完全赞同书中对帕斯捷尔纳克在道路选择问题上的剖析。她写道：“众所周知，当初帕斯捷尔纳克很久未能确定自己的‘职业’。他在音乐中，在哲学中寻找着人生之路，并且在这两个领域里均有所成就：他的音乐作品吸引了斯克里亚宾，哲学作品——则吸引了赫尔曼·柯亨。贝科夫绕开帕斯捷尔纳克本人在《安全保护证》中提到的浅显解释，认为他徘徊不定的是不愿停留在太过轻易掌握的技能上，而诗歌则需要重新聚集和分配精力，需要对世界全新的定位和洞察。”笔者认为，伊琳娜·楚科夫斯卡娅在《帕斯捷尔纳克传》中所捕捉到的这第二个闪光点恰恰彰显了她的高度智慧。黑格尔认为，诗是介于绘画和音乐之间，兼有二者优势并在更高的阶段上统一的艺术。天才诗人正是凭他多栖艺术和哲学的资质、学养和气度，超越了印象主义的局限而形成独特的诗美世界（他自称为“永恒的印象主义”）的。

令我毫无保留并欣然接受的——是贝科夫对诗的分析，伊琳娜捕捉到的帕斯捷尔纳克第三个独特闪光点也就在于此。通过密集的引诗与评析，帕氏艺术发展和诗学特征的脉络尽显无遗。

最后我们不妨也看看伊琳娜·楚科夫斯卡娅对于作者贝科夫的论述的美中不足，她是否也言之有理。她说：“我很想称贝科夫的书为总结性之作——因为所有的一切全都单独如此之多地汇集在这里：极其详尽的生平描述（详细探究帕斯捷尔纳克的生命“周期”，并通过严整的思想联为一体）、对作品的大量解读、摘引和转述，对时代特征和力量分配格局的解析，映衬出帕斯捷尔纳克同时代人和诗友们的群像。如此之多，甚至略显过量——我反倒希望有更多的‘留白’。按照我的口味，在一本论及帕斯捷尔纳克的书中，甚至完全不必详细转述《斯佩克托尔斯基》的内容，更不必详细转述话剧《盲美人》了。涉及这部剧作的冗长拖沓的二十页出现在最末尾，损害了书的结构。我还要说：在那些影响过帕斯捷尔纳克命运的人物中，就重要性而言，我看不值得以大篇幅来描写诸如奥丽嘉·弗莱登伯格等人的生活。不过，我重申：贝科夫这样做，正如读者所见，是希望把所有间隙都填满，并且试图创建某种关于帕斯捷尔纳克的材料大全。不用说，材料确实十分充足，而关键在于一切材料的总结与归纳。”

笔者认为，她言之确实有理。她在这里说了两层意思。第一层面是她确认作者对帕氏的生平描述、作品解读和转述虽堪称总结性之作，但显得过量而缺少“留白”，特别是某些不必要的转述甚至还损害了书的结构。第二个层面是她虽肯定作者的初衷是试图创建关于帕氏的资料大全，但未见应有的总结与归纳。

下面，笔者在“它山之石，可以攻玉”的启迪下，拟亲自把从通读王嘎译贝科夫著《帕斯捷尔纳克传》的浏览中我最感震撼的章节摘录出来略加点评，以便读者能加深对作者贝科夫专著的领悟，并能更加深入到帕斯捷尔纳克的心灵世界中去。

首先吸引我眼球的是作者在第一章中极其精练而画龙点睛式地把一般读者心目中既熟悉又陌生、既单纯又复杂、既清晰又朦胧的天才诗人身上的融迥异的性格、气质、艺术风格、宗教氛围于一体的六个特征概括得入木三分：

1. 古典传统的延续者与现代主义者；

2. 著名苏联诗人与叛逆的非苏联诗人；

3. 知识分子，平民思想者，近乎旧贵族阶层的唯美主义者，同时也是来自农民阶层的良师益友；

4. 精英人士与不被官方认可的大众人士；

5. 犹太人——同时也是俄罗斯文学的继承者，言谈中对其犹太属性表示不喜爱与不认同的基督教作家；

6. 哲学家，音乐家 ，文人——植根于日常生活，躬耕田园并且像真正的农民一样生火炉取暖的普通人。

作者贝科夫不愧为一个悟性颇高的诗人，他用帕斯捷尔纳克身上既有艺术性和哲理性的重合，又有永恒性和时代性的交织的复杂现状作为坐标，来深入剖析生逢极为复杂的20世纪的这位诗人的个性特征，他除了阐释帕氏为何早期在音乐和哲学中寻找人生之路外，还在第二十三章中对帕斯捷尔纳克的革命观作了独出心裁的阐释。他写道："在帕斯捷尔纳克的世界观中，怜悯作为一种主要的情感，在很大程度上填补了他的情欲观念。这种女性观也投射在革命方面，准确地说，是投射于现实：按照帕斯捷尔纳克的诗学，现代性之于历史，犹如少女之于妇女。'现实好比私生女，衣衫不整地逃离了明天，相对于合法的历史，它就是彻头彻尾的非法产儿，是没有嫁妆的姑娘'，在他眼里，革命是对于强暴的复仇，而与济娜伊达·尼古拉耶夫娜之间的新生活，也成为一个类似的隐喻。这一命题极为鲜明地从《冰之春时》一诗中显现出来……对帕斯捷尔纳克来说，'革命'（революция）与羡慕、忌妒（ревность）不仅是谐音词，而且在具体语境下还是同义词。另一个关键的词语'嫉恨'（зависть）也由此显现，它包括着对革命的详尽解释，并且取代了先前所探寻的语义结构。"

作者除准确把握帕斯捷尔纳克不同凡响的六个诗人个性特征外，还捕捉到他在垂暮之年对往昔的逆反表现。他认为本书第四十一章是具有里程碑意义的帕氏一生中又一个新的时期，它的特点是诗人对时代、朋友和妻子说够了那著名的"是—是—是"之后，突然冒出尖锐的"不"的时期，很像托尔斯泰在晚年谈起文学时难掩鄙薄和愤懑，甚至认为文学家应当尽量少一点，帕斯捷尔纳克在生命的尽头，越来越恨当局，厌恨对手和追随者们的愚蠢，厌恨妻子……像托尔斯泰一样，帕斯捷尔纳克也从家庭的宾朋中挑选几位最忠实者，将他们聚拢在身旁；他对他们温和、亲切、坦诚，对其他人则很苛刻，近乎残暴。晚年的托尔斯泰能把任何话题都转换为必须爱所有人，在最后的岁月里，帕斯捷尔纳克也总是把所有言谈转向他的长篇小说以及小说中所表达的非正统基督教哲学。对于自己的早期经验，晚年的帕斯捷尔纳克和托尔斯泰均表示不满。他们的外在现实也彼此相近：老年的帕斯捷尔纳克和托尔斯泰均成为国外崇拜的对象，几乎被视为圣经意义上的人物，而国内对待他们的态度则错综复杂，间或是挖苦加讽刺，难以一概而论。诺贝尔奖准备授予托尔斯泰，他提前拒绝了；帕斯捷尔纳克也被授予该奖项，他同样拒绝接受，虽说是出于压力。帕斯捷尔纳克被苏联作协开除，托尔斯泰则被革除教籍，尽管这两个事件本质上不可相提并论。

晚年的帕斯捷尔纳克和托尔斯泰一样，在一贯心地善良的背景下表现出不近人情的宽容，当他的表妹奥丽嘉·弗莱登伯格——他永远的对话者去世后，他却连她的丧礼都不想参加；为了"创造性的工作"，贝科夫试图为他提出三种并非互相冲突，而是彼此互补的解释：

1. 按照帕斯捷尔纳克的基督教世界观，重要的不是安慰什么人，不是说些真诚或虚伪的话语，这类安慰有损双方的自尊，因为它们以假话为前提，尽管目的是救助，在语言中延续一切消逝事物的存在，才是诗人和艺术家的存在。

2. 帕斯捷尔纳克不认为死是值得关心的事情。他认为自己的世界里排除了死，并非出于惧怕，而是因为死被他视若世界存在的结束，仅此而已。福音书中对此也有令人惊颤的断语："又有一个门徒对耶稣说：'主啊，容我先回去埋葬我的父亲！'耶稣说：'任凭死人埋葬他们的死人去吧！'"（《马太福音》第八章第21节）。对于帕斯捷尔纳克而言，艺术是基督教徒献身的主要形式，是唯一生动的事业。

3. 帕斯捷尔纳克当初未去探望流放中的曼德尔施塔姆，是因为不想跟一个陷入困境的人争执，也可能是不想摆出一副健康完美的形象，让身遭病痛与恐惧的人感到难堪。

从以上贝科夫对帕斯捷尔纳克的生死、祸福观的阐释，我国读者特别易于感悟帕氏最后所达到的这一超凡脱俗的境界，因为我国明代洪应明的名著《菜根谭》(下)“九九、祸福生死，须有卓见”比帕斯捷尔纳克早四五百年就已道出他所感悟的普世奥秘：“幸福而先知其为祸之本，贪生而先知其为死之因，其卓见乎。”

从以上贝科夫直接论及或通过伊琳娜·楚科夫斯卡娅的中介而间接论及帕斯捷尔纳克所惯用的隐喻来看，都未曾从理论上加以升华。帕斯捷尔纳克本人却说过：“人不能永生，但却构想出永远的巨大使命，其自然的后果就是譬喻。由于两者不相符合，人看待事物必须像鹰一样敏锐。从瞬间易得的彻悟来表达思想。这就是诗歌……”(见阿格诺索夫主编《20世纪俄罗斯文学史》，中国人民大学出版社2001年版)这一现象已由另一位诺贝尔文学奖得主布罗茨基升华成很前卫的理论阐释：“人首先是一种美学的动物，其次才是伦理的生物。因此，艺术，其中包括文学，并非人类发展的副产品，恰恰相反，人类才是艺术的副产品。如果说，有什么东西使我们有别于动物王国的其他代表，那就是语言，也就是文学。”(摘自布罗茨基散文集《悲伤与理智》，上海译文出版社2015年版)可见，帕斯捷尔纳克的终极定位，无疑可视为用艺术改变人类命运的世界文化巨匠之一。

如果说，我原先对本书的作者德米特里·贝科夫知之甚少，那么，我对本书的译者则是知根知底，远在拜读他这部译著之前就和他有多年交往了。1995年他从新疆考入北大，师从杰出的翻译家臧仲伦教授攻读文学翻译硕士学位，2000—2004年又由臧先生举荐在国际关系学院著名教授黄宗良名下攻读博士学位，实现了他使用语言的工具广采博收生活和思维的知识、悟性和灵感的志趣。令人称道的是他虽有较厚的中俄两国文化底蕴和较强的工作能力，仍长期在轻俗念重实学的险途上锤炼自己的独立思考、自主研究的学风，他胸怀一种抢救人性光辉的使命感，当得悉德米特里·贝科夫的巨著《帕斯捷尔纳克传》后，立即试译一部分向人文社张福生编审自荐，深深感动了张编审，破例启用他翻译此书。

在当下因急功近利而浮躁病流行的我国学界，王嘎这样矢志于真知追求的学者给我们译界吹进了一缕春风：1. 他译得十分精进，一定要等对原文吃透，表达恰当才肯罢休，决不草草地追求形式上的完成进度，因此他的译文不但准确、细致、晓畅，而且发挥了汉语的优势，总能译得出彩。2. 出于对作者和我国读者高度负责的态度，写了十分详尽的译注，不但搭建了沟通作者与我国读者的心桥，而且也纠正了作者的某些谬误。张福生编审特别珍爱译者的这份创造性劳动，像看待原著照片一样全部把它保留了下来，这对我国读者而言无疑是个福音。3. 在自己没有亲自翻译之前，决不先参看别人的现成成果，这是值得肯定的优良学风。但等他把所引帕氏诗译好后再去参考别人怎么译时几乎已留不下余地了。因此，虽然我从总体上对本书译者的学养、学风和创新锐气的评价是发自内心和斩钉截铁的，但假如没有这点福生编审和笔者均不愿看到的美中不足，王嘎的作用定会发挥得更加充分，因为如果遵循"以格律诗译格律诗，以自由诗（体）译自由诗（体）"的我国译诗界的基本共识来翻译本书所有引诗，译者必将原创性地揭示帕诗所固有的全部音乐元素和音乐精神。

是为序。

顾 蕴 璞

2016 年 3 月 6 日于北大承泽园寓所

目　　录

第 二 部

七月　诱惑

第 三 部

八月　变容

如果不是圣彼得堡诗人、评论家、艺术理论家列夫·莫恰洛夫鼎力相助，本书就不可能写成。关于《生活，我的姐妹》《崇高的疾病》和《斯佩克托尔斯基》的几个篇章系由我们共同撰写。

因为工作中得到的帮助，笔者感谢亚历山大·若尔科夫斯基、亚历山大·库什纳、列夫·洛谢夫、娜塔利娅·特劳伯格、尼基塔·叶利谢耶夫、奥丽嘉·季莫菲耶娃、亚历山大·亚历山德罗夫、奥丽嘉·日津斯卡娅、马克西姆·布尔拉克、玛丽娅·洛扎诺娃、伊琳娜·卢基扬诺娃、娜塔利娅·贝科娃。

献给玛丽娅·瓦西里耶夫娜·洛扎诺娃[1]

① 玛丽娅·瓦西里耶夫娜·洛扎诺娃(1929—),俄裔法籍文学家,出版家,苏联时期著名持不同政见者安德烈·西尼亚夫斯基的妻子,1973 年与丈夫一道离开苏联,定居法国。1978 年夫妇协力创办了《句法学:政论、批评、论战》杂志,主要撰稿人也是他们两人,该杂志直到 2001 年才停办,在欧洲俄侨界产生了广泛影响。

序　幕

请您想象一部叙说一个人生命中两天光阴的电影：他出生的一天，以及——他死去的一天。从开场来看，故事似乎应当按照确知的方向展开，但正如结局所呈示，它转向另一条完全不同的路，跟预定相去甚远。甚至地理位置也很偏远。

请想象一部电影，其中有早晨与黄昏，却没有时间绵延于晨昏之间的紧张感。

米开朗基罗·安东尼奥尼：《早晨与黄昏》①

俄罗斯诗人鲍里斯·列昂尼德维奇·帕斯捷尔纳克 1890 年 1 月 29 日（公历 2 月 10 日）生于莫斯科，1960 年 5 月 30 日因肺癌死于别列捷尔金诺。他的一生共计七十年零三个月又二十天。

1890 年 1 月 29 日

星期一

《莫斯科新闻报》

宫廷消息。圣上接受拜晤。《政务公报》讯，本月 26 日，星期五，陆军第 17 军团统帅、总参谋部中将扎列索夫谒见皇帝陛下……

① 又译作《一朝与一夕》，出自意大利著名电影导演米开朗基罗·安东尼奥尼（1912—2007）三十三篇“速写”或“故事构想”组成的笔记体小说《一个导演的故事》。本书脚注均为译注，下文不再说明。

儿童舞会。1月25日傍晚,陛下私人宫殿(安尼奇科沃)举行儿童舞会,皇帝陛下、皇太子殿下、爱丁堡女大公玛丽娅·亚历山德洛夫娜及丈夫爱丁堡公爵等莅临……

莫斯科消息。1890年1月29日,星期一,在俄罗斯贵族会议礼堂,专门为少数生活在莫斯科的格鲁吉亚居民举办了一场格鲁吉亚晚会。晚会节目如下:

第1节。察加列里的格鲁吉亚喜剧《今非昔比!》前两幕。

第2节。穿着民族服装合唱的格鲁吉亚民歌。

灯光照明。

斯列坚斯克修道院新任院长。圣主教公会指派谢拉菲姆修士大司祭近日前往克里米亚,驻在巴拉克拉瓦附近修道院,担任院长之职,由修士大司祭尼康接替谢拉菲姆,担任斯列坚斯克修道院院长,此前其在西蒙诺夫主持下的正教会直属修道院任副职。

旅游简讯。昔日令人畏惧的土耳其要塞、土耳其人在黑海沿岸主要支点安纳帕,自这片海岸归并于俄罗斯以来,失去了一切战略意义……

И. M①. 谢钦诺夫教授第六次授课。1月25日进行的这次授课,医护人员会聚一堂,一开始,И. M. 谢钦诺夫教授继续分析并解释了为使皮肤免受外界刺激的身体运动间歇性……

滑冰比赛。今天,1月28日,在彼得洛夫卡大街哈里东诺沃大楼内的莫斯科水上俱乐部滑冰场,举行了滑冰比赛。首先由七名低龄男童展开距离为一百俄丈②的竞逐。И. 戈洛让京第一个滑到终点,获得冰鞋一副以示奖励。

国外消息。奥地利政府漠视饥民……

……从1月26日维也纳报纸《Deutsches Volksblatt》③中,我们发现一篇题为《关于俄国的真相》的文章,自从1849年匈牙利暴动平息之后,似乎尚无一份奥—德报纸以此文之调门写到俄罗斯。我们将其选出,保留其基

① 俄罗斯人名字与父称的缩写。在本书中,如果全称形式明确可查,相应的俄文缩写采取汉译;如果无可查找,则直接保留原形。

② 俄国旧长度单位,等于2.134米,又音译为"沙绳"。

③ 德语:《德意志民众报》。

本特点，逐字逐句翻译如下：

“各国犹太报刊急欲证明，俄国内部局势极度悲惨，并且该大国似乎正处在财政破产前夕。无论我们何等愉悦地希望这一广为流传的意见符合于事实，遗憾的是，我们却不得不从自身未来利益出发，反对此种意见，因为根据经验我们知道，否认对手的力量，正是最大的错误。自亚历山大三世登基以来，俄国逐渐展开一场根本性的变革，使得先前略显涣散的国家制度迅速恢复正常，就此而言，皇帝作为现今统治者居功至伟。”

读者来信。阁下(尊鉴)。今年，世代相传的塔季娅娜节[①]在图拉几乎悄无声息地过去了。疾病使我无力组织通常的庆祝活动。几位可亲的同学，包括我省首席贵族 A. A. 阿尔谢尼耶夫，却意外地带给我欣喜，他们来到我的村庄，在亲密的家庭氛围中，我们以一顿简朴的午餐欢度 1 月 12 日的节日，一起唱了《Gaudeamus》[②]，为我们珍视的科学殿堂的繁荣举杯畅饮，另外，可亲的同学们还记得我这个老头，从莫斯科发来电报，对我颇多慰问。莫斯科大学最老的学生、1823 年的毕业生 A. И. 列瓦绍夫。

雀巢奶粉，售价 1 卢布。雀巢炼乳，售价 85 戈比。

更正。第 27 期《莫斯科新闻报》“读者来信”栏目登载了 A. П. 兹宾娜的书信，由于疏忽大意，事主遗失在“德累斯顿饭店”的现金数目标示有误。印作“35000 卢布”之处，应为“3,500 卢布”。

1960 年 5 月 30 日

星期一

《真理报》

党——我们的舵手！赫鲁晓夫同志的言论表达了所有苏联人的心声。通过广播，千百万苏联人聚精会神地收听了尼·谢·赫鲁晓夫 5 月 28 日在全苏共产主义劳动班组及突击手竞赛优胜者大会上的讲话。刊发苏联政府

---

① 为纪念受难女圣徒“罗马的塔季昂娜”(在现代俄语里称作“塔季娅娜”)而设立的东正教和天主教节日，按照俄历为每年 1 月 12 日(公历 1 月 25 日)。这一天也是莫斯科大学成立纪念日，因此又被俄罗斯知识界视为大学生节。

② 一首拉丁文歌曲，得名于歌词的第一句“Gaudeamus Igitur”，意思是“何不纵情欢乐”。出现于十三或十五世纪的欧洲，作为一首思考生死、鼓励行乐的歌曲在西方学院里广为流传，也被称为“学生歌”或“国际学生歌”，传唱至今。

首脑言论的各报星期日专号迅速售罄。

“我，像格鲁吉亚代表团每位成员一样，万分激动地聆听了尼基塔·谢尔盖耶维奇·赫鲁晓夫的讲话。我们南方人是天性奔放的民族，不善于掩饰自己的情感。我要说的，也就是当赫鲁晓夫同志讲到美国针对我们的侵略时，我在克里姆林宫为之怒吼的：挑拨战争者可耻！我带领的班组，要为共产主义劳动集体的称号而奋斗……”

实力与爱好和平的见证。怀着深切的满足感，波兰人民欢迎尼·谢·赫鲁晓夫在克里姆林宫召开的全苏共产主义劳动班组及突击手竞赛优胜者大会上的讲话。

华盛顿的理由没有说服力。斯德哥尔摩，5月29日（塔斯社）。保守派报纸《瑞典日报》评论赫鲁晓夫在全苏共产主义劳动班组及突击手竞赛优胜者大会上的讲话时指出，苏联就美国飞机间谍活动问题所提出的论据充实而可信。《瑞典日报》强调，美方人士试图将破坏高层协商的责任推向苏联，其理由没有说服力。

促进和平的胜利。莫里斯·多列士[①]的发言。和平事业从此拥有可靠的保障。首先是社会主义阵营越发明显的优越性。宇宙飞船不久前的发射升空再次证明，苏联在科学技术领域遥遥领先于美国……

我们无意与挑拨者之间产生任何共同点。纽约，5月29日。《真理报》记者Б.斯特列里尼科夫。甚至当地最反动的报纸也难以抹煞苏联外交政策对于和平的真正热爱，这种情怀连同新的力量，体现于尼·谢·赫鲁晓夫的讲话中。

智利地震。由于智利人民遭受自然灾害并引发巨大人员伤亡和破坏，苏联最高苏维埃主席团主席列·伊·勃列日涅夫致电智利共和国总统亚历山德里·罗德里格斯先生，以苏联人民和苏联最高苏维埃主席团的名义向智利人民表达最深挚的慰问。

体育运动。5月中下旬，有趣的足球比赛接连不断。同西班牙队之间最具意味的体育交锋未能进行：为讨好大洋彼岸的靠山，法西斯独裁者佛朗

---

① 莫里斯·多列士（1900—1964），法国和国际工人运动活动家，法国共产党总书记（1930—1964）。

哥禁止西班牙足球运动员与苏联队比赛。

莫斯科少年的节日。正午,“迪纳摩”体育场旁边出现了一群不寻常的人,身着五彩斑斓的服装。这是杂耍艺人和群众艺术表演家出场迎接客人。这些可爱的少年,前来参加中小学生节日“最后的铃声”。伴随这个欢乐的节日,莫斯科少年们开始了自己的先锋队之夏。

第一章　幸福的人

1

帕斯捷尔纳克的名字,是刹那间幸福的刺痛。道出这种感受的人,阅历与信念各不相同——从脸膛红润的共青团员,到功成名就的异见人士,从执着的乐天派,到清高的厌世者。帕斯捷尔纳克的人生,尤其在二十世纪俄罗斯诗歌的映衬下,仿佛凯旋一般,这并非因为他死于天年,而后重新成为苏联作协会员——1989 年的那场表决,正如三十一年前他被扫地出门,同样是一致的赞成。问题不在于正义的完胜。俄罗斯文学不习惯追认一个人身后的名誉。像自己的作品一样,帕斯捷尔纳克的生平也是和谐的奇迹,他置身其外,并为之骄傲。对天命的顺服与高于自我意识的创作意识,正是帕斯捷尔纳克世界观的基础:“你攥住我,/像攥住一件制品,/你收存时,像把戒指放回匣子。”①一件成功的制品。帕斯捷尔纳克没有妨碍那造物主。

“生命美好”,临终前,诸病缠身的他在病痛来袭时如是说。当时他正躺在别列捷尔金诺,孤绝无助:救护车无法驶出莫斯科城外,而政府医院和作家医院也不再收治他。“想做的事,我都做过了。”去世前三天,例行的输血暂时给了他力量。“假如就这样死去,也没什么可怕的。”他说道。即便

① 引自帕斯捷尔纳克《在医院》(1956)。

在弥留之际，他怀着伤恸，承认自己被人世间的庸俗[1]所战胜，却仍然对妻子说："我快乐。"说完这句话，他神志清醒地离去了。

"多么精彩的葬礼！"听到别人讲述送别帕斯捷尔纳克时的情形，阿赫玛托娃说道。她自己未能与他道别，由于心肌梗塞，她还躺在医院里。利季娅·金兹堡[2]这位回忆录作者的记述，道出了"对一个幸福之人最终的幸福所怀有的妒意。"作为虔诚的教徒，阿赫玛托娃不能不赞赏葬礼的妥善安排。帕斯捷尔纳克下葬那天，正值明媚的初夏时节，盛开着苹果花、丁香花以及他喜爱的野花；八个帕斯捷尔纳克的"男孩"——他晚年的朋友与对话者，抬着灵柩，而他则漂在人群之上，其中没有偶遇的路人。后来，众人才蜂拥而至，他们的争相参与使葬礼更像某种示威而不仅是追荐仪式。不过，也就在此时，与帕斯捷尔纳克的道别才最具纯净的动机，不是为了制造骚乱，只为悼念他。人们感觉像是参加一出神秘剧的最后一幕，在这出戏剧中，诗人的生命发生了蜕变；1960 年 6 月 2 日，别列捷尔金诺带给人的万端感触，远远超乎一位天才文学家的生平履历。毋庸赘言，这是一个幸福之人最终的幸福。

这样的幸福伴随他整个一生。诚然，任何人的一生，假如不是病得无可救药或者生来背负着枷锁，都不妨称之为幸福的人生；问题取决于关注的视角。梦幻般的机遇和炫目的成功曾经不止一次降临于阿赫玛托娃，但自始至终的悲剧情结更符合她的气质：每每遭遇新的挫折，她便念念有词："是我命该如此。"相形之下，帕斯捷尔纳克的一生似乎毫不缺乏悲剧色彩：同父母的离散、妻子的疾病与继子[3]的夭亡、情人的被捕、日复一日苦役般的劳作、严酷的迫害。然而，他却有另一种情怀：他全身心向往着幸福，向往着节日，他的生命之花绽放在众人的爱戴中，对于不幸，则报之以平静的忍耐。正因如此，个人经历中那些伤感的纠葛，无论在 1917、1930 还是 1947 年，他一律视若在所难免的"意外事件"，而勃洛克也曾经声称要将它们消除殆

---

① 帕斯捷尔纳克临终前反复念叨说"周围有太多的庸俗"。在俄语中，"庸俗"（пошлость）一词具有丰富的意涵。纳博科夫认为，这个俄语词不受时空、阶层、职业等限制，难以对等地翻译，"庸俗不仅是明显的低劣，还是假重要、假漂亮、假聪明、假迷人。"

② 利季娅·雅科夫列夫娜·金兹堡（1902—1990），俄苏文学评论家，散文家。

③ 帕斯捷尔纳克的第二任妻子济娜伊达·尼古拉耶夫娜与音乐家涅加乌斯生有两子，其中，长子亚德里安（阿季克）早年夭亡。

尽。然而，如果说这种心绪对勃洛克实属罕见——在他一贯的忧郁情怀中，不过是偶然现象而已（"善与光的产儿"①是多么奇妙！），那么帕斯捷尔纳克则为幸福而沉醉，并且与之融为一体：

落在床前的一缕微光，
为我带来甜美的感知：
我和我的命运，
皆为你无价的恩赐！②

别忘了这是病中的诗行，当大面积的心肌梗塞发作之后，构思于"恶心及呕吐的间隙"，地点是鲍特金医院的走廊——病房里找不到空位。在他最后一次患病期间为他治病的大夫们，仍然记得七十岁的帕斯捷尔纳克"健美的肌肉组织"和"富有弹性的皮肤"，不必说四十四岁的帕斯捷尔纳克，如何满怀诗意的激情，用双手托起肥胖的格鲁吉亚客人；也不必说五十岁的他，如何饶有兴致地在田园耕锄：

我甩掉衣衫，
在地里干活。
热浪冲刷我的脊背，
如同灼烤着陶土。

哪儿酷热难耐，阳光刺目，
我就站在哪儿，
从头到脚
裹上烧陶的釉彩。③

如果说他在五十岁甚至六十岁的年纪依然显得像是一个青年，关于二十七岁的帕斯捷尔纳克以及少年帕斯捷尔纳克，我们又能说些什么：

青春随幸福漂流，有如

---

① 这是勃洛克《哦，我要疯狂地活着》（1914）中的抒情形象。
② 引自帕斯捷尔纳克《在医院》（1956）。
③ 引自帕斯捷尔纳克《夏天》（1941）。

童年的微鼾中

一只睡瘪的枕套。①

这种幸福的元素也会传递给读者，对他们来说，帕斯捷尔纳克的抒情，好比节日的礼单、璀璨的烟花和涌溅着奇思妙想的瀑布；从普希金时代起，还没有一位俄罗斯诗人（或许除了费特②之外。但费特哪能有帕斯捷尔纳克式的陶醉！）放散出如此单纯质朴的快乐。有关仁爱、馈赠和献礼的主题，在帕斯捷尔纳克那里——是透明的：

生命终究只是一瞬，

唯有把我们自己

融化于他人，才算是

对于他们的惠赠。③

他预先做好了迎接幸福的准备，命运果真报之以慷慨的馈赠：在自己的时代的一连串噩梦中，他安然无损，既没有被帝国战争吞噬，也没有在国内战争中受伤，虽然也曾冒着生命危险扑灭过莫斯科屋顶上的燃烧弹，甚至加入作家的编队去往前线。他躲过了四次镇压的浪潮——分别在二十年代末、三十年代中期和后期以及四十年代末。他一直在写作和出版作品，而当那些独一无二的诗篇得不到发表时，就以翻译来养活自己和家人，他在翻译方面的禀赋同样是与生俱来（他留下了俄罗斯最好的《浮士德》和不可超越的《奥赛罗》译本——这些成就，足以带给人终生的荣耀，可对他不过是主业之外的雕虫小技）。他平生持久而幸福地爱过三次，对方也一样爱着他（所有这三次罗曼史当中的悲剧变故另当别论——重要的是爱的相互性）。最终，充斥着迫害、国家监控与人人彼此撕咬的时代过去了，取而代之的是被阿赫玛托娃及后来许多人所称的“素食主义”时代——相对人道的赫鲁晓夫时代。就像某些居心险恶之人自己所说——此类人在帕斯捷尔纳克周围比比皆是——这是“设施完备的各各他”④；

---

① 引自帕斯捷尔纳克《致海伦》(1917)。

② 阿法纳西·阿法纳西耶维奇·费特(1820—1892)，俄国十九世纪著名诗人，善于描绘自然风光和捕捉心灵的瞬间。

③ 引自帕斯捷尔纳克《婚礼》(1953)。

④ 《圣经》中耶稣被钉死之地，又意译为“髑髅地”，是耶路撒冷城外的一座小山丘。

有关这一各各他的“设施”，我们将在相关章节中细述，但从旁观的角度来看，帕斯捷尔纳克的一生浮沉，确实不能与曼德尔施塔姆或茨维塔耶娃的悲惨命运相提并论。

2

幸福也可能是有失分寸、不合时宜和自私自利的，这样的幸福不啻于凌辱。纵览二十世纪，有多少不食人间烟火的幸福之人！又有多少命运的宠儿，他们所铭记的三十年代，仅仅是工业迅猛发展，黑鱼子酱可以自由出售的年代！

帕斯捷尔纳克对于幸福的追寻则令众人怦然心动。有位同时代者保留了一份记录：那是1947年春天，英俊、健康、热恋中的帕斯捷尔纳克，旋风般手舞足蹈地闯进一个绝症患者的病房，用洪亮的嗓音赞美天气、春光和落日，仿佛压根儿不曾觉察——幸福的光晕在他周围舞动……当然，眼神是随意而又兴奋的；或许，帕斯捷尔纳克正想以此来安慰那个女病人——以自己的方式，以帕斯捷尔纳克的方式……因为死亡在他看来，不是结束，而只是我们无法判定的转变（“死是与我们不相干的事情”，就在《日瓦戈医生》的最初几页里，他为一场关于生死的交谈画上了句号）。即便不了解帕斯捷尔纳克，不曾在现实生活中见过他的人，也会为他的诗歌中那种陌生的激情而触动——尤其在惯于书写失意与民怨的单调乏味的俄罗斯文学语境下。在此意义上，幸福之人是凤毛麟角的少数，因此他们之间的相似也就在所难免。“他的诗风，彻底暴露出与别涅季克托夫①之间不可救药的亲缘关系。”对帕斯捷尔纳克一向不怀善意的纳博科夫写道。然而，早期别涅季克托夫（他后来停止了欢唱，读者也不再爱他）的欢乐，充其量不过是一个情场好手、私有者和玩世不恭的青年人的欢乐，是一个消化能力格外出众的享乐者的激情洋溢，对客观存在所固有的悲剧性，他无动于衷。帕斯捷尔纳克的情况则完全不同。在帕斯捷尔纳克式的幸福中，悲剧性充当着不可或缺的成

① 弗拉基米尔·格利高里耶维奇·别涅季克托夫（1807—1873），俄国诗人，翻译家。他的抒情诗充满浪漫色彩，曾经名噪一时，但不久便被人遗忘。

分,但"对生活哀伤的感知",决不是呻吟和抱怨,而是向现实的宽广幅度的致敬。帕斯捷尔纳克诗歌和散文中所有哭泣的女性形象,首先都是美好的。这里还有一个文学巧合于生活的奇妙事例——在帕斯捷尔纳克的葬礼上,许多人记住了哭泣的伊文斯卡娅①。"我从未见过这样的美貌,虽然她哭得满面通红,腾不出捧着鲜花的手擦去泪水。"玛丽娅·洛扎诺娃讲述道。这位手捧鲜花哀哭的美人,堪称帕斯捷尔纳克对待世界的最佳写照,在此,正如在他一生所跨入的所有主战场上,那主导万物的艺术家再次显示了威力。

正因如此,他的诗歌备受苦役犯们喜爱。瓦尔拉姆·沙拉莫夫②,或许是俄罗斯整个二十世纪最受磨难与摧残的作家——境遇相仿者当然还大有人在——写道:"普希金和马雅可夫斯基的诗,无法成为人的救命稻草——真正的生命,而非苟存的生命。"而叶甫盖尼娅·金兹堡③,《陡峻的路线》的作者,当听到对自己的宣判——不是枪决,而是十年劳改时,几乎抑制不住幸福的泪水,默念着那部叙事长诗《施密特中尉》中的诗句:"咬住帽子,千万别哭泣!/涅尔青大道几俄里之外/就是矿井。/苦役,多么美好的恩赐!"

从二十世纪中,许多人得到基督教式的感悟,将生命视为无价的馈赠,因为隐喻真实地应验着:生命被剥夺了——但有时,由于那动人的慈爱,突然又被归还。为了让苦役作为一种恩赐被接受,需要很好地处置俄罗斯民众(在这一方面,苏联政权比沙皇政权走得更远)。二十世纪的苦役犯们喜爱帕斯捷尔纳克,原因在于他饱受苦痛度过了奇迹的一生。这种幸福不是一个自爱之人的凯旋,而是突然间获得赦免的受审者的凯旋。

他的诗之所以成为那根"最后的稻草",是由于饱满的生命感在每一诗行中都发出被人遗忘的奇幻的闪光:这些诗句并不刻意描绘自然,它们本来

---

① 奥丽嘉·弗谢沃洛多夫娜·伊文斯卡娅(1913—1995),编辑、翻译家。1946 年与帕斯捷尔纳克相识,成为他的红颜知己。

② 瓦尔拉姆·吉洪诺维奇·沙拉莫夫(1907—1982),俄罗斯作家、诗人。一生两次因莫须有罪名遭逮捕,长期被流放在远东地区的科雷马劳改营。生前鲜为人知,去世后出版的短篇小说集《科雷马故事》震惊世界文坛。

③ 叶甫盖尼娅·所罗门诺夫娜·金兹堡(1904—1977),苏联女作家,记者。斯大林当政期间,遭到长期监禁和劳改。其回忆录《陡峻的路线》创作于二十世纪六七十年代,1988 年首次发表即轰动文坛。

就是它的延续。所以说,寻求它们之间的逻辑关联就显得煞风景了:它们如急雨,骤然来袭,如枝条,婆娑作响。语言不再是描绘世界的手段,而变成他重建世界的工具。

单纯是帕斯捷尔纳克的名字就足以带来欢乐,其中的原因还在于:呈现于我们面前的,是一份充分完成的馈赠。"我很幸运,能够道出全部。"这是毫不夸张的自我评价。面对自己时代的诱惑,帕斯捷尔纳克勇敢地与之抗争,并且向众人奉献了他的礼物;他的胜利不在于完美无缺,而在于完整、贴切地表达了他所经历的一切(也在于他不惧怕承担这一切)。我们同他一道为这场凯旋而喜悦。在这样的生命之后,死亡已不再是一副反自然的残酷面容,反而是整个链条上不可或缺的环节。对帕斯捷尔纳克诗歌中的这种死亡旋律,某些同时代人不能理解:最令他们困惑的是《八月》一诗。"纯粹是关于死亡,同时又有多少生命包含其中!"——被震撼的费定①说道。而此后不久,他就出卖了作者,自己多年的好友。

别了,基督变容节的蓝天
和第二救主节②的金辉。
愿女人最后的温存
抚慰我命中的苦痛。

别了!夭亡的岁月。
别了!勇敢的女人,
在耻辱的深渊中抗争,
我正是你的战场。

别了,奋力张开的翅膀,
倔强地向上飞翔,

① 康斯坦丁·亚历山德罗维奇·费定(1892—1977),苏联作家,苏联文坛高层人物。

② 旧历8月6日,东正教节日,即基督变容节,亦称为"主显圣容节",为纪念耶稣登山显现圣容而设立。据福音书记述,耶稣登上高山,在门徒面前变了形象,"脸面明亮如日头,衣裳洁白如光"。耶稣预感到自己的死,因此要在"有人未尝死味"之前,让他们看到"人子降临在他的国里",以此坚定他们的信心。

世界的形象在奇迹中显现，

在词语和艺术中开创。

这是自由与坚忍的结合，是因世界的形象而引发的骄傲，它如此充分地显现于词语之中，仿佛我们自己也身临其境（因为慷慨的作者赋予我们读者以共同参与其创作的机会），故只要一说出“帕斯捷尔纳克”这个名字，我们就会被幸福所填充。

传记作品通常有两种创作手法。第一种是赞颂式的（占绝大多数）。第二种有意采取低调，为的是避免老生常谈，也可以说，是为了反衬传主的伟大（譬如阿布拉姆·特尔茨写普希金，纳博科夫写车尔尼雪夫斯基，兹维列夫写纳博科夫）。倘若用低调的语言加以表述，帕斯捷尔纳克实属俄罗斯文学中最具折衷性的人物。这在赞颂式的语言中，则被称作兼容并蓄。

古典传统的延续者与现代主义者；著名苏联诗人与叛逆的非苏联诗人；知识分子，平民思想者，近乎于旧贵族阶层的唯美主义者同时也是来自农民阶层的良师益友；精英人士与不被官方认可的大众人士——但也未曾遭到禁绝（这导致1958年之前那种“模棱两可的状况”，帕斯捷尔纳克本人也为此而困惑，不过，这也决定着他当时独一无二的地位）。犹太人——同时也是俄罗斯文学的继承者，言谈中对其犹太属性表示不喜爱与不认同的基督教作家。哲学家，音乐家，文人——植根于日常生活，躬耕田园并且像真正的农民一样生火炉取暖的普通人。帕斯捷尔纳克之于俄罗斯读者，是如此和谐的矛盾统一体，就连他的别墅，也俨如私人的“地产”（瑞典国王曾经在一封写给赫鲁晓夫的私人信中请求不要剥夺帕斯捷尔纳克的“封地”），而其实不过是国有地块上一座两层的木屋。帕斯捷尔纳克这位别墅诗人，引得无数苏联读者遐想联翩：在别墅中，以帕斯捷尔纳克的方式生起火炉，燃着枯枝，畅想那“盛宴上异教的祭坛”，然后去采蘑菇，去编织一段浪漫韵事，到了夜晚，则伴着刷刷的细雨，凑向恋人耳边低语：“别墅里入睡了。/背风的花园，/纷纷扬扬洒落一片喧声……”①另有一些同行鄙薄地称帕斯捷尔纳克为“住别墅的人”——他拒绝参观访问全苏各地的建筑工地、劳改营和集体农庄，并且不无挑衅地宣称，这种所谓的生活体验对作家毫无必

① 引自帕斯捷尔纳克《第二叙事曲》（1930）。

要，因为他所需要的一切，透过窗口就能望见。说到他居住了二十五年的别列捷尔金诺，同样也是城市与自然之间和谐的统一体：距离莫斯科不到二十公里，却如童话般美丽、静谧。

俄罗斯语言艺术正在经历一个困难时期。压力来自结构主义者与非结构主义者、弗洛伊德主义者与"新历史主义者"、解构主义的辩护士与符号学的骁勇战将，他们的咄咄逼人丝毫不亚于马克思主义者的专制——唯一的区别在于，曾几何时，非马克思主义的语言艺术可能会招来杀身之祸，而如今，拒绝用"鸟语"写作，最多只是被排斥在文坛之外。然而，感谢上帝，文学自有公道，既然当年被处决的人们都能够回归它的怀抱，又何必为那些遭受詈骂、无门无派的文学人士鸣冤叫屈？

帕斯捷尔纳克作为诗人，以自己全部的经验证明着有效合成这一思想，他一劳永逸地排除了非此即彼的经常性选择。他的兼容并蓄、对所有人和每个人的亲和力、将任何读者都引为同怀知己的态度——使人意识到，对于帕斯捷尔纳克的陈述，哪怕只是百分之一的真理，假如始终采取单一的文体和单一的价值立场，原则上说都是不可行的。命运和文本对他是同一件事物（或者说，命运是完全等同于文本的部分）；他从来不会忽视作者与同时代人之间的关联、个人境遇的社会背景以及看待研究对象的私人立场——一切恰到好处。只有运用这种合成的语言才能叙说帕斯捷尔纳克，以分析其作品的方式分析其生平。在艺术文本中，他首先推崇的是耦合与节奏——这是他从年轻时代就一直钟爱的两个词，而帕斯捷尔纳克的平生遭遇，恰好因为耦合与节奏，成为研究者取之不尽的素材。

帕斯捷尔纳克的一生明确分为三个时期，正如俄罗斯人的别墅之夏——分为三个月。无论他写下多少迷人的冬天的诗篇——从初露头角的《一九〇五年》到临终前的《雪在下》，他对世人而言终究是一种夏天的现象，也正是在这个意义上，帕斯捷尔纳克长篇小说的主人公尤里·日瓦戈称勃洛克为"圣诞现象（Явление Рождества）"。构成帕斯捷尔纳克的元素，是洋溢着夏之欢乐的丰沛降雨、炽热的太阳、繁花盛开和果实成熟；他生命中所有重要的事件都发生在夏天——与恋人的相遇、最出色的构思、精神上的转变。我们用这个隐喻来记述他的一生。

第　一　部

六月　姐妹

第二章　童年

1

帕斯捷尔纳克族谱的创始人是贵族伊萨克·阿巴尔班涅里(又作"阿布拉班涅里",1437 — 1508)。他是一位神学家,圣经的解经者,有名的智者——中世纪西班牙的传奇人物。他的儿子犹大(约 1460 — 1530)是个医术精湛的医生。当犹太人在西班牙遭到驱逐,有人想方设法将他留下。他皈依了基督教继而迁居意大利。他在当地取名为列昂·埃布莱罗,意思是犹太人列昂;撰写过一篇题为《爱情对话》的专题论文。所有这些标记后来均以不同形式体现于尤里·日瓦戈的经历:他也是一个高明的医生,被游击队扣留,不能与亲人团聚;他信仰基督教,写爱情诗。

鲍里斯·帕斯捷尔纳克的父亲伊萨克(伊茨霍克)·约瑟夫奥维奇,1862 年 3 月 22 日出生在敖德萨。他在家里排行第六,是最小的孩子。他的父亲经营一家小旅馆。伊萨克三个月大时染上了喉炎,被剧烈的咳嗽折磨得要死;父亲忍不住,拿起一只瓦盆摔到地上,小男孩受到惊吓,居然停止了咳嗽;按照犹太家庭的习俗,大病之后要为他改名,目的是把恶魔引向迷途,于是,他就成了列昂尼德。不过,直到他二十岁领取毕业证时,这个名字才正式使用。

除了梦想当演员,伊萨克-列昂尼德对别的行当都不感兴趣,但父母希望他能拥有一份更可靠的事业,便送他去学医。刚学了一年,他就离开莫斯科大学医学系，回到敖德萨，转入新俄罗斯大学①法律系，大部分时间则用于美术练习。在敖德萨，学校规章制度较为宽松，学生可保留学籍在国外长期居留；列昂尼德·帕斯捷尔纳克最终取得法律文凭，但其间有两年是在慕尼黑皇家美术学院度过。

从新俄罗斯大学毕业后，他要服一年兵役，于是选择了炮兵部队。不久之后，列昂尼德·奥西波维奇②认识了后来成为他妻子的年轻女钢琴家罗扎利娅·霍夫曼。罗扎利娅·伊茜多洛夫娜生于1868年2月26日，十七岁时就跻身于敖德萨名人之列，这个女神童深得当地人宠爱。与列昂尼德·帕斯捷尔纳克相识之前，她已然是俄罗斯最受欢迎的钢琴演奏家之一。他们于1889年2月14日成婚。一年后，在莫斯科，他们的第一个孩子鲍里斯诞生了。

他的一生有许多戏剧性的巧合，这里是其中一二：他出生在夜半时分，星期一，1890年1月29日——普希金的忌日；1937年岁末，当迎接新年的钟声敲响，他最小的儿子列昂尼德降生；而他去世的时辰，正好是星期一与星期二交替的午夜，5月30日，距离新的一天只有半小时。

帕斯捷尔纳克一家住在维德涅耶夫楼里，这座二层小楼至今仍然保留在兵器胡同。

鲍里斯·帕斯捷尔纳克生命中第一个夏天寓意深长，当时的情形俨然成为他后来的人生命题：一家之主忙于挣钱，“留在城里度夏”。母亲带孩子一边在外地休养，一边哭哭啼啼，抱怨生活的寂寞与不适。1890年的整个夏天，列昂尼德·奥西波维奇几乎都在莫斯科工作，罗扎利娅·伊茜多洛夫娜则不断地从敖德萨寄来怨诉的书信；直到8月7日，他才终于有机会赶过去。当他们一家人都不在莫斯科时，画家③的表弟卡尔·叶甫盖尼耶维奇另找了一套更便宜的住房，并且带有两间工作室，与原先的住处相邻，在斯维琴楼里。随后的三年，他们就住在那里。

---

① 1865年成立，位于敖德萨，苏联时期改称为敖德萨国立大学。

② 帕斯捷尔纳克的父亲列昂尼德·奥西波维奇·帕斯捷尔纳克（1862—1945），其姓名全称又作伊萨克·约瑟夫奥维奇·帕斯捷尔纳克。“奥西波维奇”和“约瑟夫奥维奇”均为列昂尼德·帕斯捷尔纳克的父称，说明他的父亲也有两个名字，即“奥西普”和“约瑟夫”。

③ 帕斯捷尔纳克的父亲。

列昂尼德·帕斯捷尔纳克当时与列维坦①交情颇深,他们经常聚会,谈论俄罗斯犹太人的命运;参加讨论的还有涅斯特洛夫、波列诺夫和C.伊万诺夫;波列诺夫一家介绍他认识了老先生格②。家里人都记着一件趣事:鲍里亚③一般怕见生人,可是在格初次来访的当晚,他就央求着坐上格的膝头,然后就与他形影不离了。

1893年2月13日,帕斯捷尔纳克家生下了第二个儿子亚历山大。与此同时发生的另一件事情,对列昂尼德·帕斯捷尔纳克同样至关重要:他结识了列夫·托尔斯泰。在巡回画派④举办的一次展览上,托尔斯泰夸赞了他的画作《初次登台的女人》,列昂尼德·奥西波维奇郑重表示,自己打算为《战争与和平》创作插图,希望能拜访他并得到指教。托尔斯泰当即定下会面时间,他很欣赏帕斯捷尔纳克的素描,直接邀请画家到家里作客。他和妻子一道去了。1894年,他得到在绘画雕塑建筑学校任教的机会,推荐者是莫斯科艺术家协会主席利沃夫公爵本人。帕斯捷尔纳克欣然接受了邀请,不过预先声明,如果担任这一职位需改信基督,那么他,不管对犹太仪规多么冷淡,都将不得不谢绝。阻碍并未出现。他被确认为助教。一家人搬到米亚斯尼克街,住进学校宿舍院内一栋厢房的一层。

从1894年11月23日起,鲍里斯·帕斯捷尔纳克便开始记事了,从此"再没有大的中断和模糊"。那天,一阵强劲、哀恸的钢琴声把小男孩从睡梦中惊醒,这样的声音以前在他的记忆里未曾有过。在戈尔日马利和布兰杜科夫的小提琴伴奏下,母亲演奏了柴科夫斯基的奏鸣曲——为悼念1894年去世的格与鲁宾施坦⑤。赶来的听众包括托尔斯泰、他的女儿塔季娅娜和女婿米哈伊尔·苏霍金。

1895年,母亲的演艺事业中断了,十二年后才重新恢复。家人们传说,那年11月19日,在克里姆林宫圆柱大厅,正当罗扎利娅·伊茜多洛夫娜准备表演,突然接到从家来的便条,说是两个儿子都生病了,高烧不退。她顿

---

① 伊萨克·伊里奇·列维坦(1860—1900),俄国现实主义风景画大师,巡回画派代表人物。

② 尼古拉·尼古拉耶维奇·格(1831—1894),俄国画家,画作多以宗教和历史为题材。

③ 帕斯捷尔纳克的小名。

④ 1870年至1923年间由俄国现实主义画家组成的流派,对俄国现代绘画艺术影响很大,代表人物包括克拉姆斯科依、希什金、谢洛夫、列维坦、列宾等。

⑤ 安东·格利高里耶维奇·鲁宾施坦(1829—1894),俄国钢琴家,作曲家,指挥家。

时乱了阵脚，演奏一结束，没等向观众鞠躬谢幕，就飞也似的往家赶，在路上，她发誓不再登台表演，即使一切顺利。事情过去了，两个孩子很快恢复健康，罗扎利娅·伊茜多洛夫娜果真履行了誓言。按照另一种说法，影响罗扎利娅·伊茜多洛夫娜演艺事业的是经常性的心脏病发作。不过，她还继续给人授课，因而家里钢琴声依旧悠扬。帕斯捷尔纳克的母亲是个情绪化的女人，性格极其敏感。在此意义上，与她不相上下的人唯有亚历山德拉·别凯托娃，勃洛克的母亲，她与儿子之间同样是这种持久的、近乎心灵感应般的关系。罗扎利娅·伊茜多洛夫娜心疼孩子，惧怕黑暗和雷雨，经常伤心落泪。当然，要说性情焦躁和敏感，母亲家的那些敖德萨亲属，一个胜似一个。鲍里斯的表妹奥丽嘉·弗莱登伯格①写道："鲍里亚非常温柔。"正因为如此，在童年和少年时代，她对他一直心不在焉。小时候，一想到自己要嫁给鲍里亚，如亲戚们开玩笑所说，她就感到害怕。她不愿嫁给一个如此温柔的人。

1896 年，鲍里斯学会了书写（他从四岁起就开始阅读），一年后，在敖德萨学会了游泳。在敖德萨郊外的别墅——先在中喷泉，然后是大喷泉，他们一家接连度过了十一个夏天。别墅周围是巨大幽深的"热带"花园，草木密密丛丛。冬天，大家都喜欢的主要消遣是到谢洛夫②家去，和他们家人一块儿摆弄新年枞树。

帕斯捷尔纳克很早就表现出过人的艺术才能。据弟弟回忆，有一次，在一间黑屋子里，鲍里亚讲了一个"蓝胡子"的故事，他简直被吓傻了。舒拉③的魂都要丢了，鲍里亚则后悔不迭。就在童年，他便确信自己有能力影响别人，能够以情绪感染他们。也正是从此以后，他开始顾忌这种能力。

1900 年 2 月 6 日，帕斯捷尔纳克家生下第一个女儿——约瑟芬娜-约安娜，家里管她叫若尼娅。鲍里斯始终惊异于她的细腻温柔。她比所有家人都理解他，几乎将他奉若神明，她最担心他成为跟其他人一样的庸人。

---

① 奥丽嘉·米哈伊洛夫娜·弗莱登伯格（1890—1955），帕斯捷尔纳克的表妹，比他小一个月。语言学家，民俗学家。

② 瓦连京·亚历山德洛维奇·谢洛夫（1865—1911），俄国杰出的肖像画家，巡回画派成员之一。

③ 帕斯捷尔纳克的弟弟亚历山大的小名。

1900 年令帕斯捷尔纳克难以忘怀，他后来书写《安全保护证》，一开篇便是对当年的回忆。年轻的奥地利诗人莱纳·马利亚·里尔克偕同恋人露·安德烈阿斯·莎乐美（尼采也疯狂地爱着她，后来果真疯了），来到莫斯科。里尔克的名字在俄罗斯几乎还无人知晓。这已是他对莫斯科的第二次来访，第一次是 1899 年 4 月。为拜访托尔斯泰，里尔克首先结识了前者钟爱的插图画家列昂尼德·帕斯捷尔纳克，他得到推荐信并受到热忱接待。一年后，为深入了解俄国，里尔克故地重游。5 月 17 日，帕斯捷尔纳克一家从莫斯科去往敖德萨，半道上经过亚斯纳亚-波良纳①。里尔克和他的女伴与他们同行。列昂尼德·奥西波维奇请求列车长在距离托尔斯泰庄园最近的小站科兹洛夫-扎谢卡停车。

关于年轻的奥地利人，帕斯捷尔纳克只记得他身披一件黑色斗篷，女伴说一口流利的俄语（她是一位俄国将军的女儿），看上去像他的姐姐甚至是母亲。奥地利人和俄国女人下了车，帕斯捷尔纳克一家则继续奔向大海。奥丽嘉·弗莱登伯格也被打发到那儿，在位于大喷泉的别墅度过了整个夏天。

1900 年，鲍里斯·帕斯捷尔纳克初次意识到自己是犹太人，而这一事实，将不会给他带来任何益处。犹太身份似乎是远比贫穷、孤独甚至疾病更严重的问题。当弗莱登伯格家里十四岁的长子热尼亚死于化脓性阑尾炎之后，孩子的舅舅——帕斯捷尔纳克的父亲十分悲痛，加之劳累过度，病倒了，无法在 9 月前从敖德萨返回莫斯科。帕斯捷尔纳克错过了入学考试，但父亲找到了解决的办法。他向敖德萨第五中学校长求情，接受鲍里斯参加考试，再把考试成绩寄给莫斯科的第五中学。鲍里斯考得很顺利——试题比他想象的容易得多。叶甫盖尼·鲍里索维奇②在自己的书中证实，帕斯捷尔纳克长篇小说处女作③中的热尼娅·柳维尔斯硬着头皮解答的那些问题，正是当年向他父亲提出的问题。譬如重量单位的对比——“克冷、打

① 托尔斯泰在图拉省的庄园。

② 叶甫盖尼·鲍里索维奇·帕斯捷尔纳克（1923—2012），帕斯捷尔纳克的长子，文学史专家。

③ 即《三个名字》（《Три имени》），未完成，其中第一部后来改为中篇小说《柳维尔斯的童年》（1918）。

兰、斯克鲁普尔和盎司①,永远好似蝎子的四个年龄";相比之下,算术题要简单得多。至于形容词 полезный("有益的")中间为何不拼写成 ять 而是 e,并不难解释。

尽管鲍里亚以优异成绩通过了考试,接种了牛痘,还有一身手工缝制的校服,尽管与列昂尼德·奥西波维奇相识的莫斯科头号人物戈利岑也出面说情,他还是未能被第五中学一年级录取——按照规则,犹太人的入学比例是 10∶345。校长阿道夫提出一个折中方案:先让鲍里斯跟家庭教师学习一年,然后接收他入二年级,到时候刚好会有一个空缺。在家一年期间,为帕斯捷尔纳克授课的是家庭教育专家瓦西里·斯特伦尼科夫。进入二年级时,再未遇到任何阻碍。学校坐落在鲍瓦尔街拐角,帕斯捷尔纳克与同班同学相处融洽。他具有一颗幸福的仁爱之心,甘愿将自己的爱倾注于他人。

1901 年,绘画学校宿舍院内的厢房拆除了,帕斯捷尔纳克家搬进了主楼。为他家提供的住房"用主楼里两三间教室和一间大课堂改装而成"(《人与事》)。这套房子有些古怪,因为原先的教室是圆形的,而另一间,据帕斯捷尔纳克回忆,"形状更为奇特":浴室改成了半月形,餐厅"有一面凹进去的半圆墙","厨房是椭圆形"。全家人都很满意。现实生活的诡谲同他们性格的怪异相映成趣;这后来也成为帕斯捷尔纳克一生的主题——他的住所都很特别。他在莫斯科拉夫鲁申巷的最后一处寓所是两层的,而当时全部的生活也是双重的:两位妻子,两种工作(写作与翻译——为自己,也为挣钱),两间受教育的课堂——在俄罗斯,又在国外……难怪当别人指斥他为两面派时,他反而欣然接受,点头称是。他的性格始终受住处的影响:二十年代,他和热尼娅·卢里耶②在沃尔洪卡过着窘迫的生活,心绪茫然,家里也是混乱不堪。在别列捷尔金诺别墅,他的生活则清静恬淡、井然有序,尤其在还没有暖气和其他"豪华"生活设施的三十年代(楚科夫斯基曾以温情的笔调描写过他整洁的书房)。他少年时代在绘画学校主楼中的寓所,也与他的心灵一脉相联:无论这些由教室改装的房间多么不宜居住

---

① 都是旧俄时期的药剂重量单位,发音拗口,且需要记住每一单位对公制的相应等值,故被帕斯捷尔纳克戏称为"蝎子的年龄"。

② 叶甫盖尼娅·弗拉基米洛夫娜·卢里耶(1895—1965),帕斯捷尔纳克的第一任妻子,画家。热尼娅系叶甫盖尼娅的小名、爱称,详见本书第十一章。

(包围在所有这些凹凸不平的墙体中,恐怕只有外星人会感到惬意),也无论多少迷离的诱惑与恐惧,将这位犹如天外来客的痴狂艺术家的心灵占据。

1902 年 3 月 8 日,利季娅-伊丽莎白——帕斯捷尔纳克家第二个女儿出生了。多年以后,在临终的时刻,帕斯捷尔纳克苦等她从伦敦到来,但直到他的葬礼过后第三天,她才获准进入苏联。

2

在写给捷克女友特斯科娃的信中,茨维塔耶娃曾经懊悔地称她无暇写下自己六岁之前的"幼年"。而对于幼年,霍达谢维奇①、别雷②、曼德尔施塔姆等人都留下了详尽的回忆。生命的初期乃至妊娠时期何以被关注,帕斯捷尔纳克本人成年后解释道:"人人如此开始。/两岁左右/挣脱妈妈的怀抱,/冲向黑暗的旋律,/咿咿呀呀,叽叽喳喳/三岁时,有了言语。"③咿呀学语之前的时期至关重要;其间积聚着今后将要痛苦地言说并终日抱怨的一切。

"幼年的感受",《人与事》告诉读者,"由惊恐和兴奋交织而成(……)与乞丐和女香客们来往,与附近林荫路上茫然失措的各色人等为邻,耳闻目睹他们的遭遇和歇斯底里的发泄,这一切使我对女性过早地产生了胆战心惊、终生难忘的怜悯,还有对将会先我而死的父母更为深切的怜悯,为使他们摆脱地狱之苦,我应当完成某种前所未有的辉煌事业。"帕斯捷尔纳克以基督自命的奇思异想由此可见一斑,这表明,早在认识基督教文本之前很久,他就产生了此种念头。令人惊讶的是,它是如此根深蒂固:尤里·日瓦戈也把自己同基督联系起来,许多同时代人为此指责帕斯捷尔纳克这种荒唐的自傲。但帕斯捷尔纳克在此方面并不孤单——他始终追随时代;尼采一度想象自己时而是基督,时而是狄奥尼索斯④,弗鲁别里⑤也有过类似的

---

① 弗拉季斯拉夫·费里齐安诺维奇·霍达谢维奇(1886—1939),俄罗斯诗人,文学批评家。

② 安德烈·别雷(1880—1934),俄罗斯杰出的象征主义诗人,原名为鲍里斯·尼古拉耶维奇·布加耶夫。

③ 引自帕斯捷尔纳克《人人如此开始》(1921)。此处采用乌兰汗先生译文。

④ 希腊神话中的酒神。

⑤ 米哈伊尔·亚历山德洛维奇·弗鲁别里(1856—1910),又译作弗鲁贝尔,俄国著名象征主义画家。

幻觉(他常去帕斯捷尔纳克家作客,而且有可能将少年鲍里斯的形象赋予了他的"恶魔"①)。鲍里亚三四岁时压根儿不知道这些人的名字——毕竟,年幼的他尚未形成自己的心智。这种后来萌生的为救赎而牺牲的想法,源于对父母的悲悯,因为他们注定先于他而死。征服死亡是人类历史上最基本和最病态的欲念,而帕斯捷尔纳克从一开始就执迷于此。认为自己拥有无穷的力量——是他从童年得到的主要启示,所以他一生都宣称要承担大任。

至于帕斯捷尔纳克幼时是否接受过洗礼,存在着各种各样的证言。他本人不止一次分别对不同的记者和交谈者说,是保姆为他施行了洗礼;他的另一些说法则表明,她只是把小孩带入教堂,神父给他身上洒了圣水,而帕斯捷尔纳克回顾往事时,却把这当作了洗礼。在为孩子洗礼这样的大事上,一个保姆当然不可能自作主张;重要的是,帕斯捷尔纳克本人自视为一名受洗的基督徒,并从幼年便以此为尺度,衡量自我。

但他真正的"心灵深处的港湾"终究不是童年,而是少年期。这在某种程度上或许是因为,按照他个人的说法,他的一切都姗姗来迟。正如切斯特顿②所言,一个人个性越突出,他的童年越持久。写于1930年的《安全保护证》对混沌初开的年纪做了非常详细的记述,不惑之年的作者初步总结了在他看来并不圆满、因而反倒不失精彩的生活。

种种事件当中,帕斯捷尔纳克对达荷美女骑士在动物园的盛大游行印象最深。那年他十一岁。达荷美(今天的贝宁,1900至1975年为法属殖民地——德·贝③)是一个非洲国家,它的国王以八百名宣誓不嫁的妇女为扈从,四处巡游。1901年4月复活节游园活动期间,达荷美女骑士们亮相莫斯科。在《安全保护证》中,帕斯捷尔纳克描述了童年记忆里这一最难忘的情色场面:"鼓乐喧响之下赤裸的汇集着苦痛的热带游行队列,引发了我对女性的最初感受。我提前成为形式④的奴隶,因为从她们身上我过早地看

---

① 弗鲁别里长期迷恋"恶魔"这一艺术母题,留下一系列恶魔形象的画作、草图,其中最有名的《安坐的恶魔》创作于1890年,直接取材于莱蒙托夫的长诗《恶魔》(1829—1839)。

② 吉尔伯特·切斯特顿(1874—1936),英国作家。

③ 本传记作者德米特里·贝科夫名和姓的缩写。

④ 在俄语中,"形式"(форма)一词还有"形体""身段""外表"等意义。

到了奴役的形式。”恰是这个场面，让帕斯捷尔纳克“从幼小的童年岁月”就“为女性的命运而伤恸”。“形式”一词的双重语义虽然不确定，但对帕斯捷尔纳克来说，关于那些女奴的印象，确实源于半裸的女性之美所带来的初次震撼。由此可见永恒的受虐与施虐情结，它后来伴随爱情的主题，贯穿他的创作。“一旦脱离禁锢，我甚至都想不起她来，唯有身陷绝境，唯有视她为囚徒，唯有流淌着冷汗，美色在汗水中履行其使命，我才能够去爱她。任何一个跟她相关的念头，都会立刻使我与那群体的唱和融为一体，它以周而复始的激情的运动，填充整个世界，就像一场战役，像苦役，像中世纪的地狱和技艺。我能够理解那些孩童所不理解的、被我称作现实体验的事物。”（《安全保护证》）在世界文学中，论及性爱的真实本质，罕有如此坦诚的自白。爱情与创作，正如我们日后所见，倘若缺失了禁锢、痛苦以及对女性囚徒刻骨的怜悯，对于帕斯捷尔纳克简直不可理喻。

在一定程度上，这是长篇小说《复活》中初露端倪的托尔斯泰主义女性观：“他可怜她，可奇怪的是，这种怜悯只是增强了对她的渴求。”（第一部，第十七章）他只会爱上那种境遇悲惨的“戏剧化”的女人；爱情俨然与死神相距咫尺。而这一情结在《安全保护证》也有所体现：“1903 年夏天，我家住在奥勃连斯克，与斯克里亚宾①一家比邻而居。有一天，普洛特瓦河对岸一位熟人家的养女游泳时溺了水，有个大学生去营救她，淹死了。她从大学生跳下水的那座悬崖几度寻死而未成，随后就发了疯。”

斯克里亚宾就居住在奥勃连斯克附近，距离帕斯捷尔纳克一家度夏的马洛雅罗斯拉维茨不远。在鲍里亚和舒拉扮演印地安人的树林里，可以听到邻近的别墅传来用钢琴谱曲的声音。“天哪，这是怎样的音乐！交响曲无休止地轰响，仿佛炮火撕裂和摧垮的城池，而整个乐章就是由断壁残垣构筑而成，生机盎然。”

列昂尼德·奥西波维奇与音乐家相识之后，时常带长子同斯克里亚宾一道散步。悠长、躁动、玫瑰色的夏季落日已是今非昔比，确切地说，一切其实依然如故，只不过看风景的是别人的眼睛。一段象征意义的岁月，人们满怀期待地活着，每种声音和气息对他们都是神秘的启示——病态般的敏感，

---

① 亚历山大·尼古拉耶维奇·斯克里亚宾（1872—1915），俄国杰出的作曲家，钢琴家。

浸染着帕斯捷尔纳克的整个童年。他向亲友们说起过,音乐家和画家散步时,就创作个性是否适用于所有人的问题争论起来:斯克里亚宾力图证明,超人,亦即真正的艺术家,自有其道德,列昂尼德·奥西波维奇则认为,艺术家应遵从通常的道德准则。鲍里亚当时倾向于斯克里亚宾,这让他觉得尴尬,但并未参与争论。列昂尼德·奥西波维奇是典型的、或许太过温顺的知识分子立场;当然,他从来也不认为自己是天才。他的儿子却有别于父亲——在感悟力与无穷的机缘作用下,他总是暗自猜解着某种天才之谜,因而他始终需要极大的谦恭,以便克制同样是极大的哪怕无碍于任何人的倨傲。

3

接下来又一次戏剧性的巧合,无论从何种意义来看,对帕斯捷尔纳克都不啻于生命中转折的一幕。当这样的巧合接踵而至,谁又能漠然视之!1903 年 8 月 6 日,正值基督变容节:这天夜晚,十三岁的帕斯捷尔纳克征得父母同意,与当地几位姑娘一起去牧马。即便他处在一生中最凶险的境地,都会被虚幻之美、神秘的事件和女性的怜恤交相映照——"愿女人最后的温存,抚慰我命中的苦痛。"奇异的是,《八月》的所有主题在他少年时代就已经如此清晰地显现!那是一个夏末,夏天最美好的时节,帕斯捷尔纳克在 1927 年给妻子的一封信中写道,犹如丰满的胸脯,天空在呼吸,但呼吸的间歇越来越长。傍晚的风在吹拂。列昂尼德·奥西波维奇准备作画,题目就叫作《夜牧》——一群衣装艳丽的农村少女骑马飞驰,身后一片夏天的夕阳,宛如勃洛克笔下"寂静壮阔的大火"。他喜欢自然天成的创作。一家人帮他在山丘上支起画架,面向牧马的草地。鲍里斯刚跨上一匹未配备马鞍的马,它就狂奔起来,在跨越一条宽宽的溪流时,将他甩落在地。整个马群掠过男孩的身体。全家人看得清楚,母亲差点晕厥,父亲扑向儿子。马飞快的踩踏没有伤及他筋骨,而他从马背上坠地时摔得也不重,起码当时感觉如此,只是大腿折断了。

鲍里斯被抬回家。他失去了知觉。半夜里,开始高烧。正在奥勃连斯克休养的外科大夫戈利吉涅尔立即为他打上绷带,但次日傍晚,情况明朗了——须有随时的医疗监护。列昂尼德·奥西波维奇赶往马洛雅罗斯拉维茨去请医生和护士,在返回的路上,看见树林背后火光冲天。他第一个念头就是自己的别墅失火了,而他的儿子还紧裹着厚重的石膏板,没有人能把他抬出屋外!等他回到家,才得知烧毁的是戈利吉涅尔的别墅。旁边帕斯捷尔纳克家的别墅幸免于难。列昂尼德·奥西波维奇一夜之间白了头发,从此再也无心创作《夜牧》这幅画了。

在1913年一篇散文草稿中,鲍里斯·帕斯捷尔纳克回忆了当时的情景。他醒过来,身上的石膏板尚未拆掉,狂奔与坠落的节奏仿佛仍在重复。他初次切身感受到,言语居然也可能屈从于音乐的节奏。这也是他的一场变容——他苏醒了,已然是一名诗人和音乐家;当然,他早就学会并喜欢上了弹钢琴,而且也会在家庭聚会的场合赋诗助兴——但对他而言,重要的恰恰是强调变容的主题。因为这里所说的是基督变容的节日。在此之后,某些读者有理由略带惊恐地发问:难道他果真把自己当成了上帝?

《日瓦戈医生》有一处明显带有自传性的情节,写的是尼卡·杜多罗夫①。"他今年十四岁了。他做小孩子已经厌了……他是一个很奇怪的孩子。在兴奋的时候,他常常大声自言自语。他仿效他的母亲,喜欢高谈阔论,喜欢发表奇特的议论。'人世上真好啊!'他想道。'可是人世上为什么总是这样痛苦?上帝当然是有的。但是,如果有上帝的话,那么,上帝就是我了。看,我叫这白杨听我的,'他望了望那棵从上到下都在轻轻抖动的大白杨树(杨树那湿漉漉的、闪闪有光的叶子好像是用洋铁皮剪成的),想道,'我来对它下命令。'于是他拼命鼓足全身的劲儿,运用全身的气力,在心里喊一声:'停!'那白杨树马上就乖乖地停了下来,一动也不动了。尼卡高兴得笑了。于是他大步跑向河边,到河里去洗澡。"②

帕斯捷尔纳克这段描述并无讥讽。不仅如此,小说文本另外包含着回应这段故事的重要部分——日瓦戈的诗作《奇迹》,回过头来,我们还将不止一次解读它。一棵不结果的无花果树遭到耶稣的诅咒③,这个故事被尤

---

① 尤里·日瓦戈儿时的朋友。

② 见《日瓦戈医生》第一章第8节,译文参照了力冈与冀刚的合译本和蓝英年先生的译本,特此说明并表敬意。

③ 见《圣经·新约·马太福音》第一章第18—22节。

里·日瓦戈演绎为诗歌。人类意志与自然的法则在诗中显然相互冲突:在全身心“热爱自然”的前提下(哦,中学时期的诗歌多么炽热!),帕斯捷尔纳克揭示了自然与人性的鲜明对立。人能够,并且也应该对无花果树和白杨树发号施令,因为人具有理解善恶的禀赋;耶稣向无花果树索要果实,而既然它消除不了他的饥渴,那么,即使自然法则也无法使之免于诅咒。白杨是俄罗斯东正教传统的象征意义的树木,是“犹大之树”。难怪杜多罗夫命令白杨树必须“停下来”,他好像是要还原它的本性。无疑,少年帕斯捷尔纳克也曾对周围世界做过类似的试验,目的是为了检验其威力。其实,几乎所有大诗人在孩提时代都可能想象自己是上帝,只是他们并不都承认这一点。譬如古米廖夫①,就曾经自称为法力无边的孩子,“一句话能让雨停歇”,而且有证据表明,他小时候的那些试验确有其事:有一天,他终于取得成功,雨照他吩咐,停止了。一个极其经典的传奇。

切斯特顿——我们还会再次提到他,少了这个名字,有关二十世纪基督教的探讨便难以想象——写有一篇奇异的小说《加布里埃尔·盖尔的罪行》,主人公吉尔伯特·桑德斯向两颗在玻璃上滚动的雨滴发出指令。水珠在他摆弄下越滚越快,他以为这就是自己的神通与全能的最终证据。为了医治主人公,诗人加布里埃尔·盖尔不得不用两根大叉子把他钉在树上(幸运的是,桑德斯的健康并未受到损伤)。直到确信无法从叉子中脱身,主人公终于明白自己不是上帝,这才重新恢复理智。切斯特顿毕生反对尼采哲学,反对超人的狂妄,他的立场因而简单明了:任何妄称上帝者,在他看来,不过是庸俗罢了。但接近此种状态的人,需要亲身经历才会从中解脱。或许,他描写的恰是他个人的体验,尽管它已成为过去。帕斯捷尔纳克,正如下文所示,是以怀疑的眼光看待尼采的(他对瓦格纳的态度则相当热忱,尽管后来冷淡了)。此外,他的自傲在本质上完全不同于切斯特顿所描述。按照帕斯捷尔纳克自幼形成的整个基督教观念,每个人都拥有成为基督的潜质;故而他反倒赋予尤里·日瓦戈以模糊的个性、平凡的外表和人们以为是意志薄弱的顺服天命的品格。

假如帕斯捷尔纳克在少年时代对《旧约》的兴趣更多一些,那么他也

---

① 尼古拉·斯杰潘诺维奇·古米廖夫(1886—1921),俄罗斯象征派诗人。

许会被《创世记》的片段吸引:“只剩下雅各一人。有一个人来和他摔跤,直到黎明。那人见自己胜不过他,就将他的大腿窝摸了一把,雅各的大腿窝正在摔跤的时候就扭了。”①在奥·拉耶夫斯卡娅-休兹、鲍·米·加斯帕洛夫、亚·若尔科夫斯基等人的论著中,帕斯捷尔纳克的“雅各命题”被细致研究;倘若帕斯捷尔纳克死后也有知觉,一定对自己会有许多新的认知。

“我其实是某种近似于圣三位一体的人。英迪加将一流诗人的名号冠之于我,我本人,一个罪孽之人,一心想成为音乐家,你们则认为我是哲学家。可我却担心所有这些不过是空穴来风,更有甚者,我担心众人的见解也是如此这般。”英迪加是列昂尼德·奥西波维奇的兄弟亚历山大的别名。这是帕斯捷尔纳克写于 1907 年 7 月 13 日的一封书信,寄给在国外的父母,其中除了玩笑还是玩笑。

4

他不得不裹着石膏绷带躺了一个半月。伤口愈合后,腿骨错位,右腿永远比左腿短一公分半。帕斯捷尔纳克学会了与这种状况做斗争——借助矫形鞋,还有主要的一点,借助专门训练的行走跑动的步法,虽然略显女人相,但速度很快。这样的步态几乎掩盖了他的残疾,到头来,按照他自己在《安全保护证》中的说法,1903 年 8 月 6 日这个日子使他躲过了“两场未来的战争”。他指的是帝国主义战争和国内战争——卫国战争他参加过,只不过是作为战地记者,时间也不长。

整个伤病期间,亲人们给予他细致的关怀和照料。这是一个热闹、善良、神经质的家庭,正如世纪末一切知识分子之家;一家上下就处在契诃夫所云“所有人都神经兮兮”的氛围中。“多少戏剧,多少眼泪、缬草酊和诚挚的誓言!”(《一九〇五年》)。帕斯捷尔纳克自幼不但受到家庭的艺术熏陶,而且也养成了知识分子冲动的脾性,直到晚年,他依旧易动肝火,多愁善感,喜欢发自肺腑的悔过。一家人动辄争争吵吵,转眼之间,却是风平浪静,和

---

① 见《圣经·旧约·创世记》第三十二章第 24—25 节。

好如初，而因为任何一件琐事，又会重新变得歇斯底里。保存至今的列昂尼德·帕斯捷尔纳克致妻子的信件、鲍里亚少年时代写给父母的书信，以及建筑专业毕业，但不乏文学才能的亚历山大·帕斯捷尔纳克的回忆录，对一家人相处的方式均有类似的介绍……天才帕斯捷尔纳克的家书及家人的回忆，读来令人伤感：每个人照例为风格付出了同样的代价——只不过，天才的文字中对这些代价的补偿，在回忆录中却看不到。只要读一下列昂尼德·帕斯捷尔纳克以何等语调向妻子描述托尔斯泰的新作，或者亚历山大·帕斯捷尔纳克如何回忆父亲事业的起步，就足以说明问题："母亲突然发出一阵可怕的尖叫，接着是一连串的巴掌，落在他的后脑勺，而他用来涂涂画画的工具——一小截画得如此之美的神奇的碳笔，从他的小手中被夺过来——划出一道幅度很大的漂亮的黑色弧线，从敞开的窗户飞出去，消失在外面的草丛。"如此夸张的语句，恰恰是刚学会转文，还不善于掩饰激动的平民知识分子特有的表达方式。帕斯捷尔纳克一家人都喜欢"绚丽的言语"，直至《日瓦戈医生》，鲍里斯·列昂尼德维奇才最终学会简短的言说。他的散文经历了怎样的嬗变，为清除其中的夸饰、晦涩和华丽辞藻，他又付出了怎样的努力——在他早期（只不过是自传性的）作品的片段与构筑《日瓦戈医生》的简短语句之间，对比一目了然。摆在我们面前的是反映他整个创作之路的一面镜子：从知识分子立场到贵族倾向，从炽烈到简白，从盲从和怀疑到坚毅、叛逆和孤独。帕斯捷尔纳克终生背负着环境烙下的诸多印记，他因此备受知识分子钟爱，但他又深知这一阶层的缺陷及荒唐的一面，长期以来，他一直不忘自己为它所羁绊："我诉说着周遭的一切，/我曾经期望退出舞台，/连同这个世界，/如今，我真的要离去了。"[①]在这里，帕斯捷尔纳克特别强调了妨碍俄罗斯知识分子的因素：负罪感、相信多数人的公正、崇拜人民大众、情感冲动、夸夸其谈、荒唐的礼让、滑稽造作的殷勤姿态，他确信，这些因素甚至会导致知识分子的消亡。

5

接下来，1904 年带给他难忘的回忆：日俄战争与暴风雨。由于战争的

① 引自帕斯捷尔纳克《崇高的疾病》（1923，1928）。

爆发，孩子们完善了海战游戏，游戏规则更为复杂，出现了伏击战和繁琐的演习。主要的玩伴是友人家的孩子——施蒂赫兄弟俩。施蒂赫家的舒拉和米沙日后将成为帕斯捷尔纳克终生的同伴。每当玩输的时候，帕斯捷尔纳克总是脸色发白，生气极了。这既可以称之为自傲，也可以说是一个少年对于完美的追求：他从小就坚信，他所做的一切，都应当取得优异的成果，"辉煌壮丽，前所未有。"

1904年6月16日，风雨大作。此前，母亲因心脏病发作和情绪失常，一整天痛苦不堪，紧接着，一场莫斯科罕见的大雷雨骤然而至。对于降雪、雷雨和夏日的傍晚，每个人都留有原始的记忆，帕斯捷尔纳克也不例外，每逢暴雨来临，他总会想起那天的情景：疾风骤雨夹杂冰雹，也夹杂着惴惴不安的心情——灾祸之前的漫长等待。米亚斯尼克街上，雨水流成了河。

九十年代的莫斯科给他留下特殊的印象，它不像是一座古朴的、"童话般多彩"(《人与事》)的童年早期的城市。"莫斯科充满了世界一流都市的商业狂热。转瞬之间，以企业家迅速赚取的利润修建的高大商厦拔地而起(……)莫斯科追赶着彼得堡，开创了新的俄罗斯艺术——年轻、现代、鲜活的大都会艺术。"

事实上，莫斯科艺术与彼得堡艺术迥然不同，这就好比勃留索夫①或者别雷有别于勃洛克。世纪之初的俄罗斯文艺复兴，几乎涉及所有艺术领域——从建筑学直至文艺批评，同时也蕴蓄着繁荣与衰败的征兆：无疑，繁荣曾经昙花一现，却是毁灭前夕过于喧嚣的病态的繁荣。按照矛盾修辞法来说，这是堕落的繁荣(因而当堕落后来开始消退之际，居然产生极其剧烈的波动，以致于知识分子自杀的人数立即上升了一倍有余)。燠热、窒闷、肉欲的气息四处弥漫，极不健康，在彼得堡尤为突出。莫斯科具有毋庸置疑的优势——它的疯狂更具组织性，更需要经营的谋算和商家的胆略。可以说，这更契合于同样疯狂、躁动的二十年代的创作状况，因而帕斯捷尔纳克当年短暂追随过的未来主义，其实更像是一种莫斯科现象，而非彼得堡现

① 瓦列里·雅科夫列维奇·勃留索夫(1873—1924)，俄罗斯诗人，象征主义诗歌的杰出代表。

象。归根结底,未来主义的主要活动家——布尔留克①夫妇、马雅可夫斯基、勃布罗夫②,正好也都是莫斯科人。相对于苍白、古板的彼得堡,莫斯科的恶作剧太过恣肆,显然超出了趣味的界限。

1904 年,帕斯捷尔纳克来到弗莱登伯格家度圣诞,初次领略了彼得堡风光。令他印象最深的是备受保守派报纸《彼得堡快报》抨击的科米萨尔热夫斯卡娅③的演出。米哈伊尔·菲利波维奇——奥丽嘉·弗莱登伯格的父亲,才华横溢的记者,不成功的发明家,《快报》撰稿人,不情愿地批评了科米萨尔热夫斯卡娅,尽管在家里他向来对她抱有敬意。帕斯捷尔纳克为他的言不由衷深感震惊,于是便提前离去。即便如此,彼得堡还是给他留下了强烈的预言般的印象——他觉得,正如他在《人与事》中所言,它是"一部天才的石书"。最主要的则是——安娜·奥西波夫娜④收拾得纤尘不染的弗莱登伯格家的居所、真心希望获得哲学文凭的奥丽嘉的系统性学习,以及城市本身的几何状格局,彼得堡因而成为帕斯捷尔纳克心目中秩序的象征。他本人一生追求秩序,对莫斯科的杂乱却怀有难以克制的爱意与宽容,也摆脱不掉情绪对个人的束缚。

弗莱登伯格一家过着另一种生活,从来不会放纵自己。帕斯捷尔纳克一直非常喜爱他们位于叶卡捷琳娜运河边上那座住宅的"洁净与寒气"。奥丽嘉在那里度过了一生,就连围困期间⑤都不曾离开。他很少创作关于彼得堡的诗,而且与彼得堡人相处,他总感觉有些不自在:他们害怕他的坦率和激情,而他则害怕他们的古板。

自 1903 年初次见到斯克里亚宾以来,帕斯捷尔纳克便萌生了认真学习作曲理论的念头:据他个人说,更早些时候,他"已经能够在大钢琴上乱弹一气了"(从 1901 年开始系统地学习),但直到斯克里亚宾新奇的作品"向

---

① 达维德·达维多维奇·布尔留克(1882—1967),俄罗斯未来派诗人,妻子玛丽娅·布尔留克(1894—1967)是一位钢琴家、出版家。1920 年,布尔留克夫妇先是来到日本,后于 1922 年移居美国。

② 谢尔盖·帕夫洛维奇·勃布罗夫(1889—1971),俄罗斯未来派诗人,科普作家。

③ 薇拉·费奥多洛夫娜·科米萨尔热夫斯卡娅(1864—1910),俄国著名女演员,1904 年建立自己的剧院,上演契诃夫、高尔基、易卜生等人的剧作。

④ 即奥丽嘉的母亲,帕斯捷尔纳克的姑妈。

⑤ 指 1941 年 9 月至 1944 年 1 月间德国法西斯对列宁格勒的围困,史称"九百天围困"。

所有老套的名曲和愚蠢之极的旋律展示了语言”，才促使他对理论真正产生兴趣。“我被视为未来的音乐家，为了音乐，大家可以原谅我的一切：执拗、顽皮、粗心大意、举止乖张乃至对长辈们种种忘恩负义的卑鄙行为，而我其实压根儿不如他们（……）全班同学都护着我，连老师也都会放过我。”在这里，帕斯捷尔纳克的人生主题再度显现——列车尚在全速行驶，就纵身跳下，抛开正在取得极大成功的那项事业；我们日后将看到，譬如在诗歌方面，一经掌握他所开创的方法，他立刻调转方向，去征服另一块领地；刚成为杰出的抒情诗人，就冲向史诗，刚成为公认的史诗作者，就转入散文；刚达到散文的巅峰，就开始向戏剧进发；刚认清当代，就深入历史；刚翻译莎士比亚，就预定了歌德……他对待哲学与音乐，也不例外：在青少年时代，这两种学习对他馈赠颇丰。

《安全保护证》和《人与事》这两部独特的自传，以普鲁斯特式的洞察呈现着隐秘的细节和微妙的心理——恐惧、梦想和各种复杂的情绪，构造出一个天赋非凡的孩童的内心世界，这一切在自传中均有详尽描述：“我相信崇高的英雄世界的存在，我要心醉神迷地为之服务，尽管它会带来痛苦。有多少次，在六七八岁的年纪，我险些要自杀！我怀疑周围到处是形形色色的秘密和欺骗。无论多么荒诞的事情，我却又信以为真。唯有在生命的黎明，某些荒诞之事才被当作现实，譬如说，可能是因为想起最初穿上女孩子的圆袖长衫时的情景，我感觉自己原先似乎是个小姑娘，而这一更迷人、更美妙的事实应当被还原，想到这里，我便勒紧腰带，直到喘不过气来。有时候，我又会想象我不是父母的亲儿子，而是被他们捡来收养的。”

只能去猜想，幼年的帕斯捷尔纳克还有多少这种孩童的迷恋和呓语，更不要说无休止地发明新游戏——玩海战、扮演印第安人、展览图画的少年时代。如果个体发育（онтогенез）是对系统发育（филогенез）的短暂重复，即每个活的机体在其发展中迅速完成整个进化历程，那么就必须承认，任何一个大艺术家在他的发展过程中也会经历艺术发展的基本阶段；帕斯捷尔纳克认为，古希腊罗马艺术令人联想起“尚不识浪漫主义为何物”的童年，因为在古典艺术的世界中，以及在童年的世界中，所有非理性成分都超乎人的范畴，而属于神话领域。为证明自己的观点，帕斯捷尔纳克援引了加倪墨得斯①的神话。在一首早期诗作中他写道："我成长起来。正如加倪墨得斯，/我被阴雨裹挟，被梦幻掳掠"，②也就是说，浪漫主义全都归于神灵，留给人的则是极其被动的角色。超人，与神不相上下的浪漫主义者——出现在少年期；少年帕斯捷尔纳克之所以备受斯克里亚宾的音乐旋律的感召，原因就在于此。

然而，随着少年时代的结束，浪漫主义也就此中止，因为帕斯捷尔纳克已经超越了浪漫主义，尽管他觉得放弃音乐完全是出于另外的缘故。他暂时沉醉于自己的神话，而斯克里亚宾还居住在国外，谱写着他的《狂喜之诗》。帕斯捷尔纳克不喜欢这个名称，用他的话来说，它俨然是"鼓鼓囊囊的肥皂包装袋"。尽管如此，斯克里亚宾从国外所带来的一切——让他在莫斯科赢得盛誉的一切，仍然激起了帕斯捷尔纳克一如童年时的欣喜。

6

对浪漫主义最沉迷的时期，正逢第一次俄国革命。如果相信《一九〇五年》的真实性——其实它像文献般真实——"流血星期日"③的第二天，即1月10日，星期一，鲍里斯·帕斯捷尔纳克还在中学校园里打雪仗，莫斯科城则充斥着流言，愈发躁动不安。秋天来临之前，一切照常运转，虽然俄国此前就已频频发生罢工，但直到当年秋天，事态方才明朗，罢工不再是唯一的行动：示威活动中开始提出强硬的政治要求。为缓解紧张局势，尼古拉二世下诏，改革俄罗斯国家体制——召开国会，颁布宪法，赋予国民以自由。然而，10月17日夜间至18日凌晨，也就是诏书刚一发布，革命者尼古拉·鲍曼就在莫斯科遇害。他的遗体于20日下葬，送葬的队伍从米亚斯尼克街经过。同样是在《一九〇五年》，帕斯捷尔纳克日后描述了鲍曼的葬礼。低

① 又译作加尼米德，希腊神话中的翩翩少年，因俊美出众而被拐走，送到天上，成为宙斯的宠儿和酒僮。

② 引自帕斯捷尔纳克《我成长起来》(1913,1928)。

③ 俄历1905年1月9日(公历1月22日)，沙皇军队枪杀和平请愿的彼得堡工人，造成三千余人伤亡。史称"流血星期日"的这一事件，直接引发了1905年至1907年的俄国革命。

垂欲坠的天空是他最主要的回忆——这后来成为一种贯穿于他诗歌的形象，象征着介入庸常生活的最高现实。

10月底，莫斯科的乱局达到顶点，鲍里斯·帕斯捷尔纳克平生第一次不打招呼，长时间离家出走。他的小妹利季娅得了哮吼症。父母本来就为小女儿的病情担忧，他又给他们平添了惶恐。不过，他还是及时回来了，虽然蓬头垢面。他遭到哥萨克巡逻队的鞭打，这个情节后来在《中篇小说三章》和《日瓦戈医生》中都出现过。与其说帕斯捷尔纳克当时痛切感受到苏联教科书通常称之为警察国家的那种不公正，不如说他初次体验了与逃散的人群之间的共同性。他甚至没来得及害怕，巡逻队已经将奔跑的人们逼到邮政大楼围栏前，挥起马鞭一通乱抽（幸亏帕斯捷尔纳克戴着大檐学生帽）。他兴高采烈地回来了，这同样也非常鲜明地反映出他的个性：那时候他便本能地视恐怖与灾祸为人生惯常的背景。

10月的混乱无序终于演变为“十二月起义”，关于这一事件，列昂尼德·帕斯捷尔纳克留下了详细而又惊恐的记录。很快，帕斯捷尔纳克一家失去了对莫斯科动荡局面的忍耐，12月最后的日子里，他们踏上去往柏林的旅程。这是鲍里斯平生第一次柏林之行，也是第一道重要的分水岭。一家人在德国一直待到1906年8月11日。

鲍里斯在塔涅耶夫①的得意门生尤里·恩格尔指导下，努力学习作曲理论。恩格尔知道他天赋卓绝。此时的帕斯捷尔纳克，如同在后来的所有岁月中一样，表现出令人惊叹的健康心态——无论在为人方面，还是在那些微妙的触及个人精神生活的自我感受方面。帕斯捷尔纳克之所以未能成为音乐家，原因只有一个，在常人看来，或许有些荒唐，但对于极富使命感并甘愿承受枷锁的帕斯捷尔纳克家族而言，他的念头并无任何殊异。帕斯捷尔纳克意识到自己缺少绝对听力，他认为这是上帝的启示：音乐终归不应成为他的主要事业。相形之下，调音师比作曲家更需要绝对听力，即随意辨识任何乐谱的能力。罗扎利娅·伊西多洛夫娜具有这种神奇的才能，斯克里亚宾则没有。它对作曲家的意义并不比文辞晓畅对作家的意义更重要。不过，帕斯捷尔纳克一时间还是陷入了困惑。他逢人便问，作曲家是否不必具

① 谢尔盖·伊万诺维奇·塔涅耶夫（1856—1915），俄罗斯作曲家，钢琴家。

备绝对听力，通过练习是否可以有所弥补。他与生理学家亚历山大·萨莫伊洛夫之间的通信表明，他对自己的问题是多么焦虑。1907 年夏天，帕斯捷尔纳克的父母正在伦敦，孩子们由祖母照看住在莱基庄园①的别墅，萨莫伊洛夫是他们的近邻。这位生理学家（根据实验数据和大量观察）证实，缺少绝对听力的音乐家是有缺陷的。帕斯捷尔纳克给他写信，列举了许多不具备绝对听力的天才，试图以此表示不同看法，但同时立刻又推翻了自己的意见，称柴科夫斯基听力极佳，拉赫玛尼洛夫的听力则实属罕见。“在这场‘听力事件’当中，从头至尾，笑话层出不穷——幸亏不是每天晚上都有。”帕斯捷尔纳克终于放弃了音乐。在他写给萨莫伊洛夫的一封信中，有一段奇妙的道白引人注目：“现在，我也许自由了。我一边授课，一边准备考试，我的时间很少，所以我是自由的，您理解我说的意思。”

二十三年之后，帕斯捷尔纳克对曼德尔施塔姆说了一句类似的话：“您需要自由，而我——需要非自由。”此后又经过四年，在为苏联新宪法颁布而写的《新的成熟》一文中，他将证明，非自由，亦即极度的负荷，对艺术家恰好是一种理想状态：就像一棵苹果树，自由地开花结果，最终被果实压弯了枝条。早在十九岁的年纪，他就认为只有“疯狂地超越自我能力所限”，才会实现自由——他无法忍受懒散，在他看来，这是最妨碍创作的事情。做什么——是否上课，是否备考——无关紧要：当思维被置于极端严酷的条件下，几乎无暇顾及主业之时，它开始活跃起来。也就在此时，主要的事业从重重压力下挣脱。“我讨厌占去我全部空闲时间的消化活动，”1912 年 6 月 8 日，帕斯捷尔纳克在一封寄自马堡②的家信中如是说。闲暇常常引起他的焦躁、郁闷和对死亡的畏惧，只有工作，甚至是最普通的工作，才让他感到自在；倘若诗句“自己在行走”，则表明他与最高境界的连通，这向来是他的幸福与力量的源泉——情况好极了。

至于放弃音乐一事——如果相信帕斯捷尔纳克所言——迷信的说法层出不穷，令人称奇，就像当年他的母亲放弃演艺事业时一样。1909 年，帕斯

---

① 位于莫斯科郊外，风景如画。二十世纪初，成为一名富商的庄园，有许多风格各异的房屋对外出租。从 1907 年到 1909 年，每个夏天，帕斯捷尔纳克家都来这里暂住。

② 德国黑森州中部的大学城。1911 年 4 月至 8 月，帕斯捷尔纳克在当地大学进修哲学。详见下文。

捷尔纳克向斯克里亚宾展示了自己的三部作品,包括一首很长的钢琴奏鸣曲,这些作品全都触动了他。“他当即对我表示,既然卓绝的才华近在眼前,那就大可不必再谈什么音乐才能了,我一定会在音乐方面发出自己的声音。为论证那些急匆匆提及的片段,他坐在钢琴前,开始弹奏其中最吸引他的一段。乐调的回旋相当复杂,我没料到,他能将其确切无误地再现,但接下来又发生了意外的一幕:他用另一种乐调重新弹奏了那个片段,结果多年来一直折磨着我的缺陷,一下子从他手指间冒了出来,仿佛那正是他自己的缺陷(在决定性的时刻,导师本人演示了缺少绝对听力的现象——典型的无巧不成书,狄更斯式的巧合;帕斯捷尔纳克从少年期就屡屡陷入此境——德·贝)。

“在确凿的事实与变幻的猜测之间,我更倾向于后者。我的心不禁又一次为之一颤,想到了两种可能。假如我道出隐忧,他反驳我:‘鲍里亚,我也没有绝对听力啊,’那倒也罢了,那表明不是我死缠着音乐,而是音乐注定归属于我。然而,假如他的回答突然提到瓦格纳和柴科夫斯基,提到调音师等等……我已经准备转向这个恼人的话题了,可话还没到嘴边,就被他的回答打断了:‘绝对听力?难道忘了我跟你说什么来着?干吗要谈瓦格纳?谈柴科夫斯基?还有那些成百上千拥有绝对听力的调音师?’”

对斯克里亚宾的行为可以有双重解释:有可能出于其超人哲学,他不希望论及他本人的缺陷;也有可能,他认为把自己同瓦格纳和柴科夫斯基相提并论是狂妄之举。但在当时,唯有彻底的真诚才是帕斯捷尔纳克最期待的——他的自传可以为证;如果说斯克里亚宾是为了他而不愿自曝其短,则恰好说明他其实并不太想劝慰他……总之,“我根本没想到,前一天我还觉得被永远赋予自己的世界,已经在内心融化了,坍塌了。我朝前走着,在每个拐角都加快了脚步,我并不知道,今晚我同音乐的关联将会就此了断。”

列昂尼德·奥西波维奇和罗扎利娅·伊西多洛夫娜焦急地在家等待着斯克里亚宾的评价。可以想象这样一幅画面:春天的格拉佐夫胡同,“积水没及膝盖”。莫斯科夜幕下,是正在回家的帕斯捷尔纳克。他晃晃悠悠,步履凌乱,时常不经意地走到路的对面。还可以想象家的惬意和家人的守候,以及奇怪地从这一切当中萌发的从零开始的决心。他在《安全保护证》中回想当年，整个莫斯科似乎都曾经属于他。他的偶像方才还对他的音乐作品赞叹不绝。绝对幸福近在咫尺，唯独缺少了绝对听力。不过，假如具备绝对听力，并且斯克里亚宾作出了应有的回答，或许帕斯捷尔纳克会以更大的决心改变自己的道路。在既已有之的状况下，他反而无所适从。

第三章　爱慕

1

在描述成长历程的俄罗斯散文中，《安全保护证》第二篇第三节也许是最坦诚与最纯洁的篇章。“世界上有一种所谓崇高的对待女性的态度。我要就此略抒己见。存在着某种不可逆转的循环，构成它的是各种引起少年寻短见的现象。也有的循环由诸多错误组合而成，譬如幼年的幻想、童年的畸变和青少年时期的渴求，它是克莱采奏鸣曲①和反克莱采奏鸣曲的汇集。我一度置身于这个循环，可耻地盘桓了许久。这究竟是怎么回事？它折磨得人痛苦不堪，除了一味的损害，别无裨益。然而，没有谁能够避免坠入其中。人类写进史册的所有事迹，都将永远经历这个循环，因为这些奏鸣曲，正是唯一彻底的精神自由的前奏，其书写者不是托尔斯泰们和魏德金德②们，而是他们各自的手——大自然本身。而只有通过它们之间的相互矛盾，才体现出大自然饱满的构思。”

在少年的错误、畸变和幻觉所构成的循环中，帕斯捷尔纳克何以“可耻地盘桓了许久”？原因不仅在于他实在漫长的成熟过程（在某种程度上，少年期伴随他直到最后一刻——他的个头一直在长高，他从未确信自己最终

① 系贝多芬一首小提琴协奏曲的名称。托尔斯泰也写有他的著名中篇小说《克莱采奏鸣曲》，小说中探讨了灵魂与肉体的冲突问题。

② 魏德金德（1864—1918），德国作曲家，演员。

找到了无可辩驳的真理，也从未有意识地对成长加以催熟——从而延续着持久的创作生命）。他本人同女性交往方面的“愚钝”，也是原因之一，这一点在他与济娜伊达·涅加乌斯①以及后来与奥丽嘉·伊文斯卡娅的谈话中都曾提到过：本来没什么，可就是从他身上找不出那种挥洒自如。与此同时，他坦言，对他的爱慕者大有人在。他相貌英俊，可谓风度翩翩；但即便是情场上轻易的获胜，也无法使他真正相信自己的魅力。他对女性的态度集合着崇拜与怜悯；倘若其中缺少了戏剧性，他会凭空创造出来。正因如此，他的初恋才不可能以通常的幸福而论，不过，他爱恋的那个女孩倒是一生圆满。

她是茶厂老板维索茨基的女儿。她家的仓库设在米亚斯尼克街，距离帕斯捷尔纳克的学校不远。他们两家关系不错，鲍里斯十四岁就认识了伊达。“这是一个楚楚动人的女孩，从小受到很好的教育。年迈的法国女教师宠爱她，但并不指望洞察她的内心。这位老太太比我更清楚地记得，经常是天蒙蒙亮，我就从外面给她的宠儿带来了几何学。这学问与其说是欧几里德的几何学，不如说是阿伯拉尔②的几何学。”（阿伯拉尔，众所周知，就是在做家庭教师的时候，爱上了自己的学生爱洛漪丝）“由于性情和教育的缘故，我终究不能也不敢”放任情感，归根结底，是因为大自然“困扰着所有生物的情感……它对情感的阻碍让我们觉得自己染上了苍蝇般的龌龊，此种感觉制约着我们每个人，我们离苍蝇越远，它就越发强烈”。这再次证明，帕斯捷尔纳克将非自由视为一种获救：只有受阻碍的感情对他才有意义。“教育者以消解天性为目标的一切努力，加剧着大自然的负担，而这又是理所当然。”

1908年，帕斯捷尔纳克从中学毕业了。在所有俄罗斯诗人当中，他好像是唯一一位金质奖章获得者，各门功课都是五分，除了因犹太出身而免修的神学课。大概由于免修，他反而喜欢上了东正教，虽说不是那种半官方的教义；几乎所有的宗教要义他都了然于心，多年以后，玛丽娜·巴兰诺维奇打完了《日瓦戈医生》的手稿，建议他阅读《保罗书》，他不禁以戏谑的腔调

---

① 帕斯捷尔纳克的第二任妻子。详见本书第二十二章。

② 皮埃尔·阿伯拉尔（1079—1142），法国哲学家。他与自己的学生爱洛漪丝之间的爱情悲剧在欧洲文化史上广为流传，被视为禁欲主义与思想专制的牺牲品。

激动地嚷道："她竟然让我去读《保罗书》！"假设他学习宗教是迫于压力，浅尝辄止，那他势必无法洞悉基督教的本质。

他一边准备入学考试，一边帮助同年毕业的伊达·维索茨卡娅复习备考。6月16日，帕斯捷尔纳克向莫斯科大学法律系一年级递交了学籍申请。作为奖章获得者，他被免试录取。选择法律系的初衷是因为课程压力不太大，同时还可以完成音乐学院的学业。然而，随着帕斯捷尔纳克与音乐分道扬镳，学习法律的必要性也就不复存在了。一年后，他转入历史—哲学系。正是从1909年起，他开始尝试个人的诗歌写作。最先盛赞其诗作的是谢尔盖·杜雷林——当时的一位年轻诗人与评论家，比他年长四岁。杜雷林在一份名为《中间派》的托尔斯泰主义刊物任职。他们两人在1909年的交往格外炽热，当年，斯克里亚宾首次演奏了《狂喜之诗》。"音乐会触动了鲍里亚的神经。这是某种抒情的狂烈，是无休止的煎熬；抒情诗的酵母在他身上疯长，折磨他。但是，正像如今所显现，使这些万端感触得以升华的并非音乐的因素，而是诗的因素。"流放托木斯克期间，杜雷林在一篇自传体随笔《自己的角落》里写道。那时，帕斯捷尔纳克经常给他寄去书信和钱物。正因为如此，杜雷林对他的所有回忆都满怀感人的谢意："如今，这般热忱之人不多见了(……)这份怀念、这份爱和诚挚的感激对我弥足珍贵！"

杜雷林对帕斯捷尔纳克的评价永远不失激情："他是完全清醒的，但在抒情方面，却如痴如醉……他的惆怅百转千回。给我的来信长得不能再长，信中充满难以遏止的寂寥、某种受制于离奇幻想的思绪和赤裸裸的绝望，预示着抒情之路不能够通向世界、现实和欢悦。他因此萌生了以词语营造抒情迷狂的念头。维亚切斯拉夫·伊万诺夫①或许要说，帕斯捷尔纳克是被狄奥尼索斯掌控了。而这样的论断或许是准确的(……)突然间，在痛苦和郁闷中，他龇露出黑人般的洁白的牙齿，呐喊一声：'世界乃是音乐，找到词语才能找到通往音乐的路。'"

这是关于帕斯捷尔纳克文学活动的某种独一无二的评述。在他的抒情诗略有所成之前，它就已经被揭示。事实上，他的早期创作，正如曼德尔施塔姆所梦想，主要特点在于词语"回到了音乐"。就此意义而言，他们两人

---

① 维亚切斯拉夫·伊万诺维奇·伊万诺夫(1866—1949)，俄罗斯象征主义诗人，哲学家。

差异迥然，却又费尽苦心地向对方靠拢，准确地说，是向对方所擅长的领域靠拢。帕斯捷尔纳克渴望明丽的色调——曼德尔施塔姆则期盼“天然、空灵的词语”。他们各自行动的方向本来就大相径庭：帕斯捷尔纳克以自我为起点——曼德尔施塔姆则以自我为终点。帕斯捷尔纳克最终找到了他天性中缺乏的那种流丽与和谐。曼德尔施塔姆也达到了天然的、时而不无苦痛的空灵境界，在细致入微的近距离观察下，这种空灵便从每一个“我”的内部显现出来，这就好比二十世纪初的物理学家通过深入的透视，惊恐地发现了物质的消失现象。

词语在帕斯捷尔纳克那里，与其说是语义单位，不如说是建筑材料：他并非在陈述世界，而是在构筑它。显然，这种令众人望而却步的新手法来自岁月的打磨，它从重重困难中探寻突破口；有趣的是，在帕斯捷尔纳克的世界里，散文与诗歌始终紧紧贴合，他的主要特点奇异地交融于二者——或条理严密或混沌无序，或张弛有度或随心所欲。散文中并存着狂放杂芜的形象，以及详尽的、时常是细致入微的情节润饰；狄更斯式的巧合与浪漫奇迹同字里行间的细节与铺陈相映成趣。后来在《中篇故事》中，谢廖沙·斯佩克托尔斯基①这位帕斯捷尔纳克的最具魅力的主人公，将会创造出这种兼具狂放与严谨的结构。琐碎之处，一切纤毫毕现——在要点上，则有几分失真和短浅，仿佛世界是透过激动的泪水而被发现。这种远近结合、虚实相间的视觉效果，在《空中道路》中表现得尤为鲜明。

事实上，1908 年至 1909 年间，帕斯捷尔纳克第一位主人公便逐渐显露面容，这就是青年艺术家列林克维米尼（Релинквимини）。刚开始创作长篇小说的少年，往往赋予其主人公以晦涩、怪异的姓氏——有时别具寓意（个体发育再次重复着系统发育的过程，古典主义的发展亦如此），有时不过是为了叫得响亮（浪漫主义的曙光）。列林克维米尼——relinquimini——一个拉丁语动词的现在时复数第二人称形式，被动式，其含义是：“你们被留下”（不是说“被遗留”，而是“被保留”）。帕斯捷尔纳克还将这位主人公的姓氏写成——列里克维米尼（Реликвимини），少了一个字母 н；reliquimini 意

① 帕斯捷尔纳克长篇诗体小说《斯佩克托尔斯基》的主人公。《中篇故事》（或《中篇小说三章》）相当于这部小说的散文体片段，帕斯捷尔纳克称，它们“彼此之间并不抵触”，“涉及的是同一种生活”。详见本书第十八章和第二十章。

为“你们有责任”“你们是债户”。就此意义，不懂得任何拉丁语动词的马雅可夫斯基有过一句更精当的表达：“诗人永远是宇宙的债户。”帕斯捷尔纳克也完全有可能写出这种抑扬格的诗句，无论他成熟与否。至于说“你们被留下”，这已经接近于阿赫玛托娃的艺术概念，接近于她喜爱的谢列缅杰夫家族①的格言——“上帝保全一切”。对于这两句话的含义，尤迪夫·卡甘在《论帕斯捷尔纳克的“阿佩莱斯线条”》②一文中做了详细阐释。

帕斯捷尔纳克的早期诗作和散文篇章，记录着一段疾速发展的历程：从华丽之极的雕饰与幼童般的稚嫩，到完全清醒的自省，从嘈杂的喧响，到和谐与意义。然而，正是此种在文学上天真稚嫩的起步，似乎对他并未有任何羁绊，反而让他的诗从一开始就带有勇猛与鲜活的气息。只有杜雷林一个人真正理解，帕斯捷尔纳克是“混沌的建筑体”，词语之于他，正如材料之于建筑体。语义并不重要，重要的是词语背后扑朔迷离的混沌状态。“我们构筑各自的小宇宙，在它们之下，却不见任何‘颤动着的混沌’”——他谈到自己和友人们时忧心忡忡，从而使一个绝无仅有的帕斯捷尔纳克鹤立于一代人中间。

黄昏，宛如玫瑰的侍卫，
长矛和腰带，挂在天空。
黄昏，又像玫瑰的乐师，
一头扎进竖琴和忧伤。

黄昏，玫瑰的侍卫，
迈向花枝蜿蜒的道路，
稍一迟缓，就把斜坡
遗落于骑士的披风。

夜晚勤勉，前来换岗，

---

① 俄国历史上的贵族世家，出过许多高官和军事家。

② 阿佩莱斯（Apelles），公元前四世纪下半叶的古希腊画家，以水胶原料在木板上作画，善于明暗配衬。“阿佩莱斯线条”一词喻指经过努力达到的完整精制。《阿佩莱斯线条》（1915）也是帕斯捷尔纳克早年未完成的一部小说。

两匹溜蹄小马，只骑着一匹。
一匹和另一匹，一起
裹进夜的昏暗的体内。

一匹和另一匹。踩踏蒿草，
褐红色的蹄印一闪即逝。
更向一重幽深。蒿草茫茫，
埋没它们身上的心跳。

（《黄昏，宛如玫瑰的侍卫》，1913）

这首诗写得不好，了无新意，但很有才气。天才的开场，往往难免于笑料，因为他试图套用在传统形式中的内容，过于新鲜和绚丽，而新的形式暂时尚未成型。然而，帕斯捷尔纳克的早期诗作仍不乏魅惑：譬如那不紧不慢的马蹄声的绝妙音韵（“一匹和另一匹”①的复沓，有节奏的断续），由棕红到暗红再到深褐色的鲜明色调，还有宜于咏唱中世纪的黄昏的神秘；纯粹的印象主义，但确乎已是自己的风格。洛克斯断言，该诗主题是情色的，它主要表现在诗的后两节。一言难以蔽之——也许他的看法没错，既然有人能从诗中读出任何含义，直至世界体系的竞赛。这里也许真的包含着情色——“一起裹进夜的昏暗的体内”，它可能影射床笫之事，但也可能是夜幕垂落。洛克斯读到这首诗正当青春年少，一个少年，恰好对任何事都能产生欲望的联想；而写这首诗的人也不过才十九岁。

帕斯捷尔纳克开始写诗的缘由只有一个。如果说这不是他内心世界唯一的，起码也是最可行的调理方式。连贯地读一读鲍里斯早年致亲友和恋人的书信，便不难发现，其间绵密的语流堪称奇景，而这也恰是他晚年对托马斯·曼乃至莎士比亚有所非议的原因：不善于倾听自我和找到唯一准确的词语。早期书信中的帕斯捷尔纳克情感过剩，晦涩难懂，他本人则为之而自豪。大约两年间，诗歌作为一项最明朗、最有条理的活动，将他从男孩变成男人——不妨对比一下1912年的信件与1914年他从乌拉尔写给父母的信。他起初的那些信件有如西摩·格拉斯寄自童子军夏令营的冗长、乏味

① 原文为 тот и другой，读起来具有一定的音韵效果。

的家书(塞林格作品里有这样一个人物,集中了一切美德,他的天马行空像极了早年间的帕斯捷尔纳克)。① 帕斯捷尔纳克能就任何话题高谈阔论,譬如他的儿子就曾引用过这样一封写给加夫隆斯基的信——看起来,这封信是写于《狂喜之诗》(由帕斯捷尔纳克所热爱的阿尔图尔·尼基什担任指挥)在圆柱大厅的例行演出之后,并没有寄出去:"就好像四位各不相同而信奉同一学说的圣徒凑在了一起:诊疗所的某个早晨,窗子里透出的惨淡的灯光;然后是这个早晨所亲近的贵族聚会上的布套沙发椅;旁边是全然不同的另一间大厅——枝形吊灯耷拉在它鬓角边,犹如充血的眼睛;最后是若断若续的穿堂风,徜徉在门户大开的事物之间:乐队和我们的要命的失眠之噩梦;你还记得它是怎样穿堂而过的吧!(……)可以想象,能够这样翻阅心灵的唯有冷酷之心,而它需要占有亲人的魂灵,人们要将这魂灵作为小册子或者纪念簿供奉给它:带着央求来供奉——千万别遗失其中的纸页,也别将它们翻乱。"这类信马由缰的漫谈与其说展现着魅力,倒不如说反映出一种精神约束的缺失;帕斯捷尔纳克很快就明白了这一点。是的,他其实从童年开始自己就明白了,只是受不了别人向他说起。他本来就应当听从于他自己。

2

1910 年,帕斯捷尔纳克与奥丽嘉·弗莱登伯格展开了某种戏剧般的交往。两人会面之后,他总是痛感自己思维杂乱无章。正如我们将在本书《探索之路》一章中所见,每个新十年的开端,对于他均是时间上的分水岭:一切从零开始,脱胎换骨,却又一波三折。他希望在 1910 年彻底地归于严肃、成熟和简明,希望找到同他遭受的所有波折完全对等的表现形式(这一问题的解决持续了整整四十年)。当奥丽嘉于 2 月末来到莫斯科,他把自己的想法告诉了她。早在 1908 年的一次问卷调查中,被问及主要性格特征时她就填写了"讲求事实"。她指的不是今天人们或许以为的乐观主义,而

① 西摩·格拉斯是美国作家塞林格短篇小说《哈普沃兹 16,1924》中的主人公,也是描写格拉斯一家的小说集《九故事》中的人物之一。

是具有实证性的清晰的思维（在同一项问卷中她写道，希望自己是禁欲主义者，生活在沙漠里，若不能如愿，那就做一名护士——1915 年，许诺变成了现实。她果真没有食言。还是就那次问询，她表示，在所有过失当中，她最不在乎的是有意识的过失，即完全了解事情原委而委曲求全的个体行为；由于这种对自己每一个内心活动的清醒、细致的剖析，她的书信和回忆便显得格外珍贵——严谨的学究气，曲径通幽的心理，如同另一位彼得堡女实证主义者利季娅·金兹堡的日记体散文）。

弗莱登伯格时常嘲讽帕斯捷尔纳克散乱的思维："今晚发生了一件会触动你心扉的事情（她结束了二月之旅，乘火车离开莫斯科。这是她于1910 年 3 月 2 日向他描述的旅途一幕——德·贝）：一个姑娘，一路上神情专注，保持着沉默，突然间开口了……话题居然是锡诺普战役[①]！！我想，要是躺在我铺位上的人是你就好了！你一定会对她口若悬河，发表什么维也纳家具优于软式家具之类的高见；而她也会滔滔不绝，用朗诵安德烈·别雷或萨沙·乔尔内[②]的诗篇来回应你……这该是何等美妙呀！……"她以少女固有的高傲，给女友写信提到他的书信："一张刻意'显摆'俏皮劲儿的明信片，但像往常一样，可怜的男孩总免不了弄巧成拙。"就在这张明信片里，帕斯捷尔纳克说他正在探望父母的路上，他们会住在波罗的海岸边梅列居尔[③]附近，他打算途经彼得堡时顺便看看弗莱登伯格一家。奥丽嘉的母亲，安娜·奥西波夫娜用戏谑的笔调模仿他回了信；他生气了，也就没有去看他们。不过，他终究迫切想与奥丽嘉面谈，于是一到梅列居尔，便给她寄去厚厚一封长信，"为了使你来这里的原本无可辩驳的理由更加充足。"她来了，彼此的疏远却未能改变。他煞费苦心，尽可能使自己保持冷淡，以为这样她才会喜欢，没想到她需要的偏偏是抒情。她让他"讲个童话小故事"——他避而不应；她想和他晚上坐在露台上——他大谈哲学，不瞅她一眼。"我本来会讲两只小狼一块儿唱起歌来，一块儿打转的故事（……）但我却不想讲；你知道，我当时凶巴巴的。"直到从海滨归来，鲍里斯和奥丽嘉之间才有

① 克里米亚战争（1853—1856）期间发生在土耳其北部锡诺普海湾的一场海战。

② 萨沙·乔尔内（1880—1932），俄罗斯诗人，以讽刺小市民习气见长。

③ 位于爱沙尼亚境内的海滨疗养地。

过一次敞开的交谈——漫长、严肃，而又充满柔情的对话。说起楚赫纳人①的车站名——布多果什，蒂科皮斯，两人忍俊不禁。后来，“蒂科皮斯”一词进入他们的私密用语，成为“行书”与“狂草”②的同义词，用来指称鲍里斯过于炫目的书信风格。从弗莱登伯格一家居住的彼得堡返回莫斯科时，帕斯捷尔纳克一路上都在信中称那几昼夜为“一生中最可怕的昼夜”。他因为极度思念表妹而煎熬：纵然心有灵犀，怎奈虚无缥缈。他渴望与她无休止地交谈，于是寄给她一封洋洋洒洒却又不知所云的信。事实上，帕斯捷尔纳克的语汇极具主观性——他赋予词语以专有的含义：“我曾经对你说过，正如我认为的那样，比较的目的就在于解除客体所依赖的生活或科学上的需求，进而使之获得自由的本质；纯粹的、清除了其余成分的创作使奴役现象另易其主；经由如我们所体验的因果关系的属性及命运的必然性，创作会将这些奴役现象转至另一种从属状态，它们注定依赖的不是命运、客体和现实生活，而是另一个对象，它绝非只是作为一种假定而存在，既然我们感受到一切稳定的事物变为不稳定，客体与行为发生质变，感受到对于惯常之物的全然不同的另一种本质性依赖……”紧接着，他又寄去第二封信，为上封信表达歉意——篇幅缩短了三倍，而意思至多清楚了两倍。奥丽嘉回了一封清晰易懂的长信，要求不必专门为她苦寻辞藻——“用自己的话来写吧”，还答应他可以随意同自己交谈，但不能以偏执的方式亲近她。她提醒鲍里斯：他想见到的不过是想象中的她，而她则是另外一个。她更像是一个成年人，无疑，也更为成熟；不可思议的是，当这位二十岁的姑娘提笔写道，她了解生活——“我了解，你要相信，非常了解”——居然有人真的会相信她。帕斯捷尔纳克一本正经地回应了她：“你更年长，你更强大。”四十年后，这句赞誉由她返还给了他。

帕斯捷尔纳克的回信更长，更主观。他在其中陈述了他的中篇小说处女作的构思，主人公便是列林克维米尼。一位年轻音乐家通宵达旦地写作，处于“纯粹的精神迷狂”，突然想起来要小便——只是寥寥数语——这是一个早晨，一个内急难忍的时辰；小便之后，他去买面包，手稿留在了窗台上。

① 旧俄时期对芬兰人的蔑称。

② 在俄语中，蒂科皮斯（тикопись）、行书（скоропись）及狂草（дикопись，非通用词汇，在此姑且译为“狂草”）都包含 пись（书写）这一词根，读音相近。

纸片飞散,落到各种不同的人手里——其中的一个,觉得音乐家的思想晦涩难懂,对他本人的思考却不失为动力。过了一年,列林克维米尼(给奥丽嘉的信中还不叫这个名字)偶然见到了“他的手稿的抄本,内容扩充了许多,简直不是抄本,而是它的对立物”。这是极为典型的帕斯捷尔纳克式的情节:重要的不是让读者对你的观点信以为真,而是要以创作的激情和强大的创造力感染读者——即便遇到个人的对立物,那也是源于你的催发。

他的父亲与母亲一同拜访了住在彼得堡的弗莱登伯格一家。从父母那里,帕斯捷尔纳克却未能得到任何有关奥丽嘉心境的详情:“……似乎这不是一些人,而是一堆蔬菜,注定要被连续不断地从一个地方搬运到另一个地方。而植根于泥土、在泥土中滋长则是帕斯捷尔纳克的天性;是的,正是这样一种天性。”奥丽嘉抱怨他沉湎于长篇大论的书信,不来看她,他则怨她不能前来,反倒嘲讽那些信。她的严厉——故意装出来的一副严厉姿态——深深刺伤了他。在一封信中,他向她诉说牙痛之苦,她冷冰冰地回复:“既然牙痛,那就拔掉。”他仿佛要为自己辩白一般,在随后的信中写道,发痛的是智齿,长得好好的,所以这应该是神经上的疼痛。奥丽嘉,显然是别有含义地说,一颗健康的牙齿被拔掉总是好事,因为这样就能战胜两重疼痛:神经痛和对牙齿的依恋之痛……就这样,他们终于在1910年拔掉了那颗“健康的牙齿”:通信长时间地中断了,表妹的讽刺令帕斯捷尔纳克无所适从,他断定自己压根儿不会与人相处……他想到彻底改造思想意识的必要性,在一段时间内,不让自己再考虑艺术,因为他的艺术构思并没有给奥丽嘉留下任何印象。正是从1910年夏秋之交开始,他的思想发生了转变:他决定近期内多研究哲学,少关心文学。1912年6月30日,他写信向她解释说:“我下定决心,要改造自己的思想意识(……)为的是更加接近于‘彼得堡’。虽说这个想法持续没多久,但我初步采取的严格措施已经确定了我的自我改造的大方向……这样一来,我便断然解决了萦绕在心间,难以表达的苦闷。”

从奥丽嘉的信中,他未能看出对任何不相干的读者都清晰可见的——被刺伤的女性的自尊。他无法相信,有谁竟然会觉得他本人的个性比他的哲学构思更有趣;他被这样的迷误牵制着,走了很远。

第四章　镜中人：奥丽嘉·弗莱登伯格

1

像玛丽娜·茨维塔耶娃和阿利娅德娜·艾弗伦①一样，奥丽嘉·米哈伊洛夫娜·弗莱登伯格也是帕斯捷尔纳克永远的对话者，或许还是其中最好的：她没有茨维塔耶娃式的自由放任，她比阿利娅更加善解人意，她和帕斯捷尔纳克相识整整五十年，其间始终保持书信往来。弗莱登伯格的见证之所以格外珍贵，是因为她深爱帕斯捷尔纳克，又几乎处处与他不相容。他只要浮想联翩，刻意冒出三两句空洞的哲理，她便恪守思维的谨严，较真到底；他只要思如泉涌，她便浓缩精华。她所研究的对象——关于希腊人之苦厄，也正好符合她的悲剧观念。在这方面，她倒是与帕斯捷尔纳克有几分相像。然而，如果说帕斯捷尔纳克出色地揭示出共同命运中的悲剧成分，并加以高超的刻画，其目的在于尽量低调处理个人命运中的悲剧成分，如果说他的所有文字都在避免怨言，努力从自身境遇中探寻尽可能多的财富，那么弗莱登伯格则不明不白地完全失去了做一个幸福与感恩之人的清晰感受力。她的世界，尤其在三四十年代，简直一团漆黑：起先是迫害，然后是围困和母亲的疾病——半年之久瘫痪不起，母亲去世后，她万念俱灰，寂寞无以排遣，同文学和学术的隔绝令她生不如死。与帕斯捷尔纳克交往俨然成了这个世界的一线微光，但即便从表兄身上，她也时常得不到理解和心灵的回应。帕斯捷尔纳克周围所有真正聪明的女性，或早或晚地都受到他的感染，学会了在孤独与饥饿中关注风景，在形形色色的谎言和堕落中保持本色，一句话，在不幸中做幸福的人，“在沸水中越来越好”，就像他的自我剖白。在他看

① 阿利娅德娜·谢尔盖耶夫娜·艾弗伦（1912—1975），茨维塔耶娃的女儿，散文和诗歌译者，回忆录作者，与帕斯捷尔纳克关系密切。下文中的阿利娅，系阿利娅德娜的昵称。

来，任何事物都不比“生活的真理”更虚假。

与帕斯捷尔纳克通信时，茨维塔耶娃对旧日的创伤耿耿于怀。弗莱登伯格像她一样，也强调个人与他人命运中的不幸，而且这种感受越发沉痛，越发近乎病态。帕斯捷尔纳克对她的赞赏是艺术家式的，对她的刺激则如外人一般无所顾忌。“我一直期待着来自鲍里亚内心深处的消息：获得救助的隐秘希望不由自主地同兄弟兼朋友的名字联在了一起，因为他根本就不在乎死神对我们这些生者的掌控。但是当我读到他从契斯托波尔[1]寄来的带有风景描写的书信时，才终于明白了自己的迷误。不，拯救无处可得，也无人可以指望！他的信客观地评述了意气消沉、惘然若失的情绪。就像在革命初期，信中也有干爽的天气和擦洗过的旧钱币似的敞亮心境。”

帕斯捷尔纳克本人对此也十分清楚：正是在那封来自契斯托波尔的动人书信中，他提醒表妹，也提醒自己：“我给你的信有些言不及义，而且我觉得（这种感觉从来都不会有错），你会怀着冷漠和疏远来读它。”怎么可能不疏远呢？1942 年 7 月，围困的第二个夏天，弗莱登伯格在遭受狂轰滥炸的围城中服侍着生病的母亲！她一直以为，帕斯捷尔纳克能做点什么（所有向他求助的人不知为何都这样以为）。他可以找人疏通，把他弄进列宁格勒城里，然后为她和母亲搞一张出城的邀请函，再带些食物来——这有什么呢！他毕竟有活动能力，当时也在为自己张罗着去莫斯科的邀请，这件事他曾经提到过！然而，一切都落空了。她得到的只是一份有关他内心变化和契斯托波尔生活的报告。

写给奥丽嘉·弗莱登伯格的信，堪称弥足珍贵的史料；如今，当这些信件被完整地出版时，我们可以看到，作为自我中心主义者的帕斯捷尔纳克对于见证世界的兴趣远远大于见证他自己，而他所爱的通信者则专注于描述个人思想与个人苦难，其详尽程度远远超过对于她的时代与城市的描述。个人的内心世界和亲身经历的悲剧将她阻挡在自然与历史之外，有时还包括她的对话者。然而，这里显现的差异与其说是气质上的，不如说是美学取向上的：每次面对新的考验，弗莱登伯格都甘于自始至终的承受，在任何方面都试图“直达本质”，正如帕斯捷尔纳克对她所期望的那样——当时他羞

---

① 俄罗斯西南部城市，位于伏尔加河最大的支流卡马河左岸。

于书写怨言，他喜欢向对话者和读者陈述的是“工作、道路的寻觅和心灵的迷乱”，而不是凌辱、恐惧抑或良心的苦痛。

我们来比较两个片段——分别摘自她和他的书信。1942 年夏天，奥丽嘉·米哈伊洛夫娜的女友请她前去庆祝生日。那是窒闷的一天，无人愿意乘车出行。为避免陷入消沉，她强迫自己离开家门。“电车开过来了。一位苏联公民想冲上车，他使劲儿一推搡，我就脑袋冲着马路栽倒了。脑门儿径直磕在路面上。那位公民，感谢上帝，终于上了车。车站越来越空，有人害怕地俯下身来向我低语，但谁也没有来救我。我意识到的第一件事就是感觉自己还有意识。然后——我是不是还有眼睛。有。我浑身是血，站了起来。只见我的血淌了一地。一个念头冒出来，刺痛着我：妈妈！我无论如何都应该赶回家，而不是去医院。我走着，血流着。血浸透手绢，滴在外衣上。我爬上台阶。家近在咫尺。我冲进浴室，在里面对妈妈说我摔倒了。然后才出来，走到镜子跟前。哦，真可怕！我看见鼻梁上端有一个大洞，里面——是我的额骨(……)我躺了很久。我得了脑震荡，为我调理和治疗的既有心理医师，也有外科大夫。”

帕斯捷尔纳克是怎样回复的呢？“亲爱的奥丽娅！我为你的来信而震惊。你可真够幸运的！伤口也许完全愈合了吧？哎—呀—呀，你看你！大概是从反方向跳下车去的吧(这是济娜①常有的习惯)。她向你和你妈妈致以衷心的问候(……)你找一下《青年近卫军》杂志 4—5 期，上面有我的哈姆雷特②。您可能会感觉不习惯，不喜欢它的单调、平淡等等。”

就在这种不合情理的情形下，帕斯捷尔纳克居然还在营造着幸福：说到底，这终究不是一桩凶杀惨案！想象一下，时年五十岁的奥丽嘉·弗莱登伯格——从有轨电车上跳下来，天哪，竟然还是从反方向！无疑，他这是在开玩笑——试图用自己的方式来分散病人的注意力；病人对此却并不欣赏，而这大概也影响了对译作应有的热评。在随后的信中，帕斯捷尔纳克极为诚恳地询问：“要么，你兴许真的不理解我对自己和对你的玩笑，所以你才感到伤心，对吗？”

---

① 帕斯捷尔纳克第二任妻子济娜伊达的小名。
② 指帕斯捷尔纳克翻译的莎士比亚剧作《哈姆雷特》。

应该想到，她确实伤了心。

然而，一旦触及严肃的话题，无论恼恨、误解还是气质上的差异，全都消退了。在他最亲近的人中间，没有谁不对他抱有诚挚的爱：这种爱经得起考验，它似乎是唯一的活生生的情感，留在了他表妹那僵冷、干枯的心中。就这样，她一生都在凝视他，就像凝视1903年夏天的那张照片：奥勃连斯克的夏日，两个十三岁的孩子。鲍里亚身穿白色竖领衬衫，腰间扎着皮带，诡秘而略显几分无赖地啃咬着手指甲，奥丽娅站在他右边看着他，一副崇拜与期望的神情：他又在想什么主意呢？

2

我们略谈一下她的学术研究工作。奥丽嘉·弗莱登伯格感兴趣的首先是题材与体裁之间的关联，其次是基本文学体裁的起源（悲剧、民谣及抒情诗的产生），再次是“徘徊”于各民族中间的诗歌主题形成的原理：它们在不同时代的加工整理的特点、在某些或另一些国家的编创规律，以及在表述方面的特殊手法。就此意义而言，她比任何人都更接近于帕斯捷尔纳克，因为作品的组织结构对叙事情节的依赖性恰好是她所研究的问题之一，而帕斯捷尔纳克也始终认为，结构（或者用他喜欢说的一个词，“构成法”）几乎在任何文本中都至关重要。

奥丽嘉·米哈伊洛夫娜·弗莱登伯格是一个不幸的女人——男人般冷峻的头脑和刚直的性格（坚持真理正是这种性格的主要特点）使她注定不可能幸福。无论对帕斯捷尔纳克还是对她自己，弗莱登伯格都坦诚之极，她不造作，不伪装，胸无城府。她的思维是学究式的——她所敏感的事物，帕斯捷尔纳克往往连想都不想，因为艺术不是他的课题，而是事业，看那蜈蚣想来想去——行动时究竟先迈哪条腿？——说不定还是待在原地不动。不过，对她的论著，他则予以诚挚而热情的赞扬。

从1932年开始，弗莱登伯格担任列宁格勒大学古典文学教研室主任，被迫从事她不喜欢的组织工作，主要是调解领导之间周而复始的残酷斗争，向那些对科研一窍不通的人汇报情况……整个四十年代，她都处于严重的抑郁状态，一再表示自己被生活欺骗，不再为他人所需，不再怀有什么愿望……跟她相比,帕斯捷尔纳克则显得风华正茂。1950 年,她被逐出大学。1954 年,她得了重病,第二年就去世了。帕斯捷尔纳克没有参加她的葬礼,他向来很少参加葬礼。对他而言,仿佛任何人都不会死去。

奥丽嘉·弗莱登伯格和母亲在一起度过了一生,因而也就没有出嫁,到了五十岁的年纪,干脆是什么都无所谓了:叶甫盖尼·鲍里索维奇·帕斯捷尔纳克经常回忆起她那不高的虚胖模样,穿着单调而寒酸,但是她的屋子,与她的衣装一样,依然规规整整,那座彼得堡寓所的"洁净与寒气",宛若当年,留在帕斯捷尔纳克的记忆中。

奥丽嘉·弗莱登伯格是联结帕斯捷尔纳克童年、家庭与亲友的最后一个环节。在极度绝望、精神几近崩溃的 1935 年,帕斯捷尔纳克投向她寻求帮助。她的同事和学生也同样求助于她:她是冷静与坚毅的化身。帕斯捷尔纳克总是尽力讨她喜欢。他似乎高估了奥丽嘉的自我保护能力,对她的自信也看得比实际更高。而对自己所有的文学成就——在困守围城、常年照料母亲和工作沉重乏味的情况下依然著书立说——她最看重的便是与帕斯捷尔纳克之间的交往,亦即她的偶尔让帕斯捷尔纳克振作起精神的三言两语,亦即他在与她的交流中涌现的许多思绪和情节的脉络。

第五章 "谢尔达尔达"

1

1910 年前夕,帕斯捷尔纳克家里发生了龃龉。父母不满意长子放弃音乐,没有人觉得他搞文学是正经事,而关键问题则是,据弟弟亚历山大回忆,这时的鲍里斯与家人渐渐疏远,他越来越沉迷于自己的兴趣,大家对此却知之甚少。他试图自食其力,给人补习功课,居然被公认为模范辅导老师。

哲学专业学生康斯坦丁·洛克斯成了帕斯捷尔纳克最亲密的朋友。他们时常一起参加希腊文学讲习班。洛克斯住在大马厩胡同,根据其在回忆录《十年纪事》中陈述，他“热爱这个时代风景如画的莫斯科”。他与帕斯捷尔纳克第一次会面是在1909年，而密切过从则始于1910年，正值托尔斯泰从亚斯那亚·波良纳出走之后不久。当时整个俄罗斯都在追觅托尔斯泰的行踪。11月1日，位于沃兹德维冉科大街的弗拉基米尔·索洛维约夫宗教—哲学协会召开了一次例会，别雷准备在会上宣读题为《陀思妥耶夫斯基的创作悲剧》的报告，但从一开始，托尔斯泰就自然而然地成了唯一的话题。“列夫·托尔斯泰在俄罗斯原野上！”别雷感叹道。勃留索夫怀疑地望着别雷。大多数听众都觉得他像是一位善于模仿癫狂的文学魔法师（若想界定其发明创造的真实范围，需要一代新人的到来）。自少年时代，帕斯捷尔纳克就景仰别雷，这大概是因为，他从后者身上感受到了彼此之间的渊源：混沌、宽广和创作的激情，还因为别雷来自莫斯科的教授之家，来自帕斯捷尔纳克同样成长于其间的那些“少男少女们”。别雷寻求诗歌与散文的合成，这对帕斯捷尔纳克同样是主要的形式命题（而这一切，帕斯捷尔纳克也同他一样，都经过严肃认真的“哲学研究”才诉诸笔端）。不管别雷的言行多么怪诞，帕斯捷尔纳克——众人眼中同样的怪人，一生始终崇拜他，当别雷去世后，他与朋友（鲍·皮里尼亚克[①]、加·萨尼科夫）一起合写了悼文，文中将《交响曲》[②]的作者称为天才。

讲坛之上是扭动身躯、手舞足蹈的别雷，科斯佳·洛克斯捕捉到了帕斯捷尔纳克投向讲坛的兴奋目光，从他的眼中，洛克斯发现了“某种狂野的、孩子般的喜悦神情”。“方才从沙赫马托沃[③]赶来”的勃洛克也朝人群投去了一瞥。从这一天起，帕斯捷尔纳克与洛克斯几乎形影不离——只有年轻人才以这种方式交往。不过，帕斯捷尔纳克尚未给任何人看过自己的诗。他认真钻研哲学——从休谟到康德，还去听古斯塔夫·施佩特[④]的讲座，他

---

① 鲍里斯·安德烈耶维奇·皮里尼亚克（1894—1938），著名俄罗斯作家，在苏俄早期文学发展中占有重要地位。

② 安德烈·别雷四部系列文集的合称，它们分别是：《第二部：戏剧交响曲》（1902）、《第一部：北方交响曲》（英雄曲，1904）、《第三交响曲：回归》（1904）和《第四交响曲：暴风雪高脚杯》（1908）。

③ 位于莫斯科州，这里有勃洛克家族的庄园。

④ 古斯塔夫·古斯塔沃维奇·施佩特（1879—1937），俄罗斯哲学家、心理学家，曾执教于多所欧洲大学。在苏联政治“大清洗”中被处决。

们之间同样保持了多年交谊；施佩特的孙子、年轻的米沙·波利万诺夫是玛丽娜·巴拉诺维奇①的女婿，而玛丽娜同帕斯捷尔纳克的交往始于二十年代，曾经为他整理和誊抄过长篇小说（《日瓦戈医生》）文稿。施佩特的孙女阿廖娜，离婚后则改嫁给了帕斯捷尔纳克的长子。在当时的莫斯科知识界，大家彼此知根知底。“并非世界狭小，而是圈子不大”，他们自己打趣说。莫斯科的大宅子、赏析音乐的母亲们和舞文弄墨的父亲们，早已随风而逝；圣诞的节庆、结伴而行的别墅度假、相互爱恋、终生的友谊、散漫与朴素的日常生活，也都不复存在。同样的生活与同样的节庆——在伊达·维索茨卡娅的府邸也曾经有过（当然是更富裕）：彩色冰激凌、娱乐节目、舞会、换装打扮、猜谜游戏、女人的万种风情……从各方面来说，这都是一个中间阶层：既非上流贵族，也非普通贵族，大多数是受过教育的犹太人、律师、医生和经营各种事务的代理人，但也正是他们构成了所谓知识分子阶层。有别于普通贵族的是，他们不从事创作，因为缺乏创作的根底；真正进行创作的是他们的后人——帕斯捷尔纳克、曼德尔施塔姆、阿赫玛托娃、卡塔耶夫②、左琴科③。苏联历史上也有过这样一代人——这完全是“第二代知识分子中的稀罕人物”，他们生来便受到文化的浸染。六七十年代的苏联文化堪称辉煌，其创造者是“头戴土灰色钢盔的政委们”的子辈，也就是苏联知识分子的第二代。他们有过同样的新年枞树，同样的别墅与爱恋。当然，相对于帕斯捷尔纳克那个时代人们的生活方式，苏联的总体生活状况已是今非昔比——就拿苏联学校与沙俄第五中学的教育大纲来说，后者的历史教育是大学水准，学生同时还要学习拉丁语和希腊语。创造文化的终究是“第二代”，是自命为“后起之秀”的年轻人。帕斯捷尔纳克欣赏这个群体，喜欢其中的新人，喜欢他孩子的这些同龄人独有的特征；正因为如此，在五十年代，他的朋友基本上都是忘年交。他那永恒的少年气质最终在类型学上得到验证。

---

① 玛丽娜·卡季米洛夫娜·巴拉诺维奇（1901—1975），俄罗斯翻译家，以翻译法国作家圣埃克絮佩里的作品著称，艺术天分极高，有人称之为“《日瓦戈医生》最好的读者”。苏联“地下出版”（самиздат）的创立人之一。

② 瓦连京·彼得洛维奇·卡塔耶夫（1897—1986），俄罗斯诗人，戏剧家。

③ 米哈伊尔·米哈伊洛维奇·左琴科（1895—1958），俄罗斯作家，以讽刺和幽默见长。

处于一个敏感好动的群体中，任何冲动都会在瞬息间扩散开来。正是在这种情况下，帕斯捷尔纳克加入了名为“谢尔达尔达”的社团，此举对他的一生影响深远。社团的名称似乎取自阿尔卡季·古里耶夫（“诗人兼男低音歌手，”按照帕斯捷尔纳克的说法）曾经在伏尔加河上听到的一个词。有一艘轮船当时已停泊在码头，另一艘随后靠拢过来，它的乘客只有穿越前一艘轮船的船舱才能上岸。他们提着行李，人挤人，东西挤东西，整个儿乱作一团，陷在原地挪动不了。就在这时，古里耶夫听见有人说出了“谢尔达尔达”这个词……这种欢快、忙乱的气氛同样笼罩着他们的社团。“谢尔达尔达”（帕斯捷尔纳克本人称之为“醉汉的群落”）的核心人物是年轻诗人尤里安·阿尼西莫夫。

2

1910 年 11 月 7 日，托尔斯泰在阿斯塔波沃去世。帕斯捷尔纳克父子俩立即乘坐夜班火车，从帕维连茨克车站赶往这个几天以来扬名世界的小站。在《人与事》中，帕斯捷尔纳克用专门的篇章记述了托尔斯泰之死。他有意将两次事件混在一起：别雷的报告（也就是他与洛克斯成为好友的那场）与他本人的题为《象征主义与不朽》的报告。但事实上直到很晚（1913 年 2 月 10 日），在另一场集会上，帕斯捷尔纳克才宣读了题目让人费解的报告《美学文化与艺术象征主义问题研究小组》。与其说这是记忆的差错，不如说是帕斯捷尔纳克将他本人的报告看成了对于别雷的直接继承。为延续艺术的美好本质、艺术家与造物主的平等权利等问题的探讨，他把这两个夜晚和两篇文字重叠在一起。

11 月 8 日，帕斯捷尔纳克父子已经来到阿斯塔波沃。索菲娅·安德烈耶夫娜①一见到列昂尼德·奥西波维奇，便抱住他放声大哭，他自己也哭得动不了画笔，只完成了一张托尔斯泰遗容的小幅速写。“天哪，我在想，这件事情居然把一个人，而且是托尔斯泰的夫人，折腾得如此不堪，”帕斯捷尔纳克回忆道。托尔斯泰故去后，托尔斯泰主义者们（与托尔斯泰精神最

---

① 索菲娅·安德烈耶夫娜·托尔斯塔娅（1844—1919），托尔斯泰的妻子。

不相称的人，按照帕斯捷尔纳克的说法）与他夫人之间的争讼才是最令人震惊的：甚至死去的托尔斯泰也被他们争来抢去，从一个“部落”拖向另一个“部落”。帕斯捷尔纳克之所以在1956至1957年间的随笔中提及这一幕，是因为在当时，独立于一切“部落”（乃至民族）之外对他至为重要。他要揭示那团团包围着托尔斯泰的人间百态，而五十年代，他也身陷同样的困境：“那天，车站所在的小镇阿斯塔波沃变成了全世界新闻人士麇集的热闹营地。站上的小吃部生意红火，服务生一溜小跑地分送着嫩得带血的煎牛排，他们手忙脚乱，简直无法满足顾客的需要。啤酒流成了河（……）托尔斯泰就像一位朝圣者，沿着那个时代的俄罗斯道路徒步走来，终于，他自然而然地停下来，在路旁安息了。”当然，这一情景也是帕斯捷尔纳克个人生平的一种暗示——提前为自己寻找一块安息之地，就在铁路边上，在别列捷尔金诺，再加上他小说里经常出现的来往的列车。我们还会提及铁路在帕斯捷尔纳克笔下的寓意。这是历史宿命的永恒象征——艺术家在它附近的某个地方歇下脚来，以便审视它……却终究不可企及。

帕斯捷尔纳克本人逐一点评了俄国几位天才人物的主要特点：“莱蒙托夫的激情，丘切夫的意蕴，契诃夫的诗意，果戈理的色彩斑斓，陀思妥耶夫斯基的想象力”；而托尔斯泰的卓绝禀赋则在于“创造性的洞察的激情”，以及对每一现象饱满的特写。这使得托尔斯泰的行文具有格外的新鲜感——这也是帕斯捷尔纳克本人毕生之所求：对他来说，这种知觉上的新鲜感恰好来自那些彼此相悖而又奇异地凑集在一起的特征。文字的饱满，按照帕斯捷尔纳克的观点，在诗歌中只有借助隐喻与形象方可实现。这是“追赶大自然”的唯一方式。帕斯捷尔纳克被托尔斯泰学说中开阔而自由的思想所吸引：正是对基督教自由、大胆的解读才将他引向托尔斯泰后半生所走过的道路，引向质朴、叛逆与逃离。

除了逃离，帕斯捷尔纳克实现了其余两点。茨维塔耶娃在最初写给他的一封信中曾经说过，不排除他在晚年会有诸如遁入修道院之类的离奇举动，而他即使活到八十岁，也有可能从别列捷尔金诺——逃向乌拉尔或格鲁吉亚。他最终会在那儿停留下来，摆脱平庸与世俗，做一个中立主义者，从此不再离去。

3

帕斯捷尔纳克是在洛克斯引导下加入“谢尔达尔达”的。起初，他在那里的身份是音乐家。当大家前来聚会时，他即兴弹奏大钢琴，模仿每个人到来时的样子。社团活动的参加者们回忆他的“奏鸣”，理解他的人寥寥无几，但那略显狂野的、快乐的、惊人的乐调却给大家留下难忘的印象。帕斯捷尔纳克后来回想起那些醉意的春夜，通宵的畅谈、阅读和“用时代语言”讲述的古怪玩笑，令他备感温馨。不过，他还没有向别人展示过自己的诗歌，只有洛克斯和施蒂赫除外。他们两人都很推崇他的诗。“渐渐地，我的眼前开始浮现出某种罕见的、异乎寻常的天才的轮廓。这些诗既不像勃留索夫的，也不像勃洛克的，诗文中偶尔会冒出些熟悉的语句，含义则全然不同。虽然诗的象征主义显而易见，却夹杂着另外一些成分，别具一番意义。意义体现于诗歌形象的相对性和假定性，形象背后隐藏着整个世界，但这种假定性却服从于自然主义的细节处理，诗歌因此熠熠生辉，有如散落在路上未加工的金砂。”洛克斯回忆道。

这大概便是作品留给旁观者的印象。在了解帕斯捷尔纳克晚期创作的前提下，我们今天读这些诗，自然不难发现——哪里是金砂，哪里是砾石。但人们当年还难以分辨面前究竟是新的独树一帜的天才，抑或勉强说得过去的泛泛之辈。

1911 年初，帕斯捷尔纳克得了严重的猩红热，卧床休养两个月，病愈后认不出莫斯科了：他觉得街道变宽了，人们——更有活力了。疾病一向是他作品的核心问题。在帕斯捷尔纳克的价值体系中，照料病人——是基督之爱的最高体现之一，而他的情书和抒情诗的主要话题之一，居然是氯化汞和消毒的气味。在他发烧期间，母亲用氯化汞擦洗屋里的地板。当他自己的儿子热尼亚生病时，他也曾用氯化汞清洁衣物，防止把猩红热传染给济娜伊达·涅加乌斯的孩子。他有一组题为《疾病》的诗，写的是 1918 年冬天因流感引起的幻觉。他一般很少得大病，倒是牙痛（1929 年他被迫做了颌下囊肿手术）、结膜炎、肾炎、失眠和关节炎的周期性发作令他饱受折磨；五十岁那年，他染上脚气，吓得慌了神，差点跟记者们说起这档子事……病情越严重，他就越是坚强地忍受，什么莫名其妙的毛病，他都赋予其“厚重”的意义。在他去世前抱病期间，他的忍耐力让护士们感到惊诧。在他抒情诗的宇宙中，痊愈的幸福比疾病（尽管它作用巨大——通过它，我们可以触及新的、几乎是彼岸世界的经验）更重要：

突然间，千百座医院里
冒出了出院的气息……①

二十世纪的俄罗斯诗歌中还有比这更好的春日复苏的景象吗？1911年，卧病两个月的帕斯捷尔纳克第一次来到户外，他的世界也同样复苏了。也正是自1911年春天起，他步入了职业作家的生涯。

关于他如何写作，亦即方法问题，我们知之不多。草稿没有保留下来——直到临终前，他都持守着一条原则：“不必制造文献”，这是在生命最后一刻的总结，他却从最初的写作就开始遵循。他有某种最无害的纵火癖——执着于创新的他，喜欢用炉火焚烧那些表示往日无助与迷惘的物证。大部分早期诗作的手稿都佚失了，草稿更是被无情地销毁。对于帕斯捷尔纳克的遣词造句，我们只能根据他旧作的新版来判断：1928年，他曾试图重新誊写自己几乎所有的作品，他所追求的与其说是字迹清晰，不如说是语义直白。他早期的文字确实有些玄奥，但这从不是故意或下意识的结果。维亚切斯拉夫·伊万诺夫，他年轻时的朋友和爱思考的对话者认为，帕斯捷尔纳克的风格是即兴式的，正如他在音乐方面也更喜欢即兴发挥——有关即兴问题，他写过一首题为《大钢琴即兴曲》的诗。我们知道，它有两个版本——1915年版和1946年版，后者为战后的文学晚会而作，经过了大幅度的删减。帕斯捷尔纳克几乎随时具有即兴创作的能力，而不需要借助任何特殊的条件。只要沉浸于各种触动他的联想，他就会立即让它们活起来。马雅可夫斯基在走动中创作，行走的节奏使他受益；普希金喜欢躺在床上写；勃洛克经常在夜间满城闲逛，经过不眠之夜，他的创作才最有成效。无论什么时候、无论拿什么来书写，帕斯捷尔纳克总能进入状态。他不用笔记本，不会在单个诗句上煞费功夫，如果哪句写得不好，就随手把整个诗节替

---

① 引自帕斯捷尔纳克《雨》（1917）。

换掉。起码在年轻时他是这样写作的；当然，到了人生的成熟期，他也开始讲究文字的润色，书写成为一项劳作，而非单纯的即兴发挥。成熟的帕斯捷尔纳克不但摆脱了抒情诗的掌控，反而使之受制于他；但即便这时候，他完成一首诗的时间也很少超过三个钟头。不过，偶尔他也会在诗的长短上琢磨许久，而一旦确定下来，进展就十分迅速。阿赫玛托娃写诗，总是低声呢喃，就像对自己吟诵。曼德尔施塔姆用声音检验诗句，他一边半闭双眼，一边哼唱曲调，每一句都经过长时间的斟酌，所以他的诗有时可以分解成一堆语句的积木，而联结它们的韵律就未必严整，经常直接是动词的韵脚。帕斯捷尔纳克一般不会出声地吟诗，他跟曼德尔施塔姆的不同在于，他的思考不是以单个诗句，而是以大的诗段来展开。成熟期的他用词精简，但手法没有改变：在帕斯捷尔纳克的世界里，基本单位不是语汇，是语段。他仍然像从前一样出手利落——《人有名气不见得光彩》一诗四十分钟以内就写完了。还有三条规则保持不变：鲜明而具体的视觉形象永远是创作的诱因，它的进一步展开，形成诗的内在情节；只有掌握事物总体的"构成法"，即大体知道它将以何种方式终结，才可以动笔；散步过后是最佳工作状态，即兴创作的灵感不是来自室内，而是来自街市或者别列捷尔金诺的森林。在创作过程中，帕斯捷尔纳克喜欢喝最酽的茶，但没有茶也无所谓；他抽烟，但也可以不抽；他无法忍受书桌上摆满杂物，桌上不能有任何多余的东西，像勃洛克一样，他也喜欢禁欲主义式的室内陈设，几件家具和几本书足够了。

4

《我陷入静默的沉思》《黄昏……宛如玫瑰的侍卫》《石子路的贝多芬》《二月》《春天，你让人两鬓湿潮》《春天再次在太阳穴跳动》是帕斯捷尔纳克的初露头角之作——还有日后收入《云雾中的双子座》的最早一批诗歌。

在一篇谈论抒情诗的可读性的出色随笔中，法兹尔·伊斯坎德尔①打比方说，阅读帕斯捷尔纳克的早期诗作，感觉就像与一个烂醉而有趣的人交谈。再没有比这更恰当的比喻了。成熟期的帕斯捷尔纳克对自己早年的诗

① 法兹尔·阿布都洛维奇·伊斯坎德尔（1929—2016），俄罗斯阿布哈兹族诗人。

风持否定态度:"'双子座'和'障碍'①当中向文学同仁所展示的一切,可能会让他们满意——糟糕的是,我将陷入这些被动的适应而无力自拔,即便我抽身离去,也难以找到一条合适的道路(哦,对此我是多么清楚!)。因为担心被视为幼稚,担心在文坛上处于孤立,当时我所寻求的恰恰是我自己违心地反对的。离心机②和未来主义便由此而生"(1928 年 6 月 19 日写给叶甫盖尼娅·帕斯捷尔纳克的信)。他后来经常提到,他早期作品中所有坏的东西,全都归咎于未来主义,这并不是要把一部分过错推给勃布罗夫和阿谢耶夫③——要说后者对帕斯捷尔纳克有所影响,那简直荒唐可笑,因为阿谢耶夫的文学禀赋比帕斯捷尔纳克差得太远。当然,帕斯捷尔纳克也厌倦了勃布罗夫的领袖至上主义,以及他一味迎合时代变化而对内在节奏不加调整的做法(这种内在节奏同历史时代相称与否,正是帕斯捷尔纳克在成长中所关注的主要问题)。过错不在于阿谢耶夫或者勃布罗夫,而在于他本人过多的疑虑、妥协的倾向和担心在文坛的孤立……后来,他尝试过重写这些早期诗作,着力增加了文字的准确性与紧密度——有的成功了,有的则过犹不及。他在 1928 年校订的某些作品效果极佳(当年,扎波罗茨基④也曾修改其《报栏》,希望其内容更合乎情理,却适得其反),但大部分根本无法改变原貌,因为这些诗取材过于单薄,只能对它们采取修补,反而破绽百出。

今天,人人身穿大衣,
树丛间雨滴沾湿衣襟。
但他们谁都不曾发现,
阴雨又一次令我沉醉。

马林果向后仰起叶片,
叶子背面银光熠熠;

---

① 指帕斯捷尔纳克的两部诗集《云雾中的双子座》和《跨越障碍》。

② 俄国未来派的一个文学团体,详见本书第八章。

③ 尼古拉·尼古拉耶维奇·阿谢耶夫(1889—1963),俄罗斯未来派诗人。

④ 尼古拉·阿列克谢耶维奇·扎波罗茨基(1903—1958),俄罗斯诗人。《报栏》是扎波罗茨基第一部诗集,1929 年正式出版时,因内容超前,手法新奇而遭到舆论界恶评,被称为一部"恶意攻讦之作"。

今天，太阳忧伤如你，
太阳如你——北方女人。

哦，何等快乐，当枝叶繁茂，
婆娑作响——饱食虫与蜜，
当胸肺和细雨微笑
汇集成临别的呼号。

今天，你身穿毛皮大衣，
篱笆门在我们身后抖颤，
你我浊酒一杯的情谊，
还有什么可以代替。①

这首诗有许多勃洛克式的语句，譬如“阴雨又一次令我沉醉”，表述则是帕斯捷尔纳克式的，看上去蹩脚而造作（瞧，既然不停歇的阴雨已经令人沉醉，何必还要再来一次）；诗中也有与别雷相似的“呼号”、美妙但不正确的句式“身穿大衣”，以及声音响亮的“虫与蜜”，而这里所指的究竟是何种虫类则语焉不详，只能去猜想了。

他写得很多，似乎不费力气。在他的早期诗作当中，几乎没有任何按照标准抒情模式造就的东西——没有不幸的爱情、生命的夭亡、青春的告别、致命的预感之类……只有绵密的语言现象，漫过边际，超越了诗行和语句的界限：“我明白生活的目的，并且珍视目的本身，这一目的——就是要承认，我再也无法忍受同什么四月之间的和解。”青春年少的煽情，有时是如此滑稽：生活的目的，居然是要承认自己同四月无法和解！这些夸张言辞的背后，当然隐藏着作者的迷人形象，但也可能，作者尚未找到足以让他狂放的理由。至于说马雅可夫斯基，则完全是另一种情形，自一开始他就具备充分的理由：人世间的戕残、对纷纭琐事的痛苦体验、对漠视一切与伤害一切的世界的仇恨。而以夸张的风格书写和解与感恩，在俄罗斯诗歌中则不曾有过。

① 引自帕斯捷尔纳克《今天，人们身穿大衣》（1913，1928）。

1910到1911年间,帕斯捷尔纳克一家人最为忧虑的问题是:在日常与实用意义上,他未来的人生何去何从,譬如他将如何谋生。这一问题成为他与父亲之间产生分歧的原因:鲍里斯总是在探寻什么;列昂尼德·奥西波维奇担心,儿子的“探寻”会妨碍他所认为的主业,也就是工作。鲍里斯口口声声说要发现自我,这被父亲称作“夸夸其谈”,艺术家仿佛从中看出了某种类似于时代痼疾的东西——空谈压倒传承,宣言取代创造。列昂尼德·奥西波维奇认为,艺术面临着两大威胁(他果真是先知先觉):未来主义的离经叛道和“艺术世界”①的仿古之风。他对它们怀有同等的激愤。事实上,所谓“艺术世界”,其原则后来导致了艺术沦为庞杂的后现代主义教条,而以布尔留克直至拉里昂诺夫②为代表的未来主义,其改造世界的方案也绝无好的结果,它们分别成为二十世纪两个可怕的极端:前者拒斥进步,后者以人类生活的创新为牺牲品。到二十世纪末,这两股潮流在一定程度上已经演化为“资产阶级—自由主义的”与“保守主义—革命的”潮流,二者都给艺术造成致命的影响。帕斯捷尔纳克父子向来不相信宣言:两人都认为,所有流派的创立都是以迎合大众为目的,而不是为了艺术的发展。鲍里斯·帕斯捷尔纳克说过,按照派别划分诗人,就好比按照开口大小对气球分类(《若干原则》)。列昂尼德·奥西波维奇的担心是多余的:抽象思辨和高谈阔论确实是鲍里斯发现自我的一种形式——他习惯于出声的思考,他的许多对话者对此都记忆深刻;他觉得最简单的思想表达方式就是书信或交谈。他的多方面的天赋在生活中暂时未能得到发挥;1911年,他写下纪念克莱斯特③自杀身亡一百周年的第一篇随笔,文中提到了这一话题——有人天赋超群,找不到用武之地,而时代离开天才却照样流转。1911年夏天,他从莫斯科给远在敖德萨的母亲写信,直言不讳地说:“每一次灵感无论对于你还是爸爸,都是这种生活中继续前行的动力……我却因生活中一些重要事物的威迫而远离

① 十九世纪九十年代末成立于俄国的艺术团体,自1898年起开始出版同名刊物,1924年解散。

② 米哈伊尔·费奥多洛维奇·拉里昂诺夫(1881—1964),俄罗斯先锋主义画家。

③ 亨里希·冯·克莱斯特(1777—1811),德国文学史上最有争议的作家之一,作品中带有非理性的浪漫主义倾向。著有剧作《破瓮记》《洪堡王子弗里德里希》等。

生活。”

1911年4月,父亲任职的绘画学校主楼左翼将要被拆除。大院里准备盖一座公寓楼;帕斯捷尔纳克一家搬到沃尔洪卡街,列昂尼德·奥西波维奇在那儿分得一套房子。帕斯捷尔纳克在沃尔洪卡时断时续地住到1938年,最后才得到作家楼的一套住房,位于拉夫鲁申巷。5月,留学英国的伊达·维索茨卡娅来到莫斯科短期休假。帕斯捷尔纳克去了维索茨基家在索科利尼基的别墅。伊达的家人对他不冷不热,他自个儿白费心思,差点把伊达当作自己的正式未婚妻。这家人说,鲍里亚随便写点艺术的玩意倒是块材料,但并不适合从事艺术。茶厂老板们——尤其是家里有太太或小姐学习哲学的——可谓艺术皮毛的行家里手!帕斯捷尔纳克数年后嘲讽道:在艺术创作上他唯一缺乏的,就是尽可能远地躲开维索茨基一家的运气。

5月,弟弟舒拉中学毕业。夏天,帕斯捷尔纳克全家动身前往敖德萨大喷泉:母亲和女儿先到,安顿好所有事务之后,父亲和儿子也赶到了。在夏天的这两个月里(大雷雨的夏天,经常是雨加风暴的天气,不能游泳),帕斯捷尔纳克写了一篇关于克莱斯特的文章,草稿打好了,但不准备发表。从一开始,克莱斯特就吸引着他。在他心目中,这是一位十分执着、锐意进取的大师。他的死并非由于软弱,而是由于不愿向堕落和放纵的时代妥协。文章的草稿有厚厚一摞,散放在别墅二楼。

8月,他返回莫斯科,整个秋天,强化了哲学方面的学习。除大学学业之外,帕斯捷尔纳克还参加了《缪斯革忒斯》①杂志社举办的社团活动,其核心人物是安德烈·别雷:活动中经常宣读有关象征主义、艺术家神秘使命以及最新艺术潮流的报告。后来,在《人与事》中,帕斯捷尔纳克列举了“缪斯革忒斯”小组最杰出的成员,他提到费奥多尔·斯特普恩——著名哲学家,侨民,布尔什维主义最坚定的反对者;艾米利·梅特纳——《缪斯革忒斯》的创办者,文学与音乐评论家;鲍里斯·萨多夫斯科伊②,此人不太认可帕斯捷尔纳克的诗,却很欣赏他本人。参加小组的人形形色色,就连疯癫的艾

---

① 希腊神话中阿波罗的别名之一,意即缪斯的领袖。《缪斯革忒斯》是俄国象征主义者于1910年在莫斯科创办的一份刊物,1917年停刊。

② 鲍里斯·亚历山德罗维奇·萨多夫斯科伊(1881—1952),俄罗斯作家,文艺评论家。

利斯（科贝林斯基[①]）也位列其中——他的相貌引人注目，鼓凸的双眼异常疯狂。假如帕斯捷尔纳克当时就与他来往，便有可能通过他而结识茨维塔耶娃姊妹[②]，因为艾利斯是她们家的座上客，如此一来，他一生中关键的诗歌友谊便会提早许多，可他偏偏看不惯艾利斯，原因是不喜欢其乖张的个性。

作为哲学研究者，帕斯捷尔纳克的主要兴趣是现象学（为他讲授胡塞尔[③]的是施佩特）和历史哲学。他还打算报名参加物理—数学小组，以便掌握莱布尼茨[④]的研究方法，这体现出他一贯的勤勉精神和对现象学的探究之心。然而，他的主业已经转向文学。正是在1911年，帕斯捷尔纳克与谢尔盖·勃布罗夫相识，此人对他一生产生了决定性的影响。有人认为他们是在1912年夏末相识的，当时帕斯捷尔纳克已从马堡返回莫斯科，阿尼西莫夫[⑤]等人正在莫尔恰诺夫卡街筹建文艺社团，但无论勃布罗夫本人，还是在《人与事》中回忆此事的帕斯捷尔纳克，都称他们的交往始于1911年，在“谢尔达尔达”最初几次聚会上。

勃布罗夫（1889—1971）——真正的世纪之子：对知识界的任何新鲜事物，他无不兴味盎然。他写诗、随笔和幻想类的小说；遭到过流放，尝试过许多门手艺，在文学史上留名，主要得益于大众化的童话读物——他的《双角魔兽》曾经是爱好数学的中学生案头书。在创作初期，他被毫无来由地称作“俄罗斯的兰波”[⑥]：他的诗大部分都不好，就像大多数出色的组织者一样（达维德·布尔留克的诗同样也不堪卒读）。另一方面，勃布罗夫性情火

① 列夫·利沃维奇·科贝林斯基（1879—1947），俄罗斯诗人，宗教哲学家。艾利斯系其笔名。

② 玛丽娜·茨维塔耶娃的妹妹阿纳斯塔西娅·茨维塔耶娃（1894—1993）也是一位作家，1921年，经由别尔嘉耶夫和格尔申宗推荐，加入当时的作家协会。1924年6月23日，帕斯捷尔纳克在写给妻子的信中说：“玛丽娜·茨维塔耶娃有一个妹妹叫阿纳斯塔西娅……她聪明过人。她本人也是作家，只写散文……如今她沉湎于宗教信仰，甚至将玛丽娜的诗歌创作也视为罪孽……我的一些最朴素的观点也遭到她激烈而雄辩的反对。”

③ 埃德蒙德·胡塞尔（1859—1938），德国哲学家，现象学创始人。

④ 威廉·莱布尼茨（1646—1716），德国天才的数学家、哲学家，微积分的创始人之一。被誉为十七世纪的亚里士多德。

⑤ 尤里安·帕夫洛维奇·阿尼西莫夫（1886—1940），俄国诗人，翻译家。1913年，与阿谢耶夫、勃布罗夫及帕斯捷尔纳克等共同创办了名为“抒情诗”的诗人社团与杂志社。

⑥ 阿尔蒂尔·兰波（1854—1891），十九世纪法国著名诗人，早期象征主义的代表人物。

爆，总是一副随时向人挑战和论辩的架势，他拳打脚踢地为自己开辟了一条文学之路；作为引领潮流的领袖人物，他过着应有的刻板生活。他与阿谢耶夫的交往始于1910年，对后者的嗜赌成性颇为恼火。帕斯捷尔纳克的狂热气质，他却十分欣赏：“突然间，这个不顾莫斯科的彻骨严寒，身穿一件单薄披风的怪异少年出现在我的生活中。我刚刚想起和期盼过的一切，他即刻就能领会（……）鲍里亚到来时偶尔神情忧郁——父亲生气，母亲伤心，因为他至今也无法给自己弄份差事来干。”然而，帕斯捷尔纳克身上却“闪耀着某种盛大的乐观主义的光芒，这恰好与他的气质彻底吻合。他在各个方面都才华卓异，根本无人企及……”勃布罗夫向他朗读自己的和阿谢耶夫的诗作，他则答应有朝一日读一下他本人的，但直到1911年秋天，才首次向勃布罗夫和阿谢耶夫读了最早期的几首作品，其中包括《二月》：

二月。蘸上墨水禁不住哭泣！
书写二月，要放声痛哭，
当冰雪融化，泥浆轰响，
燃烧黑色的春天。

花六十戈比，租一辆马车，
穿越祈祷钟声与车轮呼叫，
飞驰着奔向倾盆大雨
比墨水和泪水更猛烈的地方。

在那里，千百只白嘴鸦，
仿佛焦黑的梨子，
从树上坠入水洼，
把枯愁倾注眼底。

愁伤之下，黑土解冻，
风被叫喊声穿透。
诗歌在痛哭中成型，
越偶然，就越真实。

这首诗为帕斯捷尔纳克日后进入一切“诗选”打开了大门。他自认为这是他第一首成功的诗作，创作时间标注为1912年，但是按照洛克斯和勃布罗夫的说法，此诗第一个版本其实在1911年就已出现。随后的情形与马雅可夫斯基向达维德·布尔留克朗诵《夜》大致相仿。马雅可夫斯基对布尔留克长期隐瞒了其诗歌创作，后来终于读了这首早期诗作，事情同样发生在1911年——他没有想到，赞美之词会像骤雨般落在身上。“啧啧，您居然……是一个天才的诗人！”在《我自己》一文中，马雅可夫斯基不无讽刺地回忆起当年的一幕。帕斯捷尔纳克从勃布罗夫口中听到的也是类似的话语——起先要求把诗慢慢地再读一遍，然后是兴奋的欢呼：“自己的！自己的东西！几乎什么都不像，奇异的、非凡的、某种愚拙的、扭曲的怪物，伸出强健的手掌，将猫似的不安分的语言强行锲入诗歌……”勃布罗夫同样也肯定了诗中的表现力和形象性；帕斯捷尔纳克的这些诗句确实在呐喊——因为幸福，也因为苦于无法找到合适的词语。“越偶然，就越真实”这句口号曾被解释为帕斯捷尔纳克早期创作的原则，有人因此也将他同大名鼎鼎的兰波相提并论。兰波说过，思考得越少，写得就越真实。但这绝非什么创作原则（因为即便是早期的帕斯捷尔纳克，用词也十分讲究），而是对某种罕有的特殊诗歌状态的归纳，这首诗便是为此而作——它在描述创作的沉默如何被打破，以及头脑中闪现的每个词语如何在刹那间成为唯一的真实。一般情况下，帕斯捷尔纳克根本不会坚持以“偶然性”为原则——说到底，《二月》恰好是一首少见的含义清晰的诗。洛克斯认为“黑色的春天”出自安年斯基①，勃布罗夫则觉得“泥浆的轰响”不可思议。但事实上，当车轮碾过污浊的路面时，确实会溅起泥浆，发出轰响！二月，黑色的春天，“开初的时节”——帕斯捷尔纳克以此来命名他全部作品的第一部分②——所有这些感受编织出他最早的诗作：它们因过剩而令人窒息，一切都紧紧地积压在一起，仿佛包裹在含苞欲放的花蕾中。眼看就要喷涌而出。“只有疯狂的弗鲁别里才想得出如此奢华、美到极致的诗篇，任何关于它的语言都是如此贫乏。今天晚上，温馨而又深厚的友情将我们三个联在了一起。”

---

① 英诺肯季·费奥多洛维奇·安年科夫（1855—1909），俄国诗人，剧作家。

② 作为帕斯捷尔纳克最早一部诗集，《开初的时节》收录作者写于1912—1914年间的诗作共计十四首，其中包括《二月。蘸上墨水禁不住哭泣！》《今天，人们身穿大衣》《冬夜》等。

这三个人——阿谢耶夫、勃布罗夫和帕斯捷尔纳克，全都在二十世纪的疾风骤雨中保全下来，追踪他们走过的道路，确乎发人深省。1959 年，将近半个世纪之后，他们的会面——同样是三个人——说来是可行的，却未必有实现的理由。早在三十年代，阿谢耶夫就与帕斯捷尔纳克闹翻了，说白了是出卖了他：阿谢耶夫不能原谅帕斯捷尔纳克离开“列夫”①，后来又斥责他的“政治冷漠”与“脱离现实”。当然，就事实而言，两人关系的破裂是出自他的臆想，确切地说，是由于妒忌，因为他不可能不懂得双方交往的分寸。帕斯捷尔纳克真诚地希望与他和好，却遭到难以消泯的仇恨。当阿谢耶夫五十岁生日到来时，帕斯捷尔纳克试图表示友好，参加了 1939 年 2 月的庆祝晚会，夸赞了他那些在报纸上被痛骂的战争诗（他被贴上典型的苏联式的标签：“和平主义分子”）——战后他们却几乎没有任何过从，到了五十年代，干脆不再碰面，仅仅通过双方的崇拜者、年轻的安德烈·沃兹涅先斯基②来了解彼此的情况。三十年代初，帕斯捷尔纳克与勃布罗夫也差点分道扬镳——勃布罗夫责怪他不该同前妻分手。然而，两人仍保持着交往。1933 年，勃布罗夫被流放，1934 年，他的妻子找到帕斯捷尔纳克，要他向斯大林说情。帕斯捷尔纳克当时尚未从他与领袖之间就曼德尔施塔姆的谈话中回过神来——他似乎觉得自己的行为不够坚强，当勃布罗夫的妻子要他给“上边儿”打电话或写信时，他只有表示拒绝：我不能够，现在我的处境这般尴尬，我去说情只会把事情搞砸，那边儿对我没有任何的信任……事实上，关于他有门路的说法都是言过其实：他公开承认，布哈林同他倒是关系不错！勃布罗夫大概也知道那些传言的虚实，但还是不肯谅解帕斯捷尔纳克未能帮忙；对于鲍里斯·列昂尼德维奇在曼德尔施塔姆一事上的所作所为，最激烈的反应恰恰来自谢尔盖·勃布罗夫。他们的最终决裂发生在 1956 年，勃布罗夫对《日瓦戈医生》态度冷漠，而且居然对帕斯捷尔纳克与奥丽嘉·伊文斯卡娅的关系说长道短。帕斯捷尔纳克无法容忍任何人侵害自己晚年的这两件“圣物”！最终索性在五十年代断绝一切旧交，就像从身

---

① “列夫”（ЛЕФ）（1922—1929），“左翼艺术阵线”的简称，前身是未来派，主要成员有马雅可夫斯基、阿谢耶夫、克鲁乔内赫等。

② 安德烈·安德烈耶维奇·沃兹涅先斯基（1933—2010），俄罗斯当代著名诗人。详见本书第四十七章。

上撕去一块令他难受的皮肤。

尼古拉·阿谢耶夫是这群人里最像所谓“职业诗人”的一位，他在1911年之前就已写下并发表了许多作品。帕斯捷尔纳克觉得他的诗具有非凡的音色与和谐的韵律（或许这种韵律是他的诗歌中最持久的特点，甚至在三十年代，当他开始书写谄媚之辞时也不例外）。这个比所有人对政治都更冷漠，而自主性依稀尚存的人，这个沉溺于抒情颤音，以“利连”①来命名其早年文集的人，为何在攀附权势的“列夫”之路上比所有人走得都更远？这当中自有一番逻辑：他素来喜欢顺从于更强的自主性。卡塔耶夫在《钻石王冠》一文中称他为随从者，确实如此：他主要充当的正是随从的角色。起初是勃布罗夫的左右手，后来则是马雅可夫斯基的。这种意志薄弱的品格将他一生同奥克桑娜·西尼亚科娃②牢牢地联在一起，五十年代，他一度挣扎着想要离开，等她向单位领导汇报之后，却又不敢了。看起来，阿谢耶夫就是这样一种人，几乎拥有成为诗人的一切……除了个性之外。

1911年，帕斯捷尔纳克与伊达·维索茨卡娅之间仍然书信频繁，但他自己发现，她的形象仿佛渐渐模糊了。他们应当会面，但他暂且振作一下精神倒也无妨。于是，他独自一人的第一场重要的国外旅行浮现于脑海，并且在1912年春天得到实现。母亲给了他旅费。这个家庭谈不上特别富裕，可罗扎利娅·伊西多洛夫娜认为，长子之所以神不守舍，就是因为与恋人的离别。旅行之余，马堡也能激发他在哲学上的兴趣——由于专注于写作，他对哲学已经越来越淡漠了。

当时，马堡学派在哲学方面也许并非最强，也并非最有名气；它被认可的强项仅限于某些特殊领域。赫尔曼·柯亨③是当时犹太社会的中坚力量，作为一个信仰坚定的犹太人，他认为，只有犹太人才能理解他（他甚至不允许其他人给自己画像）。维索茨基一家对他奉若神明。在俄国

① 利连（лирень）一词应是阿谢耶夫自创的词汇，由竖琴，诗兴（лира）和丁香（сирень）两词组合而成。

② 西尼亚科娃家共有五姊妹，对当时的苏俄文艺圈颇具影响，奥克桑娜是其中之一。详见本书第八章。

③ 赫尔曼·柯亨（1842—1918），德国新康德主义马堡学派代表人物。

犹太知识分子当中，有些人可以尽情欣赏俄罗斯文学，出入俄罗斯剧院，内心却永远是犹太人的自傲，甚至达到病态的程度；帕捷斯尔纳克反感这种封闭的帮派作风，在他看来，把人完全简化为某一个民族，本身就是一种狭隘的思想，就好比“造型工人的铁箍”。但不管怎么说，柯亨已经“接受”他前来。1912 年 4 月 21 日，帕斯捷尔纳克终于动身前往马堡，以便弄清楚他是否真的倾心于哲学。母亲给了他二百卢布，这在当时是一笔不小的数目。

第六章　哲学研究

1

途经斯摩棱斯克时，帕斯捷尔纳克向父母写信称“学会了根据车厢里的气味辨认一路上经过的省份”。转眼之间，车窗外，波兰已然近在眼前：“这片仿佛出自斯拉夫构想的罗曼语之乡，从早到晚，从东到西飞驰着，一派夏日里的无眠景象。”（《安全保护证》）在德国边界上，帕斯捷尔纳克换乘另一列火车，于 4 月 24 日抵达柏林。这座城市与其说令他喜爱，倒不如说令他吃惊：看上去，大街上像是在实行某种强制性的战时状态。“柏林在我印象中是属于少年的城市。这些少年好像都在前一天得到了礼物：短剑和头盔，手杖和烟斗，真正的自行车和成年人穿的礼服。我一出站就遇见了他们，他们还不习惯发生在自己身上的变化，每个人却都为昨天得到的礼物而神气十足。”很快，他们将不会再有这么天真烂漫的神气——百年间两场空前的惨祸，将夺去他们的短剑和头盔，手杖和烟斗。

当天傍晚，他便坐上开往马堡的列车，一夜过后，第一次从路上望见了这座大学城，日后，他将以二十世纪最有名的爱情诗之一来增添它的荣耀①。“古远

① 即下文引用的《马堡》（1916，1928）。

的中世纪首次在我面前呈现。正如一切事物的原件,它的真实性既新鲜又可怕。”帕斯捷尔纳克以“如今已不复存在的短暂而欣喜的赞叹”来迎接这个中世纪。《安全保护证》里有许多这类伤感的玩笑,当然,其中伴随着他的低语:“我的上帝!”

马堡——面积不大的大学城,位于法兰克福以南一百三十公里。从帕斯捷尔纳克当年直至今天,它几乎没有变样,只是在 1972 年,出现了一条帕斯捷尔纳克街。这当中包含着某种深远的象征意味:唯独在沃罗涅日,才有一条以彼得堡人曼德尔施塔姆的名字命名的街道①,而莫斯科人帕斯捷尔纳克的街道,唯独在他学习过三个月的地方——马堡(在所有俄国留学生当中,他是唯一获此荣誉者,尽管罗蒙诺索夫②也曾在马堡学习过,但提示这段历史的不过是大学灰色墙面上一块纪念标牌而已)。整个城市充满浓郁的德国式中世纪哥特风情:巨大的古城堡矗立在山坡上,城堡内院里刻着一幅三米长的浅浮雕,上面有两位骑士永远吞吃着石雕的野猪,漂亮的酒馆女招待则永远把石雕的啤酒斟入硕大的石杯;大学主楼由切削粗糙的石块修筑而成,楼内门窗上还保留着十七世纪的彩花玻璃,城里有许多中世纪早期的教堂,而大学本身也已经度过了七百年的岁月。

旅店费用高昂,却令人印象深刻:据帕斯捷尔纳克晚年回忆,它就像是威廉·豪夫③童话里猎人们的聚集之所(甚至在 1959 年,他收到兴高采烈的马堡居民向祝贺他获得诺贝尔奖的来信,在回信中,他依然怀恋这座旅馆:城里的人们当年都把他看成自己人)。他只能向寡妇爱丽扎·奥尔特租下一间简陋的屋子,就在古森堡公路边上。有两星期时间似乎从他的生命中溜走了,因为他即刻转向了新的生活:在俄国时,4 月还未结束,来到这里,已是繁花盛开的 5 月。5 月 9 日,帕斯捷尔纳克报名参加了柯亨的讲习班。尼古拉·加尔特曼偶尔讲授新时期哲学史,讲授逻辑学的是柯亨的学生纳托尔普,柯亨本人讲授美学。每逢星期一和星期五,学派领袖人物都要

---

① 为纪念曼德尔施塔姆在沃罗涅日的三年流放(1934—1937)。流放期间,诗人创作了一系列名诗,收录在诗集《沃罗涅日诗抄》中。

② 米哈伊尔·瓦西里耶维奇·罗蒙诺索夫(1711—1765),俄国百科全书式的科学家,教育家。1755 年创立了俄国第一所大学——莫斯科大学。

③ 威廉·豪夫(1802—1827),德国童话作家,在创作形式上模仿《一千零一夜》和《十日谈》,作品被译成多种文字,广泛流传。

召集自己人内部的讨论会,讨论不仅在大学教室里进行,还按照古老的欧洲传统,在专门的"哲学咖啡馆"里进行:不同的系有各自不同的咖啡馆。有一家招徕哲学家的小酒馆坐落在山顶上,旁边是悬崖峭壁,仿佛"万丈深渊近在眼前"。老先生柯亨让帕斯捷尔纳克想起易卜生——头发蓬松的大脑袋,神情悲伤的眼睛。柯亨确实心境不佳,帕斯捷尔纳克恰好赶上他的最后一学期;1912 年 7 月 4 日,他将年满七十,正准备结束教学工作。柯亨的教学风格给帕斯捷尔纳克留下了非常深刻的印象:他先从学生那里得到可信的回答,然后就此提出疑问,再向全班学生征询另外的解答,直到他听完若干错误的答案之后,才证实最初那个答案的正确性。这是一种出色的教学方式,对于时刻质疑自己的帕斯捷尔纳克尤为可贵:柯亨教会他论证那些最为大胆的直觉正确与否,也教会他坚持自我。

如往常一样,帕斯捷尔纳克立即向所有目标冲去,其中甚至还包括管风琴培训,但由于学习管风琴的时间不够,才未能成为当地管风琴家伊恩奈尔的弟子。他喜欢上了这里的一切——上帝活生生地存在于城中,仿佛自路德时代起就再也不曾改变,还有中世纪经院哲学的辩论之声,不时地从课堂中传来。但他从到达马堡的第一天开始,就清楚地意识到,这座城市令他着迷,是因为美学,不是哲学;令他快乐,是因为艺术,不是思想;而他来到这里,也不是为了学习哲学,而是为了告别哲学。

在家信中,他捎带笔墨,不动声色地说起这些。他放弃了音乐,又要放弃全家人两年来对他寄予厚望的哲学,这会让父母大失所望,更何况他们一直在担心,儿子将来靠什么生活。永远给别人代课总不是办法。帕斯捷尔纳克小心翼翼地提到自己就要告别哲学的想法:"严谨的思考对我来说绝非难事。我可以找到通向它的路径。但我的困惑在于:它究竟是否为我所需。这里的自然界和这里的哥特情调造就了何等不言自明的艺术地位!如此遥远的旅行和柯亨本人如此稀少的授课——这些(……)都是剥夺我自由的因素。"他举出格林兄弟的例子,为自己逃离学术辩解——兄弟两人当初来到马堡学习法律,离开时却成了童话故事的搜集者。

"我总是在一个维也纳女人开的食堂那里用餐。这个维也纳女人理应得到花环……(很快,德国烹饪带给他的就已不仅是郁闷:正餐后的甜点里必不可少的大黄,味道令人作呕,甜点也像帽子一般难以下咽;加上"拉土豆的大车和洗菠菜的泥疗浴盆”——尽管他并不讲究饮食，可这种千篇一律的寡淡滋味，简直就像某种纪律，令他难以忍受——德·贝）这里的节日无休无止：前两天还有人在庆祝，不经意间，它就过去了，丝毫没有节日的气氛。我的窗前，有一群德国苦役犯正在把洋葱地变成水果园。这些犯人还都是肥嘟嘟的毛头小伙儿，不穿外衣，腆着肚子，戴着手表。看守他们的是一条老达克斯狗，还有马车上的一只丑陋的玩偶。我的上帝，这是何等的风土人情！星期天，我应该装出吃撑了的样子，躺下来睡觉，否则就可能被逮捕，因为我没有（他们那种）享乐的感觉。”

在他一生中，奇异的巧合如此之多：我们曾经引用过一封他从契斯托波尔写给奥丽嘉·弗莱登伯格的书信（1942年），信中也提到他的窗前被驱赶着干活的犯人。也许这正是命运的安排，要让他的窗前永远都有一群受驱使的苦役犯，从而时刻提醒他想到可能会有的同样遭遇，乃至全世界的受难；也许是因为他自己出于对受难的一贯的敏感，总是先把目光投向非自由，投向强制与暴力……在一封被引用的写于1912年5月15日的信中，包孕着后来发展成为纳博科夫柏林小说系列（包括《云、湖、塔》在内）的所有胚芽：从十五世纪原封不动地转移到二十世纪的市侩主义，起初还情有可原。很快，在日复一日的节庆背后，你就将发现半军事化的纪律约束，在享乐背后——发现压抑，在素来平静的欢乐背后——发现残酷和愚钝。帕斯捷尔纳克看待德国的态度，始终处于两个彼此交锋的极端：对复活的历史的欣赏，以及对其阴暗内幕的憎恶。在看守和只穿棉衣的苦役犯组成的玩偶世界里，对人的杀戮犹如假戏真做，归根结底却是一场牺牲者自愿参与并乐在其中的教化十足的真实戏剧——后来，在这个世界的启示下，纳博科夫写了充满离奇讽喻的荒诞小说《斩首之邀》。它不同于卡夫卡的哥特式幻想，卡夫卡的幻想与梅林克①的湿漉漉的布拉格街区相得益彰，纳博科夫笔下则是德意志的五颜六色、甜腻腻的滋味和单调而欢快的口琴的颤音。终日的吃喝玩乐和嬉戏欢笑、列队操练和服苦役，不久便让帕斯捷尔纳克感到反胃，直到四十年后，对于中世纪的“舒适惬意”（来自德语的“Gemüt”②——纳博科

① 古斯塔夫·梅林克（1868—1932），奥地利现代派作家。

② 名词，意思是“心情”“情感”“性情”等，还可在口语中表示戏谑，“津津有味地吃”；形容词gemütlich，具有“惬意”“舒适”之义。

夫使用“舒适”一词)的反感都不曾消除,它的印记清晰地留在《浮士德》的翻译中,留在污浊的奥尔巴赫地下小酒馆里:“谁不满意——就滚出去!塔拉—那拉—达!”[①]此外,从五彩斑斓的色调背后,他很快就学会分辨出中世纪那远非喜乐的可怕面容,还是在《安全保护证》中,他比许多德国人都更准确地预言了这一切:“从露台向那边望去,可以让人产生许多贴切的联想:汉斯·萨克斯[②]。三十年战争[③]。历史灾祸的昏昏然的冷漠天性。这些灾祸一旦降临,衡量它们的就不是几小时,而是几十年。冬天,冬天,连绵不绝的冬天过后,荒芜的世纪也过去了。在荒蛮的哈尔茨山区深处飘忽的白云下,像食人怪兽打了个哈欠,首次出现了一批新的居民点,它们的名称就像火灾之后的黑色废墟……”在《马堡》中,他将写下“黑死病的烈焰曾经燃烧在这骑士的屋檐下”。难怪他年轻时最哀伤的梦境会是如此:“大概,我在梦里哭了”,在《安全保护证》中他写道,“我梦见一片空旷的原野,有什么东西似乎让人隐约感觉——马堡被围困了。几个面色惨白、细高个儿的涅特里别克[④]人如大雁般排成一队,推着独轮车从我身边经过。那是世上不曾有过的一个昏暗时辰……”字里行间包含着怎样的乐音——昏暗的时辰,世所罕见!对于顺服与非自由的见证是何等锐利,何等伤恸,因为非自由充斥于整个马堡,甚至渗透到它的一砖一瓦。正如我们所见,这个幸福之人最擅长的便是洞察痛苦,以及比其他人更积极地承担这一由来已久的痛苦,即便在1912年,他周围的一切仍然是平平淡淡,波澜不惊。在马堡,一切受制于最严格的规程,按部就班地运转着,墨守成规的平庸做派也主导着当地哲学界。“我见到了这些有家室的学者;他们岂止是有家室,他们有时还会欣赏戏剧和洋葱的鲜美多汁;我想,雷雨天的戏剧性同样也能让他们着迷。是否可以再用三两句话来说说这些玩意呢?是的,他们并不存在;他们不会成群结队地出现在痛苦中。他们与创造活动不相干。这是一群信奉唯理智论的家畜。”最初的欣喜才过去两个月,帕斯捷尔纳克便在1912年7月

---

① 参见《浮士德》中文版,绿原译,人民文学出版社1994年版,第59页。

② 汉斯·萨克斯(1491—1576),文艺复兴时期重要的德国平民诗人,以歌唱形式反映宗教问题与世俗生活的民间歌手(Meistersinger)。

③ 奥地利哈布斯堡王朝与德国诸侯为争取欧洲均势于1618—1643年在欧洲进行的战争。

④ 此处“涅特里别克人”无可查考,应是帕斯捷尔纳克有意杜撰。

19日写给舒拉·施蒂赫的一封信中这样评论柯亨的弟子与同事。

难以解释他在马堡的整个经历,因为就连他本人也没有给自己一个明确的说法。他清楚地认识到,他的向往和作为都与他的初衷大相径庭,1910年的那个决定——规范言行,像矜持而纯洁的奥丽嘉那样使自己变得成熟——实际上是一个错误,是作茧自缚;哲学研究将他与他所爱的一切——关键是与他自己,割裂开来。"无论你们怎样费心操持,"他在6月8日的家信中写道,"我还是把自己的生活给彻底毁了,兴许出于书生意气,我开始全面质疑自己的一切优点。"马堡之旅尽管时间短暂,却对帕斯捷尔纳克的人生至关重要,因为他一生前二十年最麻烦的疙瘩解开了(或者说被斩断了)。从此以后,他与伊达·维索茨卡娅柏拉图式的罗曼史结束了,与奥丽嘉·弗莱登伯格的浪漫抒情永远变成了友爱,与哲学和康德主义世界观的关联彻底断绝,奇怪的是,就连对待犹太人的观念也完全改变了。帕斯捷尔纳克来到马堡时,还是一个兴高采烈的少年,离去时,已然是一个男人。

一切起因于帕斯捷尔纳克同柯亨不愉快的交往:他曾三次去面见柯亨,第一次没有遇到,第二次偏不赶巧(教授正在睡觉),第三次终于受到接待,却当即陷入尴尬。列昂尼德·奥西波维奇打算与妻子去德国(罗扎利娅·伊西多洛夫娜想去巴特-基辛根①疗养一阵),他让儿子去找柯亨商量,希望他能抽出哪怕一小时来摆摆姿势,以便为他做一幅画像;许多莫斯科留学生都梦想拥有他的肖像,以此纪念自己在康德主义重镇度过的时光。鲍里斯向柯亨转告了父亲的请求,后者却报以世俗的理解,误以为有人要硬塞给他什么画像,借此讨要几个钱;鲍里斯感到莫大的侮辱。误解很快澄清——柯亨的得意门生谢尔盖·鲁宾施坦,日后的苏联著名心理学家,安慰了鲍里斯:"在德国,很难想象这种艺术上的提议不带有谋财的企图。"鲁宾施坦向多疑的教授解释说,那个古怪大学生的父亲,是"知名人士,(他的)犹太身份无可指摘"——鲍里斯给父亲写信转述了鲁宾施坦的话。肖像这段往事,从头至尾都是典型的帕斯捷尔纳克式:莫名其妙的尴尬,自己一腔热忱,别人却是咄咄逼人的怀疑。但最让鲍里斯感到刺痛的不是柯亨怀疑他父亲——还不算太穷的莫斯科名画家别有用心,而恰恰是那种出于帮派意识

---

① 德国著名温泉疗养地,位于巴伐利亚州北部。

亦即本质上的世俗之见，不愿向任何人摆姿势，除了犹太人。这一切引起了帕斯捷尔纳克的厌恶。“我对整个这件事情都颇为反感（……）无论你，还是我，”他给父亲写信说，“我们都算不上犹太人；尽管（作为犹太人）这一幸福对我们所要求的一切，我们岂止是在自愿地、毫无难色地承担着（……）我们不仅现在承担，将来我还会继续，我认为逃避是可耻的；但我不会因为身上的责任而更加亲近犹太人。照你所知的那样去做吧。”这个有关人生困局的话题不止一次浮现于帕斯捷尔纳克的书信和思考：我们可以援引他在五十年后写给妻子的一封信，他一边抱怨帮派的狭隘与蒙昧，一边同样还会提到对此所应承担的责任；而在1935年致奥丽嘉·彼得罗夫娜的一封信中，他则期望护照上填写的那些程式化的空泛内容——出生年月、民族等等——能够被某种更本质的、足以说明其观念的东西所取代。他从不否认自己是犹太人，不会为消除分歧而卑躬屈节，他也不会拿别人的文化给自己脸上贴金，为此，他受到了某些研究者的非议，这些非议不仅来自俄罗斯民族主义者，也来自犹太民族主义者；他做好了准备，甘愿承受犹太身份的重负，他拒绝的仅仅是这一身份所能带来的好处。同样地，他也会竭力躲避以家族、邻里、同乡等等为名的其他任何帮派。他极度反感任何按照外在特征的分门别类。唯有个人选择的结果（总是戏剧性的），在他看来才是衡量事物的标尺。

赫尔曼·柯亨——潇洒、自由、极其主观的南德意志新康德主义学派代表人物（该学派被列宁鄙夷地称作“来自右翼的康德批判”）。帕斯捷尔纳克本人在《安全保护证》中对柯亨的学派这样评述道：“马堡学派有两个特点令我折服。首先，它自成一体，连根斩断一切，在一片空白之上建立起来（……）马堡学派不受术语惰性的制约，它凭借的是第一手材料……如果说一般的哲学谈论的是这个或那个作家在思考什么，而一般的心理学谈论的是普通人如何思考，如果说形式逻辑教给人的是应该怎样在面包店里思考，以免算错零头，那么马堡学派关注的则是科学在它二十五个世纪的连续不断的创造中，在世界发明的那些炽热的起点与源头，究竟是如何思考的（……）马堡学派的另一特点……在于它对待历史遗产的审慎与严谨（……）马堡学派熟知历史，它执着地从意大利文艺复兴、法兰西和苏格兰的唯理论以及尚未深入研究的其他学派的文献中汲取种种财富（……）独立自主和历史主义这两个特点根本无法说明马堡体系的内涵，而我也并不打算说明它的实质。”没有必要在此深入探讨这一体系（况且有多少德国教授，德国哲学中的这类体系就有多少）：总体来看，晚年柯亨所关注的基本问题是权利哲学，他探究“国家的自觉”这一命题，也就是将国家作为民族自我认知的工具加以思考。他认为，道德的最高体现，就在于理想国家制度的创设，如真理般难以实现的制度；此种国度不啻于乌托邦，个体权利可以忽略不计，所有人都被一个共同目标凝聚在一起，这使人联想到柯亨度过他三十六年教授生涯的马堡，他成了这里最主要的景观。按照柯亨的观点，伦理是意志的合理基础，权利则是伦理的法律表现，是社会福利与个体自由相互关联的调节器。帕斯捷尔纳克对权利哲学兴趣不大，在他心目中，重要的是历史语境的现实化，以及对待思想史的积极态度。在马堡，他感受到这种态度的存在，但说起来，其实并不值得为此而专程去一趟马堡：他原本就善于再现历史——按照符合于他的美学需求的尺度，将一生奉献于“被遗忘与尚未深入研究的学派”，并非他的理想。

最后，在6月中旬，他经历了人生中又一场别离：他同伊达·维索茨卡娅之间的关系了结了。顺便说一句，伊达的妹妹列娜远比她神秘莫测的姐姐更看重帕斯捷尔纳克。姐妹俩于6月12日抵达马堡，停留了四天。

2

《安全保护证》对这几天的记述模糊不清。“有人看见她们和我一起在大学课堂听课”，这表明作者本人也不记得究竟发生了什么；维索茨卡娅姐妹也没有留下详细的见证。尽管如此，这几天——从1912年6月12日到16日，却是帕斯捷尔纳克一生中转折的日子。他感觉到，自己正站在奇迹的门槛上，而且他以为，奇迹一定会实现，只要他能得到伊达内心的回应。1926年，他写信给父亲说，“整个大自然都对此报以同情，并为之祝福……这是不由自主、转瞬即逝和简捷明快的，就像健康与疾病，出生与死亡。”这个时刻“被她那愚蠢而不成熟的本能稀里糊涂地错过了……她本来不仅会成为个人幸福的主宰，而且还将成为整个活生生的大自然的主宰，在这个和下一个时辰、月份，或许还有——未来的年代”。整个活生生的大自然的幸福也跟一个名叫叶莲娜·维诺格拉德的女孩不期而遇,她同样未能接受帕斯捷尔纳克,而是抛弃了他,但最起码,她懂得他的价值。

帕斯捷尔纳克对于那些时辰,尤其是那些年代的感慨,显然是一种事后的夸张;伊达·维索茨卡娅永远不可能成为帕斯捷尔纳克夫人,更不必说成为他的贤妻——主要障碍是社会地位、精神境界和年龄上的鸿沟,他自己也有足够的理智,不至于不明白这些。数年后回忆她时,帕斯捷尔纳克承认了当年的困惑,他对她的迷恋居然如此狂热。当然,过错在于马堡……“早晨,我来到旅馆,在走廊里碰到妹妹。她看了我一眼,像是猜到了什么,没有跟我打招呼,便后退几步,进了房间,把我晾在了门外。我来到姐姐的房间,非常激动地对她说,不能再这样下去了,我请求她来决定我的命运。这一幕当中,除了一味的强求,没有什么新鲜的东西。她从椅子上站了起来,面对我袒露无余的似乎要侵犯她的激情,后退了几步。在墙角边,她忽然恍然大悟,想起世界上还有能够终止这一切的办法。她拒绝了我。过了片刻,走廊里传来一阵嘈杂的声音。有人从隔壁房间拖出了一只大箱子。”

难以想象帕斯捷尔纳克求婚的情景;更加难以想象的是,他竟然真的做了,而且是以传统的方式……像列文①一样艰难地表白:“做我的妻子吧”……在伊达的房间里,他大概还滔滔不绝地说了“不能再这样下去了”之类的胡话,紧接着——事情果真不能再继续下去了;她甚至未必明白,这就是求婚,而他则料到了她的拒绝,不是因为别的,恰恰是因为他完全不理解自己的意图。从帕斯捷尔纳克7月17日那天写给施蒂赫的信来看,她仅仅含糊地说了,也只能说的是“还没考虑好,没有经历过这种事儿,这么久以来一块儿长大”之类的话,也就是说,她觉得自己犯了过错,不该无缘无故地给他希望……总之,她想让他原谅自己。

正如他一贯的经历,每一场人生离合对于他都喻示着重生,随之而来的是命运的赐福:1912年6月16日,帕斯捷尔纳克成为诗人的日子。从这一天起,他有了自己第一个抒情的主题,有了从得失之间取舍的能力,以及汲取新思想和新力量的能力。引用《马堡》——同样饱经离合悲欢的马雅可

① 托尔斯泰长篇小说《安娜·卡列宁娜》中的主人公之一。

夫斯基喜爱的诗歌，是一种享受；据莉利娅·布里克[1]回忆，在为爱而痴狂的时刻，他便动情地用抑扬顿挫的声调朗诵这首诗——许多人会跟着他一起朗诵！

那天，我在城里漫步，
我牵挂你，排练你，就像
莎士比亚悲剧里的外省演员
把你从头到尾背得烂熟。

是的，这当然是他向恋人如痴如醉的宣泄；他原本也可仿效帕斯捷尔纳克，纵声喟叹："这是我的阴雨天！"[2]……然而，对他而言的终结与不可或缺的悲剧背景，对帕斯捷尔纳克却永远是开端，甚至几近于节日。《马堡》——帕斯捷尔纳克作品中乐观主义的安魂曲，最后一首则是四十年后的《八月》：不是结束，是开始，不是悲恸，是重生的幸福。

我颤栗着。我燃烧，又熄灭了。
我的心狂跳。我刚刚求婚了——
可是已晚了，我胆怯了，我得到的——是拒绝。
她的泪，多么可惜！我比圣徒更有福。

我来到广场。我可以算是
重生之人了。每一桩琐事
依然生动，并从它逝去的意义中升起，
我却不知被置于何处。

石子路烧化了，街道黑黝黝的
额头，鹅卵石皱着眉
注视天空，风像船夫
在椴树间划桨。一切似曾相识。

① 莉利娅·尤里耶夫娜·布里克(1891—1978)，俄罗斯文学家，马雅可夫斯基的红颜知己。
② 此句见于帕斯捷尔纳克《这是我的，这是我的，这是我的阴雨天》(1917)一诗。

但不管怎样，我还是逃离了
那些目光。它们的致意，我视而不见。
那些财富，我也不想知道什么。
我终于脱身了，以免放声痛哭。
…………
“走，再走一步”——本能吩咐我，
就像一位年老的哲人，用智慧引领我
穿过炽热的树木、丁香花与激情，
迈向那童贞的不可逾越的芦苇丛。

这首写于二十六岁的诗歌，已经是一首非常成熟的杰作，正因为它已经具备了他喜爱的死而复生、失而复得这一内在主题。诗中运用了天才的音韵表现手法——“本能”“哲人”“童贞的”“丁香花”“情欲”①——接连不断的辅音 c 和 ст，仿佛树叶簌簌有声，枝条婆娑作响；节奏也极为出色，描摹出人的蹒跚学步、举止艰难的样子——“迈向那童贞的不可逾越的芦苇丛”，完全是由非重读的音步堆叠而成。

诗中所述是怎样的本能？无疑，这是真实可信的生命本能，重生的本能：为了再次降生，必须再死一回。帕斯捷尔纳克心里清楚，他不会得到认可，反而将遭遇某种拒绝。这一本能——晚年诗作所表现的“对于人生离合的迷恋”，准确无误地向他提示了他在这三个月间所做的一切；事实上，6月 16 日那天，沿着马堡的石子路，在丁香花与晒热的树皮散发的气息中，独自漫步的已然是另一个人。不该就这么让姐妹俩离开！帕斯捷尔纳克一下子跳上她们的柏林特快列车的踏板。姐妹俩目睹了这一幕，冲向最后一节车厢，乘务员正在那儿训斥帕斯捷尔纳克；她们赶紧往乘务员手里塞钱，鲍里斯被允许继续乘坐这趟列车直到柏林。到达之后，他找到一家廉价的旅店住下（那些体面的饭店都将他拒之门外，因为没带随身物品和证件），一夜泣不成声，第二天，便坐上早班列车返回马堡了。归根结底，他的哭泣更像是因为幸福，因为周遭的情境无不使他触景生情。

---

① 在俄语中，这几个词汇均包含辅音字母 c 或 ст。

我究竟害怕什么？既然我熟知失眠，
就像熟知语法。谁能摆脱——谁便得救。
理智吗？可它——却像月亮之于月夜狂①。
我们是朋友，我不是装它的器皿。

帕斯捷尔纳克说的没错：他与理智确实"是朋友"，当需要阐释或内省时，头脑总是在为他效劳，但它控制不了帕斯捷尔纳克的行动，更不必说诗歌。这是怎样的理智，当他跳上最后一节车厢的踏板，为的只是向拒绝他的恋人来一场谁都不需要的道别？然而，这一举动终究事出有因，而且是必要的，火车上的这个夜晚——也是如此：它们作为同等的成分，一起构成并进入了这个重生的世界。"我渴望的最后道别终于落空了，它没能使我得到满足。这种渴望就好比一段演砸了的音乐急需用一个华彩乐段加以彻底的颠覆，再用最后的和音来使整场演奏骤然终止。"

"发痛的牙齿拔掉了。"②

6 月 17 日，新的一天来临了。他第一次向这个已改变的世界迈开蹒跚的脚步："某种未曾有过的体验潜入现实的存在。雾散了，预示着炎热的一天。"

耐人寻味的是，关于新生的主题在他那里向来伴随着炎热——"我感觉到你手上的热"③，正如他在晚年一首描写疾病的诗中所说。一双创作之手上的热，包裹着《马堡》《生活——我的姊妹》《第二次降生》以及《尤里·日瓦戈的诗》中的抒情主人公：复活这一非常事件永远发生在夏天。1912 年夏天——马堡，石子路滚烫，1917 年夏天——俄罗斯南方，河流和草原热得"喘不过气来"，1930 年夏天——伊尔宾④，基辅城外，八月燃烧，1947 年——"城里的夏天"：

外面，夜晚闷热，
把雷雨天惊扰，

---

① 此处的"月夜狂"（лунатик）即"月夜狂患者""梦游症患者"。此译是为了与"月亮"（луна）照应，两者为同根词。

② 参见本书第三章。

③ 引自帕斯捷尔纳克《在医院》（1956）。

④ 位于乌克兰，基辅州首府。

行人各还其家，
留下脚步声沙沙。
…………
一切归于寂静，
燠热依旧难耐，
闪电依旧在天上，
张望，张望。

一夜大雨倾盆，
早晨阳光灿烂，
林荫路上的水洼
又被暑热烤干。

睡不够的百年椴树，
一副愁闷的眼神，
唯有花儿未谢，
花香扑鼻。

热，除了热，还是热。就像童年时对树叶发号施令，以此检验自己的威力，那种同上帝齐平的感觉又回来了，他也对同一包厢里的乘客运用威力："我沉默的样子使他们昏然欲睡。我偶尔有意打破沉默，以检验它对他们的影响。他们领会了其中的含义。沉默伴我而行，我一路上都与它独处，我采取了它的形式，而每个人从自己的体验出发，都有自己熟悉和喜爱的沉默的形式……包厢里的亲热和狗的嗅闻，胜过雪茄烟味和火车头喷出的烟气。"

帕斯捷尔纳克的形象在此尽显无余：同上帝齐平及施之于世界的威力，却永远以丧失为代价，与上帝同在，却永远以牺牲为代价。只有被抛弃的他才威力巨大，只有在耻辱中才无所不能。这也正是他的基督教，他从未拒绝过它的指引，而是把自己始终置于任何一个正常思维之人都视为险恶或失败的境地。"我被他们所有人战胜了，但只有这样才是我的胜利。"看吧，整个世界也随同他一起改变了："山长高了，抻长了，城市消瘦了，变黑了。"在中学时代最后的夏季里,少年的变化也是如此。

在《安全保护证》中,喜欢浪漫巧合与动人情节的帕斯捷尔纳克,照例把各个事件压缩为一个整体。如果相信书中所述,我们就会看到,帕斯捷尔纳克回来后,房东太太对他夜不归宿颇为不满,经过一番拿腔拿调的数落,交给他两封信,一封装在信封里,另一封是明信片。柯亨发来的明信片,内容像是邀请帕斯捷尔纳克星期天去他家吃午饭。这是大学教授对学生所能给予的莫大荣耀。信是奥丽嘉·弗莱登伯格寄来的。她说要去瑞士,中途在法兰克福停留三天,人已经到了,让他过来看看。帕斯捷尔纳克毫不犹豫地做出了选择。他回到自己的房间,将它收拾得整整齐齐——把大学"基础"丛书当中的书籍捆成四摞,整理了即将在最近一次讨论会上宣读的论文手稿……房东太太应他的请求,弄清了开往法兰克福最早一趟列车的发车时间,等她再来找他时,简直认不出他的房间了。"她朝我伸出手来,神情木然而庄重地祝贺我完成了一项艰巨的工作。我让她陷入了高尚的困惑。"傍晚时分,他走到他那简陋的小阳台上。"已经想不起到来时的那天傍晚,我是怎样朝那个方向瞭望的。结束了,结束了!不管我对哲学有过怎样的念头,一切都结束了。正如曾与我同住一间火车包厢的几位乘客,哲学也必须认识到,任何一种爱都喻示着向新的信念的转变。"在马堡,在基歇尔伯格街 15 号,"别了,哲学!"这句话已被铭刻在纪念标牌上。

而事实上的情形远非如此曲折,却更加动人:他当时并未中断有关康德《实践理性批判》的论文写作,这是一份要在柯亨的讨论会上宣读的报告。把书捆成四摞这回事儿也是过了很久才有的。6 月 24 日,他向柯亨顺利地做了报告,7 月 2 日,又做了一次。在这第二次报告之后,去教授家吃午饭的书面邀请才发出来——不是他去柏林时,而是去基辛根时。至于说奥丽嘉·弗莱登伯格给他的书信,则根本不是在他向伊达表白后的第二天收到的:如果是这样,就太有日瓦戈医生的味道了。奥丽嘉是一周后来到法兰克福的,而且绝非偶然路过。她本人对此解释道(这本来就是一个不喜欢故作浪漫的严谨之人):

"我感到伤心,因为我们之间一切就这么平淡地结束了。我原本还有所期待——显然,我期待的正是那不想要的。我觉得,我比鲍里亚深刻,我的出入与进退都比他慎重,而他是肤浅、圆滑和飘忽不定的。时间表明,事实恰好相反,我才是一个心浮气躁的人。不过,我真的很伤心。

“不管怎样,路过德国时,我还是有意折向法兰克福,离它不远就是马堡,鲍里亚在那儿跟柯亨学习哲学。我满怀隐秘的希望在法兰克福停留下来:给鲍里亚写了封信,等待着他到底是否有回应。如果没有,那我就从这里悄悄地离开,更不必说去马堡。我想见到鲍里亚,但我害怕死乞白赖地求他,害怕招引他,因为在国外,不知怎么,我强烈地感觉到旧情有可能复发。”

她思前想后,还是给他写了一封言辞讥诮的书信:“你我相隔两小时车程:我在法兰克福。这种情况下,好亲戚通常是要会面的。你能否接见我?我现在就有空,能在你最方便的时候到来——不管白天、傍晚还是早晨。我在法兰克福停留,不光是为你,当然,也是为了你(哦,多么天真的少女之心,多么纯洁的辩白——“不光是为你!”帕斯捷尔纳克当然会识破这个稚嫩的小把戏;从6月16日之后,他已经更像是个成年人了——德·贝)。你自己知道——真诚应该是最大限度的,而你的回复也应该坚决,而且一定要回复——我等着。奥丽嘉。万一有这样那样的情况,请你原谅,原谅我拿不定主意。”

他立刻就回复了:“哦,不,我并非放浪之人。我不过是奴仆而已。即使没有你的公文告示‘……我停留,不光是为你’——即使没有,我说,我也要仔细擦净双脚,悄无声息地踩在地毯上,在下一步行动之前,我会端正姿势,做好准备,迎接你身边欢快的人群。我确实不理解这种带有警告的提示。难道我真的会那么自信地一头扑向私情?虽然,有时候我的信中那些蹩脚的腔调或许给了你这样理解我的依据。”

学学吧,年轻人,学学如何保持距离!对待那些自爱与自信的女孩,本来就应该如此。这里有几分悲喜剧的色彩:在他两次宣读论文之前,分别是两次爱的约会,他的论文仿佛取决于约会的结果,这才是真正的哲学研究,而摘抄康德却不算是!分心的事情接踵而至,但他仍以超常的工作能力完成了论文——6月28日早晨,离第二次宣读还有三天,他来到法兰克福看望奥丽嘉,正赶上她在餐厅里吃早餐。“我喜欢美食——各种甲鱼汤、精美的葡萄酒、奶油甜点,尤其喜欢带血丝的嫩肉;我的年轻的朋友要我相信,厨师应他的要求,正在专门为我准备早餐。突然,餐厅的门开了,沿着长长的过道，一个人慌里慌张地朝我走来。是鲍里亚。他的裤子几乎要掉了，就这么衣衫不整地冲过来拥抱我，亲吻我。我大失所望，赶紧和他一起走出餐厅。我们在街上待了一整天，傍晚的时候，我想吃饭，他请我在一家小饭馆随便吃了几根灌肠。我要走了，他送我去火车站，不知疲倦地说个没完，我却一言不发，就像一只封了口的玻璃瓶（……）当时他的内心正上演着一幕大戏：他刚刚向伊达表白了爱情，但遭到了拒绝。我对此还一无所知。可不知为何，我这次却有些不喜欢他。我不仅对他冷淡，而且打心底里想躲避他，我觉得他是一个话痨，一个冒失鬼。我与他的高尚情怀擦肩而过……”

尽管如此，两人的送别到头来却成了她送他，而不是他送她。她甚至与他一道上了火车，一直坐到马堡，这次不成功的会面之后不久，她便给女友写信提及此事；回来后，她发觉错过了结算时间，她的行李已被人收拾好，摆放在楼下。她原本可以安心地将东西留在旅馆，就地随意找个“包间”，独自晚餐，但她觉得委屈，于是立刻奔向火车站，虽然距离发车还有四个小时；她一肚子火气，在站台上踱来踱去，喝着“阿波里那利斯”牌矿泉水。

在这封信中，奥丽嘉极度夸大了对帕斯捷尔纳克的冷漠，甚至连她自己也为此懊悔。但她还是想显出一点公主的做派。究竟是什么让她感到失望呢？部分原因当然是帕斯捷尔纳克快掉下来的裤子和他凌乱的上装——她偏好文雅的风度，用今天的话来说，就是所谓的“上流情调”。而最让她难过的则是，出现在她面前的人，依然是原先那个当她兄长的鲍里亚·帕斯捷尔纳克，她却已经“习惯了丰富多彩的国外生活、男仆的侍候、守在桌旁关注顾客用餐，并对任何挑剔和任性的要求都能予以满足的听差。习惯了一按铃，就能预订轿车、戏票和洗浴”。显然，不能把一切归咎于“一家小饭馆里”端上来的几根灌肠。问题在于，男主人公忽视了发生在女主人公身上的惊人变化，未曾以应有的严肃对待这些变化；预期中的高贵君王的会面，前来赴会的却是一个无产者。她何尝知道，1 马克 78 芬尼一磅的奶酪对他会是一笔奢侈的花费？包括饮食在内的开支状况，在他写给父母的信中都有详尽的算计。她给他寄去一封冷冰冰的书信，信中说道：“我还是很高兴，终于和你相见了，这场会面是两个君王的故事，尽管从头至尾都堪称失败。当然，我想要的根本不是此种结果；但我发觉，在我们的会面当中，成功与失败始终交替出现——这种变换本身足以令人快慰。在我们分别的这段时间里，我身上发生了许多变化……我很想告诉你，我对你的期待还有更多（……）如今你在信中说到私情，这让我觉得似乎它是强加于你的，你还说到以往你信里的‘某些腔调’：这是对我歪曲的理解。我不喜欢这个。我也不希望你为那些信件而劳神，无论其中包含着多么深刻的见解。”这无异于爱的直接表白，说明她把往事视为神圣，而他却装出一副让她备感失望的冰冷面孔。“无论你怎样评价彼得堡时期的一切，你都无法用自己的评价将它们掩盖。诚然，我没能完全接受‘那个’你；可我担心，如今你也不会完全接受我……毕竟你还没有成长到我所期待的那般地步。”

哦，失望的小姐，心比天高！不过，当奥丽嘉从法兰克福来到瑞士的格里昂，还是很快就把自己的饭店地址给了帕斯捷尔纳克。只有被年轻人的委屈搅乱了头脑的人，才可能会不明白，摆在他面前的是一封情书；帕斯捷尔纳克当然明白这一切。正因为明白，才真正陷入了苦闷：假如 1909 年夏天他能收到她这样一封来信就好了，他那时正急切盼望她同样真诚的回应，而她却以嘲讽和高傲掩饰着自己的情感！“在梅列居尔……你奇迹般地把不可能变成可能，你自个儿说出了我要说的；你的所有话语——全都属于我。”但他没有猜透其中的含义，如今，他只有责怪和痛恨自己！帕斯捷尔纳克很晚才给奥丽嘉回了信，信中可以说充满了怨气：“我感到懊恼，奥丽娅，你竟然如此草率地耽误了自己的来信；我本该在 1910 年 8 月收到它（……）别生我的气，奥丽娅，虽然这一切确实令人懊恼。要是我能倒转时光就好了。”

十天后，他以更直露的笔调对舒拉·施蒂赫写道：“远离浪漫主义与周而复始的创作幻想——客观化与严格的戒律——对我来说，全都始于那个荒谬的决定（指的是 1910 年，帕斯捷尔纳克“向奥丽娅和她父亲的古典世界靠拢”——德·贝）。这是一个错误！（……）上帝啊，假如她当时就对我诉说了整个事情的来龙去脉；上帝啊，假如我不认为有条理的行文——以拟古和理性为主旨——是第一要务——一切都被这种行文毁了；上帝啊，假如这封从法兰克福寄往马堡的书信当时就在我手中！（……）我会向她发送暗示，而她也会心有灵犀，奇迹就会这么延续下去……生活将在暗示中显明；你们还能在马堡的课堂上找到我吗？这两年过后，你们又将在何处寻觅我的身影？难道我没有权利做一个真诚的人吗？难道我不是迫使自己摆脱了这个由各种情感及其样本所构成的世界吗？难道我不是强行改变了人生之路吗!!”

当然，这番话带有许多情感宣泄的成分。归根结底，帕斯捷尔纳克学习哲学，并非由于奥丽嘉·弗莱登伯格的强迫；他发觉自己思想散漫，也并非由于奥丽嘉曾经为此嘲讽过他：他对自己最了解。无论如何，他都可能会去马堡，因为正如我们所指出，他的基本策略就在于对所有事物“最本质的探求”，而一旦达到目标，则会更加果决地折返回来。按照王尔德的信条，他顺服于一切诱惑，也许，他甚至都不记得这一看似华丽和浅薄的信条了。事实上，战胜诱惑的最可靠方式，正是顺从诱惑。在生活中——面对音乐、唯理论、“列夫”、斯大林主义、超人、浪漫主义以及济娜伊达·尼古拉耶夫娜，他无不照此行事。在这个问题上，奥丽嘉说的果然没错：“从 1910 年起，你就像是拿着一张循环使用的车票，东奔西走；还记得吗，你自己承认说，还有许多地方在等待你，对于你，它们是异乡，却又是必经之地，既然你已向它们迈开了脚步。”她不理解，他为何时常会有一些明知无谓的举动，或许，连他自己也不理解。不过，为了彻底的了断，尽情的排遣还是有必要的。

然而，关键在于，当他与奥丽娅交往时，显然对自己缺乏足够的判断——而事后的重新评断给他带来的与其说是懊恼，倒不如说是愉悦。最终的断言归属于他。1912 年 6 月初，她从格里昂写信给他，言辞之真诚出人意表，用她的话来形容，这一定会像“一桶热水”浇在他身上：“我们两人有着共同的风格，都爱把玩笑当正经——把正经当玩笑；我们总在开玩笑，想必这是因为我们待在一起时太过伤感的缘故。而一开起玩笑，便又严肃起来。在你面前，我永远是伤感的。”不过，要知道先前她已经向他坦承，每当她真诚面对自我，心无旁骛之时，总是黯然神伤；这表明，只有与他相处，她才是真实的！这便是爱情。不幸的是，他却已不再爱她了。奥丽嘉觉察到这一点，心中五味杂陈：“你的报告获得了成功，对吗？也就是说，法兰克福没有影响到它。”①哦，她多么希望法兰克福影响了他的报告！她却还不知道，他竟然很快就弥补了损失。“我在用德语时，丝毫没有那种别扭的感觉。”他向父亲写信说。

报告论述的是对于柯亨极其重要的权利哲学（人是权利的主体，这一论点同柯亨难以容忍的尼采唯意志论的“反科学”立场截然相反）。7 月 4

---

① 指帕斯捷尔纳克从马堡去法兰克福看望奥丽嘉这件事。

日，学校领导为柯亨七十寿辰举行了隆重的庆祝。帕斯捷尔纳克为此专门租了一套燕尾服。在这次活动中，他结识了柯亨来自柏林的弟子卡西尔①。两人一见如故，帕斯捷尔纳克甚至冒出了次年夏天前往柏林拜访他的念头。

7月头几天，帕斯捷尔纳克的弟弟舒拉来看望他（为节省开销，他也在寡妇奥尔特那儿住下来）。弟弟对哲学不感兴趣，漫无目的地在马堡闲逛，很快就感到了无聊。鲍里斯尽可能地为他解闷，但同时还要忙于学业。幸亏舒拉展现了他的台球天赋，一有空闲，两人就在柯亨的学生们聚会时常去的那家“哲学咖啡馆”里打台球。帕斯捷尔纳克在《安全保护证》中动情地提到，领班的侍役熟知每位来客的底细。舒拉在马堡一直待到7月19日，然后与家人一道去了意大利。

3

帕斯捷尔纳克同哲学的分离，亦即精神危机的解决，具体日期是1912年7月14日，这一天，正在巴特-基辛根的维索茨卡娅姐妹迎来了伊达的生日。帕斯捷尔纳克把弟弟留在马堡，独自于13日傍晚去找两姐妹，回来后虽非伤恸欲绝，但也是神情黯然。而他那种将绝望转化为创作悲情的能力，正是他诗歌重生的产物：顷刻间，他所经历的一切，已然发出美妙的乐音。写给施蒂赫的总结马堡之旅的书信同样婉转动人。信中详尽解释了他放弃学术研究的原因，尽管笔调纯属帕斯捷尔纳克式：“唯一的原因，却是决定性的原因！我丧失了内心眷恋的一切。为我所爱的人们，全都公然或秘密地离我而去。这样的别离有害无益。没有人爱我。没有人等我（……）我简直有口难言，也无法接近现实：我所依存的整个世界，那柔情脉脉的一切——全都将我抛弃。”接着，他写到奥丽嘉与伊达“冷漠的矜持”，说他如今的样子不讨她们喜欢，尽管两人的冷漠其实迥然不同：奥丽嘉觉得他的哲学索然寡味，伊达则认为，他的饮食和睡眠实在糟糕。“请试试正常地生活吧，”他在给施蒂赫的信中引用了她的话，“你的生活方式正在把你引向歧

① 恩斯特·卡西尔（1874—1945），德国哲学家，马堡学派代表人物。著有《人论》《符号形式的哲学》等。

途；所有吃不好睡不足的人，都会发现自己有太多离奇古怪的念头。”

帕斯捷尔纳克告诉施蒂赫，到基辛根后，他向伊达又一次表白了心迹，在“节日般的放荡”与“犹太人的铜臭气”中。这封信对伊达的描述恰到好处——如此淋漓尽致的刻画在他的散文中并不多见：“她傲气十足，简直到了使我绝望的地步，她出身高贵——足以令所有人自惭形秽，她孤独寂寞，难以理喻，她是我的一团迷雾，她美艳绝伦，举手投足都楚楚动人……”“她是我的一团迷雾”，可谓一语中的，因为除了莫斯科富贵人家惯有的庸俗，这个女孩身上无疑还有某种别样的风情，但要说明的是，庸俗之外，她一无所长。她安慰着帕斯捷尔纳克，忽然又向他说起一位死缠着她的先生（“一个无可挑剔的小人，信奉世界主义的富家浪荡子，腰系宽大的皮带，头戴巴拿马草帽，轿车的拥有者，一举一动无不显出他们这些高级动物称之为‘文化’的百般花样”）。此人“坐在轿车里”对她宣称——这似乎是帕斯捷尔纳克特别恼怒的一幕，“毫无疑问，她应当成为他的太太。说到这件事……她露出无比动情的神色：‘然后他靠近我，哭了，一副失魂落魄的样子……于是我只好以完全同样的方式（！）安慰他……’你知道吗，舒拉，这意味着她的‘我可怜的男孩’——已不止一次地派上了用场……我也曾是一个讨厌的、远方的求婚者呢……我想，这句闻所未闻的话语也会治愈我的伤感。结果却更糟糕。我落入不祥的怪圈；我甚至隐约感觉，那个人把陌生的凶险的目光投向了若尼娅……”若尼娅，也就是帕斯捷尔纳克十二岁的妹妹约瑟芬娜，在他心目中，这是个非常成熟的小姑娘，她善解人意，没有傲气：“可怜的鲍里亚，你真糊涂呀……难道你变得和大家一样了吗？！”

说到不祥的怪圈，这对于他不过是刚刚开始：事实上，他从未得到常人的理解，他向他们寻求爱与同情，到头来只是一场空。应当如纳博科夫所言，转向自己的“同类”，但周围找不出这种人：无论基辛根，还是马堡，都没有宜于诗人的土壤。唯有同创造者之间——譬如斯克里亚宾，有时还包括父亲——才能达成相互的理解；其他人出于不解，对他并不正眼相看。

他对伊达的理想化仍旧持续了一段时间，其中甚至颇有几分真情的流露：“她简直如此不幸——如此缺乏生活的能力——却又如此才华卓绝；她的心灵所决定的命运，如此轻而易举地被人窃取——总之，她是如此不幸，她的不幸让我备感哀伤，我真的希望她幸福……”这里只有一个词用得不对：决定她那被窃取的命运的，其实是她的容貌。心灵倒未必能够决定什么——正如上文所说，她是“一团迷雾”；而她的容貌则曼妙可人，那绝色外表与无可救药的庸俗心灵之间的反差，她自己不会感觉不到，所以她才时常泪下，若有所思。不过，她很快就不漂亮了，反差也随之消失。

帕斯捷尔纳克要么是为自己，要么是为施蒂赫——想出了一个有趣的告别柯亨的理由：“他不知道，也没有发现，我讨厌那种缺乏女性柔情的劳作。”不为女孩们所爱，所以就跟哲学说再见吗？此种解释未免牵强，因为“女性的柔情”在帕斯捷尔纳克看来——是永不止息、难以理喻和不可企及的，更确切地说，是世界的神秘根基及其本质（在致施蒂赫的同一封信中，他还谈到，温柔是一切事物的基础）。这种女性的柔情是他毕生寻求的唯一目标——清晰可见的只有艺术：它是表达柔情的独特语言。他认为哲学太过贫乏的缘由也就在于此。7 月 14 日早晨，他收到柯亨发来的明信片，在《安全保护证》中，收件日期被提前了一个月：柯亨邀请他午餐那天正好是他在基辛根度过的 14 号。7 月 15 日，帕斯捷尔纳克回到马堡，在一家理发店旁遇见教授，为自己的失约向其表达了歉意并解释了原因。柯亨问他接下来有何打算，他含糊地回答说，可能要回俄国，以校外考生的身份参加考试……可能的话，还将完成先前丢下的法律专业，然后再寻找法律实践的机会……柯亨着实吃了一惊：这到底是怎么回事？毕竟，在这儿，在德国，他会有美好的学术前途！“Aber Sie machen doch das dalles sehr gut, sehr schön”①——“要知道您学业优秀，甚至出类拔萃。”帕斯捷尔纳克无法说出自己随后在信中对施蒂赫所说的话：“对我来说，这只惩戒之手，这只企图阻止我从事艺术的手——远比章鱼的触手更可爱（这样的类比其实并不成立）。哦，不，不要章鱼触手！”紧接着他又称柯亨是超人，并且刻意强调超人对他的赞誉——怎奈他去意已决，况且此前，他于 7 月 11 日已在信中对那位被无休止的帕氏书信搅昏头的朋友说过：“上帝，这趟马堡之旅多么充实啊！但我要抛开一切——除了艺术，别无所求！”

在马堡的最后日子里，他淡定而又踌躇地告别了整个“前文学生涯”。列昂尼德·帕斯捷尔纳克以自己的方式解释了儿子何以放弃教授的前程：

---

① 德语，系柯亨对帕斯捷尔纳克的开导之词，即“要知道您学业优秀，甚至出类拔萃。”

“柯亨似乎失去了对你的吸引力——尽管他认可你,称赞你。在我看来,你的这次蜕变并不新奇。”知子莫若父——儿子确实对轻易实现的一切都不感兴趣;出乎意料的是,列昂尼德·奥西波维奇同情这场“蜕变”。7 月 23 日,他来到马堡看望儿子。父子俩一起听了柯亨的讲课,过后,父亲失望之极,老头的矫情与卖弄萦绕在他眼前。由于柯亨拒绝摆姿势(“这样您会了解我所有的弱点”),列昂尼德·帕斯捷尔纳克只得趁听课时照他的模样画了几张速写,后来又做成石印画。第二天,他和鲍里斯去卡塞尔①参观当地以收藏伦勃朗著称的画廊,像往常一样,两人从艺术中得到了抚慰:去时闷闷不乐,回来后兴高采烈,各自都完全理解了对方。鲍里斯对施蒂赫写道:“我有一位金子般可贵的父亲,完全不曾毁于已经不止十八岁的年纪(……)换成别人,早就一本正经地拿大道理训人了,可他却没有,反倒是对我表示赞同:你呀,他说,就应该把这一切全抖搂干净……干吗非要变成人造的犹太佬?他们这些人,跟艺术的曙光和传奇相距太远……”

必须等到学期结束。在马堡,8 月 1 日是整个学期的最后一天。帕斯捷尔纳克领到结业证书,便和朋友们一起庆祝这件喜事。8 月 3 日,在客人稀少的“哲学咖啡馆”,他们几个开怀畅饮,有人忽然向帕斯捷尔纳克提议去意大利——他已有几分醉意,也禁不住朋友的热情,爽快地答应了。“所有这一切都带有大学生开心嬉闹的色彩”,十五年后,他向多年以来与自己保持通信的拉伊萨·罗蒙诺索娃写信提及此事。还要补充一点:那是一场冒险,因为当时他已囊中羞涩。马特维·戈尔布恩科夫,帕斯捷尔纳克在马堡的朋友,竭力鼓动他去冒个险,毕竟,意大利值得一看,他自己就多次周游世界,花费微不足道,帕斯捷尔纳克听从了他的意见,而且没有反悔。凌晨三点,列车启程了。夏日的黎明前,城市、山丘、城堡和教堂,在晨曦中一点点露出轮廓。十一年后,帕斯捷尔纳克注定还要回到这里,最后一次回来。“岁月消逝了,往事的烟雨消逝了。”②

帕斯捷尔纳克一路经过巴塞尔,不知不觉来到米兰(他只记得换车时匆匆一瞥的教堂,还有一座浪涛拍打着的大坝;火车在坝上行驶,浪花飞溅在车

① 德国黑森州北部的城市。
② 引自帕斯捷尔纳克《岁月消逝了,往事的烟雨消逝了》(1929)。

轮上,风声呼啸)。快到米兰时,发生了山崩,碎石阻断了铁路,只能换乘停在前方的另一列火车。他和别的乘客们一起徒步走过这段受阻的路,一个放羊的意大利男孩为他扛着行李。崩塌,不过是雪崩,后来也将阻断日瓦戈与家人乘火车去往乌拉尔的道路。列车上因睡眠不足而显得格外漫长的感受,也几乎完整地再现于帕斯捷尔纳克的经典之作,读者甚至还会发现作者当年路过的巴塞尔附近那座瀑布。最遥远的两次乘坐火车的旅行——目的地分别是意大利与乌拉尔——相互交集,再加上他于1917年向叶莲娜·维诺格拉德写信提及的两次旅行——信中描述了回程的曲折和草原夜色。后来,铁路终于成为长篇小说的主题:主人公总是不由自主地向某地行进,没完没了,半梦半醒……最后徘徊在铁路线上……始终摆脱不掉。这便是宿命。

8月5日,帕斯捷尔纳克来到威尼斯,逗留了一个星期,那几天过得与其说像禁欲主义者,倒不如说如同乞丐。像曼德尔施塔姆一样,这是他一生中唯一一次威尼斯之旅,也是唯一一次意大利之旅,威尼斯印象却长久地萦绕在他心中。只需举一个例证:十五年后,他重写了关于这座城市的诗歌(并且写得更加出色,一般情况下,他很少这么做;他本人曾经说过,写完的东西在他看来有如“废弃物”,很难再有兴致重写一遍)。在《安全保护证》中,威尼斯风情展现得淋漓尽致。关键是,这部作品汇集着许多典型的帕斯捷尔纳克的语汇和色调:“这是独特的圣诞树的东方,拉斐尔前派①的东方。是一场根据占星术士世代演绎的传奇故事中的璀璨星夜的想象。是古老的圣诞浮雕:镀金的胡桃上泛着一层蓝色石蜡的光泽。是这样一些词语:哈勒瓦②和迦勒底③、马基④和马格尼⑤、印地亚⑥和印地哥⑦。威尼斯夜色和它的水中倒影应该由这些谐音词来衬托。”这样一来,帕斯捷尔纳克的威尼斯便被纳入圣诞现象的范围,在某种程度上,它的色彩预示着《圣诞之星》

---

① 又译为前拉斐尔派,是1848年在英国兴起的美术改革运动。这个画派的活动时间虽不很长,但对十九世纪的英国绘画史及方向影响甚远。

② 一种类似于酥糖的俄国甜食。

③ 俄语音译,旧约中的地名,在巴比伦尼亚(今伊拉克)南部。

④ 俄语音译,古代术士,占星家。

⑤ 俄语音译,镁。

⑥ 俄语音译,印度。

⑦ 俄语音译,靛蓝。

(1947)的未来基调:圣诞节,美妙与感伤的节日,帕斯捷尔纳克时常因它浮想联翩,飘扬的思绪如同夏日露台上围绕煤油灯盘旋的飞蛾。独具韵味的东方、拉斐尔前派的蔚蓝色星空的东方、清真寺高塔与巴扎随处可见的“一千零一夜”的东方,同样也进入到他对圣诞节的畅想:所有这些同俄罗斯的冬天、天堂般的儿时、孩子们的节日、爱恋、基督、占星术士汇聚起来,形成一个奇异的整体。“油黑的水面泛起雪白的浪花。”在这个有机的聚合体当中,一切各得其所,因而当看到《圣诞之星》里的星相家身着牧羊人的皮袄,头顶是“苍茫的星空俯瞰着坟墓”,行走在俄罗斯雪原上(原本应当在荒漠上!),谁都不会有什么异样的感觉。

威尼斯之行,再次充满曲折的经历与离奇的巧合:一个似曾相识的人,帮助帕斯捷尔纳克找到了住宿的旅店,那人的模样很像马堡咖啡馆里领班的侍役。旅店老板是个好心肠的大胡子,外表却像剪径的强人——他在帕斯捷尔纳克笔下,俨如戏剧中的人物。帕斯捷尔纳克的《安全保护证》所描画的威尼斯风情,同样具有某种神秘色彩。当然,其中也不乏深邃的思考。他本人强调说,“当时”他对威尼斯另有看法,他考虑更多的是艺术,不是国家。吸引他的是人道主义与基督教的结合、多神崇拜与教会的交汇,以及所谓“第二次降生”的精神与尘俗的凝聚。然而,《安全保护证》中的威尼斯,同时还呈现着另一番景象:人类从这座城市渐渐消失——君临万物的是象征国家的石狮:“周围到处是狮子的嘴脸,疑神疑鬼、热衷于嗅闻一切隐私,是躲在自家洞穴中偷偷吞噬一条又一条生命的血盆大口(……)人们感受一切,也容忍着一切。”在黑暗的哥特时代——或许连哥特式也算不上,不过就是三十年代——这是众所周知的事实,所以说,那些由威尼斯的化身引发的沉思,恰好与《安全保护证》第三篇所谈论马雅可夫斯基之死乃至诗人死前最后一年交相呼应。

诚然,时年二十六岁的帕斯捷尔纳克未曾想到“大恐怖”,想到无数双眼睛随处的盯梢,也未曾体验过饥饿的狮子随时的威逼……在那首关于威尼斯的诗中,他写的是另外一些东西,譬如从个体之“我”幸运脱身,以及“我在浓雾中隐没,我的目光与睡梦伸得更远”。[①] 整个威尼斯——“和弦

① 引自帕斯捷尔纳克《威尼斯》。此诗有1913年和1928年两个版本。这里引用的是前一版。

尚不识手指”,它是非人工奇迹的范例。后来校改时,他竭力写得更准确,同时也更简单:“威尼斯漂在水上,/像一只泡胀的石面包圈。”[①]如此贴切的形象,令人过目难忘,但当时他还不会这么写。

帕斯捷尔纳克从威尼斯来到玛丽娜-迪-比萨[②]看望父母。奥丽嘉·弗莱登伯格也来了。她暗自期盼与他相见,把没说完的话说完,他却保持着彼此的距离:整天拿旅游指南,故作认真地游览各处的画廊,不谈任何抽象话题,显出一副着实讨人嫌的样子。奥丽嘉很快就返回瑞士,两天后,他也启程上路并于1912年8月25日回到俄罗斯。一下子跨越到旧历——比公历早十三天[③]。他随身带了一个诗歌本,其中某些作品已然预示着天才的出现。

> 雨水伫立,露着脑袋沉思,
> 身后是一片忧郁的草原,
> 太阳堆起日子,像堆起麦捆,
> 为了用污浊的光芒抽打它们。[④]

4

莫斯科天气和暖,父母还没有回来,帕斯捷尔纳克赶上了自己喜欢的城市之夏的末尾。“在我回国途中,正值卫国战争百年纪念。布列斯特铁路更名为亚历山大铁路。沿途车站粉刷一新,钟楼上的打更人也都换上了干净的衬衫(……)这些并没有给乘客留下胜利节日的追忆。周年纪念的安排反映出沙皇统治的主要特点,即对本国历史的冷漠无情。”

就此意义而言,沙皇统治终结之后,一切并未改变多少。

施蒂赫住在斯巴斯克街,帕斯捷尔纳克登门拜访了他,第一次向他朗读了《如同火钵里烧化的青铜》(1912)。日后,他将这首诗的主脉保留于多个

---

① 引自帕斯捷尔纳克《威尼斯》1928年版。此句中“漂在水上”或作“向下游漂去”。

② 意大利海滨小城,距离比萨不远。

③ 在十九世纪,俄国旧历比公历早十二天,在二十世纪,旧历比公历早十三天(例如,托尔斯泰卒于俄历1910年11月7日,即相当于公历11月20日)。

④ 引自帕斯捷尔纳克《平淡的雨天……》(1912)。

文本：

如同火钵里烧化的青铜，
金龟子布满沉睡的花园。
我的蜡烛与繁星同在，
烛光多高，星辰就有多高。

如同走进未知的信仰，
我走进这样一个夜晚，
白杨树老去，枝叶发灰，
遮住了月亮的边缘。

秘密在那里卷起细浪，
悄悄穿行在苹果树间，
你高于一切，如同楼台，
甚至天空，也在你之下。

他后来重写了这首诗的第三节。原有的高傲消失了，但那种与上帝齐平的感觉也消失了，诗意也随之减损（“花园如同高悬的楼台，面向天空”——这个1928年的版本，意思更清晰了，同时却少了梦幻的色彩）。施蒂赫一边听着，一边记下了这首诗，并且终生保留着记录的纸页。

秋天，帕斯捷尔纳克重新回到大学课堂，在学业上对他帮助最大的是三个同龄人——谢尔盖·曼苏洛夫、德米特里·萨马林和尼古拉·特鲁别茨基。此前，帕斯捷尔纳克早就认识了这三人，用他的话来说，在第五中学读书时，他就能“凭声音”立即认出他们：“他们是校外生，在家里自修，每年来学校考一次试。”（《人与事》）这个小圈子十分特别：萨马林是一位著名斯拉夫主义者的侄孙（巧的是，帕斯捷尔纳克与他家原先的庄园同样有着不解之缘！这里后来改建成一座儿童肺结核疗养院，几步之外便是别列捷尔金诺作家村）。特鲁别茨基的专业是语言学，他后来成了有名的结构主义者，历史学者曼苏洛夫则是一名东正教神父。将这三人结合在一起的是俄罗斯乡土主义，直到四十年代，帕斯捷尔纳克也对这套看似独特的学说笃信不疑。它高度关注祖国历史与东正教,相信俄罗斯民族的特殊使命。萨马林素来懒于参加哲学讲习活动,帕斯捷尔纳克却从他身上体会到了何谓家学渊源——家传的历史与哲学禀赋,加之用小舌发 P 音的贵族腔①,深深吸引着帕斯捷尔纳克。1912 年 2 月,正是萨马林第一次向他讲述了童话般的哥特式的马堡。同萨马林、曼苏洛夫和特鲁别茨基的交往,为帕斯捷尔纳克打下了斯拉夫主义的基础——远离官方做派与繁文缛节,这也正是他所向往的;斯拉夫主义世界观的核心在于:相信俄罗斯具有无限的希望和永不枯竭的生命力,相信只有这里才有真正的自由思想(永远受压制,反而不屈不挠)和盛况空前的创造,而一切都将在祖国的疆土上实现。这些主张同波别多诺斯采夫②所宣扬的正统国家精神,以及康斯坦丁·列昂季耶夫③狂热的受虐淫式的极端学说大相径庭。与斯拉夫主义更接近的是谢尔盖·特鲁别茨基、弗洛连斯基④和伊利因⑤的宗教思想。当然,三个年轻人拥有的不只是思想。他们都是心地单纯的理想主义者、书呆子和贵族。帕斯捷尔纳克喜欢从旁观者的角度将贵族阶层视为一首俄罗斯田园诗。从朋友们身上,他看到的是鲜活的历史。

他离开家人,在列比亚日胡同租了一间屋子,一边给人授课,一边用功学习历史,大量阅读象征派作品。这间小屋的桌子上总是放着福音书。

帕斯捷尔纳克常去阿尼西莫夫的住所,后者不久前也刚从意大利回来。在那儿,他遇到了一心要创办私人出版社的勃布罗夫。为节约开支,阿尼西莫夫一家与洛克斯在莫尔恰诺夫卡街合租了一套房子。在这群人中间,帕斯捷尔纳克的诗受到了质疑,唯独洛克斯相信他的才华,还有很少与他们聚会的杜雷林。

1912 年秋天,在莫尔恰诺夫卡街,《抒情诗》丛刊的创意诞生了,它随后也成为同名出版社发行的第一本刊物(在那十年间,据帕斯捷尔纳克本人

---

① 俄国贵族大都自幼学习法语,熟练程度甚至超过母语。受法语影响,发不好俄语中辅音 P 的大有人在。

② 康斯坦丁·彼得洛维奇·波别多诺斯采夫(1827—1907),俄国保守主义思想家,以反对社会改革著称。

③ 康斯坦丁·尼古拉耶维奇·列昂季耶夫(1831—1891),俄国保守主义思想家。

④ 帕维尔·亚历山德洛维奇·弗洛连斯基(1882—1937),俄罗斯哲学家,东正教神学家。

⑤ 伊万·亚历山德洛维奇·伊利因(1883—1954),俄罗斯哲学家。

回忆,出版社“像蘑菇似的纷纷冒了出来”)。出版社的参与者除了已然定型的三人组合“阿谢耶夫—勃布罗夫—帕斯捷尔纳克”,还有阿尼西莫夫夫妇、杜雷林(笔名“拉耶夫斯基”),以及在文坛上没有留下多大名声的鲁巴诺维奇和西多洛夫。勃布罗夫已于当年元月出了一本薄薄的几乎无人知晓的集子,名为《柳树园丁》。大家对《抒情诗》寄予厚望,甚至宣称它代表整个流派,尽管能使参与者聚合起来的,除了合作,并没有别的什么。

帕斯捷尔纳克初次发表的五首诗(《二月》《今天我们来承担它的伤恸》《黄昏》《我陷入静默的沉思》和《如同火钵里烧化的青铜》)是勃布罗夫挑选的。它们预示着一切,但又说明不了什么。作者如此与众不同,以致于当他不被理解或者干脆是才思稍减之时,便可能一蹶不振;但也可能更加坚定对艺术的信念,并成长为一名杰出的诗人,哪怕有些怪异。如今我们知道,帕斯捷尔纳克的经历属于后一种,而想当年,更有可能,也更为常见的结果则是前一种。与丛刊中其余作品相比,帕斯捷尔纳克的诗无疑是出类拔萃的,但并不代表他真正的水平:这些诗即便在他的早期作品中也算不上最好的。勃布罗夫只是挑选了与自己更接近的作品——最独特和最有气势的,却不是最精妙的。读者渐渐会明白,使帕斯捷尔纳克区别于其他“抒情诗”作者的主要特征,正是完整性。他的所有诗作都保留着个性的印记,而且彼此相像,具有炽烈的表现力和某种有节制的被动式的作者立场(作者——并非行动者,而是热情的观察者;吸引和牵制作者的是词和印象……)。最主要的特征则在于无限宽广的用词,这一点使得他在同时代人中卓尔不群。在同一首诗中,你会遇到杜鹃花与农田、金龟子、楼台与五彩斑斓的星辰、游吟诗人与艾蒿……只有抒情气质的热度才能使所有这些融为一个即使并不清晰的整体;当然,美妙动人的音韵和双关语,也是诗人从一开始就很喜欢的手法,他善于借此将修辞和语义各不相同的词汇聚合起来。帕斯捷尔纳克是唯一具有自己面孔的人,而且这张面孔的神色是如此与众不同,随着时代的变换,它要么会被视为一个疯子的表情,要么是对于读者的刻意嘲讽。

丛刊于1913年4月底问世,发行三百份,这在当时是一个正常的数量(其实今天也是如此)。一个月后,帕斯捷尔纳克提交了他的关于柯亨理论哲学的毕业论文(切尔巴诺夫教授,据洛克斯推断,对该理论知之甚少,他不想显露自己的无知,所以评判也就不苛刻,毕竟他不曾听过柯亨讲课,而帕斯捷尔纳克则听过)，大学生涯就此结束。其余的考试都“令人十分满意”地通过了——这个优等生向来充满自信。

所有为帕斯捷尔纳克立传的作者都一致指出，对已完成的事情他是何等淡漠:连毕业证书他都没有去领取。这份证书一直保存在莫斯科大学的档案馆。叶甫盖尼·鲍里索维奇后来透露了它的编号:20974。

第七章　探索之路

1

1933 年，玛丽娜·茨维塔耶娃写下《拥有历史的诗人和失去历史的诗人》一文，读者无不感到惊讶，并且因此将作者视为俄罗斯抒情诗人中最具洞察力，也最为偏激的批评家。文中评述了帕斯捷尔纳克二十年代的文学创作:“鲍里斯·帕斯捷尔纳克——停滞不前的诗人。他一开始就以自我为出发点，此后再未改变……”

奇异的是，阿赫玛托娃与茨维塔耶娃居然一唱一和，始终重复着两个论断:帕斯捷尔纳克的创作没有周期;帕斯捷尔纳克笔下没有人类……“帕斯捷尔纳克并非创造于第七日(当时，神已造人，然后世界分为“我”和其余万物)，而是更早，在大自然被创造之时。关于他生来就属于人类的说法，纯粹是谬误。”茨维塔耶娃极尽夸赞之能事，但这份甜蜜中却不无辛辣。

据利季娅·楚科夫斯卡娅[①]记录，阿赫玛托娃于 1940 年曾经说过:“问题在于，早在上帝创造人类之前六十天，帕斯捷尔纳克的诗就写好了。正如您所见，他的诗当中没有人类。其余的一切则应有尽有:雷电、森林、空虚混沌，唯独没有人类。当然，他本人，鲍里斯·列昂尼德维奇，偶尔也会显露真

① 利季娅·科尔涅耶夫娜·楚科夫斯卡娅(1907—1996)，俄罗斯女作家，诗人，持不同政见者。她的《关于安娜·阿赫玛托娃的笔记》记录了同阿赫玛托娃之间近三十年的密切交往，是不可多得的文学史料。

容。把自个儿写得倒还不错,可其他人就进入不了他的诗,而且他也不打算塑造他们。”此种巧合并不多见:或许阿赫玛托娃先前读过茨维塔耶娃的文章,哪怕是从异国语言转译的(这篇文章首次发表,用的是塞尔维亚语,利季娅·楚科夫斯卡娅当时还没读过,所以也就不知道阿赫玛托娃所云源于何处)。从茨维塔耶娃的文章中,不仅能听到对于帕斯捷尔纳克才华的赞美,还能感受到对于他的某种畏惧——畏惧时而又转化为纵容;人们往往以这种方式对待硕大而俊美的动物——是的,他威猛强健,但终究不属于人类。“是我自己选择了非人的世界——我有什么可抱怨的?”(引自茨维塔耶娃1935年10月写给帕斯捷尔纳克的信)当然,茨维塔耶娃并没有彻底否认帕斯捷尔纳克的转变:“如果说看得出帕斯捷尔纳克近二十年间有所行动的话,那么这种行动的方向便是人类。大自然朝他稍微扭过身来,露出一张女性的面孔。被损害的女性。但这种行动用肉眼根本觉察不到。”(同时代人大概是难以觉察,对后世而言则并不难。但我们不能忘记,茨维塔耶娃的文章写于她同帕斯捷尔纳克关系冷淡期间,她自己就是一部见证“被损害的女性”的作品。作为批评家,玛丽娜·茨维塔耶娃是偏激的)。我们还应表达谢意:正因为1933年的这篇文章,勾勒出帕斯捷尔纳克转变的主线——从自然转向历史,从史前世界乃至人类之前的世界——历经不可避免的异教时期(“盛宴上异教的祭坛”)——转向基督教。帕斯捷尔纳克三位一体式的发展呈示于此:起初他的主题是自然界,然后是国家,然后才是掌握个别真理的个别的人。按照这种逻辑(它很少取决于作者的意志),帕斯捷尔纳克的创作不断演变。总之,他对三位一体情有独钟,并且善于领悟其中的奥妙:正题—反题—合题;一二十年代—三十年代—四五十年代;自然—国家—人。

人们普遍认为,帕斯捷尔纳克视大自然为永恒快乐之源。这一误解需要澄清。“在大自然中,他得到过几多快乐!”——阿赫玛托娃后来不无揶揄地说道。事实上,帕斯捷尔纳克俨然与别列捷尔金诺的森林、格鲁吉亚和乌拉尔的群山、南俄罗斯的草原融为一体——还有他的组诗《在早班火车上》《生活,我的姐妹》《第二次降生》当中的风景。一些敏锐的研究者,譬如西尼亚夫斯基、巴耶夫斯基和阿利芬索夫,也同样确信,帕斯捷尔纳克无论如何都不只是观望者。不仅如此,他总是将自然置于同历史相对应的层面。

在帕斯捷尔纳克那里，缺少人的面容与灵性的风景是难以想象的；写景状物中若没有人的踪迹，便显得神秘而恐怖：

我感觉，它将归于永恒，
那言语着的可怕的花园。
我的身影还掩藏在街边
灌木与篱笆的絮语间。

一旦被发现，便没有退路：
永远，永远，它们将说个没完。①

历史与自然的对立，伴随着帕斯捷尔纳克前进的每一步，从起初的创作到最终的绝笔，戏剧性的张力在名诗《奇迹》中达到极致。和《圣诞之星》一样，此诗也采用了四音步抑扬抑格（амфибрахий）和许多内韵。两者一起进入日瓦戈组诗，营造出独特的叠加效果。帕斯捷尔纳克仿效基督，向周围世界发号施令，要求这世界参与他内心的剧目。在他的抒情诗中，不愿与他同甘共苦以致化为灰烬的无花果树，绝非我们所看到的唯一景致。当然，"本来，人世间就没有/冰雪无法治愈的忧伤"②，但会有愤懑的叹息："雪连绵不绝，/唯有忍耐！"③——在组诗《第二次降生》中，主人公怀念着与恋人一道度过的夏日。还将会有达吉斯坦，它好似一口正在烹制下了毒的羊肉抓饭的大锅④，还有"穿过树叶泛黄的恐惧"⑤驻足于主人公生命中的冬天。没有同自然之间田园诗式的结盟，有的只是将生命注入自然，让空气自己凝聚，让消息随之传递的成功尝试；而《生活，我的姐妹》则呈现着历史对自然的介入，并使其狂热，跃动，富于灵性。历史一旦终结，其精神便脱离现实，剩下的只是黄蜂的干壳、光裸的枝条和飘渺的空气。帕斯捷尔纳克无法想象一个缺少他参与的世界——《八月》一诗所描绘的"忐忑不安的赤杨"和

① 引自帕斯捷尔纳克《窒闷的夜》（1917）。
② 引自帕斯捷尔纳克《1919年1月》（1919）。
③ 引自帕斯捷尔纳克诗集《第二次降生》中的《雪连绵不绝，唯有忍耐》（1931）。
④ 达吉斯坦，位于俄罗斯北高加索地区。此处所述细节出自《第二次降生》中的《波浪》（1931）。
⑤ 引自帕斯捷尔纳克《虚惊》（1941）。

“坟地里慌张的树林，一片姜黄色，/犹如刻花的蜜糖饼干”，无不被他预言般的声音改换了容颜。可以说，帕斯捷尔纳克早期诗歌的世界，属于史前，但要说这是人类之前的世界，起码是有争议的：这终究是一个被人类眼眸所发现的世界，只不过它的历史尚未同自然剥离开来。就这样，帕斯捷尔纳克的诗从音乐与印象主义的浸润中飘逸而出，词语不再表意，而仅仅是歌唱或者朦胧地暗示。然而，我们距离童年有多远，距离那个联结人类之前众生世界的约言也就有多远：这是从幸福地融于自然，到个体消失直至被自然吞噬的悲剧体验。

自从谢尔盖·尼基金①演唱了《雪在下》，帕斯捷尔纳克这首诗便被视为欢快的、充满活力与幸福憧憬的作品。而事实上，这首写于1957年的诗，却可以说是死亡来临前的伤恸之作：

雪在下，一派慌乱景象，
幽暗楼梯上的台阶，
十字路口的转弯……
一切都飞起来了。
…………
因为生命从不等待。
未曾回首，已是圣诞节期②。
只需一个短暂的间隙，
你看，新年就在眼前。

雪在下，纷纷扬扬。
或许，时光流逝亦如此？
与雪一道迈开脚步，
步调一致，同样慵懒
抑或同样匆忙地消失。

① 谢尔盖·雅科夫列维奇·尼基金（1944— ），俄罗斯音乐家，著名歌手，二十世纪六十年代曾为许多诗人的诗作谱写歌曲，其中包括帕斯捷尔纳克。

② 东正教节庆，从圣诞节至主显节（公历日期为1月7日至1月19日），一共十二天。

为何是“一派慌乱景象”？因为岁月一去不返，无可追忆，因为冰雪掩埋过去，也覆盖未来，因为“暴风雪中，老鹳草/将花朵伸向窗格外/白色的星星”。① 这是大自然与大自然之间的生死相约，唯独人类，“疲惫的路人”，依然在渴求什么。人类应当留住这一瞬间，或者哪怕在转瞬之间感知自身。对大自然的恐惧源于对时光飞逝的恐惧——帕斯捷尔纳克与阿赫玛托娃在这些岁月中都饱受摧折。从儿时欢快地融化在世界中，再到晚年面对自然界捉摸不定的毁灭力时的畏怯，正是帕斯捷尔纳克的抒情之路；这里也呈现着一种运动状态——诗人怀着“讥嘲”，越来越明显地倾向于选择历史，而“碾碎粘土”的雨之喧嚣，②则令他越来越恐惧——因为失去面容和意识，亦即“堕入地狱”。

帕斯捷尔纳克最终将宣告历史原本为植物王国，而对人类的评判，将只能以人类对抗这一王国的能力为依据。

2

同样是在上文提及的记录中，阿赫玛托娃又以惊奇的口吻宣称，不管怎样，帕斯捷尔纳克那儿还是能够找到时间的周期；真是怪异的论断！因为帕斯捷尔纳克创作中引人注目的恰恰是明确的分期。在每个新的时期，他都会经历同样的三个阶段：起先单薄无力，偶尔甚至很糟糕。接着便是飞速的提升，新方法很快尽在掌握——随即从刚刚征服的高峰降下来。以仿古主义为例：当这一新采用的方法令他束手束脚并颇费精力时，一个短暂的阶段也随之结束。“应当给自己提出力所不及的目标，第一，因为你永远都不知道自己到底有多大的能力；第二，因为能力总是在解决看似不可能完成的任务时才会充分发挥。”1942 年 1 月 28 日，他在契斯托波尔对亚历山德拉·格拉德科娃说。帕斯捷尔纳克的创作历程，由一系列最终未完成的目标组合而成，但所有这些目标，他都在努力完成，以便迈向更高远——我们只能猜想，这样一条道路会将他带到怎样的高度，

---

① 引自帕斯捷尔纳克《雪在下》(1957)。

② 参见帕斯捷尔纳克《第二叙事曲》(1930)。

假如他的生命不是猝然终止。

“有一回，阿妲·恩格里发表了一番高论，认为在自然界中，事物并非按照等差级数沿直线推移，而是以跃进或回转的形式做周期性运动。大概，真是这个道理……”1940年7月28日，他在给前妻的信中写道。阿妲·恩格里（罗津斯卡娅）——画家，帕斯捷尔纳克妻子的好友，父亲是作曲家①，曾担任过帕斯捷尔纳克的老师。帕斯捷尔纳克本人也意识到，在他生命与创作的每个周期，都重复着特定的规律性。通常，每逢新的十年，便是这样一个周期的开端——以十年为明确的划分，他的生命经历了七个周期：1901年，开始学习音乐；1911年，转向抒情诗；自1921年起，尝试叙事诗；自1931年起，力图使自己不脱离国家，因此饱经摧折，但也在创作上积累了对于国家制度的认知；1941年，开始运用新的文学手法；1951年，创作长篇小说《日瓦戈医生》最后一稿，散文境界臻于纯熟。每十年间，同样重复着若干固定的阶段：前五年——低迷期，程度或深或浅；第七年和第八年——稳定的上升期。帕斯捷尔纳克一生中最美好和最充实的时期分别是1917—1918年（《生活，我的姐妹》与《断裂》）；1927—1928年（《斯佩克托尔斯基》与早期抒情诗的再版）；1937—1938年（《日乌里特笔记》）；1947年（《尤里·日瓦戈的诗》和1957—1958年（《《雨霁》）。最低落的时期是1915年、1925年、1935年、1945年（胜利固然令人欢欣，却鲜明地反衬出个人的精神危机）和1955年。

马雅可夫斯基仅用两年便达到个人的巅峰，阿赫玛托娃也在青春年少时一举成名，帕斯捷尔纳克跟他们有所不同，他尝试着种种写作手法，耗费了不少时间，直到成熟期，他仍然怀疑自己的第一部诗集《生活，我的姐妹》。当然，他从一开始就扩展了诗歌语汇的边界，将丰富的散文语句和俚语带入诗中。他的早期诗作形象丰沛，表现力突出，语义变幻不定，词语牵制作者，声音掌控情节——除了偶尔融于词语中的宝贵的个人体验之外，更多的是发音、语调和意识的涌动。这种狂放恣肆并不单是源于精力过剩，更多情况下，恰恰是因为个人体验的匮乏和思维的浑浊：帕斯捷尔纳克的早期

① 即尤里·德米特里耶维奇·恩格里（1868—1927），俄罗斯音乐批评家、作曲家、文学活动家。

作品时常压根儿无法理解，而它们究竟在表达什么，其实不重要，重要的是话语在行走、跑动和飞翔。这大概是年轻的帕斯捷尔纳克身上仅有的最像未来派之处：未来主义者也将声音置于语义之前，阿列克谢·克鲁乔内赫①就曾宣称，《眼儿头儿缝儿》的诗行所蕴含的俄罗斯民族风情，比普希金全部诗作中都要多。

然而，帕斯捷尔纳克很快就学会了将早期风格中直觉与非理性的成分同细致入微的分析结合起来。《生活，我的姐妹》属于他第一阶段创作的高峰。在这部诗集中，激情四溢的形象开始变得生动、精妙，并融入了心理的刻画。抛开这些，帕斯捷尔纳克无法想象俄罗斯诗歌与散文的传统。对自己的下一部诗集《主题与变奏》，他予以苛刻的评价。这部作品确实在技法上有些过度；按照作者的说法，《主题与变奏》是由前一部作品的残渣（“废料”）所堆砌。不过，正如帕斯捷尔纳克以往的经历，这也预示着一个新的——叙事诗阶段的开端：1921 年，帕斯捷尔纳克完成了后来被销毁的长篇小说《三个名字》（《Три имени》）；1923 年，他转向叙事诗，因为一旦先前那种可以“传送声音”的氛围不复存在，抒情诗对他而言便已是山穷水尽。叙事诗方面的初次尝试——《崇高的疾病》是一件坦诚的半成品，诗中不乏绝妙的洞见与警句，与之相得益彰的是那些即便对帕斯捷尔纳克也属罕见的混沌与双关。但两三年过后，他便拿出了几部叙事诗的光辉范本：《施密特中尉》《一九〇五年》《崇高的疾病》第二版，以及《斯佩克托尔斯基》——苏联二十年代毋庸质疑的长诗杰作。这部写写停停，一度中断六年之久的作品，也能令人感受到某种疲惫。因而在三十年代初期，帕斯捷尔纳克又重新回到抒情诗，希望以此面向已然是新一代的读者。此次转变同样与兴趣的衰减不无关联，不过，这些构成《第二次降生》的抒情诗，远比以往更理性，也更清晰，其中不乏《第二叙事曲》或者《夜幕降临。四处生气盎然……》这样的高蹈超拔之作。

---

① 阿列克谢·克鲁乔内赫·叶利谢耶维奇（1886—1968），俄罗斯未来主义诗人。主张用荒诞、无实义的语言进行诗歌写作，以此清除生活中的肮脏龌龊。文中所说《眼儿头儿缝儿》（《Дыр бул щыл》，1913）一诗，仅由四行短到不能再短的音节构成，在俄国未来派兴起之际，却引起广泛反响，标志着对俄国经典文学创作观念的挑战。此诗被认为带有某种色情暗示，故采取一定程度的意译。

1936年问世的几首诗，标志着帕斯捷尔纳克进入了第四个创作阶段。关于这些作品，作者本人说："某些时候，我会写得很糟糕。"他进行着新的尝试，以求简单直白而又紧凑有力。如果说组诗《夏日笔记》①对于新手法的适应还颇为艰难，如果说其中的语汇还比较密集，而语调上又有几分造作，那么1941年的别列捷尔金诺组诗则是简洁质朴、音韵婉转，令人称奇。战后，从1946年到1953年，帕斯捷尔纳克创作了将近三十首诗，其中的每一首都经得起最严格的挑选，足以被列入二十世纪最佳诗选。这些诗大部分都用在帕斯捷尔纳克散文代表作主人公——尤里·日瓦戈那里。

第五个阶段——《雨霁》——其中同样也有某些与帕斯捷尔纳克的天才不相称的作品：有的文辞生涩，有的流于表面形式，也有的是老生常谈。但只过了两年，帕斯捷尔纳克最后一首长诗《酒神节》就问世了，一部完美的创新的杰作。倘若帕斯捷尔纳克不是死于六十年代的迫害，或许他还会走得更远：在他最后的诗篇中，新一次升华的迹象已经显现。

至于每个时期典型的共同点，我们可以说：早期帕斯捷尔纳克，意象繁密而又复杂，晚期则清澈透明，简洁直白。虽则如此，有人却一向反感帕斯捷尔纳克的"不明确性"，而同样对这一特点（印象主义，神秘的幽暗），有些赞誉则实属溢美。事实上，帕斯捷尔纳克喜爱日常现实中的"神秘性"，亦即质朴与隐秘，因而他并不能容忍文学中的模棱两可。"我知道，您的诗有许多长处，我所期望的仅仅是它能够更朴实（……）有时候，我感觉很痛心，世界的空虚混沌正在剥夺您的创造力，而您所呈现的恰恰只是混沌与不和谐。"——高尔基在写给他的一封信中，这样评价他最和谐的作品《生活，我的姐妹》；偏偏从《一九〇五年》当中，高尔基却又看出了和谐，尽管和谐同这部充满双重意蕴、回环曲折的作品相去甚远。人们不理解帕斯捷尔纳克，是因为还不够成熟：他写信给茨维塔耶娃，抱怨自己同读者之间存在着绕不开的理解误区，所以须要再等上三两年，直到他们"迎头赶上"。不过，有时候他也会有意让自己的诗和书信读来幽深莫测，却从不刻意为之：每当帕斯

① 1936年发表于《新世界》杂志。

捷尔纳克本人无法洞悉眼前的形势，他便是晦暗的。他对世界的认知越清晰，陈述此认知的念头越强烈，他的诗歌、散文和书信也就越是简洁明澈。在二十年代，对俄国革命及其随后的结果加以判断的难度，远远大于在五十年代。模棱两可的表达，可以归结于多方面原因，唯一不能成立的是政治上的警觉：帕斯捷尔纳克想要“被祖国理解”的愿望，不亚于马雅可夫斯基。他在二十年代创造的文本，语汇繁多，晦涩难解，这正是混乱年代的直接见证，其间还夹杂着不合时宜的痛楚之感。当一切趋于明朗，他的韵律和语句也就明快起来了。

3

勃洛克写有大约一百多首以“我”为开头的诗；在阿赫玛托娃的诗中，“我”的主格、间接格和宾格形式①同样不少见。曼德尔施塔姆，则始终都在诉说自己。能否想象，帕斯捷尔纳克在惊恐中发问：“上天赋予我躯体。/它为我所属，绝无仅有，/我该如何处置它？”②从他的抒情诗中，我们辨别不出任何与作者面容有关的东西。试想这样一个帕斯捷尔纳克，在诗歌中如是说：“我，一样卑鄙和堕落，/蓝色眼圈环绕双眸”③——这种意境完全合乎勃洛克的本性，对于帕斯捷尔纳克却是异样的。帕斯捷尔纳克对叙事诗的探寻，自青年时代便挥之不去的长篇小说之梦，同样也是一种逃离自我的行为：他始终在讲述列里克维米尼、斯佩克托尔斯基、日乌利特和日瓦戈的故事。但直到不惑之年，他才开始在《安全保护证》中说到自己。即便如此，也总是躲躲闪闪，话题经常转移到斯克里亚宾、里尔克和马雅可夫斯基等人身上；这究竟因为含蓄还是畏怯？说到底，帕斯捷尔纳克几乎是俄罗斯文学中唯一一位（近些年来，与帕斯捷尔纳克相仿的只有列夫·洛谢夫④）将其

---

① 在俄语中，第一人称“我”的主格形式“я”在句中作主语，是动作行为的发出者；间接格мне表示“我”为行为的间接承受方，或者“我”的主观心理；宾格меня充当宾语，表示行为的直接承受方。

② 引自曼德尔施塔姆《上天赋予我躯体》（1909）。

③ 引自勃洛克《克里奥佩特拉》（1917）。

④ 列夫·洛谢夫·弗拉基米洛维奇（1937—2009），俄罗斯当代诗人，学者。苏联时期“地下文学”创作的代表人物之一，1976年移居美国。其专著《布罗茨基传》是一部高水平的论著。

抒情之“我”掩藏不露——或者,如果还想进一步来说,化为无形——的诗人。关于这一点,在上文曾引述的写于1933年的那篇文章中,茨维塔耶娃无可辩驳地指出:“抒情之‘我’,是所有抒情诗人的目的本身,在帕斯捷尔纳克那里,它服务于他的大自然(海洋、草原、天空、山峦)之‘我’,亦即大自然中一切无穷尽的‘我’(……)帕斯捷尔纳克最终的‘我’——不是个人的,也不是人类的,它——正是虫豸之血,是浪涛之盐。”事实上,茨维塔耶娃关于最终的“我”的论断并不确切,因为帕斯捷尔纳克最终的作品,她恰好注定无缘阅览①;相比之下,她更像是破解了她未必熟知的曼德尔施塔姆《拉马克》②(“我将降至环节动物和蔓足动物”)的奥秘。但其余断言都是准确的。

或许,出于某种挚爱所导致的羞怯,国内研究者并不情愿接受柏林女学者弗兰西斯卡·图恩发表于2001年的《作为边界的主观性:茨维塔耶娃、阿赫玛托娃与帕斯捷尔纳克》这篇文章中的论点:“与弗拉基米尔·马雅可夫斯基等人有所不同,帕斯捷尔纳克的抒情时常难以分辨出人的面孔……渐渐形成一种印象,仿佛抒情的‘我’自身正在迈向一个‘客体’世界,并且以等同于其他客体的方式进入这个由各种元素构成的世界。现实性(……)将诗人变成可利用的工具。”

帕斯捷尔纳克强调,艺术并不塑造什么,而仅仅是塑造(他在《若干原则》一文和诗歌《艺术家》中关于海绵的比喻便由此而来)。他多次谈到自己如何放弃浪漫主义立场,如何有意识地拒绝将自己的生活设计为诗人的生活,如何将重心由个人经历转移到创作本身(“我喜欢那些平常的人,我自己——也是一个平常的人”——引自1929年5月30致茨维塔耶娃的书信)。

然而,人们曾经一度对帕斯捷尔纳克的自我中心主义和个人主义议论纷纷,这究竟又该从何说起?是说他的极度骄傲吗?平心而论,难道我们不能将帕斯捷尔纳克称为一名个人主义者吗?对于帕斯捷尔纳克最突出的特点——彻底的消融,以及显而易见的骄傲的个人主义所催生的抒情之“我”

---

① 1941年,茨维塔耶娃自杀身亡。

② 拉马克(1744—1829),法国博物学家,最早提出生物进化论学说,被称为“拉马克主义”。曼德尔施塔姆的《拉马克》一诗,创作于1932年。

的消极性——我们还将更深入地探讨,因为这是揭示他整个思想的关键之所在。

他何以藏而不露?他的掩饰和佯装究竟意味着什么——如同毛虫,把自己装扮成一截树枝——难道是融化在大自然中吗?他十分害怕人们认出他来——“树上的枝条,/你们被认出来了!/过路的行人,你也被认出来了!”(《暴风雪》,1914)可以说,这便是茨维塔耶娃所说的史前与人类之前的自然性。不过,在我们看来,还有更准确的解答:这里显现出作者的“我”一种特殊的羞赧与极度的纯洁。在已提及的帕斯捷尔纳克的论辩方式“是—是—是……不!”当中,可以感受到这种处于共形(конформности)边缘(但从不超出界限)的羞赧。帕斯捷尔纳克只是适时地将自己隐藏。他对浪漫主义的拒绝——正是对象征手法的泛滥与美化生活的回答,也是将生活转化为艺术事实的体现;他希望尽可能谦逊与低调,这正是艺术家对凯歌高奏的主观性的正常反应。帕斯捷尔纳克寻求的不是消隐,而是客观化,是从抒情到叙事的转变。就长篇小说而言,曼德尔施塔姆说过,需要的是陀思妥耶夫斯基的苦役,或者托尔斯泰的庄园;《日瓦戈医生》则表明,在西伯利亚苦役和亚斯纳亚-波良纳庄园之间,存在着一个中间地带——乌拉尔的工厂和帕斯捷尔纳克的别列捷尔金诺别墅。

早期帕斯捷尔纳克若隐若现的抒情之“我”,是与周遭世界融化在一起的,其先决条件是:这些诗篇出自知识阶层,而非贵族阶层;出自平民知识分子,而非上流显贵。平民知识分子的天性在于强烈的负罪感,以及对于自身处境的知识分子式的质疑,所以他才似乎羞于直截的表白。但俄罗斯却经历了这样的命运:起初,贵族阶层被拣选,然后是知识分子,而到了五十年代,帕斯捷尔纳克本人也被视为不折不扣的旧俄代表,贵族的一员,继承性的象征——新一代平民知识分子成长起来了,他们是第一代和第二代苏联知识分子。帕斯捷尔纳克晚年已不再羞于表露自我,也不再动辄请求谅解,这也正是“我”在他的诗中何以越发响亮的缘故。恒久不变的“或许,我不该说出这些”,被生硬的“我不能不说出这些”取代。由此开始了向勃洛克的回归。这位教授子弟的“少爷”做派和贵族气质,最终得到帕斯捷尔纳克的赞赏(《风(关于勃洛克的四个断想)》,1956)。

作为一名真正的形式主义理论家,罗曼·雅各布逊[1]认为,马雅可夫斯基喜欢比喻,帕斯捷尔纳克则倾向于转喻,这是后者的抒情主人公表现消极的原因之所在;马雅可夫斯基使自己与世界对立(或者至少在原则上是以独立的方式来思考自身),帕斯捷尔纳克则"按照协作性"对世界加以比较。雅各布逊并未说到点子上:形式主义方法,尽管具有很多长处,但绝非放之四海而皆准。与马雅可夫斯基相比,帕斯捷尔纳克对社会或许更为疏远。只不过他的抒情之我更加微妙,因为歇斯底里并非健康之人的天性,而帕斯捷尔纳克,按照曼德尔施塔姆不无妒意的说法,正是"一个非常健康的人"。他不会把事情弄到直接对抗的地步,而是竭力避免对抗,他向世界敞开胸怀,同时尽可能地无视这世界对他随时随地的压制与伤害。只有对他(主要是对他周围的人)施以长期有针对性的折磨,他才提高反抗的声音,摆出非他所固有的斗士姿态。在二十世纪,为了生存,也为了与世界的融合,需要拿出与对抗一样的勇气,或许是更大的勇气。"我所经历的生活,同我内心的动机之间存在着矛盾,"在 1926 年 7 月 11 日的信中,他向茨维塔耶娃坦言,但随即又补充道:"我(……)对这一矛盾,素来心怀喜悦。我可以独自保有这些动机,始终不移。一旦我向它们背后的行为让步,转变的刹那间,我就会四分五裂。"在诗人当中,尤其在二十世纪,很少有人如此坦率地接受外界因素的约束并任由摆布——只要这些因素尚未侵害到主体。

谈及帕斯捷尔纳克诗歌的独创性,不由得让人想起一个古老的英国笑话,说有一个男孩,直到十岁还不会说话,十一岁那年,突然在早饭时开口说:"咖啡是凉的。""你干吗不早说呢?!"一家人都惊慌起来,而"在此之前,家里是好端端的。"二十世纪使我们习惯了叫喊与病态,所以,当我们面对一个内心平和而有教养的人独创的"我"时,才会报之以质疑。二十世纪所有大诗人都不相信:活着的人难道是我吗?!"不,这不是我,/这是另一个受难之人。/我可不能够这样。"——阿赫玛托娃在《安魂曲》中不由自主地

① 罗曼·奥西波维奇·雅各布逊(1886—1982),二十世纪最有影响力的语言学家之一,布拉格语言学派代表人物。1920 年从俄国移居欧洲,1940 年起定居美国。

说。叶赛宁问道："我是谁？我是什么？"他显然不满意自己的回答："不过是幻想者而已。"①"生活啊，如今是我倦于希望，/还是你只是我的春梦一场？"②马雅可夫斯基则在绝望中呐喊："我觉得，/我已经容不下我，/有个人极力要从我中挣脱。"③确信自己身上具有"七个诗人"的茨维塔耶娃，距离真理倒并不遥远，但七个茨维塔耶娃的"我"——或许，这清点着海浪的"我"，比七个还多？！——只产生出一个结果：自我肯定的激情。而这一激情背后，则是悲剧性的、同样适用于每一个"我"的清醒认识，认识到自己在这个世界的无所适从。站在她的立场上，帕斯捷尔纳克替她问道："玛丽娜，我们这是到了何处？！"出于对她的爱恋，他会有意迎合她；但他自己分明知道，所到之处，正是曾经走过之处。

唯独在帕斯捷尔纳克那里，"我"显得恰到好处，生活并非恍如梦幻，个人命运也未经偷换："万籁俱寂之时，我独自登上舞台，/轻轻倚靠在门边。/回声自远处传来，/我从中捕捉此世的安排。"④时代仍是我的，苦酒一杯仍是我的。仔细想想吧，究竟是上帝眷顾他，因为他曾经这么想过——抑或他这么想，是因为他真的得到了上帝的眷顾。

阿利芬索夫撰文指出，关于"全人类原则"的立场，在白银时代的语境下，本身即是一种公开的挑战。从叶甫盖尼娅·利万诺娃那里，帕斯捷尔纳克偶尔听到了"人有名气不见得光彩"的说法。认同此说的应该不仅有精于取舍的成熟的大师⑤（在欧洲，他的声名已远远超乎"自己人"的评断），还应有一位刚刚展露诗才的十九岁青年。

4

帕斯捷尔纳克将"消极性"一词用于自况，因为《中篇故事》中的谢尔盖·斯佩克托尔斯基同其创造者几乎别无二致。他母亲的学生，工厂主太太弗列斯特

① 参见叶赛宁《我是谁？我是什么？不过是幻想者而已》（1925）。
② 引自叶赛宁《我不悔恨、呼唤和哭泣……》（1921）。
③ 引自马雅可夫斯基《穿裤子的云》（1914—1915）。
④ 引自帕斯捷尔纳克《哈姆雷特》（1946）。
⑤ 1956年，帕斯捷尔纳克写下《人有名气不见得光彩》一诗。

里恩更是一语中的："（这是）一个完全不合时宜的人，上帝保佑！消极性本身就在于：无论你怎样苦心相劝，那榆木脑袋还是浑然不觉。"在告别的书信中，托妮娅也曾提到尤里·日瓦戈"缺乏坚强的意志"。①

参与个人履历的构建，对于帕斯捷尔纳克，意味着对那最高创想的干涉。事实上，在他的诗歌天地中，接受远比行动更重要，但这仅仅因为，造物主的大能高于一切。帕斯捷尔纳克对待自己的这一思想（准确地说是猜想）究竟多么严肃，不仅他的诗可以为证——尽管诗人偶尔也会戴上面具——而且还有他的书信，这些信以最为详尽的自解形式同他的创作相伴始终："有某种类似于信念的东西，或者甚至信念本身——一直在提示我，命运不会不垂爱于那些鲜活的美好事物与鲜活的感悟（……）我所说的并非命运本身，而是命运的天使，它就像与我时常相随、终日冥想的同龄人，当我在漫步中自语或沉思，或者在人世间感到孤独时，它便会与我同在。最后，来谈谈上帝吧……这一力量自身因你们所遭受的打击而哀恸，以你们的感知来感知，谋划着摆脱这些网罗，并付诸实施。啊！这居然如此难以表达（……）一个人无论怎样爱自己，都不可能达到为生活所爱的程度。"这段话摘自帕斯捷尔纳克 1914 年写给父母的书信。二十六年过后——那是怎样的年代！可谓俄罗斯历史上最惨痛的一页！——他已然直接明了地道出一个事实：成年上万的人将追随在他身后，或怀抱希望或疑虑重重，但无论如何，彼此之间都充分理解，因为有谁会意识不到：

造物的法则不足为信，
美满童话一样是骗局。②

事实上，帕斯捷尔纳克并无任何一部寻神之作；他的笔下人物并不寻求意志，而是意志被赋予他们。一切都设定在公理体系的层面，不言自明："但奇迹就是奇迹，奇迹也是上帝。"尤里·日瓦戈也不寻找上帝——他知道上帝的存在，所以每当想到他时，便会因幸福而哭泣。十九岁的尤拉安慰着快要死去的安娜·格罗梅科③，尽管他的生活经验还不够丰富，但问题不

① 参见《日瓦戈医生》第十三章第 19 节。

② 引自帕斯捷尔纳克《霜》（1941）。

③ 参见《日瓦戈医生》第三章第 3 节。

在于经验：天然的满足感，其源头无须从外部追溯。这是一种关于生活的先验的知识，它要说明，世界乃是矗立在坚实可靠的基础之上，一切童话也都是“带有美好结局的童话”——这一知识不可能靠其他方式培养，也不可能通过经验来获得：它是与生俱来的。

桨手的一项重要能力——迎向波浪，适时调整方向，以使船身不被浪打翻；帕斯捷尔纳克也善于如此处置自己的舟船，使水能载舟，而不是摇来晃去，这样一来，任何风浪袭来，他都会被托举在波峰之上。对于这种含而不露的个性创作的消极性，帕维尔·弗洛连斯基表达得比其他人都准确，他一边安慰洛扎诺夫①，一边为缺乏意志而自责：“我非常仔细地研究过那些天才人物，通过他们的经历及其他，我发现，天赋越高者，其自我控制的意志就越薄弱……所以说这并非您的过错，而完全是另一码事。”

缺乏意志只是对那最高意志的不干涉。天分越高，便越相信既定的命运。或者还可以说，相信上帝。

5

每个大作家都有他喜爱的使用最频繁的词类——并非指在文本中的数量（像费特《低声的耳语，畏怯的呼吸》一诗中的名词），而是作为关键词汇出现的频率。譬如说布宁，他最常用的是形容词。五六个词串连起来，共同构成语段：每一主词之前几乎必有定语。“这棵枝条扶疏的白桦树，从上到下满是细小的赤黄色的叶片。几个庄稼汉笨手笨脚、骂骂咧咧地绕着树转了一圈，通体打量一番，然后往疤痕累累的野兽般的手掌心啐口唾沫……顿时，我对这棵白桦树感到一种说不出的怜悯。”②在普希金酣畅淋漓的世界中，居于主导的是动词——“起来吧，要听，要看，/把我的意志附在你的身上。/去吧，把五湖四海都走遍，/用我的真理把人心烧亮。”③“马儿嗅到了死尸的气息，/喷鼻响，挣扎着乱蹦乱跳。/白色的唾沫把马缰浸湿，/马儿箭

---

① 瓦西里·瓦西里耶维奇·罗扎诺夫（1856—1919），俄罗斯宗教哲学家，文学评论家。

② 引自布宁长篇自传体小说《阿尔谢尼耶夫的人生》（或译《阿尔谢尼耶夫的一生》）。

③ 引自普希金抒情诗《先知》（查良铮译）。

一般地向前飞驰。”①帕斯捷尔纳克喜爱的词类是副词与形动词，这是他创作手法上最重要的特点，两者极具特色地构成补充性的动作行为。事实上，在帕斯捷尔纳克的诗歌中，时时刻刻都发生着什么：不存在静态的景观——所有的一切都在飞驰，呼号，“集会”，按照他的表述，处于极度躁狂的状态；作者不顾其个人的意愿，也加入到所有这些行动中来，时而作为窥探者，时而作为同谋。树木向火车招手示意，雷电在拍照留念，絮状的雪花窃窃私语，流水吞吃彩霞，有时还会发生匪夷所思的事情——“用丁香花清洗阳台颤抖的冰川的剪影。”②难以理解，究竟是什么在清洗什么，但幅度不等、方向各异的动作行为一刻也未停息。假如这时可能用到定语，那也是用来修饰动作行为的，因为没有什么能够“使劳作中止”。所以，就此意义而言，帕斯捷尔纳克是真正最具折衷性的诗人：他惯于使用的形动词一环套一环——这正是介于参与和旁观之间理想的折中形式。

帕斯捷尔纳克的诗歌同样汇集着大量副词，就像马雅可夫斯基的群星密布的八月之夜：“沟渠中的流水像家酿的啤酒，畅快地急速地奔涌。”③所有副词都恰到好处，譬如“气喘吁吁地”“痛哭流涕地”“用力挥动（的样子）”“天黑以前”“四分五裂地”“直挺挺地”“脸朝下（的样子）”“微醉地”“心满意足地”“碎步走（的样子）”……总之是层出不穷，而又运用自如。这一切，加上早期特有、后来依旧保留着的不精准的韵律——огороде — плодородья висли — рислинг④——加上极为丰富的语汇，附带知识分子和专业人士的惯用语、方言土语、音乐及植物学术语——再加上帕斯捷尔纳克所亲近的喧嚣的水世界——河流也好，雨水也好，湿润的雪也好——共同构成他的诗歌的最典型特征：别人谁是谁还需要分辨，而他则一眼就能被认出。此外，他的行文还有一个主要特点——喜欢音形相似词（пароним），喜欢将词根不同但发音相近的词语聚集起来：几个诗节贯穿着两三个辅音韵脚，从而使声音变得比画面更重要，而画面则时常被冲淡，就像被雨水穿透

① 引自普希金诗体小说《叶甫盖尼·奥涅金》第六章第35节（余振译）。

② 引自帕斯捷尔纳克1917年年未完成的长诗片断。此句的俄语原文为 сиренью моет подоконник продрогший абрис ледника，单从语法关系来看，句中的主谓关系难以区分，姑且译之。

③ 引自帕斯捷尔纳克《春天》（之三）（1914）。在后来修订的版本中，此句未保留。

④ 直译的意思分别是：“（在）园地——果实累累”“悬挂（了）——李斯陵酒”。

的风景："残阳，犹如刀锋上的血迹，/渐渐淡去，愈发离奇。/仿佛浓黑的酽茶，/浇淋着罪行的热浪。"①还有更为真诚、充满魔力和玄奥莫测的："呻吟从岗哨上急匆匆地逃离"，②以及"思想深处，啄木鸟、乌云和松果/暑热和针叶，全都化成了苍白的飞沫。"③各种声音，牢固地交织成一张网络……哦，他是多么陶醉——"牢固地交织"，正是典型的帕斯捷尔纳克式的"副词加形动词"组合，正如《斯佩克托尔斯基》中"吃惊地挺直身子"的马儿！所有这些被无数跟风者滥用的限定语，完全绑定在一起，发出急促的呼喊，交缠着，贴靠着，凝固着，冲撞着，彼此之间紧密相联。事实上，帕斯捷尔纳克的确是被戏仿的理想对象。

雨落在别墅。像一场劫掠，
交集着能量、喧响与欺骗。
时代啊，你如同海绵，
要把我的血肉吸干。

然后，你会像吸管，
抽取我全部的灵魂，
再用一把凿子
凿开我的胸骨。

如同对着灵魂，
我对着紧绷的耳朵诉说，
十年之后，
我将写下清晰的诗行。

不在意日历的更替，
也不必敲响警钟，

① 引自帕斯捷尔纳克《穆奇卡普茶馆》(1917)。
② 引自帕斯捷尔纳克《窒闷的夜》(1915)。
③ 引自帕斯捷尔纳克《麻雀山》(1917)。

二十年后，
我将明白命运的安排。

当一切行将结束，
我知道已摆脱束缚。
或许，四十年后，
谁正确，我就顺服于谁。

这是亚历山大·阿尔罕格尔斯基①一次拙劣透顶的模仿，对象是帕斯捷尔纳克后期（1936年）并非最出色的组诗《夏日笔记》。此诗清晰地展现出帕斯捷尔纳克在音韵和用词上的所有特点，直至诗人最后的“经典”时期，这些特点都未曾改变——他后来确实曾经宣称要放弃不精准的韵律，但并没有太大变化。这首模仿之作同样具有帕斯捷尔纳克式的丰富语汇：骗术、吸管、束缚、警钟、（有圣徒名字和宗教节日的）日历；同样的创作手法，在转换承接处格外明显。在四行诗节中，前两行仿佛小声嘟囔一般，不经意地冒出来，以便突出后两行主要的语句（“不在意日历的更替，/也不必敲响警钟”，为的是后两行表意的主句：“二十年后，/我将明白命运的安排”；请比较：“亲近所有的一切，/深信并尝受日常中的未来”。看似漫不经心的语句，为的是道出后两句：“必将坠入终点/如同坠入邪说，/达到闻所未闻的质朴”②）。帕斯捷尔纳克乐意让读者进入他的“作坊”，彻底敞开门扉！不公开的唯有关键的一点：形象诞生的秘密。形象如同一根主轴，永远支撑着诗歌——这便是他的诗的秘密；帕斯捷尔纳克的创作方法的本质特征一向在于：文本从隐喻的种子中扩张开来，螺旋发展，此即他所说的“合成法”：他不转述历史，也不描述客体，却以隐喻的方式来思考——这也正是他的主要特点。一切都建立在通透的隐喻之上：飞蛾—风暴、女孩—枝条、花园—证人、草垛—火把、“碾碎黏土”的雨水—勇士。像帕斯捷尔纳克一样写作，并非太大的难事；像他一样思考，却几乎无人能够做到。难怪他喜欢引

① 亚历山大·格利戈里耶维奇·阿尔罕格尔斯基（1889—1938），俄罗斯讽刺诗人。以戏仿他人作品著称。

② 引自帕斯捷尔纳克《波浪》（1931）。

用——“我们这些被拣选的悠闲的幸运儿寥寥无几”,[1]而在他最著名的诗作当中,则有一首是以这样的语句开头:“我们寥寥无几。也许,我们只有三个。”[2]

第八章 “离心机”《跨越障碍》 乌拉尔

1

1913年——旧俄罗斯的最后一年(随后到来的战争改变了一切),帕斯捷尔纳克在莫斯科郊外度过了夏天。整个夏季,他们一家都租住在莫洛季庄园,不远处是斯托尔波沃车站,开往库尔斯克方向的列车便从那里发车。那是一座典型的叶卡捷琳娜时代的庄园,屋舍老旧,已有一两百年的历史,花园占地广阔。一棵古老的白桦树,几乎横卧在穿越花园的河面上,树的枝杈,据帕斯捷尔纳克回忆,相互勾连着,好似“悬在水面的空中楼台”。一夏天,他的状态也同样如此,悬在半空中。他在工作方面尚未做任何打算,反而从仲夏开始,埋头于一部诗论的写作——所有的诗都已写成,这些诗后来组成了他的第一部诗集。作者本来将它命名为《云雾后的双子座》,被勃布罗夫改成了《云雾中的双子座》。勃布罗夫是诗集的编者,他想写一篇序言,就像为同时出版的阿谢耶夫的诗集《午夜长笛》题写序言一样。他为阿谢耶夫安静的抒情诗集增添了一篇论战的檄文,文中几乎将所有同时代人(包括阿赫玛托娃在内)都指斥为盲目跟风之徒。勃布罗夫如此解释其策略:文学团体多如牛毛,文艺流派数不胜数,若想脱颖而出,除了挑起事端,别无它途。

然而,勃布罗夫这位咄咄逼人、过分专注于文坛纷争,对文学本身有害

① 引自普希金的诗剧《莫扎特与萨莱里》(1830)。
② 引自帕斯捷尔纳克《我们寥寥无几。也许,我们只有三个》(1921)。

无益的麻烦制造者，却十分欣赏帕斯捷尔纳克，心甘情愿地为他的工作跑前跑后，终于在《电影艺术通报》杂志（出版商是翰让科夫①）找到一个空缺，帕斯捷尔纳克则毫不犹豫地抓住了这次机会，因为电影对他具有吸引力。1913 年 8 月 2 日，他写信给勃布罗夫，言辞极其费解，如果翻译成通俗的语言，意思大概是：电影艺术之所以令他着迷，就在于它能够充分营造行为发生的氛围。在戏剧中，主要剧情是在舞台与剧场之间展开的，因而演员的职责便是让观众相信事件的真实性；而电影则不必如此。由于演员同观众之间不存在面对面的交流，所以电影的主要剧情就是为了消除这种疏离。戏剧的效果，取决于作者的语言和演员的气质；对电影艺术而言，一切则取决于肉眼所能感受的真实性和诗意，如果能够达到这种真实性，“我们就有理由替那第十位缪斯来命名。”在俄罗斯，这是关于电影理论最早的、也是相当到位的表述之一。在电影艺术方面，帕斯捷尔纳克并不走运。与同时代人相比，他大概是唯一一位对电影无所作为的大作家：不曾写过字幕（这是风靡二十年代的一项工作），不曾编过剧本，从未接到过为电影歌曲写歌词的订单。只有一次，伊琳娜·叶梅里扬诺娃②作为摄影爱好者，为他拍摄了一个长度为一分钟的短片，记录了 1945 年他在第比利斯朗诵《蔚蓝的颜色，天堂的颜色》时的场景。

1913 年 8 月中旬，帕斯捷尔纳克返回莫斯科。同期到来的还有在波托茨克女子学校觅得一份差事的洛克斯，以及从哈尔科夫城郊美地庄园度夏归来的阿谢耶夫。西尼亚科娃姊妹也住在那座庄园。这是五位迷人而又乖僻的姑娘，在一二十年代的莫斯科文学生活中，注定将扮演分量不轻的角色。阿谢耶夫本人爱上了她们中的奥克桑娜，并且很快就娶她为妻，当西尼亚科娃一家来到莫斯科后，帕斯捷尔纳克则爱上了娜杰日塔。总之，莫斯科所有的未来主义者，包括苦行僧赫列勃尼科夫③，全都轮流爱上了西尼亚科娃五姊妹。

---

① 亚历山大·阿列克谢耶维奇·翰让科夫（1877—1945），杰出的企业家，俄国电影艺术的先驱人物。

② 奥丽嘉·伊文斯卡娅的女儿。

③ 维里米尔·赫列勃尼科夫（1885—1922），俄罗斯诗人，先锋艺术的代表人物。

1913年9月，爱弥尔·凡尔哈伦[①]来到莫斯科——列昂尼德·帕斯捷尔纳克给这位比利时大诗人画像，鲍里斯则被叫来同他聊天，以免模特儿感到乏味。闲谈之间，只要一提到里尔克的名字，凡尔哈伦便两眼放光，整个人都变了模样，称里尔克是欧洲最杰出的诗人。老先生在一本小书上为父子两人题字留念。他非常满意自己的肖像画，并且发自内心地欣赏鲍里斯。当年秋天，索洛古勃[②]也来到莫斯科，帕斯捷尔纳克被安排与他见了一面。鲍里斯本人给这位老派诗人留下了神奇的印象。但由于创作风格迥然不同，索洛古勃觉得他的诗过于玄奥，就此交流也很困难。说实话，《云雾中的双子座》只是某种预示，但这部诗集当中也有不可否认的一点：阿赫玛托娃曾经谈到曼德尔施塔姆写于十七八岁的年纪、直到死后才得以发表的早期诗作，她说，这些诗妙不可言，但缺少我们称之为曼德尔施塔姆的那种韵味。帕斯捷尔纳克的早期诗作，蕴蓄着可以称为帕斯捷尔纳克的一切成分——甚至是太多了。这里所说的不仅指形式与内容，还有帕斯捷尔纳克艺术主题的整个谱系：

哦，黑森林——歌利亚，[③]
原野上孤独的战士！
哦，草叶间吟唱的露水，
阒静无声的奴役！

千百棵针叶树，被剥夺话语，
时而唱和，时而孑然伫立……
我是无名的唇舌吐露的言谈，
我是密集的口音谱成的乐曲。[④]

这里有他童年时代便不能释怀的念头：他生来为了世界的救赎，为树木代言，打破它们所蒙受的“阒静无声的奴役”（日后则为所有人代言，只要有

---

① 爱弥尔·凡尔哈伦（1855—1916），又译作维尔哈恩，比利时象征主义诗人。
② 费多尔·索洛古勃（1863—1927），俄罗斯象征主义诗人。
③ 圣经中的巨人，非利士人当中的勇士，力大无比。与以色列人作战，被大卫杀死。
④ 引自帕斯捷尔纳克《森林即景》（1913）。

谁失去话语,有谁沉陷于庸常、窘迫的困境,无以言说,难以自拔,唯有默默忍受)。尤里·日瓦戈后来如此称呼自己的拉丽萨(拉拉):所有无声之人的喉舌。《云雾中的双子座》里许多诗都极具音乐性,虽然几乎没有什么寓意:第一行诗句——天才的真正标志,几乎永远美妙动人。譬如这种令人过目难忘的句子:“我梦见秋天,包裹着半透明的玻璃。”随后的一句,则立刻逊色许多:“饱受摧折的人堆里,是你失落的身影。”属于崇高语体的“摧折”与口语化的“人堆”,性质各不相同,无论怎样糅合,所呈现的其实仍是戏谑的效果。但不管怎么说,帕斯捷尔纳克依然喜欢这些语义不明的诗句,为了魔幻般的第一行,他随后改写了其余语句,并命名为《梦》(1913):“我梦见秋天,包裹着半透明的玻璃。/他们小丑般的人堆里,是友人与你的身影。/宛如采血的鹰隼从天而降,/一颗心落入手掌,落向你身旁。”再举一个例子,起始的第一行同样富有魔力:“我的忧伤,仿佛/被俘的塞尔维亚姑娘。”紧接着,诗意便大打折扣:“陈说着亲身体验的道理。/酸涩而动人的话语,/从吻过你绸缎般肌肤的双唇间吐露。”——这是1900年代乏善可陈的象征主义,接下来也未见得更好。“我啜饮着夜来香的哀伤,/秋日天空的哀伤。”①但从随后的所有“宴饮”中,再也找不出任何能在乐感上同这一诗行相匹敌的语句。不过,勃洛克当年在页边批注自己的早期诗稿时,也曾经指出,他无法容忍一切篇幅过长的诗。但无论怎样,即便是《云雾中的双子座》中那些不成功的诗作,也依然透散着力量与新鲜感,因而帕斯捷尔纳克对于他本人的预言也是可以被理解的(《抒情的广度》一诗,原本献给谢尔盖·勃布罗夫这位术语作者,却枉费了一番美意):“那些来自后方的人士,/平庸地黯淡了光华。/唯有你,将插上翅膀翱翔。”②

诗集于1913年12月出版,印数二百册。相关评论很少,基本以怀疑为主。在一篇综述性的文章中,勃留索夫倒是捎带提到帕斯捷尔纳克,批评改换为某种独到的见解:诗人所写,一如其所见。帕斯捷尔纳克永远感激这种信任,也始终喜爱勃留索夫——不仅因为他的诗庄重典雅,诗律严整,也因为严整背后所能感知的幽暗的混沌。

---

① 以上所引诗句参见帕斯捷尔纳克《我的忧伤,仿佛被俘的塞尔维亚姑娘》(1913)。最后一句很少见于正式版本。

② 引自帕斯捷尔纳克《抒情的广度》(1913)。

帕斯捷尔纳克主要的谋生手段依然是做家教。他得到一份活计，给工厂主爱德华·萨罗蒙的儿子伊万授课。1913 年秋天，他在天鹅胡同租了一间小屋，自己称之为“斗室”，吃饭时还是回到沃尔洪卡，跟家人们在一起。他仍旧是阿尼西莫夫家的常客，可勃布罗夫突然与这家人起了争执。勃布罗夫打算编辑第二份丛刊，杜雷林却已被排除在外，他对后者神秘的斯拉夫主义极度反感（后来，阿尼西莫夫文学社团的神智学格调也让他倒了胃口）。素来气势逼人的勃布罗夫明显倾向于未来主义，还把阿谢耶夫和帕斯捷尔纳克拉扯到身旁。1914 年 1 月前夕，曾经的“谢尔达尔达”成员之间终于闹僵了。1 月 18 日，勃布罗夫决定与阿尼西莫夫正式绝交，帕斯捷尔纳克本想让他们和解，却遭到双方的拒绝。勃布罗夫起草了关于创建“‘离心机’非常状态临时委员会”的宣言。“这些半真半假的友人，勉强给过我们一丁点儿支持，终于愤然背弃了我们，”他回忆道，“我们曾对他们表示，开诚布公地表示，我们彼此并非同道，也就是说，我们直截了当地宣称，在我们看来，这些人的功力实在太浅。接下来的事实，总的来说，证实了我们的预判。他们当中谁都没有在文学上干出点儿名堂来。而我们则组建起我们的‘离心机’。”勃布罗夫脑袋里怎么会冒出这么个“非常委员会”的名称来，只有上帝才知道；有可能，他的创意就来自词的字面含义——物质经过离心作用，可分解为分馏成分，同时，有益成分与有害杂质分离开来；也有可能，他就是喜欢这个词本身。叶甫盖尼·帕斯捷尔纳克认为，鲍里斯·列昂尼德维奇对于文学社团的命名也起了一定作用——当年，从“哲学家咖啡馆”窗外望去，马堡“离心机”锯木厂的招牌清晰可见。

双方的分道扬镳伴随着相互辱骂。针对“离心机”小组的声明，尤里安·阿尼西莫夫反唇相讥，并将其声明发给这场纷争的所有始作俑者。帕斯捷尔纳克因为被视为妥协分子而备受诟病，阿尼西莫夫的攻讦令他尤为难堪。尤里安暗示朋友的犹太出身，说他正因如此，才一直没学会用俄语顺畅地写作。帕斯捷尔纳克怒不可遏，写信告诉阿尼西莫夫，如果不书面道歉，那就索性来一场决斗，就在 1 月 29 日这天——正好是他自己的生日（也是普希金的忌日）。阿尼西莫夫道歉了，决斗也就不了了之。然而，两人之间的关系却彻底无可补救了。“对人生离合的敏感”，使得他一直内心不安。多年以后，在《安全保护证》中，他写道，整个冬天，他都陷于社团利益之争，为此被迫牺牲了自己的趣味与良心。帕斯捷尔纳克痛心的是，他与杜雷林——他的第一位读者，也是他喜爱的读者之间的关系也破裂了。后来，两人虽说和解了，但裂痕终归是裂痕。帕斯捷尔纳克总觉得杜雷林具有反犹太主义倾向，他的这位故友不得不作出一番书面解释："长久以来，我一直欣赏您(……)反犹主义是现代无宗教性和现代敌基督的最丑恶产物，我本人对它深恶痛绝——痛恨它那令人作呕的该亚法[①]式的政客做派，痛恨对上帝的怀疑，就像怀疑本民族的创造力(把犹太佬隔离开吧，否则，神圣罗斯会毁于一旦！)，痛恨它对犹太民族所背负的世界—历史使命的愚昧无知。犹太民族在我个人生命中留下的印象是如此清澈，如此深刻和强烈，而我从犹太人那儿得到的友情又是如此之深，所以，鲍里亚，我永远不会辜负您的深情厚谊。无论过去还是现在，我都拥有如此之多的犹太好友，倘若我成为一名反犹主义者，那便是愚蠢的自杀(……)不过，反犹太主义或许在我身上是另一种体现。我憎恶那种与商贾文化同处一道水平线上的国际文化，它具有玷污和毁灭一切的危险性。如今，文学被泛新闻纪实吞噬，斯克里亚宾被理查德·施特劳斯[②]吞噬，俄罗斯艺术及相关人士被无数妄加评断的庸医和讼棍们吞噬。形形色色的种族文化(严肃的思辨性的德意志文化、拉丁文化、斯拉夫文化、东方文化等等)扩散为某种无所不在的文化，便会成为创作与生命的威胁。在导致扩散方面(……)犹太民族扮演了主要角色，而且它是兴味十足地甘愿扮演这一角色的，我不喜欢它，不喜欢它这一国际化的、本质上已不属于犹太人的部分，不喜欢的原因主要在于，它的所作所为与其他民族如出一辙，正如俄罗斯人、美国人、德国人等等民族的国际商贾式行为同样令人生厌。这便是我整个的反犹思想，想必您也会同意。"对于这段话语，帕斯捷尔纳克或许会表示认同。

为宣告"离心机"的问世，勃布罗夫开始着手创办丛刊，并且完全按照未来主义的风格将其命名为《卢克诺克》(《Руконог》)[③]。这一古怪的词语

① 犹太人的大司祭，在审判和处死耶稣一案中扮演了不光彩的角色。

② 理查德·施特劳斯(1864—1949)，德国浪漫派晚期的杰出作曲家与指挥家。

③ 俄语单词"手"与"脚"的合写，所以又可意译为《手脚》。

后来派上了用场,在斯特鲁加茨基兄弟[①]《山坡上的蜗牛》一书中,它被作者拿来指称一种奇形怪状的昆虫。阿谢耶夫和帕斯捷尔纳克接受了创作超未来主义诗歌的“订单”——要写出那种昭示真正未来派已然横空出世的作品!“其余人等,皆为冒牌货色。”帕斯捷尔纳克迅速捣鼓出三件玄虚莫测的制品——按照已被遗忘的原则“越偶然,就越真实”。其中,《茨冈人》纯属对赫列勃尼科夫和曾经仿效帕斯捷尔纳克的阿谢耶夫之戏仿。古斯拉夫的情调,仿古—创新式的造词法:“少女啊,少女,你将虔诚地倾尽全身之力,/委身于拜倒你少女脚下的火神若格。/假如他在狂吻中用滚烫的脸颊,/扯坏你的衣裙,你这品行不端的婆娘,/是否会用下摆把身子裹紧。/路途迢遥。只有从灼热的高天支着身子的太阳,/一点点地用铃铛凋零的表皮,/把病态的丑类喂养。”[②]少女何以倾尽全身之力,委身于那用脸颊扯坏她衣裙的火神若格——并不重要,而且也无从解释:勃布罗夫想要未来主义,便得到了未来主义。丛刊的评论专栏由勃布罗夫本人撰写,他将许多角色集于一身(昭告新流派诞生的俄罗斯文学刊物大都采取同样的方式)。运用不同笔名,勃布罗夫将所有人都痛骂一番——主要则是《俄罗斯未来派首刊》[③]。在这份刊物中,当时仍是铁板一块的《抒情诗》丛刊遭到被它排挤的瓦季姆·谢尔舍涅维奇[④]的猛烈抨击:由于得不到阿尼西莫夫的理解,他转而投向未来派。帕斯捷尔纳克也在被批评的作者之列——因为《云雾中的双子座》。勃布罗夫以看家护院人常有的“我可受不了”的架势激将他。帕斯捷尔纳克果真报以激烈的回应,写下自己首篇文学批评的雄文《瓦瑟曼测试》[⑤]。文章阐述了不少实质性的思想,但年轻人的过剩才情依旧如故:文中有许多无关紧要的想象、主体思想之外的花哨枝节,以及大

---

① 鲍里斯·斯特鲁加茨基与亚历山大·斯特鲁加茨基(1933—),俄罗斯作家,兄弟两人合写了数十部幻想类作品。

② 此段所引诗文在理解与表达方面得到北大俄语系左少兴与顾蕴璞两位先生的悉心指教,使用了顾蕴璞先生提供的译稿,特此说明并致谢。

③ 由俄罗斯未来派诗人布尔留克于1914年创办,仅出一期就因一战爆发而停刊。下文称作《俄罗斯未来派杂志》或《杂志》。

④ 瓦季姆·谢尔舍涅维奇(1893—1942),俄罗斯诗人,意象派理论的创始人之一。

⑤ “瓦瑟曼测试”(Wassermann test)系医学术语,是一种梅毒测试法,由德国细菌学家奥古斯特·冯·瓦瑟曼于1906年发明。帕斯捷尔纳克借用此术语,意在揭示当时俄国文学的症状。

量恰当与不恰当的外来习语，致使抒情的迷雾取代了论战。然而，这篇文章中依然汇聚着一些十分具体的含义，尽管作者的归纳过于冗长，但观点毫不含糊："读者作为顾客，成为新型产业的主人。在此情形下，平庸变成了唯一合宜的一种禀赋。"画面清晰可辨，而关于市场文学的这些断言，我们自己则久已不再提起。接下来，话题转向未来主义："真正的未来派确实存在。数得上的包括赫列勃尼科夫、附带保留条件的马雅可夫斯基，单从局部来看——波里沙科夫也算其中之一，还有'彼得堡喉舌'小组的诗人们。"

"彼得堡喉舌"的创建者是伊万·伊格纳季耶夫，自我未来主义者（эгофутурист），婚后第二年便用剃须刀自刎身亡（自杀原因之一据称可能是他对性爱的恐惧，此前，他曾发表过几首直白的描写自慰的诗；对其死因的揣测众说纷纭，最新文献材料证实，有一点确凿无疑：伊格纳季耶夫是一名才能相当平庸，而且心理明显不健康的诗人）。帕斯捷尔纳克准确地做出了评断：读者变成了订货商，开始按照其意愿向文学发号施令。未来主义成为文艺时尚，谢尔舍涅维奇之类的文学怪物正在急不可耐地利用它："主题（……）在谢尔舍涅维奇的诗中是缺失的，而这恰好是一种不屈从于买家决断的成分，因而也就不会成为需求与供给的条件。这一开端总之要高于我们的理解，我们可以将其交给友邻，诗人马雅可夫斯基和波里沙科夫们，并且向自己的同行解释，主题所指示的无论如何都不是什么主导性思想或文学情节……"如今，这篇文章恐怕已被遗忘，假如它不是帕斯捷尔纳克第一篇公开发表的提到马雅可夫斯基的文章，其中的评论充满赞誉。这——亦即一些本质性的思想，认为抒情情节并不等同于叙事情节，也不遵从于大众的需求——使得《瓦瑟曼测试》成为珍贵的见证；当然，就其他方面来看，这篇文章也算新颖且朦胧。总之，文学批评是帕斯捷尔纳克唯一不情愿触碰的体裁：这要么因为，他的艺术取向在于复杂性（年轻时，甚至是某种混沌迷离），要么因为，臧否同行在他看来实属不得体。他时常以书信取代文学评论，这些信实质上正是他所有未写成的理论文章的梗概。然而，就因为这篇并无恶意和贬损的文章，谢尔舍涅维奇大为光火；我们不妨大胆推测，与其说他感到恼怒，不如说是嫉妒，因为帕斯捷尔纳克所展示的谈话水平，他永远都难以企及。文章唯一不够文明的地方是标题（无论怎么说，《瓦瑟曼测试》，本意都是梅毒测试法；帕斯捷尔纳克以这种方式暗示，他成功地揭示了未来主义当中时髦的传染病——“的确是一种时髦的疾病，我们不久前才获此馈赠”）。相形之下，由勃布罗夫发起的针对《俄罗斯未来派杂志》的攻讦，实在是粗俗不堪。

此前，阿谢耶夫结识了马雅可夫斯基，便一头转向他，为他远胜于勃布罗夫的魅力而倾倒。不久之后，帕斯捷尔纳克也面临着同样的经历。1914年4月，正当《卢克诺克》刊行之际，谢尔舍涅维奇偕同马雅可夫斯基和波里沙科夫写了一封措辞得体的短信，要求就丛刊评论专栏对他们所造成的伤害进行私人会面。“如果‘离心机’拒绝满足我们的要求，三天之后我们得不到会面的通知，我们将认为自己有权利采取对付懦夫的一切手段来处置既有之不快。”这份挑战书，显然是由谢尔舍涅维奇执笔，马雅可夫斯基的行文会简洁得多。

当然，他们不是来找人斗殴。《俄罗斯未来派杂志》同仁打算弄明白，新对手究竟是何来路，是否值得加以重视。勃布罗夫慌了神。马雅可夫斯基、波里沙科夫和谢尔舍涅维奇提出，让帕斯捷尔纳克和谩骂《杂志》的作者（勃布罗夫可以让出版社社长冒充这一角色——谁都不会怀疑，他正是那些匿名评论的作者）同他们交涉。为了人数的对等，勃布罗夫的朋友，鲍里斯·库什纳被找来充当第三人。会面地点定在阿尔巴特街的一家糕点店，《杂志》预先做了通知。时间是1914年5月5日。

《安全保护证》详尽记述了这次会面。当时的谈话对于帕斯捷尔纳克，有如马堡之旅，是一次转折性的事件。从阿尔巴特街回来，他就爱上了马雅可夫斯基，从此再未将其视为仇敌，即便在两人关系恶化时期。这场和平会面达成的约定对“离心机”小组是苛刻的，对《杂志》则宽松得多：“离心机”不得不在《处女地报》上公开致歉，但是问题并不在于此。每当回忆起这次会面，帕斯捷尔纳克总是怀着强烈的幸福之感。对此，我们还将在重点谈论马雅可夫斯基的章节中更详细地描述；我们暂且先说，好感是相互的，据见证者回忆，马雅可夫斯基的眉眼立刻舒展开了，他带着好奇与敬意倾听着帕斯捷尔纳克。他并不习惯于表示善意，整个一生，他都期待着冲突，对于争斗向来处之泰然，有时还会挑起事端；他善于并且喜好争吵，善于侮辱和刺伤对手，但同时也为这种行事风格备感苦恼。不愿与人争执的帕斯捷尔纳克，即刻意识到马雅可夫斯基是一位才华横溢的同道，他喜出望外——显然喜欢上了对方。对于帕斯捷尔纳克的诗,马雅可夫斯基自然一无所知,但可以大胆断言,三年之后他热情赞誉《生活,我的姐妹》,应当归因于作者留给他的个人印象。帕斯捷尔纳克——真诚、和善,马雅可夫斯基——压抑、扭曲、脆弱;正因如此,当他们彼此相见时,不可能不被对方吸引。“哦,上帝,他是多么敏感,简直超乎自然!”帕斯捷尔纳克后来给施蒂赫写信说道。

2

1914年夏,帕斯捷尔纳克受聘于象征派作家尤尔吉斯·巴尔特鲁沙伊蒂斯①,做家庭教师。他随同巴尔特鲁沙伊蒂斯一家来到奥卡河畔的阿列克辛,在彼得洛夫庄园里度夏。六月间,应新近开业的亚历山大·塔伊洛夫室内剧院之约,帕斯捷尔纳克翻译了克莱斯特的喜剧《破瓮记》——尤尔吉斯(在俄罗斯,人们对他的称呼是尤里·卡季米洛维奇)担任该剧院的文学指导。《破瓮记》——一位失去祖国的爱国者的剧作,也是一位没有民族的民族主义者的剧作。帕斯捷尔纳克欣赏这部作品,喜欢它略显粗俗的幽默,着迷于生动语言的口语化特质……

1913至1914年间的俄罗斯诗歌,几乎彻底笼罩在灾变氛围中,如果不说这是一种末世论气息的话。马雅可夫斯基的调子最为绝望:他在此期间的所有叙事短句,特别是诗剧《悲剧》,充满了灾难迫近与世界毁灭(当然,完全是咎由自取)之感。不仅年轻一代,而且还有勃洛克、别雷、勃留索夫这些前辈诗人,每人都各持不同的末日论调。1914年7月,阿赫玛托娃写道:“可怕的期限迫在眼前。/一座座新坟将拥挤不堪。/等着饥馑、战栗和瘟疫吧,/等着日月星辰黯然失色”②;这首诗开始写于7月11日,尚在战争爆发之前。而在战争初期,茨维塔耶娃也将描绘一个同样炙热、同样雷雨连连的夏天——“白茫茫的太阳,/低沉沉的乌云。”③帕斯捷尔纳克怎么了,他为何无所感知?奇怪的沉寂喻义何在?要知道雷电霹雳已如此临近,战争

---

① 尤尔吉斯·卡季米洛维奇·巴尔特鲁沙伊蒂斯(1873—1944),俄罗斯和立陶宛象征派诗人,翻译家。

② 引自阿赫玛托娃的诗作《1914年7月》(之一)。

③ 此诗写于1916年7月3日,标题即为《白茫茫的太阳,低沉沉的乌云》。

即将演变为一场革命，死难者将不计其数——难道他对这一切都无动于衷？

“历史的先兆不可读。”娜塔利娅·伊万诺娃在她的帕斯捷尔纳克传记中写道；这句话还要看怎么说。历史的先兆对某些人可读，对某些人则不可读。面对迫近的灾难，最敏感的是那些心灵受创伤并难以痊愈的人——“个人的深渊”在他们内心深处产生共鸣。勃洛克正是如此感知战争的，从年轻时起，他就活在毁灭的预感中。自少年时期便多愁善感的阿赫玛托娃当年身处斯列普尼奥沃庄园①，也怀有同样的痛楚。心灵健康之人，往往对异常事件反应平淡。我们在《安全保护证》中看到：“历史的无常变幻曾近在眼前。可是谁又想过这些？”谁该去想，谁就会想到——正是这位马雅可夫斯基，早在战前，他的诗中就流淌着鲜血，尽管还只是落日之血；就有一具具躯体被开膛破肚，尽管还只是乌云的躯体……但我们要说，1914 年 7 月底，曼德尔施塔姆却在书写着他最安逸的诗篇——《严寒！太阳！松脆的饼干……》《二分点》，而对待战争则近于喜悦和狂热——“君主们的欧洲！/自从梅特涅向波拿巴递交了鹅毛笔，/百年来你那神秘的地图，/终于在我眼前开始变换。”②作者似乎已被“那一派祥和所感召”。

然而，无论如何都不能说，年轻的帕斯捷尔纳克不问世事：“……历史尚未有过任何类似的一幕，对比德意志毫无人性的强盗行径，拿破仑的篡位仿佛只是一位天才可被原谅的任性之举。哦，爸爸，请您说说，那是一帮怎样的无耻之徒！他们在外交上翻云覆雨，两面三刀，威廉二世的讲话，对待法国的态度！卢森堡和比利时！这便是我们不远千里来到这里学习其文化理论的国家！（……）当读到普里什凯维奇③呼吁忘却一切民族纠纷时，我终于无法自持，痛哭起来，所有神经都绷得不能再紧了。”普里什凯维奇，不单是一名保皇派，还是“黑色百人团”④的狂热支持者，难以想象，帕斯捷尔纳克读到他的演讲，居然会动情地哭泣。这番言辞其实并非在呼吁忘却民族纠纷，而是忘却斯拉夫民族的分裂，可见在战争初期，连保皇派的国际主

① 1911 年，阿赫玛托娃与丈夫首次来到位于特维尔省的斯列普尼奥沃庄园。此后直至 1917 年，她每年都会在这里住很长时间。

② 引自曼德尔施塔姆《欧洲》（1914）。

③ 弗拉基米尔·米特罗凡诺维奇·普里什凯维奇（1870—1920），俄国极右翼政治活动家。

④ 二十世纪初，俄国政坛上反犹、保皇、保守的数个东正教组织的合称。

义也无不在煽动:“我们大家团结起来,一起战胜他们。”不过,在政治性的——颇具伪爱国主义色彩的说理之后,接着便是如实的招认:“这些情感经由各类报刊排版付印,包含在字里行间,与之相伴的则是彻底的混乱,犹如噩梦般萦绕难去。”在与这种混乱状态的斗争中,帕斯捷尔纳克曾经目睹了军用列车运送兵员时的情景:士兵平静地听着妻子的哭泣,同样平静地奔赴死地,这一幕令他感到安慰和鼓舞:“哦,这就是他们的平凡的英雄主义!仿佛一切平淡如常。我深深感到,如果事态发展到极端程度,那么我,还有舒拉,或许也会像巴黎人四十年前面对普鲁士人那样行动起来。但这种事还是不提为好。”帕斯捷尔纳克并不喜欢夸口,战争前一个月,他的免服兵役证书办好了,所以也就不谈兵役之事。但不管怎样,他显然还是想参与战事,也好避免当逃兵的感觉:他后来为自己编织了一份理想的履历,把自己想象成尤里·日瓦戈,就这样,他如愿地置身于战争,同时又避免了杀戮——把主人公塑造成一名医生,让他救死扶伤,体现英勇的气概。

战争爆发前夕,帕斯捷尔纳克经历了人生中亦忧亦喜的一幕。1958年,他向曾为他塑像的卓娅·玛斯连尼科娃讲述过此事。当年,帕斯捷尔纳克同维亚切斯拉夫·伊万诺夫一家关系亲密,彼此敬重,他们是在1912年通过阿尼西莫夫相识的。伊万诺夫在距离巴尔特鲁沙伊蒂斯家不远的地方度夏,而帕斯捷尔纳克,如在家信中所写的那样,几乎每天都会待在他那儿。巴尔特鲁沙伊蒂斯的长子坚信,帕斯捷尔纳克具有未卜先知的异能;他一向认为,在真正的诗人那里,先知的禀赋是与生俱来的。帕斯捷尔纳克觉得这一说法实在荒唐。有一天,他和巴尔特鲁沙伊蒂斯的次子商量好捉弄一下伊万诺夫,在他家的阳台下“来一场猫的音乐会(猫叫春)”。第二天早晨,伊万诺夫“无精打采地走出门外,伸了个懒腰,说道:‘一晚上鹏鸮都在啸叫,猫头鹰在呼号——准是要爆发战争!’此时,离宣战仅有一天。”

真正的象征主义者不会放过任何一个细节。

当时,谢尔盖·勃布罗夫与妻子在卡卢加附近租了一套别墅。谢尔盖专程拜访了鲍里斯。在反响平平的《卢克诺克》之后,他又打算创办一份新的丛刊,所以想跟鲍里斯商议。帕斯捷尔纳克无法容忍帮派作风,也为勃布罗夫在文坛的争斗之势而担忧。“亲爱的谢尔盖,这个冬天,我们联手同‘抒情诗’的思想作风相对抗,彼此之间太过亲密。躁动者的境况,以及他们为自己的缺席所表现出的一切，掀起了一股大众热潮，也使你我走得更近(……)正因如此，我担心无论你做出怎样的解释，都可能不尽准确，所以我才迟迟未有回应。”朋友刚离开卡卢加，他就立即给他写了这封信。帕斯捷尔纳克希望依据自己的专长来创作，而不是依据什么派别或潮流的要求。6 月，他回绝了为舒拉·施蒂赫的诗集写序言的请求。他讨厌序言中常有的论战腔调，他更喜欢让文本自己说话。

3

1914 年秋，鲍里斯曾打算加入志愿军，但遭到刚从前线回来的施蒂霍夫·谢尔盖·利斯托帕德劝阻。他是哲学家列夫·舍斯托夫①的私生子，有关其婚姻我们回头再说。1914 年的他，“英俊的陆军准尉”，是十七岁的叶莲娜·维诺格拉德的正式未婚夫，《生活，我的姐妹》正是为她而书写。利斯托帕德向帕斯捷尔纳克讲述了指挥的无能和军人中“爱国主义热情”的全面缺失。马雅可夫斯基也曾想加入志愿军，但因政治上不过关而未获准许：此前，由于散发宣传品他在布特尔卡监狱被关了十一个月。他开始为战争宣传画和明信片写词，这便是日后“罗斯塔之窗”②的原型：如果说在他的战争题材的短诗和长诗中，恐怖与绝望从一开始就占据上风，那么这些战争宣传品则始终都散发着爱国与愉悦的气息——“瞧一瞧，看一看，/维斯拉③，在眼前。/德国佬，肚皮翻，/一眨眼，全完蛋。”帕斯捷尔纳克仍然住在天鹅胡同的陋室，穷困不堪，因为找不到新工作，夏天从巴尔特鲁沙伊蒂斯那儿挣的钱也用光了，而剧院出于爱国主义考虑，又放弃了卡梅林《破瓮记》的上演。帕斯捷尔纳克于 1914 年秋天构思并于 1915 年初写下第一篇完整的散文——短篇小说《阿佩莱斯线条》，小说描写了年轻诗人列林克维米尼向海涅挑战，比试诗歌，却一败涂地，被后者夺去了心上人。帕斯捷尔

---

① 列夫·伊萨克维奇·舍斯托夫(1866—1938)，俄国著名存在主义哲学家，著有《陀思妥耶夫斯基与尼采》(1903)、《在约伯的天平上》(1929)等作品。

② 苏俄内战和外国武装干涉时期，以马雅可夫斯基为首的一批苏俄艺术家在 1919 到 1921 年间为俄罗斯电讯社(俄文简称“罗斯塔”)创作战争宣传品，这些讽刺性的艺术作品汇集而成“罗斯塔之窗”(Окна Роста)。

③ 指维斯拉河，波兰境内最大的河流。此段文字的背景为 1919 年到 1921 年间的苏波战争。

纳克的宠儿海涅被带入二十世纪初期,其新诗集名为《作者生前未发表过的诗》。叶甫盖尼·鲍里索维奇认为,列林克维米尼象征早年帕斯捷尔纳克,海涅这一形象,则有一部分取自马雅可夫斯基。这场爱的冲突是纯粹的虚构,也是对一场暗中的诗歌较量的隐喻性表述。

小说有一个重要思想,即生活战胜艺术,或者准确地说,爱情是诗歌天赋的最高体现;像以往一样,在帕斯捷尔纳克那里,不存在有悖女性之美的事物。《阿佩莱斯线条》源于希腊传说中两位艺术家比赛的情节:阿佩莱斯拜访普罗托甘而不遇,就用画笔在他家墙上画了一根线条,它如此之细,当时的艺术家无论谁,也无论如何都画不出。就这样,“阿佩莱斯线条”成了类似于艺术家个人签名或标志的东西;需要指出的是,帕斯捷尔纳克的海涅,在行为上与其说是个诗人,不如说是唐璜式的情种,他与卡米拉·阿尔登泽交谈时取胜的手段,与其说是隐喻,不如说是压力和奉承。但他的许多次独白,也有一些是帕斯捷尔纳克愿意归于自己名下的:“噢,这又是一座小桥。可是凭什么不让我在这充满光照的地方待一阵儿呢?毕竟,并非我造就了生活中这些发出最强光的危险地带:桥梁与过道。多刺眼啊!其余地方全都沉浸在黑暗中。走在这样的桥上,就算是小桥,人也会突然亮起来,浑身上下闪耀躁动的光点,仿佛被摆放着向所有人展览……卡米拉夫人,您会连我一半的话语都不明白,假如我与您不曾在这危险的地方相遇。”

不难理解,帕斯捷尔纳克写这篇小说时为何如此炽热和幸福,为何整篇小说都充满阳光、温情的嬉笑和美好的希望——因为他爱上了娜杰日塔·西尼亚科娃。西尼亚科娃姊妹几个在自己的美地庄园度过了夏天,秋天又返回莫斯科,住在出嫁后随夫姓马莫诺娃的大姐家,她是一位歌剧演唱家。几乎每天晚上,帕斯捷尔纳克都会来到特维尔大街上的这座九号公寓(科洛文公寓)。马雅可夫斯基也时常来这里打牌。这一时期,他与帕斯捷尔纳克关系越来越近。马雅可夫斯基为《处女地报》创办了一个文学栏目,叫作“哀悼之晨”。在他选编的一批战争题材的诗歌中,也收录了帕斯捷尔纳克的《站在舵旁的炮手》——一首紧张、凌乱和晦涩的诗。叶甫盖尼·帕斯捷尔纳克认为,这首诗反映了他父亲对于1913年5月24日那次阅兵的印象,当时尼古拉二世来到莫斯科,出席了罗曼诺夫王朝三百周年庆典。沙皇给帕斯捷尔纳克留下的印象相当可怜，也许，他的特征体现在“炮兵士官略显腼腆和憨厚”的面容上。不过，这更像是一个图申大尉[①]之类的战争小人物的诗化形象，就此而言，这首诗同曼德尔施塔姆的《勇士倒在白色天国》可谓交相呼应，后者也描写了战争中的普通一卒，一个“上了年纪的汉子”。只不过，曼德尔施塔姆的“战争农夫”被赋予英雄的一切特征，在帕斯捷尔纳克笔下，这一形象则格外平庸，但大地却“从今夜起在日本火炮旁翻转”，而“他，后备士官，正操纵着轮盘”。[②] 马雅可夫斯基将这首诗刊登在报上，显然是为了向新朋友示好。相比之下，写于同时期的《噩梦》才是更具帕斯捷尔纳克韵味的作品，后来，《跨越障碍》收录了此诗。这已然是真正的、纯粹的帕斯捷尔纳克，他的节奏和声音也尽显无遗：诗歌中的战争恍如一场噩梦，上帝（作者称之为“天堂斋戒者”）的噩梦：

从刀锯的牙尖下，从舰船的三叉利齿间，
从喀尔巴阡鲜红的轮齿旁，
他想挪开身子，他无法苏醒。
无法苏醒，沉睡在锁闭的梦中，
又眼睁睁看着。今日，土地被连根翻起，
像菜农的粪肥，播撒在大地上。

狂风四起，从这片大地穿行，
席卷疯狂的瓜田，摆布着甜瓜。
没有一道田畦，不被游戏者之手翻弄。
在棺椁中，或在担架上，在天空，或在雪地，
残废的躯体到处乱滚，像群星划过天空，
像九柱戏的圆球碾过雪地。
人哪，他怎敢在天上游戏？[③]

下文将会谈到早期帕斯捷尔纳克同晚期曼德尔施塔姆在修辞上的相

① 《战争与和平》中的人物，炮兵大尉，率领连队同拿破仑军队英勇作战。
② 引自帕斯捷尔纳克《站在舵旁的炮手》（1914）。
③ 引自帕斯捷尔纳克《噩梦》（1941）。

近，二者仿佛各自迎面向对方靠拢。暂且先看《噩梦》一诗，诗中的形象性标志引人注目，二十年后，它们将再次出现于《无名战士颂歌》：同样是“壕堑之上惨淡的天空，趸卖大宗死亡的天空”，同样是发狂的大地。贯穿于帕斯捷尔纳克作品中至关重要的疯狂大地的形象正由此逐渐显现——“大地从书卷倒向山峰与刺刀”，正如后来《崇高的疾病》中所云。在帕斯捷尔纳克的世界里，“大地”一词具有固定的语义和明确的内涵；当冰消雪融，解冻的土地裸现出冬天最初降临时的面容，这正是帕斯捷尔纳克本人称之为“现实生活”与“日常惯例”的象征。如同我们所见，个人在现实生活中的根底同帕斯捷尔纳克这一姓氏，被他轻描淡写地联在一起——从土地到土地，从田畦到田畦，他向来辗转自如。大地，人民赖以生存的基础（类似的主题在曼德尔施塔姆的《黑土地》中也有所体现）；“今日，土地被连根翻起”，表明生活被践踏，被颠覆，几近于沦亡；一切尺度都不复存在，战争最直接与最惨烈的后果就在于此。既然土地都被连根翻起，还有什么可说的？帕斯捷尔纳克预见到，人类耽于同大自然之间的危险游戏，必将遭受惩处：“人哪，他怎敢在天上游戏？”

1915 年 3 月，帕斯捷尔纳克接到邀请，为瓦尔特·菲利普，一位富裕的德国工厂主之子做家教；他在大学时代就曾来过这家，向小男孩授课，为他就读中学做准备。瓦尔特年满十二岁了，对于这位古怪的老师，他一直到老年都怀有感激，尽管当初他只对具体的知识感兴趣（正如所有正宗工厂主的正宗继承者），而帕斯捷尔纳克却总在课上举一些复杂而抽象的例子。鲍里斯一言一行，都像是真正的 monsieur l´Abbé①：从不摆出惹人生厌的正经面孔，压根儿不会责骂学生淘气，反倒一有机会就带他玩。在此期间，帕斯捷尔纳克与叶甫盖尼·伦德伯格初次相遇（在 1910 年代，他与文学圈的大部分关系，都是通过勃布罗夫建立起来的。这次也不例外）。伦德伯格，社会革命党人，《现代人》杂志的编辑人员，他建议鲍里斯在他们的刊物上发表《阿佩莱斯线条》，可能的话，还有《破瓮记》。费了一番功夫，小说没能发表，两人的交往却得到发展和延续，在帕斯捷尔纳克后来的人生中，伦德伯格始终是对他最有益的朋友。《破瓮记》计划发表在杂志的第 5 期，帕斯

① 法语：神父先生。

捷尔纳克附带着写了一篇短评,重复了他为克莱斯特而写的第一篇文章中的某些观点——早在1911年,在放德萨度假期间,他就写下了这篇题为《论文化中的禁欲主义》的文章。编辑部取消了短评,刊发了译作,等帕斯捷尔纳克拿到校样,却大吃一惊。重新修改已没有意义——不知经由哪位好心人之手,作品面目全非。文本中最鲜活的语句不翼而飞,一些四音步小段被“加长了”,失去了节奏乃至含义。帕斯捷尔纳克忍无可忍,向《现代人》杂志主编尼古拉·苏哈诺夫(也是一位著名的社会革命党人,后来写下三卷本札记《论我国的革命》)写了一封怒气冲冲的书信。他给负责杂志艺术栏目的高尔基也寄去了同样一封信。假如他知道,修改他作品的正是打心底以诗人自居,并且是成熟诗人的高尔基本人,他自然不会提出那样激烈的意见;而假如有一位预言家告诉他,十五年后,高尔基将在苏联文坛扮演怎样的角色,他也许将沉默不语。1927年,帕斯捷尔纳克多次申请出国均无功而返,只好请阿列克谢·马克西莫维奇①出面说情,那时候,他经常想起《破瓮记》的尴尬一幕。一个二十五岁的无名译者竟敢指责举世闻名的“海燕”,真是岂有此理!译作终于发表了,杂志社却在10月份关门了,帕斯捷尔纳克甚至都没来得及领取稿酬。不过,他并不觉得有多懊恼,因为从春末到整个夏天,幸福的爱之迹象已然显现。唯一令他伤感的是4月15日斯克里亚宾死于血液感染的噩耗。诗集《缪斯女神的春天代理处》(马雅可夫斯基与帕斯捷尔纳克的诗第一次同时出现在封面上)刊登了对死者的悼词。

在这部出版于5月的诗集中,《暴风雪》——帕斯捷尔纳克最神秘也最有名的诗作之一,首次公诸于众,当时尚未正式命名。这是他第一首打动马雅可夫斯基的作品,后者不但能背诵,而且还经常引用,莫斯科的年轻人也对此诗如痴如狂。丽达·莱特-科瓦廖娃还记得1922年的一次经历。她住在马雅可夫斯基的别墅,就在普希金诺,距离莫斯科不远。一大早,她在花圃剪花。马雅可夫斯基发现,有人踩踏了成排的花枝,丽达赶忙辩解说:“不,我剪花的地方,没有任何人涉足……”马雅可夫斯基立即意识到这句无心之语出自何处:“在城关,在那无人涉足之地……您呀,简直被帕斯捷尔纳克迷住了心窍!”他何尝不希望她的内心也同样装满他的抒情诗,但面

① 高尔基的名字和父称。

对这首不寻常的可怕躁动的诗，他自己也难以抵挡其中喃喃低语的魔力：

在城关①，在那无人涉足之地，
只有女占卜师与暴风雪
曾经留下脚印，四周鬼魂出没，
白雪茫茫，睡得跟死人一样。

看呀，在城关，在那无人涉足之地，
只有女占卜师与暴风雪
曾经留下脚印，一块飞来的皮轭，
鞭子似的抽打着门窗。

伸手不见五指，这座城关
或许就在城里，在莫斯科河岸，
在大桥近旁，或者是别处(夜半时分，
一位不速之客从我身旁离去)。

听呀，在城关，在那无人涉足之地，
只有亡命天涯的匪帮，还有
你的信使——山杨叶，它没有唇齿，
没有喉嗓，暴风雪，好似白纸一张！②

慌里慌张，把紧闭的大门叩响，
东张西望，从石子路上扬起旋风……
这不是那座城，也不是那个夜，
你——她的信使，已经迷失了方向！

但你，传令的信使，你对我的耳语别具衷肠。

---

① 俄语词 посад，特指古代罗斯城堡外面的商业及手工业区，或译作“关厢”。
② 在通行版本中，此句为“静默无声，面容苍白，宛若幽灵”。

在城关，在那双足动物不曾到过的地方……
我也好像……我不知去往何处：
这不是那座城，也不是那个夜。

（《暴风雪》，1914）

雪经常隐喻时间，出现在帕斯捷尔纳克的诗学体系中：在凝滞不动、阒寂无人的世界里，雪像死人一样沉睡，当骚动的时刻来临，便化作狂风暴雪飞舞盘旋，当然，这种意象的源头在于勃洛克的《雪面具》，并且很快还将在《十二个》[①]中呈现。帕斯捷尔纳克本人也喜欢这首诗，正如喜欢他所拥有的一切梦幻与神秘。马雅可夫斯基的称许被他视为最高的褒奖。

4

1915年夏天，鲍里斯与娜佳·西尼亚科娃的相互倾慕达到顶点。在帕斯捷尔纳克钟情的女人中，娜佳是第一个认真对待他诗歌的知己红颜。这是一个头脑聪明、魅力超凡的女孩。当初，在哈尔科夫，西尼亚科娃姊妹一袭古希腊式白色长衫，举手投足不拘常规，吓坏了本分的当地居民。这家人全都喜爱并懂得文学，从保留至今的娜佳写给帕斯捷尔纳克的书信片段，便可见一斑。她信任帕斯捷尔纳克，去美地庄园度夏时，想把他也叫上。列昂尼德·奥西波维奇大吵大嚷表示反对，鲍里斯则坚持着自己爱恋、犯错和迷失的权利，恨不得顶撞父亲。他本来已经想好了去找娜佳，可是一场突发事件却让他震惊，以致于长时间不能成行：在莫斯科一带，掀起了第二次迫害德意志人的狂潮。

第一次发生在上一年11月，但规模远不及第二次（正如大战最初阶段，俄军的失利与随之而来的灾难不可同日而语）。1915年5月28日，数十家德意志人的公司与私宅被损毁，其中包括恩奈姆的糖果厂及菲利普一家的住宅。毁坏的物品当中，有一些是帕斯捷尔纳克的诗文手稿，他的部分文献资料第一次遭受了损失，但他对此并未气恼。难以容忍的是另一些事情：警察局的幸灾乐祸与袖手旁观，民众的暴行，早已俄罗斯化的德意志人

① 勃洛克最后一部，也是最著名的一部长诗，创作于1918年。

失去保护，无辜受难——这样一来，他们几乎就没有人留在莫斯科了。菲利普与家人在大女儿的保护下躲过一劫（她嫁给了俄罗斯人，并改用“科特里亚列夫斯卡娅”这个中立的姓氏）。帕斯捷尔纳克建议菲利普将瓦尔特交给自己，让他去莫洛季平静地住一阵儿——列昂尼德·奥西波维奇在那儿租了一套别墅；工厂主同意了，于是鲍里斯和自己的学生一起前往斯托尔波沃火车站。整个6月，鲍里斯都待在别墅，到了7月，他把瓦尔特留给家人看护（家庭教师的职责落在了弟弟亚历山大身上），自个儿动身来到哈尔科夫郊区。

在那里，他遭遇到每十年的中期通常避免不了的精神危机，只不过，程度轻微，转瞬即逝。1915年7月在娜佳·西尼亚科娃记忆中是一段最美好的时光，而帕斯捷尔纳克则抑郁寡欢，尽管那迷人的姑娘也爱着他，庄园里所有人都对他非常友好。他在那里留下了启示录般的诗行：

傍晚，陷入瘫痪，
像是死亡诗篇里
埋藏的危机。那些
被道破的寓言，就要应验。

来吧！转过脸去
面向日落，不必胆寒！
庞贝城的末日，
将归于终点。①

他在哈尔科夫写下的作品，充满着撩人的忧郁。也许，折磨他的是那场注定无果而终的恋情（他很清楚，他的命运无法同娜佳·西尼亚科娃结合在一起。他们之间差异太大，况且她未必打算出嫁）；也许，原因在于他的心理“周期”，这让他内心郁闷，无论外界情况如何。他回到莫洛季，与瓦尔特一起待到8月底，秋天，菲利普一家搬到了谢列缅杰夫胡同，于是，帕斯捷尔纳克仍旧作为家庭教师同他们住在一起。他依然心绪不佳。“我们所做

① 引自帕斯捷尔纳克《庞贝城的末日》（1915）。

的一切，眼下看来毫无意义(……)而我却无法容忍这种空虚的状态。”在写给德米特里·戈尔捷耶夫的信中，他的懊恼溢于言表。未来主义者波日达尔[①]的这位兄弟请他为自己的集子写序，被他拒绝了。由此可见帕斯捷尔纳克的为人之道：为了友谊，他甘愿两肋插刀，倘若涉及对他至关重要的原则问题，则不会有半点退让。他不但放弃了为他本人首部作品撰写宣言式的序言，而且也拒绝了为施蒂赫和戈尔捷耶夫写序……1915 年秋天的帕斯捷尔纳克，“精神几近于绝望”，这一状况洛克斯在回忆中也有所提及。原因是多方面的：战争旷日持久，对俄罗斯越来越不利；马雅可夫斯基去了彼得堡；中断了在莫斯科的文学活动，同大部分朋友分道扬镳……

10 月 24 日，帕斯捷尔纳克来到已改称彼得格勒的彼得堡[②]。马雅可夫斯基带他去了布里克家。《穿裤子的云》才发表不久，帕斯捷尔纳克对马雅可夫斯基这部长诗喜之如狂。他永远忘不了它那橙黄色的封皮，还有他与马雅可夫斯基沿着铸造厂大街悠长的漫步。令他惊异的是，在任何一座城市，“马雅可”[③]都如鱼得水；《安全保护证》里提到，对马雅可夫斯基来说，彼得堡的意义甚至比莫斯科更大。帕斯捷尔纳克喜欢跟布里克一家相处，尽管没有谁一本正经地对待他。大家的印象一如既往——掺杂着各种看法：这显然是一个天资出众之人，总是嘟哝着不可理喻的东西，对所有人都彬彬有礼，同时又怪异地表现出躁动不安。躁动的人还有马雅可夫斯基：据《安全保护证》描述，这一时期，他时常摆出超凡的姿态，却又“尽力掩盖内心的恍惚和狂热，以致他的姿态中渗出了冷汗珠”。这其实并不奇怪。马雅可夫斯基正经历着一生中最迅疾的成长：他从未像 1914 至 1915 年间那样进步神速。有一种不太确切的说法(据维尔亚姆-维尔蒙特在回忆中引述帕斯捷尔纳克的话)，在彼得格勒期间，帕斯捷尔纳克似乎见过古米廖夫和曼德尔施塔姆，不过，即便他们见过面，彼此间也并未建立密切的关系。此次旅行的成果是小型组诗《彼得堡》——阴郁的四部曲，以帕斯捷尔纳克又怕又爱的彼得大帝为主人公；关于彼得改革的话题，将会在《崇高的疾

---

① 波日达尔(1894—1914)，俄国诗人。此系笔名，原名为波戈丹·彼得洛维奇·戈尔捷耶夫。

② 由于同德国交战，沙皇政府将“彼得堡”这一带有德语色彩的名称按照俄语习惯改为“彼得格勒”。

③ 马雅可夫斯基的简称，爱称，在俄语中，又与“灯塔”一词同形同音。

病》中充分展开。彼得堡的形象作为意志的奇迹和改革者付诸实现的构想,贯穿于诗集《跨越障碍》所收录的这组诗作当中。

回到莫斯科后,帕斯捷尔纳克接到一直忙于为他张罗活计、寻找空缺的伦德伯格邀请——一起去乌拉尔地区的化工厂工作。这是理当接受的事情:无论从人生经历,还是从地理环境来说,一切都是全新的。伦德伯格本人也不曾干过办事员的工作,但他与鲍里斯·兹巴尔斯基,弗谢沃罗多-维里沃地区一家化工厂的总工程师交情很好,两人曾经有过共同的革命经历。帕斯捷尔纳克同菲利普结清了账目,并推荐大学刚毕业的阿列克谢·洛谢夫取代自己。后来,洛谢夫这位《神话辩证法》和《古希腊罗马美学史》的作者,成为了世纪初哲学复兴的最后巨擘之一。

动身去往乌拉尔时,帕斯捷尔纳克染上了严重的风寒,却不想在莫斯科治好病再走。他急于开始未来大约一年的新生活。

5

帕斯捷尔纳克被兹巴尔斯基派去做财务核算助理。1916 年 4 月,他给勃布罗夫写了一封措辞强硬的信:"自从你我最后一次真正意义的会面之后,对我而言,有许多事情都发生了改变(……)只有一点我确信不疑:就算我们年轻时的生活方式益处良多,我也要唾弃这益处,我们不是为它而降生,也不是为它而受摆布、受制约。我还没有什么可发表的东西。有的话,我会告诉你(……)这件事仅仅关乎我个人。任何人都与此事毫不相干。你可能觉得,这么说是为了转移视线,愿上帝保佑你,要爱惜自己的身体。"帕斯捷尔纳克没有被往事所羁绊。乌拉尔有若暂时的解脱:就此养精蓄锐,脱胎换骨。

帕斯捷尔纳克的世界里存在着,用巴赫金[①]的术语来说,六个时空体(хронотоп)——他全部作品中的事件毫无例外都是在这里展开。以下便是这些基本点:莫斯科——混沌的都市,凌乱,一如帕斯捷尔纳克的语句,折中,一如他的用词,丰富,一如他的禀赋。莫斯科郊外乃至整个俄罗斯中部

① 米哈伊尔·米哈伊尔洛维奇·巴赫金(1895—1975),苏联著名文艺理论家,批评家,结构主义符号学代表人物之一。

地带——首先，当然要数别列捷尔金诺：森林、火车站、“大雪覆盖的原野与乡村墓地”。俄罗斯南方——草原与河滩、勒扎克萨与穆奇卡普[①]、《生活，我的姐妹》中炙热的夏日世界。高加索——崇山、大海、盛宴。欧洲——首先是德国，他一生去过四次的国度（其余到过的国家，每个仅有一次，短暂停留而已）。最后是——乌拉尔，具有特殊象征的一片天地，为他呈现着工人的俄罗斯、工业与农业的俄罗斯，以及完全合乎他想象的“真正的”俄罗斯。他的乌拉尔之旅同契诃夫当年逃往萨哈林有几分相像：试图在地理上寻求摆脱精神危机的出口，逃离那万事俱空之地，奔向一切似乎都是巨大而真实的地方。这是俄罗斯文学独有的一条出路——有的是广阔空间。普希金于1833年来到奥伦堡，大概是为了写“普加乔夫”；托尔斯泰离家出走，来到阿尔扎马斯[②]，为的是畅饮马奶酒；契诃夫在文学事业处于巅峰时，不明不白地奔赴那座苦役犯的岛屿[③]（那里河流漫溢，时常蹚水损害了他的健康）……在帕斯捷尔纳克《乌拉尔印象》（1916）的诗行里，那种对于严酷真实性的流连清晰可辨：

没有助产婆，乌拉尔的城堡
扎煞着手脚一夜号啕，
它失去记忆，痛苦得近于昏死，
在昏暗中分娩着早晨。

意外的相遇，发出喧响，
嶙峋的巨物与青铜訇然倾倒。
旅客列车气喘吁吁。不远处
冷杉的幽灵躲闪着，从枝头坠落。
…………
万物在火光中苏醒。一群亚洲人

① 俄罗斯南部省份坦波夫的两个区。
② 位于俄罗斯下诺夫哥罗德州。
③ 指萨哈林岛。1890年7月到9月，契诃夫只身一人，来到俄国政治犯流放地萨哈林岛实地考察，岛上地狱般的惨状给他留下深刻的印象，促使他写下了伟大的非虚构作品《萨哈林旅行记》（1893）。

滑着雪橇，从彤红的天边降落到森林，
他们舔舐树根，给松树加冕，
为那王国的盛典召唤宾朋。

这里的一切都是巨大的，呈示着马雅可夫斯基式的过度与惨烈，却又是帕斯捷尔纳克式的鲜活与喜悦。如果说马雅可夫斯基的所有惨剧即是目的本身（“让烈火焚烧一切”），那么在帕斯捷尔纳克营造的惨剧中，则像是在熔炉里熔炼一个新世界。这种欢欣的体验伴随着他的许多乌拉尔诗篇——首先当数绝妙的《浮冰》（1916）一诗：

初春的泥土不奢望
幼芽的滋长，直到
雪下凸起喉结，
才将一片河岸染黑。①

晚霞像裙摆，浸入河湾。
傍晚连同血肉，费力地
挣脱沼泽。在凶蛮的北方
旷野是贪婪的肉食者！

它吞吃太阳，卡住了嗓子，
在苔地上挣扎。终于抠出
这异物，啪地摔向冰面
撕碎它，像撕碎鲜红的鲑鱼。

残忍的寂静的慢坡，
昏沉的暮色的游荡——

① речной（“河的”）同 черный（“黑色的”）之间的谐音，也让人联想到马雅可夫斯基所说的“反韵”：резче（形容词与副词比较级，“更强烈”）—через（前置词，“穿越”），догов（“猛犬”复数二格）—годов（“年”的复数二格）等等——德·贝（此段本来穿插在正文中，为保持所引诗作的完整，故移至脚注位置）。

但冰丛已显露锋芒，
绿的刀刃也在铮铮作响。

连绵、饥渴、寂寞的嘶哑之声，
哀伤的撞击和刀锋的拼刺，
还有一个个巨块挤在一起，
发出咯吱咯吱的咀嚼声。

诗中语汇充满无尽的感伤：摔打、抠出、锋芒、刀刃、寂寞、哀伤的撞击声，但声音同时又是喜庆的，每个词语都散发出新鲜的气息，预示着春天的来临，尽管黄昏凶蛮，浮冰贪婪。痛苦的新生这一命题（城堡，“痛苦得近于昏死”，分娩着早晨——这是火车穿越隧道，驶向光明的绝妙形象！），在即将问世的《跨越障碍》中居于主导，帕斯捷尔纳克也正是怀着这样的心境，在乌拉尔度过了前半年光阴。不能说，他已彻底摆脱了危机与衰竭之感：就在 1916 年的 5 月 2 日，他还写信给父亲：“一种忧虑控制了我，就像以往某个时候（……）能做的事情，一件都没做成……未实现的愿望年复一年地迁延，搁置，这样下去，它们的本质会遭到扭曲，终将化为泡影。”然而，对于自我的不满——他终生的伴侣，舍此他便不成其为他——渐渐让位于帕斯捷尔纳克后来称之为“造书的奇迹”所带来的压力。即便《跨越障碍》不是《生活，我的姐妹》那样的杰作，但也不失万千气象，作者的技艺已无可争议。他的书写也越来越豪迈。他在弗谢沃罗多-维里沃的活动也颇有男子汉气概：骑马出游，狂饮，打猎。这些往事的记忆日后有许多都融入了围绕乌拉尔而展开的《中篇故事》，也有一些保留在《日瓦戈医生》中。乌拉尔之旅在两部小说中都是接触现实的象征，而在《斯佩克托尔斯基》和《中篇故事》当中，这一主题尤为鲜明——乌拉尔兀立于主人公“思想意识的东方”，纳博科夫会这么说；它永远提示人们，某种真实而可怕的事件正在发生。“在那儿，乌拉尔山对矿井报以讥嘲，”①这正是对 1918 年一系列事件的暗示，包括沙皇一家在叶卡捷琳堡惨遭杀害；我们无法忘记奥丽嘉·布赫捷耶娃②

① 引自帕斯捷尔纳克的诗体小说《斯佩克托尔斯基》（1925—1929）。
② 《斯佩克托尔斯基》中的人物。

如何成为一名冷酷的女政委，这一奇异的转变同样也发生在乌拉尔，从那儿回来后，她就变成了忠贞不贰的女党务工作者。

在帕斯捷尔纳克的地图上，每一个“战略要地”都各有其色彩。绿色的莫斯科郊外，琥珀色的南方，蓝色的欧洲——威尼斯圣诞的靛蓝和马堡六月的蔚蓝。高加索冰峰林立和泛着泡沫的洁白。与所有这一切截然不同的红与黑的乌拉尔，它的山脉与矿场，血液与土壤，深藏在矿脉中的真理，无不诉说着生命的真谛。

《斯佩克托尔斯基》当中还糅入了另一个跟乌拉尔有关的情节——帕斯捷尔纳克同芬尼·兹巴尔斯卡娅之间短暂的罗曼史。鲍里斯第一次对已婚女人产生了兴趣，或者说是对“成年女人”，假如把他看作一个永远的少年。芬尼也并非逢场作戏，虽然给予他更多的是呵护；他专门为她写下《轮船上》(1916)一诗。诗中再次显现乌拉尔的两种主色调：红色与黑色。

> 早晨从鲜血沐浴中走来，
> 云霞散溢着黑亮的油光。
> 轮船大厅和岸边的城市里
> 瓦斯灯和街灯一一熄灭。

这是帕斯捷尔纳克深受勃洛克影响的第一个文本——“陌生女郎”①由此穿透进来（“跑堂的手上，菜肴哗啦作响，/堂倌打着瞌睡，把小鲈鱼收拾”——“多少个夜晚，瞌睡的堂倌杵在桌椅间”②），如果说这里运用了帕斯捷尔纳克最熟悉的音乐性的隐喻，那么旋律则纯粹是勃洛克式的，而音韵的组合则又是典型的帕斯捷尔纳克式的；这种情形到后来屡见不鲜。诗中透出勃洛克式的浪漫忧伤，却少了他的那种令人心碎的音调。不知勃洛克能否想象，一首诗可以由“早晨挤出牛奶，合住下巴”开头？帕斯捷尔纳克更年轻，更有胆气，甚至还可以说，更爱滋事……但也更接地气。不过，假如他缺少了勃洛克的单纯和臻于极致的乐感，也就达不到勃洛克那样的活力：

> 彼尔姆郊外，微风中的卡马河
> 泛起波光，像一串滚动的珍珠，

① 勃洛克写有题为《陌生女郎》的名诗(1906)。

② 引自帕斯捷尔纳克《轮船上》(1916)。

像银白色①的絮语，从远古时代
从芦苇的夜的歌谣，流淌而来。

灯影下的卡马河，星星在游泳，
不顾呛水，差点儿沉底，
追逐过往的船只。它自己就是
一盏灯，在水浪中浮沉。

在《跨越障碍》中，如同在后来的抒情诗集《生活，我的姐妹》乃至四十年代的部分诗作中，未来主义时常遇到象征主义，就这样，帕斯捷尔纳克将不可融合之物融于一体。作者没有故步自封，而是博采众家之长，既注重阿克梅派②的精准，也注重勃洛克的乐音、未来派的语汇以及还是未来派的音色。国内近年来的帕斯捷尔纳克学——似乎为报复帕斯捷尔纳克在苏联时期把倾向于马雅可夫斯基当作免罪符——经常刻意贬低他同未来派之间的关联：有人说，他之所以向他们靠拢，"打成一片"，不过是因为勃布罗夫的哗众取宠。事实上，虽然帕斯捷尔纳克并不喜欢辞藻上一味的工巧，但他仍与克鲁乔内赫交情不错，赫列勃尼科夫也得到他的高度赞赏，即便这赞赏透着疏远。他广泛汲取着那些将声音置于意义之前的作者的经验。帕斯捷尔纳克的音响，无疑是未来主义式的。"确实还有一些漂亮的字母——эр，ша，ща！"③马雅可夫斯基感叹道，这些嘶吼着"发出咯吱咯吱的咀嚼声"的震颤的音符，在早期帕斯捷尔纳克那里经常能听到。勃洛克，按照楚科夫斯基断言，是一位由相互渗透的敞亮元音构成的诗人："呼吸着灵气与雾气"——"散布着古远的传言"……帕斯捷尔纳克则基本上把重心放在无休止的堆叠的辅音上；他早年的几部诗集，堪称"材料力学"的活教材。大量辅音之外，节奏和旋律是象征主义的，尤其是勃洛克式的，声音则明显来自未来派。再通俗些说，他的元音来自前辈，辅音来自同辈。

① 此处"银白的"（седой），还带有转义，"古老的"。作者一语双关。

② 二十世纪初俄国的一个现代主义诗歌流派。代表人物有古米廖夫、阿赫马托娃、曼德尔施塔姆、津克维奇、纳尔布特等。他们围绕着《阿波罗》杂志（1909—1917）集结在一起，成立文学社团"诗人车间"。

③ 俄语字母"р""ш""щ"的名称音，发音时颇具音响效果。

很难说，帕斯捷尔纳克是否对兹巴尔斯基做过解释，就像《斯佩克托尔斯基》中所写的那样（“你我并非小市民，同在一个屋檐下，/您何必激动不安，谢廖沙”），但可以肯定的说，由于他的缘故，兹巴尔斯卡娅与丈夫之间产生了一定程度的不合；鲍里斯·伊里奇暗示妻子，不要跟一个毛头小伙子调情。工程师的担忧事出有因，近期他要到外地出差——掌管化工生产的列兹瓦雅女士，打算卖掉几座工厂，兹巴尔斯基需要四处奔走，以便达成交易。丈夫外出期间，芬尼晚上时常与帕斯捷尔纳克聊天，但那种超出他的马堡浪漫故事之外的举动可能并未有过。不过，兹巴尔斯基后来曾屡次向几名不同的谈话者暗示，他们夫妻间的冷淡（导致最终分手）确实始于妻子同帕斯捷尔纳克之间的韵事，而鲍里斯本人，看来也着实对芬尼动了真情。1916 年 11 月 6 日，他写信对父母说：“说真的，我现在确实够疯狂。”

帕斯捷尔纳克打算夏天去一趟塔什干，娜杰日塔·西尼亚科娃已动身去了那里，但他随后改了主意。旅行漫长而艰难（“这究竟能带来什么益处，除了寂寞无聊与青春岁月的蹉跎？”他在 7 月 1 日写给父亲的信中埋怨自己，同时也感觉到，他与娜杰日塔已再不相干，罗曼史走进了死胡同），不如去看望家人。5 月底，他同兹巴尔斯基一道去了吉泽洛夫斯基矿场，那儿干活的是一群中国人和苦役犯。矿场见闻是他一生中最可怕的经历之一，他初次意识到，时至今日，倘若人类在煤炭开采方面仍未学会减轻地狱般的劳作，科学进步也就一文不值。帕斯捷尔纳克似乎患有某种幽闭恐惧症，他无法长时间待在狭小的室内，特别是待在黑暗中：他不能忍受地下的空间，总是尽可能不坐地铁，（战争期间）从未下过防空洞，宁可待在屋顶值守。但是乌拉尔林莽的广袤令他心醉神迷——如果说有一种病症叫作广场恐惧症，即畏惧开阔的空间，那么帕斯捷尔纳克则表现出对开阔空间的强烈痴迷。他尤其喜欢那些隐藏在绝壁间的山尖，谷底石滩上的青草和潺潺溪水。

他在兹巴尔斯基那儿工作到 6 月末，7 月初才回到父母的度假地莫洛季，秋天一直在准备新书的手稿。还是那位勃布罗夫，从备选的几个书名——像往常一样标新立异——当中选定了一个。在此期间，兹巴尔斯基一家搬到了静山——卡马河边一座不大的工业城，由鲍里斯·伊里奇设计的生产三氯甲烷的新厂就建在那里。帕斯捷尔纳克被派到工厂经理卡尔波夫手下，做他儿子的老师。同时他还承担着书记员的职责，在几座工厂的机关负责战事登记。“这是一件多么荒唐的事情，而且也很冒险，当你得知那些被新式教谕所征服的村庄里有成千上万鞑靼人、沃佳克人、巴什基尔人等等(……)，召集和登记无法进行……一旦(……)你错过或未能及时向委员会递交某个人的申请，此人就要被征召入伍。(……)这不，今天就来了这么一个明尼巴耶夫，扑通跪倒在地，求我不要打发他送死。您不必担心。他用不着去送死。做得了的事，我才会去做，一切尽在法律范围之内，比方那个明尼巴耶夫求我的事情。”帕斯捷尔纳克本人经过1916年12月的重新认证之后，获得了一张“终生免服兵役证书”。

为调理心情，帕斯捷尔纳克在此期间翻译了斯温伯恩①关于玛丽·斯图亚特②的悲剧《沙特拉尔》(他一生中还将两次翻译关于这位女王的剧作——席勒和斯洛瓦茨基③的两个剧本分别被译成俄语，他因此开玩笑说，玛丽成了他的亲人)，照例是一番辛苦，才得到出版的机会，但译本却在1920年付印之际不慎丢失。帕斯捷尔纳克向来不善于保管自己的手稿。

《跨越障碍》未经他校对，正式出版后有许多错误，即便如此，他仍然兴奋异常。“我喜欢这本小书。不管怎么说，(……)除了它自己之外，它跟别的书一点儿都不像。”

6

《跨越障碍》——一部已然尽显帕斯捷尔纳克风格的诗集，传之后世也不为过；其中不乏《马堡》初版之类的杰作。整整十年过后，在致茨维塔耶娃的信中，他本人总结了这部作品的特点。他将诗集分为两部分：“开端是灰色、北方、城市、散文、革命来临前的先兆(……)。各种语体相互混杂。”

---

① 查尔斯·斯温伯恩(1837—1909)，英国诗人、剧作家。其《沙特拉尔》(Chastelard)与《菩士威尔》(Bothwell)和《玛丽·斯图亚特》(Mary Stuart)一起构成以苏格兰女王玛丽·斯图亚特为主人公的诗剧三部曲。

② 玛丽·斯图亚特(1542—1587)，苏格兰女王(1542—1567年间在位)以及法国王后(1559—1560)。一生充满悲剧与传奇色彩，多位西方戏剧家都曾创作过以其为主人公的剧作。

③ 尤里乌斯·斯洛瓦茨基(1809—1849)，波兰诗人、剧作家。他的《玛丽·斯图亚特》创作于1830年。

从中段开始——是乌拉尔，以及对于辽阔与简洁的探寻；总的来说，“一切并不太糟，”就像帕斯捷尔纳克在给还是那位克鲁乔内赫的赠书上题写的那样。

在这里，帕斯捷尔纳克首次发出了他坚持一生的诗学宣言：

蓓蕾，一颗颗黏稠的烛泪
沾满万千枝头！温暖了
四月。发育繁衍从花园里蔓延，
树木之间，对白也越发频繁。

像一头被羁绊的公牛，森林
被套住咽喉，陷入捕鸟的罗网。
它在网中呻吟，就像钢铁斗士
在管风琴的奏鸣曲中呜咽。

诗歌！即便你是布满吸孔的希腊海绵，
包裹在胶质的绿色中间，
我也要把你捡拾起来，放在
花园绿椅的湿木板上。

你来吸纳云和沟壑吧，自己长出
华丽的鲸须骨架和百褶花边——
到了夜晚，诗歌，我会用贪婪的纸张
把你的汁液彻底榨干。

（《春天》之一，1914）

《跨越障碍》，标志着危机的克服，它第一次让帕斯捷尔纳克不再惧怕成为自我。其中当然不乏狂喜而急促的喘息、风格的模拟（这二者尤其在《叙事曲》里俯拾皆是），以及狂妄的野心。更重要的是敏感与渴求，根据他与友人间的谈话判断，这才是他最为看重的。同时代人一生中谁也没有像他那样的好胃口：整部诗集——一场荟萃着美酒佳肴的想象的盛宴，落日两

次被比作鲑鳟鱼片,太阳升起,好似“光的丝缕中,配用于午餐的冰柠檬”。[1]虽然爱情尚无从体验,却很快就能被感知:

呼吸未来的气息,攥住
并点燃它,任它舔舐自己
它全身心属于你,如跳跃的
V字形火焰中的草原[2]

帕斯捷尔纳克仿佛预感到,整个未来一年他都将乘坐火车,行驶在茫茫草原,甚至草原上的野火——《生活,我的姐妹》中的核心意象,他也将会目睹!

他是否预知了革命的来临?在写于1927年纪念革命十周年的诗作里,他写道:“丝毫未曾感觉到什么。”但在他1916年12月9日写给父母的一封信中,却能读到这样的段落:“当我浏览报纸的时候,经常因为一种念头而心惊肉跳,我觉得,在当前拙劣的政治与外界之间,存在着某种对立与不可逾越的深渊。(这)已属于那个我想很快(……)便会尾随而来的新时代。哦,上帝!它的气息已经扑面而来。

“坐等这愚蠢的终结,是愚蠢的(……)。愚蠢现在不会,将来也不会终结:它只是从愚蠢之链的某个环节上断裂,在人们终于无心等待的时刻(……)。我就是这么理解的。所以,我正在等待你们大概也在等的结果(……)。我知道,一线微光都不会有,因为光明将骤现。现在就从我们所知晓的当中找到光明,既不可能,也无意义:它自己就在寻觅和探察我们,或早或晚,我们都将被它彻底浇淋。”

平庸无为的俄国时政、社会生活、新闻媒体,大概还有显然已是明日黄花、从公众视野淡出的文学——令许多人都以为“愚蠢年代”行将结束。人们预感到革命——从它的反面,同样也是从反面,人们起初欢天喜地,迎来错乱和短视的二月[3],接着——又一次对比了后二月时期俄国的衰落与动乱之后——接受了十月。这俨然是一场“了不起的外科手术”,就像《日瓦

① 参见帕斯捷尔纳克《春天》(之三)(1914)。
② 引自帕斯捷尔纳克《有时,你越过》(1917)。
③ 指1917年俄历2月爆发的颠覆沙皇末代王朝的二月革命。

戈医生》中所云,也是“骤现的光明”。“愚蠢只是从愚蠢之链的某个环节上发生断裂”——为了在新的水平上延续,但遗憾的是,这样的认知只能从惨痛的教训中获得。

帕斯捷尔纳克是在静山城得知二月革命的消息的。3 月的头几天,他打点行装,去了莫斯科——去迎接他一生中最美好的夏天。

第九章　《生活,我的姐妹》

1

无论你是否喜欢《生活,我的姐妹》(下文中时常简称为《姐妹》)这部作品,都难以否认它是一个奇迹。诗集问世之后,帕斯捷尔纳克不再是芸芸大众里的一员——它强有力地将他推送到一流俄罗斯诗人的行列。所有的一切都如此神奇:作者梦幻般的丰产——1917 年的夏秋两季,他写下整部诗集里一半的诗作(一部分未收入《姐妹》的“筛剩的产品”,后来转入《主题与变奏》);弥漫在俄国历史最动荡时期的抒情诗中幸福与和谐的感受;还有那些充满想象的乍看略显晦暗的印象主义诗行,它们已成为几代人援引的经典。有两个时期被帕斯捷尔纳克视为最幸福的时期:他写《姐妹》的1917 年,以及四十年代末至五十年代初,创作《日瓦戈医生》的年代。命运之神仿佛能够预见未来,为俄国革命的每个阶段都选定了编年史作者(散文作家几乎不堪此任——神秘事件的记述最好由诗人来完成)。1918 年 1月和 2 月,落在勃洛克身上(《十二个》),1919 年和 1920 年——茨维塔耶娃(鲍里索格列勃胡同抒情诗,《天鹅之躯》),1921 年——阿赫玛托娃(《Anno Domini 1921》①),1922 年——曼德尔施塔姆(《Tristia》②),1923 年——马

① 即《公元 1921》,Anno Domini 为意大利语:公元。

② 拉丁语:哀歌。

雅可夫斯基(《关于这个》)。1917年,则是帕斯捷尔纳克的年代。因为他,我们得以猜解那曾经的一切。

帕斯捷尔纳克本人也感觉到,这是属于他的时代。首先,它尚未成型,飘忽不定,处在转变中,这与他漫长的少年期相吻合。其次,它激情四溢,经验不足,局促不安,预感到某种大转折:革命依然诱人,依然还在玩火,但九月间,一切都燃烧起来,从地底升腾而起的热浪,在脚下散发着灼热!帕斯捷尔纳克准确无误地传达了这一幕,尽管他的作品对政治未加任何笔墨(若说政治,也只是一系列事件的白描而已,帕斯捷尔纳克以新闻报导式的简洁笔法提到过这些事件,他的天赋足以让他接近它们的源头)。最后,从1917年3月到10月,正是试验和错误层出不穷的时期,这半年间,帕斯捷尔纳克也从头至尾经历了一场痛苦的爱情剧,从期望心有灵犀到彼此抱怨怀恨,几近于恶语相加,而所爱之人,有如革命,却归了别人:不是那怀着真爱之人,而是看似前景美好之人。个体与革命如同相互平行的链条,让帕斯捷尔纳克平生初次意识到自己并非这场时代宴席的局外人,这是他生活在其中的时代,这里有他应有的位置:

> 仿佛阿尔法与欧米伽——
> 我和生活是同一模样;
> 一年四季她都自在地
> 活着,像是 alter ego,①
> 所以我称她为姐妹。②

严格地说,首先称生活为姐妹的并非帕斯捷尔纳克:这一名称源于亚历山大·杜勃罗留波夫③未发表的诗作。杜勃罗留波夫创建了自己的教派,直到1944年——最后一个有可靠证据表明他还在世的年份——他一直漫游在罗斯④与高加索,一边锲而不舍地传教,一边给人做木匠活,或者做修

---

① 拉丁语:另一个我。

② 引自帕斯捷尔纳克《所有动词的式和态》(1936)。

③ 亚历山大·米哈伊洛维奇·杜勃罗留波夫(1876—1945?),俄罗斯象征主义诗人,基督教无政府主义教派"杜勃罗留波夫主义"的创立者。

④ 东斯拉夫地区的古称,俄罗斯历史与文化的发源地。

炉匠。他仿效阿西西的圣方济各①,对一切阳性和中性生命都以“兄弟”或“小兄弟”相称,而对一切阴性生命,则称之为“姊妹”,人们知道,他甚至以训导的口吻称自己有病的身体为“身体小兄弟”;杜勃罗留波夫走得更远些,他有过“生活,我的姊妹,我的小姑娘”这样的说法。伊·斯米尔诺夫曾经指出过这个典故;亚·茹科夫斯基还写了一篇详尽的文章《论“生活,我的姐妹”书名的演化》,文中提出又一个假设的论断——书名取自维尔伦的《智慧》中的语句:“你的生活——你的姐妹,即便她并不美丽。”帕斯捷尔纳克喜爱维尔伦,在创作的成熟期,他还兴致勃勃地翻译过他的作品,将最初的鲜活与粗野归还给这位饱受象征派“舔舐”的作者。

参照杜勃罗留波夫和方济各的表述(不过,后者说的是“我们的肉身之死,我们的姊妹”),可以看出,确定诗集名称的那首诗作——《生活,我的姐妹,今天潮汛来临》——具有明显的宗教含义,尽管它既非方济各也非杜勃罗留波夫的那种含义。它所说明的是一种固有的根基、诗人与时间的共鸣(再加诗人与那个极度亢奋的国家的共鸣),最后,religio② 意味着一种关联,时常自感在这个世界上无所适从的帕斯捷尔纳克,从未像 1917 年夏天那样感受到同现实之间有着如此紧密而有机的联系。

无论风格还是笔法,这部诗集在俄罗斯诗歌中都是独一无二的,它的诡谲之处就在于:几乎未曾提及革命的《姐妹》,恰恰成了最革命的诗歌作品。这一事实对于二十一世纪的读者来说尤为离奇。他们解读俄国革命,习惯着眼于革命骇人听闻的后果,以及包含在其中的一系列意蕴深长的征兆:大规模的溃逃、对士兵与军官的杀戮、国家政权的瘫痪、愈演愈烈的社会之熵(энтропия),最后是布尔什维克的政变,其结果是最有“洁癖”和最为执着之人胜出。长期以来,人们普遍认为,布尔什维克利用了历史,但更可怕的是承认历史实际上利用了布尔什维克,承认俄国生活的自我再造机制将马克思主义者们碾成齑粉,在监牢的废墟上重新建造起牢狱。甚至所剩无几的列宁主义辩护士也并不把俄国革命视为节日——在他们看来,这场革命顶多是一项业绩。帕斯捷尔纳克——绝无仅有的作者,为我们留下了一幅

① 圣方济各(1182—1226),生于年意大利的阿西西(Assisi),天主教教会运动与自然环境的守护圣人,方济各会(又称“小兄弟会”)的创立者。

② 拉丁语:宗教化。

洋溢着前所未有的喜悦与陶醉的生命画卷；我们说的不是那些二月的幻影，也不是三月的自由主义的喟叹（“多么美妙啊，三月里呼吸着你的气息！”——帕斯捷尔纳克本人也在1918年的诗作《俄国革命》中追忆着往事）。这里所说的是1917年骚乱的夏天，内阁如走马灯一般接连更迭（在当时已组建的临时政府中），七月爆发危机，双重政权并立，酝酿着惨烈的乱局。如果浏览1917年的报纸，便会发现，三月的欢呼与七月的骚动之间反差惊人。帕斯捷尔纳克所书写的却并非政治编年史，因而他的作品在任何情况下都洋溢着喜庆。从诸多只对诗人和通灵师敞开的高级层面来看，当下发生的是某种真正世界性的事件，也就是说，除了平淡无奇的社会意义与更为广泛的历史哲学意义之外，俄国革命还具有形而上学意义。对于这些交集着乌云、电闪雷鸣的层面直接记录之人，唯有帕斯捷尔纳克一个：他的敏感因为爱而更锐利，如此激荡不安的爱，狂热和渴求的爱，就像1917年那个夏天本身。

如果说帕斯捷尔纳克确乎幸运，那么，这幸运就在于个人史同世界史之间的巧合。1918年的知识分子，对于被爱情欺骗之人的自我感受再熟悉不过，也正因如此，后来收入《主题与变奏》的组诗《断裂》成为了帕斯捷尔纳克描述这种氛围的最著名篇章。革命挣脱束缚，沿袭俄罗斯传统，从最平淡——演变为最混乱无序；现实不再是可控的，这成为《姐妹》后半部分的主题。帕斯捷尔纳克一边总结自己的一九一七，一边开始书写组诗《秋天》（收入《主题与变奏》），这组诗与他生前未发表的《俄国革命》内容几乎完全一致：

> 春天充满着你的气息，
> 夏天——一半是罪恶，
> 但秋天，但这蔚蓝色①的耻辱
> 却被毡子和废料苫盖！
>
> 一片昏暗，窗户睡眼蒙眬

① “蔚蓝色”（голубой）一词还具有转义，多用于讽刺，意思是“报喜不报忧的”，“完美无缺的”。

打着冷颤，像枯干的白矾！
一只瓢虫，轻轻落在杯沿，
旁边是几具死蜂的干壳。①

诚然，“废料”这一主题在《俄国革命》中表现得更强烈——最初是节日，如今涌溅着“人血、脑浆和烂醉的海军呕吐之物”；后来，在《崇高的疾病》中，则将会一再出现诸如废墟、破烂儿、尘土以及各类垃圾的石膏残片。起初，爱情与革命相吻合，随后则是分手和崩溃。

2

就爱好的刻板、性情的冲动、文笔的书卷气（以保留至今的书信为证）而言，叶莲娜·维诺格拉德与帕斯捷尔纳克不相上下。1917 年，正值她的花样年华，这个大时代造就着她的头脑，改变着她平凡的个性。她爱上了浪漫的诗人——“惶然失措的神”（用他引以为荣的自评来说）②，她注定为这位诗人而生，她理解他的大部分，却在琐事上与他分歧不断，争争吵吵。在他的红颜知己当中，没有谁——大概除了伊文斯卡娅，他在均衡的晚年全盛期遇到的女性——像她一样在他的影响下变得出类拔萃，成熟睿智。此外，在帕斯捷尔纳克与维诺格拉德（两人的姓氏堪称有趣的巧合：田间植物爱上了菜园植物③）的罗曼史的基础上，还存在着强烈的性吸引。这也是让《姐妹》成为几代人爱情圣经的情欲的本能：其中的一切都能够用在自己身上，每个词都散发着肉欲的气息。瓦连京·卡塔耶夫称肉欲为帕斯捷尔纳克诗歌的主要特征：“看到你那双肩，就连阁楼也要抖颤。”④俄罗斯诗歌直到某些时期之前还保持着贞洁。“啊，亲爱的，

---

① 引自帕斯捷尔纳克《秋天。春天充满着你的气息……》(1917)。

② 出自帕斯捷尔纳克的《心上人，你可怕之极！》一诗(1917)。

③ 在俄语中，“帕斯捷尔纳克”及“维诺格拉德”这两个姓氏分别与“欧洲防风”(пастернак，植物名，可入药，也可用于烹饪，拉丁学名：Pastinaca)和“葡萄”(виноград)同音同形。

④ 引自帕斯捷尔纳克《尝试把灵魂拆散》(1917)。

奥丽嘉的香肩长得多美！酥胸多迷人！”①——连斯基这一声赞叹像是有悖于浪漫主义诗人称号的低级情调的样板；清教徒皮萨列夫②对此句更是大加贬损。瞧瞧，对那香肩，他如此喜爱。怎奈也是我之所爱。然而，对于这种一览无余的迷人欲念，帕斯捷尔纳克并未感到难堪。恰恰在《姐妹》这本诗集中，描写革命的情欲主题首次占据了优势，然后又经过演变，进入到《斯佩克托尔斯基》和《日瓦戈医生》：革命与主人公男性的成熟同步，它的魅力与性感紧密相联，而被压抑者的同感则被描绘成“女性命运”的共同体验。革命成了一种对于“屈辱相伴下拥抱的音乐”的占有，就像晚些时候《崇高的疾病》中所云。实际上，帕斯捷尔纳克的爱情主题有两个主要变体——两者后来分别表现在《斯佩克托尔斯基》和《日瓦戈医生》中。关于两种令他倾倒的女性，他将在《安全保护证》中加以说明，但此前的首次透露则是在与妹妹若尼奇卡交谈时，在1917年初春。他们谈到政治，突然间——因为政治和情欲在帕斯捷尔纳克的世界中奇异地联在一起——转向了女性和爱情：“存在着两种美的类型。崇高的平和的美——另一种则截然不同，它有着无可抵御的吸引力。两种美相互排斥，并且从一开始就决定着女性的未来。”

叶甫盖尼娅·卢里耶，帕斯捷尔纳克第一任妻子，拥有那种崇高而平易的美貌。同样的合乎公众尺度的崇高之美，同样的平易之美——这是奥丽嘉·弗莱登伯格年轻时留给他的外在印象，两人之间曾有过近乎柏拉图恋情的罗曼史；他对茨维塔耶娃的外貌也持有类似的看法，极其迷人，但绝非公认的字面意义上的美貌。另一种美，则令人目眩神迷，它是伊达·维索茨卡娅、济娜伊达·涅加乌斯和奥丽嘉·伊文斯卡娅的美——这样的美，他难以抗拒，他的选择也永远倾向于此。这不啻于一种违心的举动。选择的总是现实，而非假设，是参与生活，而非抗拒生活，是大众，而非知识分子。他所选择的是一种吸引力吗？或许。但更准确地说，分明是力量对力量的吸引。叶莲娜·维诺格拉德成了帕斯捷尔纳克这些女主人公当中的第一人。由于经验欠缺，他错过了她，或者说，让出了她。

---

① 引自普希金诗体小说《叶甫盖尼·奥涅金》第四章第48节。连斯基为这部作品中的主人公之一。

② 德米特里·伊万诺维奇·皮萨列夫（1840—1868），俄国文学评论家，革命民主主义者。

他的生平同1910年代末期俄国历史之间的主要巧合在于：人们越来越明白，浪漫男主角与狂放女主角虽然互有好感，但无论如何——就算彼此吸引，境遇相似，情趣相投——两人的共处都不会有结果。可怕的是你终于意识到，你所爱的实为他人之所爱，并非为你而准备，为你而预设；就好比对方也在爱着，回复着，就差没把你叫作天才，突然间却来了一封冷冰冰的书信，从中可以看出，她觉得和你在一起较危险，不舒服，难以相处；而这一心迹的表露，恰恰是当你感觉正妙，心似明镜，以为你会与她共度此生之时。但她内心有另一番打算——她需要的是一个更沉稳、更现实和更成熟的人，同时也更有希望；总之，她以一个聪慧女孩的直觉意识到，两者的关系当中隐藏着某种超乎诗人意念的东西，这便是非命运（НЕСУДЬБА）。非命运——一个可怕的概念，叶莲娜·维诺格拉德对此持有一种特殊的看法：她感觉到自己与帕斯捷尔纳克之间存在着难以逾越的障碍，因为就天性本身而言，“鲍里亚”是另一种人。而女人是不可能挺身违抗天性的。即便读者不觉得这一切都是爱情故事的庸俗化，但知识分子同革命之间起初看似幸福的爱恋，毕竟受到了那一非命运的干涉——革命落入了更为坚硬和粗鲁的手掌。

3

叶莲娜·维诺格拉德，施蒂赫兄弟俩的堂妹，生于1897年。在帕斯捷尔纳克同维诺格拉德的交往中，有一个特别感人的情节：两人中间夹着一位利斯托帕德——纯粹的植物王国。[①] 关于谢尔盖·利斯托帕德，存在主义哲学家列夫·舍斯托夫的非婚生子，帕斯捷尔纳克在《安全保护证》中曾经提及：这位“英俊的陆军准尉”劝他打消了去前线做志愿者的念头。他于1916年秋天牺牲在战场（舍斯托夫的合法女儿娜·舍斯托娃-巴拉诺娃回忆中提到的日期——1917年春，则荒诞不经；无论如何，帕斯捷尔纳克都不可能向一位几周前失去未婚夫的姑娘献殷勤）。利斯托帕德是叶莲娜的正式未婚夫。帕斯捷尔纳克自1912年便认识他，当时，舍斯托夫的儿子中学

① 在俄语中，“利斯托帕德”（Листопад）意思是“落叶”。

刚毕业,开始给人授课,挣钱谋生。他常去施蒂赫兄弟那儿,因为他和瓦列里安·维诺格拉德①曾是同班同学。他上战场时是一名后备士官,很快擢升为陆军准尉,并荣获两枚乔治十字勋章。利斯托帕德戏剧般的人生(他的生母是施瓦茨曼诺夫家的女仆安娜·利斯托帕多娃。施瓦茨曼诺夫才是舍斯托夫的真正姓氏),出众的相貌,英勇的牺牲——使得他几乎成为帕斯捷尔纳克不可战胜的对手。他的阴影留在了《生活,我的姐妹》的整个故事当中。直至1917年秋,在那些让人眼花缭乱的变故之后,列娜·维诺格拉德②还写信对帕斯捷尔纳克说,在这个不再有谢廖沙③的世界上,她永远都不会幸福。

帕斯捷尔纳克对叶莲娜动情时,她才十三岁。起初,他在信中提到她,带着当时莫斯科知识界司空见惯的狂热,近乎歇斯底里;据奥丽嘉·弗莱登伯格回忆,鲍里亚容易冲动,性情古怪,“就像帕斯捷尔纳克家的所有人”——只不过帕斯捷尔纳克一家并非特例。1910年夏天,窒闷不堪,一如七年之后。鲍里斯独自留在城里,从此永远爱上了孤独的城市夏日,连同它的“魅惑”,就像他在信中所称。1910年6月是幸福的月份:帕斯捷尔纳克真正开始了写作,沉醉于一个个新的变化,几乎每天都在写(散文甚至比诗歌写得更频繁),那些夏夜,散发着椴树和海上尘埃的气息,使他第一次感受到创作的魔力所带来的幸福。每逢假日,没有课时(他靠授课挣钱已经一年了),他便乘车去斯巴斯克街找施蒂赫兄弟。这里如今是绿城站台。6月20日,他又来了,然后与舒拉·施蒂赫和列娜·维诺格拉德一起去游玩。列娜还是个小女孩,不久前才从伊尔库茨克来到莫斯科的亲戚家。几个人沿着铁道,一路采摘野花,一直走到索福林诺④。年轻人的聊天漫无边际,聊着聊着,便提议看看他们中间谁敢冒险。施蒂赫躺在了两根钢轨之间,声称直到火车开来才会起身,帕斯捷尔纳克见状,赶忙劝阻——事后他写信给施蒂赫,还有几分后怕,说这位朋友“让人不敢认了”。列娜也来制止他——蹲在他身旁,抚摩着他的脑袋:“我不会把自己给他,这是我的事

---

① 叶莲娜·维诺格拉德的哥哥。

② 列娜是叶莲娜的小名,爱称。

③ 谢尔盖的小名,爱称。

④ 位于莫斯科州。

情。"后来,帕斯捷尔纳克把这副姿势比作安提戈涅[1]抚摩妹妹伊斯墨涅的姿势。好不容易,她才说服施蒂赫放弃他的克拉索特京试验(在艺术剧院的影响下,当时的年轻人热衷于效仿"卡拉马佐夫兄弟"——"俄国男孩"科里亚·克拉索特京跟人打赌,躺在铁道中间,火车轰鸣着从他身体上方飞驰而过,此后,他就彻底崩溃了,变得疯疯癫癫)。整个这次经历给帕斯捷尔纳克留下了深刻的印象,很久以后,他仍然时常想起叶莲娜的姿势、她送给他的花束,以及施蒂赫出人意料的疯狂举动。本来帕斯捷尔纳克还表示愿意教叶莲娜拉丁语,但这件事却无果而终;有可能,他是被自己吓怕了。"要知道,我实际上爱上了我们三个一块儿"(而施蒂赫与叶莲娜当时真正是在相爱;帕斯捷尔纳克懂得这种少年之间的浪漫韵事)。直到七年之后,他与叶莲娜才再次相逢。

玛丽娅·伊利因娜[2],显然以茨维塔耶娃为原型,从帕斯捷尔纳克对她外在形象的描绘即可见一斑——这一形象也带有叶莲娜的特征:"她的眼睛大而温顺,/身穿一袭丧服,方圆百里之内/无人比她更加忠诚。"[3]在《斯佩克托尔斯基》中,伊利因娜服丧是为父亲,维诺格拉德则为未婚夫而哀悼。她的炫目之美、她的悲伤、漫不经心、对夜间漫步的喜好,同时又显露着青春年少的健康气质和迷人魅力——这一切确实有如磁石,对帕斯捷尔纳克产生了巨大的吸引力。

她住在面包巷,而他从1912年结束马堡之旅以后,就一直住在天鹅胡同一栋七号——这间斗室后来被他比作火柴盒("一只带有红色酸橙的盒子,"诗人的儿子解释说,那是一种商标上印着橙子的火柴)。这一比喻出自《由于迷信》,诗中描述了同维诺格拉德之间的第一次相会。1913年的那个冬天,帕斯捷尔纳克十分幸福。他出版了《云雾中的双子座》,并且离开家人开始了独立的生活;之所以说迷信,是因为他预感1917年也将是幸福的一年。他素来偏爱简单的数字和奇数的年份,他的许多愿景寄寓于此,结果时常灵验:1923年,他一举成名,1931年——遇到第二任妻子,1947年——遇到伊文斯卡娅,1953年——斯大林去世……

---

① 古希腊悲剧作家索福克勒斯名作《安提戈涅》中的主人公。

② 《斯佩克托尔斯基》中的女主人公。

③ 引自帕斯捷尔纳克《斯佩克托尔斯基》(1925—1929)。

叶莲娜的初次来访曾引起两人之间短暂的龃龉。他不想放她走开，她责怪地回应一声："鲍里亚！"——他才放开了。维诺格拉德晚年透露，《由于迷信》一诗所云"你还是挣脱了"，显然是夸张：帕斯捷尔纳克当时并未阻拦她。这首诗里的爱情对决写得活灵活现："手中的门闩没有松开/可你还是挣脱了/额发碰到漂亮的刘海/嘴唇遇到了紫罗兰/哦，小可人儿……"接下来却是："怎能说你不是那女祭司/你走进来，高高在上/像是从书架取下我的生活/吹去四周的尘土"。① 他记忆中的这一时期是最幸福的时期，但他也不曾忘记，他的恋人举手投足之间都隐隐带着伤感和谜样的神情——连同青春稚气，他将这个迷的猜解搁置到后来：

倏忽而过的谜，留下它神秘的指痕。
"天晚了，我要睡个够，睡到读懂黎明。"
在这无人惊扰的时刻，谁能像我
如此幸运地触动恋人。

我是怎样触动着你呀！用我
铜质的唇，犹如用悲剧触动观众。
吻像夏天。不紧不慢，姗姗而来，
然后是一场急骤的雷雨。

啜饮着，就像鸟儿。噎得失去知觉。
星星从喉管缓缓流进食道，
夜莺颤抖着，昏然翻动眼皮，
夜空下，每一滴露水都在干枯。

（《秋天》之五，1918）

从这些引用的诗行中，我们能发现音色的不畅——Поцелуй как лето（"吻像夏天"），听起来有些像каклета②，你在发音时却觉察不出，你会越

---

① 引自帕斯捷尔纳克《由于迷信》（1917）。
② 由于词语连读和元音弱化而造成的谐音现象，无实义。

过帕斯捷尔纳克诗中的这种不畅。这是因为,他的早期抒情诗(当然也包括大部分晚期诗作)并不着重于单个的词语。发挥功能的不是词语,而是由隐喻、声音和形象构成的链条;单个来看,一切都无意义或者都不协调,合起来,则是杰作。茨维塔耶娃曾经在写给一位年轻同道(即尤里·伊瓦斯克[①])的信中指出,在一名成熟诗人笔下,诗的主要意义单位正是词语("NB[②]! 在我这儿——经常是音节")。需要指出的是,茨维塔耶娃的晚年诗作有时会因为语义超载而佶屈聱牙,出现密集的扬扬格(спондей)音步,难以放声朗读,只能一字一顿地喊出。这种过度的密集是严格自律所导致的结果。在日常生活中,在友情和恋情上,在区分同类与异己方面(通常,她并不考虑他们之间的本质区别),茨维塔耶娃一向是率性而为,但她却将自己的诗歌变为律令的神圣仪式。她沉着若定,颇具大将风度,一再发出同一种声音,并且变换着手法,将同一个意义注入读者内心,这样,音节甚或字母,就真的成了她的诗歌语言。帕斯捷尔纳克则完全不同——他的诗中不存在单个的词语。在他那儿,词与词之间紧密相联("处于共同的密谋"),形成行云流水之势,它们通过声音而结合,尽管经常出现语义冲突,或者各自居于不同的修辞层面。词语的狂流扑向读者,话语在其间的连绵不绝之感,它的能量与压力,它的丰盈与过剩,都比本应表达的意义更重要。语流的能量自身传送着风和雨的能量,而大量词语则营造出潮湿、润泽、柔软的效果。正因为如此,帕斯捷尔纳克与另一位伟大的同时代者曼德尔施塔姆有着原则性的区别。对于后者,单个的词语同样不那么重要,重要的是彼此相邻的词语——往往在意义上相去遥远,同时又与前面隐藏的"松散环节"(曼德尔施塔姆本人语)所构成的链条相互衔接。在诗歌中,曼德尔施塔姆对莫斯科雨景的描绘称得上"惜字如金",他曾经用过一个绝无仅有的修饰语——"麻雀的寒颤",麻雀与寒冷这两个压根儿互不相干的概念一经结合,一组意义跃然纸上:映入眼帘的是莫斯科街头一群羽毛蓬松的湿漉漉的麻雀,初夏时节,细雨迷蒙,雨滴的飘洒如麻雀一般飞快。这种吝惜并不适合于帕斯捷尔纳克——他

---

① 尤里·伊瓦斯克·帕夫洛维奇(1907—1986),俄罗斯诗人,文学评论家,1949年移居美国。

② 拉丁语 nota bene 的缩写:"注意","留心"。

的雨总是径直洒落下来，转瞬间，整个世界就湿透了——“紧随它们的足迹，雨滴斜落下来。/篱障边，潮湿的枝条与苍白的天空/争吵着，我愣住了。话题居然是我！”[①]紧随、足迹、雨滴、篱障、落雨的响声——声音再次超越一向丰盈而奇妙的意义。茨维塔耶娃刻意突出每一单个的词语，曼德尔施塔姆使之同另外的词语相互衔接，帕斯捷尔纳克则淡化单个词语，并将其隐藏于统一的声音之链。或许，四大名家当中，只有在坚忍不拔的阿克梅派代表人物阿赫玛托娃那里，词语才具有如同在散文中一样的意义——它不会超载语义，不会与陌生的修辞手法发生关联，不会被密集的和声所包围，它本身就是明朗而均衡的。她的诗若用散文形式来转述，会损失很多——失去乐感和节奏的魔力，但不会消亡（所以说，或许正因如此，她在自由诗方面也颇为成功，茨维塔耶娃则根本没有自由诗，在曼德尔施塔姆和帕斯捷尔纳克那儿，自由诗是罕见现象）。对帕斯捷尔纳克来说，散文转述是致命的（曼德尔施塔姆的诗歌一经转述，会变成曼德尔施塔姆的散文——他与其他三位伟大的同时代者之区别就在于，散文与诗歌文本的建构原则在他那儿是一致的）。

4

不过，我们还需要回过头来，回到帕斯捷尔纳克与叶莲娜·维诺格拉德浪漫史的初期——尽管从一开始，正如纳博科夫的短篇小说《海军部大厦尖顶》所揭示，其中便埋藏着注定失败的结局与分手：自初次会面起，两人对各自的爱仿佛已然只限于远观，仿佛意识到转折时期万事都脆弱不堪。

他们经常一起散步（有一次散步时，出现了啼笑皆非的一幕——维诺格拉德跑回家去拿她的棉披肩，这时，帕斯捷尔纳克突然诗兴大发，向一个门卫朗诵自己的诗，弄得门卫一头雾水，帕斯捷尔纳克也很吃惊）。夜间漫步的地点通常是莫斯科最绿、最荒野的区域，距离市中心不远，却完全不像市区，俨然属于另一个空间；在此范围内，麻雀山、无忧园、莫斯科河岸——

① 引自帕斯捷尔纳克《窒闷的夜》(1917)。

日后将成为莫斯科所有幻想者和浪漫派最喜欢游逛的去处，他们将是这里的主人翁。时至今日，这里还有一些人迹罕至的神秘地带，尽管城市侵蚀着这片让人着魔的区域——时而建起共产主义宾馆，时而是政府别墅；但大半个麻雀山，曾经的列宁山①，依然堪称莫斯科的伊甸园。1917 年，帕斯捷尔纳克在诗中对它进行了如此动人的描绘：

你被亲吻的胸乳，像在净瓶下洗过。
夏日如泉水涌溅，却不会绵延百年。
我们让手风琴低鸣，却不会踩踏节奏
夜夜起舞，任由音调与尘土飞扬。

我曾经听说过老年。多可怕的预言！
挥手向星辰，已不再有细浪翻卷。
他们说着，你怀疑着。草地上没有人影，
池水边没有心，松树林里也没有神。

你呀，扰乱了我的魂！今天又让它沸腾！

（这句，纯粹是马雅可夫斯基式的，当然还夹杂着勃洛克的手风琴奏鸣，当时，在尘土飞扬的城郊——"如今那里游荡着一群穷光蛋"，这些声音无休无止，简直让人喘不过气来。但接下来，已经是真正的帕斯捷尔纳克了——德·贝）。

这是世界的正午。何处是你的眼眸？
你看，思想深处，啄木鸟、乌云和松果
暑热和针叶，全都化成了苍白的飞沫。

在这儿，城市电车抵达了尽头，
前方有松树值守，轨道不得延伸。
前方仍会有星期日。一条小径

---

① 1935—1999 年，麻雀山被称为列宁山。

分开枝条,从草叶间一滑而过。

透过树影,浮现出正午、漫步与圣灵节,
小树林要让人相信,世界向来如此:
就这样被浓荫顾念,被林间空地感染,
被我们承担,像云朵滴落在印花布上。

(《麻雀山》,1917)

世界的正午持续了很久,从4月到6月,几乎贯穿整个春天,而帕斯捷尔纳克居住在莫斯科,对此还未曾留意。列宁开始在他的世界中据有一席之地,已是1918年的事情。当然,为叶莲娜·维诺格拉德而写的爱情日记可能不会成为爱的抒情杰作,假如不是由于内在的悲剧性——尚未深入,却注定不可避免的悲剧性:她永远期望得到更多,并非从帕斯捷尔纳克身上,而是从她自己身上。她渴求功名,为现实命运而忧虑,她怀有激情,还有世纪初所谓的“需求”。她打算抛开一切,参加护士培训班,就在这些左思右想的日子里,前线的溃逃已如潮水。她希望无愧于牺牲的未婚夫(死去的情郎——一个千古不变的浪漫主题),无愧于时代。参战是不可能的,不过,她就读的那所高等女子培训学校,发布了征召自治组织志愿者的消息,地点在萨拉托夫省境内;于是她应征前往。这完全符合她的心愿,也符合帕斯捷尔纳克的心愿,但他不敢贸然跟从。6月初,她已经同哥哥一道来到罗曼诺夫卡。为节约起见,鲍里斯从天鹅胡同搬到了纳肖金胡同,在芬尼·兹巴尔斯卡娅的亲姐姐塔季娅娜·列依波维奇家住下,不用支付房费。

到这一时期,帕斯捷尔纳克写下了三十首爱情诗,不仅当作日记来写(一个春天,一共写了五百行诗句,如此轻而易举,他本人都感到吃惊),同时也作为《跨越障碍》的增补。叶莲娜请他送一本诗集,他托词称手头没有多余的,其实是不想送给她,因为这当中几乎道出了一切——对另一个女人娜佳·西尼亚科娃的爱。曾经有过一份样稿,里面有几首诗是直接粘贴上去的,空白的边页上则添加了手写的另一些诗。样稿于战争期间佚失。不管怎么说,当时他还没想过出一本新诗集,但在维诺格拉德离去之前,组诗

《迷恋心爱之人》和《此前是冬天》差不多已全部写完①。叶莲娜在罗曼诺夫卡生病了,有段时间没给他写信。不过,他收到了她哥哥的明信片,他隐约感觉其中在暗示叶莲娜的不忠。这让一夏天原本就心神不宁的帕斯捷尔纳克大为恼火,他给她写了一封措辞极为严厉的信。没拆开信件时,她还为邮递员送上的祝福而高兴;拆开之后,一下子轮到她伤心欲绝了。"您的信令人惊颤,它打击了我,也伤害了我。多蛮横的一封信,仔细想来,简直难以理喻,短短两页,居然包含了如此之多的鄙薄……我对您的爱依然如故。我真想让您知道这一点,在我离您而去的时刻。我再不会给您写信,也不会见您了——因为我无法忘记您的信。请把我的那张画儿撕掉吧——它就在您手上,它的微笑如今显得多么荒唐。"(这里说的是《宛若天人》一诗——"我与你的画儿同在,与那张笑脸同在")。

收到这封信后(信上注明的日期是 6 月 27 日),帕斯捷尔纳克赶紧行动起来,试图跟叶莲娜重归于好。就这样,他来到以前从未到过的南方草原的边缘。在《生活,我的姐妹》后三分之一部分,风景急剧变化,《草原之书》轮廓初现;心境也在变化——亦谑亦真的爱情对决变得严肃,悲剧越发频繁地在现实中爆发。

> 意外的到来,意外的相会。
> 勉强挪动双腿。
> 一口水刚刚喝下,
> 目光就盯住天花板。②

不难理解马雅可夫斯基对这些诗的兴奋之情,而帕斯捷尔纳克对他的倾听,"比任何时候从任何人那里听到的还要多出九倍。"或许,《姐妹》中最让他欣喜的是那种喷涌而出的不满足感,关于忧郁和恋人的冷漠:"我紧盯你的双眼,盯着那斩不断的愁绪。"③"斩不断的愁绪"——这样的语汇,马雅可夫斯基的色彩多么浓厚!听来刺耳,却又恰如其分。1926 年 3 月 19

① 全都收录在《生活,我的姐妹》中。其中,《迷恋心爱之人》包括《春雨》《夏日之星》等六首诗。下文中的《草原之书》也是这一诗集中的组诗,包括《此前是冬天》《巴拉绍夫》《由于迷信》等七首诗。

② 引自帕斯捷尔纳克《意外的到来,意外的相会》(1917)。

③ 同上。

日，帕斯捷尔纳克写信给茨维塔耶娃，向她解释了这场爱情（和《姐妹》这部诗集）："'生活，我的姐妹'是献给一个女人的。客观性的本能，以病态、失眠、超乎想象的爱的形式在她身上体现。她嫁给了别人。原本还可继续周旋：后来我也娶了别人。然而（……）生活，它无论怎样，永远都比这些剧情简介的套路更可贵，也更高明。令人备受摧残的铁路道岔式的戏剧体系并不适合于我。"

5

较之于政治，《生活，我的姐妹》更是对最高秩序的现实性的反映，因而鲍里斯·帕斯捷尔纳克同叶莲娜·维诺格拉德之间的爱情，显然受制于那些更为严苛的规律，而不只是争吵、猜疑，以及叶莲娜对谢尔盖·利斯托帕德的怀念，抑或对舒拉·施蒂赫的依恋（帕斯捷尔纳克从一开始就猜到了这一点，却不想对自己承认）。悲剧在天上成熟，决定着地上的情势。诗集后三分之一部分的景观明显是灾难性的：灼烫的泥炭田（尽管不显特殊，不过是说夏天炎热而已）、暴风雨（"夜晚，仿佛涌起白浪，岬角周围突然被照亮"①）、风（"飞旋的狂风呼啸着，颤抖着，将白杨树缠绕"②）。如果说会出现沉寂，那也是"这个时辰却被冷漠拥抱，雷雨之前咸涩的压抑的冷漠"。③

在这里，正如帕斯捷尔纳克一贯的风格，大自然是人格化的，但他本人，似乎对这些充满魔力的变幻感到了惧怕。世界岂止被人格化，更是被危险地人格化，它的行为越来越超乎预料。自四十之年起，这一点才显得不那么可怕——"道路、树木和星星仿佛与人们一道集会，高谈。空气从一端到另一端被绵长、炽热的激情充塞，俨如有名有姓的人物，未卜先知，生动活泼。"这是一幅多么喜庆的景象！然而，在《姐妹》中，甚至在词汇层面上，也能感觉出恐惧，而非喜乐：活化了的花园屡屡被称作"可怕的"，譬如"多可怕！它滴落着，倾听着……"在帕斯捷尔纳克的诗学中，起初是某种程度的无意识，从四十年代前后，已经充分意识到——大自然与人的主题、人与植

---

① 引自帕斯捷尔纳克《尝试把灵魂拆散》（1917）。

② 引自帕斯捷尔纳克《穆奇卡普茶馆之蝇》（1917）。

③ 引自帕斯捷尔纳克《穆奇卡普》（1917）。

物王国的主题，紧密交织在一起，而活化的花园、树木和草原在这里则奇异地平行于人的天然的激情。“大众的反抗”在诗集中以大自然的反抗而呈现——时而怀着同情，时而怀着敌意的大自然；铜匠与云游癫僧——同巴拉绍夫①风光里云杉林或市集之类的细节相对应。车站、火车、建筑物、树木、太阳，关注着恋人们的一举一动。所有事物都参与着一场默不作声的密谋。人格化的世界——绝不会永远是诗化的节日，有时，这也是一个非常可怕的世界。

关于罗曼诺夫卡之行，帕斯捷尔纳克写下了《瓦解》(1917)一诗：诗的标题似乎与它热情而神秘的本质相冲突，但原野上絮语的草垛之类的奇迹，确实没有预示任何美好的征兆：

> 星星们的争吵寂静而热闹：
> 巴拉绍夫到哪儿去了？
> 离我们有多远？何处是霍尔河？
> 草原上的空气被惊动了：
>
> 它嗅闻着，深深呼吸着夜幕下
> 士兵暴动和闪电的气息。
> 注意到传闻，它愣住了。
> 刚躺下——听到一声：转过身来！

他们最美好的一切留在了莫斯科，留在了春天；越是靠近，越是暴露出彼此间的疏离。帕斯捷尔纳克还看不到这一点，或者说不愿计较。他具有一种幸福的能力，可以使他不理会那些足以令人绝望的事情。况且他尚未感受到绝望，因为他正经历着一场“造书的奇迹”，几乎无休无止地书写着，在某种程度上，他已经顾不上现实中的叶莲娜了。她觉察到了，而且不无委屈：“当您痛苦的时候，连大自然都与您一道痛苦，它不会抛弃您，生活、意义和上帝也不会抛弃您。对我而言，我痛苦的时候，生活和大自然并不存在。”他固执地不想对自己承认，“惶然失措的神”对她的爱是多余的，有失

---

① 位于萨拉托夫州。1917 年夏天，帕斯捷尔纳克来到当地的穆奇卡普村看望维诺格拉德。

分寸的；而她，事实上的确已不再爱他。她本人不想对他直接说出这一切，但信中的要点还是一目了然："您写信提到未来……对于你我，并没有什么未来——将我们拆散的不是人，不是爱，不是我们的意志——将我们拆散的是命运。"接着，她转向了颓废的论调："命运同自然和天性有着亲缘关系。"还不如开门见山，直截了当地说，关系已到尽头，而他所说的话，她连一半都不懂。但她终究还是可怜他（"我永远希望你好"），此外，他们的分手并没有任何合理的缘由。假如他们的相逢是在1915年夏天，或者说，在1920年——谁知道，这一切又是怎样的结果？也许，他们压根儿就不会发现对方，但也许，会一起度过漫长的岁月。

帕斯捷尔纳克沉醉于"造书的奇迹"，并未意识到作品赋予他的力量——无论在他个人经历中，还是在历史中，均已消失殆尽。他随后又写信给叶莲娜的兄弟瓦列里昂，为年轻一代的稚嫩而叹息。这一代人似乎不能够对自己负责，不能够认清自己——他对叶莲娜的这种抱怨，正如五年之后别尔别洛娃[1]对他的抱怨……事实正相反，她完全懂得自己；她另有一番需求——由她本人选择的需求，尽管她备受良心的折磨，并且在写给昔日恋人的信中倾吐着绝望和死的念头。9月初，他又一次动身去找她，但这一次，双方各执己见，根本无法理解对方，所以他唯一的念头就是，一回到莫斯科（火车缓缓启动了，他绕了个远，途经沃罗涅日），就"睡啊睡啊睡，睡得连梦都不做。"[2]

10月初，叶莲娜·维诺格拉德返回了莫斯科，接着，爆发了莫斯科起义[3]，一切都已经与爱情无关了。不过，1941年，在契斯托波尔，帕斯捷尔纳克同格拉德科夫谈话时说道："我认识一对恋人，革命期间生活在彼得格勒，对革命压根儿不在意。"叶甫盖尼·帕斯捷尔纳克和谢尔盖·舒米辛这两位研究者给出了合乎情理的推断，他们认为，帕斯捷尔纳克为掩饰自己，将场景从莫斯科移到了彼得格勒，事实上，他所叙说的正是他本人同叶莲娜

① 尼娜·别尔别洛娃·尼古拉耶夫娜（1901—1993），俄罗斯女诗人，文学批评家。

② 引自帕斯捷尔纳克《结束》（1917）。

③ 俄历1917年10月23日，十月革命率先在彼得格勒爆发。10月25日至11月2日，莫斯科也爆发了由布尔什维克领导的武装起义。经过激烈战斗，革命力量攻占克里姆林宫，并在莫斯科建立了苏维埃政权。

之间悲剧性的分手。两位研究者在这里提到了纳博科夫与塔玛拉(实际上是瓦连京娜,他在巴托沃的对话者)之间的爱情故事,后来不仅《玛申卡》和《彼岸》描写过这场爱情,而且上文提及的《海军部大厦尖顶》也描写过——其中塑造的女性类型,让人联想到叶莲娜·维诺格拉德,别墅的日常生活和分手原因也颇为相似。小说中也有一位看来热爱生活的男青年,一位命运多舛而又妙不可言的美少女,她试图对一切变故做出冗长、混乱、颓废的解答——“奥丽嘉明白,与其说她是一个感性的人,不如说是一个痴狂的人,而他则正相反,”种种愚蠢不一而足;同样是窒闷的别墅场景、爱的欢喜、缤纷绚丽、暴风雨的征兆,同样是两位主人公面对命运转变,却完全没有解决的能力。“上帝才知道我们的爱情究竟怎么啦。”《尖顶》中的女主人公最终投入一位沉默而体面的男士的怀抱。可是,在那个夏天和接踵而来的秋天,浪漫的恋人们却不走运:相比之下,大家更倾向于那些可靠、得体的自信人士。起初,诗人们眼睁睁看着他们的心上人从身边消失,接着是泥土——从脚下流失。令帕斯捷尔纳克和维诺格拉德不至于歉疚的是,《姐妹》这部诗集成了他们之间爱的唯一结果——它着实精美,对帕斯捷尔纳克不失为某种慰藉。至于说叶莲娜·维诺格拉德,抚慰她的则是同亚历山大·多洛德诺夫的婚姻;丈夫比她年长,这场婚姻也没给她带来太大的幸福。她就这么平平淡淡地活到了 1987 年。

6

马雅可夫斯基最喜欢以神秘的腔调来吟咏:

讲完可怕的故事,
它们留下确切的地址。
敞开门,相互问询,
像在剧场里一样走动。①

二十年代,当俄罗斯诗歌刚刚达到某种口语的自由度,帕斯捷尔纳克在

① 引自帕斯捷尔纳克《夏夜群星》(1917)。

1917 年就已长于此道。知识分子之间当时通行的一道暗语是：

“别动，油漆未干”，
心灵未设防。
斑驳的记忆中，是小腿肚和脸颊，
是手、嘴唇和眼睛。①

帕斯捷尔纳克的卓越贡献在于，他用最简单的词语说出了整个人类的事情，不落一丝浮华；他把爱的抒情降到了市井闲谈的水平，从而使之脱离虚空的幻境，避免了矫揉造作——他没有像早期阿赫玛托娃那样，将爱情变成试验，而是将它变成一个节日，一场儿童游戏，一簇充满惊喜的魔幻的烟花：

七月之夜，城镇披上了
浅银色的奇装。
天空有无数理由，
就想胡闹一场。②

对于 1917 年而言，这是全新的事物，它以宽广的境界撼人心魄。当其他人只看见“无数星辰的深渊”，帕斯捷尔纳克却第一个发现了有无数理由的天空，“就想胡闹一场”（而非象征主义者所说的失控发狂）。这些扬抑抑抑格（первый пеон，一扬三抑格）音步多么精妙！它们将非重读音节汇聚起来，使平淡的三音步扬抑格诗行变成了畅快淋漓的呼吸——“它们神采奕奕/闪烁并呼吸着快乐”！只有处于时代的转折期，这样的自由才是现实的，尽情挥洒一切可能性：我可以如此这般，也可以这样那样！这种诗歌的自由不羁与欣然自得，陈述着革命的本质，内容之丰富，远胜于当时的所有报刊合订本，乃至当时的书信集。一切尚未遭到损毁和扭曲——只是墙塌了，梦醒了，障碍清除了，世界焕然一新，真正像是处于创世纪的第一天，帕斯捷尔纳克本人当时也这么说。“我所目睹的人间夏季，仿佛连它也认不出自己，一个自然的、史前的季节，如同受到神启。我为它留下了一部作品。

① 引自帕斯捷尔纳克《别动，油漆未干》（1917）。
② 引自帕斯捷尔纳克《夏夜群星》（1917）。

我在其中表达了有助于认知这场前所未有、充满变数的革命的一切。”评价远非谦逊，但不要忘记，这不是帕斯捷尔纳克的自我评价——他的作品得之于天赐。“史前”这一主题也出现在《忧郁》一诗中：“为了此书，狮子们/向沙漠的铭文发出嘶吼”[1]……又是宏大且不无夸张的自评，但帕斯捷尔纳克并非在强调他自己的创作：作品经由他来到人世，仅此而已。他将它献给莱蒙托夫，如同献给一位平等的生者，既然“生命像莱蒙托夫的战栗，/我把它浸渍在达里亚尔，/如同把嘴唇浸渍在苦艾酒中。”[2]在这里，他同拜伦和爱伦·坡也俨然平起平坐，[3]但不是因为，他们之间地位平等；此种说法并不成立，还是把“平等博爱的老生常谈”留给贵族们吧。他们只是处境相仿，都经历了大转折；时代将他推到了他们的高度。不同的世纪因而交集在一起，多年以后，他还会时常记起“可爱的人儿，我们居身在第几个千年？”[4]——诗中所云岂不正是时代的伟大，一个可以同古代英雄典范相媲美的时代！伟大的作品，产生于伟大的历程，翌年冬天，勃洛克也将道出，革命的喧声“永远是伟大事物的传颂”。

不过，史前主题还在于：“世界重新陷入混沌，/仿佛回到矿物质时代”。[5] 被视为自我中心主义者的帕斯捷尔纳克（这一标签后来真的贴到了他身上，而且是在最为贬损的意义上——据说他谁都看不上眼，除了自个儿之外）倾向于认为，在这种情况下，发挥作用的不是社会因素，而是诗人之爱。整整四十年后，在《人与事》的补充章节中，帕斯捷尔纳克向年轻一代的读者阐述道：“我现在觉得（为何是“现在”？正如我们所见，他的看法向来如此——德·贝），或许，在漫长的平静岁月中，在表面上波澜不惊，实则处处是出卖良心与背叛真理的日常表象背后，一直埋藏着人类对于崇高道德的巨大需求……当社会稳定一旦动摇，随便一场自然灾害或战事失利，就足以导致看似不可更替与世代相沿的生活规范发生震荡，这样一来，隐秘的道德矿藏便会奇迹般地从地下放射出一道道光柱。人类会长高一头，连自

---

① 引自帕斯捷尔纳克《忧郁》(1917)。

② 引自帕斯捷尔纳克《谈谈这些诗》(1917)。

③ 在《谈谈这些诗》中，帕斯捷尔纳克写道：“是谁开出了一条小道，/通向大门，通向谷物充盈的洞穴，/当我与拜伦一起抽烟/与爱伦·坡一起喝酒的时候？”

④ 引自帕斯捷尔纳克《谈谈这些诗》(1917)。

⑤ 引自帕斯捷尔纳克《心上人，你可怕之极！》(1917)。

己都为之惊奇，甚至认不出自己的面目——人人都将成为勇士。”诚然，当灾变来临之际，变得像鬣狗的人并不在少数，从描述1941年秋天一座废城的悲剧——《此世》（《Этот свет》）的草稿即可断定，帕斯捷尔纳克对这些人的改头换面看得很清楚。但草稿的篇章段落中也道出了关键一点：在他的大多数同辈看到（有时居然是欢迎）毁灭的地方，他看到的却必然是重生，赫然呈示的不是交织着失控与癫狂的蒙昧混沌，而是“隐秘的道德矿藏放射出的一道道光柱”。他的敏锐感知恰恰与这种自由和质朴密切相联，任何时候，他都不会为此而羞愧：

> 舒心之地总有讥嘲、谎言与谄媚，
> 也有雄蜂般颤栗的爬行者。
> 像扶起酒罐旁醉酒的女人，他扶起
> 你那跌倒的姐妹并将她利用。①

“扶起你那跌倒的姐妹”，亦即从奴役与凌辱中的解救；而“利用”则带有刻意的粗俗意味（您究竟想从混沌中得到什么？），其中的怨尤显而易见：当他的抒情对象脑海里冒出无数的复杂体验，编织着她的人生，抒情主人公却渴望“在亲吻中迷失方向”；由此可见，帕斯捷尔纳克与马雅可夫斯基再次以两种声音吹奏着同一曲调：

> 全能的上帝，你创造了一双手，
> 又使
> 每人有一颗头，——
> 你为什么不想法
> 让人们没有痛苦，
> 只是吻啊、吻啊、吻个够？！
>
> （马雅可夫斯基：《穿裤子的云》）

至于说反抗神祇的激情在帕斯捷尔纳克那儿完全缺失，则是另一码事——缺失的不仅是激情，就连魔鬼也不在场，因为按照法国人的谚语，魔鬼隐藏在细节中，而上帝却像艺术家一样，悉心呵护着帕斯捷尔纳克的细

---

① 引自帕斯捷尔纳克《心上人，你可怕之极》（1917）。

节。《姐妹》中当之无愧的名作之一发出这样的声音：

是谁用紫黑的花楸果
将门后的挂毯点染，
用稀疏而俊逸的字迹
留下斜体字的契约？

你追问着，是谁发号施令，
呈现盛大的八月？
是谁心无渺小，
又是谁沉迷于

槭树叶的纹饰，
从传道书之日起①
就忠于职守，不曾放下
砍削雪花石的斧凿？

你追问着，是谁发号施令，
让紫菀和大丽花的唇瓣
经受九月的苦痛，
让爆竹柳的细叶
在秋日里飘飞，
从苍白的女像柱
飘向医院
潮湿的石板地？

你追问着，是谁发号施令？

---

① 《圣经·旧约·传道书》，记录着人类对于包括自身在内的万事万物的追问。探讨的主题是"在天下一生当行何事为美"，最后一切都归于"虚空"。所以人要认识神，以神为虚空人生的终点。

——是全能的细节之神，
全能的爱神，
雅盖罗和雅德维加们的神①。
不知这深不见底的谜，
是否已经解答。
别忘了，生活多么详细，
就像秋日的寂静。②

这首诗与《诗的定义》或者整个组诗《研究哲学》，可以并称为一种"方法的验证"，因为在这部诗集热烈而多彩的画卷中，细节被赋予特殊的作用：从警察的警哨到穆奇卡普茶馆里的苍蝇，一切都通过细节而呈示。神的形象——亦即艺术家的形象，温情脉脉打磨着细节的艺术家（而且在他心目中，没有什么是渺小的）——让诗集臻于完美，因而渐趋滋长的梦幻情节不再是绝望的标志，反倒成为神在劳作之余应得的休憩。

不拘一格的书写自由为《姐妹》带来多样的节奏。这种自由婉转如歌，其尺度在俄罗斯文学中前所未有：

哎，夜晚真不该讨好
轮船的航行：树叶在雨中
冲向草原，就像那些旅人。

舞台之窗为我开启。这又何必呢！
既然门闩被拉开，
她肘上的冰被吻干。

（《结束》，1917）

帕斯捷尔纳克这首诗得益于音乐家的经验。他以超常的结构取代常见的"四方体"诗节，却并未因此失去音韵与节奏。词汇方面也有着同样的自

① 一个是立陶宛大公，另一个是波兰女王。1386 年两者联姻，自此开始了雅盖罗王朝。1569 年依据卢布林条约正式合并，成立波兰—立陶宛联邦。

② 引自帕斯捷尔纳克《轻轻洒落你的词语》（1917）。

由——“就连那粗鄙的词语/我也不会厌弃”①；在俄罗斯诗歌中，还没有人像这样倾吐爱的话语。不过，当马雅可夫斯基展现他刻意的粗俗之际，帕斯捷尔纳克则巧妙地运用着日常语言，它与情感的狂热形成对比，也与印象主义式的风景描绘形成对比，效果十分明显。某些手法是可取的：譬如《曾经有过》——组诗《后记》②当中最细腻的一首，一开始便是公文式的罗列：“接着，有一座干草棚/散发出酒瓶软木塞的味道”……“九月撰写着一篇/关于马车夫行当的文章。”这种语言上的质朴，近乎行话的用词，与诗的节奏相得益彰（如此复杂的节奏，任何未来主义者都还难以企及），并形成鲜明对比：

亲吻着发苦的唇角，我想
它应有三个世纪的年岁：
那是往昔神奇的岁月，
王国与石膏塑像的岁月。

可爱的空荡荡的围裙，
跳动不息的太阳穴。
睡吧，斯巴达女王！
趁时间尚早，空气湿潮。③

一切皆有用场——既然在一个伟大的时代爱上一个美妙的女孩；这一行为方式，我们可以推荐给所有打算重现《姐妹》之奇迹，打算一年内成为俄罗斯抒情诗翘楚的人。

---

① 引自帕斯捷尔纳克《致海伦》（1917）。

② 《生活，我的姐妹》中最后的组诗，包括《心上人，你可怕之极！》《轻轻洒落你的词语》《曾经有过》等五首诗。

③ 引自帕斯捷尔纳克《致海伦》（1917）。

第十章　1918—1921:《柳维尔斯的童年》《主题与变奏》

1

帕斯捷尔纳克的革命观究竟如何,这是任何书写他的人都无法绕开的问题,也是需要我们回答的问题。

俄罗斯历史是沿着某些特定轨道运行的,不过,在此阐述它们的详情,既不合时宜,也受限于篇幅;关于这一历史的最一般规律,在下文《诗人的空缺》一章中将会有所说明。我们现在要说的是,追问一个人或另一个人的革命观——对于苏维埃时期的一切人生经历而言,本身就是一个关键问题,尽管其定义未必恰当。问题预设的前提是:从 1917 至 1921 年,俄国的变迁处在一个完整的进程,也就是统一纳入教科书的所谓"革命与内战"部分。而事实上,这却是一种多元的进程,无论人们的主观意愿如何,都不可能就此达成一致的见解。大多数知识分子热烈欢迎二月,怀疑十月,痛恨"战时共产主义"时期。相当一部分思想家公正地认为,俄国革命中的布尔什维克没有任何功绩(相对于罪孽):革命是自发式的,而堕入泥潭的政权则被那些恣意妄为之徒拾取。民众仅仅从中认识到,他们又一次被自己所欺骗,失望之余,一头扎进后来称之为国内战争的自杀式对决中。那种内战期间红色分子与白色分子展开厮杀(亦即奴役的支持者同自由的支持者之间的厮杀——无论怎样区分双方的角色,都摆脱不掉这种二元对立的窠臼)的说法,其依据依然是形形色色的神话,以及苏维埃与反苏维埃宣传的伪证。内战成为兽性与绝望的疯狂爆发,其真正的主角——最典型与最张扬的——并非布琼尼骑兵,而是马赫诺匪帮。① 这不是一部分人民反对另

① 1918 年至 1921 年间出现在乌克兰的一支农民无政府主义武装。不仅与苏维埃政权对抗,而且也反对一切"革命分子",包括内战期间苏维埃的敌人邓尼金。其领袖人物是乌克兰无政府主义者马赫诺·涅斯托尔·伊万诺维奇(1888—1934)。1921 年马赫诺运动遭到苏俄政权镇压,马赫诺本人逃亡国外,最后客死巴黎。

一部分人民的战争——交战双方对于未来全都懵然无知。这是人民以自己为敌的一场战争。

评判1917年至1921年间的俄国乱局,我们所依据的如果不是领袖人物肤浅的煽动蛊惑,不是农民—乌托邦式的口号(所谓"红色分子"正是在这些口号的感召下投身沙场),而是诸多既有的结果;如果对它们的阐释能够跳出两败俱伤的苏维埃或反苏维埃论调的窠臼,那就不难认清俄罗斯历史的主潮:铲除极度无能的政权,保留和巩固帝国,从而使之成为一个具有竞争力的强大国家。而实现这些目标所付出的代价则是消灭半数人口,丧失部分国土(芬兰与波兰)乃至歪曲和简化俄罗斯文化。免遭祸难的幸运者,是那些生来喜欢追求质朴,不愿将个性过度复杂化的人,其中就包括鲍里斯·帕斯捷尔纳克。正因如此,他的《日瓦戈医生》中的主人公把革命称作"了不起的外科手术",也就是切除一切多余部分,摆脱繁文缛节和臆想的责任。

在俄国革命的历程中,有四个阶段清晰可辨。第一阶段是二月,这是君主制的废除与自由思想的狂欢。第二阶段——"二月俄国"的破产,临时政府的危机,克伦斯基①的叛卖(他本人亲自挑起了科尔尼洛夫②叛乱,当局的残暴趋向也与他有关,事后却没有与科尔尼洛夫分享权力,因而也就断送了终止野蛮劫掠的最后一线希望)。布尔什维克们其实并不需要向冬宫发起冲击。发生在1917年10月25日到26日的俄国革命,是世界历史上流血最少的革命之一,因为攻打冬宫一役仅有八名士官生丧生。从1917年9月到1918年夏,是俄国革命的第三阶段,局势动荡不定,几近于无政府状态,在此期间,布尔什维克曾将自己提出的口号奉为准则:试图摧毁旧的国家机器,保留自由的幻象,为实现乌托邦蓝图而努力奋斗,为反对残酷体制的斗士们树立丰碑,却难以遏止颓败的变局与野蛮的暴行。大约从1918年夏天起,拉开了恐怖时期的序幕:清除非布尔什维克出版机构,绑架人质,执

---

① 亚历山大·费奥多洛维奇·克伦斯基(1881—1970),俄国政治家,1917年二月革命后,曾担任临时政府总理。十月革命后流亡国外。

② 拉甫尔·格奥尔基耶维奇·科尔尼洛夫(1870—1918),俄国将军,1917年二月革命后,曾被临时政府任命为军事统帅。他于俄历9月发动军事叛乱,试图以铁腕手段阻止俄国瓦解,消灭布尔什维克,旋即遭到失败。在次年爆发的国内战争中身亡。

行枪决；自1918年7月杀害沙皇一家之后，布尔什维克已无路可退，而乌利茨基①遇害之后，红色恐怖已然成为当政者的正式决策。1918年秋天，开始实施后来所称的"战时共产主义"——对农村的无耻掠夺，粮食征集制，以及公然的专政。在此期间，其实还谈不上什么内战——有的只是外国武装干涉，对于它，布尔什维克起初尚无招架之力。白卫运动的先声是势单力薄、以失败告终的冰上征程（Ледовый поход，1918年3月）②，直到1918年末1919年初，它才逐渐发展起来。最后，恐怖阶段被专制制度的公然复辟所取代，这根本不是斯大林当政时期才发生的事情——列宁已经构建了新的苏维埃国家，其官僚化程度如此之深，相形之下，沙皇俄国反倒可以被视为自由堡垒了。1921年前夕，出现了对俄国革命普遍失望的征兆，因为革命引发了新的更残暴的奴役；另外，假如说沙俄专制的弊病因其拥有强大的文化和政治自由的开端而有所弥补，布尔什维克专政则让整个国家陷于赤贫，废除了自由，毁坏了文化，并使之沦为某种宣传鼓噪和扫盲活动。正是在此时期，列宁的思想发生了最严重的危机，他发现自己非但未能毁灭一个帝国，反倒成为帝国复辟的工具；他自以为无比英明地利用了历史，反倒为历史所利用：他适宜于从事破坏，而后来将复辟付诸实现的则另有其人，尽管是以他的名义，在他的感召之下。他还试图同苏俄官僚制度展开斗争，警告领导阶层防止自满与浮夸，要求批评与自我批评，但一切无济于事：他创立了一个比沙皇俄国有过之而无不及的国家；不得不承认，拯救俄罗斯这个帝国，只能通过这样的路径，他却没有做好充分准备，尽管《路标转换》文集他也曾不无兴趣地浏览过。在"路标转换派"③看来，帝国复兴不容质疑。

俄国革命的这些阶段之间有多大差异，帕斯捷尔纳克对待它们也就有

---

① 莫伊谢·索罗蒙诺维奇·乌利茨基（1873—1918），俄国社会革命党人，政治活动家。1917年加入布尔什维克。1918年曾一度担任彼得格勒肃反委员会主席。当年8月遭到地下激进组织暗杀。乌利茨基的遇害至今仍是一桩谜案。

② 1918年初春，一支反苏维埃力量在科尔尼洛夫、阿列克谢耶夫等人领导下向库班进发，活动于顿河中下游地区，在此基础上组成与苏俄政权为敌的志愿军，因为当时严寒未消，这支队伍艰难行进在冰封的原野上，故称"冰上征程"。

③ 二十世纪二十年代由俄国侨民知识分子组成的社会政治派别，1921—1922年在巴黎发行的《路标转换》杂志是该派别的主要阵地。相对于此前的"路标派"（以1909年在莫斯科出版的《路标》文集为思想核心）反对革命激进主义的保守立场，"路标转换派"主张接受布尔什维克革命，承认苏维埃政权，目的是为了实现国家统一与强盛。

多么不同。二月革命他欣然接受(“多么美妙啊,三月里呼吸着你的气息!”),临时政府危机和全社会的崩溃引起了他的厌恶(“人血、脑浆和烂醉的海军呕吐之物”),十月革命的极端性,则让他为之心动(他不喜欢拖泥带水的事物,却从一开始就相信宏伟的变革)。大约到1918年春末,他确实把十月事变看作一场“了不起的外科手术”,一项业已开创并将进行到底的光辉事业。然而,他也比别人更早地觉察到恐怖的来临,并表达了自己的憎恶之感(“用人群浇铸钢轨!”①);他也曾热烈期待帝国的稳定与复兴,因为化繁就简与革故鼎新在某种程度上也是他个人的意愿,但是很快,到了1925年前夕,他便醒悟过来,这个新世界并未留给他一席之地;接下来的十年,他努力适应它,代价却是严重的精神危机和创作危机。终于,他放弃了最后的幻象。

帕斯捷尔纳克对革命持有一种宿命论。在他看来,革命是自然的、不可避免的非理性现象,它拉近了他同勃洛克、茨维塔耶娃及阿赫玛托娃之间的距离。至于那些不可变易的事物,接受与否都毫无意义:这是客观现实,故而生活才是要务。革命是俄国危局的全球性反映,是势所必然的现象;但革命同时也只是一个瞬间。接踵而来的则是人类亲手完成的事业,它的解读属于伦理学范畴;早期帕斯捷尔纳克在许多方面同情布尔什维主义——因为其所实施的实证性纲领。晚年的帕斯捷尔纳克终于认识到为这种纲领而付出的代价是什么。无论在创作早期还是成熟期,对十月革命,他一概既不谴责也不欢迎,革命在他眼中,有如一场地震或者暴风雪。帕斯捷尔纳克诗学与世界观的主要特点之一,正如下文对《崇高的疾病》分析所示——是倾心于灾祸,暗地里渴望它,因为恰恰在灾祸降临之际,一切真实都会浮出水面,一切虚假也将昭然于世;譬如说,某些现象,在勃洛克与阿赫玛托娃看来不啻于惩罚、末日和往昔生活的毁灭,帕斯捷尔纳克却视之为新生活的起点。任何危机之于他,都只是一个新的开端。在1937年之前,帕斯捷尔纳克倾向于认为,1918—1921年间的事件是俄国之路不可逾越的阶段,从布尔什维主义当中,他看到了彼得大帝改革的特征、宏伟与解放的迹象。1937年之后,他开始专心创作一部关于时代命运的小说,随着进展的深入,他越

① 这里三处引诗均出自帕斯捷尔纳克《俄国革命》,参见本书第九章。

来越清楚地意识到，整个俄国革命的代价简直难以估量，它所带来的不是创造力的解放，而是彻底的禁锢和劣等货色大行其道。此种货色，正在成为俄国生活的基本特征：《日瓦戈医生》的结尾，恰恰体现出堕落和瓦解的意味。唯有伟大卫国战争——有别于革命，帕斯捷尔纳克视之为一场正义的、真正的人民战争——能够在短时期内激发人民的创造力，并将基督教观念返还给人民。

1917—1918 年间，帕斯捷尔纳克对进展中的时局并不理解，或者说，尚未领会其本质意义。他只是在经受着一切。

2

帕斯捷尔纳克在西伏采夫-弗拉热克街 12 号租了一间房子住下来——还是通过那位伦德伯格①的帮助。房主罗兹洛夫斯基是一名记者，伦德伯格的熟人。1917 年秋，莫斯科市中心枪击不断，帕斯捷尔纳克家在沃尔洪卡的住宅也被子弹射穿，一家人只好待在一楼躲避；有一次，帕斯捷尔纳克想去看望家人，却接连三天出不了门，外面的院落里激战正酣。我们手头没有帕斯捷尔纳克本人见证这些事件的任何艺术作品，如果不算《日瓦戈医生》的话，而且《日瓦戈医生》的创作始于三十年后，时间顺序也有颠倒；革命时期“脉络清晰”的记述，成为《三个名字》的素材。这是一部眼看就要完成的长篇小说，却在 1931 年被销毁。小说的第一部（一共三部）有将近三分之二保留下来，经过加工整理，以《柳维尔斯的童年》为标题单独出版。起初，这部作品所写的正是叶莲娜·维诺格拉德。帕斯捷尔纳克将文学家的实际体验运用到创作中，塑造了一个不驯服，却可以被占有的女性形象。从热尼娅·柳维尔斯身上，帕斯捷尔纳克希望看到他的叶莲娜·维诺格拉德。这部小说是帕斯捷尔纳克的第一个大作品，写于 1917 年至 1918 年间，其间与叶莲娜的分手之痛，加剧了莫斯科枪声和政权更迭所引发的种种感触。《柳维尔斯的童年》不止一次被称作描写少年时代的俄罗斯文学杰作之一。

---

① 见本书第八章。

1918年1月，帕斯捷尔纳克初次见到茨维塔耶娃（在两者共同的熟人莫伊谢·蔡特林那儿——诗人，笔名叫作阿马里），就宣称他想“写一个大部头的长篇：怀着爱，怀着对女主人公（女英雄）①的敬意——就像巴尔扎克那样。”茨维塔耶娃当时因少有诗的自恋而闻名：身为诗人，偏要拒绝一切煽情手法……帕斯捷尔纳克则被巴尔扎克掌控了头脑：他于当月写下一首题为《自由诗》的诗作，只不过，除了巴尔扎克，诗中还有勃洛克的身影，他的另一个无可替代的神灵。诗的题记，引自勃洛克的组诗《自由思想》②，音调也部分地来源于此。无论勃洛克还是帕斯捷尔纳克，都用自由诗的形式来书写各自最痛楚和最真挚的感受。勃洛克二十七岁时写下《自由思想》，也就是帕斯捷尔纳克在1917年的岁数。其实里尔克也曾以自由体写过四首《安魂曲》，后来经由帕斯捷尔纳克出色的翻译，同样的乐调中完好保留了极其坦诚和率真的絮语：关于爱与死。

他一觉醒来，睡意并未消退，
忽然间，他的思绪乱了，
片刻的浮想难以表达。
热昏的头脑里，一些词语
涌入：爱情、不幸、幸福
命运、往事、奇遇、厄运
偶然、闹剧、虚假——进来又出去。③

“爱情、不幸、幸福”等等，这十个词几乎涵盖了整个一部爱的罗曼史，这也正是《生活，我的姐妹》的主题：曾经有过真正的爱，有过因爱而生的幸与不幸，随着灾难降临，一切化为闹剧和虚假。这里的爱之追忆，当然是帕斯捷尔纳克式的，而非巴尔扎克式：“一幅幅画面，唯有夜的旷野／在恍然间想起，被记忆珍藏。／群星如秕糠，落进长袜，落进大衣翻领。／双眼熠熠闪烁，犹如银河扬起烟尘。／夜晚看似无力，勉强从秸草堆上起身，／准备扫除

① 在俄语中，“女主人公”和“女英雄”是同一个词，героиня。

② 帕斯捷尔纳克《自由诗》的题记为：“这一刻，一切独有的、必要的思想／在脑海中闪现／倏忽之间又全都消亡”，出自勃洛克的组诗《自由思想》之《关于死亡》（1907）。

③ 引自帕斯捷尔纳克《自由诗》（1918）。

星星上的污物。/草原像无边的河,朝向大海奔涌,/草垛与草原,夜晚与草垛,也在一道奔涌。/(……)你明白了,是吗? 难道一切都不真实? /那无限性? 那誓言? 还有那蜜月时光? /成长、受苦和等待终有所值。/人的降生莫非是错误?"①冷静客观的巴尔扎克式的长篇未能实现。新鲜的音调、异样的激情、句式缩减和专注于细节的新散文,只有在谈到女主人公童年时才是可行的:其余两部分,帕斯捷尔纳克没有发表。

《柳维尔斯的童年》首次表达了这样一种思想:并非人作用于生活,而是生活作用于人,并且成效卓著;在某种意义上,悲剧般的爱有如切斯特顿小说里治愈了主人公顽疾的大叉子。② "倘若让树木自己料理自己的生长,它便会长个不停,直到长出树瘤,或者整个儿扎进土里,或者把精华都积聚在一片叶子上,因为它会忘记应该仿效宇宙,而只顾制造万物中的某一种,就这么在芸芸万物中制造着同一样东西。"③

这篇小说有许多准确的观察可以归于心理学范畴,如果不是帕斯捷尔纳克本人反感"心理学"这个词的话。小说中的心理刻画带有鲜明动人的标记。对于儿时曾经想要自杀的念头,作者表达了柔婉的讥嘲:"绝不能跳进卡马河去,因为天气还冷。"充满温情的欢快的比喻俯拾皆是:"一个小男孩,长得像农民的包袱,脚上胡乱套着一双毡靴。"还有鲜花般的童年记忆:"她们看上去黑乎乎的,就像歌曲中所唱的'女隐修士'。"情节大体上勾勒完毕:讲述一位少女同她的辅导老师相爱的故事,而1910年那段不完整的情节也是同样的开端,当时叶莲娜·维诺格拉德从伊尔库茨克回来不久,帕斯捷尔纳克打算教她学习拉丁语(柳维尔斯的童年也是在"亚洲"——在彼尔姆和叶卡捷琳堡度过的;乌拉尔,帕斯捷尔纳克曾经见识过,西伯利亚则没有去过。不过,当时的伊尔库茨克同彼尔姆相比,未必有多大的差异)。辅导老师名叫迪基赫④,一个象征意味的名字;青年帕斯捷尔纳克的特征在比利时人涅加莱特身上也有所体现,后者去找热尼娅的父亲办事:"涅加莱特开始讲起'自家的老人们'搬迁的故事,讲得如此生动,仿佛他不是两位

---

① 引自帕斯捷尔纳克《自由诗》(1918)。
② 见本书第二章第3节。
③ 引自帕斯捷尔纳克《柳维尔斯的童年》。
④ 俄文为 Диких,带有"野生的"和"狂野的"之义。

老人的儿子，语调如此热烈，仿佛照着书本谈论陌生人。”前面说过，帕斯捷尔纳克的姓氏与植物相关，而那位死去的大学生茨维特科夫①（迪基赫和涅加莱特共同的熟人）在姓氏上大概也与植物有某种关联。热尼娅平生同他只见过一面，在此后的叙述中，他就再也没有出现，但通过他，热尼娅领会了亲近之人在《圣经》意义上的内涵，领会了人的内涵。或许，这个以“花”为姓氏、像影子似的一闪而过的人，正是不在场、不曾谋面的帕斯捷尔纳克。可他实际上无处不在：用一千双眼睛盯着恋人。热尼娅这一人物也带有帕斯捷尔纳克的印记（他有意给她取了一个男女通用的名字②，他后来认为这是一种象征和预兆：他的第一任妻子，也叫热尼娅）。顺带说一句，热尼娅有个弟弟叫谢尔盖，从某些特点来看，这是未来的斯佩克托尔斯基；这两人——热尼娅（她最终嫁给了伊斯托明，这场婚姻可谓不幸）和她的兄弟谢廖沙——还会出现在帕斯捷尔纳克三十年代前半期的散文创作中。

为什么说《柳维尔斯的童年》的构思隐含着巴尔扎克的印记？或许是因为热尼娅具有类似于娜齐·德·雷斯托③那种乖戾、狂热和素来敏感的女人所具有的某些特征……或许，爱上迷人的精灵般的女人，是巴尔扎克那里时常出现的悲剧性主题；也可能因为巴尔扎克将爱情故事置于广阔社会历史背景之下的写作手法吸引了帕斯捷尔纳克——这也是《三个名字》的主要命题，小说由此展现了失败人生中的一场爱情剧。

3

1918年冬，帕斯捷尔纳克结识了俄国革命中最具魅力的女性拉丽萨·莱斯纳。按照彼得堡学者尼基塔·叶利谢耶夫的推断，她注定是拉丽萨·基沙尔④的原型之一。叶利谢耶夫通过对比提出论据：莱斯纳的丈夫拉斯科里尼科夫和拉丽萨的丈夫斯特列里尼科夫（这两个姓氏叠加，甚至成为一个新的姓氏：拉斯特列里尼科夫），均为改换的姓氏；拉斯科里尼科夫本

① 俄文为 Цветков，带有“花朵”之义。

② 为表示区别，这个名字用于女性时，译作“热尼娅”，用于男性则译作“热尼亚”。

③ 巴尔扎克长篇小说《高老头》中的人物，主人公高老头的大女儿。

④ 即《日瓦戈医生》的女主人公拉丽萨（拉拉）。

来姓伊利因,而斯特列里尼科夫在《日瓦戈医生》中的真实姓氏是安季波夫。当然,小说中的拉丽萨对政治漠不关心,性情也有些怪异,这些特征很难与现实中的拉丽萨·莱斯纳联系起来,帕斯捷尔纳克也亲口告诉过沙拉莫夫,他只是将莱斯纳的名字用于他的女主人公。但这恐怕并非偶然之举,因为莱斯纳对于许多革命人士,犹如强有力的磁场。可以说,就算莱斯纳不是优秀的女记者、杰出的女诗人,甚至不是当时的第一美人,她仍不失为那个时代最具象征意义的人物。这是一个文学沙龙女郎,古米廖夫的女友(及短暂的情人)。古米廖夫之于她,是初恋的对象,几乎也是永恒的恋人。她本人曾经写道:"假如临死之前我能见到他,我会原谅他的一切,我会道出真情:这世上没有人能够像他一样让我如此痛苦地爱着,甘愿为他而死,他就是我的哈菲兹[①]、丑八怪和大恶人。"后来,莱斯纳经历了《斯佩克托尔斯基》所描述的蜕变:从一个沙龙女郎变成一名女政委,变成革命时代的杰出女性。这种蜕变当中并无任何神秘。1910年代有许多注定不幸的少女,她们胸怀难以企及的宏伟事业,一旦有机会投身于革命的洪流,不少人便成为布尔什维克的女友,甚至像莱斯纳一样,成为一名女政委。被革命裹挟的不仅仅是女孩们。瘾君子勃留索夫,色情狂,虐淫症患者,颓废派中的颓废派,其颓废作风与喧嚣的组织激情相得益彰,而他也是苏维埃政权的积极合作者。马雅可夫斯基在精神方面也不健康。如果不是革命向他呈现出先锋主义乌托邦已然实现的景象,那么早在三十年代之前,他便可能结束自己的生命,自杀的意图有过多次,并且越来越频繁。被损毁的白银时代的人们对于这场新的毁坏无不心惊胆寒。勃洛克的遗训提示他们:谁将碎木屑放进火堆,谁就要被烈火焚烧。

1918年的冬天,革命究竟给帕斯捷尔纳克留下了怎样的印象,从他与莱斯纳相遇时的浪漫情景便不难判断。那是距离西伏采夫-弗拉热克街不远处的一座革命水兵营房。有一次,帕斯捷尔纳克和他的朋友,诗人德米特里·彼得洛夫斯基一起走在街上,看见一群水兵,人群中间是一个女人。帕斯捷尔纳克很吃惊,上前与她搭话,得知面前的女人居然是莱斯纳,革命前

---

① 哈菲兹(1315—1390),波斯诗人,被誉为"诗人中的诗人",其作品对波斯文学的发展影响深远。在古米廖夫的诗剧《安拉的孩子》第三幕中,哈菲兹是主要角色之一。

不久，他曾读过她一篇关于里尔克的文章。于是，他们俩你一首我一首地背起了里尔克的诗，这让在场的人非常吃惊。俄国革命期间，尤其是初期，时常会有这种水兵聚会。随后，这些最早参加十月革命的人把聚会转移到别的偏僻地点，相互之间也开始读起了原版里尔克，而就在此时，席卷俄国的恐怖已悄然降临。

这便是帕斯捷尔纳克1936年向奥地利人弗里茨·布留赫尔讲述的相识一幕。正如我们日后所见，在与外国人的谈话中，他喜欢对现实加以浪漫的修饰，但并非信口雌黄。他与莱斯纳在革命时期的莫斯科街头不期而遇——完全是可信的。不过，按照沙拉莫夫的说法，同他交流时从无半点虚饰的帕斯捷尔纳克当年提及的这件事情则简单得多："我们的相识大概是在某个人的报告会或者晚会上。我看见有个女人站在那儿，美艳绝伦。无论她说什么，听起来都非常悦耳。举手投足，一言一语，无不聪明伶俐，恰到好处。"但不管怎么说，他确实曾经在革命群众云集的场合见到过莱斯纳，并且根据相遇时的印象，写下了《莫斯科水兵》一诗：

水兵还稚嫩，风却是老练的燕雀：
飞扑过来，一下从他嘴边
叼走烟蒂，又吹灭火星，
戳进雪堆。

他四处游荡，身上的呢绒
漆黑如夜，他的身影
像放纵的鬼魂，
像十一月里闲散的蝇群。
…………
风醉了，浑身颤抖个不停：
惹是生非皆因为酒。
水兵乜斜着眼睛（水兵也醉了，
就像那醉了的风）。
…………
水兵升起又坠落，摇摇摆摆，

将海的卑下与崇高的天穹
与天上的繁星
搅混在同一个底层。

从标注的时间来看,这首诗创作于1919年。一名醉酒的年轻水兵,游荡在莫斯科街头,风声隐约传送着枪声。作者的所见所闻与《俄国革命》中“烂醉的海军呕吐之物”怎样合为一体?结合点就在于:“海的卑下与崇高的天穹/与天上的繁星。”这也是俄国革命在帕斯捷尔纳克心目中真实的写照。在他1926年4月12日写给里尔克的著名书信当中,表述则更为清晰:“宏大事物在其直观显现的过程中,通过与生俱来的对立性而运转变动。一旦付诸现实,它就会沦为渺小,较之于自身的宏大;会趋向保守,较之于自身的进取。其实我们的革命也是如此。”这显然是柏拉图思想的升华:当“理想的本质”与“理念”成为尘世间的现实,将变得令人生畏,而非原先那种天国般的瑰丽。

一段时期内,美女莱斯纳成了帕斯捷尔纳克眼中革命的化身。但这不是爱情,是欣赏。他继续爱着叶莲娜,甚至同施蒂赫争吵过后也未曾改变,后者天真地向他承认,从1913年起就爱上了自己的表妹,哪怕对方无动于衷;施蒂赫声称始终爱她。此后,帕斯捷尔纳克与叶莲娜的关系便彻底了断,当年(1918年)3月,她嫁了人。

夜晚啊夜晚!这可是地狱,是恐怖之屋!
你来探访它吧,要不就把你遣送到这里!
夜晚——你的脚步,你的婚姻,你的出嫁,
地下审讯室里马达的喧声。
…………
哦,爱情!爱情终究需要表白!
用什么替代你?脂油还是溴剂?
我害怕漫长的失眠,却只能把头歪向枕边,
像马一样瞪大眼睛,放出焦灼的目光。

以上引自《黄昏中你依然是我的寄宿女生》,系组诗《疾病》之一。帕斯捷尔纳克喜欢回忆叶莲娜昔日的小女孩模样,而小女孩形象也是他最欣赏的。在诗中，她决绝的脚步与严酷的“审讯室里的盘问”相互映衬（此诗发表时，他减弱了表达的力度，将“地下审讯室里马达的喧声”这句改为“比审讯室里的盘问更沉重”——去除了一个可怕的细节：大规模处决期间，契卡①曾经在院子里开动载重汽车马达，掩盖枪声）。1918 年是双重裂变的年份：同乌托邦幻象的决裂，同爱情的决裂，所以革命初年的现实与对恋人的回忆才会情景交融，并且像 1917 年夏天那样，彼此间再次产生共鸣。组诗《断裂》所书写的便是这种状况，它应该是《主题与变奏》当中最好的作品，起码也是最具个性的。

这些诗带给人的最大感受是自由——情感与形式的自由：只要我想，那就一再地延长诗行，延长到十个音步；只要我想，那就以最大的勇气同恋人分道扬镳。如同当年在马堡，帕斯捷尔纳克在此重新体验到一种由裂变所产生的兴奋与喜悦，尽管他与叶莲娜的关系远比他与伊达的关系更牢靠；这里并没有什么新生，有的只是痛苦，不过，恰恰是在绝望之境，解脱也就依稀可见。

由于这段占据他生命中四年光阴的错综复杂的故事（他写给叶莲娜的最后一些诗作是在 1921 年完成的），随之出现了一个尴尬、庸俗却又无法回避的问题：他们两人之间究竟发生了什么？叶甫盖尼·帕斯捷尔纳克给出的答案只有一个：叶莲娜·维诺格拉德太过冷漠，所以什么都没有发生，也不可能发生（所以连绵不绝的激情才困扰他如此之久）。帕斯捷尔纳克本人曾经说起热尼娅·柳维尔斯的原型：“我写的这个人，不会让别人靠近自己半步。结果，一切都成了真的！”1918 年 2 月，他终于恍然大悟——她并不爱他，而他原先却一直不能相信；她另有选择，他则难以接受这一事实；她向他撒了谎，他因此无法像骑士那样大度地谅解她（他曾经写信给施蒂赫：“从血缘来说，我是犹太人，除去这一点之外，从其余各方面来说，我又是俄罗斯人。这两个民族无论哪一个，都不曾有过骑士制度的历史”）。

哦，扯谎的天使，我恨不能立即

① “肃反委员会”俄文缩写 ЧК 的音译，全称是“全俄肃清反革命及怠工非常委员会”（ВЧК）。成立于 1917 年 12 月，历经沿革，于 1953 年被克格勃取代。

立即用纯净的悲伤把你灌醉！
可我不敢这样，可那样——以牙还牙又能如何？
哦，起初感染了谎言的伤恸，
哦，痛苦，麻风病中的痛苦！

哦，扯谎的天使——不，心灵
心灵患上湿疹，这病痛并不足以致命！
可你怎么会把贴身的疾病当作临别的礼物
赠给一个灵魂？你为何又像雨滴，
无缘无故吻着，仿佛你在欢笑着杀死时间，
替所有人，在所有人面前！

（《断裂》之一，1919）

在这里，抒情的炽热达到顶点，散文语句掺杂其间，这是通过极度粗鄙的肉体的隐喻来表达的："心灵患上湿疹"，"把贴身的疾病当作临别的礼物赠给一个灵魂。"尽管诉说的声音听来刺耳，却营造出一种哀而不伤的灼烈之感；"纯净的悲伤"被"感染了谎言的伤恸"所替代，可谓极尽修辞之能事！"哦，羞愧，你是我的累赘"，"我的耻辱"①……但在"我要让所有思想离你而去"这一高傲的决意背后，却是绝望的自承，它会让帕斯捷尔纳克的所有读者过目之后便与他一道吟诵：

那些走过的广场能宽恕我吗？
哎，您何时才会明白那种落寞，
当街道一日之内上百次地
捕捉到与您相像的行人的身影！②

一切都能让帕斯捷尔纳克联想到叶莲娜，而绝望程度如此之深，以致于他已无可羞愧——他并不羞于承认自己的失败：

试试吧，阻止我吧。你来熄灭那悲伤的发作，

① 引自帕斯捷尔纳克《断裂》之二（1919）。
② 引自帕斯捷尔纳克《断裂》之三（1919）。

今日它跳动，如托利切里①真空管里的水银。
不要禁止对我的阻拦，哦，来吧，来实现你的意图！
不要让我发出念你的声息！我们本是一体，不要为之羞愧。
哦，熄灭吧！熄灭之后再炽烈地燃烧！②

但无论他怎样祈求和哀告，希望再次见面，哪怕这会让吞噬他的火焰燃得更旺，她都没有答复。更可怕的是，她依然赞赏他，而他则记得每一个细节，最终，面对拆分他们二人的命运，她自己也是无能为力，这种无奈也将他彻底击垮，因而组诗《断裂》之五中出现了“无力逃脱的强力之掌”：软弱中蕴蓄着软弱的全部力量，他也由此洞悉了他所自许的对于天命的顺服。这从一开始也是一场双方平等的爱情，一场爱情竞赛：“在那儿，阿克泰俄斯像一头黇鹿，丧失了记忆/将阿塔兰塔③驱赶到林间空地……/嬉戏的犄角相互碰撞，树木、兽蹄、脚爪也在咔嚓作响，”这其实也不算是爱情，而是冲突、碰撞、击打与轰鸣。这种爱不可能以一曲“天鹅挽歌”而终止，这是一种痛彻的断裂，是战争的延续：

但自今夜起，我的恨无处不绵长，
遗憾啊，找不到一根皮鞭。④

可怕的是，她以平淡的忧伤和温情回应了他的狂躁：

哦，我的朋友，我亲爱的人，你看那一群夜间迁徙的潜鸟
从卑尔根准确地飞往极地，火热的绒毛似雪片从脚爪脱落。
我发誓，哦，我亲爱的人，我发誓我可不是被逼无奈，
当我对你说——睡吧，忘掉吧，我的朋友。⑤

还有更可怕的一点，“我可不是被逼无奈”！假如出于客观形势的逼

---

① 艾万杰利斯塔·托利切里（1608—1647），意大利数学家，伽利略的学生。1644年，托利切里进行了著名的水银管实验。管子一端是空的，不存在压力，称之为真空。托利切里根据实验原理制作了气压计，成为当时测量天气变化的主要仪器。

② 引自帕斯捷尔纳克《断裂》之四（1919）。

③ 希腊神话中著名的女猎手。曾经向求婚者提出与她赛跑，凡是输者她就用矛将他刺死，胜者则娶她为妻。阿克泰俄斯是追逐阿塔兰塔的男猎手。

④ 引自帕斯捷尔纳克《断裂》之六（1919）。

⑤ 引自帕斯捷尔纳克《断裂》之七（1919）。

迫，他倒能够容忍，实际上却是她个人的选择！

当缀挂冰凌的桅杆静止不动，仿佛冬日梦境中
挤压成筒状的挪威人的死尸，
我在你戏谑的极光的眼神中飞驰——睡吧，何必忧愁，
谁都会活到大喜之日，我的朋友，静下心来，不要哭泣。

当那些远在北极地带警觉的冰块
悄悄离开最后的居民点之外的北方，
夜半的穹顶下，一群失明的海豹瞪着惊恐的眼睛，
我要说——那不是三只眼，睡吧，忘掉吧：那是同一道目光。①

睡眠！《生活，我的姐妹》也是在同样的氛围中结束。“不是三只眼，睡吧，忘掉吧”……这个梦境笼罩在极地的迷离夜色中，昏然恍惚之间，一艘航船被冰层冻住动弹不得。“发出咯吱咯吱咀嚼声的巨块”、浮冰——对于帕斯捷尔纳克来说，这是自父亲为《复活》画插图以来就挥之不去的意象。卡秋莎与涅赫留朵夫的第一个夜晚，冰块在河面上漂浮，雾霭浓得让人透不气来。在帕斯捷尔纳克眼里，这些冰块是事件的信使，是大转折来临的标志；所以，柳维尔斯的初潮——她的女性生活中的第一件大事——并非无缘无故在卡马河上夜航的轮船汽笛声中到来。受冰块阻滞的航船，正是这一转变的牺牲品，它表明生活正在陷入停滞。或许，我们由此还能联想到南森的“弗拉姆号”②——帕斯捷尔纳克小时候，它正巧航行在极地附近并一度偏离了航线，联想到1918年莫斯科天寒地冻的景象。

这一组诗具有极强的表现力，在关于革命最初年代的诗歌中，如此精准的描绘恐怕绝无仅有：爱情再次让帕斯捷尔纳克先知先觉，正如1917年他在一部爱情诗集中陈述了革命“最难捕捉的一面”，翌年，在另一部关于裂变的诗集中，他又逐一道出了“战时共产主义”的主要特征。革命丧失了灵

---

① 引自帕斯捷尔纳克《断裂》之七（1919）。

② 欧洲航海史上一艘有名的科学考察船。1893年至1912年，先后三次用于挪威的南北极考察。富瑞提奥弗·南森（1861—1930），挪威极地探险家，1893年至1896年间指挥“弗拉姆号”，完成了北极中央地带的考察探险。

魂。那表面上的自由,不过是灵魂出窍留下的空壳:“点头示意,你惊诧不已! ——你自由了。”①

我难以自持。你要去行善事。
到别人身旁。维特之歌②已经写成。

(“自杀不在考虑之内”③——在《主题与变奏》的这些诗作中,这一被推翻的可能性同样还会被说起)

我们的日子,连空气都透着死的味道:
打开窗子有如割开血管。④

是的,结束自己在这个行将毁灭的世界上的生命,的确是非分之举,近乎于自辱。之所以说“我难以自持”,是因为最终得到解脱,因为时代发生了转变:以往的爱情戏剧蓦然失去意义。普遍的牺牲消解了个体的牺牲。当 1918 年 3 月,叶莲娜·维诺格拉德嫁给别人并改姓多罗德诺娃(多罗德诺夫同维诺格拉德多么般配!⑤),帕斯捷尔纳克已经能够容忍这一切了。

他为何感觉到连空气里都透着死的味道? 对大多数俄国知识分子来说,俄国革命的转折性事件是辛加廖夫⑥和科科什金⑦的遇害——这两名临时政府的活动家,1917 年 10 月被逮捕(无任何理由),在彼得保罗要塞蹲了三个月,随后被移送到马林诺夫医院,在那里遭到了本应保护他们的醉酒水兵残忍的杀害。事情发生在 1918 年 1 月 7 日,此前几乎未曾对政治事件有所回应的帕斯捷尔纳克(不包括 1915 年《千年普列斯尼亚河》的若干印象主义的非政治化片段),无法继续沉默了:

---

① 引自帕斯捷尔纳克《三角钢琴将嘴角翻动的飞沫舔干》(1919)。

② 此处所指是法国作曲家马斯内(1842—1912)的歌剧,取材于歌德的小说《少年维特之烦恼》。

③ 见帕斯捷尔纳克《云。星。从侧面》(1918)。

④ 引自帕斯捷尔纳克《断裂》之九(1919)。

⑤ 在俄语中,“多罗德诺夫”这一姓氏带有“身材高大的”“粗壮的”之义,“维诺格拉德”则源于“葡萄”。

⑥ 安德烈·伊万诺维奇·辛加廖夫(1869—1918),俄国立宪民主党人,社会活动家,临床医生。

⑦ 费多尔·费多洛维奇·科科什金(1871—1918),俄国立宪民主党人,社会活动家,莫斯科大学法学教授。

头脑混乱。就这样吗？在病房里？
背着护士小姐？
大衣脱了，躺下睡了。
扳机掉了，何必擦拭？

（现实的情形则更为可怕。不是“躺下睡了”，而是早就躺在了病榻上——辛加廖夫与科科什金，各自身患重病，水兵们射杀的不只是手无寸铁之人，更是虚弱无助之人；科科什金当时只来得及说了一句：“你们干什么，兄弟们？”）

谁创造了水兵，
谁创造了半个窗户的城市，
谁创造了创造者们的夜，废弃物杂陈的夜，
谁创造了灵魂，创造了名字？①

诗中回荡的音调，不是对神的反抗，而是对神的追问，问题来自一个虔信的人，他弄不明白——这究竟是怎么回事，就这样，突然间，可以为所欲为？！后来帕斯捷尔纳克也不止一次想到过，我们也会理解，1918 年首先是一个信仰沦丧和扭曲的悲剧。这年夏天，他将写下彻底绝望的、孩子般怨诉的诗行：

你那黄的青的神奇的霞光
你红彤彤的日出让人陶醉。
可你在哪里？你去了谁的天国？
在这儿，在俄罗斯人之上，没有你。②

可以比较一下作者 1931 年给出的回答——在西方，心灵无所事事。③

是你吗？独自一个，心怀一念，
不朽的坚毅的神，

① 引自帕斯捷尔纳克《头脑混乱。就这样吗？在病房里？》。据考证，这首诗应该是作者于 1918 年 1 月事件发生之后当时写下的，生前未发表。

② 引自帕斯捷尔纳克《上帝，你创造了飞快的家燕》（1918）。

③ 参见帕斯捷尔纳克《冰与泪的春日》（1931）。诗中写道：“心灵从西方离去/在那里它无所事事。”

是高踞世界之巅的你
造就了那两个和这两个吗？

这两个——两件浅蓝色的短衫。
没什么。一片紫血斑。
可即便如此，也不会有“变窄的世界”，
那你为何让他们因诱惑而生？①

可怕的问题（现实则更可怕：被杀害的是两个人，向他们行凶的水兵却有五名）。是上帝独自造就了死者和凶手吗？帕斯捷尔纳克的世界原先是多么和谐，如果说战争的全部恐怖景象——对此他不可能不了解——并未使他产生对上帝的怀疑，临时政府两名成员之死则改变了他的想法！先前，战争固然是一场将大多数人卷入其中的噩梦；如今却是革命，1918年3月，它彻底陷入疯狂，一切遭到了颠覆！所以，他谴责革命的创造者和参与者，他强调自己的讥嘲所指向的是那些假托革命在俄国大开杀戒的人：

哦，蠢货们！
回到老窝去。
放聪明点！让我们痛饮！
什么？鲜血吗？我们并非嗜血者。

这种节奏——四音步抑扬格与截短的三音步偶数句相互交替——帕斯捷尔纳克再未使用过，在整个俄罗斯诗歌中，也并不常见。它让人联想到勃洛克写于1905年的《集会》一诗（这首诗也带有巴尔蒙特翻译的王尔德《瑞丁监狱之歌》的意蕴）。诗中记述了一位街头演说家的被害，先知般的断言准确地刻画了这位宣传鼓动者的形象，你会不由得为此而惊叹勃洛克非凡的洞察力：

灰色的身影像夜的天穹，
他懂得一切事物的界限，

---

① 引自帕斯捷尔纳克《头脑混乱。就这样吗？在病房里？》（1918）。

沉重的自由的链条
在他自信的挥动下喧响。①

人群中不知是谁拿起石块投向他，砸碎了他的脑袋。这位终于无法向世人展示其精深教义的宣传家，在死去的一刻，真正获得了自由的真谛：

他仿佛躲在了入口旁，
在那黑洞后面大口喘息，
把自由的夜气
自信地吸入胸膛。②

这里没有真正的自由，在这里，自由只是以环链的形式周行不止；自由在那里——在那“快乐无边”的地方，在那牺牲之地，在那自由永远散发着“夜气”的地方。此外，帕斯捷尔纳克同勃洛克之间还有一个永恒的分歧：牺牲之于勃洛克，是不可避免乃至心甘情愿的，帕斯捷尔纳克则把一切死都视为悲剧、暴力和上帝强加于人的损害。这两首诗的主题是一致的：前者与后者所述，均为一个政治家的遇害。但是，如果说勃洛克笔下被杀害的演说家形象是圣洁的（刹那间，死亡证实了他的价值——因为那一切过去与未来的程式与教条），那么帕斯捷尔纳克则对杀戮心怀恐惧，事件本身足以令人激愤，他不希望从中发现任何崇高的意义。

上文引用过的《俄国革命》一诗，也是在当时写成的，诗中强调了战争与革命之间的差别：“这不是我们的异乡，放开手脚，这是生养我们的地方，/这里的一切都如此可亲，放开手脚，抛去拘谨。”③正如我们所见，帕斯捷尔纳克最忧虑的是同胞之间的野蛮行径。不过，乌托邦思想对他也是有影响的：1918 年 5 月，他发表了《对话》。这是一个体裁不定的片断——可说是散文，或者哲学随笔，也可说是初次的戏剧尝试。事情发生在遥远的未来，在法国，一个俄罗斯人来到这里，却总是忘记自己身在异国。贯穿于帕斯捷尔纳克这一作品中的社会乌托邦主义，绝无仅有地让人联想到马雅可

① 引自勃洛克《集会》（1905）。
② 同上。
③ 引自帕斯捷尔纳克《俄国革命》（1918）。

夫斯基《第四国际》《第五国际》和《飞翔的无产阶级》[①]当中那些精彩的幻想，只不过帕斯捷尔纳克笔下的一切更具体、更生动、更具人性。俄国状况的本质由此呈现："房屋在我们国家也这么建造。每个人都把心思投入到工作中。嗯。就像你们拥有电报、自来水和煤气，我们拥有的是劳动。到处是展开的工程。电站。设备。人们像做游戏一般生活着。生产着。步调迅疾。不是去那儿，就是到这儿。早出晚归。热火朝天。好呀。没有谁亏欠谁。亏欠是荒唐的事情。每天醒来时，浑身灼热，有使不完的热量，不可能不把它贡献出来。这样才会冷却下来。然后你就去储备新的热能。不管去哪儿都行。这就是——热力转换交易所。也就是你们所说的责任感。"诚然，在这整部田园曲中，已经有了紧张的音符，它出现在帕斯捷尔纳克的乌托邦，当1918年前几月发生了未经审讯的逮捕、最初的杀戮等等恐怖事件之后。尽管那仍是一个完全素食的时期，但他已经感觉到，自由的功用，委婉地说，是因人而异的："每一代新人都会使差异变大。今天还以部落而论。明天就成为不同种族。不知再过多久，便是高级动物的变种。再往后——各自属于不同的世界。"令人惊奇的是，他的感触竟然与苏联科幻文学当中一些极富天才的情节不谋而合。这类作品在塑造美好未来世界的同时，必须解答坏人何去何从这一问题。最为突出的是斯特鲁加茨基兄弟，他们当年不见得读过《对话》，却在他们的中篇小说《波浪减弱风吹》中几乎再现了帕斯捷尔纳克的预言，也就是将人类区分为两个基本上各不相同的物种。

通过《对话》可以大体了解，帕斯捷尔纳克为何最终加入"列夫"，站在了马雅可夫斯基一方，尽管为时不长。二者都把未来想象成贵族的、艺术的乌托邦：都觉得劳动是愉悦而有必要的，诗人就应当以写作为劳动，演员的劳动则是表演……《对话》的"主体"，亦即帕斯捷尔纳克的主人公，始终强调他与所有人一道平等地从事着产品的制造："我制造的是印象。"在文章结尾，一个很羡慕这位俄国怪客的法国官员想知道：他究竟为何离开了自己的乐园？怪客答曰：真正的爱只能在距离中产生："我们确实见识过因为对

---

① 马雅可夫斯基三部叙事长诗，其中《第四国际》和《第五国际》写于1922年，《飞翔的无产阶级》写于1925年。

女人的爱而热得发烫的额头。暴风雪会把他们送上火星。”因为爱，“主体”仅仅被送到了巴黎，但不管怎样，帕斯捷尔纳克又一次成了先知：后来，许许多多俄罗斯人因为爱而离开祖国，最终真的来到了巴黎。

暂且把帕斯捷尔纳克的乌托邦当作一个纯粹的童话：在现实中，人们非但不会相互补充热量，反倒越来越疏远。社会紧张得不到缓解，取而代之的是压抑和漫长的失望，独自忍受这种状态俨然成了最好的解决之道。就天性而言，帕斯捷尔纳克对各类乌托邦并无好感——他是一个清醒的现实主义者，反浪漫主义者，他对未来主义的个人喜好已渐渐消退，他痛恨以强制手段干预现实；《对话》发表之后，他很快就明白，妄图消除一切“太过人性的事物”——家庭、习俗、传统——注定会使人类面目全非。

事实上，俄国革命连同其天真而可怕的乌托邦主义的主要悖谬就在于，它打算清理常态中的人类，也正因如此，革命受到《布朗德》①的爱好者勃洛克兴高采烈的欢迎：贪婪、一夫一妻制、财产观念、对未来的恐惧、对亲友的私心等等似乎正在被一点点消除。可以不夸张地说，导致俄国革命破产的不是社会因素，而是生物因素。归根结底，人类内心的善与恶是巧妙而紧密地捆绑在一起的；故而革命在消灭恶习的同时，也消灭了美德；清除物欲和俗情的同时，也损害了慈悲心；创造新人类的试验最终却引起兽性的发作。帕斯捷尔纳克认识到这些之后，有很长时间都处在自我封闭的状态中。

4

长期以来，帕斯捷尔纳克并不认为自己是文学专业人士。这是因为他不能够每天定时写作：“不像某些人，不是每一周……”1919 年，他写得还不算少，1920 年却几乎没写什么。在此期间，他的生活仿佛停滞了；正如每逢抒情诗的沉寂期，他比往常更加专注于时局的思考，只不过是理论性的。他的思考通常反映在书信或者访谈中，就像 1924 年至 1926 年间，有时则通过理论文章来体现，他仍然希望将这类文章结集成册。起初构思的著作《象征主义与不朽》，到底还是未能在 1913 年完成，随后，在几乎彻底放弃诗歌

① 易卜生创作于 1866 年的一部诗剧。

的时期，他又打算创作题为《人论》的文章（后来定名为《第五元素》，对此，他的解释是：在风火水土四大元素之外，意大利人文主义者又增添了第五元素，也就是人；他试图揭示人类的奥秘）。为何恰恰在1918年和1919年，产生了向他人——首先向自己——解释人这一现象的迫切需求？因为随着俄国革命第三和第四阶段一系列事件的发生，对于人的认知在很大程度上扩展开了；帕斯捷尔纳克不仅见证了自我牺牲的奇迹，也见证了兽性以及他所说的这一时期莫斯科生活的“痉挛性僵直”。应当对人有所了解。看来，帕斯捷尔纳克的确有自己的见解，但著作没有写成。1919年前夕，他的世界观发生了一场静悄悄的革命，我们对此几乎一无所知，如果不看他后来在《黎明》（1956）中的道白：

> 你就是我命中的一切。
> 后来，战争与离乱接踵而至，
> 漫长的岁月，等了那么久，
> 没有等来你的音讯。

1918年到1919年间，帕斯捷尔纳克的宗教观开始动摇，因为灾祸不仅使生活重新回到它简单而重要的原点，同时也从它表面剥除了使生存成为可能的幽微莫测的本质属性。接下来，必须生活在一个丧失了迷人习俗和精致情趣的世界，一个几乎没有艺术的世界，尽管莫斯科很快就冒出了一大堆的诗歌咖啡馆（菜单上列着茶、胡萝卜咖啡、黑面包加果泥的甜点）。

马雅可夫斯基能够接受这一切——他内心的悲剧同死亡和国家的重生能够产生共振，他兴奋地走上街头，快乐地扑向杀人的刑场：“开枪射击！”帕斯捷尔纳克则厌恶对人的枪杀。他越来越觉得寂寞乏味。“在这一年当中，您那儿的人们是否活得更幸福？在我们这儿，正相反，到处是兽性的发作，我说的可不是什么阶级，什么斗争，我说的不过是泛泛之辞，从人的角度。人沦为野兽，失去了希望。”——1917年12月，他写信给雅科夫·伊里奇的妻子奥丽嘉·兹巴尔斯卡娅。此后过了半年，伊里奇就在乌拉尔地区的暴动期间被白卫军杀害（他站在起事的工人一方，后来，他成为《斯佩克托尔斯基》所描写的“第一批战斗在萨列普塔和乌法城下的师团中一名红军战士”的原型）。1918年，特别是1919年，情况变得更糟，生活无论在精神上还是物质上都陷入困顿，从中却找不出任何缘由。帕斯捷尔纳克工作了——自然是按照其实并不记仇的高尔基的订货，为“世界文学出版社”翻译克莱斯特的作品，他还加入了保护文化珍品委员会，夏天，与父亲一起在卡尔津基诺庄园（今之奥恰科沃小站）料理菜园。帕斯捷尔纳克喜欢种瓜种菜之类的活计，能够亲手侍弄土地，心安理得地吃自己栽种的土豆和苹果，他感到很自豪。可是在此期间，他几乎没有新的诗作问世：《主题与变奏》中的大部分作品，要么是《生活，我的姐妹》未收录的，要么是早在1917年就已写好或者打下腹稿的。主要作品则是他在1917年动笔、1918年发表在《劳动旗帜》上的戏剧草稿——以法国大革命为题材，从静山回来后就开始构思，但写出来的和二月革命后就打算写的完全是两码事。不同于作者标注的日期（1917年7、8月间），我们倾向于认为，这两幕剧作完成于1918年，距离发表时间不长：这件作品的基调与《姐妹》大相径庭，两者不大可能创作于同一时期，况且1917年7月里的帕斯捷尔纳克还未必顾得上法国革命。《戏剧片段》主要反映的是1918年的压抑、共和历10月的愁闷和热月的恐怖。帕斯捷尔纳克的圣茹斯特①盼望从巴黎脱身，以便远观革命：

那里有守护着精神之躯的
平庸巨龙和圣茹斯特·乔治。
而这里的龙却凶残百倍，
这里的乔治也柔弱百倍。②

1919年，帕斯捷尔纳克曾去卡西莫夫③看望舅舅，顺带休息和料理菜园。他写信给家人：“要想断定它（革命——德·贝）在阶级和农民当中的现实性，根本无须耗费眼神。对于庄稼汉，它其实并不突出，但在1916年那个史前之秋与革命后不远的黯淡未来之间，它却以最高形式呈现出来。在莫斯科，它是中性的，它的起点就在别列尔瓦街边。”他写给娜杰日塔·帕夫洛维奇的信件更直露：在莫斯科，“劳动者不得食。”④他认为要想摆脱这

---

① 路易·圣茹斯特（1767—1794），法国大革命时期雅各宾派领袖之一，公安委员会最年轻的成员。

② 引自帕斯捷尔纳克《戏剧片段·圣茹斯特》（1918）。

③ 位于俄罗斯梁赞州。

④ 针对“战时共产主义”期间“不劳动者不得食”这一革命口号的反讽。

种荒诞境地,只有到外省去,起码官僚主义和意识形态的暴力不至于如此极端。

关于革命初期的莫斯科,茨维塔耶娃写下了她最出色的散文——《我的祈祷》《自在的旅程》和《索涅奇卡的故事》。帕斯捷尔纳克和茨维塔耶娃两人都以这一时期为主题,留下了各自最主要和最厚重的散文。只不过帕斯捷尔纳克的那位医生从莫斯科离去,而茨维塔耶娃的女主人公,正如茨维塔耶娃本人——则留了下来。令人不解的是:两位大诗人,居住地点相去不远(起初,各自住在阿尔巴特街的不同地段,后来是步行半小时的距离——从沃尔洪卡到鲍里索格列勃能有多远?),时常出入同一场所,参加同一个群体的活动,在同一聚会上朗诵作品——彼此间不仅几乎不来往,甚至连真正的相识都谈不上。每逢转折期,帕斯捷尔纳克的精神状态总是格外封闭,1918 年也不例外:他需要自己先把情况弄明白,再向其他人陈述。两位诗人疏于交往,想必是因为他们对时局的观点迥然不同;《日瓦戈医生》和《索涅奇卡的故事》之间有着天壤之别。但问题甚至不在于,这是风格、旨趣各不相同的两部作品:就这两方面来说,两者的差异还不至于如此之大。两位作者都以叙说各自的理想人物为目标,尤拉·日瓦戈是帕斯捷尔纳克在现实中不曾遇见的朋友与对话者;索涅奇卡则是茨维塔耶娃的知己与缪斯。巨大的差异在于,茨维塔耶娃所有的莫斯科随笔几乎均为日记体,它们营造着一种节日的喜庆。这一现象难以理喻。当时的茨维塔耶娃,毕竟是白卫军官之妻,对于她,最大的享受莫过于在公共诗歌晚会上当着政治委员卢那察尔斯基①的面朗诵她的《福尔图娜》(卢那察尔斯基则在晚会上朗诵自己翻译的瑞士人卡尔·穆勒的作品!),通过直露的文字大谈"自由平等博爱的三重谎言"。当时的茨维塔耶娃对君主制忠心耿耿,随后她却成为一个浪漫主义者,为索涅奇卡书写着戏剧故事。她居住在鲍里索格列勃胡同的一间阁楼里,女儿伊琳娜奄奄一息,另一个天赋超群的女儿阿利娅勉强摆脱了病魔("大的正从黑暗中脱身,小的却没能保住")。与帕斯捷尔纳克相比,她的境况堪称窘

① 安纳托里·瓦西里耶维奇·卢那察尔斯基(1875—1933),苏联教育家,哲学家,政治活动家。

迫。不管怎么说，帕斯捷尔纳克有一个完整的家——父母双全，还有弟弟和妹妹；尽管两个妹妹年幼体弱，父母年事已高，母亲心脏病时常发作，但一家人毕竟完整，不乏天伦之乐。而所谓节日对于茨维塔耶娃，或许正是她平生写下的杰作——1918 年至 1921 年间的阿尔巴特组诗、《天鹅之躯》和若干随笔。《索涅奇卡的故事》则是她主要的散文作品，同样叙说着节日，这的确是一部幸福的散文，无论现实的境遇究竟如何。

帕斯捷尔纳克不喜欢回忆这几个年头，在《日瓦戈医生》中他这样描绘当年的岁月：

"冬天来到了，冬天正像大家预言的那样。这个冬天还不像以后接着到来的那两个冬天那样可怕，但是已经有些相似了，也是一个黑暗、饥饿、寒冷的冬天，这时候原有的一切已经摧毁，一切生活的基础都在重建，都在拼命挣扎，不挣扎就生活不下去(……)

在房产部门、各种组织、机关、居民管理机构，到处在进行领导成员的选举。各种机构的成分都在变化。到处都派了政委，政委有无限的权力，雷厉风行，都穿着黑色皮夹克，佩着手枪，具有使人害怕的手段，很少刮脸，睡觉更是稀罕。

他们很熟悉小市民、小额公债券持有者、贫苦的庸人的特性，一点也不可怜他们，同他们说话的时候总带着刻薄的冷笑，就像同逮住的小偷说话一样(……)

圣十字医院现在叫作第二革命医院了。医院里发生了变化。有一部分工作人员被解职了，有很多人认为在这里工作不合算，自动离开了。这都是一些高薪的医生，有时新的技术，十分走红，而且又能说会道。他们离职本来是为了私利，却把自己的动机说成是为了表示抗议，显示自己的骨气，并且瞧不起留下来的人，差不多同他们断绝了往来。在留下来的人当中就有日瓦戈。"①

可见，帕斯捷尔纳克永远甘愿留在被鄙视者的行列——只要能工作；假模假式的做派不对他的胃口。但这一片段的基调同茨维塔耶娃几乎始终洋溢着欢乐的回忆相比，差异是多么显著！面对顶头上司，她居然可以无所顾

① 参见《日瓦戈医生》第六章第 9 节，此处采用力冈、冀刚先生译文。

忌，自寻死路一般，直言不讳地说出对他的印象，以及对整个现状的看法！“在文章结尾，科尔任采夫同志向邓尼金将军表达了祝福，祝愿他一定要早日登上绞刑台。我们也把同样的祝福献给您，科尔任采夫同志……”（《我的祈祷》）。为什么她会如此激情地讲述她的1919年的莫斯科，为什么当年的帕斯捷尔纳克却如此抑郁失落？仿佛他们生活在两个不同的城市。她当时有多少新朋友啊——阿列克谢耶夫、扎瓦德斯基、安托克里斯基、戈尔利戴伊、斯塔霍维奇、瓦赫坦戈夫、穆切德洛夫！而他却几乎断绝了同最后几位朋友之间的交往（唯一的挚友阿谢耶夫当时正在远东；同马雅可夫斯基的关系也渐渐冷淡）。

在那些悲伤的日子里，在丈夫——潜伏巴黎的苏联间谍——于1937年被揭穿身份的前夕，茨维塔耶娃不仅忍受着文学的寂寞，而且几乎与世隔绝。她在孤寂中回忆着1919这个幸福之极的年份。甚至对母亲和女儿——这两个在阁楼里艰苦度日的亲人——的思念，也是一种莫大的幸福，在她心目中，她们是天使般可贵的人：

纵使莫斯科灾祸的一年
令诗人备受折磨——那又算什么！
没有面包，我们照样活下去，
从屋顶升入天空，毕竟无须太久。①

也许幸福的秘密就在于，当年的她善于用同等的尺度衡量红白两方；孜孜不倦地关注着细节；她不仅沉迷于法国诗歌，就连《消息报》上的语句也觉得别有意蕴：“控制海洋——等于控制世界！”她经历了一个重大的浪漫主义时期——甚至为玛丽·安托瓦内特②而倾倒：“我的朋友们——就在苏维埃的、雅各宾的和让-保尔·马拉③的莫斯科！”狂欢、暴风雪、饥馑、爱情、青春。人人相互爱恋，人人痛苦不堪——哦，可不是因为饥饿，是因为爱！多么无助，多么脆弱，多么艰辛地周旋于生的边缘，“死的圆圈舞”——这是

---

① 引自茨维塔耶娃《我的阁楼宫殿》（1919）。

② 玛丽·安托瓦内特（1755—1793），法国皇后，路易十六之妻。1793年法国大革命期间被送上断头台。

③ 让-保尔·马拉（1743—1793），法国大革命时期雅各宾派代表人物。1793年7月被吉伦特派女刺客暗杀。

茨维塔耶娃对时代精准的断言；整个社会都陷入艺术的迷狂，洋溢着友爱——甚至对红军将士也不例外，因为所有人都在走向死灭，无论思想意识的差别（而且茨维塔耶娃很清楚，红色浪漫也好，白色浪漫也罢，都不会持续长久；在她看来，某些红军士兵要比小市民或资产者更好。这仍是一种勃洛克式的见解，尽管从一开始她就对布尔什维克不抱任何好感）。“索涅奇卡的故事”终结之后，谁会不爱这梦幻的年轻一代，这些青春的追慕者与没心没肺的玩偶，如此轻易、快乐地归于死亡的瓷器般的易碎品！要说俄国革命以及随之而来的整个五周年有其可爱之处，原因恐怕也就在于此；因为被革命残杀的人士而爱上革命。但是，在将这些幽灵残杀殆尽之前，革命却首先创造了他们。

帕斯捷尔纳克不具备这种以浪漫手法处置日常现实的幸福禀赋。在《跨越障碍》的诗行中，他顺利度过了自己的浪漫期，而对于1918至1920年间的莫斯科现实，他却已不再有浪漫的情怀。他无法设想自己为一名浪漫剧目的角色。这一时期的他，几乎根本看不到也感觉不到自我的存在。

他难以将革命后的莫斯科视为内心剧场中宏大的舞台背景，他既无抗争，也无欢笑，情绪低落到了极点。他难以忍受终日枯坐于委员会和编辑部，领取微不足道的口粮或少之又少的薪水：这一切只是工作的仿品，全都似是而非！相对于浪漫主义者，现实主义者有许多长处，而相对于现实主义者，浪漫主义者的长处只有一个：游戏人生并以此获得解脱。现实主义者则缺乏这种幸福的能力。对待一切，他都严肃认真。

5

从1918年到1920年间，凌驾于生活之上的暴力，令帕斯捷尔纳克感到绝望与窒息。生活被太多无意义的形式所包围，因而帕斯捷尔纳克让“日瓦戈医生”——理想人物的理想人生之象征，于1918年春天从莫斯科来到乌拉尔。他本人在首都打发着革命的岁月，在铁路报纸《汽笛报》任职，工作可有可无，一年大概只有四个月的活计。在这份报纸上，他一行字都没有发表过(后来在《汽笛报》,布尔加科夫、奥列沙①、卡塔耶夫、伊里夫和彼得洛夫②为自己找到了避难所,在报业生涯如鱼得水,帕斯捷尔纳克却觉得无聊而庸俗:在所有同时代人当中,他大概是唯一一个难以适应新闻工作的人——解脱的方式唯有翻译)。他对当年境况的回忆,不乏嫌恶之感:

忘记亲族,忘记大海。忘记
苟且度日之荒唐,煎熬犹若受刑。
向苦役犯的复仇不该如此。——刻下疤痕!
哦,不是您,而是我——无产阶级!

千真万确。我垮掉了。哦,用力劈砍!
我坠入野兽的自我意识。
我的自贬已达虚妄。
我的损害令你神伤。

(《我能忘记他们吗?》,1921)

最让他感到压抑的是新政权的麻木不仁,它与宏伟的时代进程形成了奇异的反差。想必正是从那时起,帕斯捷尔纳克开始潜意识地将革命与布尔什维主义区分开来。在《日瓦戈医生》中,这一切都以直白的文字表达出来:

"他平生只有一次赞赏过这强硬的语言和直率的思想。难道他就因这么一次不慎的赞赏而付出代价,就只能年年听这些不切实际、难以理解、无法实现的狂妄喊叫和要求吗?难道就因一时过分心软便要永远充当奴隶吗?

"他看到一段不知从哪里扯下来的总结报告。他读道:

"'有关饥馑的报告表明了地方组织的极度失职。浪费现象十分突出,投机活动极为猖獗,但地方工会组织的领导和市、边区工厂委员会采取了哪

---

① 尤里·卡尔洛维奇·奥列沙(1899—1960),俄罗斯诗人,剧作家。

② 苏联文学史上两位著名的合作者。伊里夫原名伊里亚·费因齐尔伯格(1897—1937);彼得洛夫原名叶甫盖尼·卡塔耶夫(1903—1942)。他们共同创作了《十二把椅子》(1928)和《金牛犊》(1931)等小说名篇。

些措施?! 如果我们不在尤梁津商业系统仓库和车站以及鱼市区开展大规模搜查,如果我们不采取严厉的恐怖措施直至就地枪决投机分子,就无法把城市从饥馑中拯救出来。'"①

(一个少有的现象——帕斯捷尔纳克展示了他的戏仿技巧;他原本就是一位文体高手,多年来的翻译没有白费功夫。革命初年充斥着大轰大嗡的呼吁与揭批,这种地方选区的饶勒斯②式的风格被他模仿得惟妙惟肖。强硬的修辞性问句格外生动:"地方工会组织的领导和市、边区工厂委员会采取了哪些措施?!"摆脱饥馑状态与就地枪决之间的直接关联也是恰到好处。)

帕斯捷尔纳克可以勉强说服自己接受此类观点:布尔什维克受到群众的支持,芸芸大众想要的正是官僚作风、重重律令、就地枪决;他却难以迫使自己爱上这种生活。正如每逢精神转折时期,他在这几年中经常生病:1918年12月,他得了重感冒(组诗《疾病》),漫长而抑郁的康复期,然后是疥疮……在当时的莫斯科,人一旦生病很难康复,因为缺乏脂肪、蛋白质和糖,小小的擦伤也需要调养数周。彼得格勒的日子要好过一些——成立了艺术之家,可以聚集在高尔基的《世界文学》编辑部高谈阔论,生活虽然穷困,却不失优雅。在莫斯科,文化方面的状况则糟糕得多。出版社不复存在。诗歌唯一的传播方式是手抄,诗人们相互交换手写的诗集(赫列勃尼科夫的理想实现了:他曾把这类集子称作"自书写")。

自1919年起,莫斯科开始陆续举办一些诗歌晚会。帕斯捷尔纳克当时并不喜欢站在舞台上朗诵作品。朗诵很快使他名声鹊起,但公众的意见有害无益。他的诗作——只要读上两三遍,其实很容易理解——俨然成为"幽深"和"玄妙"的代名词,人们因此夸赞他,他本人却十分恼火。晚些时候,在柏林,瓦季姆·安德烈耶夫——列昂尼德③的儿子,侨民——对他也这么说:喜欢您的玄奥莫测。帕斯捷尔纳克回答,恰恰相反,清晰明了才是他唯一的追求。这似乎有些怪异,近于强词夺理。但事实上他确实一贯主

① 引自《日瓦戈医生》第十三章第3节。

② 让·饶勒斯(1859—1914),法国社会党领袖之一。主张通过改良、渐进、赎买的方式走向社会主义,反对无产阶级的暴力革命,认为议会是改造社会的工具。

③ 即俄国著名表现主义作家列昂尼德·尼古拉耶维奇·安德烈耶夫(1871—1919)。

张，诗歌应当直抒胸臆，而不应故弄玄虚，混淆视听；所以，公开朗诵时不可避免的晦涩（单凭听觉，强烈、饱满的诗作的确不易被理解）困扰着他。“台球场上的名气，您为何不以为然？”——在1919年的《莎士比亚》一诗（后被《主题与变奏》收录）中，莎士比亚的十四行诗向莎士比亚本人发出尖刻的问询。从一开始帕斯捷尔纳克就知道舞台（台球场的、小酒馆的）成就的代价，并且不为所动。然而，“瀑布般的”“号角似的”朗诵风格、激情澎湃的嗓音、诗歌能量的汇集、闪烁的眼神、歉疚的笑意，所有这一切改变了他对朗诵的反感，并使他成为二三十年代年轻读者的宠儿；大约在此之前，勃留索夫发表过一番言论，称帕斯捷尔纳克赢得了自普希金时代以来未曾有过的荣耀。他的作品被争相抄录，手抄本四处流传。当时，《生活，我的姐妹》尚未付梓——为保持主题完整，他拒绝将诗集拆分成若干部分陆续发表，坚持与勃洛克的“诗卷”、别雷的《灰烬》和索洛古勃的《火热圆周》风格一致。但诗集中的一些作品还是迅速传遍俄国，二十年代，勃留索夫以充足的理由指出，无论才华还是名望，帕斯捷尔纳克都与马雅可夫斯基旗鼓相当。他甚至认为帕斯捷尔纳克还略高一筹：“与马雅可夫斯基相比，对他的模仿更充分，因为都想抓住他的诗歌的本质。”将这一复杂的称誉翻译成通俗的语言，我们发现，模仿马雅可夫斯基更容易——只要形似就足够了；而若想模仿帕斯捷尔纳克，首先应当具有相似的世界观，表面的复制远远不够，那样只会产生滑稽可笑、不伦不类的效果。帕斯捷尔纳克的创新更为复杂，更为深刻——勃留索夫看到了他深厚的哲学素养：模仿他，意味着理解他，而这种能力并非人人都具备。

帕斯捷尔纳克试图在《若干原则》一文中对其世界观加以清晰的表述。1926年，他将文章作为创作信条寄给茨维塔耶娃。标注的写作时间分别为1918年和1922年（定稿于《现代人》丛刊1922年发表此文前夕）。他写信对茨维塔耶娃说，《若干原则》背后是一座大山，还补充道，这与其说是箴言的荟萃（箴言本质上即是与众不同的见解，而非老生常谈），不如说“或许，甚至还是一些思想”。

“某些现代派人士想象艺术如喷泉，其实它如同海绵。

“他们断言，艺术应当喷涌而出，其实它应当不断吸收并达到饱和。

“他们认为，它能够被分解为体现形象性的工具，其实它却是各种感觉器官的组合。

“它应当存在于观众内心，比一切事物显得更纯粹、更敏感、更忠实，而如今它也懂得了涂脂抹粉和乔装打扮，开始在舞台上出头露脸(……)。

“书是热气腾腾的良心的立方体——除此之外什么都不是。

“不善于发现并道出真理——是一种缺陷，虚假的言说再高明，都于事无补。”

艺术并不创造什么，但它能模仿和滋长；这是真正基督教意蕴的艺术观，曼德尔施塔姆的报告《斯克里亚宾与基督教》所提出的正是这一观念。报告中将艺术诠释为“对于基督的自由而快乐的模仿”。就此而言，他与帕斯捷尔纳克是一致的——正如几乎所有的艺术大师，而“放任”一词在他们看来，则不啻于辱骂。艺术不会恣意妄为，它只是将既有事物区分开来，让不可听闻却已然存在的事物变得清晰可闻。

在《若干原则》中，帕斯捷尔纳克依照革命初年饥饿的莫斯科的修辞风格，形象地描述了纯粹的诗歌本质：

“它惶恐不安，犹如数十架风磨在光裸的大地边缘，在黑色的饥饿之年，不祥地转动着。”

这不仅是“黑色的饥饿之年”的写照。顺便说一句，他甚至曾经梦到过马堡成了一座围城——1912 年的欧洲晴朗无云，被困的马堡有吃有喝，市容整洁。诗歌如若波澜不惊便不成其为诗歌，因为它永远昭示着最高的现实，就像风磨昭示着风。

> 它们得到风，如同星星得到光。
> 光融入空气，并无新意。
> 新鲜的是，风车像离岸的船，
> 凭借气流才得以生存。
> …………
> 直到母鸡发狂，刨花飞扬，
> 烟似弯弓，尘埃如柱，
> 铜币般的雨点溅起水波，
> 通体蔚蓝的夜晚悄然浮现，

金莲花丝带断落，
大风吹得行人裤腿鼓胀，
奔跑中看杨树眯起眼睛，
用雪白的飞絮迷住天空——

这时，一座座风磨才露出身影，
思绪的转动有如磨盘，
巨大的形体像天才们的思想，
权利与形体却不成比例。

这首校改并定稿于1928年的《风磨》，早就被《跨越障碍》收录，初稿完成于1915年，当时作者正在娜佳·西尼亚科娃的美地庄园做客。此前，还不曾有人将诗人比作风磨，把风磨比作星星（更准确地说是月亮，因为月亮需要"借助光亮"，而星星则自己发光）。

说起"现代畸形"——帕斯捷尔纳克曾打算以此命名他的《第五元素》中的一章——不可忽视的一点是，他所指涉的还有政治上的恣意妄为：无论诗人，还是当政者，都不应凭借自己的主观想象对事物发展妄下断言，而应遵循历史的逻辑。破坏逻辑会很危险，势必遭到应有的惩罚。诗人也好，理想的统治者也好，均非改革者，而是大自然及其声音的模仿者；破坏万物的自然法则，即便出于对未来最美好的愿景，终究是一种对于艺术与政治之本质的践踏。

这也正是他更喜欢待在卡西莫夫，而不愿待在莫斯科的原因。

1918年，他不得不搬回到父母家，否则一家人会被安排"住得更挤"；为避免红军和各类工作人员住进家里，帕斯捷尔纳克父母邀请了友善的乌斯季诺夫及其家人跟他们同住，同时也向奥丽嘉·弗莱登伯格和她的母亲发出邀请，但她们谢绝了这份好意。1921年，帕斯捷尔纳克一家作为社会无益人员及阶级异己分子，被勒令迁出沃尔洪卡，幸亏在当时还几乎手眼通天的卢那察尔斯基庇护下，才躲过了一劫。很快，从格拉纳特胡同的朋友玛丽娅·普利茨及其女儿那里，鲍里斯为自己重新租了一个单间。

1920年8月，奥丽嘉·弗莱登伯格的父亲在彼得格勒去世了。奥丽嘉得了重病，怀疑是肺结核，只好通过研读基督教伪经来化解绝望。她无处发表作品，与母亲相依为命，生活穷困不堪。帕斯捷尔纳克一家爱莫能助，他们自己也是上顿不接下顿；鲍里斯屡次向教育人民委员部提出申请，要求增加口粮定量，却没有得到任何答复。苏维埃第七次代表大会期间（1919），列昂尼德·帕斯捷尔纳克被邀请到克里姆林宫，为领袖们绘制画像，但直到1921年，他的薪酬之事都无人理会，只有列宁的特殊指令才管用。这些当即送入特列季亚科夫画廊的作品，后来几乎全都被销毁——列昂尼德·奥西波维奇画过的那些革命活动家，有许多都遭到了镇压。

1921年之前，一家人依靠卖书、卡尔津基诺地块上的收成和朋友们偶尔寄来的食品维持生计，鲍里斯有时也在咖啡馆或综合技术学院朗诵，用以补贴家用。二十年代，出版活动开始复苏，国家出版社（Госиздат）从帕斯捷尔纳克手中买下《生活，我的姐妹》手稿：支付了微不足道的几个铜子儿，书却没有出版。1921年，他又把《主题与变奏》手稿，其中包括1917年到1921年间的诗作，卖给了这家出版社，结果又是一无所获。

6

国家出版社把《生活，我的姐妹》转卖给季诺维·格尔热宾，后者于1921年创办了一家私人出版社。诗集当年出版，立即引起强烈反响。《主题与变奏》被帕斯捷尔纳克卖给了柏林的“赫利孔”出版社，前提是图书销售权由作者保留。1923年，诗集正式出版。

帕斯捷尔纳克认为，《主题》比《姐妹》逊色得多。这大概是他对自己过于苛刻的缘故。事实上，就整体来看，这部诗集要更为出色：它的清晰、热烈和纯熟技巧（帕斯捷尔纳克本人却不看好这一点，“技巧”一词他也不喜欢）格外突出。茨维塔耶娃准确地指明了两者之间的差别：“那一部诗集——有如一场大雨，这一部——恰似烈焰烧灼：我为之伤恸，但我不想鼓吹什么……。”的确，《主题》没有《姐妹》那种雨的清新和创作初期让人头晕目眩的幸福感；在《姐妹》中，甚至炽热的草原也散发着原生态的气息，而《主题》中的一切则燃烧殆尽，灰飞烟灭，剩下的只是干枯一片；诗在《姐妹》中流淌，在《主题》中飞迸。如果说《姐妹》具有首尾贯通的情节（就像1917年4月到10月这一俄国革命的“换季期”本身），那么《主题》的情节则是分散而细碎的，正如1918年至1920年间在寒冷与混乱中失去意义的俄国历史。从一开始，《主题》就注定不可能被构筑成一个整体，因而帕斯捷尔纳克选择了更理想的方案，尽力为这部诗集打造枝叶，而不是主干。

叶甫盖尼·帕斯捷尔纳克准确无误地指出，如果说《姐妹》自始至终贯穿着莱蒙托夫诗歌的精神气质，永恒的清纯之气，与上帝齐平的愿望，那么《主题》的主导者则是成熟的、史诗般不朽的普希金。这是因为，从1918年到1921年，帕斯捷尔纳克一直关注着普希金当年的命题，人与社会、诗歌与权力，以及个体与国家，成为他思考的焦点。

普希金塑造了一个承上启下的形象——石客，他同时也是青铜骑士①，是《施密特中尉》中所说的"国家的偶像"：一个疯狂的年轻人跟一座雕像开了个玩笑，却招致可怕的后果。罗曼·雅各布逊对此有过详尽论述。在《主题与变奏》乃至整部诗集的核心含义当中，普希金遇到雕像，遇到它的世纪之谜；但对他来说，这既不是敌人，也不是对手，而是前辈。诗人与权力的这种关系，正是帕斯捷尔纳克一个最重要的解答：斯芬克斯石像面前的普希金，是一种与石像本质相同、天性一致的力量，彼此之间不分高下。"明亮如昼。白浪映照着它们，/目光无法从这个点上移开。"②他确实没有把目光移开——在整个二三十年代，诗人同政权之间的矛盾及相互平衡，一直是帕斯捷尔纳克所关注的主要命题，当时他相信，政权值得严肃看待。

重要的是，这部集子里的斯芬克斯，从一开始就是自然的一部分；这也就意味着，彼此相逢的，正是诗人与自然、普希金与大海、普希金与荒漠、"危岩绝壁与普希金"。

两个神相互道别，相约明天，
两片海分别改换了容颜：

汇聚着诗之自由元素的
自然力的自然界。
两个世界的两天，两种景观。

---

① 普希金于1830年和1833年分别创作了诗剧《石客》和叙事长诗《青铜骑士》。

② 引自帕斯捷尔纳克《主题》(1921)。

两个舞台上的两出古老剧目。①

我们已经说过，从最早期的诗作开始，帕斯捷尔纳克的历史与自然就处在对立中；但即便是对立，彼此之间仍相互关联——诗人与自然界，诗人与人民，诗人与国家，总是密不可分。《仿变奏曲》中并非偶然地鸣响着《青铜骑士》的旋律——只不过主人公被替换，取代彼得的是普希金，他站立在“浪花汹涌的荒凉海岸上”，那些决定着未来的伟大沉思，全都来自他，而非来自彼得。

他响亮地道出“明天”，
就像别人把“昨天”挂在嘴上。②

非但如此，在这种对立中，诗人无疑比自然界更为强大：

他的浪漫长篇
从黑暗中升起，那黑暗
并非气候所能造就，也非
一切热情所能驱除，
它不会被四面来风吹散，
五月之晨和难耐的苦痛
也永远无法使它消融。③

创造“先知”的夜晚——正如第三变奏曲中所描绘——是如此躁动不安，这是因为一位天才凝神于此夜；诗歌的诞生成为一系列自然现象中的一种：“群星疾驰。海水冲刷岬角。/盐不再苦咸。泪水变干。/卧室幽暗。思绪飞旋，/斯芬克斯倾听着撒哈拉……/烛光游移不定。枯萎了‘先知’的草稿，恒河水上日光黯淡。”④

在紧随《主题与变奏》之后的组诗《疾病》中，有许多1918年的征象，病痛、呓语之类随处可见，但同时也暗示着对于生活的顺应，暗示着1918年的绝望似乎开始消退：

---

① 引自帕斯捷尔纳克《变奏曲原创》(1918)。

②③ 同上。

④ 引自帕斯捷尔纳克《仿变奏曲》之三(1918)。

那旧的一年，时常在窗边
朝我低语："跳出来吧。"
这新的，则用狄更斯的圣诞童话
驱散了一切。

它悄声对我说："打起精神，忘掉吧！"
它在温度计中同太阳角斗，
旧年月把士的宁①全部奉送，
自个儿却落入氰化物药瓶。
…………
终于，它摆脱了对雪的义务，
从外面闯进来，落下一线光影。
它粗暴无礼，浑身燥热，
吵嚷着讨水喝，一副急迫模样。

它难以自禁。随身带来了
街上的喧闹，再就无事可做：
本来，人世间就没有
冰雪无法治愈的忧伤。②

1919年，但凡尚有行走之力的莫斯科人，都必须无条件地承担"对雪的义务"：他们被赶出家门去清扫街道上的积雪。各住宅区都列出人员清单，指派了负责人，制定了值日表。在死气沉沉、混沌无序的现实境况下，扫雪活动热火朝天，给人们带来了慰藉：无论政权如何更迭，冰雪和太阳这些寻常的事物都依然如故。甚至帕斯捷尔纳克也在履行"对雪的义务"中学会了医治伤恸——在暴风雪毁坏铁路线的日子里，他喜爱的主人公尤里·日瓦戈，将参加乌拉尔沿路的除雪活动。这是一项鲜活的非臆想的事业，它与原生的现实紧密相联——摆脱压抑的途径就在于此。

---

① 又名番木鳖碱，是由马钱子中提取的一种生物碱，用于轻瘫或弱视的治疗，有一定毒性。
② 引自帕斯捷尔纳克《1919年1月》(1919)。

于是，在1919年的诗作中，帕斯捷尔纳克独有的对生活的热望又重新燃起，尽管并不多见：

黎明摇曳着烛光，
照亮并瞄准雨燕。
我在飞舞中宣告：
生活也将如此新鲜！①

在这些诗行中，甚至密集的 ж-ж-ж——же жизнь свежа（"生活如此新鲜"）听上去也并不刺耳，因为这种滞涩感是有意而为之，从而更显热烈与新鲜。

但无论这首诗，还是像《冬天的早晨》或《春天》这些分别包含五首诗歌的小型组诗，它们所表达的绝不是帕斯捷尔纳克此时赖以存在的思想情感。当然，其中不乏真正的佳作，譬如《鸟儿啁啾，情深意切》（1922）：

火花不及飞溅，冒出来就熄灭了。
这是被挥霍的一天；新学校上空
云朵漂浮，女人刀剑各在腰，
蠹虫因之幸福。

诗中带着揶揄的双重语义可谓精妙，再加上和婉的玩笑——带刀的女人，真是可怕的力量……春日里磨砺这些刀具，刀锋炫目，转轮刺耳，那又是怎样的幸福……不管怎么说，刀都是一个绝非偶然的细节。此外，还有一些更庄重的诗，从一开始便成为名作：

春天，我从街边来，那里白杨惊诧，
远方惶然，屋舍害怕垮塌，
那里空气湛蓝，蓝得像
出院病人收敛衣物的包袱。

那里夜晚空无，像一个中断的故事，
没有下文，星星也置之不理，

① 引自帕斯捷尔纳克《生活也将如此新鲜》（1919）。

上千双爱热闹的眼睛空洞失神，
看不透藏在其中的奥秘。

（《春天》之一，1918）

这首1918年的诗作，据叶甫盖尼·帕斯捷尔纳克推断，应是得知叶莲娜·维诺格拉德出嫁之后写下的。白茫茫空虚一片加上意外的自由，营造出一种惶恐之感，它通常出现于春天，与恋人出嫁之类的重大缘由无关。不过，这种空虚在《主题与变奏》其他诗作中也有所体现。有什么终结了，新的尚未开始——不难发现诗集中这种有待填补的空白，因为没有一个明确提出的主题得到解答。无论人与国家，还是“碌碌人生之荒谬”——这些本该展开的主题，只是初现端倪，略有发挥，就变形走样了。帕斯捷尔纳克对它们的真正解析是在《崇高的疾病》中。《主题与变奏》的命名非常贴切，这仍是1917年主题的变奏，尽管组诗《仿变奏曲》已然郑重宣告了眼界的新高度。

第十一章　1921—1923：叶甫盖尼娅·卢里耶

1

每十年的最初一年，对帕斯捷尔纳克都喻示着事业、风格与人际交往的急剧转变。没有新的爱情，就不可能走出危机。这一次，他的获救在很大程度上要归因于同叶甫盖尼娅·弗拉基米洛夫娜·卢里耶的相识并成婚。她是他的第一任妻子，两人之间的聚散离合，尽管始终错综复杂，帕斯捷尔纳克甚至曾于1931年离家出走，仍不失为一段相爱与和谐的经历。

像帕斯捷尔纳克的所有恋人一样，关于叶甫盖尼娅·卢里耶，各种记述形形色色。围绕着他们两人之间的关系，有两种基本的说法。按照第一种，叶甫盖尼娅·弗拉基米洛夫娜是一个软弱的女人，缺乏适应生活的能力，却生来任性专横，总是高估自己的艺术才能，而轻视帕斯捷尔纳克的天赋。她非但无法给这位大诗人带来正常的生活，反倒以嫉妒心折磨他，后来，对于他与济娜伊达·尼古拉耶夫娜的结合（至此，他才获得了心灵的慰藉），她依然久久不能释怀。

“总的来说，热尼娅的性情中缺乏温柔、和蔼与宽容。我那时候甚至有一种印象，觉得热尼娅非常担心成为鲍·列①的附庸，担心失去其精神独立性和自主性。她的内心总是对鲍·列有某种抵触。这种内在的斗争始终在延续，我相信，正是它导致了分手。在日常生活中，热尼娅一直需要鲍·列的帮助。”伊丽莎白·切尔尼亚克写道。她比其他回忆录作者们更直接地道破了大家所暗示的事实：斗争周而复始。热尼娅·卢里耶压根儿不想成为热尼娅·帕斯捷尔纳克，或者说，起码不曾向丈夫表露过自己的心思。他曾在写给她的信中一边提到诗集获得好评，一边自嘲地说，儿子得到消息会更高兴，因为暂时他还不会同父亲竞争。

在1926年8月12日的一封信中，他自己也说，她那“复仇者、严酷的惩戒者和铁石心肠的女士”形象，与利奥波德·萨克-马萨克②颇为神似。在旁人看来，这一切可能确实如此——要不是帕斯捷尔纳克爱这个女人，要不是她的书信充满无可挑剔的崇高精神，要不是她生养了一个完美的儿子。

按照第二种观点，只有弗拉基米洛夫娜·卢里耶跟帕斯捷尔纳克才是“天生的一对儿”。这种观点可信但不可尽信，因为对帕斯捷尔纳克来说，与第一任妻子共同生活的最后几月正值严重的危机时期，日常现实超出了常态，致使他困顿不堪，对自我及亲人心生厌倦，而回荡在《斯佩克托尔斯基》结尾和二十年代末期抒情诗中的绝望旋律，也并非仅仅源于时代终结之感，家庭生活的寂寞日积月累，同样使他怅然若失。帕斯捷尔纳克需要被崇拜，可叶甫盖尼娅·弗拉基米洛夫娜却不会单独对任何人青眼相加，虽说与身为诗人的丈夫相比，她自己远非出色的艺术家。为了创作，两人都需要一定的生活条件和他人的激赏：帕斯捷尔纳克一向容易动情，她却格外苛责于他。她在物质与精神上完全依赖他，但对他性格中的某些特点和他的才

---

① 帕斯捷尔纳克的名字与父称鲍里斯·列昂尼德维奇的缩写。

② 利奥波德·萨克-马萨克（1836—1895），奥地利浪漫主义作家，作品具有明显的受虐癖倾向。“性受虐狂”（masochiste）一词即是由其名字而来。小说《穿裘皮大衣的维纳斯》（Venus in Furs）是他的代表作。

华却又过于严苛——这种矛盾终于让他忍无可忍。直到后来,他才明白,她其实爱他的诗歌,也爱他本人;她只是在书信中,在沉重和冗长的交谈中才对他不耐烦。她如痴如醉地向别人朗诵他的诗,说起他来也是满怀炽热的爱。

她于 1898 年 12 月 16 日(旧历 18 日)出生在莫吉寥沃,比他小八岁。据她回忆,她的父亲开了一家不大的、入不敷出的文具店。她有两个姐妹——安娜和基塔,一个兄弟——谢苗。1916 年,她毕业于一所私立中学,第二年通过了国家考试,获得了中学毕业文凭和一枚金质奖章,随后和表妹索菲娅·卢里耶一起去了莫斯科。在这里,她考取了位于处女地(Девичье Поле)①的高等女子学校数学系,同时还学习绘画;很快,由于饥饿和疲劳,她身体出现了贫血和肺结核的症状,只好返回莫吉寥沃。母亲把她带到克里米亚疗养。在当地,她与表妹索尼娅·梅丽曼一道度过了 1918 年夏天和秋天。1919 年,他们举家搬迁到彼得格勒;姐夫阿布拉姆·明茨为热尼娅在斯莫尔尼宫找了一份做信使的差事,这可以保证她得到定量的口粮,她却参加了一个绘画班,绘画对她的吸引力远远大于拿着公文袋满城奔走。她辞去了工作,失去了口粮。明茨朝她一通吵嚷,她受了委屈,几乎走投无路,最后还是去了莫斯科。她考取了莫斯科绘画雕塑建筑学校(今之高等艺术—技术学校),同时在施泰恩伯格工作室和冈察洛夫工作室学习。

除了后来教科书中所写的历史事实,还存在着两个时代的 Zeitgeist②,一切均由此展开。1920 和 1921 这两年,莫斯科和彼得格勒在饥馑、伤寒及经济崩溃中饱受摧折。但天空散发着迷人的自由气息,未来也看似宏伟壮丽,关键是,它似乎与每个人休戚相关,在这种状况下,所有困难应该都能挺过去。热尼娅以低廉的价格在圣诞林荫道租了一间住房(在 1920 年荒凉的莫斯科,住房很便宜),“教人学习绘画,在公文上打格子,忍饥挨饿。”(叶甫盖尼·帕斯捷尔纳克语)与此同时,她还有余力去学习芭蕾舞。二十年代,各类舞台运动及舞蹈学校遍地开花,人们试图以此拓展思维,消解身心之

---

① 莫斯科城内从新圣女修道院到花园环形路之间的街区。

② 德语:时代精神。

困;当时的舞蹈流派由阿列克谢耶娃和邓肯①等人引领,梅耶荷德②的“生物力学”也很有影响。除了舞蹈之外,叶甫盖尼娅·卢里耶还学习了韵律操。1921 年,留在克里米亚的索尼娅·梅丽曼(后来从那里去了国外)请求本地熟人米哈伊尔·施蒂赫在彼得格勒或莫斯科寻找自己的表姐。在莫斯科,他按照一个公告栏上的地址找到了她。米沙对她一见倾心,她却以温柔遏止了他的热情。她的性格确实有种柔中带刚的特点(她对儿子说过,童年时她曾用她浓密的大辫子跟一帮男孩儿打架。在她后来的人际交往中,类似这样的柔和与刁蛮也同时并存)。她没有改变自己的决定,她最看重的莫过于独立性。如果目睹她在日常生活中的无助和接人待物时的谦和,许多人一定会被错觉蒙蔽。一位回忆录作者写道,她经常面带笑容,但不是因为别人的俏皮,而是因为自己的心思;她的全部风采就在于这种笑盈盈的独立性。帕斯捷尔纳克称之为“小女人的两面性”。

米哈伊尔·施蒂赫带她去见自己的兄弟舒拉,就在亚历山大·施蒂赫的生日聚会上,她结识了未来的丈夫,尽管两兄弟早就说起过帕斯捷尔纳克的诗。当初的情景同八年后他与济娜伊达相识惊人地相似。大家请帕斯捷尔纳克朗诵,但热尼娅的注意力恰巧被聊天吸引,当他问及对诗的感受,她坦率地答曰没听到。帕斯捷尔纳克对她的直言很赞赏:“这就对了,此种胡言乱语不值一听!”帕斯捷尔纳克,我们还记得,当时租住在格奥尔基和格拉纳特胡同的一个单间,房主是玛丽娅·普利茨,他父亲一位朋友的遗孀(十年以后,她将再次出现在他的生活中,详情我们会依照时间顺序来讲述。那是一个面目全非、孤苦无助的老妇,衰败时代的活生生的象征)。1921 年夏天,热尼娅经常去帕斯捷尔纳克的住处找他。当年 8 月,勃洛克的死讯传来,鲍里斯和热尼娅都深感悲痛,就好像失去的是自己的亲人,虽然直到 5 月,两位大诗人才相识于综合技术学院。

帕斯捷尔纳克的父母很快将去往柏林——妹妹约瑟芬已于 7 月来到德国并考入柏林大学。1921 年 9 月 16 日,列昂尼德和罗扎利娅夫妇离开了俄罗斯,一去不返,尽管出行的缘由是治病。帕斯捷尔纳克回到了沃尔洪

① 伊莎朵拉·邓肯(1877—1927),美国现代舞蹈家,曾与诗人叶赛宁有过短暂婚姻(1922—1924)。

② 弗谢沃洛德·埃米利耶维奇·梅耶荷德(1874—1940),俄罗斯戏剧导演,演员,教育家。

卡，与弟弟舒拉同住在一起。没过多久，他们的住宅便“挤满了房客”，因为需要接纳相识的弗里施曼诺夫一家：萨姆伊尔·萨乌洛维奇、他的妻子路德·本茨奥诺夫娜、女儿斯泰拉和她的丈夫阿勃拉姆（他们占用了帕斯捷尔纳克父母的房间——一间住老人，另一间住年轻人）。这种状况令帕斯捷尔纳克备感压抑。秋天，他把父亲留下的绘画颜料全都送给了热尼娅·卢里耶。她把兜满一围裙的软管拿到自己在圣诞大街的住处。回忆起当年，她说：“一切我照单全收。”她尤其满意的是，帕斯捷尔纳克居然能够自己动手生茶炊。

关于柳维尔斯的长篇，衍生出曲折动人的后续——这也是他命运中的主题：每逢人生的转折和危机的“节点”，帕斯捷尔纳克便着手创作他的史诗般的大部头作品，自1919年以来的三十年间，莫不如此——就本质而言，这始终是同一部长篇小说，因为早在革命爆发之际，一部反映年轻知识分子诸种遭遇的史诗就已构思成型，只不过主人公起初是热尼娅·柳维尔斯，接着，作者关注的焦点转向柳维尔斯的兄弟谢尔盖（然后是斯佩克托尔斯基），后来热尼娅再次回归（已改姓为伊斯托明娜），再后来出现了日乌利特-日瓦戈。不过，最有意思的是，帕斯捷尔纳克每次塑造他的女主人公，都是以他当时所迷恋的女人为开端，然后遇到另一位，继而走出“十年末尾的危机”；结果，在这位主人公身上，旧爱与新欢的特征兼而有之，各自分量大体相等，这样就形成了某种类似于双面雅努斯①的形象，一面朝向过去，另一面朝向未来。热尼娅·柳维尔斯便由此而来，其原型本是叶莲娜·维诺格拉德，随后转变为热尼娅·卢里耶。而《日瓦戈医生》里的拉拉，则明显集聚着济娜伊达·涅加乌斯的生平和奥丽嘉·伊文斯卡娅的特征，从而造就出一个奇异而又很可信的组合。一方面，拉拉有一双无所不能的巧手，什么活计她都会干，容易适应日常生活，细致而泼辣是她一贯的风格；另一方面，她却永远懵懵懂懂，从来对自己一无所知，凡事都会被她搅成一团，渐渐由此酿成惨剧，不晓得她究竟从何而来，向何处去。上述两种形象的组合恰好蕴蓄着令人信服的俄罗斯之象征——同样是两幅面容，既威严又懦弱，既强大又多灾多难。

---

① 古罗马神话中的保护神，有两副面孔：一副在前，一副在脑后，分别看着过去和未来。

2

1921 年秋天，帕斯捷尔纳克经常去热尼娅的住处，有一次，她的兄弟谢苗遇见了他，随后把热尼娅爱慕者之种种离奇告诉了生活在彼得格勒的家人。她自己也要去彼得①庆祝生日和迎接新年——家人在急切地召唤她，因为听说她那未婚夫的古怪性情而忧心忡忡。12 月 21 日，她出发了，还随身携带着弗里施曼诺夫转给亲戚们的一个包裹（在那个年代，人们就这样用少得可怜的食物相互贴补生活）。送走她之后，帕斯捷尔纳克立即以其惯有的方式写了一封"事后"书信——他们多年通信当中的第一封，后经详细注解，他们的儿子将这些信件编辑出版。

"热尼奇卡，热尼奇卡，热尼奇卡，热尼奇卡！我多想沉浸在这样的感觉中呀：它就像一场独白，意味深长，喃喃低语，静静地流淌，隐秘而真实，你徘徊着，不经意间浏览着胸中这千页的长卷，就像浏览一本书，不用细读，也懒于细读……我会一直这样待下去，不给你写信，要不是因为你可爱的发簪！我在整理、挪动沙发时，它当啷一声——就这么'冷不丁掉出来'……"当他再次与她相见并拥抱她时，她说出了这句轻柔而温存的"冷不丁掉出来"。

他每天都给她写信，言语炽热而狂放，这简直与他早期散文的风格如出一辙，信中甚至谈到爱因斯坦的相对论，谈到世界随着这一原理的创立乃至思维的发展而急剧变化，动荡不居。他已经远离了"我们中某些人被拍了照片——连同手中一个又一个洋娃娃！"的旧日（热尼娅·卢里耶把这张迷人的、手拿洋娃娃的照片作为自己的"替代品"留给了帕斯捷尔纳克；叶莲娜·维诺格拉德也有类似的替代品，照片上的她笑容爽朗，热尼娅则是一副恬然浅笑，她一生都这样含蓄地笑着，但早在童年，她的眼神就已庄重威严）。耐人寻味的是，1921 年急骤的社会变迁尚能激起他的欣喜，到了 1924 年，他却绝望地写信给她："于我而言异样的一切——扭曲、溃败与绝望，不知何以堆积在一处。那些习惯性地偶尔缠绕着我的幻想，为何让人迷惑。

① 俄罗斯民间对彼得格勒及圣彼得堡的旧称，小称。

一个我在那里被上紧螺栓、加工制造、贴上商标、供应市场的世界，其实并不存在。”

热尼娅·卢里耶不喜欢他的狂热。在1924年6月12日的一封信中，这位妻子表示厌倦了他的“绚丽辞藻”，厌倦了他“缺乏意志，把自己整个儿奉献给外人（后来，在托妮娅写给日瓦戈的信中，也发出了这样的责备之声）”；她开始对双方性格差异感到困惑。她欣赏的是四十岁左右时的他——较为持重、理性，有责任感；然而，造化弄人，当他成为她所欣赏之人，缘分却已不再，因为这样的他——需要的是另一个女人。

不过，从1921年冬天到1922年，他们也曾有过一段安逸的时光。热尼娅住在彼得格勒的父母家里，时常写信给他。她终于让父母接受了她即将嫁人的想法。1922年1月14日，帕斯捷尔纳克亲自来到彼得格勒，当即被介绍给热尼娅的家人（未来的岳母表示满意，岳父则相反）。后来，帕斯捷尔纳克对1958年为其塑像的卓娅·玛斯连尼科娃说，结婚实属偶然，因为事到临头，也就听其自然了……当然，他爱热尼娅·卢里耶，并不像爱叶莲娜·维诺格拉德那般痴迷，但他却把热尼娅视为理想的对话者，并从她身上找到了一颗亲近的心。她属于他的同类，懂得回应他的付出，绝大多数回忆录作者称她是所见最高尚的女人之一（只有维利亚姆-维利蒙特觉得她懒懒散散，心不在焉，不像是一个过日子的人）。帕斯捷尔纳克很快便介绍她与奥丽嘉·弗莱登伯格相识，她给后者留下了完美的印象。

他留宿在未婚妻家里，她的家人对此颇为警觉——合法注册的婚姻是必须的，于是，1922年1月22日这天，帕斯捷尔纳克和热尼娅·卢里耶“登记了”，这在当时不是什么难事。登记过程中夹杂着一幕算不上有多开心的喜剧：帕斯捷尔纳克提出让妻子随他的姓氏，她则反过来要他改姓卢里耶。本来，他希望自己的名字能够摆脱父亲的荣耀光环——眼下正是绝好的机会！某些人后来说，热尼娅的提议证明了她对他的诗歌漠不关心：毕竟他已经有了诗人的名气！而事实正相反，她后来的生活，尤其是失去他之后的生活表明，她爱丈夫的诗歌，胜过爱他本人；或许，这才是两人分手的原因之所在。那一幕喜剧的结果是，她改姓为帕斯捷尔纳克，此后一直用的是这个姓氏。

婚戒买不起，帕斯捷尔纳克只好在莫斯科变卖了自己的中学金质奖章，这才买到一对。戒指内缘是帕斯捷尔纳克亲手刻下的两个名字：热尼娅、鲍里亚。二月，他们回到了沃尔洪卡，从此住在一起；自4月起，他的名气也越来越大了。

1922年4月是幸福之月：新婚生活晴朗无云，《姐妹》印行达到千册，组诗《断裂》和《若干原则》一文在《现代人》丛刊上发表，出版界的反响，频繁的演讲。数量终于转化为质量：帕斯捷尔纳克得到了认可。热尼娅对丈夫的成名和他身边的朋友颇有几分醋意——起初，他不以为意，反倒觉得挺开心。

3

1922年，友谊来到帕斯捷尔纳克的生活中，这对一个大诗人来说，似乎是人生某种不可或缺的经历：这样的经历总是带有象征性，也就是说，其中的人物角色是预先设定好的。有那么一种角色，其扮演者是“寂静的友人”，是不为人知的无私崇拜者，诗人却能从众人当中发现他，并报以同等的回应，眷顾他。二十年代，扮演这一角色的是约瑟夫·库宁和叶甫盖尼娅·库宁娜，善良无私的兄妹两人，寻常人家子女，对周围沸腾的生活反应平淡。两人都同时就读于莫斯科大学和勃留索夫的高等文学艺术学院——今天的文学院前身，当时坐落在莫赫瓦街上。与帕斯捷尔纳克的相识是在四月初，正值大学生们的考查课期间。考前，兄妹俩不知何故争吵起来——约瑟夫扭头回家了，妹妹则顺利通过所有科目，然后去上勃留索夫学院的讨论课。到了地方，一个学生社团建议她放弃讨论，去参加帕斯捷尔纳克在出版之家的晚会。

晚会上朗诵的诗出自结集成册，但尚未正式出版的诗集《主题与变奏》；《姐妹》当时才问世不久，各种手抄本流传甚广。在记录帕斯捷尔纳克那些铿然有声的诗歌给自己带来的第一印象时，叶甫盖尼娅·库宁娜也注意到其他听众所留下的文字：“深沉的、鸣响着的、充满着海之喧嚣的嗓音”“呼号与歌吟”“如此动听的语句，如此悦耳，没有丝毫造作的音调”——却不曾提到当时自己的喜悦主要从何而来。不过，从她记述的字里行间，仍可读出关键的意蕴：二十年代有教养的男孩女孩们，终于听到了一位诗人用他们的语言发出声音。在这无比陌生的世界上,出现了某种无可辩驳的亲切友爱、叫人乐于了解的事物。这是属于他们的日常生活,他们的惯用语和口头禅,他们认知世界的青春年少的幸福、喟叹和形形色色的非常之举。少男少女们回应着帕斯捷尔纳克的诗歌,就像回应某种暗号。他们因年轻人永恒的习惯使然,经常把自己臆想的含义带入到他的这些包罗万象的诗作。但他们听到了一个属于同类的人时而幽怨、时而歉疚的喘息声,他跟他们一道保留着孩子般喜乐的本领,寻找那"会唱歌的葡萄干"①的本领;他们面前是一个对周遭环境具有先天敏感的人——周遭的一切也即刻爱上了帕斯捷尔纳克,直至永远。他一生喜爱的同道者与对话者年纪都在十四至十八岁之间:库宁兄妹、维尔蒙特、切尔尼亚克,后来是沃兹涅先斯基和科马·伊万诺夫;一旦这些少年长大成人,彼此间的关系虽说不会中断,也会越来越淡。

当然,热尼娅·库宁娜那时还未能将这一切理出头绪来:她只是被一种新的印象深深吸引,由于哥哥不在身边(极罕见的情况!),她有些难过,担心约瑟夫听不到如此惊人的诗歌。她没有多想,就走上前去,邀请帕斯捷尔纳克到她不久前开始兼职的屠格涅夫阅览厅去朗诵。那里定期举办一些有偿的晚会,所得收益平分——一半归阅览厅,一半归作家。

帕斯捷尔纳克走下舞台,他刚刚面带笑容,含糊地回应了农民诗人彼得·奥列申怒气冲冲的道白。不可能做出什么清晰的回应:奥列申本人知道,他是多么不受欢迎。他带着莫名其妙的鄙薄向帕斯捷尔纳克发难:"您以为自己是大师?哪来的这等大师啊!安德烈·别雷才是公认的!"对于这种愤怒的斥责,帕斯捷尔纳克只是摊开两手,权当耳边风,付之一笑。谢尔盖·勃布罗夫跑上舞台,解释起帕斯捷尔纳克同安年斯基及象征派之间的传承关系,诗人则来到休息室,人们立刻在他身边排起长队,纷纷表示赞誉,传达共同的熟人的问候,拿着书索要签名。热尼娅·库宁娜也走上前来,毫不犹豫地向诗人提出在屠格涅夫阅览厅表演的邀请。帕斯捷尔纳克被她的年轻和干练打动了,马上留下自己的电话:"您打电话吧,我们再商量。"

---

① 参见帕斯捷尔纳克叙事长诗《斯佩克托尔斯基·引言》:"我习惯于从生活的小面包上/抠挖会唱歌的葡萄干。"此处"会唱歌的"(певучий)或可转译为"美味的"。

他们通了电话,帕斯捷尔纳克邀请兄妹俩来到家里。起初,两个人紧张极了,但帕斯捷尔纳克表现得平易近人,亲和力十足,畏惧即刻消失了:"我这儿没收拾,去弟弟房间吧。"同道们跟他在一起,马上会感到轻松自如:重温那些几乎被忘却的语调,无拘无束的交流,内容充实的谈话,主要话题均有指涉,有待于解答……"人们夸赞我,甚至要把我摆放到核心位置,我却有种奇怪的感觉。好像得到一大堆钱,突然间——因为害怕破产而胆战心惊。"

"您怎能这么想!"热尼娅叫嚷道,"再这样,我要跟您吵架啦!"

库宁娜时常回想起往事,她记得帕斯捷尔纳克的表述很复杂,话语中满是隐喻,她觉得,大概因为乐音对于他是首要本质,所以他才始终须要将自己内在的乐音转换成词语,这一点做起来可不容易。谈妥了屠格涅夫阅览厅的晚会一事,帕斯捷尔纳克又亲切地邀请他们常来做客,兄妹俩简直欣喜若狂。1922 年 4 月 13 日,晚会如期举办,屠格涅夫大厅水泄不通,帕斯捷尔纳克的演讲大获成功。原定由库宁娜所就读的文学艺术学院领导勃留索夫作开场白,但他未能到场。许多大学生把父母都带来了,为的是听一听,乐一乐;晚会之后,帕斯捷尔纳克嗔怪地嘟囔道:"你们干吗折磨自己的父母?"

不久后,库宁兄妹成了他的常客,1922 年 8 月,他们惆怅满怀地送他出国,次年夏天,又高高兴兴地迎接他回来。正是在这年秋天,约瑟夫·库宁因参加一个"社会民主青年"小组而被捕并遭流放——当年,掀起了"同孟什维克组织作斗争"的第一股浪潮,约瑟夫如常言所说卷入运动,被揪了出来。母亲悲伤过度,年仅四十六岁就去世了,热尼娅不得不中断学业开始上班(中学毕业后,在母亲的坚持下,她修完了一所牙医学校的学业),1924 年春,流放中的约瑟夫染上了重病。他得的是腹膜炎,随后做了手术,但还需再做一次,在偏远的外省,却无人能够胜任。于是,帕斯捷尔纳克站出来,四处奔走,以使男孩获准回到莫斯科。准备主刀的是著名外科大夫弗拉基米尔·洛扎诺夫。帕斯捷尔纳克通过莱斯纳找到了卡尔·拉狄克①(莱斯纳

---

① 卡尔·拉狄克(1885—1939),生于波兰,国际工人运动活动家。苏俄联共(布)党内反对派代表之一。1923 年加入托洛茨基反对派。1939 年,在"大清洗"运动中被处决。

与拉斯科里尼科夫分手后，转而投向了他），先使约瑟夫得到进入首都的许可，再由一个医学委员会确认其患有严重的精神病；约瑟夫终于获准留在莫斯科，刑罚也被撤销……帕斯捷尔纳克在手术前打来电话，热尼娅·库宁娜将此视为幸福的征兆。至于她对他抱有何等的崇敬，就不必赘述了。

后来，帕斯捷尔纳克又多次保护过青年人：1923 年，他帮助尼古拉·维利亚姆-维尔蒙特摆脱了困境，维尔蒙特也是勃留索夫艺术学院的一员（他的妹妹维尔蒙特·伊琳娜嫁给了诗人的弟弟，建筑师亚历山大·帕斯捷尔纳克），由于“出身”问题，有人打算将他扫地出门。帕斯捷尔纳克只得写信给彼得·科罕①，被马雅可夫斯基以押韵方式叫作“坏种”②的批评家——卡塔耶夫认为，这是不公正的叫法。在保留下来的信中，帕斯捷尔纳克再次展示了对革命风尚的精妙戏仿：“莫非对时代壮阔的变迁我们再也提不起兴致？我们将一再‘犯下错误’，‘堂而皇之地明知故犯’。我有一次来到您的学院，一帮农民学员给我留下了糟糕透顶的印象，正是这帮人一步步排挤着知识分子，为此目的，可谓无所不用其极。我羡慕那些对他们视而不见的人，可他们的双重嘴脸却立刻烙印在我脑海里，但愿我是错误的。”维尔蒙特的岗位被重新恢复。帕斯捷尔纳克有能力以他坦诚之极的书信博得某些身居要津者的好感。

为了让热尼娅·库宁娜能有机会表示感谢，让她默默的、无可慰藉的崇拜之情得到排解，帕斯捷尔纳克决定找她看病：他的牙齿总是有问题。有一天，热尼娅鼓足勇气，向他展示了自己的诗作。帕斯捷尔纳克直截了当地答道：“非常可爱……很高兴看到，有人能够写出符合自己能力的诗来。”

她没有觉得委屈。仔细想想，这的确是一种赞美。

她对他的想念太深了（可能是爱上他了，假如这样的崇拜可以称作爱恋的话），就连做梦都会想到他。她曾梦见过帕斯捷尔纳克那缺少人间烟火的家，梦见自顾自忙活的热尼娅，而帕斯捷尔纳克却在给儿子缝补袜子。

“热尼娅！”库宁娜在梦中说道，“他毕竟是一个伟大的诗人！总有一天你会明白，这么对他不合适，可到时候就晚了！”

---

① 彼得·谢苗诺维奇·科罕（1872—1932），俄罗斯文学批评家，莫斯科大学教授，曾担任该校校长。

② 在俄语中，погань（坏蛋、秽物）一词读作波罕，同 Коган（科罕）这一姓氏谐音，押韵。

到头来，梦应验了，尽管帕斯捷尔纳克还不至于时常给儿子补袜子——他做的更多的是收拾屋子，还有生茶炊。

4

1922年春，那才真是一个春天，一切都很顺利！当局甚至对个人出境也网开一面。帕斯捷尔纳克非常想念父母，想让他们见见妻子。出国申请很快就获得了准许，可见当时苏维埃政权尚未凝固僵化。卢那察尔斯基对他最温和，托洛茨基则表现出强烈的兴趣。托洛茨基的兴趣在情理之中——他的立场软化了，他想知道，在赤诚的老牌革命者同新官僚之间的斗争中，艺术家们究竟团结在谁的周围。帕斯捷尔纳克出发前一周，托洛茨基在其住所召见他，进行了半小时更像是审讯的面谈。

这是帕斯捷尔纳克第一次接触如此级别的党务官员。对于同托洛茨基过从密切的莱斯纳，帕斯捷尔纳克向来不拘礼节，但跟领袖的私人晤谈，此前却未经历过。从一开始，他就选择了无可指摘的“策略”——与领袖交谈时言辞很简短，答话也像平常一样飘忽不定。托洛茨基问他是否打算留在国外，他有些激动但又十分真诚地表示，无法想象自己会离开俄国。托洛茨基倒是安慰了他：要知道革命很快也将蔓延到德国，蔓延到四面八方……接着又问道，您为何对时局没有回应？帕斯捷尔纳克解释道，《生活，我的姐妹》正是最现实的回声，甚至有人撰文——称之为一部革命的诗集，而它的主题却没有任何革命的成分；革命，他说，首要的使命是赋予个体以自由。难道不是吗？托洛茨基点头示意，这与他的观念不谋而合。假如这样的话，帕斯捷尔纳克继续说，那么抒情诗也就是个体自由的最高体现……个性的繁荣……托洛茨基带着赞赏送走了他。

帕斯捷尔纳克和热尼娅选择了更便宜的海路。1922年8月17日，他们从彼得格勒乘船出发了。与他们同乘“加肯”号轮船离开俄国的还有阿尔图尔·卢里耶——阿赫玛托娃的恋人。阿赫玛托娃送走了这艘轮船。很快，帕斯捷尔纳克就写下了《起航》——如果不说是他二十年代最佳之作的话：

盐从天上滴落，絮语间
隐约传来机轮的轰响。
我们起航，向货栈驶去，
悄悄把港湾落在身后。

海面像展开的白桦树皮，
海水闪耀着苍白的粉色，
一浪又一浪，痛苦地奔涌，
连连击溅中别无回响。

毕毕剥剥，虾类骨骼碎裂，
桦皮燃烧，发出萧萧低鸣，
空间愈发辽阔，大海也为
它的增长而战栗。

白桦树皮的大海——精准之极的比喻；任何人，但凡见识过落日中的芬兰湾，都不会忘记那起伏的粉白色波涛，连同阴影投在波涛上的黑色线条。

在写给弟弟的信中，帕斯捷尔纳克把海称作"狂怒地喷发着气体的间歇泉"。他像未来派一样相信，近似的读音能够传达隐秘的词义的相近。① 来到德国的最初时光是幸福的："……想起了艺术、书籍和青春，想起了尘世间意义的存在等等。"这么说来，在俄国的生活——他倒是忘记了。重返欧洲语境，似乎是一个奇迹，历经苏维埃非常岁月重新体尝到的舒适惬意，也是一个奇迹，还有分别一年后与家人的联系。但他却尤其寄望于茨维塔耶娃——他觉得，在欧洲，他们再不会擦肩而过了。

距离出发两月前，也就是在6月，帕斯捷尔纳克从洛克斯那里得到了茨维塔耶娃的诗集《里程碑》(1921)。他不能原谅自己，在茨维塔耶娃侨居国外之前，错过了跟她认真交往的机会：她离去的那天是5月22日，当时诗集已经售罄，而他在信中则解释说，有的书无法经常买到，因为买到的可能性

① 在俄语中，"狂怒地""喷发气体"和"间歇泉"三个词，开头字母都是 r，词中都带有辅音 p，因而连在一起会产生近似的读音。

只有一次。[1] 茨维塔耶娃出国，为的是与丈夫团聚。1922年初，她的丈夫奇迹般出现在了布拉格（他托爱伦堡带来了音讯）。她本来不想去，因为置身于欧洲是不可想象的事情——对于欧洲，她怀有一种先验的敌意，所以故意让女儿阿利娅吃得白胖，以便让这个来自饥饿的莫斯科的孩子显得幸福而茁壮……她乐意留在这可怕的布尔什维克的莫斯科，她知道自己将永远不会如此幸福。1922年，究竟什么样的选择对她来说不是自杀性的呢？难道她会身处三十年代的莫斯科，出入于作家代表大会的厅堂，奔走在创作采风的差旅中吗？问题没有答案，帕斯捷尔纳克本人也不置一词。他只是痛悔没有与她及时相识，在彼此相距"百步之遥"的当年。抵达德国之后，他当即给茨维塔耶娃写了一封热情洋溢的信，她的回复同样热情，也同样迅捷。然而，两人的会面再次落空了：他们未能在柏林相遇。她于6月去了布拉格。10月，马雅可夫斯基来到柏林，在异国他乡，他同帕斯捷尔纳克一起游逛咖啡馆，一起发表演讲，就这样度过了两个星期。

帕斯捷尔纳克在当地见到了许多新近移居国外的同胞，这种氛围他不大喜欢。其中缘由有许多，关键是，置身于欧洲，他有某种"自说自话"的感觉：在俄国，他写信对勃布罗夫说，所有"纹章学的赘疣"已清除殆尽，大家无形中成了兄弟，就贫困程度以及对于未来时日的惶惑而言，彼此无分轩轾；而这里则保留着人与人之间的敬意和等级，保留着看来在俄国已是永远无可追寻的风尚。帕斯捷尔纳克随身带来好几箱书，本打算踏踏实实地多做些事情，结果只是读了狄更斯的作品；妻子画下了他阅读时的肖像（画面上帕斯捷尔纳克目光低垂，神情专注而忧郁）。他没有跟霍达谢维奇联系，后者起先想方设法向他示好，但得知帕斯捷尔纳克同阿谢耶夫的友情（阿谢耶夫曾对霍达谢维奇有过激烈的批评），热劲儿就冷了，交往的念头也打消了。尼娜·别尔别洛娃[2]在《我的着重点》中，为帕斯捷尔纳克塑造了一副高傲的面孔——她对人的评价大多如此：按照她的观点，他害怕窥望自己的内心，对世情懵然无知，患有幼稚病……在她笔下，别雷也是一个缺乏自

---

① 这句话在语法上较复杂，几乎无法用汉语准确传达。前一个"买"（покупать）用的是未完成体，表示行为经常（能够）发生；后一个"买"（купить）则用的是完成体，表示行为一次性发生或完成。

② 尼娜·尼古拉耶夫娜·别尔别洛娃（1901—1993），俄罗斯女作家，著有多部人物评传。

我意识的人；总之，她同霍达谢维奇一样，除了尖酸刻薄，还有着莫名其妙的自信，总觉得别人比自己愚蠢得多。这种傲慢也贯穿于霍达谢维奇的《大墓地》一书中，作者借助含蓄、微妙的暗示和细节，突显自己相较于书中所有人物的高明之处（这也使得他有别于安德烈·别雷。别雷的回忆录里有许多半似真理的东西，而且全都生动鲜活，作者也不一定非比别人更聪明不可）。自年轻时便老于世故的别尔别洛娃，自然会觉得帕斯捷尔纳克是晦暗不明、缺乏自知的；此外，她还认为他不合时宜——“终日沉湎于怀疑，沉湎于压抑的思考。”不过，从帕斯捷尔纳克的一封书信——收信人是离开彼得格勒不久就与帕斯捷尔纳克相识于侨居时期的弗拉基米尔·波兹纳——可以判断，他同霍达谢维奇之间的关系还略有曲折：霍达谢维奇向帕斯捷尔纳克频频示意，夸赞他的诗歌，而他却未有相应的回应，因为霍达谢维奇的古典诗学跟他格格不入。帕斯捷尔纳克在国外期间，几乎没有谁是他的文学同道——也许同样于 1913 年初登文坛的什克洛夫斯基①可以算作一个，他对帕斯捷尔纳克颇有好感；尽管如此，两人之间的共同点也并不太多。

帕斯捷尔纳克当时是否有可能留在柏林？这种选择倒也曾考虑过，但只是种种可能性之一，或许也是最不现实、最为遥远和万不得已的；不过，在柏林时他就确信不疑，“在那种情况下，”他将无处可逃。他写信对勃布罗夫说，在当地人看来，我们像是一群庞然大物。扎伊采夫②对帕斯捷尔纳克态度温和，别雷也一直赞赏他，但这些赞赏只是格外衬托出他在文学上的彻底孤立：没有人理解他，他被善意地冠以“艰深的”，甚至几乎不可理喻的名号。他不喜欢俄罗斯人的柏林的文坛氛围，不喜欢无休止的勾心斗角与论战——这一切在俄罗斯崩溃之后都不像是真的。他比预计提前回国了。

1923 年 2 月 23 日，帕斯捷尔纳克来到马堡，度过了两天时间。这是一次非常伤感的探访。“战前我看到过德国，战后我又看到了它，”他在《安全保护证》中写道，“世上发生的一切以其缩影的形式惊心动魄地呈现在我面前。那时正是鲁尔③占领时期。整个德国处在饥寒交迫之中。它不自欺，也不欺人，不时地伸出一只手（这姿势不是它所惯有的），像是

---

① 维克托·鲍里索维奇·什克洛夫斯基（1893—1984），著名俄苏文艺理论家，批评家。
② 鲍里斯·康斯坦丁诺维奇·扎伊采夫（1881—1972），俄罗斯作家，1922 年起移居国外。
③ 德国的主要工业区，以煤田、钢铁及化学工业著称。

在乞讨，而且触目可及的是残废人的拐杖。使我惊奇的是房东老太太还活着。她们母女俩看到我，惊讶得两手一拍。我走进屋时，她俩正坐在十一年前的老地方，仍在做女红。她们还在出租我住过的那间屋子。她们给我打开了房门。要不是看见从奥凯尔斯豪森到马堡的那条大道，我真的就认不出它来了。大路，跟从前一样，就在窗外。时值严冬。空荡荡冷冰冰的房间给人以不快之感，地平线上兀立着光秃秃的白柏树——这些都极不寻常。那景色一直能勾起人们对三十年战争的遐想，此刻这个地区真的招致了战火的洗礼。离开马堡之前，我到点心铺订购了一个核桃仁大蛋糕送给她们母女俩。

"该谈谈柯亨了。再也见不到柯亨了。柯亨死了。"①

5

帕斯捷尔纳克的妻子怀孕了，经海路回国的计划只好取消——甚至在陆地上，她也时常恶心呕吐。3 月 21 日，帕斯捷尔纳克平生最后一次告别父母，倒数第二次——告别西方。行李物品交由海船托运，帕斯捷尔纳克对于他的书籍所遭受的野蛮处置深感惊颤，直到 11 月，他才收到这些书。他如此怀恋的祖国，用书报检查迎接了他——部分书籍被扣留。检察官说：

"用不着担心，您是名人，所有物品都会归还给您。"

"不是名人那又如何？"帕斯捷尔纳克问道。

回国让他感到喜悦，也感到沮丧：在他身居国外的半年间，制度越来越僵化，也越来越严苛。马雅可夫斯基创办了《列夫》杂志：第一期采用了帕斯捷尔纳克的《1918 年末暴风雪中的克里姆林宫》，帕斯捷尔纳克为第二期提交了一首新的抒情诗，却遭到否决。在这份最左倾、最先锋的刊物上发表爱情题材的作品——是唯独马雅可夫斯基才拥有的特许，他的《关于这个》就刊登在创刊号上。

1923 年 9 月 23 日，帕斯捷尔纳克的第一个儿子出生了。叶甫盖尼娅·弗拉基米洛夫娜是在一家位于克里蒙特胡同的私人诊所分娩的，开诊

① 此段采用了桴鸣先生的译文。

所的是她的亲戚爱别尔林。生产之后，她虚弱不堪（头一天她就擦洗起地板来，因用力过猛受到内伤），所有重担都落到帕斯捷尔纳克身上。他为儿子的出生而欢欣，可他也曾不止一次地亲口承认，尚未准备好做一个父亲；不过，在 1923 年所发生的所有事件当中，头生子的降生对他终究是莫大的喜事。儿子叶甫盖尼酷似父亲，无论面容、嗓音，还是笔迹——到头来成为他的思维缜密的研究者和忠实的朋友。

"我的苦日子到了。我们生了个儿子。/该把孩子气暂时抛开了。/用怀疑的目光审视往昔，/才发现已是白发初现的年纪。"《斯佩克托尔斯基》中如是说。一切都该确定下来了，无论是工作、立场，还是对待现实的态度。

第十二章 1923—1928：《崇高的疾病》动乱时期的写照

1

如果不算未发表的诗作《俄国革命》、一篇关于家燕的草稿①，以及几篇专门为报纸撰写的时评，那么《崇高的疾病》便是帕斯捷尔纳克就所谓社会话题发出的第一个呼声。这部叙事长诗之于帕斯捷尔纳克，有如组诗《抑扬格》和《报应》之于勃洛克——并非最杰出的作品，但缺少这些，他的广度本身就将另当别论。

《崇高的疾病》恰恰定位于这一"抑扬格的"人文传统。有意思的是，列夫派们居然将这部作品视为自己的（共同的！）成果——不是因为抑扬格、华丽的辞藻和仿古风格等等，甚至也不是因为它的开头一句"美院学员手脚麻利"，经由马雅可夫斯基之口，这句话在同行中间广为传颂，有谁利落地捡起掉落的书本，人们就会用它来调侃。或许，《崇高的疾病》也成了与

---

① 即本书第十章引用过的《上帝，你创造了飞快的家燕》（1918）。

渐趋滋长的革命保守主义传统——“为大众所理解”的艺术作斗争的重要武器。站在这类保守立场上的是无产阶级诗人们，是杰米扬·别德内①，是一群御用的诗歌写手，针对这些人，帕斯捷尔纳克在《崇高的疾病》中明确地说：

美好心愿铺成地狱。
停住目光，凝神思量，
倘若诗歌也用心愿铺砌，
一切罪恶必得宽恕。②

他们的诗歌在帕斯捷尔纳克看来，是对一个国家所经历的伟大时刻的亵渎与凌辱之作：

自战争回返的寂静之声，
将这一切刺穿。

（或许，他指的是书写“国家的声音”——这种写法不仅合情合理，而且最合乎尺度，但同时也是清晰陡峻的思想被“抒情之含蓄”所取代的例证。）

《崇高的疾病》试图以一种不迎合当下现实，不以卖乖讨巧而自取其辱乃至辱没时代的方式对现实加以言说——这是一部与任何思想正确性都不相干的作品，它从本质上扩展了许可的界限。当这些界限明显开始固化之际（1924年以及再晚些时候），帕斯捷尔纳克这部长诗的出版成为极其重要的事件，因为它在证明着一个接受革命、放弃移居、与时代平等的无党派知识分子以其特有语言独立表达的权利。

2

“就枯燥与呆板而言，这算是一件成品。”“现在依我看，这件东西不成功”——这是帕斯捷尔纳克的自评。在后期自述中，他压根儿不曾提到这部长诗。我们习惯于把这种自持归结于帕斯捷尔纳克的谦虚，而时常忘记，

① 杰米扬·别德内（1883—1945），苏俄诗人，社会活动家。

② 本章引用的诗段，除个别另作注释之外，均出自《崇高的疾病》（1923，1928）。

他的自我认知究竟达到什么程度。无论对《姐妹》还是《日瓦戈医生》，他都不吝赞誉之辞(因为赞誉的不是自己，而是，照他的说法，“作品被赋予的力量”)。也许，《崇高的疾病》正属于作者意见值得倾听的情形。当然，作者评价的不只是文本如此这般，还有造就文本的迷误、语境和时代——回顾往昔，他认为二十年代甚至比三十年代更糟糕，因为那些年月看上去更具诱惑，更令人想入非非。

据利季娅·金兹堡回忆，尼古拉·吉洪诺夫①曾向她罗列了“推进抒情材料在长距离间运动”的六种手法，她却都忘记了。我们觉得这是一种嘲讽的说法，鉴于金兹堡超常的记忆力，尤其在哲学理论方面；形式主义学派代表人物、教育家德尼亚科娃也一直怀疑吉洪诺夫粗鄙的文艺学。在《列宁格勒真理报》的一次调查采访中，针对抒情诗为何不再发出声音这一问题，帕斯捷尔纳克做出了详尽的回答：“无论具有多少优点，诗歌的感染力都不会超过空气。环境传送的音效便是个性。旧的个性泯灭了，新的尚未形成。没有共鸣，抒情诗难以理喻。”《崇高的疾病》之使命就在于记录这种状况(“特洛伊叙事曲在诞生”——第二版中说道，而第一版却是“叙事曲诞生了”)，如此一来，原有个性的消亡和探寻新的环境，就成为长诗的主题。体裁也由此而来——抒情叙事兼而有之，如同一场宏伟的试验，力图遏止那种缺乏情节的宏大诗篇。

假以时日方能理解：先前这种个性化的“音效的环境”是不朽的，而几乎将其取而代之的现实，已然濒于瓦解。直至三十年代末，帕斯捷尔纳克才意识到这一点，此前他努力尝试着由抒情轨道转向叙事轨道，也就是说，下意识地要将自己逼向他所认为的“二手体裁”。有一些篇章，保留着时代的魅力，但并非所有时代都富有魅力。《崇高的疾病》折射出二十年代初期的反光，由此正好可以清楚地看到，这是一个多么动荡，甚至污浊的时代。《崇高的疾病》，无论它究竟写的是什么，本身就是一种疾病——“拜倒在时代脚下，俯首听命”的热望之征兆与结果。这里有许多被破解的谜团——一经破解，随即又进入到与那待解之谜的奇异矛盾中。

---

① 尼古拉·谢苗诺维奇·吉洪诺夫(1896—1979)，苏俄现代诗人。

3

《崇高的疾病》有1923年和1928年两个版本;第一版发表在1924年1月的《列夫》杂志上。《新世界》1928年第九期刊登了题为《两处增补》的诗段——长诗片段,从"虽然飞廉竭力用云霞……"开始,到"在后面,在传奇的余晖中……"这段结束,此外新版结尾还脱离正题,插入了许多有关列宁的内容。有几个诗节删除了——部分出于意识形态方面的考虑,部分因为1927年至1928年间帕斯捷尔纳克正在对大量早期诗作进行修改:过于绚烂的印象主义、激情的体验和朦胧晦涩,一概被无情地剔除。整部长诗明确分为两个部分:第一部分以博大的情感描绘革命前与革命早期的俄国,画面流畅,主观性强,但又如帕斯捷尔纳克一贯的风格,点睛之笔俯拾皆是。第二部分围绕1921年12月23日至28日在大剧院召开的苏维埃九大而展开。帕斯捷尔纳克得到一张嘉宾证,可以列席其中一场会议——在会上,平生第一次见到列宁并听到了他的声音。写下这部长诗的动因就在于代表大会与剧院之间的反差:

我们身临其境,剧场中
恐怖向池座唱着同一首歌,
那是一位男高音照剧谱
演唱过的崇高疾病的颂歌。

耐人寻味的是,剧院与恐怖①之间的关联在帕斯捷尔纳克脑海中萦绕,最终下意识地冒了出来。1937年,当他被要求在一份同意枪决一批人犯的公文上签字时,他勃然大怒:"这可不是给您那免费的戏剧入场券签字!"

在这里,隐喻之所以一如既往地晦涩并大量堆叠,不仅是为了塑造二月与十月的疯狂现实,也是为避免一向过于粗率和平庸的径直断言;凭良心说,整部《崇高的疾病》是由五六个精彩论断再加十来句咕哝构成的。

长诗的第一版,结构呈环状——起始和收尾都是对1917年2月的回

---

① 在俄语中,剧院(театр)和恐怖(террор)这两个词发音也比较相似。

忆,其中有许多需要专门破译的成分,譬如这些乍看纯属伤寒呓语的诗行:

初春,寒颤掌控着
剧场里厢座的包面。
二月一贫如洗,邋里邋遢,
时常吭哧吭哧咳出血来,
再啐上一口,凑向铁路上
过往的取暖货车悄声耳语。
东拉西扯,忽而道路,忽而枕木,
忽而解冻,忽而随便什么,
忽而又是步行撤离前线,
而你还在沉睡,你在等死,
讲述者却素来不觉痛楚:
衣虱一边用长柄勺
化开困窘,吞吃着
羼杂真理的谎言,
一边竖起耳朵不倦地倾听。

剧场里的厢座,意思一清二楚,说的是短暂的二月欢庆期间无数的会议与集会;克伦斯基,虽然心地虚伪,却是一个超凡的演说家,善于抓住一线机会发表言论。向取暖货车耳语的显然是某个战地宣传员。前线上溃不成军。无人再有耐心听从宣传员说教(一名宣传员被杀死的情节后来写入了《日瓦戈医生》)。第一版中写道:“而你还在沉睡,你看见黑麦”:农民们渴望回到故土,讲述者却不觉痛楚,仍然用谎言编织着真理。至于说竖起耳朵的衣虱——这是帕斯捷尔纳克笔下常见的突兀异象之一:或许它意指惨遭伤寒传染、侧耳倾听的民众,但这样的隐喻,只是在伤寒的谵妄中才会出现的幻觉。

接着是词的激流,二十行诗句汇成一整段,按照帕斯捷尔纳克早期风格用两三个韵脚写出。随着词语的奔涌,掌控了城市、取代了人与事物的伤寒渐渐呈现出它的强大形象,那是英雄、大众以及大地本身无不被裹挟于其中的整体谵妄的形象——静静的低声沉吟的呓语。音乐与灰尘是两个主要的象征:出现了跟音乐厅相关的话题,尘封的建筑体(“裹着绒衫”),包围在冰与废墟中。“冰中的音乐”,在长诗中不止一次地被提到——概括性的一笔,看似用词婉转,却潜藏着帕斯捷尔纳克对于沃尔洪卡的故宅一点一滴的回忆:整个冬天,一架大钢琴都锁在一间没有供暖的屋子里。气温下降对这个老物件是致命的。直到春天,这间屋子都无人出入。只有一次,帕斯捷尔纳克兄弟俩进来,想看看大钢琴的情况,只见全家人的宠儿“贝赫施泰因”呆立在冰冻的屋子里,顶盖上还有一杯结冰的茶。很长一段时间,他们都为这一幕伤心不已。

4

灰尘——往昔时光的残迹,生活崩溃的产物。这是不可遏止,又仿佛无缘无故的“自我倾覆”,一切都化作齑粉。那么,音乐还能从何处出现?这时候的勃洛克已经听不到音乐了。

怎么办?随着天空长高
声音在轰响中消失。

《崇高的疾病》——各种声音的记录,物体的挪移,房间里的响动,窸窸窣窣,一齐填充着整个世界,当自然界振动羽翼之际。帕斯捷尔纳克本人则在第二版中把这一声音的杂烩定义为“凶年唳叫”:

虽然二楼天花板一如从前,
将三楼新的罐笼支撑,
又托举起整个楼层,
五六两层的接合地带,
暗示着各种底蕴的交替,
但这世界依然如故,
一切原本皆为假造,
那空洞的凶年唳叫,
在自来水管网间穿行,
吮吸般的声音向上盘旋,

一堆报纸引燃炉火，
将桂叶与中国大豆烧煮，
那臭味甚于这些韵脚，

（我们要说，这可不简单——德·贝）

一俄里开外仍然气息袅袅，
像是嘟囔："我倒要瞧瞧，
今儿个能否把这吃掉？"
臭味爬行，如饥饿的蠕虫，
从二楼一直爬到三楼，
从五楼悄悄溜进六楼。
一边把坚硬与停滞称颂，
一边宣告着违禁的柔软。

二楼天花板之于三楼便是地板；历史的传承——"底蕴的交替"——表面上仍保留着。"一切原本皆为假造。"新旧时代之间不是正常更迭，而是相互错位，关于这一点，曼德尔施塔姆在《世纪》一诗中也曾提到，他始终希望"用长笛的旋律……将狭隘的时日串联……"

一个超乎寻常的现象——帕斯捷尔纳克对同时代人有着魅惑般的影响力，甚至对扎波罗茨基这样跟他相距甚远者也是如此。对革命叙事诗而言，选择四音步抑扬格本身就是一个原则上的创举，只有列夫派们挑衅似的宣称，用抑扬格书写革命几近于叛卖，但帕斯捷尔纳克在1923年已然清楚地意识到，革命结束了，同渐趋成长的国家制度的新风尚最为贴合的是抑扬格，四音步的青铜骑士的抑扬格。后来，扎波罗斯基正是用这种格律写下了《纵线》——成长中的"新现实"的最佳写照，现实的宏伟进程及其卑鄙恶浊的内容在诗中一览无余，每一诗行都具有石质的乐感，现实生活由内向外散发着废弃物的腐败之气；而这一写法的首创者则是帕斯捷尔纳克——用中国大豆填充着他的各种形式的四音步抑扬格。欺骗与整体偷换的感觉——"一切原本皆为假造"——同样伴随着扎波罗茨基，并将他直接推向他的前辈：

……而在那涅瓦河上

不知是丁香，还是一群姑娘——
不是的，丁香——拔高身体，
一袭淡青色的银装，
冰凉——却呼唤着
把吻贴向浅黄色的唇，
不动的金属一样的唇。
但这不过是一场骗局。

（扎波罗茨基：《白夜》，1926）

然而，帕斯捷尔纳克所要强调的是，历史传承的表象是虚假的——那宏伟进程也是如此，但国家却造就出截然不同的另一种事物，在更为公正的基础上。在现实生活中，需要经历若干世代方能理解：底蕴的交替无迹可寻，帕斯捷尔纳克曾经相信这一结论，但直到晚年最后时刻他还认为，革命是新俄罗斯的起点。另一种观点，对旧俄罗斯的评价则苛刻得多——布尔什维主义的胚芽（对生命个体、对法律、对真理的轻慢）在俄国古已有之。但更加难以猜解的是 1923 年以来的情势，问题不在于二三层楼或五六层楼，而在于底层与基础；或许，只有"路标转换派"才明白一切将转向何处，并且从列宁身上，更多地则是从斯大林身上，看出了红色沙皇的苗头。但这些思想毕竟来自侨居生涯，终究是"鞭长莫及"。

革命的观念在《崇高的疾病》中是独一无二的。两版长诗均从一座被围困并最终陷落的城堡写起。城堡失去控制，开始自行坍塌，而俄国革命，在帕斯捷尔纳克看来，也并非按照谁的意图发生，只是因为"城堡的拱顶分崩瓦解"。布尔什维克党人似乎与所发生的一切无关，责任从他们身上卸去了；他们不是混乱的制造者，而是混乱的产物（准确的洞见，在今天尤其具有启示意义）。城堡中的居民"无人相信，他们相信的是火焰燃烧"——他们以"中国大豆为食"（当时普遍食用的一种东西，里面添加桂叶以及任何调料，只为去除令人作呕的味道，"一切原本皆为假造。"这些玩意儿一起放在炉灶上烧煮，由于缺少木柴，报纸被用作燃料——帕斯捷尔纳克照相式的精准可见一斑，而行为本身则是象征性的）。

不过，作者的洞见已然超越了个人观念。他对特洛伊史诗的联想，并非无缘无故。诗中的城堡，当然注定要陷落，正如任何城堡一样，但美院学员们所展现的禀赋却是有目共睹。史诗出自一个最大的伪品——特洛伊木马;如此这般,在一场伟大变革的掩饰下,残酷的暴力与空前的卑鄙横行于世。要知道,坚硬与停滞为人称颂,而"违禁的柔软"的代言者,则是作者曾经把短暂希望托付给他们的那些人,或者说,他曾经有过那样的念头。

5

谁是他们的对立者?谁是那最终湮灭"凶年嗥叫"的音乐?

我们是冰中的音乐。
我诉说着周遭的一切,
我的心愿由此而生:
离开这舞台——这就离开。
这里不该是蒙羞之地。

不夸张地说,这是《崇高的疾病》中被引用最多的诗句;几乎每个读者都会以此来衡量自身。"我们"这一概念,感谢上帝,不是阶级的;接下来,帕斯捷尔纳克处理阶级情感与阶级理论的态度清晰可见:

我生来不是为了以不同方式
三次对视同一双眼睛。
比歌曲更荒谬的是
"敌人"这个愚蠢的词……

也就是说,将抒情主人公界定为革命的敌人,要比仅仅视其为一个歌者更加荒谬;紧接着是准确的自我界定:

我是过客。——崇高的疾病
客行四方。

客人!这一隐秘的自喻后来成为帕斯捷尔纳克诗歌的主题:以客人身份参加"伟大原型的欢宴,瘟疫时期柏拉图的会饮"①,将是他在三十年代前

① 参见帕斯捷尔纳克《夏天》(1930)。

夕的自我感受。这种感受近似于阿赫玛托娃的“那时,我客居在大地上”,但阿赫玛托娃这位个人主义者,只是在特殊情况下才会由自己的圈子转向“我们”(“我们知道,如今被称量的是什么”①),在这里她使用的却是第一人称单数,而帕斯捷尔纳克则以这样一群同路过客的名义说:

我们是拥抱的音乐,
与音乐相伴的是屈辱。

再晚些时候,这种自我感受将会由另一国度、另一生平、声称自己“同世界有过一场爱的争吵”的诗人罗伯特·弗罗斯特②清晰地道出。

在下面这个如今看来颇为神秘的诗节中,更准确地揭示了帕斯捷尔纳克所属的那个阶层:

我们是杯盏的音乐,是一群
逃离者的音乐,逃向黑暗中
喑哑的森林,就着寡淡的秘密,
一副蹩脚做派,品尝茶的滋味。

这里其实并没有任何奥秘——屡次遇到随意解读之后,帕斯捷尔纳克亲自向读者解释:诗中描述的是茶具的出售,当年一项常见的行当,许多人都以此过活。俄罗斯那幽暗的、略带兽性的形象,将知识分子闲适家居生活的象征物替换一空的形象,只是倏忽而过,但这足以告诉人们,怎样的现实包围着《崇高的疾病》的抒情主人公。这位主人公首先是被刺伤与被放逐的,因而不难理解,从布尔什维主义和钢铁意志中,他何以依稀看到乡村的俄国摆脱了“蹩脚做派”:

红旗在戏剧之上招摇,
挨个扮演着所有角色,
时而乡村之友,时而又是仇敌,
时而甘为奴仆,时而将它们背弃。

---

① 参见阿赫玛托娃《勇气》(1942)。

② 罗伯特·弗罗斯特(1874—1963),美国著名现代诗人,作品多以乡村和牧场为背景,具有田园风情。

布尔什维主义的这一双重概念极为精彩——“时而乡村之友，时而又是仇敌”：刚刚获胜之际，它自己就蜕变为压迫者，孱弱的村庄不堪其苦，压迫甚于臭名昭著的沙皇专制。长诗初版耐人寻味地提到高尔基——敌视农村的著名人士，革命初期，他确信有觉悟的无产阶级会像一小撮盐融化在乡村俄国的泥淖中，融化在野蛮、愚昧的俄国。对这样一个直接从火车站铺展开来的俄国（“那儿条条路基散乱如麻”），帕斯捷尔纳克做了大容量的描述，同时设置了密码，以免随便什么人都能理解；经由典型的乡村语汇和民众喜闻乐见的诗歌形式，特征呈现出来：

在那里，“昨儿个晚上”不绝于耳，
克伦票子①被视为荣誉的尺码。
晚些时候，高尔基向那片小白桦
径直投去了凌厉的一瞥。

1928年前夕，高尔基放弃了他反农民的错误观念，于是帕斯捷尔纳克将这四句诗删除，并不再提及此事，尽管“农民大众嘲弄式的双重面孔”他看得一清二楚，正如写给科罕的信中所说。

然而，应当把帕斯捷尔纳克不甚明朗的概括——“我们”——同整个知识分子，尤其是其中欣然接受现状的那一部分区别开来。

在纭纭传奇的辉映下，
白痴、英雄兼知识分子
借助法令与招贴的火焰
盛赞着黑暗势力的荣光，
那力量却骄傲起来，躲在角落
将他辱骂，因为他的功绩，
如果不说是因为
二乘二无法立即得百。

事实上，二乘以二过去不曾，将来也不会得一百，这是一个无法实现的空想，无论看起来多么迷人，俨然近在咫尺。我们只能惊异于帕斯捷尔纳克敏锐

① 克伦斯基临时政府时期发行的20卢布及40卢布纸币。

的洞察力和他独特而执着的探寻——《日瓦戈医生》中有一个描写马儿绕着自己在练马场上快活地打转的片段，而三十年前，同一位作者就写下了：

在纭纭传奇的辉映下，
白痴、英雄兼知识分子
一边书写，一边印制着
属于自己的落日的颂词。

在第二版中，表达变得柔和了，譬如"理想主义者兼知识分子"；然而，帕斯捷尔纳克并没有将自己等同于此类人物。"白痴、英雄兼知识分子"——最有可能说的是"列夫"的圈子，1923年，作者仍与圈中人士保持着表面上的一致（但是，很快就有人以书面方式告知，在这群人中间，他不过是客人而已——当时，"列夫"进行了投票表决，以确定《崇高的疾病》是否为"我们自己的"，是否有必要在小组的刊物上发表。帕斯捷尔纳克本来对长诗就不满意，这下子，他简直懊恼之极）。

在帕斯捷尔纳克看来，革命另有值得珍视的地方，这就是《崇高的疾病》中所说的"荒野之美"：

那里冰封如镜，车站像
一架管风琴，泛出神秘的光泽，
眼睛合不拢，忍受着悲苦，
因修缮与假期，音乐厅空了，
只好与车站论起那荒野之美。

这里表现出帕斯捷尔纳克最喜爱的、使他成为勃洛克直接继承者的主题之一（而《崇高的疾病》则成为《十二个》的莫斯科后续）。"我喜欢毁灭，永远喜欢它，"勃洛克不倦地重复说；目睹了冰雪与崩溃中的彼得格勒走向覆灭，勃洛克一声喟叹——"好"——这是对于生活的诗性感受与悲剧体验的产物。顺带说，马雅可夫斯基时而称作《十月》，时而称作《二十五日》的叙事长诗，最终也定名为《好！》①；不应忘记，在濒临个人疯狂与毁灭之际，

① 马雅可夫斯基的长诗《好！》写于1926年12月到1927年初这一时期。开始题为《十月》，后改为《1917年10月25日》，全诗写完后才改为《好！》。

象征主义者勃洛克提到了被焚毁的图书馆，并且在对此场景的描绘中有意添加了革命的火焰。他对革命的赞颂——是经由死亡的赞颂，是以注定失败者之名所表达的致敬；具有象征意味的是，十年之后，也就是自杀前三年，马雅可夫斯基也道出了他的一声“好”——他意识到自己内心也有一座被焚毁的图书馆。在帕斯捷尔纳克看来，只有在危机与悲剧的时代，关于人类的终极真理才尽显无遗。就此意义而言，帕斯捷尔纳克的自我感受近似于勃洛克；但不同的是，他用以迎接这些转折关头的并非一个失败者伤恸的快乐，而是一个基督徒的喜乐，他内心的隐秘猜想均得到了验证。毁灭之中埋藏着极乐的源头，人人都会成为像所愿望的那样，他们纯洁无瑕，随时准备相互救助，而灾祸只会将那些偶然的、卑劣的和非本质的事物消除殆尽。勃洛克就此道出了自己的“好”，便死去了；帕斯捷尔纳克则学会了活在此中。弗拉基米尔·阿利芬索夫在他的著作中准确地陈述了这一点：“帕斯捷尔纳克并未走向悲剧性的知识，而是由此走出来。”还需要说的是，这在几乎整个“年轻”一代那里，实属生活的常景——时代太过明显地孕育着灾祸；但唯独在帕斯捷尔纳克那里，这一主题被如此乐观的色调所笼罩，洋溢着在压迫下喜乐、在墓穴中欢庆的真正早期基督教精神。帕斯捷尔纳克喜欢常规的缺失、时间的消泯，喜欢假期空空荡荡的音乐大厅里一派绝妙的轻盈与释然，甚至在战争前夕，在别列捷尔金诺，当“厮杀的兽面”即将呈现之际，他还在为最后的真理和孤独之极的自由而感谢上帝。大地裸露着身躯。光裸大地的形象时常出现在帕斯捷尔纳克笔下，当话题转向灾变论时，它也随之出现在《崇高的疾病》中。

6

长诗的“代表大会”部分写得最为含混，因而也最为薄弱；正如帕斯捷尔纳克惯用的手法，思想性的不足往往以充沛的激情来弥补。在这一节中，主人公察看着他想要看到的一切——尽管放眼望去，局部细节、愚蠢和卑鄙令他难以忍受，但他仍然试图从革命后的俄国追寻个人理想的图景：

我的夙愿是活得像所有人，
时代却想要活得像我，

虽然它自有一副美貌，
哀诉声却比我的更高。

这该如何是好。整个一生都在幻想。但透过革命，帕斯捷尔纳克向来——包括在生命的最后岁月——善于发现其中暗藏的艺术家特征（而如果说早期的年轻的革命是一副暴动者加颠覆者的形象，那么经由革命改造的国家制度的成熟阶段，在他的联想中则是一个“有才干的演员”，具有“执拗的性格”，已然抛弃了自己的过去。帕斯捷尔纳克一直把这种演化同他个人的变化联系起来，在下文中，我们还将对此进行探讨）。关于“想活得像我一样的时代”那几句诗是难以理解的，如果不看稍晚些（1925—1926）的长诗《一九〇五年》开篇导言：帕斯捷尔纳克喜欢这一节，胜过喜欢长诗本身。

冬日从一月闯入我们的散文，
跟它的丑态搅在一起。
天穹向大地垂落，
有如一张大幕垂下流苏。
雪后散乱的辙印依旧新鲜，
依旧像敏感而可怕的消息。
这些日夜，多少全新景象，
革命，你的本色全然不改。
…………
漫天飞絮酒醉般的迷狂中，
仍是那骄傲而踌躇的姿态：
就像不满于自我的艺术家，
你在躲避着欢悦的节庆。

你像诗人，思绪游离不定，
举步之间寻找着休闲。
你要躲开的不只是阔佬：
对于你，一切渺小都是卑鄙。

帕斯捷尔纳克一番努力真的动人心扉(而且是绝对的无私,因为他根本不打算刻意显示其诚意),他试图把着眼点从革命的阶级本质转移到它的形而上学本质,从革命中找出艺术家的特征,从当下事态中发现变乱并非针对"阔佬",而是针对"散文的丑态"。《崇高的疾病》中也有自我辩白的尝试,准确地说,是为现实辩白:也就是说,应当学会分辨悲喜剧中所包含的要点。这也是勃洛克的主张——从"可能层出不穷"的十月怪相(正如他给济娜伊达·吉皮乌斯①写信所言)背后发现十月的宏大。在长诗的前后两版中,帕斯捷尔纳克分别用一整节记述了 1923 年春天的日本地震,同时列举了新政权的种种愚蠢。苏维埃当局仅仅向日本无产阶级发去了慰问电,受难者明显被区分为"吸血鬼阶级与工人阶级":

很久以来我一直记得
那封亵渎神明的电报:
当富士山由躁动归于平静,
我们向剧中牺牲者发去
职业燃烧宣传队②的读物。

帕斯捷尔纳克借此还表达了对于阶级伦理的意见,并且一针见血地批驳了(以隐晦的形式)马克思主义的历史观:

在此之前我可以发誓,
赫库兰尼姆③事件跟阶级无关。

至于帕斯捷尔纳克对 1923 年日本那场灾难的印象,最能说明问题的莫过于他在 1924 年 5 月 8 日写给妻子的书信。当时他结识了 1924 年来到莫斯科的日本作家、记者内藤神治,后者下榻的"王公苑"饭店,正好位于沃尔洪卡街的一座院落里。整个"列夫"小组成员都先后拜访过内藤,在保留至今的一些照片上,还能看到马雅可夫斯基、布里克、爱森斯坦④、特列季亚科

① 济娜伊达·尼古拉耶夫娜·吉皮乌斯(1869—1945),俄罗斯著名女诗人。
② 此处"职业纵火宣传队"系意译。原文 агитпрофсожевский 系作者自创词汇。
③ 古罗马城市,在今意大利那不勒斯附近,毁于公元 79 年的维苏威火山大喷发。
④ 谢尔盖·米哈伊尔洛维奇·爱森斯坦(1898—1948),苏联电影导演,蒙太奇手法的开创者。

夫夫妇以及日本人聚在一起的情景。其中一张留有帕斯捷尔纳克随手写下的一句俏皮话：Томитесь и знайте—Тамизи Найто。[1] 1937 年，正是依据这些照片，当局宣称特列季亚科夫和他的妻子为日本特务，他后来被枪决，她则在二十五年监禁中历经磨难。在信中，帕斯捷尔纳克记下了日本人向他叙说的地震详情："墙上挂着一副巨大的东京地图。几道彩色条带，上面密密麻麻布满了弯曲的箭头、十字和数目字。彩色条带表示，六天当中某一天火情不断，起火地点涂以相应的颜色。箭头指示风向。主要是漏斗状的旋风。旋风只有几股。数目字（以千计）说明烧焦的和未烧尽的尸体数量。看到在此种弹丸之地有这么多人丧生，确实不寒而栗。城中共有二十五万间房屋被焚毁。一位见证者（俄罗斯外交官，在东京地震及随后的火灾期间，奇迹般幸免于难）向我们讲述了这一极度惨烈的、就恐怖程度而言简直超自然的现象。由于空气炽热，形成了旋风的涡流。它的吸力如此之大，甚至让早就窒息，身体却还在燃烧的死人飞起来，在天空中盘旋。他们越是燃烧，空气中的热量就越是增大，他们就飞得越高，数量也越来越多。那么多死人晃动手脚，看上去仿佛还活着。荒唐的是，在此之后，还说什么'文学'，说我们在思考'俄日友谊'云云。毁灭的恐怖景象。诗意的风景同坍塌的桥梁和铁路路基相结合，给人以不祥之感。但那又是怎样的文明与怎样的勤劳啊！画面很能说明问题。眼见为实，言语难以尽述。"

但无论是"亵渎神明的电报"——仿佛资产阶级是灾难的罪魁祸首，还是别的什么把戏——"没有多少事情比划分/庞贝城的类别更愚蠢，"[2]都不应掩盖实质。而实质就在于跟彼得改革不相上下的改革：

再一次地，从礼堂，
从朝南开敞的门洞，
北极的彼得的暴风雪
蒲扇一样掠过灯盏。
护航舰再次转向正横。
叛卖与诡计的产儿

① 大致可以直译为"受尽折磨，您就认识——内藤神治"。在这里，前后两个半句读音相近。
② 引自帕斯捷尔纳克《崇高的疾病》（1923，1928）。

再次大口吞下巨浪，
继而不识故国。

假如叛卖与诡计的产儿意指帕斯捷尔纳克早在1914年8月就已发现其所有灾象的革命前(尤其是战前)的俄国历史，他在目睹布尔什维主义革故鼎新时的欢欣也就不难理解了。

长诗第一版收尾相当悲凉：原本就颇为离奇的情节突然间从1921年列宁做报告的那次苏维埃代表大会——跳回到尼古拉退位之前的1917年2、3月间。

夜里全都入睡了，只有猎人
吆喝着猎犬，在沙皇列车近旁
在整个濒海郊区
在冰面上分散开，直到黎明。

猎犬巡猎与追踪沙皇列车的画面本身便意味深长(同情猎物总是比同情猎人更自然)，接下来，意蕴更直白：

真相不明的叛乱
收紧了围猎的圈套，
双头鹰精疲力竭，
盘旋在普斯科夫一带。

(这显然是对勃洛克的注解——

闻所未闻的变故，
见所未见的叛乱。)

毫无疑问，帕斯捷尔纳克最希望的是，一切以不流血而告终：

呵，倘若他们碰巧找到了
地图上找不到的道路。

(多么惊人的直白：哦，倘若他们能够顺利地逃脱！顺利地——逃离，消失，免于死难！在三十年代，他是怎样让这些诗句居然被重印的？莫非编辑们假装不懂？)

但地图上标注的铁道

迅速地隐匿了轨迹。
圈子变窄，松林呜咽，
两个太阳在窗口相遇：
一个从托斯纳河背后升起：
另一个坠入了德诺车站。①

长诗第一版以这几行诗句收尾，剩下的是作者的某种怅然（“未来一片浑浊”），读者则是一头雾水。在德诺车站，末代沙皇签署了退位诏书；一个月之后，列宁从托斯纳河对岸向彼得格勒进发。不妨在此直接引用普希金的诗句“曙光却已一线接着一线，让黑夜只停留半个钟点”②：一个时代的落日同另一个时代的黎明不期而遇。帕斯捷尔纳克本人也意识到这种结局的偶然性，他在写给吉洪诺夫的信中承认，发表的只是长诗的片段，因为它尚未彻底成型——既然作者头脑中也还没有最终的定论，正是由于同样的原因，《斯佩克托尔斯基》也没有彻底完成——帕斯捷尔纳克称这部诗体小说是一个不大的诗段，取自于构想中将诗歌和散文融为一体的关于革命与爱情的大部头长篇小说。直至《崇高的疾病》第二版，帕斯捷尔纳克才向自己发问——“我该如何结束我的片段？”终于，他以列宁的形象结束了作品，布哈林随后在第一次作家代表大会的报告中给予了高度评价。这的确是一部极具表现力的作品。只要帕斯捷尔纳克愿意，他就能够对列宁形象施以浓墨重彩；像以往一样，这里也有几分生硬，反倒给人以直抒胸臆之感。苏维埃诗歌看重语言上的粗粝，这被视为真诚的表现。帕斯捷尔纳克宣称，列宁的声音像火光，带给他犀利的刺痛：“像球形闪电的簌簌声”，绝非普通的赞颂之词，特别是考虑到，球形闪电出现时通常会有怎样的后果。接着，列宁的出场引发了一系列近乎神秘的现象：

人们站起身，目光徒劳地
扫过最边上的桌子——
他却从讲坛上长出来，
长出来比走进来还早。

---

① 此处一语双关，因为“德诺”这一车站名，在俄语中写作 Дно，具有“底部”之意。

② 参见普希金：《青铜骑士》（1833，查良铮译）。

这一切乍看非常有感染力——大厅专注的等待仿佛催生了列宁，但只要仔细想象一下这幅画面，我们就会联想到某种类似蘑菇的东西，突然间从讲坛下面冒了出来。列宁的样子确实像蘑菇——粗短、结实的双腿，硕大的鸭舌帽……大脑门儿……“他像花剑中的击刺。/紧紧追赶说出的话语，/他坚持自我，劈开上装/抻开一双半高鞡皮鞋”①：这四句诗被引用的次数，大概不亚于著名的“冰中的音乐”，而且向来被当作巨大表现力的成功范例，但“劈开”和“抻开”像外乡人一样兀立在诗句中，勾勒出一副笨拙而又坚定的举止。诚然，帕斯捷尔纳克这种诗的直觉不容否认，弗拉基米尔·伊里奇确实劈裂并抻开了勉强支撑着俄国的一切。因为想对列宁进行瞬间的印象主义的刻画，帕斯捷尔纳克在每一步骤都埋下了双重语义，它与列宁形象及长诗本身的形式构造之间鲜有协调：

话语大可谈论重油，
他却弯下身躯
呼吸着粗陋皮壳中迸出的
赤裸本质的飘香。
这赤裸的 p 与 л 的混音
大声宣读着鲜血
昔日浇铸的一切：
他是他们声音的化身。
每当他转向事实，便知道
是历史借用他嗓音的精华
从人群中间号啕而过，
令他们惊讶地闭上口舌。
就这样，尽管不够亲昵，
却比面对任何人都自在，
他随时准备数说历史，
唯有与它相邻他才惬意。
为那千百年的艳羡所羡慕，

① 引自帕斯捷尔纳克《崇高的疾病》(1923，1928)。

为他们同一个妒意所嫉恨，

他驾驭着思想的潮流

只因为——驾驭着国家。

这大概终归是一种诗的夸张，因为列宁从未真正驾驭思想的潮流；充其量他只是遏止了潮流，以便从潮头之上向自己的目标进发。帕斯捷尔纳克在此怀着不无教谕式的激情把期愿当作了现实，他希望未来的统治者们能够去思考，而不仅是领导。

这里首次出现了“嫉恨与羡慕”——帕斯捷尔纳克对于革命的两个天才界定；不妨比较一下1931年《冰之春时》这首诗中的“我们对自己的嫉恨/我们的憎恶与羡慕由此而来”。展开分析时，我们要对“嫉恨与羡慕”的起源加以详述——而首先需要指出的是，“为那千百年的羡慕所艳羡”当中并不包含任何谄媚的成分。话语表达的总体效果近乎怪诞：列宁被塑造为血腥往日的“声音的化身”，亦即直观呈示的残酷；而“赤裸”一词则两次用在了他身上，尽管我们已经知道作者所说的是“赤裸的本质”，但“赤裸的 p 与 л 的混音”这个词组不免让读者联想到讲坛上秃顶的领袖，随时准备数说历史。除开这些之外，历史用列宁的声音的精华令人们在惊诧中闭上了陈说事实的口舌。纯属诗的怪异的生硬，在组合上颇有几分匠气——“就这样，尽管不够亲昵，/却比面对任何人都自在”，毕竟，在两行诗中，“就”“尽管”与“却”的连用，即便对鲍里斯·列昂尼德维奇也算是过量。总的来看，他笔下从未有过真正成功的颂辞。让那些狂热崇拜帕斯捷尔纳克，基本上不承认他的败笔的人们感到安慰的是，任何诗歌（乃至整个文学）作品中的列宁形象，可以说都是不成功的。在阿尔达诺夫的《自杀》中，列宁出场的一幕单调而乏味；高尔基一篇随笔的两个版本也是虚情假意（文中的腔调是典型高尔基式的，正如这位作者的所有作品）；无论阿维尔琴科①这样的讽刺作家，苔菲②这样杰出的心理学家，抑或索尔仁尼琴这样的政论家（《列宁在苏黎世》），都不曾塑造出活生生

① 阿尔卡季·季莫菲耶维奇·阿维尔琴科（1881—1925），俄罗斯讽刺作家，曾被誉为“俄罗斯讽刺之王”。

② 苔菲（1872—1952），才华横溢的俄罗斯女作家，原名娜杰日塔·洛赫维茨卡娅。

的列宁。无论卢那察尔斯基这样的友朋，还是布宁这样的敌人，也都不善于描绘他。这里隐藏着某种秘密——此人对一切艺术形式的敌视达到了何等地步！笔者没有把列宁研究专家米哈伊尔·罗姆考虑在内，也不想说什么感人的列宁，身着对襟衫，专注地盯着扑出的牛奶或者一口一口地呷着浓茶。或许，只有在苏联笑话这种集体创作的民间口头文学中，才能找到自然而俏皮的列宁故事："一口蜜吃下肚——让我不再唠叨叨！"叶赛宁写到"腼腆、质朴、可亲"的列宁就写不下去了。就是这么个腼腆、可亲之人，一旦把叶赛宁当作道路上的羁绊，必定让他领教什么是真正的可亲。马雅可夫斯基对列宁的塑造，同样成色不足。帕斯捷尔纳克则勇敢地冲向问题，回答了时代的挑战，就公共的尺度而言，他的解答算是相当到位，但就他个人创作的水准而言，《崇高的疾病》结尾当然十分单薄，倘若少了以下四行天才的诗句：

我想知道相联的重负
何以催生整个世纪。
天才的降临如同吉兆
压迫却是他离去的报应。

这四行诗被书报检查机构从1935年至1936年间的《苏联诗歌》中删除，当然尽在情理之中——关于压迫，一切不言而喻。1957年，帕斯捷尔纳克打算在《诗选》中恢复它们的原样，他为这部未能问世的诗集写下了随笔《人与事》作为序言。严格地说，这才应当是《崇高的疾病》最终的版本，如果考虑到晚年的他克制着激情与晦涩，表达简洁、直露，连意义都时常被简化；玄妙的技巧与迷离的意蕴消失了，随之出现的是非常具体的宣言：

自从看清了他的形象，
我就陷入无休止的沉思：
我想知道他的手笔，他以第一人称
勇于作为的权利。
许多的世代，总有人
从中走出来，迈向前方——

然后是上文的四句。①

耐人寻味的是,帕斯捷尔纳克在这里有意无意地推翻了自己。他方才感觉到,“相联的重负所催生的世纪”终于不复存在,历史之链断裂了,终于能够摆脱“罐笼”,迈向一片新的空间——另一个链条便立刻出现在眼前:天才带着前所未有的许诺(“吉兆”所指的当然是自由与博爱)降临世间,要把压迫消灭殆尽,但接踵而来的是新的压迫,“比水泥更白更坚固”,当天才离去之后,此种压迫不可避免。帕斯捷尔纳克后来在《施密特中尉》中拓展了这一思想,并视其为长诗的主旨。

帕斯捷尔纳克对列宁有很多思考,却几乎从未公开表露。其实这不难理解:如果说对斯大林的批判直至他死后才被许可,那么列宁则始终是绝对的苏维埃圣人。1924 年,帕斯捷尔纳克参加了列宁的遗体告别——1 月 24 日冰冷的夜,他从停放在昔日贵族会议圆柱大厅里的列宁棺椁旁走过;曼德尔施塔姆也在成千上万人汇成的同一个哀悼的队列中,马雅可夫斯基则先后三次排队瞻仰了列宁遗容。但无论跟曼德尔施塔姆,还是跟马雅可夫斯基,帕斯捷尔纳克都没有深谈列宁;在《人与事》补充的小节中,有关俄国革命领袖也谈得少而谨慎。甚至《日瓦戈医生》对他也几乎只字未提。更重要的是,1957 年,在帕斯捷尔纳克那儿已不再有最终的答案——在是否值得以第一人称勇敢行事这个问题上,“我陷入了无休止的沉思。”关于列宁,《人与事》这样说:“他满怀天才的热情,毫不犹豫地担负起空前的流血与毁灭的责任,他不惮于向人民发出呐喊……暴风雪经由他的准许而飞旋。”有那样一些理论上难以臆想的时代——人们只需活在其中。十月的历史意义清晰明了——一种并非美学的,而是简单粗陋的意义,同任何浪漫情调都不相干。根据后果就能够对其加以评断。“四十年过去了”,还是在《人与事》的这一章中作者写道:“从那迢遥之地和古远的年代,从日日夜夜汇聚在夏日广场上,仿佛参加古代谓彻②的高天之下的人群中,已不再有声音传来。但即便身处这样的距离,我依然看见这些集会如同无声的景致或者凝滞而鲜活的画面。”

---

① 这样的结尾与《崇高的疾病》两个版本都不同。按照贝科夫的意见,如果有可能,晚年帕斯捷尔纳克应以这一结尾完成长诗。

② 古罗斯时代某些城市的市民大会,相当于最高权力机关。

诚如所云，万物阒寂无声。“声音消失了”。而在1957年，帕斯捷尔纳克已经根本不认为，“经由列宁准许而飞旋的暴风雪”是造福于人的。他已经不相信，列宁拥有驱遣暴风雪的权利。不过，话说回来，暴风雪无需任何恩准，同样也会漫天飞舞，因为任何“细微的自我倾覆”，迟早将转向狂暴的解体阶段。但即便如此，最起码“贵族们关于平等博爱的说教”①不会在声誉上受损——因为许久以来，“羼杂真理的谎言”已然是十月“声音的化身”。

帕斯捷尔纳克最后一次干预长诗文本的意义就在于，诗作随同作者一道发生演化，同时它又像一面弥足珍贵的镜子，折射出演化的历程。

7

史诗未曾诞生，却造就了叙事长诗——作者本想记录某种稳定状态，却记录了惶惑不安，而按照成熟的思维，这可能更重要。帕斯捷尔纳克试图完成时代的主要命题——创造一种新的诗歌语言，不仅适宜于抒情，而且适宜于叙事乃至社会分析。不应一头钻进牛角尖，把诗人想象成一名潜伏者，千方百计地将自己的真挚道白埋藏在混沌的呓语和呢喃之中；不过，类似的阅读方式不无市场——帕斯捷尔纳克的文本恰恰被一部分同时代人理解成“加密的暗语”。在1937年苏联作协执委第四次会议上，不是别人，正是他的友人德米特里·彼得洛夫斯基高声叫嚷着：“我可不想听人对我说，帕斯捷尔纳克的诗是一堆杂乱无章的玩意儿。事实上，这是发给某个对象的密码，其意图绝非模棱两可……问题不在于形式的复杂性，而在于，帕斯捷尔纳克打算利用这种复杂性，以期达到反对我们、敌视我们的目的。”这既可算是一种政治告密，亦可理解为周围读者的抱怨，与其说他在怀疑作者政治上的叵测之心，不如说他承认自己是门外汉；但如果抛开这番言论的告密性质，便不能不承认，彼得洛夫斯基其实距离实情也并不远。他知道，就本性而言，帕斯捷尔纳克是讲求理性之人，早期那种“越偶然，就越真实”的印象主义立场早已被他抛在一边，他的作品无论多么复杂，都不能从根本上说明

① 参见帕斯捷尔纳克《夏天》一诗（1917）。

它们是玄奥难解的。二十年代初期的读者尚未习惯于复杂的文本,所以需要经过一定的时间,才能够理解所有扑面而来的谜题。在《斯佩克托尔斯基》中,一个交织着暗示、留白和注脚的集合体将臻于完满,但阅读它需要更仔细——届时,即便真正的读者,也会因为缺乏足够的智识而变得愚不可及,或者只是安静地待在一旁。

具有象征意味的是,作者的转变恰恰贯穿于《崇高的疾病》之始终,它的两个版本,分别表明转变前后的两个阶段。这一变化的矢量(程度与趋向)在形式上符合整个时代的非凡意向,也就是说,同一场返璞归真的运动相吻合,但需要强调,这只是形式上的吻合,而非内容上,因为时代的强行指令过于简单,规训的寓意也十分肤浅,这与成熟期的帕斯捷尔纳克圣经式的简洁质朴迥然相异。然而,从表面看来,时代与诗人似乎走到了由六十年间俄国革命的民主矢量所给定的同一方向。沿着这条路径,帕斯捷尔纳克走向了二十年代后半期带有折衷色彩的史诗般的叙事长诗,走向《第二次降生》的诗篇,走向 1935 年的绝径与危机。

第十三章 《空中道路》

1

1924 年 2 月,帕斯捷尔纳克写下了《空中道路》这一不长的中篇小说,并于 4 月发表在《俄罗斯现代人》杂志。他的这篇最奇特的作品,出现在当时刊行的最奇特的刊物上——一份被准许拥有相对自由的刊物;但也就在 1924 年,杂志停止了发行。《俄罗斯现代人》由楚科夫斯基担任主编,编辑部所在地是彼得格勒。这是将远非真正意义的自由与合法性归还于俄国报刊杂志的最后一次尝试。它毫无希望可言,对此,所有人都一清二楚,除了杂志同仁。"一帮聪明人,却不懂得自己在干什么,"托洛茨基也发表了自己的看法。确实是一帮聪明人——基本上是 1921 年被取缔的《世界文学》

编辑部原班人马。

然而，即便在《俄罗斯现代人》上，《空中道路》也未能完整刊登，因为小说过于激烈地表达了作者对于革命残酷性的态度。

甚至在今天，对它的解读也莫衷一是，因为如此之多的奇幻虚构、浪漫的想象和重重暗记堆叠在一个简短的故事中。前两章的情节发生在俄罗斯南部某地，时间是1905年。由美女列利娅、她的形象模糊的丈夫德米特里及他们的儿子安东（托申卡）组成的一家人等待着海军军官列夫·波利万诺夫的到来。丈夫和妻子前去港口迎接客人。这时，一场暴雨即将来临；天气窒闷难耐，留在家照看孩子的保姆倚靠着一颗桑树昏昏欲睡。小孩向篱笆爬去。就在那儿，几个过路的茨冈人抓住了他。“男人蓄有一副黑色的大胡子。女人一头乱蓬蓬的浓发随风飘拂。身穿绿色长衫、佩戴银耳环的男人手中抱着偷来的孩子。”（“偷来的”和“令人赞叹的”①战利品——帕斯捷尔纳克特有的纯属下意识的双关手法；比较一下玛丽娜·茨维塔耶娃的：“人们曾经见过沉睡的我，/被窃取与被赞叹的我，/沉睡在白日的梦中，/却无人见过我的梦境。”②）

接着，这几个完全像在做戏的茨冈人将遇见住在附近别墅的中学生孪生兄弟，不知怎么（在混乱的叙事中，对此只字未提，仅有模糊的暗示），他们的勾当被两兄弟揭穿，结果，孩子被归还给父母，但具体情形我们不得而知。随后出现的意外将决定未来的情节，并给故事平添几分近乎流俗的冒险色彩：这个托申卡其实根本不是德米特里的儿子。他是波利万诺夫的儿子，所以从列利娅那儿得知一系列详情之后，波利万诺夫才格外卖力地去寻找他。

故事并未就此终止。十五年过去了。在这一准文学作品（паралитература）所蕴含的两条情节主脉之外，又增长出两条来——动荡背景下的偶然相逢，责任与亲情之间的冲突。1920年，在国内战争如火如荼之际，列利娅找到省执委会主席团成员，旧俄军官波利万诺夫，为他们因参与反革命活动而被

① 在俄语中，动词“偷窃”和“赞叹”的完成体，词形完全一样，都写作 восхитить，只是重音不同，它们的被动性动词形式分别是 восхИщенныЙ 和 восхищЁнныЙ，词形几乎一样，读音也相近。

② 引自茨维塔耶娃的组诗《Н. Н. В.》之十六（1920.5.17—19）。

捕的儿子求情。波利万诺夫拒绝提供帮助，然后开始问起有关情况，当他确信任何努力都无济于事时（“他明白了是怎么回事。对于被告而言，它已无可挽回，这只是注定到来的事情”），却突然抽风一般痛哭起来。这时，列利娅“像一个硕大的不算太破的洋娃娃”陷入了昏厥，躺在黑暗中“被她当作地毯”的一堆锯末和垃圾上。到此为止。其实还没有了结，因为帕斯捷尔纳克曾经多次说过，手稿缩减了三分之一，精髓在于结尾处作者反对死刑的愤怒独白。但正是这一部分却被无情删除；在1933年出版的《空中道路》这部文集中，恢复结尾的希望也都化为泡影。不过，现有结尾中描述被当作地毯的句子同样意味深长；这个极可能刻意而为（在二十年代的散文中，帕斯捷尔纳克尽力赋予每个细节以意义）的语句所道出的对于革命之失望，甚至超过整篇小说。故事情节的双重连环令人恐怖——第一部分的骗局（孩子丢失了，但又找了回来）和结尾部分的真正悲剧，他再次被找到，却是在一批不可能得救的受审判者的名单中。这可不是茨冈人的拐骗，而是“专政”，是铁钳。

乍看起来，这篇小说荒诞离奇，博得《俄罗斯现代人》编辑部好感并使之做出有利决断的似乎只是作者非凡的技巧（即便如此，最主要的也只是文字中无关于事件的那些细节）。作品缺乏平衡感，仿佛处在游离状态，但同时也体现着帕斯捷尔纳克对情节突出的传统散文的永恒追求，以及淋漓尽致的表现主义笔法。这种笔法使情节渐趋黯淡，直至漫漶不清。正是在《空中道路》中，首次显现出帕斯捷尔纳克散文的基本特点：情节具有内外两个层面。外在事件几乎不被关注。所有主要事件均发生在第二个隐喻的层面，发生在“空中道路”上（跟狭隘的解释有所不同，小说名称的寓意就在于此）。《空中道路》——新的散文风格的宣言，开启《此世》《日瓦戈医生》和《盲美人》的玄奥现实主义的密钥。

孩子被偷，不是因为茨冈人从旁边经过，而是因为暴雨将至。保姆入睡，不是因为懒惰，而是因为在密集的诗的夸张中，一切都在漂游，融化，桑树上浆果飘香，毛虫蠕动，空气中弥漫着浓郁的慵倦气息。孩子最终被找到也不是因为两个中学生将茨冈人阻拦，而是因为“近处的霞光依然萦绕”。这篇小说的主要角色——形式实验的本质就在于此——是雷雨、“小鸟和它的鸣唱”，是草地上的脚印、桑树、天空、乌云。表现现实性的不是外在事件的更替，而是空气流动的神秘链条，发现内在的现实，探寻历史运动所真正依循的"空中道路"——即是形式上的使命；这样的散文方可称之为象征主义散文。

后来，瓦连京·卡塔耶夫暗地里借用了帕斯捷尔纳克的篇章，就同一主题展开了自己的变奏曲（《维特故事已经写就》，1979）。外在事件的陈述朦朦胧胧，着墨甚少（苏联书报检查机构总算放过了这篇小说，使之得以发表在《新世界》杂志。小说讲述了一位母亲为儿子向一名昔日政治流放犯求情的故事。后者解救了她的儿子，却为此付出生命的代价。结果却是一个严重的错误——儿子的名字仍然留在公诸于众的死刑犯名单中。母亲未能等到儿子的归来，在伤恸中死去）。故事情节沿着梦的逻辑展开，主人公乘坐火车，东奔西走，却总是到不了想去的地方……。云朵、铁道、炎热、卡车、监狱院墙内被马达的轰鸣掩盖的枪声——成为卡塔耶夫叙事中的主要角色，帕斯捷尔纳克的诗句在这部中篇小说出现了两次。先是引自《断裂》："我们的日子，连空气都透着死的味道，/打开窗子有如割开血管。"然后是《施密特中尉》："或许，当你们清除人类/也不会有一丝颤栗。/说到底，教义的殉难者，/你们也是世纪的牺牲品。"

2

《空中道路》显现着帕斯捷尔纳克散文的另一个重要特点：我们的作者运用一贯的极其传统的手法，刻意塑造出故事情节（难怪他将狄更斯称作榜样），与之并行的则是准确到惊人程度的心理观察。正是在《空中道路》中，帕斯捷尔纳克总结了自己人生经历的规律之一："存在着这样一条规律，只要遵循它，我们就永远不可能遇见他人随时随地都可能遭遇的不快。它的不容置疑就在于，当我们还能够被朋友认出时，我们会以为不幸是可以补救的，一旦朋友认不出我们，那么，一如规则的验证，我们自己就会成为他人，即成为那种注定痛苦、受损、落入法庭乃至疯人院的人。"

五十年之后，布罗茨基更简短地表达了同一思想："死——这是别人的遭遇。"（《纪念 Т. Б.》）

还有一种对《空中道路》的解读；其依据来自第三小节的一段文字。帕斯捷尔纳克在这里命名并描绘了“第三国际的天空”;或许,这是对于一九二〇年代真正现实的最精确描绘之一,因而也最具形而上意味。“这是一条条空中道路,李卜克内西、列宁及少数聪明头脑中迸发的直线条的思想,如列车一般终日运行在这些道路上。这是已然确定的道路,处在足以穿越任何界限的层面,无论它们被称作什么。”大气波澜无穷,各种躁动、念头、希望和关联充塞其间,给人以近乎实体之感,每当时代风起云涌,这样的感知便会造访帕斯捷尔纳克及其抒情主人公:世界被承载着思想与警示的满负荷单位所填充,期待和预感的流体在空气中飞驰。这种可感知的空间密度也在同一时期(同样是1924年)出现于霍达谢维奇的诗作。霍达谢维奇跟帕斯捷尔纳克截然不同——无论在心理上,还是在创作上,但大诗人们对时代形而上的感知相去不远:“整个夜晚,锐利的光的射线一直从我身体中穿行……哦,倘若你们自个儿知道,可怜的欧洲之子,你们还会被怎样的光线于不知不觉间刺穿!”耐人寻味的是,1937年(无论帕斯捷尔纳克还是霍达谢维奇,都开始沉默——前者是暂时的,后者则永远不再发声),在曼德尔施塔姆先知般预言着暴雨将至的《无名战士之歌》中,空气和云海成为主要角色:“就让这空气成为见证者……无窗的海洋,物质……,”①而稍晚些时候,它们又进入另一文本:“我转向充当仆役的空气,/等待它的服务抑或消息。”②空气—仆役、空气—信使、充满信号的空间:在霍达谢维奇那儿是“锐利的光的射线”,在二战之前的曼德尔施塔姆那儿——“细若游丝的速度的光束。”而帕斯捷尔纳克的“第三国际的天空”,“白日里被荒凉大地填充”的天空,则在十四年后,从曼德尔施塔姆“坚实的掩体般的天空,大批量发售死亡的天空”得到了回应;潮湿的、土色的土质天空。

3

最后还需要指出,正是在《空中道路》中,首次出现了一个重要主题:一个有家的孩子,未来的叛乱者,童年时曾经被茨冈人偷走。茨冈人——变乱

① 引自曼德尔施塔姆《无名战士之歌》(1937)。

② 引自曼德尔施塔姆《不要比较:生者无可比拟》(1937)。

的象征;从家中走失或进入地下状态之类——也相当于失窃事件。男孩安东身上从一开始就带有命运的烙印:注定被自然之力窃取,被其虏获。奔向革命或反革命,投身于密谋或反叛,喻示着面向悲剧与危险世界的选择——与童年世界及其脆弱的舒适之间的必然决裂。谁被茨冈人窃取,谁就找不到通往日常现实的归路。

在帕斯捷尔纳克那里,失窃的孩子这一情节始终与诱惑的主题、与执迷于某种罪恶和危险的主题相伴相随。按照亚历山大·若尔科夫斯基[1]的说法,这是他的不变量(инвариант)。《空中道路》问世前三年,帕斯捷尔纳克就已展开了这一主题——在《主题与变奏》之《人人如此开始。两岁左右……》这首被广为引用,却并未因此显得明朗的诗作中。这是作者极为复杂的、充满暗示与密码的心灵独白,汇集着帕斯捷尔纳克的所有命题:

可怕的美色坐在丁香花旁,
坐在长椅上,假如实在无法
偷走孩子,该如何是好?
种种疑虑由此而生。

恐惧由此成熟。他又该如何
让星星高不可及,
假如他是浮士德,是幻想家?
茨冈人的行迹也由此开始。

"他又该如何让星星高不可及",跟帕斯捷尔纳克的精神气质最不吻合,由此展开的解答只能无限接近于终点而不会有定论:1921 年的帕斯捷尔纳克尚能允许自己留下这种绚丽的诗句。不过,窃取孩子们心灵的"可怕美色",其形象已然彻底明了:这一切源于一个可怕的童年记忆,关于茨冈人、关于暴风雪与惶然失措、关于无可抗拒的既危险又陌生的美之诱惑。

那些从惯常的生活进程中窃取了变乱所蕴蓄的非理性精神的人,是否令帕斯捷尔纳克感到羡慕?未必。倒不如说,他会产生同感,当发现叛乱者

---

① 亚历山大·康斯坦丁诺维奇·若尔科夫斯基(1937—),俄裔美国学者,语言学家。

身上“被偷走的孩子”的形象；但一切实质性的叛乱与厮杀的参与，却又像一切茨冈风情一样同他格格不入。他比许多同时代人更多地描写了漫游与漂泊，尽管他本人向来深居简出。此外，童年时照看他的保姆也值得信赖：她的名字就叫作俄罗斯文化，她不曾因雷雨前的窒闷而昏然入睡，反倒是越来越清醒。

第十四章　1923—1925年

1

1923年12月17日，大剧院里举行了瓦列里·勃留索夫五十寿辰的庆祝活动。

在沮丧和压抑中，勃留索夫迎来了这场庆典。他深感文学的孤独，却公然书写着平庸造作的诗歌，他整个三十年间孜孜不倦的文学活动，只是给他平添无数的敌人，就连曾经对他许多诗作抱有好感的茨维塔耶娃，也写了一篇关于他的不甚友善的随笔——《劳动英雄》。他在革命前为之奋斗的事业，已然烟消云散；同辈和友人们不是死去，就是各奔东西。严格地说，这个新时代已不再需要他。在群贤毕至的大剧院，诗人们当中没有谁发言，但马雅可夫斯基参加了晚会；幕间休息时，他来到后台，怀着敬意向勃留索夫表达了热情的祝贺。

“谢谢，可我不希望有人也为您搞这么一场祝寿。”劳动英雄答道。

总的说来，勃留索夫对一切都看得清楚；他知道自己投向布尔什维克并与之合作，要比勃洛克起先主张知识分子“能够并且应当”同革命胜利者展开合作更合乎逻辑。作为一个谨守原则、严于自律和勤奋努力之人，一个用铁的规则约束灵感，为每一种诗歌形式树立典范之人，他跟那些“一边把坚硬与停滞称颂，一边宣告着违禁的柔软”的人们站到了一起。勃留索夫属于俄国少有的恪守原则的诗人类型。一贯严谨、勤勉的帕斯捷尔纳克欣赏的正是这一点。在晚会上，他朗诵了自己的诗作，勃留索夫被深深触动，在答词中，他称帕斯捷尔纳克为“可敬的同道”。

我该说什么？说勃留索夫是苦命
注定浪游四方，奔波不停？
说头脑在愚人国里变得僵硬？
欢笑和痛苦并非出于闲心？

（说起“愚人国”，这里面包含着绝妙的帕斯捷尔纳克式的双重情感；好好想想，勃留索夫的头脑是因为怎样的愚人而变得僵硬？或许，是因为尼古拉……当然，所有参加庆典的人都正确地理解了诗的含义。）

说您最先为昏睡的平民诗歌
敞开了入城的大门？
说风剥去公民身份的外皮，
而我们又把羽翼撕成碎片？

说您为疯狂的韵脚定下条例
让它们不再飞旋着扎进黏土，
说您是每家每户的灶神，
是律令的魔怪非同儿戏？

说我以后也许将永远不死，
说您曾经每天早晨都亲自
拿直尺教我们长生之术，
如今却被空谈折磨得要死？①

纪念活动中，恰恰是这一律令的颂扬似乎最具章法，虽说鲍里斯·列昂尼德维奇本人已决定摒除艺术家的习惯，决定融入新的生活，担负起养家的责任。1923 年至 1925 这两年间，是帕斯捷尔纳克千方百计挣钱谋生的时期，他想一下子挣到哪怕维持半年之用的数目。他开始期待宏大的工作，构

① 引自帕斯捷尔纳克《致勃留索夫》（1923）。

思着长篇巨著——准备先用诗体，然后是散文体，再往后则是散文与诗歌兼而有之；他打算出版一本新的抒情诗集，也想做些翻译。然而，在一份勉强将就的活计都得要苦寻的情况下，一切期望都是泡影。1923 年，他经历了一段几近赤贫的时光，只能有什么做什么，他意识到自己双重意蕴的景况：名诗人，深受年轻人崇拜，国外有人为其撰写文章——不只是侨民，还有一些犹太批评家；已有两部诗集问世，在很大程度上代表着新抒情的高峰；任何一个关于现代散文的话题，都绕不开他的名字，而家中却是一贫如洗，儿子热涅奇卡连带响动的玩具、完整的襁褓和小衣服都没有。

后来，是犹太人的教养和超常的工作量解救了帕斯捷尔纳克。他成了一名最多产的译者，这使他不仅能养家糊口，还能接济其他需要帮助的人。不过，二十年代的翻译作品基本上均是极其肤浅的外国廉价读物。高尔基开创的"世界文学"传统中断了，因为编委会领军人物离开了俄国①，而其他大部分成员不是移居国外，就是惨遭杀害。刊登和出版的尽是一些欧洲小说作者的长篇小说和历险题材的古典作家文集；译者之间竞争非常激烈——懂外语的大有人在。帕斯捷尔纳克得到了机会，为一部名为《年轻日耳曼》的诗集翻译一批不知名的德国诗人的作品。1924 年 5 月，他写信对当时跟父母同住在彼得格勒的妻子说："如今，每当夜里着手翻译这些愚蠢的德国诗歌时，我就心神不安，我渴望的是真正的工作。"其间帕斯捷尔纳克一直为自己的住宅忧心忡忡——人民教育委员部的一个机关入驻楼下，一座座建筑被拆除，住户们被强行迁往莫斯科郊外，有的甚至干脆无处可去。"我担心，整个夏天情况都不会改变，一天天就这么处在荒诞不经和平庸之至的俗务当中，备感压抑，难以摆脱，没有任何自己的东西。"帕斯捷尔纳克用以排解苦闷的是一些孤寂的钢琴即兴曲——热尼亚太过幼小时不便弹奏，巨大的高音会吓着他；直到儿子年满两岁，帕斯捷尔纳克才时常在他面前弹奏，培养他的乐感。

"啊，我们的生活，非人的生活！"在一封书信中，帕斯捷尔纳克忍不住喟叹。这并非无病呻吟。一个月后，也就是 1924 年 6 月，他又写道："可耻的年代，许多罪孽都应归咎于它。""突然间，冒出形形色色的规则的代表，

① 1921 年，不满意苏维埃政权的高尔基离国出走，旅居欧洲长达十年。

要求你提交那些只能证明你的面目被扭曲的东西。哦，在这前所未有的时期，平庸到极点的风尚，如同天然的墓穴，其使命就是要把一个人鲜活的思想与事业埋葬！"——这是他写给妻子的信，她当时租住在泰茨车站附近的一座宅院里；这种风尚，剥夺的不是他的钱财，不是福利，而是最基本的实实在在的工作机会，他要为事业而奋争，除此别无它求！而他整个的生命，就消耗在反抗平庸的斗争中。他开始痛恨那如同责任一般用于约束自己的律令，这情形有如1912年7月在马堡："哦，热尼娅，我真对不住你！为了将自己冻结起来，就像以往发生的那样，我要把自我的意义全部扼杀……你是否相信，我已经永远忘记了以诗歌为生？""我感到伤恸难耐，无可挽救，我曾备受岁月的折磨，如今又要疲于应对各种支出，光阴似水，日子一天天流逝，夏天眼看就要过去，可我还没有去看望过你。哦，这是怎样的苦役啊！这段时间，我们应当想方设法从什么地方弄一些钱来，既然所有出版社，包括国家出版社，所有人，包括国家公职人员，都以种种理由拒绝向我们支付稿费，按照合同结算，诸如此类，不一而足。"在泰茨①，叶甫盖尼时常在噩梦中梦见他。他确信，这些梦是灵验的："命中的机缘多么相近，多么亲密。我就守在你身旁，哪怕周围是危险的偶然的威力。"直到1924年7月29日，在收到早就应允的几笔稿费之后，他才终于能够动身前去泰茨探望妻子。

回到莫斯科之后，他又开始不懈地寻找起工作来。9月19日，他向曼德尔施塔姆宣称："远望前方，我还从未有过如此充实的满足感"；十天过后，他却对奥丽嘉·弗莱登伯格抱怨道："我弄不明白，写作究竟意味着什么。"他的心境因为一些新的承诺与新的欺骗而急剧变化。譬如说，明明答应出版他翻译的本·詹森的《炼金术士》，却没有兑现；明明承诺要给他一些翻译的活计，或者预支稿费，或者出版一本散文集……这一时期的苏维埃生活杂乱无章，置身其中，只有像帕斯捷尔纳克这样的理想主义者才会对良心或规则抱有希望；大概就因为如此，当三十年代初期一切步入正轨，恢复秩序之际，他甚至屡屡感到欢欣鼓舞，尽管一切都笼罩在日渐滋长的恐怖氛围中。帕斯捷尔纳克同国家之间短暂的合作，是由于他痛恨以往那个压根儿没有国家、人人自作主张的时代——1924年的情势跟1919年一样令他

① 位于列宁格勒州的小镇。

厌恶。在此期间,他满脑子装的都是找到一份可靠的工作,终于,期待已久的机会在偶然间来临了。

机敏与热诚的友人不期而至。
未经耽搁,我就被吸引到
国外列宁生平的整理中来。

(《斯佩克托尔斯基》)

"热诚的友人"是雅科夫·切尔尼亚克,帕斯捷尔纳克得到的则是一份资料室里的工作。切尔尼亚克属于伴随帕斯捷尔纳克一生的天使般的静默守护者:他在《出版与革命》(《Печати и революции》)编辑部工作,此份刊物于1922年发表了他对《生活,我的姐妹》热情洋溢的评论,这也就成为两人相识的动因。切尔尼亚克指出,帕斯捷尔纳克的诗具有"普希金式的明澈与形式的单纯",较之于其他所有过誉之辞,这一评断更能博得作者的好感。此后,帕斯捷尔纳克时不时地来到《出版与革命》编辑部,切尔尼亚克和他年轻的妻子伊丽莎白也经常一道去拜访他。就在这一年,伊丽莎白得了重病,需要敷冰,但各家药房都找不到冰,于是帕斯捷尔纳克怂恿雅科夫到大脑研究所的院子里去偷冰,该所的创立对苏维埃政权具有战略意义,其目的是研究伟人们智力活动的奥秘。在研究所地下室,有几条做实验用的狗,它们饱受折磨,嚎叫声凄厉之极,每当听到这声音,帕斯捷尔纳克和切尔尼亚克便会尽快离开那儿,两人不约而同地体会到那种剧烈的痛楚之感;他们不需要另外的口令。

1924年,切尔尼亚克开始"国外列宁生平的整理",即整理外国人对于列宁去世的各种反应。帕斯捷尔纳克懂得数门外语,这项工作恰好适合于他。在当时的苏联,接触国外报刊已经受到限制,《斯佩克托尔斯基》则忠实地记录了作者的工作状况:"我了解到种种时下的新闻,也知道了康拉德①与普鲁斯特。"时下的新闻,对他或许并没有特别的吸引力,但康拉德与普鲁斯特却令他深深着迷,关于这两人,他后来曾兴奋地向茨维塔耶娃写信提及。在工作过程中,他再一次确信,尽管欧洲是一片乐土,但西方的时代

① 约瑟夫·康拉德(1857—1924),波兰裔英国小说家。

没落感比俄国更强烈，这证明他当初的选择或许没错。应当生活在这里。

1924 年 11 月，在写给曼德尔施塔姆的信中，据他亲口说，联共（布）中央列宁研究所“越来越吝啬了”。资料整理所得的报酬少得可怜。帕斯捷尔纳克觉得，在一定时期内，儿童诗倒不失为一种乐观的收入方式；其中的逻辑不言自明——应当书写任何制度下都需要的东西。

2

天才人物们打零工的本领往往格外平庸。在严肃文学方面，他们才华出众，卓尔不群，但在那种不合心意的事情上，跟同时代人相比，他们却笨手笨脚，滑稽可笑。帕斯捷尔纳克倒是善于跟孩子们说话，就像跟成年人一样。在此方面，他也算获得了成功。

首先转向儿童诗的是他的朋友，谢尔盖·布丹采夫的妻子，年轻女诗人薇拉·伊利因娜，日后，她将成为《斯佩克托尔斯基》中玛丽娅的原型之一。伊利因娜发表了中篇儿童诗体小说《巧克力》。帕斯捷尔纳克写下了《旋转木马》和《动物园》，两首相当出色的长篇诗作。但他显然对其中的一切相当不满意。“他被某种永恒的童年所造就，”阿赫玛托娃曾这样说起过他，但这仅仅意指他孩子般的纯净与率真；在其他方面，正如符·诺维科夫在《儿童世界》这篇随笔中的公正评断，帕斯捷尔纳克远比大多数同时代人更成熟——更复杂，更细致，也更有思想。如果说马雅可夫斯基写起宣传诗和儿童诗来不费吹灰之力（他非常适应那种充满天真明快的色调和正面结论的氛围），那么帕斯捷尔纳克则困难得多。

很显然，帕斯捷尔纳克本人对好坏之分（如果不算正派品行的基本表现——在电车上给女士让座，及时归还图书等等）的观念尚飘忽不定，因而他并不能给予孩子任何教谕。剩下需要说明的是，在儿童诗方面，找不出与他相似的诗人，但就在他的这种独创中，却蕴含着深邃的哀伤和坦诚的自制，以致于读到他的那首快乐的《旋转木马》（1924），你会情不自禁流下眼泪。真正的诗人善于掌握声音的秘密，这也就是扎波罗茨基的儿童诗“我摇摇头，真想再看花园一眼——真想和你一起哭”听来令人神伤的缘故。伤恸产生于声音与节奏，让你不由得同情主人公，同情作者，乃至同情所有人！帕斯捷尔纳克不比任何人更快乐：

空地上，一群人聚在
汽车背后嗑着瓜子儿。
一个男人，身背手摇风琴
头戴铃铛似的尖顶帽。

他一瘸一拐，歪扭的小手
敲打鼓槌，晃动各种
带流苏的小玩具，叮当声
仿佛澡堂里滴答的水珠。

可怜的身背手摇风琴的男人（简单地说，亦即流浪乐师），颤颤巍巍，歪扭着手脚——这一形象分明隐喻着被迫将铃铛似的尖顶帽戴在头上的大诗人。“如何将木把攥紧，/让脚踝咯吱作响，/因为喜悦，因为嬉笑/铜在膨胀，在颤抖。”究竟是谁在膨胀——是铜吗？“他像一匹束在笼套里的马，/身体佝成三段弧弯，/一边击打掌中的尖骨，/一边把双脚搓来搓去”——一幅绝妙的诗人自画像。令人惊奇的是，各种声音贯穿于诗行之中，在严肃诗歌中，它们能将不可聚合之物聚为一体，它们自身就像各种概念，把不同成分的词语聚合为同一股声浪——在儿童诗中，它们则显得不自然，也不流畅：

从十字路口到这些树丛
是相当急骤的转弯。

从十字路口到这些树丛，是 переп... пруп... тпру 之类的拗口音节①。“这些旋风被罩在顶盖下。/顶盖中央是一根柱子。/每转一圈都越来越静，/越来越静，直到停止。”这显然是对索洛古勃的《魔鬼秋千》的回应：“啊，荡起来吧，魔鬼！/一切荡得越来越高，越来越高……”②当然，魔鬼秋千与苏联旋转木马之间的相似只是暗藏在潜意识中。事实上，这无奈与压

① 《旋转木马》中的一些音节。如 переп 取自 перепутье（十字路口），пруп 取自 прутье（树条），由此可以感受到作者所说的“不流畅”。

② 引自索洛古勃《魔鬼秋千》（1908）。

抑的扬抑格的飞旋，完全不同于帕斯捷尔纳克童年记忆中枞树环绕下“魔怪圆舞曲”的旋风。

作者本人也不曾料想到，从《旋转木马》居然产生了俄罗斯历史的奇异象征，周而复始来回打转的俄罗斯，一直在它近旁进行自残并自嘲的是身背手摇风琴的男人，是头戴尖顶帽的诗人。地点时而偏左，时而偏右——向左是小树林，向右是池塘……抑或正相反？这并不重要……“木马在重负下旋转，/帆布被撑得鼓胀起来。”但这一切究竟将飞向何处？值得赞许的是，原地打转的马的形象——贯穿于帕斯捷尔纳克思想中的非自由之象征，首次出现在这些诗行中：尽管这一额外的收获只是在揭示内在发展方面具有一定的价值。1925 年，带图画的《旋转木马》单行本在列宁格勒出版了（此前，这首诗刊登在儿童杂志《新鲁滨逊》上，配有德尔萨创作的一些插图）。

《动物园》一诗，应马尔夏克①预约而作，已然是更严肃的作品，它进一步证实，所有大诗人在特定时期（通常为转折时期），总是能够听到同一种声音，并能够尽力将其传达出来。在帕斯捷尔纳克与扎波罗茨基之间，有许多共同点，库什纳曾指出，他们的后期作品甚至有可能被混淆；创作后期的扎波罗茨基对处于同一时期的帕斯捷尔纳克表示彻底认同，这绝非偶然。在此之前，在“奥贝利乌派”（обэриут）②的圈子里，帕斯捷尔纳克一直被蔑称为“著名半诗人”。《动物园》却表明，假如帕斯捷尔纳克向自己提出像扎波罗茨基起初所提出的那些任务，他会毫不费力地写下“奥贝利乌”式的诗歌来：刻意的简白同高度隐喻的复杂残余物相结合、直观性、“实体感”和线条感，这一切手法他都驾轻就熟。只不过扎波罗茨基使用这些词语写作，为的是普通读者，帕斯捷尔纳克的对象则是儿童，因为他觉得普通读者毕竟聪明得多。扎波罗茨基自 1925 年至 1927 年创作的组诗《报栏》，同《动物园》极为相似——无论在节奏（亦庄亦谐的抑扬格）上，还是在直截的主格手法上。假如将《动物园》同《鱼店》《婚礼》和《红色巴伐利亚》置于同一组诗中，它未必会脱颖而出：

---

① 萨穆伊尔·雅科夫列维奇·马尔夏克（1887—1964），苏联诗人，儿童剧作家。

② “奥贝利乌”（Обэриу），“现代艺术协会”的俄文简称。成立于 1928 年。“奥贝利乌”发展了现代主义文学所开创的荒诞和离奇，声称要使荒诞“再荒诞”，使离奇“再离奇”。扎波罗茨基是该团体的核心成员。

但动物园里
这个红屁股的宠儿，
咧嘴大笑的狮尾狒，
却在寂静中失去理智。
它时而像猴子似的
乞求施舍，
时而用细小的手爪
抓耳挠腮，
时而如卷毛狗一般打转，
时而鼓起勇气，
一跃而起，用杂技演员的
姿势，落到母狒狒身上。①

请比较：

她像浓浓蒸汽中
一只白色的潜鸟，
时而弯曲肩膀，
抻长手脚，飞舞。
时而孤独地发出低语，
游蛇般蜷成团儿
宛转地一声叹息，再次起舞——
漂亮的模样近乎赤裸。

（扎波罗茨基：《杂技》，1928）

恐怕帕斯捷尔纳克不会允许自己留下列比亚德金②式的“漂亮的模样近乎赤裸”之类的语句——正因如此，“奥贝利乌派”才认为他不够激进，充其量是一个介于前卫与传统之间的诗人；他们则是一帮不妥协的人。但接下来，他开始具有了纯粹扎波罗茨基的风格——比扎波罗茨基本人还早

① 引自帕斯捷尔纳克《动物园》（1924）。

② 陀思妥耶夫斯基的长篇小说《群魔》中的人物，一个自称是退役大尉的可疑分子，酒鬼，时常做歪诗。

一年：

在那厚墩墩的大盆里
腐烂着杂碎熬煮的肉汤。
有人说，这是一滩泥浆，
泥浆里，有一条尼禄的鳄鱼。
倘若它不曾彻底化作碎渣，
那它的样子还会更加可怕。
这未成年的恶棍，自个儿
也不满意这样的命运。①

真妙，未成年的恶棍，纯属“奥贝利乌派”的风格。而且整个画面也很相似——这杂碎熬煮的肉汤完全可以放置在《鱼店》的语境下。诗中说：

罐头盒到处叮咚乱响，
白鲑鱼跳进木桶，叫个不停，
刀扎进伤口，又杵了出来，
颤动的刀身铮铮有声……

（扎波罗茨基：《鱼店》，1928）

最终，继续描绘的场景俨然预示着“农事的盛典”。

草料仓库中央，大车般
矗立着浓密的草垛。
獠牙从顶棚下龇出来。
滑轮边，草茎弯弯曲曲。
秕糠在仓底飞旋，
像一股巨流，左奔右突，
渐渐停下来，落在
桁架、干草、滑轮和仓库旁。

沉重的轮辋挤压地基，

① 引自帕斯捷尔纳克《动物园》（1924）。

铁链辚辚，挥摆的长鼻
窸窸窣窣探过台面，
又在空中打着绳结，
地面上有什么被砍削：
要么是磨破的耳朵，
像轿式马车的两副外壳，
要么是枯干的一堆秸草。①

革命前（1913年），赫列勃尼科夫也写下了他的颇具灵性的《动物园》，诗中的海豹居然长着尼采的脑袋！只要拿这首诗同上文中阴郁的画面进行对比，就不难发现，帕斯捷尔纳克的两个儿童文学作品中充斥着多少非自由：木马迫于无奈的旋转、动物园里"被虏获的兽类"……大概他在这时已经读过威尔斯②的《莫罗博士之岛》——联想便来自于此："电车的喧声最后一次/同美洲豹的嚎叫交汇在一起。"③2003年，H.古希科夫发表了《关于马尔夏克组诗〈笼中的孩子〉的创作历史问题》一文，文中写道："大多数儿童寓言在本质上具有乐观主义情调。也就是说，野兽的仁慈往往会不由自主地战胜凶残。"在马雅可夫斯基笔下（《无论哪一页，不是大象，就是母狮》）出现的是这样一幕：野兽们偶然落入动物园的美妙世界，快乐地展示着自己。楚科夫斯基的《鳄鱼》描写了野兽从动物园的逃离。帕斯捷尔纳克则不然：他一如既往，既不对压迫者抱怨，也不甘于被压迫，他只是不理会所发生的事件。他所看到的周遭一切，都是不可思议和非逻辑性的：甚至他面前的对象，也让人迷惑不解。像轿式马车两副外壳一般的耳朵……挥摆的长鼻……也许，这就是所谓的大象？但它是幸福的吗？或者说，无论幸与不幸，它是否都有着某种让我们无以言传的感受？这样一种对于世界的观念，也是扎波罗茨基的主要观念——确切地说，他眼中的动物园已然扩展到整个世界那么大，所以他想让它退缩回去，缩成"一个老鼠洞"。

二十年代中期，两位分属不同年龄段（帕斯捷尔纳克比扎波罗茨基年

① 引自帕斯捷尔纳克《动物园》（1924）。
② 乔治·威尔斯（1866—1946），英国著名科幻小说家。
③ 引自帕斯捷尔纳克《动物园》（1924）。

长十三岁)、经历各异、价值目标和派别倾向也各不相同的诗人,为何几乎同时采用了同一种艺术手法?扎波罗茨基后来由此走向荒诞,帕斯捷尔纳克则一直这么写着,抒情诗被搁置了差不多五年时间(几首献诗除外)。有意思的是,扎波罗茨基由组诗《报栏》坚实的抑扬格很快转向扬抑格。一经转变,就展现着新时期孩童蹦跳的样貌:"小小的尸体,瞬间变得丑陋,/收敛在一片席草中"①……"一位绅士的吃人鬼/咬下一块破东西"②……帕斯捷尔纳克则相反,他转向了《一九〇五年》庄重的抑抑扬格(анапест),转向了《斯佩克托尔斯基》的五音步抑扬格,而对于时势却只字未提,历史与史诗般的画卷弥补了这一不足。不然,他可能也会去写自己的《报栏》。

帕斯捷尔纳克用于书写儿童诗和扎波罗茨基书写"奥贝利乌"诗篇的艺术手法,其特点首先在于作者中性的声调:"一个分明拎着靴子,/另一个对卷毛小狗唱着歌儿,/第三个是红脸蛋儿,脏兮兮,/像敲鼓一样敲打着饭锅"③……"残疾人排成一队:一个在弹吉他/……另一小矮个儿向我们伸出双手/……还有一个,吹胡子瞪眼睛,/摆出战斗英雄的模样……"④生动的叙事被清单取代:目光游移不定地掠过现实。同样地,帕斯捷尔纳克《动物园》里的各个角色在笼中来回走动,观察着一个又一个丑陋的现象——时而是腐烂的肉汤,时而是移动的草垛,时而是打算胡闹的狐狸("狐狸乜斜着眼睛嗅闻地板,/打算胡闹一番")……动物们也经常会识破酷似文人知识分子的美洲鸵无谓的暴乱——"当面吐口水,激动起来,/突然来一场逃亡。"

沙漠之舟忧心忡忡,任由
愚蠢的骄傲引发暴乱,
"再蠢也不能向长者吐口水",
还是骆驼想得够周全。⑤

骆驼同志,您的话是金玉良言!难怪马雅可夫斯基说起您来,就像说起

① 引自扎波罗茨基《群鸟》(1933)。
② 引自扎波罗茨基《黄道十二宫》(1929)。
③ 引自扎波罗茨基《蜿蜒的运河》(1928)。
④ 引自扎波罗茨基《市场上》(1927)。
⑤ 引自帕斯捷尔纳克《动物园》(1924)。

自己的同志:“它生活在沙漠,/吃的是难吃的杂草,/一年到头都在劳作——/它/就是骆驼,爱劳动的牲畜。”①所以说,大家都应该成为这种勤劳的牲畜,这总比平白无故地吐口水要好……或许,马雅可夫斯基正想拿骆驼同自己做对比(在一些书信中,他亲切地称它们为“和平佳肴”),——对于这种牲畜爱劳动的奇迹,帕斯捷尔纳克则是既怀有敬意,又不无旁观者的恐惧:

在它底下,人群涌动如潮。
它挺立着圆鼓鼓的胸脯,
任思绪像浪尖上的小船,
航行在茫茫人潮中。

(《动物园》,1924)

这位英雄正好拥有
一副肚皮和一颗脑袋
外加马刀把似的大嘴,
快乐的船舵由它掌握。

简直天衣无缝——上面这引自扎波罗茨基的《市场上》(1927)的四句诗,完全可以成为《动物园》的接续,尽管扎波罗茨基的笔法显然更大胆,更具超现实意味。使这两段诗相互衔接的(假如有谁还不知道,第二段出自《报栏》),是什克洛夫斯基所称的“陌生化”(остранение);通过陌生化,对物的描写,终于可以摆脱惯常的联想之链环。从原则上说,帕斯捷尔纳克笔下的兽类行为与扎波罗茨基可怕的小市民行为都是非理性的,它们只会令观察者既恐惧又好奇——帕斯捷尔纳克和扎波罗茨基的这些感受,源于对大自然的发现;不同的是,对于扎波罗茨基,“大自然”的概念还包括人们所有的嬉戏作乐,因为他认为人类只是世界的头脑和“理智”。直到1929年,《动物园》才获准在莫斯科出版,十年后由青年近卫军出版社再版,未引起任何关注,即使插图作者是尼古拉·库普里扬诺夫。马尔夏克无法在1925

---

① 引自马雅可夫斯基《无论哪一页,不是大象,就是母狮》(1926)。

年就刊发这首诗。作品被搁置在一边，并非出于意识形态考虑，而是因为它太不像传统的儿童诗了。帕斯捷尔纳克对《动物园》评价很高，并把它收录在1956年整理的一部总结性的诗集里。由此看来，他认为这首诗并不完全是儿童诗，但又绝非泛泛之作。不管怎么说，他开创了新的手法，又未能充分运用。

3

儿童诗不能保证足够的收入。1925年8月16日，帕斯捷尔纳克给曼德尔施塔姆写信（写给他的信件起初相当频繁，但由于曼德尔施塔姆回信少而简短，两人之间书信往来很快就减少了）："经历了这些周折辗转，我投向了曾经对我是全新事物的编辑工作。这才是干净而又正当的活计！"在俄国，干净与正当的结合的确在任何时候都极为罕见。"这个冬天，我很希望文字编辑能成为我的一项基本的长期的事业，能否实现还未可知……"他的愿望未能实现。想做编辑工作的人同样排成了长队。

他的内心苦闷抑郁，而且跟大多数同时代人一样，他也有些发懵，弄不清这种心境的缘由。问题不在于缺钱或无事可做，也不在于日渐滋长的文坛寂寞。最主要的原因是，生活本身及其基本机制无可挽回地陷入了乱局；诗人不可能依然故我，不向自己与他人随时撒谎。1925年夏天，《新闻工作者》杂志以"作家畅谈联共（布）中央决议"（《关于党在文学领域的政策》的决议）为题，请帕斯捷尔纳克发表意见。事实上，他从来都不认为那些形形色色的决议有什么特殊意义——甚至在1932年，针对解散"拉普"①这一问题，也就是关于党的领导最具自由主义性质的一项措施，他在莫斯科大学一个俱乐部为其举办的创作晚会上回答说，决议之后，雪不会开始从地面往天上飞（瓦尔拉姆·沙拉莫夫记住了这个回答，并写入了回忆录）；可是对于1925年的决议，他却觉得有必要表态。总的来说，这项决议是温和的，甚至还有几分多元化的色彩。决议宣称，任何一个文学团体都不具有对另一个

① 俄罗斯无产阶级作家联合会俄文缩写（РАПП）的音译，成立于1925年，1932年解散。曾是苏俄最主要的文学团体，以捍卫无产阶级文学为名，大搞宗派活动，打击异己。

的特权，所有团体都应当避免“专横跋扈之风”，因为真正无产阶级的作风并不取决于创作者的出身，它的创造应当通过艺术家们的共同努力。决议还明确宣布，苏联进入了一个文化革命时期。

帕斯捷尔纳克认真仔细地阅读了决议，以便按照编辑部的要求给予评论，结果，他发现其中有些东西背离了他对俄国革命所看重的那一切。“革命帮助人们杜绝了许多一旦得到欣赏就会失控的不良现象。我已然忘记了自己的部落、俄罗斯的弥赛亚主义、乡下人、我的使命之荣耀、许许多多的作家，忘记了他们虚情假意的质朴，这些着实不胜枚举。可是您恐怕不会相信，这当中存在着整个实质，我觉得，决议似乎也忘了，这一切应当遭到厌恨，从而使人们爱上唯一值得爱的东西，爱上历史。(……)

“文化革命我们不曾经历，我们经历的是文化编辑。现有无产阶级专政的成分还不足以对文化产生影响力(……)最后，在时代的诸多矛盾当中，按照平均统计来看，还没有什么能够让人相信，适宜于这个时代的风格已经形成。或者说，如果可以的话(……)，此种风格已被找到，但正如平均统计所示，它内涵空洞，一无所长。其主要特征在于‘路标转换派’与民粹主义的结合。就此而言，倒可以表达由衷的祝贺。”帕斯捷尔纳克的讽刺完全合乎情理：人们越是反对什么，就越会招来什么。一个由“路标转换派”的帝国思想所武装的国家，保留着真正革命的因素，这将意味着什么？事实上，民粹主义同“路标转换派”根本难以拼合，因为前者崇尚人民，后者崇尚帝国；但这一矛盾又可轻易消除，倘若被崇尚的不是由单一个体组成的具体民众，而是某种提前预设的抽象物，其目的只是为了那些伟大目标而牺牲。“路标转换派”同民粹主义的结合，便是整个苏维埃的官方爱国主义，是整个“被许可”的文学。三十年后，帕斯捷尔纳克对苏共中央文化部部长德米特里·波利卡尔波夫说道：“您弄出‘人民’这个词，就像出于需要，把它从裤裆里掏出来。”当然，在1925年，他还不至于让自己的言论达到如此禁欲式的简白。

“革命的风格，而主要是——新的风格”，帕斯捷尔纳克继续挖苦道，“它怎样才能成立？很简单。让诸多非革命的形式中最平庸者脱颖而出，一些革命的形式其实也不过如此。(……)

“相对于一流，我的所有想法都正在变成二流：我受到的究竟是接纳还是排斥？我是否落到了按部就班、甘居于中庸之道所要求的劣等程度？运用现今风格进行创作的权利不久前还属于书报检查机构。目前它与当代出版商分享着这一权利。印数的哲学同准许的哲学相互合作（也就是意识形态的禁忌与商业的贪婪相结合，发布禁令者的威迫与平庸风尚的威迫相结合！这正是对于历次革命之后书刊出版的准确断言——德·贝）。我无事可做。时代的风格已经创立。这便是我的回答。

“不过，我还有要说的话。（……）最近一段时间，我不顾一切地开始工作，那些久已被埋葬的信念似乎在我内心复活了。关键是，我开始确信，艺术应当是时代的一个极端，而不应随同其一道运转，将艺术与时代联系起来的应当是艺术本身所经历的岁月及其坚韧性，只有在这种情况下，它最终才能够很好地体现时代，从而使历史学家有可能相信，艺术反映了时代。这便是我的乐观主义的源泉。假如我另有想法，那你们也就不必来找我了。”

然而，这当中并无任何特殊的乐观主义：这里所表达的更像是一种希望——通过叙事诗的创作适当消解对于抒情诗的需求（1925 年，《斯佩克托尔斯基》已经开了个头，况且帕斯捷尔纳克喜欢书写 1913 年这个话题，他甚至为此颇感振奋）。可是帕斯捷尔纳克一旦不写抒情诗，就会无所适从。对于下一项问询——这已是由《列宁格勒真理报》发起——有关现代诗歌的前景，他的回答更为强硬。那是在 1926 年 1 月，在他刚刚动笔创作关于 1905 的长诗之际。他向戈尔农克坦承自己当初的回答带有讽刺，并且不指望这番言论能发表：“诗歌的现状令人沮丧。这一切都归因于一个可喜的事实。简而言之，幸福当中具有这样一个部分，它不能伪装出一派成熟或繁荣的局面，在一个情况极为特殊，并且始终寄望于新人而发展的时期，再补充一句，这种寄望自身也是病态和变异的（……）谁是导致诗歌陷入灾难境地的罪魁祸首？二六年之所以是二六年，因为它不是三〇年（他甚至想到过，到三十年代，将会形成一代新人；而那只可能是三十年代中期，到那时，苏维埃知识分子的第一代——譬如说文史哲学院①的大学生们，一定还会需要勃洛克、阿赫玛托娃和帕斯捷尔纳克——德·贝）。我们究竟是否需要诗歌？这个问题本身足以告诉人们，诗歌的处境是多么艰难。在它顺风顺水之时，谁曾料想到它也有无人问津的一天。只有等到这种状况不再引

① 全称为莫斯科文学历史哲学学院，1931 年从莫斯科大学分离出来，1941 年重新归并莫大。

发疑虑，诗歌才会重新振作……只不过诗歌并不在意一代新人是否真的会形成，或者仅仅存在于新闻记者制造的假象。诗歌仍然在腐烂并散发微光，可见它对新人怀有信心。诗歌仍然在喘息，可见它对表象并不满意。”

1925 年底，帕斯捷尔纳克做出了一个对于他绝不简单的决定：为第一次俄国革命写一部作品。似乎是为了证实父亲，叶甫盖尼·帕斯捷尔纳克指出，早在 1915 年，帕斯捷尔纳克就已写下《普列斯尼亚①九周年》一诗，未经任何删改；如今他想以新的方式，“以成年人的方式”来思考一个十五岁少年透过米亚斯尼克街边一座住宅的窗口所目睹的景象。事实上，这首被帕斯捷尔纳克称作“片段”的诗作，已经具有了《崇高的疾病》第一版的某些征象。革命在诗中被描述为大自然的现象，仿佛一场席卷天空的风暴——“（绝径）消失了，/只可能消失在/大罢工的广阔天空”；甚至也是同样的韵脚——исчез（消失）—— небес（天空）。作乱的不是人群，是天空；人——不过是对于乱象的反映。这便是帕斯捷尔纳克对整个历史的一贯看法，而历史无非是发生在另外一些范畴内（也许是神的范畴，也许是大自然的范畴——如他成年后所感受的那样）的大规模灾变之反映而已。开枪射击的也不是人群，而是“伫留于枪械之下的阴云”。“十二月依然是对英雄们的永恒记忆”。而组诗《一九〇五年》，正是一种重新开始的尝试，它试图以恢弘的气势和丰富的引证进一步扩展关于革命本质的象征主义的、普拉东诺夫②式的既有认知。

推动他的当然是第一次革命二十周年的盛大庆典，牺牲的英雄们，名字被一一罗列，令人感伤之极。严格地说，他打算书写的不是所谓革命，而是关于往昔时光的个人感悟，关于他同自己钟情的灾祸之间的初次相遇。周围所有人都焦虑不安，但循规蹈矩的套路终止了，奇迹如此慌张、如此喜悦、如此之近地来到人们身旁！天空紧紧贴向地面，十二月狂暴的天空——冬天，始终让他联想到灾变与时代的喧嚣，就此而言，他与勃洛克不谋而合……“这是王国的崩溃，这是雪的醉舞”——后来，落雪在他那里将永远成为灾难性的新事物到来的象征，死亡临近的象征；这一层含义将会保留在

---

① 穿越莫斯科城的小河，莫斯科河一个很小的支流。

② 安德烈·普拉东诺夫（1899—1955），原名为安德烈·普拉东诺维奇·克里缅托夫，苏俄著名小说家，剧作家。

未完稿的话剧《此世》，部分地保留在《日瓦戈医生》中。

与此同时，帕斯捷尔纳克开始严肃认真地向事业迈进，因为一旦按照预订或者哪怕受人邀约着手去做一件事情，他便认为自己应当担负起责任，避免无聊的闲扯与投机取巧，以最大程度的严谨杜绝最不起眼的放纵。追根溯源的研究开始了，随后是一封写给永恒的“救星”切尔尼亚克的书信，要求弄“一堆书”来。在这封信中，帕斯捷尔纳克谈到了自己的目标，言辞之坦率几近于放肆——要么因为他想在切尔尼亚克面前显摆一番（矫揉造作的姿态反倒给这位年轻友人平添了压力），要么因为他对于“身陷浅滩”的境况实在忍无可忍，但其余那些才华不及他十分之一的人，却由于意识形态的订货而走红。“我打算夺回被收买的命题曾经占有的全部哨卡和岗亭。我再也不能忍受。我想从1905年开始。”

一名对帕斯捷尔纳克不怀善意的批评者说，俄国知识分子，无论折腾得多么厉害，都会迫于政治形势而书写一些属于应景之作的“订货品”——这便是整个俄国知识分子的特点。然而，首先说，帕斯捷尔纳克从不折腾：在他看来这是卑下的行为。其次，他确实准备就1905年写一部并非颂扬革命（这种东西不算太难，一旦写出来，就会立刻改善他的处境），而是完全忠实其历史认知的作品。最后，“夺回被收买的命题曾经占有的全部哨卡和岗亭”，意味着从那些只会败坏它们的无能之辈手中夺回它们；命题本身并不能推翻对它们的占有。起初他计划当年秋天就结束整部作品，并将其刊登在纪念性的杂志上，却忙于琐事，直到次年春天才完成。感谢上帝，官方史学将第一次俄国革命界定在1905年至1907年，所以两年之内，他的作品都不失纪念意义。

这部篇幅不大的长诗（在一个五卷本文集当中占十五页），令他怅然若失：“近来，我为自己所做的一些事情感到绝望，心情糟糕透了”，“我陷入了一条死胡同，由此而生的烦恼足够用一生来排遣”——这是与革命现实初次接触所留下的印象，对这种印象的梳理反映着无奈而狂喜的赞叹，但长诗引发的却是完全不同的感受，无论对暴风雪赞美抑或谴责，都难以为之。描述1905年对于帕斯捷尔纳克之所以格外困难，是因为这部作品中缺乏人的形象——有的只是群众运动、大自然和一个少年的个人回忆，但主人公是缺失的，他的踪迹无处可寻。无论阿赫玛托娃和茨维塔耶娃怎样异口同声地批评说他的诗歌中没有人，其实依然存在着一个始终在观察、在感受，整个转化为声音与视觉的人物，只不过他一刻不停地以其在场昭示着先于形象的无声息的生命。在《一九〇五年》中，但凡能够感受到脉搏跳动之处，便是这个敏感角色——这个十五岁男孩在场之处。他缺席的地方，即便有妙手偶得的五音步抑抑扬格暂时打破诗的节律，也无法弥补长诗的缺陷。

整个第一章——《父辈》（1925），具有惊人的乐感、精准的韵律和恰到好处的笔触，但这一切，总的来说，只是无谓的音乐而已。帕斯捷尔纳克试图在这里，在描写人民意志运动①的过程中，深入挖掘他的一个主题——被侮辱的和反叛的女性特征，也就是他后来在《斯佩克托尔斯基》和组诗《第二次降生》中全力展开的主题。到头来，在他笔下，成为十九世纪八十年代主人公的不是民意党中的男性，而是它的女性成员：

> 这里有过陀思妥耶夫斯基。
> 而这些女隐士，
> 并不在乎
> 对她们的盘查，
> 无论如何，
> 也要将圣物带入博物馆，
> 她们走向刑场
> 走向那密境，
> 以使密谋者涅恰耶夫将她们的美貌
> 掩藏在地底，
> 隔开
> 时间、敌人和朋友。

也就是说，恐怖分子涅恰耶夫②之所以有罪，并不因为他将谋杀视为革

---

① 1879 年出现在俄国的民粹主义组织，参与其中的人员被称作“民意党人”。主张以暴力、恐怖手段实施社会变革。

② 谢尔盖·根纳季耶维奇·涅恰耶夫（1847—1882），俄国激进主义革命者。1869 年 9 月，涅恰耶夫在莫斯科秘密建立了“人民惩治会”。当年 12 月，在其胁迫和唆使下，该组织一名试图从中脱离的成员遭到暗杀。“涅恰耶夫案”在俄国引起了全社会的轰动。这一案件的侦破和审理，也成为陀思妥耶夫斯基创作长篇小说《群魔》的契机。

命者仅有的英雄气概，而因为是他导致了那些美丽的姑娘沦入地下生存状态，并造成她们的殒灭；这种阐释为帕斯捷尔纳克所特有，我们不妨记住它，以便在《中篇故事》和《斯佩克托尔斯基》中就革命主题展开新的讨论。不过，按照这样的思路，革命即便只为人类的一半也有理由成立——作为一场为了备受折磨和凌辱，有时还会被打发到地下的女人而进行的复仇。

下一个章节——《童年》——帕斯捷尔纳克二十年代中期诗作当中最动人的篇章之一；他回忆起父亲的工作室和高等艺校（Вхутемас）尚为"雕塑学校"的时期，充溢其间的柔情显而易见，在它的衬托下，第一章中关于1905年之前俄国生活是黑夜，直到革命后才突然绽放光明的议论便有了纯属宣言的色彩："那年我十四岁。/高等艺校仍是——雕塑学校。/工农速成班所在的厢房，/最上层，/是父亲的工作室。（……）/节庆的日子临近了。几张二十五卢布的钞票。/半年终结了。/日日夜夜/弦乐器敞开着，/从里到外熠熠生辉。"[①]在这里，能够感受到对节日的兴奋期待，但无论如何都不是对革命的期待。1905年1月9日，和平游行遭到猛烈枪击，一场革命灾难随之而来，帕斯捷尔纳克想在童年田园曲与这场灾难之间展开对比——他的意图确实得到了实现，原因却在于，所有关于莫斯科的童年回忆是以幽深入微的笔调写成的，而整个彼得堡纪录则呈现出激越与高蹈：

> 涅瓦河上八次齐射。
> 接着是第九次。
> 疲惫了，就像荣誉。
> 这是——
> （从左边和右边
> 快马一般的飞驰。）
> 这是——
> （远处传来的叫喊：
> 我们以为是又一次镇压。）
> 这是既定的
> 誓言的

---

① 引自帕斯捷尔纳克《一九〇五年·童年》（1925）。

王朝

骨节在断裂。①

在革命史册中,1月9日以最黑暗和最鲜红的一日而著称:向和平游行射击使人有理由称尼古拉二世"血腥"——当时人们只是由此联想到他的败落,却怎样都未料到他个人生命和整个统治的覆灭;自高尔基发表他那篇激愤的随笔以来,1月9日事件的死亡人数就不断增加(他本人当天也险些死于非命,因而对枪杀加邦②游行人群感受至深)。笔者根本不想偏向另一极端,刻意淡化此前的某些事件:不管怎么说,在俄国经验中,枪杀和平民众都是罕有的。然而,俄国革命以及随之而来的一切,却被理解为报应——起因是一个半疯癫的奸细组织下的游行遭到射击。此种观念正是苏维埃官方意识形态中对于真相最无耻也最虚假的扭曲之一。"既定的誓言的王朝"骨节开裂,即便这是事实,三百年的沧桑历程③也还未曾中断,而1905年革命也不至于将这些岁月彻底断送。苏维埃政权曾经不止一次地向和平集会开枪,而它究竟如何戕残自己的公民——不必在此赘述,我们要说的只是,任何人都无法从这些死难公民的"誓言"中得到解脱。然而,在苏维埃政权成立的最初年代,"流血星期日"一直是布尔什维克们枪杀沙皇一家的主要理由,以及为该政权暴行开脱的主要合法性依据;1925年前后,这一命题已然被彻底占有,帕斯捷尔纳克当然不可能使之复苏。此外,臆想中的莫斯科中学生打雪仗游戏同彼得堡枪击和平游行之间的对比,却成了关于个人童年的好诗同象征性事件的牵强描述的对比,帕斯捷尔纳克并非这场事件的见证者,也就无从想象它的真正底蕴。

雪下到第三天。

傍晚仍下个不停。

整夜

晶莹剔透。

---

① 引自帕斯捷尔纳克《一九〇五年·童年》(1925)。

② 加邦(1870—1906),俄国神父。1905年1月9日,他鼓动彼得堡工人向尼古拉二世提出请愿书,并到冬宫向沙皇呈递,致使工人遭受血腥镇压,后被工人战斗队绞死。

③ 即俄国罗曼诺夫王朝(1613—1917)所经历的岁月。

早晨——

克里姆林宫传来隆隆巨响：

教育督学……

谢尔盖·亚历山德洛维奇①……

死于非命……

我爱上了暴风雨

在二月初的这些日子里。②

如果说帕斯捷尔纳克内心存有纯粹文学式的罪恶感，那么上面的诗段便是明证。因为他的天性本身与那种乐于任何人被杀害的心理毫不相干。谢尔盖·亚历山德洛维奇，当然远非招人喜爱的人物，帕斯捷尔纳克的父亲对他也无好感，作为教育督学，他也谈不上多么出色，因为自个儿对绘画一窍不通；或许，杀人凶手卡利亚耶夫才是一个真正单纯、真正动人的男孩，朋友们（其中包括伊戈尔·索松诺夫）在书信和回忆录中就是这样描绘他的；在敌基督者阿泽夫领导之下名为"战斗队"的恐怖社团中，他们这帮人无不近乎圣徒。但无论是这个富有诗情的杀手们的极端组织之合理终局，还是谢尔盖·亚历山德洛维奇之死闹得克里姆林宫沸沸扬扬的可怕细节——这一切都可能促使帕斯捷尔纳克改变想法，起码因卡利亚耶夫凶案而引发的对于二月之初暴风雨的狂喜会有所遏止。

这部作品主要特点就在于它的双重意蕴。童年回忆之上叠加着关于事件的官方说法。帕斯捷尔纳克以一个孩子的方式记住了当时的各种话语，关于全社会大罢工、罗兹工人起义、彼得堡的诸多事件，还有大人口中的许多传言和报纸上散布的消息。如今，二十年过去了，他哪怕只为自己也想试图解答——这究竟是怎么回事。很快都弄明白了，但出人意料的是，唯一客观的事实恰好是这些童年回忆，官方对历史的解说却了无生气，主要是疑点重重。孩子目睹的一切是可信的；历史学家宣称的一切，反倒缺乏生命力；有时，两者相互杂糅，出现在同一诗节的范围内：

---

① 谢尔盖·亚历山德洛维奇（1857—1905），沙俄大公，亚历山大二世之子，1891—1905年任莫斯科总督。1905年2月4日，被社会革命党人卡利亚耶夫刺死。

② 引自帕斯捷尔纳克《一九〇五年·童年》（1925）。

夏天。

五月或六月。

维苏威在罗兹近旁喷发。①

钉子揳入空气。

炙干了道路上的积水。②

(这里的描写生动逼真——帕斯捷尔纳克喜欢铁路和炙热。)

枢纽站另一侧

轰隆隆的回响

渐趋沉寂:

到处散落着

玻璃和子弹射击

蜕下的空壳。③

这已然是文学,随后却是某种难以忍受的场景:

像通常一样开始。

在城外,

与军队的冲突

成为推动力。

双方都有人死亡。

但葬礼日上

对人群的再一次杀戮

点燃了工人的怒火,

也让清洗的渴望高涨。④

点燃了工人的怒火,清洗的渴望高涨……够了,是这同一只手,写下了"钉子揳入空气。/炙干了道路上的积水"吗?

---

① 维苏威火山位于意大利境内,历史上曾多次喷发,公元79年最著名的那次喷发吞没了罗马帝国的庞贝城。此处喻指沙俄治下波兰工业重镇罗兹地区的工人起义。1905年6月,罗兹工人举行武装起义,遭到沙俄军队镇压。

② 引自帕斯捷尔纳克《一九〇五年·农夫与工人》(1925)。

③④ 同上。

4

《海上暴动》(1926)无疑是《一九〇五年》中最出色的部分,在这里,帕斯捷尔纳克看待“一九〇五”年代的双重视角比在别处更明显。每当目睹大海的一刻,不可能想不起帕斯捷尔纳克对海的描绘:这才是天才诗歌的首要标志——难以想象,俄罗斯文学关于海的诗篇中缺少了《海上暴动》前五行,会是怎样的情形。在帕斯捷尔纳克那里,一切如此鲜活,全凭记忆,一切——源于敖德萨……哦,我的上帝,一切由此开始!可以说,对“波将金号”起义①的记述,体现出帕斯捷尔纳克高超的水准,甚至也有相当精准的声调(“我为何来找你,斯焦巴,我们的高级技师是何等样人?”)。但这场起义居然被比作动荡和喧响,而且从一开始就为此选定的五音步抑抑扬格是如此美妙:

一切令人腻烦。
唯有你还看不厌倦。
日夜流逝,
岁月流逝,
千百年的岁岁月月啊。
你躲进
波浪白色的热情,
也许你,大海
你将把那些光阴带入
金合欢白色的馥郁,
带入虚空。

你浮在一堆网上
发出鹤鸣。
水流像喷泉般说笑,

① 1905年6月俄国黑海舰队“波将金号”战舰水兵为抗议沙皇政府的恶劣待遇,发动起义。

像耳后的发绺，轻柔地
搔弄舰尾。
你到孩子们那儿做客。
但是，当远方召唤你回家，
你却用前所未有的风暴
做出回答！

洪荒时代的空阔
因飞沫而暴怒而嘶吼。
一向利落的潮水
也不堪拍岸的劳作，
变得穷凶极恶。
一切全都乱了，
各自咆哮，毁灭，
野蛮地掀起海藻，
各自撞击岸旁的木桩。

船帆的寡淡
被满目色彩的
单调
挤向后方。
暴雨的墙垣逼过来，
天空越来越低，
斜斜地垂落，
翻飞，
像海鸥一样触底。
电镀的昏暗
彻底搅浑了乌云，
比乌云还笨拙的
是一艘艘舰船，

踉跄着溜回港湾。
蓝腿的闪电
青蛙似的跃入水洼，
长胫的缆索
忽左忽右地
摇荡。

在此之后，完全不必对波将金暴动再做赘述，这便是它——不羁的自然力的真正形象："你到孩子们那儿做客。/但是，当远方召唤你回家，/你却用前所未有的风暴/做出回答。"仿佛是来自另一群体的小女孩，在清纯的"天国的"孩子们中间做客——这种儿童文学惯有的热爱人民的原型，后来又出现在《日瓦戈医生》中。"回家"，亦即回归事物的常景与常态，回归灾变！这也正是真正帕斯捷尔纳克式的手笔，所以整个革命（以及战争）都被他视为向自然之道的回归，以此为起点，正如以零度水平线为起点，对一切再做考量。

据帕斯捷尔纳克之子所引述，父亲曾经多次表示，《一九〇五年》最难写的是最后两章，因为这当中应包含所谓结论或者哪怕是对于基本情节的暗示。此外，这部长诗不管怎么说都还是一些片段，并未形成一个整体——而且也无法形成，长诗唯一的情节依然停留于历史，停留于成年帕斯捷尔纳克对少年帕斯捷尔纳克记忆之修正。缺失了帕斯捷尔纳克向来特别感兴趣的一点：事件的意义。令人不解的是，这一切都曾有过，并且意旨明确。帕斯捷尔纳克作为见证者记录了1917年革命，讲述了从难以把捉与不确定事物的范畴内所能探寻的一切。关于1905年革命，他却未曾道出这些，也无法道出——而只是以自己旧的象征主义视角陈述了事件，革命被看作一种现象加以呈示，它的发生不仅超乎民众意愿，而且时常与之相悖。这究竟是怎么回事，为什么波将金水兵一直忍受欺凌——突然间却再也忍不住了？为什么大学生们急切地投入游行示威，而无产阶级则在构筑着街垒？是因为终于不堪压迫了吗？抑或感觉到当局的孱弱，从而断定"眼下可以（行动）了？"其实，并没有任何外因，他们自己后来都颇感诧异。有的只是天空坠落大地，仅此而已。

《一九〇五年》在评论界反响热烈。当时还存在某种惯性——但凡出自帕斯捷尔纳克的作品,几乎都会得到赞誉,“拉普”的态度也不算严苛,知识分子书写革命、将时事转化为诗篇抑或相反的尝试受到了尊敬……“列夫”宣称《一九〇五年》是自己的巨大成就。他们总是像真正的集体主义者们一样对待创作:把失误归于个人,把成功归于集体。1927 年,高尔基写信对帕斯捷尔纳克说,通过这部长诗,诗人变得更为经典,他说这是一项重大成果,尤其出色的是帕斯捷尔纳克自认为败笔的最后两章。这种情形在他们的交流当中周而复始——彼此间在各方面有意保持不一致——高尔基一生都想成为知识分子(实现的方式是不与人民发生矛盾),帕斯捷尔纳克则始终避免成为知识分子(实现的方式却是不脱离受毒害的阶级)。高尔基推崇文化的物质表象,四处收集并珍藏书籍与绘画;帕斯捷尔纳克宁愿丢弃一切物质品,而不愿赋予其重要意义。高尔基,按照楚科夫斯基的准确评断,具有他自己的游蛇的所有特征,以及他的鹰隼的所有煽情手段——帕斯捷尔纳克则用一生保护着游蛇和“避暑的人们”,①现实中的行为一如鹰隼,无论安宁还是舒适,都不在意。或许,影响双方交往的因素还在于,他们分别以各自的方式逢场作戏,却离不开忠实的观众,与此同时,这种使对方成为忠实观众的演技,两人又太过熟悉。

至于作者本人对《一九〇五年》的评价,一封写给茨维塔耶娃的精彩书信足以做出说明。信中展现了真正帕斯捷尔纳克式的自贬与骄傲,这在他的许多信件与口头表述中颇为常见。帕斯捷尔纳克发觉,茨维塔耶娃与女儿阿霞私下交谈时对《一九〇五年》不以为然,而在写给他的书信中则不吝赞美,对待这部作品的真实态度就介于这两者之间——他写道:“这些并不说明作品的平庸,反倒说明,局部之中也有值得评判并且应当评判的地方——在旁侧,也许在前方,反正总有某个方面——还须思量。譬如说,萨维奇的遮遮掩掩的论断,或者还有更多人,包括爱伦堡的,之所以不能打动我,是因为这些论断缺少像你我的意见所具有的关节点,而这恰恰有助于理清作品的头绪。有一个人却在不经意间很好地道出了这部作品的基本优点之所在。以正式的名义探寻人性、真挚等等,也算是一件合乎情理的事情。

① 游蛇和鹰隼分别是高尔基散文诗《鹰之歌》(1895)中的两个抒情形象,前者阴鸷、消沉,后者热烈、激昂。“避暑的人们”之说,源于高尔基的四幕话剧《避暑客》(1904)。

假如另有三两人也这么做了，恐怕那种一本正经的鼓噪之风早就不可收拾了。可是你瞧，我的判断已经在马雅可夫斯基和阿谢耶夫近期作品的某些部分得到了确切的验证。”如何得知验证的结果？也许可以这么看——无论如何，长诗《好！》都比《列宁》更显亲昵，更具人性，其中不仅有“我的/民警/保护/我的安全。拿指挥棒/指挥着，/靠右边/走”，还有“我抓着绿色的小尾巴，提着/两个/小小的胡萝卜，/不是去做汤，/不是回家，/而是到爱人家/去做客”。[①] 这封信的片段闪现着帕斯捷尔纳克精神自律的光芒：为自己也为同道者保留一份权利——以非忠诚的语言和个性化的腔调来表达政治忠诚。不是斯特尼奇[②]就是奥列沙，给社会主义现实主义下了这样一个定义：“用领导所能接受的形式对其阿谀奉承。”帕斯捷尔纳克曾试图为哪怕只是选择形式的权利添加一些装饰物（在写给切尔尼亚克的信中称之为“花边”）。这项活动纯粹是战略性的，就此意义而言，长诗《一九〇五年》完成了自己的使命。

5

对帕斯捷尔纳克来说，1926 年是少有的沉重一年：除了跟茨维塔耶娃之间书信上的罗曼史之外（下文将述及此事），太多的日常琐事、家庭困难与政治纷争落到了他头上。有一次，他的岳母亚历山德拉·尼古拉耶夫娜跌了一跤，之后就病得厉害（她站在椅子上帮外孙够一件放在大衣柜顶上的玩具，不小心跌下来，摔伤了脊柱，这件事情后来写进了《日乌利特笔记》，并且几乎原封不动地进入到《日瓦戈医生》）。摔伤引发了脊柱肿胀，在列宁格勒，没有谁愿意为她动手术，只有布尔坚科大夫答应了，也是颇费了一番周折。岳母被转移到莫斯科，岳父则留在列宁格勒；通过在克里姆林宫工作的早年相识列夫·列文，帕斯捷尔纳克时常为岳父弄来日常需用的药品。在另一位故友别帕·兹巴尔斯基（当时此人已是权威人士，是他为列宁遗体做了防腐处理，并保持后续观察）帮助下，他开

① 引自马雅可夫斯基的长诗《好！》（1927），余振译。

② 瓦连京·约瑟夫维奇·斯特尼奇（1897—1938），俄罗斯诗人，翻译家。

始为出国的事情忙起来，希望同茨维塔耶娃在国外相见；结果他本人未获准许，倒是妻子和儿子可以离境。母子两人于1926年6月22日动身前往柏林。鲍里斯·帕斯捷尔纳克嘱咐他们到达之后去看望拉伊萨·罗蒙诺索娃，关于她，有必要细述。这位女士在帕斯捷尔纳克一生中发挥了重要的作用，留下了光明的形象。叶甫格拉夫·日瓦戈①的诸多原型，就来自像她这样不期然施予他恩泽的女性或男性。罗蒙诺索娃的丈夫是一位苏俄工程师，俄罗斯铁路驻柏林办事处的负责人（此前曾在临时政府任职）。她本人爱好文学，素来对文学家们慷慨热情，在苏维埃文艺与资产阶级媒体之间扮演着独特的中介角色。她一边把一些有意思的新作寄往俄国用于翻译，一边千方百计地把好的俄语作品推介到国外。她同楚科夫斯基的关系格外要好，而后者也是一位守护神，始终默默地守望在远处——在其推荐下，罗蒙诺索娃结识了帕斯捷尔纳克这个才华横溢、认真严谨之人。她给他寄去了王尔德死后发表的几部文稿，约他翻译，并当即预支了稿酬。对帕斯捷尔纳克来说，这笔额外的进项犹如雪中送炭——他刚刚为妻子办理护照花费了200卢布，而非此前以为的30卢布（起初预想的阳关大道被一道铁幕阻隔了）。罗蒙诺索娃也向帕斯捷尔纳克索要作品，他让热尼娅把刚出版的短篇小说集带给了她。罗蒙诺索娃后来又多次帮助过他，而他每次给她写信也都言深意切。在柏林，她亲切地接待了热尼娅，称她为“任丁丁太太”（有一部美国系列电影，主角就是一条叫作“任丁丁”的牧羊犬）。

整个1926年，除了创作《施密特中尉》，完成《一九〇五年》结尾，寻找挣外快的机会，帕斯捷尔纳克还需要理清同妻子的关系。他恳求她：“给我一个更公正的评断吧，不要按照你以往的做法。”引发她猜忌的不单是他有可能爱上了茨维塔耶娃，并同她保持热烈的书信往来，更主要的原因在于，她陷入内心的烦乱而不能自拔。他本人了解所有情况：“总有一天，我们两个都会垮掉，会彻底崩溃。我之所以崩溃，不是由于雷电、火灾或地动山摇。不是由于外部的或世界的因素。一切源于我个人的罪错。日复一日，窗扇紧闭、门扉破败、疏于修缮，这些都是我为之哀泣的罪过。还有一个原因：这

① 日瓦戈医生的同父异母兄弟，小名叫作格兰尼亚。

种哀泣总是令人压抑。”

这是他在1926年精神状态的相当真实的写照。应当理清自己的内心。心境之外,还有炎热、窒闷的夏天——“简直是地狱啊!血都要沸腾了,没有任何快乐,我担心什么事情都做不了。”在莫斯科,岳母住在谢苗·卢里耶家里,饱受臭虫折磨:白天,她坚强地忍受着病痛,对什么都不抱怨,夜里服下安眠药后迷迷糊糊,被虫子咬得睡不着。最后,她被安排住进了谢马什科医院,但临到手术前一刻却因为害怕而放弃了;布尔坚科大夫将手术自行推迟到8月底,接着又延迟到秋天才终于完成。手术见效了,亚历山德拉·尼古拉耶夫娜的情况有所好转——她又活了两年。

这一次,在与种种诱惑的斗争中,帕斯捷尔纳克度过了孤独的城市之夏(茨维塔耶娃写道,假如她处在帕斯捷尔纳克的位置上,她会向诱惑让步——显然,她觉得这样更自然,更真实;他却不明白这一点)。在书信中,他无休止地剖析他与热尼娅的关系。“让我感到作呕和难以想象的是,两封不同的信分别呼唤着同一个名字,写给同一个人,它们将沿着同一路线发送出去,返还回来时却展现出被分享乃至被分割的心灵和命运。”热尼娅描述着自己和茨维塔耶娃写给帕斯捷尔纳克的信件,而不顾忌对丈夫使用“卑鄙”之类的字眼儿(“自私自利”这种词是家常便饭)。他在回复中发誓自己一直忠实于妻子和儿子。要说他未感到憋屈,那也是不可能:“莫非你想从我的罪过与懊悔开始,重建生活?”起初,她没有料到,这句话会让她变得略为清醒。从8月底开始,她的书信的腔调缓和了。不久以后,她告诉他,在波先霍芬的疗养地,有个名叫鲍威尔·费希特温格尔的德国商人(一位在俄国尚不知名的作家的兄弟)想讨她欢心,遭到她断然拒绝。于是热尼娅与帕斯捷尔纳克之间两清了,家庭世界重新建立起来。

整个这一时期,燠热难耐的小市民的莫斯科,尤其是日益增长的犹太居民,令帕斯捷尔纳克心烦意乱:“一如既往,我们将面临困境:到处几乎都是犹太佬——应该听听这个——他们仿佛刻意摆出夸张的姿态,想要彻底描画自己的形象:没有一丝美感。莫斯科快要被塞满了!马上就是十周年了,言谈举止总该有些分寸呀!(帕斯捷尔纳克所说的“十周年”,含义十分明显,他在一定程度上把革命视为一场犹太人的赌局,一种挣脱束缚的企望——可是一旦挣脱,那又该如何是好？——德·贝)最令人不安的是,为那最后一个,那几近于猴子的家伙,为他所有的丑态——直到岁月尽头——你都要负起责任。他将吃起梨子来,他不停地扮鬼脸——你则因他聒噪的存在而心神不宁。即便是孩子也难免于此。有时,我会为那种既有的行为禁不住地战栗。”(摘自1928年8月27日的信件)

1928年,几乎就在同时,帕斯捷尔纳克写信给高尔基:“就我的出生地、童年的氛围、我的爱情、禀赋以及喜好而言,我不该作为一个犹太人来到人世。这样的变化并未给我带来任何实质性的改变。(……)可我岂能自主决断呢！要知道,我自个儿一直怀有不祥的预感,审视着自己的角色和命运,不仅因为我处在这迷人的、跟语言脱节的生活中。”当然,问题不仅在于语言——说到语言,人们首先会指摘他的过度自由,并将之归咎于缺乏素养。事实上,他的自我审视实属无奈。长期以来,作为犹太人,他无法彻底坦然地表达自己对俄罗斯道路与俄罗斯国家制度的见解:这终归是一个异乡人的意见。甚至在三十年代初,当国家与人民的命运与他休戚相关之时,他仍然疑虑重重,难免不把自己当作这场历史盛宴上的外来者;他一方面期望为国家所拣选,承担相应的责任,另一方面却又担心不被许可。二十年代末,这样的念头时常困扰着他;而促使他对苏联生活许多方面予以肯定的重要因素之一,或许恰恰是早期苏维埃国际主义——在那种条件下,即便不属于主体民族的一员,也能够感觉到自己是国家的公民:不为特权,只为分担责任。

不过,帕斯捷尔纳克的心境很快就平复了。就在信中提到去别墅拜访朋友列依波维奇(芬尼·兹巴尔斯卡娅的妹夫)的那天,在他为雅罗斯拉夫火车站上喋喋不休的“犹太佬”而恼火的那个星期日,他突然萌生了善待自我的念头。对于他,恢复生命活力、摆脱身心困顿的方式只有一个——暂时投入到大自然中去,随便“在草地上,在野外的芬芳中”躺下休憩,“向后摊开手臂”……尽管只能满足于“索然寡味的棋盘格似的别墅小径”,但接下来的片刻,他便沉浸在愉悦中了。“我清楚地回想起来,自童年开始,我就被‘大自然的情感’的难以捉摸的力量所吸引(一种似是而非、无以言传的东西),如今,我并不打算就此展开细述,那会扯得很远。我想起来,这种情感总是与绝望相伴相随:(……)似乎任何时候都无须向它偿还创作的债务。忽然间，我的脑子里冒出两行诗句：

草地被淡青色的暑热搅得发晕，
树林里，凝聚着教堂般的昏暗。①

"我平生第一次懂得了，这当中存在着某种创造物，哪怕仅有只言片语，也不失为这三十年的激动不安所应得的献礼。在我的人生中，在一刹那间，我第一次体验到某种近乎满足之感。"

1928 年 9 月 25 日，热尼娅和儿子（帕斯捷尔纳克的父母叫他热年卡）踏上了驶向莫斯科的列车。一道同行回国的还有别帕·兹巴尔斯基，因而他们在海关没有遇到什么麻烦（有人给帕斯捷尔纳克捎带了许多侨民报刊和书籍）。帕斯捷尔纳克的儿子曾经提到，父亲向来喜欢延长迎送的过程——把出行者送到旅途的第一站，在最后一站迎接客人。他在莫扎伊斯克②迎来了妻子和儿子——苏联郊区火车的低劣与国际列车的豪华之间对比鲜明，为此，他的心境再次沉重起来。儿子，用他的话来说，个头猛长了一截，举止变得文雅了。小热尼亚一个劲儿地唠叨："儿子坐车找父亲，父亲自个儿跑来了！"

1927 年前夕，帕斯捷尔纳克完成了《施密特中尉》前两部，以及第三部的初稿，也是最出色的一部。

第十五章　1926—1927：《施密特中尉》 春天与苦役的广度

1

1927 年，帕斯捷尔纳克跟朋友们愉快地分享关于 1905 年革命历史的

① 引自帕斯捷尔纳克《树林里》（1917）。

② 位于莫斯科以西 110 公里的一座小城。

作品:给布里克夫妇带去一摞记述"奥恰科夫号"巡洋舰起义①的读物,把雅沙·切尔尼亚克专门挑选的莫斯科起义的文献归还回去。完成了两部长诗——《一九〇五年》和《施密特中尉》。

1927年初,遭贬黜的托洛茨基仍在租让委员会挂名(昔日的军事人民委员、革命舞台主角居然落到这般境地),忽然有一天,他将一群作家召集到身边,其中包括帕斯捷尔纳克、阿谢耶夫、特列季亚科夫(据卡塔尼扬②证实,马雅可夫斯基当时不在莫斯科;整个1927年,他一直四处游走,但即便当时他在城里,人们也不可能相信,对党分外忠诚的马雅科夫斯基会跑去找托洛茨基,与之展开交谈)。托洛茨基冷不丁问帕斯捷尔纳克:"您的'施密特'和'一九〇五年'真是那么一回事儿吗?"据当时在场的阿谢耶夫所述,帕斯捷尔纳克低声答道:"喏,您知道,这类话题我甚至跟亲朋好友都不会谈论!"这个回答无可挑剔,它合乎于帕斯捷尔纳克的价值体系:既是对正面提问的回避,又是对话者尤其是遭贬黜的对话者一贯欣赏的辩白。在我们的时代,据说,隔墙有耳……

托洛茨基既然召集了列夫派,为何在他们面前显出对文学十足的轻慢,同时,还是据阿谢耶夫所述,又把所有问题"搅作一团"?他为何突然向帕斯捷尔纳克询问《施密特中尉》是否真实?不难推断,他是在试探"列夫"有无可能组建新的反对派阵营——他对文艺虽不在行,却非常明白,"列夫"及其激进的革命主张行将没落。果不其然,等到1927年夏天,列夫派们纷纷开始了公开忏悔,"捶胸顿足,痛苦万状",继而散了摊子;而1927年前夕,与托洛茨基之名紧密相联的革命禁欲主义乌托邦即已山穷水尽。显而易见,一个截然不同的世界正在被创造。四年前曾指责帕斯捷尔纳克脱离生活的托洛茨基,此时却很清楚,一切将转向何处;他感兴趣的是,帕斯捷尔纳克是否也了然于心?

若想认真解答帕斯捷尔纳克对《施密特中尉》究竟抱有几分诚意,首先需要承认,他写下这部作品,犹如"激情革命家"(Пламенные революционеры)系列的开创。二十世纪六十至八十年代,"政治文献出

---

① "奥恰科夫号"巡洋舰隶属于沙俄黑海舰队。1905年11月,该舰参与了塞瓦斯托波尔军港起义。

② 瓦西里·阿布贾洛维奇·卡塔尼杨(1902—1980),苏联作家,马雅可夫斯基的传记作者。

版社”曾经出过这样一套丛书，支付的稿酬为最高级别。许多持不同政见的作家都为该系列丛书执笔，其中包括阿克肖诺夫、格拉吉林、奥库贾瓦……从昔日“激情革命家”当中，完全能找出相当杰出的人物——思想的骑士，同列宁—斯大林分子的兽行关联最少，同他们的继承者的愚蠢也毫不相干……奥库贾瓦写过《佩斯特里》①，格拉吉林写过《罗伯斯庇尔》……1925年，当帕斯捷尔纳克开始创作历史叙事诗，“激情革命者”系列尚不存在，但当时国家正需要书写历史，亟待寻找英雄，即便工人们擅自处死的那些宣传鼓动家，都有可能被奉为革命圣徒。施密特中尉或“波将金号”起义领导者之类的人物，成为了，用今天的话来说，偶像级的热门人物。与此同时，他们所展现的形象，介于半官方订货与革命初年的勇猛精神之间，堪称完美的折衷。施密特被视为革命长诗主角的最佳候选人——从他身上，帕斯捷尔纳克看到了自己的影子，而且没有看错：长诗完成之后三十年，（在写给苏联作协理事会的信中）他几乎逐字逐句地重复了施密特在法庭上的最后话语。茨维塔耶娃却对主角人选颇为不满：她觉得，帕斯捷尔纳克本人反倒看不见了。“你在这部作品当中的形象，少于其他作品。你的高大处于这个小人物的阴影下，被它覆盖了。”“小人物”“动人的，却又无可救药的”——对施密特如此评说，完全符合茨维塔耶娃的风格；在茨维塔耶娃社会革命党式的古典主义英雄观中，他当然算不上英雄。卡利亚耶夫②才是最佳人选！她曾援引来自社会革命党家庭的丈夫的意见，向帕斯捷尔纳克提出过此类建议。然而，这样那样的意见仅仅说明，她对帕斯捷尔纳克的构思是多么不理解！在某种意义上，帕斯捷尔纳克与茨维塔耶娃之间的对比，正如施密特与卡利亚耶夫、知识分子与社会革命党斗士之间的对比；他们在诗学上的差别也同样如此。知识分子的困厄是这部长诗的主题。“将人变成他不相信的事业的英雄，不啻于摧残与毁灭”——作者在写给茨维塔耶娃的信中，做出这样的概括。帕斯捷尔纳克关注的是，相对于意识形态，道德具有首要意义：对施密特而言，出卖自己的水兵比违背誓言更可怕。他领导着起义，同时绝望于让

① 帕维尔·伊万诺维奇·佩斯特里（1793—1826）：俄国青年贵族军官，1825年“十二月党人起义”的领导者之一。

② 参见本书第十四章相关注释。

起义者相信这场行动的前景——完全是帕斯捷尔纳克式的抉择，跟革命并无直接关联的抉择。

2

在1926年5月8日写给茨维塔耶娃的信中，帕斯捷尔纳克解释说：“后段甲板——舰船的中间部分，被视为船体最荣耀甚至最神圣的部分。缆柱——系套缆索的铁柱。浇洗甲板，意思是用舱盖封闭所有舱室的入口，再对甲板加以清洗。带炮塔的甲板——位于巡洋舰中部的装甲上层建筑，设有通往鱼雷部和弹药库的入口。也许，这些解说毫无必要吧？看似笨拙的样子。你是怎么想的呢？”在这封信之前，他对《一九〇五年》当中水兵使用的“吃掉”之类的语汇做了同样详尽的说明，甚至用到了审理“波将金号”起义的卷宗。看起来当然不只是笨拙，还有某种孩子般的动人：一个人准备投身于事业，所以要研究材料。苏维埃政权向作家们提出（列夫派的写实文学理论也在迎合当局），首要的是细节准确和甘坐冷板凳的非凡耐性（书呆子做派随后受到了公然嘉许）：细节越多，哪怕有时过量，越是淋漓尽致的写实，越逼真——就越好。多么可怕的事情，当天生的勤勉与时代的刻板要求相互叠加，这一切便成了诗！

跟大多数“激情革命家”一样，施密特的故事，如今很少有人还记得。其实，早在二十年代末，在革命浪漫史随风而逝的岁月，他就已经几乎被遗忘。伊里夫和彼得洛夫比所有人更确切地描述了此事。在他们合作的小说《金牛犊》中，主人公奥斯塔普·本德尔冒充施密特中尉的儿子，却不记得这位传奇革命英雄的姓名；第二位“中尉之子”——巴拉汉诺夫——用勉勉强强的复述，拼凑了一本题为《“奥恰科夫号”暴动》的通俗读物。尽管如此，对于知识分子而言，无论二十年代还是与之略有相似的六十年代的知识分子，施密特都不失为一个标志性人物。我们想起在电影《活到星期一》中，伊里亚·梅利尼科夫老师那段著名的独白，编剧格奥尔基·波隆斯基显然借鉴了帕斯捷尔纳克对施密特形象的解读：“施密特·彼得·彼得洛维奇中尉——这究竟是怎样一个人？俄罗斯知识分子。聪明人。天生的演员。又会唱歌，又会拉大提琴，还会画画儿……这一切并不妨碍他成为一名职业水手，一名勇敢的军官。另外，施密特还是一个炽热的演说家，他能让听众痴迷……不过，他的主要天赋终究在于感知痛苦的能力，他对别人的痛苦之敏感，胜过对自己的痛苦。彼得·彼得洛维奇·施密特反对流血。如同陀思妥耶夫斯基的伊万·卡拉马佐夫，他无法容忍普遍的和谐，哪怕因这种和谐而受苦的只是一个孩子……他不相信，也不愿相信，机关枪与霰弹的语言是同沙皇展开谈判唯一可行的语言。不流血的和谐！所有关心俄罗斯福祉的人们之间理智的协商……天真吗？是的。错误吗？是的！但我所希望的不是讨伐这些错误，而是要明白为之付出的高昂代价！”接下来，“完美的教师”梅利尼科夫引用了帕斯捷尔纳克——在1968年的背景下，这本身就是一种挑战；苏联的六〇一代（就像认可革命，却不接受暴力的二十年代知识分子），需要标志性人物施密特，需要这位浪漫派与理想主义者。重要的不是粗鄙的教条主义的历史真理，而是为错误所付出的代价，不是始终可疑的结果，而是纯粹的良知。

在帕斯捷尔纳克看来，个性的作用不在于造就历史，而在于摆脱历史的束缚并保持自我。面对历史，不躲躲闪闪，不回避其挑战，而是坦然接受——虽然几乎必输无疑；后来，当他也陷入无望的斗争之时，这些思想经过归纳与整理，写进了《日瓦戈医生》和关于《哈姆雷特》的札记。帕斯捷尔纳克认为，直到四十年代前夕，他才从某种催眠状态中挣脱，获得了自由。不过，早在1925年，他所关注的主要命题便是人类同其历史角色之间的抵牾；这个命题后来贯穿于他整个的生命，他个人的履历也成了解题的素材。在他的头脑中，历史仿佛是一场戏剧，一场神秘剧，所有角色均提前分配完毕；机缘错失可以原谅，但不能拒斥它的降临。为自己不相信的事业而牺牲——帕斯捷尔纳克的叙事长诗与小说的主题；再宽泛些说，基督教伦理与历史逻辑的矛盾是他从始至终的主题。他对该主题的处理大多取材于俄国历史，因为恰恰在这里，这一矛盾才更加动人心魄；关于俄国往事的历史宿命与翻云覆雨之缘由，他打算写一部剧作——《盲美人》。在此意义上，施密特的人生戏剧殊为典型：参与其中的所有人，包括主人公在内，全都明白，正在上演的是一出愚蠢的话剧；护舰兵不愿保护施密特，法官们——不愿审判，射击手——不愿开枪，施密特本人不愿领导起义，水兵们不愿暴动（舰队里没有人支持“奥恰科夫号”起义）……总而言之，这是经典的俄国一幕：

所有人明知所有的一切,却任由行为受制于非理性的力量。这种力量随后向每一个违背自己的意愿,将施密特置于死地的人实施了报复。由此出现了一条周而复始的暴力之链,犹如驱之不散的邪恶。

继续宣判,迟早会有一天
为暴君的罪孽,他们自己也将
坐上同样的席位,坐在
一簇簇肮脏的白发间,
同样会有风吹的春日,
会有人可怕地成为活靶子,
会有至高无上的旨意
与淅沥沥的水滴的预言。
会有哮喘的抽搐。会有宣判
宣判,无休无止的宣判。①

作者表达的是什么——是因未来的报复而幸灾乐祸吗?不,当然不是。用帕斯捷尔纳克之子的话来说,这是"流血所引发的连锁反应之恐怖",他认为,行刑者在处死施密特二十年后遭到枪决,成为创作长诗的动因之一。然而,没有人相信,"淅沥沥的水滴的预言"比最高的旨意更重要。在这里,水滴无疑具有特殊的穿透力,它喻示着生命终将与人相随,而无论任何情况;春天、风吹的日子……这样的春天并不取决于现实的恐怖,如同历史的进程——不取决于个人的意志。沙拉莫夫记得(并告诉帕斯捷尔纳克),奥尔洛夫,基洛夫的顾问,临刑前在隔离病房朗读的正是这些诗句。

3

这段历史的所有参与者原本都是正常人。不幸的斯塔夫拉基中尉,对施密特执行枪决的指挥者,扑通一下跪倒在人犯面前,后来,他本人也被苏

① 引自帕斯捷尔纳克《施密特中尉》第三部第7节(1927)。

维埃政权枪决(也怪他自己太愚蠢——活到了二十年代,要是一直安安静静在巴统做他的灯塔看守人,也许谁都不会想起他,可他却跑到《灯塔报》发了一则简讯,声称灯塔上的汽笛必须修理。帕乌斯托夫斯基①在《黑海》一文中曾提及此事,并做了补充,不过,斯塔夫拉基被指控的罪名却是盗窃国家财产)。整个俄罗斯都在为施密特祈祷。令人吃惊的是,施密特本人却对审判自己的法官们表示同情!他知道,决定他命运的不是他们,判处死刑的要求来自彼得堡(据说,是尼古拉二世个人的要求);他的话语,充满高尚的谦恭,几乎一字不落地被帕斯捷尔纳克转化为诗句。他谁都不怪罪——自始至终,他对历史都抱着古典式的理解:历史总是自行流转,而不听从任何人的意见。

混沌岁月里,幸福的结局
渺然难寻。有人徒劳一场,
只留下号啕与忏悔,
有人把各各他当作尽头。

如同你们,我也是时代
大变迁的一部分。
我将接受你们的判决
而没有怨恨和怪责。

或许,当你们清除人类
也不会有一丝颤栗。
说到底,教义的殉难者,
你们也是世纪的牺牲品。②

本来,如果长诗中没有若干极度隐秘之处,没有绚丽与炽烈的形象性,没有丰富多样的节奏以及列夫派推崇之至的文献式的细节,那么早在1926年《新世界》杂志(8—9两月)增刊发表长诗第一部之际,帕斯捷尔纳克的

① 康斯坦丁·格奥尔基耶维奇·帕乌斯托夫斯基(1892—1968),苏联著名作家。
② 引自帕斯捷尔纳克《施密特中尉》第三部第8节(1927)。

历史观便可能引发尖锐的批评。这桩丑闻的由来是这样的:《施密特中尉》一开篇,就是帕斯捷尔纳克为茨维塔耶娃写的一首贯顶献诗(акростих-посвящение)①,而在苏联刊物上提及侨民②(况且是正面意义),当时就已不受欢迎。帕斯捷尔纳克要么是不愿相信这一事实,要么希望大多数读者——特别是当权者——看不出贯顶诗的名堂,但事实上,他们的机敏足以识破每一诗行开头字母连贯起来的含义。结果,《新世界》主编波隆斯基差点儿丢掉了职位;鉴于人们对《不灭的月亮的故事》③记忆犹新,这首献诗有可能被视为新的谋逆之作。官方高层人士断定,作者有意采用隐晦的手法怀念一名反动女侨,编辑部则扮演了同谋的角色……帕斯捷尔纳克给波隆斯基写了数封检讨信:“看法不一的形式上的套路掩盖了‘献诗’的内容,其实它跟政治一点儿关系都没有。对诗人来说,作品一旦完成,便被偶然的意志所掌控,落入种种臆想,以为诗人会揭示其奥秘。”(1926 年 11 月 2 日)这一次,麻烦算是躲开了。

然而,当局的关注点一如既往地不在于此——因为主要的反动思想(在写于 1926 年 5 月 8 日的一封信中,帕斯捷尔纳克专门向茨维塔耶娃提示过——没准儿她不明白呢?)包含于长诗第一部第六章,关于此章结尾他解释道:“……历史的更替轮回,近乎庄严与华美的教规:马戏舞台变成斗兽场的前排,苦役变成整个政府,或者更好些:在注视历史的那一刻,你会不由自主地想到,理想主义之所以存在,主要是为了人们将它否定。”一切看似清晰明了——尤其是“庄严华美的教规”一说,亦即历史的图解式的对应性、它的机械的规定性;涉及理想主义的言辞则略显晦涩,其中蕴含着帕斯捷尔纳克首次表达的思想:整个历史都喻示着对于理想主义的否定,如此一来,我们所面对的不过是一种无关于精神生活的机械运动!到后来,在《日瓦戈医生》中,我们还将看到作者就此主题所展开的更直接阐述——关于历史与植物王国的相似性(甚至其最积极的参与者,也不及酵母)。在俄罗

① 一种特殊的诗歌句法修辞形式,类似于汉语中的藏头诗,通常由诗中各行第一个字母自上而下连贯起来,构成一个词或一句话。

② 茨维塔耶娃于 1925 年举家移居巴黎,1939 年返回苏联。

③ 皮里尼亚克作于 1926 年的一个短篇小说。小说中抨击了产生专制者和暴君的温床——机械主义,结果招致“恶毒诽谤”的罪名,刊发这篇作品的《新世界》杂志全部被查禁。

斯出版的第一部帕斯捷尔纳克文集(1990年)序言中,德米特里·利哈乔夫将他的历史观同托尔斯泰相提并论,但帕斯捷尔纳克的思想观念其实更激进:他甚至确信,“托尔斯泰未曾彻底道破自己的思想”。在托尔斯泰看来,历史“聚合千百万人的意志”;按照帕斯捷尔纳克真诚的理想主义观念,历史是某种已然确立的规则,正如一年四季的更替,从中读不出千百万人的意志,顺带说一句,托尔斯泰通过叔本华的著作并未解决任何问题。脚本自行存在,自行实现——这当中也包括个体的戏剧,它时常不在其自身的窠臼之内。历史进程(起码是俄国历史)经由帕斯捷尔纳克之笔,呈现出图解式的直观性:

哦,国家的偶像,
永恒的自由的前夜!
世纪从牢笼中逃逸,
野兽在科洛西姆①游荡,
传教士之手勇敢地
伸向生猛的铁笼,一边祈祷
一边用信念驯化虎豹,
步调始终如一
从罗马各地的竞技场
步入罗马教堂,
我们也以同样的准则活着,
我们,栖身于地穴与矿井的人。②

地穴——早期基督徒的栖身之所;这些基督徒被抛给野兽,抛到“罗马竞技场”,由此步入那逐渐成为国家权力之象征的“罗马教堂”——帕斯捷尔纳克眼中的历史,便是这样一种永恒的轮回:思想来临时,只是异端邪说,后来,它战胜旧有压迫,继而变成一种新的压迫性的力量。帕斯捷尔纳克将自己和潜在的同道称作“栖身于地穴与矿井的人”,同时强调自己无意参与

① 即罗马斗兽场,亦译作罗马大角斗场、罗马竞技场、罗马圆形竞技场、哥罗塞姆等,建于公元72年至82年间,是古罗马文明的象征。

② 引自帕斯捷尔纳克《施密特中尉》第一部第6节(1926)。

个人思想的凯旋,但只要历史进程依然如故,苦役继续成为主导力量,那么显然,他仍将预见自己摆脱地穴的出口——通往半官方……而且他的预见不会出错。从施密特的遭遇中,他发现了这样一条被准确验证的路径(或许正是这一验证的结果,令他产生了关于俄国历史中“地穴”与“教堂”的永恒更迭的思想):施密特被捕后关押在奥恰科夫岛——暴动的战舰恰好以此岛命名。“奥恰科夫——起义舰船的教祖。”①就这样,从“奥恰科夫号”到奥恰科夫岛——一切都在变动中,而舰船与岛屿之间的选择却无法迷惑帕斯捷尔纳克:哪个更好——水兵们注定失败的起义,抑或“国家的偶像”?施密特在这里,人质在那里。

4

《施密特中尉》——散文诗歌化的非凡事业的巨大成就;遗憾的是,帕斯捷尔纳克在获得成功的同时,却难免过犹不及的生硬的直观性。目标极其复杂:要完成的是一部思想上张弛有度、忠实于历史、富有感染力的作品。在第二部当中,形式的精湛同材料的粗糙相互冲突,从而造成趣味上明显的败笔:

施密特跟其余人都发现,
瞬间的延迟就能让
桅杆和缆索免遭弹雨,
又要尽快填满它的胃口,
以使炮击哪怕暂缓片刻,
这时,打盹儿的俄耳甫斯②仿佛
从他内心苏醒,莫非他想起
另一首要之事?绕军舰环行,
让炮弹愧疚,
让船坞的钢筋铁骨动容。③

---

① 引自帕斯捷尔纳克《施密特中尉》第三部第2节(1927)。

② 希腊神话中的人物,据流传最广的说法,俄耳甫斯是太阳神阿波罗之子,发明了音乐和作诗法。他的歌声和琴声能使神和人陶醉,就连猛兽恶煞也会立刻俯首帖耳。

③ 引自帕斯捷尔纳克《施密特中尉》第二部第6节(1926)。

有时你会觉得，长诗的部分内容若以散文形式进行陈述，或者将文献杂糅其中，也许更忠实也更简捷，这样就不必采取所有这些迂回曲折的转文，直截了当的叙述就够了：施密特决定乘坐快艇绕军舰环行，以劝说军官和水兵们不要向失去保护的“奥恰科夫号”射击。什么“打盹儿的俄耳甫斯”之类也大可免去，这种表述未必得当，甚至 Орфей（“俄耳甫斯”）与 верфей（“船坞”）的绝妙韵律也只是平添造作之气。1926 年，帕斯捷尔纳克尚确信，一切尽在其诗行掌控下；等到 1929 年，他已打算以散文手法处理《斯佩克托尔斯基》中涉及战争与革命的部分：在通往宏大的小说形式的道路上，他的想法将变得简单而大胆——一些抒情片段交由诗歌，而叙事的和更为动态的片段，则直接加以陈述。

向后退！为何要把污水
泼洒到雨中？
“锡诺普”连同“切斯马”①
是否会丧失战斗力？②

帕斯捷尔纳克喜欢把传统上不属于诗歌的语汇纳入诗行，并通过音列的整合抹平语汇的异质性。“日用”与“自创”在他的诗中水乳交融，但“战斗力”之类的表述却格外突兀；在炮击“奥恰科夫号”之夜，以诗歌形式记述施密特的内心独白，终究是徒劳的。为了协调叙事，帕斯捷尔纳克付出巨大的代价，反而导致文体失衡，许多节点掺杂其间。

长诗中的节奏转换恰到好处，无可挑剔的独特韵律，时而是音乐的，时而是口语的。帕斯捷尔纳克开始创作《施密特中尉》的时间，早于他得到茨维塔耶娃的《捕鼠者》，后者当中最大的难题——诗歌叙事的创建通过纯粹音乐的手法而解决。这两部作品难以相互对比：《捕鼠者》——张扬、凌厉的传奇，内蕴丰富，角色被赋予双重情感，从而使情节“变动不居”；《施密特中尉》——有意营造的庄重之作，尽管充满自由不羁的思想，但无论如何都不是一部恐怖的中世纪童

① 锡诺普，土耳其北部港口，克里米亚战争期间遭到严重毁坏。切斯马，土耳其黑海港口，因俄、土两国 1770 年在切斯马湾展开的海战而闻名。但这里也可能暗指俄国黑海舰队巡洋舰“切斯马号”。

② 引自帕斯捷尔纳克《施密特中尉》第二部第 7 节（1926）。

话。值得一提的是,当帕斯捷尔纳克于1926年6月收到《捕鼠者》时,不由得为诗中与他类似的手法而欣喜。就节奏的丰富多样而言,苏联诗歌中没有能够与《施密特中尉》相提并论的作品。任何人在节奏处理上恐怕都不及帕斯捷尔纳克,难怪他要让茨维塔耶娃相信:"我将把这整座山吞掉。"在长诗的第一部和第三部,他逐渐释放出真正的抒情的能量:

人犯共计四名,他们中间的两名
仍然以为——四除以二等于二。
夜风以它永恒的创建的精神
热情而忘我地抚慰着群星。
…………
其余人沉醉于春天与苦役的广度。
舱门洞开,像鳗鱼身上眼状的圆斑,
照明灯也在圆鼓鼓地张嘴呼吸。
舰船微微颤动,像昏睡的章鱼。①

每一道风景,每一个承上启下的点缀,都有其对应的节奏。譬如下面这幅海港之晨的奇妙画面,单独来看便是一首完整的诗:

就着冬日迷离的美景
锚地在黎明的幽暗中打盹儿,
散乱的桅杆
恍惚之间被雾气笼罩,
昏死的灯影下,
桁架惶然失神,
仿佛浸在露水中
裹着银与贝的光色。
清晨的海水
妩媚地泛起柔波。
船身摇荡,

① 引自帕斯捷尔纳克《施密特中尉》第三部第9节(1927)。

每一声响动
无论多么细微和松弛
都依稀可闻。

绝美的景观——活生生的大海，完全是《起航》①的意境。然而，仅仅过了二十行——

来自帕夫洛格勒的步兵团
连同第十三野战
炮兵部队
一道——在潮湿的路面展开试验。②

一切的合成都不复存在，只有各不相同的两个开端之间剧烈的冲突：不仅第十三野战部队显得异常突兀，而且美妙的海景也像是一块花哨的补丁，粘贴在纪实性的悲剧叙事上。

《施密特中尉》——帕斯捷尔纳克三部情节长诗（包括未完成的《余晖》在内）中的第一部；在叙事情节的道路上，他扮演了首创者的角色，这就像当初在无情节抒情长诗体裁方面，他的《崇高的疾病》也是开先河之作。沿着他蹚出的路径，才华泛泛之辈争相前行——1936 年 2 月 9 日，曼德尔施塔姆在沃罗涅日对茨维塔耶娃所谈的也主要是这一点："帕斯捷尔纳克是有害的。他比别人更早也更有目的地创造了别人趋之若鹜的东西。"（据谢尔盖·鲁达科夫记录）一时间，冒出许多冗长乏味的诗歌叙事，程式化的"诗体散文"。只是还没蠢到给《战争与和平》添加韵脚。在《乌利亚拉耶夫习气》这部也算精彩的长篇之后，谢尔文斯基③紧接着又"炮制了"诗体小说《普什托尔克》，一部荒唐透顶的作品，大概作者本人也难以理解。《普什托尔克》也就罢了。1933 年，马尔克·塔尔洛夫斯基又以亚历山大式的八行诗（октава）形式捣鼓了一部题为《原始积累》的长诗④。后来，诗歌被随

---

① 参见本书第十一章。

② 引自帕斯捷尔纳克《施密特中尉》第二部第 4 节（1926）。

③ 伊里亚·利沃维奇·谢尔文斯基（1899—1968），诗人，戏剧家，结构主义流派代表人物。文中提到的两部作品分别于 1927 年和 1929 年出版。

④ 作者有误。马尔克·塔尔洛夫斯基（1902—1952），俄罗斯诗人，翻译家。此处的长诗《原始积累》作者是诗人、翻译家弗拉基米尔·杰尔查文（1908—1975）。

意用于叙事,这种本领让诗人们纷纷沦为转述者。甚至到了解冻时期,叙事长诗还占据着主导地位。叶甫盖尼·叶夫图申科适时推出了他钢筋混凝土般的《布拉茨克水电站》,结构却松松垮垮,有如一座仓促收工的新建筑。

帕斯捷尔纳克能够胜任使命且不留明显的漏洞。晚些时候,也有人在诗歌叙事之路上取得了成功,例如帕维尔·瓦西里耶夫。帕斯捷尔纳克本人高度评价了特瓦尔多夫斯基的《春草国》,对他的《瓦西里·焦尔金》也报以热烈回应——这或许是整个苏联时期唯一一部真正伟大的诗体小说,与其说叙事从头至尾贯穿其间,不如说战争场景通过主人公形象凝结为一个整体。很难简单地回答——"诗体散文"在概念上是否如同一切转述,真的属于"二手"体裁——或者从诗歌与散文的冲突中能够获取有益的结果。帕斯捷尔纳克亲自尝试了各种解答:既有按照散文规则构筑的长诗(《施密特中尉》和《斯佩克托尔斯基》),也有按照抒情诗规则创造的长篇小说。他在两方面都取得了可观的成就,也付出了同样可观的代价。或许,成功之道就在于诗与散文的绝对拼合,这条经验来自安德烈·别雷,他也一直痛苦地探寻着两者的合成——要么将散文分成诗行,如《交响曲》中所示,要么使其顺服于抑抑扬格的掌控,如《彼得堡》以来所有作品的一贯手法。纳博科夫称之为"圆白菜般的拟古短长格",然而,文人相轻终究解决不了问题:叙事文学需要发展,文学种类之间的界线渐趋淡化,长诗与小说的命运在每个新的时代都有待于重新解决。

通过《施密特中尉》,帕斯捷尔纳克向期望已久的合成迈出了冒险的一大步。虽然呈现于我们面前的是一部颇具折中性的作品——角色的选择、体裁的构建、表面题旨与内在使命的调和、个人抒情命题对诗歌叙事的适应——但在这些部分决定于时代、部分因作者个性使然的折中框架内,帕斯捷尔纳克获得了最高的成就。"春天与苦役的广度",正是作者对这部作品的最佳定义,作品的分量有多少源于苦役,就有多少源于春天的广度。

5

1927 年,帕斯捷尔纳克待在家里迎来了新年,这几乎成了惯例,就像纳博科夫的长篇小说《天赋》(1937)所描写的一幕:戈都诺夫-切尔登采夫准备与济娜一道参加新年舞会,临出门之前,却坐下来,开始修改他的手稿《车尔尼雪夫斯基的一生》,渐渐入了迷,一整夜都在写。等济娜委屈地回到家,作品已经完工了。如我们所知,帕斯捷尔纳克喜欢"让家人各自出行"。[①] 节日之夜,身处幽暗和隐秘,最惬意的不是坐享盛宴,而是守在书桌旁。怎样迎接,就怎样度过:1927 年已然来临,它成了帕斯捷尔纳克紧张工作与备感孤独的一年。新年的夜晚,他将既有的片段聚合起来,并使之服从于统一的调性(тональность),从而勾勒出《施密特中尉》第二部的轮廓。就连莉利娅·哈拉佐娃夜半时分短暂的来访,也未能打破他工作的状态。哈拉佐娃前来向他祝贺节日,随后就悄然离去,正如这一年她从他的生活乃至所有人的生活中离去一样:她因感染伤寒死于 9 月 13 日。

哈拉佐娃对帕斯捷尔纳克意味着许多——这是一位命运令人称奇的女性,经历了那个时代的坎坷。她生于 1903 年。她的父亲格奥尔基·哈拉佐夫作为政治侨民当时居住在瑞士("一群神秘的无政府主义者和才华平庸人士当中天才的恶棍,数学家,诗人,任你怎么说都行"——帕斯捷尔纳克在写给茨维塔耶娃的信中这样描绘他)。1914 年,他把几个孩子留在苏黎世,独自回到格鲁吉亚,十五岁刚出头的莉利娅随即返回俄国,去寻找父亲。关于她在俄国的漂泊,人们所知不多。帕斯捷尔纳克在她一部未成型的诗集(哈拉佐娃用德语写作,笔名叫 Maria Wyss)前言中写道:"她陷入了那种除了迷误与痛苦之外,永远不会给任何人带来任何福祉的境地,置身于其中,她在十七岁上便做了母亲,看够了人间百态,饱受了屈辱和折磨,累积了关于生活的种种认知,它们像是一种担保,让她能够知道,无论前方有怎样的欢乐,都注定会转化为落在她头上的不幸。"在帕斯捷尔纳克看来,这是一种笼罩于尼采哲学与无政府主义的氛围:"咖啡馆时期的梯弗里斯[②]神童们。"哈拉佐娃终究未能回到平静中来,她仿佛把什么永远忘在了苏黎世,帕斯捷尔纳克写道,她应当尽早重返故地,而且为时不晚——却未能实现。

---

① 帕斯捷尔纳克 1949 年写有《秋天》一诗,开头一句便是:"我让家人各自出行。"

② 格鲁吉亚首都,1936 年起改称第比利斯。

帕斯捷尔纳克称她为美人，占梦的女巫，爱她充满灵气的面容，对她的诗作却不当真。他有时也责怪自己，没准儿“因为冷漠和固守个人的尺度而忽视了那过人的天资”：他不喜欢这些诗里的自由散漫、梦幻的形象和洛特雷阿蒙①学派的超现实主义，这一派别的根基不在于其引领文学潮流的意图，而在于半梦半痴的状态，因为俄国，因为革命及个人的女性悲剧而永远失落的哈拉佐娃，正是在此状态中度过了一生。她的人生经历，让帕斯捷尔纳克看到了他本人或许会经历的另一种屈辱的命运，那种有可能也将他裹挟的极端性，永远不等于心灵的健康与内在的约束；他更希望哈拉佐娃不写诗，这样她才会是最高意义上的正常女人。这是他由来已久的信条——为了写诗，不应做一个激情四溢的疯子加占梦巫师，而应当做一个精神强韧的健康之人，他不允许诗歌掌控自己，相反，是他掌控着诗歌——这种鲜明的反浪漫主义立场，在整个二十世纪都很罕见。哈拉佐娃同帕斯捷尔纳克相识于1926年春天，在他主持的一个晚会上。她感受到他内心的亲和，并且为之倾倒。他试图挽救她，却来不及了，因为周围褒扬的恰恰是疯狂。

当天晚上，在帕斯捷尔纳克书写《施密特中尉》之际，身旁还睡着三岁的儿子，妻子则在“列夫”的圈子里欢庆新年。第二天早晨，马雅可夫斯基将她从卢比扬卡路口送回沃尔洪卡，并上楼向帕斯捷尔纳克致以祝福。后者为此深感快慰。马雅可夫斯基待了没多久便告辞了。这里自有一种象征意味。1927年对他们二人如果说不是彻底决裂的一年，起码也是久别的一年。

1927年在帕斯捷尔纳克的履历中，堪称转折的年份：与茨维塔耶娃之间难以弥合的分歧浮出水面，最终脱离了“列夫”，与阿谢耶夫的关系变得复杂起来。跟波隆斯基的交情倒是愈加牢靠，声望也得到了巩固。帕斯捷尔纳克大有取代马雅可夫斯基之势，成为文学生活的核心。他已年满三十七岁，对诗人来说，这是一个危机的年龄；确实如此——他的跟未来主义相联的第一次生命，仿佛终结了。不再有恍惚迷离和模棱两可，不再有些许印象主义。人生的转折时期来临了。他心力交瘁，他的第一次婚姻也走到了

① 洛特雷阿蒙（1846—1870），原名伊齐多尔·吕西安·迪卡斯，法国诗人，超现实主义先驱。长篇散文诗《马尔多罗之歌》为其代表作。

尽头。

在此期间，他已然是公认的文学权威；已经敢于要求每行诗的稿酬不少于3卢布（其实，对文学专业人士来说，这几乎就是最低限度了，可是鉴于对苏维埃出版界脾性的了解，他认为有必要把话说到前面）。1927年，《一九〇五年》以及《施密特中尉》（尤其是后者）的发表，使得帕斯捷尔纳克成为时代的主角。革命十周年前夕，他发表了诗作《十月纪念》，后来在一些诗集中，他把此诗创作时间标注为1925年，或许是因为不想跟纪念活动发生关联。他曾经对《土地与工厂》丛刊主编谢尔盖·奥布拉多维奇说过，“纪念十月革命的诗歌我根本就没打算写。”

这首诗较之于马雅可夫斯基的“十月长诗”《好！》，以造型力量而胜出，在激情方面则相对逊色。革命之于马雅可夫斯基，是延续的现实；革命之于帕斯捷尔纳克，则无疑是明日黄花：

阴雨天铺开土坡，
以铁的喧响碾过坡面，
颠覆政权，撕破招贴，
追捕一个又一个阶级。

篝火。纠察队。茫茫烟云。
诗人们已开始为后代
印制成包成捆的诗歌，
为我们分配马哈鱼和口粮。

…………
是的，这正是纷争之源。
他们手上，是一块陨石。
感谢他们的发现吧，
即使它空得像世界的两极。

（不过，这里的表述也很典型：“空得像世界的两极，”当自然界尘埃落定之际，世界确实也随即停止了运转，不妨联想一下《断裂》与《崇高的疾病》所描绘的极地般的场景。)

曾几何时,我们客居在周遭
纷纭的传说。我们被带入
防备野兽的四分之一圆环。
我们——大地的初恋。①

在最后四句的全部激情背后,可以清晰地听见:我们曾经是过客,是的,只做短暂的驻留,但如今,这已经无可挽回地结束了,就像很少是幸福的初恋。

同样创作于1927年的《当一颗松树死去的劈裂之声……》——帕斯捷尔纳克的阶段性作品,发表在《新世界》杂志1928年第一期,但诗人生前从未再版。他的儿子一向对此诗怀有兴趣,认为它喻示着恐怖的来临。这是一首晦涩的、帕斯捷尔纳克式的隐秘之作,但通过细读,不难找到开启它的密钥:

当一棵松树死去的劈裂之声
传遍树林,被腐殖土掩埋,
历史,你就像砍不倒的
另一些树的密林伫立我面前。

叶脉沉睡着,交织于岁月间,
但一两百年来,只要鸟兽
被猎杀,偷猎人便难逃捉捕
连带盗伐林木者与斧头。

从林深处纷乱的枝条周围,
总是会及时出现官差
高过浓荫的可怕身躯,
奖章与护林员的木腿。

① 引自帕斯捷尔纳克《十月纪念》(1927)。

硕大的躯体，脚步咯吱作响，
树林在霞光映照下苏醒过来，
林木之上飘荡着残疾人的笑，
肉鼓鼓的腮帮犹如中国灯笼。

我们高兴，倒不如响应那呼喊。
我们欣赏余晖，而他，
他浑身都被染红，像痛风病人，
透出死寂的亮色，像一盏小灯。

帕斯捷尔纳克把这首诗也寄给了茨维塔耶娃。经常读他作品的人们，能够轻易发现所有的暗示。护林员只不过看似“发红”，其实这是“肉鼓鼓的腮帮”病态的红晕，而“国家的偶像”则以“官差的可怕躯体”为形象。这里的要点就在于护林员捉捕偷猎人和潜藏的盗伐林木者，也就是说他似乎在行善事——但“我们高兴，倒不如响应那呼喊”，因为这个护林人本身，也是一种死寂与恐怖的现象，不仅不会向盗伐林木者们致以问候，而且也不会问候普通的别墅住客。“硕大躯体的脚步声”已然四处可闻。

1927 年，他们两人中间还发生了一件奇事——他第一次乘坐了飞机。

“你，大概像我们所有人一样，不喜欢技术上的新事物，”冒险经历之后的第二天，他便写信给茨维塔耶娃，“你原先坐过飞机吗？不妨把这想成是一件比坐火车更熟悉、更自然的事情，比骑马更像音乐，更吸引人。今天，我和热尼娅第一次飞起来，跟我们一块儿的还有一位熟人、一名普通女兵——机场管理人员的妻子。（……）这是高达上千公尺的无人分享的孤独。这些白日里随时出现的美丽黄昏，如果说跟什么美景相像的话，那一定是真正的诗歌所描绘的大地美景，是存在于隐约之间那相联的、分散的、最为渺小的万物之美，是埋藏在空间的巨大伤恸中的不确定之美……这一切在生活中被千百遍地目睹和预见，一切都经历过，都像是与生俱来。”

茨维塔耶娃怀着善意的嫉妒，欣然做了回复：通过他对飞行的描述，她验证了自己早先在一篇文章中关于他的论断。帕斯捷尔纳克的世界，果然是一个放眼望去空无一人的世界:一个无尽哀伤充塞于无尽空间的世界。她本人在航空方面的经历则悲惨得多:就在帕斯捷尔纳克飞行之前三个月,她眼睁睁看见一名飞行员摔死在面前,在特里亚农①游玩的人们纷纷跑来挑拣飞机的残骸——“铁皮、小灯、一截截丝线。”茨维塔耶娃觉得这是一种亵渎,是“吊死鬼的绳索”这一古老迷信说法的体现,但她自己也忍不住捡了“一个破木片儿:作为纪念——给阿利娅”。

她的形象在此展现无遗,就像他——彻底展现于自己的飞行,以及描述飞行的信件中。

第十六章　镜中人:马雅可夫斯基

1

改革后的年代,帕斯捷尔纳克彻底挤占了马雅可夫斯基在读者心目中的地位;后者连同其曾经希望与之融为一体的苏维埃帝国,被抛入过去的时光。鉴于俄罗斯历史的循环往复,他的时代无疑还会到来——“从埋葬诗歌的书堆中”,我们还会不止一次地发现那些悲剧抒情诗的杰出代表;马雅可夫斯基与帕斯捷尔纳克轮流居于主导,并非相互取代,却足以给对方造成压力。在后苏联时代,如帕斯捷尔纳克所戏言,“眼光固定下来”,公共的座次明朗了,于是人们断言,马雅可夫斯基始于天才的诗篇,结束于平庸之作,从 1921 年至 1930 年,他不曾写过任何有价值的东西,甚至也不曾有过任何转变,除了从造反派变成一群空谈者的头领。乍看上去,这确乎为实情,尤其在帕斯捷尔纳克明显转变的映衬下。事实上,马雅可夫斯基在苏维埃时期也创造了不少杰作,譬如《关于这个》《纪念日的诗》《和财务检查员谈诗》等等;他最好的诗作——如果把它们同那些宣传品分开来看——起码

① 位于大凡尔赛运河右边,由大小两个宫殿组成,每个宫殿周围都是花园。

不亚于帕斯捷尔纳克二十年代的抒情诗。他的声调改变了，世界观也变得更具悲剧性，对世界的态度则更为宽容、慈爱与谅解。所谓"停滞的马雅可夫斯基——发展中的帕斯捷尔纳克"，纯属牵强的比附，在概念上也是虚假的；不过，他们之间的确有着天壤之别——既然帕斯捷尔纳克的发展归根结底以生命为取向。他的使命——活下去，继而转向新的质变。马雅可夫斯基则始终固执地倾向于死——任何情况下都不改变，甚至当他看似并未受到任何直接威胁之际；从各种策略中，他总是会选择自杀性的那一个。他这么做，并非出于英雄主义或自我牺牲的渴求，相反，这在某种意义上是一种投机手段，它的实施，最终只能以马雅可夫斯基为这种文学行为的选择付出整个生命为代价。他如磐石般保持了完整：最后一个颓废派，颓废主义最高阶段与终极阶段的未来派骑士，他一生所作所为，只是更快地导致他在文学与做人方面的溃败、孤独、毁灭，并逐一排斥着能使他得救的各界人士……他需要死，就像需要自动引发抒情的话题，这是他的抒情不可或缺的燃料，他的整个爱之戏剧就在死的笼罩下翻来覆去。若不是以自杀为恫吓，这份爱恐怕连一天都存活不了，与爱相伴的是随身携带的左轮手枪；他对新生命的赞美是如此热切，又如此绝望，以致于他自己却看不清这新的生命，看不清我们面前真正使人生得以久长的不可或缺的幸福；死亡、自我消耗、自杀——马雅可夫斯基主要的抒情命题，而在《人与事》中，帕斯捷尔纳克似乎看得不远，他谈论自杀，不过是把它当作一种私自的裁处和往昔生命的勾销。在他看来，自杀本来就是如此，相反，这对马雅可夫斯基而言，实为一切事物的验证以及意义之所在。

2

帕斯捷尔纳克和马雅可夫斯基儿时的照片，可以作为珍贵的资料，用于他们两人的对比。帕斯捷尔纳克那个舒适的、近乎小市民世界（在漂泊不定的先锋派艺术家看来）的家庭，我们已经相当了解。鲍里斯有一个心爱的弟弟，两个妹妹，一个他在青年时代爱过的表妹兼女友；有许多亲朋好友；一家人从未离开莫斯科到别处定居，除了偶尔去南方和国外；即使改变住所，也仅限于花园环形路周边。他们相互之间喜欢写信，都是那种夹杂着大量文学和哲学议论的长信。没有书信往来的日常生活，对于帕斯捷尔纳克是不可想象的。在他的世界观里，“活得像所有人”非但不会有失体面，反而是朴实和自在的。

马雅可夫斯基的童年则完全不同。童年照片上的他，已然面露峥嵘，或是一副可怕的模样。愁眉苦脸的大眼睛的三岁小胖墩儿；咄咄逼人、抑郁不乐的一年级小学生；最后一张家庭合照上的拜伦气质的十二岁英俊少年，身旁是两个丑得像漫画的姐姐，据莉里娅·布里克回忆，他同她们之间从未有过真正的亲情；在最后几年里，他对她们简直忍无可忍。写给母亲的书信表达着无限敬意，甚至略带几分伤感，但无论如何都不算是心灵上的亲近；对母亲，他向来以“您”相称。父亲去世那年，儿子才十二岁。一家人日渐穷困。年轻的马雅可夫斯基很清楚，什么是一贫如洗。他那颇能吸引艺术家的骄矜外表显现着惊人的反差：一头漂亮的黑发，他却时常想方设法剃个精光；头部轮廓堪称绝美，牙齿却又烂又黑（新牙直到1922年才镶上）；出众的个头（1.83米）——糟糕的身体：经常性的伤风感冒，情绪低落，眼睛容易流泪，呼吸也不顺畅，再加上严重的韧带炎症……超常的信心，舒展的身势——怀疑自我，绝望，神经脆弱……他给人以胜利者的印象，却放不下旁人的每个神情和言语；如果说勃洛克在同时代人心目中是身体健康、体态优雅的典范，那么马雅可夫斯基则脆弱单薄，备受身心疾病的摧折……相比之下，帕斯捷尔纳克个头不高，身板结实，性格近乎腼腆——“我不该说这个……或许，您是对的，而我不对……”——一看便是一个自信而健康的幸运儿；所以在早年的照片上，他几乎总是一副快乐、和善的神情！至于钱财方面，当初他在马堡确实吃了些苦头，那也胜过在梯弗里斯或彼得堡受穷。

不过，既然我们在比较两位诗人，就像学生作文里比较卡塔耶夫的别佳与加甫里克那样（提纲：1、出身；2、性格；3、对待革命水兵罗季昂·茹科夫①的态度），那就不能不再说一点——而且，可能是决定性的差异。在帕斯捷尔纳克背后，在他一切创新的同时，伫立着他所信守的千百年来的文化传统。从现代性的航船上，他不曾把任何人抛下，不曾拒绝过任何遗产，继而标榜自己不同于那些以创新为名脱离过去的人们：“当我与拜伦一起抽烟/

---

① 均为卡塔耶夫中篇小说《孤帆闪烁白光》（1936）中的人物。

与爱伦·坡一起喝酒的时候”……帕斯捷尔纳克跟拜伦一起抽烟，向爱伦·坡斟酒的一幕，无论多么滑稽，也只是营造和熄灭激情的十足的自嘲，他有理由置身于这样的语境下。

至于说马雅可夫斯基，在二十世纪最杰出的六位俄国诗人当中（勃洛克—马雅可夫斯基—阿赫玛托娃—茨维塔耶娃—曼德尔施塔姆—帕斯捷尔纳克），他似乎是最缺少教养的一位（但愿这种论断能被谅解）。他之所以从零起步，不仅因为自认为具有无与伦比的天赋与气质，还因为他有意识地限制了个人文化行囊的容量。“我给人们所创造的一切/打上两个字：‘虚无’”①——分明是对一切创造不甚了解之人的立场；后来有人曾向他指出，他根本无意认知自己所感受的陌生事物。楚科夫斯基试图帮他理清其个人的诗学谱系，解释其在文学进程中的地位，这一进程并非以未来派为起始与终结；楚科夫斯基还向他朗读惠特曼的诗作，以此作为开导——马雅可夫斯基心不在焉地听着，还时不时地想要纠正翻译的错误（自个儿并不懂英语）。在他自杀前不久的一次讨论会上，他痛骂爱伦堡的作品（骂得还很俏皮），事后却承认，书他没读过，并且也不想把时间浪费在这等破烂儿上。莉利娅·布里克抱怨说（这也成为两人于1923年分手的主要原因之一），马雅可夫斯基经常批评柏林生活与西方市侩风习，可他自己来到柏林，却不出宾馆房间一步，一个劲儿地在那儿玩牌。他像是患上了抗拒症（негативизм），表现出宗教狂似的执拗，拒绝成长的观念：与过去脱节的文化，势必自动地令自己丧失未来。当他在赫赫有名的诗篇《150,000,000》中公然宣称：“把年老的一切——杀死。/把骷髅丢进烟灰缸，”那算是怎样的成熟！毋庸讳言，帕斯捷尔纳克也害怕老年（“我曾经听说过老年。多可怕的预言！”），但这样的诗句绝不可能出自他的手笔：“我们/也给父亲/浇一身煤油/摆在街上——/用来照明。”②

有许多帕斯捷尔纳克书写或阅读时的照片，还有大量回忆性的见证，均表明他在认真思考刚读过或看过的东西，但没有一份材料能证明，马雅可夫斯基也有同样的习惯。没有一份材料能证明，他充分阅读了托尔斯泰的作

① 原文为拉丁语：nihil。引自马雅可夫斯基著名长诗《穿裤子的云》（1914—1915），余振译。
② 引自马雅可夫斯基《那一方面》（1918）。

品，但这不妨碍他口出狂言："有个废物像托尔斯泰/高傲地从天空俯瞰人间。"①帕斯捷尔纳克将《生活，我的姐妹》献给莱蒙托夫，如同献给一位同时代人，一位活人；在《塔玛拉和恶魔》（1924）一诗中，马雅可夫斯基对莱蒙托夫的引用则近乎狎昵："来一瓶葡萄酒！/塔玛罗奇卡，给骠骑兵斟一杯！"——这看似挺可爱，却超出了情趣的界限。布罗茨基曾为帕斯捷尔纳克语汇之丰富而赞叹——可以肯定的是，他在此方面无人能及。从那些甚至俄罗斯读者都时常需要注解的语言矿层中，帕斯捷尔纳克居然"抠挖出会唱歌的葡萄干"。只需罗列一些在爱情抒情诗语境中分外奇异的词语：арум（海芋，一种沼泽植物，一个跟"徒然"（даром）押韵的词语——德·贝）、хутор（乌克兰及俄罗斯南部的小村庄）、кессон（藻井）、доведь（王棋，跳棋中走到对方底线便能随意走动的棋子）、омет（禾秸垛）、шлях（乌克兰及俄罗斯西部和南部的大道）、волчец（刺草）、мураши（方言中的蚂蚁）、конноборец（马弁）、водобоязнь（狂犬病，恐水症）、гравий（砾石）、чистотел（白屈菜）、милиционер（民警）、кобза（科勃扎琴）、цейхгауз（兵器库）、вермут（苦艾酒）、рислинг（李斯陵酒）、бурнус（阿拉伯带风帽的斗篷）、полип（息肉，水螅虫）、уздечка（系带，翅棘）、бланк（表格，票据）、лесничий（护林员）……②——这一切竟然一齐出自相连的十页范围内！当生活被如此丰富、如此广泛地吸纳到爱的风暴中来，它才真的堪称是姐妹。帕斯捷尔纳克从不会错过任何可供汲取的源泉，以便给诗歌设置必要的韵脚、组合与同音法（аллитерация）。从某种意义来说，他有着手工艺人式的思维，喜爱具体可见、最好取自日常生活的形象：借助这种日常的具体事物，《生活，我的姐妹》整个爱的哲学开始渐渐显现（并落到实地）。帕斯捷尔纳克的任何一名读者，只要打开马雅可夫斯基的卷册，尤其是晚期的，则一定会惊异于语汇的贫乏、技法的单调、重复塑造单一模式的新词的呆板：时而硬生生创造出某个副词的最高级形式（вежливейше，最礼貌地），时而给某个动词添加不恰当的前缀（разулыбался，大笑起来）。在这些诗作中，更多的是抽象，缺少的是活生生的具象，这让人不免担心，问题不仅出在作品是

---

① 引自马雅可夫斯基《还是彼得堡》（1914）。

② 作者列举的这些词汇，大多带有民俗文化的内涵，或者是一些专有词汇，直接译成汉语难以体现等值对应，故采用词典释义法加以翻译。

否致力于明白晓畅方面。马雅可夫斯基所依赖的储备是有限的,因而他对旅行的渴望也就不难理解:他无法深化自己的抒情,只能忙乱地扩展它的地理空间。“我被抛上几百个讲坛,/抛到千万个青年的眼前。/在我们的土地上有不同的种族,/不同的服装/和不同的语言!”①——这一大而无当的手法显得格外无力,较之于帕斯捷尔纳克公开表示不愿四处走动、发表言论、展示自己……在写给纪齐安·塔毕泽②与尼娜·塔毕泽的信中,帕斯捷尔纳克解释道:“要让地钻扎得更深,别害怕也别留情,但钻头扎进的是自己的身体,自己的。假如您在那儿都找不到人民、土地和天空,那就别再找了,这说明已经无处可寻。显然,另辟蹊径的找寻者将一无所获,即使我们并不了解他们。”(1936 年 4 月 8 日)唉,我们知道——这里所说的可不单纯是那些作家队伍,奔波于各个突击工程之间,穿越荒漠和高山,漂流在白海运河上……③“疯狂的旅程”,说起这一话题,马雅可夫斯基要么深感绝望,要么便是踌躇满志——旅行掩盖了各种诗歌资源的枯竭。马雅可夫斯基很早就耗尽了自己——整个二十年代后半期,他陷入了山穷水尽的境地;无论对文学、历史,还是对当下的时代(他害怕窥望时代会让他彻底绝望),他都缺乏清醒的认知。他很快就发现,他已经没有能够用来“制作诗歌”的材料了,尽管如何作诗他似乎仍然明白。在一个完全简化的现实的缺氧空间里,他自己将氧气包抛在一旁。

3

马雅可夫斯基与帕斯捷尔纳克的诗学,乍看鲜有共性,除了帕斯捷尔纳克在纯粹形式意义上属于未来派之外(事实上,他同这一派别并无关联,因

---

① 引自马雅可夫斯基《给我们的青年》(1927),李海译。

② 纪齐安·塔毕泽(1895—1937):格鲁吉亚诗人,帕斯捷尔纳克的朋友。尼娜·塔毕泽是他的妻子。

③ 作者在此有所指涉。在二三十年代的苏联,曾经掀起社会主义改造与建设的浪潮。当局专门组织文艺工作者,到各地走访,参观大型工程的突击建设。白海运河,全称为“白海—波罗的海运河”,于 1931—1933 年间兴修,全长 227 公里。这项工程的建设者系在押劳改人员,其中数千人死于建设期间。1933 年 8 月,一个以高尔基为首的苏联作家和艺术家代表团参观了运河工程,事后留下许多为斯大林歌功颂德的文字。

为他认为任何群体关系与"社团",均是"平庸之辈的庇护所")。马雅可夫斯基饱经挫折与创伤,跟周遭世界格格不入,而帕斯捷尔纳克即便身处不幸也能做一个幸福的人。马雅可夫斯基在沙皇时代经历了十个月的牢狱之灾,到了苏维埃时代,则刻意表现出忠诚——帕斯捷尔纳克无论在1913年还是1925年都保持着对政治的淡漠,基本上不关注党的斗争,他关注的只是关键的、形而上学的东西,而非政治上的纠葛。马雅可夫斯基早期叙事长诗的主要特征——狂暴的激情,诗行中充满宣言与夸张的腔调,但缺乏实在的形象;帕斯捷尔纳克几乎从不做宣言式的呼告,他钟爱并呵护自己的造型天赋——这一甚至不是塑造,而是重新创造现实的可贵能力。帕斯捷尔纳克喜爱俄罗斯古典传统与家居生活的惬意——喜爱马雅可夫斯基公然摈弃的一切。

然而,较之于所有这些差异,某种更为显著的因素——诗学方法上的共性,却使他们相互亲近。帕斯捷尔纳克当初向长子解释其诗歌的起点时,首先谈到的便是对结构的洞察和整体轮廓的把握;马雅可夫斯基天生具有这种最高等级的交响合成的感知力。他的所有长诗都组织得极为出色;其中掺杂着许多虽则华丽却是一流的言说。毫不夸张地说,为了给《施密特中尉》和《一九〇五年》创建复调,帕斯捷尔纳克借鉴了马雅可夫斯基。帕斯捷尔纳克懂得并偏爱音乐,而马雅可夫斯基对音乐则无动于衷,但交响乐般叙事文学的思维却是两人共同具有的天赋;帕斯捷尔纳克不得不叹服于《第十三个使徒》(付印时改名为《穿裤子的云》)的间架结构,马雅可夫斯基则为《生活,我的姐妹》的构造而着迷。两人均以博大的形式和宏伟的诗学体系来展开思考。

4

《安全保护证》是帕斯捷尔纳克写给马雅可夫斯基与里尔克的墓志铭,在某种程度上也是写给自己的(事实上,他的诗歌生涯的第一部分——他的第一次生命,也可以这么说——正是随着马雅可夫斯基于1930年的死而彻底结束)。如果说,1921年的马雅可夫斯基以"粗暴的爱"保卫着帕斯捷尔纳克,那么在1930年,从帕斯捷尔纳克的嗓音中也能听到同样的粗暴。

自从在阿尔巴特街的咖啡馆(1914年春,《卢克诺克》丛刊问世后,就在这间咖啡馆,谢尔舍涅维奇与勃布罗夫理清了彼此间的关系)那一次会面之后,帕斯捷尔纳克爱上了马雅可夫斯基,就像他通常爱上一个人那样——请看,他对他的描绘带着怎样的温情:“任何人,当他行走或站立时,人们都能看到其全身,马雅可夫斯基的出现却引起了人们的奇妙感觉——人们不由得回转头去看他。在别人身上是自然的,在他身上就成为超自然的了(……)他坐到椅子上像跨上摩托车座,身体前倾;他切开维也纳煎肉块,快速地吞咽;他玩扑克牌时,斜睨着,却不转过头去;他威严地在库兹涅茨克大街上漫步;他用鼻音瓮声瓮气地哼着他自己或别人作品中含义特别深邃的片段,像吟咏弥撒曲一般;他皱眉蹙额;他越长越高,到处登台亮相……摆姿态在最高的自我表现的领域里是很自然的,自然得像在生活中需要保持体面的举止言行一样。外在的严整是他选定的姿态,这是艺术家最难摆的姿态,对于亲朋好友则是最高尚的。这个姿态他摆得完美,现在几乎不可能再探讨它的意蕴了。

“他是不知羞怯的,但不知羞怯的动力正是他的强烈的羞怯心。在他装模作样的意志坚强下面掩盖着他罕见的、多疑而易于无端陷入忧悒的优柔寡断。他爱穿黄色上衣,起的也是不可捉摸的作用。他的这种上衣完全不是用以抵制小市民阶层爱穿的西装上衣,而是用以对付他自身的黑天鹅绒般的天才。天才身上华丽得腻人的服饰早就使他愤懑不堪了,他的这种感情来得比天赋较低的人为早。因为他比任何人更知道不能被冰水慢慢浇熄的自然之火是庸俗的……我被马雅可夫斯基迷住了,见不到他大有一日三秋之感。”①次日,在特维尔大街一家希腊咖啡馆,马雅可夫斯基碰到了帕斯捷尔纳克和洛克斯,当时他正和霍达谢维奇在那儿玩猜硬币游戏(而且还赢了);霍达谢维奇走了,帕斯捷尔纳克和洛克斯在马雅可夫斯基旁边坐了下来,他对他们朗读了自己刚出版不久的《悲剧》。“一件艺术品被冠之以悲剧。悲剧叫作《弗拉基米尔·马雅可夫斯基》。这是多么贴切啊!(……)那一次,我等于把他整个地从林荫路带进了我的生活。”

帕斯捷尔纳克爱着马雅可夫斯基,年轻时几乎崇拜他,但当时就已经很

---

① 引自帕斯捷尔纳克《安全保护证》,此处采用桴鸣先生译文。

想让他断然离开他那个圈子。“然而，没有伤痕和牺牲的爱是不存在的……时代和共同的影响使我与马雅可夫斯基亲近起来。我们有吻合的东西。我注意到了这一点。我明白了如果我自身不采取什么行动，这些吻合会越来越多。必须让他避免老一套庸俗习气的危害（……）我放弃了浪漫主义风格。”

1917年，帕斯捷尔纳克已开始公开劝说马雅可夫斯基打发未来主义见鬼去。“他笑着，几乎同意了我的意见。”然而，未来主义非但未被打发，反倒蔓延到“列夫”那里。帕斯捷尔纳克不希望跟“列夫”搅在一起，尽管马雅可夫斯基出于个人好感，拼命要把他拉向“左翼阵线”，对这种做法，他忍了三年。严格地说，自《150,000,000》之后，马雅可夫斯基，连同他所有的探寻，连同二十年代前半期的许多杰出诗篇，便不再为帕斯捷尔纳克所需要：他们在各自的道路上越走越远，命运的逻辑之差异也越来越明显。剩下要弄清的是，马雅可夫斯基为何不能容忍这样的事实。莫非因为喜爱他的人寥寥无几，即使喜爱，也并非以他想要的方式，而是各怀各的心思？

5

是什么让马雅可夫斯基守着帕斯捷尔纳克，不放他离开“列夫”，不将他的姓名从编辑名单中划掉，甚至在帕斯捷尔纳克明确地指斥列夫派的文学活动为“委任之下施行粗暴的粗暴行径”之后？难以想象，马雅可夫斯基——一个性情直露、病态般易冲动与爱记仇的人，一个在1927年前夕已然陷入绝境的人——居然听凭他人这等放肆。他守住帕斯捷尔纳克不放，就像舍不得自己的青春。他与帕斯捷尔纳克的分道扬镳，标志着他同自己——同唯有他本人真正看重的那个名分之间最后的也是最彻底的了断。诗人的迷误可能有千百种，但代价只有自己知道。

1922年，帕斯捷尔纳克写下了这样的诗行：

> 您还在唠叨着石油吗？
> 一副茫然失措的样子，
> 我期望的是能将暴怒
> 归还于您的内科医师。

我知道，您的道路从不虚妄，
但在这条真实的路上
您为何被牵引着，来到养老院
这群老妇人的拱门下？

这首诗没打算发表——我们所见的是作者在一本书上的题词。这里有一个耐人寻味的巧合：我们想起列宁发表演说时那动人心魄的一幕："话语大可谈论重油……"①如今则是"您还在唠叨着石油吗？"石油与重油，两种黑而黏稠的物质，均为世界枯燥乏味的象征。从上下文来看，"老妇人的拱门"所指的当然远不止"列夫"，而假设的暴怒所针对的也不应当是它：靶子太小了。在喧嚣的诗歌之路上，旧俄时代饱受摧折的马雅可夫斯基，始终忍耐并歌颂着十年前可能令他燃起怒火的东西；未来派兼造反派变成了半官方舆论的传声筒！

然而，国家却不理解他，也不愿理解他——他看得没错，当他歇斯底里地喊出："雪的丑怪，我不是你的！"②国人依然习惯于对一个人盖棺定论，但活着的马雅可夫斯基却搅得他们坐立不安。他的一些文坛敌手尤为恼火，他们内心里深知他非凡的才华和自己的平庸。总有一群宵小之辈，抱着最卑劣的动机，责怪马雅可夫斯基忠实于当局。这些人谴责他、排挤他、怨恨他，可他们谁都明白马雅可夫斯基的无私胸襟，直至路的尽头，他都不曾要过滑头："这些诗行/没能让我/攒下一个卢布。"③不过，某种私心终归是有的——马雅可夫斯基曾经希望革命能成为文学斗争的依据，能清除他所痛恨的旧艺术；1918 年初，他同卢那察尔斯基还就此观点在报纸上展开了激烈的争论，但这场斗争从头至尾都不是为了荣誉和个人的福祉，而是为了感召着他的新艺术！毫无疑问，他是党的真正意义上的——组织者与鼓动者，脱离群体对他而言是不可想象的；但这无论如何都算不上是个人动机！他始终知道，并非参与群体赋予他以分量——恰恰相反！他独自一人，充当着

① 参见本书第十二章。

② 引自马雅可夫斯基《致俄罗斯》（1916）。

③ 引自马雅可夫斯基的长诗《放开喉咙歌唱》（1930）。

俄国未来主义及其继承者“列夫”的核心与灵魂;他让一切攻击的矛头指向自己,让一切罪责都落到自己身上。与此同时,他一生渴求平等,也正是由于这一点,他才对帕斯捷尔纳克如此倾慕。马雅可夫斯基私底下从未做过自私自利的事情,从未抛弃过朋友,即使他有过违背团体利益的行为,在当初卷入对皮里尼亚克及布尔加科夫的迫害之时,那也是因为,他真诚地认为自己属于另一个团体。

6

帕斯捷尔纳克在《安全保护证》中说:“一个人在新的尝试中已经走出这么远,尽管为此付出了烦扰的代价,却已成为他迫切的需要,正在这时,他竟自己做出决定,如此彻底地丢弃它,这在历史上恐怕是绝无仅有的事。他在革命中的位置——外在地是如此合理而内在地又是如此牵强和空虚,对于我来说将永远是个谜。”

换句话说,在《150,000,000》之后,马雅可夫斯基的天才究竟消失到何处去了?

答案就隐藏在《安全保护证》的第三篇第三节,帕斯捷尔纳克对马雅可夫斯基予以含混的评断,表面看似赞誉,实则颇为严厉:“他比别人更大程度地整个儿处于纷纭现象。他表露在外,而且表露得相当彻底(……)他好似生存在刚刚度过的浩瀚的精神生活的第二天。他度过这一段丰富多彩的生活是为应对日后的不时之需,所以人们看到他时,他已陷入生活不可逆转的一系列后果中了(……)在他的举止言谈可以看出一种业已做出的决定,这决定正在实施,而决定的后果是毋庸置疑的。这个决定其实就是他的天赋,同这种天赋的不期而遇曾使他如此惊颤,以致于他将其视为使命般的终生约定。”

这里没有任何关于马雅可夫斯基的过誉之辞,因为“使命般的约定”已是对一切未来发展最严格的限制,是规定性的贫乏;他主要的面貌特征——早在1913年他才二十岁的年纪,便被称为“最终的确定性”。说“他处于纷纭现象”,意思是说“他处于当下的现实”,甚至是局部地置身于过去,置身于往昔浩瀚生活的“一系列后果中”。因而帕斯捷尔纳克不可能接受马雅可夫斯基所想象的未来：这是一个社会乌托邦的无菌世界，而非个人的充满着具象的生活——帕斯捷尔纳克只对这样的生活感兴趣。当马雅可夫斯基“整个儿处于纷纭现象”，帕斯捷尔纳克则处于发展之中，只有发展才是吸引帕斯捷尔纳克的事情。当外部世界不能给予马雅可夫斯基任何东西，而仅仅作为一种背景出现于他的作品（1913 年之前是兽类的嘴脸与罪恶的渊薮，之后是闪闪发亮的橱窗），他便彻底失去了对它的热情，帕斯捷尔纳克则愉快而热切地向这世界敞开自己，甚至有些不惜牺牲个人的精神生活。

主要的是，帕斯捷尔纳克在三十年代还在羡慕别人的完善，认为自己的不确定性与“朦胧”是心灵不成熟的标志；在四十年代，尤其是五十年代，他却以同样的严厉与决绝，否定了曾经羡慕的一切。漫长而痛苦的自我斗争，其结果是彻底放弃这一斗争，而他原先觉得马雅可夫斯基那种不可企及的博大境界，看起来也成了一种局限。局限成为确定性、终结性和过早成熟的同义词——五十年代，帕斯捷尔纳克更看重的是“笼罩在昏暗中的未践行的意图与未实现的设想”：“由此导致出场人物的不充分刻画，我也成为被批评的对象（与其说我在彰显他们，不如说是让他们模糊不清）。”安德烈·西尼亚夫斯基①对马雅可夫斯基同帕斯捷尔纳克在心理类型和创作方式上的差别做了另外的、却又极其准确的归纳，关于两者，他曾有过许多思考：“有一种人，只用一半的生命和少于大自然所分配的机会而活着。他们身后（前方）另有一种备用的机会，可以让他们凭借另一种理由生活在别处，他们就这么似乎未尽全力，又像是可有可无地存在着。因而他们向来不为人知，默默无闻，甚至在肉体上也显得不够分量，未达到彻底呈现的程度。他们的背影仿佛渐渐融化，渐渐消散，他们从何处来，就从何处不落痕迹地从我们中间穿过，消失得无可追寻。只有人类的一小道印记在我们的表面依稀可见。

“而另一种人则得到了充分的实现，找到了自我，他们行动在我们这些人中间，现实得超乎尺度，在这里进退自如，游刃有余，他们精力充沛，口若悬河，但这种酣畅的风格容易引发怜悯：他们一无所有，除了手头那些随着

---

① 安德烈·多纳托维奇·西尼亚夫斯基（1925—1997），俄罗斯文学家，苏联时期的持不同政见者，1965 年以“反苏宣传与鼓动”的罪名被判处七年劳教，1973 年移居法国。

时间流逝而消耗一空的东西。”(《合唱中的单声》)

我们认为,这里谈到的不完全是马雅可夫斯基和帕斯捷尔纳克。这更像是日瓦戈医生(的确是少有人知,未能彻底呈现:我们只记得,他长着一个翘鼻子)同马雅可夫斯基的抒情主人公(带有他那造型宏大、锻打粗糙的突出特征)之间的比较。

马雅可夫斯基并非在衰退——他只不过达到了极限。任何选择,他一经决定便不再更改,继而勇敢地付诸实施,为此不惜一切代价。帕斯捷尔纳克终生都在避免着“确定性”,他竭力超脱于任何阵营之外,痛恨宗派习气——因为归属某个派别,势必要对该派别的所作所为承担责任;而马雅可夫斯基则怀有真正的责任感,他的整个生命便是一系列极端性选择联成的环链,为这些选择,他逐一付出相应的代价,义无反顾,百折不回。人们一想到他的坚定不渝,甚至会有惊骇之感:自1915年起——他爱上莉利娅·布里克,同布里克夫妇之间离奇的三重生活延续至死。自1922年起——加入“列夫”,对它痴心不改,即便社团组织涣散瓦解,目标距离实现渐行渐远,根本前提的虚假性日益明显。1930年,当肉体自杀的前夕——精神与声誉上的自杀已然发生:他在“拉普”大会上发表言论,无视此前通过的所有宣言;而他亲临现场,不顾昔日同道者的畏惧和不解,不顾谢苗·基尔萨诺夫①发表诗作,声称要“从自己手掌上刮掉”跟马雅可夫斯基握手留下的痕迹,这本身也耐人寻味……自从他接受了1917年所发生的一切,便以无党派的布尔什维克自居,他不断兑付着自己的选择,凭借往日岁月的残余,偶尔也凭借现今时光的消耗,他阐说着革命道路的扭曲、总路线的动摇、所有的卑鄙龌龊、所有的非人性化……这也正是浪漫主义立场的极端体现。相形之下,对于帕斯捷尔纳克和他的抒情主人公,这种沿迷途一路到底的做法实属不必要:“要做怎一个人,才能以如此炽热、从不冷却的天赋年复一年地醉心于那些早就终止的虚幻命题,对周遭却是一无所知,一无所见!”

---

① 谢苗·伊萨科维奇·基尔萨诺夫(1906—1972),俄苏诗人,曾属未来派阵营,被认为是马雅可夫斯基的弟子和朋友。1930年,马雅可夫斯基自杀前夕,敌人越来越多。更为严重的是,昔日的盟友也纷纷背叛他,其中便包括以讽刺诗形式在报纸上攻击他的谢苗·基尔萨诺夫。

7

马雅可夫斯基的伦理学,就其本质而言,是日本武士道式的;直到众所周知的一刻,帕斯捷尔纳克都不理解,也不愿理解这一点。这正是所谓“理解的边界”,他坦然承认由此产生的狭隘,在《人与事》——《安全保护证》简化了的、却更为利落的版本当中,他极其准确地表达了这样的观点:“或许,这是可怕的孤独所导致的后果,孤独一经形成,便自觉地逐步加重,与之相伴的是偏执,而意志有时会随同这种偏执迈向必然的命运。”也就是毁灭。

“我实在不认同那种英雄般忠实于一个观念的非凡之举,因为其中缺少了顺服。”1959 年,帕斯捷尔纳克对瓦季姆·安德烈耶夫①的女儿奥丽嘉·卡莱尔说道。当时她在别列捷尔金诺采访他,正好谈到了马雅可夫斯基。

“帕斯捷尔纳克,他不可靠……”马雅可夫斯基对阿谢耶夫说。翻译成更客观的语言,这意味着“不能始终如一”,而是倾向并善于变化。可靠的只是僵化的东西。假如帕斯捷尔纳克晚年有哪些诗行会博得马雅可夫斯基欣赏,那可能便是:“你是毁灭的脚步之美好,/当生存比敌人更丑恶。”②

马雅可夫斯基关于幸福未来生活的理想俨如基督教圣徒的天堂幻象:死后的王国,除此别无其他!那些来自美好源头的光明本质在翱翔……他所想象的人类未来严格遵循着尼古拉·费奥多罗夫③的“共同事业的哲学”——人类主要的事业将是让死人复活。

也许,
　也许,
　有一天
　沿着动物园的小路
她

---

① 俄国著名作家列昂尼德·安德烈耶夫(1871—1919)的儿子。

② 引自帕斯捷尔纳克《秋天》(1949)。

③ 尼古拉·费奥多罗维奇·费奥多罗夫(1829—1903),俄国宗教思想家,未来学哲学家,俄国宇宙论学说创始人之一。

也来园中散步——
她喜欢动物——
像摆在抽屉里的
照片一样，
微笑着。
她十分美丽——
一定要让她复活。
（马雅可夫斯基：《关于这个》，1923，余振译）

帕斯捷尔纳克压根儿不能理解列夫派的乌托邦，它超出了正常思维的范畴；事实上，用今天的旨趣来衡量，“列夫”理论不啻于怪异的杂烩，其中交集着肤浅的教条主义与荒诞不经的幻想，就好比一位物理学家突然间得出结论，说用双手走路消耗能量更少，并准备迫使所有人都这么做。不过，按照马雅可夫斯基的观点，革命是一种全方位的破坏，是对于旧生活的彻底否弃；在革命之际，还实现了空前的奇迹——向往毁灭的诗人、厌世者，以及面对任何事物几乎都会感到刺痛的受难圣徒，从幸福的夫妻关系到自然风景，在他眼中也一概是虚假与嘲讽——正是这样一类诗人，突然发现了脱离绝境的出口。在他面前闪耀着绚丽的前景。从那个人压迫人的世界——那个因丑恶的战争而使新手变成令人骇然的残肢断体的世界，那个男人们就着圆白菜汤还能倾听诗人、探讨艺术，无论怎样的风尘女子都比富贵美女更诚实，而其实她们都以出卖肉体为生的世界——找到了童话般的出口；由此可见，马雅可夫斯基与勃洛克的契合，超过与任何同时代人。马雅可夫斯基爱着勃洛克，因为对后者所受的创痛，他向来感同身受；这无需赘言——他们两人都属于贵族文化（“沃洛佳①是个庄稼汉，也是个贵族，”什克洛夫斯基曾对利季娅·金兹堡说），身上都带有一切退化的特征。他们愉快地应和着对方，当彼此相近的自我感觉与时代毁灭前的“前夜”状态发生共振之时。他们追寻死亡；他们欢迎“恐怖世界”的毁灭——并不怀疑，一个不恐怖的世界从未有过。勃洛克到头来有所醒悟，却死去了：他毕竟年长十三岁……头脑也聪明得多。至于说马雅可夫斯基，他对革命的热爱恰恰是多年以来厌恨生活的产物。“打倒你们的爱情”“打倒你们的艺术”“打倒你们

① 从俄语姓氏来说，马雅可夫斯基是姓，名叫弗拉基米尔，沃洛佳是小名。

的制度”“打倒你们的宗教”——四个领域的四声呐喊……言下之意，似乎还有第五个领域，亦即不属于你们的领域！革命之于马雅可夫斯基，是既已实现的末世论，是确实来临的世界末日及世界的奇异变形；对此一旦确信，他就不允许自己迈开脚步有丝毫偏离。我们会看到，对于正在重返这个破败国家的一切正常生活的迹象，他是多么深恶痛绝：“比弗兰格尔①更可怕的是庸俗习气！最好把金丝雀的脑袋拧下来，以使共产主义免遭金丝雀的攻击！”天哪，金丝雀究竟怎么招惹了他？！但这里没有任何人性的成分；纯粹是超人性！在一封温情脉脉的书信中，莉利娅徒然向他发出探问：“莫非你不想跟我一起过过正常人的生活？！你可能会立刻打动我，我也会爱着你，假如你跟我在一起，为了我。不管白天在哪里，做了什么，我只要傍晚或夜里我们能一块儿挨着躺在干净舒适的床铺上；待在空气清洁的屋子里；在暖和的沐浴之后！”（1923年春）。这难道是他想要的吗？！他更喜欢夸张的风格——不过，说到沐浴倒是……他所关注的当然是清洁与秩序，但他的关注却达到了荒唐的程度：不是一般的洁净，而是消毒和对感染的惶恐（这种恐惧心理来自童年，在父亲因装订纸张扎破手指而死于血液感染之后）。他总是随身携带一只折叠式水杯，柄上系有一块手帕……只要不接触他人的生活！他不能忍受握手，难以接受任何人的出现与靠近，如果不是他钟爱的女人；他会因外人的在场而产生身体上的痛感，继而为腹内发冷和疼痛连连叫苦……这是对于现实的某种英勇的憎恨，这种憎恨为高尚的男孩、永远的浪漫派和妥协之敌所固有——因而会招致庸俗之辈相应的敌意，他们树起人性的旗帜，却只是因为超人性让他们心惊胆战，不为他们所容。这些庸人急于给一切高于人性和高于个性的东西贴上“法西斯主义”和“布尔什维主义”的标签，将它们等同于残酷和大规模的恐怖；在生活中，或许可以这么看，但在艺术方面，浪漫主义终归是超乎寻常的，其中也包括马雅可夫斯基所呈现的浪漫主义。卡拉布奇耶夫斯基②写下《马雅可夫斯基的复活》一

---

① 彼得·尼古拉耶维奇·弗兰格尔（1878—1928），俄国旧贵族，步兵中将，苏俄内战时期白卫军首领之一。

② 尤里·阿尔卡季耶维奇·卡拉布奇耶夫斯基（1938—1992），俄罗斯诗人，文艺批评家。《马雅可夫斯基的复活》写于1983年，1985年首先在德国慕尼黑出版，随后为作者赢得国际声誉。1992年，死于安眠药服用过量。

书,从而使这些庸人们对他的鄙薄达到顶点。不过,该书作者的命运如此富有戏剧性(也如此耐人寻味),以致于我们只能放下同他的论战。

帕斯捷尔纳克对于庸俗的认知则完全不同。他所面对的更多是一个狗苟蝇营的小圈子,圈内之人假借革命名义,大肆利用马雅可夫斯基的声望及天才。他所看到的更多是庸俗不堪的行为,妄图开创“新风尚”,建立“三人共有的爱”,生殖繁衍,再把孩子的父亲赶走,就像特列季亚科夫的话剧《我想要个孩子!》中上演的那样……只有在此意义上——在本能的自然的生活与人为的创造之间相互对比的意义上——才能理解马雅可夫斯基对帕斯捷尔纳克所说的那句名言:“喏,还能怎样呢。我们的确各不相同。您喜爱天上的闪电,而我喜爱电熨斗里的。”①这句话当然不仅仅说明,抒情诗人帕斯捷尔纳克喜爱自然风光,虔诚的“结构主义者”马雅可夫斯基喜爱大自然的程度则取决于它服务于人类的程度。这样的解读未免肤浅。帕斯捷尔纳克喜爱天空中的闪电,因为这是自然生活的生动现象;对于马雅可夫斯基,只有让人付诸努力的事物,只有不再“仅是生活”而是历尽艰难使自己得以重生的事物,才具有其存在的价值。只有不再是自己的事物,才是可贵的。可怕的结论。然而,马雅可夫斯基的整个一生都浓缩为无休止的生命的创造,亦即永不倦怠的无情的破坏,而这也正是他以尼采学说、部分地以费奥多罗夫学说为基础的所有理论创建之体现。

8

即使在那些对诗歌而言最为绝望与荒蛮的岁月里,在马雅可夫斯基除了报刊上的零星文字未写下任何佳作之际,仍然还有真正的、出色的抒情从他笔端迸出,在长诗《好!》、献诗《致奈特同志——船和人》、致高尔基的诗体书信以及关于墨西哥与巴黎之旅的诗篇当中,这些闪光点并不罕见;不可否认,帕斯捷尔纳克是一个较为主观的人,但还不至于无视他人的成就,哪怕他所面对的是异己的思想。按照他个人的说法,他不仅可以跟迥异于自己的叶赛宁打得头破血流,也可以跟他倾心交谈。可是在马雅可夫斯基举

① 参见帕斯捷尔纳克《人与事·第一次世界大战前》。

步维艰的时期，帕斯捷尔纳克为何一方面支持他，另一方面却连他那些最杰出的天才之作都不认可，反倒在其两篇自传性随笔中声称，不喜欢也不理解他最后十年的任何东西，除了死前那部长诗？[①] 如果这里只是某种无言的反对也就罢了。马雅可夫斯基越来越多地让自己不久前的热情崇拜者产生了敌意，甚至近乎愤怒。

1927 年，帕斯捷尔纳克反感的与其说是马雅可夫斯基，不如说是“列夫”。早在当年 1 月，他就想公开脱离它而去——有人劝说他不要家丑外扬；5 月，他要求将自己的名字从《新列夫》杂志编辑名单中划掉——未被接受。7 月 26 日，他给编辑部发去一封书信，语调比以往任何时候都更强硬。“《列夫》杂志编辑部：虽然在 5 月的一次会议上，我口头提出永远退出‘列夫’，但我的名字仍然还留在编辑人员名单上。这样的忘性简直不成体统。你们编辑部十分清楚，这是无可挽回和无可商议的分道扬镳。现在与冬天的情形不同。当时，我看到了第一期杂志，这之后立即召开的会议，成功地说服我放弃公开脱离的要求，同时让我满足于佯装参与实则漠不关心。现在，我恳请将这份声明完整刊登在你们杂志上。”声明未能刊登。“我开始陷入模棱两可与忍无可忍的境地。夏天，我给编辑部写信执意退出，并希望刊登此信。信件未能刊登，但有鉴于‘列夫’作为一种空幻现象，其构造与成分着实无可理喻，对这一不当处置我也就未加留意(……)我有一个极其强烈的念头，觉得最应该退出‘列夫’的人首先是马雅可夫斯基，然后是我和阿谢耶夫。如今，国家与社会别无二致，因而它迫切需要的不是别的任何什么，而是自身各个部分之间适当的抵抗力，只要这种抵抗力合乎情感冲动与现实的尺度。‘列夫’令我反感和厌倦，原因就在于它那过犹不及的苏维埃精神，亦即让人不堪忍受的低下做派，亦即动辄借助官方授权行使粗暴的粗暴行径。”帕斯捷尔纳克在《我们的同时代人》文集(1927)展开的问卷调查中答道，同时强调，问卷材料并非用于征引，也就是说，只有在完全保留原样的前提下，它才可以收入文集并公诸于众。这份材料最终未能发表。

一个颇具诱惑力的说法是，帕斯捷尔纳克与维亚切斯拉夫·波隆斯基观点一致。后者是《新世界》杂志主编，曾经公开迫害过马雅可夫斯基。他

① 即马雅可夫斯基写于 1930 年的《放开喉咙歌唱》(长诗一序)。

在《消息报》上发表了一篇反对“列夫”的言论（1927 年 1 月 25 日和 27 日），而对诗人更为尖锐的抨击则是他的《诡诈仍在继续》一文（《新世界》1927 年第 5 期）。诚然，帕斯捷尔纳克写给波隆斯基的一些书信似乎表明，他更倾向于“新世界”立场，但与此同时，1927 年 5 月 17 日，帕斯捷尔纳克对拉伊萨·罗蒙诺索娃写道：“反对者们的论据俨然是‘列夫’式的：虚伪围绕虚伪周行不止。同样是对上司和权威的援引，就像援引某种活灵活现的思想，同样是公职人员诡辩术框架内的思维，同样是留声机般的漂亮辞藻。”

帕斯捷尔纳克只是被波隆斯基立场中的政治冒险性所吸引。按照 1927 年的尺度，《新世界》编辑显然要比列夫派更具反革命色彩，尽管只过了一年，双方力量对比就改变了。正是基于这种印象，才有了帕斯捷尔纳克 1927 年 7 月 1 日致波隆斯基的一封信件。在这封信中，他向波隆斯基转述了自己大约是此前不久致马雅可夫斯基的书信：“就冒险性而言，这是触目惊心的攻讦（所指即《诡诈仍在继续》这篇文章），它反对的是我国文学近十年间最强有力的人物，实际上，他远比表面看上去广博和宏大。这不仅是一个人运用进攻者的武器所实施的正当自卫（但同时要说的是：卡塔尼扬曾经痛骂波隆斯基，用词包括“肆无忌惮”“自命不凡”“以天才自居”“夸夸其谈”“好出风头”“不知羞耻”“造反的流浪艺术家”“向永恒献媚的那喀索斯”……“烂醉的自我中心主义”“明显的癫狂，介于被通报的精神变态与妄想狂患者的呓语之间的某种状态”……是的，言辞够激烈。但马雅可夫斯基难道不是也如此攻击过他的对手们吗，把扎洛夫和乌特京变成茹特京，①一辈子都对伊万·莫尔恰诺夫、谢尔文斯基和别兹伊缅斯基骂个不停，而夏里亚宾②被他责骂，那又该从何说起？！他自个儿受到刺伤，但骂人的招数层出不穷……——德·贝）。这是让整个文学，其中包括‘穿裤子的云’在内的文学免遭‘列夫’方法侵犯的防卫，对这类作品，‘列夫’向来是充耳不闻。诗人也可能变成像波隆斯基所描述的您那样，如果遵循‘列夫’美学，承认‘列夫’在讨论叶赛宁中所扮演的角色，接受‘列夫’的论战手法，最为

① 故意按谐音叫错对手的名字，以示羞辱。

② 费多尔·伊万诺维奇·夏里亚宾（1873—1938），俄罗斯著名男低音歌唱家。

主要的是,接受‘列夫’所宣称的艺术前景与理想。向您表示敬意,您作为诗人,承受了‘列夫’愚蠢的理论原理,这些原理加之于您,就像加之于极其醒目的宏大现象,加之于公理。对波隆斯基的证明方法,我表示同意、欢迎和支持。在我看来,‘列夫’现今的存在跟以往一样,始终是一个逻辑不明的谜。我不再对揭开谜底抱有任何兴趣。”

在这里,对于波隆斯基用来反对马雅可夫斯基的方法,作者明显持批判态度:这些方法在本质上同“列夫”的方法并无二致;也就是说,这场论战中没有正确的一方,谁也不比谁高出一筹。波隆斯基向早期马雅可夫斯基发难(对晚期马雅可夫斯基的责难却有可能被视为一种反苏行径)——同样是采用死抠字眼的方法,同样是贬斥他的夸张风格,这与拘泥于精准与朴实而反对夸张的列夫派们如出一辙。拉扎利·弗莱什曼①赞同卡塔尼扬的观点:帕斯捷尔纳克向波隆斯基引述的书信,未必保留了发给马雅可夫斯基那封信件的原样。它更像专为波隆斯基准备的文本,并且显然不是随便就发送出去的:帕斯捷尔纳克试图跟论战双方都保持距离。当时他已深知,他们双方都不正确——双方都是败局已定。1927 年,如同争论中的人们感知的那样,亟须重新解决一切革命的首要问题——权力问题。一如既往,无政府主义者同革新派争论不休。同样地,论战者们均未料到,在这种争讼中胜出的永远是第三方。1917 年的那场革命中获胜的既非无政府主义者,亦非革新派——他们陷入论争,像以往一样相互厮杀。在俄罗斯,直至九十年代,人们不理解这种诡异现象,甚至现今也未必是所有人都明白。斗争双方始终以消灭对方为己任,在他们留下的废墟上终究会出现某种完全异质的第三者;就这样,俄国专制制度与俄国自由主义的废墟上出现了布尔什维主义——一个怪异的构成物,无论君主主义者还是立宪民主党人,都与之格格不入。在无政府主义者与革新派的殊死较量中,最终获胜的是交战双方共同憎恨的“拉普”。

9

在 1927 年 3 月 23 日的讨论会上,马雅可夫斯基引用了侨居国外的批

---

① 拉扎利·弗莱什曼(1945—),美国文艺学家,斯坦福大学教授,帕斯捷尔纳克的研究者。

评家阿勃拉姆·列日涅夫的一篇文章（这位作者回到俄国后，于1938年被当局枪决）：

“当一个艺术崩坏的时代，一个需要尖锐的、否定的、宣言式的、理论化的创新事业的时代把未来主义及其旗手马雅可夫斯基推向前台之际，帕斯捷尔纳克便被阴影笼罩。”

停顿之后，他补充道：

“当时代推出帕斯捷尔纳克——马雅可夫斯基便隐没在阴影中。”

二十年代末，马雅可夫斯基从公众意识中退至二流地位，几乎沦落为不受欢迎的人物。帕斯捷尔纳克则渐渐出现在舞台前部，所有目光聚集在他身上，尽管成就暂时少于期待——知识分子阶层乃至某些无产阶级作家，将他视为自己最大的希望！对于知识分子，他“在阶级属性上是自己人”；对于无产阶级诗人——他是异己的，却又如此大众化，如此善意！他背负着全社会的爱戴，不过，这当中的主要原因他不可能猜不透：马雅可夫斯基及其同道者日益失宠，因为他们活生生地昭示着一个未实现的乌托邦。

帕斯捷尔纳克就这样初次陷入冲突，后来，这种冲突像失控一般屡屡再现于他的人生；他注定在索套和钓钩之间做出选择。突然间，他身边不仅出现了可恶的敌手，还出现了毫不相干的追随者。如果说与敌手之间他曾经还有过共同语言（不管怎样，“列夫”当中还包括相交已久的朋友阿谢耶夫，以及虽非深交却诚实可靠的特列季亚科夫），那么与这些追随者他却根本无法成为同道。起初，帕斯捷尔纳克支持波隆斯基，觉得此人有助于艺术家抵御国家订货与国家的专横，但他很快就确信，国家已经将马雅可夫斯基彻底抛弃！1928年4月4日，他向马雅可夫斯基发去了一封措辞持重的书信，信中的语调委婉而不失关切。“或许我有愧于您，由于自己设立的那些界限和意志的薄弱。或许，我始终知道您是何许人，正如现在所知的那样，因而我理当更加热忱地以更加实际的行动来爱您，不管您的意愿如何，都要使您摆脱这个空幻迷离的领袖角色，这只是处在梦境般的立场上的子虚乌有的队列领袖而已（……）让我们再等半年吧。”在这封信的末尾，他承认，他们双方都有些焦躁。

1928年夏天，马雅可夫斯基终于退出“列夫”，“列夫”也随即解体；列夫派们开始高声叫嚷悔过，跟过去一刀两断，他们的腔调难以令人信服，而帕斯捷尔纳克则处于尴尬的胜利者的位置上！于是，在二十年代末期，帕斯捷尔纳克身陷痛苦的冲突，他试图真诚地化解冲突，却未能如愿。

10

1929 年 12 月 30 日，最后一次尝试和解。

关于 1930 年的辞旧迎新为何在 30 号这天举行，存在着两种说法。第一种是“列夫”式的——新风尚的拥护者们不希望跟旧习俗有任何交集，所以决定“提前一天”。按照另一种说法，庆祝新年活动不但被官方取消，而且几乎遭到禁止，马雅可夫斯基为了刻意表示顺服，提议在 30 号聚会，目的是纪念大家一起“工作的二十年”。

宾朋云集，强作欢颜。这是一场蹊跷的晚会，仿佛有一道帷幕垂挂在来宾面前——一切都像雾里看花。这道帷幕便是马雅可夫斯基的忧郁，所有人的注意力都集中于此。阿谢耶夫本来要进行正式发言，准备将那些加入“‘马普’①‘拉普’以及奴颜婢膝的无产阶级作家各色组织”的人士痛骂一番；发言的作者甚至未料到，马雅可夫斯基加入“拉普”已成定局——剩下只有不到一个月时间。基尔萨诺夫被委托做一场帕斯捷尔纳克式的发言——带着朦胧的含义、华丽的辞藻和他所擅长模仿的喧响。收尾应是标志性的语句：“喏，嗯—嗯—嗯……也许，我不该说这些……”为什么这场即兴致辞未能发表，主要是因为：在“列夫”内部，人们深知马雅可夫斯基喜爱帕斯捷尔纳克，不能容忍对他的戏谑；也许，提到帕斯捷尔纳克还会引起其他人不快——因为鲜明的反差：他荣耀加身，备受官方评论的宠爱。

接下来，开始了卡塔尼扬回忆中所描述的“亨德里科夫胡同②里从未有过的一幕”：酗酒。浴盆用雪填满，里面插着许多酒瓶。家具搬出餐厅，沿着墙根铺开了褥垫。梅耶荷德和他夫人赖希随身带来一箱子戏服和假发；大家戴上假发，裹起贝都因缠头，蒙上穆斯林面纱……因为郁闷，所有人都

---

① МАПП，莫斯科无产阶级作家协会的俄文缩略语。成立于 1923 年，自 1928 年起开始奉行“拉普”路线，1932 年解散。

② 莫斯科地名。自 1926 年起，马雅可夫斯基与布里克夫妇就住在这里。1935 年，更名为马雅可夫斯基胡同。

渐渐喝多了，以致于几乎谁都不记得晚会上最主要的事情。黎明时分，什克洛夫斯基和帕斯捷尔纳克来了。

他们是一起来的，大概抱着和解的最后一线希望。帕斯捷尔纳克对马雅可夫斯基说，不管怎样自己都爱着他。发生了激烈的侮辱性的争吵；整个争吵当中，马雅可夫斯基只有一句插话说得最清楚——这句话记在了列夫·卡西尔一部题为《马雅可夫斯基本人》(1940)的回忆录里（这部作品被看作关于“最伟大的天才”之命运的半官方解读）。马雅可夫斯基一边愤然将香烟捻灭在烟灰缸里，一边说道：“不，就让他走吧。就这样他还什么都不明白。”在与帕斯捷尔纳克之子的一次交谈中，莉利娅·布里克却强调，根本就没这回事儿——帕斯捷尔纳克是自己走的，因为他感觉到马雅可夫斯基心绪不佳。

在有些文献材料中，这次会面被称作最后一次，但事实上还有一次——在某个中立的场所；这一说法来自叶甫盖尼·多尔玛托夫斯基的回忆，他当时几乎是个孩子，后来成为一名苏联诗人。在梅耶荷德家作客时，他遇到了马雅可夫斯基和帕斯捷尔纳克。据多尔玛托夫斯基回忆，马雅可夫斯基批评了他的诗作带有“阿赫玛托娃习气”，帕斯捷尔纳克则为他“辩解了一番”。也就是说，这场从 1929 年 12 月 30 日夜晚到 31 日之间激烈的谈话，并未使两人的关系闹僵，达到不相往来的地步。如果我们认为多尔玛托夫斯基的见证是可信的，那就必须承认，两位诗人最后会面的时间应该是 1930 年的新年之初。

四个月之后，帕斯捷尔纳克将徘徊在卢比扬卡路口的一间屋子里，将和各色人等碰面，将止不住地放声痛哭。有一张照片：帕斯捷尔纳克在马雅可夫斯基的灵柩旁，脸上一副挑战的神情：怎么，你们终于等到了?! 对马雅可夫斯基的爱反倒越发彰显了他对周遭的厌恨，他的《诗人之死》一诗所表达的正是此意：诗人在诗中的立场截然不同于自己的那些同盟者与同道者。

这首诗，坦率地说，并不流畅，因而帕斯捷尔纳克从未完整发表过它。此诗写于作者落入困境的时期，他那旧的印象主义诗学彻底坍塌了，他已触及叙述性的现实主义新诗学，使他得以承受重负，对于明显感知的时代崩坏展开严肃的思考。这也是他三十年代许多作品略显滞涩的缘由之所在。不过，鲍里斯·列昂尼德维奇在此方面并非特例：不管如何对待马雅可夫斯基，都不能不承认，大多数纪念其亡故的诗作，均属矫情、生硬的劣质品；这也更加映衬出马雅可夫斯基在文坛上的孤独。如何比较谢尔文斯基、阿谢耶夫、帕斯捷尔纳克，以及无论借助多么另类的隐喻冒险和激扬声调，风格都不易变化的茨维塔耶娃所写的那些关于他的作品！——还有他自撰的墓志铭《放开喉咙歌唱》？

《诗人之死》以《片段》为标题，刊登在《新世界》杂志1931年1月号上，随后收录于《第二次降生》。这两次都少了最后十二行，种种迹象表明，它们被波隆斯基删除了。作者犹犹豫豫，踟蹰不前，耽于细枝末节，迟迟不能转向正题：

人们不信。人们以为，那只是梦呓。
终于得知了消息：从两个人
三个人，从所有人那里。停滞时期
官员和商人的宅邸
院落和树木，
整齐地排列成行，白嘴鸦
落在上面，被太阳晒昏了头，
对小白嘴鸦们
厉声呵斥，以使某些蠢货
不再冒失犯错。这是
如同既往的一天。如同一小时
一瞬间之前。相邻的院落，相邻的
篱笆、树木、白嘴鸦的喧闹。
只有面孔上泪痕的交错，
像破烂的拖网的褶皱。
这一整天，平安的一天，
比你以往数十天更平安。
人群聚集，列队在前厅，
像是那一枪让他们摆好队形。①

① 本章此处及下文所引诗节均出自帕斯捷尔纳克《诗人之死》(1930)，此诗另有不同版本。

描写小白嘴鸦冒失犯错的三行诗句、皱皱巴巴的破烂拖网,即破烂的渔网,可以跟任何东西相像,只是不像人脸;关于马雅可夫斯基最后时日的一句——“仿佛是那一枪让他们摆好队形”也颇为蹩脚……

像是水雷的震响,砸扁了
欧鳊和狗鱼并将它们抛出水面,
那是苔草间烟花的鸣放,
宛如一重重地层的喘息。

这一节,整个构建在帕斯捷尔纳克所喜爱的“сп—ст—плст”这种辅音重复法上,体现出近乎荒诞的效果。欧鳊和狗鱼(还有小白嘴鸦们)同安魂曲的形象塑造如此不协调,以致于我们面前所展现的不是向心爱的诗人伤恸道别,而是一个生动活泼的角落;苔草间鸣放的烟花发出水雷的震响更是荒诞不经,即便水雷将鱼类震得发昏,那也压根儿跟烟花没有任何关系。至于说多重地层,读者只能凭借猜想。不妨认为这里所指的是火山喷发,而且下文提到了埃特纳火山①;但“一重重地层”着实生硬……下一诗行也很怪异,因为失之妥当的双关语,这一点,作者本人未曾发觉:“你在流言之上铺开床榻,睡去了。”“сп—ст—плст”的游戏还在继续,却带着几近侮辱的含义。死去的马雅可夫斯基睡在流言之上吗?也就是说,他对流言蔑视到了干脆在上面铺开床榻的程度?抑或流言包围着他的床榻?但照这样说,莫非诗人死时的卧榻同他的夫妻床笫有什么关联?

接下来,总算开始了这首诗最好的一小部分。这一部分频频出现在各类选本,甚至现今谈及马雅可夫斯基自杀的文章,都少有绕开来不引用它的;不过,这些诗句似乎又像是转向主题之前的长距离过渡:

你睡了,不再颤动,寂静无声,
二十二岁的英俊青年,
仿佛预言了你的四部曲。
你睡了,脸颊贴向枕边,
睡去了,抻开双腿和脚踝

① 意大利西西里岛上的一座活火山。

几度刻入年轻人纷纭的传说。
你如此醒目地刻在传说中间，
轻轻一跳，就将它们超越……

躺卧不动的诗人，“抻开双腿和脚踝”刻入纷纭的传说——这一形象不能算是帕斯捷尔纳克在造型上的成功；这里只是象征性地提到年轻马雅可夫斯基迅疾的人生之路，他“轻轻一跳”，就获致一生的荣耀，也就是刚刚显露头角之际，即刻功成名就；他后来所做的一切，仅仅是重复——“几度刻入”，他一次次地迈向早已达到且立刻达到的高度；一个隐晦而重要的提示。但此前的一切仅为正题提供了土壤：

你的一枪好似埃特纳的喷发，
让怯懦的男女们匍匐在山脚。

赞叹的声调清晰可闻，诗人最后的行为受到热烈称赞——怯懦的男男女女，当然永远不会有开枪自尽的勇气；要是有勇气就好了！在这里，在公开的论辩中，帕斯捷尔纳克只是对怯懦者略加批判，更关键的则是他的郑重宣言。谴责自杀行为在当时是一件时髦的事情。人们说，自杀无异于临阵脱逃！马雅可夫斯基本人在《臭虫》中也对自杀予以刻薄的嘲讽：“卓娅·别廖兹京娜开枪自杀啦……唉，这回支部里该责骂她了。”①他像是感觉到，“支部里”对他本人的责骂：“如果说自杀根本不可能得到在我们中间得到认可，那我们到底该向马雅可夫斯基致以怎样愤怒而痛苦的责备之辞！”这句话出自 1930 年 4 月 15 日《真理报》上题为《纪念友人》的悼词，马雅可夫斯基身边几乎所有重要人物都在这篇悼词上签了名（除了当时不在俄罗斯的布里克夫妇）——从国家政治保卫联合局（ОГПУ）秘密—政治处主任阿格朗诺夫，到该部门国外处工作人员艾伯特（总的来说，这是一个耐人寻味的群体，签名顺序也带有象征性：两端是两名契卡成员，中间，仿佛在押解之下——阿谢耶夫、基尔萨诺夫、柯里佐夫、特列季亚科夫、罗季延科……正像是“那一枪让他们摆好队形”）。

相形之下，帕斯捷尔纳克就像一名公开的反叛分子，不但拒绝谴责自杀

① 参见马雅可夫斯基的喜剧《臭虫》（1928—1929）。

者，而且称颂其决定为英勇之举——而《诗人之死》的主要意义也就在于此，如果用简单的词语来表达这一意义，就会得出一条相当可怕的结论：做得对！

自杀显然令帕斯捷尔纳克感到恐惧；后来，在《致夭亡者》(1936)一诗中(纪念因精神病发作而自杀身亡的年轻诗人尼古拉·德缅季耶夫)，他完全按照时代精神，温和地谴责了自己的同行：“那么——自杀是否能让人得救和解脱?”但马雅可夫斯基之死另当别论：他做了别人没有胆量做的事情。帕斯捷尔纳克坚决反对谴责这样的自杀——对此行为，他甚至予以盛赞！诗人找到了唯一的出口，最终同他自己，同“二十二岁的英俊青年”融在了一起(就这样，晚期马雅可夫斯基仿佛整个儿被一笔勾销了)。

值得商榷的是，这样的评价究竟具有多少道德的成分，但其中至少有一点是明确的：马雅可夫斯基最后几年的生活与思维方式令帕斯捷尔纳克极为不满；他以自己的一枪最终完成了帕斯捷尔纳克徒劳地召唤他去做的事情——摆脱了虚假的向往与自我迷惑，也摆脱了周遭的一切。这些全都无可更改地留在了此岸，而他已然身在彼岸，遥不可及；这样一来，帕斯捷尔纳克又可以重新爱他了。

《诗人之死》同马雅可夫斯基一首挽歌《致谢尔盖·叶赛宁》①的对比耐人寻味。比之于马雅可夫斯基与叶赛宁亦敌亦友的关系，帕斯捷尔纳克与马雅可夫斯基之间则温暖得多，某种程度上更具人情味，也更持久。但我们本来完全有理由从敏感而感伤的帕斯捷尔纳克那里所期待的情感，在马雅可夫斯基的诗中却是如此之多！“有什么好笑，/悲痛的石块梗塞在/咽喉里”；的确是悲痛，你对它不会怀疑——你会看到，作者竭力用粗鄙可怖的笔调描绘他人的自杀——以使自我毁灭的渴求不至于如此沉重，吞噬一切！“我看见——/慢条斯理地举起有切口的手臂，/您摇荡起/自己/肥胖笨重的身体”……马雅可夫斯基——一个时常腼腆到极点，痛恨任何感伤情绪流露的人，掩盖了诗的意图：他写下这首诗，似乎只是为了防止叶赛宁年轻的崇拜者们步其后尘。这种人为的动机在《如何作诗》一文中也有所

① 1925年12月，诗人叶赛宁自杀身亡。马雅可夫斯基于次年1月至3月创作了这一纪念的诗篇。汉语引诗为李海译。

表达——作为或许是社会订货的例证给予他自己。与此同时，这首坦诚炽烈的诗也证明着一点——如果说马雅可夫斯基试图劝说谁放弃自杀，那么他劝说的无疑是他自己：从出现频率来看，这是对他至关重要的一个主题。在他那里，有多少诚挚的爱，又有多少由衷的赞赏，枉然投向他“亲爱的敌人”（就像另一个未来的自杀者茨维塔耶娃称呼马雅可夫斯基那样）！“人民，/语言的缔造者，/丧失了/一个响亮的/高歌豪饮的帮手”——在帕斯捷尔纳克的诗中，我们找不出任何类似的东西。有的只是事实的确认，并且是郑重的宣告：马雅可夫斯基进入了纷纭的传说。他一生中的最后十年让帕斯捷尔纳克备感伤痛！

遭到《新世界》编委会删除的《诗人之死》结尾，从许多方面看都显得怪异：这是帕斯捷尔纳克式的朦胧的例证，几乎超越了正常的尺度。唯一的相似之作（标题即可说明这一点）是莱蒙托夫的《诗人之死》——同样在发表后很长时期内，缺少言辞最激烈的、致使作者被囚禁的最后几行。帕斯捷尔纳克在结构上也借鉴了莱蒙托夫的文本——把安魂曲转化为檄文：莱蒙托夫留下了污血“洗不净诗人正义的血痕”这样的名句，帕斯捷尔纳克笔下则是对几近谋杀的背叛行为直截了当的指斥：

而朋友们精于纷争和吵嚷，
忘记了身边——生活和我。
喏，还说什么？说你将他们
逼到墙角，清除干净，恐惧
被你的火药化作烟尘？
但恐惧只跟废物亲近。
推论一重又一重，
为的是大机遇的水流
不至于溢出极限，
对于病夫，它太过迅疾。

庸俗，就这样把生活的
灰色乳皮转化为乳渣。

不过，话说回来，谁敢于对琐屑之事展开争论，当帕斯捷尔纳克和他的“生活—姐妹”就在近旁！接着，朋友们被打上“废物”的标记，点睛之笔则是“对于病夫太过迅疾的大机遇的水流。”这首关于马雅可夫斯基的诗作的结尾，转换成口头语言并不难：诗人的伪朋友们，试图以伪推论限制其人生之路的伟大意义，在那些精神乞丐看来，他的步履过于沉重。但这一含义的表达却带着双重语义，即便对帕斯捷尔纳克也实属罕见，这里的乳皮和乳渣之突兀，丝毫不亚于欧鳊和狗鱼。

这首诗整体上的论辩色彩如此浓厚，以致于马雅可夫斯基本身似乎并不在诗中，而他所有长处也仅仅归结为四部曲再加那一枪。更为严苛的评断将出现在《人与事》中：“我当时不理解他为何对宣传如此尽心，竭力培养自己和同道者的社会意识、哥们儿义气、帮派习气，我不理解他为什么要让喉咙服从于庸常的现实。以他为首的《列夫》杂志、编辑人员及杂志所维护的思想体系，更是让我感到不可理喻（……）这些蹩脚的押韵的文字、这些看似巧妙的空洞内容、这些人云亦云和老生常谈的实话，在表述上是如此造作、混乱和生硬，这一切，已经无法触动我了。在我看来，这不是什么马雅可夫斯基，而是一个子虚乌有的马雅可夫斯基。蹊跷的是，这个什么都不是的马雅可夫斯基居然被视为革命的马雅可夫斯基（这一“蹊跷的是”，显然是拜时代之所赐：《人与事》毕竟是作者本人计划为其《诗选》撰写并打算发表的前言。对于帕斯捷尔纳克，这里恰恰不存在任何早已有之的蹊跷——德·贝）。但人们还是错误地认为我们是朋友。”……

马雅可夫斯基死去二十七年之后，帕斯捷尔纳克终于撇清了他们彼此间的关联——这在他一生经历中前所未有；这样的博弈，只可能在抵御难以招架的诱惑中展开，在与自己真正亲近之人的交锋中展开——而“诗人的席位”本身则因此受到损害。不妨大胆地说，这是被损伤的爱的悲鸣——对一个行为渐趋放纵与失当之人所怀有的爱。帕斯捷尔纳克（尤其在私下的谈话中）将会时常列举出马雅可夫斯基同某些坏男孩之间的相似，为了表示对他们的赞许，那好的“家居”男孩总是刻意损坏自己清纯的嗓音，使之变得粗鲁；但毕竟谁也不曾强迫过男孩……而帕斯捷尔纳克对“坏男孩”的赞许之所以能够成立，是因为这个忧郁的永远被伤害的少年是一个天才，仅此而已。

1939年,在一位旧书商那里,奥西普·布里克发现了马雅可夫斯基的单行本《好!》,而且还带有题词:“沃①赠给鲍里斯,怀着友爱、柔情、爱戴、尊敬、同志情谊、习惯、同情、赞赏,等等等等。”(1927)就在同一地方,他还发现了马雅可夫斯基选集第五卷,扉页上题写着:“赠给亲爱的鲍里亚。沃。1927年12月20日。”于是他问帕斯捷尔纳克——这两本显然题赠给他的书,究竟是怎样出现在旧书店里的?帕斯捷尔纳克当时就解释道,赠言不是给他的;在克鲁乔内赫编选的一部纪念册中,他甚至提到自己还不至于沦落到变卖个人藏书的地步。1958年夏天,卡塔尼扬再次向帕斯捷尔纳克询问:这些书怎么会落到旧书商手里,他怎么会把它们卖掉?

“那不是我的书,”帕斯捷尔纳克答道,“题词也不是给我的。”

随即断然终止了谈话。

在研究帕斯捷尔纳克的文献中,有各种各样的意见,其中某些认为,书上的赠言的确是题写给他的,但是把带有亡友亲笔题词的书转赠他人甚至变卖,这样的行为实在不符合他的风格。叶甫盖尼·帕斯捷尔纳克则推断,马雅可夫斯基把这两本书赠给了一位故友,鲍里斯·马尔金。

不管怎么说,一个不争的事实是,帕斯捷尔纳克逐年远离了马雅可夫斯基,在《人与事》中,他声称,“我们之间从未有过亲密的交情。他对我的认可总是被人们夸大。”是谁在夸大呢?难道不是他本人在《安全保护证》中承认“他第一个听我朗读了《生活,我的姐妹》中的片段。我听到的是十倍于我所能预料从任何人口中听到的称赞”?五十年代的帕斯捷尔纳克越来越不愿表达对马雅可夫斯基的谅解和同情。随着自己的过去及自己的那些梦幻渐行渐远,马雅可夫斯基在他心目中的形象也渐渐淡去;他成了帕斯捷尔纳克自我反思的牺牲品——不能摆脱他,也就不能使自己解脱。

探讨马雅可夫斯基与帕斯捷尔纳克之间的关系,不能不提到安季波夫—斯特列里尼科夫——《日瓦戈医生》主人公之一,从帕斯捷尔纳克论及马雅可夫斯基个性与命运的许多观点来看,这一点最具本质意义,尽管需要借助于艺术文本,而且是一部总结性的文本;由此亦可说明,帕斯捷尔纳克

① 马雅可夫斯基的名字弗拉基米尔昵称为沃洛佳,此处的“沃”系“沃洛佳”俄文拼写的第一个音节。鲍里斯(鲍里亚)是帕斯捷尔纳克的名字,但因为姓氏与父称不明,文中提到的两本书有可能是赠给别人的。

具有某种最大限度的责任感。

马雅可夫斯基并非那位“无党派政治委员”最明显的原型(虽然无党派身份是直接指向弗拉基米尔·马雅可夫斯基的标志性细节)。斯特列里尼科夫的人生经历,似乎与马雅可夫斯基差异迥然,除了自杀及自杀的方式。斯特列里尼科夫的命运更像是帕斯捷尔纳克的一个基本结论:自杀喻示着俄国革命浪漫主义的极端性表达;在帕维尔·安季波夫身上,建功立业乃至自我毁灭的倾向自始至终都是一场失败。唯有一死才能让他跟恋人般配,赢得她的芳心。而由于拉拉与俄罗斯之间的同一性——这是《日瓦戈医生》的形象体系的基础,隐喻需要加以更宽泛的理解:斯特列里尼科夫的整个斗争,他的所有志向,都取决于这样一个朴素的愿望——无论何时何地,但求本来面目的真实呈现。

“我不是你的,雪的丑怪!”

而帕斯捷尔纳克则始终属于自己,他是他笔下这些景致的有机组成部分,是这一文化的继承者,他无需为任何东西付出生命的代价——一切唾手可得。生活——他的姐妹,国家——他的恋人;至于说马雅可夫斯基,无论国家还是恋人,对待他的态度都是一样——专横而任性,并最终将他彻底抛弃;他与姐妹之间的默契却从未有过。

斯特列里尼科夫之所以开枪自尽,并非因为被革命欺骗——这只是后果,而非原因;他的毁灭是因为拉拉从未真正属于过他;总有一些事物是争也争不来的。

“我们把生活看成是行军,为我们所爱的人移山倒海。尽管我们带给他们的只有痛苦,但他们毫无怨言,因为我们比他们要忍受更多的痛苦和折磨。”……

“她小时候在学校读书时,真是美极了!”①

她固然美好,却与你毫不相干。任何形式的行军都无济于事。所以说,谁以生活为姐妹,谁就永远不会理解以死为姐妹的人。

---

① 参见《日瓦戈医生》第十四章第17节。这里两段引文是斯特列里尼科夫自尽前对尤里·日瓦戈的道白。

第十七章　镜中人：茨维塔耶娃

1

正如我们所知，帕斯捷尔纳克同茨维塔耶娃在莫斯科过从甚少，他一直为此深感自责。他们两人原本就游离于狭隘的圈子之外，均不属于那种“应招”的文学人士，有意无意地定期相聚在各种晚会、朗诵会和杂志社之类的场所。帕斯捷尔纳克勉强算是未来派边缘化组织的成员，茨维塔耶娃则根本未参加任何团体。两人相见的机会不多。第一次会面，本书已经提到，是在蔡特林-阿马里那儿，时间是 1918 年 1 月末。第二次会面，起码按照茨维塔耶娃记忆是第二次，发生在一年之后，当时帕斯捷尔纳克拿来索洛维约夫的《远古以来的俄罗斯历史》准备卖掉。第三次，还是一年之后，茨维塔耶娃在作家协会朗诵了其长篇童话诗《少女王》（《Царь-девица》，1920），帕斯捷尔纳克称赞她善于使情节呈现出“分散的、单个的迸发”。第四次晤面是 1921 年临近秋天的时节——在鲍里索格列布斯克，帕斯捷尔纳克把爱伦堡的一封信带给茨维塔耶娃，他隐约地说起他写不下去了，还说他感觉自己像是处在河的中央，看不见两岸。这次会面他也记得：茨维塔耶娃那塞得满满当当的住宅，她的断断续续的话语（“我夜里不睡。/这儿什么都有来历”……），都被写入了《斯佩克托尔斯基》。最后是 1922 年 4 月 11 日那次，他们在塔季娅娜·斯克里亚宾娜——音乐家斯克里亚宾遗孀的葬礼上交谈了几句。帕斯捷尔纳克向茨维塔耶娃转达了马雅可夫斯基对她一部诗集的意见：他被打动了。“这是莫大的喜悦……我—真的—喜出望外。”

他们起初几乎不了解对方的诗作。自从洛克斯的妻子拿来茨维塔耶娃的作品，他才开始阅读起来。“应当对她加以细读。当我这么去读的时候，展现在面前的是无尽的清纯与力量，我不禁为之赞叹。周围再找不出任何类似的东西。还是把论证省去吧。即便我说出来,内心也不会感到愧疚。除了安年斯基和勃洛克,以及略带某些局限的安德烈·别雷,早期茨维塔耶娃是其他所有象征主义者加在一起都可望不可即的人物。这在《人与事》中已经说过。”帕斯捷尔纳克于1922年6月14日写给茨维塔耶娃的书信洋溢着欢欣,信中把她称作“亲爱的、可贵的、无与伦比的诗人”。在回信中,她坦率地承认自己一共只读过他五六首诗,她欣赏其中的“铮铮鸣响与嘈嘈杂杂”,欣赏那撞击之声:“所有的一切都突显着锋芒!还没等人回过神来,就一闪而过。密谋的诗歌——您同意吗?”

他给她寄去了《生活,我的姐妹》,这让她欣喜不已。她的评价是:“光的骤雨。”从他的信件她很快就确切地想象出他的形象来,或许,能做到这一点的只有她一个——根据言语、暗示、笔迹,与此同时,他的信中有很多内容她却压根儿不理解(又有谁能理解呢?)。她想象不出他在日常生活中的样子:“您像是授予了自己的影子以全权,差遣它代替您来到生活中。”(这句话格外醒目,它表明茨维塔耶娃本人也很看重这一断语。应当承认,谁都不曾如此贴切地描绘过帕斯捷尔纳克。他确实将一切权利都授予了自己那面目模糊、行为近乎无意识的同貌人,他本人对待现实则是心不在焉。)可她又说,“您是我平生所见的第一位诗人。诗人的苦役烙印我未曾在任何人身上见过:如今它却烧灼着,远远就能望见!而我愿意平心静气地为明天的帕斯捷尔纳克担保,就像为昔日的拜伦担保一样(顺带说说我的顿悟:您将变得非常老,等待您的将是漫长的飞升……)。”她猜出了他身上许多不解之谜,虽然也有许多是来自她对他的臆想:譬如说他的天主教信仰①(他的信仰是自由的,不受教会约束,但偶尔确实倾向于天主教)、对贝多芬的喜爱(他对贝多芬其实并不热衷;他喜爱的是肖邦),以及他生来就是为了大部头散文体长篇小说的创作,他有责任完成这样的作品,否则,简直要憋闷死。不管怎么说,相对于其他所有人,她更确切地理清了这些关系的性质:“这并非爱的表白,而是命运的表白。”

在她提议下,他们之间先是省去了父称,接着又以“你”相称(她解释说他是自己心目中的兄长)。事实上,这也确实不是爱情,而是涵盖一切、战

① 原文如此。

胜一切的亲情，尽管在很大程度上，它有条件地取决于一定的前提，既然他们彼此间的差异总是多于相似（不过，他们的相似却是决定性的）。两人都是莫斯科知识分子家庭出身；获得认可的时间都相对较晚；都秉持着严格的道德律令。多年以后，为了一份未能创办的儿童侨民杂志的读者们，茨维塔耶娃专门写下一封书信，信中非常出色地总结了这些律令：

“亲爱的孩子们！

“千万不要丢弃面包。要是你们走在街上发现脚底下有块面包，那就放到附近的围栏上面吧，因为不光是沙漠会让人死于缺水，还有贫民窟，人们在那儿会由于没有面包而死去。也许，当一个饥饿的人发现那块面包，从围栏上捡起它，他心里的羞愧要少于从地上捡起。

“千万不要害怕一个荒唐的人，如果看到一个人处在荒唐的境地，那你们就：1）尽力使他摆脱，如果不行——2）那就跳进里面去，就像跳进水里一样，接近他，你们一块儿来分担那种尴尬的处境；双方各自承受一半——或者还会有最坏的结局——在那个荒唐的地方，你们找不见那个荒唐的人。

“千万别说，大家全都这么做：大家做事情总是很糟糕，所以才那么乐意仿效别人。要是有人对你们说‘谁都不这么做’（不穿衣服，不思考等等），那就回答说：‘我，就是那个谁！’

“不要借口说‘不时髦’，只能借口说：‘不高尚’。

“不要对父母大发脾气，要记住，他们也曾经是你们，而你们也会成为他们。

“不要羞于在电车上给老人让座。你们会羞愧于——不让座！

“不要把自己跟其他人区别开来——在物质方面。其他人跟你们别无二致——也是你们。

“不要为战胜敌人而欢庆。想想就够了。获胜之后，伸出你们的手。

“不要对别人嘲弄你们的亲朋好友（甚至哪怕是你们的宠物！）反唇相讥；别人会走开——自己人会留下来。”

这里的每一字句，想必帕斯捷尔纳克都会深表赞同。

茨维塔耶娃生性不像帕斯捷尔纳克那样在钱财方面计较，她更不愿计较跟非诗人之间的关系（不过，像是作为补偿，她甘愿为自己人，为那些同她血脉相通的人们倾尽全力而在所不辞；帕斯捷尔纳克则更爱护自己，时常歉疚地嘟囔着为自己申辩)。但大体上让他们彼此亲近的正是不容妥协的庄重做派,让他们情意相投的是对待同道者的真正骑士风范与崇高的情怀,更不必说两人对各自手艺的珍爱。两人童年时都学了很多音乐知识(帕斯捷尔纳克当然更专业);两人都是德意志的崇拜者。更主要的是,他们在二十年代都饱受文坛与人际的孤独,备感周遭的冷漠,因而他们满怀蓄积已久的爱的渴望、认同与理解的渴望,朝向对方奔去;两人都急切希望平等相待。

诚然,茨维塔耶娃对帕斯捷尔纳克的爱当中包含着某种不可言传的东西……“私利”一词怎能适用于诗人抒情的苦闷?!“吻过,就会爱上。这是从天而降的急雨。两只手都不够用来写诗。暂且只能说不——不应该,应该是不能不。我需要你。”帕斯捷尔纳克需要充当的不只是诗人、对话者、评论者,不只是地位同等之人——还有抒情表达的理由;当抒情实际上已然没落之际,他为茨维塔耶娃写下了几首抒情诗,据此可见——这种抒情的需求是相互的。我们也发现,这些诗作,无论在帕斯捷尔纳克那儿,还是在茨维塔耶娃那儿,都不是很出色;个中原因需要费尽心思来猜测。诗人不属于他自己,相对于个性乃至国家的发展演变,诗人所遵从的法则更为复杂。帕斯捷尔纳克与茨维塔耶娃在1926年(鲍里斯·列昂尼德维奇那时确实想丢下妻子,而她也想为了他而断绝夫妻关系)未能相见,并非因为里尔克去世,帕斯捷尔纳克未完成《施密特中尉》,当局不想给他发放签证……唯一的原因在于,从这种相见中不会得到好的诗歌——由于许多不确定因素,在二十年代中期不可能书写真正的抒情诗。没有谁——无论是帕斯捷尔纳克、曼德尔施塔姆、阿赫玛托娃、马雅可夫斯基,还是哪个二流诗人——能够做到这一点:大家都在探索新的形式和新的语言,甚至扎波罗茨基在完成他的组诗《报栏》之后也保持了长期的沉默。常有丰收之年,旱涝不定的年景也非偶然;帕斯捷尔纳克与茨维塔耶娃陷入了无以为继的境地。这是上帝的旨意,他关心的首先是好的文本,正如养蜂人关心的首先是获取蜂蜜,而对蜜蜂们的个体生活则压根儿不感兴趣——这一旨意在很大程度上使我们得以解读历史,至于说能否解读诗人的生活,那就不得而知了。事实上,帕斯捷尔纳克之所以未能接受茨维塔耶娃,并非担心共同生活会有诸多困难,而是因为关于这种生活他不可能写下任何好的东西;倘若他们相逢于1917年,那就另当别论了……不过,当他遇到济娜伊达·尼古拉耶夫娜,看似任何因素都可能将他们拆散(朋友之妻、两个孩子的母亲、自个儿也有家室、居无定所、亲友们的担忧),上帝却不顾这一切阻碍,放过他,让他们走到了一起:终于有了很想读一下《第二叙事曲》(1930)和《屋里不会再有人来》(1931)的愿望。这都是因为,在1931年,帕斯捷尔纳克终于又能够书写他的这些抒情诗了。天哪,这一切多么伤感!

茨维塔耶娃曾经写道,帕斯捷尔纳克的诗集《主题与变奏》仿佛从皮层下喷涌而出,眼睁睁地在读者面前成长起来。可以说,她个人的文学策略更倾向于曼德尔施塔姆式,而非帕斯捷尔纳克式,更像是向中心聚拢,而非由中心向外发散——她就这么竭力挣脱一身躯壳,朝某个最后的闪光点奔去,而她与曼德尔施塔姆最主要的区别却在于,她奔向的目标不是自己。被曼德尔施塔姆视为向自己的我之深渊的坠落,对茨维塔耶娃而言则是向自己终生崇拜的超我的飞升。曼德尔施塔姆不能区分作为常人的自我与作为诗人的自我,他一直在寻求自我崇拜和对自己的特殊约定。茨维塔耶娃怀着这样一种意识度过了一生:她知道她的天才意味着什么("骑在红马上"![1])——而她,玛丽娜·伊万诺夫娜·茨维塔耶娃则存在于某个深陷之地,在极端条件下,她可能会遭到轻慢,因为她在生活中是无助的,一切肉体的和外在的因素总是令她压抑。她对恋人们的态度首先是同志式的,类似于某种对陷入困境的兄弟之同情:倘若真的一定需要这么做,那她会毫不犹豫……尽管最好是直接亲吻对方的双手,抚摩他的脑袋,这是她最喜爱的方式(唯一的例外是她与罗杰维奇[2]之间的交往,这件事情她一向不喜欢回忆)。她将这种对待隐秘的超我的态度也加在了帕斯捷尔纳克身上:"人们向上帝表白,而不是向神父。我向您内在的灵魂表白(我不后悔,反而心怀崇敬!),而不是向您。它比您更丰富——此等丰富,简直闻所未闻!(……)您的创作中更多显现的是天才,而不止是诗人(天才——就在背后!),诗人被天才战胜,心悦诚服地归降于他,甘愿充当喉舌,就此得到了

① 红马,传说中带翅膀的飞马,诗歌灵感的象征。茨维塔耶娃写有《骑在红马上》一诗(1921年1月13—17日)。

② 康斯坦丁·波列斯拉沃维奇·罗杰维奇(1895—1988),翻译家、雕塑家,与茨维塔耶娃的丈夫艾弗伦是好友。茨维塔耶娃曾为他写过两首长诗,其中包括下文提及的《末日长诗》(1924)。

解脱。”

很难说，这种对待帕斯捷尔纳克的态度有多少可信度。他并非浪漫到了坚定不移的程度，也未曾将自己一分为二地区别为诗人与常人。他对待茨维塔耶娃的态度则无疑是可信的。她恰恰是一个浪漫主义者，而且她的浪漫风格不是帕斯捷尔纳克式的，倒更像是一种毁灭式的——在他说到生命的创造以及渴求“以诗人的生命”而活着时，他使用了“毁灭”一词。尽管如此，她的浪漫主义却是最真的，它毫不妥协地服务于她个人的心灵。“浪漫主义——这便是心灵”，在上文提及的写给孩子的书信中，她就形形色色的问题做出了这样的回答。“我独自一人，深爱着我的心灵。”“我向自己及我那四十七年不倦怠的心灵道一声祝福。”除了这一心灵——别无其他；一切都意味着对它的服务，对它的保障与供养。茨维塔耶娃是一个立场相互冲突且又毫不妥协的诗人：我——与世界，我——与超我，诗人——与非诗人。她不仅把自己面向上帝视为英勇，也视为负担和烙印。她始终深信自己同最高本质的世界休戚相关，这使她得以轻松应对诸多苦厄。

对于那不可或缺的闪光点的信念，正好将她与帕斯捷尔纳克结合在一起。但如果说帕斯捷尔纳克同他的抒情之“我”相得益彰（所以这个“我”才显得偏弱），那么茨维塔耶娃则是在为自己而战，她左冲右突，始终以自我为目标，绝望地同承载着个人天赋的肉身展开交战，这些构成其抒情诗的主要情节。在帕斯捷尔纳克那里，从来没有灵与肉的冲突，而茨维塔耶娃却一直处于这样的冲突。茨维塔耶娃被相互排斥的愿望撕扯着：时而是“您还爱着我，/因为我会死去”①——时而是“您别爱我，别再爱我”②；时而是“你看了一眼，还是如此熟悉，/你升了起来——就这么活着吧”③；时而是“请在天堂的港湾为我祈祷，/但愿那里没有别的水手。”④一方面是真挚的爱，是对她心中被另一人唤醒的那些情感的眷恋，另一方面却是对于此人的全然冷漠；一方面是对于被拣选之人的深情厚谊，另一方面却是对其他人的绝对

---

① 引自茨维塔耶娃《他们有多少人坠入这深渊》（1913 年 12 月 8 日）。

② 引自茨维塔耶娃的组诗《女友》之十七（1915 年 5 月 6 日）。这是作者写给自己的女友，女诗人索菲娅·巴尔诺克（1885—1933）的一组抒情诗。

③ 引自茨维塔耶娃《我的样子如此简单》（1920 年 8 月）。

④ 引自茨维塔耶娃《亲爱的朋友，去了比海更远的地方》（1915 年 6 月 5 日）。

藐视，她甚至不把这些人算做人类，而是称之为一道道熟食："我们同这些熟食的韵事以牙刷而告终。/记住！千万别再动手！"①

在帕斯捷尔纳克那里，从未出现过如此生硬和严厉的警句。他的大多数诗句，即便引用了喜爱的格言或报刊标题，首先也都是悦耳动听，少有警句的意味；总的来说，他不大喜欢警句。"我们是冰中的音乐"，看似过于虚幻，而这正是音乐，不是精简的断语。茨维塔耶娃笔下则处处是断语，因而她的诗句凝练、厚实、精准。帕斯捷尔纳克作品中有许多为他本人所批评的东西（顺带说一句，连莎士比亚也未能免遭他的批评）：语汇密集、铺叙繁复、线条朦胧——其实，严整的直线应该更妥帖；数十个同义词——其实，一句话也就足矣。他的父亲也是这么作画的：晕线、旋流和阴影，构成整个画面。为了将思想从音乐语言转化为常人的语言，帕斯捷尔纳克颇费周折，这样的情形茨维塔耶娃曾经描写过。她的诗歌元素却永远只有词语：她从不勾画图案，也不编创音乐，对形象艺术她几乎毫无兴趣。一切各有所称。每个语句她都力求精确到极致，当这份努力赢得上帝所赐予的最为精准的词语，她便欢欣鼓舞。帕斯捷尔纳克则根本不愿用事物的名号来指称它们。潮湿未干的色彩、潮湿的风景和潮湿的泥土：整个世界尚未凝固。不像茨维塔耶娃那儿：一切都是结晶体，没有什么模棱两可，而且从一开始便是如此。她的抒情从来都不是印象主义的。她以自身为关注的焦点，别无旁骛，因而风景在她的诗中实属罕见。

他们的相互倾慕来自矛盾所产生的吸引力，两人起初都未意识到这一点。茨维塔耶娃对说出的每句话都非常认真：在她看来，原本约定两年后在魏玛的相会实在不该取消。帕斯捷尔纳克则挥霍着话语，慨然应允，不计后果，他了解自己的这一癖性，却无法改变。这正是最终导致两人关系破裂的因素之一：茨维塔耶娃不理解，对她的爱怎么可能诉诸笔端——既然他与妻子生活在一起，然后又离开这位妻子，转向另一人。他所承诺的一切，成为了她人生经历的事实，为此她痛苦而委屈地了断了他偶尔出于善心所赐予的那些幻象。

---

① 引自茨维塔耶娃《公共汽车》（1934年4月—1936年6月）。

2

帕斯捷尔纳克与茨维塔耶娃经常受到非议:矛头指向他的个人主义,她的自我主义。两人交往中的主要历程——1926 至 1927 年间的那段经历,几乎以分手而告终——与她的贪求、与她不论实现与否都要绝对掌控一切的愿望密不可分。他们与里尔克之间的三方通信被阿扎多夫斯基和帕斯捷尔纳克的妻子(叶甫盖尼娅·弗拉基米洛夫娜·帕斯捷尔纳克)及儿子分别解读,但若要理清来龙去脉,恐怕本书都需要重写。在三位诗人的书信中,思想与形象如此密集,泛泛引述势必使画面减色,我们所能做的,最好是向读者提供原始的文本。总体的情形便是如此。

帕斯捷尔纳克将里尔克视为同时代诗人当中最杰出的一位。他通过父亲了解到,里尔克客居巴黎期间,听说过他的名字,读过爱伦堡选编的他的诗作(里尔克能够熟练阅读俄语)——对于他,这是莫大的幸福。后来删去的《安全保护证》后记中说,“假如有人告诉我,天上也有人读我的作品,我都不会像现在这样感到吃惊。”令他惊奇的事情发生在 1926 年 3 月 22 日,而非帕斯捷尔纳克后来标注的 2 月末。这天早晨,帕斯捷尔纳克读到了茨维塔耶娃的《末日长诗》。长诗带来了巨大的震惊。他称之为“令人神伤的抒情的深渊,米开朗基罗式的晦暗与托尔斯泰主义的漠然充塞其间”。他所说的“托尔斯泰主义的漠然”是什么意思?或许,这是对所有平庸之辈或旁人的漠不关心,但也可能正是托尔斯泰式的自我主义本身,病态般地沉溺于自我,对于外在的一切无动于衷。“你是如此出色,如此不凡的姐妹,宛如我生命的姐妹,你简直是从天上降临到我身边的人;你就像心灵的最顶点。你是我的,永远是我的,而我整个的生命——都属于你。”“我所能表达的最强烈的爱,不过是我对你的情感的一部分。”可以想象,茨维塔耶娃对这番表白是何等反应。

1926 年 4 月 12 日,帕斯捷尔纳克给里尔克写了一封信。若要梳理他与这位或许是二十世纪最杰出的德语诗人之间的关系,恐怕同样免不了单独撰写一部专著。信中这样写道:“敬爱的大诗人!我不知道,这封信应该在何处结束,应该以何种形式区别于生活,请允许我放声说出我的爱戴、惊奇以及这二十年来的感激之情。我的性格的基本特征与精神生活的格调，全都归因于您。这些均由您所创造。(……)迄今为止，我一直对您无限感激，因为您的诗歌所蕴含的博大的、无穷尽的慈爱。您对我的命运施以仁慈的干预，它来得突然而密集，它的表现是如此不寻常。”接着，就在同一封信中，他谈起茨维塔耶娃——他的特点就在于：一旦他沉醉于什么，跟任何人便不会有别的话题。在这封写给里尔克的第一封信中，他谈论茨维塔耶娃比谈论自己更多。“我自己都能想象得出，带有您亲笔题词的大作，比方说我仅仅有所耳闻的《杜伊诺哀歌》，对她意味着什么。(……)请允许我认为您的回复将满足我的这一跟茨维塔耶娃有关的请求。”这封书信是通过帕斯捷尔纳克的父亲转交的(里尔克当时居住在同苏联既无外交关系也无通讯往来的瑞典)，连他也不由得怀疑：“你要求里尔克给一位他不认识的作者——玛丽娜·茨维塔耶娃——寄去他亲笔签名的书，这是否有些不妥。”

不过，儿子写给里尔克的信还是让列昂尼德·奥西波维奇感到非常兴奋，他为鲍里斯丰富、柔婉的德语而骄傲，激动之余，将这封信寄给了在慕尼黑的女儿约瑟芬娜；她读过之后又将信寄还柏林。此时的帕斯捷尔纳克，却在等待里尔克的回复中度日如年！

里尔克被感动了。他马上给茨维塔耶娃写信：“亲爱的女诗人，我刚刚收到鲍里斯·帕斯捷尔纳克一封让我无比惊奇的书信，信中充满了快乐，洋溢着极其强烈的情感。激动与感谢——他的信件在我内心所引发的一切——应当首先由我(我是这么理解他那封信字里行间的含义的)传递给您，然后，再通过您的中介——回到他那里去！紧随这封信之后将要寄出的两本书(我最近出版的作品)，是专门给您的，归您个人所有。(……)他向我说出的那些话语是如此有力和深刻，我为之震惊，以至于今天不能够再说什么了。(……)可为什么——我问自己——为什么我不能有缘见到您，玛丽娜·茨维塔耶娃。如今，在收到鲍里斯·帕斯捷尔纳克的信之后，我相信，我们的相逢一定会给你我带来心灵上深深的愉悦。不知我们能否在某个时候处理好此事?!”

里尔克收到帕斯捷尔纳克的书信之后，立即将其著作寄给了茨维塔耶娃，急切的回复和他兴奋的腔调说明，他在1926年同样也是孤寂难耐(而且病得厉害——他身上出现了白血病的症状，自己却还不知道)；他未曾料想到,在俄国和俄国人的巴黎,居然也有那样的崇拜者。他寄给茨维塔耶娃的是《杜伊诺哀歌》和《献给俄耳甫斯的十四行诗》。《杜伊诺哀歌》上面,题有一首简短的献诗。茨维塔耶娃立刻回信说:“您——诗歌的化身。(……)您——未来的诗人们无法攻克的难题。”

接下来发生的事情,或许是帕斯捷尔纳克下意识中所希望的(他不可能不明白,他托付给里尔克的人是谁!)。茨维塔耶娃不愿跟任何人分享里尔克这位大诗人。是她,而不是帕斯捷尔纳克,开始了跟里尔克持续的通信。加之她有这样的机会,帕斯捷尔纳克则无法同自己喜爱的作家直接联系。这并不表明,茨维塔耶娃试图排挤帕斯捷尔纳克:就在这第一封信中(顺带说一句,她在信中很快便对里尔克以“你”相称,准确地说,是满含敬意的“你”),她将帕斯捷尔纳克称作俄国头号诗人。但主要的是,她抓住通信的机会就不松手:“我究竟对你何所求,莱纳?一无所求。求得一切。请你允许我用我生命的每时每刻仰望你,就像仰望一座保护我的山峰(宛如石刻的守护神!)。

“我暂时还不了解你——我会了解的,如今,当我正在了解你的时刻——我需要获得准许。

“因为我的心灵受过良好的培育。

“可是将来我给你写信——就不管你愿不愿意。”

她给他寄去了《献给勃洛克的诗》和《普叙赫》①。

收到来信后,里尔克立刻回复了茨维塔耶娃,并且开始寻找见面的时机。他从回信中得到的表白更为炽热:“你独自向上帝说出了某种新鲜的东西。”

与此同时,帕斯捷尔纳克却决定将柏林之行推迟一年,既然《施密特中尉》尚未完成:他已写信给里尔克,说不喜欢自1918年以来所做的一切,况且本来也没做什么,所以才决定暂时不见茨维塔耶娃及自己的偶像,直到写出无愧于他们的作品来。此类誓言在帕斯捷尔纳克一家人那里屡见不鲜。行程取消刺伤了茨维塔耶娃的心(而等到1930年,他已经不被准许出国,他的妻儿却去了柏林)。1926年5月18日,帕斯捷尔纳克终于——通过茨维

---

① 普叙赫,希腊神话中人的灵魂的化身。

塔耶娃——收到了里尔克向他表示感谢和祝福的信件。

里尔克把一首《哀歌》献给了茨维塔耶娃。他们的通信越来越频繁,短暂的间歇(因为里尔克提到自己生病,茨维塔耶娃受了委屈,认为他是在以此疏远她)过后,变得比此前更密集。误解消除了,书信的罗曼史又焕发了生机。帕斯捷尔纳克几乎没有参与其中。他正狂热地埋头于《施密特中尉》的创作,还为它写下一首十四行贯顶诗,作为这部长篇叙事诗的引言。他后来将它删除了,一向对叙事诗相当苛刻的茨维塔耶娃为此耿耿于怀:她觉得出自他的一切都是宝贵的,甚至包括她不喜欢的《施密特中尉》。他未发表这首十四行诗,应该不只是出于书报检查方面的考虑,更主要的恐怕是因为它本身的朦胧。在处理极其复杂的技术难题的过程中,他不能不格外关注文字的清晰,茨维塔耶娃坦言,她压根儿不理解这首十四行诗。不过,其中一个绝望的诗句"时代,何以连荼毒都不情愿?!",已经完美地传达了长诗的本质,历史的形象则犹如一片平静冷漠的树林,帕斯捷尔纳克作品中并非初次出现的毒害,一直都在那里进行着。

茨维塔耶娃对《施密特中尉》的态度让帕斯捷尔纳克失望。从叙事中,她仿佛看到作者抛开了抒情的战果、以往的作品,以及《生活,我的姐妹》和《主题与变奏》当中丰富、悦耳的喧声。帕斯捷尔纳克内心流露的许多东西渐渐让她心神不安:譬如他写信说,家人被打发到德国去度夏,他自己却留了下来,唯恐受到各种诱惑:"我害怕爱上一个人,害怕自由。我现在不能。"他怎么敢说害怕爱上一个人,既然不久前还那般痴狂地沉迷于她?她则回复道:"我不可能与你生活在一起,并非因为不理解,而是因为理解。为别人的、同时也是自己的道理而痛苦,为任何道理而痛苦——这种屈辱我是不可能忍受的。(……)远在千里之外,我也能理解你,但假如我发现有所迷恋,我的内心一定会充满夜莺之歌般的鄙夷。我会为此而喜悦。我会立刻摆脱你。(……)请理解我吧:由普叙赫对夏娃难以餍足的宿仇所滋生的那种东西,在我心中找不到任何痕迹。"

他可能会迷上某个人,这样的念头萦绕在她脑海。

在此期间,她几乎一直被个人的心思所困扰:"听着,莱纳,从最开始你就应该知道:我是个坏人。鲍里斯是好人。哦,我是坏人,莱纳,我不想要一个同谋,即便他甚至是上帝本人。"

6月，帕斯捷尔纳克突然开始坚决要求茨维塔耶娃别再写信给他。个中原因有许多：他不但激发了她内心的情感，自个儿也受到感染，这些越发强烈的情感把他吓怕了；他需要集中精力来完成《施密特中尉》，而不回复她却又不可能。此外，里尔克写给她的书信也越来越温柔，在某种程度上甚至是越来越隐秘："不要拖到冬天！"——茨维塔耶娃恰恰在拖延："萨伏依[①]。（沉思）：列车。车票。旅店。（感谢上帝，不需要签证！）以及……轻微的洁癖。某种备好的、攫获的……求讨来的。你会从天上坠落。"

1926年12月26日，里尔克去世了。茨维塔耶娃向他通告了噩耗。在随后的一封信中她写道："我知道我自己：我不能不吻他的手，不能不吻这双手——甚至当着你的面，甚至就像当着自己的面。我简直要崩溃了，我的心在碎裂，饱受摧折，鲍里斯，因为这世界终究还存在。鲍里斯！鲍里斯！我多么了解那另一世界！从睡梦，从梦中的空气，从梦的拥塞和急迫，了解那个世界。对这个世界，我却是多不了解，多不喜欢，身在其中多么委屈！"——委屈成为茨维塔耶娃书信的独立主题：在与里尔克和帕斯捷尔纳克的通信中，她时常自视为女神，对许多同时代人刻意贬损，极力挖苦阿达莫维奇[②]，说了也写了太多的苛责之词。很长一段时间里，她都不得不为此付出代价。

1927年之后，茨维塔耶娃与帕斯捷尔纳克的通信逐渐从有到无；虽然他们后来也有过书信往来，却越来越少。原因有许多，最关键的是：不再有相见的期盼（见面的可能性越来越小，从俄国出境很难，茨维塔耶娃回国也是不可想象的事情）。茨维塔耶娃当真以为帕斯捷尔纳克准备离家出走，她不能理解，他为何一直拖延。她向他说出的每句话和每番表白、其中透出的一片痴心、她的自我奉献和自我主义，无不让帕斯捷尔纳克感到惶恐，最主要的则是——他越来越清楚，他们的这种关系不会有未来。注定不能生活在一起，而保持这种距离间的热度，则属于阿伯拉尔与爱洛漪丝之间的陈年旧事[③]，放在二十世纪却不合时宜。茨维塔耶娃需要精神支柱，不仅在做人方面，而且在文学方面。到头来，帕斯捷尔纳克的影响力和越来越高的声

---

① 法国东南部和意大利西北部历史地区。

② 格奥尔基·维克多洛维奇·阿达莫维奇（1894—1972），俄罗斯诗人，文学批评家。

③ 参见本书第三章相关注释。

望，却不足以使他成为这样的支柱，尽管她为他们的交往而骄傲，并且经常不厌其烦地说起这些。

“我爱着你，当然，我将会比任何人在任何时候任何地方对任何恋人都爱得更深，但并非按照自己的尺度。按照自己的——尺度——还不够。”痛苦的表白，略带几分冤屈，又不失真挚。“你轻轻悄悄地——为了不那么忧伤——将我转手奉送给——谁？——阿谢耶夫吗？没关系。只要能保持联系——哦，不是你与我之间，而是我与莫斯科之间。就让我跟这些能使我不至于如此孤单的人们结为知己吧。”早在1926年8月，茨维塔耶娃对情况就有所预料，她料到分手，说过的话成为了谶语。她觉得帕斯捷尔纳克想要使她重返俄国文学的语境，这一感觉无疑是正确的。她的确——兴许是平生仅有的一次！——彻底沦入无所适从的境地。“我根本不需要任何人，除了你之外。”她在自我欺骗吗？有可能。她最不能忍受的是，有人猜透她的心思，继而带来先期的打击：放弃帕斯捷尔纳克——没有委屈，没有伤害，固然是高尚的——她能够做到，他却首先表示希望“仅仅做一个兄长”，就她的性格（和策略）而言，这是一件难以忍受的事情。

另外，跟他们的聚散离合密切相关的里尔克去世了——茨维塔耶娃本来还可以去找他。再也没有值得投奔的人了。除非等待下去，直到三个人跨越生死之间的障碍，才能够重逢。

三十年代，帕斯捷尔纳克完全变了一副模样，只有姓名，或许再加上一些回忆，联结着他和原先那个自己。在他的“苏维埃”时期，他与茨维塔耶娃的关系几乎趋于尽头，这或多或少是因为，他不愿再想起那些跟她密切相联的失去的和被颠覆的机遇。她也从他的诗歌中渐渐消失：她的形象在《斯佩克托尔斯基》中一闪即逝，留在其中的恰恰是未能实现的因缘际会。“玛丽娅——并非普通的女人”，《中篇故事》中如是说。选择她，也就意味着选择一种抽象，而帕斯捷尔纳克选择的却永远是生活。

1934年12月，基洛夫遇刺后，在苏联作协举行的追悼大会上，帕斯捷尔纳克向塔拉先科夫①说起茨维塔耶娃：“她是杰出的诗人，但我原先不知

① 安纳托里·库兹米奇·塔拉先科夫（1909—1956），俄罗斯文学批评家，诗人，与茨维塔耶娃及其子格奥尔基交往密切。

道，她还是那样愚蠢的女人！简直就是一个穿裙子的魔鬼。”塔拉先科夫认为，这最后一句话说的正是茨维塔耶娃对苏联的敌意——根据当时的情形，我们可以对所谓敌意加以完全不同的解释。正是在1934年，茨维塔耶娃写下《“切留斯金号”船员》——唯一一首明确表达了亲苏好感的诗作。“今天——苏维埃联盟万岁！”问题并不在于政治上的好感或厌恶。真正让帕斯捷尔纳克越来越忧虑的是苏联国内及境外缺乏妥协的氛围。他始终反对茨维塔耶娃浪漫的极端主义，因为它是命令式的，毫不容情的。而如今，当相互表白、诸多巧合和旗鼓相当的天赋带来的沉醉感消散之后，帕斯捷尔纳克只得承认，这样的生活策略在他看来是异样的。对众人的极端苛刻、对自我的绝对宽容、不愿设身处地为他人着想……谈得上什么浪漫主义，既然一切都打上了苏维埃的印记？这种反对的立场不难理解，其中也带有几分妒意。他从来无法就这样一个私人问题予以一成不变的回答：“是否比我的境地更加幸福和自由，/抑或更受奴役，更为死寂？”[①]也就是说，需要向自己解释清楚，做一名诗人，究竟在哪里更有希望——在苏联，还是在茨维塔耶娃驻留的地方？他甚至一边对极端主义表示鄙夷，一边暗自羡慕：极端主义之于诗人，不失为具有优势的立场。纯属美学意义上的优势。他做出了倾向于现实、鲜活的女性与肉体之爱的选择（在《斯佩克托尔斯基》中，这种选择以隐喻形式加以描绘），因而收获颇丰，但同时又错失了许多。茨维塔耶娃在他心中留下了永恒的印象，永远让他想起另外一些绝佳的机会，也想起被他在三十年代埋葬的自己，那个改换了妻子、住宅、性格、风格乃至局部地改变了观念的自己。

关于他们的几次会面，将在本书第二部中继续讲述。茨维塔耶娃恰如其分地称之为“未相会”。相逢于1935年的两人，已然不是1926年里那般相爱之人。

3

或许从主要标准来看，他们两个命运各不相同，剩下需要对比的正是这

① 引自帕斯捷尔纳克《饥饿的日子里》（1930）。

种差异。1918至1919年间，帕斯捷尔纳克处于精神低落期，茨维塔耶娃则是踌躇满志。1941年，当德国人兵临莫斯科城下，帕斯捷尔纳克感受到不可思议的振奋，茨维塔耶娃则结束了自己的生命。

当然，这种比较并不恰当：1918年，帕斯捷尔纳克的亲友当中无人被捕，而失去丈夫和女儿，加上时刻为儿子担忧再加恐怖的氛围，这一切对茨维塔耶娃的打击无疑更为沉重。然而，她的死因终归不是源于这些形形色色的个人遭遇。“茨维塔耶娃家族的人不会在命运打击下死去”——这是出自她妹妹回忆录的一句精彩断语。根源在于启示录般的预感，在于时代终结的氛围。1918年的茨维塔耶娃，自认为是伟大转折的代言人，唯一被赋予远见卓识的浪漫诗人；革命年代造就诗人，也需要诗人。但帕斯捷尔纳克以其诗歌思维方式从这个时代只看到卑鄙与放纵的全胜，而革命中曾经有过并得到验证的所有真实、深刻的东西，似乎被逼入极为幽深之境，如果说不是被彻底战胜的话。二十年后，在这个恐怖、畏怯和万马齐喑的国度，就连一切复兴起初所应允的“诗人的席位”都不复存在。革命是前所未有的精神自由的时代，随着这一自由逐渐沦为失序与放任，帕斯捷尔纳克备感压抑。恐怖与战争成为艰巨考验的时代，他也因此恢复了信心与力量。帕斯捷尔纳克认为，军事共产主义是俄罗斯为世界其余部分所蒙受的最伟大牺牲，也是那“叛卖与阴谋”的时代应得的报应；在他看来，1941年已非报应，而是面向人民展开的考验，以使人民还原自己本来的面貌。茨维塔耶娃对待时局的态度恰恰相反：1917年及随后的岁月，是对于人民（既包括赤色的，也包括白色的，两者在她眼中时常没有差别）的宏大考验，为的是同样宏大的精神改造。由此滋生了她在追忆革命时的温情，以及对“路标转换派”的同情。1941年之于茨维塔耶娃，是整个世界因种种罪孽而招致的报应，是世界末日。在浪漫主义诗人难以书写、难以呼吸的地方，帕斯捷尔纳克反倒“越来越好，就像沸水中的虾类”①：他的这一夫子自道，我们在下文还将屡次提及。

在最初的一封书信中，茨维塔耶娃曾预言，帕斯捷尔纳克在晚年将会出家修行。对修行戒律的某种认同、强加于自己的使命、对劳动的颂

① 参见本书第四章。

扬——所有这些在帕斯捷尔纳克那里都有。茨维塔耶娃真诚地表达了她的疑惑:“你是一位世所罕见的抒情诗人,鲍里斯,这样的诗人,上帝也未曾创造过。你是内在精神所有层面的集合体——在最底层,在最开始的那一层——是无尽的深渊。(……)‘有人生来是抒情歌手,反倒不让叙事歌谣得到休憩’(茨维塔耶娃在此引用的是著名批评家和文艺学家、欧亚主义者德米特里·斯维亚托波尔克-米尔斯基针对《施密特中尉》和《斯佩克托尔斯基》的评述——德·贝)。鲍里斯,抛开故事情节吧!(……)任何一名编剧在这方面都比你强。无需诸多事件。存在自身是不依赖于事件的……你在书写意志,书写意志方面某种自愿与良善的进展。只有不想死于‘行刑者’手下,而是自己想死的被判决的人犯才这么写。是谁向你宣判了,鲍里斯?”

没有谁——是帕斯捷尔纳克的天赋之逻辑本身将他引向叙事、客观化与合成。他听从逻辑的发展,自觉而真诚地埋头苦干,不允许任何外在因素对他的事业有丝毫影响。所以,茨维塔耶娃的说法是正确的:“通过这种意志上的进展(……)你在我们之间划开了一道界线,它决定了我留在这边——不得迈向——你那边。”还有更为坦诚的言辞——1927 年 8 月,她说道:“你,鲍里斯,拥有自己的头脑与理想。在这方面,我自愧不如。我所拥有的是思想与信心。”这种先验式的信心——包括对个人天赋的信心——她从来都不缺乏,而且也不需要证明;而帕斯捷尔纳克则始终在证明其存在的权利——向世人,关键是向自己:从抒情角度来看,他的思想观念较单薄,但从人的角度来看,却具有无与伦比的魅力。失去自我否定,他的发展便难以理喻——在她的价值体系中,自我否定对于她,却永远喻示着背叛:帕斯捷尔纳克在所有书信中都不忘自责一番,她却几乎从来不责怪自己。不过,她还是暗自意识到,他的思想观念中有着远远超出基督教的因素,温顺的、有利于成长与发展的因素。在 1927 年 10 月写给他的一封信中,她不无痛楚地说到自己:“占据上帝席位的——是众神,再加上半神们,无论怎样的日子——取代圣塞巴斯蒂安①的都是那些个形形色色的——希波吕托斯和

① 基督教圣徒,生活于公元三世纪,287 年被罗马教皇杀害,也被视为同性恋者的保护神。

忒修斯[①]们,不止是一个——而是有许多,还有哀伤的群魔四处乱舞。哦,我早就开始怀疑自己,如果说有什么在安慰着我,那就是——我内心所有这一切所蕴含的力量。我仿佛被占满了。鲍里斯,我毕竟知道,良心大于荣誉,我却对良心不加理会。我终究知道,福音书——大于一切,而我在入睡前却喜欢阅读宙斯的金雨之类。"

蓦然间,谜团似乎解开了:他们的矛盾,是荣誉与良心之间的矛盾。她高傲的独立不羁的荣誉感——他"伤痕累累的"羞耻心("书——热气腾腾的良心的立方体"[②])。阿赫玛托娃是正确的,她说,不应拿伟大诗人们相互对比,应当为我们拥有如此之多了不起的诗人而喜悦。庆幸的是,我们还拥有帕斯捷尔纳克和茨维塔耶娃——"我们的时代"真正的荣誉和良心,他们只有合在一起才能够证明这个时代。

由于确信帕斯捷尔纳克放弃抒情诗是别有用意,加上个人的女性创伤感,茨维塔耶娃得出了匪夷所思的结论:"我明白了:你在捞党票。你理解我的恐惧吗?"不过,这一困惑很快就消除了,茨维塔耶娃对时局终于有了另一种判断:"你告别我,也告别所有那一切:(我是过客——客居在世界各个角落)告别你的客居生涯。你始终变换着身份(并非匿名)。"这正是个体的——也可说是人的——因素的萌生与逐渐获胜。然而,茨维塔耶娃钟爱的帕斯捷尔纳克,却出自于她的臆想,所以她才不愿体察也不愿接受他的变化,反而从中看到了背叛。她认为他的嬗变是迫不得已的,但在他本人看来,向自己提出任务并促使自己改变,这是再自然和再自由不过的事情。对他而言,不满于自我和不相信自己同样是自然的,正如她——崇尚个人至高无上的"我"。这一决定性的差异最终导致了他们的分手,尽管她从一开始就力图缩小差异。"对于你那疯狂的世界/唯有报之以——拒绝"[③],这便是茨维塔耶娃后来的宣言。"我悄声向它低语:谢谢,/你的惠赐,多于对你的祈求"[④]——几乎同时(前后相差一年左右),帕斯捷尔纳克做出了回应。

---

① 希波吕托斯与雅典国王忒修斯是父子关系。其后母准德拉狂热追求希波吕托斯,遭到拒绝后,准德拉在忒修斯面前诬陷他。忒修斯请海神波塞冬惩罚自己的儿子,将其置于死地。

② 引自帕斯捷尔纳克《若干原则》(1918)。

③ 引自茨维塔耶娃《哦,眼里的泪水!》(1939 年 3 月 15 日—5 月 11 日)。

④ 引自帕斯捷尔纳克《霜》(1941)。

第十八章 《斯佩克托尔斯基》《中篇故事》

1

在帕斯捷尔纳克的创作中,构思上变动最大的莫过于围绕年轻诗人谢尔盖·斯佩克托尔斯基而展开的长篇诗体小说。作品早在1922年就已动笔,当时帕斯捷尔纳克写下《中篇小说三章》并发表在《莫斯科星期一报》(6月12号)。未完成的长篇小说所有主要人物都已出场,它的“零碎的部分”,正如帕斯捷尔纳克在《中篇故事》中所述,浮现于他眼前已有十年之久,也就是说从1919年开始。《中篇故事》[①]仅仅写到1914年夏天。1930年,“为了结那些不甘于完结的思绪”,帕斯捷尔纳克将小说情节向前延伸了六年,结束的时间是1919年。

帕斯捷尔纳克早有创作一部大作品(称之为散文作品更合适)的夙愿,《斯佩克托尔斯基》意味着这一夙愿的实现,在与茨维塔耶娃的第二次会面中,他曾对自己的想法有所提及。经过漫长的踌躇与徘徊,他才醒悟过来,即便魔幻水晶也无法向普希金展现小说的结局,所以需要下决心行动,向前迈进。帕斯捷尔纳克愉快地畅想着作品的开头:对他的诗歌成长的幸福年代及青春岁月的追忆,足以让他摆脱1923至1925年间所经历的压抑。他向曼德尔施塔姆就此解释说:“作品与现今的时光相距遥远(……)。其动人之处就在于此。它让人想起被遗忘的事物,让那些看似过时的潜在力量得以复苏。终结式的文体(世纪末尾、革命结束、青春一去不返、欧洲的毁灭)摇曳在两岸之间,渐渐淡退,越来越浅,终于停下来不再波动。打引号的文化之命运,像曾经某个时候,重新成为选择与良好意愿的事业。”——

---

① 帕斯捷尔纳克的《中篇小说三章》(1922)和《中篇故事》(1929)互为补充(另外还有《中篇小说一章》(1918),均与《斯佩克托尔斯基》直接相关,并在情节上进一步补充和发展了后者,促进了其最后几章的书写。

可以理解，二十年代的文化所能期待的也只是这样一种自觉性。然而，情节的逻辑终究更加强大——开端是愉悦与希望的作品，末尾变成了“终结式的文体”最苦涩的例证之一，并且结束了帕斯捷尔纳克创作的第一阶段。

越往前进展，《斯佩克托尔斯基》对于帕斯捷尔纳克就越像是履行他向自己提出（其次是向同时代人提出）的责任和义务。将诗歌与历史散文和情节散文结合起来的尝试通常出于两种情形：要么借助诗歌使情节的陈述更为突出与简洁，具有更大限度的概括性（诗的语句在展现时空方面天然地具有更大的自由度），要么通过诗歌来表达某种隐藏于抒情迷雾背后的未尽之意。帕斯捷尔纳克的定位显然在于第一种情形（在写给奥丽嘉·弗莱登伯格的信中，他并非随意地称《斯佩克托尔斯基》为自己的“青铜骑士”），但偶尔也会偏向第二种，因为有些主题当时尚未考虑清楚，或者说他不允许自己考虑清楚。他对茨维塔耶娃写道，按照他的理解，《斯佩克托尔斯基》相当于将脱离历史的一代人——他们所共有的一切返还给历史的尝试。在某种意义上，这一代的确是从历史之树上凋落的一代。这主要是因为，1905 年来临时，他们尚为懵懂少年，到 1917 年，他们正当二十到三十岁的年纪，也就是说，在旧政权下长大成人，却不得不生活在新制度下；从各方面来看，他们都像是置身于铁锤与砧板之间——由于世事变迁，他们难以彻底抛开本阶级的偏见，但也终究难以对人民—复仇者报以同情。将这支离破碎、无所适从的一代人写入大历史的语境，辨析其历史作用之所在——正是帕斯捷尔纳克大散文的主旨。今天重读这部作品，你会感到吃惊——在一个僵化的、书报检查无处不在的时期，他居然能够说出那么多东西；这是因为，他向来倾向于“调和一切，抚平一切”，他本人似乎并未直接做出精准的预判和痛苦的断言，而是让它们隐藏和融化在抒情的迷雾中。读者——尤其是距离当时不远的读者，基本上是书报检查员们，也隐约感觉这些话语别有一番隐喻，但它们最终还是越过了猜疑而得以发表。

《斯佩克托尔斯基》——渐趋增长的败亡迹象的编年史，关于世界衰变、关于它可怕的极度简化的小说。较之于《日瓦戈医生》，这里记录的与时代之间不可调和的抵牾或许更加突出。但另一方面，帕斯捷尔纳克在 1931 年尚认为自己有过错。所以说，这部当初他欣然动笔的作品的悲剧性也尽在于此。

2

首先介绍《斯佩克托尔斯基》的梗概。大学生谢尔盖·斯佩克托尔斯基爱上了已婚的奥丽嘉·布赫捷耶娃——一位年轻的美女,丈夫是工程师,他们的婚姻似乎是幸福的。与此同时,她对斯佩克托尔斯基的青睐也并非模棱两可:

爱情,跟心灵捉够了迷藏,
突然成为一场真正的事业。
…………
它越可爱,越迷人,期限就
越临近,因为这是白日的事业。①

日子一天天过去,一个冬天,为迎接1913年新年,一帮莫斯科青年演员提议出城去别墅。这些年轻人喝得醉醺醺,快活地坐着雪橇来到别墅区,在众人欢快嬉闹之际,谢尔盖和奥丽嘉单独待在了一起——接下来是帕斯捷尔纳克整个诗歌遗产中绝无仅有的一幕情色场景(尽管《日瓦戈医生》的不少诗作都不乏明显的情色暗示,譬如《秋天》《表白》或者《冬夜》)。这一片段备受同时代人赞誉,其中包括吉洪诺夫,但这或许也是作者将其从文本中删除的诸多原因之一。他恰恰不喜爱自己那些为众人所喜爱的作品。不过,我们援引此片段,是因为这对于理解作者及故事情节的发展相当重要。《斯佩克托尔斯基》——一部情欲之作,就此而言,帕斯捷尔纳克的革命观本身也带有同样的情欲意味。可以说,《斯佩克托尔斯基》及附属于它的《中篇故事》皆为讽喻式的作品,讲述的是夜晚的布谷鸟如何比白天的叫得更动听②,肉体之爱的诱惑(暗合于革命与新体制的诱惑)如何比精神之爱更有力。

---

① 本章所引诗节除了专门标注之外,均出自《斯佩克托尔斯基》(1925—1930),下文不另行说明。穿插在行文中的重要诗句,依本书体例,仍分别加注。可以看到,诗的不同章节,创作年代也有所不同。

② 这是一句俄罗斯谚语,意思是妻子对丈夫的影响超过其他任何人,包括丈夫的亲友和母亲。在古代俄国,“夜晚的布谷鸟”用于对妻子的戏称,“白天的布谷鸟”则指的是婆婆。

以下是谢尔盖·斯佩克托尔斯基与奥丽嘉·布赫捷耶娃之间发生的那一幕：

无需借助双手，衬衣滑向
腰间的束带，滑落到肘弯，
她拢起双肩，把肩与脸的惊恐
一齐埋入朋友的臂膀，

那不是羞赧与激情，不是对于
诸多原则的畏惧，而是同自己
冷颤连连的美色独处的渴望，
就像独对妆镜，哪怕仅有一瞬。

接着，当浑身颤栗的牝兽
被两掌中的热风剥去衣衫，
两颗心便开始波动起来，
在胸骨相互碰撞的交叉点上

两股疯狂的巨浪搅在一起，
她喘息着，胸脯连带脖颈
拼命扭向心爱之人，
几乎就要脱离自己的脑袋，

耳鬓厮磨的缠绵终于退去，
爱慕之情的迅疾水流
让床榻上饱经折磨的女骑手
摆正方向，重新进入主河道。

那双嘴唇仍然像最初一样
触碰着她僵尸般的身体，
并且发出赞叹，让另一双

痛苦紧闭的嘴唇羞愧不已。

这六个被删去的诗节在隐喻上的冒险虽有违规之嫌，却无损于它们极大的成功。不妨想象一下这副胸脯，它几乎脱离了自己的拥有者的脑袋，还有“两股疯狂的巨浪”……但阅读帕斯捷尔纳克，尤其是早期的他，太过清醒的目光会让人失去很多乐趣。作品不是这么写的。狂热的爱的一幕过后，主人公一大早就试图向恋人的丈夫招认一切——对于谢尔盖·斯佩克托尔斯基来说，从恋爱到婚姻的道路并不遥远，譬如在《中篇故事》中，他就将向一位瑞典女教师倾吐衷情，虽然他们的认真交谈充其量只有三次；丈夫居然是个眼界开阔之人，一番交流，彻底引发了谢尔盖对低俗“自由关系”的反感。或许，正因为对“三人共有的爱”的容忍，让帕斯捷尔纳克后来断绝了同布里克夫妇之间的交往——他从中发现了某种无可置疑的扭曲。有趣的是，长篇小说的个别版本当中冒出了下面这几句（在第二章结尾）：

不，我要疯了。他知道一切，这畜生。
难道这些独白都是无用的劳作？
沉默，叫嚷？欣赏冬日的画卷？
耳朵冻僵了，那就以雪为火绒。

（也就是说，可怕的事情变得愈发严重。在这种难堪之至的尴尬局面下，主人公似乎应该一直对此保持沉默，俨然什么都没发生——德·贝）。

“听着！我对您说那么两句。
我爱上了奥丽嘉。我的责任①……”——“那又如何？
你我并非小市民，同在一个屋檐下，
您干吗激动不安，谢廖沙。”

帕斯捷尔纳克大概是想起了自己对鲍里斯·兹巴尔斯基的一番辩白，1916年，他们两人的关系出现了暧昧的状况。这一节尚且能够让人联想到，奥丽嘉·布赫捷耶娃身上起初保留了芬尼·兹巴尔斯卡娅的某些特征，但在1930年，情况就完全偏离了起初的轨道。如果说普希金真的未曾料

① 谢廖沙的话只说了一半，就被奥丽嘉的丈夫打断。在这里，“责任”（долг）一词只能照字面翻译，有可能是形容词“长久的”（долгий）的词根。

到，他的塔季娅娜居然“招惹”了一身麻烦①，那么对于动笔创作《斯佩克托尔斯基》并于1930年完成作品结尾的帕斯捷尔纳克而言，他所体验的意外可能要大得多。他的奥丽嘉参加了革命队伍，这样的转变确实远比“嫁给一位肥胖的将军”更曲折。诚然，在这两种情形当中，主人公向女主角的最终道白都有些难堪——“多余人”总是会失去自己的女人，而这正是所有“多余人”小说——从《叶甫盖尼·奥涅金》到《斩首之邀》主导性的情节。

3

一年之后，也就是1913年4月，谢尔盖的姐姐，比他年长五岁的娜塔莎来到莫斯科看望他；平常，她与丈夫，工厂医生巴沙一起生活在乌拉尔。自她的到来开始，这部长篇小说才算真正展开；很难说这种叙事手法究竟用意何在。不过，在姐姐到来前夕，谢尔盖同奥丽嘉之间一切都已经了断，这一情形我们可以从《中篇故事》得知。《中篇故事》当中也详尽记述了娜塔莎在莫斯科停留的日程。在随后的长篇小说的构思中，娜塔莎也并非末流角色，而是被设定为“年长”一代的代表——正因为像她、像斯佩克托尔斯基及其创造者这样一些人，长期以来一直自感青春年少，其实却是完全脱离了历史的一代。“那寥廓的往昔，曾经联结了她与那些如今跟她一道在艺术学校共事，一道共有着柯尔沙的人们。（……）人们之所以不说往事是因为，他们深知这一切，知道革命将再次来临。由于时下情有可原的自欺，他们把革命的到来想象成一场戏剧，不定哪天就会临时收场，突然间又可能再度上演，演职人员还是原班人马，扮演着各自的旧角色。这一迷误反而更自然，因为他们依然固守己见，深信各自理想的全民性，认为让一群有活力的人民相信他们的这种信心是有必要的。（……）像他们所有人一样，娜塔莎也相信，她的青春的美好事业方才铺展开，不管时光怎样流逝，它都不会跟她擦肩而过。从这一信念即可解释她性格上的所有缺点。由此也能解释她的自信（……）通过无目标的虔诚与宽恕一切的体念而展现的非凡特征，像

① 暗指普希金长篇诗体小说《叶甫盖尼·奥涅金》中的女主人公。

无穷的光明，照亮了娜塔莎的内心。”①

精彩而重要的论断，在《中篇故事》发表的1929年，它以帕斯捷尔纳克式的隐秘风格搭建着通往现代性的桥梁。“由于时下情有可原的自欺”——开启引文真正含义的密钥就藏在这里；不难理解，下一段落所说的是社会革命党立场的革命青年，1917年，他们无比惊奇地发现，在接踵而至的革命中，发挥主导作用的并不是自己。或许，随着小说进一步发展（《中篇故事》本来打算叫作《革命》），娜塔莎应该参加革命斗争，虽然自认为处在其边缘，却整个身心都浸没在新政权的潮水中，就像大多数社会革命党人——1905年事件的参与者所经历的那样。与1905年相对应的是，在书写《中篇故事》的二十年代末，历史的推动力再度改变，高高在上的根本不是无产阶级，但无论如何也不是旧的革命者，而是一个新的官僚阶级。帕斯捷尔纳克试图小心维护第二次俄国革命中的人们——那些在动机方面真诚无疑的人们；他指出，如果他们仍然认为自己是时代的英雄，那他们的迷误是可以被谅解的。1917年，高等女校学生娜塔莎困惑不解，布尔什维克究竟是怎样从“这一如此复杂、如此微妙的事业”脱颖而出——不过，这些痛苦的困惑同样贯穿于二十年代后半期的许多文本，从阿·托尔斯泰的《讨厌鬼》（《Гадюка》）直到列昂诺夫的《小偷》。昔日的红军战士、政治委员和宣传员们惊恐地发现，新生活的主人绝非他们这些曾经奋力促使它到来的人；可以推断，随着小说的进展，娜塔莎注定会牺牲或者迁居国外——她暂时仍以其特有的果决培育着自己的弟弟。她不仅竭力使房间保持清洁（“在那儿，地板大概一年没清洗了吧？”②），而且也想为弟弟的思想理清头绪。

接下来是一段强有力的插叙，似乎与小说故事情节毫无关联，在意蕴上却与之相得益彰。斯佩克托尔斯基——一位俨然入睡了的主人公，他又像是透过梦境领会着人们的谈话、时代的征兆及其流转；这不是《崇高的疾病》抒情主人公沉湎于其中的呓语连连的迷梦，而是创造性的理想之梦，帕斯捷尔纳克则急于告诫小说人物及读者，这种自外于生活的态度是危险的：

① 引自帕斯捷尔纳克的小说《中篇故事》（1929）。

② 引自帕斯捷尔纳克《斯佩克托尔斯基》（1926，1930）。

别在白日里睡。蒸气暖炉
喘息着，吐出长长的烟雾。
等您一觉醒来，就会成为
极度慵懒与感伤的俘虏。

陷入迷梦的人躲不过劫数，
从生命的日头升起直到坠落。
纵然这一天——哪怕这个白天
曾经是一三年的某个春日。

在第四章，一个对春天而言异常暖和的日子，姐弟俩游逛在莫斯科的大小店铺（还弄到了一本谢维里亚宁①的诗集《沸腾的大酒杯》）。当姐姐在路上了解到弟弟的爱情故事，脑海中立刻浮现出十九世纪九十年代那种列昂尼德·安德烈耶夫式的浪漫的爱。这一场景在《中篇故事》中的记述更详尽，也更具讽刺意味："她了解了一切，从谢廖沙意中人的名字直到奥丽嘉是有夫之妇，跟一位工程师的婚姻可谓美满。她不打算再向弟弟询问什么了。（……）她希望他能突然忏悔，她以职业化的焦急期待着，假如说有人会嘲笑这种忏悔，而且从弟弟的风流韵事中看到自由的爱情、同婚姻日常枷锁之间的深刻矛盾，以及强烈而健康的情感权利，那这个人，我的上帝，多半儿就是列昂尼德·安德烈耶夫了。然而，拦河坝下作用于谢廖沙的庸俗，其实比任意的愚蠢行为更糟糕。"（这里带有帕斯捷尔纳克自述的成分：相对于庸俗的不良居心和鲜明个性中的等级意识，无知乃至心智不全更容易得到他的宽谅——德·贝）"比她那一代晚生了五年零一个月"的弟弟不准备再向姐姐敞开心扉。两人没有停止激烈的口舌之争；他们争论的也是帕斯捷尔纳克跟朋友们探讨的问题，其中首次显现出正义与不义之间的冲突，或者，分明是某种既定观念与意识形态的不确定性之间的冲突，前者提升了姐姐的自尊感，后者在弟弟看来则弥足珍贵。从原则上说，斯佩克托尔斯基不可能接受共同的谬误（或者共同的道义。对他来说，"共同的"一词正是

---

① 伊戈尔·谢维里亚宁（1887—1941），俄罗斯白银时代诗人。原名叫作伊戈尔·瓦西里耶维奇·洛塔廖夫。

这里的关键词）。

送走姐姐，斯佩克托尔斯基赶去上课。他感到十分气恼（“别争了，娜塔莎。难道是我的错？/你就是个女卫道士，你请便吧”[①]），她的风格与观点令他不悦，可他却像年轻时的帕斯捷尔纳克一样，不懂得该如何向她解释清楚个中原因。在路上，望着城关附近半是城市半是郊区的景致，他的心情宽慰了许多——“晚霞像一只暖烘烘的莱卡狗，/弓着身子，引领他向前走，/着实肯定了他的命运/他的体格和事业的正义”[②]；不难理解，这不止是思想观念的正义，其含义要比这宽广得多，并且难以公开表述。如同帕斯捷尔纳克的任何一位主人公，斯佩克托尔斯基在争论中取胜，是因为他能够置身其外。这甚至不是旁观者相对于行动者的正义，而是一种同自然生命息息相关的意识，对于“不可靠的成分”的意识，它“永远不会被羁绊”，亦即不受既定套数的束缚。“森林比社会革命党人的感知更清晰。”早在1916年，帕斯捷尔纳克就曾经写道。

在第五章，主人公看似和谐的梦幻遭遇到现实：“现实像一头刚睡醒的野兽，/伸着懒腰，在朦胧中起身”，“厄运准备跳将出来，/随身备有一小瓶硫酸”[③]，萨什卡·巴利茨这一形象也就此出现（即此前《中篇小说三章》中的休茨）。正是通过巴利茨，帕斯捷尔纳克的小说映射出莉利娅·哈拉佐娃当初忍无可忍的冒险的尼采主义问题；巴利茨深受各种低俗、危险的时代思潮的熏染，醉心于它们最为可耻的大众变体而不能自拔，较之于政治说辞与各路斗士阴险诡诈，这些更让帕斯捷尔纳克及其主人公们痛恶。在这部诗体小说中，如同在其他散文创作中一样，帕斯捷尔纳克构筑了狄更斯式的故事情节——在生动的巧合和偶遇基础上：巴利茨，据说“身体不好，在日内瓦养病”，实际上他却刚巧同我们的主人公碰了个照面，就在“有人等候谢廖沙给那笨小子上课”的楼门口（年轻的主人公，就像作者当年，也以授课贴补生活）。这座住宅里“设立了巴利茨新的大本营”——他的某位妻子的继父就住在这里，而他那些妻室，不但朋友分不清，连他自己也时常弄糊涂。接下来是两个平行展开的场景。斯佩克托尔斯基先来到一户典型的崇

---

① 引自帕斯捷尔纳克《斯佩克托尔斯基》（1927，1930）。

②③ 同上。

奉斯拉夫主义的人家，给笨小子米沙上课，一家人"读的是《鞭子》，订阅了《谓彻》"①，然后履行承诺，前去看望萨什卡·巴利茨，其实，那里压根儿对他没有吸引力。为强调对称性，两个片段几乎同时展开：

"我们开始吧！"，谢廖沙进门说道，
一边暗笑，"米沙，情况如何？"
一边竭力控制住情绪，
在窗台边的圈椅上坐下。
…………
"你看，萨什卡"，谢尔盖进门就喊，
一边浮想联翩，"我不是骗子吧"，
一边尽可能沉住气，
在桌边坐下，挪了挪茶杯。

年轻的斯佩克托尔斯基所到访的两家只让他产生了一个念头："'多么荒唐！'——谢廖沙思忖着"，愈加突出的对称性由此可见。从学生家里，他仿佛看破了俄国斯拉夫主义衰败的特征及其色厉内荏的本质——"但全世界都没有谁/像这蒙昧堡垒中的人们/外表神气，内心困苦，/命运凶险且痛苦不堪。"②刻意仿制的富足被称作"分期付款营造的舒适生活"；"臭虫从墙上径直扑向来客"则使寒酸的窘境达到极致。相反，在巴利茨家的客厅，首先映入眼帘的就是奢华的气派——"可爱的岳父没有在场，/但日子过得阔气得很"；眼前所见也让斯佩克托尔斯基感到讽刺，却是启示录意义上的另一种讽刺：

油画、铜器——都想吃下去。
一切甘愿被吞吃，像在面包房。

突然一闪念："真的会吃光。
不仅是房子，迟早还有

---

① 1905—1910年间的两份俄国幽默报刊，具有保皇倾向。"谓彻"系俄语古词，专指古罗斯时期某些城市公国的市民大会，实施某种程度的直接民主原则。

② 引自帕斯捷尔纳克《斯佩克托尔斯基》(1927，1930)。

这个夜晚，连同待在这儿的人。

多么荒唐！”——谢廖沙思忖着。

其实也不算荒唐。斯佩克托尔斯基想到奢华与舒适的必然消亡，是因为“两个人满怀忧虑，将诗人们骂个不停”；关于这种忧虑，构成了“美人鸟”出版社（《Алконост》）①推出的勃洛克抒情诗的整个第二卷，这也是帕斯捷尔纳克所喜爱的话题，《人与事》中也曾对此有过兴奋的描述。同样是灾祸的感知，在这部作品中被视为生活的正常背景——某些现象，对于勃洛克是崩溃，对于帕斯捷尔纳克及其主人公则属正常，所以他们会觉得，营造惬意或者为住所增添奢华，均属荒诞之举。所以在两个场景中，他们才“竭力控制住情绪”，以免发出尖刻的讥嘲。但主人公先后两次默不作声，却是因为斯佩克托尔斯基像后来的日瓦戈一样，只有迫不得已或率真抒情勃发之际，才会放声说话。他所思考的那些话题过于微妙，并非跟谁都能解释清楚。如果说日瓦戈虽则形象晦暗，却具有清晰的世界观，那么斯佩克托尔斯基则彻底处于运动和成长中（就像塑造他的作者，直到四十年代末才感觉到自己在精神上的成熟），因而这位主人公在整部小说中几乎都不曾说起自己。为体现他与周遭的龌龊毫不相干，帕斯捷尔纳克将他的形象置于一系列相遇的背景下：尼采主义者巴利茨、信奉斯拉夫主义的一家人、作为女卫道士的姐姐——所有人都与斯佩克托尔斯基格格不入。他究竟在何处？或许就在风景的插叙中，在一些奇异的感知中：“不明的状况，俨如未开化的野人/扫视着面前的情景”；当然也可能在那对于一切的暗讽中——因为从未来惨烈的不明状况来看，小说中其余人物的所有诡诈、痴心和徒劳的奔忙都是荒唐的。斯佩克托尔斯基——发出讥嘲的人，这是一个标志性特征；他与未来保持一致，现实世界在他眼中却仿佛来自一个空无的时代，在此意义上，玛丽娅·伊利因娜跟他不谋而合，“像他一样，外表显露着讥嘲。”伊利因娜出现在第六章，拉·弗莱什曼认为，这改变了小说发展的整个进程。

从《中篇小说三章》的内容来判断，按照起初的构思，休茨——亦即未来的巴利茨——在《斯佩克托尔斯基》当中将成为第二号人物，两者之间具

① 由 C. M. 阿里扬斯基于 1918 年在彼得堡创办的私人出版社，主要出版象征派作家的作品，其中包括勃洛克在革命后的几乎所有作品。1923 年，该出版社被关闭。

有隐秘的关联，根据这一关联的逻辑，他们时常结合在一起，从而构成小说错综复杂的情节。或许，正是为了巴利茨的出场，帕斯捷尔纳克才苦心孤诣，在《中篇小说三章》中赋予斯佩克托尔斯基以某种简捷明朗的特征：“能够让他当面恨起来的只有其对手，也就是说，他恨的是以挑衅的姿态轻易战胜生活，却又无视生活中那些最艰难、最可贵的东西。不过，能体现此类情况的人毕竟不在多数。”

帕斯捷尔纳克对爱伦·坡情有独钟，他经常运用《威廉·威尔逊》[1]式的对偶手法——小说中的人物，相貌与身世相似，在性格特征上却相互抵触，彼此间因而难免冲突。拉·弗莱什曼所引用的《中篇小说三章》片段颇具代表性：“休茨是富家子弟，有几位亲戚是著名革命者。这足以让人们将他视为一个革命者和富有之人。休茨的其他长处也因同样的特点而格外醒目。他身上具有一种惊人的神秘性，猜解起来殊为不易，因为在断定病人体内长有绦虫之前，你需要先提出二十个假设。格丽斯塔·休采娃是这一神秘性的虚假之化身。她任意摆布他，每当她想吃，就用脑袋搔弄他的喉咙。他觉得，这一切都是理所应当，这种卑微如蛆虫的人物是他从尼采那里读到的。(……)斯佩克托尔斯基迟早会跟休茨发生冲突，因为情况似乎始终如一，但凡休茨招摇撞骗所到之地，总会出现被迷惑与被震惊的斯佩克托尔斯基。1916年，是一个尤为特殊的叙事开端，(……)不知是休茨抛弃了自己的新妻，还是他被她所抛弃，他从国外回来，已然是一个不折不扣的瘾君子。”而斯佩克托尔斯基，按照作者在1922年的构思，正巧于1916年从前线回来：他成了一名军官，身体负伤，住在父亲家里，关于战争只字不提，因为经受了太过强烈的打击。

与休茨紧密相联的是有关列莫赫兄弟的话题，它应当在小说第二部分占据主导地位：兄弟俩也是“非常著名的革命者”，但如果革命对于他们而言是服务，对于休茨便纯粹是一种冒险。列莫赫兄弟在第六章中出场[2]——以后就再也不见踪影：

---

① 爱伦·坡的一个短篇小说(1839)。

② 斯佩克托尔斯基与列莫赫兄弟的相遇是在小说第五章末尾。按照帕斯捷尔纳克起初的构思，这两个人物应当在小说中占据重要地位。但实际上，这一构思并未实现。

他们自报了姓名，但不成想，脑子里
只留下什么“莫赫”或“列梅赫”，
谢廖沙无法再问什么，
既然亲密一家的调子已经定下。

他观察着他们的举止言谈，为那
各执一端却又同源所出的争论而触动。
年少的那位具有未来英雄的潜质，
年长的主张暴动，实属独断之人。

从各方面来判断，列莫赫兄弟都应在情节发展中发挥关键作用，这也是帕斯捷尔纳克一贯的写作手法：在他那里，重要人物仿佛始终围绕着主角而周转，后者则保持静止，一成不变，有如太阳系的中心。这一结构性的原则后来将成为构筑《日瓦戈医生》的基础。假如某个角色总是定期地同斯佩克托尔斯基相遇（就像后来未完成的《帕特里克手记》，主人公帕特里克也时常与某个固定角色相遇），那么可以打赌，他迟早会成为推动叙事的重要因素之一。巴利茨在其轨道上辗转自如，与之相伴的是空虚的旨趣——他自己根本想象不到，这种空虚既神秘又带有无可名状的吸引力；小列莫赫也有其更能让人产生好感的人生轨道，他与斯佩克托尔斯基相遇在萨莫杰基胡同，在大学毕业那天。大列莫赫的出场则出人意料，当时是1916年春天，斯佩克托尔斯基前去索利卡姆斯克探望姐姐。这是一个“冷漠、严谨和非常利落的人。（……）某种高大而又陌生的事物挡在谢廖沙面前，他觉得自己仿佛从头到脚都遭到了贬损。这是事实所拥有的雄性之魂，一切精魂中最冷酷和最可怕的。”

这位大列莫赫本来也许会在革命期间占据要津，成为布尔什维克政府的重要人士，他要么会判处他可爱的弟弟以死刑（如同《空中道路》主人公的遭遇），要么与之分道扬镳，要么施以援手……简言之，小说本应充分展现两名至亲因为分属不同阵营而发生的冲突。这不仅是帕斯捷尔纳克早就选定的主题，而且也吸引了无数浪漫主义者。在《斯佩克托尔斯基》的定稿中，这一脉络只是草草收场——1919年，大列莫赫果真成了一位大人物，但不是在布尔什维克那里，而是在社会革命党人那里（大列莫赫被称作“立宪会议分子”)，弟弟当时则是“红军队伍中的一员，奋战在萨列普塔和乌法城下”，最终落入捷克白匪之手而牺牲。后来，这条脉络经过解构，被转移到《日瓦戈医生》中。小说主人公有一个同父异母的弟弟，是布尔什维克政府的要员，但他的无限权能究竟从何而来，读者并不清楚。无所不在的能力与秘密，在帕斯捷尔纳克笔下总是相伴相随。不过，坦率真挚的“立宪会议分子”大列莫赫未必有希望活下来——革命不仅吞噬了弟弟这样的温顺可靠的人物，而且也以同样的胃口吞噬了立宪会议的拥护者。

谢廖沙·斯佩克托尔斯基倒有可能幸存，作为一名永远的局外人，他与强度超过一切社会灾变的力量保持着共谋：这是自然的创造力以及他个人“嘲讽的天性”，亦即对于所有局部真理的相对性的认知。另一个保全性命的人无疑将是神通广大的巴利茨，在任何制度下，他都会安然无恙——“列梅赫与莫赫”①之间的矛盾将会被诗人与骗子手之间的公然冲突所取代；前者在二十年代初期堪称典型，后者则属于真正的赤色分子与白色分子几乎荡然无存的二十年代末。冒险主义者与骗子手，在不朽战士的幌子下，时常显出英勇气概甚至还有几分可爱，他们是最受欢迎的时代英雄，就像马纳谢维奇-曼努伊洛夫②、勃留姆京③、阿·托尔斯泰的涅夫佐罗夫④、伊里夫和彼得洛夫的本德尔⑤；然而，我们应该想到，帕斯捷尔纳克笔下的巴利茨终究会失去他所有的魅力。

这样，就总体特征而言，起初所构想的《斯佩克托尔斯基》的情节被重新改造——如果考虑到帕斯捷尔纳克作品在情节布局方面的一贯特点；无论在何等情况下，他都致力于将脱离历史的一代归还于历史，尽可能把握一代人的所有主要类型：发出讥嘲的旁观者、满脑子尼采思想却以绝对虚空面对良心的冒险分子、顽固的社会主义斗士、理想主义英雄，以及怀有“某些

---

① 在俄语中，列梅赫(лемех)的意思是犁铧，莫赫(мох)的意思是苔藓。列梅赫与莫赫之间的矛盾，大约指的是无产阶级与资产阶级或知识分子之间的矛盾。

② 伊万·费奥多洛维奇·马纳谢维奇-曼努伊洛夫(1869 或 1871—1918)，俄国记者，间谍，一生经历富有传奇色彩。

③ 雅科夫·格利高里耶维奇·勃留姆京(约 1900—1929)，俄国革命者，苏俄暗探，肃反委员会成员。

④ 阿列克谢·托尔斯泰小说《涅夫佐罗夫奇遇记，或伊比库斯克》(1924)中的主人公。

⑤ 参见本书第十五章及相关注释。

需求”的民主女性，由于大事业和大灾变的缺失，这类女性往往寄情于类似第一章所述的私通行为。然而，随着一个新人物对事件的介入，这整个的逻辑被打破了，同时也将作者的注意力转移到自己身上：如果说1922至1923年间帕斯捷尔纳克同茨维塔耶娃的通信纯粹出于友谊，是一种相互的应答与唱和，那么在1925年，尤其在1926年，两人之间则开始了真正的鱼雁传情。正如我们所见，这种沉醉未持续太久，但双方不可能没有幻想——假如他们相逢在1912、1913或者1916年，情况又该如何？这些幻想构成了《斯佩克托尔斯基》第六章的新版，主要角色变成了玛丽娅·伊利因娜——那个跟谢廖沙一样，“外表显露着讥嘲”的女人。

4

帕斯捷尔纳克本人，据他的长子证实，称女诗人玛丽娅·伊利因娜的原型是两位女性——玛丽娜·茨维塔耶娃与薇拉·伊利因娜。事实上，薇拉·伊利因娜留给《斯佩克托尔斯基》当中这位女主角的只有姓氏。伊利因娜所属的那个群体，准确地说，是“社团”——帕斯捷尔纳克也是其中一员：这个作家群体时常推出自己的丛刊，《斯佩克托尔斯基》的最初片段就发表于这类刊物，在这里发表作品的还有爱伦堡、卡维林、左琴科、费定和布丹采夫等人。伊利因娜给帕斯捷尔纳克带来了强烈的印象，当然不是作为诗人，而是作为女人。她于1894年出生在彼得堡，二十三岁那年出版了名为《天国继子》的诗集——纯属模仿之作，颇具“帕斯捷尔纳克倾向”，尽管其中不乏精彩的语句；总之，伊利因娜的诗作能够让人们更好地想象，帕斯捷尔纳克如何影响着同时代人，以及他在这些人的衬托下是何等杰出。在他那里是驾轻就熟的东西，对他们则有些勉为其难，不仅与气质不符，而且超出了能力的范围；他的那些诸如“脱粒量”之类的方言土语是贴切自然的，它们并未锲入诗的肌体，而是兀立在表面，犹如圆白面包上的蟑螂。伊利因娜有些作品在语言表达上跟未来的《斯佩克托尔斯基》十分相像——由此出现了谁影响了谁的问题：她那些描写二十年代初期莫斯科的诗句，与完成于1928年的小说相关片段可谓遥相呼应：

> 将莫斯科分割成块，送交拍卖。

他们在惋惜什么？又在追忆什么？
整个命运——超乎于长度与重量。
整个希望的喜悦在破衣裙中掩藏。

（伊利因娜，1921）

它污浊的栏板已被人搬走。
有位魔法师用夜晚的队列
竖起活动的墙体，代替围栏，
隔开密林中传来的木质喧响。

（《斯佩克托尔斯基》）

新的女主角跟斯佩克托尔斯基同龄，像他一样，也不能容忍激情。譬如在巴利茨家的聚会中，她独坐窗台，嘲弄般地打量着来宾，心思却飘向九霄云外。伊利因娜——教授的女儿，茨维塔耶娃——也是。当初，帕斯捷尔纳克曾向茨维塔耶娃描绘了自己的急迫心情——他想要猜解他的眷恋、疑虑以及她人生经历中的点点滴滴，他以同样的笔墨描绘着伊利因娜与斯佩克托尔斯基之间的情感交集："事情千头万绪——诸多细节/滋长成扑面而来的熔岩，/又像是迫近的雷雨，遵循着/生长与死灭的定律。"帕斯捷尔纳克直言不讳地向茨维塔耶娃道出了自己的渴求，而伊利因娜同斯佩克托尔斯基一见倾心的情景，同样也是突如其来，同样预示着一场疾风骤雨。

女主人公的形象明显取自茨维塔耶娃，耐人寻味的是她置身其中的语境：她生活在所有设施均已崩塌的环境，住处周围进行着无休止的修缮，第七章城市风景的画面因为"修缮和节假的间歇"而出现了某种新的状况，在帕斯捷尔纳克笔下，这通常是一种大灾变的预兆。有意思的是，大规模的重建——世界也好，屋舍也好，始终被帕斯捷尔纳克视为假日：历史运转起来，人类暂时无事可做。由此产生了对节庆的别样体验。在后来的剧作《此世》中，当苏联军队于1941年弃城而退之际，主人公竟然也感受到一种节日的喜庆。一切已然发生，何必操心劳碌？

描写修缮和重建状况时，帕斯捷尔纳克是带着喜悦和欣赏的。读者会发觉，这与他描写舒适奢华的内饰截然不同；对伊利因娜住所的刻画，堪称《斯佩克托尔斯基》最出色的片段。

滤灰池里杵着搅拌杆。
粗草席勉强漏过一线光。
工人离开脚手架去吃午餐，
一片空荡，一如平日正午。
…………
那边隆起的是学院后场，
散落着木料、石块和汗水，
垃圾遍地，仿佛掀起骚乱，
海量的工程无休无止。

马匹杂沓，人声嘈杂，衣衫破烂，
充满碳酸气的院落热火朝天，
用铁锹掘开水池，像吮吸克瓦斯，
从砖块下抽出一根根隔板。

斯佩克托尔斯基与伊利因娜的再度相逢，重复着帕斯捷尔纳克与茨维塔耶娃第二次会面的情景（像在小说中一样，第一次会面发生在做客时）。一个偶然的机会，帕斯捷尔纳克来到鲍里索格列勃胡同，见到茨维塔耶娃，听到的话语跟后来小说中如出一辙："哦，是您吗？闭上眼睛，站住别动……/怎么啦？吃惊了吗？我这就出来。/我夜里没睡。这儿什么都有来历。"茨维塔耶娃简短而友善的腔调，即刻被帕斯捷尔纳克领悟，而熟悉她的《索涅奇卡的故事》和《我的职责》的读者，也能够立即听出这种腔调。另外，伊利因娜还说她打算离开俄国："我的出国护照/早已召唤我离开这些殿堂。"斯佩克托尔斯基与伊利因娜的关系随着每次会面而愈加复杂——尽管"工地的线条变得越发简单"，他们之间，"混乱却是丝毫未改"。

帕斯捷尔纳克准确地道出了混乱局面的根由，这种准确性使得他复杂的抒情听来有如谚语：

两人都向往着神奇的幻境，
心扉一旦开敞，即是陌路人。

如今，他们之间裂开了深渊，
他们目标同一，却又各行其是。

问题的关键就在于，他们彼此相像，有许多共同爱好和旨趣——主要在创作方面，却终将各自离散，因为两人不可能一同奔向那神奇的幻境。他们一旦彼此敞开心扉，就会相互排斥，无论在字面意义，还是在转义上。在这里，可以轻易而自然地归纳出诗人们注定难以共存这一主要规律，在此规律作用下，小说中两个人物的恋情，也是来如疾风骤雨，去如灰飞烟灭，经过1913年的夏日，便彻底地结束了。帕斯捷尔纳克遵循俄罗斯诗体小说的优秀传统——“诗歌得之于偶然，我照原样拥有它们”——直接引用了伊利因娜的诗句；这些诗句在抒情风格上迥异于茨维塔耶娃，在断言方面却同茨维塔耶娃一样冷漠无情：“生活有许多宠儿。/我们似乎不在其中。”“结局比预想来得更突然，更快”——在第七章，就已写到他们的分道扬镳。斯佩克托尔斯基的孤独比以往更加无可救药了。情节的收束同样遵循着浪漫主义的传统——意外的消息、凌乱的头绪、阴差阳错：斯佩克托尔斯基得知母亲生病，未及告知伊利因娜，便赶紧前往彼得堡探望。她因许久不见他人影而惴惴不安，又不知他的住址，情急之下去阅览室找他，“谢尔盖·斯佩克托尔斯基大概是失踪了。有人说他去了阅览室，便杳无踪迹。”最后，她未能等到他回来，独自离去了（这一情节神秘地预言了帕斯捷尔纳克1935年在巴黎同茨维塔耶娃的离别：他出门买烟，从此一去不返）。两星期过后，斯佩克托尔斯基从彼得堡返回莫斯科。临行前，他确信母亲身体没有大碍，并且觉得自己很快就回来，所以用不着写信给玛丽娅。然而，当他来到她的住处，眼前却“到处是尘土/拆毁的墙壁和丢下的活计！”又一条脉络未能展开，就中断了，但斯佩克托尔斯基的形象还反映在另一面镜子中：无论是诚挚的“光辉个体”、同龄的冒险主义者、渴望斗争与历险的亡命的美人，还是如事实所证明，同龄的女诗人，都与主人公形同陌路。他的起初近乎节日般的孤独，越发难以排解——他开始感觉到，世界少了他照样运转良好！在小说末尾的第八章和第九章，这种感觉越发突显，从而使《斯佩克托尔斯基》在悲剧乐调中收场：惯于讥嘲的年轻文人，为自己同世界的隔绝而沉醉，在叙事行将结束之际，终于被这种隔绝碾得粉碎。怀着此种感受，帕斯捷尔纳克迈向1930年。他当时真以为，他个人的文学命运也将归于终结。

5

伊利因娜意外离去之后,谢尔盖·斯佩克托尔斯基又经历了什么——这是《中篇故事》所记述的内容,其主要事件发生在1914年夏天。

对于《斯佩克托尔斯基》的构思而言,该作品与其说使其叙事情节更明朗,不如说清晰呈现了其组织结构。从艺术布局来看,《日瓦戈医生》是一部更复杂的作品,其结构呈紧凑的环状,人物更多,表现在不同层面上的日瓦戈形象也是多种多样。在《斯佩克托尔斯基》中,则始终保持一种二元对立,人物因此均具有双重性,形象略显单薄,主要特征呈单一化。按照事件基本脉络的数量来算,构筑情节的对应关系共有三种:其一,惯于内省者与惯于行动之人(大列莫赫与小列莫赫,谢尔盖与他的姐姐娜塔莎);其二,诗人与冒险分子、虚伪之徒、变化多端之人(斯佩克托尔斯基与巴利茨);其三,精神之爱与肉体之爱、情欲与共同的创作(布赫捷耶娃与伊利因娜)。最后一个命题在《中篇故事》中居于主导,它通过主人公对两个女人的爱而体现,除了对他的亲近,这两个女人几乎毫不相像。她们便是家庭女教师安娜·阿利尔德和妓女萨什卡。

1914年夏天,谢尔盖·奥西波维奇(在《中篇小说三章》中,父称是根纳季耶维奇)·斯佩克托尔斯基大学毕业,来到生产呢绒的工厂主弗雷斯特利恩家做家庭教师。他内心充满喜悦,1913年让他不安的启示录式的预感荡然无存(与此同时,战争已迫在眉睫——偶然遇到的后备军士官生小列莫赫充当了战争的信使)。弗雷斯特利恩付给这位年轻教师的薪水不低。在雇主家,他遇到了安娜·阿利尔德·托尔恩斯科利德,年长他六岁的丹麦女人。这是一个颇有戏剧经历的女人,前一年刚刚失去了丈夫,年仅三十二岁的神父;关键是,她觉得自己备受凌辱,对俄国人怀有嫌恶和鄙夷,在她看来,心理病态与心灵的晦暗是他们独有的天性;她厌倦了自己在弗雷斯特利恩家不得不扮演的角色("我被聘用为女伴,而非勤杂工")。此外,她确信,工厂主一家是犹太人,只不过极力掩盖了事实(谢尔盖害怕向这位新的女友承认,他本人也有一半的犹太血统,因为父亲是犹太人)。一番突然而热烈的道白之后,她提醒他说自己是"一个北方女人,虔诚的信徒,容不得胡来”——这一切，正如我们所理解，足以让斯佩克托尔斯基产生由衷的爱。

对于被损害的女性，他一向心怀怜爱，倘若缺少现实的损害，他便为她们添枝加叶地臆造出来；出于这种特殊的情爱，他喜欢上了她。我们不禁想到，当尤里·日瓦戈爱上托尼娅之际，他也把她想象得既瘦又弱，尽管她实际上是一个“非常健康的女孩”。小说中，阿利尔德小姐的主要特征在于轻盈与单薄：纤细的栗色头发最是引人注目。一想到与她在黑暗中的独处，斯佩克托尔斯基就感到恐惧——他们在索科利尼基公园游玩时，进去没多久，就急忙从里面冲了出来，为的只是趁天黑前赶回城里。正是与阿利尔德的相识，让已非男孩的主人公平生第一次开始考虑金钱问题。他急于获得钱财：“他甘愿献出他的阿利尔德，他祈望今后把一切都分赠给女人们。”令人惊异的幼稚病（在孩提时代，有谁不曾幻想过向人类受损害的另一半行善，甚至不惜付出个人的生命？）同他那痴狂的臆想结合起来，堪称帕斯捷尔纳克再形象不过的自画像。

斯佩克托尔斯基的这种双重人格——强大的想象力与天真的性格，乃至日常生活中的软弱——正是文本总体对应性的延续。他喜欢不同的女人，安娜·阿利尔德和风尘女子萨什卡这两种类型，恰好合乎他的需求，每天早晨，他都从后者那里回到弗雷斯特利恩家；女主人知道他不会撒谎，也就从不过问他在何处游荡，以免产生尴尬。倘若不能彻底掌握帕斯捷尔纳克的遣词行文，我们便无从领会施之于萨什卡身上的独特笔墨：“无论她着手做什么，总是畅快淋漓，像一股巨浪，一直保持着奔流，没有消长与起落。她一边唠叨，一边脱下衣服，猛地抻开富有弹性的双臂，这一番举止同样几近酣畅，直到拂晓时分，她还说个没完，她把肚子抵在桌边，滚动着一堆空酒瓶，一口气喝干了自己和谢廖沙剩下的瓶底儿。几乎还是以同样的架势，同等的畅快，她罩上一件长衫，背对谢廖沙，扭着脑袋答话，没羞没臊地把脸扎进那个放他们进屋的老太太拿来的洋铁盆。人类的整个自然性都在号叫，发出污言秽语，又像是悬在木架上，达到四处可见的灾难的高度。在这里，如同预兆一般，透散着基督教的浓烈气息，它胜过了一切浓烈之物。”“喝干瓶底儿”“把脸扎进洋铁盆”“没羞没臊”——哦，这些文字的气息似乎难以同基督教的征兆相提并论……不过，在箴言集《意外的思想》中，安德烈·西尼亚夫斯基比所有人都更好地谈到了这一问题。按照书中说法，基督教——始终处在为人类而战的前沿,始终居于战斗的前哨,而帕斯捷尔纳克所说的“浓烈气息”也正好可以在此意义上解释。相应地,“谢廖沙……对萨什卡的爱,比任何时候对任何人的爱都更为强烈”之含义也就完全清楚了:更准确地说,他对众人的爱,以及对具体某个人的爱还从未经受过如此的考验——现实的反差、日常生活的丑陋、萨什卡那位嗜酒同屋的突袭,那只洋铁皮打制的洗脸盆等等等等,无限地加剧了他的爱。更主要的是,对于帕斯捷尔纳克和他的抒情主人公,这种爱恰恰是合乎理想的:斯佩克托尔斯基和后来的日瓦戈一样,只能爱上抹大拉的马利亚①,爱上渴望同情的被侮辱与被损害的失足女性。从低级庸俗的情色角度来看,这完全可以理解——风尘女子对某些特殊类型的男人具有吸引力,这当中蕴蓄着风流韵事的荣耀、经验和色欲;但在帕斯捷尔纳克和他的主人公那里,显然是另一种情形。他们只可能爱上备受凌辱的女性——或许这是因为,他们将一切胜绩都视为可憎,还因为他们无法容忍随意地利用女性,帕斯捷尔纳克的主人公需要的是一种类似于道德补偿的东西。

这一主题后来得到了充分扩展——通过《第二次降生》中的诗篇,以及形象酷似马利亚的拉拉。帕斯捷尔纳克不怕将她对尤拉的爱比作马利亚对耶稣的爱;他甚至不顾忌用这种类比为福音书中耶稣与女罪人的故事增添明显的情欲意蕴。然而,帕斯捷尔纳克的用意并不尽然。对于他,一个无关于一切人性的耶稣才是不可理喻的——披散着头发的哀哭的女人——悔过的马利亚——不能不激起他最普通的尘俗之爱;试想尤拉和拉拉,倘若少了肉体吸引,少了这样的幸福,又怎能相互触碰,将手臂和头发交缠在一起!在帕斯捷尔纳克心中,自青春年少时,“手臂的交缠、双腿的交缠”便与“命运的交缠”等量齐观:基督教、情欲与革命,交集在同一节点上。革命——为女性的屈辱而展开的复仇。基督教——对受辱的女性所施加的爱与怜悯。这当中包含着帕斯捷尔纳克思想的内核,他同勃洛克之间的主要差异也在这里。对此,我们将进行更详尽的论述。

---

① 根据《圣经》正典之外的传说,抹大拉的马利亚原是沦落风尘的失足女子。在《圣经·新约》中,耶稣为她驱除了附在身上的“七个鬼”。此后,马利亚以财物侍奉耶稣及其门徒,听他传道,更重要的是她目睹了耶稣被钉上十字架与被埋葬,并最先见证了耶稣的复活。此处译名“马利亚”,据和合本《圣经》。

第十九章　镜中人:勃洛克

夜晚,与斯佩克托尔斯基游逛在华沙。

亚·勃洛克:书札;1909 年 12 月 1 日。①

1

帕斯捷尔纳克同勃洛克几乎未曾有过私人交往,如果不算 1921 年 5 月 5 日在综合技术博物馆一次仅有的短暂会面。那里正在举行勃洛克的纪念会,帕斯捷尔纳克想在当月 3 日勃洛克的首场朗诵时与之结识。他出席了当天的晚会。此前,马雅可夫斯基告诉他,为勃洛克准备的是一场“刁难、批斗和猫的叫春”。他们一道赶往博物馆,希望能够制止丑剧。演出开始的时间早于预想,他们赶到时,勃洛克已经离开现场,去了意大利协会。丑剧果真发生了(司徒卢威②试图证明,勃洛克已死——勃洛克本人也不辩驳)。勃洛克情绪低落,没有读多少作品,他觉得,所有观众都好像待在舞台近旁“帽子上别着那么一颗星”的怪模怪样的红军战士;他读了四首诗就退场了——为回应演出组织者楚科夫斯基和科罕的千呼万唤,他才又登上舞台,只做了一次谢幕,用拉丁语原文朗读了弗拉·菲利波·里皮③自撰的墓志铭。5 月 5 日,帕斯捷尔纳克和马雅可夫斯基再次来到综合技术博物馆。这一次,表演大获成功,勃洛克读了很多,并陶醉其中;据楚科夫斯基回忆,马雅可夫斯基“感到乏味,在一旁提示着韵脚”,帕斯捷尔纳克则在晚会

① 1909 年 12 月,诗人勃洛克的父亲、华沙大学教授亚历山大·利沃维奇·勃洛克去世。诗人赶赴华沙参加父亲的葬礼,并在那里停留了十八天,写下了关于此行的书札。勃洛克提到的斯佩克托尔斯基,是他父亲的弟子,一位年轻的法学家。

② 彼得·伯恩加尔多维奇·司徒卢威(1870—1944),俄罗斯社会活动家,哲学家,《路标文集》(1909)作者之一,1918 年末流亡法国。1921 年,写了评论勃洛克的短文《亚历山大·勃洛克的“十二个”》。

③ 弗拉·菲利波·里皮(1406—1469),佛罗伦萨画家,意大利文艺复兴早期巨匠之一。

结束后找到勃洛克,做自我介绍。勃洛克说自己听说过很多关于他的美誉,等身体康复,可以再次相聚。然而,他却注定无法康复了。

勃洛克给帕斯捷尔纳克的创作所带来的独特影响,按照《人与事》中的说法,就在于"急骤的行文、游移的视角和敏锐的观察"——而形象的塑造则从来都不是勃洛克的强项:与其说他是一位造型艺术家,不如说是暗示与预言的大师。"如同捉迷藏一般,处处是惊惶不安的神情、一闪即逝的渺小身影、不连贯的片段"——帕斯捷尔纳克如此描绘勃洛克的风格,当然,这里指涉的一定是他的彼得堡诗篇,是帕斯捷尔纳克所喜爱的《可怕的世界》,以及《雪面具》的神秘仪式……但就整体而言,此种特征距离勃洛克又是何其遥远!

他们之间具有相似,差异更为显著。革命之于勃洛克,喻义全部人性的消除,其中包括爱情。精神之爱抑或肉体之爱不重要。正如《崇高的疾病》是《十二个》的论辩性的延续——试图在那万籁俱寂之境谛听"冰中的音乐"——《中篇故事》和后来的《日瓦戈医生》继续着勃洛克的革命主题,从事物旧有秩序的毁灭中看到一切事物不完全的与最终的结束,只不过,这却是新的真理的开端,是真正意义上基督精神的盛典。假如《十二个》这部关于红军巡逻队的叙事长诗由帕斯捷尔纳克来书写,彼得鲁哈就不可能杀死卡奇卡,他会使她摆脱一个士官生贪婪而愚蠢的爱,继而重获新生……总之,死去的将不会是她,而是那位"跟卡奇卡一道泡在小酒馆里"的万卡。而且十二个之外还将增添第十三个——卡奇卡-抹大拉的马利亚,她将在基督引导下融入一个最真诚的队列,两人手挽手,披戴着玫瑰编织的白色花环。

2

在《日瓦戈医生》中,帕斯捷尔纳克通过一段广为引用的比喻,表达了"两京[①]青年为之痴狂"的勃洛克在主人公心目中的地位:"忽然,尤拉意识到,诗人勃洛克,就等于俄国生活各个领域中、北方的城市生活中和新的文

① 两个京城,即莫斯科和彼得堡。

学中、现代城市星空下和现代客厅里点燃的枞树周围的圣诞现象。他想，不需要写什么有关勃洛克的文章，只消写下俄国人对魔法师们的崇拜，就像荷兰人所写的那样，再加上严寒、狼群和幽暗的枞树林，就够了。”①

与此同时，正是在圣诞题材的阐发方面，勃洛克与帕斯捷尔纳克显得截然不同。不妨对比一下帕斯捷尔纳克的圣诞诗篇——首先当然是《魔怪圆舞曲》——和勃洛克主要的一首圣诞诗《金箔天使》。

当波尔卡舞曲从远处传来，
我仿佛透过钥匙孔看见：
灯熄灭了，椅子搬走了，
像蜂群扑棱棱地飞向灯芯，
假面与乔装的人们忙个不停。
这是孔隙后面点燃了枞树。

胴体、脂粉和茶色的相片，
蓝色的、鲜红的、金黄的
雄狮和舞者、母狮和漂亮女人，
都不及眼前这壮观景象，
衣裙飘拂，门扇歌唱，
胖小子哭闹，母亲们嬉笑，
海枣、书本、游戏、牛轧糖，
针叶、蹦跳、奔跑、圆面包。

（《魔怪圆舞曲》，1941）

自《生活，我的姐妹》以来，帕斯捷尔纳克还未创作过如此和谐的作品；当然，就像任何狂欢一样，圣诞欢舞中也有白银时代的人们所想象的某种不祥之物（我们回忆一下阿赫玛托娃《没有主人公的叙事诗》②中的乔装者——“从童年起，我就害怕乔装打扮的人”）；但那却是手工制作和家养的

---

① 引自《日瓦戈医生》第三章第10节。

② 阿赫玛托娃的长篇叙事诗代表作，1940年12月底开始创作，1943年形成初稿，经过漫长的修改，直到1965年才彻底完成，内容几乎是最初的两倍。

怪物，为的是让孩子们感到更可怕，更有趣。其他方面则全然是幸福与节日的欢颂。在共同的喜庆中，圣诞节将所有一切置于平等地位（“人与物居于同一水平”），就连疲倦，也是幸福、轻松和清爽的。相形之下，《金箔天使》（1909）却给人以强烈的酸楚之感：

一扇紧闭的大门，
金箔天使①透过门缝
望着五彩斑斓的枞树
和那些玩耍的孩子。

保姆在儿童房生起火炉，
火苗爆裂，烧得正旺……
天使却在消融。他，一个外乡人。
他感觉不到温暖和疼痛。

先是翅膀一滴滴地融化，
小脑袋耷拉到身后，
糖塑的一双小腿断了，
落入一摊甜甜的水洼。

后来，水洼也干涸了。
女主人寻找着，却找不见他。
年迈的保姆耳朵聋了，
她躲到一旁，什么都不记得……

创造物的脆弱的梦想，
断裂吧，融化吧，熄灭吧，
在种种事件的光焰下，
在人生虚空的喧嚣中。

---

① 用于圣诞节的装点。内部是糖塑人形，外裹金色的箔层。可用作儿童的玩具，也可食用。

好了，毁灭吧！你的存在有何道理？
就让那淘气女孩，让那颗心
呼吸着尘烟，最后一次
为你默默地哭泣吧。

诗的含义看似完全符合勃洛克创作中的苏维埃命题，表明他断然弃绝了自己对炽热革命行动的浪漫主义幻想。但事实上，弃绝在这里无从说起，恰恰相反："那颗心，为逝去的旧梦而痛哭，因为它将步入一条新路。"①无论对勃洛克，还是对帕斯捷尔纳克，革命都无疑是一种冬季和夜晚的圣诞现象；谁会不认为，这当中有什么事物正在生长——勃洛克甚至还想从革命中发现基督教的端倪，听到"燃烧着的耶稣的消息"；两者间的区别在于，圣诞对于帕斯捷尔纳克而言，是一个幸福的节日，尽管略带几分不祥与可怕的意味（毕竟，正在发生的是一件伟大的事情，就像在任何神秘场合下，人们置身其中都会有点害怕）。对于勃洛克，圣诞——不仅是新的真理诞生之日，也是个人生命毁灭之日；毕竟，作者将自己等同于《金箔天使》中的某位人物形象，这是显而易见的。在环境和语汇相像的前提下（甚至两个文本都出现了 щелка—елка② 这样的韵脚），《金箔天使》和《魔怪圆舞曲》在调性上差异显著，正如勃洛克和帕斯捷尔纳克对基督教的解读也是大相径庭，尽管他们表面上有很多相似。据亚历山大·格拉德科夫回忆，勃洛克的一个关于耶稣的话剧初稿，引起了帕斯捷尔纳克的极大不满（当时有许多俄罗斯作家，譬如布宁，也对这部作品很不满意）。他称这一构想为"知识分子对神的恣意亵渎"。"他说，即便这种构想当中有更多的流血与恐怖，哪怕是一种否定，他也可能容忍它……"

在勃洛克涉及耶稣的所有作品当中，帕斯捷尔纳克最欣赏的只有 1902 年那首鲜为人知的早期诗作《关于传说、童话和秘密》："我们饱经岁月，面目全非，用铁锻造了自己的心……/我们在他面前垂下目光，/僵立在一条细线上：我们的梦想受困于铁/无从领会那金色动词。"这与帕斯捷尔纳克诗

---

① 引自勃洛克《圆月散发出三月的芬芳》（1910）。

② щелка——缝隙，孔隙；елка——枞树。

中的基督教可谓是异曲同工："我整夜阅读你的约言——仿佛从昏厥中苏醒。"[①]但这毕竟是早年的二十二岁的勃洛克——对于晚期的他，那金色动词已然如真正的铁一般铮铮有声！帕斯捷尔纳克坚决不能接受这一点。

毋庸讳言，勃洛克就其本质来说并非一个基督教诗人（圣诞也因此对他喻示着个人的毁灭）：他意识到自己所信仰的是旧日的、前基督的、非凡的思想——尼采与瓦格纳的思想，勃洛克的抒情与哲学深受后者的观念之影响。当他把耶稣的形象带入长诗，却又立刻向安年科夫坦言："我本人对这个女性的幽灵深恶痛绝。"对他来说，只存在着一个耶稣——燃烧着的耶稣。他欢迎他，但不可能跟从他，因为其能量所限。这位魔法师将会迎接（圣母）马利亚，并将死在一个洞窟的入口旁。

至于帕斯捷尔纳克——成年以后他几乎从未提到瓦格纳（尽管据儿子回忆，他偶尔也听 BBC 电台播放的瓦格纳），而他对尼采的兴趣则转化为《斯佩克托尔斯基》中恶棍萨什卡·巴利茨的典型特征，诚然，他所鄙薄的是尼采主义者，而非他们那不幸的祖师。此后，帕斯捷尔纳克的艺术作品中也再不曾提及尼采。无论易卜生、斯特林堡、日耳曼或瓦兰吉亚[②]的巨人，还是什么超人，都无法引起他的任何兴趣，除了文化方面的共同点："非人性的，太过非人性的。"[③]他只留下一句关于尼采的口头评断，由格拉德科夫在 1940 年 2 月 10 日记录下来："我喜欢尼采的一个思想。他曾经说：'你的真正的本质并非深藏于你里面，而是无比地高于你。'[④]这已经近乎基督教了。"在帕斯捷尔纳克看来，尼采终究是一个基督徒，一个未圆满的基督徒，所以也就无从给人以教益；他认为，推崇诺曼文化与斯堪的纳维亚文化，就像曼德尔施塔姆推崇"纳德松"[⑤]和"九十年代"：体现着一种媚俗的取向。1959 年 9 月 23 日，在写给彼得·苏夫钦斯基[⑥]的一封信中，帕斯捷尔纳克对尼采的"敌基督"思想发表了一番激烈的言辞："他怎能不明白，他的超人

---

① 引自帕斯捷尔纳克《黎明》（1947）。

② 古代俄罗斯对北欧诺曼人的称呼。

③ 这句话是对尼采"人性的，太人性的"的反说。

④ 这句话出自尼采的《成为你自己》。

⑤ 谢苗·雅科夫列维奇·纳德松（1862—1887），俄罗斯诗人。曼德尔施塔姆在散文《时代的喧嚣》中称他为"永恒的少年"。

⑥ 彼得·彼得洛维奇·苏夫钦斯基（1892—1985），俄罗斯音乐家、音乐作家。

本来就是源于并汲取了福音的深沉水流，伴随着耶稣仁爱训导的一面，这股水流在耶稣的教诲中生生不息……”对于一切非道德的、道德之外的和伪道德的，帕斯捷尔纳克都觉得是枯燥无趣。

毫无疑问，帕斯捷尔纳克不喜欢谈论自己与勃洛克的原则性分歧——这将意味着把某种过于严重的罪责加在这位重要的先驱身上。他没有向格拉德科夫展开这一话题，在1946年他与以赛亚·伯林的谈话中，对此也只是一语带过。“勃洛克的天才在自己的时代无疑是卓尔不群的，但勃洛克的抒情感受与他格格不入。关于这一点，他不想细说。”

3

这主要的抒情感受，这股“秘密的水流”，显然拉近了勃洛克与帕斯捷尔纳克之间的距离。尽管以赛亚·伯林断言，帕斯捷尔纳克同这种感受“格格不入”，但我们依然想知道，它究竟是什么？

有时候看上去，帕斯捷尔纳克与其倾心于《斯佩克托尔斯基》的创作，不如说喜欢扮演他，想要成为他：这一角色更自由，更年轻，比之于愈发严肃的成熟期的作者，他的讽喻和讥嘲也来得更多。1925年，一个无关于主要内容的片段《斯佩克托尔斯基笔记》就这样写成。其构思尚未定型，格律同样也未确定；不过，就基调而言，这一片段——曾经专门誊抄给“列夫”，却被弃置不用——比小说(《斯佩克托尔斯基》)显得更快乐，也更自由。主人公租了一套房子，夜晚谱曲或写诗，白天则闷头酣睡或者去上课。有这么一天黎明，一阵浓烈的怪味飘来，主人公还在专心写作，并没有马上觉察到：“屋里散发着一股甜腻的焦煳味。”火势蔓延开，斯佩克托尔斯基这才发觉：

> 哦，我们变得多年轻，当意识到
> 我们在燃烧……(片段结尾到此终止)

火灾发生之际，近乎快乐地年轻起来——这是帕斯捷尔纳克笔下主人公的自然特征，我们也会不止一次地回想起帕斯捷尔纳克的勇敢和同样的快乐，当他参与扑灭燃烧弹或者费定别墅的火灾时。但“我们变得多年轻……”这句，几乎就是对勃洛克的叙事长诗《报应》第三章的直接化用，整个一章讲述的是，一场悲剧如何突然间将主人公解救，并赋予其生命以新的音乐意义。《报应》的主人公前去华沙参加父亲的葬礼，而这正是帕斯捷尔纳克心目中最具勃洛克风格的段落：

穿过陌生的广场
人们列队跟随灵柩
从城市来到旷野……
那墓地就叫作："意志。"
是的！我们将听到意志的咏唱，
当掘墓人挥动铁铲
拍打大块的黄土；
当牢狱的大门敞开；
当我们背叛妻子，
妻子——背叛我们；当闻知
对某某权力的批判，我们
会让那些出自深宅的
大臣和法律陷于险境；
当资本的利率
脱离理想的目标；
当……①

勃洛克在此中断了他的罗列，帕斯捷尔纳克则随声应和："当意识到，我们在燃烧。"

帕斯捷尔纳克深深铭记着《报应》第三章的这一片段，他的组诗《第二次降生》当中勃洛克式的抒怀足以证明昔日的印象。这是一部写给钢琴家、指挥家、亨里希·涅加乌斯的叔父费利克斯·布鲁曼菲尔德的悼亡之作。布鲁曼菲尔德死于 1931 年 1 月 21 日，济娜伊达·涅加乌斯同帕斯捷尔纳克的罗曼史当时才进入关键阶段。他下葬的日子，就是帕斯捷尔纳克初次留宿在济娜伊达那儿之后的第二天。诗歌就此开始："责难未及停

---

① 引自勃洛克《报应》(1910—1921)。

息”……令人惊奇的是，他的生命的终结与开端、死与新生命的起始居然如此象征性地交集在一起！正是布鲁曼菲尔德的葬礼，赋予“第二次降生”以特殊悲剧意义和崇高之感。葬礼上，帕斯捷尔纳克没有跟济娜伊达·尼古拉耶夫娜交谈，重要的话语于无声处已然道出。这里不存在任何的亵渎：共同的哀悼使两人愈加亲近，况且在帕斯捷尔纳克看来，死向来不仅是一出悲剧，而且是一种神秘，一场精神得救的庆典。对勃洛克的借用出现在第二部分，即音乐家下葬的场景：

风刮过城关，雪天，
像在华沙郊外一样，
把邻国的雪花
洒落在眉毛和皮衣上。

冻僵了的莫斯科人
走在田间，蜿蜒的旷野
已经用破了
开启那最后禁地的钥匙。①

“人们列队跟随棺椁/从城市来到旷野”与“冻僵了的莫斯科人，/走在田间”，形成一种直接的对应；这里提及华沙，不可能有别的理由，善于理解的读者会发现帕斯捷尔纳克与勃洛克之间的呼应——一如既往，论辩式的呼应，如果说《报应》里父亲葬礼的一幕早于儿子的夭亡，那么帕斯捷尔纳克所描写的葬礼则转变为死后的盛会，预示着“长久而幸福的生活”：

但他仍然被爱着。什么
都不会消失。更持久的是
家庭与才情。他还留下
一堆急就的篇章。②

（耐人寻味的是，“家庭”与“才情”被置于同一语境：两者都被视为一种

---

① 引自帕斯捷尔纳克《责难未及停息》(1931)。

② 同上。

永生的权利。如果说象征主义者们的生命创造力基本可以归结为摧毁家庭与日常生活，对于帕斯捷尔纳克，则反倒是稳固的家庭与和谐的生活，包括那些“急就的篇章”，才堪称一个艺术家真正的建树。）

情节的对称性也让帕斯捷尔纳克感到吃惊：安葬了父亲之后，《报应》的主人公同自己最后的恋人相会于华沙，《第二次降生》的抒情主人公则在心上人的亲戚下葬时跟她越走越近：

> 赞美诗迸发出来，就像参孙[①]
> 钻出禁闭他的那一堆砌块。
> …………
> 它的歌声冲向豁口，
> 歌中吟唱着你我的订婚。[②]

在葬礼上订婚——勃洛克也不可能允许自己这么去做，尽管帕斯捷尔纳克曾经指责其“知识分子式的渎神”。而帕斯捷尔纳克的独特生死观我们已经谈论过。在小说中，同日瓦戈医生的离别将成为他身后的节日和他的验证，后来帕斯捷尔纳克本人的葬礼也变成了他的庆典，变成了诗人与听众、诗人与大自然——最后当然还有祖国——相互统一的节日……《报应》主人公同一位普通女孩玛丽娅的会面将导致他的死[③]，在整个阴沉的基调下，短暂的亮色出现在第三章结尾：“你将为一切祝福”，只不过，这是死亡的开端。非但如此，《报应》写到这里，还产生了弃绝恶魔精神（демонизм）这一真正意义的基督教主题——“当你懂得，生活远不止于/布朗德头脑中的 quantum satis”[④]；布朗德式的超凡的自我主义终于被战胜，为的却只是让主人公尽快死去，像卖火柴的小女孩，或者像涅克拉索夫《严寒，通红的鼻子》里的达利娅一样被冻死：“感觉之甜蜜——你飞翔着，/飞在严寒那铅灰

---

① 《圣经》中著名的力士，曾经撕裂一只狮子，以驴腮骨击杀敌人千名。

② 引自帕斯捷尔纳克《责难未及停息》（1931）。

③ 《报应》是一部未完成的长诗，写到第三章即告结束，这里提到的主人公之死，见于作者未发表的草稿。

④ 此句引自《报应》，接上一句“你将为一切祝福”。quantum satis，拉丁语：“全有（或者全无）”。布朗德，易卜生同名剧作中的主人公，“全有或者全无”为其人生格言。他的自我主义，常常包含着“利他”的一面，又被某些研究者称作“自他主义”。勃洛克《报应》一诗中所表达的思想，深受易卜生的影响。

色的拥抱中”①……是否应该说,《报应》根本不具有乐观向上的成分——因为,如果说帕斯捷尔纳克的“大音乐家”还留下了“急就的篇章”、家庭和感恩的记忆,那么勃洛克这首长诗里的恶魔般的父亲则只剩下一堆废料——“小纸片、破布头、碎木块、面包渣、羽毛笔、装烟卷儿的空盒子”……《报应》这一章令帕斯捷尔纳克深感刺痛,因而当他完成《斯佩克托尔斯基》之后,在 1931 年,他便开始对勃洛克发起猛烈的抨击! 在《报应》中,父亲也是一位音乐家,那音乐“始终要把沉重的梦想唤醒”,却终究无法拯救任何人:

已经没有情感,没有思想:
空洞的眼眸也不再有闪烁,
心灵仿佛因为漫长的漂泊,
突然间老去了十年……②

帕斯捷尔纳克则以“我们每日的不朽/远比我们本身更朴实”结束了他自己为音乐家题写的墓志铭;《第二次降生》时期的他坚持认为,一切不会就此终结! 是的,主人公与恋人正在一个新的世界等待幸福,那里什么都不会消失,更为持久的是才情和家庭。帕斯捷尔纳克同勃洛克之间的论辩还从未如此尖锐,如此具有原则性……而且道德上如此可疑,无论承认这一点多么令人伤感。

4

早期与成熟期的帕斯捷尔纳克仿佛一直尽力兑现着勃洛克留给艺术家的遗训——活着,就应该让未来的快乐青年这样说起你:“他完全是——善与光的产儿!”这一句并不算是勃洛克的杰作,帕斯捷尔纳克的意图本身在于,以论辩一般且不无挑衅的方式重新考量勃洛克的意义,造就出他的某种相似体,只不过情绪是快乐的。关于这一点,利季娅·楚科夫斯卡娅在日记中(1960 年 6 月 12 日)曾经说过,当时她正以个人名义为帕斯捷尔纳克书

① 引自勃洛克《报应》第三章草稿。
② 引自勃洛克《报应》(1910—1921)。

写一份未打算发表的悼词:“他喜爱并且也愿意重复勃洛克,声音却总是充满快乐。”喜爱吗?——是的。愿意重复吗?——是的,却是用另一种方式,也可说是论辩的方式。

帕斯捷尔纳克写有《在早班火车上》(1941),可以说,这首诗不像是别的,而正是勃洛克《在铁路上》(1910)的苏联现代翻版,就连标题的对应也完全是有意识的。置身于勃洛克笔下人物在那儿“又哭又唱”的“绿色车厢”①(如今乘坐蓝色与黄色车厢的,显然是领袖与军人),帕斯捷尔纳克的抒情主人公自感十分惬意。“三只飞转的明亮眼睛”②已不再令人恐惧——这是友善的强力,狡黠地微笑着:“突然,光的狡黠的皱纹/聚集成一团触须。/照明灯拖着庞然大物/冲向通体明亮的天桥”③——当主人公目睹这传统的俄罗斯景致(“站台、发蔫的灌木花园/她和她身旁的宪兵”④),非但不觉得无限惆怅,反倒被一种明显的清晨的爽朗所感染。无论勃洛克还是帕斯捷尔纳克,两者都能从铁路辨别出“俄罗斯独一无二的特征”,他们都把描写铁路的诗篇列入爱国主义系列——但火车却将勃洛克的女主人公抛下铁道(“在路堤旁,在未收割完的垄沟中,/她躺着,看着,像活着一样”⑤)。帕斯捷尔纳克的主人公在这班火车上却如鱼得水,为他个人的大众化而自豪:“我强忍住爱慕,/一边祝福,一边观察。/那儿是村妇,是小镇居民,/是学生,是钳工……穷困未能在他们身上/烙下奴仆的一丝印痕。/他们像主人一样,/承受着困苦与艰辛”⑥——多么令人惊奇,但在写就这些诗行的1941年,他本人对这一切也深信不疑!而他的大众化激情也确实值得赞叹……假如我们才忘掉勃洛克的哀叹:“道路的愁伤,铁的呼啸,/撕扯着人心……”⑦你甚至会感到有些可怕,当你始终爱着帕斯捷尔纳克,爱着这个普通人与诗人,爱他质朴的仁爱之心与生活的热情——相对于勃洛克的忧郁;爱他同常人别无二致的知识分子的平和与坚忍——相对于勃洛克

① 在沙俄时代,绿色车厢是三等车厢,蓝色与黄色分别是一等和二等。

② 引自勃洛克《在铁路上》(1910)。

③ 引自帕斯捷尔纳克《在早班火车上》(1941)。

④ 引自勃洛克《在铁路上》(1910)。

⑤ 引自勃洛克《在铁路上》(1910)。

⑥ 引自帕斯捷尔纳克《在早班火车上》(1941)。

⑦ 引自勃洛克《在铁路上》(1910)。

的绝望。

不过，决定性的差别还在于，勃洛克是贵族，而帕斯捷尔纳克则是犹太知识分子；由此也决定了帕斯捷尔纳克的那种普通人的立场。至于说勃洛克，尤其重要的一点是，他并不把自己归于知识分子。在《人道主义的覆灭》这份报告中，勃洛克以近乎喜悦的腔调谈到知识分子理想的破灭，从中不难发现其历史观的主要特点：从道德的视角来看，这是一种矛盾的态度。勃洛克认为，世间万物，无所谓好也无所谓坏——只需要承认，旧者之为旧，新者之为新；在他的立场和诗歌中，有着素来为知识分子所欠缺的高尚的激进主义。对勃洛克而言，存在着一种美学上的慰藉，即往昔遭遇之宏大："革命的喧声——永远陈说着伟大的事物。"在此状况下，知识分子该如何行事？勃洛克向他们发出了绝望而徒劳的召唤："以整个身体、整个心灵和整个意识——听从于革命！"比之于百年来为其历史命运惶恐不安的贵族，知识分子基本上不属于上流阶层；勃洛克痛恨资产阶级，面对资本家，他叫嚷道："离开我，撒旦！"——而知识分子已经无保留地完成了资产阶级化，所以，知识分子躲在角落里的乱弹琴，让勃洛克感到厌恶。勃洛克号召人们领略毁灭之宏伟，知识分子却为保全性命不遗余力，不愿抛下享受、舒适和廉价的暖意；这里所说的固然不是整个知识阶层，却是"读书人的大多数"，是那些"庸俗之辈"，他们在十九世纪九十年代关心两性问题，二十世纪一零年代——关心政治，到了1918年——则是劈柴。因而勃洛克的绝望之中确实存在着毁灭（只不过是自然力所造成的毁灭，在伟大的时刻，由于伟大的原因），存在着真正的高尚情怀："我相信，上帝用雪将我掩埋，/一场风暴却保全了我！"①相比之下，帕斯捷尔纳克始终与知识分子血脉相连，他是"典型的代表"，不会背叛这一"亲生的"阶层，不无自豪地敞露其迷惘与过失——他善于折中，偶尔甚至也略显俗气。与这些对应的是——勃洛克那种孟浪的媚俗、他的文辞的陡峻与晦涩，以及几十首相当糟糕的诗作（帕斯捷尔纳克中等水平的作品也比他高出一筹）。

四十年代前夕，勃洛克已然成为帕斯捷尔纳克亟待跨越的目标。在整个发展之路上，他一直觉得自己是勃洛克的继承者和延续者，但他从未直接

---

① 引自勃洛克《诗人们》（1908年7月24日）。

承认这一点。然而,他不可能不明白,他们两人之间的对比,有如九十年代与二十年代、贵族与平民思想者、教授之子与第二代知识分子之间的对比。帕斯捷尔纳克同勃洛克的内在冲突,未必有意识,却很折磨人——这也是知识分子同上流贵族的对立;知识分子似乎注定处于弱势。

5

《报应》对于《斯佩克托尔斯基》乃至后来《日瓦戈医生》的直接影响,未能得到透彻研究,事实上,这里潜藏着帕斯捷尔纳克整个散文的源头。研究之所以不到位,或许是因为《日瓦戈医生》几乎照原样重复了《报应》的故事,只不过,它重点强调的是其中另外一些片段。勃洛克及其主人公关心的始终是对待父亲的态度;在帕斯捷尔纳克的长篇小说中,父亲的出场不露痕迹,尽管他扮演着跟《报应》中一样的恶魔角色(后来,这位异于常人的父亲在纳博科夫那里又化身为《阿达》中的恶魔形象,似乎要向勃洛克和帕斯捷尔纳克展示,究竟应如何书写一个家庭在新时代压力下瓦解!)。有意思的是,帕斯捷尔纳克曾经写过《带有前言的二十行诗》(1925)——作者称之为"小说《斯佩克托尔斯基》的胚芽",主人公正是斯佩克托尔斯基的父亲,一位有些古怪的教授,生活在阿尔巴特区。我们已经知道,在帕斯捷尔纳克看来,作为一个由教授子弟组成的了不起的秘密会社的一员,其意义非同一般:勃洛克——性情怪异、不到四十岁就精神失常的华沙大学教授之子;茨维塔耶娃——创立了造型艺术博物馆的孤独而敏感的教授的女儿……按照构思,斯佩克托尔斯基也属于这一荣耀的阶层:"比寒鸦和树木更老的教授,/烟灰缸被他用烟卷儿戳破。"①在这里,教授被塑造为医生,而在小说初稿中(当时,斯佩克托尔斯基的姓名还是谢尔盖·根纳季耶维奇),他则从事着某种莫名其妙的语言学研究,头脑几近于疯狂:"斯佩克托尔斯基有位令人吃惊的父亲。他是某个董事会的成员。事业早就丢到了一边。终日周旋于文学家和教授们的世界。行为古怪。(……)任何一个新人都会下意识地对他进行一番猜想。倘若在这些怪异行状之外,他另外还跳到窗台或

① 引自帕斯捷尔纳克《带有前言的二十行诗》(1925)。

者别的什么上面，那就表明，他真的是个疯子。眼下还不清楚他在搞什么名堂。”后来，关于这位发疯的教授兼父亲的话题从小说中彻底消失了，但不管怎么说，帕斯捷尔纳克最初的构思确乎是《报应》的翻版。

勃洛克的这部长诗，按照其本人的说法，“充满革命的预感”——更准确地说，分明是启示录式的预感；在第三章第一版前言（1919）中，勃洛克描绘了1911年即整部作品构思形成那一年的险恶局势，他提到一件相当重要的事情——“莫斯科一份报纸上出现了一篇预言似的文章：《大战临近》。”他说的文章刊登在1911年9月25日的《俄罗斯晨报》上。年轻的帕斯捷尔纳克，当年很有可能也曾留意过这篇文章。是呀，他怎能不留意呢，要知道，文章的署名非常有意思：亚历山大·梅尔特瓦戈①。

按照构思，《报应》的主人公应当叫作德米特里（“人们想要这样称呼我”），在他与谢尔盖·斯佩克托尔斯基以及尤里·日瓦戈之间，似乎存在着父系亲缘关系：德米特里和谢尔盖有一个姐姐，尤里有一个弟弟，姐姐与弟弟分别充当着遥远而神秘的保护者。德米特里、谢尔盖和尤里，同是铁路上的长途旅行者，他们三人的旅行同样具有象征意义，但更具象征性的是，他们的去向各不相同：德米特里——向西去往华沙，谢尔盖和尤里——向东去往乌拉尔。《报应》中的德米特里（不过，在最终的文本中，主人公始终是没有姓名的）安葬了父亲之后，在夜晚的华沙遇到一位“普通的女孩”：

“你叫什么名字？”——“玛丽娅”。
“你的故乡在何方？”——“喀尔巴阡山”。

她微笑着向他敞开
自己的拥抱，
曾经的一切，渐渐消退
并消失（在忘川）。②

---

① 亚历山大·彼得洛维奇·梅尔特瓦戈（1856—1904），俄国经济学家、政论家，对俄国农业问题有专门研究。根据时间判断，这里提到的文章，显然系假托梅尔特瓦戈之名，因而作者称“文章的署名非常有意思”。

② 引自勃洛克《报应》（草稿）。

终于，他死在她怀里。“所有朦胧的冲动，/未能应验的念头，/（永远）无从实现的功名之心，/都融化在这个女人的胸口”（《报应》结尾草稿）。

《中篇故事》里的萨什卡——一位同样“普通”，甚至太过普通的女孩之堕落，同样发生在她称之为“波兰王国”的波兰。一名“或许一切起因都来自他”的“善良的士官”勾引了她。就这样，勃洛克笔下“一位普通女孩出现在他面前”的一幕得到回应——但斯佩克托尔斯基根本不打算死在她胸口；他反倒急于向她施以援手！诚然，在《斯佩克托尔斯基》结尾，他也无法躲开报应——让他遭报应的恰恰就是他昔日的恋人；而革命也再无引人入胜之境。

《日瓦戈医生》的创作也是始自对勃洛克的思考，始自向他的回归；按照起初的构思，这部小说的题目是《少男少女》（显然出自勃洛克的——“少男和少女们/手持蜡烛和柳枝/一道回家。”[①]在《日瓦戈医生》中，帕斯捷尔纳克天然的乐观精神已然所剩无几，而在小说结尾，又再次出现了对于勃洛克叙事构思的明显借用，只不过他走得更远，创造了二十世纪俄国文学当中最具悲剧性的形象。勃洛克曾打算用后来改写为诗作《鹰》的一个片段结束《报应》：主人公之子成长在喀尔巴阡山区一个普通农妇家里，对于那个与她在 1911 年共度了唯一一个华沙冬夜并在当夜死去的青年，孩子的父亲，她一无所知。这个孩子，自然也无从知晓，是谁在死前播下了生命的种子——他却准备接受无可挽回的牺牲的命运：“成长吧，顺服吧，拿起十字架吧”……（“为了你，我的自由，我愿登上那黑色的断头台”——他如是说，按照作者最初的构思）。这样一来，勃洛克本人确定的结构上由几个紧凑的环链所构成的长诗，便顺理成章地——也几乎是超越了作者的意志——从永恒的父与子的贵族冲突转移到一片新的、粗野而平凡的土地，并且以此而告终。一个不知其父为谁的农家子弟，却注定要在历史新的螺旋中重复父亲的抗争与遭遇。在勃洛克的长诗中，这一幕终究未能上演；不过，在《日瓦戈医生》尾声，出现了管被服的姑娘丹卡·别佐切列捷娃，尤拉和拉拉的女儿；对父亲和母亲，她也同样一无所知。这个在新的历史螺旋中经受着农业集体化的一切恐怖，在新的极度深化的程度上重复着父母悲惨命运

---

① 引自勃洛克《柳枝》（1906）。

的农家女孩,显然出自于《报应》。而她本身,其实也是一种报应——就易卜生的"青春是一场报应"①而言。在二十世纪,这一意义演变为更可怕的现实,远远超出易卜生本人所料想。勃洛克曾经希望其主人公之子能够"攫住历史的车轮"(《报应》前言);帕斯捷尔纳克则已经知道,他的主人公的女儿将跌倒在这车轮之下。

正如所见,试图解读帕斯捷尔纳克与勃洛克观念中的革命,这已是离题太远,但我们不会忘记,帕斯捷尔纳克是勃洛克的一位认真的读者。在考虑个人的叙事文学时,他研究了勃洛克的生平和主要的长诗。而勃洛克那位恶魔般的父亲的真实履历和成长,则首次在《亚历山大·利沃维奇·勃洛克,国家法学家与哲学家》(华沙,1911)中被记述,此书的作者便是老勃洛克的那位忘年交与弟子,法学家叶甫盖尼·斯佩克托尔斯基。

说到斯佩克托尔斯基姓氏的由来,研究者们指出,它是"帕斯捷尔纳克"这一姓氏的特殊换位②(更痴迷这类游戏的是帕斯捷尔纳克永远的对跖者维维安·达尔科布罗姆③);研究者还提到"斯佩克特"("光谱""波谱"),《斯佩克托尔斯基》主人公独异的个体特征仿佛就散布于此(他本人是简单的,其映象则是复杂的,这些汇集在一起,构成其个性的核心光谱)。最后,作者在小说前言中的道白也被引用:"我不会将什么赋予主人公,/对他的评断也不会马上开始,/其实我写的是一个光的集束,/他就在其中面对我闪烁。"④光的集束,这便是光谱;"莫斯科街灯歪斜的灯罩,/怀着落入光圈的雨滴的愁闷。"⑤但还有一个问题从未探讨过,那就是,"斯佩克托尔斯基"这一姓氏对二十年代的读者有过许多提示——这是一位著名法学家,他发展了老勃洛克关于人文科学高于自然科学的思想。斯佩克托尔斯基,一个并不常见的姓氏,因而其中的巧合会被人们忽略,而帕斯捷尔纳克作品

---

① 出自易卜生的剧作《建筑师》(1892)。这也是勃洛克《报应》的题记。

② 字母换位是一种语言游戏。其规则是:变换词或句中字母的位置,构成另一个词或句子。пастернак(帕斯捷尔纳克)变换字母位置之后,即可得到 спектр(斯佩克特,即"斯佩克托尔斯基"这一姓氏的词干)。

③ 即弗拉基米尔·纳博科夫。调整字母位置,由 Владимир Набоков(弗拉基米尔·纳博科夫)即可得到 Вивиан Даркблоом(维维安·达尔科布罗姆)。对跖者,指生活在地球任一直径两端的人,转义为:性格、志趣截然相反的人。

④ 引自《斯佩克托尔斯基·引言》(1925—1930)。

⑤ 同上。

里那些特殊意义的姓氏,往往是随处可见。

然而,如果说《报应》的主人公自视为家族的最后一位代表(勃洛克曾将其长诗与左拉的《卢贡-马尔卡家族》相提并论,也就是说,他从长诗中看到了一部关于退化的编年史),那么帕斯捷尔纳克则倾力于他的终将成为两个世界中间环节的主人公。因为这也是其创造者自身面临的使命。

第二十章 《斯佩克托尔斯基》《中篇故事》 结局

1

我们暂且回来,看看谢廖沙·斯佩克托尔斯基是如何幸福地将勃洛克终生盘桓于此的两种激情糅合在一起。白天,他以崇敬的目光望着阿利尔德,夜晚则在萨什卡那里度过。

应当去弄钱。起初弄一些——为萨什卡,以使她结束皮肉生涯(还有一个问题——她本人是否同意,主人公却未加考虑)。然后弄许多——为阿利尔德。然后是非常多——为所有人。拉斯科利尼科夫①式的幻想开始滋生,但放高利贷女人毕竟不比渐老的萨什卡更多——斯佩克托尔斯基自忖。也就是说,应当采取别的手段。主人公终日沉溺于这些病态的念头,以柏拉图的方式恋着阿利尔德,也以近乎柏拉图的方式——恋着萨什卡(有意思的是,人们管她叫女巴利茨。不排除一种可能,即妓女话题在假面男人身上投下了奇异的光影)。

斯佩克托尔斯基并不期望社会变革。他的所有愿望暂时还局限于让女人"不是脱下衣服,而是穿上";"关键在于,不是让她们挣钱,而是把钱发给她们。"奇怪的愿望——仿佛是要让风尘女子们一一变成会计师。斯佩克

① 陀思妥耶夫斯基长篇小说《罪与罚》中的大学生,因生计所迫,杀死了放高利贷的女房东。

托尔斯基，根本算不上一名斗士，对他来说，革命主题与爱情主题尚未像小说中稍晚发生的那样，编结在一条紧绷的纽带上；他暂时想要的甚至不是报复，而只是某个神秘的恩主有朝一日带给女人们的自由。由于这些愿望，主人公简直要发狂，但这却是一种被双重之爱所照彻的痴狂。

某个星期日，弗雷斯特利恩女士离家去往克里亚兹玛，“他自个儿也出了门”——谢廖沙去找安娜·阿利尔德，内心充满异样的预感；他觉得，她好像死去了，从一大早，她就再也没有从房间里露面，加之已经病了很久。结果，当他进入时，她已处于深度昏迷；氯化铵使她恢复了生命，谢廖沙因为恐惧、幸福和缓释而嚎啕。阿利尔德抚摩着他的头发。

“‘安娜’，他说道，他也压根儿没料到自己会是这样，‘我请求您伸出手来。我知道，话不是这么说，可我又该怎样把它说出口来？做我的妻子吧。’”

安娜激动地跳将起来，她向谢廖沙承认，他对她来说早就不是无所谓之人（“您，当然，已经猜到了这一点。难道不是吗？”），但又补充说，她早就在观察他的言行，并且有点儿害怕他。“你无法拥有那小于人的、在你心里持久经常出现的。但还有一些东西，大于我们。”正是这些东西让安娜对斯佩克托尔斯基心生畏惧。他默不作答，担心自己会放声大哭，于是，她像母亲似的安慰他，给他以更明确和坚定的回答：“我可以等待，要多久就等多久。但首先您得理出个头绪，我不知道这是什么，这对我也是多余，或许，您自个儿最清楚。”

谢廖沙走在回去的路上，整个故事到这儿，突然间，他第一次回想起玛丽娅·伊利因娜，是她去年夏天莫名其妙地中断了他们之间的罗曼史。“唔，玛丽娅。嗯，想想看。玛丽娅谁都不需要。玛丽娅不是个女人。（……）空荡荡的学院建筑、嘈杂的脚步声、去年夏天被遗忘的事情、玛丽娅的一堆没有搬走的箱包，这些冰冷的形象带着令人厌恶的愁闷，从他面前一掠而过。他因为这些形象而痛苦，就像因为空寂的心灵掀起的风暴、因为被照彻的闲谈的语流而痛苦一样（……）。胡扯来胡扯去，蓦地冒出另一个，而她连影子都再也找不着。”正如所见，主人公更愿意用一种对她和对自己都更显荒谬的方式猜解玛丽娅的意外离去——“冒出另一个”，尽管小说中对“另一个”只字未提；主要是——那些沉甸甸的篮筐和箱子在他回想时所带来的淡淡的嫌恶与羞耻之感，而他与伊利因娜之间，也曾经有过同样沉重和华丽的言语的交流。《中篇故事》完成的时间是1929年1月到5月，也就是作者与茨维塔耶娃的鱼雁传情达到顶点继而猝然终止两年之后。

再说小说主人公。他脑海里隐约浮现一丝怀疑，那“另一个”有可能是巴利茨，是他“将她拐到了国外”。“突然，他觉得确信无疑——他猜到了。他的心一下抽紧了。”想到这里，主人公终于彻底抛开了伊利因娜以及对她的美好回忆，尽管从她形象的逻辑出发，无论怎样也推导不出她与巴利茨之间会产生亲近，况且巴利茨爱的似乎应是另一种类型的女人……然而，无论作者还是主人公，均未困惑于这种牵强的推断。他们——在报复：一部分是由于，玛丽娅“不是女人”。正因如此，对她就无法施以怜悯。整个诗体小说的玄机也恰恰潜藏于此，因而其旨趣是倾向于女性特质（而非“空寂的心灵”），倾向于生命与肉体（而非“幻象”）。这一旨趣成为这部小说最后几章的基础，接下来的一切，只是它的进一步扩展。

斯佩克托尔斯基独自待在房间，开始撰写一部戏剧（诗体或散文体）的提纲，并准备将它寄给出版商科瓦连柯，赚取家庭生活初期所需的费用。这部戏剧的主人公打算将自己卖作奴隶——卖给谁都无所谓——以换得一定数目的金钱；这些钱财他需要独自掌握，作为交换，他承诺哪怕自杀也在所不辞。主人公的名字标新立异地叫作伊格列克三世（因为总得让他的名号有点儿意思，斯佩克托尔斯基天真地解释道）。在这场离奇古怪的拍卖会上（“不乏王尔德意味”①，尽管一切“完全是正儿八经的”），伊格列克表示愿意向聚集的人群朗读其诗作并演奏一首即兴曲，以使潜在的买主们见识商品的真面目。这时候下起雨来——在戏剧中，也在小说的现实中；阿利尔德来找斯佩克托尔斯基，按照事先的商量，想和他一起散步，但她却看见，他背对着她坐着，疯狂地埋头于写作；她忽然觉得，他的面孔在向她展现着某种隐秘的羞耻，而这正是她害怕的。“安娜（……）看清了他的困厄，也看清了她终生不可挽回的错”，亦即他在写作事业上的注定失败；她不能把自己的一生同这个狂热之人联在一起。整个这一幕极具表现力，经过转述则颇为生硬：安娜带着收紧的雨伞，向主人公的房间扫视了一眼，主人公没有发

① 此句出自《中篇故事》。或许是暗示王尔德的一句格言：“活得快乐，就是最好的报复。”

觉她的到来,窗外下着倾盆大雨——终于有了最后的决断:“拒绝他该不会太费事。”安娜乘车去找一位相熟的英国女人,打算在她那儿借宿一晚,谢廖沙还在一个劲儿地书写着他的剧作草稿:伊格列克又是演奏,又是朗诵,让周围的人们为之而陶醉。这之后,他谦恭地宣布,他们爱上他还不够,他还会为他们敛财。接下来的一句表达,就像帕斯捷尔纳克的所有自道,可谓恰到好处:“在一个人投身其中的巨额票面上,对他的添头无从谈起。他需要兑换自己,而他们在此方面也应对他有所帮助。”出现了一位善人,一个恪守规则的人。于是,伊格列克彻底成为他的私产,暗地里则把百万钱财交给革命活动。伊格列克在这位善人的宅邸住到第四天,善人来找他,说道,占有一个人是一件难堪的事情,何况还是这样一个好人,所以还是请他另谋高就;伊格列克自己也觉得很尴尬,忽然,有人前来通报说,一些骚乱活动在伊格列克资助下组织起来……就在这十分微妙的时刻,谢廖沙的创作被弗雷斯特利恩夫妇的到来打断了。工厂主太太未见到其“贴身侍女”,感到很恼火,谢廖沙只好说,天晚了,所以安娜就走了。从女主人的话里他得知,每逢星期天,安娜都要去英国圣公会教堂做日祷。次日一大早,他去找安娜,看见了她映在屋里一面墙上的侧影。她也没睡,一直在等他。

和解之后(虽然这种和解其实并无来由),斯佩克托尔斯基将安娜送到一个新的住处——世袭军人斯科别列夫家,然后满怀幸福的期待,随同弗雷斯特利恩一家去往他们在图拉的庄园。安娜动身前,他们有过一次无话不说的交谈,她向他讲述了其苏格兰血统,隐约提到了玛丽·斯图亚特[①]的名字;对于绝对的爱,这番交流当然算是相当充分了;在列车走廊里,谢廖沙陷入遐想——只有作者才知道他们之间必然的结局:“就这样,人们在剩下的最后一个夏天里来回奔忙,从表面看,生活仍然垂青于个别人,在这个世界上,爱毕竟比恨更容易,也更符合本性。”《中篇故事》的叙事部分就此结束,由此架起一座直接通向《斯佩克托尔斯基》最后诗章(第八与第九章)的桥梁。安娜·阿利尔德在长篇小说中再也未被提及——跟“个别的”人们相关的一切,也永远结束了。

以铜质弹丸般沉重的困惑

---

① 见本书第八章相关注释。

让呼吸紧促，向读者发问：
活在那副画面的笼罩下，难道
他还相信个别人物的经历？①

个别人物——昔日幸福的大学生谢廖沙·斯佩克托尔斯基的遭遇，在过去五年里变得越发离奇。我们还记得，他于1916年曾去乌索里耶看望过姐姐，偶尔与大列莫赫见面；根据《中篇小说三章》判断，他还去过前线，革命期间做过什么则不清楚。“岁月流逝。散去了往事的烟雨。/散去了，只在朱比特的额上投下阴影。/倘若趁喝茶的工夫把结局拼接——/它们似乎有百种。但时间仅仅过去了六年。”接着是一段关于战后乃至革命后的莫斯科的插叙——那里的居民仿佛有一半都像草一样被刈除：“炮弹也曾在这里纷飞，洞穿远方，/祖国的空气因此被憎恨，/国土的一半是干部人员，/无条件地牺牲是他们的制度。”读到这里，有时不禁想到用“无道理地”来替换“无条件地”。斯佩克托尔斯基显然并非干部人员（即肩负责任之人）；他不想无条件地牺牲，因为他自认为身上潜藏着至今尚未实现的博大内涵；在完成小说的一刻，面对“干部人员”，帕斯捷尔纳克及其主人公尚有一种愧疚和崇敬之感。在第八章前半部分，帕斯捷尔纳克再次描绘了《空中道路》中谈到的“第三国际的天空”，并且努力让革命始终保持天然的、诗的本色，而不是“干部”的本色。

它长成了一座玻璃的哨卡
目光未离开那些注定的败亡者，
出于灵感，而非出于章程，
阶级总是会战胜单一的个人。

正如我们所见，帕斯捷尔纳克尚能够容忍一个阶级因为灵感，亦即历史的意志而战胜单一的个人；阶级“出于章程”的获胜，他却坚决不接受——也不相信。在他看来，革命无论如何都不是一种阶级的现象；由此直接产生出一个革命的命题——复仇的女性特质之命题，在帕斯捷尔纳克那里，任何关于革命的言说都会归结于这一命题。第八章完成的时间比其余章节晚了

① 本章所引用诗节及诗句均出自帕斯捷尔纳克《斯佩克托尔斯基》(1925—1930)。

许多——如《安全保护证》中所云，正值“悬而未决的构思突然结束”之际。像是遗嘱一般，《斯佩克托尔斯基》的第八和第九章，创作于1928至1929年间。

帕斯捷尔纳克何以在1914年这个节点陷入停滞，无论1928年，还是晚些时候，在创作《帕特里克手记》的1936年，他都未能就此年份写下任何东西？在四五十年代，当他不愿顺应时代，不愿遵从其乖戾多变的需求，他却又为何能够应对僵局？第二个问题相对简单。仅凭帕斯捷尔纳克独自的努力当然是不够的——只有当时代变得糟糕透顶，最终想到唾弃它；而1946年的情形正是如此。1929年，帕斯捷尔纳克开始以隐喻手法描述革命，而战争则根本未曾提到。在《斯佩克托尔斯基》中，革命被塑造为“储藏室里的少女”：

> 突然传来储藏室里少女的叫喊，
> 门扇碎裂、跑动、眼泪、叮叮当当，
> 院落笼罩在压抑的欲望的烟雾中，
> 笼罩在赤足举旗者杂沓的脚步间。
>
> 那少女用围裙将浓密的羞耻遮挡，
> 终于，她受够了折磨，变得疯狂，
> 她冲向那洞开的特权的豁口，
> 飞在永不停歇的等级的浪尖。

（实话说，这里关于永不停歇的等级的说法十分牵强，帕斯捷尔纳克晚年对这些不精准的韵脚也表示不喜欢。当狂热与偏激开始出现——这在抒情诗中向来不罕见，而在他想要写得“尽可能干硬些”的叙事诗中，听起来却非常刺耳。）

> 于是，烟霞失去了女儿的羞涩。
> 她用鞋跟砸碎了窗户，
> 转而飞向黎民百姓的手掌，
> 又从他们的掌中飞到云天外。

她好像刚刚还在击打大门——“门扇碎裂”，但何必计较呢，既然冒出了这般任性的女人，那就连窗户一道击碎……这里暗藏着某种微妙的语义：恰好在二十年代，当年被删除的《群魔》第九章（《在吉洪的修道室》）公诸于世，帕斯捷尔纳克一定读到过斯塔夫罗金的自白。正是基于这种印象，他联想到“储藏室里的少女”——遭到斯塔夫罗金奸污的马特廖莎，就是在储藏室里上吊自杀的，她成了他疯狂的实验品。正如我们所见，在文学家们的意识中，性（现在所说的是性侵害）与革命的话题从萨德侯爵①开始便彼此相联，但在帕斯捷尔纳克之前，尚不曾有谁把革命理解为女性的复仇。人们似乎更倾向于把革命看作男人的恣意妄为、纵情无度的欢宴、“所多玛的一百二十天”——维尔霍文斯基②意欲使之成为革命象征的斯塔夫罗金，首先也是一个变态之人，近乎于躁狂症患者。按照帕斯捷尔纳克的理解，革命则意指为那“浓密的羞耻”和“女儿的羞涩”所进行的复仇；与此同时，证实这一点也是理所应当的，否则帕斯捷尔纳克又该如何生活、思考、写诗？他不能在西方完成他的命题，那里没有合适的氛围，而为了留在俄罗斯，就需要暗自设想出一种不至于辱没他内心真正的人与诗人的革命。这样一来，《斯佩克托尔斯基》最终转向了爱情、“复仇和嫉妒”的命题；《中篇故事》试图将主人公的爱情同社会正义的梦想联系起来，只不过是小心地触及了这一命题。

显然，这种对于世事的证实并不表明从总体上接受了革命：革命宣称，“你和生活皆是旧玩意儿，/而孤独，也只是洛可可风格罢了。”你和你的孤独正在成为某种陈旧、过时和注定被清除的东西。那么，在一片喧嚷中，经剪裁的洛可可又是怎样一种风格！

那时你呼喊。我并非玩偶！暴行！
我同你们一样活着。但回答已注定：
历史不在于我们穿戴什么，
而在于我们如何赤条条地降生。

---

① 弗朗索瓦·德·萨德（1740—1814），法国贵族，因放荡不羁的言行而闻名，著有一系列色情和哲学作品，包括下文提及的《所多玛的一百二十天》（即《所多玛的一百二十天或放纵学校》）。所多玛，《圣经》中的纵欲享乐之地，跟蛾摩拉一道毁于上帝降下的天火。

② 陀思妥耶夫斯基小说《群魔》主人公，自由主义者，历史学教授，曾在斯塔夫罗金家担任家庭教师。

在这里，作者心中昔日的讥嘲者谢尔盖·斯佩克托尔斯基又苏醒了。毫无疑问，历史根本不在于衣物的穿戴，而在于如何选取这些衣物。假如你是勃洛克所称“将刨花拢入篝火”（《知识分子与革命》）的知识分子，那么，大呼小叫地围绕篝火转圈即是愚蠢之举。暴行吗？是的，这是一种暴行。而你真正想要的究竟是什么？由此追问下去，便暴露出上文所论知识分子立场一贯的脆弱性。贵族阶层虽难逃败局，尚能将时代之宏伟当作慰藉，对于“赤条条地降生”的知识分子而言，他所面对的却是悲欣交集的场景（无独有偶，就在同一时期，伊里夫和彼得洛夫的工程师休京[①]赤条条地来到了人世）。

到了1919年，斯佩克托尔斯基已经成为全俄作家协会中的一员。

饥荒的日子里，当通知书为你们
送上家门，而你们不再受人怜惜，
在希罗米亚特尼科夫旧仓库近旁，
从一大早就徘徊着几个怪人。

第九章这看似平淡的开篇，呈现出帕斯捷尔纳克成熟期那种强有力的艺术风格之端倪，没有一丝的狂热，近乎散文的铺叙的情节。“请保持鲜活的准确性——谜的准确性”，这是他在《斯佩克托尔斯基》第八章中对其本人诗歌的期望；在小说最后一章（第九章），他的文字比以往任何时候都更为节制、清晰和准确。

那是几个文学家。政权委托
作家协会去整理棚屋里
充公的家具和杂物
它们堆放在原交通部办公处。

作家们，显然因为这一使命而自豪，他们需要理清，“什么东西应该归于哪个部门”：当局知道，这些“怪人”不会对“充公物品”偷偷摸摸。忙碌于昔日生活一堆可爱的碎屑之间的斯佩克托尔斯基，俨然是一代人真正的象征。他清理无用的杂物，同时也觉得自己是一件废品，不过，当落日的余晖

① 伊里夫和彼得洛夫合著的长篇小说《十二把椅子》里的人物。

投在格子架上（“落日的余晖扑向格子架和储藏品，将编号逐个清点才渐渐淡去”），昔日惯常的景象才真正显现出一派凋敝。正是在这里，在这间仓库，交集着这部未完成的长篇小说的所有节点：斯佩克托尔斯基首先认出了自己在伊利因娜住处曾经穿越其间的家具——“玛丽娅的迷宫”。眼前的景象令他震颤，他忍不住跑到街边去抽烟，一个永恒的问题浮现在脑海，这也是留下来的人们在追忆离去者之际想到的问题：

他在想："此时，今日——她在哪里？"
他听到旁边说："绸缎。长筒袜。波尔图酒。"
"她过得比我更幸福，更自由
还是更不自由，了无生气？"

玛丽娅再也不会回到小说的书页中去了，斯佩克托尔斯基自己提出的那些问题也未能解答，就像1929年的帕斯捷尔纳克，他为茨维塔耶娃侨居的命运担忧却找不到问题的答案。也正是在这间仓库，发现了主人公的一本纪念相册——在《日瓦戈医生》之前很长时期内，帕斯捷尔纳克喜欢将所有脉络一下子收紧，并且跟其他诗人一样，在散文式的叙事情节中铺排韵脚。就在斯佩克托尔斯基思忖之际，文本中的另一名叙事者从旁边经过；刚出场时，他并未作声，而是“用一包‘伊拉’牌香烟作为诱饵”（“旧世界/给我们留下的/好东西嘛，/只有/这一种香烟：‘伊拉’”——马雅可夫斯基的广告诗①），将斯佩克托尔斯基吸引到其住处。原来，这位叙事者居住的楼房，正好是斯佩克托尔斯基当初给那“顽劣的坏小子”上课去过的地方：“他对这住宅的了解不比我差，/曾几何时，某人正是在他眼皮下长大。”半道上，斯佩克托尔斯基回想起这座楼里的傍晚时光，那是在六层，他第一次见到了列莫赫兄弟俩和伊利因娜；他向叙事者告知了两兄弟的命运。情节发展至此，出现了最后一次巧合，将作品推向高潮：

我们的住处像个水果罐头，
塞满了五花八门的产品：

---

① 1923年到1925年，马雅可夫斯基为苏俄工商企业一共创作了三百首广告诗，发表在报刊杂志上，印在广告、糖果商标上，印成传单或写在商店招牌上。此处的《“伊拉”牌香烟》即是一例，汉译引自余振先生。

裁衣女工、大学生、某部门负责人、

女歌唱家和一名服帖的社革党①。

无形中,饮食意义上的两个隐喻构成了耐人寻味的对称关系(作者有意为之吗?要知道两年之前,提及烹饪的第五章就已完成②)。如果说位于六层的住处好似一间面包房,那么斯佩克托尔斯基的弟子,那坏小子曾经的栖身之所如今则被称作水果罐头。显然,人们又在吃吃喝喝——如果看看居民们的清单,起码用不着怀疑,某部门负责人和服帖的社革党是何等吃相,而那裁衣女工,想必也是毫不逊色。

与此同时,住处来了客人:小说的结尾突然转向公事,并以此为最终的收束,而这恰好是帕斯捷尔纳克一贯擅长的处理手法。“我知道,这女人是来找党员的……”也就是说,找的是那位部门负责人;因为负责人不在,来客就坐在昔日的“厅堂”边上,拿起一本书来读。斯佩克托尔斯基和叙事者从读书的女人身旁经过,只看见她“浑圆的双肩”,以及投在墙壁上的背影。她的形象一闪即逝,接着,叙事对象变成了叙事者的女领导——“布赫捷耶娃是我名义上的头儿,”正因如此,他才不愿细说斯佩克托尔斯基同她的相遇:毕竟,传扬顶头上司私生活的详情,并不算多么 comme il faut③。

我们走着,突然听到:“斯佩克托尔斯基,

你我是熟人”——身后传来傲慢的声音,

我对这种情况毫无准备,着实不该

充当他俩单独会面④的第三者。

喏,既然连叙事者都无所准备,面对如此之多意外事件的读者又怎能理出头绪呢?!主人公先是在仓库里看到了伊利因娜的物品,然后遇到一位早年的故交,无意间来到昔日弟子的住处,然后又在此发现了与他一道迎接1913年的那位布赫捷耶娃……奥丽嘉·布赫捷耶娃,像白银时代许多试图以爱的冒险抚慰骚动之心的少女一样,漫长的经历过后,成为了一名女政

---

① 即社会革命党。俄国主要政党,成立于1901年,十月革命后,于1922年被解散。

② 参见本书第十八章。

③ 法语,固定词组,应当的(地),恰当的(地)。此处可译作:得体,得当。

④ 此处“单独会面”在原文中写作 tête-à-tête,系根据读音用俄语转写并标注语调的法国俚语,带有浓厚的戏谑色彩。

委："她玩笑似的提了提手枪，/整个人就表现在这个动作中。"按照弗洛伊德学派的观点，人的动作确实说明问题。

布里亚特[1]女人乜斜、狡黠的目光
无声地说："我的朋友，你真可怜！"

有趣的是，布赫捷耶娃在这里变成了布里亚特女人；在小说最初几章，正如我们所知，她还带有芬尼·兹巴尔斯卡娅的形象特征，作者同兹巴尔斯卡娅之间的往事，以改头换面的方式构成小说的开局；尚可理解的是，布赫捷耶娃由一名莫斯科工程师太太成为乌拉尔的女政委（她担任政委所在的地区，碰巧居住着斯佩克托尔斯基的姐姐一家），她随着革命化进程而变成一个布里亚特人，却令人相当费解。莫非是革命风暴对她的作用力所致[2]？不管怎样，在这面具变换的过程中，仍然包含着深刻的逻辑。通过《中篇故事》，帕斯捷尔纳克已经描述了知识分子之惊诧，1917年，他们目睹了革命完全转变为另一种变动不居和无可预见的力量。起初，革命女神确实像是被损害的颓废少女。然而，在1917和随后的年代，革命却变成来自人民中间的女人，甚至是狡黠的布里亚特女人，如果可以这样说的话。

惶然失措的斯佩克托尔斯基和他未能认出的布赫捷耶娃，一对邂逅于1912年的恋人，展开了一场扑朔迷离的对话："谈到了虚伪之徒的卑劣行径，/谈到种种原则和公子王孙，但重点/始终是母性幽暗的伴音，它埋藏于/鄙薄、抚爱和怜悯，埋藏于一切。"关于母性的伴音，恰恰不难理解——这喻示着一个"成年"女人的高傲和冷漠，所以她才自认为比那个尽可以一枪打死的主人公更聪明，也更年长；当初，在勾引发生之前，她也是出于母性而可怜他——她认为自己要有经验得多。不知何故，私通与枪击，向来被勾引者和射手们视为心灵成长的因素。二十年代，布尔什维克正是以这种高傲的冷漠教训了诗人，而白银时代的少女们，在融入新生活之际，则教训了自己先前的导师，曾几何时，她们向他们倾吐过多少爱与诗的秘密！假如古米廖夫活到1922年，莱斯纳跟他或许也会有这样一场对话，尽管她不同于奥丽嘉·布赫捷耶娃——她真正爱着他。至于虚伪之徒的卑劣行径，其意指的

---

① 布里亚特人，蒙古人的一支，属于蒙古人种西伯利亚类型。
② 在俄语中，布里亚特人（буряты）与风暴（буря）读音相近。此处带有双关意味。

对象可任由理解:不管是人民,还是艺术活动家。种种原则和公子王孙①,则显得晦涩和呆板;意思难道是说他们在谈论昔日上流贵族的命运?最为怪异的是,布赫捷耶娃对斯佩克托尔斯基极其凶狠,同时又展现出自己全部的母性。而她为何要报复他,尤其难以理喻。

> “您可记得圣诞晚宴上的来宾?……”
> 她有些失态,难掩羞涩的红晕,
> 发问却很响亮。“我是民意党人的女儿!
> *您当时难道不知此情?*”

斜体字系作者标注——准确地说,也是布赫捷耶娃自己的标注:显然,这是她情不自禁的呼喊。试问斯佩克托尔斯基有何必要知道此情?难道布赫捷耶娃在向他暗示“浑身颤栗的牝兽被两掌中的热风剥去衣衫”?或者说,民意党人的子嗣具有别样的体质特征?对于斯佩克托尔斯基,工程师太太的家世似乎并不重要,毕竟,她本人的行为举止就像个高级娼妇。而布赫捷耶娃想必也难以宽恕自己,因为在时代的洪流中,她不仅以女政委的方式支配着一切,同时我们也看到,她也曾被一个情感炽烈的大学生所掌控——女政委的声音继续激昂:“我——生来是爱国者。除此之外,/还能有什么武器能把您战胜?……”

气氛越发沉重了:如今她居然还是个爱国者!很有可能,从女政委当下的高度来看,她会觉得先前对那青年的爱恋是脆弱和庸俗的表现,但问题是,到底谁诱惑了谁?!是谁声言,“年少时的影痕消逝在亲吻中”?布赫捷耶娃的重生本身也耐人寻味——无论帕斯捷尔纳克怎样证实革命,从他那里生成的终归是某种完全出乎意料的东西。正因为这一点,起初《斯佩克托尔斯基》连出版的意向都成了问题(关于它的出版,我们在下文里再说),尽管其思想观念中并无任何悖逆的迹象。当然,斯佩克托尔斯基不曾强暴或拘禁过储藏室里的任何人,也不曾有谁打破窗玻璃,从他身边逃离;可是,但凡利用女性之人,想必都有一种对她的负罪感。但不管怎样,都不能说,斯佩克托尔斯基的所作所为与爱情无关——阿利尔德说过,不能怀疑他有

① 在俄语中,种种原则(принципы)和公子王孙(принцы)读音相近。

一颗卑鄙之心！甚至疑虑重重的伊利因娜也明白，“此人绝非唐璜，也非骗子。”究竟因为何等不堪的言行，斯佩克托尔斯基这未曾从仓库里窃取一物的诚实的知识分子，竟然要遭受布赫捷耶娃“母性的鄙薄”，外加聆听她关于革命的宣讲？某种意想不到的感觉随之而来：一切反倒说明斯佩克托尔斯基通过了革命的考验，并且没有背叛自己——与之相对的是，世事将布赫捷耶娃造就成一个综合性的怪物，一个比斯佩克托尔斯基的姐姐娜塔莎更执着地持守其道义立场的畸形人。

诚然，“还能有什么武器能把您战胜”这一句，让人联想到先知以赛亚的训示：“嗐！犯罪的国民，担着罪孽的百姓，行恶的种类，败坏的儿女！……你们为什么屡次悖逆，还要受责打吗？你们的地土已经荒凉，你们的城邑已经被火焚毁，你们的田地，在你们眼前为外邦人所侵吞，既被外邦人倾覆，就成为荒凉……你们要洗濯、自洁，从我眼前除掉你们的恶行，要止住作恶……”①不过，奥丽嘉·布赫捷耶娃的责难另有意图——不是侮辱，而是唤醒斯佩克托尔斯基，促使他用新的目光来看待个人世界的荒芜破败；“担着罪孽的百姓”，大可理解为知识分子，看上去，这一阶层的土地（文化土壤）确实荒凉了，就像经历了外邦人的劫掠。因而，布赫捷耶娃对斯佩克托尔斯基所说的一切，都是为了让他“洗濯和自洁”；这里谈到的母性也别具意蕴——母亲总不至于平白无故地这样惩罚自己的孩子，她的惩罚遵循着某种教育目的……然而，请相信，“还能有什么武器能把您战胜”与“你们为什么屡次悖逆，还要受责打吗？”这两句话语之间，存在着本质性的区别。而且，倘若布里亚特女政委口中发出以赛亚的疾呼，那一定会很怪异。

《斯佩克托尔斯基》以一句“在我瞌睡的当儿，他俩不见了人影”为终结。此句同时也将整部作品收束为一个圆环，因为它的第一章是以“一整天我都睡着”为开篇；这样一来，所有这些童话般的巧合均可解释为叙事者比平日稍长的睡梦，斯佩克托尔斯基的故事不过是他梦中所见而已。“别在白日里睡”！恰恰是这白日梦，引发了对个别细节超乎寻常的关注、整体同局部的杂糅、各色人等——抑郁者、少女们、无赖汉——周而复始的相遇……假如抛开梦有所示的说法，小说的最后一句仍不失特殊含义：两位主

---

① 参见《圣经·旧约·以赛亚书》第一章第4节至16节。

人公从叙事者的生命中销声匿迹，因为现实中不再有这两类人物的位置——无论诚实的知识分子，还是狂热的女政委，都成为时代的失落者。对于 1929 年来说，这样的结论是十分贴切的。

2

不管帕斯捷尔纳克是否有意为之，他的结论都令人胆寒：与革命相周旋的知识分子，应当预先意识到，革命不会因其早年对自己的青睐而宽恕他，革命将实施报复性的毁灭（最起码也是道德层面上的毁灭，可是要知道，"她携带着手枪"）。革命不会宽恕知识分子的一点是，后者了解它，也可说了解它的青春、怯懦直至最终的兽性勃发……幸好，在那水果罐头般的住所的帘幕下，并未出现安娜·阿利尔德（作为"歌手"）和风尘女子萨什卡（作为"某部门负责人"）的身影。否则，连她们也不会宽恕主人公，曾几何时，他博取了她们的芳心，而如今，充其量是个文学工作者——还能是什么呢！相形之下，她们——哦，她们……

小说完成于 1930 年——帕斯捷尔纳克写下《引言》，阐明了自己对斯佩克托尔斯基这一人物感兴趣，首先是因为身居英国的玛丽娅·伊利因娜的创作引发了他的兴趣。她的作品（《引言》未说明是散文体还是诗体）让俄罗斯"举世瞩目"（众所周知，帕斯捷尔纳克过分夸大了茨维塔耶娃在国外的知名度，却又酸溜溜地自认为，在西方，他也会有很大的名气）。在这里，主人公干脆被称作"一个碌碌无为之人，同上文提及的莫斯科女人关系密切"。在这部成型于三十年代前夕的作品中，充溢其间的情绪表达得淋漓尽致：

天欲破晓。秋日、黯淡、浑浊、衰老。
便盆与剃刀、刷子、卷发器。
人生匆忙，倏忽即逝，仿佛
脏破的马车碾压的一夜。

铅灰色的苍穹。黎明。积水的院落。
铁皮屋顶威严的线条。

但何处是那座屋，那扇门，那突然间
一个梦想世界从中浮现的童年？

何处是朋友的心？——狡黠的眼睛眯缝。
你可曾与此人相识？——道听途说而已。
是啊，看来生活简单……但过了头。
甚至不乏说服力……但嫌多余。

陌生的远方。陌生的，陌生的雨水
从排水管流出，拍打沟渠和帽檐，
陌生的艺术家，像普希金的磨坊主①，
被孤独造就成一棵橡树。

普希金的磨坊主，众所周知，痛苦得发了疯。

帕斯捷尔纳克四十岁了，周遭的世界——陌生到极点。实在难以想象，就在这些院落里，在这样的空气中，那空灵的创想如何于不经意间向他显现。取代创想的如今是“铁皮屋顶威严的线条”：一切都很简单——简单得过了头，不乏说服力——只是惹人生厌。像斯佩克托尔斯基一样，他后来也摆脱了这种危机，代价是离家出走和部分地放弃个人对时局的观点；但距离“第二次降生”（也是“第二次呼吸”）还有将近一年②，而《斯佩克托尔斯基》便是在帕斯捷尔纳克最为悒郁之际完成的——幸运的是，精神压抑未曾影响到他的创造力。

《斯佩克托尔斯基》的创作过程，伴随着书报检查制度的收紧，以及俄国语言文学并非每天，而是每时每刻趋于贫乏和单调的再造过程。小说还是顺利地按章节发表了；一部分在《港湾》文丛，一部分在《红色处女地》杂志，《引言》刊登在《新世界》，但通篇出版却严重受阻，悬置未决。帕斯捷尔纳克的言行体现出非凡的人格尊严，并且终于达到目的。他将完整的文本带到列宁格勒出版社，很希望以此改善自己的物质状况。1929年11月6

① 普希金童话剧《美人鱼》（1829—1832）中的人物。
② 帕斯捷尔纳克于1931年完成组诗《第二次降生》，1932年正式出版。

日，书稿送交帕维尔·梅德维杰夫——批评家、编辑、巴赫金学派语言学家。二十年代末，即便允许书写知识分子，那他也一定是最终受到重新锻造，若能义无反顾地跟过去了断，就再好不过了（连这样的书写也是莫大的自由——在三十年代的文学中，知识分子几乎跟害人虫无异）。帕斯捷尔纳克甚至打算为他的作品写一篇序言，“序言将承认这部作品的不成功，并对其展开分析”（长期以来他竭尽全力，也未能获准为自己的作品撰写序言——无论是个人的文集，还是《浮士德》或莎士比亚戏剧之类的译著，虽然他曾专门为《诗选》撰写过随笔《人与事》。他打算解释一切，但很显然，有人惧怕他的明朗，甚于他的幽暗）。他暂时只能向编辑解释其构思，以及他自己所想象的不可避免的失败：

“我不仅向后看，也向前看。我曾期待某种日常的与社会的变化，这些变化会使个人纪事的可能性得到恢复。也就是说，关于个别人物的故事情节（请看：他期待着个人的私生活能够再次彰显意义——情节也将成为可能，纪事将不仅反映时代，而且也反映自我——德·贝）……但我的想法错了，我像个孩子似的，夸大了我们的社会和部分旧事物在新条件下明显分化的速度，还有人们通常出于虚情假意才会说起的那一部分：仿佛它的缺失无关紧要，在四处笼罩的虚空氛围中，除了引起社论式的幸灾乐祸，它并不能留下什么；仿佛生离死别不是用来指称多数人乃至绝大多数人当前所经受的一切。”这又是帕斯捷尔纳克言论的一个精彩例证：语义的迷雾绵延不绝，在这当中，一个犀利而精准的词汇“生离死别”像一道伤口赫然张开。一个词，喻示着陌生的一面（诗人的儿子认为，这里意指的仍是与侨民们的被迫分离，以及不仅贯穿于俄国文化，而且贯穿于帕斯捷尔纳克个人家庭的裂痕）。

“我怀着几分希望开始认为，被摧毁的生活的同质性及其可塑的直观性将在一年内重新恢复，而不是数十年，将在一个人生前，而不是在历史的猜度中（……）。因为甚至关于毁灭，也只有当社会已然将其战胜，并且再度处于生长状态之际，才能够用浓墨书写。”言下之意，在1929年，在一个大转折的时代，社会实际上并未处在生长状态吗？帕斯捷尔纳克自己也意识到，他触及的话题即便就私人书信而言都堪称危险，所以赶紧避开不谈了：“然而，说的已经够多了。假如您理解了我，剩下的那些关键得多的问题，您便可自己来补充——您会远比我做得更好。我只想说，我的言论并无任何不妥，就比方说，假如五年计划的服务者是一个残腿之人，那就不能以五年计划的健康之名义，要求他隐瞒腿被截短，遇到坏天气就感觉疼痛这一事实。”拖着截短的腿脚生活是何等情形，帕斯捷尔纳克有着并非得之于耳闻的体会。

换言之，叙事未能实现，而且也不可能实现，因为不同时代之间的关联未曾恢复，这样一来，能够加以叙述的便不是斯佩克托尔斯基如何融入新生活，而是这新生活如何将他排斥在外。所有这一切都表达得委婉曲折，因而帕斯捷尔纳克有理由期待人们的理解和思考。不过，梅德维杰夫的答复也同样委婉：说什么他本人对《斯佩克托尔斯基》评价极高，但出版单行本却不可能，领导会不高兴云云。

帕斯捷尔纳克无法忍受“领导不高兴”“有意见”之类的说辞。他判断，不满主要是针对结尾的晦暗不明，对这种意见，他展开了辩驳：“您手头的整部手稿当中，最有价值（诗歌和人性意义上）的地方就是结尾那几页，它们反映的是时代如何侵犯人，排斥人（……）我永远都不会放弃自己的想法，我认为，正是通过这种形式，我才道出了近年来的革命，比之于描述1905年革命的‘一九〇五’，其内容要宏大得多，也丰富得多。

“（……）作品的部分篇章是否绝对不准出版？倘若是，那就没办法了，这一问题的最终决断应当搁置下来，没准儿需要等上一年，直到散文以诗歌叙事最宽泛的补充形式而出现，并且为现今那些反对者的评论所认可。您不妨想象一下，这件事情在物质上会将我置于怎样的境地，而强行出版毕竟不现实。假如能有哪怕一线机会来说服持不同意见的人们……”可是机会却不存在，况且帕斯捷尔纳克本人也在下文中写道：“任何改造我都不能接受，因为我无法在这些改造可能被准许的不确定范围内来完成它们。”一周过后，帕斯捷尔纳克的言辞更为强硬：“我对小说结尾非常满意，编辑方面的质疑我概不考虑，它们令人诧异，而且着实不可理喻。我怀着轻松的心情建议您：出版这部作品。任何阻碍我都将视之为不相干的外在的作用力，我无意从中寻求启悟，也不会在意外事件的基础上重建自己的哲学。急于同您分享这愉快的信心。”（鲜明的个性化形式在他那里总是与尖锐和极端相伴——请看他在致马雅可夫斯基的信中所云：“在我看来，‘列夫’现今的存在跟以往一样,始终是一个逻辑不明的谜。我不再对揭开谜底抱有任何兴趣。”)

愉快的信心并未传递给梅德维杰夫。提出的要求更具体了:要删除的恰好是作者最看重的,必须去掉关于乌拉尔地区革命的诗节,特别是“乌拉尔遭到了矿井的讥嘲”那句(弗莱什曼推断,有关人士从中看出了对于沙皇一家命运的暗示:据悉,他们遭枪决后,遗体被抛入矿井)。列宁格勒出版社另一名工作人员 A. 列别坚科陈述了编辑方面的这项要求。12 月 30 日,帕斯捷尔纳克以一封措辞激烈的书信回复梅德维杰夫,解释说自己坚持作品的出版,只是迫于极度困难的经济状况;他放弃了根据合同提交手稿后所得的部分稿酬(列宁格勒出版社还欠他 600 卢布——不知什么款项),甚至承诺归还上一年收取的 625 卢布预付款。冲突中掺杂了物质利益,这让素来严谨之至的帕斯捷尔纳克难以容忍。他最终决定取消合同,并给梅德维杰夫写了一封措辞强硬的短信:列宁格勒出版社“不信任我,在困难时刻未能向我提供帮助,它之所以对作品感兴趣,只是考虑到合同的执行,在它看来,这份给我带来巨大利益的合同,本身就已超出了常规。(……)交流似乎是(出版社)同一个被揭穿老底的骗子手之间进行的:一味坚持思想意识原则,仿佛这就是——契约的原则。仿佛合同内容表明,下到矿井中去,后果并不严重,处在三氯甲烷或局部麻醉之下,也不会感觉痛苦,甚至反倒令人愉悦;恐怖也并不可怕。仿佛我依照合同——表达了塑造革命的愿望,据此,我会把革命描写成以文明方式提交于科学院委员会会议,在良好的照明和供暖条件下,在设施完备的图书室里加以讨论的事件。最后,仿佛合同中列入了专门的一项,提醒我注意,描写火灾——意味着引燃火焰。这样一来,我倒是违背了合同规定的结算条款,为此我应当付出代价。”

在已经与业务无关、语气也和缓了许多的附笔中,像说话喘不过气似的,他补充道:“所有这一切,总的来说,是多么沉重!环顾左右,有多少虚假的功名、虚假的声望和虚假的追求!凡此现象之中,莫非我是最耀眼的一个?可我从不对什么怀有觊觎之心。恰恰是为了消除这种无可忍受的假象,我才开始书写‘安全保护证’。(……)我一些近作的鲜明的自传体特征由此可见:我并不为其中任何东西而陶醉,因为早已自感进退两难,我的所作所为似乎只是对责难的回复。但愿这些辩解性的工作尽早彻底地结束。

到那时,我才会有长久的自由,我将放弃自己的作家生涯。”

他以此种心情迎来了1930年。

当年9月28日,帕斯捷尔纳克把《斯佩克托尔斯基》交给了国家文学出版社。这是他的人生第二个时期的开端,也是因为爱上济娜伊达·涅加乌斯而“第二次降生”的时期。而且他好像开始走运了:出版社举行了公开讨论,作品并未遭到一致否定。帕斯捷尔纳克于次年3月14日在出版社朗读了长诗,两星期之后,又在作家俱乐部朗读了一次。出版社召集了一群批评家,举办了茶会。作品几乎无人理解,只有什克洛夫斯基赞不绝口,并且论证了其高度连贯性和完整性;作家俱乐部里的那次公开朗诵,则像往常一样,获得了巨大的成功。人们相信的不是意义,是声音,普通读者对帕斯捷尔纳克的理解,更胜于处处寻求“双赢”的批评家。既然谁都不理解,就表明没有大的麻烦;决定出版作品。这样,1931年7月,《斯佩克托尔斯基》——删去了描写储藏室里的少女以及她赤裸身体的段落——终于在莫斯科公诸于众,它的耐人寻味的题记——“这里有一扇大门”,取自《青铜骑士》。在1933年由列宁格勒作家出版社印行的单行本中,帕斯捷尔纳克恢复了删节部分,去掉了题记。

3

帕斯捷尔纳克为何曾将《斯佩克托尔斯基》称作他的《青铜骑士》?譬如在1930年10月20日致弗莱登伯格的信中他说,“我写下了自己的‘青铜骑士’,奥丽娅,灰色而完整的,似乎也是真正的。它也许见不到天日。书报检查机构开始肆意删改我的一些再版作品,为补偿以往对我的忽视,尚未出版的手稿也被死盯住不放。”《斯佩克托尔斯基》与《青铜骑士》之相提并论,与其说因为内容,不如说因为体裁:普希金的“骑士”并非叙事长诗,而是“彼得堡故事”,是俄国文学中独一无二的诗与散文的结合体,难怪安德烈·别雷在帕斯捷尔纳克之前就引用了其中的诗句作为其《彼得堡》的题记。除此以外,普希金长诗的整个构建也正因《青铜骑士》而得以完成。或许,吸引帕斯捷尔纳克的还有另一个类比的因素——这是普希金最好的总结之作,代表着他对国家与时代进行思考的最高成就,作者生前它一直被束之高阁。尼古拉一世曾要求修改，普希金却未理会。

从某种意义来说，贯穿于帕斯捷尔纳克整个创作的动因在于——由史前状态进入历史，由激情的喘息和喟叹——进入首尾连贯、中心明确的清晰文本；内容上同样也有来龙去脉。即使《斯佩克托尔斯基》及后来《日瓦戈医生》中的风景远比故事情节和人物对话更具说服力，重要的也终归不是这种说服力：重要的是，帕斯捷尔纳克走出了二十年代史前燠热笼罩下的静止僵固的乐园，迈向贫瘠大地上一条漫长艰难的道路，迈向并不保证完美的艺术效果，却能够将生活本身转化为艺术成就的一览无余的历史存在。

《斯佩克托尔斯基》，即是这条道路的中段，是一种合成现象，也是由诗歌毅然转向散文的起点；因而这部作品仿佛既是巅峰之作，同时又是危机之作——巅峰无不喻示着危机，因为坠落恰好由此开始。直至四十年代前夕，帕斯捷尔纳克都未写下比《斯佩克托尔斯基》更优秀的作品。而在《斯佩克托尔斯基》之后，像往常一样书写却又不可想象：这便是最高成就与困局的并存。

这里有着帕斯捷尔纳克为人所喜爱的一切。有着形式上的出神入化，譬如对春雨的这样一种描绘：

雨滴带着出行的消息
淅淅沥沥地驶过整个夜晚，
这儿，那儿，这家那户门前
响起铁钉下橐橐的马蹄声。
也有稚嫩的会话和口令式的调侃：
究竟为何饮酒？为四位女主人，
为她们的眼眸，为开斋期的相会，
为了让散文家成为诗人
诗人成为半神。

同音法的奢华，形象的鲜活——各个自得其所；却没有了从最初的文本开始就使帕斯捷尔纳克与众不同的那种率真。《斯佩克托尔斯基》——深谋远虑的作品，而其华美的形象性与内容的叙事性之间虽已达成折中，却又悬于一线。稍有闪失，即可能沦为干瘪的纪录，或者玄虚的说谈；这样的作品确实需要书写到岁月的尽头。接下来,应当开场的是另一种全然不同的事物。

这部作品令读者感到逼仄(不过,这里的紧张感恰好符合于构思——让年轻、自由、快乐的人陷入作品的桎梏,就像陷入个人的时光)。之所以会产生这样的密闭效果,是因为在五音步抑扬格的框架内,帕斯捷尔纳克狂放的句法受到紧束。它向外奔突,哪怕奔向散文也好,可它始终被节奏羁绊,被音效压制,还要在五十多页的篇幅内担负一切功能。这种状况也可用来解释《斯佩克托尔斯基》得到的共鸣何以相对较小,以及在普遍喜爱帕斯捷尔纳克诗歌的前提下,读者对这部长篇小说和《中篇故事》的兴趣何以相对平淡。尽管如此,这一独出心裁的散文兼诗歌的创想依然值得严肃和妥善的对待:不仅因为这是一部或多或少已完成的自传性叙事长诗,是帕斯捷尔纳克平生夙愿,还因为革命的历史犹如一场须要为此付出未来之毁灭的诱惑,其深刻与精准的程度,甚至远甚于帕斯捷尔纳克本人在 1930 年秋天所能想象。

第二十一章 《安全保护证》 诗人的最后一年[①]

1

1929 年夏天,帕斯捷尔纳克经历了一场痛苦的手术。折磨他多年的牙疼,终于迫使他去看医生,对颌骨做透视。医生们判断是神经痛,却发现了颌下囊肿,病变已经侵蚀了相当一部分骨骼。手术势在必行——首先拔去了七颗下牙,包括所有的前牙,然后开始清除囊肿,计划二十分钟内完成,结果忙活了半个钟头。除此之外,由于局部麻醉未起作用,医方又害怕施行全

① 随着三十年代来临,苏联政治形势日益严峻,社会氛围空前压抑,帕斯捷尔纳克许多未完成的构思骤然中断,他把这个“无以名状”的阶段称为“诗人的最后一年”。它更像“死亡,然而并非死亡”,这或许也将是“第二次降生”的开始。

身麻醉会损伤面部神经，每一次被触碰，他都疼得大喊大叫（怎能不喊叫呢?!）。妻子守在门外，心惊胆战地听着。在一封精神依旧饱满的信中，帕斯捷尔纳克忍不住向弗莱登伯格承认，他的情况糟糕到何等程度："如今，感谢上帝，一切都过去了，只不过偶尔还会想到：毕竟医生的职责是竭力避免更大痛苦；而人们在经受拷打时又将是怎样的情形？幸亏我们的想象力迟钝，不会对这一切具有活生生的联想。"

言下之意，他居然由此想到严刑拷打——不仅像所有敏感的读者那样，甚至像在平日思考中就对恐怖与囚禁有所考虑的人；一个人的想象越鲜活，他的预感就越强烈。

伤口愈合得很快，只不过，两星期内不能说话，重要的工作只好暂且搁置。帕斯捷尔纳克可以在清心寡欲的情况下写作，但身体起码要相对健康。尽管状态不佳，他还是完成了里尔克最复杂的《安魂曲》之一——《An eine Freundin》①传神的翻译：在边境地区的逗留、对死亡与痛苦的联想，有如他以往所有严重的病痛，使他能够找到最准确的语汇，用于翻译这部同彼岸之人的对话。"翻译进展顺利，自经历种种苦痛以来，我一直处于兴奋状态（不失为这些幽深岁月的漫长持守之后第一次非抽象的体验）。"可见，他善于从一切事物中提取素材——以及感谢命运的理由。

帕斯捷尔纳克生病的消息传开了，很多人前来探望（他只能向他们点头致意，笑脸相迎），但即便这些友好来访也无法让他摆脱文坛的寂寞。"我孤独而郁闷地存在着"，1929 年 12 月 1 日，他写信对茨维塔耶娃说，"我完全处于当地文坛之外，也就是说，我本有情而别人无义。我喜欢梅耶荷德夫妇（这意味着：不管怎样，我们一年里还能见上一两回）。认识了一个哲学家，几个音乐家……与迈向末路的马雅可夫斯基见了面。"从最后一句话可以看出，预感不曾背叛过他。

"我活得——再难不过了，写作也步履维艰。还是祝你拥有新的精力和耐力吧！"在 12 月 24 日的信中，他向茨维塔耶娃，其实也是向自己表示祝福。"表面上，我把自己变成了铁石，"她回信道，"只有此时此刻，我才觉得内心隐隐作痛！——我知道，我对你（对自己）的遗忘有多深。（……）谁都

---

① 德语，即《给一位女友的安魂曲》。

没有叫我一道迎接新年，就像是要把我留下——交付给你。这样的孤独，我只在莫斯科感受过，当时你也不在身边。”

帕斯捷尔纳克忧伤地迎来了新年，忧伤地度过了他的前半生，开始了后半生里艰难的第二次降生。

2

帕斯捷尔纳克同弗拉基米尔·希尔洛夫及其夫人奥丽嘉相识于1922年，在位于米亚斯尼克街绘画雕塑建筑学校九楼阿谢耶夫的住处。新婚的希尔洛夫夫妇——妻子二十岁，丈夫二十一岁——不久前应卢那察尔斯基之请，作为文学社团“创造社”的一员，从赤塔来到首都。该社团是阿谢耶夫在访问赤塔期间开办的，他赞赏这些年轻外省居民的饱学与锐气（譬如希尔洛夫，当时已经编纂了内容详尽的赫列勃尼科夫作品索引，精通现代诗歌，他本人也写诗），便通过人民委员部为他们办理了前往莫斯科的邀请：学习知识，开阔视野。

阿谢耶夫暂时把希尔洛夫夫妇安排在自己家住。一天傍晚，帕斯捷尔纳克和妻子一起来串门。聊到了建立诗歌出版社之事。帕斯捷尔纳克高深的谈吐，随和的举止，让这对年轻夫妇大为倾倒。此后，他们时常见面。需要将才华横溢的赤塔人安顿下来，却找不到住处；于是，平常粗疏却永远热情的马雅可夫斯基让夫妻俩在沃多皮扬胡同住下。帕斯捷尔纳克当时也还常去那里。后来，终于为他们在阿尔巴特街找到了住房。房间是空的，几乎没什么家具，但正中央有一架巨大的钢琴。自打从柏林回来之后，帕斯捷尔纳克常常从沃尔洪卡步行到阿尔巴特，走到希尔洛夫家刚好是二十分钟；偶尔兴之所至，他会弹弹钢琴，一触摸到旋律，就当即中断，接着是另一段曲调的飞扬……希尔洛夫成了一名记者。他的夫人在爱森斯坦的影片《罢工》里担任了角色，考入了高等文学艺术学院（在考场上，院长勃留索夫亲自向她提问，最欣赏的现代诗人是谁——得到怯生生的回答“帕斯捷尔纳克”之后，他与她一道朗诵了《生活，我的姐妹，至今仍像汛期的……》；帕斯捷尔纳克闻之，既得意又难为情，禁不住笑起来）。后来，奥丽嘉专心从事英文翻译，弗拉基米尔研究革命运动史，帕斯捷尔纳克曾向希尔洛夫借阅成套的杂志《往昔》，并且在创作《一九〇五年》时咨询过奥丽嘉的父亲。

他对妻子坦言，“我想结交这一对新婚夫妇——我喜欢他们的求知精神。”关键当然不仅在于希尔洛夫夫妇的求知、进取和外省人士的纯朴，不在于帕斯捷尔纳克需要一群年轻的喜爱他的听众（尽管这也很重要），关键在于——弗拉基米尔和奥丽嘉向他展现了一点：“列夫”的理论原则越来越僵化。他们是新人，是许多事物的见证者。而这样的见证恰是他所需要的。帕斯捷尔纳克写信对父亲说：“就信念的纯洁与道德品质而言，他兴许是我周围各色人等里唯一让我自惭形秽之人，他让我看到，我跟他不相像——不是一个马克思主义者，等等等等。”在另一封写给尼古拉·楚科夫斯基的信中，他回忆道：“在以现代面孔示人的‘列夫’派当中，这是唯一诚实的、活生生的、令人羞惭的高尚榜样，他代表着一种道德新境界，这种境界让我望尘莫及，它深不可测，同我的气质迥然相异，然而，为了它的体现（徒劳无功的、仅仅是口说的），整个‘列夫’不惜践踏人的良心与天资。只有一个人，能够在一瞬间赋予那不现实的造作的神话以真实性，此人便是弗·希。更准确地说：在莫斯科，我只知道一个地方，每次去那里，都会使我怀疑自己的种种观念是否正确。这就是位于沃兹德维冉卡街无产阶级文化协会宿舍希尔洛夫一家的住处。”

同“列夫”决裂之后，帕斯捷尔纳克也离开了希尔洛夫夫妇，总的来说，在二十年代末，他已经很少与自己的那些故交相见了。青春结束了，不必揭开旧的伤痕。1930 年 3 月 17 日，帕斯捷尔纳克在《澡堂》首场演出上（邀请他的不是剧作者马雅可夫斯基，而是导演梅耶荷德；演出索然寡味，梅耶荷德本人也感到了这一点，却无法驾驭这场话剧）遇见了基尔萨诺夫，后者告诉他，希尔洛夫被枪决了。

“你居然不知道？”基尔萨诺夫冷冷地表示出诧异，“老早了……”

从此以后，帕斯捷尔纳克与其说开始恨起基尔萨诺夫来——他一般很少有针对性地痛恨什么人——不如说将其从内心和记忆中删除了，这种事情他倒是会做。“他就这么说起此事……仿佛说的是一场婚礼！”——他悻然转述道。

希尔洛夫是在当年 2 月被处决的。帕斯捷尔纳克冲出剧场，直奔沃兹德维冉卡，去找奥丽嘉。她手上的伤口已经结疤了——得知丈夫遭枪决，她一拳砸碎了窗玻璃,想从窗口跳下去,被拦住了。

帕斯捷尔纳克搞不懂究竟是怎么回事。希尔洛夫是一个极其忠诚、极其单纯的共产主义者。帕斯捷尔纳克通常说到恐怖——“这不公正,这就像宿命”——不过是对恐怖的泛泛而论。而如今发生的一切近在眼前,发生在朋友身上——“发生在我个人的生活中”,他写信对年轻的尼古拉·楚科夫斯基说。关于这一事件,他对父亲这样解释:“他死了,跟已故丽萨的前夫是一样的死因(……)他才二十八岁。据说,他一直写日记,一个革命信徒而非庸俗之辈的日记,思考得太多,这有时就会导致此种形式的脑膜炎。”按辈分,丽萨·戈吉亚松是帕斯捷尔纳克的表姐,她的丈夫于革命初期遭枪决。这里没有任何的黑色幽默——帕斯捷尔纳克清楚地知道,他的书信,尤其是写给国外的那些,均受到暗中检查。他不希望给父亲招惹祸患,也不希望因为向国外邮寄反苏信件而遭罪责,但与同胞之间他尚能直接地表达。然而,他猜想,写给楚科夫斯基的书信会引起当局更高的警觉;不能不指出信中清晰可闻的挑战之声:“在失去亲友之际,如果我们还必须装出一副他们好像活着的神情,而且不能怀念他们,不能说他们已不在人世;如果我的信给您带来不快——我恳请您不要对我留情,请将它寄还给我,就算我是罪人一个。这将是我用全称签名的原因(通常我签名都很随便,或者只用姓名的首写字母)。”

这是对无意义地罹遭杀戮的友人的哀悼,其间带有高尚的抗争意味;怀着这样的抗争之意——凭什么要掩盖悲剧,佯装什么都没有发生?帕斯捷尔纳克在《安全保护证》中提到了奥·希(聪明的读者不难认出这就是奥丽嘉·希尔洛娃):他写道,他约好她一起去了马雅可夫斯基刚刚自杀的现场,希望这场悲剧“让她摆脱自己的哀恸”。在别列捷尔金诺,在大庭广众之下,帕斯捷尔纳克同样大声地宣称去看望皮里尼亚克的家人——当皮里尼亚克被捕之后。他绝不希望看到恐怖变成常态,他不断提起那些消失后便被善意地遗忘的人们,仿佛他们压根儿不曾存在于自然界——这正是对他唯一可行的评判时局的方式,或许还是引火烧身的方式,以使自己不再因友人之死而受到负罪感的折磨。

希尔洛夫遭枪杀的事件不仅扑朔迷离——直到九十年代他死亡的详情才公诸于世——而且像1921年古米廖夫之死一样,是不公正和无意义的。

运动在展开，所有人均被席卷，无一幸免，最无辜的人遭戕残，仅仅因为他单纯，因为无人替他求情或者求情乏力……这场运动是与托洛茨基主义的斗争；正像距此十年前在彼得格勒的“塔甘采夫案件”中，知识分子被教训，懂得了玩笑已结束，枪口开始指向反对派（像古米廖夫事件一样，没有证据表明，杀戮是因为陷害抑或浪漫的逞强好勇所致的自我构陷）——党员们在三十年代初同样也得到教训，方知异见与宗派斗争已成明日黄花，即将对托洛茨基主义实施的不是批判，是杀无赦。在时代的崩坏中，第一个成为牺牲品的是冒险者、大恶棍、社会革命党浪漫分子勃留姆金[①]（某种神秘的传承就在于此——被古米廖夫称作其理想读者之一的正是此人：“一个枪杀了帝国大使的人[②]，从人群中向我走来，跟我握手，感谢我的诗……”）。显然，类似这样的浪漫人物在斯大林的俄国已不再有立足之地；勃留姆金深信自己会一帆风顺，他携带托洛茨基的信件从波斯（戈列勃·波基[③]曾在当地做过私人侦探）回到苏联。他立刻遭到了逮捕，随即被处决。要么出于病态的虚荣，要么想提醒同道们，时代崩溃了——临刑前，他请求格伯乌[④]人员向各界宣告其死讯，他得到了承诺——起码，这是著名托洛茨基分子维克托·谢尔扎的说法。然而，处决勃留姆金却被隐瞒，相关新闻仅出现在西欧，刊登在德国《科隆日报》上。据谢尔扎说，是格伯乌一名工作人员、年轻共产党员拉宾诺维奇“走漏了消息”，他写下一份关于勃留姆金之死的书面材料，随后将它散发给同谋——而希尔洛夫正是协助他做这件事的人。整个莫斯科和列宁格勒当时大约有三百名托派被捕，其中有许多，包括托洛茨基的忠实追随者和早年战友，被处以有期徒刑或流放。希尔洛夫因单纯和绝对的无私而招来一死，他完全属于那已然开始被遗忘的时代，矗立于其上的是一个新帝国的大厦。

---

① 雅科夫·格利高里耶维奇·勃留姆金（1900—1929），俄国革命者，苏俄特工，契卡成员。

② 1918年7月6日，勃留姆金作为全俄肃反委员会（契卡）德国处处长，领导并参与了对德国驻苏俄大使冯·米尔巴赫的暗杀，致使其当场死亡。

③ 戈列勃·伊万诺维奇·波基（1879—1937），苏联特工部门主要领导人，古拉格体系的积极创建者。

④ 俄罗斯苏维埃社会主义联邦内务人民委员会国家政治局俄文缩写音译，前身是契卡，随后改组为国家政治保卫总局。

3

《安全保护证》——文体的集大成者：自传、中篇小说、随笔、文学宣言，但首先是——自撰的悼文。帕斯捷尔纳克开始迈向新生活，他已经意识到这一点，他向济娜伊达·涅加乌斯坦言，正在完成的小说，居然萦绕着对她的牵念，而为她增色的关于天才与美人的沉思，恰恰源于新的恋人形象。然而，在开始新的生活之前，应当总结旧的——这其实正是《安全保护证》加以探究的：这是个人历史的保存，是与伟大而敬爱的里尔克和马雅可夫斯基的影子的告别……也是与自己的影子的告别，它永远留在了那些岁月里。二十年代，由于不同原因——却以同样的残忍，马雅可夫斯基、里尔克和那个年近四十的帕斯捷尔纳克，分别遭到了戕害。在机体的活力与神奇的再生能力作用下，帕斯捷尔纳克得以活得更久，但因为这种获得，他注定也会损失许多——《安全保护证》的题旨就在于此。这是关于其艺术经验的陈述，但显然不止于此。这还是苏俄第一个十年的总结，惶然而清晰的总结：马雅可夫斯基被称作理想社会主义国度绝无仅有的公民，他比任何人都更期待于它，而它却未能实现。不幸属于唯一真正的公民开枪自尽的国度。

《安全保护证》的创作始于 1928 年，当年写到第二篇。两年后，灾难性事件接踵而至：希尔洛夫和马雅可夫斯基之死、公开审讯的起始、逮捕知识分子的浪潮、术语“害人虫”的出现、对“工业党”①的审判、“希尔佐夫-洛米纳泽核心”的揭露（据说图谋推翻斯大林）、“害人虫”已然发现于人民交通委员部、国民经济最高委员会、国家五年计划……因为对这些事件有所指涉，帕斯捷尔纳克于 1930 年 10 月 12 日写给别雷的书信被广为引用：“近些天来，时常想起您的《彼得堡》和《怪人笔记》中的大臣们。而陀思妥耶夫斯基所揭示的涅墨西斯②，又是多么可怕！可您和他笔下的光怪陆离却被现实超越。暂且还能明白，哪个是仿品，哪个是草图中的原样，但接下来，将会

① 1930 年 11 月 25—12 月 7 日，苏联最高法院特别法庭公开审判了所谓“工业党”案件。官方宣称，破获了一个由两千多人组成的“工业党”，是“资产阶级技术知识界上层反革命分子集团”，同外国反动分子有联系，“企图在苏联国民经济各部门进行间谍破坏活动”。

② 希腊神话中的复仇女神。

越发不可理喻(……)斯威夫特①不是也搞错了吗:不知道自己生于何时何地。真荒唐啊。”帕斯捷尔纳克给奥丽嘉·弗莱登伯格和父母写信,说到“行将离别”,说他时日无多。意思不是说肉体的毁灭:说的是——先前的他已不复存在,说他无处容身,无事可做。

帕斯捷尔纳克感受到了这一切,当他书写《安全保护证》时。这部作品是他与自己的告别、他的精神遗嘱、他的自我见证,因为在二十年代的文学中,尚未有过如此强大的理想主义宣言。它也因理想主义而饱受非议,所以,能够刊登在《星》和《红色处女地》杂志,不啻为奇迹;作品单行本于1931年在列宁格勒出版,此后,作者生前一直未再版。他也未能获准许将其收入1933年的一部散文集。

他内心还有太多未实现的死之可能性;三十年代前夕,他生命的一半化作虚无。到了1930年,我们所知道的一二十年代的诗人鲍里斯·帕斯捷尔纳克,已经彻底停止存在。他所做的一切,足以使他与马雅可夫斯基和茨维塔耶娃一道留在俄罗斯文学史,但不足以使他相信,使命业已完成。

他必须克服新时代的种种诱惑,才能毅然决然地抛开它们,才能让传承的脉络穿越二十年间的苏俄时光,延伸至“少男少女”的新一代。而仅仅为了那些少男少女,就值得活下去。

---

① 乔纳森·斯威夫特(1667—1745),英国杰出的讽刺作家,代表作是《格列佛游记》(1726)。

帕斯捷尔纳克传

下

[俄罗斯] 德·贝科夫 著 王嘎 译

人 民 文 学 出 版 社

第　二　部

七月　诱惑

第二十二章　济娜伊达·尼古拉耶夫娜

1

帕斯捷尔纳克与叶甫盖尼娅·卢里耶的生活，始终是一团乱麻。两人分手后，他向表妹弗莱登伯格解释其中缘由，说出了一番对前妻兴许不公正的话语："在与她一起生活的年月里，我有一种越来越不正常的忧虑，它时常撕裂我所有的信念，让我惶然失措，因为我从未见过像她这样自私的人，自私得如此愚蠢，如此散漫，简直到了幼稚无比的程度。"

为俗务所牵累，在他的群落里被视为羞耻，问题不仅在于日常的平淡琐碎：在一个困顿的时代，出于双方的寂寞，他与热尼娅·卢里耶历经周折，遇到了一起。帕斯捷尔纳克在二十年代——尽管他对这一时期的评断有所保留——势不可挡地成长起来；叙事性不仅出现在他的文学手法中，也出现在他的历史观方面。他期待着宏大、严肃和"真正"的工作，但到了四十年代，他依然活得像个青年人：焦虑、慌乱、局促地活着。他愈发频繁地将自己的作品称为"胡扯""草稿"和"习作"。

正如一切真正的爱情，帕斯捷尔纳克与济娜伊达·尼古拉耶夫娜·涅加乌斯的相遇也酝酿了许久，经历了试探、错误和演练。这些浪漫的"准备"，后来将多次在《日瓦戈医生》中上演，好像直到第六次尝试，命运才将一对恋人聚合在一起。帕斯捷尔纳克同涅加乌斯一家应该是相识于二十年代初期，亨里希（加利），基辅的著名钢琴家，当时刚刚来到莫斯科。一年之后，当涅加乌斯在新地方安顿下来，妻子就前来跟他团聚了。这是一个非常美貌的基辅女人，一半得之于母亲的意大利血统,细柔黝黑的皮肤,栗色的大眼睛。

当时的那些浪漫巧合说来也简单:整个莫斯科舞文弄墨的知识分子之间尽管关系淡漠,却又彼此相熟。涅加乌斯的学生伊丽莎白·杜宾娜于1920年嫁给了上文提到的年轻批评家雅科夫·切尔尼亚克。切尔尼亚克一直想促使帕斯捷尔纳走近现代性,融入社会生活——诗人比他年长八岁,倒不忘感谢他所给予的“政治教育”。切尔尼亚克介绍帕斯捷尔纳克同他年轻的妻子相识,而后者又想让他认识自己的老师涅加乌斯——她觉得,这些人应该会很好地理解对方。这就是来龙去脉,只不过,五年后方才尘埃落定。也许,那一次的相会早点到来,一切也就不会发生了:直到二十年代中期,帕斯捷尔纳克还压根儿想不到跟前妻的分手。叶甫盖尼娅·卢里耶似乎更有远见:伊丽莎白·切尔尼亚克生下了女儿娜塔莎之后,她前去探望,带来了儿子热尼亚穿过的几件小衣服,她一句忧伤的答话让伊丽莎白感到吃惊。“热尼娅,你怎么给儿子取了这么个名字?[①] 用孩子的名字纪念活着的亲人,是不妥当的。”伊丽莎白说道;这的确是犹太家庭遵循的的规则。“我希望他是真正的热尼亚·帕斯捷尔纳克,”她回答说,“我感觉,我作为热尼娅·帕斯捷尔纳克的日子不长了。”

1928年,哲学家瓦连京·阿斯穆斯——帕斯捷尔纳克的好友——与妻子一起来到著名钢琴家亨里希·涅加乌斯家里做客。阿斯穆斯的妻子伊琳娜随身带来一本帕斯捷尔纳克的诗集,赞不绝口,涅加乌斯也同她一道表示赞赏。当晚,钢琴家与哲学家分别向对方朗读《跨越障碍》,彻夜未眠。于是,三十三岁的济娜伊达·涅加乌斯——钢琴家的妻子和他孩子的母亲,第一次听说了诗人帕斯捷尔纳克,而他的诗歌却没有给她留下多少印象。

一年后,阿斯穆斯的妻子与帕斯捷尔纳克偶然相识于电车站——她根据书中的照片认出了他,走上前去,说自己喜爱他的诗歌。在那些日子里,这样的夸赞对帕斯捷尔纳克很重要。伊琳娜·阿斯穆斯当即邀请帕斯捷尔纳克做客,他热情爽快地接受了,在阿斯穆斯家待了一夜。阿斯穆斯夫妇成了他一生的挚友,而对于伊琳娜·谢尔盖耶夫娜来说,他却不仅仅是朋友;

---

① 帕斯捷尔纳克的儿子与母亲同名,同时又有阳性与阴性之别,故将母亲的大名译作“叶甫盖尼娅”,小名译作“热尼娅”;儿子的大名则译作“叶甫盖尼”,小名“热尼亚”。本书前面的章节也做如此处理。

她向他敞露了爱慕,他未作回应。

命运几乎再次落了空:阿斯穆斯一家被邀请到沃尔洪卡回访,他们顺带也请了涅加乌斯夫妇,济娜伊达·尼古拉耶夫娜却无缘无故地不肯去。她骨子里有一种逆反的气质:大家都在赞美那个什么帕斯捷尔纳克,伊琳娜·谢尔盖耶夫娜也一个劲儿地说他,晚些时候,济娜伊达却揶揄道:“我害怕跟这种大人物见面。”但事实上,这个人确实有魅力,容易激动而不失率真,虽然言谈有些费解。他的诗依旧未能触动济娜伊达·尼古拉耶夫娜,她反倒觉得“他个人比他的艺术更高超”。那一双热辣辣的眼睛啊!种种迹象表明,帕斯捷尔纳克似乎为初次相见而倾倒。“我将为了您而写得简单!”——他热情地许诺。

这次聚会给济娜伊达·尼古拉耶夫娜也留下一丝冷意:“我着实不喜欢帕斯捷尔纳克的妻子,这也影响到对他的印象。”或许,这位未来的情敌对叶甫盖尼娅·弗拉基米洛夫娜的反感,是出自下意识的妒忌:显然,帕斯捷尔纳克并未受到关怀,受到尊敬,当着众人,妻子同他激烈争吵,当她觉得他又在弄什么把戏,便会加以阻止(在帕斯捷尔纳克与朋友的交往中,无疑也掺杂着浓厚的嬉戏色彩,他善于展示魅力并乐此不疲,少许的造作,也让热尼娅感到讨厌)。主要原因则是——深谙世故人情的济娜伊达·尼古拉耶夫娜不可能不明白,相比叶甫盖尼·弗拉基米洛夫娜,她明显地输于所谓个性的尺度。丽萨·切尔尼亚克后来就此毫不避讳地写道:“热尼娅符合帕斯捷尔纳克的标尺。济·尼则是一个尺码绝对小一号的人。”

涅加乌斯与阿斯穆斯两家通常在基辅郊外打发时光,追忆往昔;这一次,还有两家人——帕斯捷尔纳克兄弟俩及妻室,也想跟他们汇合。精明能干的济娜伊达·尼古拉耶夫娜,先去了伊尔宾,准备租下四套别墅。伊尔宾是基辅附近的别墅区,距离城区三十公里,不久以后,这个名词就将跟先前的勒扎克斯和穆奇卡普一样,在帕斯捷尔纳克的诗歌里发出天籁之音。而且它也确实对他的口味:你瞧那“飞沫”、那“丁香”(“利连”,如阿谢耶夫所云)、那“浪花”和“歌唱”①,突然又冒出一把“大鱼叉”……众所周知,恋人

① 这里提到的几个词,在读音上都与“伊尔宾”(Ирпень)有相近之处。“利连”是阿谢耶夫组织创办的一个未来派文学社团;1914 年,在莫斯科成立了一家以出版未来派作品为主的出版社,也叫作“利连”。

们往往相信预感:济娜伊达·尼古拉耶夫娜觉得,同帕斯捷尔纳克的频繁相见不会有好结果,所以就给他租了一座离自己稍远些的别墅(给阿斯穆斯租的别墅反而更近些)。除此之外,她还跟文学家佩尔林、她的一位密友的丈夫之间有某种柏拉图式的浪漫史;只不过,当她被"惶然失措的神所迷恋",那个什么佩尔林也就不足道矣……

几家人都搬来了。时值基辅炎热、绚丽的七月,大雷雨经常不期而至。关于这些日子,帕斯捷尔纳克后来写下了彼此联系紧密的两首诗——实际上也是同一首诗的两种书写;可以说,在漫长的中断之后,他笔下首次出现了略显沉滞的庄重的抑扬抑格。这正是他所探求的格律,他试图以诗歌来表现钢琴的音响与节奏;请比较"我随手喂养着一群琴键鸟"(《即兴曲》,1915)或者"晚些时候,我认出了死去的肖邦"(《叙事曲》,1916)。先前还是《开初的时节》与《云雾中的双子座》式的抑扬抑格,节奏还不均匀,带着停顿与切分音;如今,听起来似乎渐趋平和:

伊尔宾——这是关于人与夏天的记忆,
关于自由,关于奴役之下的逃亡,
关于暑热中的针叶,灰色紫罗兰
以及阴雨、晴天和雾霾的交替。

关于白色马鞭草,关于松脂苦涩的
忍耐;关于朋友们,还不够多的是
我对他们的夸奖,我的赞扬,
我的美言,我的无尽的称颂。①

但某种失当也随之而来:一方面是"苦涩的忍耐"(这里隐藏着"松节油"——松脂的旧称),另一方面,则是赞美的刻意与过量,作者以此来掩饰突兀。停滞时期的压抑感、孕育着变局的虚幻田园诗的寂静("林蛙从枝头宣告天气的变换"),在结尾处以坦言的形式迸发出来:

最后,在出发之前,踩踏着一堆

---

① 引自帕斯捷尔纳克《夏天》(1930)。

在昏热中飘零的树叶，像是
从布满疹子的紧绷的嘴唇上，
我用衣袖从天空拢起了一串话语。

直到那时，大麻鸻依然为秋天哀泣，
秋天清了清喉咙；终于明白了，
我们身在以世纪为原型的欢宴——
瘟疫时期柏拉图的会饮。①

柏拉图的"会饮"作为关于崇高的友善对话的传统隐喻，其所营造的精彩交感——与普希金"瘟疫流行时的宴会"②一起，强烈地映照着情景：秋天"清了清喉咙"，九月的明媚到来了，半吞半吐的话语结束了，各种关系确定下来。弥散在空气中、融化在街市上的灾祸——化作了实在的物质。伊尔宾的"欢宴"，确实发生在瘟疫流行时期。人们后来经常会在这些诗行中寻找政治意味的暗示，同时却忘记了，政治只是发生在另一些更高范畴内的时代大规模崩坏的表现之一（而且并非主要表现）。帕斯捷尔纳克也感受到时代的转变，他的外在的经历从属于这些范畴。瘟疫流行的时期来临了——那是集体化、戕残、社会和个人悲剧的年代。

1930年夏天的伊尔宾，在宁静与休闲的表象下，孕育着一场风暴，终将席卷四个家庭中的两个。帕斯捷尔纳克一家来到别墅的时间，比涅加乌斯夫妇晚了三个星期。鲍里斯·列昂尼德维奇前去拜访他们，正赶上济娜伊达·尼古拉耶夫娜光脚在走廊里擦洗地板，还未梳妆打扮。这一幕令他兴奋不已："真遗憾，我不能给您拍个照，再把照片寄给我父母！我的父亲——一位画家——一定会赞叹您这副模样！"济娜伊达·尼古拉耶夫娜为他的热情而发窘，况且那恭维本身也显可疑：她不喜欢自己冷不丁被人撞见。

正如我们在下文所见，济娜伊达·尼古拉耶夫娜绝非戒律严谨的女人；

① 引自帕斯捷尔纳克《夏天》（1930）。

② 指普希金1830年翻译的英国诗人约翰·威尔逊诗剧《鼠疫城》中的一场，其中主要的唱词系普希金本人原创。

自少年时她便熟知爱的欢悦，她很早就成熟了，从不为其美貌而羞涩，她像俄国浪漫艺术家们习以为常的那样，周期性地掀起一场场“罗曼史”。加利·涅加乌斯未必对妻子来去匆匆的韵事有多介意（特别是，如果考虑到米利察·谢尔盖耶夫娜于1929年为他产下一女——他最终在济娜伊达·尼古拉耶夫娜离开后娶了这个女人，妻子知道此事，并且始终耿耿于怀）。问题出在帕斯捷尔纳克身上：他不善于轻松自如地用情。涅加乌斯家的别墅对他有着磁石般的吸引力，他也被频频邀请到那儿去倾听肖邦或勃拉姆斯；加利是他的崇拜者，跟他谈起音乐没完没了，他们相互为对方弹奏心爱的片段，展开音乐与哲学方面的话题，帕斯捷尔纳克每每借机向济娜伊达·尼古拉耶夫娜投去炽热的目光，使她脸上泛起了红晕。叶甫盖尼娅·弗拉基米洛夫娜当时还浑然不觉，她忙着工作，画了大量习作，“给草儿涂上颜色。”

济娜伊达·尼古拉耶夫娜喜欢在树林里捡拾树枝，用来引燃别墅的火炉；在林子里，她越来越频繁地——似乎又是偶然地——遇见帕斯捷尔纳克。她既有些恨他，又乐于跟他相遇。他向她大谈其童年、莫斯科的生活，谈他喜欢亲自生炉子（涅加乌斯的妻子欣喜地发现，原来热尼娅压根儿不会这一手）。总之，在这方面，他们之间大有可交流的心得：加利的日常生活能力也同样缺乏。“他有一回生茶炊，里面放进了木炭，水却倒进了烟管里！”“我倒是喜欢生茶炊，向来亲自动手。”“您？诗人？加利连领带上的佩针都不会扣！”于是，据济娜伊达·尼古拉耶夫娜回忆，他滔滔不绝地给她上了一课，说应该喜爱日常生活，这不是什么丢脸的事情，说涅加乌斯家的锅碗瓢盆，也像是钢琴般的诗篇……还说应当渐渐学会让写诗跟家常便饭一样不可或缺，跟生炉子和洗床单一样出于天性……他坦言，喜欢干净床单的味道（在涅加乌斯家里，床单从来都是经过了浆洗——帕斯捷尔纳克不禁为之感动）。

曾经来到伊尔宾做客的尼古拉·维尔蒙特，也记得当时的情景：在别墅区，有一个小孩从院子里跑丢了，大家赶紧出去找他，一片慌乱中，几口水井也搜遍了，后来终于找到了他（据济娜伊达·尼古拉耶夫娜回忆，其实根本没有什么小孩，六个人不过是在寻找落入水井的一只水桶）。维尔蒙特还铭记着这样一幅画面——济娜伊达·尼古拉耶夫娜像个梦游者似的，一边用一根带钩子的长竿向井里捞来捞去,一边倾听帕斯捷尔纳克,他滔滔不绝地说着什么,说得她入了迷,两人各自陶醉于对方。大概,孩子确实没有掉进井里,他们谈的是水桶。假如为了那孩子,帕斯捷尔纳克的注意力一定不会放在自己的恋人身上。

在济娜伊达·叶列梅耶娃(出嫁后改姓涅加乌斯)早年间的所有照片上,她都是一副谦和地向下低垂的眼神;这赋予她以特殊的魅力。她在成熟的年纪更不爱看镜头,而是把目光偏向一侧或者垂下;她当然知道,这会增添她的美貌,而之所以有如此效果,终究因为天生丽质。她的精神生活隐秘地深藏于内心,连她也不了解自己的那些个人情感。1930 年夏天,她是否已经爱上了帕斯捷尔纳克?从许多回忆中都找不到明确的答案。当年秋天,如她所称的"博大的感觉",在他们尽力避免相见的时节,已然滋长起来。

与此同时,第一次示爱——或者起码是第一次表白关系——发生在去往莫斯科的路途中。几家人分别乘两趟火车离开基辅:先是阿斯穆斯夫妇——伊琳娜·谢尔盖耶夫娜因济娜伊达而心生醋意,丈夫则对帕斯捷尔纳克产生了妒忌,乘坐后面一列火车的是帕斯捷尔纳克夫妇与涅加乌斯一家。两家包厢挨在一起。涅加乌斯很快就躺下睡了(他的心智跟个孩子似的,向来简简单单)。济娜伊达·尼古拉耶夫娜来到过道里抽烟,帕斯捷尔纳克立刻从旁边的包厢里冒出来,并与她聊了三个钟头。这场交谈令人心旌摇荡:"他说了许多恭维的话,不仅对我的外貌,还对我的人品。"他称道的品格,可归结为两点——高尚与谦和。对于美貌的女人,最好去夸赞她们的智慧、情操与天资,可偏偏谁都不明白这一点,所有人只想着一件事儿!帕斯捷尔纳克大概不是在花言巧语——很长时期内,济娜伊达·尼古拉耶夫娜仍是他心目中一切完美的化身,但在诗人们那里,意图与直觉之间的界限通常是微妙的。

济娜伊达·尼古拉耶夫娜坦然接受了他的赞美,自己也为之惊叹。她向他叙说了少年时代的一段往事:十五岁那年,在彼得堡,出于相互的爱慕,她跟表兄尼古拉·米利金斯基同居了。这位两个孩子的父亲、四十岁的男人,把所有事情都告诉了妻子。米利金斯基的妻子找到济娜伊达,答应和丈夫离婚,同时请求留在他身边。济娜伊达可怜她,称她为圣女,扑到她怀里痛哭，却无法了断对米利金斯基的情感。他在旅馆里租了一个房间，她从公费就读的奥登堡公爵学院直奔那里，披戴着黑色的面纱去找他。从济娜伊达·尼古拉耶夫娜的回忆来看，她显然很喜欢这种双重的生活，尽管给她带来了不少的痛苦，却又是一些美妙的、电影艺术般的痛苦！像一个成熟、美丽、濒于绝境的女人。奔向一个四十岁的有妇之夫。在旅馆里也戴着面纱。这种略带自恋的消沉，与她相伴终生；这纯粹文学化的、甚至有些低俗的故事，也对帕斯捷尔纳克产生了刻骨铭心的印象。他立即间接地燃起了对米利金斯基的仇恨。济娜伊达·尼古拉耶夫娜怎么也忘不掉他的一声喟叹："似乎我已经知道了这一切！"或许，他从中发现了与之对应的另一种"表兄妹关系"——列娜·维诺格拉德与自己的表兄舒拉·施蒂赫的罗曼史。

日后，米利金斯基成为科马罗夫斯基的原型，《日瓦戈医生》中尤拉和拉拉的邪恶的天才；济娜伊达·尼古拉耶夫娜认为这种转换不公平，而且还可以说，尼古拉·米利金斯基在现实中的命运比小说中悲惨得多——他同那个为富不仁的勾引者并不相像。认识了涅加乌斯以后，济娜伊达·叶列梅耶娃就丢下了表兄，表兄跪倒在她脚下，请求她跟他一起去南方，她也向他跪下，请求他原谅并放开她。结果，他独自去了南方，一年后，就在安纳普染上了斑疹伤寒，死去了。济娜伊达·尼古拉耶夫娜已经改嫁帕斯捷尔纳克之后，米利金斯基的女儿卡佳曾来看望他们，完成了父亲的遗愿，把一张济娜·叶列梅耶娃"梳着小辫、扎着蝴蝶结"的照片还给她。临终前，米利金斯基把它作为最珍贵的物件交给女儿。或许，生来喜欢浪漫效果的济娜伊达·尼古拉耶夫娜回忆中的往事，在一定程度上被美化了，但有一点是无可争辩的：帕斯捷尔纳克痛恶她的过去，撕碎了那张照片。济娜伊达·尼古拉耶夫娜很伤心，她不理解他对过去的嫉恨，况且她像所有在生活方面果决而坚定的女人一样，习惯于活在当下。后来，有关她与米利金斯基之间浪漫史的话题，成了帕斯捷尔纳克连绵不断的呓语，纠缠着他，不仅在三十年代，而且以后的日子里也不例外——尤其在三十年代前五年间，这一话题贯穿一切，包括他的历史观。甚至在与妹妹约瑟芬娜短暂相聚期间，他还反复说："我将写一部长篇小说……一个少女，披戴着黑色的面纱，来到一个勾引者身边"……妹妹怎么都想不到哥哥会如此庸俗，她觉得，他简直发疯了。

返回莫斯科不久，帕斯捷尔纳克来到涅加乌斯位于制管工胡同的家，请求跟加利单独商谈，还分别赠给夫妇二人两首特意重写的叙事曲（《汽车场车库颤抖》——关于涅加乌斯的一场雷雨前的音乐会，在基辅一座露天舞台上；《别墅里睡了》则咏唱着对济娜伊达·尼古拉耶夫娜的爱）。他很快就向涅加乌斯承认了自己对他妻子的爱慕。涅加乌斯哭起来，帕斯捷尔纳克也哭了。他们真诚地爱着对方（有一个不可信的传闻，大概源于涅加乌斯后来对这次会面的挖苦——说涅加乌斯当即怒不可遏，拿起一本沉重的乐谱，砸向朋友的脑袋，接着却又赶紧察看天才的那颗脑袋：是否不小心伤着了它……）。帕斯捷尔纳克离去了，涅加乌斯把妻子叫进自己的房间，问她如何抉择。她大笑起来，未作回答，只是建议他忘掉一切，还说会尽可能少跟帕斯捷尔纳克见面，要见，那也是在无可避免的情况下。然而，济娜伊达·尼古拉耶夫娜却不可能见不到帕斯捷尔纳克——不是在涅加乌斯的音乐会上，就是在阿斯穆斯家里。

1931 年 1 月，涅加乌斯去西伯利亚巡回演出。“爱情，跟心灵捉够了迷藏，/突然成了一场真正的事业。”帕斯捷尔纳克来找济娜伊达·尼古拉耶夫娜，承认自己跟热尼娅不可能再过下去，而且早在头年 12 月，他已离家出走，先是搬到阿斯穆斯家，然后是皮里尼亚克那里。他来找她的次数越多，他的絮叨就越难理解，也越冗长，她听得也越像着了魔。终于，在 1 月的一个夜晚，济娜伊达·尼古拉耶夫娜没有让他走——时间晚了，暴风雪来了——他留了下来。

2

济娜伊达·尼古拉耶夫娜随后的叙述，确实给人以暴风雪来临之感。与帕斯捷尔纳克共度第一个夜晚之后，她给丈夫写了一封措辞坚决的信，承认了一切，声称无论如何都不能再跟他一起生活了。他在一场例行演出前读到了信；他登上舞台，开始演奏，未等结束就盖上钢琴，双手掩面，号啕痛哭。随即中断了巡演，返回莫斯科。济娜伊达·尼古拉耶夫娜见到了他痛苦的面容，知道自己不该把那封残忍的书信寄给他……帕斯捷尔纳克来了。三个人展开了极其尴尬的交谈。他和涅加乌斯都问济娜伊达·尼古拉耶夫娜,接下来她想怎么办。济娜伊达·尼古拉耶夫娜做出了唯一可行的决定——她说,打算去基辅找女友,在那儿缓口气儿。

实际上,事情远非表面上那般浪漫:1931 年 1 月的那一夜之后,济娜伊达·尼古拉耶夫娜并不急于跟丈夫了断。帕斯捷尔纳克时不时还来,还是说个没完,涅加乌斯被折腾得快疯了,他不得不继续巡演,挣钱,把妻子留在莫斯科。涅加乌斯去基辅演出前,又有过一番表白。基辅的首场音乐会,观众爆满,涅加乌斯的表演无精打采。演出即将结束之际(这次不是在节目的半程),他一拳砸在琴键上,跑到后台,当着管理人员的面哭起来。他的妻子收到了从基辅寄来的信件:他们一位共同的熟人在信中描述了涅加乌斯的精神崩溃,并且要她前来。于是,3 月 12 日这天,济娜伊达·尼古拉耶夫娜赶往基辅,不是要离开涅加乌斯,而是来到他身边——并未过多考虑自己的未来,反倒试图弥合破裂的关系。显然,就在那时,几场音乐会过后,他们的夫妻关系有所恢复,而后来,她每每忆及当初,便有一种不寒而栗之感。长子亚德里安(阿季克)被她带在身边,幼子则留给保姆照管。

帕斯捷尔纳克将她送到火车站。回来的路上,他走在阿尔巴特街,想起了一年前从基辅郊外别墅返回时的情景(这些思虑立刻被他写入信中,当天傍晚就发了出去),乘车行驶在一个夏天路面铺砌一新的莫斯科,"它的人流与灯火在眼前闪现,我向它们宣告我那响亮而清晰的消息:把一个大的你,告诉整个夜晚与城市……我平生从未像现在这样了解自己,但我却不了解也不敢了解你。我不知道,你是否会爱上我。我向路边的招牌发出问询。"有趣的是,在帕斯捷尔纳克用于赞美恋人的无数热情洋溢的修饰语当中,最常见的一个词就是"大的";而后来,当拉拉向尤里·日瓦戈俯下身子,他从昏迷中清醒之际,首先看到的也是"一双雪白宽大的臂膀"①。不过,济娜伊达·尼古拉耶夫娜个头并不高大——比帕斯捷尔纳克矮一头——她为之骄傲的是自己堪称经典的匀称……但她确实在人们心目中是一副高大的形象,也许因为她的精力与坚毅。她身上潜藏着巨大的生命力,她不仅未及消耗它,而且似乎还不曾开始消耗。叶甫盖尼娅·弗拉基米洛夫娜,顺便说一句,个头更高些,她却从未让帕斯捷尔纳克(乃至任何人)感

---

① 参见《日瓦戈医生》第十三章第 10 节。

受到她的“高大”：相反，她给人留下的印象是脆弱和萎靡。新的恋人，从各方面来说都是一个强健的女人——机敏、有耐力、善于自我克制；她的沉稳大气，早就让帕斯捷尔纳克动了心。

在基辅，钢琴家的弟子们纷传，涅加乌斯夫妇就要分手。说客们前来规劝济娜伊达·尼古拉耶夫娜：“不能如此对待一位大音乐家！”另一方面，帕斯捷尔纳克也在向她施加压力，写下了连篇累牍的书信。应该承认，从策略上说，这些信是无可指摘的：“倘若你强烈地想要回到加利卡那儿，就请相信感觉吧。（……）请理解这些建议的目的：你应当拥有自己的幸福。”（1931 年 5 月 14 日）这有什么费解的？真正的高尚就是：有一个被你唤醒的女人，在你爱的辉映下越发出色，然后你将她归还给另一人，任由他们堂而皇之地经受第二次考验。对自己所发挥的催化作用，你却谦逊地避而不谈——要知道，他当时绝对是真诚的，尽管他同样真诚地认为，济娜伊达·尼古拉耶夫娜太过诚实，即便重归丈夫身边，她也会是帕斯捷尔纳克的疯狂情欲所造就的那个她。上帝啊，你的事业多么神奇！1931 年 5 月 14 日。一年零一个月前，马雅可夫斯基开枪自尽！帕斯捷尔纳克来到其住所放声痛哭，这也是为自己哭泣——1930 年春夏之交，他便觉得个人的生命已经永远毁灭了，只能怀着这种心境苟活。但重生的力量又是多么强大！奥丽嘉·弗莱登伯格的看法绝对正确：没有人能像他那样起死回生。经过了一年，“诗人的最后一年”，春天再度来临，他又年轻起来，生气勃勃，坠入了爱河，莫斯科也暖和得出奇，幸福近在身旁，不堪忍受的家庭危机缓解了。妻子带儿子准备去西欧，在罗伯特·法利克那儿进修一年，后者是她当年在雕塑建筑学校的老师，如今在巴黎工作。这可真是黎明前的黑暗。

5 月 5 日，帕斯捷尔纳克送妻子和八岁的儿子前往柏林。紧接着，一封感人的书信飞向了远方，他在信中要妻子相信他们之间心灵契合之牢靠；大致相同的意思，只不过以诗的形式，在他的《不要激动，不要哭泣……》（1931）一诗中也有所表达——这一点，也正是为阿赫玛托娃所鄙夷的：“他若无其事地劝说妻子不要为其出走而难过。新郎官儿的大作。安慰了这一个，转眼就给另一个别上了胸花。”

实际情况看来也是波澜不惊。诚然，在家人离去与他本人的基辅之旅这两件事情的间隙，他又经历了一系列“离奇的巧合”，并为之深感讶异。

5 月 14 日,他去了布良斯克火车站(现今的基辅火车站),要把写给济娜伊达·尼古拉耶夫娜的书信投入邮车,以便信件更快到达。在车站上,他遇到了那位玛丽娅·布里茨,1921 年,他就是向她租了一间住房,位于石榴胡同和格奥尔吉耶胡同之间;他当初在那儿筹备着《主题与变奏》的出版,也是在那儿认识了热尼娅。他与老太太多年未见——虽然不久前打过电话,问她那间房屋是否空着;屋子被占用了——上面安排人住进来,挤得满满当当……布里茨到火车站是为了送一位敖德萨女友,她来探望布里茨,现在要赶回去——她乘坐的特快列车,就是帕斯捷尔纳克把信件投进邮政车厢的那趟。意外而伤感的巧合。"他们近于灰土色的脸孔犹如石刻一般,我对那脸上衰老的印记并不激动,倒是有几分吃惊……短暂、迅疾、内心坚强地活着,连理由都成了多余——我暗想道。"这是不多的见证之一,表明帕斯捷尔纳克对他人的老态是何等惧怕——以及对幸运地重归于他的年轻,又是何等珍惜。

家人走后,帕斯捷尔纳克独自度过了一个星期,畅想着与济娜伊达·尼古拉耶夫娜的未来生活。他把这生活想象得五彩斑斓:"长期以来,只要一想到你我终将拥有的亲密生活,它便占满我的分分秒秒、各种经历、诸多遭际,以及它们于平淡之中明亮而真实的显现,就像木箱或者绗缝的棉被。我眼前会浮现出这充实的、时常因种种冲击而撕裂的欢乐,仿佛盛夏的早晨,空气中浮现出煎蛋,这时节,会有无数夏日的光点宛如一颗颗小眼睛,投射在平底煎锅里:天心——是蛋黄,白云——是蛋白;杨树叶——也是蛋黄,房屋——也是蛋白。我真喜欢与你在一起的生活,它就像盛大无比的世界早餐上一道鲜亮的早点,像我们的饥饿之力赢得的以光明为主料的美食。"……无论如何,这都是一个绝妙的比喻——炎炎夏日里的煎蛋(同样是 1931 年,在长篇小说《斯库塔列夫斯基》中,列昂诺夫让一位饥饿的主人公、共产党员切里莫夫把冬日天空里的太阳比作煎蛋,只不过这位主人公真的很想饱餐一顿——不排除帕斯捷尔纳克在孤独寂寞中也会产生美食幻觉,并且备受煎熬)。最值得注意的也恰恰是这些"明亮而真实的平淡事物"——煎蛋、世界的盛大早餐、木箱、绗缝的棉被……可以理解,一个人长期生活在抽象事物中,他会被平淡而具体的东西所吸引(这种吸引力对帕斯捷尔纳克是始终存在的,这也增添了他的愧疚之感——因自己对世界的倨傲、对常俗的冷漠)。但是,就情书而言,这一切则显得太过物质化。帕斯捷尔纳克仿佛在履行承诺——要让自己最终能够为新恋人所理解,而她所能真正理解和亲近的,却只有日常生活的物件。这封信中还并非偶然地提到了分配站(商店里已经一无所有,只能从一些不对外开放的分配站弄到东西,进入其中所凭借的特殊票证,偶尔也分发给作家们):帕斯捷尔纳克正巧得到了这么一张票证,他请求分配站经理将它的有效期延长到预计济娜伊达·尼古拉耶夫娜返回莫斯科的日子。"你给孩子买得太多,你积攒了琳琅满目的物品……"物品的盛宴!还能用什么来诱惑一个正派人呢?

此类主题将转化为组诗《第二次降生》的抒情意蕴,这使得某些开篇甚至非常出色的诗作变得令人厌烦。帕斯捷尔纳克书写着,同时操持着家务,在写给恋人的书信中详细罗列了自己干家务活的成就:交房费,收拾屋子,清扫灰尘……五月里,天热起来,杨絮飘飞,将小小的种核洒落在人行道上:

到处是结籽的棉绒,
被风从林荫路卷起,
白杨树松软的短絮
漫步,如堕落的幽灵。
…………
你的生命对我至关重要,
无关的一切——只好拿开,
就连喝一顿鱼头汤的念头
也恶心,如鱼的腐烂。

我就这样摸索着深入
一个真实故事的幽暗。
冬天,我们要扩大住所,
我要占用兄弟的房间。①

① 引自帕斯捷尔纳克《到处是结籽的棉绒》(1931)。

扩大住所——了不起的事情，但相比《施密特中尉》字里行间的“战斗性”，这一出自抒情诗的诱人许诺却更显刺眼和突兀。帕斯捷尔纳克从来不善于自我欺骗：扩充抒情的语汇和主题范围一向是他真正的志趣，却与扩大住所并无多少共同点。

耐人寻味的是帕斯捷尔纳克描写雷雨前夕的军事用语，它们具有惊人的准确性。以《雷雨将至》(1927)为例：

那时，忧伤如侵略者
包围旷野。掩体隐约可见。
…………
寒气经由先头的侦察，
翻涌着突入后防。

然而，在《第二次降生》的诗篇中却没有任何雷雨的迹象，有的只是激情过后(雨后)的休憩、舒缓与平静——家庭的和田园诗的特征，同时也近乎小市民气：

会有喧声闯进来：“暴雨
被遣送远方，连马卡尔放牛①
都不曾到过那儿……”会有
太阳用沥青油浇拌色拉。

追逐雷电与先知以利亚②的
四套马车，激流之下——
会有我牛犊般的欢悦，
有你牛犊般的柔情。③

居然是沥青油浇拌的色拉(在上一节中，发霉的窗户也被打开，就像打开酒瓶——款待幸福的夫妇)、牛犊般的欢悦——沉浸于牛犊般的柔情(唯

① “马卡尔放牛都不曾到过的地方”，是一句熟语，比喻非常遥远的地方。

② 《圣经》中重要的先知。他按神的旨意审判以色列，施行神迹，最后未经历死亡，就被神以火车马接送升天。

③ 引自帕斯捷尔纳克《雪绵延不绝，唯有忍耐》(1931)。

独缺少了牛肉丸子)。可以说,幸福的爱的特征尽在此中,而由于不得体的轻佻,这份幸福甚至有些纠缠不清。透过所有这些爱的抒情的狂喜和厚重的抑扬格,经常阅读阅读帕斯捷尔纳克的人们不难发现,他的幸福总是单薄而脆弱,近乎于负罪感,这让人不禁联想到命运的波折与动荡。曼德尔施塔姆在他的基辅随笔中曾经形容杨絮"如浩劫"——他回想起当年犹太人遭到浩劫,羽绒从开膛破肚的被褥中飞散出来。《第二次降生》中的杨絮则像是某种跟浩劫完全不相干的舒适的床笫之物;然而,这别样的田园诗,用读者客观的眼光来看,却比浩劫更可怕。

不过,也许济娜伊达·尼古拉耶夫娜远非如此庸俗,她在帕斯捷尔纳克想象中的形象,也许只是为了他个人的"第二次降生"?话说回来,倘若她果真是一个出色的家庭主妇,帕斯捷尔纳克恐怕也就不会爱上她。

三十年后,济娜伊达·尼古拉耶夫娜这样描述当初的情景:"像往常一样,每当音乐会取得成功,我都觉得自己深深爱着亨里希·古斯塔沃维奇,再不能给他平添痛苦了。(这次)音乐会过后,他又来找我,我们的夫妻关系马上就恢复了。这可真可怕(……)他要去莫斯科,临行前对我说:'你向来只是在那些精彩的音乐会之后才肯爱我,平常的日子里,我却让你感到折磨,让你不堪忍受,因为日常生活里的我像十足的傻瓜。鲍里斯远比我聪明,而且很显然,你背叛了我。'与亨里希·古斯塔沃维奇分手时,我答应忘掉一切,跟他重归于好,如果他能原谅并忘掉所发生的事情。"

5月18日,涅加乌斯离开基辅,帕斯捷尔纳克立刻赶去找他的恋人,动身前,还收到了几位格鲁吉亚作家发来的电报,邀请他去高加索度夏。他没有回复电报,因为他想先跟济娜伊达·尼古拉耶夫娜商量,说服她同去。于是,在基辅,一场浪漫史又重新上演了。一个月后,帕斯捷尔纳克就此写下《你在这里,我们在弥漫的空气中》一诗,稍晚些时候,又写下了名诗《又一次,肖邦不求好处》(1931),昭告着生命的再度复苏:

又一次吹奏,追逐,叮当作响,
剖开血红的肉瓤——又一次
产生哀号,但不是哭泣,
不是死去,不是死去吗?

离开基辅之前，帕斯捷尔纳克给前来讲学的卢那察尔斯基写了一张便条，要求把济娜伊达·尼古拉耶夫娜和儿子安顿在基辅郊外普列奥勃拉仁尼耶的疗养院："您一句话就够了……请允许我不对您解释，我为何要争取这件事，以及它对我是何等重要。当然，您或许也有所了解。"给卢那察尔斯基的便条本应由济娜伊达·尼古拉耶夫娜转交，但她却改变了主意，或许是因为难为情。5 月 27 日，帕斯捷尔纳克已经回到莫斯科，以便次日随同一个受命前往车里雅宾斯克和马格尼托戈尔斯克的作家团队，到生产第一线进行表演。

5 月 28 日，帕斯捷尔纳克、马雷什金、格拉德科夫和线条画家斯瓦洛克一行踏上了旅程。一路上书信频传："亲爱的朋友，早晨好！列车颠簸得厉害，铅笔在手中跳动。一群有点儿愚蠢的好伙伴，几个可爱的人。一边行进，一边喝酒，吃着四百卢布买来的食品。命运之神派来素描插图画家斯瓦洛克做我们的旅伴。神奇的吉他手(……)——狐步舞者们在自编的即兴曲中手舞足蹈，没有伴唱的曲调不堪一听；就这么喝得醉醺醺。我甚至也和着节拍，踢踏了几下(可以肯定地说，他有二十年没跳过舞了！——德·贝)。旅行在我看来，就像一道又一道预订的餐食，只不过是由车轮传送的。"(1931 年 5 月 29 日)二十二年之后，他对瓦尔拉姆·沙拉莫夫叙说的情形则全然不同："1931 年，我随同一个作家代表团去了一趟乌拉尔，整个旅行令我惊颤——车厢两侧随处可见流浪的乞丐——身穿南方式样的土布衣裳，讨要着面包。停在铁路上的专用列车一眼望不到尽头，满载着包围在押送队中间的家庭、孩子、叫喊、哭号——这是当年的富农们被遣送到北方的死地。我指着这些列车让自己的作家同伴们看，但那几位却无言以对。"1931 年，坠入情网的幸福的他，尚能让自己忘掉旅途见闻，而在 1953 年，唯有当年那一幕幕，他才记忆犹新。

"济娜，我的命，我的心尖儿，我的唯一，我最大的和至爱的宝物，我的欢悦与哀伤，我终究与你同在。我来到车里雅宾斯克。(……)我已经知道，这一切是怎么回事儿。确实，有许多宏伟的建筑树立起来。(……)不禁联想到彼得当年的工程。这是一方面。另一方面——只有在类似这趟旅行的氛围中，人的常见的愚蠢才会表现得如此齐整。仅为这一点，也不虚此行。(……)如今，我终于明白，在那些一直以其空虚和庸俗而令我反感的事物背后,除了有组织的平庸做派之外,没有任何趋向于高尚的不言自明的东西,没有,并且也不值得找寻(……)。”

“但如果你希望和我生活在一起,那我就无所畏惧。”从这些书信当中(她的回信未能保留下来,而且她几乎不给他写信),济娜伊达·尼古拉耶夫娜仿佛看到一副尽善尽美的画面:“我的亲人,我的神奇的、亲爱的女人……在社会主义建设的岁月里,你是宏大的俄罗斯抒情创作的亲密伴侣,你的气质酷似于它,你正是它的姐妹。”早先随风而逝的那一个,是生活的姐妹,如今的这一个,则是社会主义建设的姐妹……对恋人的赞词多么美妙!但在1931年的信件中,在幸福的巅峰,帕斯捷尔纳克被建设新生活,也包括建设个人生活的思想所感染,他的书写开始具有了马雅可夫斯基式的音调:就在同一封信中,你会读到——“灵魂、嘴巴、双脚之间博大的友谊”……你会不由自主地想起:“无论是吻手,/还是吻嘴唇,/在我的亲人的/身躯的颤动中,我的共和国的/殷红的/颜色/也/应当/烧得通红。”①这里的诗句出自马雅可夫斯基俗气而煽情的《致塔季娅娜·雅柯夫列娃的信》(1928)。帕斯捷尔纳克则在信中写道:“如今,我被信任,被馈赠,当我得到你,我对人生的责任便增长了十倍,无论先前它究竟多大。”“我想活得透彻而炽热。”

与此同时,莫斯科也到处都在建设!新的楼房拔地而起,旧的被拆除,电车线路在延伸。尘土飞扬,砾石路面,修缮与土木工程——这一切在帕斯捷尔纳克看来,永远是愉快的重建之象征。他提前返回了莫斯科,当务之急,似乎便是查看信箱。马雷什金、潘菲洛夫和斯瓦洛克继续前行,去往马格尼托戈尔斯克和库兹涅茨克。在莫斯科,等待帕斯捷尔纳克的是帕奥罗·雅什维利一封详细的书信,信中极力邀请他去高加索,并以炫丽的辞藻表达了对他的爱戴;信写得完全合乎规范,但语言却是文绉绉的老派俄语。命运本身以最佳方式将一切安排妥当:“一切进展顺利,就好像周遭的情形本身在代替我思考。”(6月13日,写给济娜伊达·尼古拉耶夫娜的信。)

帕斯捷尔纳克先是把雅什维利迷人的书信转发到了基辅,自个儿随后也飞奔过去。“像往常一样,一见到鲍里斯·列昂尼德维奇,我立刻变得服

① 此处采用乌兰汗先生译文。

服帖帖，对他言听计从。”6 月 11 日，被征服的恋人和她的儿子阿季克随同帕斯捷尔纳克一道去了梯弗里斯。

3

帕奥罗·雅什维利和纪齐安·塔毕泽是格鲁吉亚诗社“浅蓝色兽角”创始人，该社团倾向于象征主义，但这种倾向却又积极乐观，独具鲜明的民族特色。两人一直密切关注俄罗斯时局，喜欢招揽四方宾朋，并飨之以梯弗里斯美食。例如别雷，也曾被他们请到格鲁吉亚，感受过一番喜悦。雅什维利曾于 1930 年去过莫斯科，当时就决定结识神交已久的帕斯捷尔纳克。

雅什维利出身于贵族，欧洲人，脸色幽深，但不显黧黑，而像是经由激情之火炙烤的颜色。过早从额头蔓延开的“聪明的”秃顶、短髭、高个头、优雅的清瘦身形、无可挑剔的旧式礼仪——这些全都同他相得益彰，赋予他以某种外来人的样貌，令帕斯捷尔纳克难以忘怀。1930 年秋天，雅什维利来到沃尔洪卡。帕斯捷尔纳克很久不曾跟人推心置腹地交谈了，他几乎已经忘记这在以往是常有的事情，所以这一次，当真情四溢之际，他向客人诉说了平日的困苦，说自己坠入情网，不知该如何与恋人结合……他还读了他的“别墅里入睡了”①。

雅什维利回到梯弗里斯，当天就把朋友们召集在一起，向他们讲述莫斯科之行。塔毕泽和妻子、瓦列里安·加普林达什维利、科拉乌·纳季拉泽等人来了。雅什维利兴致勃勃，朗读了《第二叙事曲》，并且说，从未遇到过像帕斯捷尔纳克这样的活生生的奇迹，这样的灵感的化身。大家无不感到好奇，都想见识一下这些惊喜的源头。1931 年 2 月下旬，雅什维利重访莫斯科，又一次执着地发出了自己的邀请。波利沙科夫、巴甫连珂和帕斯捷尔纳克一起请他吃了一顿午餐。7 月 14 日，帕斯捷尔纳克偕同济娜伊达·尼古拉耶夫娜及其长子阿季克，终于来到 1936 年之前一直叫作梯弗里斯的格鲁吉亚首府。

格鲁吉亚不仅成为帕斯捷尔纳克梦想的天堂，也成为一方乐土，汇聚着

① 指帕斯捷尔纳克《第二叙事曲》(1930)。

种种被遗忘的情感，以及似乎消失已久的关系。这里古风犹存，骑士精神依然完好——不是那种倨傲的，而是民主的；他来到这里，躲开了车里雅宾斯克的凄凉、贫寒的无所归依的生活、化批判为戕害的氛围，以及同行们的不解——就像进入一间暖融融的浴室，沉浸于大家的爱戴与热忱，等待他的是周全的款待，是丰盛而漫长的宴席，宴席上少不了华丽的祝词和他喜爱的白兰地。在这里，他第一次不必压抑自己的欢悦，因为每个人都兴高采烈——外露的激情和不绝的话语，是通行的交际方式。他们在雅什维利家里住下。当晚，客人们就"冲着帕斯捷尔纳克"聚集一堂；塔毕泽，据他妻子尼娜回忆，非常激动——眼前的那个人，究竟是否跟诗歌中和帕奥罗叙说的帕斯捷尔纳克一样。果真没错——一模一样。"他身上蕴含着多少内在的热量啊"，尼娜·塔毕泽回忆道。帕斯捷尔纳克对来宾敞开笑脸，他们同样报以爽朗的笑——"我们当时就成了一生一世的朋友。"他朗读了很多，大家也为他朗读；他倾听着，一句也没听懂，却为轰响着的疾速的格鲁吉亚语言而触动。行程当即确定下来：卡赫蒂亚、博尔若米、阿巴斯图曼、巴库里阿尼①。塔毕泽说，"我不相信，您是第一次来我们这里。一个写下了'每当夜晚，在冰川的蓝光下/从塔玛拉身边来到这里'②的人，应当看看高加索山。"帕斯捷尔纳克答曰，任何人，只要懂得俄罗斯诗歌，都会对高加索感到亲近。他们开怀畅饮，直至夜半时分，次日早晨，带着帕斯捷尔纳克和他的恋人游览古老的梯弗里斯。梯弗里斯当时（后来很长时间也是）就像一座欧洲的中世纪城市：狭窄的小巷、交缠的藤萝、数不清的小餐馆、刀具作坊、皮革店、露天市场、当街做活的手工匠、坐在院子里的好心肠的老太太、五光十色、热情好客、劳动与节庆最幸福的结合——像以往一切世代那样，人们劳动，是出于自愿；帕斯捷尔纳克不禁爱上了格鲁吉亚的骑士之风。大地自行生产，太阳慷慨地挥洒热量，每个院落里都备有待客的美食，没有什么会是负担，见不到苏维埃政权的迹象——甚至压根儿感受不到它的存在！还有绵延的群山。五年后，帕斯捷尔纳克将在小型叙事长诗《夏日笔记》（《Из летних записок》）③中写下这样的诗句："大地阻止了时间，/那里翱翔着它的精

---

① 均为格鲁吉亚地名。

② 引自帕斯捷尔纳克《恶魔之忆》（1917）。

③ 又作《旅途笔记》（《Путевые записки》），亦可称之为组诗。

灵，/我们也像大地精灵/胡扯，憧憬着浪游的生涯。”

塔毕泽——雅什维利的亲密朋友与对跖者，成了帕斯捷尔纳克心目中民族诗人的化身：“他抽烟，一只手/托着下巴。/他冷酷，如浅浮雕像，/纯净，如天然的金属。/他结实，他脆弱，/他死气沉沉，然而——/罗丹却塑造了/像他一样的巴尔扎克。”①

他们去了穆茨赫塔，参观了扎瓦利修道院。8 月，来到科若里，住在“疗养院”宾馆 8 号房间。这是婚礼前的蜜月，是人间天堂和所有愿望的实现。尼娜·塔毕泽偶尔会发现济娜伊达·尼古拉耶夫娜脸上“深深的忧伤”，但她还不知道，济娜伊达·尼古拉耶夫娜生性沉稳，在众人面前寡言少语，情绪不轻易流露。

帕斯捷尔纳克终生难忘那座宾馆：“楼房屹立在科若里附近的道路转弯处。道路沿着楼房正面抬升，然后绕过楼房，经过它的后墙。因此，从这座楼房可以前后两次看到所有在路上步行和乘车的人。”这一段引自帕斯捷尔纳克的自传体随笔《人与事》——写于 1956 年春夏之交的最后的自传，原本作为预定于 1957 年问世的《诗选》前言。《诗选》最终未能出版，而随笔直到 1967 年 1 月才发表在《新世界》杂志上。在《人与事》中，帕斯捷尔纳克以极其简洁的高超笔法总结了他的一生，而且只提到一些要点；科若里的楼房之所以被写入自传，或许是因为，帕斯捷尔纳克试图在随笔中记录一生中主要的“事件”：他喜爱的、也是最具象征意义的场景，它们频频出现于《斯佩克托尔斯基》以及后来的《日瓦戈医生》。

在三十年代的苏联媒体乃至作家界，帕斯捷尔纳克常常被称做“住别墅的人”，人们取笑他仅仅透过别列捷尔金诺住所的窗口窥望生活；而体现其立场的更准确的隐喻，倒不如说是那山路转弯处的房屋。在他个人的生活中，一切都是偶数的，所有人与事，他都分先后两次来看：譬如马雅可夫斯基，先后成为《安全保护证》和《人与事》的主人公；茨维塔耶娃，先是《施密特中尉》所赠予的对象，再是同题作品（диптих）《怀念玛丽娜·茨维塔耶娃》的主人公；而革命则成为他的两部关于爱情的主要作品——《生活，我的姐妹》和《日瓦戈医生》的隐秘主题。这种从两扇窗口透出的眼光、两面

① 引自帕斯捷尔纳克《夏日笔记》（1936）。

镜子中的影像,亦即帕斯捷尔纳克创作之道的最典型特征。年轻时,他怀着喜悦与愧疚看待世事;等到成熟之际,则是谴责与同情。两种对世界的不同感知,彼此之间横亘着一道界线,一道密实的木墙。这便是三十年代。

然而,帕斯捷尔纳克的心理向来如此:无论何等的幸福——无论在何等情况下,倘若未经羞耻与惶恐的映照,都会令他感到刺痛。在一个黄色的便签本上(未来的新诗集《第二次降生》中有许多作品都出自这里),帕斯捷尔纳克随手记下《对热尼娅和热涅奇卡的忧虑》。记下《济娜和阿季克来到草地》。就在科若里,他写下这首未收入新诗集的幸福而惶恐的诗作:

未来!云朵蓬乱的侧影!
灰帽子!年轻的雷雨!
天堂的苹果,成熟在
我将如上帝的年月。

我经历过这些。我偿清了。
我知道这一切。我体尝过。
炫目的夏日。晴朗的酷暑。
炽热的蕨草。阒寂无声。
苍蝇不停歇。野兽不蹦跳。
鸟儿不飞舞——焦灼的夏日。
草叶不拂动——棕榈如墙垣。
蕨草和棕榈——这也是
树。这是篮子里的皇后苹果,
把受伤的阴影投进燥热,
少女之树与禁忌之树。
这是如墙垣的棕榈,是"喏,那边,
不管有什么,我要去瞧瞧……"
棕榈如墙垣,不知谁是另一个,
谁像强力,像饥渴,像痛苦,
谁像大笑和彻骨的冰冷——
掠过脑门和手掌上的寒毛,——

一条蝰蛇——烙铁似的盘在水洼。

针叶松的蓝色线条。阒寂无声。

蕨草和墙垣般的棕榈。①

恍如梦境的诗，略显不祥，尤其是斜体标注的“树”；魔鬼的在场清晰可辨，仿佛寒颤滑过肌肤。诗中宁静窒闷的夏日，令人联想到帕斯捷尔纳克的早期作品，联想到《生活，我的姐妹》——“蓝天把一副灼热的面孔／俯向河流那憋闷的宠儿的脸”，以及整部诗集中最为茫然、最具转折意味的一句：“不要拼接端点，不要抬起双手。”②天堂归天堂，却已然出现了蝰蛇的身影；幸福对于帕斯捷尔纳克，总是某种需要偿还的东西：“这样我们才会获得原谅，／我们将相信、等待、活着。”问题再次出现——难道可以责怪他的自私自利吗？回答是肯定的，而且人们责怪他，显然因为他写下了这样的诗句：“莫非我想要更甜蜜的生活？／不，绝不，我想要的／只是摆脱半梦半醒的遭际。／但我该从何处获取力量？／假如夜晚，伊尔宾的梦境／容不下我一生的累积？”③这是《屋里不会再有人来》一诗的原型，是陈说一切的自我辩白；新的爱情——并非种种愉悦的寻求，这是摧毁生活，又要使之摆脱停滞的强劲动力。而可怕的险境与隐秘的伤感也就在于此——一切乍看如此真实，如此和谐美好：诗人获得美人的芳心，进入一个山、海和园林的天堂，朋友簇拥在身旁，妻儿被他打发到德国，似乎也已安顿妥当……然而，在这些幸福的深处，却是躁动着的忧伤。他必须时刻让自己相信，济娜伊达·尼古拉耶夫娜比任何人都优秀，她生来就是他的女人，她身上汇集着一切的完美——关于她的诗篇充满了狂喜，因而有时也就不大可信。

在此期间，他写信给约瑟芬娜：“我从来没有像现在这样爱着热妞拉和热年卡④，我相信并且知道，像我一样，他们两个及所有亲人的情况，很快也会好起来，最起码比以前要好。无论如何，你都会看到，最终的结局将充满光明与善。（……）我是一个负债累累的人，一个无可辩白的罪人。但即便

---

① 此处是对《未来，云朵蓬乱的侧影》（1931）整首诗的引用。

② 这一句和前面的“蓝天把一副灼热的面孔……”，均引自《生活，我的姐妹》中的《他们那里如何》（1917）。

③ 引自帕斯捷尔纳克《莫非我想要更甜蜜的生活？》（1931）。

④ 帕斯捷尔纳克妻子和儿子的昵称。

如此，这些亏欠有朝一日也会得到补偿。”

这似乎又是帕斯捷尔纳克的奇谈怪论，其实这里并无任何难解之谜：长期的相互习惯和持久的争吵过后，那些在茫然失措的岁月里让心灵困顿不堪的东西，突然释放出新的能量，与此同时，对济娜伊达·尼古拉耶夫娜的爱，也给他带来了精神力量。对于如何真正保持情感的充沛，如何充分把握文学机遇，帕斯捷尔纳克向来懵然无知，他善于领会的唯有幸福。并非在顺境中领会，因为他所遭遇的幸福，无论对他还是对周围人，几乎总是灾难性的——但恰恰又是在他处于自我平衡之际。

游览了科若里，雅什维利将他们带到柯布列梯海滨，度过了 9 月和 10 月初。用餐是在政府食堂。同住一所宾馆的还有诗人西蒙·奇科万尼和维萨里昂·日根蒂，帕斯捷尔纳克在海里的畅游引得他们连连称赞。奇科万尼的房间在一楼，每天早晨，他都能听到二楼的帕斯捷尔纳克吟诵新的诗句。在这里，帕斯捷尔纳克开始了小型叙事长诗《波浪》的创作，这部作品标志着他的抒情诗将迈入严肃、庄重与沉稳的新阶段。成熟期终于到来了。如同他希望见到的“清醒、干爽、老成”的阶段性作品——《崇高的疾病》，《波浪》也采用四音步抑扬格。它有两个已知的版本：第一个短小而流畅，作为待发表作品留给梯弗里斯的朋友们；另一个收录在《第二次降生》中，已然扩展为博大的诗歌宣言。有些语句令人赞叹，足以传之久远，它们构成了音色与声调极为纯正的诗节，其中的忧伤却驱之不散：

我想回家，回到斗室的
辽阔，它勾起了我的感伤。
我要进入，脱衣，凝神，
让街上的灯火把我照亮。
…………
树木和房屋又将传来
浅唱的故调，
四面八方又将开始
冬日的主宰……①

① 本节所引诗节及诗句，除注明外，均出自帕斯捷尔纳克《波浪》(1931)。

叶甫盖尼·帕斯捷尔纳克注意到,“像你一样爬行,升起,/挺直,树立起来,莫斯科”这句——在第一个版本中表达得更为直露:“像你一样终结,莫斯科。”第二次降生原来无异于死,而《安全保护证》同样也道出了这一预言:“这难道不是死而复生? 这难道就是死亡?”

《波浪》——一部非常严谨的诗作:

仍是旧有的迹象:冬日在门边,
我们却怀念着夏日的尾声。
我们同它道别,来到岸上,
把双脚浸没在一片白沙中。

这部作品中阴郁的景致——虽然也有过几缕阳光——犹如古斯塔夫·多雷①描绘的炼狱。从各方面来说,柯布列梯之行都是过渡性的旅程,这也可谓是一座炼狱;整部长诗当中,未出现一个鲜活的人物,甚至牧羊人和向导也是一副严厉的面容,像群山一样倏忽即逝。应当习惯,适应……竭尽所能地服务——要么服务于人民,要么是自己的天赋……但纪律的声音超越了这一切。被发配从军者迈开行进的步伐:“一年又一年,一个又一个部落”,尽管他们自己随后也会爱上这片土地:

这股人潮何以涌动? 是因为
有人将他们驱遣到杀场?
或是他也爱上了这片土地,
从此不由自主地陷入迷恋?

当然,大概除了别斯图热夫-马尔林斯基②,再勉强算上波列扎耶夫③,很难想象哪个俄国流放犯会狂热地“爱上这片土地”;不过,还是应以平和的心态看待征服高加索的思想,看待它被强行纳入帝国领土,以及那些被遣送至军旅的人们……展现在读者面前的终究不是俄罗斯中部平原(当然,

---

① 古斯塔夫·多雷(1832—1883),法国著名插图画家,曾为西方许多古典名著创作过插图,其中包括但丁的《神曲》。

② 俄国浪漫主义作家,十二月党人。马尔林斯基系笔名,全名为亚历山大·亚历山德洛维奇·别斯图热夫(1797—1837)。

③ 亚历山大·伊万诺维奇·波列扎耶夫(1804—1838):俄国诗人,曾经在高加索服兵役。

那里也有过形形色色的往事），而是那征战之地——“战斗在山涧激流中持续了两小时；/人们如野兽般残酷厮杀”①——战斗不是持续了两小时，而是百余年；莱蒙托夫当年来到这里，也不是因为矿泉，是因为全然不同的另一种水——“但那浑浊的水浪已变得/暖暖融融，呈现红色”……帕斯捷尔纳克试图给这幅画面配以舒缓的和声：高加索之被征服——是出于爱，而流放犯们来到这里，爱上这片土地，也几乎是不由自主的。要知道，作者本人起初也感觉自己为新的现实所虏获，尔后居然爱上了这被俘的境况。被迫爱上这种强加于人的伟业，成为《波浪》的主题，影响着整部作品的基调、底色和韵律。

直到帕斯捷尔纳克回到莫斯科，在追忆中怀念起格鲁吉亚时，那里的山山水水才唤起了他的愉悦；而阴郁的色调却始终主导着《波浪》：

天蒙蒙亮。弗拉季高加索城外
愈显昏暗。沉重地游移着
黑云。黎明并非骤然而至。
一片曙色，却尚未豁亮。
…………
从那儿飘来梦一样的影子。
像架在炉灶上的大锅，
像盛有下了毒的饭食的瓦罐，
达吉斯坦在里面冒着烟气。

这里尤其动人的是，作者想为国家局势寻求美学上的辩解，想把俄国变局描绘得宏伟壮丽，犹如自然景观，并接受这些变局，哪怕是以这样的形式：

整个高加索如在手掌心，
整个如同揉皱的床褥，
一簇簇冰峰闪耀着蓝光，
让燠热的山岚也为之失色。
…………

① 此句及下文“但那浑浊的水浪……”，参见莱蒙托夫《我是偶然给您写信；说真的》（原名《瓦列里克》，1840）。

我以队列殿后者的目光
凝望着这一片美景，
这一道道屏障之鲜明
让我感到多么羡慕！

哦，愿我们也有同等的机遇，
愿我们的日子和天才的计划
穿越时光，就像穿越云雾，
同样陡峻地注目于我们！

愿它迈开步伐，日日夜夜
在我面前不住地行走，
愿它用自己那崇山的脚掌
将我的预言之雨踩成泥浆。

不该跟任何人争吵，
也不该被任何人猜疑，
我愿抛开劣等诗歌的营生，
去塑造我的长诗的生命。

多么异样的田园诗！塔毕泽喜欢念叨："不是我在写诗，是诗在写我。"①帕斯捷尔纳克后来将这首写于1927年的诗作译成了俄语；此诗在两人的创作中并非杰作，但鲍里斯·列昂尼德维奇欣赏开头的警句。这是怎样的基督教立场啊！作者不是我，而是我的主宰者！还有自始至终存在于帕斯捷尔纳克诗歌中永远的渴望——融于现实，成为造物主的工具："我将一抹雪青色的光泽/悬于造物主的鹅毛笔上。"②这表明对最高等级之存在的意识，而非对责任的惧怕。诗人与非诗人易于区分：在非诗人那里，一切

---

① 出自塔毕泽的一首抒情诗。原诗无题，起始一句为："不是我在写诗，诗歌像故事，书写着我。"

② 引自帕斯捷尔纳克《夏夜之梦》（1922）。帕斯捷尔纳克于不同年份，分别写下五首题目同为《夏夜之梦》的诗作。

皆为自由放任。诗人则知道，和谐的法则并非由他们所创想，亦非他们所能取消：诗人的活动不在于创造，而在于获取；不在于构想，而在于探寻与清理。把这种温和的、顺服天命的创作立场挪移到有关人类共同体的观念上，是一件多么诱惑的事情——让他（造物主）来创造自己，塑造长诗的而非作者的生命！正是在格鲁吉亚，帕斯捷尔纳克的思想开始向这方面转变。在1936年的《夏日笔记》中，他回顾了自己当初对于人民的思考：

没有他，你即是虚空。
是他，将你的理想和目的
拿来雕琢，就像雕琢
他自己的一件制品。

二十年后，正是这件“制品”，在帕斯捷尔纳克一首描写医院的诗中发出回响：“你占有我，/仿佛占有一件制品，/你收存时，仿佛把戒指放进匣子。”①只不过，那时它已掌握在上帝手中，而上帝无需斧凿即能得心应手，不会使脆弱的工具受损毁。不管怎么说，对于这一层次的诗人，声响与音调所言说的，总是多于语义，所以《夏日笔记》刚一发表，苏联作协总书记、《新世界》杂志主编弗拉基米尔·斯塔夫斯基（曼德尔施塔姆死于他的告密）立即向帕斯捷尔纳克发起了攻击。1936年12月16日，他在全苏作家代表大会上叫嚣：“他一直在诋毁苏联人民！阅读并且谈论这些玩意儿，怎能不令人愤怒！”大概是这些“玩意儿”缺少了苏维埃式的极乐。帕斯捷尔纳克不得不在次年第一期《文学报》上替自己辩白：“人民，乃是工匠（车工或木匠），而你，艺术家，你是材料。”

这里反映出他的坦诚，而且这也属于他的基督教世界观的范畴，他一以贯之的“不公正”，以及成为攥在造物者手心里的“工具”或“制品”的愿望，也都来源于此；然而，正因为将人民等同于上帝，而总体的计划，则是将人民等同于自然景观，帕斯捷尔纳克很快陷入了创作上的僵局。代价是沉痛的，诱惑却又如此强烈，与格鲁吉亚的相遇又是多么及时！它那无限风光，激发着关于劳动、忍耐、功业与压迫的沉思！他情不自禁地要把自己那些预言的

① 参见本书第一章及第四十一章。

"雨水"置于崇山脚下——只要那下压的力量像高加索山一样伟岸！当屏障明确无疑，生活确乎具有可能性；而它们一旦落入共产主义诡辩术的范围内，时而表示右倾，时而表示偏左，时而成为胜利冲昏头脑的标志，一切则另当别论……倘若那个统领国家的高加索人①磊落如生养他的群山，那么顺服反而会是一种愉悦。进而言之，倘若引领真理之路的是一位心爱的女人——济娜伊达·尼古拉耶夫娜恰好是一位真诚的苏维埃女爱国者，她觉得这个稳定的新时代符合自己的认知——那么就连思想上的引领也可接受：

社会主义远方，你就在身旁。
你说——在近处？——在我们
聚集的方寸之地，以生活之名——
重新修改吧，但只要是你。

鲍里斯·列昂尼德维奇甘愿容忍这位"书报检查官"的指示。对于理想生活，劳作的、公正的、充满美和友善的、贫瘠与繁华和谐交融的——生活的期愿，同样也表现在《波浪》中：

我们身在格鲁吉亚，用穷困
加以柔情，地狱加以天堂，
再把山麓作为冰川的温室，
我们便会求得这一极值。

我们会懂得，在大地与天空
如此精细的合成中，还须增添
成功与劳作，责任与空气，
方能造就一个人，就像在此地。

耐人寻味的是，帕斯捷尔纳克是否对那个人有所指涉？看起来，随后的内容已然是直接源于其生平："为锻造自己，他经历了困顿/失败和非自由，/他成为典型，形成了/盐一样可靠的品质。"从人生履历来看，这段描写

① 暗指格鲁吉亚人氏斯大林。

跟任何一个格鲁吉亚新朋友都不相符。困顿、失败和非自由,这正是钢铁般的柯巴①走过的道路,尽管诗中所述也可能是充斥着战争、奴役、高贵而贫寒的格鲁吉亚历史。无论怎样,格鲁吉亚之于帕斯捷尔纳克,即是理解斯大林这个人物的关键之所在:他爱上了这个国度及其子民,由此所源生的一切,都不能不引发他的敬仰。这种敬仰真正发生动摇,是在斯大林和他的朋友、那位梅格列尔伟人②开始热衷于宣扬他们的生身之地,并大张声势地纪念他们在这里的经历之际;而曾几何时,他们也不过是凡夫俗子,留在当地某些人们记忆中的印象也是如此。在三十年代前半期,"格鲁吉亚人"一词对帕斯捷尔纳克,可谓神圣的代名词——这一点不该忘记,当我们谈起诗人与领袖的关系时。这其实不足为怪,曼德尔施塔姆当初游览了亚美尼亚之后,随便哪个亚美尼亚裔布尔什维克都引得他赞口不绝,他相信,一个人不可能将自己身上源于贫寒故土的本色与赤诚清除殆尽。

哦,若是成功与劳作,以及责任与空气,这一切能够兼而有之!格鲁吉亚在帕斯捷尔纳克看来,体现着一种理想的折中。"如同诗人进行创作,领悟了/两种事物在生活中的分别显现。"因为诗人的事业就在于各种极端性的接合——若非如此,一切文学都将单调之极!温室与冰、自由与责任——这便是合成,也是他在格鲁吉亚亲眼所见;真正吸引他的,当然是这些,而非美酒与盛宴。他是否终于开始尝试简白的说理,以便被理解?!我已害怕引用下列诗句——在帕斯捷尔纳克的诗作当中,这些是他为数不多的因频频引用而受损耗的句子:

> 大诗人们的经验具有
> 这样一些自然的特征,
> 感受到它们,就不能不
> 结束于彻底的沉默。

---

① 斯大林在十月革命前的众多化名之一,格鲁吉亚语中的意思是"无所畏惧的"。据说这一化名来自他喜爱的格鲁吉亚作家亚历山大·卡兹别基(1848—1893)的长篇小说《弑父者》。小说主人公是一个侠盗,名字就叫作柯巴。

② 梅格列尔人,生活在格鲁吉亚西部的一个部族,苏联秘密警察头目贝利亚(1899—1953)即出身于该部族。"梅格列尔伟人",是对贝利亚的谑称。

既然与存在的一切结缘，
相信并知悉生活的未来，
就注定要陷入终局，如同
陷入异端和空前的质朴。

可是我们不会得到谅解，
倘若这种质朴不假掩饰：
人们原本最需要它，
理解起来却不容易。

当然，这里谈到质朴，是把它作为最大限度的直白和形式上的节制，而非作为一种通俗性；但这种倾向是否会导致语言的贫乏，乃至作者个性的缺失？当我们遇到一个总体潮流趋向于简化的时代，是否会有随同这个时代一道衰退的风险？最后还有一个问题——托尔斯泰是否会把俄罗斯第一散文家的殊荣归结于质朴？事实上，诗中所探究的质朴，并非目的，更像是一种诱惑，一种异端邪说，一种最好是避而远之的必然性，但——又能退避到何处去……

这部长诗，充满着顺服于时代，并且欲要与时代共同完成那总计划的坚定意向，在更大程度上呈现的，则是预断与宣示，而不只是诗歌本身的建树："这里将会有一切：往日的经历，/我依然赖以生活的事物，/我的追求与坚持，/以及清晰可见的现象。"倘若不仅将《波浪》视为《第二次降生》的序曲，而且也是帕斯捷尔纳克在格鲁吉亚即已感受到的创作新阶段的起点，那么当然可以说，这部作品开创了全然不同的意义；但与此同时，也应当承认，预言始终未能实现，因为整个三十年代，是帕斯捷尔纳克一生中不曾有过的非诗歌的十年。

波浪"忧郁地喧嚣着"。帕斯捷尔纳克在这部长诗中所欣赏的，正是他从未称颂的壮丽景象。他笔下的大自然向来处于运动和慌乱，其抒情诗的景观发生改变这一事实——从凄惶和散乱的俄国中部风光，变成了巍峨雄浑的高加索气象——可谓意味深长。诗中有许多由宏大规模及数量所引发的陶醉："柯布列梯的巨岸""广阔的海滩""一个又一个巨人，一个更比一个凶险和俊朗"……整部长诗，就矗立在这种"凶险和俊朗"的礼赞之上。

这一情结,引发了一场此前似乎未有深入研究的诗歌较量。我们已经说过,并且还将说起,帕斯捷尔纳克之于扎波罗茨基,意义何等重要。双方关系涉及很多方面:从扎波罗茨基写于1936年的那篇文章,以近乎密告的方式宣称帕斯捷尔纳克不愿按照时代的要求重新改造,直至他热情洋溢(诚然,艺术上乏善可陈)的论述——《俄罗斯的暴风雨锻造了心灵的对话者与诗人》。扎波罗茨基似乎应该欣赏《波浪》在形式上的质朴、庄重及抑扬格的精当,然而,这却只是一种肤浅的认识。此公恰好是一名伪经典诗人,在他那些利落的行文之中,“隐约闪露着混沌”。帕斯捷尔纳克与扎波罗茨基之间的论战,主要发生在哲学和思想意识的层面。二十五年后,扎波罗茨基以其力作《卡兹别克》回应了《波浪》:

曙光升起,我也苏醒了,
雪的囚徒卡兹别克①
将燃烧的金属的双峰
投映在窗口。

我来到空气铁硬的户外。
远方,高大的山体底部,
雾的深窟从石头蜂巢的
塌陷处喷吐烟气。

大地开始祈祷,为那个
威风凛凛的统治者。
在这喧嚣缭绕的氤氲中,
他却让我感到陌生与敌意。

在冰封的卡兹别克脚下,
人类的活生生的灵魂
调理着人间万事,

① 大高加索山脉最高峰之一,位于格鲁吉亚与俄罗斯交界地带,为双锥形死火山。

痛苦，呼吸，活着。

而他，远离耕作的农田，
高踞在凌驾世界的绝顶，
他只是无谓地向人们
施以恐吓与加倍的凶险。

难怪那些赫夫苏尔人①
无精打采，只在半梦半醒间
从自己的村庄，向山脚
他死寂的疆界投去一瞥。

一首无须注解的解冻时期的典型诗作。这种作品，只有在苏共二十大之后才可能发表，更主要的是，才可能写得出来。从帕斯捷尔纳克为饱览宏伟山川而陶醉，到扎波罗茨基对荒芜而凶险的美景表示蔑视，两者之间横亘着二十年之久的政治恐怖。争论的对象不只是斯大林，扎波罗茨基诗中影射的当然也不只是他；诗的主题也并非“偶像的国度”，而是那一派死寂的壮丽景象。成熟期的扎波罗茨基，强烈反对从冰封的山崖发现什么温情与灵感；吸引他的是贫寒而顽强的山村生活。争论围绕着植根于群山之间这一诱人的却又极其危险的愿望而展开。然而，我们应该意识到，帕斯捷尔纳克的自我牺牲和成为人民与历史之工具的观念，均由他个人的气质所决定：问题仅仅在于，究竟该将自己供奉于哪一路神祇。在《波浪》中，他为之迷恋的似乎根本不是自己平生喜爱的那种宏大景观，所以这部描写自然界的长诗，居然绝少自然的特征。这大概便是所谓“汇聚着诗之自由元素的自然力的自然界”②……帕斯捷尔纳克笔下的大海庄严肃穆，束缚在严谨的抑扬格中——“惊涛拍岸，像拍打待烘烤的华夫饼干”（他曾想删改这一句，他童年时代的华夫饼干是圆球状，装在小圆筒里，后来变成了扁的。幸亏文艺

① 格鲁吉亚人的一支，生活在格东北部大高加索山区。

② 语出帕斯捷尔纳克《变奏曲原创》（1918），原文为 стихия свободной стихии с свободной стихией стиха。

学家邦尼科夫劝说他保留了原句)。在波浪的奔涌中,在迈向高加索的士兵们无尽的队列中,在盘山公路上的山势起伏中,可以感受到历史一往无前的单调的律动……“我接受你,就像接受挽具……”,而这正是整部作品悲凉如秋日海岸的缘故,尽管“时值十月,而太阳灼热,/一如你的八月”。

不过,感伤的情调油然而生,也可能是因为要返回莫斯科了。帕斯捷尔纳克已经开始想念这座城市,就像想念冬天。此时,在他的故乡,正酝酿着一场极不明朗的变局,需要重新解开那个缠绕的死结。10月中旬,他们所有人都去了梯弗里斯,帕斯捷尔纳克把《第二次降生》已完稿的部分留给“外高加索联邦出版社”(Закнига)①,并且与之签订了合同。签好的文本被直接送往火车站。梯弗里斯一份名为《速率》的周刊采纳了他的三首诗作,并很快予以刊登。10月16日,帕斯捷尔纳克与济娜伊达·尼古拉耶夫娜及阿季克一道驶向莫斯科。

4

还在半道上,他们就不得不给涅加乌斯拍了一封电报,为了让他把济娜伊达·尼古拉耶夫娜的毛皮大衣送到火车站。莫斯科1931年的冬天来得很早,10月底,气温就降到零下十五度,而他们随身只携带了夏天的衣物。涅加乌斯本人没有去车站,对此,帕斯捷尔纳克应该会感到高兴,而济娜伊达·尼古拉耶夫娜则似乎十分恼火;不管当时的情形如何,她在回忆录中写道:“我就知道,而且确信亨里希·古斯塔沃维奇不会来接我们。”涅加乌斯派了斯塔西克②的家庭教师亚历山德拉·阿尔卡季耶夫娜替代自己。一见面,这位家庭教师就说,斯塔西克身体健康,却没有提让济娜伊达·尼古拉耶夫娜回到涅加乌斯那儿。当初,他们匆匆忙忙、激情满怀地从基辅驶向梯弗里斯,压根儿就没考虑还得回来;帕斯捷尔纳克不顾寒冷(谁也没来给他送大衣),热情地央求恋人及其长子一起去他在沃尔洪卡的住处。济娜伊达·尼古拉耶夫娜表示了拒绝,因为去别人家她觉得不自在,尽管屋子已经

---

① 外高加索联邦,1922年成立,1936年分成格鲁吉亚、阿塞拜疆和亚美尼亚三个加盟共和国加入苏联。

② 济娜伊达·尼古拉耶夫娜与涅加乌斯所生的幼子。

空置了一年；然而，终究是无处可归——也就只好去了。结果，涅加乌斯也来到沃尔洪卡找他们了。又是一番口舌之争：帕斯捷尔纳克要求把斯塔西克交给他，涅加乌斯坚决不同意。

1931年12月，帕斯捷尔纳克又遇到了令他伤感的事情——《新世界》杂志更换了主编。先前处在这一职位上的是深爱着帕斯捷尔纳克的波隆斯基，如今轮到了伊万·戈伦斯基，一个无害的、甚至更具自由倾向的人，却完全失去了个性。开始的变动往往如此——被委以领导职务的并非托尔克威玛特①这样的人物，而是尽职尽责、安分守己的公务人员。按照"拉普"的说法，波隆斯基之被撤换，是因为跟右倾"同路人"②和机会主义者过从甚密。戈伦斯基继续刊登帕斯捷尔纳克的作品，却未能成为他的朋友和对话者。

从12月10日到15日，苏联作协展开了一场关于诗歌的讨论会。这样的活动总是周而复始，无果而终，起初，帕斯捷尔纳克还参与其中，但随后就感到疲惫不堪。在此期间，几乎谁都不能潜心写作，因而宁肯争争吵吵。雅什维利也从梯弗里斯赶来参加讨论。做主题报告的是阿谢耶夫。他将所有诗人分成三类：创新者、折中主义者和仿古主义者。帕斯捷尔纳克几乎未被提及（四年过后，这位旧友开始批评他脱离现实）。不过，帕斯捷尔纳克却于12日发言，以惯有的惊人之语，表述了他所认为的几条最基本的真理："有些东西不会毁于革命。人类先前的发展阶段，为我们留下了艺术这一神秘之至并永世长存的事物。可我们却昏乱到这般地步，以至于诗人们总是被教训：'应该这样！''应该那样！'。艺术向来自己给自己提出目标……我们实行的是无产阶级专政，而非庸才的专政。这是两个不同的概念！首先应该谈论的是，诗人自己需要什么：时代为人而存在，人不是为时代而存在，我是这个时代的人，我深知这一点。"

① 托马斯·托尔克威玛特（1420—1498），西班牙宗教裁判所创建者，也是西班牙第一任宗教大法官。

② 苏俄政治用语，专指布尔什维克政党与组织的同情者，甚至与它们合作的人士，但并不具备组织身份。在十月革命早期，"同路人"只是一个中性词汇，指的是对布尔什维克表示好感的非党作家和艺术家。通常认为，该词汇最早使用者是卢那察尔斯基，自1923年起，为托洛茨基所广泛使用。皮里尼亚克、普里什文、巴别尔、列昂诺夫以及帕斯捷尔纳克，均被视为典型的"同路人"。二十年代后期，"同路人"一词转向贬义，指潜在的敌人——"资本主义的同路人"；或者是有缺陷的朋友，赤贫的农民——"无产阶级的同路人"。

在这里，他显然是以挑衅的口吻，套用了耶稣的话语："安息日是为人设立的，人不是为安息日设立的。"（《马可福音》第二章第27节）帕斯捷尔纳克此番言论引起了激烈的争议，当然，还不是恐怖高潮时的那种唇枪舌剑，他只是被暗示（经由最后结束讨论的"拉普"成员亚·谢利万诺夫斯基之口），在社会主义时期，谁都不应站在主观唯心主义立场上。据称，《安全保护证》即是主观唯心主义的一面旗帜。不过，那个时代还算比较得体，人们毕竟还记得"主观唯心主义"之类的词汇，到了1937年，便索性称之为"暗中破坏"了。尽管如此，这场讨论加剧了帕斯捷尔纳克沉重的心情，对自己的发言他也不满意，只有帕奥罗·雅什维利热烈的言辞让他略感欣慰。最伤感的事情，莫过于对昔日好友阿谢耶夫的失望，后者始终不肯原谅帕斯捷尔纳克同"列夫"的决裂。12月16日，讨论会的最后一天，阿谢耶夫突然说起，因为不接受"列夫"所主张的创作"工艺化"，帕斯捷尔纳克远离了具有普遍意义的原则，致使《斯佩克托尔斯基》成为一部跟《一九〇五年》相比的倒退之作（让阿谢耶夫倒退半步试试看！）。结束发言时，他警告说，帕斯捷尔纳克对年轻诗人的影响是危险的。如此卑劣无耻的叛卖，帕斯捷尔纳克此前尚未经历过。

与此同时，叶甫盖尼娅·弗拉基米洛夫娜写信说，她将于新年前回来，这样一来，无异于雪上加霜，半年后，帕斯捷尔纳克完全有理由在信中对妹妹说："哎，多可怕的一个冬天……"叶甫盖尼娅·弗拉基米洛夫娜从德国寄给他的那些书信，即便是旁人读了，都不可能不会为之落泪。简直不敢想象，仍然处在幸福的自私与晕眩中的他，内心又该是何等滋味。我们要说的是，写这些信的正是永远责怪他的狂热，动不动泪如雨下的那个热尼娅，因为缺乏自制力，她那哭天抢地的样子就像是被人抽去了脊梁骨。

她于1931年11月至12月间从柏林写给丈夫的信，充满了委屈而恼恨的怪责（"你像穿着不系纽扣的长裤，大摇大摆。别人假装理解你，倾听你，等他们转过脸来，却都是一副惊奇的模样"），以及孩子般无助的怨言（"我不想满世界晃来晃去，我想回家。九年来，我习惯了我们在一起，这对我至关重要。我要你把这个家重建起来。我无法一个人养育热尼亚。"）

最可怕的是，热尼娅当真不知道：一切已然于事无补。丈夫的柔顺、随和、平常看似的谦让、天生的知识分子气质——这些让她以为，他会回心转意，会因为她提到无力独自养育的孩子及她本人的心脏病而悬崖勒马；一些似乎极具说服力的论据也派上了用场。动辄无来由地悔过与自责的帕斯捷尔纳克，相信“他是上帝派来折磨自己与亲人，折磨那些为罪孽所困扰之人”，面对一个生病的女人、他的孩子的母亲那些泪水婆娑的书信，是否不为所动？“天哪，我不明白，为什么这场噩梦会闯入我的生活，既没有镜子也没有人，能够给我一个回答。我等待着自己完全失去理智的那个时刻，我又害怕它的到来。好痛啊，闷得喘不过气来。行行好吧。帮帮我和热尼亚。就让济娜回到自己的位置上去吧。”

上帝啊，这跟济娜有何干系？！帕斯捷尔纳克的一个永恒问题之可怖就在于：某种不确定的意志，比个人意志更多地介入了私人生活。有时介入其中的是历史，有时是命运的最高逻辑。问题关乎他的生活及才华的保全。由自我保全与发展的必然逻辑所决定，他必须离开原先的朋友，摆脱周遭的羁绊，放弃旧的诗歌；此种逻辑，局部的结果便是与前妻的分手，继而在自己需要的时刻把第二任妻子留下。存在着一种既定的机制，一种自动实现的奇迹——落入这一天体轨道的人是不幸的，因为其运转规律无从掌握。在这条轨道上，帕斯捷尔纳克本人也被引向了“养老院的拱门之下”①，以至于他在 1939 年向阿赫玛托娃谈起跟第二任妻子可能要分手时，自己也着实不明白，他居然会与这“理发馆里的风暴”联系在一起。要是没有她，也会有另一个心爱之人，同他琴瑟和鸣，同时代步调一致。说来可怕，帕斯捷尔纳克生命中的任何一个女人，其自身都不具有任何意义；她们每一个都只是他发展变化中的某个阶段、缘由和转折……当每个人完成各自的角色之际，也就不再对他有意义。当然，存之久远的会是情感、谢意、物质上的接济，是一个知书达理的人应做的一切；但他寄往德国的信件却表明，当时他对第一任妻子的痛苦是何等冷漠。既然他把济娜伊达·尼古拉耶夫娜和儿子带回了安乐窝，那么还能指望唤起怎样的慈悲，又能谈什么良心？通常的人道、良心、善良，诸如此类的美好事物与天命并无任何关系；神的（或者历史的）逻辑与个人的逻辑之间的矛盾，是帕斯捷尔纳克“叙事诗实验”的主要命题，正如他所有真正的散文之命题。“无花果树化作了灰烬”——这一次，充当

---

① 参见本书第十六章。

无花果树的是没有任何过错的前妻；济娜伊达·尼古拉耶夫娜后来并不比她更幸运。

可以理解，试图以诗人的使命为之正名，这是多么诱惑的事情。如此一来，任何一个抛弃妻儿的人，都会把所谓最高意志当作理由。然而，帕斯捷尔纳克终须另当别论：他相信自己的使命，并不只是在他听凭其摆布，将两个家庭拆散并在废墟上重建新家的时刻。他始终相信自己的使命——从他在1941年秋天的别列捷尔金诺面临死亡威胁，到他向斯大林及其软骨的仆从发起挑战，直至迈出自杀式的一步——将《日瓦戈医生》交由国外出版。

“究竟是怎么回事，我的朋友？应该好好活着，应该克服生活的艰辛。让我来帮你，事情总得有个好的结果，可别以为这只会加剧你的痛楚。也算是你帮我吧，否则，我会陷入新的窘境，而我一向为你所背负的压力，也会依然如故。”他们之间的相互威逼显而易见：“救救我和热尼亚！”——“帮帮我吧。”她赌咒：如果你不回头，我会疯了，儿子我也没法再养。他回答：如果你再不停止绝望的央告，我甚至不会把你当作朋友……他希望她“内心坚强”。最后，他终于道出了关键之所在：“你应该明白，我并没有抛弃你，你也没有遭到任何失败，我们最终所做的，还是原先试图要做的。这里谈的不是你，而是我们的家庭生活，对我们而言，它从未真正实现过，经年累月的坎坷让你感到委屈，也让我在你面前无辜地成为罪人……你是否明白，我不是在怨天尤人，也不想为自己辩解，我只想让你知道，你并非牺牲品，你是——参与者，是你我二人共同走到了这一步，既然以往我们相互平等，那么如今，我们之间仍旧是平等的。”

“还有许许多多事情在等待着你，”他告诉她，“我为此感到欣慰。”丈夫向妻子投去极度的诚意，对她的自尊照例致以应有的恭维——他尚不曾料到，任何自尊其实早已不复存在，否则，在她于12月间写给他的信中，就不会有那些压抑到崩溃的道白了：“多么幸福，能够这么痛痛快快地哭，就像我现在号啕着，这是因为痛苦达到了极点，所以它自己就迸发出来。我感觉，我们再也听不到彼此的声音了。当我离开莫斯科时，我是多么地爱你，我天真地想，我明明在控制着自己，心思却飘向了别处，我就像还跟你在一起，爱着你。（……）还记得你最后一天跟我一起逛街的情景，你对所有人，对每个人说——这是我的妻子，仿佛我们的生活又重新开始，那天你还戴了戒指……我深信（因为我爱你，爱我们的生活，连同热涅奇卡），你不可能不回来……你如今为何说，我们的生活对我是一场考验，你又为何要让别人相信这一点，相信不管有过多少麻烦，我们的关系、情谊和生活依然稳固。我什么都不明白。我在哭泣，犹如一个讨厌的女人。莫非所有人都正确，我却是错的。”

接着，她说出了最主要的：“1926 年之前，我们争争吵吵，也许当时我争的是某种平等，或者说，反对某种不公（荒谬的字眼儿），可后来，你为何旧事重提，难道我不曾以生命向你证明，那些琐碎的言谈并不值得回忆，难道你不曾从早工作到晚，难道我们的家里一点儿也不舒服——啊，我实在羞于向你提起这些，要知道，从回忆当中会翻找出五花八门的东西。但我一直什么都不想再说。有人向我读的你那几篇书信，简直让我不寒而栗。”然后她又说起一些令人难堪的事情，说她感觉自己在他妹妹家是多余人，是大家的累赘，以及“费佳（约瑟芬娜的丈夫——德·贝）几乎歇斯底里地对我说——这是我的家，我的妻子，我真希望这个家能有一份安宁。（……）反正他们所有人，爸爸、妈妈、费佳，到头来总是有理。”还有什么可说的呢，从这番话不难看出，她下意识地想显出一副极其不幸和委屈的样子，叶甫盖尼娅·弗拉基米洛夫娜善于此道，但我们不妨将自己摆放在她的位置上：丈夫变了心，跟他的家人住在一起，带着个孩子，身在异国他乡……她描述了难以忍受的孤独和“对所有人的惧怕”：“我走到了绝路”。“为什么，为什么当初我要跟你会面，要知道，那时你已经料到，我们不会有自己的居身之所。喏，够了。（你的）这些书信会让你父母摸不着头脑，他们从中读到的是（你对我们的）爱，以及为了他们和我们而牺牲一切的愿望，他们读到的是合乎自己心意的，是他们能够理解和辨认的。你对我和热涅奇卡如此冷漠，你时而把自己拔高为英雄，时而降格为一个总是抱怨和哭泣的可怜虫。归根结底，你我都是凡夫俗子。”

这封信还附带了一张小照片，可谓“用心良苦”。照片意味深长，画面上人物的表情难以描绘：叶甫盖尼娅·弗拉基米洛夫娜一脸庄重、哀恸的神色，怀抱着热尼亚，俨然在向观众展示自己的儿子，而他则以令人心酸的迷惘和不应有的委屈打量世界。“你变得多好啊！可你们看上去又是多么忧伤！你无法想象，这张照片给我的心灵带来多大的打击。它因为你们而落泪。我都干了些什么，干了些什么呀！你为何如此急迫、如此执着地爱着我，就像战士爱着自己的理想，为何把自己的痛苦当作某种状况或要求，展现在生活面前，这是否就好比说，干脆让生活来诉说，而我死了算了，既然它说的是另一码事儿。你为何不能够参与生活，不信任它，为何不明白，它并非争辩的对手，反倒充满对你的柔情，并且意欲向你证明这一点，只要你走出孤绝状态，抛开你预先向它展开而它未予答复的那些絮谈，你就会径直靠近它，与它合作，面向每天周而复始的需求，心甘情愿地实现它们，起初你会觉得有些痛苦，随后就越来越快乐。”

在帕斯捷尔纳克这封写给一个因他离去而崩溃的女人的信中，一切都可能给人以纯粹的蛊惑之感，假如我们不曾想起他于1914年致父母的那些书信。信中提到，上帝为每一个悲惨的局面都设置了出口，每个人都是生活的宠儿……他以这样一种对世界的认知而活着，其他人则难以接受这种认知，或者根本不为所动。

然而，不能说帕斯捷尔纳克本人这些日子的生活风平浪静。《日瓦戈医生》里有一些片段，正是他当初心境的写照，譬如，尤里·安德烈耶维奇看着拉丽萨·费奥多洛夫娜把自己的女儿安顿在他儿子的小床上，顿时“脸色大变，差点昏过去”。他曾经实在难以忍受沃尔洪卡的生活，跑到列宁格勒待了几天，想找一处住房，却一无所获。或许，对于他父母的看法，叶甫盖尼娅终归是错误的。列昂尼德·帕斯捷尔纳克给儿子写过一封措辞严厉的信：“不管你过去和现在作何感想——且不谈热尼娅，但说可怜的热涅奇卡，他没能待在沃尔洪卡，而是流落在别处，她又该怎样回答他那些聪明的和成人的问题（要知道，他有多么敏感）？你们两个现在必须搬到列宁格勒去，就是说，腾出这套房子。假如热尼娅和孩子下了火车就能回到自己的小窝，这多少也算是一种心灵的慰藉了。”他还特意打电话给儿子，以更为严厉的口气重申了这一要求。这次谈话让帕斯捷尔纳克留下了泪水：他还不习惯聆听父亲这般强硬的言辞。

……叶甫盖尼娅·弗拉基米洛夫娜和儿子于12月22日离开柏林。热尼亚期待父亲像当初一样，坐上火车朝他们驶来，在莫扎伊斯克迎接他们。奇迹当然并未重现。热尼亚来到站台，呆立在那儿，泪水挂满了脸颊。当列车还在开往市区的途中，他想透过车窗看看救世主大教堂①，但这份期望也落了空：在他们离开莫斯科期间，教堂被炸毁了，许多残骸就堆积在沃尔洪卡那套住房的窗下。"等待我们的是饭桌上变凉了的晚餐：土豆炖鲱鱼，"叶甫盖尼·鲍里索维奇回忆道，"在旁边的房间里，我看见两张铺开了一半的小床。济娜伊达·尼古拉耶夫娜和两个孩子马上就该回来了。妈妈冲出门外。我们被带到阿尔谢尼胡同，找谢尼亚舅舅。"——在帕斯捷尔纳克四年前去世的岳母亚历山德拉·尼古拉耶夫娜家里住下。"爸爸经常来看我们，带我去玩耍。对于他在精神上的犹疑，间或承诺回到我们身边，朋友们的看法跟亨里希·古斯塔沃维奇如出一辙，都认为是闻所未闻的疯狂和背叛。爸爸鲍里亚将这一切毫不掩饰地讲给了妈妈听。"叶甫盖尼娅·弗拉基米洛夫娜的兄弟谢苗要求将沃尔洪卡的住房腾出来。

绝望中的帕斯捷尔纳克，带着新恋人来到了果戈理林荫路上弟弟的家。空间很窄，只能睡在地上，帕斯捷尔纳克强作欢颜，开玩笑说，跟心爱的人在一起，住窝棚也好似天堂……另外还有一件麻烦事情，亚历山大·列昂尼德维奇的儿子费佳正在出麻疹，并伴有耳部的病变。寄人篱下，置身于别人的不幸与忙乱，简直教人在肉体上都吃不消。阿季克被交给了他父亲。济娜伊达·尼古拉耶夫娜那些日子过得慌里慌张："早晨，我来到特鲁布尼克街（亨里希的住处），让两个孩子穿好，吃饱，跟他们一起玩儿，傍晚则带他们到辅导老师家里上课。我感到心力交瘁，而鲍里斯·列昂尼德维奇的乐观精神却令我吃惊。"（他大概只是在强打精神；事实上，必须明确承认，情况糟透了。）

5

1932 年 1 月底，济娜伊达·尼古拉耶夫娜回到了丈夫那儿。从她的回忆录来看，她向他展开了戏剧化的道白："我告诉他，让他把我当作孩子的保姆，仅此而已。"亨里希·古斯塔沃维奇表现得颇有分寸，他许诺不揭伤

---

① 莫斯科最具传奇色彩的教堂之一，为纪念 1812 年卫国战争死难将士而兴建，1839 年奠基，1883 年落成，1931 年在苏联反宗教运动中被炸毁，1997 年重新修复。

疤，也就是说“不重提旧事”。然而，就像当初在基辅时涅加乌斯的崇拜者纷纷登门向济娜伊达·尼古拉耶夫娜问罪一样，在莫斯科，帕斯捷尔纳克的崇拜者也前来劝她悬崖勒马，不要一意孤行。最先来的是帕斯捷尔纳克的弟弟，然后是尼古拉·维尔蒙特。两人都说，济娜伊达·尼古拉耶夫娜没心没肺，而帕斯捷尔纳克在原来那个家怎么都待不住，他愁闷得要疯了，三天后，终于离家而去。维尔蒙特告诉涅加乌斯，要把帕斯捷尔纳克带来；涅加乌斯大度地说他也是人，不会固执己见。维尔蒙特走后，他又一次追问济娜伊达·尼古拉耶夫娜，她本人到底想要什么。按照她在回忆录里的说法，她以古希腊式的坦率答曰：对于她，最重要的是做母亲的使命，她希望独自和孩子们生活在一起。实情是否如她所云，如今谁都说不清楚。失魂落魄的帕斯捷尔纳克开始寻找住房，甚至又打算移居列宁格勒——他在 2 月 1 日写给谢尔盖·斯帕斯基的信中提到此事（“如果顺利的话，恨不得立刻就动身”），而 2 月 3 日，他竟然试图自杀，这是他平生唯一一次真正的寻死。

他本人向妹妹约瑟芬娜这样描述事情的经过：“大约是夜里十二点，天气很冷。我心里骤然涌起极度痛苦的破灭之感。刹那间，我发现自己整个的人生都坍塌了，没有谁理解这一生，如今，出于对死的惶恐，连我也不理解它，热尼娅和热涅奇卡开始在我脑海里浮现。（……）前年冬天，我还和热尼娅在一起（……），我总是想，等到最后的日子，了断的、告别的、致谢的日子，我要跟济娜从早到晚（最好是三月冰消雪融时）两厢厮守，她当时还是济娜伊达·尼古拉耶夫娜，了不起的涅加乌斯的太太。（……）我要跟她一起度过最后一天，在她面前告别人世。（……）我急匆匆地去找她，因为害怕自己活不到早晨，我低声呼唤着她的名字……亨·古①给我开了门。我来到济娜身旁。她问我，有什么新鲜事儿，我怎么跑来了。我一句也答不上来。

“这时，亨·古赶去参加一场团体演出了。‘你怎么不吭气呀？’她说完，就走出去锁门。我发现医药架上有一小瓶碘酒，立刻喝了下去。我的咽喉顿时火烧火燎，嘴里不由自主地咀嚼起来，这是由咽喉韧带的酸涩感引起的。

---

① 涅加乌斯名字与父称的缩写。

"'你嚼什么呢？怎么一股碘酒的味道？'济娜回到屋里，问道。'碘酒哪儿去了？'她大喊一声，哭了起来，赶紧忙活开了。幸亏她在战争期间曾做过护士。(……)医务人员给我接连施行了十二次人工催吐，灌洗了肠胃。做完这些，我累得要命，就像刚从大街上跑回来。"帕斯捷尔纳克被留在涅加乌斯家里休养，加利起先不相信所发生的事情，随后却无比震惊，二话没说就把妻子让给了朋友，甚至还责怪她从帕斯捷尔纳克身边离去："喏，这下满意了吧？他向你证明了自己的爱？"关于自杀事件的整个经过，尼娜·塔毕泽另有说法(如果她所言属实，那么这一切应该发生在白天，她也在场。事后，济娜伊达·尼古拉耶夫娜用家里随时为孩子准备的牛奶给帕斯捷尔纳克灌喂，这才将他救了过来)。

这一事件对帕斯捷尔纳克的健康几乎毫无影响，如果不算他在"颓丧的极点"短暂地显出男人的疲弱："第一个星期那种直接由中毒所致的完美幸福消失了，取而代之的是一个个恼人的谜团，这些前所未有的匪夷所思的感觉纠结在一起，让我也弄不明白，这究竟是精神上的疲态，还是碘酒开始发挥作用。但这并不重要。"这段表述之委婉与考究引人注目；值得庆幸的是，他很快恢复了体力，继而恢复了内心的平静。

帕斯捷尔纳克与济娜伊达·尼古拉耶夫娜再次来到弟弟家。1932 年 6 月 1 日，在写给奥丽嘉·弗莱登伯格的信中，他这样描述冬天和春天的事情："对热尼娅的怜悯牢牢地掌控了我，一整年来，我像是一直给她提供着行善的机会，让她承认并谅解既有的事实，举止宽容而得体，而不要像现在这样冷酷、愤怒或讥嘲……可她却莫名其妙地彻底失去了这些预先的保证，她甚至嘲笑人心软。嗯，情况就是这样：我和济娜在舒拉那儿住下，热涅奇卡突然染上了猩红热，我大概是最后一次天真地为她(热尼娅)担心起来，于是，济娜建议我在他生病期间到沃尔洪卡去住，自己则留在舒拉家。又一次向热尼娅申明，我只是以朋友的身份在她那儿住六个星期(……)虽然我用蘸有氯化汞的刷子清理衣物，但与济娜在院子里或户外见面，对她的两个孩子仍是极大的危险，简直不可思议，他们至今还没有被传染。"

到了 5 月，困局意外地打破了——帕斯捷尔纳克和他的恋人从作家公寓"赫尔岑之家"分得一套未装修的两小间住房。这要归功于散文家、长篇小说《钟》的作者伊万·叶夫多基莫夫的亲自请托。叶夫多基莫夫对帕斯捷尔纳克素来怀有好感,他欣赏其勇敢地反对文学领域的"国家订货"思想。他本人也曾大胆地表达过同样的观点:"文学不是第聂伯河水电站,它不能根据计划来兴建。"叶夫多基莫夫是苏联作协经济委员会主任,他有能力帮助帕斯捷尔纳克,而且高尔基也干预了此事。作家公寓里没有空余的住房,叶夫多基莫夫和散文家维·斯列多夫就从他们的住房各自"割让"了一间;因而,其中的一间始终是阴凉的。帕斯捷尔纳克还得到一间厨房,配备着烧木柴的炉子,令他赞不绝口。

热涅奇卡一直病到夏天,4、5月间,帕斯捷尔纳克在沃尔洪卡度过的时间,不少于他在弟弟家,偶尔甚至更多。他坐在儿子床边,整理着一堆旧纸头——早年间的作品,只要是手稿,几乎都被他无情地付之一炬。那部关于伊斯托明娜的长篇小说眼看即将完稿,也同样毁于炉火,《柳维尔斯的童年》便是残余的第一部(也是唯一公开发表的部分)。同往昔的了断,再没有比这更决绝的了。每天傍晚,帕斯捷尔纳克都要回到济娜伊达·尼古拉耶夫娜那儿。身体逐渐好转的儿子叫嚷着,不放他走……甚至抓起用于引火的一截劈柴,拄着它踉踉跄跄地倚在门边……帕斯捷尔纳克离去时的心境可想而知。3月30日,他试图调和自己这两个家庭之间的关系,却弄巧成拙,尴尬之极。叶甫盖尼娅·弗拉基米洛夫娜被请到亚历山大·列昂尼德维奇家里来做客。在场的有主人一家、洛克斯、皮里尼亚克夫妇、艺术理论家加布里切夫斯基(善良的、漂泊的、口齿不清的酒色之徒,每个夏天都在科克杰别里①的沃洛申②那里度过)等人……楚科夫斯基在日记里写道:"叶·弗进来没多久,情况就一目了然——她不该来这里。济·尼没有跟她搭腔。鲍·列③非常慌张,说话前言不搭后语,显然害怕向叶·弗投去温存或亲热的目光,皮里尼亚克夫妇明显在排斥她,她唯有一样东西可以求助:那就是伏特加。我们在她旁边坐下(可见楚科夫斯基的美德——支持受折磨的人,坐在被排斥者身边——德·贝),她急匆匆地一杯接一杯地喝着闷酒,接着,胆子变大了,也参与到大家的闲谈中来,这时,加布里切夫斯

① 位于克里米亚半岛南部,是海滨气候疗养地。

② 马克西米连·亚历山德洛维奇·沃洛申(1877—1932),原姓基里延科-沃洛申,俄罗斯诗人及画家,曾在科克杰别里创办了创作之家,成为当时许多艺术家聚会的场所。

③ 此处的鲍·列、叶·弗、济·尼,分别为帕斯捷尔纳克及其前后两位妻子的姓名缩写。

基喝多了，开始向她献殷勤——如此嬉闹，仿佛对方不过是‘无主的名花’。（……）帕斯捷尔纳克疲惫极了。（……）回去的路上，她说起帕斯捷尔纳克不想跟她分手，每当他处于困顿之际，都会给她打电话，来到她身边，在她那儿寻求安慰（“而在他感觉不错的时候，就不会想起我来”），但每次都许诺要回来……如今我明白了，为何济·尼对叶·弗这般敌视。交战尚未结束。”

在这样的情况下，在这样一个冬天过后，邀约中的一轮又一轮研讨、切磋、创作交流之类，似乎会让帕斯捷尔纳克格外头疼，然而，恰恰相反，他倒是觉得应对作协承担某种道德义务：人家表示了支持，房子也给了……在此之后，拒绝参与文学生活，无论如何都说不过去了。

至于文坛活动给他带来何等困扰，从他1932年2月11日写给妹妹的书信便可见一斑：“如同脱胎换骨，这一命运，这全部所有权的占有，这来自四面八方的暖融融的非自由，造就着怎样的时代囚徒。因而，不幸的俄罗斯自古以来的残酷性就在于此：只要它将爱赋予谁，那幸运之人就逃脱不了它的目光。他像是径直在它面前落入罗马竞技场，因为爱，他有义务为它表演一场。”关于时局，难以想象还有比这更准确的评断：事实上，作家们的确受到挑逗，在竞技场上展开厮杀，并且不无愉悦地参与其中。他们有的因理想主义而遭批判，有的被指斥为脱离生活，有的被扣上右倾机会主义的帽子，所有人都陷入狂热的争斗，为自己辩白，将罪责转嫁于他人……作为时代最耀眼的诗人，帕斯捷尔纳克备受瞩目，而他希望的也许却是“躲开注视”，正如四年后他在《艺术家》一诗中所云。因为他意识到，时代将越来越凶险，他今天说出的每句话，明天被提起时，都会伴随着愈发升级的人为制造的怨恨，就像《生活，我的姐妹》中那些并无任何过错的诗句为他招来无休止的怨恨一样——“可爱的人儿，我们居身在第几个千年？”然而，“命运不会埋进地坑”：假如你果真映入人们的视线，那么你将为此饱经摧折，直到死去或者另有一人转而成为被折腾的对象。应该说，正是在1932年，帕斯捷尔纳克开始构建他在竞技场上天才的行为策略——歉疚的低语，善意的微笑，模棱两可的表达，隐匿于引来关注的第一刻。有些人不甘心默默无闻，他们千方百计地想要吸引公众对他们的兴趣。从1932年4月至1936年5月间，帕斯捷尔纳克处在残酷的批判性讨论的中心，因而他很快明白了，公众的兴趣究竟包藏着什么。第一场交锋于 4 月 6 日在“文学家之家”展开，帕斯捷尔纳克朗读了《波浪》和《第二次降生》中的诗篇。

以激烈言辞为帕斯捷尔纳克申辩的是弗谢沃洛德·维什涅夫斯基，一个怪异的人物，同帕斯捷尔纳克有过不止一次交往。这位不久以前的波罗的海水兵，再早之前的彼得堡中学生，将苏维埃文学界中并不罕见的自然禀赋和少许愚钝集于一身，但随着岁月的增长，他的禀赋也越来越突显，所以会有一些强有力的作品问世，譬如《奥林匹亚悲剧》①这种正面讴歌革命的火热篇章。在某种程度上，维什涅夫斯基甚至不乏开阔的视野，他不能容忍粗暴强加于文学的现实主义，为表示抗议，他极力称颂詹姆斯·乔伊斯——瞧，他说，这才是书写现代性的方式，只有这样的技巧，才应当用来服务于社会主义。维什涅夫斯基对待帕斯捷尔纳克的态度很复杂，简言之，他喜爱帕斯捷尔纳克，满怀妒意与艳羡，狂热地爱着，伴有情绪的失控与委屈，并且痛苦地意识到这只是自己的一厢情愿；1948 年，因为他一次卑劣和虚假的告密，差点儿将帕斯捷尔纳克置于死地。帕斯捷尔纳克则对他颇有嘲讽，根本不把他放在眼里。1932 年 4 月 6 日，关于帕斯捷尔纳克，维什涅夫斯基发表了一番激昂而又含混的高谈，说什么只要他们奔赴喀尔巴阡山或阿尔卑斯山的疆场，帕斯捷尔纳克就将与他们同在：“帕斯捷尔纳克是纯洁的，帕斯捷尔纳克是率直的”……同为军人出身的马特·扎尔卡②回应他说，帕斯捷尔纳克不是“我们的”，不值得对他如此夸赞。雅什维利（三十年代初，他几乎每个月都来莫斯科）试图调和这两位“军旅画师”的意见：“无论他（维什涅夫斯基），还是您（扎尔卡），都是红旗勋章获得者，所以我想，你们之间吓唬不了对方，可是也请二位不要吓唬我们——这些第三者（热烈的掌声；在 1932 年，对这样的玩笑，人们还不怕鼓掌……）。扎尔卡同志，既然您是军人，就一定知道，一个未掌握兵器技术的士兵是否中用。该士兵不可能是一名优秀的射击手，假如他只会挥舞枪支，高呼‘苏维埃政权万岁！’（笑声）在最危急的关头，不仅是文学斗争的危急关头，也是政治斗争的，或许，帕斯

① 弗谢沃洛德创作于 1932 年的三幕话剧，后被搬上苏联银幕。

② 马特·扎尔卡（1896—1937），匈牙利作家，参加过 1918—1921 年间的苏俄内战。

捷尔纳克的话语更有意义，相比那些充斥于现代文学的油漆匠和马大哈的胡言乱语。”就这样，雅什维利帮助朋友摆脱了窘境——尽管此举又将他置于某种脆弱的，但毕竟较为隐蔽的“技术的”、“技巧的”、只需填充现实内容的“艺术形式”的立场上。

帕斯捷尔纳克本人的一番言论，堪称精心编织的谜团和歉疚的低语之范例，用他写给塔毕泽夫妇信中的原话来说，如果可以“鼓掌和宽恕”——“我想说，在真正的艺术家心目中，占据第一位的永远是人。在我看来，扎尔卡同志与维什涅夫斯基同志之间的分歧是可以理解的——这是托尔斯泰的议题，也是曾经困扰过托尔斯泰这位巨匠的老问题（对争论双方微妙的恭维——如此一来，维什涅夫斯基和扎尔卡俨然被带入托尔斯泰的语境，并与之同在一个平台！——德·贝）。问题就在于，客观的艺术，在现实性面前也难免失当。就算是大艺术家，当他发现周遭的现实，也会因为那些赋予他的预期和权利而自嘲。然而，他一旦陷入这种心境，就应当放弃艺术，转而从事体力劳动。在这里，许多人运用了隐喻式的类比——射击、街垒等等。在我看来，这并非隐喻。跟托尔斯泰一样，我不喜欢这种东西。假如你觉得，这是微不足道的琐事，这是教育的结果，那么就应当将这些通通抛弃，曾几何时，人们就是这样抛弃艺术的……毕竟，真正的艺术是这样一个过程：造就纯正艺术的这一过程需要具备充分的热量”……请细听他最后那一句朦胧的话语……尽管一切都不难理解，表达却像一片不让人落脚的无助的草滩。

1932 年 4 月，难关果真渡过去了，帕斯捷尔纳克参与其中的“文学十日活动”不了了之。这引起了“拉普”的愤怒。在 4 月 16 日的例会上，“无产阶级作家”头领列奥波里德·阿维尔巴赫公然叫嚣，不存在任何技巧，除了布尔什维克技巧之外，“拉普”女批评家特洛申科则宣称，在当前形势下，帕斯捷尔纳克的“同路人”本质开始显现出资产阶级的危险性——简单地说，《第二次降生》差点儿被扼杀在摇篮之中……但就在此时，文坛形势出人意料地发生了不可逆转的变化——威严的、无敌的、几乎将整个文学摧毁的“拉普”被解散了。

6

4月23日，苏共中央突然出台了取缔“拉普”的决议。24日，该决议发布在报纸上，各界人士都松了一口气。不久前还因“拉普报告单”（要想如此嘲讽地称呼无产阶级阶级呈文与密报，有必要成为曼德尔施塔姆）而惴惴不安的作家们、饱受“拉普批判”之苦的“同路人”，以及私底下拿“拉普奴隶制”①说笑的俏皮话爱好者——怀着难以掩饰的兴奋，不仅打算将那些失势之人推倒在地，更要向已然落败者施以拳脚，不过，这的确也是他们咎由自取。列奥波里德·阿维尔巴赫，可怕的、面颊剃得精光的狂热分子，同他那一帮快活的弟兄们一起——其中最是上蹿下跳的当数基尔绍恩，砖红色粗脖颈的原罗斯托夫地区契卡成员，两部粗制滥造的话剧《面包》和《列车轰鸣》的作者——曾经对布尔加科夫和阿列克谢·托尔斯泰大肆迫害，列昂诺夫、费定、左琴科和扎波罗茨基也遭受过他们的严厉批判。他们的立场概括起来相当困难。所谓无产阶级文学，乃是以塑造工人或农民为己任的文学，思想性鲜明，书写却乏善可陈。阿维尔巴赫和他的同道者具有非凡的阶级嗅觉：但凡略有文采，而起源与气质均属无产阶级性质的作品，都被宣称为不够格的无产阶级作品。在他们看来，大概连杰米扬·别德内也是一个唯美派……（更为讽刺的是，论出身，阿维尔巴赫本人跟无产阶级并无任何关系——他是杂货店老板的儿子，不久之后，便有人向他提起这一点；“无产阶级的”，在他的理解中，并非阶级评判，而恰恰是美学评判）。

他们的立场并非托洛茨基主义，尽管无产阶级艺术理论家们激进的革命精神会让人想起托洛茨基的观点。这不是马克思主义或者斯大林主义，也不是庸俗社会学，而纯粹是一种逆向选择：面对任何文本，潜意识里都认为，有可能写得还更糟糕，因而，像绝对的阶级纯度一样，真正的无产阶级之作完全是不可企及的。阿维尔巴赫本人或许并不知道“逆向选择”这个词

① “拉普报告单”“拉普批评”“拉普奴隶制”均系对“拉普”的揶揄之词。在俄语中，报告单（рапортичка）、批判（проработка）、奴隶所有制（рабовладение）这三个词当中，都包含着与“拉普”（РАПП）读音相近的音节。

汇,却以萨沃纳罗拉①式的狂热服务于这项事业。他压根儿不曾料到,事情有可能更简单——没过多久,一些仅仅长于损害的十足的无耻之徒,就取代了他这个也算是有着为高尔基本人所赞赏的信念乃至组织能力的人。

其实,早在1932年4月之前很久,阿维尔巴赫及其随从大概就揣测到高层领导有所不满的最初迹象:根据斯大林个人的指示,《图尔宾一家的命运》②重返莫斯科艺术剧院的舞台。有一次,在高尔基的私人寓所,斯大林会见了一批作家。基尔绍恩凑上前来,向总书记探询关于《面包》的意见——不久前,领袖莅临了该剧首场演出。"您的印象对我很重要,斯大林同志……""不记得了。十五岁那年看过席勒的《强盗》——现在还记得,但是您的话剧——我不记得。"这是公正的评断,而且即便没有那个"但是","拉普"的覆灭也是理所应当。历史上,坏的事物时常被更坏的击败——正如沙皇制度被布尔什维克制度击败,苏维埃帝国后来因全社会的放纵与涣散而溃败;整治"拉普",实为大恐怖的开端,但恐怖本身往往始于那些激起公愤者。对于方才还无所不能,转瞬间即沦为败寇之人,谁都急欲踩踏一脚而后快。当所有人都因这普遍的折腾与欢跃而遭败坏之际,那么,逐个摆布欢跃的众人便易如反掌,对他们的迫害也已不受任何道德的约束。人们不大习惯的一个意见是,"对坏分子的非法惩治"这一表述当中,最关键的字眼终归不是"坏分子",而是"非法"——因为不管是谁,都可以被指定为坏分子,而法律一旦废止,即成为永久事实。

情报人员偷听了作家们对于取缔"拉普"的反应,密报后来公诸于世。有人说,感谢上帝,还没来得及做出最卑劣的事情——加入"拉普"。有人说,可以喘口气了。还有人欣喜地以为,一切终于要彻底回到罗曼诺夫王朝时期的老样子了——当("拉普")这个无用的红色附庸被抛弃,也就能够像原先那样正常写作了……最为兴奋的莫过于青年人,首先是早在1930年成立的所谓"马雅可夫斯基小组",其目的是帮助诗人筹办展览,但他身故之

---

① 萨沃纳罗拉(1452—1498),意大利多明我会修士,曾担任佛罗伦萨的精神与世俗领袖,以反对文艺复兴艺术和哲学,以及严厉的布道著称。

② 由布尔加科夫小说《白卫军》改编的话剧,1926年在莫斯科首演。该剧因被认为"美化了白卫军运动"而引起很大争议,于1929年遭禁。1932年2月,在斯大林亲自干预下恢复上演,直至1941年6月。

后，该组织却还在运转——一群大学生举办晚会，宣传自己偶像的诗歌……自1932年起，他们的头儿是十八岁的丹尼尔·达宁，未来的著名批评家与科普作家。4月24日晚上，小组成员在一起喝酒，并且借机会嬉闹了一番……在十八岁这个年纪，还需要怎样的机会？春天、年轻，还有"拉普"的解散。趁着酒劲儿，决定搞一场恶作剧：给大家痛恨的阿维尔巴赫打个电话，就以……帕斯捷尔纳克的名义！如今，身遭惩处的他，最想不到的就是帕斯捷尔纳克会打来电话！

应当公正评判丹尼尔及其同伴的行为：戏弄固然残忍，意趣无可指摘。通常，越是深受"拉普分子"迫害的人，就越能更宽容地对待"拉普"——因为他们痛切地知道，究竟何谓迫害。1936年，即将被逮捕的阿维尔巴赫竟躲入自己曾经何止摧残过的宿敌肖洛霍夫家里——他以为，没有人会发现他躲在敌人那儿（到头来还是被发现了。利季娅·金兹堡记述的情形很说明问题）。饱尝"拉普"之苦的布尔加科夫，并未参加一场针对昔日批判者的批判会。帕斯捷尔纳克没有给阿维尔巴赫打电话仅仅是因为，他实在无心顾及——家事尚未处理妥帖，孩子病了。不过，打电话给落难的敌人，完全符合他的精神，广义地说，也符合基督教精神。年轻的丹尼尔对帕斯捷尔纳克说话的风格进行了绝妙的戏仿。在回忆录《羞耻的负重》中，他再现了当时的情景：

"列奥诺里德·列昂尼德维奇！请别怪我的冲动。在这清晨时分，当家人给我读了政府的那个美好的决议……"

"不是政府，鲍里斯·列昂尼德维奇，而是中央的决议，亲爱的鲍里斯·列昂尼德维奇。不过，反正都一样，敬请赐教……"

"哦，居然是这么回事儿！我真被搞糊涂了，简直是无知。嗯—嗯—嗯，那我该说什么呢？在所有人都感到惬意的这个早晨，我的思绪突然飘向了您……由于生性执拗，即便在如此美好的一天，艺术也不可能迎合历史的必然性——迎合它的健忘，以及它的无情无义，出于不可思议的任性，它自个儿为自己选定了宠儿，它却并未善待他们……您就是他们当中的一个。我能想象到，对于您的被践踏的真诚而言，这春日是多么漫长，而我一向敬重您的这种诚挚，尽管并不认同其着力点……我很想表达对您的理解，就在失落于春天的莫斯科尚未处于深夜之际，在打个电话表示同情这种简单的事情还有可能之时……您最料想不到的大概就是我的电话,可这反倒促使我不顾禁忌,拿起话筒……再次请您原谅。希望我们有机会开诚布公地详谈……晚安!”

显然,阿维尔巴赫信以为真,提议立刻见面,马上,也就是明天!他表示愿意亲自登门!丹尼尔慌了,他不知道帕斯捷尔纳克的确切住址:沃尔洪卡,第 14 栋……几号房呢?9 号!未及多想,便脱口而出;哦,真是奇迹!蒙对了。准是魔鬼将两个人带入了这诡异的一幕。小伙子们事后翻开作家名录(有些还附带电话号码及住址):没错儿,帕斯捷尔纳克,沃尔洪卡,14 栋,9 号房!偏偏就这么巧——此前,帕斯捷尔纳克与济娜伊达·尼古拉耶夫娜已经在弟弟那儿住了一个月,4 月 25 日,他刚好在自己家,守着生病的儿子!

几个年轻人决定赶紧揭穿他们的恶作剧。中午两点,丹尼尔骑上自行车,匆匆赶往帕斯捷尔纳克在沃尔洪卡的住处,却不小心撞上了一辆电车;暂且先由民警处理事故,再去修自行车……简略地说,等他来到沃尔洪卡已经是三点多了。他在楼门口小心守候了一个钟头,没见到一个人影。一星期之后,情况弄清楚了,阿维尔巴赫真的在两点整去过沃尔洪卡。帕斯捷尔纳克惊愕不已,给他开了门:“不,我不能邀请任何人来家里……这是一场误会!我早就住在了别处。我现在实在没有理由让人进来,即便是您。您有小孩吗?没有?喏,反正都一样!”说完,咣当一声关上了门。阿维尔巴赫蒙了,只好悻悻而去。

帕斯捷尔纳克后来评论了此事:“有人恶意捉弄了我们”……然而,这件事情的关键不在于,年轻人不知身家命运,在一个特殊的年代,开了一场残酷的玩笑。重要的是,帕斯捷尔纳克像一个敢于对落败的敌人坦诚地表示同情的人。相比那些热情洋溢的赞美,这其实更能说明他的声誉。

5 月 29 日,《文学报》底栏上发表了一篇署名为“K”(弗莱什曼推断,这简单的字母背后,隐藏着弗拉基米尔·基尔波京,苏共中央委员,重建后的苏联作协组委会书记,反托洛茨基主义的主将)、标题为《论帕斯捷尔纳克》的文章,确立了“后拉普”时期对于诗人的新观点。文章将帕斯捷尔纳克同勃留索夫加以比较,亦即肯定了他对革命的真诚同情,尽管称他的诗为“旧日的知识分子诗歌”。该文向帕斯捷尔纳克承诺“提供必要的帮助和支持”。这既是要求,也是预支。8 月 11 日,同样在《文学报》上,一则报导作家们乌拉尔之旅的简讯(《从危机时刻的幽暗——到乌拉尔高炉的烈焰》),已然将帕斯捷尔纳克称作“苏联当代最杰出的诗人之一”。

7

《第二次降生》第一版一共发行了五千二百册,编辑是爱德华·巴格利茨基。帕斯捷尔纳克在文坛的处境变得简单多了,因为主要敌人被消灭,党与作家领导的赏识和期望。个人生活也愈显乐观:“我跟济娜在一起幸福极了。(……)她是一个非常质朴,对我怀有深深依恋和亲情的人,她这样一个妙不可言的人,自然地成了我命中注定的妻子。”

这是他寄往列宁格勒的表妹和姑妈的书信。他对济娜的情感当时完全是真诚的。另有一人,则从童年起便贴心而热情地关怀他的日常生活。他痴迷于济娜身上的一切:率真、纯朴、直爽;直到九年以后,他都不知该如何摆脱这种迷恋。我们不会忘记,正是在 1948 年,借用国立儿童出版社出版的《哈姆雷特》,他为她题写了一句台词:“当我死去时,请别相信任何人:只有你才是我整个的生命,直到最后的末日。”

米哈伊尔·佐洛托诺索夫在他的文章《二夫一妻》(姑且把这一猥亵的意味归因于作者的良心)中,表达了一番不同寻常的见解。该文作为一篇关于济娜伊达·尼古拉耶夫娜回忆录的评论,刊登在《莫斯科新闻》周刊上(2004 年 3 月 26 日);此前,这部回忆录至少发表过三次,虽然有相当多的删节。佐洛托诺索夫首先公正地指出,当帕斯捷尔纳克需要为其抒情寻找新的女主人公时,这位彷徨而优雅的知识分子诗人就会显露冷酷的一面;接着,作者颇有见地地说,诗人跟济娜伊达·尼古拉耶夫娜的婚姻不仅因为“喜爱她的外貌”,或者,与其说因为她的外貌,不如说他需要在新基础上重建整个生活和世界观(这也是帕斯捷尔纳克本人在《我是否想要更甜蜜的生活?》一诗中所表达的——因而这个观点无可争议)。但接下来,佐洛托诺索夫却盘桓于他偏爱的民族话题:帕斯捷尔纳克离开前妻,转向济娜伊达·尼古拉耶夫娜,被看作弃绝个人的犹太身份,乃至选择彻底同化的一种表现。叶甫盖尼娅·弗拉基米洛夫娜,按照作者的观点,有着支配帕斯捷尔纳克的莫大权力,而他则倦于任何权力,所以才转向既体贴又温顺的另一个女人。我们却认为,无论由谁来书写,济娜伊达·尼古拉耶夫娜性格中的强势都不可忽视,即使与叶甫盖尼娅·弗拉基米洛夫娜相比,她也怎么都不像一只绵羊;"犹太人的权力"——亦即前妻的权力,应另当别论——体现得更为微妙,它更像是一种针对弱势的游戏,一种出于无助的自私自利。随之而来的便可能是种种心智上的伎俩,可我们最想予以驳斥的,恰恰是佐洛托诺索夫的这一观点。首先,叶甫盖尼娅·弗拉基米洛夫娜像帕斯捷尔纳克一样,深受俄罗斯文化传统影响,因而并未赋予其犹太血统以特殊意义(非但如此,她还抛开犹太人不以在世亲人之名为小孩命名的习俗,故意给儿子取名为叶甫盖尼);无论叶甫盖尼娅·弗拉基米洛夫娜,还是叶甫盖尼·鲍里索维奇·帕斯捷尔纳克,都未养成犹太自我认同的观念。其次——这一点尤其重要,帕斯捷尔纳克本人当时也不觉得犹太问题具有任何实质意义,而佐洛托诺索夫试图以他两位妻子的民族身份大做文章,这实际上只有一个目的:暗示同化所固有的不道德性,暗示个人的民族认同的背叛,后者被庸俗地与背叛妻子捆绑在一起。在某些流派的文人那里,此类手法实属司空见惯,幸亏他们的文字未能因此行之久远。无论1931年的思想剧变对于帕斯捷尔纳克何等重要,都无法说明他的民族身份从犹太人变成了俄罗斯人,他只是离开一个女人,来到另一个女人身旁。1948年,他已经学会了将家庭生活与新的爱情罗曼史融合起来①,继而在两个俄罗斯女人之间进行选择;然而,这却丝毫无碍于其思想在战后的根本转变。只有一点确切无疑:每当他自己发生变化时,他就会改变其抒情主人公。

像苏维埃政权一样,济娜伊达·尼古拉耶夫娜向来不被公众意见看好。遗憾的是,大量见证主要出现在帕斯捷尔纳克备受瞩目的四五十年代,当时到访他的别列捷尔金诺别墅的人数,仅仅略少于亚斯纳亚-波良纳的拜谒者。济娜伊达·尼古拉耶夫娜被视为一道障碍,几近于女警卫队员。"诗人成为家庭的俘虏",一位回忆录作者辛辣地讽刺道。人们又能说什么呢?在那些岁月里,她与帕斯捷尔纳克一同度过了何其艰难的二十个春秋——儿子阿季克的夭亡、遍及各地的逮捕、战争!相比丈夫六

① "新的爱情罗曼史",暗指帕斯捷尔纳克与他的情人奥丽嘉·伊文斯卡娅之间的关系。

十岁上下还保持着青春的俊朗与精力，她看上去却像是一个敏感而又霸道的老太婆。“济娜伊达·尼古拉耶夫娜拥有一副战士的臂膀”“晒得黝黑的脊背”“肩膀和脖子长得不像样子”——利季娅·科尔涅耶夫娜·楚科夫斯卡娅对这具太过丰满的、前鼓后凸的肉体格外留意。“她纯粹是一头犀牛，而这些小碎花边儿，她居然用了一辈子！”——这句话出自另一位回忆录作者、一位聪明但并无恶意的女性之口。诚然，女性的回忆录未必十分可信——女客人不可能不喜欢上帕斯捷尔纳克，哪怕只是片刻，甚至清醒地意识到，他向她们表现出的欢欣是何等夸张。不过，这里还有出自男性的要命的见证：1959年，安德烈·西尼亚夫斯基拜访了帕斯捷尔纳克。济娜伊达·尼古拉耶夫娜给他留下了可怕的印象：“我看到了一个叽喳叫着的肉块……”

然而，济娜伊达·尼古拉耶夫娜虽说霸道，却绝非愚蠢。帕斯捷尔纳克从未有过倾心于某个渺小人物的时候。三十年代里见识过他平日的生活、聆听过他朗诵的人们，都记得他们之间的夫唱妻随。济娜伊达·尼古拉耶夫娜一定会在观众席第一排就座，对他幸福而茫然的问询——“济娜，我该读点儿什么？”——报以温柔的回答：“想读什么就读什么。”许多人，尤其是不知道帕斯捷尔纳克前妻的人，往往称他们为理想的一对儿。除此之外，济娜伊达·尼古拉耶夫娜还有着钢铁般的自律、过人的胆量和犀利的口才。她的一次巧辩格外精彩：解除疏散①的作家们大规模返回之后，种种惊惶的传闻在他们当中不断出现。流传最广的一个说法是：如今要重点审查那些不愿疏散到外地去的文学家。据说，他们曾经妄想德国人的到来……帕斯捷尔纳克，如我们所知，一直拖延到最后时刻才动身。这一天，苏尔科夫②又提起这个话题，济娜伊达·尼古拉耶夫娜也在场。她实在忍无可忍（一口气喝干的酒杯便是证明），扭过头来恶狠狠地说：“我倒听说，现在被怀疑的是那些溜得比谁都快的人。也许，我们最终会搞清楚，究竟应该怀疑谁？”有时候，她身心交瘁，连害怕也顾不上，所以任凭什么都拦不住她。

---

① 苏联卫国战争期间，根据政府命令，大批人员从各地疏散到后方。随着苏军转败为胜，疏散人员陆续返回。

② 阿列克谢·亚历山德洛维奇·苏尔科夫（1899—1983），苏联诗人，记者，社会活动家。

有必要指出帕斯捷尔纳克两封信——一封给表妹，一封给父亲——当中重要的对应性。给父亲的信写于1934年12月25日："我成了自己的时代与国家的幸运儿，国家的利益也变成了我的。"他在写给奥丽嘉·弗莱登伯格的信中说，济娜是他"命中注定的妻子"。按照帕斯捷尔纳克的价值观体系，第二次婚姻在他内心等同于接受周围世界，接受"与所有人共同劳作，与法律秩序保持一致"之诱惑。简言之，我们放下无休止的争讼，济娜伊达·尼古拉耶夫娜在某种程度上正是苏维埃政权的化身。这里谈论的苏维埃政权，当然不是指社会制度，而是指被灌输的各种价值的聚合体：质朴、快乐、垂直化的严格等级、果决、心灵和肉体的健康等等。这一时期，在帕斯捷尔纳克的抒情诗中，合作甚至是直接顺应的主题同爱与互谅的主题交融在一起；如果说，1917年的他宣称生活为姐妹，那么在1932年，假如可以这么表达的话，国家成了他的妻子。事实上，帕斯捷尔纳克同济娜伊达·尼古拉耶夫娜之间的关系，几乎就是他同当局乃至苏维埃俄国之间相互纠葛的翻版：1930年，他被诱惑，1932年，坠入情网，而1935年，一种极度的惶恐将他紧紧攫住，他担心她背叛自己。1937年，他与她发生龃龉，1947年，他厌倦了她，到了1956年，她日渐衰老，但继续同他吵吵闹闹——直到1960年，他死了，她还活着；诚然，活了没多久，但无论如何，相比苏联政权的终结，济娜伊达·尼古拉耶夫娜的最后岁月终究体面得多。

难怪他说，想要死在她怀抱里：在上文引述的写给约瑟芬娜的信中，在与妻子的闲谈间，乃至在他临终前拒绝去医院的时刻，他都在重复这一点。他的这一早在初识济娜伊达·尼古拉耶夫娜之际即已萌生的夙愿，最终实现了。或许，济娜伊达·尼古拉耶夫娜真是一个可以让人死在她怀里的理想女人，就像苏维埃政权，同样适宜于人们为之赴死，它则为此提供着一切机会。然而，与之两厢厮守，似乎大可不必。说到底，他死去了，一如他所愿……而生活，似乎本该更好些。

跟帕斯捷尔纳克一起生活了三十年的第二任妻子是否爱他？毋庸质疑。这两个，无论他的新妇，还是改头换面的故国，始终都爱着他，而且两者都希望彻底地占有他。他却未能成为谁的私有物——两者都需要他，为的是最大程度地自我实现；两者最终都成为他个人策略的一部分，为他辩白的理由仅仅在于：活过了一生的不是他个人，不是具体的鲍里斯·列昂尼德维奇·帕斯捷尔纳克,而是一位无意识地探寻着种种乐观方式,以期实现其禀赋的诗人,是上帝的工具。

第二十三章　《第二次降生》

1

《第二叙事曲》(1930)是整部诗集《第二次降生》的关键,或许也是帕斯捷尔纳克三十年代诗歌创作当中最杰出的作品,诗中交集着他一贯的两个主题:雨和梦,梦之雨:

别墅里入睡了。背风的花园
纷纷扬扬洒落一片喧声。
像排成三列航行的舰队
树之帆在喧腾。
白桦和山杨挥动铲形的
船桨,仿佛行进在叶浪中。
别墅里入睡了,盖住脊背,
像幼年时一样睡着。

巴松管咆哮,更漏声低鸣。
别墅里隐匿了肉身,入睡了,
伴着均匀的嘈杂的和声,
连同夜风狂怒的蛮力。
雨滴零落,此前还倾泻如注。
树木展开船帆喧腾。
雨滴零落。别墅里两个儿子
入睡了,像幼年时一样睡着。

我醒了。一个敞开的世界
将我裹挟。我打消了顾念。
我置身于你们生活的土地,
那里还有你们白杨的喧腾。
雨滴零落。雨水仍将如此圣洁,
宛若它们纯净的涌溅……
可我已经睡过了半宿,
像幼年时一样睡着。

雨滴零落。依稀有梦。我被
捉回处处是阴谋的地狱,
女人自幼饱受姑婆的折磨,
婚嫁之后又是儿女的厮缠。
雨滴零落。我梦见:从孩子中间
我被捉去领受巨灵的教诲
睡在那碾碎黏土的喧嚣之下,
像幼年时一样睡着。

天亮起来。浴室里昏沉的雾气。
阳台漂浮,仿佛行驶在渡船上。
到港停靠的——是一簇簇灌木
和篱笆墙湿漉漉的围栏。
(我接连五次看见你们。)

睡吧,花园。睡完一生的长夜。
睡吧,叙事曲,好好睡吧,歌谣,
像幼年时一样睡着。

帕斯捷尔纳克这首诗可以称作"法兰西叙事曲"——按 ABBAACCA 押韵,主体为四节八行诗,附带结尾的"献词",只不过没有具体的接受方(在典型的叙事曲结尾诗行中，envoi① 应当提到接受方）。形式上的考究，本身就充分显示出《第二次降生》这部以生活的安顿和塑造为主题的诗集之神韵。然而，在《第二次降生》当中，帕斯捷尔纳克看重的不仅是堪称典范的严谨，还有流动性。通透的韵脚从一个诗行流向另一诗行，像玻璃表面的水滴，沿着诗作径直滑落；而整首“叙事曲”的独特就在于安静与躁动的结合，以及梦境背后的风雨。

这首诗所写的别墅，正是涅加乌斯夫妇在伊尔宾租下的那座，1930 年他们与帕斯捷尔纳克一家在那里度过了夏天；诗中不平静的音调源于作者的思虑，透过梦境，他想到别人的两个儿子，想到即将被他毁坏的生活。他由此再度感到自己是偶然的过客——“我置身于你们生活的土地”，继而在惶恐中醒来，“一个敞开的世界将我裹挟”：“我打消了顾念”，这表明，一切已然安顿和预定。

“别墅里入睡了，盖住脊背，/像幼年时一样睡着”，还能有比这更安详的画面吗？随后却是“巴松管咆哮，更漏声低鸣”：四个严整的抑扬格双音节词语，犹如击打声袭来，骤然改变了整首诗的调性。在这里，不单纯有暴风雨，不仅仅是与风暴搏斗的舰船形象（“像排成三列航行的舰队”）——不，这里是一场席卷了整个世界的灾难，声音近似于杰尔查文的“时间的动词，金属的铿锵！”②梦，即是逃离惶恐，逃离“狂怒的蛮力”；可是，梦境中同样会遭遇那体现着无限压抑的惊惶和恐惧：“女人自幼饱受姑婆的折磨，/婚嫁之后又是儿女的厮缠”……这一意象（在帕斯捷尔纳克笔下尤显突兀）更为可怖的是：对帕斯捷尔纳克而言，童年原本是天堂的化身，婚姻是爱的结合、灵与肉的交融；但如今，在“连同夜风狂怒的蛮力”的不安梦境中，童年变成了彻底非自由的王国，婚姻则因生活的庸常而窒息。这人世间可怕的内幕，向日渐成熟与生长的心灵徐徐展开——“我梦见：从孩子中间/我被捉去领受巨灵的教诲”；“碾碎黏土的喧嚣”，则让人联想到《圣经》的篇章。在《第二叙事曲》中，与神的对话比任何时候都严肃和紧张——巨灵似

---

① 法语：跋、后记、诗节末尾的献词。

② 引自俄国诗人加甫里尔（加甫里拉）·罗曼诺维奇·杰尔查文（1743—1816）的《纪念梅谢尔斯基公爵之死》（1799）。杰尔查文的创作对十八世纪末至十九世纪的俄国诗人，包括早年的普希金，产生了重要影响。

乎打算向胆怯的学童展示，他从那些骇人的梦幻中究竟猜到了什么。这首叙事曲，自始至终交织着天真的近乎孩子式的避世主义（隐匿，逃离，入睡，“盖住脊背”，无论用棉被还是用这可怕天空的穹顶），以及预感中驱之不散的惶恐。雨是情欲；梦是逃离。帕斯捷尔纳克的整个三十年代亦是如此流逝，恍若一场穿越梦境的雨。

2

此外，《第二次降生》当中还有几首少有的洋溢喜庆与鲜活气息的诗。首先，这便是以四音步抑扬格书写（这是帕斯捷尔纳克作品里罕见的特例。总的来说，他使用抑扬格的次数寥寥无几）的《屋里不会再有人来》。

对于苏联读者，乃至后来的后苏联时代的读者，自1975年起，这首诗就与电影《命运的捉弄》紧密地联系起来，并与之相得益彰①。此外，按照惯例，这部影片通常在节庆之际放映，歌曲在片中的演唱则是在新年前一天，因而为这种辞旧迎新的期待选配合适的歌词并非易事。诗中的一切都指向未来，写作上运用的也是将来时，而且这未来第一次显得如此喜庆而又神秘。正因为这预感的幸福与神秘（少了神秘性的幸福，他简直无法想象），帕斯捷尔纳克才如此喜爱新年：

除了黄昏，屋里不会
再有人来。但见冬日
透进虚掩的窗幔
敞露的缝隙。

唯有潮湿的白团儿
飘飘洒洒，
唯有屋顶和雪——除了

① 《命运的捉弄》系苏联著名导演梁赞诺夫执导的影片。1976年新年首次在电视上播映，随即风靡苏联，经久不衰。新年之际观看此片，甚至成为人们一项贺岁的传统。影片中有多位诗人的作品被改编成歌曲，其中包括帕斯捷尔纳克的《屋里不再有人来》。

屋顶和雪,空无一人。

这一幅简洁之极的绝妙画面——白色、寂静,还有那永远使声音愈加轻悄与柔和的降雪——呈示着一个奇观,新生活即由此展开,就像从一张白纸上展开。诚然,还有某些令人压抑的回忆:

又是严霜勾出线条,
又是昔日的忧郁
和另一冬天的往事
搅得我头晕目眩,

又是难以释怀的愧疚
至今刺痛着内心,
又是十字格的窗口
受困于木柴的短缺。

不正是那个有着"雪白流苏"的冬天,帕斯捷尔纳克一边翻动煎锅里的土豆,一边读着里尔克的来信?但不应该认为,这里所说的只是良心的苦痛和原先的家庭——"木柴的短缺"令人联想到 1917 和 1918 年的冬天,以及那些岁月里的绝望和贫寒。

然而,忧郁转瞬即逝:

可是,会有一阵颤栗
突然掠过厚重的门帘。
你会像未来,用脚步
丈量寂静,走进来。

你会出现在门边
身穿没有花饰的白衣,
织成你一身衣料的
就是那漫天的飞絮。

恋人的两个形象特征映入眼帘:简朴与自然。这也将成为帕斯捷尔纳克作品一个长期的主题思想，贯穿于所有现实问题的描述，直至1940年别列捷尔金诺系列：革命对他也是一种固有的简化现象，起码按照他个人独创的神话学来看是这样的。

这“没有（离奇的）花饰”，后来也将重现，而且更为拙朴，几乎是弗洛伊德式的表达——以四行诗节的形式运用到另一部苏联贺岁电影中，演唱者也是同一位歌手：

> 爱别人，就是背负十字架，
> 可你却美得没有弯折，
> 猜解你魅力的秘密
> 无异于猜解生命之谜。①

“没有弯折”——精彩的双关语；简朴之诱惑在此显现，清晰之极；而且是这般迷人，让人难以抗拒。帕斯捷尔纳克直接用它来对比原先所爱过的女人，以及自己的妻子热尼娅。这种对比在《安全保护证》被废弃的尾声中尤其明显：

“那时候我还有家。我以犯罪般的方式展开了力所不逮的行为，并将另一种生活带入这一尝试，与此同时，又开始了第三种。

“笑容蜷成一团，使年轻女艺术家的下巴越发浑圆，脖颈和眼睛也熠熠生辉。而且当时她那双眼睛似乎因为阳光而随意眯缝着——散淡地半睁半闭，就像近视眼或者身子骨柔弱的人。（……）她脸上洋溢着陶醉的表情。因为她总是需要阳光的辉映，为了显出绰约的美，正如她需要幸福，为了打动别人。

“有人会说，所有的面孔都是如此。未必。——我的见识有所不同。我熟悉这样一张面孔，无论处于痛苦还是欢乐，始终如雕刻一般漠然，相比那种在悲与欢的境遇中会黯淡了另一种美的较常见的面孔，它反倒更显美好。

“这位女性不会有无名火蹿升，也不会将脑袋低垂；她那可怕的魅力令人无奈，她在尘世的需求，无论怎样都远远少于尘世间对她的需求，因为这

---

① 引自帕斯捷尔纳克《对别人的爱》（1931）。

本身就是一种女性特质,是坚不可摧的高傲,宛如采石作业中挖凿下来的一整块巨石。因为外貌的法则最能决定女性的体貌和性情,所以这样一位女性的生活、本质、荣耀和气质,也就不取决于辉映,也不会像第一位女性,忌惮这样那样的缺陷。”

我们注意到作者在暗指济娜伊达·尼古拉耶夫娜时的一系列单音节词:“生活、本质、荣耀、气质”……倘若想起他奉献于她的另一些词句,我们又该有何感触?“我的美人,你整个的气质,一切的本质,全都深获我心……我的美人,你的本质,你的气质,美人哟,心中潮水涌动,急欲奔向远方,急欲吟唱,并且——引人入胜。”如果说这本质和气质当中有什么特别,那便是她的单一性,让人不由得也想用单音节来吟唱。

帕斯捷尔纳克不仅极大限度地解决了其传记作者们的问题,而且也解决了语言学家们的问题。所有用于描绘新恋人——他在另外的时间和地点称之为“笑着的高等类型的女人”——的动词和形容词,无不具有惊人的力度,却毫无咄咄逼人之感:她的脸“如雕刻一般”,她的女性特质“宛如采石作业中挖凿下来的一整块巨石”,她的“可怕”的魅力……而关键是:世界对她的需求,甚于她对世界的需求。从这里的引文即可断言,她其实对任何事物均无格外的需求。与其说作者对比的是两位妻子,不如说是两种现实:苏俄早期与帝国早期之现实。新时代不会受制于种种缺陷,它自身即是法则与正确的理由,当然,它也就不具有那种需要幸福来成就其美好的女性特质和脆弱性。

3

在帕斯捷尔纳克的世界中,怜悯作为一种主要的情感,在很大程度上填补了他的情欲观念。这种女性观也投射在革命方面,准确地说,是投射于现实:按照帕斯捷尔纳克的诗学,现代性之于历史,犹如少女之于妇女。“现实好比私生女,衣衫不整地逃离了明天,相对于合法的历史,它就是彻头彻尾的非法产儿,是没有嫁妆的姑娘。”这衣衫不整的、非法的、没有嫁妆的姑娘,分明是一种情欲的意象。帕斯捷尔纳克对革命看似怀有无以言说的同情之关键就在于此。在他眼中,革命是对于强暴的复仇,而与济娜伊达·尼古拉耶夫娜之间的新生活，也成为一个类似的隐喻。这一命题极为鲜明地从《冰之春时》(1931)一诗中显现出来。

在这首诗中，革命犹如对残酷折磨女性的制度一种特殊的复仇。“婢女的心灵/刻不出花边”——帕斯捷尔纳克如此谈论自己变年轻的、平等与人道主义之类的法则俨然大获全胜的祖国。他所描绘的连萨尔蒂契哈①都想象不到的兽性戕残，很难说究竟所凭何据——莫非是隐喻？倘若是的话，那也是无异于马雅可夫斯基式的流血之路的隐喻。

帕斯捷尔纳克的天性，体现于一切心灵躁动之境，在这里，你几乎看不到模棱两可与无所适从。然而，他越是想要显得自然，就越是落入官样的窠臼：“因为自幼小的童年，/我就被女性所伤”(“幼小的”和“童年”这一组合是冗余的，尽管具有某种民间风格)——听起来像是大会上的誓词：“我作为一名重伤员”……诚然，接下来的两行，将空幻的暗示成功地转移到永恒的女性特质，沿此路前行的唯有真正的歌手。

但这首诗主要的激情其实不在于此，而在于革命对千百年来的毁坏所实施的报复：“世代流传的故事在诉说/人们如何不配那美色，/它鲜活的果实不被顾惜，反倒遭到了踩踏。”对帕斯捷尔纳克来说，“革命”与“羡慕”不仅是谐音词，而且在具体语境下还是同义词。另一个关键的词语“嫉恨”也由此显现，它包含着对革命的详尽解释，并且取代了先前所探寻的语义结构。

因为过于轻率，帕斯捷尔纳克于1931年陷入了忠于国家和家庭幸福的诱惑，他当时还相信，革命的目的是恢复与捍卫正义，而不是毁灭正义，更不是助长非正义。为这种真诚的迷误所困之人不止他一个，耐人寻味的是，跟他抱有同样想法的还有巴格利茨基——一位似乎与帕斯捷尔纳克相去甚远的诗人，尽管在“联邦出版社”编辑了他的《第二次降生》。

不过，他们之间也有相像：巴格利茨基比帕斯捷尔纳克小五岁，受到欧洲的熏陶，又离弃了它，接受过马雅可夫斯基的教诲，就气质而言，这是一个乐观、热情的南方人，他的世界也同样“呼啸着、喧哗着、鸣响着”，如同帕斯

① 系俄国女地主达里娅·萨尔蒂科娃(1730—1801)的贬称，素有虐待狂之恶名，曾将许多农奴折磨至死。

捷尔纳克在《诗的定义》(1917)中所云:“这是悲欣交集的呼啸……这是两只夜莺的决斗……”巴格利茨基大约在同一时期写了长诗《二月》(1933年动笔,未能完成)——一部可怕的作品,对女性永恒特质的保护赫然呈露着强暴的行迹。大诗人们随意的言谈,确乎比他们的宣言更有内容!长期以来,抒情主人公无望地爱着一个对他冷若冰霜的女孩。他是何许人也?——可怜兮兮的欧洲青年,而且患有哮喘(“我未曾以应有的方式爱过……我是一个矮小的犹太男孩”……)1917年2月,一场特殊的带有民族—情欲性质的复仇开始了:“我那犹太人的高傲发出奏鸣,犹如一根快绷断的琴弦。”二月革命期间,主人公无意间闯入一个黑窝,那是将军夫人克莱门茨开办的风月之所,处处散发着“人类种子的气息和烈酒的甜腻味”——他看到了什么?!他的女神正在服侍一个恶棍!她的人生何以沦落至此——诗中未作详解,或许,对作者更重要的是,证明永恒的女性特质必定沉沦于沙皇专制窒闷的黑暗。主人公赶走了朋友(撵开了一帮“身穿浅蓝色衬裤和绒马甲”的敖德萨无赖),一把抱住他理想中的女人——想象一下为她清理身上浊物的情景!革命勇士投向半裸美人的嘲弄与怪责别具意味:“一场该给您多少?”而她,显然有心任凭他摆布,以此获得解脱,但这只是字里行间的判断,因为诗中并未明示她对这位身着学生装、脚蹬皮靴、腰间挎着手枪皮套的深夜来客有着怎样的爱。她呻吟着,连嘴唇都没张开:“可怜我吧!不要钱”……

我把钱扔给她,未等
脱下靴子,摘去枪套,
解开学生装,

(似乎靴子、枪套和学生装才是主人公男子汉气概的充分保证——德·贝)

我就径直跌进
羽绒的漩涡,跌进被窝,
被窝下面抽搐和喘息着
我的所有前辈——沉浮于
重重幻象幽暗的浊流……

我之所以占有你，是因为
我的岁月曾经怯懦，因为我的
腼腆，我流浪的先祖们的丑态
因为鸟儿偶尔的呢喃！

（在这一系列强有力的报复行为当中，鸟儿来得显然不是时候——按照为施暴者恢复名誉的浪漫主义原则来看——德·贝）

我占有你，作为对世界的报复，
一个我无法走出的世界！

让我进入这片连野草
都不能发芽的荒芜的腹地，
或许，我的黑夜的种子
会使你的荒漠孕育生命。

孕育生命，好一个孕育生命——苹果树将在火星上开花！行文至此，本该细加评说的是，革命的报复性如何孕育了俄罗斯文学乃至俄罗斯生命，经历了世纪之初飞速的繁荣，这生命事实上已然呈现出令人忧心的败象——不过，这暂时不在我们探讨的范围内。相比之下，另一个话题更加耐人寻味：饱读诗书的巴格利茨基本人未能意识到，自己复述了列昂尼德·安德烈耶夫名噪一时的小说《深渊》。在这篇小说中，主人公正与漂亮的中学女生闲逛，突然撞见一帮醉醺醺的流氓，脑袋上挨了一酒瓶，暂时失去了知觉，当他清醒时，发现他的理想中人遭到奸淫，衣衫破烂，躺在地上昏迷不起。刚从打击下缓过神来的主人公，自然而然地被"性的滚热的秘密"所吸引，在那几个手段高强的醉鬼之后，奸污了自己渴慕的对象——瘫软在他面前的遭蹂躏的清白之躯这才醒了过来。严格地说，巴格利茨基这部长诗的主人公并无任何别样的举动；以强暴隐喻政权更迭，在后革命时代的诗歌中相当普遍，譬如阿赫玛托娃描绘饱经磨难的都城："像一个醉酒的荡妇，/不知是谁在占有她……"①有别于前人的是，在巴格利茨基笔下，向那一夜间方才

① 引自阿赫玛托娃《当人民怀着寻死的愁苦》（1917年秋，彼得堡）。

还处在酒徒掌中的女人施暴，被视为对其社会意识和心理意识的修复行为。他占有了她，作为一个打算开导她迈向真理之路的主宰者。在帕斯捷尔纳克那里，这一切当然又是另一种情形，但意蕴是相同的：你们在前政权下被强暴，而如今我们将会爱你们。“因为我只被她（女性）触痛，/她犹如我们的乐土，/让我甘愿在革命的自由中，/彻底迈向空无。”①（这俨然是勃洛克式的“革命的”！——又一次对《十二个》的直接借用。）

但在这爱的基础上，是报复与嫉恨。就此而言，直觉并未欺骗帕斯捷尔纳克。而为暴行辩解的一切企图——据说令女人们颇为厌恶，男人们何尝不是如此，“在隐瞒和粉饰的阴影中”——无不喻示着一种标志性的供认：我们的嫉恨是因为，我们所拥有的并不属于我们。整个冲突就在于此。

其实，《日瓦戈医生》从头至尾叙说的也正是这样一种冲突：拉拉·基莎尔-安季波娃，一个生来注定属于医生的女人，从最初的岁月开始，她的命运就与日瓦戈的命运一道变化不定。她缠绕着他，宛若藤蔓缠绕树干，时而如祈求，时而像母亲，俯伏在他身旁。在两次成为别人的女人之后（被科马罗夫斯基奸污，又嫁给了巴沙·安季波夫），她才终于为他所拥有，而他们的相逢只是革命的结果。他们终将永远相爱，但两人在一起的生活，却一无所有：唯有那暂且仍将散发出些许自由气息的不寻常的革命年代。后来，拉拉再一次被科马罗夫斯基占有——还能有怎样的指望呢？而拉拉在小说中，既然是祖国的象征（这起码是一种可行的解读），也就不难得出一个鲜明的寓意：只有在历史转折的关头，才能够感受到祖国属于自己。随后她又将投向别人的怀抱。对诗人而言，革命同样也可能属于他，假如将它视为向那些曾经攫取了永恒女性特质的所有施暴者的复仇。然而，革命总是会落入他人之手，而悲剧就在这里：你想要制止，你就得杀戮。

《第二次降生》中被引用最多的诗作之一是《当我开始厌倦……》（1932），它晚于其他作品而写成，表达了作者个人在三十年代的基本文学立场。以帕斯捷尔纳克的标准来衡量，这首诗不算重要。我们不妨做一个无伤大雅的文学游戏：

当我开始厌倦谄媚者千百年

① 引自帕斯捷尔纳克《冰之春时》（1931）。

挥洒自如的高谈，我便希望
生活浮现如阳光下的梦境，
我还希望凝视它的面容。

我不愿跟一群温室青年
兑换心灵最后一枚铜板，
可是，像个体农户进入集体农庄，
我进入这世界，才发现人的良善。

正值建设事业的计划年代，
冬日重现，已是第四个年头。
两位妇女，像斯维特拉娜的灯影
在岁月的重压下散发光热。
而你，莫斯科，我轻浮的姐妹，

当你在电车第一声铃响之前
坐在飞机上迎接兄弟：
你比海更温柔，比树、玻璃和牛奶
混合而成的色拉更杂乱。

我向他们强调，未来的我们
一如活在今天的所有人。即使
落下残疾也无所谓：新人驾驶
规划的大车已将我们超越。

我应该生活，呼吸，成为多数派，
锤炼话语，不信从，——以己为友。
我听见苏联马达在北极的突突声。
我记得所有事：德国兄弟的脖颈
以及园丁和刽子手打发闲暇的

罗蕾莱[1]淡紫色的高崖。

既然药片儿难以救人于死命，
时间就该更自由地奔向远方，
在那里，第二个五年计划
让心灵的提纲得以延长。

我未遭劫掠，也不曾断折，
我只是对这一切感到惊颤。
我的弦歌鸣响如《远征记》，
当窒闷过后，我的喉咙里
发出土地之声，那是万顷黑土
最后的武器，是干爽的潮气。

以上所有奇数行诗句均出自帕斯捷尔纳克的《当我开始厌倦……》，偶数行则出自曼德尔施塔姆的沃罗涅日诗篇《我不想跟一群温室青年……》（1935）。写下前一首诗的人，正在成为享誉整个俄国的新星，并且渐渐开始接受现实，尽管不无保留；后一首诗写于流放期间。两个文本，分属不同的两人（在很多方面，正如我们所见，他们是对跖者），彼此间的对比又恰好构成逆相（帕斯捷尔纳克正处在同当局之间短暂和谐的前期，曼德尔施塔姆——即将同它分道扬镳），在音调和手法上却如此相近，同时在风格方面又各自不同——由此可以强有力地推导出唯一的结论：这两个文本，由众所周知的形势所造就，它们无疑是真诚的，但对两位诗人来说又极其偶然。而常见的情形则是：诗人真诚，文本虚假。帕斯捷尔纳克觉得，不应为自己所蒙受的精神损伤而绝望。这个念头固然伤感，但要看谁是超越者！——是新人！是五年计划的大车！如果说他1931年写给朋友皮里尼亚克的诗行，对新现实的接受远非无条件——正像曼德尔施塔姆在莫斯科系列中所

---

① 莱茵河中游东岸一座高132米的礁岩。罗蕾莱礁岩下的河段是整条莱茵河最深和最窄处。传说在罗蕾莱顶端有个女妖，以美妙歌声诱惑行经的船只并使之遇难，而女妖的名字就叫作“罗蕾莱”。

述——那么在《第二次降生》中，与未来之间的争议已然毫无意义：它到来了，我们身在其中。我们置身于未来，备感压抑。请比较：

难道我不是以五年计划为尺度，
同它一道起落浮沉？
可我又该如何充实我的胸怀
安置一切陈旧中的陈旧？①

一年过后，这样的问题已不再出现。生活进入了自己的轨道。

她不请自来，首先将既成的事物
带入一切，我无从选择它们那些
立意宏大的趣味，无心领会其本质，

（请比较《崇高的疾病》中"吞咽壮阔的波浪"——德·贝）

其实，我并非在渴望，而是在料想。

这近乎委屈的声音当中，隐约透露出对昔日功劳的标榜：是的，我当然并不渴望这新现实的到来……我只是在料想，我料到了！就这样记录下来吧！

曼德尔施塔姆的莫斯科系列与沃罗涅日诗篇相比较，同样令人压抑：

我觉得，像任何别的事物，
你，时间，也不合法。像小男孩
跟从大人，落进起皱的水潭，
我仿佛正迈入未来，
我大概见不到它的面容。

我已不再和年轻人一道
去那些画有方格的体育场。
…………
我的呼吸一天比一天沉重，

---

① 引自帕斯捷尔纳克《致鲍里斯·皮里尼亚克》，又作《致友人》（1931）。

尽管如此，却不可迁延。①

非法的时间，让人不得不随同大多数人——“像小男孩跟从大人”进入其中的时间，如今开始被尽可能愉快地接受，“开始与人们一起歌唱和嬉戏。”这些并不足以说明帕斯捷尔纳克与曼德尔施塔姆当时的思想，却能够说明冲突的无可纾解、选择的悲剧性缺失、一个已然来临的时代的帝国特征——像所有其他时代一样，这个时代并非合法，却不曾为反对意见留下空间。帕斯捷尔纳克与曼德尔施塔姆本是各不相同的两人，在一个方面却是一致的：对一切似是而非的厌恨。时间需要回答——是或者否；以“既非是，亦非否”来作答已经不可能了。

1931 年，帕斯捷尔纳克说出了“是”，并且将这一立场坚持了五年。而曼德尔施塔姆，由于人生的境遇使然，道出“是”的时间更晚，声音也更弱，却更早地停止了回答。

第二十四章 时代的音调

1

1936 年，帕斯捷尔纳克曾向安纳托里·塔拉先科夫说起四年前的往事。1932 年 4 月 23 日，根据联共(布)取缔“拉普”的有关决议，成立了苏联作家联合会②(ФОСП，以下简称作联)，即苏联作协的前身。作家们被鼓动到民间去，到“现场”和厂矿企业去。帕斯捷尔纳克也收到邀请——一位工人，某个所谓群众文化部门的负责人，请他到工厂“在广播上读诗”。一天中午，他去了，用厂里广播站的麦克风朗读了《第二次降生》中的几首诗，他

① 引自曼德尔施塔姆《今天可以摘去……》(1931)。

② 作者此处有误。苏联作联成立于 1926 年，被解散的时间恰是作者所说的 1932 年 4 月 23 日，而苏联作协则成立于 1934 年。这样，本章中提到的“作联”，均属错误的说法。

自己都不明白“有谁需要这个”。那位工人一个劲儿地邀请诗人到家里做客。帕斯捷尔纳克担心谢绝会伤害对方,便答应了。他们来到一间“扬声器徒然号叫”的宿舍,群众文化工作者的孩子们在一旁径自睡着。主人觉得无酒不欢,买来了伏特加。不爱喝酒的帕斯捷尔纳克没有拒绝——没办法,兄弟情谊嘛!还来了一帮朋友;帕斯捷尔纳克不一会儿就醉了,并且在劣质酒的作用下失去了记忆。夜幕降临,接着到了夜晚。几个人开始以“你”相称,为友谊发誓。他后来依稀想起马路上的高声吵嚷——大约两点的时候,酒友们叫来一辆神奇的汽车送他回家;刚驶出院子,就撞上了一个路人,差点儿打起来……事后才知道,同他们不期而遇的正是群众文化工作者的顶头上司,于是这个可怜的人不仅丢掉了工作,还被撵出宿舍。帕斯捷尔纳克从电话里得知了此事,打电话的是一个古怪的工人,对他一张口就是“你”,就像对朋友一样。帕斯捷尔纳克只好给时任《消息报》主编戈隆斯基打电话,为群众文化工作者寻找新的差事。可这人却总是喝多,总是被撵走,事后每次都按照固定的程式,打电话给帕斯捷尔纳克,他只好尽心尽力地为其安排去处……很难说,现实中是否确有其事,没准儿这只是帕斯捷尔纳克开心的杜撰,却非常符合他的气质:忍耐到底,忍受与异己者及陌路人的豪饮,面对他们自感愧疚,最终对这些有心认知美好事物的流氓无产者深感厌恶。

战后,帕斯捷尔纳克好几次大胆地宣称,透过别列捷尔金诺看到的生活,远比透过车窗看到的更美好:为了解现实,作家不必非得把自己当作好奇的(其实是多余的)客人,走遍整个国家。在帕斯捷尔纳克那里,难以剥夺的是良知;他一旦做出选择,便始终忠实于它,除非这一选择威胁到他的精神健康(他在这一点上有别于马雅可夫斯基,后者不曾停下脚步,而且走得更远)。他以国家事业为己任,将履行新时代所预期的目标视为使命。1932 年 6 月 8 日,他与家人一道前往乌拉尔——斯维尔德洛夫斯克州委会的邀请发到了作联,帕斯捷尔纳克被选中了。他没有拒绝,因为熟知乌拉尔,他想向济娜伊达·尼古拉耶夫娜展示自己从青年时代就一直热爱的地方;条件只有一个——带上妻子、她与前夫所生的两个儿子及涅加乌斯的表妹娜塔利娅·勃鲁门菲尔德。她被请来教育孩子们,并得到酬劳;据济娜伊达·尼古拉耶夫娜回忆,娜塔利娅“跟孩子们处得很好”,在帕斯捷尔纳克与妻子去工厂和集体农庄参观访问时,她可以留下来陪他们。

帕斯捷尔纳克需要撰写并发表一篇关于集体化或工业化进程的随笔(或者长诗,假如顺利的话)。预计不早于秋天返回莫斯科。起初,他们被安顿在斯维尔德洛夫斯克的“乌拉尔宾馆”,整日都在国家政治保卫联合局所属的餐厅用餐;不能说,帕斯捷尔纳克对这一机构毫无兴致,对其供应的膳食提不起胃口。况且步行到餐厅,单趟只需半个钟头。帕斯捷尔纳克写信对前妻(她整个夏天都困守在城里,他试图将她安排在不久前成立于马列耶夫斯克的作联“创作之家”,却是徒劳一场)说道:“这里有恼人的大陆性气候,由极冷到酷热的变化异常剧烈,狂暴的沙尘时常席卷这座亚洲中部城市,城里遍布着时刻在翻修和挖掘的工地。这里的干热风实在难以描述。”后来他们终于搬到了沙尔塔什湖边,住在一个类似于州委别墅区的地方,那儿有一流的餐厅。济娜伊达·尼古拉耶夫娜念念不忘滚热的小馅饼和黑鱼子酱。农民们经常来到别墅区,站在窗前讨要施舍或者面包(主要是在深夜,白天他们会遭到驱赶)。起先,帕斯捷尔纳克一家悄悄地从餐厅给他们带些面包回来,不久之后,鲍里斯·列昂尼德维奇就开始大动肝火:他停止了用餐,对妻子大声叫嚷,抱怨说他被派来是为了热情洋溢的特写,可周围却是竭力向客人隐瞒的赤贫与凌辱……蘑菇、浆果和他年轻时爱过的乌拉尔风光,这一切均未能使他感到快乐;济娜伊达·尼古拉耶夫娜称他这么做毕竟对谁都没有益处,他却不顾她言之有理的劝阻,继续拒绝一日三餐……出于冲动,他写给前妻的信中又开始充满推心置腹的言辞,他之所以还能有所收敛,只因为济娜比叶甫盖尼娅·弗拉基米洛夫娜“更成熟,也更随和”,而他自己也变得“更老成,更有耐性”了。

让他自感失望的主要是,他平生第一次利用了国家的直接帮助——就在 1932 年,他已经明白,这注定不会有什么好结果。对前妻,他向来直言不讳:“眼下我只关心我们三个,我可以保证自己在艺术上和日常生活中的独立性不被触犯。我可以无视通过有关组织(策库布①、工会等等)所得到的种种机会。如今,我意识到,在几乎不依靠外界资源而坚持私人

---

① 系俄文缩略语 Цекубу 的音译,全称为 Центральная комиссия по улучшению быта ученых,即:改善知识分子生活待遇中央委员会,直属俄罗斯社会主义联邦人民委员会,经由高尔基提议,于 1920 年成立,1937 年解散。

生活方式的同时,我本能地遵从着自己的志趣……现在,由于成倍增长的牵挂,如果不说是三倍的话,我不得不向我一贯藐视的机构寻求帮助。(……)而这,正是一件出人意料的事情。你知道吗,为了这一举动,我已经被迫付出了怎样的代价?——我付出的是工作效率——不管这有多么荒唐。(……)提供国家支援的是矛盾百出的部门。要想得到它准备赋予我的那些优待,我就必须闲待一整月。所有时间都消耗在一堆杂务,以及懊恼不堪地等待执行一系列经济指令上了,尤其令人沮丧的是,身边的人总是在许诺,明日复明日……在这一个月里,我根本没见到独具工厂特色的东西,或者表明乌拉尔之行确有所值的东西。更有甚者,我当年在柏林埋头苦读狄更斯时,都不曾如此远离自己的大自然,不曾置身于这样一种始终夹杂着电话铃声,来回奔走于各部门的牲畜般百无聊赖的生活。城里有电话,但每天都会坏掉……宾馆里有电灯,但每天都会灭掉……水也如此,人也如此,交通工具也如此。所有这些都只发挥着一半的功能,但也足以剥夺你身上的技能,借助于这一切,人即可适应没有自来水、电话和电灯的生活,不过,这也是可以想见的现实生活,它暂时还忠实于自己。(……)我从未像现在这样被许诺和义务缠身,而将近半年时间,就这么在烦恼中徒然度过了。我感到伤心和忧虑,为自己,为你,为热尼亚,为济娜,为孩子们——为所有人。”

在这里,“为所有人”当然应该广义地理解,因为这里记述的是帕斯捷尔纳克与苏联管理体系之间的第一次冲突。他发现任何事物都不运转,或者说,更糟的是,都只发挥出一半的功能,这一点他尤其不能忍受;他发现苏联体制的主要特征乃是假模假式,是下级对上级的万状惊恐,与此同时,革命与工业化的真正目标却被遗忘。其实,自1932年起,帕斯捷尔纳克就开始认识到,按照苏联方式工作,意味着徒劳无益地工作,意味着将灵魂托付给冷冰冰的字母,以表象的名义拒斥意义;正如无产阶级事业之于“拉普”,犹若“反艺术事业”的同义语,对于苏联领导阶层,苏维埃事业——不啻于艰巨的和效率低下的事业,所以,帕斯捷尔纳克以其勤勉和实干,并不能融入这个体制。他后来还一直奇怪,为何不让他做擅长的事情?为何不允许出版真正原创的东西,反而逼人从事翻译?为何译著会遭到歪曲?为何平庸、冷漠和愚蠢总是被赞许,反过来,却不让有才之人为了人民和国家的福祉去做他们想做和能做的事情？庆幸的是，他没有活到后苏联的"资本主义"时代，在这个时代，再度复活了最凶险和最无耻的事物，而一切富有才华和创造力的，要么被践踏，要么遭到无情的剥夺。

他在斯维尔德洛夫斯克度过了创作休假的第一个月，此后的情形，通过沙尔塔什湖上的一次横渡即可说明：有一天，他们决定坐小船到湖对岸去采摘马林果。摘了很长时间，突然起了风，水面上泛起浪花，帕斯捷尔纳克要求立即返回。济娜伊达·尼古拉耶夫娜建议再待一会儿，他则以某种拼死的绝望坚持自己的意见；在这种情况下，要想说服他绝非易事。大家上了船，他划桨，娜塔利娅·勃鲁门菲尔德掌舵，济娜和孩子们坐在小靠椅上；行至湖心，波浪漫过船舷，他们差点儿被掀翻在水中。灾祸，依然是可亲的灾祸——生活永恒而隐秘的底衬——再一次解救了他：每当出现致命的危险，他总是下意识地迎上前去，转瞬间就镇定自若。据妻子回忆，上岸后，他的脸"整个儿都白了"，不过，正如罗马人当初所云，最优秀的战士是危险过后脸色发白的那个；懦夫胆怯在战前，勇士——在战斗之后。意外事件使他恢复了镇静，他执意将他们送回莫斯科。州委工作人员肯请再等一星期——会弄到软卧；帕斯捷尔纳克固守己见：我们坐硬卧，只要马上动身！不顾他的反对，工作人员为他们准备了一大篮子吃的，并送到车站；济娜伊达·尼古拉耶夫娜像奥西普面对众商人簇拥下的赫列斯塔科夫①，没让他拒绝这些馈赠。列车开动了。帕斯捷尔纳克要求立刻将食物分发给所有同行者。济娜伊达·尼古拉耶夫娜偏偏要为难他，称那样的话，两天两夜里孩子就没有东西可吃！可他说什么都不同意；她还是想办法藏了一些，偷偷拿到卫生间里给两个孩子吃。一回到莫斯科，帕斯捷尔纳克就去了苏联作联组委会办公室，声称从乌拉尔"溜了回来"，什么都不打算写，还说他目睹的景象匪夷所思。后来，那已是 1958 年，他向曾为自己塑造过肖像的女雕塑家卓娅·玛斯连尼科娃讲述道："这是非人的、难以想象的痛苦，如此可怕的灾难，仿佛变成了非意识所能容纳的抽象事物。"这是导致他后来同时代决裂的第一个动因，然而，就在 1932 年，帕斯捷尔纳克仍然还希望时代的错位能

① 此处典故出自果戈理的讽刺剧《钦差大臣》。剧中主人公赫列斯塔科夫和他的仆人奥西普假冒钦差大臣，招摇撞骗。一群商人向假钦差送礼请托，赫列斯塔科夫故作清廉之状，奥西普则替主人揽下了礼物。

得到补救。有济娜相伴左右，这便弥补了一切。“她也像我一样愚钝、荒唐，她是我的第一要素。在完全败坏的同时，她又是如此纯净和圣洁，如此快乐和忧郁。”他对约瑟芬娜写信说。

斯维尔德洛夫斯克州委随后寄来一份账单，罗列了它所提供的一切便利，帕斯捷尔纳克不得不赶紧寻找挣钱的机会。因为这趟旅行，他对采风途中“研究生活”永远失去了兴致。

2

1932年秋天，帕斯捷尔纳克一家回到沃尔洪卡，因为叶甫盖尼娅·弗拉基米洛夫娜和热涅奇卡在特维尔大街分得了一套住房。春夏两季，叶甫盖尼娅·弗拉基米洛夫娜一直未能及时把救世主大教堂被炸毁时震碎的玻璃安装好。济娜伊达·尼古拉耶夫娜立即动手解决了这个问题。她还更换了几张坐瘪了的沙发的包面，擦洗了地板，总之，沃尔洪卡合作住宅楼里的这两间屋子被她收拾得焕然一新，而帕斯捷尔纳克当时还在列宁格勒——接连三天，从10月11日到13日，参加了几场创作晚会，尽可能挣些钱来偿还斯维尔德洛夫斯克州委预支的款项。晚会的组织者是曾经将马雅可夫斯基推向全国的帕维尔·拉乌特——当时最出色的诗歌巡回活动的组织者。奥丽嘉·弗莱登伯格告诉帕斯捷尔纳克的父母，他获得了巨大的成功，甚至在表演之前也不那么紧张了；列宁格勒合唱团大厅里一连三个晚上座无虚席。

在此期间，他未有任何新作。9月，“联邦出版社”——大约是三十年代最好的出版社，计划出版一套作家自传选辑。帕斯捷尔纳克以苛刻的笔调谈到了自己：“所有或多或少能够传达的有趣的东西，都在《安全保护证》里说过了。在革命之中，我最看重它的道德意义。将革命的行为跟高不可及的托尔斯泰的行为相提并论，未免有些离题。（……）它对待千百万人之严酷闻所未闻，对待专业人士和名人则相对温和（这里所表述的，正是斯维尔德洛夫斯克印象——为之羞愧的是，压在全民族身上的重负尚未触及从事创作的知识分子；没关系，“许多希望就在前面”——德·贝）。这种对自我的不满原本不难摆脱，倘若与革命的基调保持一致，并且自己也像杰米扬·

别德内、高尔基和马雅可夫斯基那样进行批评与训导。我可以冷淡地接受第一位，另一位，我视之为值得尊敬的大作家和普通人，我始终热爱的是第三位。他们的共同点是个人天生的和超拔的正义观念，我却不具备这种道德说教所不可或缺的思想意识。

“而只有这才曾经是，并且仍然是革命的。”

不妨直截了当地说，他对革命的评价并非是赞许的——它不过“曾经是，并且仍然是革命的”而已，由此衍生而来的，只是批评与教诲之风。在这些语句背后，矗立着后来令费定及帕斯捷尔纳克其他旧友们感到莫大羞辱的只可意会的傲慢，当他们读到《日瓦戈医生》之际：那是一种隐秘而坚定的信念——确信其非正义的正义性。帕斯捷尔纳克将马雅可夫斯基和别德内联系起来（恰恰是根据“批评”“训导”和道德说教的特征）——无论有意还是无意——也就再次贬损了“始终热爱”的朋友：众所周知，马雅可夫斯基与别德内互不相容，马雅可夫斯基终究是一位伟大的诗人，而别德内却连鲍里斯·列昂尼德维奇最喜欢拿来跟他相提并论的汉斯·萨克斯都远远不如。

1932 年 10 月和 11 月以声势浩大的党内“清洗”而著称。党先是谴责了柳金①的立场，他声称要停止集体化，理由是它已导致农民的饥荒和大规模死亡。11 月，“爱斯蒙特—斯米尔诺夫集团”因为“右倾”被一网打尽。12 月，在宣传鼓动部的要求下，“列宁格勒作家出版社”取消了与帕斯捷尔纳克之间五卷本文集出版合同，他曾经对此寄予厚望，当然不仅是经济方面。由“土地和工厂出版社”——在其主编、原阿克梅派诗人弗拉基米尔·纳尔布特因隐瞒自己于 1919 年同白军合作而被撤销一切公职并开除党籍之后——改组重建的国家文学出版社，三年来一直打算为帕斯捷尔纳克出一部散文集。他希望把此前在杂志上发表后只出版过一次的《安全保护证》纳入其中，却遭到书报检查机构的抨击。帕斯捷尔纳克怎么也想不通，为什么两年前还能过关的作品，如今却不能再版。有人向他解释，叙事散文在作家界不受欢迎。帕斯捷尔纳克回应说，作家界跟

---

① 马尔杰米扬·尼基季奇·柳金（1890—1937），苏联政治活动家，曾任联共（布）中央候补委员。

"拉普"批评不是一码事,但都是虚伪的。这样一来,1933年春天,他开始确信,罗网在迅速收紧。在写给别雷的书信中,他贴切地描述了自己的境况。他一向敬重别雷,并觉得向其汇报仿佛是某种需求:"半年多来,我无所事事,提不起工作的劲头。这大概是因为,春天随身带来了某种虚假的表面自由的愚蠢幽灵,也许,在我们的现实中,它是不合时宜的(这里再次表达出对一切似是而非的反感:专制,无论如何都不会有自由的光泽——德·贝)。这无谓的幻象增添了当前形势下无可兑现的责任感。"接着,帕斯捷尔纳克引述了布哈林和李可夫①在1月份的联共(布)中央委员会与中央监察委员会联席会议上悔过的发言,称"他们正在毁坏这模棱两可的假象",也就是说,正在迫使人们终结自由的幻象,连同在党内及作联等机构展开讨论的可能性。

像所有受到委屈的苏维埃作家一样,帕斯捷尔纳克也向高尔基寻求帮助。"我怎么胆敢打扰您?不过,或许您会愿意并有可能帮助我。实话说,也只有您才能够做到这一点。(……)有人向出版社授意,由其出面建议我放弃《安全保护证》……我感到痛心的主要是,'保护证'本来会展现作者的面容。任何人通过作品都会看到,他并未将那种外在形式奉为圭臬,因为他始终叙说的是内在形式;看到他并非在做戏,以及他将整个剩余未完成的片段视为一种痛苦,而不是对'零散篇章'理所当然的模仿……"苏联书报检查方面的逻辑是非理性的,也是不可理喻的:帕斯捷尔纳克的早期散文,既主观又不连贯,有时还晦涩难懂,却能完整地发表,而真诚剖析个人理想主义且无任何虚饰的《安全保护证》,居然从现有的文集中被删除,原计划印行的十四个印张也因此只剩下九个。但问题在于,《安全保护证》当中有着最为当局所厌恨的直抒胸臆,而帕斯捷尔纳克很长时间却不明白这一点;还有关于时代和自己的倾谈,就篇幅来看,这部作品也超过了帕斯捷尔纳克在散文方面的早期创作。恰恰是篇幅,也成了主要的攻击目标。

就在致高尔基的同一封信中,帕斯捷尔纳克说他正在着手创作一部大

① 阿列克谢·伊万诺维奇·李可夫(1881—1938),苏联政治活动家,曾担任苏联人民委员会主席(1924—1930)。

散文，同时又诉苦说，没有物质条件可以保证他专心于此：文集的出版原本可以解决一时之需（他提到，文集已经在阿谢耶夫甚至扎罗夫那儿出过！），他却偏偏未获准许。高尔基没有回复——可以推断，他根本就不愿接受这一请求，因为在两人的交往中，帕斯捷尔纳克给他的印象向来既不可靠又不清晰，而这正是他所顾忌的。

形势的戏剧性还因纳粹于1933年登上德国政坛而加剧。1933年6月3日，在写给弗莱登伯格的信中，帕斯捷尔纳克对小妹利季娅尚未失去在慕尼黑的工作表示惊讶。显然，在这一时期，帕斯捷尔纳克对国内自由已不抱幻想，所以信中出现了伊索式的隐晦语言：犹太人被称为爱尔兰人。从俄国寄往德国的信件已无法直接到达，只能经由转交。直到最后一刻，帕斯捷尔纳克的父母都千方百计想要离开德国。以他们的年纪，脱离当地生活去寻找新的栖身之所，并非易事；无论鲍里斯·列昂尼德维奇，还是奥丽嘉·弗莱登伯格都不敢劝阻他们回国，尽管苏联已经是，轻点来说，不安全的了。2月召开的作协组委会二次全会给帕斯捷尔纳克留下了阴郁的印象；在会上，戈隆斯基阐述说，现实主义大方向——新型的、社会主义的现实主义，系由克里姆林宫直接提出（弗莱什曼甚至认为，这番太过直露的陈辞导致了他的组委会主席职务于1933年夏天被撤销）。在百无聊赖和无所收获的1933年上半年，《新世界》编委会于4月4日举办的帕维尔·瓦西里耶夫创作晚会，堪称为数不多的亮点之一。瓦西里耶夫来自西伯利亚，加入了克柳耶夫①的派别，与农民诗人们关系密切，但很快就超越了这个群体。这是一位，按照帕斯捷尔纳克的说法，才华横溢、“前途不可限量”的诗人；在瓦西里耶夫身上，赢得帕斯捷尔纳克好感的大概是其所表现的叙事手法、对宏大诗歌形式的追求、诗歌语言的纯熟运用——以及早熟，他一向看重别人的这一特征，自己却很晚才开始了成熟的过程。此外，瓦西里耶夫还有着文坛流氓、好斗分子和酒徒的名声，他因而常常遭人攻击，放荡的私生活更是成了把柄。他的庇护者是戈隆斯基（瓦西里耶夫娶了他的妻妹，并住在他家里）。在《新世界》晚会上，帕斯捷尔纳克为瓦西里耶夫做了辩护，对其评价

① 尼古拉·阿列克谢耶维奇·克柳耶夫（1884—1937），俄苏诗人，二十世纪“新农民流派”代表人物。

颇高。二十三年后，他还将在《人与事》中以美好的笔触追忆这位被镇压的诗人，指出他区别于叶赛宁的好的一面在于，他没有叶赛宁那种紧张不安，而是"带着冷冰冰的镇静，掌握并处置自己狂暴不羁的天赋"。诗人被要求"重新改造"，帕斯捷尔纳克在《新世界》的研讨中却说，改造只能顺其自然，任何强制性的进化都不应强加于文学家。"如果作家必须依照本能来改造自身，那将是我们的诗歌的悲哀，文学的悲哀"——我们熟知的这句话是批评家努西诺夫的反驳之辞，事后公布在删改过的讨论会速记中。帕斯捷尔纳克坚持说，瓦西里耶夫需要的不是被改造，而是保持本色。在讨论会末尾，瓦西里耶夫本人刻薄地回应了帕斯捷尔纳克，他承认，改造自新是他，瓦西里耶夫的第一要务，而克柳耶夫未经改造，所以才成为苏联政权主要的敌人。

5 月，高尔基刚从国外回来，立刻以其惯有的风格，积极行动，吸引作家们投身社会生活。8 月 25 日，在他组织下，一支参访的队伍就已踏上白海—波罗的海运河工程的旅途。文学家首次对奴役劳动的颂扬从此载入史册。索尔仁尼琴的咒骂犹在耳边，没有理由同他争辩①。共有一百二十名作家乘坐轮船前去为重建与改造大唱赞歌。与此同时，高尔基提出了他心爱的创意，派遣作家编队"到社会主义工地去"。帕斯捷尔纳克被编入其中最大的一队，计划走遍整个俄罗斯联邦，但他要求加入彼得·巴甫连珂②带领的格鲁吉亚分队。吉洪诺夫也位列其中。为证明自己有能力帮助年轻的格鲁吉亚文学，帕斯捷尔纳克匆忙翻译了塔毕泽和雅什维利的几首诗作。曼德尔施塔姆对帕斯捷尔纳克在翻译方面的爱好毫不留情："您的作品全集将包括十二卷译著和一卷您个人的诗集！"他认为，翻译会让"头脑变得狭隘"。不过，帕斯捷尔纳克很快就明白，正是借助于翻译，他自己和亲人们才摆脱窘境，消除了关于他脱离生活的非议。8 月底，提议他去阿塞拜疆，他同意了，但与他同在一队的皮里尼亚克把叶甫盖尼娅·弗拉基米洛夫娜也叫来了，他对朋友的前妻显然不是无动于衷。了解到她在旅途中的经历之后，帕斯捷尔纳克放弃了这

① 在索尔仁尼琴的《古拉格群岛》中，大篇幅记述了白海—波罗的海不光彩的修筑史，并严厉谴责了为运河工程歌功颂德的文人，称"这项二十世纪最野蛮的工程"，应当建立在统治者的骨头上。

② 彼得·安德烈耶维奇·巴甫连珂(1899—1951)，苏联作家，四次获得斯大林文学奖。

次出行。大概他希望热尼娅建立自己的生活，但也许是为了避免尴尬而已。从阿塞拜疆，一行人拐到格鲁吉亚，在柯布列梯稍作停留，然后去了梯弗里斯，皮里尼亚克为叶甫盖尼娅·弗拉基米洛夫娜安排展示了当地艺术博物馆收藏的皮洛斯玛尼①的大量画作。这些作品令她震撼。在梯弗里斯，叶甫盖尼娅·弗拉基米洛夫娜还去了格里鲍耶陀夫大街18号，拜访了纪齐安·塔毕泽一家，给所有人留下了完美的印象。

10月，帕斯捷尔纳克意外地染上了一场疾病：由于沃尔洪卡的供水系统定期出现故障，大部分区段根本就没有热水，人们只能利用一切机会，到朋友家或者有熟人住宿的宾馆去洗漱。这次的情形也是如此。帕斯捷尔纳克在一位熟人入住的宾馆里洗完脸，用一把不知是谁落在房间里的梳子梳了头，引起了感染。头部出现了溃烂和疮痂，一向多疑的他差点儿认为自己得了梅毒，不过，症状仅局限于皮炎，很快就消退了，未留下什么后遗症，除了偏头疼。就在给表妹和姑妈描述由梳子引发的悲喜剧的同一封信中（1933年10月18日），帕斯捷尔纳克针对不久前才开始令他深感厌恶的苏联现实，展开了一番玄奥的高谈。“无论党内清洗，无论艺术和日常生活评价尺度的质量，抑或孩子们的意识和语言，其间已然开始形成某种尚未命名的真理，它正在构成制度的正义及其变幻不定的新貌暂时的孱弱（“变幻不定的新貌暂时的孱弱”，是典型的帕斯捷尔纳克式的表述，并且非常艺术化；当初给阿维尔巴赫打电话时，丹尼尔·达宁戏仿的便是这种风格。帕斯捷尔纳克常常这么说话，当他不愿被正确理解，或者起码是想表现某种双重情感时——德·贝）。一场九十年代的夜谈经久不停，造就了生活。俄罗斯革命贵族这种烟圈缭绕的临近源头的呓语，曾因其半疯癫状态而沉醉，如今，它是否不再显得疯狂，当烟气日渐凝固，而倾谈也化作如此庄重的地图的一部分之际！可是，较之于我们赤裸而粗蛮的、眼下尚遭人咒骂的呻吟的现实，这一切反倒更具贵族气质也更为自由。”

我们发现，这里同样体现着帕斯捷尔纳克爱恨交集的双重情感，也就是说，书信中的用词本身——疯狂、呓语、凝固、赤裸、粗蛮——跟言语表达的正面意义截然对立。这也许是为了防止暗中检查，也可能是真挚激情之余

---

① 尼科·皮洛斯玛尼（1862—1918），格鲁吉亚著名画家，原始主义流派代表人物。

绪，但音调不可能伪装：它激动不安，因而是艺术的。

对于帕斯捷尔纳克为何在1933年上半年抱怨没有任何自由，不能写作和发表作品，而下半年则积极参与协会活动并要求派他去格鲁吉亚，人们众说纷纭。或许，在帕斯捷尔纳克心目中，格鲁吉亚依然是天堂的绿洲，那里葆有着于他不可或缺的环境、仪节、骑士风度、诗歌之爱……此外，翻译也成了迫切的需求：他当时无法进行任何原创，而丢弃艺术的形式亦非他所愿。需要获取逐字研读的文本。他翻译了塔毕泽的作品，因为翻译质量，他一直自感愧对朋友；这些译作脱开了字面，不过在声音的力度方面，却不亚于深沉的原作。1933年11月，一个前往梯弗里斯访问的代表团成立了，帕斯捷尔纳克踏上了旅程，跟他同行的还有戈利采夫、尼库林、科洛索夫、吉洪诺夫和联共（布）中央文艺处副书记基尔波金等人。

有关这次旅行的详细记录，留在了帕斯捷尔纳克几乎每天都写给济娜伊达·尼古拉耶夫娜的信中，他还像往常一样宠爱她，称她为“吉萨”①。他们乘坐特殊的“文化”列车，负责行程的是一名善于逗乐的群众活动组织者，钢琴弹得不错，会唱也会朗诵诗歌，唯有字谜游戏不大能玩。列车上甚至还能放电影。“时时刻刻都在喝酒”，帕斯捷尔纳克补充道；的确，整个旅行伴随着就强度而言前所未有的豪饮。大家是否以这种方式来浇漓时局带来的虚幻感受，或者只是乐得一道出行、歌唱、戏耍一番，或者按照作家的惯例，不愿错过国家“免费大餐”的便利——如今都不好说。不管怎样，有待成型的俄罗斯国家体制向来喜欢给作家们开小灶，而他们也很少有拒绝之力。帕斯捷尔纳克在路上着凉了，但11月16日傍晚，刚一到达梯弗里斯，他就被灌了一顿葡萄酒；奢华的晚宴到凌晨五点才结束。17日早晨，代表团出发去参加高加索地区文化宣传大会，帕斯捷尔纳克则以身体不适为由，待在跟戈利采夫和吉洪诺夫同住的“奥里昂特”宾馆客房里。直到最后，他都没有出席大会，而是跟朋友们在一起交流，翻译他的格鲁吉亚诗歌。梯弗里斯赋予他以无比的快乐：“像从前一样，哪儿都弄不到任何东西，什么都贵得要命，不过，所有本地人身上也像从前一样颇具欧洲情调，看得出来，屋舍和街道是用于活人的，而不是用于幽灵或者空洞的套式。”然而，最让他

① 人们对猫的爱称，来自唤猫的声音 кис—кис。

不安的是"一行人崇高的国家使命。无论我怎样躲避,都有人随时随地向我提示这一点。据说,问题不在于人之各异和天赋不同,而在于有组织的苏维埃式的扯淡"。

当然,问题也不仅在于"苏维埃式的扯淡"——那毕竟是格鲁吉亚:"昨天,在库塔伊斯的宴席上,我们一共喝掉了一百一十六升!!!"(即便按平均数,代表团每个成员由接待方三名人员作陪,那么每个人大概也都喝了五升葡萄酒;真可谓艰难的行旅)。11 月 26 日那天,帕斯捷尔纳克本想不辞而别,却没有被放过——答应向他预支稿酬,请他表演,三天之后,他总算离开梯弗里斯。此前,旅行已经让他感到了困顿,首先是因为,要求他去翻译的根本不是他喜爱的塔毕泽和雅什维利(仿佛昔日的象征派,他们在格鲁吉亚本土的处境有些孤独,并且还是众人嫉恨的对象。他们在俄罗斯的名气反倒更大,而真正的文学生涯,正如人们所知,则开创于那片故土)。需要翻译的是另外一些作者,以稻粱谋者居多,他们的诗作都很平庸,却不乏思想性。总之,选择的权利不属于帕斯捷尔纳克,而属于梯弗里斯方面负责俄—格文学友谊的米奇什维利。带着一大堆有待精研的读本,帕斯捷尔纳克回到莫斯科(就这样他都没能彻底掌握格鲁吉亚语),因为那些不眠之夜与纵饮,瘦了五公斤。

从梯弗里斯回来后,他正赶上济娜伊达·尼古拉耶夫娜的两个儿子出麻疹,阿季克随后又染上了猩红热,斯塔西克则开始出水痘,所以,1934 年新年,他们是在不停的消毒中度过的,加之缺乏劈柴和水,消毒越发困难。两个房间、所有家具和物品,都不得不用福尔马林喷洒一遍。不过,帕斯捷尔纳克夫妇倒是尽可能保持着乐观。他在信中对吉洪诺夫这样说道:"1 号那天,我和济娜相对而坐,想看看谁先忍受不住彼此沉默的目光,笑起来。"两人都笑了。他们毕竟依然年轻,依然深爱着对方。

3

1934 年初,帕斯捷尔纳克的命运悄然发生了许多合乎逻辑的转折,其结果便是他为期不长的(大约到 1936 年中期为止)饮誉苏联的声望。在此期间,他无疑被寄予厚望:人们希望视之为国家诗人的化身。他俨然成了人人都能接受的最佳折中人选：知识分子的宠儿、诗歌的巨匠、在作家协会的积极活动（尽管是作为格鲁吉亚分队中的一员）、显而易见的自我历练、翻译以领袖母语写成的诗篇……还能有什么不满足呢？

他的亲苏倾向毋庸置疑，不过，在1934年初的第二版《第二次降生》中，并无一首诗作带有曲意逢迎的印记。他备受妒忌。他与布哈林的友谊格外惹眼，经由精心策划，后者于1934年4月22日调任《消息报》主编，取代了戈隆斯基（据称由于身患疾病）。因为上一年的悔过，布哈林的地位有所恢复，“解冻”迹象再度显现（斯大林以高超的手段摆布着布哈林等人）；取缔“拉普”之后，“同路人”受到了尊敬。简而言之，马雅可夫斯基早在1927年道出的预言应验了：时代推开马雅可夫斯基，推出了帕斯捷尔纳克。

这一过程相当复杂，不易立刻觉察。1934年3月6日，《消息报》刊登了帕斯捷尔纳克的长篇专题文章《格鲁吉亚诗人》。他成为向《消息报》经常供稿的作者。不久后，新成立的苏联作家协会开始招纳会员，帕斯捷尔纳克是首批加入的作家之一。全苏诗人大会正在筹划中，而就在当年5月，帕斯捷尔纳克再度遭到“抒情诗”小组及“列夫”昔日盟友的攻讦。这一次，招致阿谢耶夫不满的是，鲍里斯·列昂尼德维奇对“社会主义远方”兴味盎然，对现实问题却躲躲闪闪。5月13日，在一份论及诗歌的报告中，阿谢耶夫指责帕斯捷尔纳克“借助现实，对往昔进行蒙昧主义式的赞颂”。阿谢耶夫对比了“我们的”基尔萨诺夫和帕斯捷尔纳克这两位诗人，前者的苏维埃技巧与后者的敏锐在报告中被相提并论；就连对帕斯捷尔纳克终生怀着无限妒意的苏尔科夫也反对说，基尔萨诺夫的艺术造诣同帕斯捷尔纳克虽则“异样”却货真价实的技巧之间绝无共性可言。

这场在官方掌控下展开的关于抒情诗的热烈讨论，在今天的读者看来，或许匪夷所思。当整个国家处在工业化、集体化、饥荒、大破坏和残酷之至的党内斗争之际，作家们却为诗歌争得不可开交，跟争论相关的材料刊登在报纸上，就差党中央决议的出台了！其实，问题远不止于诗歌，而且显然不仅涉及帕斯捷尔纳克一人。微妙婉转的话语系统发挥着功效。由于众所周知的原因，不得不绕开事物原有的命名：唇枪舌剑背后的问题是，苏维埃艺术，亦即使技巧与思想坚定性相互结合的艺术是否可行；是否应该把强调无产阶级出身和共产主义思想性的“拉普”理论学说抛在脑后，或者只需对该学说进行某些修正；也就是说，形式上的技巧已获许可，但自由的写作却不可能。

阿谢耶夫在报告中把所有诗人分成三个级别，分别称之为“-1”“-2”和“-3”。列入“-3”的不仅有帕斯捷尔纳克，还有一批似乎有意识地脱离现实问题的作者。阿谢耶夫觉得，给对手贴标签，是论战中最有效的方式：称帕斯捷尔纳克为蒙昧主义者，这便是一个合适的标签……列入“-2”的是“现实的探寻者”，而这些人又可分为两类：积极的，即不怀好意的一类（作为例证，提到了扎波罗茨基的《农耕盛典》）——与消极的，即身不由己的一类（代表人物是才华横溢的鲁霍夫斯基，结构主义者兼浪漫派诗人，不久前才出版了一部出色的诗集《草原与春天的布尔什维克》）。纳入“-1”之列的是那些“游移在主题表面”的，也就是粗疏、草率、浅薄之类的作家。获得肯定的，即列入“正数1”的则是基尔萨诺夫、德缅季耶夫和科尔尼洛夫。需要指出的是，这三人当中只有基尔萨诺夫是寿终正寝；德缅季耶夫因精神失常而自杀身亡，科尔尼洛夫于1937年被镇压，没过多久，他怀有身孕的妻子奥丽嘉·贝尔戈里茨就遭到逮捕，并在监禁中流产。真正热爱自己的时代，远比跟它保持距离更危险：扎波罗茨基身陷囹圄五年之久，总算活了下来，鲁霍夫斯基未遭任何迫害，而帕斯捷尔纳克则不曾同国家发生直接冲突，直到解冻时期来临。

帕斯捷尔纳克的回应十分精彩。他在5月22日关于阿谢耶夫报告的讨论会上作了发言。就在此前，他还和塔拉先科夫在特维尔大街边上的小花园里有过一次长谈，塔拉先科夫要他在讨论会上发言，他不为所动，倒是对阿谢耶夫的思想扭曲和“‘列夫’的经院哲学”愤恨不已：“我又该说些什么呢?!”据塔拉先科夫记录，帕斯捷尔纳克随后在讨论会上发表的言论“艰深而绝妙”。他的两个论点对阿谢耶夫的报告是致命的。首先，他指出，“如果韵脚的选择不是根据词语，而是根据石油乃至普罗旺斯橄榄油，那么，列夫派们的诗歌势必空洞无物。”这一譬喻无须猜解：如果仅仅把词语当作工具，把文学视为纯粹的语用学，那么文学就会失去任何意义，失去存在的必要。其次，假如塔拉先科夫的记录属实，帕斯捷尔纳克下面这段话便是可信的：“我不希望，我们在谈论自己的爱情和自己的丁香时，一定要指出，这不是法西斯的丁香，不是法西斯的爱情。就让法西斯分子把自己的爱情和丁香写得更好，让他们说什么这不是马克思主义的爱情，不是马克思主义的丁香吧。我不希望，诗歌中的一切苏维埃事物一定是美好的。不，恰恰相反，我希望一切美好事物都成为苏维埃的。”结束发言时，帕斯捷尔纳克说，阿谢耶夫的正数和负数，“体现着一个有待培养的阶级之情趣”，他呼吁诗人们“珍惜同志情谊”。

5 月 23 日，即讨论阿谢耶夫报告的第二天，彼得·尤京宣布，鉴于诗人们自己不善于足够清晰地表述，将由布哈林来做作家代表大会的主题报告。备受帕斯捷尔纳克欣赏的布哈林，是一个标志性的人物，他与人们对党内自由派的联想密切相关。这表明，起码在短期内，帕斯捷尔纳克摆脱了批判的火力，而且不管有多么怪异，他已然被树立为一面旗帜。

第二十五章 “诗人的空缺”①

1

帕斯捷尔纳克关于三十年代最直白和最明确的思考，蕴含在一首经常被称为《斯坦司》的诗作中②。原稿虽未命名，却不失为普希金《斯坦司》③的改编曲。普希金这首写于 1826 年的作品，标志着诗人改变了对待政权的态度——由温和而歉疚的反对转向宽宏而愉悦的顺从；时至今日，人们还在为这一转变受到何等胁迫争论不休。

---

① “诗人的空缺”（вакансия поэта）出自帕斯捷尔纳克《致鲍里斯·皮里尼亚克》（1931），“空缺”（вакансия）一词完整的含义应是“空位”“空额”“空缺的席位”，为体现词语在使用中的语义差异，译者根据上下文对这个词采取了不同的译法。

② 在《第二次降生》通行版本中，这首诗以起首的诗句为标题，即“百余年，并非昨日的瞬间”。

③ 斯坦司，一种诗歌体裁，每个诗节由四至十二行诗句组成，每节均可独立表达完整的含义。普希金将自己这首作于 1826 年的《斯坦司》视为进步政治见解的宣言。但普希金的友人却认为，这首诗背叛了诗人原有的信念，表达了对沙皇尼古拉一世的逢迎。

普希金命运的转折发生在1826年的9月之夜。尼古拉一世将他带到“左右近臣”跟前，自信地宣称“这是我的普希金”。《斯坦司》是俄罗斯最杰出诗人的一次自我辩白，抑或其创作历程中的合理阶段——这是一个永恒的问题；帕斯捷尔纳克的观点清晰明了——为普希金辩解，同情他的处境，以尼古拉一世统治的开端喻义现今，揭示国家幻象的必然破灭。

百余年，并非昨日的瞬间，
而是勇于探看万物的
光荣与善的力量，
它跟诱惑与希望同在。

使他有别于浪荡子弟，
让他愿在短暂的一生
与所有人共同劳作
与法律秩序保持一致。

依然是当初遭遇的困惑
当头脑出现慵懒的状况，
依然是故纸堆中的抄写，
依然是时代之间的对比。

只不过诉说的时刻已来临，
时代的区分在于壮观与否：
彼得开创的光辉岁月
因叛乱和酷刑而黯淡。①

就这样，前进，不必颤栗
把同类现象当作慰藉，
当你还活着而非一具圣骨，

① 这两句系对普希金《斯坦司》的直接引用。

人世间何曾对你有过怜悯。

这首诗初次发表时(《新世界》杂志 1932 年 5 月号),缺少第四节。帕斯捷尔纳克本人删除了它,一年之后,《第二次降生》再版时才得到恢复。

帕斯捷尔纳克借助并非惯用的手法,展现了个人命运与普希金命运的对应关系,就连作者也感到自得——难怪他要让自己"把同类现象当作慰藉"。"依然是故纸堆中的抄写",显然暗示作者于 1924 年参与的"国外列宁生平的整理",与之相对的是普希金于 1833 至 1836 年间的搜集史料。"依然是时代之间的对比",亦即对现政权与彼得改革之间相似性的探寻,带有双重目的:"以其所能接受的形式"对政权表示颂扬,同时向它提出某种目标,期待它的创造性与宽容。在普希金那里,这种期待更为明显,简直是命令式的——"像他那样勤勉而坚定,/也像他,给人以善的回忆。"[①]帕斯捷尔纳克的期望则晦暗不明。总之,如果说普希金这首诗主要的意图在于向沙皇政权施加影响,向友人们告知自己新的境况,那么对帕斯捷尔纳克而言,最主要的则是自证;作为一个国家真正意义上的公民加头号诗人,他实在不习惯于扮演对当局忠心耿耿的角色。

耐人寻味的是,苏维埃政权能够感受到帕斯捷尔纳克身上那种普希金继承者的气质,并看到两个人物之间的类同,其对帕斯捷尔纳克基本思想观念的认知,超过了任何批评家——譬如说,远比霍达谢维奇更高明,后者曾经这样写道:"毫无疑问,我不会一本正经地将帕斯捷尔纳克同普希金'相提并论'(……)。时代与时代的比较倒是可行的(……)。相对于那些仍在抗争的人们——另有一些遭到重创和损毁的(他们的名声更大):帕斯捷尔纳克们。就精神气质而言,他们是了不起的小市民,从小市民的布尔什维主义中,他们觉察到它那无赖汉式的骁勇意味,因而能够'响应时代的呼唤'。"接着还谈到语言的毁灭,似乎正是帕斯捷尔纳克摧毁了它……

2

有一种错误的观念,将俄罗斯历史看作解冻与僵化的轮回;事实的状况

① 引自普希金《斯坦司》(1826)。

显然更复杂——这不是两段式的循环，而是四段式的。四个周而复始的阶段构成俄罗斯历史发展的周期：以激进方式摧毁旧制度，继而蜕变为罪恶盛典却免于惩处的改革；随之而来的律令严酷的禁锢；一边维护“体制”，一边释放泡沫的解冻；转向衰败的停滞。自统一俄罗斯国家成为议题以来，这一规律就一直清晰可见，并延续至今。无论个别的英雄，还是“人民群众”，对这种周期性的循环都不具任何影响力：在复辟时期，甚至最智慧与最英明的反对派都难逃败局，而在革命停滞的末期，他们则以微不足道的代价获得成功。由于公民社会的缺失，权力未经任何阻碍，便沦为个人肩负的重任，因而也就失去了合理性，如此一来，革命的实现便可能无需任何革命者（正如1801年3月事件①的真相）。一切“禁锢”总是以驱逐“寡头”——改革者非法壮大起来的同道们——为开端，并伴随着对这位改革者的崇拜，与此同时，其成就却遭到彻底否定。“解冻”带来艺术的蓬勃发展，因为它兼具相对自由与生存的相对稳定——这是艺术家为之乐观的状况。历次解冻与改革之间的区别在于，改革者期望国家制度的激进变革，解冻则喻示着仅仅对其加以“优化”，略作粉饰和修补。

列宁的革新以右翼反对派的叛乱而告终，接踵而至的是斯大林的公然禁锢，伴之以托洛茨基的被驱逐、领袖崇拜，以及对领袖所开创的改革的全盘否定。帝国复辟全速展开。种种迹象表明，帕斯捷尔纳克正是在深刻意识到这种形势之后写下了《致鲍里斯·皮里尼亚克》一诗，而标注的时间也是1931年：

> 在伟大苏维埃的日子里，
> 最高的激情被赋予席位，
> 徒然留下诗人的空缺：
> 它是危险的，倘若被填充。

后来，在向诗人和签名收集者阿列克谢·克鲁乔内赫赠予作品单行本时，帕斯捷尔纳克做出了解释：“它是危险的，当它未有空缺时（当席位被占

① 1801年3月23—24日（俄历3月11—12日）夜间，俄国沙皇保罗一世在圣彼得堡米哈伊洛夫宫被一群反对他的贵族谋害。一些历史学家认为，这一事件的主谋可能是保罗一世之子、随后即位的亚历山大一世。

据)。"无论对于当局还是诗人,"诗人的空缺"都是一种危险。这一诗节表明帕斯捷尔纳克对俄罗斯历史类型学的理解:事实上,每当"禁锢"时代来临,往往会出现与政权相对立,为其所掌控又与之并驾齐驱的主要诗人空缺的席位。强有力的专制者假定文学界也有着一个同样强大而独立的对手。在尼古拉一世治下,扮演这一角色的是普希金。现如今,帕斯捷尔纳克明白,人们希望由谁来填补空缺。

他比谁都骄傲。这不仅因为,他的天资无人能及,也不是因为,他与普希金之间的相像已尽显无遗——一些兴奋的女读者发现,他的面色同样黝黑,性情同样易于冲动,甚至同样有着一副黑人的嘴唇!而主要是因为,他不会让人联想到此前疾风骤雨式的变革岁月,当初,他甚至有些像个局外人。别忘了,正是在倾向于自由的亚历山大一世时期,普希金遭到了流放;从流放中归来并受到宠幸,反倒是在尼古拉一世时期。一个禁锢与全面僵化的时代,需要一位定位于传统、定位于经典样式的诗人——同帝国声威与规模相匹配的诗人。所有目光都聚集在帕斯捷尔纳克身上,他为此感到十分难堪。要使普希金与帕斯捷尔纳克彼此类同,仅有斯大林对济娜伊达·尼古拉耶夫娜的觊觎之心是不够的①,然而,历史何其微妙,就连字面上的相像也不错过。一个绝好的例证便是,他们两人在三十年代(前后相差百年)都娶了同一父称的美人为妻②。

为什么说"诗人空缺的席位"属于改革后禁锢时期固有的类型学特征?因为第一大艺术家的在场是国家与社会之间相互影响,并使社会免于侵害的唯一方式。诗人应具备一系列异秉:躁动的青春,参与仿古派与创新派的论争并支持后者,数次遭受惩处,改革年代通过这些惩处来褒奖年轻的叛逆者,以使新的"冬天般僵冷的"制度能够向其施以恩泽;天赋的叙事风格,对宏大形式的向往与不懈的努力(普希金一生都期望大散文的实现);对客观化的追求——娜杰日塔·曼德尔施塔姆从帕斯捷尔纳克身上准确地发现了这一点;对反叛与宗派活动的厌恶,成年时期温和的保守主义,对家庭与舒适生活的渴望("青春年华不需要居家生活",普希金

① 此处暗示沙皇尼古拉一世对普希金妻子的觊觎。

② 普希金的妻子娜塔利娅·冈察洛娃父称也是尼古拉耶夫娜。

以惆怅的笔调于1836年写道)；短暂的效忠过后随之而来的强烈失望，沉重的精神危机……

神龛吸引着帕斯捷尔纳克，空缺的席位向他发出召唤。责任感似乎也在与日俱增。对于他的创作行为而言，需要的原本是神秘性与含蓄性——日后，他将向斯大林写信陈述其诗歌历程乃至人生经历所必须的这一神秘性。然而，在历史的作用力下，诗人的席位注定无可避免。1947年，他将如是说：

天上的父啊，如果可以，
请从我身边移去这苦杯！
…… ……
然而戏的场次已经编定，
最后的结局也无可更改……①

“席位”——那无可更改的戏剧场次之体现，领袖们或许也想要消除它，但这却是他们无力左右的事情，正如演员们无法任意取消莎士比亚作品中的角色。既然说“诗人进场”，就意味着应该进入。这一悲剧性角色的唯一优势在于，他不会受到损害——即便遭到责骂，身受冷遇，也毫发无伤。更具双重意蕴的是，在心怀妒意的同时代人眼中，他既是受难者，又是免于磨难的幸运儿。

利季娅·楚科夫斯卡娅回忆，有一次，在别列捷尔金诺的雪地，她父亲对帕斯捷尔纳克在翻译莎士比亚方面的“升华”表示了赞赏，谁知帕斯捷尔纳克却突然叫嚷起来——简直就是“吼叫”，“声嘶力竭地绝望地叫嚷着，甚至因用力过猛而坐到地上，仿佛要从喉咙里抠出一块石头来”：

“打住吧！……请别再说了。哪来的什么升华！我应该从自己身上看到，我还算个正派人……而不是从你们那里。绝不是！”

此即“席位”之负担。

然而，还有一种更可怕的负担——忠诚之重负；在俄罗斯的传统中，效忠于政权的大艺术家并不多见，而且几乎全都付出了代价，要么是才华，要

① 引自帕斯捷尔纳克《哈姆雷特》(1946)。

么是声誉。

没有国家与社会的统一,就不可能摆脱危机,但这样的统一仅在人民与统治者目标一致的前提下才具有意义。这种共同目标(相应地,还有统一)的幻象在俄国历史上亦非常见。当全身心奉献于国家事业的马雅可夫斯基已是前车之鉴,帕斯捷尔纳克会认真看待与国家合作的可能性吗?

可是,问题就在于,1931 至 1935 年间,帕斯捷尔纳克见识了另一种国家,他自己也深知这一点。二十年代的乌托邦建立在否定生活的基础上,三十年代的反乌托邦则建立在重返常态、舒适、近乎庸俗习气的基础上①。基于反对此前时代之立场,帕斯捷尔纳克难以在实践乌托邦的岁月中找到自我,因而,在激进主义归于覆灭和渐进改革来临的时代,他不会不感到略为适意。他曾经对"委任之下施行粗暴的粗暴行径"严加谴责,却对"委任之下进行建设的建设事业"相当宽容。

直到 1939 年,或许还更晚些,帕斯捷尔纳克才明白,上述两种国家类型不分轩轾:看似清醒且渐趋有序的政权,转过来就成为远比"委任之下施行粗暴的粗暴行径"更恐怖的政权。这已然是"委任之下实施杀戮的杀戮事业",对此,三十年代初期的帕斯捷尔纳克当然不可能理解。1931 年,他保持着做人的正派立场,困守于从属与迷误的境地,甘愿替时代承担一部分责任。持同样立场的还有对"躲在被窝里面叮咬苏维埃政权"加以揶揄的布尔加科夫。那些当时就已"明白了一切"的人们,不会经历"第二次降生":他们掌握了"永远正确"的机巧,善于重复"我们说"这一心爱的本土誓言,相对于他们的彻悟,头号诗人的迷误显然更可贵。

1934 年 5 月,帕斯捷尔纳克实际上已被指定为头号诗人。

5 月 13 日深夜至 14 日凌晨之间,奥西普·曼德尔施塔姆被捕了。

---

① 作者所说的两种乌托邦,即下文中"两种国家类型"。

第二十六章　镜中人：曼德尔施塔姆

1

阿赫玛托娃喜欢让新认识的朋友们选择：茶还是咖啡？猫还是狗？帕斯捷尔纳克还是曼德尔施塔姆？

这里充分反映出她对简答的偏好。借助以上三项二分法的问询，不难判定人的天性的两极：两组极具代表性的选择——“茶、狗、帕斯捷尔纳克”和“咖啡、猫、曼德尔施塔姆”，在各方面都相互对立。帕斯捷尔纳克与曼德尔施塔姆之间，尤其在三十年代，存在着鲜明的对立性。

而这种对立性就体现为：在许多清单及罗列着欣赏与反感的名录上，在批判或赞誉的文字中，他们的名字总是两相并列，由时间、友人、交往乃至命运方面的共同性紧密联结。永远的幸运儿帕斯捷尔纳克和长期遭受失败的曼德尔施塔姆，未能逃离各自的各各他；劳改营浴室是曼德尔施塔姆的死难之地，帕斯捷尔纳克死在别列捷尔金诺的别墅，当然，谁都不会把这两个地方相提并论，但他们两人同样是被扼杀的牺牲者。对于某些人，“曼德尔施塔姆与帕斯捷尔纳克”这一固定组合，纯属艺术中荒谬、耍酷和转文之类的异质现象。甚至还有两个用以戏拟的术语——“曼德尔施塔姆印记”和“帕斯捷尔纳克浮沫”。对于另一些人，“曼德尔施塔姆与帕斯捷尔纳克”，则是书桌玻璃板下两幅必不可少的照片，两卷蓝色封皮的“诗人丛书”。

对曼德尔施塔姆和帕斯捷尔纳克的喜爱，相当于反对派立场的标志。有些人甚至同时仿效他们。在七十年代知识分子思想意识中，二者要么成了罗森格兰兹和吉尔登斯吞①式的人物，要么就是格拉森纳普和布杰诺普②。

---

① 莎士比亚剧作《哈姆雷特》中的两个朝臣。

② 十九世纪五十年代到六十年代，阿·康·托尔斯泰、阿列克谢·热姆丘日尼科夫、彼得·叶尔绍夫等俄国作家，运用“科兹马·普鲁特科夫”这一集体化名，在《现代人》《星火》等杂志上撰写了许多讽刺诗和带有戏仿和幽默色彩的格言警句，格拉森纳普和布杰诺普便是出现在这些作品中的两个人物，而科兹马·普鲁特科夫本身也成了其中的主要人物形象。

2

娜杰日塔·曼德尔施塔姆称他们为对跖者。区分的依据是:帕斯捷尔纳克植根于日常生活,曼德尔施塔姆则缺乏日常生活的根基;帕斯捷尔纳克生来拥有对莫斯科的权利,曼德尔施塔姆则无以为家;帕斯捷尔纳克希望与写作上的同行及国家和谐共处,曼德尔施塔姆则是官方文学及政权的陌路人。这样的区分不仅主观,而且也可说是表面化的,就像娜杰日塔·曼德尔施塔姆作品中的许多评断一样。但她在主要一点上又是正确的:他们两人的确是对跖者;只不过要看这由何种标志所决定?致使他们截然相反的最关键因素是什么?丹尼尔·达宁指出,曼德尔施塔姆追求古典式的完美,帕斯捷尔纳克则倾向于率真、天然和不确定性。这种观点仅仅适用于早期曼德尔施塔姆和帕斯捷尔纳克,因为相比成熟期的帕斯捷尔纳克,混沌、炽烈、以"灌木系列"为书写工具和基本不事雕琢的曼德尔施塔姆反倒更显天然本色,更少逻辑性。笔者认为,这两者之间有着更为深刻的区别。帕斯捷尔纳克和曼德尔施塔姆沿着两条平行的路线各自发展,他们的区别首先取决于各自气质的固有特性:曼德尔施塔姆——向心型诗人,帕斯捷尔纳克则属于离心型,难怪他加入的第一个文学团体叫作"离心机"。

娜杰日塔·曼德尔施塔姆的见解正好相反:"帕斯捷尔纳克为向心力所掌控,而奥·曼则处在离心力下。"这一断言的语境与其说是文学的,不如说是社会的,其所表达的含义是:帕斯捷尔纳克一边寻找"圆柱纪念碑旁的座次",一边竭力扎根于世界(《第二次降生》中的一句"圆柱纪念碑旁的座席入场券",曾经激怒了曼德尔施塔姆);曼德尔施塔姆则向外迸发,不愿成为体制的一部分。"帕斯捷尔纳克始终在考虑,怎样的文学形式会赋予他地位并使之稳固。"关于帕斯捷尔纳克向心性的断言,其实并无充分依据,却被惯于妄下评判的布罗茨基所借用。1991 年,在与戴维·贝萨的一次谈话中(此次访谈发表时的标题为《理想主义的公然布道》),他宣称,"严格地说,帕斯捷尔纳克跟茨维塔耶娃和曼德尔施塔姆相比,不算是大诗人,在某种意义上,他甚至不如阿赫玛托娃。帕斯捷尔纳克——小宇宙的诗人。俄罗斯人喜爱他,我也爱他。他的小宇宙的激情,彰显着爱之壮丽,细节之绚烂等等。他的诗行,这也是一个小宇宙,就此意义而言,我觉得,他是一个普通的犹太人……作为手艺人,他有趣得简直让人着迷。可话说回来……我不欣赏他的取向。帕斯捷尔纳克——向心型诗人,而非离心型。不过,他们三位却是离心型诗人。我喜爱曼德尔施塔姆,爱他的激进思想,爱他由中央向外发散的运动。”在同一次访谈中,他还说,曼德尔施塔姆首先是个欧洲人(西方人)——比所有阿克梅派更像是欧洲人。可见,布罗茨基所谈论的离心和向心,乃是就地理意义而言,并非指诗歌发展的方向。帕斯捷尔纳克力图迈入一个封闭的空间,迈入他的斯坦司诗行和安全而稳固的家园,而曼德尔施塔姆则意欲冲破束缚,对他而言,家园便是整个欧洲文化——这样的观点并非新颖,却将帕斯捷尔纳克归于一个追求幸福爱情和琐碎细节之人……相比之下,阿赫玛托娃宽容的声音倒是清晰可闻,因为她对帕斯捷尔纳克几乎所有的评论(除了写给他的献诗),有多少贬损,就有多少敬意。围绕上述观点,争论始终余音不绝,这是唯美主义者与现实主义者、乖戾的叛逆者与同时远离地下状态及官方的彻底失败者之间的争论。在帕斯捷尔纳克看来,所有这些人都太过自恋;他们则认为,他受的苦还不够。

帕斯捷尔纳克的向心性是臆想的产物。我们已经说过他对文学之“我”客观化的永恒追求。他的道路,犹如螺旋上升的曲线,在扩展过程中不断攫获新的主题,开辟越来越宽广的生活领域。帕斯捷尔纳克以极其主观的抒情为起点,直抵散文叙事,由有意识的印象主义的朦胧归于经典的、传统风格的明晰。反观曼德尔施塔姆,其向心性就在于:始终趋向于自我,越来越深地沉浸于自身。他从一开始就写下一系列杰出的诗作,并大获成功,最终却沦为失落者。这不仅仅是社会变迁对其命运所造成的后果,这也是他对一切表象及所有轮番转换的身份的合乎逻辑的拒斥:他如此绝望地消耗着真正的自我,甚至断绝了同“浩瀚世界”之间的所有联系。同世界相联系的是年轻的阿克梅派、西方派、强权主义者、彼得堡人、恰达耶夫①的继承者。勉强保持这种联系的还有绝望的犹太人、被放逐者、“时代的冷酷的弃儿”②,他们所能依靠的充其量是各自的放逐生涯和可恶的犹太血统。但

① 彼得·雅科夫列夫·恰达耶夫(1794—1856),俄国作家,曾任御前近卫军军官,俄国十九世纪前期进步自由观念的代表人物。

② 语出曼德尔施塔姆《好像一团面粉在发酵》(1922)。

曼德尔施塔姆颠覆了这种自我认同，他走得更深远，最终落入了绝对的混沌，史前的非理性的混沌。他向自己——向他面前主要的无尽的奥秘——窥望得越深，就越是不能清晰地回答：矗立在那根基之上的究竟是什么？

关于上述状况，或者也可以说，关于某种世界观的灾难，曼德尔施塔姆写有一首贴切之极的诗作；呈现于我们面前的，是痛苦地涌向自己本源的意识的记录，在此之中，除了阒寂的黑暗别无所有。这首诗便是 1932 年首次发表在《新世界》杂志上的《拉马克》，无论在苏联还是在国外，它都引发了许多善意的误解。在声音和可怕而异样的形象性方面，这首诗显然是强有力的，但人们很长时间都无法理解它。曾担任《阿波罗》杂志编辑的谢尔盖·马科夫斯基在涉及曼德尔施塔姆的回忆录中坦言，这首抒情诗对他过于晦涩。不过，用今天的眼光来看，这首诗却是曼德尔施塔姆最易懂的作品之一。尤里·卡里亚金①对它做过一次有趣的解读：按照社会含义，“沿着拉马克晃动的楼梯”下行，被解释为国家人道精神沦丧的写照。然而，曼德尔施塔姆书写的却不是人类共同体的衰落，而只是个人的演化；让我们同他一道走过这段楼梯：

如果在不可继承的短暂时日
一切生物只是涂改的墨痕，
那么，在拉马克晃动的楼梯
我将占据最后一级台阶。

（这里的一项前提条件是，“一切生物只是涂改的墨痕”，亦即偶然性，即地球物理学和生物学的奇迹；由此呈现出对于人类这一现象的非宗教立场。）

我将降至环节动物和蔓足动物，
在蜥蜴和蛇群中窸窣响动，
在弹性的踏板的起伏之间，
我将缩短，消失，像普洛透斯②。

① 尤里·费奥多洛维奇·卡里亚金（1930—2011），俄罗斯文学家，社会活动家。与下文中的弗·卡里亚金不是同一人。

② 希腊神话中听从于波塞冬的海神，老人，能变成任何形状，又作“普罗特斯”。

我将身披一袭角质的袍服，
断绝热血的涌流。
我将长出吸盘，用卷须
吮饮大海的浪沫。

我们见识了各种各样的昆虫，
它们的眼睛像斟满的酒杯。
他说：大自然整个都毁了。
没有视觉——这是你最后的窥看。

他说：无须更多饱满的声音。
你对莫扎特的爱是虚空一场。
蜘蛛的寂静正在来临，
这里的崩塌强于我们的力量。

大自然终于从我们身旁退去——
似乎它已不再需要我们，
纵直如长剑的脑髓，也被它
插入柔韧的鞘囊。

可它忘了有座吊桥，来不及
放下桥身，让那些绿色坟墓、
红色呼吸和柔顺笑容的人们
从桥上通行……

从社会含义乃至个人生平的含义来看，这结尾的可怕形象——沼泽浮萍的“绿色坟墓”、无数失去话语和思想的颤动不定的微生物，无异于某种预言。曼德尔施塔姆的整个沃罗涅日时期，连同少有的奇异和谐的小岛，正是下行至自我、原子及不可分解的最小单位的逻辑延续，是趋向于混沌与破碎的痛苦沦陷。驱之不散的恐惧、无力忍受的孤独、周而复始的迷狂，均属这种“沉陷于自我”的征象。曼德尔施塔姆的整条道路，是对于外在身份——欧洲人、犹太人、社会的弃儿、诗人——接连不断的拒斥之链。这一切越来越渺小，越来越琐屑，最终化作“飞蛾似的零碎”，归于《关于无名战士的诗》(1937)当中非人化的大众恐怖。从那些史诗般庄严、澄澈、时常具有故事性的诗篇开始，曼德尔施塔姆便英勇地向幽深与黑暗挺进，像世纪初的物理学家，直至正面迎来“物质的消失”。这一有关下行的隐喻，将会更加明显地在《沃罗涅日诗抄之二》(1937)的最后一首诗作中重现：

我陷入狮子的沟壕，陷入城堡，
沉得越来越低，越来越低……

远方传来你的呼唤，如此之近——
直抵氏族的戒律，宛然初现——
采自大洋的一串珍珠
和塔希提女人柔软的花篮……

这里表达的，仍是沉入“大海的浪沫”，下行至最为深远与荒蛮的高更①式的古风。

帕斯捷尔纳克的意境截然不同。如果说曼德尔施塔姆经典的明晰之下波动着混沌，那么，在帕斯捷尔纳克那里，甚至在他最躁动的诗篇，在《断裂》的绝望和《致海伦》(1917)的喟叹中，依然能感受到少有的心灵和谐与绝对的健康。早期的帕斯捷尔纳克像晚期的曼德尔施塔姆——两者都讲求理性，同时又是朦胧、主观和富于联想的；帕斯捷尔纳克的《帕格尼尼小提琴曲》和曼德尔施塔姆的《女小提琴手》(《在长襟的帕格尼尼身后》)之间的比较就足以说明问题：

我爱那些经过句②燃烧后
飘逸的行板和柔板的余烬里
你被烟炱熏得黝黑的面容，
连同炉口边叙事曲的白灰，

① 保罗·高更(1848—1903)，法国后印象派画家，与塞尚、梵高合称后印象派三杰。
② 音乐专有名词，俄文为 пассаж。

连同音乐留给劳作的心灵
硬结的疮痂，就像爱着
笨拙的人群之外，在矿场上
度过一夜的女工。

（帕斯捷尔纳克，1914）

小姑娘，好出风头的女孩，
骄傲的女孩，声音宽广如叶尼塞河，
用你的演奏来安慰我吧：
在你的头顶，骄傲的女孩，
是玛丽娜·穆尼谢克①卷发的丘陵，
女小提琴手，你的琴弓疑虑重重。

用大动脉的断裂奏上一曲吧
连同嘴边的"猫脑袋"②，
有三个鬼怪——你是第四个，
最后一个绽放的妩媚的鬼。

（曼德尔施塔姆，1935）

曼德尔施塔姆的这些诗行，甚至跟帕斯捷尔纳克的风格如出一辙，也有着跟他相像的一系列近音词和紧凑的音效——"有的身穿捷克式的外衣，有的跳着波兰舞，/还有的哼唱着茨冈人的顺口溜。"③早期帕斯捷尔纳克与晚期曼德尔施塔姆在写作手法上各不相同，充满跳跃式联想的癫狂的形象性，却使得这些诗行同样艰涩，同样迷人。反过来说，早期曼德尔施塔姆与"日瓦戈系列"在遣词造句上的吻合也是显而易见的：

我枯燥的生活

---

① 玛丽娜·尤里耶夫娜·穆尼谢克（约1588—1614），波兰大地主的女儿，伪德米特里一世和伪德米特里二世的妻子，被亚伊克哥萨克交给俄国政府，死于狱中。

② "猫脑袋"，一种蝴蝶的俗称。

③ 引自曼德尔施塔姆《在长襟的帕格尼尼身后》（1935）。

被一把火烧光，
如今我不为石头唱歌，
我把木材歌唱。

木材轻巧而粗壮，
只需用一块木材
就能造出渔夫的桨，
也能造出大船的船台。①

（曼德尔施塔姆，1915）

雪水从头巾上流下来
顺着衣袖流进袖口，
一滴滴小水珠
闪亮在你发间。

睫毛上的雪湿了，
你的双眼满是忧伤，
你整个的模样，
宛若一块白玉雕成。

（帕斯捷尔纳克，1949）

曼德尔施塔姆带有暗示性的抒情诗和帕斯捷尔纳克的抒情—叙事诗，均是无可争议的艺术成果。这里所说的是两种截然相反的策略：从自我出发与趋向于自我。对于置身在混沌状态，一面向其道路的逻辑终点进发，一面延续着创造的一位天才之英勇，我们唯有抱以崇敬。对于从自我省察中看到坚实基础而非混沌虚空的另一位天才，我们只能心怀仰慕。

甚至帕斯捷尔纳克笔下著名的形似词错综格（парономасия）的堆叠、彼此间时常勾连缠结的谐音之链，也都体现出他主要的世界观原则：与世界天然、有机的联系，而曼德尔施塔姆对此则避之不及。“若是没有一点亲

① 此处采用王智量先生译本，特此说明并致谢。

情/人世间便一无所有”[1]这是谢尔盖·斯佩克托尔斯基的世界观的基础，对于他和作者都至为重要；人生的种种遭际，现代性的所有标志，皆是“与生活一起私生的产儿”[2]（这当然会产生某种乱伦——起先，“我”把生活视为“姐妹”，紧接着便已同她有了私生子，不过，这也正是“同胞关系”向“夫妻关系”的演进，也是帕斯捷尔纳克发展变化的隐秘主题之一：从半大孩童般的无意识的亲情，转向有意识的选择，转向自己所认定的经由斗争方能赢取的勇敢的爱）。曼德尔施塔姆与帕斯捷尔纳克迥然不同，他曾经告诉艾玛·赫尔施坦因[3]说自己的思维方式“各环节都呈松散状”，也就是说，他反对联为一体的链条：在奇异的联想的序列中，第一个和最后一个词语并列而置，其余的，可以任由读者自己进一步推想。曼德尔施塔姆还曾将这种方法称作“词语之间遥远的相识”——在他的诗作中，各个词语之间确实仅有少许关联，在帕斯捷尔纳克那里，它们则紧密地由意义与声音结合在一起；或许，人们由此能够感受到帕斯捷尔纳克词语序列的密不可透，以及曼德尔施塔姆语言结构的空灵与疏松：“针刺、洞穿、漫步”[4]（《第四散文》）、精雕细镂的书写，凡此种种，正是他最为看重的文学要素。在帕斯捷尔纳克的世界中，一切事物皆有密切的亲缘关系，彼此间的对话无休无止；在曼德尔施塔姆的世界中，谁都不会向谁示好。三十年代初，曼德尔施塔姆尽量不去作家食堂，因为那里有太多他压根儿不会向他们“躬身示意”的人；毫不夸张地说，大多数事物，也都不曾让他躬下身来。

3

他们于1922年1月相识于莫斯科。帕斯捷尔纳克有着堪称幸福的交际能力，善于跟人轻松地交往，但他同曼德尔施塔姆的关系却谈不上亲密：主要的阻碍是气质与经历的差异。他们两人在1922年之前都已广为人知，

---

① 引自帕斯捷尔纳克《斯佩克托尔斯基》（1929）。

② 同上。

③ 艾玛·格利高里耶夫娜·赫尔施坦因（1903—2002），俄罗斯女作家，曾与帕斯捷尔纳克、曼德尔施塔姆、茨维塔耶娃、阿赫玛托娃等人交往，她的回忆录具有重要的文学史料价值。

④ 在俄语中，分别为 укол，прокол，прогул，并且采用复数形式，在书写和读音上彼此相近。

尽管帕斯捷尔纳克的名气稍小一些：他是不久前问世的《生活，我的姐妹》的作者，曼德尔施塔姆才出版了《Tristia》(《哀歌》)，再版了《石》；他的作品比帕斯捷尔纳克少得多，承受的期望却更高。

曼德尔施塔姆眼中的帕斯捷尔纳克，是一个地道的莫斯科人，生活优裕、精力旺盛、性情爽直。帕斯捷尔纳克给他写过好几封信，曼德尔施塔姆都没有回复：并非因为反感其人(他在二十年代的一系列述评中，对帕斯捷尔纳克评价很高)，而是因为，他自己也一直很少写信：除非写给妻子，而且是在当初的青春时代。他的信件保留下来的不多，并且都很简短。

重要的是，帕斯捷尔纳克早在1925年就已写信告知曼德尔施塔姆，称自己正在竭力摆脱"列夫"。与其说他想讨后者喜欢——即便如此，也只因他对曼德尔施塔姆确实不乏好感，并期待对方也能有所回应——不如说他已经发现，同"列夫"之间的往来，损害着他在同行心目中，尤其是彼得堡同行心目中的形象。"什克洛夫斯基是否对您说过'列夫'的那次会议？(……)我这辈子还没见过比这更空洞、更滑稽而又更能说明问题的场面。我就像观众席里的来宾，倘若不是对马雅可夫斯基和阿谢耶夫略有抱怨，那么一切都会很美妙：我平心静气地感受着喜庆。从一系列年深日久的荒谬假设推导而来的结论尽显无遗。这是活灵活现的荒诞，田园牧歌式的荒诞。他们就差将艺术称作清洗铜质门把手了，不过，马雅可夫斯基已经开始期待这一宣告，就粉笔的益处，他大发了一通议论。我看他们活像一帮可怜的年老体弱的骑士，以他们那无人知晓也无人需要的女士的名义，在屈辱与屈辱之间徘徊游荡。"(1925年1月31日)

他们外在的生活及人生经历差异极大：漂泊不定的曼德尔施塔姆，一直被"诗人行会"(Цех поэтов)[①]的氛围和1913至1917年间彼得堡的文学生活所毒害；而帕斯捷尔纳克也把一切漂泊视若苦旅。曼德尔施塔姆居无定所，缺少日常生活，与之相对的是帕斯捷尔纳克在日常生活中的根基、对劈柴火和侍弄菜园的喜爱、对居所与家庭的关心，他善于以各种方式为自己和亲人提供必要保障，包括曼德尔施塔姆最不擅长的打零工……帕斯捷尔纳

---

① 二十世纪初的诗歌团体，分布在彼得堡、莫斯科、梯弗里斯、巴库等地。第一个"诗人行会"由古米廖夫和戈洛捷茨基于1911年创办，1914年解散。

克的负罪感挥之不去，尤其在民众、读者和所有劳作在大地上的人们面前；他觉得自己忝居劳动者之列，既是偶然的，也是不道德的。曼德尔施塔姆则有着近乎斯文的自傲，他向来将诗人的崇高使命和自己在诗人所需一切事物上的先验权利奉为神圣。可以领受别人的粥饭，拿走别人的书籍——因为诗人更需要。1929 年 5 月 30 日，帕斯捷尔纳克在给茨维塔耶娃的信中写道："他对正义性的信心让人羡慕。倘若我说谎，我便视之为某种无关于己的偶发事件。他从主观上从未如此行事，即使落在他身上的打击来自远方。非但如此，他自己还不断助长和增添着这些打击（……）。在他和他妻子看来，我就是一个庸俗的人，而这次谈话之后，我们几乎快闹翻了。"耐人寻味的是，曼德尔施塔姆临死前突然萌发了一种民主精神和对于同时代人的负罪感，其个人主义者的自傲也令他几乎为之痛悔，帕斯捷尔纳克却正相反，他挺直了身子，让自己的医生—主人公带着难以言传的鄙夷说："你们身上唯一生动和闪亮的地方就在于，你们和我在同一时代生活过，曾经认识我。"①不难想象这句话也会出自曼德尔施塔姆之口，他不止一次地高声宣称："你们身上一切可贵的东西，归结起来，那就是你们曾经认识我。"或许，曾有人向帕斯捷尔纳克提起这一点。

就连他们的外貌也呈现着相互的对立：人们往往会觉得帕斯捷尔纳克高于他的中等个头，而曼德尔施塔姆在大多数回忆录作者的印象中，则比他同样是中等的个头要矮。晚年的帕斯捷尔纳克，面相比实际岁数年轻得多，直到生命的最后一年，据楚科夫斯基见证，他才变成了"一个小老头"。曼德尔施塔姆年届四十，就显得老态龙钟，还有一干评论家异口同声地要他相信，他已经完了，老了，停留在了三十年代……帕斯捷尔纳克青春的朝气、向世界的敞露、英俊的面容、健康的体魄，无不夺人眼目，尤其是相比曼德尔施塔姆沉重的喘息、笨拙的举止、邋遢的衣着、易怒与冲动的性格……有人也曾多次提到他们命运中的相似，这反倒越发映衬出他们之间深刻的差异：两人的母亲都是钢琴家，都是安东·鲁宾施坦的崇拜者。两人都出生在冬天，前后相差一年。中学毕业时成绩都很优异，都想报考法律系。都于 1923 年成婚。三十年代初，两人都从莫斯科踏上了漫长的南方之旅，但曼德尔施塔

① 引自《日瓦戈医生》第十五章第 7 节。

姆与妻子去的是多山而贫瘠的亚美尼亚，帕斯捷尔纳克与妻子（当时还是别人的）则去了遍地果实的富饶的格鲁吉亚。三十年代中期，他们都有过某种突如其来的体验，像是难以解释的精神疾病并伴以相似的症状：情绪低落、无缘无故的恐惧、不能独处、失眠、创作衰退……曼德尔施塔姆经历这场疾病，是在他因莫斯科同行们的密告而被流放沃罗涅日期间；帕斯捷尔纳克则是在他应欧洲同行力邀，受政府派遣去巴黎参加的作家代表大会上。

帕斯捷尔纳克曾经说过的一句重要话语，不失为解读他们的创作方法、创作宗旨和人生经历之差异的关键；他同曼德尔施塔姆说话的口吻向来是严肃的，因而他们的通信和为数不多的私人会面格外有意义。1932 年 11 月 10 日，在《文学报》为奥西普·曼德尔施塔姆举办的晚会上，帕斯捷尔纳克向他道出了肺腑之言："我多么羡慕您！您就像赫列勃尼科夫……您需要的是自由，而我需要非自由。"

1932 年的帕斯捷尔纳克，被人们公开称作全国头号诗人，尽管他本人对此不无反感；而曼德尔施塔姆，在 1932 年之前就已沦为形同乞丐的浪游者。他们在这一时期的名位天差地别，就连帕斯捷尔纳克的一句坦言"我羡慕您"，听来也像是嘲讽。不过，他的羡慕确实是真诚的；他一向苦于自己的"正常"与明晰，所以那些很少依赖读者，善于写得艰涩、晦暗和凝重的作者，偶尔也会对他产生吸引力。

至于他提到赫列勃尼科夫，无论如何都不算是恭维。帕斯捷尔纳克对这位俄国未来主义先驱的态度，无法一概而论，而且他在称颂别人、贬低自己的同时，始终坚持着个人的艺术路线。在《人与事》中，他承认对赫列勃尼科夫"评价不够"，在《安全保护证》中，他又谨慎而委婉地说："诚然，赫列勃尼科夫有他细致入微的真实性。但他的长处对我而言至今不可理喻，因为我所理解的诗歌始终在历史中流淌，并与现实生活保持合作。"将曼德尔施塔姆同赫列勃尼科夫相提并论的根由就在于，这两人，在帕斯捷尔纳克看来，是摆脱了罪恶感，摆脱了他本人一直在承担的过多责任的自由人——但这又何尝不是一种脱离"现实生活"的自由。这也正是他们让他感到"遥远"的原因。

"我需要非自由"这一道白，可谓是理解帕斯捷尔纳克立场的关键之所在。就此话题，他曾在同奥丽嘉·伊文斯卡娅的交谈中有过更为坦诚的表述，当时在场的利季娅·楚科夫斯卡娅详细记录了那次谈话："我是一个惹人生厌的人。对我有益的只是丑恶的东西，而美好的东西却有害于我。说真的，我就像一只在沸水中越来越好的虾。"

关于帕斯捷尔纳克的书，如果用"一只沸水中的虾"作为书名，或许也不错。

4

据娜杰日塔·曼德尔施塔姆回忆，早在 1923 年，帕斯捷尔纳克就对她丈夫说过：往日的读者消失了，往日的文化也不复存在……与时代不合拍乃至"不公正"的情形，在帕斯捷尔纳克看来，恰是一种理想状态，曼德尔施塔姆则视之为荒谬绝伦。帕斯捷尔纳克于 1929 年写给吉洪诺夫的一封信，堪称典型例证：

"对我来说，曼德尔施塔姆将会彻底成为一个谜，倘若他不能从最近的遭遇中汲取任何崇高的成分。这触手可及的、有可能是某种全新力量之源的体验，正被他变成一种乏味生涩的留声机或报刊式的琐屑（……），假如他仅仅打算承认其过错，仅仅意识到诸如社会异议、'对作家的迫害'之类十足的细故，而不把这种意识看成是痛苦的妙处，那倒也罢了。

"近日成立了一个调解冲突的委员会。他不在其中，我作为辩护者，第一个认定他是有过错的——以愉悦的、对待同志的方式，接着，我又以同样的语气告诉大家，读报纸（对"故人"的"揭发"运动等等）有时也会是多么艰难的事情，但不管怎样，不管我有多大力量，我都在努力推动社会的变迁，通过这场变迁的锻轧，原本属于那被责难之人的空气得到了净化。现如今，整个问题就在于，奥西普·曼德尔施塔姆是否会利用这种纯净，是否有理解它的意愿。"

何谓"第一个承认他是有过错的——以愉悦的、对待同志的方式"？难道是以愉悦的、对待同志的方式参与了迫害？事实上，帕斯捷尔纳克的所作所为完全符合康德的绝对命令，也就是说，他只是遵从自我，做了想做的事情。当同行们开始批评他——有些人的做法确实是同志式的，即在批评的时候，尽量缓和不可避免的斥责——他感到的是轻松而非愠怒，他把正在发生的事情看得平常。非但如此，他还同情那些厉声斥责的人们；必要的时候，我们还将援引他于1949年7月20日写给法捷耶夫的书信，在这封信中，他表示，法捷耶夫关于他的所有说法都完全正确——而法捷耶夫关于他的说法是，帕斯捷尔纳克属于过去的时代，是一个双料的个人主义者，既不被大众理解，也不受人民爱戴；说他应该被带去接受调查等等等等。如果考虑到法捷耶夫作为一名官员，有责任说出这一切，与此同时，他本人却又在扮演着帕斯捷尔纳克的保护神，给他提供翻译的活计，或许还在保护他免遭镇压，那么，在他这些侮辱性的言辞当中，也就没有任何高尚之处，更没有值得同情的理由；而帕斯捷尔纳克却只顾点头称是，仅仅解释说，当时他迫不得已，才指出整个俄罗斯知识分子的落后性。

曼德尔施塔姆将帕斯捷尔纳克的言行视为粗暴之极的侮辱，这是不难理解的。我们简短地回顾一下事情的来龙去脉。

1928年9月，“土地与工厂”出版社出版了《蒂尔·乌兰斯匹格》①。在扉页上，译者的名字写成了曼德尔施塔姆。事实上，他只是润饰和编排了阿·霍恩菲尔德和弗·卡里亚金的两篇译文。得知出版社的这一“疏忽”，曼德尔施塔姆急忙从克里米亚赶回列宁格勒，向霍恩菲尔德表示了歉意。需要指出的是，当时的霍恩菲尔德，比曼德尔施塔姆更受排挤和迫害，后者当年好歹也算出了两部作品：《诗篇》和《论诗歌》（谁都没料到，这竟然是诗人最后的两部作品）。霍恩菲尔德是一个残疾人，一个双腿发育不全的侏儒，批评家与翻译家，几部随笔集的作者——这些随笔偶尔也写得很妙。他老了，生活贫困，像大多数旧知识分子一样依靠翻译经典著作维持生计。曼德尔施塔姆同他谈得十分客气，这之后，11月3日的《红色报》晚间版刊登了出版社编委会成员亚·维涅迪克托夫的书信，解释了事情的原委。此外，曼德尔施塔姆本人也向《莫斯科晚报》寄去一封信件，表示要用“自己在文学上的全部进项”来保证霍恩菲尔德的稿费。

整个这场冲突更让曼德尔施塔姆难堪的是，“土地与工厂”的领导是他的同志纳尔布特，昔日的阿克梅派；为了生计，他只能跟另一位曾经的阿克梅成员，同他不算要好的本尼迪克特·利夫希茨一起选择可供翻译的作品；

---

① 流传于德国与荷兰的中世纪民间传说，蒂尔·乌兰斯匹格为其中的主人公。

还有最主要的：在与霍恩菲尔德产生龃龉之前，曼德尔施塔姆反对“土地与工厂”已有半年之久，因为该出版社的翻译实践着实令人懊恼。在二十年代，苏俄对文学的领导路线还具有强烈的“文学使命”：声称要把重新翻译和修订的经典遗产带给大众。有别于“世界文学”出版社的是，“土地与工厂”不仅出版了天才的散文作品（《乌兰斯匹格传奇》即属此类），而且还有相当平庸的侦探小说、历险记和游记，甚至有意出版迈因·里德①全集，再版了上世纪九十年代一些极为粗鄙的侦探故事——曼德尔施塔姆称之为“零意义”读物。稍晚些时候，他在《消息报》（1929 年 4 月 7 日）发表文章评述了此类状况，编辑部自作主张，给文章定名为《粗劣之作的洪流》。也就是说，在他与霍恩菲尔德发生冲突之际，他已是无辜的罪人，却还得向那些在文学方法上为他所憎恶的人们澄清责任。

用今天的眼光来看，这为期一年多的争斗犹如一场太过冗长的意外事件，它在几个不幸者之间展开，他们中的每一个都各自正确，而过错之人似乎并不存在。不过，纳尔布特的方法也确实是真正布尔什维克式的，无论 1921 年他在南方作为布尔什维克的追随者之际，还是在他后来的出版生涯里。曼德尔施塔姆记恨“土地与工厂”，并非因为出版德·高斯特②方面的疏忽，而因为多年来翻译的屈辱，为此，他不仅被迫去做不适合于自己的事情，而且在压力之下还做得很糟糕。霍恩菲尔德记恨曼德尔施塔姆——他所认为的新现实的一部分、野蛮一代的代表，乃是因为被窃取的译作，平心而论，这部译作的质量是不错的。

11 月 28 日，同样在《红色报》上，霍恩菲尔德发表了一封愤怒的书信，报社给它的标题是《翻译的劣质品》。12 月 10 日，曼德尔施塔姆在《莫斯科晚报》上回应：“难道霍恩菲尔德压根儿无视一名为纠正那恼人的疏忽（自己的和出版社的），从两千俄里以外赶来向他解释详情的作家的平和心态与道德力量？难道他要让我们为博得市侩们的愉悦，像两个小贩一样揪住对方的头发不放？难道我会需要霍恩菲尔德成为文学窃取行为的榜

① 托马斯·迈因·里德（1818—1883），英国作家，著有一系列以冒险为题材的长篇小说。

② 夏尔·德·高斯特（1827—1879），比利时作家，出生于德国，主要用法语创作。上文提到的《蒂尔·乌兰斯匹格》和《乌兰斯匹格传奇》（一译《欧伊伦斯皮格传奇》）为同一本书，即高斯特根据相关民间故事编创的长篇小说（1867）。

样？……我迈出的错误一步——本应执意让出版社及时与译者们协商——跟霍恩菲尔德在报刊上扭曲我整个的作家形象之过错——不可相提并论。他所采取的手段既荒唐又下作。(……)一些丑陋的规则和习惯需要拧脖子,但这并不表明,作家们应该相互拧着脖子纠缠不休。”

唉,在某些市侩(其中不乏当事人自己的作家兄弟)看来,莫大的享受恰恰是眼看着两个作家揪住对方的头发扭在一起。两位知识分子,还是犹太人,依靠出版界新强人的施舍过活,用改头换面的旧译赚取几个可怜的铜板,在报刊上绝望地抨击对方,吵吵嚷嚷,口沫横飞——这是何等的节日啊!文学舆论界以极大兴趣关注着事态,终于,在1929年5月的一期《文学报》上,出现了德·扎斯拉夫斯基题为《论谦逊的剽窃与放肆的敷衍》的杂文。在随后的一期,刊登了曼德尔施塔姆的答复,称该文为诋毁之作,同时还刊登了为曼德尔施塔姆辩护的书信,签名者包括帕斯捷尔纳克(以及皮里尼亚克、谢尔文斯基、法捷耶夫、奥廖沙、列昂诺夫,甚至还有“拉普”头目,性情暴烈的列奥波里德·阿维尔巴赫!)。作为回应,扎斯拉夫斯基将曼德尔施塔姆的一封私人信件公诸于众,在这封信中,曼德尔施塔姆表示要给霍恩菲尔德一笔钱,并请求他别把丑闻搞大。应曼德尔施塔姆的要求,苏联作家联合会开始审查此事,却带着一种责难的偏向,也就是说,在认定曼德尔施塔姆并无过错的同时,又一再要他承认自己负有道德上的责任,而1929年12月做出的裁决,也恰恰体现出这种偏向(尽管扎斯拉夫斯基的杂文,也被看作一个“错误”)。正是在此情形下,帕斯捷尔纳克才建议曼德尔施塔姆自作结论,对“触手可及”的体验加以利用,并欣然领受集体的公正,而不是沉湎于公正所带来的“痛苦的妙处”。

要说曼德尔施塔姆不曾利用此事,或许也是不确切的——可他还能怎样利用呢!从这场看似琐碎的不愉快事件中,他得出了一系列让他的同时代人感到出格,后来又可怕地应验了的结论。《第四散文》就这样问世了,其中道出了关于时代的关键话语——道出这些的,是曼德尔施塔姆,不是帕斯捷尔纳克。

“肉体的恐惧敲击着打字机,肉体的恐惧把中国式的涂改留在手纸上,把种种密告编排成文字,殴打躺倒的人,要求处决俘虏。一群顽童怎样当众把小猫淹死在莫斯科河里,我们快乐的伙计们就怎样挤来挤去,像在大课间玩闹似的挤黄油。嗨，使劲儿呀，挤呀挤，就是要让大伙儿挤的那人不见踪影——私刑的圣明的规则便是如此。

“店伙计把女工吊在奥尔登卡街——打死他！

“女收款员少算了五个铜子儿——打死她！

“掌柜的因为犯浑说了胡话——打死他！

“庄稼汉在谷仓里藏了点儿黑麦——打死他！

“我们是些什么人呢？我们是不读书的中学生。我们是共青团的淘气包。我们是一群获得许可而无视一切神圣事物的捣蛋鬼（帕斯捷尔纳克所云“委任之下施行粗暴的粗暴行径”，他当然没听说过——德·贝）。

“我把世上所有文学作品分成两类：被准许的和不被准许的。第一类是废料，第二类是偷来的空气。书写着明知是被准许的玩意儿的作家们，我要朝他们啐口水……我要是可以禁止这些作家结婚成家生儿育女就好了。他们怎么能有孩子呢？要知道，孩子们应该接替我们继续下去，替我们把最主要的说完，既然他们的父辈早在三代之前就已经预售给那麻脸的鬼怪[1]了。”

这段话写于——准确地说，向妻子口授于——1929 至 1930 年间的冬天，当时似乎还未曾达到普遍的“肉体的恐惧”——大恐怖的第一波浪潮出现在 1935 年；甚至“沙赫特案件”[2]也未披露。可见曼德尔施塔姆对“地震”何等敏感！而帕斯捷尔纳克又怎能看不到这一切呢？姑且将此归因于他尚未遭到迫害，也不曾跟一帮“订货商”和杂文作者有过持久的争讼；不过，即便有人开始加害于他（后来果真开始了），他也会毫无戒备地报以微笑，像对待同志一般欣然悔过！1936 年，当“肉体的恐惧”已是生活的常态，他突然以一种直白的声音说：“假如一定要在文章里吵吵嚷嚷，能否用不同的腔调？不管怎么说，这样会更易懂，因为用一种声音吵嚷，什么也听不明白。或许完全可以不用吵嚷——这才将是最美妙的”……当初，在 1929 年

---

① 暗指脸上长有麻子的斯大林。

② 苏联当局于 1928 年 5 月—7 月对一个所谓地下反动组织的诉讼案，四十九名顿巴斯煤矿工作人员被控在顿巴斯沙赫特矿区暗中从事破坏活动，犯有“经济反革命罪”。五名工程师被判处死刑，其余被处以年限不等的有期徒刑。2000 年，俄罗斯联邦总检察院为此案平反。

作联发起的调解冲突的会议上，帕斯捷尔纳克大概也是以这样的声音为曼德尔施塔姆辩护，同时也对他的狭窄心胸，对报纸上唇枪舌剑的运动表示了不满。是否想象得出一个跟工会人员调侃的曼德尔施塔姆？

在断言与确证方面，帕斯捷尔纳克同曼德尔施塔姆有着细节上的相像。1935年，布尔加科夫和维列萨耶夫①在一起创作一部关于普希金的话剧。偶然的一次，帕斯捷尔纳克见到维列萨耶夫，对他说："我也喜欢你，维肯季·维肯季耶维奇，您写的东西虽好，却是被准许的。米哈伊尔·阿法纳西耶维奇②，则属于非法现象。"我们没有任何证据可以断定，帕斯捷尔纳克此前读过《第四散文》——知道它的人仅有曼德尔施塔姆夫妇的几位至交。用词的一致耐人寻味。只不过，帕斯捷尔纳克视历史为一种必然，而他写作的策略则倾向于：不计较小事，接受妥协，只要不违背良心，就只管写自己的。关于他的这种现实观，曼德尔施塔姆在沃罗涅日流放期间曾经向谢尔盖·卢达科夫说起过："一个健康的人，把一切都看作现象：动不动就是雪啊、天气啊、人们行走啊……"我们终究不必跟大自然争议，因为再没有比它更自然的了。

在《第四散文》结尾，针对所有被准许的作家——也包括那些为他辩护的，曼德尔施塔姆本人再明显不过地道出了同他人之间在创作目标上的差别：

"这里有各式各样的方法：对我来说，可贵的是面包圈中间的窟窿。而面团除了做成面包圈又有什么用呢？面包圈可以吃掉，留下来的是窟窿。"

对于一名阿克梅派诗人而言，这番道白颇显怪异。他所看重的通常是诗歌中的物质与表意的词汇，他本该用大量鲜活感触的现实填充其文本，突然间，却转向了对物质的拒斥，转向了空洞与虚无。当然，这不算是一份诗歌的宣言。在未来的莫斯科与沃罗涅日的诗篇中，曼德尔施塔姆仍将专注而敏锐，一如他年轻时。这一取向不是作家的，而是人的：意欲拒斥血肉丰满的存在，帕斯捷尔纳克却只管努力营造生活乃至幸福。

在曼德尔施塔姆看来，帕斯捷尔纳克苦心营造的一切，不过是用来制作

---

① 维肯季·维肯季耶维奇·维列萨耶夫（1867—1945），苏俄作家，斯大林文学奖获得者（1943）。

② 布尔加科夫的名字和父称。

面包圈的面团而已。1932 年的一天，帕斯捷尔纳克来到纳肖金胡同，看望曼德尔施塔姆。他关切地说："瞧，有了住房，就可以写诗了……"曼德尔施塔姆未置一词，等他走后却大发雷霆：这么说，要写诗，非得有住房不可？而且还是那种纸板墙的房子？其实，帕斯捷尔纳克并没有说什么伤人的话：他只是觉得，为了诗歌，一个属于自己的角落是必要的。不是为了有地方睡觉，而是为了一种归属感。

5

我们将无法理解帕斯捷尔纳克与曼德尔施塔姆之间这种固有的差别，如果不回到他们的世界观的源头，回到他们各自迷恋着斯克里亚宾的 1910 年代，乃至他们的基督教观念开始成长的时期。

不妨从帕斯捷尔纳克和曼德尔施塔姆身为犹太人，而又弃绝了犹太教说起。帕斯捷尔纳克未曾受过洗礼，但常去教堂（尤其在童年和青少年时代），熟知并喜爱东正教祈祷仪式。曼德尔施塔姆于 1908 年受洗，接受了路德宗（这是进入彼得堡大学的一道必要程序）。帕斯捷尔纳克压根儿不了解犹太教。他完全是俄罗斯文化的产儿。曼德尔施塔姆的情况正相反：从他的诗中，我们几乎看不到福音书中的形象，却能发现大量《旧约》的事物。二十世纪任何一位俄罗斯诗人，都不如他那样深受犹太教之影响。

在《时代的喧嚣》（1925）这一真挚程度不亚于《安全保护证》，而表述更清晰的作品中，曼德尔施塔姆不厌其详地写道："彼得堡婀娜的幻影，只不过是一场梦，是添加在深渊之上的炫目的覆盖物，四周则蔓延着犹太文化的混沌，不是故乡，不是家园，不是源泉，而正是混沌，是一个陌生的胎腹中的世界，我便来自这个让我畏惧和隐约猜想的世界，从这里，我总是一再地想要逃离。

"正像一小块麝香就能将香气填满整个屋子，犹太教最细微的影响填充着全部的生活。哦，这是怎样一种浓烈的气息！难道我会觉察不到，真正犹太人家里的气息，不同于雅利安人之家？而散发出这种气息的，不仅仅是厨房，还有人、物品和衣服（……）唯有父亲的家庭工作室，不像是我那些匀整的漫步所抵达的花岗岩天堂，唯有它，通向一个陌生的世界（……）

“底下一层格板我记得总是一片狼藉……这是陷入灰尘的犹太式的混沌。我的古犹太语知识就从这里迅速地消失，我无论多么努力都没有学会它。由于民族悔恨的勃发，家里给我请了一位真正的犹太语教师。他从自己居住的商业街过来教我，帽子每次都不摘，这让我觉得很别扭。标准的俄国话说得走了调。犹太语识字课本绘有各式各样的插图，里面的人物要么抱着小猫，要么在读书，要么拿着水桶，拿着喷壶，却始终是同一个戴着大檐帽的男孩，一副过于忧伤的成年人的面孔。从这个男孩身上我未曾认出自己，我全身心地抵抗着书本和科学。这位教师身上倒是有一种东西令人吃惊，尽管显得不大自然，那便是犹太人的民族自豪感。他谈论犹太人，仿佛法国女人谈论雨果和拿破仑。但我知道，一旦他走到大街上，他就会藏起这种自豪感，所以，我并不相信他说的。”

此番言论实为领会曼德尔施塔姆，起码是领会其犹太观念的关键。他抛开了同犹太身份的关联，为的是重新回到犹太教；抛开了犹太人那种千方百计的矫饰、同化的诱惑、假作的负罪感，为的是以一个社会弃儿的孤绝与获胜般的绝望来抗拒这一切。曼德尔施塔姆二三十年代的诗歌世界，完全是《旧约》的世界，是任何时候走到大街上都不会隐藏其自豪感的人的世界。

在曼德尔施塔姆的文本中，犹太人的世界始终带着软弱与“颤栗”的印记：畏葸、憔悴、无可避免的败亡。更有甚者，那个虚矫的世界，永远喻义庸俗。犹太教信仰，既是异样而费解的，又是暴烈而庄严的；犹太身份，则令人感到滑稽和羞耻。这些感触在《时代的喧嚣》中描述得淋漓尽致：“唱诗班领唱，好似大力士参孙，要把狮子的建筑摧毁，响应他的是一顶顶天鹅绒法冠，元音和辅音的古怪和声，也从词句中清晰地吐露，使赞歌显示出坚不可摧的气势。然而，拉比的虽则流畅而又粗陋的话语，却给人以怎样的屈辱！当他口称‘皇帝陛下’，这是多么庸俗啊！甚至他所说的一切，也全都庸俗不堪！”

对于俄罗斯犹太人而言，同化的诱惑一向是强烈的，这主要是因为洗礼能够开辟学业和事业的前程，使人摆脱犹太地理区域和文化区域的束缚。但是，这种同化几乎又总是预示着根脉的断绝、孤独，乃至家人的厌弃。巴别尔的道路即是如此。被同化的犹太人往往身负某种责任，对人怀有歉意，一副从来都不健全的模样；在二十年代，曼德尔施塔姆却反其道而行之，他没有充当“先前取出的面包那干瘪的添头”①，反而热情、自信地赞颂他骄傲的弃儿生涯；二十年代的曼德尔施塔姆，是罗马的犹太人。

彼得堡、保罗火车站、皇村——“我们要去皇村，那里有微笑的枪骑兵！”②。曼德尔施塔姆童年与青年时代的彼得堡在文化上是自足的，它的魅力令人倾倒；你不可能不心向往之——这个值得为它做弥撒的巴黎！为了这庄重严整和错杂繁复的帝国气象，为了彼得堡之石沉重的轻盈，值得承受同化对家族的创伤，以及因犹太身份的克制而造成的耻辱。石头——曼德尔施塔姆早年的主要意象，它不仅为他的第一部诗集命名，而且展现着古典建筑的结构和轻盈、稳固的基础。曼德尔施塔姆的彼得堡，正是俄国的西方前哨，是“深渊之上的覆盖物”。深渊在各处簌簌颤动，它不但是散落世间的尘封的塔木德，也是兽性的陌生的莫斯科；它当然有可能从一开始便引人入胜，但只能凭借它那些让人联想到圣马可广场③的意大利教堂和成群的鸽子。茨维塔耶娃曾将莫斯科赠予曼德尔施塔姆，用她本人的话来说，她等来的回报是一首可怕的诗作《在铺满麦秆的无座雪橇上》（1916）：曼德尔施塔姆笔下的莫斯科，是一座刑讯之都，是“娼妇”（“为了游遍整个娼妇——莫斯科”④）。他只喜爱它跟亚洲关联最少的地方——一座座公园、忘忧苑（Нескучный сад）、莫斯科河；其余部分，则是野蛮的都城，缺氧、缺乏运动和发展的城市，封闭在环形花园路以内、失去历史的佛教城市。在西方文化光辉而又脆弱的覆盖物下面，不安地颤动着两种混沌——犹太人的和亚洲的。难怪尼基塔·司徒卢威一篇有关曼德尔施塔姆的随笔叫作《欧洲之子》。为了欧洲，值得放弃的不仅有破碎的犹太身份，还有俄罗斯：在写于1915年的文章《彼得·恰达耶夫》中，曼德尔施塔姆赞成放弃祖国——为了历史，为了迈向欧洲之路并展开运动。

然而，在二十年代，彼得堡消亡了。

---

① 语出曼德尔施塔姆《好像一团面粉在发酵》（1922）。

② 引自曼德尔施塔姆《皇村》（1912，1927）。

③ 威尼斯的中心广场，周围布满文艺复兴时期的精美建筑，向来受到游客、摄影师和鸽子的青睐。

④ 引自曼德尔施塔姆《不，不要向我隐瞒伟大的胡言》（1931）。

彼得堡之殇成为曼德尔施塔姆在1917至1920年代一个关键的诗歌主题:"我们将死在透明的彼得罗波尔"[1]……"你的兄弟彼得罗波尔,正在死去"[2]……"我们仍将重逢于彼得堡"[3]……旧日的生活结束了,聊以慰藉的是克里米亚的希腊化影响。但混沌已渐渐渗入诗篇——结构在消失:"我将徘徊在茨冈人聚集的幽暗街边"[4]……出现了茨冈人流浪和居无定所的主题。既然帝国的彼得堡不复存在,那就意味着,一切都不复存在;正如安德烈·别雷时常提及的一个思想:彼得堡只能充当首都,只能留在帝国之内。

如今,世上已无彼得堡,只有列宁格勒——"列宁格勒河岸上灯火的鱼肝油"[5](在曼德尔施塔姆那里,鱼肝油永远表示"极度兴奋的厌恶"),只有无端的暖意笼罩的城市,镣铐似的门链拴起的城市,犹太人的混沌浮现于茫茫尘烟。穷酸食客可怜的低语也随之转换为先知恐怖的声音:

"我坚持认为,文学写作应保持它在欧洲,尤其在俄罗斯所形成的那种样式,它与我为之骄傲的犹太人的光荣名号并不相容。我的承载了一代代牧羊人、长老和沙皇之遗产的血脉,抗拒着作家部族惯于偷摸的茨冈习气。还是一个孩子的时候,我就被污浊舞乐的嘈杂的茨冈人群窃取,这个流浪的人群,在其污秽的路线上消磨了如此之多的岁月,费力而徒劳地教我学习那唯一的手艺、唯一的职业、唯一的艺术——偷窃。"

如果说帕斯捷尔纳克笔下浪漫的茨冈人不仅偷窃孩子,也赞美孩子,那么对于曼德尔施塔姆而言,他们则是"污浊舞乐的嘈杂的人群"。这给人带来的联想不是"窃取"《空中道路》主人公的革命,而是丧失伦理观念的作家部落。但在上文引用的片段中,关键一点却在于"犹太人光荣的名号":拒绝任何与时代的契约以及对时代的顺应。不仅如此,这还是对童年和少年时期帝国神话的弃绝:

---

① 引自曼德尔施塔姆《我们将死在透明的彼得罗波尔》(1916)。彼得罗波尔系彼得堡在诗歌中的希腊化名称。

② 引自曼德尔施塔姆《火光游荡在可怕的高空》(1918)。

③ 引自曼德尔施塔姆《我们仍将重逢于彼得堡》(1920)。

④ 引自曼德尔施塔姆《我将徘徊在茨冈人聚集的幽暗街边》(1925)。

⑤ 引自曼德尔施塔姆《列宁格勒》(1930)。

我与强力世界的联系仅限于孩子的方式，
我连牡蛎都怕，只敢偷眼瞧那些近卫军，
对那个世界，我的灵魂没有一丁点亏欠，
无论我怎样学着别人的模样折磨自己。①

难道真的没有一丁点亏欠吗？先前，他曾经坦言："我热中于近卫骑兵军的铠甲、近卫重骑兵的罗马式头盔、普列奥勃拉任斯基乐团的银号，除了5月的阅兵，近卫骑兵军在圣母领报节的欢庆成了我的赏心乐事。"（《时代的喧嚣》），而六年之后，他却抛开了这些，俨然什么都没有过！你们——俄罗斯人，我——犹太人，我们各不相干；也正是这一本性，使他毅然决然拒绝了同化于新文化。倘若这是某种欧洲式的东西倒也罢了，就像在阿克梅时期的彼得堡，可这偏偏不是文化，而是一种粗制滥造，乃至专制独裁。实话说，的确如此。要他跟这新文化相融，适应它？得了吧。

随便哪个造型艺术家，
集体农庄的亚麻梳理工，
墨水和血的搅拌者
都配得上这种削尖的木签。②

第三行可能让人想到"近亲之间的性关系"。在这里，"血的搅拌者"是关键词③。不能对他人的部落退让一步！

我不再是一个孩子。
你，坟墓——
不许教导驼背。别作声！④

如此一来，《时代的喧嚣》中关于面包圈和窟窿的那句话意思就清楚了。不过，在《埃及邮票》（1928）这篇预言般的转折之作中，也有对这层含义的暗示："……白面包，普通的挂锁形白面包，已经不再对我隐瞒，面包师

① 引自曼德尔施塔姆《我与强力世界的联系仅限于孩子的方式》（1930）。
② 引自曼德尔施塔姆《房间寂静，有如一张白纸》（1933）。
③ 原诗中的 крови（血的）和 смеситель（搅拌者）两个词拼写在一起，就成了 кровосмеситель（与近亲发生性关系的男子）。
④ 引自曼德尔施塔姆毁弃的诗歌断篇之四（1931 年 6 月 6 日）。

设想的它就像无声的面团制成的俄罗斯竖琴。”

无声的面团制成的竖琴，便是他对新帝国时代文学的揭示；那间得自于“他们”的住房，也并非安居之所，而是不可救药的次等品的象征：

昔日恐惧的源流
取代涓涓马泉①，
涌入莫斯科凶险的住宅
粗制滥造的墙壁。②

6

在帕斯捷尔纳克写给多年未见的奥丽嘉·彼得洛夫斯卡娅·希尔洛娃的一封信中，有这样一句耐人寻味的话：“我还是原先的老样子”——他要对方相信，在信的末尾又补充道：“请向曼德尔施塔姆夫妇致敬。他们是了不起的人。他是比我大得多的艺术家。但他与赫列勃尼科夫那种极度抽象的完美，从来不是我的追求。

“我觉得，自己也从来不是一个孩子——即便在童年。而他们是。

“不过，也许我说的没有道理。”

嗯，当然，“也许，我不对……也许，我不该这么说”……可他说得却很坦然，尤其是考虑到，这封信写于1935年2月22日，正值他遭受挫折之际，并且是写给他一向尊敬而不怠慢的女人。有意思的是，大家偏偏认为他才是个孩子。阿赫玛托娃说，“他被某种永恒的童年所造就”，曼德尔施塔姆也曾揶揄地说他是“一个健康的人”……而他，反倒将他们视为孩子。在《安全保护证》中，他写道：“我懂得这种不为孩子所知的东西，我称之为对于真实的感知。”这种对于真实的感知，即是对于事物真正属性的神秘猜解，它告诉人们：自然界中不存在曼德尔施塔姆所期望的理想自由、处于放任边缘的自由；一切事物的基础都在于“斗争、苦役、中世纪的地狱和手艺”，换句话说，也就是周而复始的劳作，以及“集体—组合”与“激励—强

① 马泉，希腊神话中灵感的源泉，据说是神马珀伽索斯用马蹄踩出的，具有启发诗兴之功。
② 引自曼德尔施塔姆《房间寂静，有如一张白纸》(1933)。

化”活动的自觉自愿。跟赫列勃尼科夫一样，曼德尔施塔姆也是“抽象自由”的艺术家，拒绝承认生活施加于自己的强制，这种置语境于不顾的态度，在帕斯捷尔纳克看来是不可接受的，他觉得这是不负责任和孩子气的表现；而顺应时代和创作自律的需求，于他而言形同芭蕾舞的“激励—强化”训练。不能克服环境压力的诗歌（无论打零工、翻译还是别的什么对时代应尽的义务），他认为是毫无必要的。在帕斯捷尔纳克的词典中，最尖刻的词语之一便是“放任自流”；正因为他不能容忍放任，才将这种放任视为对他本人劳作私下的干扰，它远比任何外界的压力更沉重，也更深远。

十年前，盛怒中的马雅可夫斯基说过这样一句话：“曼德尔施塔姆，他这人不可靠……他以为可以跟时代讨价还价……”我想，在三十年代，曼德尔施塔姆或许也会以同样坚决的口吻把这句话用在帕斯捷尔纳克身上。

“做一个犹太人，究竟意味着什么？为何会是这样？这种无力的挑战，除了痛苦，什么都不会带来，又有什么能够作为对它的补偿呢？”——这个问题，折磨着《日瓦戈医生》中的小戈尔顿；也就在这部小说中，问题得到了解答。小说的第一部第四章第 11—12 节专门谈论了犹太人问题。在一个靠近前线的村庄，日瓦戈目睹了一个哥萨克欺负犹太人的情景，他对戈尔顿发表了一番独白：“真难想象，不幸的犹太人在这场战争中蒙受了多大的苦难……他们除了受苦受难，还遭到洗劫和凌辱……仇恨他们是没有道理的，仇恨的理由是站不住脚的。教人仇恨的，恰恰是应该同情的。那就是他们的贫困、人口密集，他们软弱，不能反抗暴力。不可理喻。他们的厄运像是注定的。”

日瓦戈的思绪就此中断了，戈尔顿听了，“一句话也没有说”。直到夜晚，他才打开话匣子（每个晚上，两个朋友都在聊天中度过，即使当两星期的交流行将结束，他们该各自上路之际，在帕斯捷尔纳克这部童话般的作品中，低级生活的需求也没有使他们感到困扰）。

“我的这些想法和你的一样，都是来自你的舅舅（日瓦戈的舅舅，尼古拉·维杰尼亚宾，一位集智慧和美德于一身的历史学家，创立了独特的宗教观念，帕斯捷尔纳克经历了三次革命和两场世界大战之后，才得出这些观念，而这位舅舅早在世纪初就奇迹般地知道了这一切——德·贝）。（……）在心里想出来的新的生活条件、新的社会形式中，即所谓天国中，没有民族之分，只有人与人的区别。(……)我们谈到过那些平庸之辈，他们从来不曾从整体上看待人生与世界，还有那些二流人物，他们的眼界非常狭隘，只热衷于谈论某个民族，首先是受苦受难的某个弱小民族，这样就可以大发宏论，百般赞美，就可以赢得同情弱小的名声。犹太人就是这种灾害的真正牺牲品。民族意识使他们深信，他们必须是一个民族，世世代代是一个民族，而在这千百年间，由于当初来自他们当中的一个人的力量，全世界已经摆脱了这种有害的束缚。(……)谁需要他们这种自愿的受难，谁需要他们世世代代被嘲笑，谁需要那么多有灵魂、有感情的无辜老人、妇女和孩子去流血？为什么所有民族的主张尊重人民的文人都表现得如此怠惰和无能？为什么这个民族的智者们在世界性灾难的表象上裹足不前，只是一味满足于讽喻的机巧？”

许多人倾向于认为，帕斯捷尔纳克对同化的主张是一种背叛。他本人大可借用童年时代的偶像列夫·托尔斯泰的一句话来为自己辩白：“对我来说，犹太人问题远在九霄云外。”在与国外人士的大量谈话中，当被问到“犹太人问题”，他总是回答，除了同化之外，他不承认还有别的前景——犹太人问题本身并未让他激动不安，而且他还要求来访者不要提他的出身。这既非什么触碰不得的创伤，亦非有意识地隐瞒出身，他只是不愿将话题归结于此，而“世界性灾难”和“讽喻的机巧”，也像离开俄罗斯的念头一样，跟他的天性相去甚远：他恰恰想要与俄罗斯一道承担它所有的错误，在他看来，命运的博大与悲剧的广阔，比正义本身更可贵。耐人寻味的是，在所有杰出同行当中，巴别尔是唯一跟他没有任何交情的，除了最一般的客套；还有爱伦堡连同其犹太人的怀疑主义，他也不是很欣赏，他把爱伦堡叫作“身上撒了卡宴辣椒粉①的赫尔岑”。他对犹太剧院②始终态度冷漠(曼德尔施塔姆写有一篇关于米霍埃尔斯③的热情洋溢的文章)，他的书信和回忆从未有一处提及1948至1953年间的反犹运动、米霍埃尔斯的遇害，以及“医生

---

① 一种极辣的红辣椒，产于法属圭亚那首府卡宴地区。

② 苏俄时期有两座犹太剧院，一座在莫斯科，一座在乌克兰的利沃夫，此处提到的是前者，全称是“莫斯科国立犹太剧院”，建于1920年，1949年因苏联反犹运动而关闭。

③ 所罗门·米哈伊洛维奇·米霍埃尔斯(1890—1948)，苏联犹太演员，导演，莫斯科犹太剧院的主要改革者之一，1948年，遭到几名同事的谋害，在当时的媒体上，其死因被宣称为车祸。

投毒案"[①]。犹太反法西斯委员会的活动对他也没有吸引力，尽管那个"被诅咒民族"几乎所有重要的文化活动家都加入了进来。1941 年 7 月，他先是答应参加一场犹太人反法西斯集会，但随后就收回了决定，称自己反法西斯的理由无关犹太身份，与此同时，他却从不隐瞒民族身份：他只是在那封写给希尔洛娃的信中表示，希望护照里填写的不是"年龄、犹太人之类"，而是自己对那些"梦幻的、争议的、令人痛苦而费解的事物"之信念。

在时常被引用的一封写给沙拉莫夫的信中，他提醒道，不要以"时代的非正确性"为自己换取正确性，毕竟，造作的"世界性灾难"和"讽喻的机巧"之类，很容易成为一种大而化之的敷衍。无论在任何潮流和派别当中，都不应掩盖生活本来的面目；做帕斯捷尔纳克，而不是犹太人"列夫派"作协成员等等——对他而言，才是唯一可行的策略；"活着——就这么活下去，直到终点。"

承认现存国家并与国家和时代一道分担它们的腾飞和堕落，这是一种自我牺牲的愿望，它显然危及人的声誉。尤其是考虑到，"孤单的弃儿"，将永远正确；从这一角度来看，世事似乎更显无情，也更为确切。关于斯大林恐怖的最初岁月，关于主流思想倾向，关于从人类当中消除人性的方式——将依据曼德尔施塔姆来评判，而不是帕斯捷尔纳克。然而，帕斯捷尔纳克所选择的道路，却能使人免遭自傲这一最可怕事物的侵害；其所独具的牺牲意味，丝毫不亚于曼德尔施塔姆的道路；而他写给吉洪诺夫的一封信中所显现的观念——像对待快乐一样对待磨难，也正是一种真正基督教意义的个人生命观。

也就是说，三十年代初，帕斯捷尔纳克"亲苏的"或曰国家主义的选择，乃是决定于他的基督教观念？

是的，从他的经历来看，希望与负罪感一向比先验的正确性更可贵。帕斯捷尔纳克厌恶高傲自大。他认为——而且不无根据——反对派人士不爱人民也不理解人民。从革命中，他们看不到为千百年的凌辱所展开的复仇。

① 即轰动一时的"克里姆林宫医生案"。1953 年 1 月，苏联政府宣称破获一个医生恐怖集团，该集团被指控谋害包括日丹诺夫在内的苏联高层领导。多位著名的犹太族医生因此案而遭到迫害。这是苏联新一轮政治大清洗的信号，但由于斯大林当年 3 月去世，"克里姆林宫医生案"很快被宣布为"假案"。

在这些情况下拒绝与国家的合作，帕斯捷尔纳克认为是一种背叛。

有意思的是，此时的曼德尔施塔姆也以截然不同的理解方式，谈到了革命知识分子的传统：

> 平民知识分子为何
> 跺着开裂的皮靴，
> 莫非要我现在就把他们出卖?!
> 我们终将死去，像一群步兵，
> 但无论劫掠、谎言还是打零工
> 都不会被我们颂扬。①

这里交集着两种形式的知识分子牺牲精神。难以回答，谁的状况更具悲剧性。对曼德尔施塔姆而言，忠实于“第四阶层”，即是对知识分子良心法则的信仰，这一法则当中包含着对政权的不信任、拒绝与之合作和反国家主义。对帕斯捷尔纳克而言，忠实于知识分子的理想，则恰恰意味着甘愿接受革命连同其所有的丑态，因为这正是人们曾经希望与等待的！如今，接受革命变得轻而易举，既然“冒进”似乎开始扭转，甚至《斯佩克托尔斯基》也得以公开出版……帕斯捷尔纳克的立场，严格来说，实为勃洛克立场的终极阶段：革命的情形，犹如一群人荒唐地为火堆添加柴火，然后围绕着它边跑边喊：“哟嗨，我们在烧火！”难道不是曼德尔施塔姆，中学时代就研究过《爱尔福特纲领》的自学成才的马克思主义者，最终抛弃了寄托着三代俄国知识分子之理想的那一切？

用历史发展的眼光来看，正确的是曼德尔施塔姆，是他第一个指出，知识分子的理想非但未能实现，在旧帝国的废墟上，反而迅速建起了一个新的帝国。当时已写下《斯坦司》的帕斯捷尔纳克，也看出了斯大林与尼古拉一世之间直接的相似。但这毕竟是人民的选择！平民知识分子的牺牲，毕竟不是为了一些抽象的理想。一切为了人民，而“一百人的空洞幸福”②则不值得同情。正当帕斯捷尔纳克抛开了本阶级的理想（“新人已将我们超越”）之际，曼德尔施塔姆却还在从家庭、阶级、民族性这些部族标志当中为

---

① 引自曼德尔施塔姆《莫斯科午夜》(1931年5—6月)。

② 语出帕斯捷尔纳克《致鲍里斯·皮里尼亚克》(1931)。

他独自反抗事物的进程寻找着支撑。

究竟谁是正确的？

艺术家唯有在其作为艺术家的范围内才是正确的。三十年代初，帕斯捷尔纳克正在创作《第二次降生》，曼德尔施塔姆也在整理他未问世的作品《新诗集》。两个集子当中都有无可争议的高峰，几乎都没有什么缺陷。他们两人都是正确的。不过，两人也都被迫付出了代价。区别在于，当时的曼德尔施塔姆，重新找回了“对于自己的正确性的意识”，帕斯捷尔纳克则越来越深地意识到一种非正确性。但这难道不是他想要的吗？

毫不奇怪，到1934年前夕，他们之间的关系终于破裂了。而这即将来临的一年，正是让他们久别的一年。

7

三十年代的曼德尔施塔姆，行为举止越来越像一个癫僧。他不停地要求对其做出公断，不停地跟人争斗，惹是生非，他的生活变成了一幕悲惨的闹剧。他和妻子有时也去帕斯捷尔纳克家。主人在他的一再请求下同意读点什么。曼德尔施塔姆往往打断朗读，开始读自己的作品。他本人很想成为关注的焦点。他总爱讲一些出格的东西，恶狠狠地抨击政权，讲政治笑话。济娜伊达·尼古拉耶夫娜很讨厌他。“他就像一只好斗的公鸡，对鲍里亚蛮不讲理，批评他的诗，一个劲儿读自己的。（……）鲍里亚最终同意了我的看法，认为曼德尔施塔姆的行为不可接受，但还是对他的技艺给予了应有的评价。”

曼德尔施塔姆——帕斯捷尔纳克为数不多的可与之倾心交谈的对话者，但他有着自己的伤恸与高傲：帕斯捷尔纳克作品不断出版，广为人知，有名气，被同行们认可，而他却无处可以朗读自己的新诗，也没有人听他朗读，没有文学界的朋友，与特维尔林荫路上舞乐的茨冈人群断绝了来往；他开始跟一些生物学家和自然学家们交往，同利普金①这位年轻弟子过从甚密，却

① 谢苗·伊兹莱列维奇·利普金（1911—2003），俄罗斯诗人，翻译家，著名女诗人英娜·丽斯年斯卡娅的丈夫。

免不了也对其乱发脾气……“一个劲儿读自己的”——可他又能在哪里读这些诗呢？这种逢人就拿诗来读的习惯也算是癫僧风格与某种挑衅：据娜塔利娅·史坦贝尔回忆，那是在沃罗涅日流放期间，曼德尔施塔姆用街上的自动电话向一名监督其流放生活的侦查员喊话：“不，听着，您一定要听！”接着，就读起了他的《沃罗涅日诗抄》中的诗篇……最终，曼德尔施塔姆与帕斯捷尔纳克的关系发生了自然冷却，起因是一场大型的招待晚宴：从远道来了几位格鲁吉亚诗人，吉洪诺夫也来了（他每次从列宁格勒来莫斯科，一般都会在沃尔洪卡驻足）。客人们赞扬帕斯捷尔纳克，请他朗读。没等他读，曼德尔施塔姆却读了起来。他的新作谁也不懂，他摆出一副挑衅的架势。晚宴不欢而散，他从此不再被人邀请。

他们倒还继续见面，尽管次数不多。1934 年，曼德尔施塔姆在街上遇到帕斯捷尔纳克，把他拉到一旁，读了下面这十六行：

我们活着，感觉不到脚下的国家。
十步之外，听不到我们说话。
可是，只要从哪里冒出半句，
哪里就会想起那克里姆林的山民。
他肥胖的手指，像油腻腻的蛆虫，
贴切的话语，像重量级的秤砣。
他一丛蟑螂的触须满含笑意
还有一双大皮靴光灿四溢。

一群细脖颈的头领凑在他周围，
半人半妖的仆从任凭他游戏，
有的嘘嘘，有的喵呜，有的哭啼啼，
唯独他一个，像个粗婆娘杵在中央。
他发出一道道指令，犹如钉马掌——
朝大腿根，朝脑门，朝眉心或眼眶。
无论怎样的处决，都是他的马林果
让他挺起奥塞梯人宽阔的胸膛。

帕斯捷尔纳克的反应迅疾而冷漠:“我没听过这首诗,您没向我读过。我建议您不要再向任何人读。这不是诗,是自杀。我可不想参与您的自杀。”

帕斯捷尔纳克对这首诗的态度后来也不曾改变。当娜杰日塔·曼德尔施塔姆从沃罗涅日流放中偶尔回莫斯科探望之际,帕斯捷尔纳克仍然忿忿地嚷道:“他怎么能写出这东西呢?! 亏他还是个犹太人!”娜杰日塔·曼德尔施塔姆起先不理解,犹太人怎么就不能写政治讽刺作品,但她很快就明白了,原来他不满的是对于民族问题的一味强调:作为犹太人并深知何谓民族不宽容的曼德尔施塔姆,岂可挖苦他人的民族身份,即便针对的是一个暴君? 帕斯捷尔纳克反对此诗的缘由显然不是出自对斯大林的爱戴,尽管他起初也曾对其不乏尊敬和善意的期望;这是一首建立在非帕斯捷尔纳克乃至反帕斯捷尔纳克原则之上的诗。在帕斯捷尔纳克看来,这是一件肮脏的作品——超出了艺术的界线。

1923 年,曼德尔施塔姆写有“诗歌对谁都不亏欠什么”的语句,时隔十年,他又对阿赫玛托娃说,“今天的诗歌应当成为公民的诗歌。”帕斯捷尔纳克未能从曼德尔施塔姆的行为中看出公民性,他倾向于视之为反社会与反公民的。

1934 年 5 月 14 日,就在那首“反诗”出现两个月后,曼德尔施塔姆被逮捕。娜杰日塔·曼德尔施塔姆赶紧向帕斯捷尔纳克求救,他动用了自己所有的关系。原指望杰米扬·别德内替曼德尔施塔姆求情,但后者显然深知其中的利害。他没有接受帕斯捷尔纳克到家里会面的秘密计划,而是跟他一起坐着出租车在莫斯科兜了一圈,声称求情无济于事。一些研究者推断,别德内不仅知道此诗,而且还知道,诗中“油腻的手指”这一细节,正是取材于他本人的讲述:斯大林曾经向他借阅私人藏书,其中的一些珍稀善本归还时,书页上都带着油腻的指印。

关于帕斯捷尔纳克似乎“不善于为朋友辩护”,而那场实际上无疑延缓了惩治的与斯大林的谈话,暂且留待下文再说。但帕斯捷尔纳克愿意为曼德尔施塔姆尽其所能,并为当初的辩护不够有力而长期自责,却是众所周知的事实。无论(很少宽恕别人的)娜杰日塔·曼德尔施塔姆,还是阿赫玛托娃,都不曾对他有过任何怨言。在处理同帕斯捷尔纳克的关系方面,曼德尔施塔姆的行为也无可指摘。他没有说出前者也在那首诗的听众之列;艾玛·赫尔施坦因曾抱怨他提到了她的名字,他则以同样的怨气回答说,难道要我说出帕斯捷尔纳克不成!

在流放沃罗涅日期间,曼德尔施塔姆给帕斯捷尔纳克写了两封信。第一封的日期是1936年4月28日。

"亲爱的鲍里斯·列昂尼德维奇,谢谢您记得我并发出了您的声音。对我来说,这比一切现实的支援更可贵,也就是说——更现实。我真的病得很厉害,未必会有什么能够对我有所帮助:大约从12月份起,我就一天比一天消瘦,现在连出门都很困难。我的'第二生命'之所以还能延续,全都归功于我唯一的无与伦比的朋友——我的妻子。无论肉体上的疾病如何发展,我都希望保持自己的意识。应当告诉您的是,它现在越来越钝化,我为此而心生恐惧。在沃罗涅日的被迫居留,因疾病之故变成了我的死结,并在此意义上呈现出不祥的征兆。一想到可能再也见不到您,我简直悲痛欲绝。不知您是否考虑过,您或许可以来看我?我认为,这就是您能够为我做的一件最大和最紧要的事情。请代我向济娜伊达·尼古拉耶夫娜问好。您的曼德尔施塔姆。"

帕斯捷尔纳克没有去。对于流放中的曼德尔施塔姆,他感到难以释怀的愧疚。这封信的平和腔调没有欺骗他——他知道曼德尔施塔姆的立场分明是正确的,而且很清楚,在这一立场上他将表现得更具挑战性。甚至就在当下。甚至就凭借一具饱受摧折的病体。信中隐约带有一种论辩式的责难:这既是对自己"第二生命"的暗示,又是同帕斯捷尔纳克"第二次降生"之后的对比。帕斯捷尔纳克则不愿进行此类比较,因为它们未必可靠,尤其在1936年。

在曼德尔施塔姆被流放的日子里,帕斯捷尔纳克只能向他暗施援手,这些援助不外乎由他妻子代为转交的一些钱,以及与她谈话时对其沃罗涅日诗篇的颂扬。她让帕斯捷尔纳克看了《沃罗涅日诗抄》,其中他最赞赏的是《微笑吧,拉斐尔笔下愤怒的羔羊》(1937),强有力的作品,但远非这个集子里最出色的。或许,作为绘画艺术的评论者和画家之子,帕斯捷尔纳克首先关注的正是这种意大利风情的诗作,但也可能他已经对别人的诗失去了兴趣,正如他在几乎整个后半生里一贯所为。

曼德尔施塔姆的第二封信写于1937新年第一天：

“亲爱的鲍里斯·列昂尼德维奇，新年快乐！

“每当想起您生命创作的宏大规模，想起它整个无可比拟的生命内涵，简直找不出致谢的话语。

“我希望您的让我们每个人备受恩惠却又受之有愧的诗歌突飞猛进，不断奔向世界，奔向人民，奔向孩子们……

“哪怕一生只有一次机会，也要请允许我对您说：谢谢所有的一切，谢谢这‘一切’还‘不是一切’。

“敬请原谅我似乎逢到周年纪念日才给您写信。我自己知道，根本不是因为什么纪念日：只不过，您一直看护着生活连同生活中的我，虽然我配不上您，却对您无比敬爱。

“奥·曼德尔施塔姆。”

奇怪的一封信，绝对是帕斯捷尔纳克早年的风格：“找不出致谢的话语”“备受恩惠却又受之有愧”“奔向孩子们”……“看护着生活连同生活中的我”……帕斯捷尔纳克没准儿会把这一切当作挖苦，尤其是如果考虑到，他们之间的关系从来都不对等，近期来他不曾有任何宏大的和了不起的成就，他本人对那部《夏日笔记》也不满意，而他没有去看望曼德尔施塔姆，更是一件让他感到自责的事情。其实，曼德尔施塔姆当然不是在挖苦：他正经历着忠诚乃至爱国激情的短暂爆发，为斯大林写了一首“颂诗”①——他本人后来告诉阿赫玛托娃说，这实属一场疾病。他与帕斯捷尔纳克再度处于一种逆相状态：1937年初，帕斯捷尔纳克正好恢复了健康。

曼德尔施塔姆本人没有将这封信寄出——很难说为什么。也许他不想纠缠下去，也许他还对帕斯捷尔纳克未能前来耿耿于怀；信件由娜杰日塔·曼德尔施塔姆保留，直到1944年5月，她才跟阿赫玛托娃一道将它转交给帕斯捷尔纳克，阿赫玛托娃已从塔什干经莫斯科返回列宁格勒。帕斯捷尔纳克表达了热忱的谢意。

从流放中短暂归来之后，曼德尔施塔姆曾经去别列捷尔金诺拜访过帕

---

① 即《如果为绘画不容置疑的快乐》(1937)，诗中不乏“斯大林的眼睛能让高山挪移，/让远方的平原隆起褶皱”之类的语句。

斯捷尔纳克。据利季娅·金兹堡转述帕斯捷尔纳克的原话,他们又一次争执起来——曼德尔施塔姆再次指责了鲍里斯·列昂尼德维奇;这一次,是责怪他对斯大林爱得不够。

1938 年 1 月 27 日,曼德尔施塔姆因伤寒死在劳改营浴室。帕斯捷尔纳克尽其所能,一直在帮助娜杰日塔·曼德尔施塔姆,后者跟他一样还不知道,她已经成了一个孀妇。不过,她同他见面的次数少了,并且不再以种种要求来增添他的负担。

还是据利季娅·金兹堡的见证,娜杰日塔·曼德尔施塔姆曾向她说起过苏联政权。"帕斯捷尔纳克在'他们'眼里是住别墅的人,曼德尔施塔姆则根本不知是何许人。"

被视作"住别墅的人",同样是糟糕的,可这起码是一个定居的个体。尽管离群索居,但又去之不远,一些主要的原则似乎也可拿来分享。总之,这是"自己人",即使不彻底;是听话的人,即使仅限于暂时。至于曼德尔施塔姆,则不知其所从何来,一个浪迹四方与时代的漫游者,苦行僧,不愿顺应任何事物的疯子,时而狂热地表现出对国家的爱,时而对国家毫不谅解;时而自暴自弃,时而自高自大,神经质的程度令人心惊……这是奇怪的事情:要知道,"神经质"一词从来不会被用于帕斯捷尔纳克身上,无论他发出怎样的沉吟、颤栗和狂喜的赞叹。

可以想象,帕斯捷尔纳克若是在流放中,会给人带来多少欢悦的诗篇。独守卡马河沿岸或沃罗涅日的大自然,他会多么幸福。他会以何等纯朴的快乐去经营日常生活,劈木柴,侍弄菜园……另一方面,他一直有着感激磨难的幸福禀赋,但前提是,这些磨难未曾真正触痛他;谁都不敢说,假如他也得到曼德尔施塔姆那"-12 分"——禁止在十二个最大城市里生活和停留①,在他身上又会发生什么。

"我不能陷在牢狱里!"——1921 年,曼德尔施塔姆落入费奥多西亚民警局,他的一声凄厉呐喊②,伴随着他历经沧桑的一生。是他,而不是帕斯

① 1934 年 5 月,曼德尔施塔姆遭到逮捕。起初被判决流放到乌拉尔地区的切尔登,后改判为流放到沃罗涅日,同时禁止其出入莫斯科、列宁格勒等十二个苏联大城市。

② 当时,曼德尔施塔姆被占据克里米亚半岛的白军当作布尔什维克间谍,关押在位于海滨小城费奥多西亚的牢房。

捷尔纳克，自认为尘世间的一切理应属于他，只不过因某种偶然才赋予了别人。帕斯捷尔纳克几乎愿意跟一切和解，曼德尔施塔姆——正相反。在这个世界上，诗人可能采取的策略，其实均可归结于这两种立场。

第二十七章　第一次代表大会
《格鲁吉亚抒情曲》

1

1934 年 8 月 17 日至 31 日，苏联作家第一次代表大会在苏维埃宫（Дом союзов）圆柱大厅召开。

受命在大会上做报告的正是布哈林，所有人都认为，这表明一个按照思想坚定性评判文学的时代彻底终结了。看起来，报告的主题是关于恢复传统，揭露思想冒进——简言之，关于文学领域中“被胜利冲昏头脑”的现象（这原本是斯大林一篇论述集体化各种冒进现象的文章的主题）。这也是一种精明的策略：肮脏和血腥的工作交给狂信者办理，尔后再以“一些个别错误”为由消灭狂信者。布哈林在作家代表大会上发言时，又怎能料想到，他自己的生命仅剩下四年，思想的“松动”也不过是又一场骗局。为了这份像他所有文章一样冗长，多少有些轻浮的报告，他做了十分严肃的准备。大会期间，高尔基不仅跟布哈林声气相通，而且着重陈述了一项基本要求：由他当初就反对过的马雅可夫斯基的夸张文风回到现实主义。

早在我们引用过的一次问卷调查中，帕斯捷尔纳克就将这一新规视为路标转换派与民粹主义的混合体，所以，当听到大会主席台上提到“社会主义现实主义”，他显然并不吃惊。反对这种风向已经毫无意义。谁都不怀疑，现实主义新路线得到了党内最高层的核准，布哈林（因无产阶级诗人们所遭受的严厉批评，他甚至不得不以书面方式补充表达了歉意）在其报告中也明确表示，他的观念就是党的观念；既然党已等同于斯大林，人们便风传,“社会主义现实主义”的提法出自斯大林本人。而帕斯捷尔纳克自己的定位也早已从先锋转向写实,并去除了华丽的造型手法;就形式而言,他的方向与时代的方向始终保持一致。他差点就成了新立场最理想的代言人——与个人主义展开痛苦斗争,奔向人民大众的诗人……“难道我不是以五年计划为尺度,/同它一道起落浮沉”,即是把五年计划当作标准与规范。帕斯捷尔纳克明显是沿着正确方向发展的,而且他的举动,并非像许多人一样是按照指令,而是按照内在发展的逻辑。正因如此,他才备受称赞。一切都会很美妙,倘若人们宣称的现实主义路线不失其本义。可它却被称作“社会主义的”,也就是说,它实际上承担了社会乐观主义的责任,这无异于虚假的粉饰和现实性的扭曲。

当一群地铁建设者登上前台祝贺大会召开时,在主席台就座的帕斯捷尔纳克突然站起身,试图帮助一个吃力地拿着风镐的姑娘。大厅里顿时爆发出笑声和掌声。亚历山大·格拉德科夫甚至认为,帕斯捷尔纳克的举动出自最真诚的觉悟,但我们并不能相信这位远见卓识的诗人之天真:在这次大会上,帕斯捷尔纳克做了很多事情,为的是树立一位脱离了当代现实却又心向往之的老派知识分子的形象。不过,这也可能是一个人自然的举动,尽管他当时还不清楚,他所面对的不过是伪装的场景。姑娘出场了,携带着重物;对于一个曾经被女性伤害过的人而言,最自然的反应,莫过于跳将起来,向她伸出援助之手。

帕斯捷尔纳克出席了25日的会议,他自己的发言是在29日。在此之前,与会者虽然就帕斯捷尔纳克天赋的高低和他的发展方向展开了激烈的争论,他在讲坛上的亮相还是引发了一片欢呼。

在作家代表大会上他做了如下发言:

“我预备并记下了自己的简短发言,现在就开始宣读,但就在此刻,我突然意识到,我们正在进行一场辩论,大家从我的发言当中,或许会发现一些暗示。请记住,在此意义上,我不是一名斗士。请不要从我的言论中寻找个性的东西,我的发言面对的是同龄人以及岁数和工作方面比我年轻的人。

“同志们,我登上这个讲坛,并非出于自发。我担心,如果我不发言的话,有些人会觉得不妥。

“十二天来，我在主席台前和我的同志们一道同你们大家展开了无声的交谈。我们交流眼神和感动的泪水，用手势传达心意，用鲜花相互致意。在这十二天里，我们被动人心魄的幸福联在一起，这幸福来自这样一个事实：最高的诗歌语言就诞生于它同我们当代现实的对话中，这是脱离了个体的束缚，在可以想见的人生空间中自由翱翔、漂流和飞驰的人们的现实。

“在我们中间，既有行使决定权和发言权的成员，也有凭票证入场的客人。

“我向大家提到的诗歌语言，越来越清晰地回响在那些拥有更大决定权的人们的言语中，他们是没有票证的客人，是前来看望我们的各类代表团的成员（……）。当我不由自主地想从一位地铁女建设者肩上取下那不知叫作什么，却快要把她肩膀压弯的沉重的作业工具（现场笑），主席台上笑我一颗知识分子善感之心的那位同志是否知道，在形势造就的缭绕雾气中，在那一瞬间，她就是我的姐妹，而我想帮助的正是这样一位可亲的相识已久的熟人。”

（有意思的是，他难道真把自己当成了一个不知风镐为何物的人？——德·贝）

“什么是诗，同志们，既然它就这么诞生在我们眼前？诗即散文，散文可不是随便什么人的散文作品的总和，散文就是散文，是散文的声音，是行动中而非小说文学转述中的散文。诗是有机事实的语言，亦即具有生动结果的事实的语言。当然，正如世上的一切，它可以是美的或丑的，这取决于我们究竟是保护它不被扭曲还是刻意地加以败坏。但不管怎样，同志们，正是这种处于初生的紧张状态的纯粹散文，才是真正的诗。

“我再表达几点真诚的祝愿作为结尾。当大会落幕，当我们所见所闻和所经历的一切如潮水般退去，当新的高潮尚未来临，我希望，在裸露出底部的一派寂静中，我们每个人仍然能够与现实的和完美的事物同在，希望所有轻飘无益的空谈能够被大会上的感受、大会的现象以及我们的同志们在大会上最精彩的发言清洗、冲刷和席卷！幸运的是，这样的感受、现象和发言是如此之多！

“存在着一些可以减轻艺术家劳动的行为标准。应当利用它们。譬如其中之一：假如幸福向我们当中某个人微笑，我们将感到充实，而不会在意让人精神空虚的物质财富。'不要脱离群众',党在此情形下如是说。我没有权利使用它的说法。'不要为地位而牺牲脸面'——这是我要表达的跟它完全一样的意思。在人民与国家用以包围我们的巨大温暖中,成为社会主义权贵的危险性实在太大。远离这种亲近吧,以它的本源的名义,以对祖国的爱、对其现今最杰出人物的充实而丰硕的爱的名义,正是这些人物,始终立足于实干和辛劳,保持着与权贵们的距离。

"每个不明白这一点的人,都会从狼变成哈巴狗,话说回来,即便要改变我们所从属的类别,那也应该是朝向更高的层次。"

最后一段话淹没在掌声中。帕斯捷尔纳克不能不以玩笑结束其发言,既然他不能忍受公开演说的激情,而他也不能在大会讲坛上平淡如常地说:"也许,我不该说出这些。"尽管直到最后,他都不确信,究竟应该说些什么。他出格地开了个玩笑,又把这些话从修订的会议速记中删除,虽然它们相当重要——关键是同《若干原则》中关于诗的定义遥相呼应:"这可是纯粹的,在任何情况下,都是至为纯粹的狂热!应当自然而然地追求纯粹。"

有意思的是,他的发言提到了狼。帕斯捷尔纳克想必不知道曼德尔施塔姆的"猎狼犬世纪扑落在我肩上,/但我就血缘而言并不是狼"①。他的种种动物崇拜式的自我认同改变了,比其他形象保持更长久的是他自比为马的形象:"他,把自己比作马的眼睛。"②阿赫玛托娃在谈到组诗《断裂》时说;帕斯捷尔纳克喜欢茨维塔耶娃形容他"好像一个阿拉伯人和他的马",这一比喻完全符合于她喜爱的二分法——"诗人及其天资"。而他突然将诗人比作狼,并且是在他获得国家最高级别承认的时刻,则更加耐人寻味。再想想《动物园》里的狼群,同样意蕴深长:

狼牙咯吱吱作响
像门锁之间的碰撞。
它们被贪婪炙烤,
眼睛充满干热。

---

① 参见曼德尔施塔姆《为了未来岁月喧嚣的荣光》(1931)。

② 参见阿赫玛托娃《诗人》(鲍里斯·帕斯捷尔纳克)(1936)。

母狼怒气冲冲，当有人
取笑狼崽的模样。

现成的一副自画像，尤其是考虑到，在帕斯捷尔纳克归纳诗人的必要品质时，“贪婪”作为对印象与生命的渴望，总是被视为近乎于首要。1934年夏天，干燥炎热，充满激动的期待，而他也真的浑身充满了“干热”。

在其余方面，他的观点无疑是真切可信的：“诗即散文”，布哈林则没有谈到这一点，因为他在其报告中始终坚持，诗恰恰是一种间接和隐喻的表达。帕斯捷尔纳克强调，诗歌的使命在于尽可能地贴近生活（当然不是报刊宣传意义上，而是在《若干原则》所引申的意义上）：诗歌并非从抽象事物中，而是从一切可触知的现实中选取其主题，也唯有诗歌才能最终反映这一现实。愿意“跟所有人一道共同一致地”为“法律秩序”而工作，并非像字面含义那么简单——作者对苏联显赫人物的境遇心怀戒备，提前拒绝着犒赏；公开的文字表明，应当同政权保持距离。就此而言，帕斯捷尔纳克表现得不仅像一个杰出的策略家，还像一位胸襟开阔的同志，尽可能预先让同行们避免那主要的诱惑。他已经意识到，向政权靠拢的后果是什么。一些人听从了他，另一些人被深深地刺痛。

从帕斯捷尔纳克在大会上的言行来看，他的个性和诗歌远非布哈林报告中的庸俗描绘所能概括：“他‘脱离了’世界，一去不返，封闭在个人体验和感伤易碎的心灵中那些温存纤细的脆弱颤动所构成的珠贝中。”面向大厅演讲的是一个跟任何人都未曾脱离关系的人：相反，他收放自如，起码在表面上，而且他还愿意全身心地参与现实的合作。

演讲大获成功，当天晚上，帕斯捷尔纳克和阿列克谢·托尔斯泰及批评家亚历山大·吉洪诺夫一起来到“阿拉格维”餐厅吃饭。这是一家新开张的餐厅，位于特维尔大街。演员鲍里斯·利万诺夫也受到邀请，他跟帕斯捷尔纳克的交谊正好始于1934年，而他又叫来了自己的未婚妻。餐桌前的聊天围绕着创作成功的主要条件——稳定的家庭后方和善解人意的聪明女友而展开。阿·托尔斯泰首先说到了娜塔利娅·克兰吉耶夫斯卡娅①，接着，

---

① 娜塔利娅·克兰吉耶夫斯卡娅-托尔斯塔娅（1888—1963），俄罗斯女诗人，阿·托尔斯泰的妻子。

吉洪诺夫也夸起了自己的妻子，然后是帕斯捷尔纳克……叶甫盖尼娅·利万诺娃回忆，大家带着明显的意图，劝她接受利万诺夫不久前提出的求婚，面对这种进攻，她简直难以招架。她犹豫不决——无论她还是他，都没有天使的品格。不过，就在那天晚上，决定性的表白终于成为事实，利万诺夫听到了梦寐以求的一声"同意"。第二天，帕斯捷尔纳克在他的《长诗》（一部新出的诗集，其中收入了《斯佩克托尔斯基》）上题词给她："无法给您在书上题写什么。很好，与你们一起如此艰难地活着，而您自己也这么难。我们整个的不眠之夜及我们昨天跟鲍里斯、阿·尼[①]和阿·吉的聊天之后，于代表大会上。1934 年 8 月 30 日。鲍·帕。"

据安纳托里·塔拉先科夫回忆，代表大会的那些日子给帕斯捷尔纳克留下了幸福的、节日般的印象：在作协理事会 3 月全会上（1935），他虽然已处在病理性的抑郁中，却还是面带微笑，说道："我们每天都能再次相见，就像在代表大会的日子里。"而他吐出"代表大会"一词，"就像是强调某种爱和温暖的东西。"

在 1934 年 9 月 27 日（从图拉附近的奥多耶夫疗养院）写给谢尔盖·斯帕斯基的信中，他对大会的看法有了更多的怀疑。这或多或少是因为，斯帕斯基——一位自视甚高的诗人，帕斯捷尔纳克对他也不乏美誉——并非出席大会的代表；帕斯捷尔纳克不想让意气消沉的同行受窘，所以有意贬低了对事情的感受。但他与斯帕斯基通信时的坦率一如既往，因而彻底抛开原有的评价也不可能。在他所有关于第一次作家代表大会的记述中，以下段落大概是最实在的：

"代表大会上对我的态度纯属意外，但这一切远比您所能想象的更复杂，而主要的则是：更灰暗，更不乐观——根据我和这些东西相联系的种种缘由的间接性来看（帕斯捷尔纳克在上文还提起斯大林打来的电话，"关于电话"云云，可见，间接性所指的既是与总书记的交谈，也是大会上谈及的内容——德·贝）。

"代表大会自身在更大意义上所呈现的混乱，对我们大家和我个人而言，完全是一种不寻常的现象。要知道，它最让我惊讶可能也会让您诧异的

---

① 即阿列克谢·尼古拉耶维奇·托尔斯泰。

正是它的直截了当。在这种气氛中,它从火热径直投入冷冰,用一个早已熟悉和消灭一切的结尾取代了某种快乐的预期。

“这就好比我们已经习惯的一段乐律,在其中三个正确的音符之外,又添写了两个虚假的,可是……整个交响曲得以完成的关键点就在于此,而这,当然是新的。(……)大会的结构有一半,如果不说是全部的话,是偶然产生的……关于我自己,没什么可写的,等到见面时再聊。”

显然,附加于三个正确音符的两个虚假音符,指的不仅是假模假式的赞颂和表白忠心的誓言,还有跟帕斯捷尔纳克本人相关的传闻,在他看来,这些褒扬抑或非议,全都不合实情。有人称赞他的朦胧与小众化,而他早就抛开了这两点;有人批评他脱离现实,他反而致力于此;有人称赞他的技巧,他却视之为诗歌的自然组成部分,从不有意为之;还有人批评他的敏感,而且援引的是《姐妹》(无论称赞者还是批评者,都喜欢引用这部作品),不是计划再版的《第二次降生》。这更加刺痛了他:看样子,他的新诗不那么吸引人,不那么令人难忘。要么因为人们对《第二次降生》的理解尚不充分(的确不充分——直到后来,它才被广泛引用),要么是它的艺术性不如《姐妹》(事实上,其艺术性甚至更高,但其中缺乏《姐妹》那样的鲜活与澄明——而帕斯捷尔纳克的早期诗作一直为某些人所诟病,也正因为这两个特点)。

在总结发言中,高尔基特别赞扬了无党派作家列昂尼德·索波列夫,长篇小说《资本修理》的未来作者。索波列夫在代表大会上说,党给了艺术家一切,艺术家被党剥夺的只有写得糟糕的权利。在高尔基推动下,这一庸俗的格言开始在所有关于第一次代表大会的文章和报告中流传。再没有比这更愚蠢的事情了。究竟谁能剥夺作家粗制滥造的“神圣权利”?谁又能控制他写得出色或糟糕?当然,作家有时候必须粗制滥造,正如两年后帕斯捷尔纳克在自己的明斯克会议发言中宣称的那样。国家对文学的管控让帕斯捷尔纳克极其郁闷:他没有听高尔基最后的讲话(斯杰茨基做过总结之后,他就离开了会场),索波列夫的高论倒是听了。泪水、欢笑及鲜花的交流并未妨碍他发现充斥于大会讲坛的虚假和愚蠢。他对大会的回忆越来越伤感,厌倦的色调也越来越浓:在赠给利万诺夫夫妇的诗集《抒情诗与长诗选》(1935)扉页上,帕斯捷尔纳克向他们表达了谢意——“在这些备受关怀的岁月里”，没有他们，他可能会“因为忧伤而致死”。

2

在作协第一次代表大会上，帕斯捷尔纳克当选为主席团成员（直至1945年）。大会结束后，翻译格鲁吉亚语作品成了他的一项基本活动。诗集《格鲁吉亚抒情曲》大体上完成于1934年，于1935年正式出版。帕斯捷尔纳克原打算将诗集命名为“编创集”，以强调对于被动摹写原作的有意识拒斥，他把自己的意图也告诉了茨维塔耶娃，出版社却建议他采用现在这个更为正式的名称。

这是一部浅薄的作品。无论多么喜爱帕斯捷尔纳克，无论多么感动于他不合时宜地要向俄罗斯读者打开一方不为人知的文学天地，都不能不承认主要的一点：帕斯捷尔纳克为了生计所做的一切，出于理论构想也好，按照订货也罢，全都远远低于他的才华，甚至比一般同行们的零活儿也不如：平凡的才具最适合于完成订货，在天才那里，则造就出令人咋舌的庞大混合体。

在1934年，译者只能翻译同时代人的作品，而那些成长于东方最优秀的欢歌传统的同时代人，却已经转向了颂诗的演练，主要书写的是，故乡如何日益繁荣，他们如何为时代最宝贵的产儿、非凡的约瑟夫·维萨里昂诺维奇而骄傲。甚至在一些较成功的译诗当中，譬如瓦列里安·加普林达什维利出色的《大海》，帕斯捷尔纳克也并非用自己的嗓音在歌唱：

> 大海梦想着细微的事物，
> 譬如变成一只蜂鸟
> 或者像星星闪亮在天空，
> 就算规模缩小也未尝不可。

诗的意境很好，纯粹的马雅可夫斯基的风格，尤其是开头前两句；接下来不比前面更轻松：

> 漫涨的潮水令它多么厌倦！

心乱得像被吸血的蚂蟥叮咬。
它一边吻着订婚戒指的轮缘，
一边想把自己塞进那小孔。

“把自己塞进那小孔”！妙极了，弗拉基姆·弗拉基梅奇！①

帕斯捷尔纳克这些译作的主要价值（除了直观的价值——因为通过它们可以判断打零工对一位严肃艺术家的损害程度）在于，它们有助于认知他本人诗歌作品的构造，当然，这是一种反向的认知。塔毕泽、雅什维利、加普林达什维利、列昂尼则泽、卡拉泽等人的诗歌，主要根据两种模式而构建：要么是情节与叙事，要么是画面的转换。帕斯捷尔纳克诗歌的布局与结构，则遵循着更复杂的规则：形象的铺展犹如蓓蕾的渐次绽放。在比喻或对比的基础上建起繁复的隐喻结构，以此主导整个布局，譬如把时间的流逝比作落雪，或者把一群骑士的巡行比作黄昏来临，或者把军事行动比作雷雨，或者把爱情比作亿万年沉睡在石炭纪地核中的恐龙的复苏。按照什克洛夫斯基的说法，帕斯捷尔纳克怀着善意被迫翻译的大多数同时代人，都是“沿着主题表面”进行写作，帕斯捷尔纳克则漂行在它的主航道上。在他的每一首诗中，最主要的便是“脊椎与纵直的脑髓”；他的诗犹如由种子孕育而成的大树或灌木，而他几乎所有的译作则像是一排排摆放整齐的原木。使得这种差别更明显、在某种意义上也更让人难堪的是，即便在译作中，也会出现帕斯捷尔纳克文体的诸多特点，出现他惯用的近音词、谐音、语汇以及他钟爱的行话与词串，就好像一位细木工在钉合刨花板时，无论怎样都不会抛开自己得心应手的习惯与技巧。这并不是说，塔毕泽或卡拉泽是拙劣的诗人（雅什维利的情况要复杂些，他写得确实一年比一年糟）。这仅仅表明，他们跟帕斯捷尔纳克无法相提并论——与其说在水平方面，不如说在艺术思维的形象方面。

在某些诗篇中，我就是财主。
无论其他东西怎样被称颂
都没有任何别的乐趣

① 此句为作者的调侃。“弗拉基姆·弗拉基梅奇”系马雅可夫斯基的名字与父称“弗拉基米尔·弗拉基米洛维奇”口语化的称呼。

曾经让我为之心动。

这完全是帕斯捷尔纳克式的道白（原作题为《梦想》，作者是才华超群的加普林达什维利），是他的声调和他的含混不清。“在某些诗篇中，我就是财主”，听来有些生硬，几乎像是出自年轻的帕斯捷尔纳克之口，因为此句可能暗含另一句：“在另一些诗篇中，我就是乞丐”，或者是别的什么类似的喻示，既然作者本人想要说明的是，诗歌，无异于他全部的财富；而译者的表达却体现着他自己的风格，虽则模棱两可，却又直截了当。“无论其他东西怎样被称颂”，也是一个不贴切的说法，在帕斯捷尔纳克那里，在他抒情的语流中，固然曲折婉转，但在加普林达什维利明朗的诗篇中，却是多余的。他只不过想告诉人们，除了诗歌之外，他对任何别的事情都提不起兴致，无论它们受到怎样的赞誉。这一节中的另外两行，含义十分清晰。总的来说，帕斯捷尔纳克是根据这样的原则来译诗的：两行较随意，另两行是口语化的漂亮语句。他也曾向年轻诗人们提过建议：先把原作每一诗节中的前两句译好，其余的不妨加以发挥或者填入自己的东西。依照他的速度（他曾对茨维塔耶娃说，每天应当翻译不少于一百行，最好是三百行，否则就没有意义），难免翻译的匠气。

有一首诗的翻译尤其值得关注，这就是帕奥罗·雅什维利的《斯大林》，雅什维利指望此诗为象征主义的过去彻底正名，而帕斯捷尔纳克当然也愿意帮助他。这首诗刊登在1936年第34期的《星火》杂志上——整个一期满是对领袖的政治颂歌；作者还包括苏莱曼·斯塔利斯基、江布尔·贾纳耶夫以及其他一些高加索诗人。这些民间歌手在歌功颂德方面可谓无师自通——东方诗歌传统本来就以甜腻腻的赞歌而见长。相比之下，雅什维利这首写给斯大林的诗作就显得矫揉造作，或许还有些滑稽。

斯　大　林

像苍穹笼罩大地，对你的感念
没有一天不将我笼罩在其中。
我多想赋予这些念头以行动，
让它们像旗帜招展在十月。

克里姆林宫敞开了，你身着灰色大衣。
呢子的衣料有着青铜般的厚重。
你和蔼可亲，却让伪君子畏惧，
你执着而坚毅，跟党合为一体。

你就是那千百个站姿的信心之源，
十月借此让个别人士感到了分量。
不是陵墓，是你的精神透散出安详，
保持着熄灭于光荣的列宁的目光。

你跟他永远同在，他笔直的道路
你从未扭曲过寸尺。
你守护着它们，以防敌对者侵害，
你是先锋中的先锋，准则中的准则。

是你使我们的联盟免遭进犯，
哪怕对莫斯科有丝毫的怨恨
也会在你无比英明的头脑中
产生出战略家迅疾的回应。

我们要铲除贫穷，杜绝懒惰，
农民也为新的劳动而振奋。
像群星一样，知识的雨露
将洒满刚开辟的处女地的天空。

从帕米尔到乔洛赫①，一支支队伍
在一句话的感召下准备进发——
为了将你所预见的景象

① 流经土耳其和格鲁吉亚境内的一条河，在格鲁吉亚城市巴统附近注入黑海。

尽情地展现于时代面前。

这首诗写得如此不堪,近乎屈辱,其原因就在于,本是低声下气的颂歌(即便了解雅什维利的气质,也很难相信这是真情的流露),却要唱出尊严的腔调,并且不失机巧乃至某种哲理:“十月借此让个别人士感到了分量”,然而,这种“分量”听来又有些可怕。“雨露般洒满天空的知识”一说,显得很不得体,而读到“你无比英明的头脑中产生出战略家的回应”,也不能不让人发笑。至于列宁墓的真正建造者并非休谢夫①,而是斯大林同志,在他那里依然保持着“熄灭于光荣的列宁的目光”——当然更是一种可疑的恭维。“克里姆林宫敞开了”,听上去就像“商店敞开了”或者充其量是“窗帘敞开了”,虽然这里说的只不过是,出现了他的形象;一句繁冗的“先锋中的先锋,准则中的准则”,也未必能讨得对方欢心——毫无疑问,他读过这麦芽糖似的颂词。在帕斯捷尔纳克的价值体系中,这种保全脸面的尝试比愚蠢的谄媚更糟糕。不妨比较一下同期刊登在相邻页码的萨肯·赛伊夫林的诗作,译者是文笔甜蜜流畅的马尔克·塔尔洛夫斯基:

献给人民领袖斯大林

英勇的巴图鲁,你给了我们幸福。
就让基尔之歌唱响你的荣光,
那往日里身着破烂长袍的人
也开始变得心明眼亮。

哈萨克丘伊什向我们唱起歌谣,
悲戚的心之颤音依然清晰可闻,
它好像锡尔河凄凉的芦苇
随同夜晚的风暴沙沙作响。

在我们锻打与铸造的荣耀中,
一丛丛锋利的刺刀闪着光芒,

① 阿列克谢·维克多洛维奇·休谢夫(1873—1949),俄苏建筑师,列宁墓的设计者。

只要听到你雷电般的名字，
我们的敌人必将畏缩如胡狼。

多么具体的地方情调，多么奇妙的巴图鲁、基尔、丘伊什、胡狼和长袍，就差马奶酒加羊肉面条了①，但这起码在修辞上是严整的。在帕斯捷尔纳克的译作中，最为不堪的则恰恰是为了使它们显得像诗而付出的努力，除了个别微不足道的例外，这些文本带给读者的只是沮丧和尴尬——不仅为他，也为那些被翻译的诗人。

尽管如此，1934 年秋天，帕斯捷尔纳克还是不断地向公众朗读他的译作：11 月 22 日，他在“作家之家”②读了普沙维利的《短趾雕》，在此之前，他再三要求女速记员什么都别记录，因为他要说的都是些荒唐的东西，但女速记员不为所动，他只好开了腔。塔拉先科夫记下了一些内容：“问题在于，我们需要工作。在 1931 至 1932 年之前，人们一边打斗，一边工作。结果，到了作家代表大会前夕，大家都变了一副模样，所有目的都达到了，大会结束后，应该做的事情唯有公开表达、记下要点、总结经验。究竟怎样才能继续前进？倘若一味地拒绝表达，那只会造就某个秘密或某些胭脂与香粉的效果。如今应该迈出相反的步伐——公开的表达。表达也是一种意义，如果这里面有什么新东西的话。而我的以让步为前提的表达，是毫无意义的。”这一番表达果真没有什么意义：帕斯捷尔纳克在开场白中极力赞扬的普沙维利的那首长诗，果真枯燥乏味，以至于其中一部分对话不得不省去，代之以散文形式的转述。据塔拉先科夫记述，听众们之所以鼓掌，无非出于尊重而已。

10 月 26 日，在纪念莱蒙托夫诞辰一百二十周年的晚会上，帕斯捷尔纳克的表演比上次成功得多。此前同样有一番开场的发言。塔拉先科夫也做了记录。他当时正迷恋帕斯捷尔纳克，后者的每一场公开朗诵，他都不会错过。帕斯捷尔纳克首先为将要进行的仓促发言表示了歉意：他准备谈谈普希金与莱蒙托夫，但也只能以某种即兴的方式，所以说，“希望我们大家都

---

① “巴图鲁”，蒙古和中亚某些东方民族授予军人的荣誉称号，意即“英雄”“勇士”；“基尔”，流传于中亚地区的情歌；“丘伊什”，哈萨克民族主要以冬不拉进行弹唱的民间歌手。此处提到的其余词汇，也都源于中亚地区民族语言。

② 位于莫斯科市内的米亚斯尼克街，隶属于苏联作家协会。

能活到1937年和1941年”[①]（哦，假如他知道这两个年份分别喻示着什么！……）。“对我而言，普希金和莱蒙托夫实为不可分割的一对。（……）普希金是一位建设者、开创者和现实主义者。如果使用现代术语来表述，我希望把普希金与莱蒙托夫之间的相像看作创建的五年与开拓的五年之间的对比。莱蒙托夫拓展了普希金缔造的事业。

“较之于生活，我们俄罗斯人向来更善于忍受鞑靼人的桎梏，继而推翻它，更善于征战和罹患瘟疫。对西方人而言，生活则是轻松、平常的事情。”这一似乎与发言主题并无直接关系的语句，令塔拉先科夫感到震惊，他随手就记下了。事实上，帕斯捷尔纳克理解俄罗斯之关键也在于此，在他看来，这是一个以功绩为标准，而准则早已被视为功绩的国家。他既为这个国家而自豪（由此可见他的在萨马林和曼苏洛夫[②]那里得到回应的斯拉夫情怀），也对它怀有恐惧（因为他最珍视的，乃是他称之为心爱小词的“日常”）。塔拉先科夫没有指出，在这番关于普希金与莱蒙托夫的言论中为何会提到俄罗斯与西方。或许，这里自有独特的类比：普希金之于帕斯捷尔纳克，犹如快乐而合宜的准则；而莱蒙托夫，则意味着极值与功绩的最高点。莱蒙托夫完全不懂得动词“生活”在日常现实中的寓意。对他而言，正常的状态便是战斗、骚动和悲剧式的爱恋（所以《生活，我的姐妹》是一部献给莱蒙托夫的作品）。普希金则是生活的天才：“熬菜汤的瓦罐，自己说了算”[③]，即使淡泊与舒适之类，始终是他未曾实现的梦想。1917年的帕斯捷尔纳克，正为莱蒙托夫而痴迷。到了1934年，他开始尽可能像普希金一样活着，并且将写下《斯坦司》《致俄罗斯的诽谤者》和《博罗金诺纪念日》的普希金奉为榜样。在他的视野之内，沙皇自然成为这一时期的主要人物，鉴于诗人与沙皇作为俄国政权两个主要代表的对立与制约已是晚期普希金和成熟期帕斯捷尔纳克的基本命题。

基洛夫于1934年12月遇害之后，帕斯捷尔纳克的脑海里萦绕着这些思绪。他参加了苏联作协的追悼集会。他感觉到，基洛夫的遇害将成为新

---

① 这两个年份，分别为普希金和莱蒙托夫决斗身亡一百周年。

② 参见本书第六章第4节。

③ 俄罗斯谚语，意思是自己料理生活，无须依赖他人。普希金在《叶甫盖尼·奥涅金》附带的片段《奥涅金的旅行》中用到了这一谚语。

一轮恐怖的导火索。难以断言,他是否相信斯大林与差点在苏共十七大上被选为总书记的“党的宠儿”之死有牵连:时至今日,这仍是一个争论不休的问题。唯有一点是明确的:1934 年末,斯大林是最高领导层仅有的大人物。随后两年间,帕斯捷尔纳克不断观察着斯大林,也不断调整着与他而非与国家或时代之间的关系。

第二十八章　镜中人:斯大林

1

有时候觉得,他这种人为数不多。一个人不可能将所有冠以他名字的获奖作品①都读遍,不可能掌握苏联主要作家言论与出版的动向,不可能一边阅读对他们的审讯记录,一边深更半夜给未及讯问的人士轮番打电话。这本来就是一个不轻松的时代——工业化、农业集体化、大恐怖和干部的轮换,已经够受了;况且还要指挥工业生产、向学员发表讲话、跟棉农们合影留念!看起来,哪还有从事文学的余地?索性让文学放任自流得了!但苏联作家是幸运的。他们的命运取决于一个唯美主义者。

他可并非等闲之辈。那些将他描绘成一个蠢货及便秘患者的人们,无疑是愚蠢的。谁有什么样的疾患并不重要。每个二流作家都患有痔疮,没关系,这不妨碍跟神灵的交流。他很清楚,任何时代最终留下的都不会是工业化加集体化,而是真正的文学;关心永恒不死,归根结底是关心美。工业化和集体化算得了什么?这些劳什子为的是人民,而人民会灭亡,一堆白骨间会长出牛蒡。所以他对领导工业或农业之类的其他职责漫不经心;忠心耿耿的官员够多了,他们出于恐惧,无不有着超人的勤勉,随时准备挥舞拳头,安排夜间全体动员,从人民那里榨取一项项生产纪录。唯有文学不听命

① 指获得斯大林文学奖的作品。

于领导。也就是说，决议出台了，组织成立又解散了，与形式主义展开了斗争，马屁也拍得很到位，可是写得却越来越糟。时代的纪念碑，大有沦为劣质品金字塔之势，垒砌它的一堆堆长篇小说的砖石，乃是依照所谓社会主义现实主义精神典范而打造。

他的马格尼特卡①和集体农庄搞成了，在文学上却一无所获。许多头脑不失清醒的人，有的饮弹自尽，有的上了吊，还有的正在离开或请求离开这个国家。阿维尔巴赫没有提出申请，基尔肖恩②在这里过得还不错，维什涅夫斯基、巴甫连珂和格拉德科夫哪里都不打算去，扎米亚京③却出国了，如今，布尔加科夫也想出去。书刊杂志上充斥着劣等诗作，像样点儿的诗人们则无视时代特征，写着不知所云的东西。此外，他们当中还有一个，据说水平高超，写了一首对他的污蔑之作；好吧，写了就写了，可他不管遇到谁都读给人家听。应当对作者采取点行动，但要谨慎为妙，因为还能写东西的人本来就所剩无几……

三十年代，每一位生活在苏联的大艺术家同斯大林之间都有一段故事。当然，这些人类灵魂的工程师往往会夸大其重要性，像布尔加科夫一样相信，当局恰恰是与他们保持着血肉的联系。这种夸大其词既可理解也有情可原：他不会迁就平庸的多数，却一心要亲自“引领”那些天才人物，尽其所能地予以监护。他并非只想着消灭谁。就连曼德尔施塔姆他也不会消灭，假如他意识到此人真实的水准。斯大林没有把帕斯捷尔纳克、阿赫玛托娃、布尔加科夫这些公认的大作家关进监狱，甚至还有普拉东诺夫“这个恶棍”④。他倒是把茨维塔耶娃的丈夫和女儿关了起来，却没有动她本人。什么，有人在搅局？是那个将多少有点儿才气的作家们纳入其中的“拉普”在搅扰“同路人”同志们吗？那就不要“拉普”，我们要摧毁“拉普”——难道

① 俄罗斯城市马格尼托戈尔斯克的小称，位于乌拉尔地区；也可用于指称“马格尼托戈尔斯克冶金联合体”，系斯大林工业化的象征。

② 弗拉基米尔·米哈伊洛维奇·基尔肖恩(1902—1938)，俄苏剧作家。

③ 叶甫盖尼·伊万诺维奇·扎米亚京(1884—1937)，俄苏小说家，剧作家，著名的“反乌托邦三部曲”之一《我们》(1921)的作者。1924 年，《我们》英译本首次在美国问世，另有其他语种译本在国外也相继出版，扎米亚京因此遭到苏联方面严厉批判，1929 年，在巨大压力之下，被迫退出苏联作家协会，1931 年，离开苏联，最终客死巴黎。

④ 1931 年，斯大林读过普拉东诺夫发表在《红色处女地》上的中篇小说《有过怀疑的马卡尔》(《Усомнившийся Макар》)之后称作者为“天才的作家，但也是个恶棍”。

谁有资格代替我们领导文学不成？我们自己将领导它，只是不能动用斧头！于是，他开始了对文学的领导；这也是唯一一个未能始终遵循他的路线而发展的领域。

帕斯捷尔纳克准确地将斯大林称作前基督时代的“巨怪”（或者“恶魔”。记下这一观点的格拉德科夫不明白其中的含义，曾经多次询问：也许是后基督时代？斯捷尔纳克坚持己见：“前基督。”对于基督教而言，不存在所谓“后基督时代”，帕斯捷尔纳克的无神论友人们却不理解这一点）。当需要处置简单粗陋的事物时，作为前基督时代公认的大牌领袖，斯大林的恐吓、动员和诡诈之举也是滴水不漏。所有看似死寂之物，他都能使其活灵活现；但文学才是真正活的东西。他感觉，文学正在悄然滑脱。所以他惦记文学，比惦记重油和棉花更多。帕斯捷尔纳克相信“大相径庭的两极之间，也会有相互的认知”，在这一点上他同样没错。

2

他们个人的会面和交谈屈指可数。让传记作者犯难的是，帕斯捷尔纳克向不同对话者谈起这些经历时，往往说法不一，出于谦逊，其中有一些只字未提：“我与领袖”的话题，并不合乎他的性情。大多数同时代人都会不假掩饰地以此抬高自己的文学身价，帕斯捷尔纳克则认为，这种事情太过重大乃至私密，以至于难以反映真实的交流。他知道，斯大林讨厌别人跟他交往时的轻狂和张扬；而宫廷礼仪在帕斯捷尔纳克心目中也是一门微妙的学问，需要格外的婉转。像在几乎所有方面一样，他在此方面的策略也无懈可击。斯大林既不喜欢愚蠢的奉承，也不喜欢示威般的异见，既不喜欢百分之百的忠诚，也不喜欢任何反对的立场——始终应当行进，不问去往何方，应当获取，不管所得何物。在斯大林时代的所有大文豪当中，帕斯捷尔纳克是最幸运的一个。

奥丽嘉·伊文斯卡娅记录了帕斯捷尔纳克口述的第一次会面，多数研究者都觉得十分离奇（要么是鲍里斯·列昂尼德维奇把事情弄混了，要么是回忆者有误）。弗莱什曼推断，这其实是与托洛茨基在1925年的会面，帕斯捷尔纳克、阿谢耶夫和谢尔文斯基找到托洛茨基，向他抱怨不能发表诗作。不过，娜塔利娅·伊万诺娃认为，1925 年，帕斯捷尔纳克有可能见到了斯大林。好像是叶赛宁、马雅可夫斯基和帕斯捷尔纳克被邀请到克里姆林宫，探讨了格鲁吉亚诗歌翻译问题。三个人被同时请来，但斯大林与他们的谈话大概是单独进行的。帕斯捷尔纳克这样描述了他的外貌："半明半暗中，一个像螃蟹一样的人朝我走来。他整个脸都是黄的，布满了麻子。小胡子撅着。这个小矮人，身板儿宽极了，个头儿却只跟十二岁男孩一般高，长着一张苍老的大脸。"帕斯捷尔纳克称他的显著特征为粗鲁，这幅相貌给人的主要印象是丑陋。

此后，他们在很长时间内都未有任何接触。帕斯捷尔纳克没有在诗中提到过斯大林，没有给他写过私信，请求发放出境签证或者出版被禁的作品；他个人同领袖的初次交往是在 1932 年 11 月，《文学报》当时刊登了一封对娜杰日塔·阿里路耶娃[1]自杀表示哀悼的联名信，同时也发表了他的附言。

阿里路耶娃之死扑朔迷离。各家报纸上只说是意外身故，没有解释原因。这一事件正值斯大林自由化的高潮期，"同路人"对领袖的爱戴也达到顶点：当年 4 月，"拉普"被解散，10 月 26 日，斯大林在高尔基宅邸会见了一批作家，将他们一通猛灌，并进行了友好的交谈（帕斯捷尔纳克不在那个场合——他还不是所谓大型"社会活动"的常客，况且那也不是他所向往的）……就在此次会见之后不久，阿里路耶娃于 11 月 9 日自杀身亡。文学界发表了公告，以表慰问："亲爱的斯大林同志！因为自己蒙受的损失，我们很难找到合适的话语表达遗憾之情。请接受我们对娜·谢·阿里路耶娃故去的深切哀悼，是她把自己所有力量都献给了千百万被压迫人民的解放事业、您所领导的事业，为了这项事业，我们甘愿献出自己的生命，以证明它坚不可摧的生命力。"写出这番套话的作家，真是糟糕透顶。言下之意，为了见证您事业的生命力，我们全都准备在您的指示下饮弹自尽。不过，一个个签名倒是很有派头：列昂诺夫、什克洛夫斯基、奥列沙、伊里夫和彼得洛夫、卡塔耶夫、法捷耶夫……许多人都在猜测帕斯捷尔纳克何以单独发表一

---

① 娜杰日塔·谢尔盖耶夫娜·阿里路耶娃（1901—1932），斯大林的第二任妻子，1918 年与斯大林结婚，1932 年开枪自杀，通常认为，她自杀的原因是身体健康恶化。

份附言。乍看起来,这的确有些奇怪——他不喜欢在集体中惺惺作态,而自我证明也不成其为理由;同领袖的直接交往亦非他所求。或许,他只是不想在那样一份劣质的文本上签名。帕斯捷尔纳克透过窗户望见了送葬的队列——斯大林独自跟在灵柩后面,与之相隔一段距离的是惊恐的随从。俯看之下,送葬的场景线条分明:黑色的街道,雪花大而稀疏。帕斯捷尔纳克后来向许多人讲述了自己的观感。事实上,他和大多数其他莫斯科人一样,看到的不是斯大林:只有在马涅什广场那一段,斯大林才步行在亡妻后面,接着,他坐进了汽车。从沃尔洪卡住处的窗外,帕斯捷尔纳克看到的那个独自跟着灵柩的人是阿列克谢·斯瓦尼泽①,也是矮个子、短胡须、黑头发。他身后几步之外,是送葬的人群。

应当找到某种人类的语言。帕斯捷尔纳克找到了:"我与同志们感觉一致。对斯大林连绵而深情的感怀就在此前;作为艺术家,实为第一次。早晨读到了消息。震惊,仿佛自己就在近旁,活着并看着。鲍里斯·帕斯捷尔纳克。"

有些人认为,帕斯捷尔纳克的附言将他拯救于恐怖年代:一份绝无仅有的慰问之词,对工人阶级解放事业只字未提,却唤起了斯大林心中某种人性的东西。这显然是一个有争议的观点。他收到的那些信件,那些泪水涟涟的祝福和爱的表白,不见得有什么两样!诚然,有人书写的是对死的谴责,帕斯捷尔纳克则心无杂念。也许,他的附言确实显示了他在文学界的与众不同,从而使他免于灭顶之灾……但帕斯捷尔纳克本人极力反对寻找恐怖中的逻辑:"我们像扑克牌,被洗来洗去。"②况且斯大林也并非心慈手软之人:最后几年里,他对待妻子很粗暴,就差逼得她离开人世,所有还记得他不是"红色沙皇",而是钢铁意志的剥夺者柯巴的故人们,也都遭到了同样的命运。帕斯捷尔纳克独自表达的挑战般的同情,有可能被斯大林视为不可容忍的冒犯,他也应该会考虑到这种可能性,但他又不可能不对阿里路耶娃的悲剧做出回应。他从中看到了自己钟爱的悲惨女性之主题,情欲与革命的主题。革命,有如为自己复仇的女人。变革的理由也就在于此。如果得

---

① 即亚历山大·谢苗诺维奇·斯瓦尼泽(1886—1941),斯大林前妻叶卡捷琳娜(卡托)·谢苗诺夫娜·斯瓦尼泽的弟弟,也是斯大林少年时代的同学和朋友。

② 引自塔拉先科夫记录的与帕斯捷尔纳克的谈话,时间是 1939 年 11 月。

解救的女人死去，这便是悲剧的重演。（而勃洛克也曾预言，自女性死去的那一刻起，将出现最可怕的一幕：

那唯一在她身上陨灭的
已经一去不返……
但不能为之哀泣，
也无可追忆。

——《俄罗斯呓语》，1918）

帕斯捷尔纳克为莱斯纳写了安魂曲，为哈拉佐娃写了悼词，翻译了里尔克的《给一位女友的安魂曲》，后来又为茨维塔耶娃之死写了同题不同视角的两首诗。他心爱的女主人公是奥菲利娅、苔丝狄蒙娜、玛格丽特和玛丽·斯图亚特①。帕斯捷尔纳克年轻时代的偶像之一爱伦·坡，也曾将曼妙女人之死称为最具诗意的主题。当斯大林年轻的妻子不幸身亡，帕斯捷尔纳克表达了同情，就因为这是他的主题，仅此而已。

但弗莱什曼的观点也完全正确，当他强调"对领袖的心意超出了既定的集体框架"。这已是问题的关键之所在，诗人与当政者的关系由此转向另一层面：帕斯捷尔纳克不乏忠诚与热情，但并非跟所有人一道，而是单独按照自己的方式。在没有强迫与指令的前提下，爱与同情皆有可能，保持本色的同时，也可在某些与时代交汇的领域为自己赢得地位。这也可以用来解释帕斯捷尔纳克一贯的策略，在此意义上，帕斯捷尔纳克的寥寥数语便成了独树一帜的宣言。斯大林不可能看不到这一点。

在此期间，帕斯捷尔纳克不曾写有一首哪怕跟斯大林间接相关的诗。诚然，格列勃·司徒卢威在编入其语言学综述的《作家日志：斯大林与帕斯捷尔纳克》（《新俄罗斯言论报》，1959 年 2 月 15 日）一文中提出了不同的论证。弗莱什曼借取了其中的信息，并且认为是可信的。信息来源于《新理性人》一篇匿名文章（《New Reasoner》，英国曾经有过这样一份"社会主义人道主义"季刊。这篇题为《鲍里斯·帕斯捷尔纳克印象记》的文章，刊登在 1958 年春季号上。帕斯捷尔纳克当时还在世，也还能工作，尽管处于

---

① 前三者分别是《哈姆雷特》《奥赛罗》和《浮士德》中的悲剧形象。玛丽·斯图亚特，参见本书第八章。

相对隔绝的状态，而西方居然已有了对他的回忆！）。匿名者声称与帕斯捷尔纳克在战后有过一次交谈，后者向他介绍了自己关于农业集体化的诗歌构思：三十年代的一天夜里，斯大林乘车驶过一座座赤贫的村庄，不禁想到自己那些计划的可怕代价，黑暗中，汽车大灯照亮了空荡荡的农舍的墙壁，照亮了树木和废墟……也就在此际，他眼前浮现出强大新俄罗斯的建设全景，经过痛苦的犹疑，他断定自己是对的。此诗虽然只是构思，作者还是感到了危险，也就没有让它落到纸面上。

这个构思初看并不像帕斯捷尔纳克的风格，起码不符合他的口味；但我们知道，帕斯捷尔纳克的口味，像所有天才的口味一样，远非永远无可挑剔。在这里，帕斯捷尔纳克的特点另有体现：哪怕以颂诗的形式，也要尽可能让人们知道那些无人敢于言说的东西——关于集体化的噩梦，关于“伟大转折”的惨痛代价。他应该能够想出这样的诗来，至于他无法根据构思很好地完成诗作，则是另一码事。帕斯捷尔纳克不会投身于注定无望的事情。

3

直到 1934 年，才有了下一次与领袖的直接交往。在关于曼德尔施塔姆的那一章中，我们细述了帕斯捷尔纳克如何四处周旋，以减轻被捕诗人的厄运。当斯大林的奇迹——赦免死罪并流放至切尔登——降临之后，曼德尔施塔姆又陷入迫害狂症，就在切尔登，他从医院窗户跳了下去，试图结束自己的生命。鉴于慈悲心有可能失效，需要在曼德尔施塔姆一事找到新的兴奋点。于是，在得知曼德尔施塔姆摔断胳膊没过多久，斯大林给帕斯捷尔纳克打了电话。

在此前的俄国文学史上，像这样吸引研究者的对话只有一次，即流放归来的普希金于 1826 年 9 月 18 日同尼古拉一世的对话。这两次交谈，均发生在诗人与最高统治者之间，均以多种不同说法而著称，而且两种情形均有着双重意蕴：一些研究者认为，普希金的言行是导致其陨灭的致命错误，另一些则认为这是了不起的胜利，使他从统治者那里赢得了生命与充分创作的十年时间。至于帕斯捷尔纳克在与斯大林谈话中的表现，同样众说纷纭：

从阿赫玛托娃认为的——“他的行为可以稳拿四分”(娜杰日塔·曼德尔施塔姆也认同这一看法),到纳吉宾记在日记里所云:“帕斯捷尔纳克失策了。”还有一些更激烈的评论。可以想见,它们主要来自昔日的友人。谢尔盖·勃布罗夫直露地说(杰出语言学家维·杜瓦金用录音机记下了他口述的回忆录):帕斯捷尔纳克“吓得尿了一裤裆”。1934年,因为一部在朋友中间流传,并无过犯的幻想—讽刺小说手稿,勃布罗夫遭到了流放。他妻子去找帕斯捷尔纳克,要他替丈夫说情。帕斯捷尔纳克的答复是,在他跟斯大林谈过曼德尔施塔姆的问题之后,他的说情反倒会把事情搞砸,接着,他把那次谈话的内容大概地讲了一遍。听了妻子的转述,勃布罗夫认定,假如帕斯捷尔纳克肯为曼德尔施塔姆说话,斯大林便有可能经由某人担保而放过他。“斯大林是那种人……”,勃布罗夫伤感地暗示道;也就是说,是那种遇到别人表现出英勇和顽强时,偶尔也会可敬地做出退让的人。这一评断显然跟实情相去甚远。事实上,斯大林经常遇到别人的顽强,却很少让步,让的话,也只是戏弄般地做给人看。经过1957年的争吵,勃布罗夫对帕斯捷尔纳克的怨恨可以理解,但他称帕斯捷尔纳克决定着曼德尔施塔姆的命运,这一说法却不能被接受。维克托·什克洛夫斯基在论断方面略有节制,但他也认为,帕斯捷尔纳克大可以说:“把他还给我!”当什克洛夫斯基向杜瓦金讲述这些时,已是一位年迈的老者——他的措辞之极度天真也只因这一点,在其他方面,却依然不失健全的思维。而他也不见得敢于向斯大林提出“我们该如何处理曼德尔施塔姆?”况且曼德尔施塔姆的事情当时已了结,斯大林这才开始了下一步举动,也就是说,除了个人命运,帕斯捷尔纳克并不能决定任何人的命运。长期以来,几代人都被斯大林安排的这场对话搞得稀里糊涂。他打电话给帕斯捷尔纳克,不是为了征询关于同行的意见,而是为了招纳一名新的,有可能也是主要的支持者;如果不能成功,那就将其塑造成一个背弃诗友的小人。

庆幸的是,根据种种细节,这场经众人转述的对话不难还原,矛盾点也可轻易排除。可靠的见证者有三位:当时在场的尼古拉·维利亚姆-维尔蒙特、因肺炎在隔壁房间休息的济娜伊达·尼古拉耶夫娜,当然还有帕斯捷尔纳克本人,而主要的谜团也恰恰出自于他,因为他总是一再提起自己的这一经历。就像涅克拉索夫,在临终的病痛中还不忘向所有人讲述自己写给镇压波兰的刽子手穆拉维约夫①那首颂诗的动机②,在最后的岁月里,帕斯捷尔纳克也不断地向人们叙说与斯大林之间的交谈。

这场谈话的具体时间与情形却不容易确定,日期倒是越来越明确,即1934年6月13日。据济娜伊达·尼古拉耶夫娜回忆,事情发生在白天——同住在沃尔洪卡的一位女邻居叫帕斯捷尔纳克去接电话。当天在帕斯捷尔纳克家里吃午饭的维利亚姆-维尔蒙特确信,那是下午三点半。而以赛亚·伯林在转述帕斯捷尔纳克的谈话时则指出,事情发生在晚上。这也许是他的记忆有偏差——这位英国人或许以为,斯大林永远只在夜里给人打电话。

这一年,帕斯捷尔纳克四十四岁,斯大林五十五岁。当济娜伊达·尼古拉耶夫娜听到丈夫的应答,不禁为他的语调而震惊:"他跟斯大林说话,就像跟我一样。"就像对所有人,无论对总书记还是钳工,帕斯捷尔纳克说话的风格大概都一样,他不会在这方面有任何改变。据奥丽嘉·伊文斯卡娅说,斯大林对帕斯捷尔纳克以"你"相称。此说极不可信,因为斯大林向来只对最亲近的朋友称"你"——这是他表示亲昵而非侮慢的方式;也因为他料到大多数情况下,他与知识分子的谈话很快会传开(他不无根据地认为,从事创作的知识分子难免饶舌),所以在这个圈子里,他恨不得摆出一副强横的架势。

帕斯捷尔纳克先是接到克里姆林宫接待处的电话,通知他,斯大林马上要和他通话。

"请别乱开玩笑!"帕斯捷尔纳克放下了话筒(就像起初也不相信有这回事的布尔加科夫③一样)。

---

① 米哈伊尔·尼古拉耶维奇·穆拉维约夫(1796—1866),俄国军事统帅,国务活动家,因对俄国革命民主主义奉行强硬政策而被称为"刽子手穆拉维约夫",也是1863年波兰起义的镇压者。

② 1866年,沙皇亚历山大二世遭到未遂刺杀,穆拉维约夫被任命为调查委员会主席,俄国政治气候趋于紧张,革命派知识分子与政府之间对立加剧。为使自己一手创办的进步杂志《现代人》免遭查禁,涅克拉索夫写下了《我即将死去。哦,祖国,可怜的遗产!》,通常认为这是一首献给穆拉维约夫的颂诗。俄国知识界普遍视之为革命理想的背叛,涅克拉索夫为此备受精神打击。

③ 1930年3月28日,布尔加科夫写信给斯大林,希望政府在莫斯科艺术剧院给他安排一个助理导演的职位。4月18日,斯大林亲自打电话到布尔加科夫家里,答复了他在信中的要求。

电话铃随后又响起来。

“斯大林同志将与您通话，”一个年轻的男声重复道（听起来，这好像是斯大林的秘书波斯克列贝雪夫）。“如果您不信，请拨这个电话……”

那人向帕斯捷尔纳克口授了一个电话号码（有意思的是：他是否记下了这个号码？他后来是否禁不住诱惑，有过再次动用它的念头？说来这终究是象征性的行为，无论谁得到这个号码）。

他立刻打了过去。这次接听的是一个年轻、熟悉的声音。只听一阵唑啦啦的杂音，线路连上了。

“我是斯大林，”总书记开口说（据有的材料说，他用嘲弄的语调说自己就是“那个叫作斯大林的”）。

“您好，约瑟夫·维萨里昂诺维奇。”帕斯捷尔纳克平静地答道。据妻子回忆，他还补充说，在合住的公房里打电话，声音嘈杂，有些话可能听不清楚（娜杰日塔·曼德尔施塔姆回忆，帕斯捷尔纳克在沃尔洪卡的每次通话，都是从这样一番解释开始）。

接着，斯大林说，曼德尔施塔姆的事情已经研究过了，会有一个好的处理结果。根据大量材料，总书记的第一句问话容易被还原：

“请问，曼德尔施塔姆是您的朋友吗？”

这个问题非常难以回答。如果说“是”，就表明自己和曼德尔施塔姆是一伙，说“不是”，则意味着背信弃义。帕斯捷尔纳克的回答机敏而得体：

“诗人之间难得成为朋友，他们像美女一样相互嫉妒。我和他所走的道路截然不同……”

“我们布尔什维克，不会丢下自己的朋友不管。”斯大林说。在几乎将所谓朋友消灭殆尽的大清洗前夕，他仿佛觉得更有必要强调，布尔什维克对朋友情深义重。

“这一切要复杂得多，”帕斯捷尔纳克解释道，“我们两人确实不同……”

“您为何没来找我，或者找那些作家组织？如果我的朋友落了难，我会千方百计帮助他。”

“要不是我在张罗，您也许什么都不会知道，而作家组织从1927年以来就不再管这种事情了……”

娜杰日塔·曼德尔施塔姆向丈夫复述了帕斯捷尔纳克的原话,曼德尔施塔姆最赞赏的也正是这一辩驳之词:“好样的! 滴水不漏的答复!”为什么是1927年? 因为在这一年,要么迫于压力,要么出于自愿,所有作家团体都停止了活动,除了为官方代言的火药味十足的“拉普”。耐人寻味的是,斯大林的责难——“如果我的朋友落了难,我会千方百计帮助他”,居然成为书面上确证这场离奇交谈的唯一细节:1935年,为了保护安娜·阿赫玛托娃的丈夫和儿子,帕斯捷尔纳克本人在一封写给斯大林的信中用到了这一细节,“您当时怪我不善于保护朋友。”无须揭穿斯大林的虚伪,我们所有人都很清楚,狂暴的维萨里昂诺维奇是何等忠诚的朋友;刽子手的基本策略是,尽量不从肉体上消灭潜在的牺牲品,而是从道义上消灭,以便堂而皇之地实施肉体的摧残。正如所见,斯大林的目的达到了:责难刺中了帕斯捷尔纳克的心灵。直到晚年,他都不能原谅自己没有直截了当地为曼德尔施塔姆辩护,却想要解释他们两人在创作手法上的区别。

“可他是大师吗?”斯大林追问道,“是吗?”

这里存在着不同的说法。按照某些人的记述,帕斯捷尔纳克的回答是肯定的:是的,他是大师,但问题不在于此,任何人都不能因诗歌而被捕,无论好诗还是坏诗。另有一些记述则是,帕斯捷尔纳克当时答道:“哎,这有什么意义?! 我们为何一直谈论曼德尔施塔姆! 我早就应该见您一面,说说……”接下来,仍然说法不一。不清楚斯大林究竟是否直接问到曼德尔施塔姆为之获罪的“我们活着,感觉不到脚下的国家”。倘若斯大林提起这首诗,电话里的交谈就会转化为直接的审讯,继而将帕斯捷尔纳克真正置于两难之境:承认自己听过此诗而没有汇报,无异于自寻死路;说没听过,则意味着撒谎,而且也是盲目之举,因为帕斯捷尔纳克并不知道曼德尔施塔姆在调查中的证词(曼德尔施塔姆列举了所有听他读诗的人,一共十一个,但帕斯捷尔纳克和什克洛夫斯基不在其中)。这首诗之所以不能被问及,还有一个主要原因:一旦斯大林说到曼德尔施塔姆尖锐的嘲讽——“他肥胖的手指,像油腻腻的蛆虫……/让他挺起奥塞梯人的胸膛”,就说明他被惹恼了。对话双方显然都希望不提这首不祥的诗。

娜杰日塔·曼德尔施塔姆的《回忆录》有一处神秘的省略:“帕斯捷尔纳克有一段应答我不能引用,如果不了解他的话,它会不利于他。这段话其实说得没错,但其中隐约显露出帕斯捷尔纳克的自怜自爱和自我中心主义。在我们这些熟知他的人看来,这段话简直是滑稽。”由于整个谈话在《回忆录》中只有一句未被引用:“哎,这有什么意义?!我们为何一直谈论曼德尔施塔姆!我早就应该见您一面,说说……”,因而可以断定,这里说的正是她。

弗莱什曼认为,帕斯捷尔纳克已经竭尽所能。盛赞一位因诗获罪的诗人,或许意味着毁灭自己也毁灭他。我们不能说,鲍里斯·列昂尼德维奇表现出坚毅的品格,但他平生第一次明确展示了对艺术家唯一可行的与当政者周旋的策略,即跳出政治的游戏,将交谈转到另一方向。在三十年代,这一策略挽救了他,在五十年代,则毁了他;三十年代的政权之卑劣一如既往,到了五十年代,偶尔也有爱自由乃至仁慈的一面,但不是连续地,而这有时反倒更可怕。

通常用于这场著名交谈的修饰语(“隐晦”“神秘”,尤其是“双重意蕴”)之所以恰如其分,是因为这当中确实具有双重含义。至少有三次,帕斯捷尔纳克固执地使对话脱离了斯大林铺就的路径,没有回答一个提问,示威般地拒绝在他设置的逻辑框架内思考。另一个问题是,此行为究竟是有意识还是无意识;我们倾向于第一种情形,鉴于三十年代中期之前,帕斯捷尔纳克已形成自己精密的处世策略,一如他在诗歌方面的主张。他已经意识到,在当政者的地盘内与之游戏,注定会失败,既然当政者(起码是布尔什维克的当政者)主要的原则永远只有一个:将规则强加于对手,同时不承认它们适用于自己。这正是斯大林在交谈过程中的意图,要让帕斯捷尔纳克不忘小圈子里的良心(“可他是大师吗?”),却不接受任何小圈子的规则对自己的约束。必须绕开问题,含糊其词,漫漶思路。总之,如果以其人之道还治其人之身,就不会让自己进退两难,陷入死局。帕斯捷尔纳克屡次避开了直接的回答,一举一动,都像是按照格利高里·斯科沃洛达①的套路:“世界捉捕我,却捉不着。”

斯大林的愤恨可想而知:他精心谋算的所有打击都撞在了浓雾上,落进棉花堆里,一招一式均未奏效,反倒处处露出马脚。这个神经更强大的人,

① 格利高里·萨维奇·斯科沃洛达(1722—1794),俄罗斯和乌克兰流浪哲学家,诗人。

就差把电话一下子摔到地上了。

按照斯大林庸俗的思维,将自己摆放在独立于规则、对手乃至健全理智之外的最高位置上,才是他与作家知识分子之间所有谈话的真实目的;他,当然会禁止出版布尔加科夫的《大师和玛格丽特》,但小说他有可能喜欢。他可能会赞赏魔法师这一角色,赞赏这位来去无踪、法力无边、主宰尘世和维护正义的神秘巫师,因为对上帝来说,正义又算得了什么事业?他早已忘记了这片土地。就让他做自己的事情吧,而我们暂且滑行在污秽与血泊中;我们没有洁癖。况且创造出善的,永远是期待着恶的力量,这力量本身即是恶,因为哪还有另一种力量能够理清一切?!从某些方面来看,《大师和玛格丽特》实为斯大林主义意识形态的极端化表达;显然,这不是旗帜飘扬,高呼"四年时间完成五年计划"的苏维埃式的表达,而是一种真正的、地下的、神秘主义的表达,它的最高司祭也并非在用苏维埃宣传的语言自说自话。斯大林想要的,正是以一副全能而险恶的魔法师形象出现在惊恐的知识分子面前:就这样,深更半夜打电话——虽然白天打也没问题,以突如其来的仁慈令人陷入窘境,向艺术家内心投入略显阴邪的理想,使其冀望每个真正的天才同世界罪恶之间达成约定。而天才与罪恶共生的观念,曾经在二十世纪流行一时,为了推翻它,托马斯·曼需要写下他的《浮士德博士》(1947),虽然他从未听说过斯大林的那几次电话,也没读过《大师和玛格丽特》。然而,斯大林与作家们的谈话、沃兰德与大师①、魔鬼与莱维屈恩②却依循着同一调性、同一逻辑;所有这些均可归于《浮士德》(歌德)中梅菲斯特的基调——狡黠的蛊惑、对传统道德诡诈的攻讦,而这也正是帕斯捷尔纳克所痛恨的:两分真理三分谎言的混杂。这种苏维埃式的招数,在第一次作家代表大会之后,就立刻遭到了帕斯捷尔纳克的抨击。1935年,他已经清楚地意识到,无论魔鬼表现出怎样的仁慈乃至艺术的品位,魔鬼终究是魔鬼。诚然,在他看来,这一切尚未与革命相联,未曾败坏人民政权本身的声誉。三十年代,帕斯捷尔纳克依然坚持把斯大林政权与苏维埃乌托邦区分开来,这完全情有可原,三十年后,大多数六十年代人在更多认知的同时,却

---

① 布尔加科夫《大师和玛格丽特》中的文学形象。

② 托马斯·曼《浮士德博士》中的主人公。

还在重复同样的错误。至于当政者同艺术家之间的游戏，帕斯捷尔纳克早已不抱任何幻想。神秘的魔法师不会再有第二次出现。

4

在与领袖的交谈中，帕斯捷尔纳克不断周旋，就像俄国古代岔路口上的勇士，向右——不行，向左——更糟，而径直向前——最好也别考虑。好吧，那我们就飞起来吧。

飞行者，或者准确地说，飘行在天空、为少女而战的骑手的形象，后来出现在日瓦戈一首非理性的、略带恐怖色彩的诗中，这便是其最神秘的《童话》。当然，这一天空勇士的形象，源于果戈理的《可怕的复仇》：一个超越时空的神秘幽灵，骑着他的高头大马，飘游不定，直到那最后的也是最可怕的恶人遭到惩罚……但《童话》中也有着来自个人的隐秘的期望：一位骑手，在决斗中既不能失败，也无法取胜，那就只好从时间和空间消失：

马和妖龙的尸首
并排倒在沙滩上。
骑手失去了知觉，
少女愣着发呆。

因为流血过多
因为失去了力气，
时而恢复如常，
时而僵住了血脉。

阖上的眼帘。
苍穹。白云。
水泉。浅滩。河流。
岁月与世纪。

倘若在自己未遭惨痛损失的同时，不能战胜妖龙，剩下的会是什么？只能是逃向天空与白云，岁月与世纪。这一点也体现在与斯大林的交谈中——既然帕斯捷尔纳克面对的选择是毁灭自己，毁灭自己的良心或朋友，而他却牵制着谈话者，兜了一大圈。

诚然，这场谈话之后，帕斯捷尔纳克自责了很久，他曾经亲口告诉朋友，有一年时间他都无法安心写作。这是一种正常的反应，毕竟，这样的交流不会白白发生；紧要的事情办完了。但就在斯大林撂下话筒的那一刻，帕斯捷尔纳克又冲过来，往克里姆林宫打电话，要求波斯克列贝雪夫来接（当时还能提出这样的要求！线路一下就连上了！），请他转接斯大林……“斯大林同志在忙。”“可他刚刚才和我通过话！”“斯大林—同志—在忙！”——威严的克林姆林宫长官答复他。“那么……那么请问，我是否可以把这次谈话的内容告诉别人?”“请您自行定夺。”波斯克列贝雪夫用冷冰冰的腔调答道。

他决定，立刻与娜杰日塔·曼德尔施塔姆的哥哥取得联系并告诉他，情况大概会有好转。叶甫盖尼·哈金①认为，这又是帕斯捷尔纳克惯有的短视的乐观主义，与斯大林的谈话他也不觉得有任何意义。另一个话题是，帕斯捷尔纳克为何没有首先向娜杰日塔·曼德尔施塔姆或安娜·阿赫玛托娃告知这场电话交谈。可能是因为，他感到难为情。有些东西，相关人士应该立即了解，但也有些东西，一旦触碰，就会是痛楚和伤感的，这次谈话的情形便是如此。不过，这里同样也有着很大程度的偏差。阿赫玛托娃对利季娅·楚科夫斯卡娅说：“他当时就向我逐字逐句地转述了谈话的内容。”娜杰日塔·曼德尔施塔姆写道：“不知怎么，他对任何亲戚朋友，无论是我、叶甫盖尼·埃米利耶维奇（奥西普·曼德尔施塔姆的弟弟——德·贝）还是安娜·阿赫玛托娃，都未提及此事。”

关于这场谈话，尽管有种种说法流传于三十年代的莫斯科，但我们认为可信的只是，这些说法同帕斯捷尔纳克本人的描述并不吻合。由于斯大林未能将意中的支持者招至麾下，便反过来诋毁这位谈话对手“不善于保护自己的朋友”。也只有涉及这一问题时，帕斯捷尔纳克才把自己的经历讲

① 叶甫盖尼·雅科夫列夫·哈金（1893—1974），娜杰日塔·雅科夫列夫娜·曼德尔施塔姆的哥哥。

给别人听。据他的长子回忆,1958 年的一天,当他听说国外媒体上有传言,称他似乎对曼德尔施塔姆保护不力,不禁勃然大怒:

“除了我,他们还能从谁那里得知此事? 要知道,斯大林可没有散布这些消息!”

除了他,那还会是谁? 归根结底,斯大林的目的在于,要么使帕斯捷尔纳克变成“自己人”,要么败坏其道德声望。而他散布消息的渠道,可以想见,肯定不会少于搜集的渠道。

5

一年过后,帕斯捷尔纳克同斯大林之间又有过一次私人交往,那是安娜·阿赫玛托娃的丈夫尼古拉·普宁和儿子列夫·古米廖夫[①]于 1935 年 10 月 24 日在列宁格勒被捕之后。

阿赫玛托娃匆忙赶到莫斯科,四处奔走,但她压根儿不知道该怎么办,也不知道该找谁。她先是来到艾玛·赫尔施坦因那儿(后者曾经回忆起她可怕的状态——“仿佛身上压了一块石头”)。她那副样子着实吓人,就像一个女巫,头戴一顶细毛毡大圆帽,身上是一件肥大的蓝色披风,走路时不看四周,害怕横穿马路。据赫尔施坦因回忆,阿赫玛托娃只顾念叨着:“科里亚……科里亚……血……”(后来,又过了二十五年,她对赫尔施坦因说,她当时是在写诗。这显然不可信)。

阿赫玛托娃要人带她去找利季娅·谢弗琳娜,这位女作家的丈夫瓦列里安·普拉夫杜辛是《真理报》记者,有门路与克里姆林宫直接联系。谢弗琳娜当即自告奋勇地写了一封书信,为普宁和古米廖夫担保。普拉夫杜辛开始考虑如何把信尽快送到最高层。皮里尼亚克来了,带阿赫玛托娃去找帕斯捷尔纳克,建议他以私人名义给斯大林写信,因为他的书信会更具分量。帕斯捷尔纳克二话不说,当即同意了。阿赫玛托娃本人也写了一封信,非常简短,一如她几乎所有的信件。她保证丈夫和儿子是无辜的,信的结尾

---

① 尼古拉·尼古拉耶维奇·普宁(1888—1953),苏俄艺术史学家,文艺批评家,阿赫玛托娃的第三位丈夫(1923—1938)。列夫·古米廖夫系阿赫玛托娃与前夫、著名诗人尼古拉·古米廖夫所生之子。

简直就是哀求:“行行好吧,约瑟夫·维萨里昂诺维奇。”帕斯捷尔纳克自己的信写于10月30日。起初,就像帕斯捷尔纳克在后来写给斯大林的一封信中所说的那样(见下文),这封信本来还长得多,主要是,更具私人色彩,仿佛除了少数几次表面意义的交往之外,将作者与收信人联系起来的还有相互的惦念;仿佛不仅仅是帕斯捷尔纳克“第一次作为艺术家”想到了斯大林,而且领袖也会“第一次作为总书记”想到诗人。皮里尼亚克觉得这样的表达太过私人化,甚至近乎亲昵;这封信被大家否定了。据济娜伊达·尼古拉耶夫娜回忆,帕斯捷尔纳克重新写了一封信,亲自来到克里姆林宫,投到信访专用的邮箱里;更可信的似乎是赫尔施坦因的说法:“皮里尼亚克开着自己的轿车,把安娜·阿赫玛托娃送到克里姆林宫管理处,谁来收信并转交斯大林,都已经商量好了。”她还提到,帕斯捷尔纳克和阿赫玛托娃两人的信是装在同一个信封里的。

帕斯捷尔纳克的信件一直保存在克里姆林宫档案馆,1991年才公诸于众:

“亲爱的约瑟夫·维萨里昂诺维奇,10月23日,安娜·阿赫玛托娃的丈夫尼古拉·尼古拉耶维奇·普宁和她的儿子列夫·尼古拉耶维奇·古米廖夫在列宁格勒被拘捕。您曾经责备我不关心同志的命运。阿赫玛托娃的生命除了对我们所有人和我们的文化具有可贵的价值,对我更是弥足珍贵,犹如我个人的生命,这么说,是因为我对它的全面了解。从我开始文学生涯的那一刻起,我就见证着它诚实、艰辛和无怨的存在。我请求您,约瑟夫·维萨里昂诺维奇,帮帮阿赫玛托娃,解救她的丈夫和儿子,在我看来,阿赫玛托娃对他们的一往情深,就是他们忠诚可靠的绝对保证。

“您忠实的帕斯捷尔纳克。”

信中的文字充满尊严,并且与“政治”无关。帕斯捷尔纳克为普宁和古米廖夫求情,并非因为相信他们遵纪守法,而是因为阿赫玛托娃为他们的担保,对她的诚挚之心,他从未怀疑过。他也谨慎地暗示了阿赫玛托娃对国家的忠诚(“诚实、艰辛和无怨的存在”,也就是说,在苏维埃政权之下,即使生活不堪忍受,她也不会怪罪任何人)。这里潜藏着某种完全可以理解的风险——帕斯捷尔纳克并不知道阿赫玛托娃亲人被捕的原因,它们有可能相当严重,会让他背上包庇的恶名,但他又不能不为他们说情,因为斯大林特意指出了他对同志的命运漠不关心；如此一来，他的说情俨然依照着领袖的直接指示——无论朋友有罪还是无辜，情谊终究高于法律：应当“千方百计去营救”。

信件于 11 月 1 日送达克里姆林宫，两天后，普宁和古米廖夫就获得了自由。波斯克列贝雪夫亲自打电话到帕斯捷尔纳克家，告知他们的获释。

当时是大清早。济娜伊达·尼古拉耶夫娜赶紧叫醒阿赫玛托娃。据她本人回忆，她一头“冲进了”分给客人住的房间，想让她立刻高兴起来。“好！”阿赫玛托娃说了一声，把身子扭到另一侧，又睡着了。

济娜伊达·尼古拉耶夫娜叫醒了帕斯捷尔纳克。他非常吃惊，没料到自己的信如此管用。妻子抱怨阿赫玛托娃的冷漠。“她怎样看待所发生的事情，对我们来说难道不是无所谓吗？”——帕斯捷尔纳克问道，“重要的是，普宁自由了。”阿赫玛托娃一直睡到午饭时间才醒。

多年以后，当济娜伊达·尼古拉耶夫娜质问她何以“那般冷漠”，阿赫玛托娃自嘲般地答道：“我们诗人，全部心思都放在了创作上……”事实上，她当初的状况是值得同情的，那不是昏睡，而是极度惊诧的结果。安娜·格利高里耶夫娜·陀思妥耶夫斯卡娅①回忆，在她怀第一个孩子的时候，有一次，阵痛突然袭来，她叫醒了丈夫，可丈夫却咕哝了一声：“可怜的女人！”又睡了。在高度紧张之际，神经系统时常会陷入昏沉与失忆，这就像是某种反射之下的自我保护。不过，在信件呈交之后，敏感过人而且预见能力屡屡被验证的阿赫玛托娃，或许已感觉到一切会有好的结果，所以才放下心来。而最有可能的则是，她已经没有高兴的力气了。

大家纷纷对这突如其来的奇迹表示祝贺，客人来了一批又一批，皮里尼亚克播放着欢庆的乐曲，快乐地高呼阿赫玛托娃的名字，领她去见新来的客人。安娜·阿赫玛托娃自个儿后来说，她一直对谢弗琳娜怀有最美好的感念，甚至对斯大林也心存感激（“这是他一生中唯一一次合乎人性的行为”），但她的回忆中找不出对帕斯捷尔纳克的任何谢意。就连艾玛·赫尔施坦因也得到了她无言的感谢——一个临别的吻。她为何对参与此事的帕

---

① 安娜·格利高里耶夫娜·陀思妥耶夫斯卡娅（1846—1918），陀思妥耶夫斯基的第二任妻子。

斯捷尔纳克只字未提？我们无法将此称作忘恩负义，关键可能还在于另一面：阿赫玛托娃生性过于自尊，当处在请求者的境地时，她会觉得痛苦难耐。她的大多数朋友都能感觉到这一点，所以不会戳到她的痛处，可是在帕斯捷尔纳克家里，阿赫玛托娃却不忘自己的处境，尤其是济娜伊达·尼古拉耶夫娜的言行，始终在提醒着她。对帕斯捷尔纳克仅有的不露声色的——也是背后的——致谢，应该是写给他的那首《他，把自己比作马的眼睛……》：诗的日期“1936 年 1 月”本身就足以说明问题。

阿赫玛托娃不曾以书面形式感谢领袖创造的奇迹，因为很难找到合适的语句，同时又不失尊严；按照阿赫玛托娃的风格，更得体的做法是，在大度持重的沉默中接受这一奇迹。四分之一世纪过后，她才为自己被迫向斯大林求助表示了悔恨：“我和您跪倒在/刽子手血腥的玩偶旁/……那时，我和我的人民同在，/不幸的是，我的人民也曾经在那里。”①帕斯捷尔纳克则写了一封感谢信作为对斯大林的回应，这是诗人向领袖的一次最透彻的表达，在两者关系中极其重要。同样是在 1991 年，这封信首次刊登在《源泉》杂志上。此前，人们知道它，是通过帕斯捷尔纳克在《人与事》中的转述：“关于时代，有两句名言。所谓生活越来越好，生活越来越愉快，所谓马雅可夫斯基曾经是，现在仍然是时代最杰出的天才诗人。为了第二句话，我以个人名义给作者写了一封信，向他表示感谢，因为这句话使我的意义不再被吹捧，而我受到这些吹捧，是在三十年代中期之前，在作家代表大会前夕。我热爱并满足于自己的生活。我不需要额外地为它贴金。超乎秘密与隐微的生活，展柜镜面反光里的生活，是我所不能想象的。”

起初，为普宁与古米廖夫的获救，帕斯捷尔纳克写了一封感谢信，但经由朋友们劝说，没有寄出，因为情况暂时还不明朗。他随后再次致信斯大林，直接缘由是后者对莉利娅·布里克 1935 年 11 月 24 日来信的批示。布里克夫妇之所以决定求助于斯大林，主要原因还不在于他接受阿赫玛托娃和帕斯捷尔纳克的请求，干脆利落地帮助了她（有人从中看出自由化的迹象）。莉利娅·尤里耶夫娜向领袖抱怨，马雅可夫斯基的作品不再出版，中学课本里将他的诗作删除（《好！》和《弗拉基米尔·伊里奇·列宁》），计划

① 引自阿赫玛托娃《我们并非无故受难》（1961）。

冠以诗人名字的街道尚未更名，甚至亨德里科夫胡同里也未建起博物馆。布里克的书信不是以请求的口吻，倒像是带着某种要求乃至命令式的腔调：“我们的机构不懂得马雅可夫斯基的巨大意义……他的诗选非但没有成千上万册的发行量，反而出版得既少又慢。”不过，斯大林并没有被这种腔调惹恼，从信中他得到了一个重要的启示：正是在此之后，“马雅可夫斯基的作品被强行推广，如同叶卡捷琳娜时代推广马铃薯”（《人与事》）。

斯大林的批示如下：

“叶若夫①同志，我恳请您关注布里克的来信。马雅可夫斯基过去是，现在仍然是我们苏维埃时代最杰出的天才诗人。淡忘他和他的作品，无异于犯罪。布里克的抱怨，在我看来是对的。请联系她（布里克）或者邀请她来莫斯科。要让达里②和梅赫利斯③也参与此事，去完成被我们错过的那一切吧。如果需要我的帮助，我愿随时提供。此致，敬礼！约·斯大林。”

通常，当约·斯大林表示敬礼，事情会处理得很迅速。于是，一切开始运转起来：关于马雅可夫斯基的文章和论著成为热点，生平传记纷纷出版，所有与他形象相关的鲜活素材被一挖到底……好在绝无可能将他塑造成一具青铜之躯。马雅可夫斯基与文学界的交往也得到研究，这些交往继而延伸至勃洛克、叶赛宁、法国人、美国人、墨西哥人……社会注意力的这种转移也有益于帕斯捷尔纳克：成为苏维埃时代最杰出的天才诗人的责任，从他身上卸除了。

1935年12月，他将自己的译著《格鲁吉亚抒情曲》寄给斯大林，并且附带了下面这封书信：

“亲爱的约瑟夫·维萨里昂诺维奇！您奇迹般地迅速解救了阿赫玛托娃的亲属，我却未能依照自己当初最大的愿望向您表示感谢，我为此深感不安。因为羞于再次打搅您，我决定把对您的谢忱深埋内心，我相信，在不知

---

① 尼古拉·伊万诺维奇·叶若夫（1895—1940），苏联政治人物，1934年当选为苏共中央委员会委员，曾任苏联内务人民委员（1936—1938），苏联大清洗运动前期阶段（1937—1938）的主要组织者和执行者，以残酷暴虐而著称。

② 鲍里斯·马尔科维奇·达里（1898—1938），《布尔什维克》杂志主编，曾任联共（布）中央新闻与出版局局长（1935—1937）。

③ 列夫·扎哈洛维奇·梅赫利斯（1889—1953），苏联政治人物，三十年代苏联新闻出版方面的主要负责人，曾任《真理报》主编（1930—1937）。

不觉间，您终将领会这份情谊。

“还有一种沉重的感觉。我原先曾经给您写过一封信——按照惯有的风格，带有一些插叙，也较为冗长；除了人们熟知与共有的那些理由，我给您写信，是听从了某种秘密的召唤，使得我被您吸引。但有人建议我写得简短些，现在，我仍然惶恐不安，仿佛寄给您的不是一封自己的书信，而是别人的。

“我早就希望将我创作当中微不足道的成果奉献于您，可是，这一切却如此平庸，以致心愿从未得以实现。或许我应该勇敢些，依循那最初的动机，而不是翻来覆去，犹豫不决？《格鲁吉亚抒情曲》——一部非独立的单薄之作，荣誉和贡献全都属于它的作者们，很大一部分属于其中杰出的诗人们。在翻译瓦扎·普沙维拉①时，我有意识地绕开了形式上的忠实，转而借助于联想，以便更自由地传达原作无穷的音色和神韵，与此同时，我又担心，这些联想会使您厌烦。

“最后，我还要衷心感谢您不久前对马雅可夫斯基的评断，您的话语也道出了我个人的情感，我始终爱着他，并且为此写下整整一本书。除此之外，您关于他的寥寥数语，也解除了我的窘境。近来，在西方的影响下，我被人们捧得太高，被赋予言过其实的意义（我甚至因此而痛苦）：也有人开始质疑我是否具有真正的艺术家的能力。如今，在您将马雅可夫斯基置于首要地位之后，对我的这种质疑消除了，我又能以轻松的心情像从前一样生活和工作了，置身于平常的宁静，伴着几分意外和神秘，而没有这些，我可能就不会喜爱生活。以这种神秘的名义，热爱您并忠实于您的鲍·帕斯捷尔纳克。”

这封信不仅清晰展现出帕斯捷尔纳克的状态，而且还让人联想到笼罩整个国家沉重之极的精神幽暗。如果说布尔加科夫临终前依然念叨着自己跟一堆“白石”丛中的②斯大林之间的交谈，如果说成千上万遭到镇压或终究难逃厄运的作家与非作家向克里姆林宫寄去一封封哀泣、央求、爱戴的信

---

① 瓦扎·普沙维拉（1861—1915），格鲁吉亚著名诗人卢基·拉吉卡什维利的笔名，意思是“普沙夫（格鲁吉亚境内的一个民族）之子”。

② 在俄国古代建筑中，许多宫殿与教堂均以白色石灰岩垒砌，或者以这种材料修筑围墙，莫斯科的克林姆林宫也是如此，因而“白石”又被用于它的代称。

件，那么，对帕斯捷尔纳克这位最善于感受时代气息的诗人，我们又能有怎样的苛求？用平常和直接的语调，像跟妻子或者朋友一样同领袖展开谈话，这样的尝试极具吸引力——瞧，我本想按照自己的方式给您写信，却被人劝阻了……现在，哪怕试试另一种方式也好……为传达普沙维拉的神韵，脱离了原作（只有领袖才把普沙维拉的原作也当作克里姆林宫的事业，但帕斯捷尔纳克所做的却是尽力唤醒领袖身上格鲁吉亚人的潜质，要知道，格鲁吉亚人错不了！）。那佯装似的谢意则是因为，被称为最杰出者不是他，而是马雅可夫斯基……

事实上，成为“最杰出和最天才的”，就意味着参与各种考察活动和集体旅行，为当局的每个举措而欢呼，接受勋章，编造一曲又一曲东方式的甜腻腻的颂歌——有朝一日，这些都可能废弃不用，只因为曲调高了或低了半个音阶，更主要的却是领袖听得厌倦了。帕斯捷尔纳克之所以向斯大林表达诚挚的谢意，是因为真空被一位亡故者填补，这一点具有深远的意义：感谢上帝，如今，我将不再遭诋毁，终于可以继续写作，像从前一样置身于“神秘性”！在此氛围中，我和您，斯大林同志，我们之间是如此默契：毕竟，您也喜欢神秘……

新年前夕，当布哈林约请帕斯捷尔纳克为《消息报》节日版写稿，回复他的是“沉思中响应这个时代的真诚热烈的（也是最后的）意愿”，正如帕斯捷尔纳克事后对其《诗二首》的解释。两首诗当中，《艺术家》一诗起码保持着帕斯捷尔纳克通常的水准（其中不乏精彩的语句），而《我懂了：万物有灵》却堪称他所发表的最糟糕的作品。这可不是马儿在练马场上自己打转——它在按照短长格奔跑；这种双音步抑扬抑格的效果就像跨越畜栏。马冲向板壁，就摔倒了，一次又一次摔倒……引用帕斯捷尔纳克那些优秀之作，是一件愉悦的事情，而引用这首诗，愉悦却不复存在，我们不无痛苦地看到，诗歌天赋如何反过来戏弄一位有意使之驯服的诗人。《消息报》上的这一劣作，帕斯捷尔纳克再未重新发表过，但唱过的歌儿已不可收回，但愿他能原谅我们。

我懂了：万物有灵。
岁月不会落空，
未曾过够的生活

同样值得赞赏。

曾经有过许多厮杀，
活物也曾被生吞，
但我们的双生子
依然鸣唱如夜莺。

苍茫的暗夜，
他为众人而劳神，
难道不是他，预见
并道出了你我的未来？

…………
感谢先行者，
感谢领袖们。
无以为报，不正是
我们所能付出的报答？

我们提着灯
走过一座座屋舍，
我们也将寻觅，
也将死去。

崭新的年代
冲出封闭的舱室，
奔向一月号角声
嘹亮的天穹。

渺小中的宏大
如雪崩向外迸发，

留下喧响，始终
在我内心回荡。

土台旁的笑容，
木犁边的沉思，
列宁，斯大林，
还有这些诗。

远眺的目光
凝聚着钢铁与火药，
还有一簇簇
不可磨灭的星辉。

6

这首诗发表之后，同时代人自然对帕斯捷尔纳克的精神健康产生了怀疑。1936年1月7日，德尼亚科夫对楚科夫斯基说："因为空虚，帕斯捷尔纳克书写着鬼才知道的玩意儿"（帕斯捷尔纳克本人在苏联作协明斯克会议上也说，这首诗"鬼知道是怎样写出来的"；巧合并非偶然，没有鬼，显然说不过去）。同样是在明斯克会议上，米哈伊尔·戈洛德内想要弄明白，"鸣唱如夜莺"的"双生子"意思是什么，他觉得，这有可能指的是帕斯捷尔纳克和拜伦（按照帕斯捷尔纳克自己的说法，他与拜伦曾经一起抽过烟①）。弗莱什曼谨慎地推断，这个比喻出自《诗的定义》（"这是两只夜莺的决斗"）。按照同样的思路，这里还可能影射艺术家与领袖，亦即大相径庭的两极之间的联结，马克思—恩格斯或者列宁—斯大林之间的夜莺对决。感谢上帝，在1936年第四期的《旗》杂志上，帕斯捷尔纳克删除了这一节和下一节，尽管"曾经有过许多厮杀，/活物也曾被生吞"听起来很不错，叙事色彩也很浓。一切皆有可能，活物的确曾被吞吃，甚至是肆无忌惮地吞吃，但

① 参见帕斯捷尔纳克《谈谈这些诗》（1917）。

在夜莺的鸣唱中,一切似乎都过去了……主要是,历史继承性再度复苏:万物有灵,岁月不会落空。那些曾被宣称为资产阶级遗产和文化陈迹的东西,重新恢复生机:经典作品得到研究,芭蕾舞跳起来——还能怎样呢?事实上,帕斯捷尔纳克感受到自己与时代的相联,恰恰是在帝国特征开始恢复,伪经典的滞重风格蔓延之际,这一点再次表明,他是一个深受经典文化熏染的人,一个有着近乎保守的传统主义观念的人。相对于形形色色的未来主义,他宁可选择现实主义,而且是表现手法尽可能节制的现实主义……那愉快的、孩子气的谢意——"感谢先行者!感谢领袖们!"简直像出自少先队员的手笔。整首诗中,只有一节在音色上是得体的,即"我们提着灯/走过一座座屋舍,/我们也将寻觅,/也将死去"。提着灯,大概是为了像第欧根尼一样找人①,但从诗的语境来看,却更容易让人想起夜间的巡查;况且第欧根尼走过的不是一座座屋舍,而是大街小巷。接下来,纯粹是恍惚的呓语,"土台旁的笑容"也可能产生类似的效果,当然,"木犁边的沉思"倒是相当精彩……最不可理喻的是"远眺的目光/凝聚着钢铁和火药",或许,还有那"不可磨灭"而又令人难堪的"星辉"。

无论这首一反常态的诗有多么荒谬,我们都不能忘记,由此开始,帕斯捷尔纳克迷上了短句,写下了简洁、精妙的《童话》《婚礼》和《蓝色》:在每个新阶段的开端,都需要有勇气书写糟糕的作品;帕斯捷尔纳克的明朗风格尚未定型,语言对节奏的强行干预,只会给人留下蹩脚的印象。托尔斯泰的发展同样如此:他写于《战争与和平》之后的童话故事,读来实在拙劣,但正是从这些故事开始,才有了天才的纯散文《哈吉穆拉特》和《谢尔盖神父》。

在明斯克,帕斯捷尔纳克对此解释道:"在一定时期内,我会写得很糟,并且带着旧有的观念,直至我对自己想要触及的新问题与新事物不再陌生。从许多方面来说,这都不是什么好事:譬如,不利于艺术的发展,因为这种从一个立场到另一立场的周折与转换,必须在一个被政论体与抽象性割裂开的既缺少形象又不具体的空间之内完成。就写作这件事情的目的而言,我所说的情况同样是糟糕的,因为在我们大家的这些共同的问题上,我并不准

① 第欧根尼(约公元前404—前323),古希腊哲学家,犬儒学派代表人物,以行为怪异而著称。据说他曾经大白天打着灯笼在街上"找人"——寻找"真正的人"。

备使用共同的语言，我不会重复你们，同志们，而是要和你们争论，可你们是大多数，所以这将是一场不幸的争论，其结果势必有利于你们。我不会让自己丧失希望，但我也别无选择，我现在的心境便是如此，不可能再有其他。我有两首这样的诗作发表在元月份的《消息报》上，它们出自热切的意愿，鬼知道是怎样写出来的，它们的轻巧，在纯粹抒情诗中不足为怪，对于需要艺术构思的主题则是行不通的，然而，这种情况仍将出现，我无法使之改观，有些时候，我会写得像鞋匠一样，还望各位包涵。"

这番光明磊落的自贬，赢得了一片善意的笑声，此后，他得到了一段时间的安宁：人毕竟是可以被改造的……况且《我懂了：万物有灵》的主要对象并未有任何后续的反应。至于《艺术家》的真正对象，则是无可置疑的；这一诗篇的力度与清晰，非上文引用的诗作所能企及：

我欣赏演员在盛年期的
执拗性情：他疏远了
语句，躲避着目光，
愧对自己的那些书籍。

接下来的五行非常有名，描绘了这位"盛年时期的演员"的特征；其间包含着一层重要的意蕴：并非艺术家在迎合时代，而是时代在适应艺术家。这是《崇高的疾病》既有主题的延续："时代想要活得像我"：

他对此并不强求。
他像所有人一样活着。

（对《崇高的疾病》再一次的借用——"整个一生，我都想活得像所有人"——德·贝）

这便是事情的原委：
岁月的航向一如既往，
他的舞台矗立如世纪。

或许是觉得最后一句有歧义——"他的舞台矗立如世纪"，即"舞台如百年岁月般矗立"，而非"舞台始终矗立"，帕斯捷尔纳克为《旗》杂志修改了整个这一节：

他渴望自在与安宁，
岁月的流逝却好像
云从工作间上空飘过，
那里有他拱起的舞台。

重要的主题消失了，而帕斯捷尔纳克同时却想提醒人们，大艺术家并非有意与时代保持一致，只不过，两者发展的总体趋向通常是重合的。多年以前，他就曾为顺应尼古拉时代的普希金辩解（诚然，他并未纠结于此，不久之后，他就彻底相信了普希金是对的）；如今，他又在强调自己同时代的契合——在追求质朴方面，在尊重“事业”与“行动”方面。是“时代想要活得像我”，而不是我急匆匆追逐着时代，因为我与时代正在实现着同样的意愿——问题不在于各自的标尺，而在于共同的矢量。正是按照这样的逻辑，出现了一个与艺术家平行的形象，这一部分内容，未被帕斯捷尔纳克收入诗集《在早班火车上》①：

就在那些日子里
在古老的石墙之外，
存在着事业而非人类：
蔓延于世界的行动。

作为往昔必然的结局，
命运赐予他一片空白：
他是勇敢者梦中的形象，
却无人敢于实现这梦想。

除了这项奇异的事业，
事物的形式完好无损：
既不曾飞旋如天体，

① 事实上，《艺术家》是由单独五首诗构成的组诗，上文引用的是其中之一，即《我欣赏演员在盛年期的执拗性情》。这首诗有两部分，第一部分收录于诗集《在早班火车上》，被帕斯捷尔纳克删除的是下文引用的另一部分。

也不曾扭曲和腐坏。

在刊登于《旗》杂志的版本中，帕斯捷尔纳克删除了以上诗节，因为对有心的读者而言，其中的含义太过鲜明：他暂时尚能主导自己那些不可思议的改造，事物的形式完好无损，即时代之间的联系得以恢复，所有这些，都要归因于“行动之天才”；革命在继续，却不是依照“往昔”对它的引领（众所周知，是谁引领着斯大林）。再不会有什么能够飞旋如天体，或者扭曲与腐坏，生活运行如常，有条不紊，甚至不失惬意，与此同时，表面的稳定之下，却发生着巨大的变迁！

童话和圣物在莫斯科流传，
汇聚成克里姆林宫的殿堂，
百年岁月对他如此适应，
就像适应塔楼上的钟鸣。

但他依然是人类的一员，
假如截断兔子的去路，
在冬日的林区开枪齐射，
森林将回应他，像对所有人。

诗人，另一个汲取了
行动之天赋的人，变得
越来越沉，就像海绵，
饱含着他一切的特征。

在这双声调的赋格曲中，
他原本无限渺小，却相信
大相径庭的两极之间
也会有相互的认知。

假如抛开总是决定于时代的道德评判，诗中描绘的情景可谓精准。正如所有真正的抒情诗，《艺术家》同样具有双重意蕴，也就是说，可以对它进行多种解读,譬如,艺术家为领袖所迷惑,但这里的关键词却是“变得越来越沉”——这种满胀感令艺术家不堪承受,即使帕斯捷尔纳克时常(自《若干原则》发表以来)把艺术比作吸收一切的海绵。是的,“行动之天才”塑造得简单而富有人性——“他依然是人类的一员”,可资佐证的恰恰是狩猎的场景,而我们通过《崇高的疾病》就已知道,在帕斯捷尔纳克那里,追踪和驱赶永远是预示着灾祸的悲剧命题。最后,艺术家与“蔓延于世界的行动”被称作“大相径庭的两极”。如果可以认为艺术家将某种人道的和创造性的品质集于一身,那么,在与之相对的另一端,则呈示着非人性和毁灭。这种对比并非无关紧要,在一个愈渐残酷的时代,简直就是胆大妄为之举,因而帕斯捷尔纳克未发表《艺术家》接下来的这第二部分,需要指出的是,如此一来,第一部分就成了一篇平庸的宣言,表明创作的成熟以及对既往之作的羞惭。

完整版的《艺术家》则包含着全然不同的意蕴,按照帕斯捷尔纳克的理解,个人的发展类似于国家道路的发展。至于这条道路通向何处,《新的成熟》一文做了更详细的说明,这是帕斯捷尔纳克一篇不长的时评,刊登在1936年6月15日的布哈林的《消息报》上:“在丰收的重压下弯向地面的苹果树是自由的。它未曾开出不孕之花,未因传粉不顺而凋萎,未遭干旱和蛆虫侵害,未以不结果实为代价使枝条轻盈而顺直。”

正所谓:你们需要自由——我需要非自由。目的是开花结果。

《新的成熟》这一标题,既是对个人诗歌创作的概括,也是对《安全保护证》中一段文字的呼应:“别的朋友已经将我视为一个立稳了脚跟的音乐家,对于他们,我仔细掩盖了我那些新的未成年的特征。”这段文字里说的是帕斯捷尔纳克经历的第二个青春期。他毅然放弃了音乐,从零开始,投身于诗歌。在1936年的这篇文章中,他公开地将个人的阶段性发展与同样不连贯的国家之路相提并论,这个国家,也与以往的历史割断了联系,并且也是从零开始,最终在重新选择的道路上臻于成熟。“新的成熟”,实为继承性重现之奇迹,经历了动荡与剧变的时期,以及二十年代未来主义和形形色色的乌托邦风潮,成熟的艺术家将目光转向自己的过去。我们如今已经知道,传统表面上的复兴,需要付出远比其崩溃更大的代价;修复仅仅制造假象,错位看似得到矫正,其实却带来更大的损伤……仍需假以时日,人们才会牢记这一可怕的教训。

斯大林宪法——实为布哈林宪法①——在形式上赋予人民以一切政治自由(除了“联盟的自由”),西方左翼知识分子为之欢欣鼓舞,他们从中看到了一个民主国家的法律样本,看到了俄国重返各个文明民族的大家庭,与此同时,德国和意大利则卷入褐色的狂潮,抛弃了这个家庭。帕斯捷尔纳克将自由理解为非自由,让人不禁联想到奥威尔所云“和平即战争,自由即奴役”,但他的自由观却是自然地源于其整个世界观和基督教信仰。诗歌即责任(无论四十年代还是五十年代,帕斯捷尔纳克都时常向朋友们提到这一点。“上帝只把才华赐予被拣选者,得到它的人,没有权利用它来满足自己的愉悦,反而有责任让自己服从于劳作,哪怕是苦役般的劳作”——1957 年,他对儿媳加琳娜·涅加乌斯②说,为表示强调,他还引用了自己《夜》中的名句“别睡,别睡,艺术家”)。作为一个基督徒或大师或多情之人,他能够言说的究竟是怎样的自由?按照自愿选择,这三种身份被崇高的奉献极其残酷地结合在一起。苹果树的自由就在于开花结果,因而它需要使自己免于“干旱与虫害”的园丁,在帕斯捷尔纳克看来,国家的功能也是如此。

7

基于以上所述,有必要回顾一下娜塔利娅·伊万诺娃在其《小树林的对话者与领袖》一文中提出的猜想,即叶甫格拉夫·日瓦戈的原型是约瑟夫·斯大林。

这一观点并不像看上去那样荒谬。《日瓦戈医生》——一部隐喻性的自传,从中不难认出马雅可夫斯基(安季波夫)、叶甫盖尼娅·卢里耶(托尼娅)、她的母亲(安娜·格罗梅科)、伊文斯卡娅(拉拉。在某种程度上,济娜

---

① 1936 年,苏联颁布了新宪法,标志着斯大林主义的确立,所以该宪法又被称作“斯大林宪法”。1935 至 1936 年间,布哈林作为苏联宪法委员会的主要成员之一,参加了新宪法的制定工作。

② 即帕斯捷尔纳克的继子谢尔盖·涅加乌斯的妻子。

伊达·尼古拉耶夫娜也让人想起日瓦戈医生的这位红颜知己)、米利金斯基[①](科马罗夫斯基)……这里为什么不能有斯大林,或者准确地说,不能有某种几乎从不出场,却在暗地里保护日瓦戈,为其解决难题的神秘力量的化身?有几位作者共同的观点广为人知:在小说中,叶甫格拉夫身穿一件翻毛皮袄,《圣诞之星》中的星相家也穿着同样的皮袄,他们前来向耶稣致敬,“为你们两个唱响赞歌”;星相家,来自“游牧部落”;相应地,叶甫格拉夫也便是牧人的象征,是给日瓦戈带来礼物(面包、黄油、咖啡),并为其提供保护的另一个斯大林……向帕斯捷尔纳克表示敬意的斯大林。这种解读给人以强烈的印象,尤其是它以翻毛皮袄为论据这一点。

《日瓦戈医生》的整个艺术结构足以颠覆上述语言学推论。体态匀称的黑头发的叶甫格拉夫,长相略带亚洲人特征,却丝毫不显丑陋,从他身上,找不出任何与前基督时代巨怪、“一脸麻子的卡利古拉”[②]的相像之处。对于这位神秘的叶甫格拉夫,娜杰日塔·雅科夫列夫娜·曼德尔施塔姆有过更准确的解读,在其《回忆录》中,有一页专门谈到了他:“帕斯捷尔纳克想要在知识分子与人民之间竖起一道国家保护墙。日瓦戈医生这位神秘莫测的弟弟,这个长有一双吉尔吉斯人眼睛的贵族模样的人,这个像天使一样总是带着配给物品、钱财、宝贵的建议、‘暗中的保护’与帮助而到来的人,究竟是谁?‘他的能力之谜,说不清道不明。”帕斯捷尔纳克说。与此同时,他跟那些胜利者及国家之间的联系贯穿于整部小说,而他向哥哥所提供的帮助,显然属于‘国家的奇迹’,为此,需要专线电话、传送的渠道和高尔基提议的负责改善学者日常生活的委员会。他拥有如此显赫的地位,所以才能向哥哥承诺送他到国外,或者为他流亡到巴黎的家人重返莫斯科出具公文。帕斯捷尔纳克清楚地知道,在三十年代初,究竟哪位当权者有能力办到这些。(……)这种对国家及其奇迹的寄望,在曼德尔施塔姆看来是不足取的。”

这种寄望在曼德尔施塔姆看来是否不足取,实为一个争议性的问题。娜杰日塔·雅科夫列夫娜本人用一章的篇幅记述了1934年那场惩罚的延

---

① 济娜伊达·尼古拉耶夫娜的表兄。参见本书第二十二章。

② 罗马帝国第三任皇帝,著名的暴君。

缓,章节标题就叫作《奇迹的本质》:"集中化程度越深,奇迹就越奏效。我们为种种奇迹而欢喜,并以东方贱民也许甚至是亚述贱民的诚挚之心接受了它们。(……)不管怎么说,奇迹拯救了我们,赐予我们三年的沃罗涅日的生活。"至于曼德尔施塔姆的国家观,同样不可一概而论——他的观念时有变化,而且在《石》与《黑土》两部诗集的作者那里,这些观念之间的共性,并不多于石头与黑土之间。因而大可不必指责帕斯捷尔纳克对国家的寄望,尤其在他写下"哦,偶像的国度!"这样的语句之后。不过,这一"施密特式"的插议①,显然还在提示人们,有朝一日,"栖身于地穴和矿井的人",将不得不走出地穴,"由罗马教堂迈向罗马教堂",也就是说,无论生前抑或身后,他们终将成为官方思想的一分子。但是,在帕斯捷尔纳克的价值体系中,国家却并非使艺术家免遭民众侵害的保护神,如果这么认为,那就混淆了他所强调的道德原则。在帕斯捷尔纳克那里,民众自身从来不是恶的源泉,而只是恶的工具——当群体性癫狂爆发之际;他以这样的眼光打量民众,同时不失对他们的"崇敬"。确切地说,是叶甫格拉夫像保护神,使艺术家免于民众与国家的双重侵害,而"叶甫格拉夫"从希腊语翻译过来,意思恰好是"写得好的"或者"对写作者的益处"。由此出现了一个跟沃兰德并列的形象,但他身上并没有任何梅菲斯特的影子。帕斯捷尔纳克创造了自己的梅菲斯特,当他翻译《浮士德》时。在他笔下,魔鬼成了一个滑头和蛊惑家,与其说在帮助艺术家(像沃兰德帮助大师),倒不如说在诱惑、考验和暗地里毁坏他,而魔鬼手中的工具,正是自由和放任。

在叶甫格拉夫的保护下,日瓦戈躲开了混沌,而不是民众。混沌——帕斯捷尔纳克的绝对敌人,因为他以和谐为追求,甚至在矛盾与绝望中都尽力保持着和谐。如果说在帕斯捷尔纳克的价值体系中,灾祸即是避免虚假与谎言,继而重归真理,那么混沌则与之毫无关联。正因如此,英诺肯季·杜多罗夫——帕斯捷尔纳克未完成的剧作《此世》的主人公,召唤着那些留在被占城市里的同胞们自发地组织起来;那场在铁路线上清除积雪的有组织的集体劳动,也成为乌拉尔之旅留在尤里·日瓦戈记忆中的最幸福时刻。帕斯捷尔纳克并非"强力之手"的辩护士,他只是混沌状态的反对者;斯大

---

① 参见帕斯捷尔纳克《施密特中尉》。"哦,偶像的国度!"出自这部长诗第一章第6节。

林身上蕴含的那种与混沌对峙的严整的因素,也正是为他所看重的。

其实,完全可以更简单地说,帕斯捷尔纳克不需要任何人护佑,反倒是一些人生境遇远比他顺利的作家,气节却远不如他。以科尔涅·楚科夫斯基①1936年4月22日的一篇日记为证:“昨天,我坐在(苏联列宁共产主义青年团第五次代表大会)会场第六排或第七排。一回头,看到了帕斯捷尔纳克。我走到他跟前,把他领到前排(我身边还有一个空位)。忽然间,卡冈诺维奇、伏罗希洛夫、安德烈耶夫、日丹诺夫和斯大林出现在主席台。会场喧腾起来!而他就站在那里,略显疲态,若有所思,气度非凡。能感觉到他对权力的驾轻就熟、他身上巨大的力量,同时还有某种女性的、柔和的东西(肖像相当传神,无疑也相当险恶。还有什么比这令人倾倒的柔婉的魅力更可怕呢?——德·贝)。我环顾四周,每个人都是一副沉醉、温存、热情的笑脸。见到他,只不过是见到,对我们所有人就已是幸福。玛丽娅·杰姆琴科②凑在他身旁,一个劲儿地说着什么。我们对她既羡慕又嫉妒——她可真幸运!他的一举一动都引来人们的崇敬之情。我先前甚至不认为自己能够承受这样的情感。当与会者向他鼓掌时,他掏出一块怀表(银质的),带着迷人的笑容对会场示意,场上顿时一片窃窃私语:‘怀表,怀表,他要我们注意时间’——散会之后,在存衣处周围,大家还在想着怀表的事情。帕斯捷尔纳克一直用兴奋的话语,对我低声谈论着他,我对他也如此,我们两个异口同声地说:‘嗬,这个杰姆琴科,简直遮住了他的光芒!’(在那一刻)

“我和帕斯捷尔纳克一道回家,两个人沉浸于共同的喜悦中。”

看起来,这是一幅强有力的画面。

据传闻,楚科夫斯基在日记中故意添写了以上内容——万一遇到搜查,有人会发现这一段:就让他们瞧瞧,他是多么热爱领袖!这个说法耐人寻味,却未必可信。就算日记真的被发现,引起注意的也一定是相邻的段落,

---

① 科尔涅·伊万诺维奇·楚科夫斯基(1882—1969),俄苏作家,文学批评家。本书前文提到的尼古拉·楚科夫斯基和利季娅·楚科夫斯卡娅的父亲。

② 玛丽娅·杰姆琴科·索夫隆诺夫娜(1912—),苏联农艺师,在农业集体化运动中的劳动积极分子。

那上面说，克鲁普斯卡娅①不喜欢也不懂诗，况且在楚科夫斯基那里，岂能少了叛逆的语句！这是一段坦诚的记述，反映了当时的心理状态；更为关键的一点是，楚科夫斯基时常把自己的情感强加于人，而1936年的帕斯捷尔纳克已然十分小心，不会反对谁当着他的面，“沉浸于自己的喜悦。”

不过，直到1936年，帕斯捷尔纳克依然确信，他与领袖之间有着非比寻常的关联，其意义就在于某种不为人知的默契——无论俄国的混沌状态多么可怕，都不失感恩的信心，相信斯大林不同于前辈，在不毁坏日常生活方式的前提下，他正在实施一场宏伟的变革。他们两人都是一定程度的反革命人士。帕斯捷尔纳克的国家观（他自己对此也并不隐瞒，维·伊万诺夫曾经在一篇文章中说），在某些方面接近于普拉东诺夫：国家体现着秩序之理念，而秩序的损毁则永远是不道德的，无论用怎样形形色色的乌托邦加以掩盖。按照叶·雅科夫列夫的观点，如果说列宁在六十年代的意识形态化是由于“列宁被视为反—斯大林（анти-Сталин）”，斯大林在三十年代的意识形态化，起因则是斯大林看似反—列宁（анти-Ленин）：未有破坏的建设者、不搞专政的看护人、艺术家的保护神、炽热的空头理论家和官僚主义者的驯化师……集体化运动的冒进得到纠正，饥荒似乎也不再发生……

有一个颇具吸引力的说法：对于艺术家而言，相信总比不信更有成效；“与所有人共同劳作，与法律秩序保持一致”的愿望，带来的是杰作，而怀疑主义的虚矫则永远徒劳无益。但是，在俄国历史上，怀疑的态度与反国家的“雄辩术”却鼓舞着为数众多的作者，相比之下，对政权的信任与合作的期望虽能造就慷慨激昂的文本，质量却相当可疑。在这里，关键仍然在于策略的选择：帕斯捷尔纳克被种种希望所感召，创造着他的《艺术家》，而奥列沙一边慢慢变成一个醉鬼（同时继续发表他那些“忠君爱国”的文章），一边书写着有关他为何不能再写的绝望的断章；无论帕斯捷尔纳克还是奥列沙，都认为自己的作品不成功，又都在艺术上留下了关于时代的真实见证……这样看来，只有考虑到一味唱反调为帕斯捷尔纳克的个性所不容，他所持守的原初意义的成效性，才是一个可以被接受的观念：“我生来不是为了以不同方式/三次对视同一双眼睛。”要么是跟官方思想体系彻底了断，要么是忠

① 娜杰日塔·康斯坦丁诺夫娜·克鲁普斯卡娅（1869—1939），列宁的夫人。

诚不渝地服务于它。

与反对派人士或温和的反斯大林主义者相比，帕斯捷尔纳克在1936年的行为不见得“更高明”，而只是更诚实：在彻底拒绝诱惑之前，应当听从它的支配。这之后，只有站在新经验的高度上，才能够明辨诱惑的本质。这也是他从青年时代就采取的方法：“我多少还记得，我总是受制于某一个（总是病态而虚假的）先入为主的思想。我之所以未曾毁了自己，仅仅是因为，这些思想不断变换。一个摆脱了另一个。”（1927年5月20日，写给拉伊萨·罗蒙诺索娃的书信）

帕斯捷尔纳克的所有对话者无一例外，全都记得他争论时的习惯：先是无意识的、不经意的“是—是—是”，突然间，冒出一声尖锐的“不！”这是他在倾听，对话者谈到了什么不得体的东西。于是开始了争论。

帕斯捷尔纳克的整个一生，以及他与同时代人之间的关系，似乎正是按照“是—是—是……不！”这一线路发展的。他善于长久地忍耐，也会带着强烈的不满（包括对自己）而爆发：从“强忍住爱慕，/我观望，我祝福”①，到“我不爱你们，你们全都见鬼去吧！”；从满怀温情地对待友人，到“亲爱的朋友们，你们是何等平庸！”这种状况也体现在日瓦戈身上。他会像夜莺，对朋友与同龄人吐露衷情，也会在酒后和一通怨怒之后，对妻子说：“在世界上所有人当中，我只爱你和爸爸”②。帕斯捷尔纳克长期忍耐的背后，是激愤和各种不期而至的挫折。或许，他同“列夫”的猝然了断，是因为拖延得太久。拖到最后一刻，终至一发不可收，这便是帕斯捷尔纳克的风格。多年以来，他一直能让自己相信，如果一切都不美好，起码还可以忍耐，而一旦达到某个界限，他会在刹那间做出彻底的转变。

1956年，他本人说道，“在各方面我都希望/直达本质——/无论创作、道路的探寻，/还是心灵的慌乱。”③“直达本质”，在此意味着“抵达极限”。为了跟“列夫”分道扬镳，使自己免受任何组织的吸引，首先需要加入其中；为了消除茨维塔耶娃的影响（她的诗歌、她的散文、她的一举一动），需要无条件地喜欢她，达到爱的程度；为了克服日常生活与平稳安顺之诱惑，需要

---

① 引自帕斯捷尔纳克《在早班火车上》（1941）。

② 参见《日瓦戈医生》第六章第4节。

③ 引自帕斯捷尔纳克《在各方面我都希望直达本质》（1956）。

在一种理想的和谐状态中,在济娜伊达·尼古拉耶夫娜编织的小窝里,与她共度十年光阴,直到1941年;最后,为了断绝与一切苏维埃因素而不只是斯大林因素之间的联系,需要在1936年经受最严重的时代病。换句话说,没有帕斯捷尔纳克的“是—是—是”,就不会有他比其他同时代人更毅然决然的“不!”。

最终,有多少像奥列沙这样温和的反对者,曾经暗地里憎恨斯大林主义,却欣然接受了赫鲁晓夫的解冻!又有多少文学家在1937年就看透世事,对公开的颂歌敬而远之,可是,在1956年,他们却甘愿亲吻赫鲁晓夫的肖像,就像他们那些更愚蠢或更卑贱的同龄人当初亲吻斯大林的肖像一样!相比之下,帕斯捷尔纳克在1937年就以同时代人无从理喻的勇气表示了反抗,等到1953年,面对解冻的诱惑,他已经不为所动!他比别人走得更远,直到《日瓦戈医生》的问世。这是向相互凌虐与假大空的整个体制的宣判。为了说“不”,在三十年代前半期,他以“神人”的姿态重复着“是—是—是”,这也未尝不可。

最可悲的是,对于帕斯捷尔纳克乃至任何天才而言,评判事件或行为的主要标准不在于其他,而在于规模。大规模的恶固然可恨,却令人敬畏,而渺小和妥协的善则最易遭鄙夷。无论斯大林(尤其在他晚年)在帕斯捷尔纳克心目中多么丑恶,他终究值得让帕斯捷尔纳克为之“深沉而执着”地思考。

8

帕斯捷尔纳克给斯大林的最后一封信写于1945年8月25日。信件的草稿保留至今:“亲爱的约瑟夫·维萨里昂诺维奇,我和家人时常生活得相当艰难。早年间,我们得到了一套劣质的住房,在整个作家楼里算是最糟糕的(……)。两年前,我曾写信向维·米·莫洛托夫反映情况。在他的安排下,莫斯科市委很快派来一个调查组,承认房子不适合居住,来访有过数次,仅限于此。我谁也不怪罪,新楼房太少,住房自然只能分配给特殊人士、重要的公务人员和各类奖项获得者。(……)我不是要把这些麻烦带给您,因为我从来不敢以任何办不到的事情惹您生厌。我的请求要简单得多。我觉得，它既合理又容易满足。

“五年来，我将精力倾注于莎士比亚最优秀的作品，从我国和国外的一些反响来看，我的工作不无成效。国家艺术委员会是否能提示一下各剧院，在这些话剧方面，剧院是可以满足各自口味并将它们搬上舞台的，倘若喜欢它们，而不是坐等一些补充的指令，因为在剧院，当然也不仅在它们那里，总是回避着一切，以至于只能凭借自己单薄的力量而生存，同时也没有什么特殊的准许和意见。莫斯科艺术剧院的‘哈姆雷特’就遇到了这种状况，原本属于它的道路被现代剧‘伊凡雷帝’截断了。

“(……)我早已年过五十，每到冬天，我的右手就会因劳累过度而疼痛，长期不能动弹，所以我学会了用左手书写，我的眼睛也经常胀痛。为这些琐事打搅您，我感到于心不安，多年来，我一直尽可能不去这么做，当亚历山大·谢尔盖耶维奇·谢尔巴科夫①还在世的时候，他了解我，往往在紧要关头挺身相助。”

这是一封不切实际的、讽刺意味的书信，信中满是喃喃的抱怨，真可谓“不可思议，我居然敢这么干！！”在与斯大林们不相干的系统内，出现了斯大林本人办不到的事情，这一暗示究竟有什么价值？他权力无限，却难以战胜那个规定城市住房只可分配给“特殊人士”的制度。从这里可以看出一种置人于“弱势”的孩子般的企图——您无力给予我住房，约瑟夫·维萨里昂诺维奇，所以我也不会为此提出请求，可是，说到话剧嘛……“在剧院，当然也不仅在它们那里，总是回避着一切……同时也没有什么特殊的准许和意见”——“当然也不仅在它们那里”这一句，已然是直截了当的挖苦了。“现代剧‘伊凡雷帝’”，听起来分明像是“一本非常现代的书”。言下之意很明显：您这是怎么啦，约瑟夫·维萨里昂诺维奇，莫非您要凭借个人形象把莎士比亚挤下舞台？！② 不管怎么说，总有人活下来……嗯，那种不可指望的人，我是不会求助于他的，想当初，既然那位无比仁慈、了解我的谢尔巴

① 亚历山大·谢尔盖耶维奇·谢尔巴科夫(1901—1945)，苏联国务和党务活动家，曾任苏共政治局候补委员(1941—1945)，最高苏维埃代表。1945年5月，死于心肌梗塞。

② 二十世纪四十年代，俄国历史上第一个沙皇伊凡四世成为苏联电影艺术和戏剧中的热门人物。这个以暴虐而得名“雷帝”的沙俄统治者，对俄国近代国家的形成发挥了重要的历史作用。对伊凡四世的颂扬，乃是以借古喻今的方式颂扬斯大林。

科夫还活着，他总会伸出援助之手；但如今谢尔巴科夫不在了，所以我才来找您……而这近乎"奥贝利乌"①式的开头——"我和家人时常生活得相当艰难"，又是多么荒诞！第一段中的住房—居住—来访②，则形成一种内在的韵律……这种妙手偶得的贬抑的声调胜过傲慢，潜台词当中带着别样的清高！

叶甫盖尼试图提醒父亲注意信中刺耳的怨言，后者一挥手："让他别以为人人都活得跟唱的似的。"帕斯掟尔纳克的儿子把信从拉夫鲁申巷带到克里姆林宫，交给库塔菲亚塔楼附近的岗亭，那里接收向斯大林"自行"呈送的普通信件。任何迂回的道路，帕斯捷尔纳克都不愿走。我们认为，这封信根本不可能递到斯大林那里。四十年代跟三十年代不可同日而语，斯大林对作家们已经不讲客套了。在这"大相径庭的两极"之间最后的书信交往中，有着某种可悲的意味：就像是曾经相爱，却早已相互失望的心灰意冷的两人最后一次会面。此斯大林非彼斯大林，帕斯捷尔纳克同样今非昔比。帕斯捷尔纳克正处于上升期，尽管受到冷遇；而斯大林，则处于衰落期，尽管站在无限权力的巅峰。他们之间，早就没什么可说的了。

有两件离奇的轶闻经常被引用。其中之一称，斯大林曾得到一份有可能构成苏联文学领域破坏分子核心的作家名单，阿列克谢·托尔斯泰、爱伦堡、维什涅夫斯基、吉洪诺夫和帕斯捷尔纳克均位列其中。他好像画掉了帕斯捷尔纳克的名字，说了一句："我们别惊动这个天上的神人"（其他人，正如我们所知，也没有谁被抓捕）。据伊文斯卡娅回忆，讲述这个轶闻的，正是帕斯捷尔纳克本人，或许，他也被一些事情的迹象所迷惑：不仅是他在想着斯大林，斯大林也在想着他；所以说，他看重的是规模！

这一流布甚广的传言有时甚至出现在关于帕斯捷尔纳克的严肃论著中，它有两个主要的版本，相应地，也有两个日期。按照弗莱什曼的推断，事情发生在1937年，正是在当年，《十月》杂志第5期发表了新闻记者尼·伊兹戈耶夫的文章《鲍里斯·帕斯捷尔纳克》，帕斯捷尔纳克第一次被称作"十足的神人"。弗莱什曼认为，这篇短文对帕斯捷尔纳克不啻于救命稻

① 参见本书第十四章相关注释。
② 这三个词在俄语中相互押韵。

草，或者说，起码延缓了计划中的迫害；直接促成该文发表的人差不多就是斯大林：“种种迹象表明，文章的发表，得到了最高级别文学—政治机关的准许”；“文中诸多见解的权威性和绝对性……在很大程度上超越了该级别普通记者所拥有的权限。”此说不尽然，事实上，在那个年代，几乎任何一个记者未经考虑上峰的庇护，都可能会有出格的言辞，况且帕斯捷尔纳克本人也表现出“头脑无法理解”的散漫，他这么做，也并未获得最高级别的准许；应当承认，三十年代，仍有一些人士，无须克里姆林宫的指示，敢于发表见解，哪怕只是关于帕斯捷尔纳克。伊兹戈耶夫的文章不见得是救命的。一方面，它让帕斯捷尔纳克避免了因布哈林而遭受非难（“帕斯捷尔纳克不能为布哈林想到他而负责，就像不能为安德烈·纪德①期待见到他而负责一样”）；另一方面，又重新将他置于攻讦的火力点下，因为文章强调的已不是布哈林的责任，而是帕斯捷尔纳克本人为主观唯心主义、萎靡不振、背离时代精神所应承担的责任……当然，按照1937年的尺度，主观唯心主义和不懂得社会主义理想的罪责，总比被怀疑跟布哈林或纪德有牵连要强。但弗莱什曼引用的那些段落，称帕斯捷尔纳克“在千百万人的欢庆中找不到共同的快乐”，听起来却不比谢利万诺夫斯基和别兹缅斯基精心准备的发言②更温和。在这里，解释者上升到阴谋论的高度，甚至认为文章作者的姓氏也并非偶然。据说，之所以选择此人，是为了表明高层对帕斯捷尔纳克创作的态度，从而突显其失落状态③……虽说当时一些狡诈之辈占据了“文学—政治机关”，但他们的狡诈终究是愚蠢而肤浅的，他们哪有能力编织如此精密的罗网！但不管怎样，首次将“神人”之名号冠以帕斯捷尔纳克的，确实是伊兹戈耶夫，没过多久，人们便随声附和，传言不胫而走。许多人认为，这种“神人”做派，亦即对时代的漠视与疏远，反倒挽救了帕斯捷尔纳克的性命。

所谓“从名单中画掉”，似乎确有其事，细节也格外生动——在酝酿中

---

① 安德烈·纪德（1869—1951），法国作家。1936年，纪德应苏联作协邀请，访问了苏联。归国后发表《访苏归来》，批评苏联当局，并宣称怀疑共产主义。纪德因而由苏联和共产主义的友人变成了“敌人”。

② 参见本书第二十二章。

③ 文章作者“伊兹戈耶夫”（Изгоев）这一姓氏，与“失去原有身份的状态”（изгойство）俄语词根相同。

的1938年公开大审判[①]背景下，帕斯捷尔纳克确实有可能被列入潜在的破坏分子名单。1938年的审判，意在粉碎列宁格勒和莫斯科（尚未从国外“滚回来”的爱伦堡被定为托派骨干分子）两地的托洛茨基特务中心，据此，扎波罗茨基在列宁格勒被捕，经拷问，供出了吉洪诺夫，而梅耶荷德、巴别尔和柯里佐夫则在莫斯科被捕。刑侦人员向梅耶荷德和柯里佐夫讯问了帕斯捷尔纳克的情况。酷刑（用橡胶棒抽打，“传送带”则是剥夺睡眠的别称）之下，两人都提出了对他的指证：梅耶荷德说，帕斯捷尔纳克有过反苏言论，柯里佐夫的陈述更详细，他说，安德烈·纪德来到帕斯捷尔纳克的别墅与他会面时，好像从他那里得知很多信息，随后成为《访苏归来》的素材。两人事后均以书面形式否定了自己的供词。维塔利·申塔林斯基作为记者和作家，花费大量时间，研究了九十年代公诸于众的卢比扬卡[②]档案，他断定，正是这两人的翻供救了帕斯捷尔纳克一命；我们倾向于认为，关键不在于此，因为有很多人都收回了各自的供词，理由是受到了刑讯逼供，所以这通常并不能挽救任何人。帕斯捷尔纳克、吉洪诺夫和托尔斯泰未曾失去自由，是因为斯大林放弃了对作家们展开大规模诉讼的念头，而诉讼本来是为了揭露马尔罗[③]与托洛茨基、苏联作家精英与某个“境外托洛茨基中心”之间的联系。至于斯大林为何放弃，实为不解之谜。或许，他的注意力被更为现实的军方密谋所吸引。1938年，斯大林已经不关注西方与作家界的意见了，收拾苏军元帅才是当务之急，而且这不取决于他们是否要发动军事政变。1938年前夕，军队高级将领是唯一只要愿意，就可能领导一场政变的人员，果真如此的话，其结果恐怕连最灵通的占卜师都无法预料。

“关于神人的传言”，第二个说法见诸于瓦西里·利万诺夫[④]的《非虚

① 1938年3月，苏联最高军事法院军事法庭对所谓“布哈林右派和托派联盟阴谋集团”公开审判。这是苏联大清洗运动中的第三次公开审判，也是整个运动的高潮。

② 自1920年起，从契卡到克格勃（国家安全委员会），总部一直设在莫斯科克林姆林宫附近的卢比扬卡广场十一号，这里也因此成为苏联政治恐怖的象征。

③ 安德烈·马尔罗（1901—1976），法国著名小说家，评论家，曾于1934年到访苏联。

④ 瓦西里·鲍里索维奇·利万诺夫（1935— ），俄罗斯电影演员，动画电影导演，作家。他的父亲就是本书多次提到的苏联演员鲍里斯·尼古拉耶维奇·利万诺夫（1904—1972），帕斯捷尔纳克的朋友。

构的鲍里斯·帕斯捷尔纳克》。需要说明的是,这是一部极其主观的回忆录,其中五分之二的内容属实,其余纯属偏见,此外还有一点——利万诺夫触及了帕斯捷尔纳克人生经历中的许多痛处。他也提到那份名单,但依据的材料另有来由,其源头是侦察员列夫·谢宁:"1949 年,有关人员向斯大林报告,已经做好了逮捕帕斯捷尔纳克的准备,'作家们的挚友'忽然拿腔拿调地念出声来:'蔚蓝的颜色,天堂的颜色'……然后下达指示:'放了他,他是天上的神人。'"

谢宁——一位严谨的侦察员,但他的证词未必可靠。首先,利万诺夫本人指出,重获自由之后,斯大林时期的前侦察员"说话滔滔不绝,并且愿意回答任何问题",利万诺夫认为这是一种悔过的表现,基于同样的原因,也可认为这是谢宁迟到的努力,他想要在"感兴趣的和有耐心的对话者"(作者的自评)眼中抬高个人价值,表明自己消息灵通。其次,就在1949 年,谢宁也被抓了起来,不可能再参与内务人民委员部机关的工作,因此,他得知那个传奇的一幕,只能是道听途说,而非通过直接或间接的转述。尼科洛兹·巴拉塔什维利的《蔚蓝的颜色,天堂的颜色》一诗,是帕斯捷尔纳克于 1945 年夏天翻译的,他用四十天时间译完了这位伟大的格鲁吉亚浪漫主义者的全部遗作①,所以斯大林完全有可能知道这些起初刊登在《东方曙光报》,后来由《真理报》于 1946 年纳入巴拉塔什维利单行本的作品。然而,假如可以随意想象领袖浏览巴拉塔什维利俄文译本时的情景(尽管在 1949 年,斯大林否定其格鲁吉亚血统已达十年之久,就像帕斯捷尔纳克否定自己的犹太血统),假如可以设想这位全能的统治者,这个已然失去任何信念的蛮横之徒,突然间俯向一股清澈透明的水泉,啜饮起来,那么,动情的一句断喝"放了他,他是天上的神人",从七十岁的斯大林口中冒出来,就不可思议了。若是在 1938 年,倒还说得过去,可是到了 1949 年……

斯大林在 1949 年之所以没有动帕斯捷尔纳克,主要原因想必不在于将其视若"神人",并且喜欢他译的巴拉塔什维利,而在于帕斯捷尔纳克始终

① 尼古拉(尼科洛兹)·梅利托诺维奇·巴拉塔什维利(1817—1845),格鲁吉亚诗人,英年早逝,留下三十六首抒情诗和一部历史题材的叙事长诗。经由帕斯捷尔纳克的翻译,巴拉塔什维利的作品广为流传。

不曾融入“与世界主义做斗争”的观念。一些用意第绪语①写作的西方诗人，经常指责他不愿翻译这一语言的文学作品（更别说用它来写作。事实上，帕斯捷尔纳克根本不懂意第绪语）。帕斯捷尔纳克在同化方面的倾向性招致犹太人委员会②许多成员的不满，认为此乃对先祖的背叛；帕斯捷尔纳克却不吃这一套，每当有人试图强调他的犹太身份，他便无法忍受，反而大谈其同化来。这种真诚的、绝非形势所造就的志趣，有可能挽救了他的性命。

另一个完全不可信的轶闻，说的是1939年领袖六十寿诞前夕，决定用格、俄两种语言出版他的抒情诗集。众所周知，朱加什维利③年轻时曾用母语写过一些相当平庸的诗：什么“玫瑰花儿和小山羊”啦、“飘在山巅之上的月亮”啦、“夜莺用歌声迎接黎明，激励小学生们为祖国的光荣而学习”啦……一首题为《早晨》的作品甚至收录在以利亚·恰夫恰瓦泽主编的《戴达埃纳》（《母语》）杂志1915年文选。斯大林接到报告，得知正在准备的是豪华版，用仿皮纸印制，带插图，每首诗附带不同的俄语译文。好像是一天夜里，帕斯捷尔纳克被招进克里姆林宫。斯大林给他拿出一沓译成俄语的诗，称“这是我一个朋友写的……您觉得如何？”帕斯捷尔纳克好像看了一眼，说写得一般，没什么特别之处。斯大林朝他和气地点点头，放过了他，随后下令停止出版那个小册子。按照另一个说法，译稿被送到帕斯捷尔纳克家里，斯大林给他打电话，说是“一个朋友的诗”；过了很长时间，帕斯捷尔纳克几乎忘了那次奇怪的咨询，就在这时，斯大林又打来电话。帕斯捷尔纳克似乎犹豫了一下，然后说：“如果您的朋友还有别的事情可做，不妨让他把精力放在那上面。”斯大林沉默了片刻说：“好的，我就这么转告。”便挂了电话。

这场谈话在七十年代的知识分子中间风传一时，近来仍然被一些文章引用。然而，好像是帕斯捷尔纳克亲口告知儿媳加琳娜·涅加乌斯的这一

---

① 属于日耳曼语族，全球大约有三百万人在使用，主要是犹太人。“意第绪”一词，本身即可表示“犹太人”。

② 全称是“犹太人反法西斯委员会”，成立于1942年，系苏联内务人民委员会控制之下、隶属苏联信息局（1941—1961）的社会团体，主要由苏联犹太知识分子代表组成，从事对外宣传。

③ 斯大林原姓“朱加什维利”，革命期间，他有很多化名，“斯大林”是其中最著名的一个。

轶闻,却经不起推敲。在加琳娜的回忆录《日常生活中的鲍里斯·帕斯捷尔纳克》定稿中,只字未提此事,这恐怕并非偶然。不难想见,以斯大林之虚荣,占据俄罗斯—格鲁吉亚的帕耳那索斯①之巅,定然也是他的梦想。但我们却无从设想,他会就其抒情诗好坏向什么人征询意见。或许,领袖放弃出版其诗作的原因,跟取消布尔加科夫《巴统》(《Батум》)②的原因是一样:那些留在高加索的青春激荡的回忆(他那时还未成为超人),不符合他的新形象。

帕斯捷尔纳克在1937年之后对斯大林有过什么评论,见证者的说法各不相同。1940年4月底和9月,阿赫玛托娃在莫斯科和别列捷尔金诺先后两次拜访过帕斯捷尔纳克,据她说,他要让她相信,“斯大林什么都不知道”(关于惨绝人寰的大恐怖)。不是阿赫玛托娃对帕斯捷尔纳克观点的转述不够准确,就是帕斯捷尔纳克对她不够坦诚。当时的情形暂且不论。1942年2月20日,他在契斯托波尔对亚历山大·格拉德科夫说:“如果他不知道,这同样也是一种罪行,对于一名国务活动家而言,兴许是最大的罪行。”

1942年之后,他越来越公开地、示威般地谈到,自由的空气,在战争最艰难的岁月里刚透散出来,就再度变得稀缺。“从历史研究来看,一切统治的后古典主义尚能容忍人性,而革命注定要到来,连同其吸血鬼风格(……)以及非人性的荣光。”这已不仅是与斯大林幻象,也是与苏联幻象的彻底了断。当《日瓦戈医生》完成之际,一开篇就将出现关于“一脸麻子的卡利古拉”的语句③,斯大林给帕斯捷尔纳克留下的形象可见一斑。1954年7月17日,奥丽嘉·弗莱登伯格写信给他,提到她那位发明家父亲的札记,信中的双关语令他惊喜:“一群老鼠在日用家什的破烂和灰土间窜来窜

---

① 位于希腊中部,在神话中是阿波罗和缪斯女神的居住地。转义:帕耳那索斯山是诗坛,帕耳那索斯山的花朵是诗篇,帕耳那索斯山的姊妹是诗神。

② 这是布尔加科夫于1939年创作的一部关于斯大林的剧作,当年已准备搬上舞台。布尔加科夫及演职人员正在格鲁吉亚为排演采风,忽然接到取消该剧的电报,因斯大林认为不宜上演。此后,布尔加科夫的健康大受损伤,视力急剧下降。1988年,《巴统》才首次在苏联发表。

③ 参见俄文版《日瓦戈医生》第一章第5节。此一表述的背景虽是1905年俄国革命前夕,却显然附带了作者在创作时对斯大林形象的联想。小说各种汉译本对此均采取了意译(“麻脸的罗马暴君”,或者直接是“罗马暴君”“暴君”等)。

去，他们就躺在那里，躺在历史的铁甲下，比躺在懒惰和钢铁①构筑的万神殿里更安逸”（斯大林在陵墓里躺到了 1959 年②）。此前，在 4 月 21 日的一封回信中，帕斯捷尔纳克向她推荐《旗》杂志第 4 期，选自小说的十首诗就刊登在这一期。他写道：“为了开心，给你寄去有趣的几页，那里压根儿没有懒惰和钢铁。”其实，这两样东西早就从他的抒情诗和散文中消失了踪影。

1953 年，经受了十七年流放的瓦尔拉姆·沙拉莫夫从迁入地给帕斯捷尔纳克写信。当年 3 月 7 日，帕斯捷尔纳克给沙拉莫夫和他的妻子加琳娜·古兹回信说：“二月革命来临时，我正巧在维亚特卡省深处的卡马河岸上，在一家工厂里（……）如今的悲剧事件来临时，我同样是在莫斯科城外，在一片冬日的森林，健康状况不允许我在送别的日子里进城。昨天早晨，白桦林背后的远方，有人打着卷起的绣黑边的旗帜，我意识到，发生了什么。四处静悄悄。

“一切话语都充满太多的意义和真理。林中悄无声息。祝好。”

与二月革命对应的这一幕本身意蕴深长（事实上，1953 年春天和夏天，帕斯捷尔纳克创作《日瓦戈医生》时的心境是幸福而激动的，就像 1917 年创作《生活，我的姐妹》时）。显然，斯大林的去世唤起了他巨大的希望——如果不是对纪齐安·塔毕泽的回归（他本来对此已失去了信心），起码也是对奥丽嘉·伊文斯卡娅的获释。这封以平实的语句描述斯大林之死的书信，似乎并没有任何外在的动因，这一点，看起来格外有趣。

9

帕斯捷尔纳克于 1953 年 3 月 14 日写给法捷耶夫的信，恐怕是他所有文字材料当中最费解的。1997 年，信件首次刊登在《大陆》杂志（第 90 期），它使研究者和读者陷入一场困惑，时至今日，都未有任何人予以详尽

---

① 在俄语中，“列宁”的拼写和读音跟“懒惰”一词相近，“斯大林”则直接从“钢铁”转化而来。

② 作者此处有误。斯大林 1953 年去世后，其遗体与列宁一起陈列在红场上的陵墓中，直到 1961 年才被迁出，葬在陵墓背后的克里姆林宫城墙下。

的解读，因为这需要对帕斯捷尔纳克的形象及其与领袖的关系进行非常严肃的修正。

为揭批"自由派"政论中的无节制和双重道德现象，迪亚孔·安德烈·库拉耶夫写有好几个小册子，责问知识分子：为何如此轻易地原谅了帕斯捷尔纳克这封信的过错，却将与斯大林政权的和解归咎于宗教人士？按照库拉耶夫的意思，要么一个也不宽恕，要么不计任何人的罪过……

此封书信对于理解帕斯捷尔纳克与政权之间的关系至关重要，所以有必要全文引用。

"亲爱的萨沙！①

"当我在《真理报》上读到你的文章《论斯大林的人道主义》，便想到写信给你。最近一星期，我一直深感压抑。我想，从写给你的信里，这种感觉应该能得到缓解。

"这摧毁了所有界线的宏大事件之醒目、之不可逆转，是多么惊人！这棺椁里的躯体，连同如此生动却终于停歇的双手，突然间摆脱了个别事件的局限，仿佛成为某种开端的化身，体现着最广泛的共性，在它近旁，是死与音乐的强力、自我定论的时代的强力、涌向棺椁的人民的强力。

"每个人都在哭泣，流着不能自抑的无意识的泪水，泪水流着，你却顾不得擦去，在人流的驱使下，你被那共同的哀恸所吸引，它触动了你，缓缓滑过你内心，湿润了你的脸，浸染着你的灵魂。

"这另一座城，城中之城，送葬的花环堆砌的城，在广场上拔地而起！这就像是整个植物王国全体都来参加葬礼，承担起值守的责任。

"如同这些花环，由这死而滋生的若干思绪也凝立着，经久不散。

"全世界所有国度当中，正是生养了我们的这片土地，我们原先就爱着它的激情与未来之向往的土地，变成了一片纯净生活的乡土，一个枯干了眼泪、洗净了屈辱的举世认可的地方。这是怎样的幸福与荣耀！

"曾几何时，每当我们眼见恣意妄为的卑劣、人对人的践踏、对女性尊严的凌辱，所有人都会爆发出青年人一样的怒气。但在许多人那里，这炽热之情消退得如此之快。

① 法捷耶夫名叫亚历山大，萨沙系亚历山大的昵称。

“然而，还有一些人，一生中从未背离这激愤的火焰，他们超越了个别缘由的种种卑微可怜的情状，径直迈向共同的目标，要从整体上杜绝一切的歪曲，继而建立一个能使这种恶不可想象、不可再造、不可重现的秩序。他们现今取得的成果，已然无以估量！

“再见了。祝你健康。

“你的鲍·帕斯捷尔纳克，1953 年 3 月 14 日，波尔谢沃①，疗养院。”

玛·拉什科夫斯卡娅写道：“致法捷耶夫的书信背后究竟是什么？可能正是当时共同的慌乱、对一个忠于斯大林之人的同情、帕斯捷尔纳克独有的对死的尊敬，无论任何人的死。独裁者之死自然而然地进入了作者关于一些历史事件的思考范围，这些事件决定着其小说人物的命运。”

娜塔利娅·伊万诺娃认为，这封信表达了真挚的情感，甚至表现出帕斯捷尔纳克“自发的智性”：“信的声调与修辞绝对是‘日瓦戈式的’，就好像直接从小说中抽取、借用而来，当时的帕斯捷尔纳克，无论在创作还是心理上，的确还沉浸于自己作品。植物王国和真正的人类的痛苦、善的损失与获胜，宛然同一种形象（关于“善的损失”，似乎无意间形成了一种美妙的双重意蕴——德·贝）。此外，‘领袖’一词是奥·弗·伊文斯卡娅提到的——在她描绘帕斯捷尔纳克外貌时；她的意思或许是说，帕斯捷尔纳克特殊的脸型同印第安头领有某种相像。不过，这个词也曾在阿赫玛托娃脑海里闪现，当她为诗人之死写下送别的诗行之际——‘昨天，一个独特的声音沉寂了。’②接下来，‘小树林的对话者’终究还是取代了‘领袖’。这也确实显得更贴切。但阿赫玛托娃笔下所反映的‘领袖情节’，无论出自潜意识还是无意识，都只是体现于意外的表层。帕斯捷尔纳克绝对是与斯大林截然对立的真正异端（“大相径庭的两极”之一）。然而，‘相互的认知’、这种认知向非认知、向神秘与玄奥的转化，却在他的生活与创作中持续了多年。而‘解冻’的虚假自由，非但未使他欣喜，反倒在许多方面使他警觉与忧虑，最终给他带来致命的打击。如今，那个他可向其发出吁求的终极已然消失了。”

---

① 莫斯科州境内的一个小站。

② 1960 年 6 月，阿赫玛托娃为帕斯捷尔纳克写下两首挽诗，并与 1947 年创作的《致鲍·帕斯捷尔纳克》一起合为一组。三首诗中未直接出现“领袖”一词，但第一首当中的“帖木尔”和“客西马尼园”，却足以产生跟“领袖”“首领”乃至“导师”（耶稣）相关的暗示与联想。

在帕斯捷尔纳克看来，斯大林的去世首先不过是俄国历史上又一个磨难阶段的终结，而非所谓“终极”的消失；请相信，即使对一个自我中心主义者，这也未免多余。将帕斯捷尔纳克造就成一个斯大林主义者，斯大林本人当初都未能做到，那么，认为赫鲁晓夫能将他变成自己的忠实信徒，恐怕也是天真的想法。这封信根本不是要发出什么吁求。其所展现的，与其说是奥威尔式双重思想的范例，不如说是帕斯捷尔纳克自己的双重语言的范例。

理智并非帕斯捷尔纳克提及最多的美德。尼娜·别尔别洛娃认为，帕斯捷尔纳克“什么都没意识到”，他不理解自己，更简单地说，不懂得反思。

其实，帕斯捷尔纳克最了不起的一项创造便是与当政者（以及与所有陌生人）说话的能力，他能让他们什么都不明白，或者准确地说，让他们各有各的理解。形动词短语、典故及引文的堆叠、细节的缠绕、冗长的插叙、自我贬损，所有这些，均以那种听不懂正常话语，却会牢记温吞的懊悔之声的人作为对象。帕斯捷尔纳克知道，总有一天，他所有被发现的书信都将公诸于众——大艺术家，无异于“高明的演员”，总是善于自我评价。应当让自己的行为不至于丧失尊严。他写给法捷耶夫的，正好是后者愿意听到的，只不过，这封信的每个语句都具有双重意蕴，简直可以充当“伊索式语言”命题研究的材料。不难发现，信中对斯大林个人只字未提，也没有一处对他的评价；一切表达得如此微妙，因而有可能导致完全相反的理解。

首先，这封信的修辞风格及超长的复合句，恰恰迥异于《日瓦戈医生》，后者明显是以鲜亮短小的简单句构筑而成。帕斯捷尔纳克的那些形动词与厚重的语汇，形成了他三十年代的散文风格和公开演讲的风格，这当中最显著的是几个模糊不定的概念：开端、广泛、共性……正如一部好剧可以按照截然不同的释读来上演，这封信的文本也可用各种声调来阅读，每次强调的重点均有所不同。帕斯捷尔纳克涉及斯大林和斯大林主义的所有文字——从那封哀悼阿里路耶娃之死的联名信的附言到《新的成熟》，也都是这种风格。“某种开端的化身”——是的，但究竟是何种？斯大林体现着某种开端，这乃是事实，而帕斯捷尔纳克也很清楚，这是前基督时代的开端。他确实有资格充当晚期罗马的宏大象征。“死和音乐的强力”。是的，最终出现了也能作用于他的力量；而“涌向棺椁的人民的强力”初次彰显，正是在压迫人民的权势终于消逝之际。此前并没有人民，有的只是螺丝钉和“生物体”。“全世界所有国度当中,正是生养了我们的这片土地……变成了一片纯净生活的乡土,一个枯干了眼泪、洗净了屈辱的举世认可的地方。这是怎样的幸福与荣耀!”——这段话同样可能产生歧义,既可看作对革命的评述,也可归结于斯大林去世本身:直至暴政的该隐印记①从国家肌体上剥落,国家才可能成为纯净生活的乡土。信的开头写到如此之多的泪水和泪的涌流——似乎要告诉世人,泪水洗刷着近几十年来可怕的屈辱(顺便说一句,带有嫌恶意味的动词“滑过”,被用于描述他人的痛苦;它“缓缓滑过你内心,湿润了你的脸”——这更像是蛞蝓留下的痕迹)。

“超越了个别缘由的种种卑微可怜的情状,”就像是斯特列里尼科夫的口吻,在这封信之前,小说中便这样写道:“他想做好事,可他却只有原则性,而缺乏心灵的无原则性,心灵是不顾普遍情况,只看个别情况的,心灵之所以伟大,就因为肯做小事。”②可见,“卑微可怜”的事物以及“心灵的无原则性”,在帕斯捷尔纳克的世界里也是有价值的;“无以估量的成果”——同样是双重意蕴的最高级评论,倘若这里是诸如“至关重要”或“光明正大”之类的修饰语,则只能传达单一的含义。不过,作者最看重的还是规模,这一点无须争论——那些成果的确无以估量。那双手到底还是歇息了,尽管干得着实不错。

拉什科夫斯卡娅和伊文斯卡娅,均注意到“植物王国”这一命题,它似乎拉近了日瓦戈与斯大林之间的距离:植物界也在为这两人而哀泣……事实上,在帕斯捷尔纳克那里,“自然”永远是“历史”的反义词(“人类生活在历史中,而不是在自然中”,他要阐释的小说题旨就在于此),而他的自然观也让人不禁想到扎波罗茨基的哲学,无论在动物王国还是植物王国,后者看到的都只是不和谐与普遍吞食的等级(“虫吃草。鸟啄虫。黄鼠狼喝鸟的脑汁”)。在帕斯捷尔纳克那里,“植物世界”或“植物王国”,偶尔也会带有鲜明的否定意味,我们以小说中一个极具表现力的段落为例(第十五章第12节):

“这里没有任何仪式,有的只是一片沉默,这更让人感到此人已经逝

---

① 即“罪恶的印记”,典出《圣经》:该隐杀死自己的兄弟亚伯后,上帝在他脸上做了记号,以示惩罚。

② 引自《日瓦戈医生》第七章第31节。

去，只有鲜花代为祭奠和哀唱。

“鲜花不只是既鲜艳又芳香，或许也在加快着衰败，它们就像约好了似的，一齐散发着清香，把芬芳的力量分给每个人，似乎是在完成一项任务。

“植物王国很容易被视为死亡国度的近邻。在这大地的绿茵里，在墓地的树木间，在一丛丛待放的花苞中，也许就凝聚着我们想要揭开的转化的奥秘与生命之谜。当耶稣从坟墓里出来，马利亚一眼没认出他，把他当作了墓地里干活的园丁（她还以为是那看园的①……）。”

在帕斯捷尔纳克看来，植物王国与死亡的邻近是毋庸质疑的（为什么走出死亡国度、死而复生的耶稣，看上去像“看园的”，不妨参阅吉卜林的短篇小说《园丁》，在这篇小说结尾，来到墓地寻找儿子葬身之处的母亲得到了园丁的安慰②）。他所说的玄秘——“转化的奥秘与生命之谜”，就发生在有灵性和有思想的物质归向虚无的墓地，在那里，一切存在都决定于另一种法则——植物的法则。而这种转变本身，也蕴蓄着死的秘密：鲜花，是无智能的生命，是一味生长和开放的盲从的意志；按照帕斯捷尔纳克的观念，没有灵魂的生命，等于没有生命的生命。由此才会想到，那些花儿“加快着败落”；它们“似乎是在完成一项任务”，也就是在促使着“腐烂的墓地”里方才还活着、会思考的创造物发生转化。毫不奇怪，前来送别和悼念斯大林的是整个“植物王国”，一个在蒙昧和严酷条件下顽强生活的失去创造力的国度。这一切会显得更加清晰，如果联想到作者借由日瓦戈而展开的一番道白：“他又在想，他对历史或所谓历史进程的看法与众不同，他总觉得历史就像是植物王国的生活……历史不是哪一个人创造的，历史的发展如同草木的生长，是看不见的。”③这里的表述显然不是一种基督教历史观，而是所谓“历史进程”。历史是不属于人类的事业，因而帕斯捷尔纳克在 1927 年的一首诗中，将未来比作森林；而在组诗《雨霁》中，未来则“敞胸露怀，像针叶林”，超乎人类的论断。历史时间有如植物王国，它也将埋葬其忠实代表斯大林。这不是人类的送别，莫斯科人群中“会思考的芦苇”哀悼的也不是

---

① 据《圣经·新约·约翰福音》记载，耶稣复活后，向抹大拉的马利亚显现。马利亚“看见耶稣站在那里，却不知道是耶稣”，反倒“以为是看园的”。

② 吉卜林小说中的园丁，同样暗示着耶稣复活的形象。

③ 引自《日瓦戈医生》第十四章第 14 节。

某个人。

“花圃的花儿就这样/沉睡于自己的夜梦,/不记得片刻之前/曾经造就的丑陋。/土地的成分不辨脏污。/蔓延的芬芳,净化万物/这香气丝毫无关于/玻璃瓶里数十朵玫瑰。/夜的盛典结束了。/玩笑与游戏已忘却。/厨房里碗碟也已洗净。/谁都想不起什么。”

以上片段引自天才诗篇《酒神节》(1957),当然,这已是帕斯捷尔纳克最后一部长诗——关于罪恶的欢悦与罪恶的爱。土地同一切和解,就像屠格涅夫《父与子》的结局,但这是前基督的异教的无可追忆的和解,是前基督时代巨人应得的埋葬。“土地的成分不辨脏污”——这也是一种不为植物王国所知的道德情感,而帕斯捷尔纳克的世界,实为善恶分明的基督的世界。

……这封信中的道别格外醒目。在帕斯捷尔纳克致法捷耶夫(为数不多)的信件当中,没有一封是以如此深情而收尾。通常他只是简短地署名:“你的鲍·帕。”可在这里——哦,诗人的全知全能!——他仿佛知道,这将是他写给法捷耶夫的最后一封信①。他还知道,随着斯大林时代的终结,法捷耶夫也将被政治抛弃,而长久以来,他的生与死、荣与辱、翻译与再版,一直取决于这个人。所以他用一句“再见了”来结束自己的书信。

帕斯捷尔纳克究竟为何要写这封信?他与法捷耶夫之间谈不上友情。帕斯捷尔纳克曾经对知心好友格拉德科夫说过:“法捷耶夫个人对我很好,但如果有人吩咐他砍掉我的脑袋和四肢,他一定会认真执行,并以饱满的精神向上级汇报,尽管事后,当又喝多的时候,他会说,他非常同情我,说我是一个非常好的人。”

帕斯捷尔纳克写信给法捷耶夫,一般都是在他有所需求时,譬如莎士比亚悲剧的再版、签订译著合同、讨要预付稿费等等。对他而言,法捷耶夫仅仅是“有着人的面孔”的领导而已。有好几次,在帕斯捷尔纳克充分预料的情况下,这位作协头目“根据职责”,对他横加挞伐,几乎将诗人置于死地。帕斯捷尔纳克很清楚,法捷耶夫的所作所为并非出于恶,因而写给他的书信(1947年6月)甚至带有几分同情:“(去年)冬天,你和另外几位在文章和

① 1956年5月13日,法捷耶夫自杀身亡。

谈话中提到了我,你们的言论都十分理性和公正。但令人觉得怪异和不公正的是,你把一切都指向我一人,你把我当成了这种实验的样本。我,不过是大多数无党派知识分子中的一员。(……)因为他们也都喜爱深沉不灭的个性世界,也都记得耶稣和托尔斯泰,也都一直是不久前被废除的死刑①以及其他许多事物的反对者。我希望,你不要把这份私人信件用作他途,可话说回来,这也是你的自由。”“萨沙”有可能把一封“私人信件”用作他途的念头本身,明确反映出一个事实,即帕斯捷尔纳克对法捷耶夫未抱任何幻想。他真心同情法捷耶夫,理解一个善良之人的行恶是多么难。也就是说,他的确认为后者是善良的,虽然“善良”一词在他那里并非最高的赞誉。

帕斯捷尔纳克于 1953 年 3 月 14 日致信法捷耶夫,有两个目的。首先,斯大林的去世不仅让他看到了重审伊文斯卡娅一案的希望,也看到了自由喘息和改变个人命运的希望。直到当年 3 月,帕斯捷尔纳克对纪齐安·塔毕泽的遭遇仍然一无所知②,以为他可能还活着。伊文斯卡娅还有一年的刑期(1953 年 5 月,根据大赦,她提前获释)。阿利娅·艾弗伦还在图鲁汉斯克的流放中苦苦煎熬,工作沉重不堪,生活用品也很短缺。许许多多的人都有可能归来。帕斯捷尔纳克还将有求于法捷耶夫,因为他有权势。

这封信另一个目的是:帕斯捷尔纳克想为自己总结这个时代。信中对“时代的毁坏”做出了确证:这是一个“自我定论的时代”。难怪他会致信法捷耶夫,后者的《论斯大林的人道主义》同样是一篇总结性的文章。文中断言,从原则上说,斯大林的人道主义属于新的类型,完全不同于种种传统人道主义观念……所以帕斯捷尔纳克才觉得,法捷耶夫也意识到了什么,他似乎想用伊索式的隐晦语言来表达斯大林的非人性。毕竟,那种“有别于一切形式的基督教人道主义,有别于资产阶级民主派的旧式古典人道主义”的世界观,同人道主义本身并无任何共同点。这是显而易见的! 拉什科夫斯卡娅认为,法捷耶夫这篇发表于 3 月 12 日的文章之所以引起帕斯捷尔纳克注意,正因为文中这些语句。果真如此的话,帕斯捷尔纳克“伊索式的呼应”也就豁然明朗了。但即便不是这样,作者起码还想为自己总结时局的

---

① 1947 年 5 月,苏联最高苏维埃颁布《关于取消死刑的法令》。1950 年 1 月,一度废止的死刑重新恢复。

② 塔毕泽早在 1937 年 12 月就已被苏联政权镇压。

含义:一个时代结束了。由此才可能开始“纯净的生活”。相对于暴君的强力,还存在着“死和音乐的强力”。

10

在帕斯捷尔纳克提及斯大林的所有“解冻时期”的言论中,最值得关注的当数他同奥丽嘉·伊文斯卡娅于1956年的一场谈话,他说:“长期以来,统治我们的是一个疯子和杀人凶犯,现在则是一个傻瓜,一头猪;凶犯总还有一时的激情,能够凭借直觉对事物有所感知,尽管他自己也处在极度蒙昧中;我们如今是彻底陷入一个庸人的国度了。”帕斯捷尔纳克的长子记下了父亲1959年秋天留下的一句话:“以前,人们开枪厮杀,流血流泪,但公开脱裤子终归不是一件可以容忍的事情。”

扎波罗茨基临终前数小时向妻子说过的话,与帕斯捷尔纳克对斯大林的评论有着惊人的相似。“斯大林——两个时代交接点上的复杂人物。理清旧的伦理、道德和文化,对他并非易事,因为他本人就成长于此。他曾在神学校读书,这也在他心中留下了印记。生养他的土地是格鲁吉亚,那里的统治者无不虚伪、凶残,经常又是嗜血的。尼古拉·阿列克谢耶维奇说过,赫鲁晓夫倒是更容易应对旧文化,因为他身上压根儿就没有文化。”1958年10月13至14日夜间,扎波罗茨基的妻子记录了他的这番遗言。

与帕斯捷尔纳克相比,扎波罗茨基因斯大林而遭受的苦难显然更多。但他仍然道出了斯大林同旧文化之间直接的亲缘性以及相应的继承关系,而赫鲁晓夫则属于新的野蛮人的一代。这并不意味着斯大林继承了贵族文化,而是说,他毕竟知道它的存在,而且并非道听途说。归根结底,扎波罗茨基所说的还是“规模”。

帕斯捷尔纳克丝毫没有为“一个疯子和杀人凶犯”辩白之意。他曾经对斯大林怀有某种难以界定的情感,我们姑且称之为自我对应的感觉。没有“伟大恶棍”与“伟大诗人”(后者处在与前者对立的极点,与之保持平衡)的三十年代,是不可想象的年代。联结帕斯捷尔纳克与斯大林的,不仅是相互的吸引与排斥。使他们相联的还有彼此间的制约。“人们将记住我,也将记住你。”所以,你这鞋匠之子,可别忘记我——艺术家之子。

第二十九章　1935：非创作危机

1

1935年春天，帕斯捷尔纳克的境况首次出现了失控。向来忠实可靠的身体，不再听他的使唤。奇怪的恐惧症，让他难以入眠。3月10日，他给纪齐安·塔毕泽写信，笔调之惶然，前所未有。信中谈到“灰暗的、使人乏力的空虚”，也谈到突如其来的惆怅、失眠和无力工作。不过，还在2月时，在他写给奥丽嘉·希尔洛娃的信中，就表露出日益低落的情绪，尽管其中还怪异地掺杂着两可的意味：“我一点儿都没变，只不过，我的精神状况越来越糟了。不知是在（作家）代表大会之前还是就在大会上，他们试图改变我原来的状态，按照他们的臆想，像算算术一样把我限定在一个大而无当的框架内。我当时就陷入了难以忍受的虚假境地。如今，这种感觉越发荒唐。候选人落选了：此人不打算，不希望，也不可能成为大人物。很快，一切都将好转。我将连带着丑闻被人揭露和批判。我将重新回到自我平衡，回到自己的几何学的现实。要是能活到热尼亚成年，或许还能写下点东西。”

1935年4月，帕斯捷尔纳克陷入失眠，精神病态日益严重，他写信给奥丽嘉·弗莱登伯格：“生命就这样流逝。并且非常之快。”他所说的当然不是自然死亡的来临，或者准确地说，不仅是自然死亡，还有“被揭露和批判”的事情。帕斯捷尔纳克此间所有书信，无不在发出呼喊——“快点儿！”直到1936年，牵强、虚假、似是而非的“官方认可的大诗人”地位，不仅给他带来压力，也带来了痛苦；人们期待于他的，他碍于原则而不能给予，对他这种生性温和、懂得感恩的人来说，这样的处境更加难堪。与此同时，他对时代已不抱任何幻想：周围的人不仅在道德上被整肃，而且随时都可能在肉体上被消灭。“你不会明白，我整天的时间都花费在什么上面！可是，不这样又能如何，既然那些被吞食者当中，有人仍旧以人的方式对待我。这对我也不失为幸福。”“被吞食者”一词，可谓直露之极。正是这种“以人相待”，成为帕斯捷尔纳克无尽的痛苦之源：“无法容忍时光虚度，而其中一半都耗在别人身上。”

接下来，书信前半部分坦率、信任的腔调明显转入了矛盾，并夹杂着曲折的意蕴：“要知道，不管怎样，我都越来越确信我们这里正在发生什么。野蛮令许多人吃惊，其实大可不必。毕竟，凭借饿罗斯①的资源，以那些未经改变者为根基，终于出现了先前未曾有过的远见卓识，而依据的理由也如此鲜活，毫不保守。许多时候，并且是最艰难的时候，一切看起来反倒很微妙，也很深奥。”然后，没有任何过渡，立刻就是一句：“我们事事如意。”帕斯捷尔纳克说到了国家管理方面的“远见卓识”，他这么说，未必出于真心；重要的是，针对“以那些未经改变者为根基”的“饿罗斯”（对他来说，这是少有的讥嘲）资源，这里第一次发出了怀疑的声音。帕斯捷尔纳克的意思似乎是说，鉴于以往的传统，现政权远非最坏的政权。

帕斯捷尔纳克的精神失控往往从失眠开始，失眠本身则引起驱之不散的恐惧感、抑郁而混乱的思维、自责和自我折磨。通常，失眠每月会有一次（他不愿用催眠药物毒害自己，因为在药物作用下，早上的工作效果很差，而他向来习惯于一大早写东西）。这一次，直到夏天，睡眠都没有恢复。就在 7 月，他被派遣去巴黎参加了反法西斯作家代表大会。

关于这次大会，不乏详尽的记述，而弗莱什曼更是细致地重现了会议的详情。反法西斯作家大会的倡议者是爱伦堡，他当时担任类似苏联驻欧洲文化大使的职位，同时也负责向苏联介绍西方文化。1934 年的苏联作家代表大会刚一结束，就在侨民中间，尤其是在欧洲文化界引发了热烈讨论，由此产生了举办一场文化人士大型集会的创意。不要忘记，在西方知识分子眼中，法西斯主义是文化的主要敌人，因而法西斯主义的敌人即是文化的保护者，而斯大林则被视为主要的反法西斯主义者。在险恶的思想斗争中，照例没有任何人意识到问题的现实性。

苏联代表团本应由高尔基领导，但他未能去巴黎：官方宣称是由于健康

① 帕斯捷尔纳克有意将“俄罗斯”的形容词拼写错，读起来带有中亚和高加索地方口音。或许暗含对斯大林这个“高加索山民”的讽刺。

原因(他本人也就此向大会专门作了书面说明),非官方消息则称,当局不愿放高尔基出国。1935年,他竭力为加米涅夫辩护;众所周知,他与失势的雅戈达①关系密切;针对基洛夫之死所导致的镇压政策,他发表了措辞激烈的言论……高尔基的缺席,立即使苏联作家代表团的阵容为之失色:公认的明星,一个都不在其中。代表团由柯里佐夫带队,成员包括阿列克谢·托尔斯泰、爱伦堡、吉洪诺夫、加拉克吉昂·塔毕泽(纪齐安·塔毕泽的叔父)、柯拉斯、潘菲洛夫、弗谢·伊万诺夫、拉胡迪、米基坚科、基尔肖恩和卢波尔。与作家们一道出国的还有作协第一书记、党务工作者谢尔巴科夫——当局已开始害怕在没有监视的情况下放人出去。在欧洲名气稍大一些的只有阿·托尔斯泰和爱伦堡,伊万诺夫少有人知,其余成员根本无人知晓。马尔罗和纪德都抱怨那些大名头的缺席:有传言说,当局担心把大牌作家们放出苏联。帕斯捷尔纳克和巴别尔被紧急动员。当帕斯捷尔纳克接到电话(打电话的是斯大林的秘书波斯克列贝雪夫),他先是以健康为由拒绝和推脱。电话那头严厉地问:“假如爆发了战争,而您受到征召,那您会上战场吗?”“会的。”他绝望地答道。“那就权当您被征召了吧。”

帕斯捷尔纳克总算接受了动员。临行前才发现没有像样的衣服,有人领他到克里姆林宫专设的服装部,为他赶制了一套新装。就这样,饱受失眠折磨的他,懵头懵脑地被送上火车(他后来告诉以赛亚·伯林,他上路时穿着的并不是定做的、带条纹的新衣,而是用父亲的衣服改制的旧装)。巴别尔和他同住一间包厢。据巴别尔回忆,他一路上不停地诉苦,说他的疾病、失眠和疯癫,让人无法入睡。他还说准备写一个大部头的长篇,少了这部作品,他就不能认为自己是人,更别说是文学家,可他却动不了笔,因为他感到自己要疯了……列车途经柏林,他下车跟妹妹约瑟芬娜见了面。

父母当时在慕尼黑,与约瑟芬娜一家住在一起。两位老人都觉得自己身体太弱,不能去柏林跟儿子见面。谁都不曾料想到,他们再也不会有重逢的机会——起码此生不会再有。约瑟芬娜和丈夫一道来到父母在柏林的居所,帕斯捷尔纳克和巴别尔乘坐出租车随后抵达,巴别尔马上识趣地离

① 亨里希·格利高里耶维奇·雅戈达(1891—1938),苏联政治人物,秘密警察首脑,在1934年至1936年期间担任内务人民委员会党中央书记,在斯大林授意下拉开了苏联政治大清洗运动的序幕。1936年被免去职务,由叶若夫取代,1938年被枪决。

开了。

“我不记得哥哥的第一句话,不记得他的问候语,以及大家相互拥抱的情景:这一切仿佛因为他异样的举止变得黯淡了。他的一举一动都很节制,就好像我们不是分离了十二年,而是几个星期。偶尔他也会情不自禁地流下眼泪。他只有一个迫切的念头:睡觉!显然,他的精神状态非常压抑。我们放下窗帘,让他躺在沙发上。他很快就睡熟了。”

帕斯捷尔纳克经常在白天入梦,游离于现实之外,但白天的睡梦对他来说,只是严重心理病态的标志。那幽暗的第二现实对他的作用力越来越大,他明显无力掌控自己。

“当鲍里斯醒来时,他的状态似乎好些了,尽管还是一个劲儿地抱怨失眠,看来,最近几个月以来,失眠一直在折磨他(接着,他向妹妹叙说了自己如何被急匆匆地派来参加大会,他怎么也不相信这件事情是真的:“一切恍如梦境。”)我们力劝鲍里斯在父母的住处待上一夜,等到早晨再继续行程。后来决定先去苏联大使馆,问清楚他是否可在柏林过夜。我们坐地铁出发了(在地铁里,帕斯捷尔纳克愣了半天,不知该不该把用过的车票扔到灰色大理石地面上:“这里到处都这么干净……街道上也是。这么整洁……我以为,这里应该不准随手丢弃车票……”妹妹和妹夫觉得这也是心理疾病的症状之一,他们根本不知道莫斯科有多脏,甚至政府办公地也不干净。获胜的无产阶级的日常文化之低下,简直到了惊人的程度——德·贝)。在大使馆,我们了解到,大会几乎要结束了,剩下的时间,仅够我哥哥以个人名义到会,做简短发言,或许是在闭幕会上;因而,他不可能有机会留在柏林休息一晚上。(……)从大使馆出来,我们乘坐地铁弗里德里希线,赶往火车站,那里有发往巴黎的列车。”

半路上,他们来到一家餐馆吃东西。“鲍里斯终于开口说话了。他一边竭力按压住激动,克制着一次次涌出的泪水,一边讲述种种个人困难,这些困难与他的症状相关,可能不仅是疾病的后果,反过来又成为病因。他还说到,三四年前,他娶了第二位妻子,济娜伊达·尼古拉耶夫娜·涅加乌斯。

“突然,他告诉我说:‘你知道吗,我应该写写济娜,这是我对她的义务。我想写一部长篇小说……关于这个女孩的长篇……误入歧途的曼妙女孩……戴面纱的美人,出入于一些饭店的夜场。她的表兄,一名近卫军军官,经常带她去那种地方。她,当然无力反对。她是那样稚嫩,那样妙不可言'。"(别忘了,帕斯捷尔纳克曾经撕烂并扔掉了"稚嫩的、妙不可言"的济娜·叶列梅耶娃的照片)。

约瑟芬娜接着写道,她"不相信自己的耳朵",不能想象,她的哥哥,唯一的、不同于任何人的哥哥,居然也准备炮制这种俗不可耐的情节。在车站上,约瑟芬娜的丈夫费多尔朝帕斯捷尔纳克喊道:

"回来的时候,你应该去一趟慕尼黑,爸妈等着呢。"

"我这种样子怎么能见他们?!"

"赶紧躺下睡一觉!"

"要是能睡着就好了!"

这是妹妹今生今世从活着的他口中听到的最后一句话。

奇怪的是,在父母的住处,他很容易立刻入睡。或许,他在那里仍然有一种在家的感觉——四周是亲切的物件,墙上是亲切的画像……在俄罗斯,一切反而陌生到了极点。包括在沃尔洪卡。

2

帕斯捷尔纳克以自己全部的经验证明,精神健康不仅不会妨碍诗人,反而对诗人不可或缺。创作恰恰是精神健康的最高形式,或者起码是疗治疾患的可靠方式。身体的疾病从未影响过帕斯捷尔纳克(正如我们所见,疾病甚至经常推动他的创作);而精神疾病也只有一次战胜了他,那正是在1935年,他的创作能力因此长时间难以发挥。这场疾病源于写作同行及当局代表们种种过高的期待,这些期待形成压力,一齐落在他身上。他并不反对占据诗人的空缺——归根结底,这里有着哈姆雷特式的对命运的勇敢顺服——只不过,他不愿昧着良心占据一个虚假的诗人的空缺。普希金在其自愿兼被迫的国家意识压力下殒命;整整一百年之后,帕斯捷尔纳克得以幸存,代价是很大程度上堪称救人于死命的失落和冷遇。

为了深入"意识的光明之境"(普鲁斯特语),人下意识地选择着不可测知的暗道。如果诗人出于这样那样的原因不敢公开承认,恐怖在这个国家大行其道,也不敢承认其真实的畏怯,那么恐惧就会衍生各色花样;在此背景下,帕斯捷尔纳克心中突然萌生了一股无缘由的妒意。事情始于3月,他当时在列宁格勒,正好住在济娜与表兄相会的那家旅馆(现在的"十月旅馆")。高潮却是在夏天。济娜收到他从巴黎寄来的一封可怕的书信:"我满怀忧郁,每到夜晚,总是在睡梦中哭泣,因为我梦见有种魔力要把你从我身边夺去。我不明白,这是怎么回事,但我已做好了最可怕的打算。一旦你背叛我,我就去死。这将是自然而然的了结,我甚至可能都不让你知道。这是我所相信的最后一件事:将我造就为一名真正(正如人们在这里一再对我说的那样)诗人的上帝,会向我施行这恩典,将我收走,在你欺骗我之际。"

1935年夏天,济娜伊达·尼古拉耶夫娜方才胆战心惊地将帕斯捷尔纳克送往巴黎,哪还谈得上什么变心——她担忧丈夫的病情,为抚养两个儿子,她全身心地投入到操劳中,况且在一段快乐的性自由时期(与苏联二十年代的性革命相重合)过后,她保持着少有的端庄,就像她年轻的但已然是清教主义的国家。然而,也正是在1935年,当帕斯捷尔纳克开始失去脚下的土地,他便以为,妻子也在离他而去。他不久前才爱上的这个国家,已经彻底变样了。"我们心中的妒意由此而生。"①

在大会上,他本来准备按照一个小本子上的内容来发言。爱伦堡浏览了这个本子,建议他撕掉。据前者证实,本子上用法语写满了老派的书面语,谈的是一些空泛的东西,关于艺术的伟大作用……一切恍若雾里看花……现在很难说,爱伦堡的意见有几分正确。完全有可能,帕斯捷尔纳克打算谈论艺术家的自由,而这显然不是爱伦堡所指的话题。当他来到会场,正赶上一个针锋相对的尴尬时刻:当时的场景,完全超出了他本人被紧急动员时的预想。苏联代表团需要解释言论自由在苏联受到的侵害,以及维克托·谢尔日(维·基巴利齐奇)的遭遇。这是一名记者,托派分子,被判处流放奥伦堡三年。对他的审判(1933)在欧洲引起轩然大波。女托派玛德连·帕兹发言时(这个机会由马尔罗提供,因为他坚决主张每位代表的充分自由),指出了苏联对异见人士的迫害。其言论遭到吉洪诺夫和基尔肖恩的一致反对,却并无说服力,而且基尔肖恩宣称,谢尔日之流跟基洛夫遇

---

① 引自帕斯捷尔纳克《冰与泪的春日》(1931)。

害不无关系。安德烈·纪德说，不能如此粗鲁地攻击苏联，但大会结束之后，恰恰是他，去了苏联大使馆，要求释放谢尔日（弗莱什曼错误地认为，帕斯捷尔纳克从巴黎回来后，曾向加里宁[1]提出过释放谢尔日的书面请求；1935 年 8 月 14 日，帕斯捷尔纳克从波尔谢沃写信给济娜伊达·尼古拉耶夫娜，信中说到，"我们要让维克托获得自由"，但他所说的其实是另一个维克托，即维克托·菲利克索维奇·阿法纳西耶夫，父亲名叫菲·布鲁蒙菲尔德——帕斯捷尔纳克为其葬礼写下《责难未及停息》一诗的那位音乐家。帕斯捷尔纳克的请求递交之后，十年刑期减为五年，但 1938 年，还在服刑的阿法纳西耶夫刑期又增加了十年，后来，不知是死在狱中，还是被枪决了。帕斯捷尔纳克从来不曾为谢尔日说情，他请求保护的只是亲戚和朋友，也就是他能够为之担保的那些人）。

由谢尔日一事所引发的争吵过后，帕斯捷尔纳克于 6 月 24 日来到会场，他的出现成为苏联代表团的重要论据：这才是真正诗歌和纯洁良心的化身。代表们纷纷起立，马尔罗介绍说："在大家面前的，是我们这个时代最重要的大诗人之一。"然后按照手头的文本翻译了他的《人人如此开始》。帕斯捷尔纳克做了泛泛的发言，引来一片欢呼。"诗歌永远高于任何阿尔卑斯山脉，这光荣的高度就倒在草地里，倒伏在脚下，只要弯下腰，就能看见并将其从地上捡拾；诗歌永远要比各种会议上可对它展开的讨论更单纯；它永远是拥有天赋理性语言的人类之幸福的固有功能，这样说来，世上的幸福越多，做一名艺术家也就越容易。"这些都是吉洪诺夫和茨维塔耶娃从他的发言中拼接起来用于发表的（茨维塔耶娃虽非大会代表，却时常到会上，同苏联代表团广泛交流，帕斯捷尔纳克难免对此反感——他知道吉洪诺夫是何等样人，茨维塔耶娃却兴致勃勃，为这位勇敢的诗人而欢欣，甚至刻意显示自己的欣喜，试图以此刺激令她失望的鲍里斯）。据帕斯捷尔纳克本人说（与以赛亚·伯林谈话时），大会闭幕前夕，他总算表达了一直埋藏在心底的想法："我知道，这是一场作家的大会，他们聚在一起反对法西斯主义。我只想就此对你们说一点：不要搞什么组织！组织，不啻于艺术的死亡。最

[1] 米哈伊尔·伊万诺维奇·加里宁（1875—1946），政治家、革命家，十月革命之后，一直担任苏俄和苏联名义上的国家元首。

重要的是个人独立性。无论1789年,1848年,还是1917年,作家们都不曾组织起来保卫什么,反对什么。”以赛亚·伯林专门询问过马尔罗,但这位法国人却根本不记得帕斯捷尔纳克说过这番话。

起初,帕斯捷尔纳克想在巴黎停留两三个星期,法国医生计划用这段时间使他的身体恢复正常,当地医院的安眠药也对他产生了效力;更主要的是,巴黎的氛围感染了他。“这完全是一个美与高尚的世界,千百年间人性得以传扬的世界,像是对巴黎的效仿,柏林、维也纳和彼得堡也各自诞生在自己的时代。”因为人性这种主要因素的缺失,他在俄国过得苦闷异常,而在这里,人性却是一种自然的、人皆有之的东西。帕斯捷尔纳克随后改变了主意——不仅谢尔巴科夫劝阻他,他自己也越来越想念妻子。不过,他急于回国,还有物质上的原因:他手头的外汇很少,远远不够支付治疗所需的费用(代表处拒绝拨给他这笔款项)。

那些日子里,他整天在城里游逛,为妻子买穿的,似乎不惜一切代价也要给她带更多衣服回去。他向所有人谈起这件事,甚至也包括玛丽娜·茨维塔耶娃:正像马雅可夫斯基所云“妙不可言的失策”,而且是双重的。只有对茨维塔耶娃极不了解(或者有意要让她难堪),才跟她商谈什么日常生活问题;作为诗人,她受不了别人向她询问穿衣服的事情。但帕斯捷尔纳克的“失策”还有另一面:茨维塔耶娃仍然自以为处在跟帕斯捷尔纳克的“恋爱状态”,就像某些大国长期自以为处在战争状态。“你太太长得怎样?”茨维塔耶娃一边问,一边装得若无其事。“哦,她可真漂亮!简直是个大美女!”说着说着,就说到了她的胸脯。可以想象,这给茨维塔耶娃留下了怎样的印象。据艾玛·赫尔施坦因回忆,甚至在1940年,茨维塔耶娃与阿赫玛托娃初次见面时,关于帕斯捷尔纳克的话题也是基于这一情节。她们几个走出楼门口(和阿赫玛托娃一起去看戏),玛丽娜·茨维塔耶娃开始比划,帕斯捷尔纳克如何向她描绘妻子的胸脯。她那不雅的挥摆的动作,让心地纯洁的赫尔施坦因大为惊诧。

茨维塔耶娃打发女儿代替自己陪帕斯捷尔纳克逛商场。她向来自视甚高,女儿的靓丽容颜早已激起了她心中的不快,如果不说是妒意的话:她觉得,这似乎不是她的阿利娅,不是她在革命的莫斯科按照自己的面目和形象塑造的那个神奇的孩子;取代天使阿利娅出现在她面前的是一个“正常的女孩”,而这恰恰是她无法容忍的。

帕斯捷尔纳克,正如前面章节所说,很少用传统眼光看待女性的姿色。阿利娅的美貌怎样都触动不了他,但也可能引发更美好的感受。1956 年,阿利娅从劳改营归来前夕,他对伊文斯卡娅和她女儿说:“她不怎么漂亮……根本不像她的母亲。脑袋那么小……”如果说脑袋显小,那也是由于眼睛太大的缘故。阿利娅其实是俄罗斯文学中最迷人的女性之一,所以伊文斯卡娅第一次见到她(两人立刻成了朋友),就为帕斯捷尔纳克的描绘与事实之间的差异而吃惊。不过,帕斯捷尔纳克虽然不看重阿利娅的美貌(甚至连姓名都记得不准确,好在后来弄清楚了),他们却聊得投机。阿利娅身上的那种精神健康,正是他当时最欣赏,他本人非常欠缺的。他们一起逛商场,挑选礼物,阿利娅想回去时,他也不阻拦。回家的问题,他更愿意跟阿利娅、玛丽娜和谢尔盖谈论,而不是跟其他人。但他总是不做最终的回答,就将话题转移;对苏联生活一无所知的谢尔盖,却有着明显的苏联情结,这难免影响到他的坦诚表达。1956 年,他对来访的年轻诗人列夫·利夫希茨(即如今大名鼎鼎的列夫·洛谢夫)说:“我就像一个斯巴达男孩,五脏六腑被狐狸噬咬,却不能叫喊一声。”

他第一眼见到阿利娅就非常喜欢她,两人之间当即以“你”相称;此外,甚至在年轻的“左翼”侨民界,她也是孤独的少数,与“鲍里斯”闲逛和交谈成了她真正的享受。在写给他的信中,她经常回想起散发着橙子味道的旅馆房间和走廊里来回溜达的半裸的拉胡迪:在巴黎,他根本无事可做。

大会闭幕不久,帕斯捷尔纳克和茨维塔耶娃及其家人来到一家餐馆小坐。谈话再次围绕着回家而展开,帕斯捷尔纳克觉得很压抑。他站起身,说去买香烟,走出餐馆,再也没回来。换了别的时候,他当然不会有这样的举动,但这一次,他唯有逃离,才能真正解脱。“您‘去买烟’,就一去不返”,茨维塔耶娃在信中对他写道,并将他列为抛弃她——背叛她的人。然而,对于这场“未相会”,她的感觉似乎也轻松了一些:“一个女人——而且是相貌平平的女人,带着孤独的印记,像我一样,已经完全不年轻了——爱上一个美男子,这太像是美国老女人任性的游戏,只能自取其辱。我倒有心——却不能够。平生一次还是两次?——我爱那个英俊之极的人,但转眼就将他抬高为天使。”

她若是知道，美男子和天使究竟是怎么回事就好了。

3

7月4日，帕斯捷尔纳克离开巴黎，前往伦敦，同拉伊萨·罗蒙诺索娃和她丈夫匆匆见了一面。7月6日，从伦敦坐船驶向列宁格勒。他与谢尔巴科夫同住一间客舱，接连两晚上，自顾自地说个没完，令同伴苦不堪言。谢尔巴科夫起先还点点头，然后尽可能不听他讲，再往后就入睡了，等他睡醒时，帕斯捷尔纳克还待在窒闷的船舱里，坐在铺上说啊说。

有人认为，帕斯捷尔纳克说的是梦话。也有人认为，面对一名准备就反法西斯大会进行书面汇报的官员，帕斯捷尔纳克有必要装作心理有病的样子，虽然这次大会总体上是失败的：无论爱伦堡回忆中"以几个未完成的故事逗乐了听众"的巴别尔可笑的言谈，帕斯捷尔纳克赢得欢呼的含混之辞，还是代表团其他成员气势汹汹的演讲，都未能使大会起死回生。谢尔巴科夫的报告将帕斯捷尔纳克说成是不宜派往任何地方的半疯癫之人，对他是有利的。在与以赛亚·伯林的谈话中，帕斯捷尔纳克明智地指出，"也许，我还应该多谢他对我的状况所做的判断。"谢尔巴科夫一回到莫斯科，就告诉济娜伊达·尼古拉耶夫娜说，帕斯捷尔纳克留在了列宁格勒，最好把他弄回来，他待在那儿显然不合适。鲍里斯·列昂尼德维奇的落脚之地是弗莱登伯格家。他给妻子拍了电报，让她别来找他，随后又写了一封信："我害怕莫斯科的一切远景——疗养院、别墅、沃尔洪卡的居所——我身上没有半点用在这些事情上的力气了。我来到列宁格勒，精神状态极度失常，也就是说，我不禁为自己跟任何人说过的任何一句话而哭泣。处于这种状态的我，又落入了阿霞①姑妈家的安静、清洁和冷冰，忽然间，我相信，我这就能离开眼前迷离的色彩、广播、谎言、对我的意义虚假和荒唐的鼓吹、一家家旅店里近乎堕落的氛围，因为这些旅店，我时常想起你来，想念也成为我的创伤和不幸，等等等等。最终还是应该找回三个月来从我内心神秘而痛苦地失去的安宁！（……）你别来这里，这会让我更加不安。（……）谢尔巴科夫有一

① 安娜的爱称，即安娜·奥西波夫娜，奥丽嘉·弗莱登伯格的母亲。

张扣押在列宁格勒海关的物品清单。去找找他,他会帮你把东西要出来,交还给你。”

谢尔巴科夫果真帮了忙。顺利要回了三件毛料衣裙和其他杂七杂八的东西。济娜伊达·尼古拉耶夫娜独自做出了一个天才的决定,最起码,现代心理分析师以及简单与决策技术的支持者们会为她鼓掌。她意识到,旅店给帕斯捷尔纳克留下了压抑的印象,他在那里总是想起她,想到她当初作为一个小女孩跟米利金斯基在一起的情景,所以,应当采取“以毒攻毒”的办法,带他去旅店,两个人单独度过一段时间。如此一来,可怕的往事反而会变成美好的。她带着谢尔巴科夫写给列宁格勒海关的信函,准备启程。夏季的车票没有了,谢尔巴科夫又帮她弄了一张。来到列宁格勒之后,济娜伊达·尼古拉耶夫娜不顾奥丽嘉·弗莱登伯格的反对,把丈夫带到“欧洲旅馆”。哦,爱的进程仿若一场奇迹!他们一起度过了一星期,据她回忆,“非常美妙。”

安娜·阿赫玛托娃却留下了伤感的证言:1935 年 7 月,帕斯捷尔纳克好像“向她求婚了”。就天性而言,安娜·安德烈耶夫娜并非把同时代诗人对她的殷勤挂在嘴上的人。夸大个人的女性魅力倒是在所难免,而魅力大概也是无碍其抒情形象的成分。自认为所有人都爱上了她——这未见得庸俗,反而显出悲剧和庄重的意味:公共的女主角,公共的牺牲品,“和许多人失去安慰的孀妇。”[①]1923 年,在她患重感冒期间,曼德尔施塔姆一直照料她——在最直接和普遍人性的意义上,她感觉到这种“照料”似乎具有双重含义[②],便要求曼德尔施塔姆少来见她,“以免出现闲言碎语”。她有一天还说,在二十年代末一次会面时,帕斯捷尔纳克太过忘情,“抱住了她的双膝。”1935 年,在列宁格勒,帕斯捷尔纳克很有可能见到了阿赫玛托娃,虽然没有任何证据,除了她自己的讲述。他可能去喷泉宫[③]找过她,目睹了她生活在怎样的条件下。那里的条件简直不可思议——阿赫玛托娃像茨维塔耶娃一样,为自己属于那个“非人类”的世界

---

① 参见阿赫玛托娃《女人现在如何。祝愿您拥有另一个……》(1942)。

② 在俄语中,照料某人还有向某人献殷勤之意。

③ 即谢列梅杰夫宫,位于圣彼得堡,从 1918 年到 1952 年,阿赫玛托娃在这座宫殿的厢房先后生活了三十多年。

付出了一生的代价。尼古拉·普宁，俄国未来主义杰出的研究者，俄罗斯博物馆（Русский музей）先锋艺术藏品的奠基人，本人也是一位重要的先锋艺术家（包括在家庭生活方面），自1925年起成为阿赫玛托娃的丈夫，同时却没有与前妻分离，所以阿赫玛托娃和普宁一家就住在喷泉宫的一间厢房里，而她屡次试图离开普宁，都遭到赤裸裸的威胁："没有您，我活不下去，没有您，我工作不成！"到头来，她只好又回到他（和他的家人）身边。三十年代中期，她与一位叫作弗拉基米尔·加尔辛的列宁格勒病理解剖医生发生了恋情。此人性情乖张，易于冲动，多才多艺。他们时常也在喷泉宫幽会，一墙之隔就住着普宁一家……很可能，帕斯捷尔纳克曾建议阿赫玛托娃搬到莫斯科，在他那里住下，而她则认为这是"求婚"（如果了解她的话，就知道，她一定会这么认为）。

帕斯捷尔纳克不愿回忆自己的生病。"原因就在于空气，最广义的空气"，两年后他写信对父母说。由于他没来，父母很伤心，更伤心的是茨维塔耶娃，她于6月28日从巴黎来到法维埃①，甚至未能等到帕斯捷尔纳克前往伦敦的日子。7月2日，她在信中对捷克女作家捷斯科娃说到"与帕斯捷尔纳克的相会（——有过——怎样的——未相会！）……"1935年10月底，她写信给帕斯捷尔纳克，态度强硬得多："关于你：的确，不能把你当常人来评断……真要命，我永远不会理解，怎么可以坐着火车，错过自己的母亲，错过十二年的等待。而母亲也不会理解——别等了。这已是我的头脑、人的头脑所能理解的极限。就此而言，我与你正相反：我让自己坐上火车，为的是见上一面（虽然有可能，我同样会害怕这件事，同样不觉得有多快乐）。（……）关于您的柔情：您——沉浸于此——如鱼得水，您用这块吸湿布堵住您伤痛的恩赐，堵住受伤者哭号的喉咙。哦，您可真善良，见面时您不会第一个站起身，开口道别时，甚至不会咳嗽两声——为了'不惹人伤心'。您'去买烟'，就一去不返，却出现在莫斯科，沃尔洪卡十四号，或者更远的地方。（……）但——如今您的辩白——也只有您这种人才能创造出这种东西来。（……）是我自己选择了一个非人类的世界——我还有什么可抱怨？

---

① 法国默尔特-摩泽尔省的一个市镇。1935年，茨维塔耶娃在这里度过了夏天。

“你的母亲，假如原谅你，那她就是中世纪那首诗歌里的母亲——还记得吗，他奔跑着，母亲的心从他手里掉落，他被那颗心绊了一跤：‘Et voici que le coeur lui dit：T'es-tu fait mal，mon petit？’”①

帕斯捷尔纳克当然知道让·里什潘②的歌谣：“有一个生活在农村的小伙子，爱上了一个邪恶的女孩……她说：把你母亲的心拿来，交给一群猪！”小伙子剖出母亲的心，捧着跑去找那女孩，突然绊了一跤，摔倒在地上。这时，母亲的心问道：“我的儿子，你疼不疼？”相比茨维塔耶娃在信中的引文，里什潘的原文似乎更悲凉：“Et le coeur disait en pleurant：‘T'es tu fait mal，mon enfent？’”③

有谁能承受这样的责怪？

失望以及行为与内心需求的抵牾，令玛丽娜·茨维塔耶娃不能释怀，而且她还想出了帕斯捷尔纳克未去看母亲的最浪漫原因：他，并非常人，而是像歌德、席勒、里尔克、普鲁斯特或施特劳斯一样。可事实上，他却什么都无法决定：在去往巴黎的途中，没有给他顺带去慕尼黑的时间，甚至也不允许他在柏林过夜，而回国时，他还得（从反法西斯大会）横穿法西斯德国……谢尔巴科夫禁止他脱离共同路线，帕斯捷尔纳克虽然很愿意向茨维塔耶娃说明情况，却不得不服从。在茨维塔耶娃看来，不服从，等同于高尚行为的基础。她不理解，他岂能出于对当局的畏惧而参加大会，随后又拒绝与母亲相见。帕斯捷尔纳克就处在这种不乏浪漫色彩的境地，而茨维塔耶娃则终将回来，并明白这一切④。

说来奇怪，与妻子在“欧洲旅馆”度过一星期后，帕斯捷尔纳克居然在一定程度上不治自愈。随即恢复了散文创作，他的感觉也越发好转。1936年，当最后几许荣耀的喧声尚在他头顶上翻滚，冷遇悄然而来，尔后越来越明显。这意味着他终于回到自己所盼望和习惯的状态：超出他擅长和喜好之外的种种期待，再也不会落在他身上了。

---

① 法语：“心问他：你没摔疼吧，我的宝贝？”

② 让·里什潘（1849—1926），法国诗人，小说家，剧作家。

③ 法语：“心哭着问他：你没摔疼吧，我的孩子？”

④ 1939年，茨维塔耶娃回到苏联。1941年8月31日自缢身亡。

第三十章　别列捷尔金诺

1

历史未曾提及，在莫斯科郊外兴建作家别墅村的英明创意，究竟属于何人。这一举措同三十年代中期意在笼络人心的文学政治相辅相成。精心安排的苏联“文艺复兴”开始了。离经叛道者暂时被放过，“拉普”虽在组织上被粉碎，但尚未遭到镇压；“同路人”不仅获得平反，而且被提升到显著地位。作家被视为劳动突击手——一群团结在工作队中的突击手。他们考察各个“项目”，兴师动众地巡行在中亚、白俄罗斯和第三个五年计划的工地上。走遍也吃遍了许多地方。文化活动者成为一个特殊的群落。莫斯科出现了专供艺术家、演员和作家的住房——作家们得到的是拉夫鲁申巷一座豪华楼房；别忘了，直到1935年，帕斯捷尔纳克还跟人合住在沃尔洪卡的公房里，位于特维尔街的房子给了前妻和儿子。如今，他分到了作家楼的一套独立住房，但这还没完。基辅火车站附近一个风景最美的地段上正在修建的“作家城”，才是笼络与收买的壮丽尾声。

很有可能，这个创意来自斯大林。这是他的风格。按照职业特征组织起来的社会，已经不可能按照思想特征来重建了，因为所有人都会牢牢攥住手中的特权。1918年，布尔什维克试图建立一个类似的社会——当然只是凭借直觉，在当时的彼得格勒，为残疾人、梅毒患者、旧时代的妓女建起了公共宿舍……后来才是艺术之家、学者之家等等……

从事所谓创作型职业的人员形同生产者。马雅可夫斯基的夙愿几乎实现了：“我希望，/国家计委/在热火朝天的讨论中/给我一年的工作。”①虽然没有招引来国家计委，作家领导层却真是忙得热火朝天——社会订货纷至

① 引自马雅可夫斯基《回国！》（1926）。

沓来，要求书写这样那样的长篇，翻译这个或那个作者的作品……

别列捷尔金诺，像几乎整个莫斯科近郊一样，当时还是一个荒凉空旷的地方。革命前，这里是斯拉夫派贵族尤里·萨马林的领地，帕斯捷尔纳克与他的侄孙德米特里关系密切（永恒的巧合！）。革命后，这片领地上建起了一座儿童结核病疗养院。如今，别列捷尔金诺成了莫斯科郊外第一座“为创作人员”修建的别墅村，还有一个象征性的名称——“松林里的特来美修道院”①。主管别墅分配的是高尔基。新的文学政治之表现在于，第一批分得别墅的恰恰是“同路人”，其中包括费定、马雷什金、皮里尼亚克、列昂诺夫、伊万诺夫和帕斯捷尔纳克。就在这片地方，当作家数量增长之际（仅在莫斯科就有将近五千名），还将建起类似于疗养院的“创作之家”：作家们可以经常来这里住上一两个月，安静地写作，周围是友善的松鼠和警觉的不无敌意的同行。

自1936年起，帕斯捷尔纳克几乎一直住在别列捷尔金诺的别墅，只是在“有事必须办理时”（《在早班火车上》），才会去莫斯科。起初分给他的是一套宽敞的六居室小楼，带有休息厅和露台，位于一个草木不生的狭窄地块。旁边住着皮里尼亚克，对面是特列尼奥夫。皮里尼亚克，差不多算是帕斯捷尔纳克在莫斯科唯一的朋友，特列尼奥夫，一位上年纪的剧作家，为人和善，品行正直。1938年，皮里尼亚克被捕，帕斯捷尔纳克很想搬到别处，他不愿住在一座时常让他想起朋友命运的宅子旁边。直到马雷什金去世之后（这是一次正常死亡，在当时实属万幸），帕斯捷尔纳克和妻子才得到了如今已成为博物馆的“3号别墅”，面积不大，却很舒适，坐落在一处敞亮的地带。

1939年7月15日，搬入新别墅后，他写信给父亲：“这正是那种值得翘望终生的东西。风光、地势、设施、气氛和管理，一切都安排得像诗歌般完美，甚至从旁观的角度，用别人的眼光来看。那些像河水的流淌一样在整个地平线上（在白桦林里）蜿蜒伸展的慢坡，连同一座座花园和类似于瑞典—蒂罗尔独家住宅的带阁楼的屋舍，旅行时透过车窗也经常可以见到，在日落

① 典出法国作家拉伯雷（1495—1553）的名著《巨人传》。特来美修道院是拉伯雷想象中的人文主义理想国。这里唯一的规则是“想做什么就做什么”。

辉映下，窗外的景色让人忍不住探出半个身子，回头把目光投向那些充满着非凡魅力的村落。生活就这样突然发生了转折，在它的坡面上，我自己也被那辽阔远方所展现的意味深长的柔和色调感染了。”

他觉得自己正处于生活的坡面上。在此期间的信中，告别生活的语调清晰可闻，并且是平静而伤感的。然而，他却还将度过二十年生命的时光——最好的和重要的时光。

2

关于那些与帕斯捷尔纳克共同生活在别列捷尔金诺的邻居，有必要加以特别的记述，因为他们像镜子一样，反映着他的形象。对他而言，费定乃是文化继承性的象征，这种继承性也是费定于 1928 年出版的长篇小说《兄弟》的主题。他们之间关系友好，对费定写于三十年代的两部平庸之作——《“阿尔克图尔”疗养院》和《窃取欧洲》，帕斯捷尔纳克不吝赞誉，由此可见他一向宽厚的为人。想当初，他与康斯坦丁·亚历山德洛维奇①还时不时地一起受到批判，一起渡过难关。与费定一样，弗谢沃洛德·伊万诺夫也是原“谢拉皮翁兄弟”②的成员。到三十年代中期之前，他已完成了两部未能出版的反乌托邦杰作《克里姆林宫》和《У》，他写了很多东西，发表的却很少。他的妻子塔玛拉·弗拉基米洛夫娜，一位身材高挑的金发女郎，曾经是巴别尔的情人，并且同他生有一子，名叫米沙，伊万诺夫将他跟自己的孩子维亚切斯拉夫（儿时的绰号叫作“科马”）一起抚养大。科马后来成为帕斯捷尔纳克最喜爱的对话者之一。伊万诺夫对诗人说：“我无法回报你的诗和友谊，不过，我倒是给你养了个儿子。”不远处住着科尔涅·楚科夫斯基，他于 1938 年分到了别墅，属于“第二批”享受此待遇的作家；早在帕斯捷尔纳克的《空中道路》发表在《俄罗斯现代人》时，他们两人就已相识。楚科夫斯基不喜欢帕斯捷尔纳克翻译的莎士比亚，不理解也不认同他

① 费定的名字和父称。

② 苏俄文学团体，1921 年初成立于彼得格勒。名称取自德国作家霍夫曼的同名小说集。这一派作家反对政治干预艺术写作，强调形式和技巧，追求情节的复杂性和戏剧性。1926 年，“谢拉皮翁兄弟”停止了活动。

的长篇小说，但对他的诗歌却推崇备至，当他面也总是极口称赞。

这是几位志同道合的朋友（他们当中出卖帕斯捷尔纳克的只有费定一人，但帕斯捷尔纳克原谅了他："那种情况下，谁都不可能伸出援助之手！"）。至于另外一些住在别列捷尔金诺的作家，帕斯捷尔纳克却没有同他们交往的热望：譬如说，如果不算疏散到契斯托波尔的短暂时期（1941—1942），他与列昂诺夫之间就谈不上什么交情和相互的吸引。这位著有几个大部头社会—哲学长篇小说的作者，向来看不惯帕斯捷尔纳克笔下世界的非人化，看不惯他对"植物王国"的兴趣，以及对人类天性的极度悲观。但这并未妨碍帕斯捷尔纳克盛赞列昂诺夫的《侵略》——一部以战争爆发为题、毁于甜腻腻尾声的剧作。自三十年代末期开始，列昂诺夫就处在近乎失宠的境地，而另一位共同的邻居亚历山大·法捷耶夫却依然走红。这是文学官名录上的领衔者（虽然始终都未能学会书写"官名录文学"），苏联作协第一书记，被饶恕的"拉普分子"。在许多人眼里，他是一位具有民主作风的领导，连济娜伊达·尼古拉耶夫娜也对他怀有几分痴心。

在这里，不能不提到帕斯捷尔纳克的另一位邻居，他以日记的方式展现了一位典型苏联作家眼中的帕斯捷尔纳克，他留下的独特见证可谓弥足珍贵。这位邻居的命运本身，也足以成为一部惊人的长篇小说的素材。我们说的是亚历山大·阿菲诺格诺夫，剧作家，差点被镇压，又奇迹般幸免的"拉普"成员。为什么他在1938年没有和其他"拉普分子"一道遭难——也是不解之谜：阿维尔巴赫和基尔肖恩当时已被捕，《在文学岗位上》杂志[①]的所有积极分子都被指控犯有托洛茨基主义罪行。阿菲诺格诺夫先是被开除党籍，接着又从作协除名。几乎所有人都同他断绝了关系（需要补充的是，他的夫人是一名美国共产党员，三十年代初移居苏联，她的名字叫作珍妮·伯恩加尔多夫娜）。正是在这一时期，帕斯捷尔纳克开始跟阿菲诺格诺夫交往，故意公开地拜访他，就像拜访皮里尼亚克的遗孀，像国立剧院关闭后拜访梅耶荷德：瞧，既然谁都不去，那我去，而且还要把这件事大声地说出来。此举之目的，当然不在于突出个人英雄主义，而在于表达一种无言的

① 1926—1932年，在莫斯科发行的一份文学杂志，系"拉普"的机关刊物，由阿维尔巴赫担任主编。前身是《在岗位上》（1923—1925）。

谴责:瞧着吧,我去找那个“鼠疫患者”,其实也没什么大不了！如此看来,他依然是唯一没有跟失宠的剧作家断绝往来的人。

在随笔集《诸多遭遇的机械师》(1997)中,诗人和编剧尤里·阿拉波夫[①]说过,对一个恶棍而言,最危险的事情莫过于沉思与悔过。拿破仑原本所向披靡,直到有一天,他觉得人类生活对他不再有价值。刹那间的悔恨过后,万事成空:别了,成功。即便作为恶棍,也应一以贯之。从阿拉波夫的理论来看,帕斯捷尔纳克与阿菲诺格诺夫的交往耐人寻味。阿菲诺格诺夫从一开始就不是一个坚定不移的“拉普分子”。在他那里,仍然保留着一些美的观念、艺术文本的评价尺度以及个人在文学中的地位。至于说共产主义,他的确未曾有过丝毫怀疑,他始终是不折不扣的正统派,从他身上碾过的历史车轮却迫使他重新审视党对文学的领导。他无法设想,党对基尔肖恩不公正——受到不公正对待的是他,阿菲诺格诺夫！他多么渴望为国家工作！然而,与帕斯捷尔纳克交往时,他渐渐产生了疑虑,他的传统价值观再度浮现。他已经意识到,跟所有人一起呼吸同一种空气,是不必要的;而那种让生命摆脱尘世的虚空,并将其奉献于文学的人,那种与各个时代展开对话,阅读英国和法国历史,思考着重大问题的人,才是出类拔萃的……显然,阿菲诺格诺夫具有真正作家的禀赋,帕斯捷尔纳克发现了这一点,他愿意使之得以发扬,人世间多少还残留的人性让他眼前一亮。两个人都身处字面意义和转义的荒漠。这是冬日里荒凉的别列捷尔金诺,帕斯捷尔纳克离开家人,写他的长篇小说《日乌利特笔记》;阿菲诺格诺夫也是门前冷落,并且随时都可能被人带走。他们两个就这样讨论着中世纪晚期血腥的恐怖,以及故事情节的构建规则。阿菲诺格诺夫已做好最坏的准备,就在此时,他心中却又燃起了希望。1938 年 2 月,被开除半年之后,他恢复了党籍,重新加入了苏联作协！然而,任何东西都不可能将他带回原先的状态。这个苏联人内心出现了阴影。他变得心思重重,一副苦闷和忧虑的样子;心理机能也产生了可怕的作用力——这样的阿菲诺格诺夫,在活生生的人群中已然无所适从。就本性而言,他远比人们想象中名声不佳的文学家正派得多——他自己不愿疏散到后方,也不想让别人走,因为所有年轻人和有能力的人都在

① 尤里·阿拉波夫·尼古拉耶维奇(1954—),俄罗斯散文家,诗人,编剧。

莫斯科的苏联信息情报局①做了登记。后来,楚科夫斯基还时常回想起阿菲诺格诺夫如何劝说同行们留下,不要逃离莫斯科,如何渴望在信息局工作;1941 年 8 月,他彻夜书写自己的话剧《前夜》。当年秋天,情报局随同几个政府机关从莫斯科撤退到古比雪夫。上级突然决定,派阿菲诺格诺夫和他的美国妻子去美国出差,目的是让他们一起为开辟第二战场做宣传。情报局设在老广场(Старая площадь)的苏共中央大楼里。出发前,阿菲诺格诺夫需要从那里取一些资料。9 月 29 日傍晚六点,他乘飞机从古比雪夫返回莫斯科,七点,走出位于老广场上的办公室,几分钟之后,德国人开始了空袭,一颗炸弹在大楼附近爆炸,阿菲诺格诺夫被意外飞来的弹片击中而身亡。整个大楼里其他人都安然无恙,就他一个人不明不白地死了——不是在前线,也不是在劳改营。他的妻子珍妮同样死得诡异而可怖。她先是独自回到美国,1948 年,又回过头来乘轮船驶向苏联。轮船起火了,大部分乘客都成功获救,她却是遇难者之一。阿菲诺格诺夫死时是三十七岁,她则是四十三岁。

这一对夫妇的生活里有太多不寻常的东西——相遇、爱情、奇迹般躲开的迫害、与帕斯捷尔纳克的友情、两场使他们的生命猝然中断的不幸事件,帕斯捷尔纳克为之震惊,写下了一篇纪念阿菲诺格诺夫的文章。作为一名处理最高本质而非可鄙现实的艺术家,帕斯捷尔纳克以其惯有的敏感意识到,尽管死神并非将"阿菲诺格诺夫这种体现着活力和希望的人物"缠住不放,但这场事件还是具有某种必然性:阿菲诺格诺夫只不过延缓了自己的死,因为他变成了另一种人。"我看到了笼罩在黑暗中的房屋和街道,盘旋在天上的空中强盗,以及在它底下很低处的年轻、幸福、太过富足的命运,只要是待在那儿不被发现。我也看到鲜亮的一览无余的命运,就像未遮挡的窗口,像无意中违反了灯火管制的行为。"

是的,问题就在于违反灯火管制。只有那些不被发现的人才会幸免于难。但究竟是谁发现了他——是"空中强盗"? 厄运? 还是帕斯捷尔纳克? 毕竟,所有落入帕斯捷尔纳克轨道的人,全都毁了:一缕个人的光亮投映在

---

① 成立于 1941 年 6 月,由联共(布)中央直接领导,主要任务是:在苏联卫国战争期间,为广播、报纸和杂志汇编有关前线、后方和游击队活动的各类通报。

他们身上，同时却未必与每个人的命运相融合。在内心深处，他或许意识到自己即使对阿菲诺格诺夫之死没有罪责，起码也不无关系。二十世纪文学史中，很少有像他们之间的交往一样富于象征意味的册页，这两位同样孤独和失落的文学家，在其余方面却又惊人的不同——在空荡荡的别墅村，在大恐怖来临的冬日。

“与帕斯捷尔纳克的交谈，将永远留在我内心。他每次都会立即进入那些重大、有趣和真实的话题。对他来说，主要的是艺术，而且只有艺术。所以，他不愿意进城，而是一直住在这里，一个人独行，漫步，要么阅读麦考利①的英国史，要么坐在窗户旁，仰望夜晚的星空，沉思默想，要么还是写自己的小说。在他看来，这一切都属于艺术的内容。他甚至不关心最终的结果。关键是创作并沉浸于此，至于会得到什么，我们多年后再看。”“当你走近他，他也同样会立即放下所有的琐事，把各种话题、见解和断言抛向你，而所有这些无不具有重大和真实事物的轮廓。他不读报纸，在我这种离开新闻就无法度日的人看来（对于一个受到揭发和处分，并且随时可能被逮捕的“拉普分子”而言，与外界隔绝，自然不是容易的事情。事实上，他每天都在痛苦地期待着新的消息——德·贝），这一点很奇怪。但他从来不会像我今天一样，把将近两个小时白白浪费掉。他总是忙着工作，读书，忙手头的事情……假如他身处宫殿或者牢房的木板床上，想必也一样会忙着，甚至有可能比在这里还忙，起码，他不需要考虑钱财和杂务，可以把所有时间都用于沉思和创作……这是一个罕见的丰富有趣的人。你的心会被他吸引，因为他善于找到极富人性的安慰的语言，不是出于怜悯，而是出于至善的信念。”

在这里，他扮演着最适合于自己的心爱的角色——那些受苦受难之人的安慰者。他试图将阿菲诺格诺夫交还给艺术，继而还给上帝，因此，他的目的纯粹是弥赛亚式的。他以自己全部的形象、行为和小说中的片段，要让阿菲诺格诺夫相信，相对于当下，还有另一种现实；阿菲诺格诺夫信了，渐渐觉醒了，眼看着变成另一种人……但还是未能幸免于难，因为生命的法则是

① 托马斯·巴宾顿·麦考利（1800—1859），英国诗人，历史学家，辉格党人，写有英国历史方面的论著。

严酷的：并非所有人都是天才，而常人，即使不乏才华和洞察力，一旦开始再造自我，必将难逃厄运。

3

1936至1937年间，帕斯捷尔纳克仍然发表了不少言论：先是在1936年著名的明斯克会议上，然后在普希金百年忌日的纪念会(1937)。在明斯克召开的苏联作协理事会第三次大会，开了整整两个星期，从1936年2月10日直到24日。帕斯捷尔纳克的发言是在16日。这场充满了戏谑和懊悔的发言，也是他文学策略的绝好例证：只有用这种形式，也可以说，用莎士比亚式的耍笑，他才敢于表达一些更为重要的见解：

"我觉得，近年来，我们在自己的酒宴作家的实践中……律师的雄辩中，仿佛期待着一位新的托尔斯泰，(……)在全体会议上，在新的所谓'教育成果'的框架内，他会代表我们这些社会主义现实主义者……"

同时代人和后世的饱学之士或许会惊恐地发问：他怎敢这么说?！而帕斯捷尔纳克是何等机敏之人，紧接着，他打了个圆场："这不，阿列克谢·托尔斯泰也急着要说话。"

全场哄堂大笑，人人都很满意。

然后，他又称赞了苏尔科夫(后者从1934年开始就一直批评他，在明斯克会议上的发言倒是小心翼翼：未得到信号，不知该对他进行抨击，还是像从前一样恭敬)。苏尔科夫有关他的原话这样说："帕斯捷尔纳克过于胆怯，不敢将创作与现实物质结合起来。他虽然也尽了力，但在面对现实或者面对那个应当与之彻底了断的世界时，依旧留有腼腆和羞涩的印记。"这腼腆和羞涩的印记，正像谢苗·特列古勃在《共青团真理报》嘲讽地指出的那样，就写在苏尔科夫的报告里，但报告人发言时却未曾提及，因为他确实不知道，帕斯捷尔纳克主要的保护人布哈林是否已被彻底打入冷宫，其报告纲要是否已遭全盘否定。苏尔科夫无法料想，这场赌局将具有两面性，真正斯大林式的两面性：原"拉普分子"将身陷牢狱，而布哈林及其亲信也未能得到饶恕，最终，像所有时代一样，获胜者将是没有任何信念的百分之百的庸人。

在明斯克会议上，“共青团诗人”别兹缅斯基鼓动帕斯捷尔纳克多出去走走，在舞台上多亮亮相，最主要是充分地表达“我们的时代——斯大林的时代”。德米特里·斯维亚托波利克—米尔斯基（“路标转换派”，归侨，在1936年，已是苏联最出色的批评家之一，1937年被镇压）反对这条意见，他说，在为苏联诗歌赢得世界声誉方面，帕斯捷尔纳克的诗比别兹缅斯基的诗重要得多（会场上叫嚷起来，称这是有争议的，主席台上则有人厉声说，“这无疑是不实之词。”）。帕斯捷尔纳克对这番争论做了精彩的回应：“别兹缅斯基从革命、群众、苏联社会之类说起，转而不无片面地批评我陷入某种非苏联的东西，说我未能‘到各地去读诗’（他的说法）。好吧，万一我没做到这一点，恰好是因为尊重这个时代，因为它具有了真正的、更为严肃的形式呢？万一我恰好在别兹缅斯基所不解的地方，发现了自己的长处呢？万一，比方说，我忽然被普希金和丘切夫沿着自己的著作走过和仍然在走的道路吸引了呢？

“同志们，如果说在我们这里，出头露脸的登台朗诵可以被容忍，时常达到某种现代的野蛮状态，那么，这也仅仅是因为，马雅可夫斯基在此方面，即作为一种舞台上的现象，曾经是如此鲜活的真理，并且给予我们如此之多，再过若干世代，他还会为这座舞台正名，为音乐厅里许多未来英雄们洗刷罪责。”

帕斯捷尔纳克准确地把那个可恶的平庸诗人别兹缅斯基当作靶子。随后，他又把矛头指向了诗歌评判中的定式——只论行为不论诗，谴责诗人在创作方面的失误，如同谴责建筑师对房屋垮塌负有责任：“在这里，譬如说，人们明确区分诗的好坏，就像区分一堆旋制合格或不合格的机器零件。可事实上，那些被视为坏诗的作品，甚至连诗都算不上，而只是庸俗品味的样板……总的来说，诗无分好坏，诗人则有优劣，这要看思维系统是发散还是空转。以后者名义做出的‘斯塔汉诺夫①承诺’，有可能因其自身矛盾而令人沮丧。（……）正如常言所说，只有勤劳是不够的。离开冒险和自我牺牲精神的艺术是不可想象的，自由与想象的勇气应当在实践中获得，就此而

① 1930至1950年间，苏联推广模范工人斯塔汉诺夫的工作方法，掀起斯塔汉诺夫运动，通过劳动竞赛与革新来提高生产效率。

言，意外性恰恰是合宜的……大可不必依靠上级指示。（……）我不记得我们的法律有哪一项条款会禁止人成为天才，如果有的话，我们的某些领袖岂不得要对自己实施禁令了。”他鼓动每个人成为天才，或者最起码也要以天才而非庸才为目标，说完这番话，他还故作谦卑状，向天才领袖表达了景仰。

接下来，帕斯捷尔纳克热情赞扬了杰米扬·别德内，称自己在仰慕马雅可夫斯基的同时，也因杰米扬而感受到一种博大的天性：“在我心目中，他一直是我们的人民运动的汉斯·萨克斯。”而就在此际，别德内因为剧作《勇士们》（1936）已经惹来了麻烦，有人指斥该剧对俄罗斯民族风情的刻画不够尊敬，所以说，帕斯捷尔纳克当时的行为可谓恰到好处，无异于对一名几近沦落的普通诗人的支持。总而言之，他的这番言论体现出少有的“两面性”，也就是说，既符合官方学说，又不至于丢失脸面；刊登在当年10月《新世界》杂志上的组诗《夏日笔记》也具有同样的特点。

这是一些绝美的诗作（共计十二首），清新的景致令人联想到《生活，我的姐妹》，但手法更简洁，有时甚至更具表现力：

司炉工如何
登上船头，休憩，
烟草就如何排成行
在夜晚吐散香气。

遍地的天芥菜
也将自己的气息
传递给晾在舷梯上
盐渍的水手衫。

国营农场的园艺师
时而翻转身体，
时而把目光
从窝棚投向天空。

群星之夜，东北风停了，

篱笆细高的木栏
透过一嘟嘟葡萄粒
眨着眼睛。

紫罗兰与银河
合用一把浇灌的喷壶。
这亲昵劲儿让他
有点厌倦。

（《司炉工》,1936）

堪称完美的天才诗篇。一切均由园艺师（并且是国营农场园艺师）的视角来展现；劳动者不失时机地向银河远眺。

此外，帕斯捷尔纳克记述了与帕奥罗·雅什维利在1936年之前的友情，这份给人带来美妙回忆的情谊，也夹杂着几分忧虑：雅什维利对斯大林主义深恶痛绝，帕斯捷尔纳克却不得不制止他，以免他写得直白而失去美感。或许，帕斯捷尔纳克想要说明的是，这种太过热切的劲头，"上边儿"也不会赏识。

没有人会把专横
带入过去的门槛。
我们从最初的诗行
来拥抱吧，帕奥罗！

我从未用图表的权力
让亲友们受委屈，
那些日子里，你们就是
我所爱和所见的一切。

帕斯捷尔纳克1936年夏天写下这组诗作后，接连四年未写诗。公开演讲也停止了。他发现自己每句话都可能被曲解，因而不愿让无稽之谈继续蔓延。1936年3月5日，他与刚刚将《茶花女》搬上舞台的梅耶荷德有过一次交谈。波斯克列贝雪夫很喜欢这部话剧，他有意请斯大林也来观看，但梅耶荷德的剧院①却是始建于民主之风尚未绝迹的时期，未设置政府包厢，让领袖与普通观众在一起看戏，简直不可思议。波斯克列贝雪夫表示，可以安排梅耶荷德到斯大林宅邸去演出，于是，梅耶荷德与帕斯捷尔纳克商议，是否应该要求先（与斯大林）见一面。帕斯捷尔纳克劝他打消此念。剧院文学部主任亚历山大·格拉德科夫记下了当时的情景："他激动而雄辩地表达了自己的意见，认为梅耶荷德像个乞求者似的去见斯大林，是有失尊严的，可他现在不可能有其他选择，他还说，应该跟这些人平等地说话，要么压根儿不见他们。"

1936年3月13日，在莫斯科作家关于形式主义的讨论会上，帕斯捷尔纳克发表了演讲。这次演讲，不像在明斯克会议上那样富于远见：这次的言辞更激烈。某些平庸之辈针对什克洛夫斯基、梅耶荷德、费定、皮里尼亚克、弗谢沃洛德·伊万诺夫等人的批评，刺激了帕斯捷尔纳克。演讲前，他显得非常恼火：

"近两年来，《消息报》展开了一场解放运动。所以，布哈林才被派了过去。国外也有了支持我们的联合阵线。只不过，为了把我们的索套投向他们，需要一个能使他们被钩住的挂钩。《消息报》就是这样的挂钩。可我现在却不明白，发行《消息报》的目的何在——这倒可以让《真理报》的印数翻倍……《真理报》上的文章也写得莫名其妙。究竟想干什么？如果教师要求学生清晰明了，那他自己就应该以身作则。不久前还是这样。报纸上有大自然，也有带着笑容的图片。你从某种高度登上讲坛，说话、写文章也具有一定高度。可如今，每个人都自行其是。你说的那些，别人在你之前已经说过了……一切仿佛变得更自由了，民主之风将要来到我们身边，书报检查仿佛也应当弱化，可是，螺帽却拧得严丝合缝。"

帕斯捷尔纳克是在塔拉先科夫家公开说这番话的，当时还有别的客人在场。对于他是否应该把这些话题带入演讲，大家争论起来。批评家鲍里斯·扎克斯说，这种言论只会火上浇油；塔拉先科夫则坚持认为，帕斯捷尔纳克的思想极其可贵，在大会上重复这些东西很有必要，因为其他人也是这

---

① 即国立梅耶荷德剧院，主要上演话剧，1920年创建于莫斯科，有过不同名称，从1923年开始以梅耶荷德的名字命名，直到1938年被解散。

么想的，只不过，不敢说出来。归根结底，帕斯捷尔纳克并未冒任何风险，毕竟，他似乎已不再是被攻击的主要对象……

阿谢耶夫认为（他的思想观点被某个姓名不详的消息人士保留下来，以便向内务人民委员会汇报），帕斯捷尔纳克之所以发表演讲，还有一个动机：他好像得知了《真理报》准备刊登反对他的文章，因而决定提前予以反击。此外，阿谢耶夫还了解到高尔基对这场形式主义讨论的强烈不满，其权威性显然不容忽视。透露这方面情况的人是巴别尔，他不久前从福罗斯[①]回来，高尔基也在那里疗养。按照弗莱什曼的观点（《再论帕斯捷尔纳克与斯大林》），阿谢耶夫散布这些消息，与其说为了诋毁自己昔日的朋友（已经有人放出风来，称这是一种制裁性的勇敢之举），倒不如说是带着相当高尚的目的——他要向其他作家说明，支持帕斯捷尔纳克并不是一件可耻的事情，别忘了，高尔基也在支持他。弗莱什曼的解释具有一定的说服力，况且大多数人当时对“讨论”都颇为反感。

帕斯捷尔纳克发表了演讲。速记保留了下来。他的发言机敏而不失策略，从而使焦点由讨论的上层倡议者转向不明事理的一般组织者。帕斯捷尔纳克很清楚，唯有通过这种方式，才可能迷惑当局，缓解作家们面临的压力：“它们（关于形式主义的言论——德·贝）源于一些命令式的、非常严肃的信念……相形之下，这场讨论的进展不仅狭隘，而且令人憋闷。（……）某些东西在领导层面上可能已经说过了。我们对此不了解。这就让事情落入某些人手中，处理的手段却很糟糕。在我们国家，或许有许多丧失信心的人士，整日读啊，想啊——想着今天谁要倒台。爱批评的同志们，请想想看，如果我们都成为批评家，都去批评空气，那又该如何是好？（……）我宁可表达这样一种态度：倘若一定要在文章中叫嚷，那么，能否用不同声音来叫嚷（就此次讨论，《共青团真理报》于 2 月 15 日刊发了一篇总结报告，在他整个发言当中，只有这句话被公开发表——德·贝）？这样毕竟更明了，而异口同声的叫嚷，反倒什么都搞不清楚。（……）我不信这种文章出自纯粹的理性，我也不信每个这么写的人在家里跟他家人也这么说。”

斯塔夫斯基：你说的是什么文章（他对所有人都以“你”相称——

① 位于克里米亚半岛的疗养胜地。

德·贝)?

帕斯捷尔纳克:任何文章。

斯塔夫斯基:文章和文章各不相同,你总该有一个界定。

帕斯捷尔纳克:我说的是精神……《共青团真理报》上有人写文章称我写得不明不白(他所指的是1936年2月23日一篇题为《坦诚交谈》的匿名文章),并且引用了杜勃罗留波夫[①]。好呀,说起杜勃罗留波夫,仿佛窗户都一下子敞开了。我很欢迎杜勃罗留波夫这位客人,尽管引用他是为了反对我。可杜勃罗留波夫已不在人世,而问题还摆在那儿。(……)这种文章可怕的是什么?可怕的是,我从中感受不到对艺术的爱,也感受不到人们的热情与渴求。没有人痛苦地意识到,事情有些不对劲儿。(……)就这样,人们对皮里尼亚克和列昂诺夫的文字挑三拣四。这里并没有什么特别滑稽的地方。想必你们也认可类似的意见,那就请同意吧,只是不要加以嘲笑(他巧妙地羞辱了他们。对他来说,十分钟的演讲,足以让那些准备折腾一番的人群变回到原先的作家团体——德·贝)。这可真是遗憾。我从中感觉不到严肃的东西。在某些机构,惊诧、抱怨和愤懑的传播者们占据的这一位置,正在被麻木不仁和自认为受伤害的冷漠之人所掌控。

3月16日,帕斯捷尔纳克不得不再次发言,陈述其立场:"在我看来,人们忽略了艺术中的悲剧精神……离开悲剧性,我甚至连自然风光都无法接受。我们岂能弃置艺术的这一主要方面,如果不说是基本方面的话?!(……)作为某种意义上的历史学家,我们理应否定现实中的悲剧因素,因为我们宣称社会主义革命之前的整个人类存在都是悲剧性的……请为先前的状况改换名称吧,哪怕称之为卑鄙无耻也好,而悲剧性则应该保留下来。悲剧性,喻义人的尊严、人的庄重、人的充分成长……"三年以后,他对塔拉先科夫的一番话语更为直白(1936年,他们之间出现过龃龉,从塔拉先科夫身上,帕斯捷尔纳克发现了官样的乐观主义迹象,发现了他自己为之不安,并且无人愿意根治的病状):"需要有人大大方方地表达哀恸,穿戴丧服,以悲剧的方式感受生活。在我们这里,悲剧性属于违禁之列,等同于消极和哀

---

① 尼古拉·亚历山德罗维奇·杜勃罗留波夫(1836—1861),俄国著名的文艺批评家和革命民主主义者。

怨。这是多么荒唐啊！任何激情都是悲剧性的，少年的发育期也是悲剧性的，但这当中毕竟有着生命和朝气。我们需要活生生的人，需要这种悲剧性的承担者……”

1936年春天，在尚未发生争吵之前，帕斯捷尔纳克也曾对塔拉先科夫说：“我们缺少意见之争、观点之争。甚至一些诚实的人们也开始自行其是，用一种陌生的声音说话。譬如说，我本来相信布哈林……可到头来，布哈林发表的那些文章，也是出自公共的腔调。有人让我在5月的《消息报》上谈谈个性自由。我写道，个性自由，乃是一种应当时时刻刻去争取的东西——当然，这种文字不会刊登在报上……我们处于一个艰难的时期。我们乘坐在一艘进行艰难历史航程的潜水艇中。它有时浮出水面，可以让人呼吸到一口空气。可我们非但没有得到呼吸，反而被告知，我们坐在一艘完美的大船上，置身于欢乐的船舱，周围展现着壮丽的景观……我认为自己的使命就在于，不断地道出那些尖锐的东西，道出有关它们的真理。其他人也该动起来。当人们发现同一种思想在重复中所蕴含的执着精神，也就会发现，事物的状况应当被改变，而且有可能，真的就会改变。”

他确实不怀疑，几位演说家的勇敢就能够改变历史进程。与此同时，历史迈开它钢铁的步伐，迈向那些预见能力不亚于曼德尔施塔姆的人们都不敢窥望的境地；他们内心的深渊与这血腥的巨坑一道共鸣，帕斯捷尔纳克却还像以往一样相信，倘若一些地位显赫的人物在言行方面不失尺度，那么历史就会驶离镇压与惩治的航向……直到1936年，帕斯捷尔纳克仍然觉得，他一定要公开发表自己的意见，哪怕只是偶尔为之。就算与当局之间的周旋已经失去意义，向社会发出呼吁仍然是可行的！当年10月，他写信给奥丽嘉·弗莱登伯格：“我首先遇到了某些热心之人乃至官方人士对我的关切，他们不理解，既然没有人整治我，也不打算这么做，那我为何还要为自己的同道们打抱不平。随后，对我的回击是，在官方又一次指使下，几位作协的同志（几位大好人，其中有的还跟我关系很近）受命前来了解我的健康状况。他们谁都不愿相信，我的自我感觉很不错，睡眠和工作都没有问题。而有人也把这看作一种反对的姿态。”他想在信中安慰表妹，后者陷入了一场匪夷所思的大批判：批判的矛头指向她的《情节与体裁的诗学》。弗莱登伯格怎么都想不通，一部研究古希腊文学的朴实论著，何以招致舆论界如此不安的反响？问题就在于，作品远远超出了规定的水平——遭受批判的不是观点，而是作品既存这一事实。

关于形式主义的讨论很快就收场了。帕斯捷尔纳克的发言速记摆到了斯大林案头，此举出自《真理报》主编梅赫利斯，《消息报》原主编布哈林多年来的敌人。梅赫利斯一直在找机会往布哈林身上泼污水：演讲一开始，帕斯捷尔纳克匆匆提到，1934 年之前，亦即第一次作家代表大会之前，他本人非但“不理解集体化”，甚至认为此乃世界末日；梅赫利斯在速记附带的一封信中强调：“这正好是在布哈林同志号召所有苏联诗人向他看齐的时期。”“细脖颈的头领们”已经开始互相拧脖子了。但这份速记却起了反作用。斯大林注意到其中所说的上级倡议未能严肃执行，反而被一些冷漠之人所掌控，因此，他提议取消讨论。大概是最后一次，他终止了一场进行中的思想运动，显示出非理性的智慧与自由，他周围的仆从们，纷纷沦落到边缘。这又是一个“清理”作家领导班子的绝好理由。

但帕斯捷尔纳克也明白，按照 1936 年的尺度，为同道者鸣不平，已是一件不仅伤及自身，而且还会危害他们的事情。他甚至不愿在报上发表意见支援奥丽嘉·弗莱登伯格；在写给她的信中，他提到，唯有“通过非公开的渠道，亦即私人会面、游说、向有分量的人士寻求庇护，等等”，才可能改变她的命运。自从《消息报》上刊登了女作者契切林·莱特森的《有害的胡言》一文，对弗莱登伯格的著作横加辱骂之后，当务之急就是要让弗莱登伯格免遭诽谤的伤害：这是一个每一顶“帽子”都可能成为判决的时代，反驳的缺失则被视为承认罪责。在此情形下，弗莱登伯格的朋友、她的博士论文评阅人伊兹莱伊·弗兰克-加缅涅茨基动身前往莫斯科，目的是请帕斯捷尔纳克找布哈林说情。他们事先并未通过书信或电话商量过自我保护的策略。帕斯捷尔纳克说，布哈林自己也“遇到了麻烦”。当加缅涅茨基被人打发从别列捷尔金诺乘车去莫斯科，坐在他膝头的正是那位曾在别列捷尔金诺某位住户家做客的莱特森。一路上，她唧唧喳喳地说着，笑着。“就像一座疯人院”，返回途中，加缅涅茨基说。只不过，这座“疯人院”才刚落成。

弗莱登伯格周围形成了一片真空地带。“这些日子里，我见识了什么是怯懦，什么是卑鄙的神色，什么又是阿谀奉承以及个性和良心的失丧。”她在绝望中给斯大林写了一封信。两个月之后，副教育人民委员沃林接见并安慰了她。可她却清晰无误地认清了新时代的迹象与基本趋势："现在不能分析问题。鲍里亚说过一句绝妙的话：分析只能用于判罪。需要的是颂扬。"

4

1936年冬天，发生了一场不祥的事件。我们已经知道，鉴于帕斯捷尔纳克的象征主义世界观，他时常把这样那样的抽象概念套用在家人身上。济娜伊达·尼古拉耶夫娜是国家的化身，她的孩子们，则是国家未来的理想公民。帕斯捷尔纳克对涅加乌斯的两个儿子向来和善，尽管他们永远不会像前妻所生的热涅奇卡那样，成为他的亲骨肉。阿季克和斯塔西克经常跟他们的生父在一起，帕斯捷尔纳克则始终是他们的"鲍里亚"，而且像对自己亲生的长子，他并没有教他们学习什么。他更愿意充当活生生的榜样。阿季克和斯塔西克适合于理想公民的角色，因为他们分别有着两种普遍的性格特征。阿季克体格健壮，灵敏，勇敢，生性好动；斯塔西克更喜欢安静和独处，他继承了父亲的音乐天赋，本来一定可以成为一位著名的钢琴家，如果不是在每个阶段都受到干扰的话：起初影响他的是父亲的姓氏（战争初期，这位失宠的音乐家甚至一度身陷囹圄），然后是他对家庭观念的质疑，再后来是与叛逆的帕斯捷尔纳克之间的亲属关系。

1936年12月的一天，九岁的阿季克突发奇想，要从别墅车库顶上跳下去（帕斯捷尔纳克没有私家车，车库却是预先分给各家别墅的，以便应对莫斯科高层人士的来访；也有可能，是为了用配备司机的国家专车来控制某些杰出作家）。这还是帕斯捷尔纳克不大喜欢的第一座别墅，因为地段狭窄，房间也不舒适。阿季克跳得不成功，尾骨重重地撞在了一截从雪地里戳出来的篱笆桩上。济娜伊达·尼古拉耶夫娜迎着他的惨叫飞奔而来，连衣服也没脱，就赶紧把他放进一个装满雪的大盆里，过了一会儿，才想起查看碰伤处。只见腰部以下布满酱紫色的瘀斑。从结核病疗养院赶来了院长本人——波波夫教授。一旦丈夫或孩子遇到麻烦，济娜伊达·尼古拉耶夫娜总能把任何权威都招来。所以，当丈夫临终前要求请神父来时，她才会答复说："你还没死呢。需要的话，哪怕是牧首，我也能给你请来"——她真有可能说到做到。

院长不仅是后来那种常见的医疗管理人员,也是一位了不起的大夫。他的诊断不容乐观。“这样的创伤,”他说,“最后往往导致脊柱感染。”直到三年以后,阿季克·涅加乌斯才感觉到早期的病状,那已是在1939年,他上六年级的时候:他开始迅速消瘦,叫嚷着头疼。他的最后岁月——从1940年到1945年——几乎都是在结核病疗养院和医院里度过的。像对待所有不期而遇的悲剧一样,帕斯捷尔纳克对阿季克的悲惨命运有着两方面的感受:现实的和象征性的。阿季克在恐怖高潮时期的疾病和战争末期的夭亡,在他看来均为神秘的事件。“幼小残疾人的磨难/难以被忘怀”①——这里所说的,不仅是那些受伤的孩童,亦即德国空袭的第一批牺牲品,还有诗人自己的孩子,他无法离开围困中的莫斯科,到疏散地去。阿季克五年来的痛苦,被帕斯捷尔纳克视为自己的罪过。他觉得,儿子的病痛是涅加乌斯一家日常生活被毁坏的结果,1930年,正因为他,一个好端端的家庭毁了。假如阿季克一直留在父亲身边,也许就不会有事了。不过,最主要的是,在他看来,阿季克的疾病与死亡实为新一代人毁灭的象征,他们饱受战争残害,战争结束后,紧接着又遭到了种种无情的惩处。

5

很难说,帕斯捷尔纳克在什么时刻,在何等程度上终于意识到,俄罗斯历史又一次陷入了死胡同,而且个人努力难以改变这种状况。

1936年底,他最担忧的是父母的命运。他们已经不能继续待在德国了。一部研究列昂尼德·帕斯捷尔纳克的专著被列入应当焚毁的书籍清单。虽然在苏联蔓延开来的恐怖浪潮充满各种危险,帕斯捷尔纳克却不能对父母说:“你们留在德国吧。”他为他们回国忙活起来。妹妹利季娅解决了一家人的难题。她从1935年起就居住在牛津,父母被接到了她家。

1936年8月,发生了一件让帕斯捷尔纳克不能原谅自己的事情。当时

① 引自帕斯捷尔纳克组诗《关于战争的诗》之《可怕的童话》(1941)。

正值“十六人集团”——加米涅夫、季诺维也夫及其亲随受审之际。8月21日，各家报纸上都刊登了一篇题为《从地球上清除干净!》的公开信，“签名者”名单其实是作协领导事先拟定的。顺带说一句，名单中包括列昂诺夫、谢弗琳娜和费定这些在帕斯捷尔纳克心目中相当正派的人。得知此信情况后，帕斯捷尔纳克要求删除他的姓名。斯塔夫斯基告诉他，书信文字已经来不及修改，帕斯捷尔纳克只好接受了现实……帕斯捷尔纳克在这件事情上之所以表现消极，是因为许多人都相信判决结果将不会太严酷：大家寄希望于赦免，就像当初对“工业党”的审判，希望即便是处以死刑，在最后关头还能被取消；而对于加米涅夫和季诺维也夫是否真的与托派分子或法西斯分子有关系，正如弗莱什曼所指出，许多同时代人都抱有怀疑。此外，帕斯捷尔纳克的签名也令人们感到震惊。玛丽娜·茨维塔耶娃写信给捷斯科娃，称他大概没有好好读里尔克(写给她的)最后一首哀歌。“读了这样的哀歌之后，怎么会在死刑呼吁书上签署自己大名?!”五个月后，即1937年1月，帕斯捷尔纳克又一次被迫违背自己的良知，他将在一份要求处决一个新团伙(已然是“十七人集团”)的呈文上署名；当月25日，苏联作协主席团召开会议，目的是做出决议：“如果敌人不投降，那就消灭他。”帕斯捷尔纳克没有参会，他要么受到了警告，要么是自己心里清楚，公然拒绝参加例行的运动，是再也不可能的了。他不得不给作协写了一封措辞模棱两可的书信：

“请将我的签名跟同志们就苏联作家协会主席团1937年1月25日决议的签名合在一起。我缺席是因为生病，至于决议文字，我认为没有什么可补充的。

“祖国——古老的、孩童的、永恒的字眼，而新意蕴的祖国、新含义的祖国，一个新的词汇，从内心浮现并汇聚起来，就像它们在历史上汇聚时一样，并且变得更明朗，无须任何的宣扬，但是，只要更加热情和勤勉地展开工作，对敞开的和朴素的真理进行表达，就不难发现与之相悖的正是兄弟相残的虚假谎言。”

1932年的宽松时期已经过去了。他试图坚持自己的独立性，却未引起关注。信件没有被发表，最主要的原因就在于，信中将审判之可怖同“工作”(帕斯捷尔纳克的万应灵药)之可贵相对立，停止迫害的呼声依稀可闻。对于1937年1月而言，“无须任何的宣扬”，堪称不合时宜的宣言。

帕斯捷尔纳克不久前对安德烈·纪德所表示的好感,也成了一个须加以辩白的麻烦问题。他翻译了后者小说《人间食粮》中的几首诗;纪德夏天到访苏联时,他们也见了面,在别列捷尔金诺别墅有过一场交谈(纪德由此首次了解到,个性自由在苏联受到怎样的压制,准确地说,他所听到的,证实了其本人的印象)。帕斯捷尔纳克不能对纪德撒谎,因为这是一位诚实的大作家。

纪德的《访苏归来》于 1937 年 11 月问世。苏联舆论界对这部作品的妖魔化是徒劳的:书中有不少地方,真诚颂扬了尼古拉·奥斯特洛夫斯基的英雄主义,纪德拜访他时,不禁潸然泪下。作品表达了对那些被极力介绍给纪德的劳动者的敬意,但也有一些言辞涉及斯大林崇拜,以及他在苏联所见的大多数民众的蒙昧;另外还谈到了无休止的宴席,谈到了任何一名法国工人都会轻松完成斯塔汉诺夫指标——并非斯塔汉诺夫有多了不起,而是指标定得太低①……总之,这是一部既有勇气又比较客观的作品。作者发现,即使当法西斯威胁来临之际,苏联人也未曾像西方人那样做出可靠的抉择。他的观点在一些左翼人士和其他"苏联的朋友"当中激起了强烈不满,他们认为,纪德从背后给反法西斯力量捅了一刀。

相对于形式主义讨论会上的言论,帕斯捷尔纳克在普希金纪念大会(在 2 月 26 日的闭幕会上)的发言要审慎得多。"非常遗憾,同志们,由于我的三四个过失——我愿意承认它们,以及两三句争论中的口误,我应该硬着头皮在争论中发表我的观点。(……)我要说的是,既然已经发生了这种事情,而人在某种话语意义上会跌跤,会引发不得体的关注,那么,这也就可能有所收敛。不过,我是不会被这种事情吓跑的。艺术所能战胜的不是这种困难。重要的是,艺术家本人不能同其事业相背离……现在谈谈独特性。同志们,这才是令人困惑的谜团,是某种悬在空中的迷雾,荒谬的迷雾,因为这并非适合于我的命题,对我来说更为痛苦的是,安德烈·纪德那本书出版以后,有人问我是什么态度,而这的确不是我所能解答的命题。应该说,我没读过这本书,对它并不了解。当我在《真理报》上读到相关消息,我感到

---

① 纪德在《访苏归来》中写道:"他们向我介绍一位斯塔汉诺夫工作者……据说他五小时能干完八天的活儿(还是八小时干完五天的活儿,我记不清了)。"纪德提出质疑:"这是否等于说,起初五小时的活儿他要干八天?"苏联人对此避而不答。

极端的厌恶,这不仅是和你们一样的共同感受,也是我个人时常会有的感受。我想:他跟我交谈,可并非泛泛而谈,他是在打量我——究竟是不是一个傀儡,结果看起来,他是把我当作了傀儡。(……)至于我的态度,又有什么可对你们说的?我觉得很可怕。我不明白,安德烈·纪德为何要查看我们每个人的喉咙,揣度我们的心胸,他这类行为目的何在?他不仅在诋毁我们,而且也使我们的同志关系变得复杂。人有时候会说——我要划清自我与他人之间的界线。我从不说这个词,因为我不认为我的地界有多宽,也不愿让你们也对划界产生兴趣(自贬胜于自傲,帕斯捷尔纳克喜爱的手法——德·贝)。但不管怎么说,我还是要划清界线。"

会场上一片善意的笑声。事情就这么过去了。

从此,帕斯捷尔纳克的政论与社会活动停止了。当然,这些活动还剩下唯一一个合法形式——接受新一轮的迫害和"彻底消灭凶残走狗"的要求。

在此之前,帕斯捷尔纳克的主要保护人布哈林就已于1936年8月受到刑事调查,加米涅夫诬陷他(显然是在斯大林直接指使下),称他参与了反对派的恐怖阴谋。对布哈林的调查于9月结束(按照布哈林夫人拉琳娜的说法,根本没有任何平反迹象。当局的结论带有侮辱性——"罪证不足")。在1937年2月至3月间的联共(布)中央全会上,布哈林开始受到公开批判,他被指控像已入狱的李可夫和拉狄克一样,犯有从事间谍活动和破坏行为的罪行。就在此际,帕斯捷尔纳克给布哈林写信,发誓说永远不相信对他的指控。布哈林感动得流下热泪,又担心帕斯捷尔纳克受牵连(几乎就在收到此信的同时,即1937年2月27日,布哈林被捕入狱)。帕斯捷尔纳克倒并不害怕,因为在他的价值体系中,最糟糕的事情,莫过于人格的自我分裂。

"当我落入被追逐者的行列,我不禁长叹一声,挺直了腰身,终于再一次认清了自己!"——他写信对父母说。这是他于1937年写给他们的为数不多的书信之一。他将自己封闭起来,尽可能不露面。他像个隐修士似的生活在别列捷尔金诺。夏天,他去了一趟斯塔尔基——儿子热尼亚在那里度假,拜访了翻译家、诗人谢尔盖·谢尔文斯基。

在别列捷尔金诺,帕斯捷尔纳克把所有时间都用于长篇小说《日乌利特笔记》的写作(或曰《帕特里克手记》——他没有做出最终的选择),这部小说只有开头六十页保留下来,首次发表时,标题叫作《1936年的散文开篇》(《新世界》杂志 1980 年第 6 期)。一些片段刊登在《文学报》和《星火》杂志上。《日乌利特笔记》是一部未完成的作品,像大部分用来引火的档案材料一样,毁于当时驻有高射炮兵的别列捷尔金诺别墅。

第三十一章 《日乌利特笔记》

1

《日乌利特笔记》是帕斯捷尔纳克第三部尝试性的叙事作品(另外两部是《三个名字》和《斯佩克托尔斯基》)。米哈伊尔·波利万诺夫——帕斯捷尔纳克的忠实助手兼打字员玛丽娜·卡季米洛夫娜的女婿,记录了作者亲口所述这部作品未能完成的原因。"战争爆发之前,对于各种意识形态的要求,他还有些信从,他致力于一部基于革命前知识分子世界观的长篇小说(关于帕特里克和 1905 年的若干章节),这种源自民粹主义的世界观,当时已然趋向没落并备受诟病,因而他的尝试未有任何成效。他感觉自己陷入了无解的绝望之境。但战争结束以后,在他那里却形成了一种宽泛的思想基础,它体现为一种清除了那些致使前人无法看清真理的教权主义倾向,在理解上十分自由的基督教世界观。他就此写下了'你就是我命中的一切'这样的诗行。(……)从一开始,帕斯捷尔纳克就以书写革命及其后果为己任。但这一命题要求他运用新的语言。"

换言之,他面临着一项几何学难题——在铅笔不离开纸面的前提下,用四条线连接九个点(三点一行,共计三行,构成一个正方形)。假如不在正方形之外另设第十点并使连线经过此点,此项难题无论如何都无法解决。运用传统社会现实主义体裁,写不出任何关于革命的作品,这决定了基督教问题成为在所难免的选择。《日乌利特笔记》同《日瓦戈医生》很相像,但两部作品的主要特征各不相同:前者是帕斯捷尔纳克书写俄罗斯传统小说的最后尝试,而后者已是小说—神话,无论传统还是现代,均非其所关注的焦点。还是那位波利万诺夫指出，帕斯捷尔纳克之所以不喜欢自己的过去，是因为世界观方面的种种困惑，不喜欢自己的早期诗作，是因为它们的含混不清：含混源于用诗歌的迷雾掩盖世界观的混沌之意图。直到他的世界画卷最终定型，他才开始了直抒胸臆的表达，而这幅画卷的完成，并非由于环境、影响、个人的柔和与韧性对他的作用，应当说，是太过恶浊的现实与一目了然的谬误，才促使他彻底放弃了顺应的念头。转变发生在 1937 年，继而沿着既有思路向前发展——不为帕斯捷尔纳克所喜爱的托马斯·曼的早期思想也得到验证。他看重托马斯·曼作为思想者的一面，却不欣赏其作为艺术家的另一面——在他看来，托马斯·曼的文字冗长而生涩。然而，正是在《浮士德博士》这部非常单纯的作品中（如果抛开成见，怀着信任去阅读的话），包含着关于丑恶时代道德教益的思想。早在移居美国的最初岁月，托马斯·曼就直截了当地阐述了这一思想，他指出，法西斯主义尽管令人深恶痛绝，对于迷失自我的西方知识界而言，在道德上却不无裨益，其原因就在于将黑的处理为黑的，白的处理为白的。道德选择简化了。1934 年，还能以顺应时代的名义毁坏自我，到了 1938 年，这当中已无任何必要性，除了自利目的之外，而这后一点，在帕斯捷尔纳克看来，向来无足轻重。帕斯捷尔纳克后期的哈姆雷特性格，成为他思想演进的下一阶段，距离“宽泛意义的基督教信仰”，只有一步之遥。具有象征意味的是，帕斯捷尔纳克经过犹太文化，经过“哈姆雷特”，绕了一圈，才归向基督教；这也是俄罗斯历史乃至俄罗斯知识分子的特点。与此同时，正如俄罗斯历史所示，道路太过平坦，反倒不是什么好事。

2

在《日乌利特笔记》当中，《柳维尔斯的童年》与《日瓦戈医生》奇异地交织在一起。这里已经出现了未来的拉拉——叶甫盖尼娅·伊斯托明娜，“彻底被生活摧毁”的童贞的柳维尔斯。假如情节扩展开来，这位现今的女主人公——帕斯捷尔纳克最初以叶莲娜·维诺格拉德为其原型，后来又想从她身上揭示叶甫盖尼娅·卢里耶的特征——很可能也会像济娜·叶列梅耶娃一样，在少年时代爱上一名军官。她的恋人日乌利特——小说中的叙述者，具备了未来尤里·日瓦戈的许多特征：他已有了叫作托尼娅的妻子、叫作亚历山大·亚历山德罗维奇·格罗梅科的岳父,以及叫作舒拉的儿子。小说中简洁明了地交代了他对伊斯托明娜的恋情(阿菲诺格诺夫因而称赞《日乌利特笔记》每个语句都既简单又清晰):“她比所有人更能充分满足我的末世之感。我不了解她的故事的详情,但从她身上,我认清了时代的罪证,认清了一个无意志者的形象,她具有超凡的禀赋,却坠入了周遭肮脏的奴役的牢笼。而在她对我未产生任何吸引力之前,吸引我走向她的,正是让我落入其中的这座牢笼”(参见茨维塔耶娃:“如果看到一个人处在荒唐的境地,那就跳进里面去,就像跳进水里一样,接近他。”)。

对主人公最大的羁绊,乃是他自己的无意志:“一切均非如我所愿,但也并未超乎于此,也可以说,一切并无任何可循之道。我的意志缺乏持久性。我的退让并非出于良善。想想都可怕,还有什么是我不打算放弃的。假如没有我,亲人们会好过些,是我毁掉了他们的生活。”帕斯捷尔纳克(和他的主人公们)时常为一些具体事物而自责,但在这里,他却开始将现实之弊归诸时代本身,而不仅仅是自己:“那些岁月里为世人所熟习的一连串想法逐渐掌控了我,它们之间仅仅是以分量、个体风格乃至到来的不同时机而各自有别:一四年的思绪是惶然不安的,一五年尤为混乱,一六年已是一派黯淡,而此事便发生在当年秋天。”

帕斯捷尔纳克书写这部小说,目的就在于辨析革命。他得出的结论大体上是这样:知识分子变得精神萎靡,需要找到思想的支点,哪怕为之而死(难怪帕斯捷尔纳克也期盼投身于战争,死在战场。在他看来,这是一件再正当不过的事情)。一时间,布尔什维克的人民政权和列宁学说中马克思主义的坚定品格,满足了知识分子的需求,帕斯捷尔纳克在《日瓦戈医生》草稿中也曾写道,他喜欢那些具有钢铁意志的人,但并不想仿效他们。整个俄罗斯同样处在精神萎靡的状态——它也在寻觅,不管相信的是什么,然而,布尔什维主义只能满足一时之需。这一灾难性的替代物,也成为帕斯捷尔纳克于 1936 至 1938 年间所思考的对象:1916 年是无望的一年,另一选择也好不到哪去。

在《日乌利特笔记》中,帕斯捷尔纳克的构思明显受制于对他至为重要的若干人物。这首先是一个不幸的女人,人生经历神秘莫测;其次是几个在 1905 年分别年满十五到十八岁的少男少女;再就是一位典型的俄罗斯知识分子,相同的名字与父称(亚历山大·亚历山德罗维奇①),表明他与知识界优秀代表之间的传承关系。小说中还出现了他的妻子安娜·古别尔多夫娜·格罗梅科,以帕斯捷尔纳克本人的岳母为原型。她的亡故也像叶甫盖尼娅·卢里耶的母亲亚历山德拉·尼古拉耶夫娜一样:从柜子上为孙子拿一件玩具,不小心跌倒,死于脊椎病。有一次,在阿菲诺格诺夫家做客时,济娜伊达·尼古拉耶夫娜拿《日乌利特笔记》调侃道:"居然编造出什么柜子来。"总之,对于一部大散文而言,人与事之类已经应有尽有,缺少的只是贯穿始终的情节,因为从本质来看,这部小说没有一个真正的主人公。作者尚未替自己做出任何决断。因而他的散文也就不可能成立。

但主要情节依然是清晰的:先前的生活破灭了,却没有什么能替代它。数次社会变革的结果是,生活越来越糟糕,并且失去了其中原本就不多的值得珍视的东西。

帕斯捷尔纳克的语言在这部散文中首次显现出清晰、质朴的一面。他学会了用短句书写。他所塑造的不同角色也分别发出三种基本音调:女主人公像玛丽娅·伊利因娜一样僵硬的声腔;知识界压抑的絮语、少男少女和高等女校学生及大胡子知识分子们共同使用的莫斯科行话;仿佛来自达里②的过于雕饰的民间语言——最后一种缺陷,直到《日瓦戈医生》都未能克服,因为他并不在意逼真的效果,始终吸引他的是形象鲜明的语言。

第三十二章 《哈姆雷特》 恐怖剧

1

1937 年,苏联展开了大规模的政治进程,对它的称呼从一开始便各

① 在《日瓦戈医生》中,日瓦戈岳父的名字与父称也是亚历山大·亚历山德罗维奇。

② 弗拉基米尔·伊万诺维奇·达里(1801—1872),俄国语言学家,著名的《大俄罗斯语详解词典》(通称《达里词典》)编纂者。

不相同——大恐怖、大清洗、斯大林镇压等等，不一而足，而这一进程事实上则表现为1917年以来国家与人民之间全面的疏离。在帕斯捷尔纳克看来，革命、战时共产主义、新经济政策、野蛮的集体化及斯大林复辟当中一切丑恶现象的唯一正当性就在于，人民终于获得了自主权；尽管旧知识分子——愿上帝与之同在，已准备接受命运并希望尽早为自己正名，其地位仍将被新一代的主人翁所取代。新人起初只是屡屡被预言的“未来的贱民”（грядущий хам）①，但三十年代前夕，这未来的贱民开始接受教育、思考和阅读。十月革命第二代子弟中不乏求知欲旺盛和激情澎拜的少男少女，他们热切期盼着未来时期的伟大考验。战前的“文史哲一代”②，备受战争及随后到来的镇压运动之摧折，却造就了六七十年代最好的诗歌与哲学；在苏联生活的所有领域——从政治到艺术到军事——勇敢而富于良知的新一代正在成长，从他们身上，帕斯捷尔纳克看到了希望。

民众于1937年再次认识到，自己并非国家的主人。一场人人自危的自我毁灭的狂欢开始了。斯大林主义者、新斯大林主义者及反斯大林主义者后来尝试提出各种标准，试图为恐怖运动添加逻辑。这种探求，意味着间接承认恐怖历史的合理性，因为照此逻辑来推论，国家毕竟是以某种纲领来行事，而非借助盲目破坏的机器。然而，逻辑的缺失，本来便是恐怖的主要条件，在此进程中发挥功用的并非计算机，而是绞肉机。恐怖既无根据，也无缘由；恐怖自身即是目的，也是一个矗立在旧俄国废墟上的垂直帝国赖以存在和猛进的唯一条件。人们被剥夺的不仅是生命，还有四年之后他们像保卫故国一样奋起保卫的那个国家。

---

① 原系梅列日科夫斯基于1905年出版的一部文集名。在该文集一篇同名文章中，作者称俄国“贱民”具有三副面容：现今的专制面容、往昔的希腊正教面容，以及未来的流氓、无业游民、黑帮分子面容。

② 专指莫斯科车尔尼雪夫斯基哲学文学历史学院（俄语缩写为МИФЛИ或ИФЛИ）的学生。该学院于1931年从莫斯科大学单独划分出来，1941年又重新归并于后者，十年期间培养了一批杰出诗人及人文学科方面的专家，包括《新世界》杂志主编亚历山大·特瓦尔多夫斯基、著名作家彼得·沃洛宁等，在俄罗斯文化史上占有重要地位。

2

令人惊异的是,《崇高的疾病》中“男高音”与“恐怖”①的音韵,深深锲入帕斯捷尔纳克的思想意识和人生经历,形成他独有的精神气质,以及“恐怖”与“戏剧”的和声。他早就开始向莎士比亚迈进,1930 年,罗曼·罗兰也曾向他建议,鉴于苏联的非自由状况,不妨通过翻译大部头的严肃作品寻求慰藉,这会有助于他承受时局的压力,在永恒事物中获得支撑。但在三十年代,这些想法并未实现——因为《第二次降生》的创作与出版,然后是格鲁吉亚诗歌的翻译。1937 年,他首次提到了一部与蔓延各地的逮捕和公开审判相关的戏剧。事情的原委是这样:当年 6 月 14 日,一辆轿车从城里驶向身在别列捷尔金诺的他。

帕斯捷尔纳克做好了准备,等着自己被捕,并且尽可能让亲友们也有所准备。济娜伊达·尼古拉耶夫娜已有三个月身孕。她为他整理了一只行李箱——这不算什么稀罕事,要知道,1937 年之内,仅仅别列捷尔金诺就有二十五人被逮捕!过往的汽车让她不寒而栗。这一回,车子绕了一圈,径直停在他们家门口。帕斯捷尔纳克平静地走出院门,来者传达指示,要他在一份文学家集体请愿书上签名,要求处决图哈切夫斯基②、艾德曼③和雅基尔④这三名苏联高级将领。

据济娜伊达·尼古拉耶夫娜回忆,帕斯捷尔纳克当时差点将拳头挥向那个前来征集作家签名的官员。

“要签名的话,”他的叫嚷惊动了整个别墅区,“首先应该知道这些人,知道他们做了什么!可我对他们一无所知!他们的生命既不是我给的,也

① 在俄语中,тенор(男高音)、террор(恐怖)、театр(戏剧)这三个词,拼写和读音都较为相近。

② 米哈伊尔·尼古拉耶维奇·图哈切夫斯基(1893—1937),苏联军事家,最早的五名元帅之一。1937 年 6 月,因莫须有的间谍罪被处以死刑。

③ 罗伯特·彼得洛维奇·艾德曼(1895—1937),拉脱维亚人,原名叫作罗伯茨·艾德曼尼斯。苏联军事家,曾任苏军高级将领。1937 年 6 月,因“参与法西斯军事阴谋”的罪名被处以死刑。

④ 约纳·埃曼努伊洛维奇·雅基尔(1896—1937),苏联军事家,曾任苏军高级将领。1937 年 6 月,与图哈切夫斯基等人一道被判处死刑。

不是我能剥夺的！同志，这可不是给您那免费的戏剧入场券签字！”

就这样，他第一次将三十年代审判同一幕戏剧联系起来——依照他已经习惯的联想：他原先就有过书写雅各宾恐怖的想法，而书写的形式，恰恰是戏剧。不过，客观公正地说，有关方面要求他赞同处决的“苏维埃政权的敌人”当中，起码有一位是他非常了解的：集团军司令艾德曼，拉脱维亚红军出身，而且有证据表明，还是一名诗人。自 1932 年起，他担任“国防航空化工促进协会”（即苏联国防航空化工建设促进协会）领导。1935 年 2 月，在苏联作协理事会第三次全会上，艾德曼作了发言，谈到了帕斯捷尔纳克：“是的，鲍里斯·帕斯捷尔纳克是我们国家的杰出诗人和优秀公民……您，鲍里斯·帕斯捷尔纳克，您拥有一台了不起的蒸汽机车。在它的帮助下，您能够拖动一整车有益的货物。假如您将这台机车仅仅用于一座站台，那我会感到很可惜，尽管它装得满满当当。您应当牵引着列车，不断前行。”

他一生曾经不止一次遇到过这样的情形：有人教导他，要他更像个苏联人，那人自己却死在苏联政权的枪口下。随着时间的推移，大牌人物的倒台已是司空见惯，他们在他年轻时要求他具有思想性、人民性和党性，事到如今，他们却随同自己的党的思想性，纷纷坠入深渊，而当局要求帕斯捷尔纳克所做的则是，赞同处决这些人。后来，在四十年代，又有人建议他“写点反映社会现实的作品”，以便为自己正名，他却报之以嘲弄的高调：“嗯，是的，连您的托洛茨基同志也曾经对我这么说！”从此之后，再没有人敢向他提出这种建议了。帕斯捷尔纳克本人也曾向许多人谈到过他身边种种角色的转换，譬如有一次，他对阿菲诺格诺夫说，我还记得皮克里是如何指责我的（皮克里是一名评论家，名列“十六人集团”，1936 年 8 月审判的对象，一同受审的还有加米涅夫和季诺维也夫）。如今，轮到别人将同样的责难加在皮克里身上，我却高兴不起来，因为他们的面孔跟皮克里一样，腔调也是皮克里式的……（可以想见，等待他们的，也是同样的结局）。1937 年，幸免的机会并非仅仅属于未曾与总路线一起动摇的人们——所有人的机会其实都一样，但那些未曾动摇的人起码没有落得那般耻辱的下场。在某种意义上，这个教训不仅适用于恐怖时代，而且适用于一切时代——任何人的生命都难免一死，因此，所谓富于良知的人们将得以幸免，也只是妄言而已。只不过，他们终将于死前得到安慰，而那些狡狯或庸碌之人则无以慰藉。

顺带说明的一点是，恐怖剧之外，还应加上荒诞剧——作家们被要求支持处决那几名将领，可他们的死刑三天前就已执行：1937年7月11日，即宣判的当天，图哈切夫斯基、艾德曼和雅基尔遭到急匆匆的枪杀，但这一消息按照惯例并未公布，如此一来，等于说文人们是在请求对这三人的第二次处决。

济娜伊达·尼古拉耶夫娜叫帕斯捷尔纳克进屋，他走到她跟前，把来自作协的不速之客留在篱笆外。

她悄声问："怎么回事儿？"

"要我签名，赞同几个人的死刑。"

"你签了吗？"

"没有，永远都不会签。"

济娜伊达·尼古拉耶夫娜一下扑倒在帕斯捷尔纳克脚下，央求他为他们未出世的孩子在这份该死的公文上签名。

"如果我签名，我就是另一个人了，"他回答道，"我可不会去关心另一个人的孩子的命运。"

"可他会死掉！"

"死就死吧！"帕斯捷尔纳克说话的那副声调，济娜伊达·尼古拉耶夫娜以前从未听到过。她没办法，只能退让。来人还在等候。帕斯捷尔纳克再次从屋里出来，向他走去。

"就让同样的遭遇也落到我头上吧，"他的声音很高，周围人都能听到，"我情愿和所有人一起去死。"

那作协官员继续到别处征集签名，显然，他没有向别列捷尔金诺的上级住户隐瞒帕斯捷尔纳克的言行。没过多久，巴甫连珂就火急火燎地来了。他站在门口，直呼帕斯捷尔纳克为"善人"，死活要他签名。虽说帕斯捷尔纳克与巴甫连珂的关系一向不冷不热，起码面子上还过得去；对于此人的存在，总不能视而不见，即便只因为帕斯捷尔纳克家与他家相隔一条街道，比邻而居。帕斯捷尔纳克对待任何领导（不管是国家公共部门的，还是作协的），都持有一套审慎的原则：他从不对谁阿谀奉承，他倒是想让某些大领导知道，他们太过聪明，自视甚高，易于被廉价的奉承收买。斯大林时期的领导喜欢别人同他们平等地交谈，这在上层官僚中间被视为胸怀宽广。与巴甫连珂之间的谈话便体现出这种朴素的、民主的风格：抱歉，别佳①，可我不打算签什么名。你自个儿毕竟也是作家（帕斯捷尔纳克希望巴甫连珂这类人明白，他们也是作家，尽管他当然很清楚他们的文学价值；正因为这种微妙的说话风格，巴甫连珂在一些高级场合坚持认为，帕斯捷尔纳克有点儿怪，终究还是"我们的人"）！巴甫连珂又念叨了几句"善人"，就走了。

关于随后发生的事情，存在着不同的证言：一种说法是，帕斯捷尔纳克去莫斯科找了作协领导，要求解除他在死刑请愿书上签名的义务；另一种说法是，巴甫连珂向领导汇报了帕斯捷尔纳克的言行，于是，斯塔夫斯基这个"大恶棍"（正像伊文斯卡娅回忆录中帕斯捷尔纳克对此人的描述），亲自来到别列捷尔金诺，但没有去帕斯捷尔纳克家，而是去了巴甫连珂的别墅，然后把鲍里斯·列昂尼德维奇叫来谈话。斯塔夫斯基的秘密行动不难理解，据伊文斯卡娅回忆，他最担心他的作协内部揭露出一个机会主义的巢穴来，那他将会吃不了兜着走。作家抗命不遵，拒绝在死刑请愿书上签字，这要传开了，一定会是一场空前的事件！1937 年，帕斯捷尔纳克仍是作协理事会成员，也算是一名重要人物，尽管那位别兹缅斯基多次发出警示，他仍然屡屡受到庇护，有时甚至被树立为榜样……但他这一次的表现，已经不单纯是散漫放纵，而是罪恶的自由主义！据济娜伊达·尼古拉耶夫娜回忆，与斯塔夫斯基交谈之后，帕斯捷尔纳克回到家，说他将昂首挺胸地前行，可见，他们未曾说服他。不管怎么说，他把他们想得并不坏……他根本没料到，为保全自己，斯塔夫斯基未经任何许可，便替他签下了大名。

夜里，济娜伊达·尼古拉耶夫娜辗转反侧，难以入眠，帕斯捷尔纳克却睡得像个婴孩。"一旦头也不回地迈开脚步，我总是睡得很香。"他后来对伊文斯卡娅解释说。妻子倾听着每一声响动，担心城里来人把他们带走，甚至觉得当晚就会有人来抓他们，可是，当她端详着他那张睡梦中平静而严肃的面孔，不禁羞愧起来。"我意识到，他的良心是多么伟大，而我居然要求这样一个了不起的人签什么名，这可真让人感到惭愧。"单凭这一句话，她回忆录里的许多东西都可以被谅解：为人的尺度恰恰在这一刻得到检验。

第二天，即 1937 年 6 月 15 日，可谓帕斯捷尔纳克一生中最可怕的一

① 巴甫连珂名叫彼得，别佳系他的小名、昵称。

天。他翻开送到家里的《消息报》,便看见了那封公开信,标题为《不能让苏联的敌人们活命》,信的末尾,他的名字也赫然在目。

"这简直要了我的命!"帕斯捷尔纳克吼叫起来,立刻赶往城里,直接找到斯塔夫斯基。

谈话的声调从一开始就压抑不住。斯塔夫斯基嚷道:"这种托尔斯泰主义式的疯癫还将持续多久?!"帕斯捷尔纳克则要求次日的《消息报》刊登一项更正,说明他没有在任何公文上签名,他无法剥夺他人的生命,等等。他还表示要立刻以书面形式澄清自己的立场!斯塔夫斯基说,任何更正都无从谈起,也不可能有哪家报纸会刊登他的信件。"这事谁负责?我这就去《消息报》!""您倒不如最初就给斯大林写信。"斯塔夫斯基挖苦道。"(这话说得)就好像我跟斯大林互赠节日贺卡似的。"帕斯捷尔纳克后来评论说。据伊文斯卡娅记述,他曾经提到过,他确实给斯大林写了一封信,关于此信的可靠证据却没有留下。帕斯捷尔纳克对伊文斯卡娅说,他在信中请求免除自己在请愿书上签名的义务,因为那些人的生命并非由他所赋予,也不是他所能剥夺的!有一个事实,基本上可以间接证明,他给斯大林写信可能确有其事:几位年轻的朋友,包括沃兹涅先斯基,曾听帕斯捷尔纳克说过,斯大林总是能够满足他的请求。要帕斯捷尔纳克签名之类的事情从此再未有过,不计其数的作家大会决议文件上,也不再有他的名字。

3

1937 年 5 月,贝利亚在格鲁吉亚共产党第十次代表大会上做了总结报告。格鲁吉亚这个弹丸之地,也出现了莫斯科式的大恐怖——到处都要求揪出本地的破坏分子,然后将他们扭送到第比利斯。每个人都不惜对自己进行恶毒的揭批。卡兰达泽、塔毕泽和雅什维利均表示了悔罪。6 月,诗人弗拉基米尔·吉季亚被捕入狱。帕奥罗·雅什维利被传唤来当面对证。他接受了讯问,满以为再也回不去了,事后却获得释放。这其实更可怕。在讯问中,向他展示了他与塔毕泽及吉季亚之间大逆不道的谈话记录。几次谈话,并没有其他人在场,怎么会传到内务人民委员会那里?雅什维利相信,这下他将背上奸细的恶名。7 月 20 日,他凭借狩猎证在一家猎人俱乐部买了一把枪。一切都想好了:他不想把枪拿回家,而是藏在了马切贝利街上的作家俱乐部窗帘后面。7 月 22 日,第比利斯的作家协会召开会议。雅什维利没有参会,而是爬到了会场二楼,于会议间歇开枪自尽。

第二天,雅什维利家遭到搜查,所有文字材料都被拿走,看来,帕奥罗做出了命运的最佳选择。内务人民委员部调查人员并不掩饰他们的懊恼:他溜掉了!

帕斯捷尔纳克很少去莫斯科。过了些日子,他才得知雅什维利的死讯,此前虽有传闻,但直到 8 月 17 日,等他来到城里,才有人向他彻底证实了此事。帕斯捷尔纳克给诗人的遗孀塔玛拉·雅什维利写了一封信,这封信再次证明,帕斯捷尔纳克善于劝导绝望的人,使其在不幸中感受到幸福。

"我知道,等我在我家露台上开口,把这件事告诉济娜,便会抑制不住自己的声音,让一切又从头说起。就在回家路上,我的冲动的毛病还未重犯,一种痛苦的净化的力量掌控了我,它越来越强烈,将我牵引得如此之远!

"我想到河里洗浴。暮色沉沉。在河岸旁,摊开手脚躺在背阴的河谷里,外出带给人的不安渐渐消退,蓦然间,忽而这里,忽而那里,一个跟那逝者像得不能再像的影子被我捕捉到。这简直妙不可言,让我不禁联想到他。我看见一丛丛灌木和他精神气质的轮廓,看见了他的草和水,他的秋天的落日,他的寂静、湿润和隐秘。倘若他还在,一定会这么说,它们在燃烧,藏匿,闪烁,熄灭。落日时分仿佛模仿他,或者将他铭记。我好像对他也有了新的感念。他的天才向来令我赞叹,他对美好风物超凡的感受力,不仅在格鲁吉亚文学、在我们整个当代文学中是罕见的,而且在任何文学、在任何时代都是宝贵的财富。他总是给我带来惊奇,在和一些人的通信中,我将他置于高不可及的位置。但如今,我想起他,却不是凭借以往对他的感知。犹如摆脱了某种非常重大的前提,即使相隔一段灾难的陨灭的距离,他的绝对纯粹的身影依然清晰地浮现(……),超乎他自己与水和森林、与上帝和未来的同在。

"是否应当对此加以传扬?让人们知道,再过数年,谁才是格鲁吉亚的马雅可夫斯基,或者谁将成为仿效的榜样,以及未来的年轻的文学将学习谁,如果它注定要发展的话。但身后之事的这一面从来不会触动我。令我惊异的是别的东西,不管表达起来有多难。惊异于他如此之多地遗留下来的形象，留在他曾经触碰与称呼过的事物间：一天的光阴，花朵和动物，森林里的绿地，秋日的天空，等等。而我们活着却不曾知道，他是以怎样的力量存在于我们中间，并以何等的威严一直存在。

“亲爱的塔玛拉·格奥尔基耶夫娜，请原谅我吧。我不该这么写信——不该给您这么写。诗歌，况且是粗劣的诗歌，在这儿不合时宜。但我还是要把写好的东西寄给您，不然，我何时才能向您和可爱可亲的美狄亚[1]，说出涌动在我内心的最需要说出的话语。”

或许，再找不出比这更好的语句了。令人惊奇的是，在帕斯捷尔纳克笔端，没有什么会显出轻慢的意味，甚至当他提到，在闻听雅什维利死去之后，他很想洗浴一番。有的只是某种兼收并蓄的有机的生命感，而不会顾忌表达的率性与失当。当这种感觉达到高潮，一切都是可行的。

纪齐安·塔毕泽于1937年10月10日被捕，当年12月被枪决（准确的日期至今不明）。帕斯捷尔纳克几乎是立刻就得知了他的被捕。他没想着通过邮局给尼娜·亚历山德罗夫娜寄信，因为他很清楚，信件会被检查；他不会用几句官样的套话打发她，也不可能以机关名义对她提供物质上的帮助。他请翻译工作者维克托·桑金转交自己的书信，不忘强调说，这项使命，犹如“他心灵所期望的荣耀”。他在信中也找到了真正使人振作的语句，尽管从一开始他就不相信，塔毕泽会幸免于难：“我知道，在某个最高层次上，我们之间还会有新的重逢，虽然它历经磨难，暂时被延迟，却在所有细节上都已预定，而我们的事业也只是不让这相逢受到损毁，也就是说，要活到它来临的一刻。”

4

帕斯捷尔纳克的小儿子列昂尼德，正好出生在1937年12月31日午夜。济娜伊达·尼古拉耶夫娜在回忆录中骄傲地宣称，医院建立四十年以来，也从未有过类似的事情。这个轰动一时的消息甚至刊登在报纸上：《莫斯科晚报》报道说，女公民济·尼·帕斯捷尔纳克的儿子成为新年第一个

---

① 帕奥罗·雅什维利的女儿。

出生的莫斯科人(至于新生的莫斯科人跟诗歌有什么关系,报道中只字未提)。帕斯捷尔纳克一家本打算去拉夫鲁巷,在伊万诺夫家过新年,但济娜伊达·尼古拉耶夫娜产前的阵痛于傍晚七点开始了——就在七点钟,帕斯捷尔纳克已将妻子送进克拉拉·蔡特金医院,这是一家特权医院,每个病房都有电话。鲍里斯·列昂尼德维奇自己来到伊万诺夫家,从那里每隔一小时给妻子打一次电话。当晚十点,济娜伊达·尼古拉耶夫娜告诉他说,看样子,分娩不会早于两三天之后,所以想让他接她出去,一起度过新年之夜。

“你疯啦!”他吼道,“安心卧床休息!”

没等挂上电话,她就意识到,他是对的:阵痛又开始了。新年钟声刚刚敲响,他又一次打电话到医院,向妻子祝贺新年,医护人员则向他告知,他当父亲了。他喜不自禁,一个劲儿地亲吻并感谢塔玛拉·弗拉基米洛夫娜①,仿佛济娜伊达·尼古拉耶夫娜幸福地解除了重负,是她一个人的功劳。不过,孩子的出生年份还是被登记为1937年,后来在回忆录中,济娜伊达·尼古拉耶夫娜对此不无痛苦地表示了遗憾:无论在征召入伍,还是战时的疏散方面,这多余的一年都严重影响了他。

第二天,阿菲诺格诺夫夫妇来到医院看望她,带来了一大篮鲜花和《莫斯科晚报》的剪报。钱又不够用了——帕斯捷尔纳克没有原创诗歌问世,而基本上在翻译西欧国家的抒情诗,出版社不太愿意出版这类作品,给付的稿酬也很可怜。孩子出生之后,济娜伊达·尼古拉耶夫娜甚至打算誊抄乐谱来贴补家用,但帕斯捷尔纳克很快就有了新的意外的收入来源。他开始翻译莎士比亚。

据塔拉先科夫证实,帕斯捷尔纳克自1936年起一再提到:“我们生活在莎士比亚时代。”他当时所指的是整个欧洲的反法西斯运动,他要借此说明,苏联将由历史的客体转变为主体。他的论断非常重要,正如塔拉先科夫记录下来的所有论断:这意味着,无论在农业集体化时期,还是在作家代表大会的日子里,甚至在革命的五年计划期间,他所理解的国家都不曾是历史的主体,换句话说,它的历史并非由其自身所创造。这一见解可谓真知灼见。革命活动以及随之而来的一切,事实上并非出自人民意志。这是厄运、

---

① 伊万诺夫的妻子。

劫难和历史预定交织而成的行为——与其说是古希腊式的冲突，不如说是莎士比亚式的；古希腊戏剧中扮演主要角色的是厄运，在莎士比亚那里，占据首要地位的则是人，这一点正是帕斯捷尔纳克谈到“莎士比亚的人性”经常强调的。帕斯捷尔纳克对此观点未作扩展，但他每次谈论莎士比亚时都会有所提及：无论在他个人的作品，还是在一些谈话录里。这表明，帕斯捷尔纳克将莎士比亚悲剧作品的主要特征归结于他的每个主人公所拥有的自由选择，以及存在之责任这一命题（归根结底，这是一个基督教命题，在《哈姆雷特》中表现得最为鲜明）。就帕斯捷尔纳克转向莎士比亚而言，三十年代欧洲历史背景的重要性，丝毫不亚于苏联恐怖的背景：他预感俄罗斯自我意识的复苏必将与一场大战联系在一起。在恐怖时期，人民仍将是历史的客体，并且不会就此发出自己的声音，正因如此，大战不可避免的观点在当时好像吓坏了所有人，除了帕斯捷尔纳克之外。唯有他想到战争时，几乎还抱有几分希望——每个人终将各得其所，各有所值。

1937 年，梅耶荷德时常向别人提议：“读一读《麦克白》吧！”在恐怖浪潮中，尤其是在斯大林充满喧嚣的鲜红色的大恐怖中，戏剧性随处可见。帕斯捷尔纳克对这样的戏剧性十分反感，众所周知，他不喜欢生活中的戏剧效果，他最讨厌用这种东西来装点生死之类的重大问题。帕斯捷尔纳克认为，悲剧主人公只有在他与恐怖剧相互对立的层面上才称得上英勇；在粗陋的舞台装饰的意义上，“捕鼠机”①当中那些戏拟的片段确实具有戏剧性，但真实性同戏剧化终究格格不入。正如帕斯捷尔纳克在致勃留索夫的信件中所说，“或许，整个莎士比亚就在于他与哈姆雷特这个影子的随意闲谈。”这里的关键词是“随意”。在帕斯捷尔纳克看来，莎士比亚作品的主要冲突蕴含于个性与周遭展开的戏剧之间的矛盾，戏剧总是单独上演，个性不愿受制于它的规则。对他而言，1937 至 1938 年间他的个人戏剧的基调也是如此。带着这种感觉，他迈向了自己的《哈姆雷特》。

翻译是梅耶荷德敲定的——在他处境最艰难的时期，在国立剧院关闭之后。据亚历山大·格拉德科夫回忆，1938 年 1 月 10 日，也就是剧院关门

① 参见《哈姆雷特》第三幕第二场。在这一场中，哈姆雷特请来伶人为国王和王后表演了名为“捕鼠机”的哑剧，影射他父亲的惨死和他母亲的不忠。

的第三天，帕斯捷尔纳克来找梅耶荷德。那是一个凝重的阴天，格拉德科夫当时在梅耶荷德家吃午饭，他记得，女主人济娜伊达·赖希（与帕斯捷尔纳克的妻子重名，他们两家的关系因而更显亲近）闷闷不乐，什么都没吃，弗谢沃洛德·埃米利耶维奇则一边给他那只参与《茶花女》演出的绿鹦鹉喂食，一边使劲儿开玩笑，逗它说话。玩笑不成功，因为他心绪不宁，每当电话铃响，都要冲过去看看，仿佛等待着什么。他在等待什么，或许自个儿也说不清。正如曼德尔施塔姆所云，斯大林让他们所有人都成为"守望者"。

帕斯捷尔纳克傍晚才过来，小坐了一会儿，不过，用格拉德科夫的话说，"重要的是，他来了。"梅耶荷德对他的到来非常高兴，拿出一瓶玫瑰庄园干红①，用心爱的绿色高脚杯斟满。他们说起克里姆林宫医生列文的被捕，都很吃惊，虽然，格拉德科夫写道，已经没有什么值得大惊小怪了。梅耶荷德说，他没有任何存款，过些日子，也许只能把汽车卖掉；帕斯捷尔纳克"近乎愉悦地"咕哝了一句，他也一无所有，还说存款根本就不该有，人的一生总是好打发的……梅耶荷德向他祝贺了儿子的出生。

除了长篇小说之外，帕斯捷尔纳克花费在《哈姆雷特》上的功夫，比在他本人任何作品上都要多。他先是以直译的方式，近乎机械地将这部悲剧完整翻译出来（对他来说，用自由体的五音部扬抑格书写，就像用散文来陈说，也是很自然的事情）。结果令他沮丧：按照他自己的统计，每一千行文字中，就有五行与洛津斯基②的译本一字不差。帕斯捷尔纳克甚至想给洛津斯基写一封信，表示自己的懊恼——"你赢了，加利利人"③，但原则上说，他也创造了一种新的翻译观。他决定写一部优秀的俄罗斯话剧，具有强劲的诗行和叙事诗的节奏，而不追求文本对应的准确性。他的《哈姆雷特》就这样开始成长，其准确性超过最准确的逐字逐句的译本，与此同时，它又是

---

① 产自法国波尔多地区的红葡萄酒。

② 米哈伊尔·列昂尼德维奇·洛津斯基（1886—1955），俄苏诗人，著名翻译家，精通多种语言，莎士比亚作品的译者之一。

③ 据基督教传说，这是罗马帝国皇帝弗拉维乌斯·尤利安（331—363）的临终遗言，表示基督教在罗马境内的获胜（因耶稣出生在加利利地区的拿撒勒，《圣经·新约》中偶尔用"加利利人"或"拿撒勒人"作为耶稣的代称）。尤利安是罗马帝国最后一个信仰多神教的皇帝，因其恢复罗马传统宗教并宣布与基督教决裂，被基督教会称为"背教者"。这句话后来成为一句西方谚语，意思是承认自己被对手战胜，带有戏谑意味。

完全属于帕斯捷尔纳克的再创作。

在1946年《论莎士比亚戏剧的翻译》一文中，帕斯捷尔纳克详略得当地论述了莎士比亚（他自己也为这篇三十页的文章之精练而自得）。文章起初未署名，用英文发表在《苏维埃文学》[①]杂志，十年后，缩写版刊登在《文学莫斯科》[②]。帕斯捷尔纳克在文中批评了作为戏剧主要成分的戏剧程式；而程式问题也是他本人尝试戏剧创作未获成功的原因。莎士比亚毕竟更懂得戏剧规则，但帕斯捷尔纳克的译作却展示出绝妙的对位效果（контрапункт）——相对于莎士比亚紧张的情节（这一点为托尔斯泰所诟病）和华丽的譬喻（帕斯捷尔纳克本人对此也有过托尔斯泰式的苛责："挂在作者嘴边，却难以在仓促间把捉的词语，时常被充斥着空洞套话的直露道白所占据。"），帕斯捷尔纳克的语言显得清新自然、刚劲有力。

普希金将莎士比亚视为杰出的诗人和天才的戏剧家；在帕斯捷尔纳克心目中，诗人莎士比亚的位置则高于剧作家莎士比亚。帕斯捷尔纳克认为，节奏是莎士比亚诗歌的基本要素，而在他自己的价值体系中，这也是诗歌文本最重要的特征。帕斯捷尔纳克写道，莎士比亚的大多数警句，均由节奏加以提示。事实上，用诗歌的眼光来看，他的翻译无可挑剔——仅从语言的力度就可见一斑；洛津斯基的翻译则属于逐字对应，更显深沉与浪漫，其所描摹的哈姆雷特，远非那般英勇和果决。帕斯捷尔纳克的《哈姆雷特》，首先叙说的乃是主人公与强加于他的戏剧之间的冲突：主人公的语言完全不同于他周围所有人物的语言（其中，帕斯捷尔纳克着意强调乔特鲁德[③]语言的婉转和元音的丰富，他尽力以等效方式来传达这一特点）。这些人物在语言特征上的差别并不明显，相比之下，哈姆雷特在识人断物方面硬朗、简洁、洒脱、冷峻的语言，则与他们所有人都有着天壤之别，甚至也包括他最亲密的朋友霍拉旭。经由帕斯捷尔纳克转译，哈姆雷特最有力的独白（第四幕

---

① 苏联时期，亚美尼亚作家协会机关刊物，创办于1933年（亚美尼亚语名称为《Советакан граканутюн》）。

② 一份在莫斯科出版的文学丛刊，创办于1956年，旨在团结苏联社会中反对极权体制的文学力量，仅出了两期就因官方激烈批评而停刊。

③ 丹麦王后，哈姆雷特之母。

第四场)跃然纸上——“我所见到、听到的一切,都好像在对我谴责,鞭策我赶快进行我的蹉跎未就的复仇大愿!”在这里,通过莎士比亚之口,似乎表达了帕斯捷尔纳克最珍视的思想观点之一(他在《李尔王》中也强调了类似的观点),他特别喜欢它,并且曾经对奥丽嘉·伊文斯卡娅的女儿指出:“说得多好啊——‘一个人要是把生活的幸福和目的,只看作吃吃喝喝,他还算是个什么东西?简直就是一头畜生!’”①非实用主义的价值,伟大的抽象原则,只有以这些为名义,牺牲才是值得的——这正是帕斯捷尔纳克一以贯之的主题:

勃勃雄心振起了他的精神,
使他藐视那不可知的结果,
为了弹丸大小的不毛之地,
拼着血肉之躯,挑战凶险、死亡和命运。
真正的伟大不是轻举妄动,
而是在荣誉的事业里奋然力争,
哪怕拼争只因一束稻秆而起。
可我的父亲遭惨杀,母亲被玷辱,
我的理智和情感都被这深仇所鼓荡,
我却因循隐忍,听其自然,
看着这两万人为了一个空虚的名声,
一片不够厮杀或埋骨的土地,
像迈向床榻般迈向他们的坟墓,
相形之下,我又将何地自容?
哦,从这一刻起,就让我
摒除一切的疑虑妄念,
把流血的思想充满在我的脑际!

这里似乎也有一种自责——周而复始的顺从、“与国家之间的交响”、犹疑(与此同时,友人们却惨遭杀戮,生活成了丑恶的事情)等等,已然将帕

① 这里出自《哈姆雷特》的引文,均以朱生豪先生译本为参照,个别地方有改动。

斯捷尔纳克引向疯癫的边缘。《哈姆雷特》,也是与时代决裂的姿态。

这部作品的第一个译本被帕斯捷尔纳克销毁,第二个完成于1939年春天。在此期间,发生了许多纯属莎士比亚式的变故,令人不寒而栗,甚至联想到查理三世①或克劳狄斯②的暴行,而这些暴行的浪漫化,会让帕斯捷尔纳克觉得是不可饶恕的罪孽。敲定翻译事宜的梅耶荷德被捕了。他的夫人济娜伊达·赖希也被禁止登台演出。这样一来,译稿束之高阁,但帕斯捷尔纳克并未绝望,工作中快慰的时光,化解了所有懊恼。1939年11月,正准备排演《哈姆雷特》的涅米洛维奇-丹钦柯③,忽然想听听帕斯捷尔纳克的译本效果如何,他本来采用的是安娜·拉德洛娃新潮而明快的译本(按照帕斯捷尔纳克的准确定论,这个译本"索然寡味")。结果,就在《哈姆雷特》即将上演之际,被采纳的反而是帕斯捷尔纳克译本:涅米洛维奇-丹钦柯写信对安娜·拉德洛娃傲慢地说,她的翻译固然不错,但莫斯科艺术剧院已有了一部杰出译本,并认为该译本更符合剧院的水准。排练开始了。关于后续的情形,有一个经久不息的传闻,还有一位当事人多少有些可信的证词:据说戏剧毁在了鲍里斯·利万诺夫手里;而根据利万诺夫本人在日记中对某些热点事件的记述,《哈姆雷特》未能在艺术剧院上演,是因为注定的厄运。

济娜伊达·尼古拉耶夫娜写道,有一次,在克里姆林宫的招待会上(利万诺夫的妻子更确切地提到,这是一场接见斯大林奖金获得者的活动),利万诺夫鼓足勇气,向斯大林"躬身",询问其对正在排演的哈姆雷特形象有什么指示;这可能并非溜须拍马,而是为预防演出遭到禁止与批评——还能怎样呢,一切毕竟都在斯大林的旨意下运转!以赛亚·伯林也记录了帕斯捷尔纳克对这一幕的讥讽:"他(利万诺夫——德·贝)想让斯大林随便说点什么,哪怕是无关紧要的几句话,也好让他可以夹在胳肢窝下,然后借此到处显摆。"帕斯捷尔纳克形象地描述道,倘若斯大林说"要演成紫色",那

---

① 查理三世(1452—1485),1483—1485年在位,传闻他杀害侄子爱德华五世而即位,莎士比亚著有同名戏剧(大约创作于1591年),描述了查理三世短暂的执政时期。

② 哈姆雷特的叔父,谋害了自己的兄弟,篡得王位,霸占了王后。

③ 弗拉基米尔·伊万诺维奇·涅米洛维奇-丹钦柯(1858—1943),俄苏戏剧导演,剧作家,莫斯科艺术剧院的创建者之一。

么，利万诺夫就会对演员们说，他们的表演还不够紫，因为领袖下达了十分明确的指示——应当演成紫色。面对利万诺夫，斯大林停下脚说："您是演员吗？是莫斯科艺术剧院的演员？那还是请您带着您的问题去请教剧院的艺术指导吧。我不是戏剧方面的专家。"接着，他沉默了片刻，又补充说："可既然您向我请教这个问题，那我就告诉您：《哈姆雷特》是一部颓废的戏剧，压根儿就不该上演。"第二天，排练就终止了。《哈姆雷特》直到斯大林去世都未能登上舞台（事实上，这部戏剧只在莫斯科和列宁格勒遭禁。演出获准在外省进行，包括在新西伯利亚；假如斯大林果真在大庭广众下称之为颓废，那么帕斯捷尔纳克的译本，还有洛津斯基的译本，就不可能一版再版）。

传闻所称斯大林的论断未必可信，因为很显然，这一说法另有来源。在1946年《关于电影〈宏大的生活〉[①]第二集的决议》中，《伊凡雷帝》第二集也遭到批判。决议就爱森斯坦这部作品指出，片中塑造的伊凡雷帝，"性格软弱，意志薄弱，近似于哈姆雷特。"帕斯捷尔纳克对这种论调深感愤怒，他在《论莎士比亚戏剧的翻译》中写道："在莎士比亚的时代，缺乏意志是闻所未闻的事情。人们对此不感兴趣。哈姆雷特的样貌在莎士比亚那里描绘得如此详尽，直观可见，跟通常所以为的意志薄弱并不一致。按照莎士比亚的构思，哈姆雷特恰是时刻不忘其王位权利的热血王子，旧宫廷的宠儿，因天赋出众而自许甚高的璞玉。在作者赋予他的种种品格当中，找不出优柔寡断来，他的品格也排斥这一点。反过来说，需要由观众判断的是，哈姆雷特做出的牺牲究竟有多大，假如在他对未来的瞻顾下，他放弃自己的利益是为了一个崇高的目的。（……）《哈姆雷特》不是一部关于无个性的戏剧，而是关于责任和自决的戏剧。"长期以来，无论哈姆雷特还是帕斯捷尔纳克，始终被指斥为意志薄弱之人，而这段表述，正是对此问题的回答。

鲍里斯·利万诺夫本人讲述的则完全是另一个故事（诚然，它极大程度地满足了他的虚荣）。1940年，在一次招待会上，斯大林看过影片《假如明天战争来临》和他心爱的《伏尔加，伏尔加》，跟利万诺夫谈起了莫斯科艺

① 一部反映顿巴斯煤矿工人生活的苏联电影，第一集拍摄于1939年，并于1941年获得斯大林奖金。第二集拍摄于1946年，但直到1958年才公开上映。

术剧院。当时已是深夜时分。

“契诃夫的《三姐妹》就不该搬上舞台。现在不是时候。契诃夫软弱无力。”

利万诺夫说，戏本身很不错。

“那就更不应该。您现在演的是什么角色？”

利万诺夫讲述了自己为《哈姆雷特》所做的准备。斯大林提了几个简短而明确的问题。说话间，他招了招手，工作人员用托盘端来两杯白兰地——小杯给他，大杯给利万诺夫。不喝是不可能的。利万诺夫喝了。

“您的哈姆雷特，是一个强有力的人吗？”斯大林最后问道。

“是的。”利万诺夫肯定地回答。

“这很好，因为软弱就要挨打。”

利万诺夫的说辞有其可信之处——四十年代的斯大林，很有可能需要一个鼓动性的“北欧人种的”哈姆雷特，而这也正是弗拉基米尔·纳博科夫后来在小说《Bend Sinister》①所描绘的形象；纳博科夫敏锐地感觉到，任何极权体制都需要自己的经典戏剧观念。在四十年代，战争动员观念有可能正逢其时——纳博科夫认为，这一观念将福丁布拉斯②置于剧作的核心。耐人寻味的是，帕斯捷尔纳克的译本居然完全可以满足主要的需求：经他演绎的《哈姆雷特》，的确是一部充满英雄气概的戏剧；难怪尼古拉·奥赫洛普科夫于1954年导演的《哈姆雷特》会成为“解冻”的象征（采用的是洛津斯基浪漫、抒情的译本），就在同一年，科津采夫根据帕斯捷尔纳克译本导演的《哈姆雷特》也在列宁格勒上演，却未能取得同样的成功。然而，莫斯科艺术剧院的这场戏，虽有德米特里耶夫制作的出色布景，以及利万诺夫作为主要角色的精彩发挥，到头来却未能摆脱厄运：1943年，涅米洛维奇-丹钦柯去世，1944年，接替他继续执导《哈姆雷特》的萨赫诺夫斯基也去世了。1945年2月，在没有任何外因的情况下，仅凭斯大林的口头指示，（艺术剧院版）《哈姆雷特》就无可挽回地遭到禁绝——利万诺夫得知消息时，还一身戏装，扮成哈姆雷特，进行着最后的彩排。所有恢复排练的请求全都无济于事。

---

① 纳博科夫的英文小说，创作于1947年，暂无汉译本，文献中有多个译名，如《左侧的勋带》《庶出的标志》《弯曲险恶》等。

② 《哈姆雷特》中的挪威王子。

帕斯捷尔纳克于1940年发表了《哈姆雷特》，在当年的《青年近卫军》杂志第5期和第6期上连载，附带一篇不长的序言，阐述其翻译观。在朋友圈里和许多晚会上，他乐意大段大段地朗诵他的译著，莫斯科知识分子们聚集在这些场合，贴近真实与勇敢，从中感受到被淡忘的昔日的愉悦。只有新西伯利亚著名的“红色火炬”剧院上演了帕斯捷尔纳克翻译的剧作，这家剧院敢于跟首都最好的舞台展开竞争。

1939年8月23日，帕斯捷尔纳克的母亲罗扎利娅·伊西多洛夫娜在牛津去世。当时，回复国外信件也已成了可怕的事情。收到父亲通告噩耗的书信之后，帕斯捷尔纳克甚至不敢回信。写给妹妹的信中会出现明显的委婉语——帕斯捷尔纳克仿佛是在与检查人员暗中较劲，让他们知道，对于他们的伎俩，他心知肚明。“我知道，你们那里有抢劫和黑暗，我为你们感到不安”。1940年2月14日，他写信对弗莱登伯格说。

国立剧院关闭后，梅耶荷德来到列宁格勒的亚历山大剧院（小话剧院）工作，执导了《假面舞会》，帕斯捷尔纳克一直想看这部戏，却怎么都没有机会。梅耶荷德在刑讯下供出了帕斯捷尔纳克。办案人员用橡胶棍击打他的腿部和脊背，强迫他喝尿，不让睡觉。他当时六十五岁。招供没多久，他便反悔了，他写了一份声明，称这是屈打成招。这当然也挽救不了帕斯捷尔纳克：安德烈·马尔罗被指控为托洛茨基分子的主要联络人，而梅耶荷德则留有一张他本人与帕斯捷尔纳克及马尔罗的合影。假如莫斯科和列宁格勒的托洛茨基中心案件——由于此案，扎波罗茨基、柯里佐夫、雅森斯基、巴别尔和梅耶荷德先后被捕——进行到底，帕斯捷尔纳克也会成为1939年秋天首批被捕者之一，连同阿列克谢·托尔斯泰、尼古拉·吉洪诺夫和以利亚·爱伦堡等人。

那时，正如我们所知，斯大林更关注的是对军事人员的审判。不过，三十年代最大的诗人之所以神秘地逃过劫难，这恐怕并不是唯一的原因。

5

每一位帕斯捷尔纳克的传记作者都会遇到同一个问题：他究竟为什么没有遭到镇压？

就此问题,有许多合乎逻辑的解答和一个未必合理,但似乎又是唯一可信的答案。前一类解答我们已有过分析,它们均非无懈可击:所谓斯大林戕害的是远比帕斯捷尔纳克更知名,也更忠心的人士。以及更胆大的。以及才华方面毫不逊色的。更不必说在被捕者当中,选择了同化的犹太人、反对“拉普”的“同路人”、向国外展现苏联自由之风与文化复兴的文学名人,同样为数众多。

扎波罗茨基像外省会计,曼德尔施塔姆神色仓皇,俨如犹太裁缝。帕斯捷尔纳克则像一位诗人——太像了,阿赫玛托娃也是如此;这一点,也只有这一点,才能够解释他们为何幸免于难。两人都受到过打压,阿赫马托娃的两位丈夫先后遭残害,儿子也差点死于非命。然而,他们却没有被击垮,因为面对命运的司祭,所有人的血性中都毫无例外地存有原始的躁动,在古典气质的人物那里,这种精神遗存则更强健,无人能将其征服,甚至向来对书面文字缺乏敬意的赫鲁晓夫也不能。迫害——是的,消灭——却不可能。甚至在曼德尔施塔姆的问题上,斯大林起初也仅仅要求“使之孤立,但要保全”。

帕斯捷尔纳克幸免的原因或许在于,他始终有意识地培育着诗人的形象,“惶然失措的神”的形象;或许只是因为,他无法以别的方式安身立命。不管怎么说,他毕竟安然无损:像所有老练的统治者一样,斯大林非常清楚自己权能的界限,也就不会侵犯那些古老的禁忌。

第三十三章　魔怪圆舞曲

1

1940 年,诗歌又回到帕斯捷尔纳克身边。他认为写于战前的“别列捷尔金诺系列”是命运的奖赏——因为向真实的归返,也因为拒绝强制性的作伪与国家的诱惑。帕斯捷尔纳克的创作晚期始于这些诗作,它们使他的天才臻于巅峰。

帕斯捷尔纳克一旦重新开始写诗，旧有的一切都回归了，包括自尊、希望与和谐。他对阿赫玛托娃说过，他自己都不明白，为什么会娶济娜为妻，但时至今日才考虑和她分手。1941 年 5 月，他已决意离家出走，有可能彻底离开拉夫鲁申巷的新居。以《又是春天》一诗为起点，他再度找回了自我，而整个三十年代，他都未曾写过类似的诗篇。仍是原先的节奏，始于早年的神奇的节奏，就像是三十年前他以同样节奏写下的："一匹和另一匹……踩踏蒿草。"

火车离去。夜色如炭粉散落。
昏暗中我该如何将道路找寻？
难以辨识的方向，
虽然我和白昼就来自那里。
铸铁的撞击声在枕木间凝滞。
忽然——出现了什么新的景象：
人来人往，长舌妇的闲话。
是什么样的鬼怪将她们迷住？

去年不知何时，我曾经在何处
偶尔听到过这些话语的片段？
哦，如今，这大概又是溪水
从夜晚的小树林里涌出来。
这就像以往的岁月，
拦河坝胀开，推移着冰块。
这果真是新的奇迹，
这就像原先一样，又是春天。

这是她，这是春天。
这是她的魔法和怪样，
这是她晾在杨柳枝头的棉衣，
是她的双肩、腰身和三角头巾。

这是悬崖边的雪姑娘。
这是疯癫的唠叨鬼关于她的呓语，
是流淌在峡谷深处
不停歇的急促语调。

这是湍流在她面前冲向障碍，
沉浸于水的醉态，
继而形成瀑布，带着喧声
吊灯似的钉入峭壁。
这是牙齿因伤风而颤栗，
是浮冰的河水漫过崖岸，汇进池塘，
又从这里涌入另一个容器。
春潮的絮语——生活的呓语。

他重新听到了生活新鲜的话语，这不失为一个奇迹，而且这话语的节奏被他立刻把握住：春天的华尔兹旋舞的节奏。屡屡提到的魔鬼、撒旦、鬼怪，也并非出于偶然——永远是夏天和永远是夜晚的三十年代莫斯科的撒旦舞会，萦绕在布尔加科夫脑海中！——而这里的鬼怪则是快乐的、不可怕的、不具任何哲学观念和恶魔思想的。这里的所有鬼怪现象仅仅表现为，生活不再顾及各种指示和决议，自主运转起来，奔涌不息；抗拒生活是无益的：这是回归的节日，向真正的自我、童年和勃洛克的回归。

我多么爱她呀，在最初的日子
当她刚刚走出森林和暴风雪！
树枝尚未克服窘态。
慵懒的枝条不慌不忙
一边在身上缓缓荡漾，
一边垂下银色的丝绦。
一床被单紧裹着树墩。
…………
苹果归苹果树，球果归枞树，

但不归这一棵。这是宁静的树。
全然不同的宁静的树。
这是被拣选的宠儿,
她的夜晚绵延不绝。
民间的谚语她丝毫不惧怕。
独有的命运已经为她预定:
在苹果的金黄中,火焰的女宾
向极限飞升,犹如先知升向天穹。

我多么爱她呀,在最初的日子
当所有人都在谈论着枞树。

(《含泪的圆舞曲》,1941)

1940年冬天,在惨烈与溃败的芬兰战争①期间,在1939年归国的玛丽娜·茨维塔耶娃与帕斯捷尔纳克同处精神困境的可怕时期,这幸福的征兆从何而来?当时茨维塔耶娃的丈夫和女儿先后被捕,她独自居住在戈利岑胡同的作协"创作之家",生活没有着落,帕斯捷尔纳克竭尽所能地帮助她,给巴甫连珂写信为她求情,但这封信本身却透出如此无望的气息,就连最具善意的读者也都明白:这是敷衍。

究竟发生了什么?

帕斯捷尔纳克处于绝望时刻每每发生的事情,又一次不期而至:当无所希望也无可失去之际,他重新成为诗人,并再度感受到幸福。因为只有在此情形下,他才可能找回自我。

2

奇迹的谜底,就在于他最有名的诗作之一《霜》。这是一首当之无愧的

---

① 指1939年11月爆发的苏芬战争。当时,苏联军队入侵芬兰,遭到芬兰方面顽强抵抗,苏军以极大代价于次年3月赢得战争,根据双方停战协定,芬兰将百分之十的国土割让给苏联。

名诗:俄罗斯文学中少有如此悦耳与精准的作品。对于帕斯捷尔纳克而言,这还是一首预言般的诗作——1941 年冬天,“一切变成了现实”(诗的构思始于 1940 年秋天,完成于翌年春天)。

叶落无声的时节。
雁群最后的翩飞。
何必慌乱:惶恐之际
眼睛自会睁大。

就让风来照看花楸,
吓唬它,哄它入梦。
造物的法则不足为信,
美满童话一样是骗局。

明天你将从睡梦中苏醒,
去看那冬日平静的湖面,
你又会来到抽水站,
站在角落,凝然不动。

又是这些飞舞的雪花,
屋顶、烟囱和圣诞老人,
又是扮作假面小丑的
呆愣愣的树林。

从毛皮高帽底下直到眉毛,
转瞬间全都结起冰霜,
像蹑手蹑脚的狼獾,
一切都在枝头窥望。

你怀着犹疑前行。
一条小径隐入峡谷。

这里是霜的拱形阁楼，
楼门饰以筛状的格板。

霜雪厚实的帷幔背后，
延伸着一道防护之墙，
以及大路和小树林的边缘，
新的密林也显出轮廓。

盛大而庄严的寂静，
镶嵌在雕刻的画框内，
像一首四行诗，咏唱着
棺椁中沉睡的公主。①

白皑皑的死的王国，
心神不定地陷入颤栗，
我悄声向它低语："谢谢，
你的惠赐，多于对你的祈求。"

这是一首一览无余、清澈见底的诗："陷入颤栗"的"死的王国"，以匪夷所思的奇迹将我们震撼。生活一如美好结局的童话，但不足为信，而诗中透出的基督教观念，则表明漫长惶惑的幸福的解决：原来，不应慌乱！原来，世界只是在唬人——在转弯处，等待我们的是宽恕，是从万般屈辱中的解脱，是谜题的勘破和神奇的变容！这个从地平线上升起的世界，将要被战争的诗篇洞穿，"但我心中为何没有恐惧"，因为有着奇迹般获救的隐秘的猜解。帕斯捷尔纳克的宗教，是某种关于神奇拯救的信仰。

"苦役，多么美好的恩赐！"

当然，这并不适用于任何人。需要一种梦幻般的内在力量、罕有的慷慨大度，需要"包容的极致"。分享——出于丰富，相信——出于幸福与感恩。帕斯捷尔纳克只需对他人时常不可见的很少一点，就足以感知恩典。但幸

① 此处是帕斯捷尔纳克对普希金童话诗《死公主和七勇士的故事》(1833)的呼应。

福的解脱却必不可少，由此而生的便是信仰。正因如此，帕斯捷尔纳克在任何时候都不会暗自沮丧，不会考虑梦幻般的幸运会背叛他。

也正因如此，能够领会其信仰的，是那些向来以审美和乐感来观照世界的人，那些善于从空无——从风景、音乐和他人一句偶然的同情话语中创造出幸福的人。不过，任何信仰也只对少数人可行，大多数人仅仅模仿信仰。在保守僵化的头脑中，信仰几乎总是意味着傲慢的、绝对的正义，而这一点，正是帕斯捷尔纳克极度厌恶和难以容忍的。这，顺带说一句，也是他的宗教孤独感的原因：《日瓦戈医生》的宗教含义不被大多数读者所理解，许多人（譬如楚科夫斯基）视宗教为无可救药的陈迹，怎样都无法从中看到时代获救的希望（楚科夫斯基及其同道们将艺术变成自己的宗教，这种异教的唯美主义才是真正的陈迹，既不能使人摆脱绝望，也不能摆脱相对主义）。另一些人则相反，他们在苏联时期半地下的信仰中生存，无意识地接受了不妥协的异见者的道德伦理，因而信仰成为一种空幻、极端和宗派的东西。帕斯捷尔纳克对此之反感，丝毫不亚于对苏联无神论。在信仰遭禁锢的无神论社会，宗教狂热（mania religiosa）——宗教土壤上的精神错乱现象，反倒尤为频繁（安·库拉耶夫断言，在今日俄罗斯这个延续着无神论，同时又“战胜了神秘主义”的国家，各种教派势力的兴起也是由于同样的原因）。

帕斯捷尔纳克信仰的特点就在于，它注定不可能成为国家的信仰。他对待官方教会，似乎跟对待犹太复活主义一样淡漠：犹太血统的属性之于他，并不意味着一名犹太人的自我认同，基督教信仰也不能证明某个具体教派的归属。他不持斋，不常去教堂，没有证据表明，他受过洗，领过圣餐或做过忏悔。有人回忆称，他熟知安魂仪式，并且曾在亲友的葬礼上配合过神父，不过，生长在布尔什维克革命前的人们，很少有人不懂得这些宗教礼仪。帕斯捷尔纳克的宗教信仰——一条个人拯救之路，很难想象，这种信仰会得到广泛传播、普及与贯彻，而他所憎恶的庸俗，则有可能大行其道。

与此同时，气氛日益紧张。1941 年 2 月 4 日，帕斯捷尔纳克写信对奥丽嘉说：“我们的恩人觉得，迄今为止，他们都太过心慈手软，现在到了该醒悟的时候。彼得一世已不是合适的平行线。新的崇拜对象被公开宣扬，这便是伊凡雷帝、特辖军和残酷性。”由此可见，帕斯捷尔纳克已不再畏惧书信检查。此处还隐然飘荡着大战的幽灵，无论它多么出乎意料，也无论帕斯捷尔纳克本人对阴森森的战争传言多么抵触。社会上从未有过如此浓重的乌云。苏联历史从未有过如此阴郁的社会心态,而表面看起来,却是一派令人厌恶的昂扬激情与盲目乐观。

第　三　部

八月　变容

第三十四章　战争

1

1941 年夏天和秋天——帕斯捷尔纳克一生中最可怕的半年。不过，往好里说，这也是他在整个苏联时期首次经历的幸福的半年，因为他喜爱的灾祸与团圆一道降临了。当年 9 月，他在写给妻子（她与斯塔西克和廖尼亚①一起疏散到了契斯托波尔）的一封信中说道："情况危急。基辅陷落了。一切都会有急骤和未知的可怕结局。但我心中反倒无所畏惧。我对未来反而越来越关注，信心也越来越大。"

或许，帕斯捷尔纳克的乐观主义仅仅基于一个缘由：事到如今，所有虚假都将毁灭，真理终将重振并获胜。"整个雨夜，我都在思考这件事。究竟该当如何，该追求什么，牺牲什么？不能说，我多么渴念俄罗斯的胜利，而无视其他任何期望。可是，难道我会期望愚妄、虚假和长期庸俗的胜利？"（9 月 12 日写给妻子的信）如何将某一事物跟另一事物、俄罗斯跟愚妄、祖国跟虚假区分开来——只能走一步算一步。帕斯捷尔纳克希望，这一切由战争来完成。

战争岁月里，国家终于将注意力从国民日常生活上移开。谁都无力回答，明天会发生什么。出现了奇异的自由、间歇和恍如隔世之感。帕斯捷尔纳克爱上了这种状态。主要是——不再为生活而焦虑。即使焦虑，又能作

① 帕斯捷尔纳克小儿子列昂尼德的昵称。

何选择？“在德国人对我发生兴趣之前，我们自己的饥饿就会要了我的命”，帕斯捷尔纳克在信中对济娜伊达·尼古拉耶夫娜说。他的表述距离真实并不遥远：当年秋天，他半饥半饱，依靠自家园子里的土豆和黄瓜勉强度日。

直到10月，他才有了勇气向妻子说“再见”——此前，他还以为他们不再有相聚之日。拒绝疏散是他的基本立场：这要么是因为，他觉得德国人不会打到莫斯科，要么因为他不愿逃跑，要么就是他暗地里相信（这是最离奇，也最有可能的），只要有他在，就不会有事。他相信自有神佑，同时又小心翼翼地掩盖为他所独有的这一想法（他不喜欢夸大他个人的重要性）。他听从命运，以无怨和感恩之情将自己交给上帝的意志。怀着1940年春天就已到来的激情，他写下这些甚至可能成为绝笔的书信，不再有任何畏惧。

2

6月21日，星期天，费定夫人朵拉·谢尔盖耶夫娜来到帕斯捷尔纳克家的别墅，惊慌失措地说：“跟德国人的战争很快就要开始了。”

她从何处得知消息——这也是一个谜。流言横飞。但此时的费定并未得宠，作协还不归他领导。或许这是女性的直觉。

据济娜伊达·尼古拉耶夫娜回忆，朵拉所说的“听起来不可信”。傍晚，她来到莫斯科，为了星期天早上与前夫一起去莫斯科郊外的“红蔷薇”结核病医院看望阿季克。在莫斯科，她顺道去了谢尔文斯基家，转告了战争即将爆发的传闻。谢尔文斯基连称她愚蠢，并给她上了一堂大课，说德国人跟我们有协定。他正好准备去别列捷尔金诺，想在别墅度周末。

22日一大早，他们与加利一起前往医院。买了蜂蜜、巧克力和一束花。四天前，阿季克接受了一场手术，切除了一截感染的踝骨，病情却未缓解。父母看到他面无血色，衰弱不堪。他说，三天来，他疼痛难忍，一个劲儿用脑袋撞墙，但现在感觉似乎好些了。济娜伊达·尼古拉耶夫娜和加利·涅加乌斯在儿子身边待了两个小时，正准备离去，一个女卫生员突然闯进病房说：莫洛托夫发表了讲话，宣告战争爆发。

精明干练的济娜伊达·尼古拉耶夫娜像这一类型的所有人一样，具有强大的直觉。闻听战争爆发的刹那间，她便明确意识到："阿季克活不成了。"她后来回忆，这是自己得知那个惊人消息之后的第一个念头。她想的没错：阿季克活到疏散结束，随后被带到莫斯科，于战争胜利前一星期死去。

父母在阿季克那儿又待了一小时，才返回莫斯科。城市变得面目全非，商店柜台全空了。为买面包排起了长队。济娜伊达·尼古拉耶夫娜想买点食品带回别墅给丈夫和儿子，却什么都没买到，只好回到别列捷尔金诺。自然，帕斯捷尔纳克已经知道了这一切。他赶紧安慰她：会活下去的，土豆有的是，甚至还提到自己栽种的"麝香草莓"……

3

战争初期，国家对被占领土上的兽行几乎一无所知，帕斯捷尔纳克则意识到这场灾难的规模和威胁的严重性。他不指望很快转败为胜，但也不急于加入到疏散中。他觉得，危难关头不宜考虑个人生命的获救。他已经过了应征入伍的年龄，却还想干点实事，不愿撤离到俄罗斯内地或中亚地区。

6月的最初几天，开始了对作家的动员——暂时作为战地记者。法捷耶夫受命担任迅速组建的信息局领导。楚科夫斯基成为该局英美处工作人员。《红星报》和《消息报》分别向伊万诺夫发出邀请。帕斯捷尔纳克却未接到任何指派。

紧急时刻，一些作家组成编队，走家串户，检查灯火管制情况，查看是否每户人家都用被子将窗户遮住。为应对可能发生的空袭，开始挖掘逃生的堑壕。帕斯捷尔纳克和费定挖的是同一条壕沟。这正是帕斯捷尔纳克喜欢的共同与集体的劳动。劳动间隙和傍晚时分，在窗口遮蔽的各家，唯一讨论的问题是：德国人的进攻为何如此之快？到7月中旬，德军距离莫斯科仅有三百公里之遥。

车站上，一直不断地敲打着钢轨，别列捷尔金诺当初的居民，全都记得这个声音。这是训练时的警报声：提示人们尽快离开居所，到堑壕中隐蔽。帕斯捷尔纳克夫妇把履行民防职责当作神圣使命：济娜伊达·尼古拉耶夫娜，典型的"夜猫子"，夜里三点还很有劲头；鲍里斯·列昂尼德维奇，生来是早睡早起的"百灵鸟"，要求每天黎明叫醒自己。他们就这样轮流值守，以免错过警报。

帕斯捷尔纳克的长子叶甫盖尼十年级一毕业，就与其他同学一起被派往斯摩棱斯克挖掘战壕，他们离开后才三天，这座城市便沦陷了。一份作家子女疏散名单很快编制出来，三岁的廖尼亚和十二岁的斯塔西克名列其中。只有三岁以下幼儿才能跟随母亲，其余孩子另行疏散，没有父母陪伴。帕斯捷尔纳克夫妇想办法从房管员那儿搞到一纸公文，试图证明廖尼亚的年龄登记有误，却无济于事。幸亏不怕任何苦差的济娜伊达·尼古拉耶夫娜被纳入教导员梯队。她想留在莫斯科，跟因病不能中断治疗、不能离开疗养院的阿季克待在一起，但帕斯捷尔纳克劝她把廖尼亚和斯塔西克带走，阿季克可以由他来照看。7 月 9 日，济娜伊达·尼古拉耶夫娜带孩子前往卡马河岸边的别尔苏特。不允许多带东西。她把一些书信和《安全保护证》第二篇的手稿——丈夫的第一件礼物藏进儿子皮袄里。

在车站上，鲍里斯·列昂尼德维奇精神饱满，鼓励着妻子。即使与儿子道别，他的精神力量也未消退，他抓住儿子的手，一本正经地说："有种可怕的东西正在逼近。如果你丢掉了父亲，那就努力长成像我和妈妈一样。"

他当天就回到别列捷尔金诺，开始了充满辛劳与期待的生活，恍若在梦境中静候毁灭的来临。不过，他偶尔也惊异于自己幸福的预感：他觉得，一切都未终结，如今就算坠入深渊，未来之光仍然越来越清晰，但这究竟是死亡之后的变容（преображение），还是生命获胜的幸福，他却不知道。一个不寻常的夏天——仿佛故意作对似的，1941 年的收成超乎想象；撤退的部队踏过沉甸甸的成熟的小麦，废弃的菜园里爬满黄瓜秧，麝香草莓在别列捷尔金诺疯长，致使田畦难以穿行，好像大地终于等来了与人类的彻底了断，终于可以干自己的事情了。帕斯捷尔纳克爱上了这片荒废的土地，它有点像他自己那颗从一切压抑中解脱，自在地结满果实的心。1941 年夏天，他继续着春天里进展顺利的写作：他不止一次将 3 月的别列捷尔金诺组诗称为最好的作品——直到 1947 年，他开始书写《日瓦戈医生》及其附带的诗歌。别列捷尔金诺的时光，不再有领导、监控和家务。孤寂、自由的生活，成为《无所归依的人》《可怕的童话》《虚假的恐慌》《哨所》《勇气》《致俄罗斯天才》等诗篇的主题，而他写给妻子的书信则温情如故，清新爽朗，足以跟他的诗作媲美。

7月中旬，长子叶甫盖尼回来了，与母亲（叶甫盖尼娅·卢里耶）一起在父亲别墅小住了几天。帕斯捷尔纳克觉得，儿子仿佛刚从炼狱归来。作为见证者，他讲述了战争的最初一幕：一名德军飞行员，目睹了和平居民的滚滚人流前往第聂伯河上游挖掘战壕，随后自愿投降做了俘虏。这名富于感性的飞行员内心究竟起了怎样的变化，只有上帝才知道。安德烈·普拉东诺夫依据叶甫盖尼的叙说写了一篇小说，试图再现这种微妙的心理。8月6日，叶甫盖尼娅·弗拉基米洛夫娜和儿子动身去往塔什干的疏散地。因为事情紧急，他们没来得及跟帕斯捷尔纳克道别，而他当天也恰巧没能从别列捷尔金诺离开。

在此期间，帕斯捷尔纳克的生活不仅限于料理菜园，写诗撰文。他接受了军事训练：每天午后从四点到八点，在普列斯年斯克哨所后面的靶场和训练场；他的枪法比谁都准，在《无所归依的人》一诗中，他自豪地写道："他还不算老迈，/也未曾被年轻人非议，/他的霰弹枪/却比他年轻二十多岁。"由于每天的训练，当阿季克随同整个结核病疗养院迁往尼日内·乌法列伊时，他未能与之告别。为阿季克送行的是他的亲生父亲涅加乌斯。火车驶离莫斯科之前，在铁路专线上停了两天。帕斯捷尔纳克在别列捷尔金诺度过忙碌的早晨：翻译苏联人民的爱国抒情诗，撰写文章（因为冷峻清醒的笔调同盲目乐观的闲谈毫不相干，这些文章被拒绝发表），记录他本人诗歌创作的片段，然后赶往莫斯科，处理出版事宜，追讨稿费，请求预支——该给妻子寄钱了，8月28日，她与所有作家子女一起从别尔苏特迁往契斯托波尔。白天，他忙得不可开交——黎明即起，工作到晌午，下午四点之前将写好的文章分别寄往不同的编辑部，练习射击到九点，一整天只吃一顿；直到天色全黑，才返回别列捷尔金诺。他喜欢这种活法。"我不抱怨自己的生活，因为我喜爱艰辛的命运，受不了无所事事，"但同时他又补充道："我是说不抱怨，可是，在这空荡荡的两座屋舍之间，在我替你们担心之际，在我挨家巡查、写稿挣钱、参加军事训练时，我的心真的要碎了。"

4

或许，正是在这里，在这初秋的日子，他遇到了极其严峻的"状况"，一如《日瓦戈医生》主要一章《荒野中的花楸树》所展现。小说后来的描述也符合他此时的境遇："尤里·安德烈耶维奇身上发生了不可思议的变化。他渐渐失去了理智。他还从未有过这种古怪的生活。房子他不收拾了，对自己也不关心了；他把黑夜当作白天，自从拉丽萨走后，他就忘记了时间。他喝酒，为拉丽萨写诗，但经过他一再修改和润饰，诗中的拉丽萨已经离她的本来面目越来越远，不像是那个带卡秋莎远行的母亲。"①

在这里，在秋天的别列捷尔金诺，他感受到幸福的绝望和牺牲的勇气，写于1949年11月的《秋天》——尤里·日瓦戈名下最具个性的诗篇，或许正是这种心境的写照。

我送家人各奔东西，
亲友早已零落天涯。
总是免不了的孤独
满溢在内心和自然。
…………
如今，木墙满怀忧伤
只好将目光投向你我，
我们不愿冲破障碍，
我们将坦荡地毁灭。
…………
就让树叶更喧嚣，
更加恣肆地洒落，
让今日几多愁绪
比昨天的苦酒更浓。

当然，这也是对1948年9月的回忆，当时他一个人住在别列捷尔金诺，思念着伊文斯卡娅，他们刚刚一起度过了甜蜜的"城里的夏天"：当年秋天，妻子带儿子去了莫斯科，他在别墅生起火炉（"我喜欢生炉子，也就是说，当

---

① 引自《日瓦戈医生》第十四章第14节。这里提到的《荒野中的花楸树》系小说第十二章标题（俄语为《Рябина в сахаре》，因具有多重语义，不同译者有不同译名，如《荒漠中的花楸树》《山梨树》《甜蜜的花楸》等）。

寒气袭来，柴火充足时，我喜欢那种掌控局势的感觉”），希望不再返回城里，他要用急速翻译的《浮士德》向妻子证明自己。但在1948年的别列捷尔金诺，似乎并无任何毁灭的迹象，起码与1941年秋天绝无相像。“我们将坦荡地毁灭”的挑战意味，不仅是一场黄昏恋情的回响，由此也展开喧嚣、恣肆的秋日记忆，突然降临与呈现的永恒孤独的记忆。这已然是别列捷尔金诺古老生活的一幅图景。

尤拉对拉拉的回忆，同样也是帕斯捷尔纳克对别列捷尔金诺生活的回忆——当他返回时，济娜伊达·尼古拉耶夫娜和两个儿子刚从那里离去，只留下空荡荡的房间。东西收拾得匆忙，别墅里一片狼藉，跟平常的齐整大不相同，他从中看到了闯入他们生活的乱象，他记住了这幅景象，以便后来将回忆传递给日瓦戈医生：“他走进屋子，锁上门，脱下大衣。当他走进拉丽萨早晨收拾得整整齐齐、后来又因匆忙打点行装而弄乱的卧室，当他看到凌乱的被褥和地板上以及椅子上杂乱的衣物时，他竟俯伏在桌沿上，用被角捂住脸，像孩子一样放声痛哭。他哭了没多久，便站起来，迅速拭去泪水，用惊愕、疲惫、失神的目光痴痴地朝四下看了看。”①

他从门槛边向里张望，
认不出那是自己的家。
她的离去犹如私奔，
到处是破败的残迹。
…………
他一个人茫然四顾，
发现她出走时
从上到下翻遍了
橱柜里每一件东西。

徘徊着直到黄昏，
才想起把凌乱的布头
和裁剪的纸样

① 引自《日瓦戈医生》第十四章第13节。

收拾好放进箱子。

缝衣针还插在针线活上，
无意间的触碰
让他不禁悄声哭泣，
仿佛她就在眼前。①

这首写于1953年(《尤里·日瓦戈的诗》当中写得最晚的一首)简洁而伤感的诗作，无疑跟济娜伊达·尼古拉耶夫娜相关。她和伊文斯卡娅，究竟谁是拉拉唯一的原型，人们一直争论不休；而这首诗，正是有利于她的重要证据，这也是对于写在柯布列梯他们热恋之时的抑扬格组诗《波浪》的回应。海的主题仿佛凭空而来——“无以排遣的愁绪，更像是海的荒凉”；在《日瓦戈医生》当中跟这首诗对应的片段里，也出现了海的形象，以及明显是关于《波浪》的回忆：“我将这样来描写你，把你的形象移到纸上：经历过大海的狂风暴雨之后，沙滩上留下一股奔腾得最远的巨浪的痕迹。那股浪像一条蜿蜒的曲线，把浮石、软木、贝壳、海藻以及最轻最小的东西从海底翻上来，送上沙滩。这是最高的激浪冲出的海岸线，一直伸向无尽的远方。”②《离别》中海的主题，源于柯布列梯的波浪。在帕斯捷尔纳克那里，每段恋情都有各自对应的场域：叶莲娜·维诺格拉德——铁路和草原，济娜伊达·涅加乌斯——海和城市，奥丽嘉·伊文斯卡娅——河流和森林。

5

他的文章未被采纳，大部分也都未保留下来。利季娅·楚科夫斯卡娅读过其中的一篇，还记得他试图将充斥于苏联政论文中千篇一律的爱国高调转换为让人可亲近的主题；他要说的是，俄罗斯，不仅是国名，也是每个妻子与母亲的名字。在战争初期，这听起来像不和谐的杂音，所以，文章没能发表也不足为怪。一些译作倒是陆续被采用：9月17日，《文学报》刊登了

① 引自帕斯捷尔纳克《离别》(1953)。
② 引自《日瓦戈医生》第十四章第13节。

扬·苏德拉博卡尔恩[①]的《致俄罗斯人民》,10 月 1 日,刊登了西蒙·契科瓦尼[②]的《胜利》,两星期后,又是他的《海鹰》。编辑部无意刊发帕斯捷尔纳克的原创诗,他却像往常一样认真严肃,甚至努力"在时代的音调下生活和思考"。苏联官方宣传早就开始了为"俄罗斯的"一词正名,而"苏维埃的"这一意识形态概念则有所淡化;已经允许承认,俄罗斯民族的历史并非始于 1917 年。1942 年,为动员国家,斯大林公开采取了强有力的刺激手段:二十多年来作为苏联文化对立面的俄罗斯文化,终于获得了与前者同等的地位。直到 1941 年秋天,帕斯捷尔纳克的诗还是太缺乏苏联意蕴,而让人惊异的是,这些诗作极具爱国主义色彩,却又突破并超越一切意识形态,因而只能假借原创的标题,以译作形式来发表。

1941 年,帕斯捷尔纳克仍然相信,1917 年革命实为"俄罗斯天才"之体现,这一基本立场反映在他所看重的《致俄罗斯天才》中:

你超越一切傲慢
自那个重大时刻起,
将一具具偶像掀翻,
将永恒贮存。

偶像的寓意,无须争议;就在 1941 年秋天的一份申请中,他还明确表达了自己的意愿,想要创作一部有关时代性的话剧。叶甫盖尼·帕斯捷尔纳克后来写道:"作者将俄罗斯文化与社会主义文化视为二十世纪前半叶主要的、内涵丰富的事实,他在努力,譬如说,展现两者间的同一性……他努力赋予时代性以表情……最质朴的精神之显现,在哪里都一样,无论人们是正确的还是有过错的。"与其说诗人之子在为父亲辩解,不如说是在解释其立场,他强调,在 1941 年,"苏联精神"至少有两项成就为帕斯捷尔纳克所赞赏:战胜了牟利的观念,使妇女摆脱了屈辱。

俄罗斯文化与苏联文化之间的同一性、后期斯大林主义的主要论题,也在此时的帕斯捷尔纳克头脑中萦绕——战争时期是否会有另一种立场,姑

---

① 扬·苏德拉博卡尔恩(1894—1975),拉脱维亚诗人,原名叫作阿尔维德·扬诺维奇·佩尔涅。
② 西蒙·契科瓦尼·伊万诺维奇(1902/1903—1966),格鲁吉亚诗人,1941 年获得斯大林文学奖一等奖。

且不论。如果事关俄罗斯自身的生死存亡，那么，俄罗斯究竟以其“苏维埃形象”抑或别的什么形象赢得胜利，根本不重要。但这么说并不表明，俄罗斯民族获胜的唯一条件和保证就在于“苏维埃精神”；相反，按照帕斯捷尔纳克的理解，战争释放了困顿的、几近禁绝的“俄罗斯精神”。帕斯捷尔纳克本人在其自传手稿中写道，1917 年夏天，革命像“坠落大地的神”。战争，同样也是坠落大地的神——并非因为神性，而因为对陈规旧习的克除，以及对无处不在的虚谎的揭露。

帕斯捷尔纳克原本打算于当年夏天进行叙事诗与话剧的创作，他的想法未曾实现，他称这是由于无人问津的缘故，但他是在何时受到了阻碍？事实上，问题不在于无人问津；这的确是他最后一次试图正面传达“苏维埃精神”（其实，当时生活在俄罗斯的人们，没有谁能摆脱这种多少也算可贵的精神），但没过多久就失望了。“苏维埃精神”难以征服帕斯捷尔纳克，故而他想写的《此世》始终未完成——他感到虚假，销毁了这部剧作。长诗《霞光》也因同样的缘故未能问世，《真理报》本想刊登此诗，但很快就终止了计划；这是帕斯捷尔纳克在叙事诗方面最后一次尝试，只不过，他自己也觉得，对于叙事诗而言，有关俄罗斯于战争期间经历复兴的前提不足为信，也不充分。这场复兴为期不长——“俄罗斯精神”当中对于帕斯捷尔纳克弥足珍贵的那一切，再度遭到苏联文化的阻滞。

但就在此时，在 1941 年 8 月，帕斯捷尔纳克又想创作一部带有斯拉夫主义色彩的戏剧（在苏维埃面具的掩饰下），他开始了认真的准备，并且以诗歌形式表述了他的构思：

花园老旧了，连同那些往事。
拿破仑曾经在此驻足，
这也是斯拉夫主义者萨马林
为国效力和葬身之地。

在这里，十二月党人的后裔，
俄罗斯女英雄们的曾孙，
曾经用基督山式猎枪打乌鸦
吃力地攻读拉丁语。

倘若有足够的精力，
他就会仿效他热情的祖父，
将斯拉夫派先辈的文字
重新审阅并修订出版。

他自己也将书写一部戏剧，
凭借战争激发灵感，——
在树林不停歇的絮语声中
一位病人躺着，思考着。

在剧中，他要用外省方言
用严整而鲜明的形式
塑造那未曾有过的生活
不可思议的历程。

（《古老的花园》，1941）

6

每逢大动荡的岁月，帕斯捷尔纳克的创作便转向戏剧。1917 年，他根据法国革命写下两个片段的剧情；1937 年，他兴致盎然地跟阿菲诺格诺夫展开交流，分享不知何时才能完成的剧作构思（有可能，他们谈到了阿菲诺格诺夫差点成为其牺牲品的那场大恐怖）。在战争初期，他想写的既非小说亦非长诗，而恰恰是戏剧，他的这种念头取决于形势的判断，并且显然是在最高意义上：相比散文，戏剧更生动，更直观，更鼓舞人心。一部戏剧的创作，相当于力所能及地参与保卫国家。战争第一年，涌现出许多高水准的话剧名篇——科尔涅丘克发表在《真理报》的《前线》、列昂诺夫完成于契斯托波尔的《侵略》、西蒙诺夫①的《俄罗斯人》、格拉德科夫的《很久很久以前》、

① 康斯坦丁·米哈伊洛维奇·西蒙诺夫（1915—1979），俄苏诗人，作品以卫国战争题材为主。

阿菲诺格诺夫的《前夜》、费定的《情感的考验》,等等。战争终究是适合于演戏的,无论这听起来多么可耻;围困的城市、毁弃的房屋、生离死别、不期然的相逢、短暂的爱情、战斗的期待,这一切充满着强烈的紧张感,因而与舞台相得益彰。或许,莎士比亚悲剧的翻译对帕斯捷尔纳克也产生了影响,这使得他能够更好地理解舞台行为的规则。他曾经写信对其译文集编辑米·莫洛佐夫说:"莎士比亚对我也很有用。"

在时代的转捩点上,被遗弃的城市仿佛悬隔在"自己人"和"异己者"的间隙。在等候德国人到来之际,人们的主要品质被检验——最英勇的人,原来是最受折磨之人,在他们身上,"苏维埃精神"始终未能压倒"俄罗斯精神"。俄国历史的诡异就在于,在所有的转折阶段,那些遭到国家本身压迫最深的人,才是它最得力的保卫者:祖国的绝情,是贯穿于俄罗斯战争文学的命题之一。在极端形势下,需要的是不被当局在平常时期所容忍的品质:勇敢、忍耐、自立、蔑视死亡、对祖国有意识的饱经苦痛的爱。通常情况下,这些品质对当局却最危险,因而在和平时期,总是受到无情打击。然而,在战争期间,"人民的敌人"部分地获得平反。侵略对人的考验,成为帕斯捷尔纳克、列昂诺夫和西蒙诺夫剧作的主题;在他们三人那里,俄国旧知识分子是故事情节的核心。"这部戏反映了文化的继承性",帕斯捷尔纳克在契斯托波尔向格拉德科夫解释说,他还顺带指出,此剧的书写与其说是现实主义风格,不如说是象征主义风格;这不仅是理解他的剧作,也是理解他的长篇小说关键之所在。

悲剧的名称曾经数次更改——从《在一座苏维埃城市》到《普辛斯克纪事》,最后是《此世》。这部几乎完成一半的作品所剩无几:大部分都被作者销毁了(或许是由于手稿根本就未保留,但也可能出于私下的考虑,指望意识形态在战时的松动,因而话说得太大胆)。关于剧情,我们所了解的一切,均来自帕斯捷尔纳克本人简短的言谈,以及塔玛拉·伊万诺娃的回忆,她和丈夫一起曾经听作者朗读过写好的片段。《此世》的若干情节用在了《日瓦戈医生》的尾声,包括"为朋友舍命"的赫里斯季娜·奥尔列佐娃①的

① 赫里斯季娜·奥尔列佐娃是《日瓦戈医生》尾声提到的人物,一名女游击队员,机智勇敢,曾潜入德军阵地,炸毁马厩,后来被德军俘获并绞死。按照传记作者的观点,帕斯捷尔纳克把苏联女英雄卓娅·科斯莫德米扬斯卡娅(1923—1941)的事迹加在了赫里斯季娜身上。"为朋友舍命",典出《圣经·新约·约翰福音》第11—14节。

故事。在帕斯捷尔纳克使用过的资料中,保留着利多夫的一篇随笔《塔尼娅》,记述了卓娅·科斯莫德米扬斯卡娅的遭遇——1942 年,在契斯托波尔,帕斯捷尔纳克将这位英勇的女游击队员的事迹写入《此世》。在剧中立下功绩的是格鲁尼娅·弗里德里希,一位哥萨克姑娘;爱上她的旧知识分子英诺肯季·杜多罗夫,也正是在这里首次出场。随后还有他的朋友戈尔顿①,以及年轻女裁缝德鲁兹扬京娜的可怕故事,后来,故事几乎一字不差地搬用到《日瓦戈医生》的片段(小说中,叙说杀人凶犯那一幕的,是丹卡·别佐切列杰娃——尤拉和拉拉的女儿)。

这部戏剧的基本构思可以概括为:一群四十年代的人相聚在一名斯拉夫主义者的旧庄园,思考着俄罗斯和俄罗斯人的命运,以及战争如何激发了他们,又如何净化空气。将戏剧推向紧张的主要动因是战线的拉近和剧情发生地(在最终版本里,帕斯捷尔纳克称之为普辛斯克)即将弃守。"可怕啊,那一刻,可怕得动人心魄,可怕得令人陶醉,"戈尔顿说道。而杜多罗夫在剧中的几段独白,犹如日记般坦诚直白,列入帕斯捷尔纳克最有分量的散文也不为过。第一段出现在第四幕,时值 1941 年秋,在一片农田,那废弃之城的居民们刨挖着土豆:"请注意,同志们。政权和军队的代表们丢下这座城市。我不想装作憨直的样子。我并非所谓'可靠的自己人',我只会照我习惯的方式说话。同志们,隔离带垮掉了。没有人能将我们挡在真理、危险和追求幸福的权利之外,或许,我们正面临着近在咫尺的死。祝贺大家遭遇到如此极端的情形,同志们。在这屈指可数的时间里,我们应当从漫长的童年一直成长到我们真正的年龄。我再说一遍,我们正处在刚刚开始的无政府状态的边缘。"难怪帕斯捷尔纳克笔下这座注定毁灭之城的地下组织者不是共产党员,而是在危难时刻经历着自己最后一场爱的旧知识分子。

杜多罗夫的第二段独白,无异于帕斯捷尔纳克自己的道白,在别列捷尔金诺,他一个人静候着最可怕的厄运:

"这在《哈姆雷特》中又该如何上演?终于,只剩下我一人。这便是,这便是整个一生的等待。它终于来到了。奇怪。为什么土地今天还在吸引

① 在《日瓦戈医生》中,杜多罗夫和戈尔顿不仅是日瓦戈儿时的朋友,也是他生命终结的见证者。杜多罗夫曾经的恋人,正是上文提到的赫里斯季娜。

我？最后的，最后的一棵草。牛蒡，车前子。融雪的水洼中最后一棵珠贝色的枯草。不是今天就是明天，它将消失在雪下。消失的还有我，还有我。这一年里还有我。我可怜的奥莲卡，我可怜的孩子们。我再也见不到你们了。上帝啊上帝，我为何如此喜爱你的秩序。上帝，你将打开我的心，赋予它无限的包容！感谢你，上帝，是你将我塑造为人，教我学会告别。别了，我的生活，别了，我的不久之前的、我的昨日的、我的愚蠢而屈辱的二十个岁月。”

很快，这些声调就将几乎原封不动地重现于《八月》。依然是秋天与生命陨落的主题，以及主要的一点：同灾祸的告别：

别了，夭亡的岁月！
别了，向屈辱的深渊
发起挑战的女人！
我——正是你的战场。

“感谢你，上帝，是你给了我看视的双眼，这双眼睛，看久了就会流出泪水。请你从牢狱中解救我向你的名忏悔的心。我们一直以为，生活——是房屋、工作和平安，可是却忘了，一旦发生动荡，灾祸会用何等可亲与熟悉的东西将我们浇淋！像婴儿期的回返！我们天性中的翻覆多于安顿。生、爱、死。所有这些单个的动力都是毁灭性的，流亡、天空的失落、天堂的碎片，才是生命中的每一步。而每逢这些时刻，周围总是空无一人。只有雪，雪。自始至终，我多么爱它。”

就这样，就是用这样的话语，他在别列捷尔金诺思考着，在冥想中告别妻儿，告别生活，告别埋在雪下的土地。爱的灾难性丝毫不亚于毁灭。做一个人，意味着懂得告别。活着，意味着失去。

7

行文至此，我们认为可以谈谈帕斯捷尔纳克有别于教会的（等级制和形式化的）、曼德尔施塔姆的（狄奥尼索斯式和希腊化的）和列昂捷夫①（惩

① 康斯坦丁·尼古拉耶维奇·列昂捷夫（1831—1891），俄国宗教哲学家，保守主义思想家。

罚般的和国家化的)的基督教了。

视灾祸为生活隐秘而潜在的背景,以感恩之心面对人世的沧桑以及转折时期被剥夺的自由,此即帕斯捷尔纳克宗教观念的基础。“我可怜的孩子们。我再也见不到你们了。上帝啊上帝,我为何如此喜爱你的秩序”——这样的表达多么奇异!一切就在于“无限的包容”,乃至甘愿接受这一秩序并为之辩白。幸福反倒使帕斯捷尔纳克不安——并非因为幸福不应得,而因为不牢靠。悲剧才是标尺。回到悲剧,同样是合乎自然的,说来可怕,也是快乐的,正如回到婴儿期——回到人们在“房屋、工作和平安”吸引之下所离开的真实性的自然。“最后的,最后的一棵草。牛蒡,车前子”,真实性就在于此。

在“1956年诗歌节”奇迹般胜出的《黎明》一诗,对福音的价值做出了新的并且是终极意义的阐释。由于某种宣言的意味,这首诗在日瓦戈组诗当中并非最杰出,但对于理解帕斯捷尔纳克的信仰,却至为重要。让我们来重温此诗:

你就是我命中的一切。
后来,战争与离乱接踵而至,
漫长的岁月,等了那么久,
没有等来你的音讯。

多年以后,你的声音
又一次让我激动不安。
我整夜读着你的遗训,
仿佛从昏厥中苏醒。

我渴望到人群中去,
融入他们早晨的生机。
我准备将一切打碎
让所有人双膝跪地。

济娜伊达·尼古拉耶夫娜记得一个啼笑皆非的情景:尼古拉·波戈金,

以塑造列宁生平为主业的苏联剧作家，曾经一本正经地表示纳闷："要说他读的是伊里奇的遗训，这可以理解，但他凭什么想让所有人双膝跪地?!"在1956年，对于"我整夜读着你的遗训，/仿佛从昏厥中苏醒"，还可能有怎样的解读呢？昏厥源于斯大林对党的准则的歪曲，帕斯捷尔纳克一整夜阅读列宁，终于醒悟了，现如今，他"渴望到人群中去"。但为何还要让人们下跪，既然当时大多数人已经不记得跪地祈祷了。

我沿着楼梯跑下来，
就好像第一次踏上
这些积雪的街道
和结了冰的马路。
…………
我动情于所有人和事，
像透过肌肤，我像雪
融化在所有血肉间，
又像早晨，皱起眉头。

我身旁没有名姓的人，
树、孩子和居家者，
这一切将我征服，
我的胜利也就在于此。

失败者的获胜、落后者的领先——出自"早班火车"的"爱慕的祝福"就应照此理解：帕斯捷尔纳克祝福自己的同路人，并非由于他们的无产阶级出身！做一个失败者、落后分子和被遗忘者，对于他是自然而快乐的；活在毁灭的边缘，扑灭燃烧弹，做好死的准备，离开目的、意义和领导的种种意见而开花结果，就像夏季和秋季的大地。越没有希望，越是快乐——生活的肌理虽则厚实，忽然间却变薄了，透过它，本无挂碍的"此世"闪现微光；"彼岸"成为"此岸"。

但帕斯捷尔纳克的信仰有一个先决条件。是的，其宗教观念取决于悲剧、人生哲学的沉痛感，以及善于舍弃，但如果缺失了幸福、意外的成功和喜悦，他的信仰同样难以成立。倘若不是他奇迹般的幸运、伴随他整个旅程的神奇巧合（恰恰由这些巧合，他始终见证着上帝的存在，所以它们在《日瓦戈医生》中如此之多），也就不会有他那动人心魄的基督教信仰。因而，当他的需求得到最低限度的满足，当他为荒谬而欢悦——这荒谬、光亮和一口空气便是不可或缺的。可以想见，他的信仰为何根本不被坎坷一生的茨维塔耶娃所接受，而她的度过了“并非自己生命”的女儿阿利娅，还有许多在任何事情上从不走运的人们，同样也不接受。

只不过，有谁会明白，他的信仰中什么是首要的？或许，他之所以幸运，是因为他持守信仰，而不是相反。一位睿智的东正教神父曾以某种愉悦的困惑坦言：“祷告越少，巧合越容易终止；祷告越多——越容易重现。”他究竟由于幸福而信仰，抑或由于信仰而幸福？我还是更倾向于前者。不管怎么说，帕斯捷尔纳克又一次幸运地得到拯救：10 月 14 日，他、费定和列昂诺夫不得不离开莫斯科。他本人对自己的获救没有任何准备，是法捷耶夫将他硬塞进几乎最后一批撤离的作家的名单。德国人怎么都未能打到别列捷尔金诺，他们在距离该地八公里处受到了阻挡，只得把军队驻扎在一个小村，但别列捷尔金诺最后的居民已经坐上专用列车，开往喀山。偶尔有人写道，帕斯捷尔纳克撤离时乘坐的是一架为他、费定和列昂诺夫提供的飞机。这一说法来自济娜伊达·尼古拉耶夫娜（她向来喜欢夸大丈夫的影响力）。其实，他乘坐的只是普通火车，与安娜·阿赫玛托娃在同一节硬座车厢，9 月 20 几号，阿赫玛托娃才从受困的列宁格勒坐飞机回到莫斯科。同样乘坐这趟列车，瓦赫坦戈瓦剧院和小剧院的演职人员离开了莫斯科。

他们从喀山坐轮船抵达契斯托波尔。10 月 18 日傍晚，帕斯捷尔纳克找到了住在当地一个孤儿院二楼的妻子，阿赫玛托娃则去了利季娅·楚科夫斯卡娅那里，后者在距离邮电局不远处租了一间房子。楚科夫斯卡娅收到父亲要她去塔什干的通知，两天后，动身上路。阿赫玛托娃与她结伴而行。

次日早晨，帕斯捷尔纳克夫妇就去找房子。让鲍里斯·列昂尼德维奇惊讶的是，妻子宣称，他只能一个人住：“我不能丢下孩子，他们每个人都必须活着回到莫斯科。”起初他感到纳闷，但随后就平静了：在契斯托波尔，悲欣交集、成果丰硕的别列捷尔金诺的隐逸生活再度恢复。他随身带来了已经动笔的译著《罗密欧与朱丽叶》。

第三十五章　此时

1

关于济娜伊达·尼古拉耶夫娜旺盛的活动能力，人们在莫斯科都有所耳闻。要么出于同儿子失散的担忧，要么因为天生的勤劳，她不仅在此前的专用列车上，而且在随后落脚的孤儿院里，都是最积极的一个。她写给丈夫、寄往莫斯科的一些书信保留下来，信中充满活力乃至自嘲。“我把更多关心放在了别人的孩子身上，而不是自己的”，帕斯捷尔纳克的妻子骄傲地回忆道。斯塔西克十三岁，已经能照顾自己了，可廖尼亚还很爱哭，也很淘气，受不了路途的艰辛……女列车长叶甫盖尼娅·卡萨切夫斯卡娅，负责组织作家孤儿院疏散到后方，她建议济娜伊达·尼古拉耶夫娜担任保育员。“我的努力有四分之三是为了排遣我与鲍里亚和阿季克分离的悲苦。只有工作时，我才感到安慰。我不但要照看孩子们，还要给那些母亲做出榜样。”从每项工作中，她不仅找到了实用意义，而且还有理想的，也可说是象征的意义，而这一点，也拉近了她与帕斯捷尔纳克之间的距离。

按照计划，孤儿院将安顿在喀山附近的别尔苏特；他们乘坐驳船前去，半夜里，驳船漏水了，济娜伊达·尼古拉耶夫娜开始祈祷……只能轮流用手将水舀出去。到达别尔苏特之后，他们分得了两套独栋住房，主要是给年龄各不相同的孩子们住。他们住得很挤，许多获准带孩子同行的母亲失去了信心，由于害怕哭个不停，卡萨切夫斯卡娅便召集大家开会，毫不掩饰“低落的情绪”。济娜伊达·尼古拉耶夫娜说，不必没完没了地开会和发言，值此艰难时期，口号对谁都不管用。帕斯捷尔纳克最欣赏的就是这种泼辣劲儿。

冬天临近时，决定迁往契斯托波尔，一座冬季孤儿院在当地已经装备完毕。据济娜伊达·尼古拉耶夫娜回忆，她当时什么脏活累活都干，包括保育员职责之外的活计：擦地板，洗便盆，生炉子……干会计她不在行，但她有一双巧手。范尼·科罕被任命为契斯托波尔孤儿院院长。这家孤儿院还收养了一些当地的孩子，以及带着婴幼儿的母亲。由于时常有人盗窃孤儿院的财物，济娜伊达·尼古拉耶夫娜十分警觉，不让一克面粉和孩子们赶上节日或生病才能吃到的大米丢失。当然，她也善于保护自己，甚至曾把墨水泼到了一个名叫霍赫洛夫的当地官员身上，那人专门负责疏散人员的日常生活：他指责她把孩子们喂得太饱。

11 月 7 日（“十月革命节”）那天，济娜伊达·尼古拉耶夫娜突发奇想……她要烤制甜点！“我手头只有发了霉的面粉，整个晚上，我都在用它进行各种尝试。最后，我把面粉放在平底锅里烘烤，捣碎，再往里面加入鸡蛋、蜂蜜和白葡萄酒，于是，可口的‘土豆’点心做成了。一大早，我就让所有工作人员都来叠小纸篮，用来装点心。”如果不干净不整洁，没有餐巾和小纸篮，就算点心做成了，她也高兴不起来；读者现在总算明白，他爱她什么了吧？“我们的孩子多幸福，他们有你这样的母亲”，帕斯捷尔纳克 9 月 10 日写信对她说，“你的名声从各地传到我这里，大人和小孩们在来信中并没有夸你，是途径莫斯科的人们不断谈起你的工作。你是好样的，我为你而骄傲。愿你保持一颗公道之心。我过得还好，一切还算顺利，尽管在我们的刊物上，大多数人发出的并且被视为必要的腔调，比战前离我更远，更令我厌恶；尽管在各编辑部、秘书处和上级机关，来自那些庸俗无能之辈的阻力是多么荒唐。”

帕斯捷尔纳克从莫斯科向契斯托波尔定期邮寄包裹——寄送他所能弄到的一切：布料（给妻子做衣裳）、斯塔西克穿的鞋、给廖尼亚的糖果，另外还几乎每天写信。他希望来年春天妻子、儿子以及继子（阿季克）都能回到莫斯科。然而，他们却在契斯托波尔一直待到了 1943 年夏天。

1941 年 10 月，在随便乱抓人的恐慌中，亨里希·涅加乌斯被捕了——因为他那德国人的姓氏（向帕斯捷尔纳克夫妇告知此事的是他的第二任妻子米莉察）。直到次年春天，他才获释，条件是离开莫斯科。供他选择的去处有斯维尔德洛夫斯克、阿拉木图和第比利斯。相比之下，第比利斯更暖和，阿拉木图食物更充足，但儿子却住在斯维尔德洛夫斯克附近的结核病疗养院，因此涅加乌斯选择了斯维尔德洛夫斯克。他没来得及告诉帕斯捷尔纳克夫妇他已重获自由。济娜伊达·尼古拉耶夫娜不打算给正在疗养的儿子写信，把父亲被捕的消息告诉他，“他是共青团员，父亲的声望对他可不是小事。”帕斯捷尔纳克觉得这不公道，于是立即亲自写信给阿季克，要继子永远别怀疑他父亲的清白，俄罗斯所有诚实之人都被关起来了，所以，这样一位父亲只会令人骄傲。

1942 年春，帕斯捷尔纳克在契斯托波尔已经待了半年，从斯维尔德洛夫斯克附近的结核病疗养院所在地尼日内·乌法列伊，济娜伊达·尼古拉耶夫娜收到一封信。这封信不是阿季克写的，而是来自几位医生。信中建议对阿季克腿部实施截肢，但未经他母亲同意，医生们不能擅自决定。帕斯捷尔纳克坚决主张接受手术，还答应带他去英国，为他装假肢……济娜伊达·尼古拉耶夫娜慌了，只得表示同意。一个月以后，她收到儿子绝望的来信，他写道：他感觉自己是一个谁都不需要的残废，他的生活毁掉了。济娜伊达·尼古拉耶夫娜意识到，应当立即动身去看望儿子，哪怕只跟他待上一天也好。办理去斯维尔德洛夫斯克的通行证并非易事，但她还是办好了——她在孤儿院里出色的工作和无可挑剔的名声起了作用。帕斯捷尔纳克送走了她和斯塔西克。7 月末，济娜伊达·尼古拉耶夫娜终于到达位于尼日内乌法列伊的疗养院。阿季克读了父亲答应尽快前来的书信，高兴得哭了。济娜伊达·尼古拉耶夫娜和他一起度过了两个星期。父亲的获释和母亲的探望虽然给阿季克带来了欢乐，他却为一条腿从膝盖以上被切除而绝望。还有一件沮丧的事情：他喜欢的女孩跟他分手了。她不需要一个残废。济娜伊达·尼古拉耶夫娜竭力安慰和开导他，称这种女孩不值得为之死去活来，可她还是担忧儿子的病情：体温降不下来，做了截肢的腿部一直有隐痛。像以往一样，她的预感应验了：阿季克的治疗不得当，炎症的发作不在腿上，而是在脊柱，但斯维尔德洛夫斯克的医生们未能发现。

孤儿院给济娜伊达·尼古拉耶夫娜的准假结束了。她带斯塔西克坐火车从尼日内·乌法列伊来到斯维尔德洛夫斯克，看到了一张海报：吉列利斯正在城里举办一场音乐会。他下榻的“乌拉尔宾馆”，正是帕斯捷尔纳克夫妇 1932 年住过一个月的地方。吉列利斯是涅加乌斯的学生，济娜伊达·尼古拉耶夫娜立即去找他，结果遇到了刚到斯维尔德洛夫斯克的前夫。两人相见，格外高兴，涅加乌斯答应经常去看阿季克，济娜伊达·尼古拉耶夫娜则带着斯塔西克去了火车站。第一次证件检查之后，就有人想把帕斯捷尔纳克的妻子撵下车（她的护照过期了，契斯托波尔方面的户口登记有纰漏，所以，当初她刚到没多久，就跟当地民警局大吵了一通，好不容易迅速办理了重新登记）。接下来，在这趟从斯维尔德洛夫斯克开往喀山的列车上，只因隔壁包厢有一位读过她丈夫诗歌的老将军，她才未曾落入困境。不管怎么说，她和儿子总算顺利到达喀山，1942 年 8 月底，他们回到契斯托波尔。

2

奥丽嘉·弗莱登伯格此时的境遇，难以用文字描述，即便描述，也只能是现象学的、严格学术意义的和高度概括的。只有两位作者以无所畏惧的深度和力度书写了列宁格勒的围困：两位都是女性，都是语言学家。弗莱登伯格的自传体散记和利季娅·金兹堡的《受困者手记》，正是她们的围困现象学：散文无力述及的，科学的话语反倒可以胜任。

备受迫害的弗莱登伯格，几乎被挤到学术的边缘，但她并未屈服，而是继续生活在列宁格勒，在大学里教书，照料着她的老母亲。像帕斯捷尔纳克一样——家族与精神上的亲缘关系之影响由此可见——她拒绝离开自己的城市：她听说了疏散时的各种乱象，在强制性的先期输送中，甚至有许多跟父母离散的孩子遭到拐卖（"种种离别，可怕而疯狂，"她写信对表兄说，又为廖尼亚能与母亲同行而欣慰）。这些传言令她担忧，但她考虑的主要是，不愿为了逃命加入颠沛流离的人流。像表兄一样，她言简意赅地说道："立刻轻松多了。我无法抛弃心爱的城市，妈妈也无法到达要去的地方。死的预定，终究是轻松的解脱。"这样的表达，仿佛就出自他本人之口。

9 月 1 日，各家店铺被关闭，在这些店铺里，据弗莱登伯格回忆，"政府曾以哄抬起来的价格出售食品。"9 月 8 日，开始了第一次扫射，也就是阿赫玛托娃在《列宁格勒第一场漫长的战斗》一诗中写过的。这比轰炸更可怕，更突然，也更具毁灭性。"来不及发出信号。人坐在桌旁吃饭，就被打死了。"在极端考验的时刻，弗莱登伯格像表兄一样，也能将生死置之度外，她更多思考的是时局的意义和相应的论断。她将袭击和扫射视为纯粹古希腊式的灾祸——残酷无情，无可谅解。到了 12 月，电车停了，供电几乎彻底中断，口粮定量降至125克麦秸和煤油味的油粕。城里展开了逮捕，首当其冲的自然是那些教授们，形式主义学派语言学家日尔蒙斯基和古科夫斯基未能逃过劫难；弗莱登伯格害怕了，不禁想到她如果也被捕，母亲该怎么办。绝望忽然间给了她勇气。新年前夕，身处围城的她拍了一封电报——邮政通讯还奇迹般地照常运转；她第一次打定主意向伦敦的舅舅和表妹拍电报。她写道，她和母亲还活着，并且相信大家还会相见。这封电报没有给她带来任何麻烦，或许是有关方面认为，任何发往国外的讯息，只要提到列宁格勒还在坚守，都是值得肯定的。

就在这个冬天，弗莱登伯格开始思考一个重大问题——在当时的思想者当中，这么想的或许只有她一个（因为她的眼界达到了应有的高度）：城市保卫者的顽强，是否取决于他们的"苏联气质"？此前二十年与现今局势如何联系起来？帕斯捷尔纳克在阐述俄罗斯精神与苏维埃精神的关系时，也曾想过这个问题，但弗莱登伯格想得更深，也更清晰。"苏联人具有不可估测的韧性，可以像吊裤带似的朝任何方向随意拉伸。生死观的漠然是他的强大武器。他可以死去又复活，随便多少回都无所谓。"这一思想极其重要：苏联人的教养源自恐惧和传统价值观的抛弃，而造就其奇特生命力的原因也就在于此，在他眼里，个人生命的价值是微不足道的。

疏散到契斯托波尔之后，帕斯捷尔纳克给表妹留下两个地址，有两处住房供她选择，要么是前妻在特维尔林荫路那套，要么是拉夫鲁申巷那套。但她们母女俩没有离开列宁格勒——又如何能离开呢？弗莱登伯格得了一种怪病，她自己却一无所知：手脚关节不听使唤，可怕的疼痛牵动着肌肉，很快，腿就不能伸直了。1942年2月24日这天，她终于爬不起床了。搬柴火、生炉子、倒脏物（自头年12月起，下水道系统就瘫痪了）之类的家务活只能由母亲来干。接连三个星期，弗莱登伯格搞不清自己的病情。请来了私人医生，诊断的结果是坏血病，并且说，城里有一半人都患了此病。在列宁格勒科学院，出售所谓"葡萄糖"——一种添加了水果香精、味道恶心的糖浆，"每公升价格跟盘剥似的高达一百五十卢布。"奥丽嘉·弗莱登伯格的朋友塔玛拉·别图霍娃为她弄到了一罐这种糖浆，效果很好。3月底，她第一次站起身，拄着双拐来到户外。

这围城里的第一个春天同别列捷尔金诺战争的秋天有几分相像。当然，别列捷尔金诺居民更多在精神上的痛苦，并不能与列宁格勒人蒙受的苦难相提并论，但彼此的相近也显而易见：这首先是一种与世隔绝的感觉，世界仿佛突然退场，充满着重生的气息。“正值明媚、灿烂的春天。一场真正的基督变容，改换了城市的面目。冬天在身后寂静而凄楚地沉默着。像十字架上的亡灵，苦行者们的影子依稀可见，不久前的种种激情隐没了，却未曾消退，四下里越发阒寂和凄凉。随着一座座工厂的迁离，列宁格勒的空气也变了，新鲜得好像乡下的空气，因寂静更显嘈杂。死的苦痛化作了春的期望。”

或许，这就像1918年的彼得格勒，涅瓦大街上也长满荒草。只不过更可怕。

3

夏天，人们又说起疏散的事情。弗莱登伯格觉得，她和母亲捱不过下一个围困的冬天，但谁都不再相信围困将在近期内解除。她请求科学院将她列入疏散人员名单。出发日期定于7月12日。

那是炎热的一天，一场雷雨迫近。午后四点，郊外列车开动了，准备将他们运往拉多加湖，按计划就地换乘卡车，然后坐快艇上岸。要离开列宁格勒，除了穿越湖面，没有别的路径。母亲安娜·奥西波夫娜很平静，一路上面带微笑，奥丽嘉·弗莱登伯格却慌了神。火车停住不动了，堆满车顶的一捆捆包裹，时不时掉下来，砸在乘客脑袋上。傍晚八点，又动起来，走了两三公里的样子停下来，乘客们下了车，火车向后退去……有人说湖上起了风暴，有人说德国人在轰炸湖面。说什么的都有。弗莱登伯格默默地待在原地，扳弄着手指，腹部突然发作的剧烈刺痛折磨着她。他们待了一整夜。早晨才发现火车哪儿都没去。弗莱登伯格把最后一块面包给了一个乡下女人，那女人帮着母女俩把大包小包搬下车，放到铁道旁。雨下起来了。火车停在一座陶瓷厂附近，站台的名字就叫作“陶瓷站”，位于城市边缘。总算弄到了汽车，回到了彻底毁坏的家。第二天，安娜·奥西波夫娜就发烧了，一病不起，她意识到，弗莱登伯格不可能将她活着带出城。火车在半道上又停了四天，然后才离开。弗莱登伯格母女留在了城里。

不能说，对于未来的第二个围困的冬天，奥丽嘉·弗莱登伯格完全束手无策：她相信，表兄会想出办法来。可他只寄来了本书最开始引用过的一封信，信中说的是契斯托波尔的黑土地、个人自由和普遍的非自由。收到此信之后，用弗莱登伯格自己的话来说，她"明白了自己的迷误。不，拯救无处可得，也无人可以指望！"

她的回信自然也是轻松愉快的，看不出一丝愠怒。未曾流露的怨责积累起来，只能在散记中道出。她从围城向契斯托波尔的这一回复，堪称关于围困的最惊人的文献，其震撼程度，不亚于格拉宁和阿达莫维奇发表在《围困书》中的日记：尤其动人的是她作为一名学者的英勇无畏，她因自己同绝对事物之间的关联而获得拯救。"你想象不出，人的精神何等坚韧，死又是何等艰难，形形色色的死难——死去，不比得救更容易；这要靠命运，靠运气——为了死，也需要某种成功。（……）我最大的不幸之一当然就在于乐观主义，它终将毁灭我；这并非思想的理论性的偏颇，而是过于喧嚣的生活感受。我们还不至于身陷垃圾场，毕竟，积雪也是有益的，在其覆盖之下，果实渐渐成熟。空虚混沌，渊面黑暗：难怪所有人类始自于此，而不是始于魔鬼——要有一场光明之战。看来，我们已经开始了孕育。你将看到我们的降生，看看吧，他是何等众多，他的数量如何扩散开来。只须存留一颗心即可。"

"我发现，各种事件都在重复。"奥丽嘉·弗莱登伯格回忆并记录了那些围困的冬日。这是疯狂的起点。时间停止了。大脑缺血使她无法工作。尤其令她难堪的是母亲的埋怨：因为留在了城里，母亲不能原谅她。与杰出女钢琴家、帕斯捷尔纳克的密友尤津娜之间的情谊成了唯一的慰藉。玛丽娜·维尼亚米诺夫娜·尤津娜（1899—1970）原是列宁格勒音乐学院教授，但由于"公开传播宗教思想"，如弗莱登伯格所述，她被逐出了学院。尤津娜转而来到莫斯科，可是围困一开始，她却要求用飞机将自己送回列宁格勒，她要为饱受磨难的列宁格勒人举办音乐会。不可能拒绝这种自杀式的要求。所有人都在设法逃离围城，尤津娜却一头冲了回去；这也属于某种特殊意义的基督教思想，并非病态、扭曲的渴望受难，而是相信，分担的苦难更易于承受。"需要具有坚韧崇高的精神，才能够生活在我们这座可怕的城市，每个漆黑的夜晚，冒着致命的射击，在地狱般的幽暗中回到阿斯托利亚宾馆七层的住处”(返回列宁格勒后,尤津娜一直住宾馆,原先的住房在她被迫去了莫斯科以后就被没收了)——弗莱登伯格如此描绘尤津娜,并感谢她来到自己在格里鲍耶陀夫运河边上的家,与安娜·奥西波夫娜一起谈论鲍里斯,分散其注意力。尤津娜一回到莫斯科,就向帕斯捷尔纳克说起他表妹和姑妈的坚强勇敢,于是,1943 年 11 月的一天,他终于到得了第一手的准确信息,得知弗莱登伯格母女哪都没去,直到解除围困,她们始终生活在列宁格勒。“对我来说,尤津娜的消息简直是无以言表的幸福。我以为你们已经不在人世了。”

1943 年 11 月 18 日,奥丽嘉·弗莱登伯格再次(不知这是第几次)邀请帕斯捷尔纳克来列宁格勒:“我们请你来安静地过冬、休息、工作一段时间。在我们的前线、城市—前线,你会找到你所需要的材料,其他任何地方都不会有。”当然,只因非常了解表兄,奥丽嘉·弗莱登伯格才召唤他到这座毁掉一半、没有暖气、仍处于饥饿中的城市“安静地工作一段时间。”

发出邀请一个星期后,在列宁格勒住宅的厨房里,奥丽嘉·弗莱登伯格的母亲安娜·奥西波夫娜摔了一跤。打击落在她身上。奥丽嘉·弗莱登伯格写信对表兄说,“身体右半边、言语和神志均受到损伤。”

“妈妈每天的呼吸都在我内心燃起希望。母亲的生命如今获得了它在理想层面所具有的意义:它由自然反馈于我,却不归我永远占用”(善于“在理想层面”经受一切,而不会花费力气将存在转化为象征,这正是表兄妹两人彼此相像的主要方面)。“现在,出于习以为常的目的性,我要努力使母亲摆脱死神。我觉得自己仿佛用看护、涮洗和喂养在母亲身边筑起一道抵御死神的街垒,用自己的双手和祈祷保卫着她。”

很难描述奥丽嘉·弗莱登伯格当时的遭遇:那既是恐惧,也是幸福。“人们唯有处于顺境时才痛苦、忧伤、沮丧。当动荡的不幸来临之际,生活的基本意义就会像纪念章一样转向另一面”(这几乎就是对《此世》的直接引用——“我们一直以为,生活——是房屋、工作和平安,可是却忘了,一旦发生动荡,灾祸会用何等可亲与熟悉的东西将我们浇淋!像婴儿期的回返!”)。“我原谅了生活,因为这幸福,因为我本不应得的每天的馈赠、妈妈的每次呼吸。她已经不需要这一切。她造设了自己屈辱的道路,依靠着某种并非为存在所固有的崇高的顺服,看来是走完了全程(……)眼看着她记忆和知觉的瘫痪失常，不由得心生恐惧。她，仿佛灵魂正在转世，盘桓于昔日生活的周围，絮叨着自己的童年，然后是自己的家和它的种种关怀，而我只能看着她在虚无的可怕迷宫中周旋。当她不停地问‘我的孩子们在哪儿?’，并把我叫作莲奇卡，还以一个骄傲母亲的嗔怪语气说，我不是奥丽娅①，一股寒意顿时掠过我全身，我所有的器官都在颤动。(……)

我的双手先是垂放在她卧床的位置前。现在，这也得到了以特殊手法和既有先例为表现的回应。她的气息对我抚慰越多，就越实在，那由她身体散逸而出的温暖的生理的一切，无不触手可及，正如自然本身或者确切的证据。”

能够感知这些的，只有对一切生理现象天生敏感的女性，至于描述、记录和反思，则非具备男性头脑，对心灵最幽深本能予以普鲁斯特式分析的女性所不能为。相比之下，帕斯捷尔纳克从未达到这样的深度，这听起来或许有几分不敬，可他确实忽略了生活的某些方面。我们不应忘记他在契斯托波尔卸柴火、洗茅厕的独有快乐，同时还应同意，他所书写的情感远非那般纤细。弗莱登伯格关于母亲病痛的书信和回忆，有如充满热忱与忘我精神的散文，在她伟大的表兄那里，我们却看不到这些。在涉及生活、爱情和欢悦的各个方面，他似乎更开朗，更富于激情，但在另一种存在的迷宫中，在他索性为自己锁闭的潜意识的幽暗秘境，他表妹的徘徊却比他更坚定。

这么说，当然并不表明她只看重人的生理：对于她，主要的不仅是维持母亲的肉体生命，还有精神的存在。“桌子上留着她的书，书上面是一副眼镜：莎士比亚、打开的厄勒克特拉②的书页。稍微缓过神来，她便口齿不清地向我说起普鲁塔克③笔下卢库拉斯④之尖刻。”

这些后革命一代的最后代表是多么奇特的人物。倘若没有普鲁塔克描绘的卢库拉斯之尖刻，他们或许就捱不过革命、镇压和围困。弗莱登伯格随后提到，正在重读梅特林克这位“少男少女们”心爱作家的象征主义剧作

---

① 奥丽嘉的昵称。

② 希腊神话中阿伽门农的女儿。阿伽门农出征特洛伊，凯旋而归，却遭到妻子与情夫的谋害。多年以后，厄勒克特拉与弟弟一起为父报仇，杀死了母亲。古希腊悲剧诗人索福克勒斯和欧里庇得斯都写过以厄勒克特拉为主题的剧本。

③ 普鲁塔克(46—120)，罗马帝国时代的希腊作家，以《希腊罗马名人传》闻名后世。

④ 卢库拉斯(约公元前117—前56)，又译作卢库勒斯，罗马统帅和执政官。

《丹达吉勒之死》。

帕斯捷尔纳克以电报作为回答——要么是希望尽快安慰表妹,要么可能因为他没有足够的心劲回复这样的来信。这封简短的电报,包含着他常有的慰问之词,乐观情绪和生活的呼唤一如既往:“要怀有希望。舒拉的岳母也得了这种病,半年工夫,康复了。”事实上,亚历山大·列昂尼德维奇的岳母患的是中风,由于后遗症还站不稳。弗莱登伯格回复说:“我亲爱的鲍里亚,衷心感谢你的电报和这种日子里特别能抚慰一颗伤恸之心的同情。谢谢你的期望。妈妈的病情有好转,但身体不能动弹,经常神志不清。我就像一个女神,祈愿自己尘世间的恋人长生不死,却忘了请求战胜老年;所以他留在了女神身边,却是老态龙钟,不堪岁月的重负。”

这里反映出她自传体散文一贯的主题:对神灵的嘲讽。正是在这里,在1944年,在围困行将结束之际,从真实与深刻的悲剧性来看,两个如此亲近的人,不只是表亲关系而且精神血缘也密切相联的兄妹,在世界观方面的决定性差异居然越来越分明。帕斯捷尔纳克完全属于基督教文化,它将许多东西排斥在外,将过去的遗产弃置一旁——凭借着勇敢无畏和“了不起的外科手术”式的革命。基督教的确是这样一场革命,因而在宏大的灾变时代,帕斯捷尔纳克联想到基督。遭到弃绝的还有古希腊文化,连同它从未再现的斯多葛学说的微妙经验,以及处理身体、死亡和潜意识迷宫方面更为质朴和隐幽的技巧。基督教否定了古希腊文化所熟悉的阴间世界,拒绝了冥王哈得斯没有记忆的身影,忘记了嘲讽众神的神话。弗莱登伯格则完全属于古希腊文化,顺带说一句,基督教在这一文化核心的生长之势,比在犹太教的幽深中更明显,也更不可遏止。基督教为自己关闭了古希腊文化的阴曹地府;后来,随着新教的兴起,基督教又抛开了曼德尔施塔姆最为欣赏的古希腊式的闲适、日常生活与家园的崇拜。说到“复活的努力”、现世与未来的生命乃至盛宴、欢庆、创造、爱情、集体的工作,帕斯捷尔纳克在各方面都比奥丽嘉·弗莱登伯格更有力,更开朗;但在受难、迷乱和斯多葛式忍耐的幽暗之境,她显然比他更聪明,也更强大。通过相互吸引和排斥,如果说曼德尔施塔姆和帕斯捷尔纳克将犹太教和基督教、贱民和全人类之间的紧张关系带入到文学和人的层面,那么,在帕斯捷尔纳克和弗莱登伯格那里,则体现着基督教和古希腊文化之间同样复杂的关系。无论帕斯捷尔纳克多么明确地表示，其处世之道的基础在于悲剧性，而本质却在于幸福、节日、对造物主热忱的感恩、见证那清除一切外来物的灾祸时的欢悦，以及对“造物法则之骗局”的幸福信念。弗莱登伯格有勇气承认，造物法则是结局糟糕的童话。说来可怕，相比她那幸福的表兄，她更愿意接受这样的结局。

剩下值得赞叹的是，命运对帕斯捷尔纳克周围做了何等精妙的安排，让他的形象反映在两面伟大的镜子里——犹太教的和古希腊的：为呈示他与犹太教的关系，给他派来了曼德尔施塔姆；与古希腊文化的关系——派来了弗莱登伯格。

“1月初，妈妈的腹部出现了疼痛。

“与此同时，枪炮的射击变得格外难以忍受。1月17日午后，齐射越来越恐怖。我觉得，该轮到我们头上了。

“我坐到床上，挨着妈妈。可怕的轰响和爆裂。我看看表，留意间隔的时间。突然又一阵剧烈的轰响，但没有爆裂声。就在身旁！轰隆隆——大地颤动起来。在我们内心。我向外望去，想知道发生了什么：一眨眼工夫，所有玻璃一下子都落下来。1月的街道径直扎入房间。

“一股超自然的力量在我体内滋长。我抓起大衣，盖在母亲身上，把一张沉重的床拖到过道，又把母亲的床弄进我自己的房间。那里有一扇窗是完整的，另一扇被我用破布堵住了。

“生者经受着一切。时光照常流转。

“这是列宁格勒最后一次射击。”

“为了情节的瓷实”，帕斯捷尔纳克在《安全保护证》中运用了一些令人印象深刻的虚构，弗莱登伯格不同于他，她不虚构任何东西。在射击的最后一天，真有一颗炮弹落到她家。三天以后，围困解除了。

“自3月份起，妈妈的病情明显恶化了。她的胃口消退了。停止了说话。如今她的存在仿佛只为了受苦。妈妈的痛撕扯着我的心。悲伤使我浑身浮肿，精神狂乱。四个月来，我几乎没出过门，没吃过午饭。双腿肿得连走路都很吃力。

“在我灵魂深处，有一种念头烧灼我，我觉得妈妈是因为我而受苦，这些炽烈的苦痛由命运驱遣而来，为的是让我能够并且愿意承受跟妈妈的离别。我又怎能经得起她离我而去，既然她留在了我的脑海，既然伟大的母性魅力不会熄灭于这非人的、不幸的、盲目的疾病?”

“妈妈的喘息时而沉重,时而微弱。忽然间,一种特别意义的安静击中了我。我跪倒在地,长久不起。我感谢她,为那漫长岁月的诚挚、爱和忍耐,为我们五十四年来的和睦相处,为她所给予我的呼吸。”

在这煎熬的日子里,弗莱登伯格收到了表兄寄来的《在早班火车上》,别列捷尔金诺组诗包括在内。“我成了艺术真实性的最佳鉴定专家——这就是我的现状。读着你的作品,我又活过来了。”

古希腊艺术也活过来了,当基督教思想触及它时——所以,人们称之为文艺复兴。

第三十六章　契斯托波尔

1

在契斯托波尔,帕斯捷尔纳克住在小城中心,沃洛达尔街 75 号,对面是一座街心花园。在他那粉刷糟糕的房子外面,一群电线上歇脚的燕子,给墙壁平添一道红黑相间的花饰。

五位作家在当地组成了一个联系紧密的小组,其中包括:几年疏远之后与帕斯捷尔纳克和好的阿谢耶夫、战前五年未曾发表任何正经作品的列昂诺夫、疏散期间开始创作回忆录《高尔基在我们中间》的费定(在身处“谢拉皮翁”的年轻时代,他一直寻找着现在才有的灵感和支撑),还有特列尼奥夫,早已沉寂的老剧作家和散文家,但在友善的谈话间,忽然会变得年轻和洒脱。对帕斯捷尔纳克和他的同志们来说,1942 年真正的文学发现是玛丽娅·彼得洛维赫,此前,他只知道这是一位天才的女译者(以及曼德尔施塔姆的柏拉图式的恋人。在莫斯科,盛传着他这段无果而终的 1934 年之恋)。在契斯托波尔,人们才弄清楚,她还是不少优秀抒情诗的作者,她的诗简洁质朴,但比茨维塔耶娃更节制,比阿赫玛托娃更直白。

冒着零下三十度的严寒，帕斯捷尔纳克与昔日的拳击手帕维尔·舒宾（他随后获准去了前线）在卡马河边卸柴火——装在巨大的驳船上运走。帕斯捷尔纳克非但不抱怨，反而显得很幸福。“在这里，我们距离生活的根基更近。战争期间，所有人都应该这么活着，尤其是艺术家。”他时常重复这一点，他这种面对逆境、最终的良知以及不可剥夺之物时的立场，对大多数人也颇具吸引力（“善于安顿”的少数，真以为自己属于特权阶级）。

人民——以及作为其敏感代表的帕斯捷尔纳克，终于感到了自由，也感到了被抛弃；可怕的目光从身上移开了——用纳博科夫的话来说，刽子手“只想着他自己的获救，逃匿了”。生活在契斯托波尔，无论对创作还是心理均有裨益，帕斯捷尔纳克道出了其中缘由：“我爱我们的密林、小城和乡村，永远胜过爱那些都市，契斯托波尔让我内心安适，还有它的冬日、它的居民和房屋，正像1941年冬天我来到一个疏散人家所见的那样。”他亲口说的这番话，被格拉德科夫记录下来。

亚历山大·格拉德科夫是帕斯捷尔纳克经常的对话者，也是他在卡马河岸悠长漫步中的同行者。这个人物值得仔细端详：他留名于文学史，主要因为剧作《很久很久以前》，当然还有与梅耶荷德及帕斯捷尔纳克会面的记述。他比鲍里斯·列昂尼德维奇小二十二岁，自然敬仰这位大诗人。《很久很久以前》——一部关于娜杰日塔·杜洛娃①的英雄诗体喜剧，在苏军剧院舞台长盛不衰，吉洪·赫连尼科夫的同名芭蕾舞剧和爱德华·梁赞诺夫的电影《骠骑兵叙事曲》也由此剧改编。格拉德科夫认为，帕斯捷尔纳克对待文学工作之严谨堪称典范，甚至零星的活计他也能乐在其中。但《罗密欧与朱丽叶》可不是什么零活，而是恢复精神健康的突破口；莎士比亚治愈了帕斯捷尔纳克，他是唯一能回应那个血腥、密谋和私刑拷打的时代，继而回应战争所带来新的质朴与自由的经典作家。

当然，格拉德科夫在散记中也正确地提到，契斯托波尔其实并无任何田园风情，帕斯捷尔纳克也有冲动之时。他描绘了一幕典型的场景：公共厨房里，煤油炉嘶嘶作响，留声机唱个不停。有一些人——多半是素质不高的人，格外病态地经受着恐慌，因为不善于转移注意力；文化人则有丰富的解

① 娜杰日塔·安德烈耶夫娜·杜洛娃（1783—1866），俄国第一位女军官，作家。

决之道——回忆往事、钻故纸堆、幻想、写东西，再不济也可干点零活。小市民的思想意识在惶然中空转，离不开经常性的外在的消遣。这些人神经高度紧张，要么不停地吃，要么身边得有叽里咕噜的声音：当时还没有电视，圆盘式收音机在契斯托波尔也未普及，留声机因此没日没夜地在厨房里旋转。时髦的唱片——探戈舞曲，乌焦索夫①——及民歌（亦即伪民歌，当然，少不了皮亚特尼茨基的合唱②）。帕斯捷尔纳克一忍再忍，终于忍不住了，走进厨房，用平日里啰嗦、支吾的语调请求暂停音乐，哪怕一小会儿也好，以免打扰他工作……厨房里的主人们嘟哝道："想得倒好！"——调高了音量。帕斯捷尔纳克后来自责了许久："其实，我有什么权利……这些人没有过错，因为没有人教会他们喜欢好的音乐！"《罗密欧与朱丽叶》《安东尼与克里奥佩特拉》就是在这留声机的伴唱下译成的；想必很有趣，当你读到或看到它们时。帕斯捷尔纳克表达了因留声机而产生的懊悔——当天晚上，就在2月23日，在一场庆祝苏联红军节的隆重音乐会上，帕斯捷尔纳克拒绝朗诵诗歌："早晨的事情过后，道德权利不在我手中……"是否可以想象茨维塔耶娃在这种情景下悔过的模样——她会暴怒起来，即使她的波尔谢沃的邻居们并未拿她怎样！

2

关于茨维塔耶娃，帕斯捷尔纳克想了许多，并且不无愧疚之感。他同意格拉德科夫的看法，在契斯托波尔她会活下去——叶拉布加③的情况更可怕，这里毕竟有一些作家，有一些勉强算是文化的东西，甚至还举办音乐晚会，还有医生……他或许没料想到，茨维塔耶娃在作家圈子里有多孤独，这个圈子对她又是何等恶劣。他听到过传言，说拒绝茨维塔耶娃在作家机关食堂担任洗碗工④的正是阿谢耶夫（有很长一段时间，阿谢耶夫都在竭力消

---

① 列昂尼德·奥西波维奇·乌焦索夫（1895—1982），苏联舞台表演艺术家，歌唱家。

② 1910年由俄苏音乐家、俄罗斯民歌表演者和收集者米特罗凡·皮亚特尼茨基（1864—1927）创建的歌舞团，曾经在俄国及苏联舞台上长盛不衰。

③ 俄罗斯鞑靼斯坦境内一个小镇。这也是茨维塔耶娃1941年8月31日自缢身亡的地方。

④ 洗碗工虽是"侮辱性的工作"，对回到苏联后身陷绝境的茨维塔耶娃却具有至关重要的意义。诗人申请担任这份工作，遭到拒绝，这成为导致其自杀的直接原因。

除这一讹传,即使后来又跟帕斯捷尔纳克断了交往,也曾通过为他塑像的卓娅·玛斯连尼科娃向他解释过。不过,阿谢耶夫在这件事情上无疑是有过错的。他写了一张便条,建议让茨维塔耶娃担任洗碗工这个侮辱性的工作,但开会讨论时,他本人却以生病为由没有到会)。当格拉德科夫问,究竟谁是致使茨维塔耶娃陷入孤立的罪人,帕斯捷尔纳克简单地回答:"是我!"然后补充道,"我们大家。我和其他人。我和阿谢耶夫,和费定,和法捷耶夫。我们心中充满善意,却什么都没做,我们以'十分无助'安慰自己。哦,这有时倒不失为十分便当的理由——觉得自己是无助的。国家和我们!它无所不能,我们却无能为力。有多少次,我们一旦认可自己的感觉,便只管吃喝去了。这甚至不会败坏我们当中大多数人的胃口……适当的时候,我将写到她,我已经开始了。但我也在克制自己,为的是积蓄足够的力量,从而无愧于她,无愧于玛丽娜这一主题……叙说她,需要一种紧绷的表现力。"

在契斯托波尔,他开始创作由两首诗构成的组诗《纪念玛丽娜·茨维塔耶娃》。十四年后,在《人与事》中,他将以散文来书写她。

阴雨天,我依稀看见一本
关于土地及其美色的书。
在卷首的书页上
我为你描绘林妖的形象。

哎,玛丽娜,早已是时候,
该把你被遗弃在安魂曲中的骨骸
从叶拉布加迁到别处,
这未必是多么费力的事情。

我从去年就开始构想
你的迁移的盛事,
安置你在荒凉水域的雪面,
那里有汽艇在冰中过冬。①

---

① 引自帕斯捷尔纳克《纪念玛丽娜·茨维塔耶娃·之一》(1943)。

之所以是“去年”，因为诗作完成于1943年，诗人已回到莫斯科。茨维塔耶娃与林妖（俄国民间文学中的人物、林间精灵）之间的类比是可疑的，尽管玛丽娜·伊万诺夫娜的性格并非像天使；如果描绘在卷首页上的林妖是作为土地及其美色的象征，那我们只能表示惊讶（不过，两首诗的草稿中真的出现过恶灵的形象——黑桃皇后：①

你毕竟不是黑桃皇后，
能够从墓穴
潜入华美的屋舍
吓唬人并使人疯狂。

可以想见，这些“华美的屋舍”会让茨维塔耶娃感到多么屈辱！感谢上帝，作者本人放弃了这个版本，尽管它实际上绝非偶然：茨维塔耶娃身上的确具有帕斯捷尔纳克不喜欢的恶灵因素，因而在新版本中，他仿佛要把她从魔鬼手中夺回来——为了上帝）。

我至今依然难以想象
你已是亡故之人，
像吝啬的百万富豪
在一群挨饿的姐妹中间。

我究竟该如何讨你欢喜？
请随便给我一个提示。
你离去的沉寂中
有着说不出的怪责。②

在这里，帕斯捷尔纳克指的是茨维塔耶娃身后的材料中未见写给他的信件；她没有往契斯托波尔给他写过只言片语，临死之际也未曾想起过他，虽然从1922年起，她就视他为所有同时代人当中最亲近的人。据阿利娅·艾弗伦回忆，母亲对待帕斯捷尔纳克的态度是独一无二的，近乎祈祷般的：

---

① 黑桃皇后这一神秘形象源于普希金的同名小说。
② 引自帕斯捷尔纳克《纪念玛丽娜·茨维塔耶娃·之二》（1943）。

"她的箱子里装满了写给你的书信!"她既未对他留下请求,也未留下遗言——出于永远过剩的负疚感,帕斯捷尔纳克将此视为一种率直的责备;而且平心而论,他确实也有该当自责的地方。

他与茨维塔耶娃的关系经历了三次危机:1926年,他们各自冲向对方,随即停在了原处;1935年——他们在巴黎无缘相见,1941年——已然是最后的别离。他们于8月8日在莫斯科河港道别。茨维塔耶娃以为,船上会有小吃部,所以没有携带任何吃食,在附近的食品店,帕斯捷尔纳克和当时还年轻的维克托·波科夫①以高得出奇的价格为她买了一堆夹肉面包。穆尔②跟她闹别扭,叫喊说,不想丢下莫斯科,帕斯捷尔纳克好说歹说,才劝他上了船。众所周知,在叶拉布加,儿子对待茨维塔耶娃不比在别处更和善;他认为,他们不该来到这个荒凉的地方。评断他的人不该是我们,他个人的命运也不比他母亲好到哪儿去。格奥尔基·艾弗伦于1944年不知所踪;在此之前以及在疏散地塔什干、在因年满十八岁而被征召加入的部队,他所遭受的那些屈辱想想都可怕。在塔什干,他沦落为窃贼。俄罗斯不算是他的祖国(他也不了解它),而是苟活之地,他没有理由爱它。只不过,他还能够理解这个国家的某些人,理解它的文化,并且在很多方面都表现出自责,这些可以视为他在精神上真正的成就。临死之前,茨维塔耶娃把儿子托付给阿谢耶夫一家,他们将他转送到塔什干,关于帕斯捷尔纳克,她却只字未提。

有些损失永远是谜。
我寻觅回答却一无所获
我为没有结果而哀伤:
死亡不留一丝痕迹。

半句话和半个身影,
失言和自欺——便是一切,
唯有某个既定的指示
依旧教人相信复活。

---

① 维克托·费奥多洛维奇·波科夫(1914—2009),俄罗斯诗人,散文家,民间文学搜集者。

② 系茨维塔耶娃对儿子的爱称,他本名是格奥尔基·艾弗伦。

…………

转过脸，面对上帝，

你将身体从地面伸向他，

就像在那些日子里，

你尚未得到对大地的总结。①

四十年代，帕斯捷尔纳克在几场成功的晚会上读过这两首诗，他冒着风险，坦然将自己置于难堪的境地，却又不愿放过一次公开说起茨维塔耶娃，说她惨绝的悲剧与非凡才华的机会。直到1965年，《新世界》杂志才发表了《纪念·玛丽娜·茨维塔耶娃》（但不包括第二首）；也是在1965年，第二首被纳入"诗人丛书"大系列，才得以问世。

然而，帕斯捷尔纳克不仅思考着对茨维塔耶娃的愧疚，以及弥补愧疚的方式。倘若如此，反而是不可原谅的自私。他还在思考的是，一位伟大的俄罗斯民族诗人——血脉、气质与个性均为俄罗斯的——竟然在祖国成了绝对的异类；无论如何都不能将此归咎于茨维塔耶娃本人，归咎于她的极端与激进，以及躁狂症般的乖戾。甚至在1918年的俄罗斯，周围是醉酒的水兵、投机商人和饥饿，她都处之泰然；不但活了过来，而且是充实、幸福地活着。结论只能有一个：俄罗斯不可思议地崩溃了，置身其中又不愿放弃自我的真正的诗人，注定难逃毁灭的厄运。这一思想是可怕的，它从内部动摇了诗人存在的根基。人民在自己的历史上创建了伟大的功勋，因而人民并未受到鄙视；正是一些普通人在茨维塔耶娃最后的日子里帮助她，尽力挽救她。剩下需要承认的是，国家和人民已不在同等层面上与权力和艺术家相对应。带着这样的想法，帕斯捷尔纳克从契斯托波尔回到莫斯科。他写信给身在塔什干的前妻和儿子："想到同志们，我不禁感到困惑。我以为，会有一些转变，会传出一些不同的声调，更强劲和更实在的。但他们为此什么都没做。双重的事业，双重的思想，双重的生活——一切如故。""过些日子，我可能要去莫斯科……我想试着在莫斯科将它（话剧——德·贝）继续写下去。我打算住在你那里，如果房间条件允许的话……看样子，在莫斯科过冬不比在列宁格勒轻松。"

---

① 引自帕斯捷尔纳克《纪念玛丽娜·茨维塔耶娃·之二》（1943）。

获邀去莫斯科殊为不易，他从春天就开始为此忙碌，直到秋天才办成。帕斯捷尔纳克于1942年10月2日回到莫斯科，在弟弟舒拉家住下。“我估计在莫斯科应该能感受到某种历史性的新气象，以及历经困苦之后的明天的前兆。(……)在这种情形下，我考虑去一趟前线。可事实却是另一种样子。莫斯科平静如常，我们所有的栖身之所，其中包括你的，要么被毁坏，要么被废弃，值钱的东西都偷光了……鉴于这种状况，我决定重返契斯托波尔，虽然那里的生活和饮食比莫斯科差，但我在那里会与自己人在一起，还能安静地工作。”他最痛心的是，父亲的作品损毁了。一帮高射炮兵把装有作品的柜子搬到伊万诺夫家的别墅，战争爆发后，别墅化为灰烬。伊万诺夫夫妇还不知道这件事情——塔玛拉·弗拉基米洛夫娜从契斯托波尔去了塔什干，弗谢沃洛德·伊万诺夫则随同信息局去了古比雪夫，直到1942年，才与家人团聚。

“莫斯科平静如常，我们所有的栖身之所，要么被毁坏，要么被废弃”……这似乎是他自童年就擅长感知的，甚至无需培养：

那些未成熟的作品并不可惜，
我所看重的是你的到来，
如同这又一个秋天的早晨
你迎接着新的损失。

你的正义就在我面前。
你对我不负有任何罪责。
战争却偕同黑暗之灵
有意地使你的周年蒙上阴影。①

这首诗显然是写给十月革命二十周年的，为它的纪念日——就像为现实中某个值得与之交谈的人物。大战期间(持续半年的斯大林格勒史诗已经开始了)，帕斯捷尔纳克反对清算时代：在一场与黑暗之灵的战争进行之际，这实在不合时宜。革命让他学会了失去：“犹如当初，四分之一世纪前，

① 引自帕斯捷尔纳克《1917—1942》(1942年11月6日)。

当新生的诸多可能性绽露曙色时，你以那些伟大肇始之光辉映着我早逝的日落。”此诗未能发表。1942 年 12 月 26 日，帕斯捷尔纳克乘火车离开莫斯科，又从喀山乘飞机回到契斯托波尔。

3

1942 年 9 月，还在莫斯科时，帕斯捷尔纳克就曾请求法捷耶夫安排他到前线，但未获成功。他觉得，这或许是因为他的书信欠妥，出于惯有的善意，他也理解法捷耶夫的谨慎。直到 1943 年 6 月 25 日，此前疏散的作家们连同家眷才从契斯托波尔乘船返回莫斯科。帕斯捷尔纳克回来后，又为他的前线之行忙活起来，既然放弃了过于大胆和粗疏的剧作《此世》，他打算写一部关于战争的长诗。可是，为了书写战争，就应当了解“战壕里的真理”。在未曾目睹战争，未遭遇哪怕一次不大的惊险之前，帕斯捷尔纳克不认为自己拥有谈论战争的道德权利。

法捷耶夫终于让步了——向前线派出了一个极具代表性的作家编队，以《真理报》和《红星报》首席战地记者西蒙诺夫①为领导，乘坐“道奇”前往刚解放的奥廖尔。这次突然行动相对安全，因为战斗已结束。西蒙诺夫把妻子瓦莲京娜·谢洛娃也带上了前线，编队人员包括八十高龄的绥拉菲莫维奇②，别列捷尔金诺作家当中，伊万诺夫、费定和帕斯捷尔纳克都去了。编队中还有来自《共青团真理报》的谢苗·特列古勃，也就是那位就 1936 年明斯克会议上苏尔科夫的报告写过短评的记者：声称苏尔科夫对帕斯捷尔纳克不够严厉……其实，特列古勃远非当时最差的时评作者，只不过，他对帕斯捷尔纳克的了解，仅仅源于表面和虚假的印象。这次私人的交往，扭转了以往的印象。

破坏的惨象令帕斯捷尔纳克备感压抑：在“道奇”行驶途中，他与编队其他成员发生了龃龉，诗人的儿子认为，原因是他们的过于正统，或者起码由于他们不愿公开谈论主要的问题——所有人，除了帕斯捷尔纳克，都学会

---

① 作者此处有误。据史料记载，西蒙诺夫并未同时兼任《真理报》和《红星报》的首席记者。

② 亚历山大·绥拉菲莫维奇·波波夫（1863—1949），俄苏作家，长篇小说《铁流》（1924）的作者。

了病态般的小心。帕斯捷尔纳克说道，重建国家需要很多努力，也许连政治体制都要改变(在保留下来的一篇日记中，他进一步说，没有这种改变，人们就不能够克服重建过程中的艰难困苦)。他还谨慎地提到，战后，苏联生活可能整个都会变样，变得更有人性。有人粗暴地打断了他的话，他顿时怒不可遏，大家这才静了下来。

帕斯捷尔纳克作品的出版者、回忆录作者鲍里斯·斯鲁茨基的朋友彼得·戈列利克留下了关于诗人的回忆(《尝试回忆：服役与友谊》，圣彼得堡，涅瓦出版社，2003年)。戈列利克在奥廖尔战线上作战，意外地见到了帕斯捷尔纳克。当然，他一开始不相信自己的眼睛。“我在司令部得知，部队里来了一群著名的作家：亚·绥拉菲莫维奇、康·费定、康·西蒙诺夫、帕·安托克里斯基，难以置信的是，还有帕斯捷尔纳克。对帕斯捷尔纳克的态度改变了：诗人受邀与西蒙诺夫、绥拉菲莫维奇这些‘自己的’作家一起来到前线，便是证明。这让人又惊又喜。

“帕斯捷尔纳克是我和我的许多同龄人的诗歌偶像。我们熟读了《斯佩克托尔斯基》……在哈尔科夫这样的外省，青年时代的我便想过与帕斯捷尔纳克相遇，而且深信不仅将见到诗人，还将听到他活生生的声音。在当初艺术晚会盛行的年代，这并不是什么不可实现的事情。然而，即便出于最疯狂的想象，我也想不到自己会在战场上见到帕斯捷尔纳克。但也正是在战争之路上，与诗人的相遇才成为可能。我意识到，我离不开他的作品，于是将它们放在指挥员用的图囊中。

“在一次行军中，我们部队路过军队政治部所在地伊利因克村，我见到一群生气勃勃的人，紧紧围在政治部主任尼·阿莫索夫上校身旁。阿莫索夫旁边有一个显眼的身影，一个身穿野战服的年轻文职人员。我一下就认出了那是康·西蒙诺夫。除了几位政治部军官，其余人都着便装，看上去西蒙诺夫像是这群人的核心。他激动地对聚在一起的人们宣讲着什么。我走上前去听了一会儿。说的是我军在南方的胜利、哈尔科夫被攻占，以及南方战线向第聂伯河的推进。但我用眼睛寻找着帕斯捷尔纳克。

“他站在我对面的一道篱笆边上。我感觉，他在这里是孤独的。当时我又想，自己的印象有可能是错的，或许，在相遇前的很长时间里，他孤独的形象一直深藏于我内心，因而我的记忆也就保留了这一印象(……)。

“我鼓起勇气，请求阿莫索夫上校允许我向鲍里斯·列昂尼德维奇·帕斯捷尔纳克打个招呼（军队的等级服从制度就是如此）。所有人都好奇地把目光投向我这边。得到许可后，我走向帕斯捷尔纳克。他略显出窘态。我们热情地相互问好。我从图囊里拿出他的书，故意用在场的人都能听见的声音请他题词，以纪念我们的相遇。我看不到我身后那些作家们的反应。但我从帕斯捷尔纳克的眼里看到了几乎抑制不住的快乐。他在两本书上都题了词。其中一本上写的是：‘致戈列利克同志，纪念在伊利因克村的相遇。1943 年 8 月 31 日。鲍里斯·帕斯捷尔纳克。’他在另一本上写道：‘祝戈列利克同志幸福。鲍里斯·帕斯捷尔纳克。’

“也许，是这真诚的祝福让我在攻克柏林时活了下来。谁知道呢。”

在前线，戈列利克随身携带的是《第二次降生》和《长诗》——看到战地军官手里的这两本书，无异于真正的节日。我们说，帕斯捷尔纳克大概会觉得自豪，因为是找他题词而不是找西蒙诺夫。西蒙诺夫是最有名的军旅诗人，其战争抒情诗鼓舞士气的作用毋庸置疑，但他的诗却无法唤起生命的奇迹感。他太过于注重“从这边”，帕斯捷尔纳克则专注于“从那边”，犹若亮光从燃着枞树的房间里透出来。正是他的这一异质性的见证，让少男少女们——新一代的读者——铭记他的诗歌，即便不理解说的是什么。他是幻想的生动见证。与他的相遇因此被视为吉兆。

年长的军官们，顺便说一句，同样敬重帕斯捷尔纳克。他举止自然，朴实、率真，既不傲慢，也不谄媚。在戈尔巴托夫将军招待大家的简朴晚宴上（这次晚宴，据弗谢沃洛德·伊万诺夫回忆，的确非常简朴——土豆、几片火腿、每人一杯伏特加），帕斯捷尔纳克给军人们留下了极其美好的印象：不端架子，眼睛炯炯有神，一双有力的大手，挥摆的幅度也很大……他给留在契斯托波尔的阿夫杰耶夫①写信，骄傲地说，只有跟他在一起时，将军们才显得更洒脱，还说他对战争的认识，比正式的战报更准确。这是义无反顾地与官方思想决裂的开始。这里有一个例证：“我与一个留有浅色额发的可爱姑娘莉玛交谈。她脸上挂着茫然的略为兴奋的笑容，不习惯于思考稿

① 维克多·费奥多洛维奇·阿夫杰耶夫（1909—1983），俄苏作家，曾获得斯大林文学奖三等奖（1948）。

费以外任何事情的懒惰的战地记者,称之为快乐的笑。可这笑容里却隐藏着完整的历史的秘密。这是一个饱受折磨之人于舒缓之际撑开颧骨和颌骨的疲惫笑容,是一代人无所思也无所问的笑容,它以同一语言和相互理解所带来的近乎肉体上的惬意将我和对话者联在一起。"这样的战地新闻在俄罗斯还未曾有过,如果不算临时获准重返文坛的普拉东诺夫①的战争随笔和短篇小说,以及帕斯捷尔纳克于 1942 年春天读过的格罗斯曼②那几篇关于斯大林格勒的报道。

他本人的随笔《解放的城市》和《军队纪行》,细节详尽,个性鲜明,堪称战地新闻的典范。我们想起来,托尔斯泰不也是通过彼埃尔的眼睛来展现博罗金诺的吗? 可以说,平民百姓更适合于书写战争。战争之恐怖——毁坏的命运和毁坏的建筑——远远超过帕斯捷尔纳克在想象中描绘的画面。他想不到奥廖尔几乎片瓦无存,想不到德国人撤退时,在城里布设地雷,焚烧房屋,也想不到那一片焦土——并非隐喻。

第一篇随笔《解放的城市》,直到 1965 年 1 月才刊发在《新世界》杂志上。其中的缘故不难理解。"并非所有外国人都知道:就在不久以前,俄罗斯还是一个商人的国度。我们智识上的顶尖人物的光华曾教欧洲羡慕。这是我们的事业,故而是商人子弟和教授们的孩子,不用说还有普通民众,是我们自己,曾经主宰着我们的资源和知识。"曾几何时——何等辉煌! 言下之意,需要重建与那个光华和资源均受到羡慕的俄罗斯之间的继承性;革命只能是一种手段,用以保存和增添"1914 年之前那个俄罗斯"的荣耀和财富。帕斯捷尔纳克处处强调"俄国的"和"苏维埃的"之间的继承关系。"迎面走来一位年迈的居民,手拄拐杖,穿着皮靴和三件套男西服,留着一副我们周围没有人再留的大胡须"……"两位系着灰色毛皮围脖,头戴小圆帽的女士,活像谢洛夫画作中的人物,正向人打听,庆祝城市解放的盛大集会在哪里举行"……"姑娘们让人想起昔日大学里最优秀的年轻人,1905 年的高等女校学生。""在这些县城里滋生的方言土语,构成了我们的文学语言,屠

① 卫国战争期间,普拉东诺夫曾担任《红星报》战地记者,据说这是根据斯大林个人意见所做的安排。

② 瓦西里·谢苗诺维奇·格罗斯曼(1905—1964),俄苏作家,记者,长篇小说《生活与命运》是他的代表作。这部创作于二十世纪五十年代的作品,曾经在苏联长期遭禁。

格涅夫就这一语言发表过绝妙的言论。俄罗斯天然真纯的气质——我们所拥有的崇高的事物——在哪儿都不像在这里表达得如此淋漓尽致。这一方家园里土生土长的女人,是我们的熟人。她们与丽扎·卡里津娜①和娜塔莎·罗斯托娃②血脉相连。”

在这种俄罗斯气质的映衬下,一切党的和官方的东西都刺痛着帕斯捷尔纳克的眼睛,就像他见到一群脸蛋肥嘟嘟的爱神骑坐在猪背上,德国人用这样的画面把学校弄得花里胡哨,又在校园设立澡堂、啤酒馆和香肠店。在他的战地记录中,我们读到:“田野里的集会。一知半解的虔信者为一窍不通之人进行共产主义的日祷。副团长热姆丘仁的插入语。半文半白的思想旧套与共产主义士官生普里谢别耶夫平分秋色。所有的言谈在那些注定要死的人们面前都不合时宜。”

换句话说,按照帕斯捷尔纳克最终定型的世界观(它需要的只是通过现实加以验证),“苏维埃精神”的证实,仅仅取决于它是否巩固并有助于保存“俄罗斯精神”;一切阻碍“俄罗斯精神”的因素,一切侵蚀人民生活素质的因素——全是僵死和有害的。起初,帕斯捷尔纳克认为斯大林是“俄罗斯精神”的保护者,所以才注意到其表面重建传统的特征;如今,他越来越觉得斯大林像是陈规旧式的化身——先是“教义的受难者”,就像《施密特中尉》中所称的那种类型,随后则是教义的指示者和主导者。可以不必怀疑,他对斯大林的看法恰好是在 1942 至 1943 年间转变的,那时他已深信,斯大林主义非但无助于战争的取胜,反而阻碍了胜利。帕斯捷尔纳克目睹了契斯托波尔孤儿院女工们在随便哪个领导面前的惊恐、他自己的妻子忘我的工作、军队里空头理论家的精神贫乏和蠢钝,与之形成反差的是各个指战员的严肃态度和专业技能,以及战士们的英勇气概。他终于得出结论:他曾经视为强暴与鄙俗却又不乏历史合理性的那一切,把俄罗斯拖向了远离其真正道路的歧途。在强制不得不弱化及生活转向既有轨道的战争期间,即便付出巨大的牺牲,经受了空前的动荡,人民总算短暂地把权力归还了自己。帕斯捷尔纳克的两篇随笔和他的前线记录,均透露出一种信念(正如

---

① 屠格涅夫长篇小说《贵族之家》中的女主角。

② 托尔斯泰《战争与和平》中的女主角。

他创作于战争前夕的《在早班火车上》所预言），相信俄罗斯无疑得到了保全，但这不能归因于革命，反倒是由于背离了革命及随之而来的一切。他在《帕特里克手记》时期仅仅停留于猜想的念头，变得明朗了：革命假托已烂熟的必然性而到来，却根本不是人们所期待的那样。他在部队里感受到两个最大的失望：对共产党人和对德国人。说来可怕，两者的影响不相上下；四十年代，俄罗斯人未曾让自己沦亡，但在1917年，却真的遭受了侵夺，因为——我们不妨回顾一下帕斯捷尔纳克勇敢的诗篇《俄国革命》——侵占者是“自己人”，“没有任何拘束”。俄罗斯有能力抵御外敌，但面对内部敌人却无能为力。1943年，帕斯捷尔纳克还曾希望，在德国人的压迫结束之后，“解放的城市”将挣脱那些思想手段和剥削习惯跟德国人相差无几的内部侵占者，而《军队纪行》作为公开的文本也谈到了这一点，当时的文本确实能够达到如此公开的程度，只不过，这篇随笔的第十一小节在发表时消失不见了。事实上，他又怎能指望这样的段落被发表：“如果革命的俄国需要一面哈哈镜，以仇恨与谬解的鬼脸歪曲自己的面容，这里便有现成的：打造它的是德国。”有谁愿意从纳粹德国看到俄罗斯那张哪怕是严重扭曲的面容？！

军人阶层中也有一些出类拔萃者，善于凭借头脑和经验而不是粗暴或喝斥来领兵作战。在帕斯捷尔纳克看来，司令员戈尔巴托夫就是这样的人物，寡言少语，不乏理智：“威严并非源于他说话的腔调，而源于话语的分量。这是最佳但也是最难的领导形式。”库斯托夫上校同样是他欣赏的军人：“优雅而讥诮的他，有意将自己塑造成风姿闲适的上流人士。他那俊美硬朗的侧脸，有着某种与1812年英雄们如出一辙的神情，图奇科夫①和巴格拉季昂②的神情。立领军装无可挑剔地显出他轻盈的体态。他谈吐不俗，用词考究。‘我总是奔波劳碌’，他这么说自己。战士们都爱戴他。”

像以往一样，帕斯捷尔纳克最大的哀伤莫过于“残疾儿的苦难”（“在家

① 尼古拉·阿列克谢耶维奇·图奇科夫（1765—1812），俄罗斯帝国中将，步兵统帅。在1812年卫国战争初期的一场重要战役中身负重伤，英勇牺牲。

② 彼得·伊万诺维奇·巴格拉季昂（1765—1812），俄罗斯帝国陆军上将，公爵，格鲁吉亚皇族后裔。在博罗金诺战役（1812年9月7日）中身负重伤，英勇牺牲。

破人亡、流离失散的悲剧中，走失的孩子们无尽的苦难是无可弥补的，唯有向苍天求告。”）和“女性命运”的恐怖。在发表于 11 月 20 日的《劳动报》、篇幅几乎缩减一半的《军队纪行》中，说到敌占期间有两个女共青团员，拒绝从墙上摘下列宁和斯大林的画像，喝醉的德国人先是向肖像开枪，然后将子弹射向她们。更可怕的是卡卢加女人瓦丽娅的故事：“零下五十度的严冬。柴火储备不足，卡卢加人拆掉篱笆和木屋当燃料（“它脏污的薄板被偷偷拆光”[①]……从战争纪事中，他竟然认出了 1919 年的那些画面！只不过，那是长期奴役的开始，而这，他希望是救赎和自由——德·贝）。窗口的浓霜使房间光线暗淡。人没有头颅，树木没有树冠，建筑物没有屋顶，艰险的日子。”

“‘我要告发你，不管你当我面在地上爬，还是跪下来央求。今儿我打定主意，非去告发不可’——说这话的是他们年轻的、不好作恶的轻佻女邻居——不管白天黑夜，她都跟德国人在一起游荡。‘你总算把短大衣和皮鞋给了我，我还要扒下你最后一件衬衫，可我一想起你的列宁，想起我遇到的那档子事，我就管不住自己，我得拿你找找乐子。’”

这也是俄罗斯气质，帕斯捷尔纳克理解这一点，因而对那位年轻的、关键是“不好作恶的”女邻居的语言描摹得惟妙惟肖。不好作恶的，也可说是卡拉塔耶夫斯基[②]式的。再说这当中哪有作恶之人？找乐子的事情向来如此。她的时机到了。毕竟是跟自己人。跟自己人怎样都行。最终，正如我们从帕斯捷尔纳克叙事更充分的战地记录中所知，她到底还是告发了同胞。共青团员瓦丽娅逃跑了，她的母亲和妹妹却被枪杀。不过，轻佻的女邻居很快也死了。卡卢加城里来了一帮纳粹特遣队员，也想找点乐子，有人因此娶了当地姑娘，许诺一道去德国，让她们坐上了飞机，没飞多远，就在一片小树林上空将她们抛了下去。只能凭借身上的衣服来辨认这些姑娘。

帕斯捷尔纳克记下了这一切。奥廖尔之行即将结束时，他思考的主题已不再是“俄罗斯的”与“苏维埃的”之间的继承性，而是两者骇人的极端

---

① 引自帕斯捷尔纳克《岁月流逝。往事之雨流逝》（1929）。

② 普拉东·卡拉塔耶夫，系《战争与和平》中一位农民出身的老兵，具有“俄国的、善良的、完美的性格”。

性——就功绩而言,也就野蛮而言。他的头脑中萌生了一个可怕的问题:同外敌作战的英勇及在自己人面前的平庸,究竟从何而来?或许,其根由就在于,外敌的异己特征是显在的,若要区分"自己人"里面的恶人,人们则缺乏应有的敏感和道德原则?否则,死去何以如此容易,活着又何以如此艰难?毕竟,相互的残杀并非源于恶,而源于道德律令的缺失,以及俄罗斯生活长期以来的无组织性。在俄罗斯,具有坚定信念和道德原则的人像自然金一样少之又少。这一主题渐渐占据帕斯捷尔纳克的意念,日后将成为《日瓦戈医生》的主脉,在作品中,自己人所做的只是消灭自己人——正因每人内心都有一片泥潭,除了简单的"自己人—异己者"的对立观念,任何辨别善恶的机制至今尚未形成。俄国基督教只为少数人所尊奉,是由于这种宗教恰恰倡导道德原则的践行,因而上文提到的赫里斯季娜·奥尔列佐娃,并非随意叫作这个名字①:她使自觉的宗教业绩得以圆满。"为朋友舍命"的施密特,也死于同样的方式。其余人无意识地厮杀和毁灭,像收割时节的麦穗,散落在大地上。人们自己不可怜自己,还有谁会可怜他们?从部队返回途中,这种自相残杀的恐怖攫住了帕斯捷尔纳克:归根结底,是自己人输给了自己人!自己的军队政治指导员向战士们散布谎言,自己的特别处②人员则继续摆布着这些战士,不管有没有理由!"蒙昧者始于训诫,终于鲜血"——难道这只是针对德国人而言?

只有在《日瓦戈医生》中,这些观点才得到最终表述;而国内战争成为小说主要命题也并非偶然。但在1943年末,帕斯捷尔纳克依然真心希望书写一部长诗,那些由旅行所引发并为之不安的思绪,哪怕有一部分能在作品中大声说出来也好。

① 在俄语中,"赫里斯季娜"的词根是"赫里斯特",近于"基督"的俄语发音。

② 苏俄及苏联时期的军事反侦查机构,成立于1918年,先后隶属于国家政治局(格伯乌)、国家政治保卫总局、内务人民委员部和国家安全委员会(克格勃)。

第三十七章 《霞光》 胜利

1

如前所述,《霞光》是帕斯捷尔纳克在叙事长诗方面最后一次尝试(《酒神节》,则属于抒情长诗,甚或一部大诗)。据格拉德科夫回忆,帕斯捷尔纳克曾经说,他写长诗(有时他甚至称之为“诗体小说”,注重日常生活的浓度和精心勾勒的背景,由此追寻涅克拉索夫的传统),遭到了法捷耶夫的劝阻,后者害怕他的直言不讳。法捷耶夫似乎能够向帕斯捷尔纳克提出建议或阻拦。也可以说,他当然能,只不过,帕斯捷尔纳克听从的不是他,而是个人的天赋。《霞光》之所以未完成,恰恰因为折中已无法满足作者:某些东西需要通过散文加以充分表达,而不能将它们强拉到抒情迷雾的笼罩下。

像以往一样,帕斯捷尔纳克的出发点不是叙事情节,而是某种整体的情绪,以及占据他想象的鲜活画面的链条。我们说,贯穿《斯佩克托尔斯基》的主题是修缮与崩塌;《施密特中尉》当中居于主导的是惶恐不安的黎明,这预感到的骚动,随后又转变为临刑前神经的颤栗。相比之下,《一九〇五年》更完整,主题因而也更连贯——冬天的、舒适与恐惧边缘的主题。在《霞光》中,居于主导的应是帕斯捷尔纳克所钟爱并辉映着他所有杰出篇章的情绪:这是敞亮的宁静与休憩——经历了巨大的考验,而新的历史篇章还没有开始。《日瓦戈医生》也描写过这种幸福的间歇,当时,分娩之后的托尼娅躺着,仿佛躺在刚刚脱离苦楚的云端;在《乌拉尔印象》中,山的城堡痛苦地产下早晨,在阳光下歇息。虽然纯属非人的努力,总还可以喘口气;胜利尚未到来,它的迫近却比胜利更盛大,更美好。这样的时刻——以沉痛的代价换取胜利,以艰巨的劳作和牺牲得到收获——是帕斯捷尔纳克最喜爱的:它们彰显着生与死、绝望与幸福的密不可分,而他整个的信仰也就蕴含于此。

祖国之春的气息，洗刷
天地间冬日的痕迹
和斯拉夫人哭够的双眼
因泪水而发黑的眼眶。
…………
童话般的薄雾笼罩万物，
宛若波雅尔①镀金厅堂
四壁的花饰，
漂浮在圣瓦西里教堂上空。

对幻想家和熬夜者来说
莫斯科比世上一切都可爱。
他在家，守着整个源泉
那是未来世纪繁荣的起源。②

可以感觉到，这些诗句写得容易——形式单纯，韵脚简朴；看起来，如长诗般展开思绪的整个组诗③之核心，乃是老派和善意的斯拉夫主义，是俄罗斯在斯拉夫世界的领导作用，以及在世界战争中拯救的使命。关于“未来世纪繁荣的起源”，应是现在思考的事情。选用的格律——四音步抑扬格，夹杂着奇数行（有时也在偶数行，就像写于1944年那首《复活的壁画》中一样）中的扬抑抑格，在他笔下首次出现于《当我们攀爬在高加索山》（1931），诗中也谈到来之不易的成就，尽管成就本身及代价并不能与胜利相提并论。这种格律极具感染力，很快被战地诗人们用在写作中，而帕斯捷尔纳克作为真正的音乐家，一如既往地第一个捕捉到了时代的节奏。这种格律适合表达庄严厚重的哀伤。为书写内心的颂歌和富有生机的安魂曲，康斯坦丁·列文的战争题材的名诗《火炮埋葬了我们》（1946），显然借用了帕斯捷尔纳

① 古罗斯及莫斯科公国的大贵族。
② 引自帕斯捷尔纳克《春天》（1944）。
③ 此处组诗即《关于战争的诗》，系诗人从1941年7月到1944年4月以战争为背景写下的诗作，包括本书提到的《无所归依的人》《古老的花园》《纪念玛丽娜·茨维塔耶娃》《复活的壁画》《春天》《工兵之死》等。

克的声音,虽则带着个人的音调:

火炮埋葬了我们。
它先是将我们射杀,
如今却不羞于虚伪,
发誓说,喜欢我们。

我们只信任吗啡,
再不济——也是溴剂,
我们当中死去的人,
则信任土地,别无其他。

如同《霞光》引言,这里描写的也是礼炮;礼炮的齐射——《霞光》的序曲与主题之一。礼炮与火灾的光焰(它们给人带来格外痛苦的感受,主要是因为后者),在光影中映衬着长诗,而每当开始创作一部长诗之际,对于帕斯捷尔纳克具有决定意义的,正是光与色彩。

俄罗斯诗歌中,以这种音步写成的最著名篇章,当数勃洛克的《在铁路上》,这首诗也时常牵动帕斯捷尔纳克的思绪。《在铁路上》的格律仅以偶数行中的阴性韵脚而区别于《陌生女郎》:

每到傍晚,餐厅顶上的热气
就显得粗野而荒凉……

黄色和蓝色的车厢沉默,
绿色车厢里又哭又唱。①

这唯一的补充性的音节,却改变了整首诗的声韵,赋予其以悲凉、悠扬和绝望,帕斯捷尔纳克一生要么为之不安,要么为之着迷的也恰是这些。有趣的是,曼德尔施塔姆1921年的两首诗作,以及充满着惶恐的战争预感的《像小小的身体卷起翅膀》(1923)和《而天空孕育着未来》,也是以同样技巧写成的。勃洛克的俄罗斯主题和曼德尔施塔姆的战争主题,一齐汇集在

① 引自勃洛克《在铁路上》(1910),并参见本书第十九章相关注解。

帕斯捷尔纳克那里。他后来还将回到这一格律，用它写下自己的诗歌遗嘱《八月》；但诗中所写的已经既不是俄罗斯的伟大，也不是它的胜利，而是他个人以沉痛代价换取的死后盛典。《八月》与《霞光》之间的继承性是显而易见的，但两者的差异也很明显：1943 至 1944 年间，进行着长诗创作的帕斯捷尔纳克，最后一次将自己等同于祖国，将自己的胜利等同于它的胜利。《日瓦戈医生》的作者和主人公则认为自己是独立于国家的个体，而他们的胜利也就在于此：原先的斯拉夫主义的自我认同，已然不可理喻了。

但在 1943 年，帕斯捷尔纳克的这些期望却是多么容易理解！俄罗斯经历了二十年恐怖与偶像崇拜的蒙昧，向全世界证明了自己不向暴政妥协之伟大：

> 时间啊！还有我们！看看吧，
> 原以为是磨蹭鬼和马大哈。
> 这可是梦想，而不是政治！
> 去你们的磨蹭鬼。祝贺啊。
>
> 苍茫的大海浑浊不堪！①

（参见《崇高的疾病》："护航舰再次转向正横。/叛卖与诡计的产儿/再次大口吞下巨浪，/继而不识故国……"）

顺带说一句，这里颇有一种日瓦戈医生式的音调，怀着同样不无夸张的自豪与喜悦，他将用这种音调赞颂俄国革命："您看到没有？欣赏一下吧。好好地看看。最了不起的是什么呢？（……）现在你瞧，一下子就行了！这是前所未有的事，这是历史的奇迹，这新的创举一下子就闯入正常生活之流的深处，全不管生活的流向。（……）只有最伟大的事业才这样不讲求方式和时间。"②同样是面向整个世界的自豪："这可是梦想，而不是政治！祝贺啊。请好好欣赏吧。"这是"普希金无可辩驳的明朗和托尔斯泰直面事实的良知"③所造就的结果。革命之于日瓦戈，战争之于帕斯捷尔纳克——犹如

① 引自帕斯捷尔纳克《霞光》(1943)。
② 引自《日瓦戈医生》第六章第 8 节。
③ 同上。

盛大的庆典，汇聚着俄罗斯的牺牲精神、俄罗斯的梦想，以及将一切进行到底的俄罗斯的延续性。这甚至不是什么意志，而是人民的命运——如此激进和无条件地建立功绩。可这些功绩后来又会有怎样的变化，起初达到的高度为何从来不能够保持？这成了《日瓦戈医生》的一个命题，本来也应成为《霞光》的命题（相比《日乌利特笔记》，《霞光》更像是长篇小说主要的，甚至更重要的雏形）。但这样的作品需要以散文形式来完成，不存在任何折衷。

2

遭受无端处决者能否一洗沉冤？失踪的人是否会归来？身陷囹圄与流放之人的清白是否会得到证实，就像某些受惩戒者被证实为无辜？思考这些的是长诗主人公沃洛佳，关于他，我们只知道在军队“担任下级指挥人员”。

长诗情节仅有大致的勾勒，但第一章的概要，已足以显现未来冲突的核心：主人公从战场上回来暂时休假，原先的生活让他无所适从。他感到最恼火的是妻子的行为：“他那可爱的另一半/什么事情都不操心。/她无辜的头脑一如既往/装满不算狡猾的杂念。/头发和嘴唇略施油膏，/烟草、茨冈风情和客人。/废话连天，像单调的苦差/可怜的孩子们浑身疮痂……/哎，卡佳就是这般任性！/无论何时，你都忘不掉/鸡毛蒜皮引发的吵闹。/想一走了之，又舍不得不幸的孩子。/丢不下不幸的孩子和侄女。/留下来吧，局面却令人难堪。/倘若他要跟她分手，/就不能委屈了孩子。”①这些近乎散文的诗句写得非常简单，完全不像是帕斯捷尔纳克的手笔，甚至比 1936 年的诗作更直白：

他吸够了死亡、火药、
战斗、险情和冒险的气息，
老鼠的窸窣、瓢盆的碎裂

① 引自帕斯捷尔纳克《霞光》（1943）。

并不会让他感到异样。①

对比《斯佩克托尔斯基》引言中的“便盆与剃刀、刷子、卷发器”，可以清楚地发现两者间的对应关系：这里说的是人生又一阶段，亦即必经的婚姻阶段的完结。如果我们想到，在帕斯捷尔纳克的意识中，济娜伊达·尼古拉耶夫娜犹如国家新面貌的化身，就会明白长诗所云与妻子的分手，标志着对十年忠诚的重估。沃洛佳的妻子卡佳，显然不是济娜伊达·尼古拉耶夫娜的画像，即便仅仅因为，无论她自己的还是别人的孩子从未长过疮痂，而且她也不会动辄摔锅砸碗，不会轻易跟丈夫吵嘴，她只是默不作声，我行我素。然而，“烟草、茨冈风情和客人”（“茨冈风情”意指日常生活的混乱，但在帕斯捷尔纳克头脑中，这个概念或许与济娜伊达·尼古拉耶夫娜终生喜爱的算命和纸牌卦间接相关），这一切完全有可能跟妻子联系起来，不仅如此，由于一些平淡无奇的身体因素，她与他之间的距离越来越远：她迅速地变老，甚至战争期间大为消瘦，也改变不了一副老态；可他却一如既往，灾祸之际反倒更年轻，看起来顶多四十岁，尽管白发越来越明显。更主要的原因是：一个哪怕在前线度过两星期的人，就算不曾亲历战斗，当他回到毁坏的城市，也很难适应后方的现实。1943 年底，已经无人怀疑胜利的临近，甚至可能高估了形势。显然，胜利者将无法习惯日常生活与屈辱的状况，而为了动员他们投身于艰巨的重建工作，需要强劲的动力。帕斯捷尔纳克认为，成为这种动力的只可能是自由，以及重新回归的国家观，按照这种观念，国家与人们血肉相联，谁都无法剥夺。

我们不会停留于话语，
而是如梦中所预见，
我们将更开阔地重建
比以往更美好地闪亮。②

在长诗第一章，主人公遭遇到一场争论，一场不可思议的噩梦，由于众所周知的原因，帕斯捷尔纳克的描述极尽曲折：与他展开争论的是某种近乎

---

① 引自帕斯捷尔纳克《霞光》(1943)。
② 同上。

神秘主义本质的离奇存在物、永恒的同貌人、索洛古勃的蠢蛋——“路旁的鬼怪”、“黏糊糊的霉菌”。不过，这个同貌人——“沃洛佳的锋芒”指向的原本温和至极的对象，如今已令他备感厌恶：

我不喝酒也闻不得烟草味。
在叔母丧宴上却喝了一顿，
勉强往家爬，苍蝇在头顶。
不好意思。您不送我一程？

三俄尺的字母在树林上空
召唤着那些遥远的理想。
您倒好，您有自己的汽车，
干吗像步兵一样迈腿走路？

查验公文的条状横栏以内
是一片林间空地，
叔父住的小屋也在那里。
自己的菜园，蘑菇长在峡谷。

我叔父是违法乱纪的牺牲品，
正如所有讲究规矩之人。
林子里有他们整个的领地，
可法律判决又错在哪里？

我们没有木桶，没有课本，
洗衣工和教育者也够糟糕。
向我们询问，就像问魔法师，
难道工作人员是神灵不成？

这个片段中的一切都带有神秘色彩：从各方面来判断，主人公遇到了自己的过去，它怀着妒忌，委屈地看着他现今的发迹（“您倒好，您有自己的汽车”)。主人公的叔父(俄罗斯抒情长诗中永远的“最讲究规矩的叔父”①),原来是“违法乱纪的牺牲品,正如所有讲究规矩之人”:无论当时还是现在,俄罗斯平庸的反对派都用同样的语言说话,帕斯捷尔纳克对此深为反感。他不喜欢地下运动,按照他的性情,要么全部接受,那才谈得上分担一切的责任,要么义无反顾地了断,那就不必再抱怨。昔日的主人公,一个安分守己的老好人——但就像在契斯托波尔,作者跟格拉德科夫谈到茨维塔耶娃时所说——意识到斗争徒劳无益,却还是慢腾腾地回家,“只管吃喝去了。”帕斯捷尔纳克准备同这种左右逢源的习气彻底了断,因为战争的经验不允许继续“沉默、躲避、隐匿”。“林子里有他们整个的领地”,显然是对“哨卡横栏后面”政府别墅的回忆(横栏未曾改变,在茹科夫卡②也像这样,只不过别墅更豪华)。这里的双关语非常精彩,当然,也纯属有意为之——一个是住政府别墅的苏联工作人员的“领地”,另一个是改造犯人的禁区,在另一片林子里——看来,叔父碰巧沦落于此;这之前叔母就已死去,所以主人公才在她的丧宴上喝多了酒,走在大路上,数年后,正是沿着这条路,他作为胜利者驶向家乡的城市。

面目一新的胜利者沃洛佳用近乎尼采式的语句,同这位抱怨日常生活种种不便,并一再称“我们不是神灵”、“我们是工作人员”的主人公展开争论:

神灵啊神灵,黏糊糊的霉菌,
哦,要么是神,要么是鬼怪。
不要使用你的金蝉脱壳之计,
不要再对我唱老掉牙的歌曲。

我被自己人用怨诉喂得过饱,
多可怕的老生常谈。
请在有生之年做个胜利者吧,

① 典出普希金的长篇诗体小说《叶甫盖尼·奥涅金》。

② 位于莫斯科河右岸,距离莫斯科环形公路九公里,风景秀丽。自二十世纪三十年代起,成为政府别墅区。

不妨让生命听从意志的指令。

转来转去，像晨祷前的魔鬼，
面对一颗富于怜悯的心灵，
你偷换了我内在的声音。
我再不想要。我受够了。

哎，假若只是"内在的"就好了！要知道，内在的声音很快将提醒初露头角的神灵，他们的时代结束了，他们将再度成为双重语义的螺丝钉！"在你面前躺着一个巨怪，身上写着'你应该'。请从它身上跨过去，并且说：'我要。'"①Also sprach Zaratustra。② 难怪帕斯捷尔纳克在契斯托波尔会想起雄辩者查拉图斯特拉，甚至对格拉德科夫说，尼采的某些思想，已经近乎基督教了。③ 在一个短暂的时期内，用赫列勃尼科夫的话来说，对"忠于太阳的太阳自由民"④的希望复苏了；但同时忠于太阳又忠于自由，却是不可能的。幻想对诗人大有裨益，对普通人往往是毁灭性的。

厨房一景。带花边的帘子
遮住了狭窄的窗户和小路，
和俄罗斯城市边缘升起的
俄罗斯的早晨。⑤

可以感觉到，说出"俄罗斯的"一词，带给作者和主人公一种肉体的满足感。1944 年 6 月，帕斯捷尔纳克向演员和朗读者多纳特·卢扎诺夫（也曾在舞台上朗诵过他的诗）写信说："自从政治中不得不采用民族语调，并且做出一副相应的神情，尽管并不真诚，这对艺术无异于恩赐，如今，既然被迫准许艺术进入尘世，就再不会将它逐出这片土地了。"民族因素对他而言，仍然是自由和繁荣的同义词。"假如上帝愿意，我也没说错的话，俄罗斯很快会出现灿烂的生活……博大精深的艺术，就像在托尔斯泰和果戈理

---

① 此处引文同原著有明显出入。参见《查拉图斯特拉如是说》第一卷，《论三种变形》。
② 德语："查拉图斯特拉如是说。"
③ 参见本书第十九章。
④ 语出赫列勃尼科夫的叙事长诗《捕鼠器里的战争》（1915—1919—1922）。
⑤ 引自帕斯捷尔纳克《霞光》（1943）。

的时代一样……”

在“反对世界主义”的时期,帕斯捷尔纳克或许还屡屡为之欣喜,结果却不仅未发表他的斯拉夫主义作品,而且也未能完成。

3

其余篇章仿佛构成《霞光》之光晕,并受到其返照,相比第一章,这些篇章要薄弱得多,纪实性也远远不够。就问题的深广程度与表达的严格节制而言,第一章则足以媲美安德烈·普拉东诺夫的《归来》①或海明威的战地随笔之类的杰作(作者本人也曾强调,“我们不必渲染那些无关痛痒的想法,要是写的话,我们就该以海明威和普里斯特利②为榜样”)。或许,主人公的战争回忆还应像昔日时光的余晖,出现在一部新的长诗里;对一名身负重伤,死于夜间行动的工兵的回忆,便属于这样的光影。在洛马绍夫上校的师里,帕斯捷尔纳克听说了这名工兵的遭遇。伤者姓米凯耶夫。想到自己的呻吟可能会暴露同志们,他强忍着不出声,尽管伤势严重,疼痛异常:

伤者宁可疼得啃咬土地,
也不愿让呻吟暴露同志。
农民天生的坚忍
在昏迷之际也未丧失。③

帕斯捷尔纳克眼中的英雄主义,几乎不在于正面行动,而在于自我牺牲式的忍耐——这是哈姆雷特的英雄主义,是施密特和日瓦戈的事迹。在《工兵之死》中,对勃洛克某些诗篇的呼应格外明显:

步兵们列队向前进发,

---

① 普拉东诺夫一个重要的短篇小说,以卫国战争为背景,1946 年首次发表在《新世界》杂志,当时标题是《伊万诺夫一家》。1962 年,收录在作者去世后出版的《短篇小说集》中,最终定名为《归来》。

② 约翰·波因顿·普里斯特利(1894—1984),英国剧作家,小说家。1929 年出版代表作流浪汉小说《好伙伴》,1931 年与人合作改编成同名剧本,受到广泛关注,另外还著有多部剧作和长篇小说。

③ 引自帕斯捷尔纳克《工兵之死》(1943)。

仿佛听从于死人的调遣……
车厢在行驶中组成习惯的线条，
不时摇晃着，轧轧作响……

正像帕斯捷尔纳克叙事长诗惯有的情形，他的战争组诗也有流于浅表的不伦不类的败笔，譬如1944年2月9日发表在《红星报》上的《追击》：这首诗描写了通常不会写入诗歌的一幕——一位姑娘被法西斯分子奸污并杀害；很难想象，究竟什么样的抒情诗才可能胜任这种题材。在帕斯捷尔纳克那里，出现了类似于《施密特中尉》里的漏洞，他久负盛名的丰富语汇，变得嘈杂，发出令人难堪的声音：

在祈祷般庄严的暴怒中
我们离开那苦孩子的尸首
越过沟沟坎坎
尾随那帮凶犯飞奔而来。

乌云翻滚，拉开了间距，
我们自己也像可怕的乌云，
带着怪诞和俏皮的插话
踏平了他们蛇蝎的窝巢。

随你怎么想，祈祷般庄严的暴怒都无法跟俏皮的插话相匹配，"怪诞"也根本不像作者所愿，意指"带鬼字的咒骂"，[①]反倒成了某种恶狠狠的胡话。这里的激情更像是表面化的——帕斯捷尔纳克绝对有把握书写自我牺牲的事迹，但复仇的怒火他却不善于描绘，因为平生从未体验过。在帕斯捷尔纳克那里，完全找不到口号式的肤浅表达，而这种东西即便在最优秀的苏联战争诗中也有碍观瞻。然而，他的诗里也找不到"战壕里的真理"——黑话、可怕的细节和看破的现实等等，在前线战士的诗作中，听起来就像口令。帕斯捷尔纳克的战争抒情诗，实属一个充满热情与感恩的见证者的抒情诗；也许正是这一点，招致萨莫伊洛夫或斯卢茨基这些真正战地诗人的反感。

---

① 原文中的"怪诞"（чертовня）与"带鬼字的咒骂"（чертыханье），词根都是"鬼"（черт）。

他们始终觉得，帕斯捷尔纳克属于“住别墅的人”，曾经去过乌拉尔，如今又来到前线。他们不怀疑他的天才，只是对这个“住别墅的人”书写战争的道德权利产生了质疑。在他们看来，就连西蒙诺夫都比帕斯捷尔纳克更像自己人，即便他不曾在前线摸爬滚打；他的诗虽则缺乏感恩的内容，却更具狂热奔放的感染力。这是当时所要求和看重的。不管怎样，帕斯捷尔纳克仍以自己发表在《红星报》上的战争诗篇承担着责任，履行着义务，可前线战士根本不需要谁来歌颂他们的功绩。他们需要的是真正诗歌的奇迹，假如有人在战场上引用帕斯捷尔纳克——不是《玛格丽特》(1919)就是《施密特中尉》，但无论如何都不会是《工兵之死》。两次乌拉尔之旅过后，他可以对社会主义建设几乎不置一词，却不能不履行与那些更为宏大的事件密切相关的社会订货。这一经验，不乏个别的精彩诗行，总体上却不成功：他的诗作中感觉不到前线的真实性，尽管真实性在他那里向来属于平常的“诚实工作”。然而，只要他用自己的词语说话，哪怕简短，也会收获杰作；《在下游地带》便由此而来，在他战争题材的作品中，这是最真诚和最具乐感的篇章。诗作发表在1944年3月26日的《红色海军报》上，仅仅占据着最不起眼的版面末端。这绝不是一首战争题材的诗，或者更准确地说，这首诗将战争转换到更隐秘也更具普遍人性的另一层面：诗中描述的不是功绩，而是人与人之间如何相互怀念：

淤泥滩的黄色琥珀，
黑土地的光泽。
居民们修理渔具、农具、
小舟、渡船。
在这些下游地带，夜晚便是欢喜，
是明亮的云霞。
浪沫在浅滩簌簌涌动，
黑色的海。
鸟在沼泽，江鳕在河里。
多极了的鱼虾。
彼岸是克里米亚，
此岸是奥恰科夫。

河口在尼古拉耶夫城外更远处。
眺望西方，波浪和雾
像一片草原与天空相连。
这是去往敖德萨的方向。
有过这一幕吗？这是怎样的风格？
这些岁月到哪里去了？
是否还能归返这生活、这往事、
这自由？
哦，犁铧多么怀念耕地，
翻耕的农田——怀念犁铧，
大海——怀念布格河，南方——怀念北方，
所有的一切——相互怀念！
转弯到尽头，
漫长等待的时刻已然显现。
远方在预感着。这一年里
说出的话语是为了舰船。

这是帕斯捷尔纳克的第三座黑海。在“汇聚着诗之自由元素的自然力的自然界”之后，在“雷飑为沙波酒而咆哮”，“蓝腿的闪电”青蛙似的跃入水中之后，在二十年代泡沫飞溅的狂暴大海之后（沃洛申始终耿耿于怀，岂能把海比作啤酒——“是啤酒像海，而不是海像啤酒！”），轮到了和缓、细碎甚至有些像淡水的三十年代的海，出自《波浪》的海：柯布列梯平坦的巨岸，以及《第二次降生》里的波浪——像华夫饼干一样整齐划一，像帕索姆河沿岸①人民一样严守纪律。第三座海，1944 年的景致——又一次水波不惊，但这也是暴风雨后饱经痛苦的寂静。河口、滩地、奥恰科夫，均属《施密特中尉》的布景，也是关于敖德萨的童年记忆，他以明快的忧伤所诉说的也正是这些时光：“有过这一幕吗？这是怎样的风格？”

可以想象，他是如何拖曳着，又如何陶醉地吟咏着这些诗行，连同它们连绵不绝的 yyy：

---

① 俄罗斯境内的一条河，流经乌拉尔地区。

Ах,как скучает по пахоте плУг,
Пашня — по плУгУ,
Море — по БУгУ,по северу — Юг,
Все — дрУг по дрУгУ![1]

的确,他的诗成功地表现出某种女性气质。他多么擅长送别亡人,迎接新生儿,在这里,他又怀着纯属女性的伤感,为所有离别的人们咏唱;多么干净的春天的管乐之音!帕斯捷尔纳克以这首诗终结了他的战争叙事。关于战争,他再没有写下什么,起码没有用诗歌来写;况且一切都说尽了。对战争的胜利他也未置一词,因为他几乎从来不写"应景的诗作",更主要的是,最终胜利的前夕,许多事情都已经改变了。

4

"战争对我的自我感觉、健康、工作能力和命运的感受均产生了无可比拟的释放作用。"这句话出自上文引用的写给卢扎诺夫的信。1944 年 7 月,帕斯捷尔纳克已经开始庆祝胜利,庆祝过去十年里妨碍他的那一切被战胜;他几乎否定了他的所有作品,包括《波浪》和《斯佩克托尔斯基》,连同其"出于无奈的空洞"和概念化的说理(因为任何东西都不能说)。甚至出现了一些迹象,让人有理由相信自由化的到来。1944 年,亨里希·涅加乌斯获准返回莫斯科。帕斯捷尔纳克相信,书报检查将弱化,继而彻底废除,遭受整治的人将重新归来,恐惧将消退……1945 年 6 月前后,形势明朗了,任何类似的事情都不会发生,在这个十年的中期,一如既往的沉闷,压在帕斯捷尔纳克身上。

不过,他还不至于陷入 1935 年 2 月至 9 月那种折磨他的"萌芽中的癫狂状态"。没有失眠,没有失去创作的"生产力",依然按照原先的严格自律翻译,翻译,不停地翻译,正像勃洛克那首《戏台》(1906)题记中查尔斯·简

---

① 《在下游地带》一诗从"哦,犁铧多么怀念耕地"到"所有的一切——相互怀念"的俄语原文。这些诗句带有连贯的元音字母 y,形成独特的声音效果。传记作者以大写形式对这一字母表示强调。

所云[①]:“好吧,疲惫的老马,让我们摧残自己的莎士比亚!”他译好了《奥赛罗》并着手翻译《亨利四世》。1945 年初,他的一本篇幅不大的诗集《辽阔的大地》问世。不管怎么说,战争还是带来了少许自由的气息。安德烈·普拉东诺夫有三部短篇小说集出版,帕斯捷尔纳克历经十年翻译的两部诗集也出版了。

1945 年春天,胜利的春天,帕斯捷尔纳克两位亲人的故去,却给这个季节蒙上了阴影,也让他悲痛欲绝。还能怎样呢? 1945 年 4 月 29 日,距离胜利日[②]仅有两个星期,他二十岁的继子亚德里安·涅加乌斯在莫斯科去世。5 月 31 日,胜利日过后三个星期,他八十三岁的父亲列昂尼德·帕斯捷尔纳克在牛津去世。

1944 年,亚德里安仍属疏散人员,待在斯维尔德洛夫斯克附近的内日内·乌法列伊。将他这样一个失去行动能力的人送往莫斯科,几乎是不可能完成的任务,但济娜伊达·尼古拉耶夫娜却为此事忙乎着。战争期间,主要通货是伏特加酒,1943 年从头至尾,济娜伊达·尼古拉耶夫娜到处找酒,不管真假,全都积攒起来。1944 年 8 月,她前往斯维尔德洛夫斯克。在那里,迎接她的是仍然没有权利在莫斯科生活的涅加乌斯(直到当年秋天,他才获准回到首都)。涅加乌斯依然爱着她,劝她不要离开,但济娜伊达·尼古拉耶夫娜一见到儿子的状况,就意识到应该立刻带他去莫斯科。阿季克发现自己脊柱上有肿块。这表明,病情一直在脊柱发展,可这些年来,为他治疗的却是腿骨结核。她自己也不记得是怎样把他带回莫斯科的。到火车站接他们的有阿斯穆斯夫妇、帕斯捷尔纳克兄弟俩和斯坦尼斯拉夫·涅加乌斯[③]。济娜伊达·尼古拉耶夫娜在回忆录中写道,见到继子身上的变化,鲍里斯·列昂尼德维奇大吃一惊,放声痛哭。亚德里安当即被送往结核病疗养院,但那里窗户长时间开敞着,尽管已是寒冷的秋天;济娜伊达·尼古拉耶夫娜在回忆录中记述了不愉快的一幕:由于病房里没有热水瓶,她跟疗

---

① 查尔斯·简(1811—1868),英国演员,戏剧导演,曾执导《威尼斯商人》等莎士比亚剧作。

② 1945 年 5 月 8 日午夜,纳粹德国宣告无条件投降,欧洲战事就此结束。这个日子随后被美英法等国定为“欧洲胜利日”。当时苏联时间已是 5 月 9 日,苏联的“胜利日”故而延后一天。

③ 即亚德里安(阿季克)的弟弟斯塔西克。

养院院长吵了一通……亚德里安的肾部也出现了病状，济娜伊达·尼古拉耶夫娜认为这是不祥之兆。事实上，她的想法没错。最可怕的是，阿季克本人也知道厄运难逃。他向疗养院工作人员要来一本医学百科全书，阅读了有关其病症的全部内容，从医生们谈话中，又掌握了疾病的拉丁语名称。济娜伊达·尼古拉耶夫娜将他转移到索科利尼基医院，米莉卡·涅加乌斯[①]的朋友罗里耶教授是院领导。阿季克就死在这里，死因是结核性脑膜炎。最后那几天非常可怕。他的意识仅仅恢复了片刻，低语着说自己要死了，还说头疼得厉害，然后就不省人事。他已经无法吞咽，可济娜伊达·尼古拉耶夫娜还试着往他嘴里喂一小勺冰激凌，送几滴清汤……在他临死前一天，罗里耶说，应该从家里把阿季克的衣服拿来，给他穿上以便下葬。他当时还有一口气，却已彻底失去了知觉。济娜伊达·尼古拉耶夫娜赶回家，一边痛哭，一边收拾东西。她后来回忆，称自己一生中再没有比这更惨痛的时刻。第二天，阿季克死了。济娜伊达·尼古拉耶夫娜起初不同意解剖，可接下来一想，他的大脑还可用于科学研究，便同意了。据她回忆，给阿季克穿衣服时，望着他死后异常俊秀的面容，她忽然感到他的脑袋轻得吓人：大脑被掏空了。然后她做了一个噩梦，梦见阿季克活着，但脑子空了，成了一个白痴；而她为阻止儿子变成这样，将他亲手掐死了。对儿子的负罪感发生了变异，从此驱之不散。

帕斯捷尔纳克可怜阿季克，也可怜妻子，忍不住大哭起来，涅加乌斯也泪流满面，济娜伊达·尼古拉耶夫娜想到了自杀。在举世欢庆的背景下，悲剧显得格外沉痛。胜利越来越近，每天都在鸣放礼花，苏军攻占了一座又一座德国城市。济娜伊达·尼古拉耶夫娜反对火化儿子的遗体，亲友们说服了她，但她坚持把骨灰盒交给她。骨灰埋在了别列捷尔金诺的花园里，旁边就是别墅。有很长一段时间，济娜伊达·尼古拉耶夫娜每天依旧铺好餐桌，为阿季克摆上餐具，就好像他还在他们身边，还在别列捷尔金诺。

6 月初，帕斯捷尔纳克得知了父亲的死讯，是妹妹和妹夫费奥多尔拍电报通知他的。

“5 月 31 号，爸爸去世了。眼球白内障摘除一个月前，他住在诊疗所，

---

① 米莉卡·谢尔盖耶夫娜·涅加乌斯（1890—1962），亨里希·涅加乌斯的第二任妻子。

身体逐渐康复，于是回到家里，没想到心脏功能突然衰竭，去世那天是星期四，三个星期以前。

“在他临终前，费佳和几个女儿们守在一旁，弥留之际，他还惦记着我——这些就是他们电报的全部内容。

“冬天到了，我希望比原先更充分、更明确地告诉他，就像某种激动人心的伴音，他非凡的天资、神奇的技艺、工作的轻巧、梦幻般的丰产，始终在我面前浮现，萦绕在我脑海，想到这些，我像往常一样并无妒意，反而为他欣喜，他骄傲地度过了现实的孜孜不倦的一生，相形之下，我的人生荒废，生活平庸，种种期许化为泡影，这样的对比又让我羞愧得无地自容……我在给他的信中写下了这一切，比通过外交渠道寄送给你的信更简短，也更好……这封信没有寄到。”

接着，帕斯捷尔纳克向妹妹提到“极度的神经衰弱”，并且又对她说，虽然继子和父亲的相继去世令人绝望，他的身体也困倦之极，但突显的病态却让他感到“某种激情”，“迸发出莫名的幽默感和无可遏止的信念”……而事实上，情况远非如此乐观。1945 年，由于急促的翻译，帕斯捷尔纳克平生第一次出现手臂劳损；正像钢琴家“将手指弹出毛病”，他的肩部神经开始发炎，只能用左手完成《亨利四世》下篇译稿。叶甫盖尼·鲍里索维奇曾经说，钢琴家改用左手相对更容易。与此同时，帕斯捷尔纳克因用眼过度，得了严重的角膜炎，一星期内发作两次，随便一个轻微的动作，都会引起疼痛和流泪。尽管如此，他的体格依然强健，精力也相当充沛，感觉不出有任何老之将至的迹象，各种病症不过是过度紧张的结果。很难说，俄国文学中还有谁能如此拼命地工作。为了主要的、期盼已久的作品——一部散文体的长篇小说，他需要挣钱。

有两件事情，不仅帮助他摆脱了漫长的抑郁，以及随之而来的身体病痛（肝脏疼痛、右臂劳损、彻夜书写导致的眼部炎症），也决定着他的创作热情和精神状态。1945 年下半年就是在这种情形下度过的。第一件事情是，帕斯捷尔纳克从前线收到大量书信，并得到许多证据，表明他的创作在国外也有了知名度。当时与西方之间交往密集，苏英两国合办的报纸《不列颠联盟者》应运而生，报上刊登了伦敦教授克里斯托弗·莱恩的文章《鲍·帕斯捷尔纳克译著中的莎士比亚》。英国出现了一个名为“逃避主义者”（escapists)的文学流派,当然,该派别不是要逃避现实(它的许多成员都参加过战争,拥有政治斗争和党派斗争的经验),而是主张脱离旧有的生活,幻想一种新的社会乌托邦。1945 年 7 月 29 日,帕斯捷尔纳克对谢尔盖·杜雷林写信说,"他们更像是无政府主义者,而不是别的什么人。"这是一群古怪的逃避主义者,甚至自称人格主义者,追随柏格森和别尔嘉耶夫。他们的组织不大,却引人注目。领导者是戏剧家赫伯特·里德,知名人物是波兰血统的时评作者兼翻译家斯特凡·施曼斯基。这些人格主义者创办了一份名为《Transformations》的选刊,帕斯捷尔纳克将其译作"变形"。选刊上登载了《柳维尔斯的童年》。总的来说,这一流派对帕斯捷尔纳克怀有敬意,将他置于同勃洛克并列的地位,自认为几乎被遗忘的诗人对此既惊又喜。

大量的文学晚会是第二件高兴的事情。帕斯捷尔纳克在舞台上精神焕发,享受着与听众的交流。他参与的大型公开表演,只有一份录音保留至今。那是在全俄戏剧协会大厅,他朗诵并讲解了《亨利四世》的若干剧情,为剧作的冗长①致歉,解释了晦涩之处,俏皮话说完忍俊不禁——笑声非常明显。各类晚会层出不穷:5 月中旬,庆祝胜利的系列晚会第一场在莫斯科大学举行,第二场于 5 月 28 日在学者之家举行。夏天,他在综合技术博物馆表演。由于久未朗读旧作,他有时会忘了词,大学生们便愉快地提示他(据沃兹涅先斯基回忆,有些人觉得这像是卖弄,似乎帕斯捷尔纳克在故意检验听众。事实并非如此。他从来不在舞台上"做样子",如果忘了,也不会难为情,而是歉然一笑,感谢地接受提示)。

在学者之家,有人问他,关于战争写得最好的作品是哪一部?

"《瓦西里·焦尔金》,"②他不假思索地答道。一阵窃笑。"我来不是跟大家开玩笑!"他发火了。对于各种提问,他的回答向来严肃,没有任何卖弄,或者跟这些知识分子听众之间的戏谑。《在早班火车上》的打印稿保留了下来,他甚至借助乐谱符号,在上面标注了重音。儿子参加他的晚会,当父亲忘了词,也会向他提示。帕斯捷尔纳克为听众的反应而欣喜:曾几何时,他拒斥"舞台朗诵的堕落",可如今,公开朗诵诗作,包括一些未发表的

---

① 《亨利四世》分上中下三篇,加在一起,篇幅很长。

② 苏联诗人亚历山大·特瓦尔多夫斯基(1910—1971)以卫国战争为题材的一部叙事长诗(1941—1945)。

作品，成了与广大听众交流的唯一形式。口头传统回归了。诗歌活在手抄本和打印件中，在帕斯捷尔纳克影响下成长而从未听过他声音的年轻人，需要见到活着的诗人，感受天才的激情。表演持续到1946年夏天，帕斯捷尔纳克、阿赫玛托娃、贝尔格里茨①等诗人名声大振，明显刺激了当局。苏联六十年代的诗歌热潮有可能提早十年——人们渴望真正的诗，就像在总体的虚假中渴望绝对的真实，诗歌激发了战后遭践踏的共同感受。再有稍多时日，体育馆诗歌晚会就可能在斯大林的帝国成为现实……但斯大林很清楚，诗人的权力不亚于领袖的权力，因而是危险的。于是，他急忙封闭了“大相径庭的两极”之一——关于《星》和《列宁格勒》这两份杂志的决议出台之后②，诗歌晚会几乎彻底终止。帕斯捷尔纳克不再表演（除了在“诗人维护和平”之类的集体晚会上，即便在这种场合朗诵，主要也是译作）。屏声静气，只能唯一人是从。

然而，关键的东西已无法从帕斯捷尔纳克那里剥夺：他知道，新一代读者成长起来了，他们需要并理解他的诗。所有关于他的传记，无不引用他于1945年11月写给娜杰日塔·曼德尔施塔姆的一封信：“在前线，在大厅，在某些沉寂的角落，尤其在西方，我与一些人之间的联系越来越多，越来越直接和简单，这甚至超出了我在最大胆的期望中所能料想的。（……）昔日的一团和气在我这里丝毫不剩。对我来说，吉洪诺夫们和作协的大多数不仅没有意义，我还否定他们，我不会放过任何机会，开诚布公地说出这一点。而他们不承担对我的义务，显然不是过错。当然，这种力量对比并不均衡，但我的命运已定，我没有选择。”

这不是清高。这是对虚假的极度厌倦。除此之外，帕斯捷尔纳克如今感受到来自年轻人和西方的双重支持。他十分准确地预言了所有的美好（至于丑恶，正如我们所知，他始终与之格格不入）：他料定艺术在欧洲和俄罗斯的繁荣兴盛，只不过时间上错了十年。俄罗斯的斯大林主义、冷战和美国的麦卡锡主义，将这种繁荣和显著的趋同推延到六十年代。但他无疑又

---

① 奥丽嘉·费奥多洛夫娜·贝尔格里茨（1910—1975），俄苏女诗人，散文家。

② 1946年8月，苏共中央作出《关于〈星〉和〈列宁格勒〉杂志的决议》，严厉批评了所谓“资产阶级—贵族唯美主义”和“颓废主义”，以及“为艺术而艺术”的理论倾向。随后，《星》杂志编辑部改组，《列宁格勒》杂志被勒令停刊。

是正确的，当他1945年12月28日在信中对诗人伊万·布尔科夫预言道，“写不尽的全欧洲象征主义的未来向我应许的，远远多于以往它在整个世界出现历史性进步之前所给予的。”在这里关键的是，他已然将俄罗斯和欧洲的象征主义与他所预言乃至呼唤的灾变区分开来：将勃洛克与革命、与他的欧洲先驱者及同辈们、与世界战争——区分开来。诗歌已然无关于这些。非但如此，诗歌甚至同这一切截然对立。

5

就在这期间，帕斯捷尔纳克与以赛亚·伯林见了面，后者作为英国驻华盛顿使馆人员于8月份到莫斯科出差。他本人是俄国移民，十岁那年远走他乡，先前从未到过莫斯科，在严肃的提醒下踏上了故土。他当时三十六岁。这是一位眉毛浓密、面色红润、体态发胖的友善的自由主义者，一个举止得体的成功人士。1945年冬天，在列宁格勒，他来到安娜·阿赫玛托娃在喷泉宫的住处，他的到访令她喜出望外——这正是预言中“来自未来的客人”！① 他们聊了一整夜。阿赫玛托娃深深地、永远地爱上了伯林，他成了她许多心爱之作的收件人，她天真地认为，对她这样一个被打入冷宫者的拜访，招来了不满，导致了关于《星》和《列宁格勒》的决议，继而引发了冷战，……“他不会成为我亲爱的丈夫，/但我和他将赢得/二十世纪为之羞愧的一切。”②相比之下，他给帕斯捷尔纳克留下的印象少得多，尽管同样很美好。他们有理由相识——伯林认识诗人在牛津的两个妹妹，她们请他将父亲的一双黑皮鞋转交给哥哥。帕斯捷尔纳克讲述了自己1935年（在巴黎）参加完反法西斯大会，取道伦敦回列宁格勒的经历。他问伯林是否认识赫伯特·里德，是否了解人格主义者的组织；说到西方文化，他尴尬而又动情地坦言自己的认知过时了。伯林离开时，兴奋异常，虽然帕斯捷尔纳克所说的许多都难以理解。让他感到惊异的是，诗人从一个话题自由地转向另一个话题，一口气说个不停。在他看来，天才的诗人就应该这么说话（有些人

① 参见阿赫玛托娃《没有主人公的叙事诗》（1965）。

② 引自阿赫玛托娃《没有主人公的叙事诗·第三个和最后一个》（1956，1962）。

的确懂得,帕斯捷尔纳克是天才诗人,跟他们交往,帕斯捷尔纳克反倒更随和。公平地说,这并不表明他是故作姿态。因为他知道,在谁面前,他应该做一个天才的诗人,而在谁面前,做一个人即可)。

帕斯捷尔纳克对待犹太血统的态度十分淡漠,如果不说是一种否定态度的话。这一点引起了伯林的兴趣。“他很不愿意谈论这一话题,与其说因为羞于提及,不如说是格外反感。他希望犹太民族被同化……我发现,我每次说起犹太人或巴勒斯坦,帕斯捷尔纳克都会流露出痛苦的表情。”1945年,他依然像一名地道的斯拉夫主义者,言谈中不断提到萨德科①、斯特罗甘诺夫家族②、萨马林;他确信,自由派知识分子,用托尔斯泰的话来说,不懂得“人们依靠什么活着”。在相对意义的自由主义时期,他对自由主义者却无好感。对于诗人而言,这是自然的。

伯林的记述还提到耐人寻味的一点:帕斯捷尔纳克试图向俄罗斯统治者发出某种预言或吁求;他要向他们说出仅有他才理解的东西,因为他最接近俄罗斯心灵。至于他要说的究竟是什么,尤其是长篇小说③的发展趋向,伯林怎么都没弄明白;阿赫玛托娃略带讽刺地说,她也不理解鲍里斯意欲跟当权者和人民说话的莫名其妙的激情。其实,一切很简单。帕斯捷尔纳克想说的,也就是他在战争期间所感受的“俄罗斯精神”与“苏维埃精神”之间的继承性;他还想说,俄罗斯,一个真正无私的基督教国家,其功绩就在于牺牲精神,而决定俄罗斯未来的今天,也只能取决于这种精神。人民需要得到喘息和自由,并摆脱一切人为与强制,就像因现代主义和表现主义的标新立异而受损伤的艺术需要摆脱强制一样。形式上回归于古典的质朴,标志着在内容上对同样的质朴之怀恋。究竟有什么能比基督教道德更质朴?应当回到自然的本质,要知道,“就自然属性而言,心灵有若一位女基督徒”,正如深受勃洛克喜爱,对帕斯捷尔纳克也具有重要意义的哲学家弗拉基米尔·索洛维约夫所表述。帕斯捷尔纳克的整个斯拉夫主义思想就在于无尽的爱、对人民无限的敬意和信念。对人民的崇信犹如对命运的崇信:生活不

---

① 自十二世纪开始流传于古俄罗斯的民间壮士歌中的主人公,又称“富裕的客人”。

② 十六世纪在俄国兴起的一个著名的工商业家族。

③ 在这次会面中,帕斯捷尔纳克向伯林提到,他正在创作一部全新的作品,并且让伯林看了前几章的草稿。伯林自己写道:“那部精心构思的作品便是后来的《日瓦戈医生》。”

需要始终不断地改造和毁坏，只要让它存在就够了！要让人民感受到土地属于自己，因为只有在自己的土地上才可能不受强制，才可能像艺术家书写或苹果树结苹果那样，怀着牺牲的愉悦，幸福地生活和劳作……要知道，忘我的献身精神实为俄罗斯人民的固有本质，唯有赋予人民以建功立业的机会，就像战时的情形，才会使所有的美好迸发出来！1946年12月4日，在写给尼娜·塔毕泽的信中，他更为清晰地表达了这一想法："哦，尼娜，假如赋予人们以自由意志，那会是怎样的奇迹，怎样的幸福！想起这些，我就无法摆脱童话破灭的现实感。"

将"俄罗斯精神"理想化，深信当政者将会倾听艺术家——这两种念头与同样可以理解的怀疑纠结于帕斯捷尔纳克内心。事实上，他与伯林的谈话，无异于自说自话。这也就是帕斯捷尔纳克为何在以赛亚爵士面前如此坦诚，并且愿意为他抽出那么多时间的原因。

总之，帕斯捷尔纳克向客人说了许多有意思的事情，还提到了三十年代恐怖时期，皮里尼亚克等待着在例行的公文上签名，同意处决那些被指控为苏联叛徒的人，左等右等却不见人来，这才意识到，下一个要抓的就是他。帕斯捷尔纳克的说谈可能不足为信，也可能确有其事。还有一个广为流传的故事，简直就像是神话，说的是帕斯捷尔纳克拒绝在一份要求枪决图哈切夫斯基、雅基尔、艾德曼及其他军事领导人的请愿书上签名；根据当时的情景，我们已经详尽分析了这个故事，并且知道，实际情况与以赛亚爵士记述的帕斯捷尔纳克谈话略有出入："当帕斯捷尔纳克拒绝并解释了自己为何不同意签名，来者（苏联作协官员——德·贝）失声痛哭，说诗人是他这辈子所见最高尚、最圣洁的人，还热烈拥抱了他，然后直接就跑到内务人民委员部告发了他。"在这里，究竟是记述者的记忆有误，还是帕斯捷尔纳克本人夸大其词。事实很可能是，鲍里斯·列昂尼德维奇引用了巴甫连珂称他为"善人"的原话，伯林却没有领会其中的讽刺意味，以为这位苏联作协官员将帕斯捷尔纳克比作基督耶稣①。而巴甫连珂向内务人民委员部告密一事，同样没有什么真凭实据，告密者也未必是斯塔夫斯基（这么做的话，显然是自己害自己），因为他虽然对帕斯捷尔纳克批判得很厉害，却没有任凭

① 在俄语中，"善人"（исусик，外表谦恭温顺的人，多用于讽刺）与"耶稣"（Иисус）发音相近。

那些心怀妒意之人撕咬他。何况告密又有什么意义，既然他最终还是伪造了帕斯捷尔纳克在请愿书上的签名？不知此举是为了挽救他，还是自己？

然而，帕斯捷尔纳克对伯林的来访并未感到欣喜，尽管他乐于跟一个有教养的、善意的并真正喜欢其诗歌的西方人交谈。在他看来，伯林对“不幸的当地人”的认知是表面化和“被迷惑的”。伯林不理解压迫的深重与人民生活的悲剧性，也就是说，按照帕斯捷尔纳克的观点，人民是优秀的，压迫人民的政党则是可怕的，伯林却未能充分区别这两个概念。帕斯捷尔纳克多么热切地证明自己与人民之间的血肉相联，就多么急迫地想要脱离一切党派的羁绊。

以赛亚爵士被这一切彻底征服了，可以说，这是发生在 1945 年的第二次“攻克柏林”。① 离开俄国时，他坚信帕斯捷尔纳克是一位天才的诗人。帕斯捷尔纳克本人远远没有这种自信，他觉得，如今虽然有新的证据表明他在欧洲的声誉，虽然年轻人激动地期待着他的作品，他却有必要像在 1917 年那样正视自己，不受任何迷惑，说出最大胆、最诚实的话语，如他自己所云，“对世界说出最后的话语。”在“十分优越”的情况下，他反倒不善于创作。

随着形势的发展，他所需要的一切创作条件都出现了，仿佛上帝自己也有心看到《日瓦戈医生》的问世。在冷落和“神秘性”的氛围中，在苏联历史上最沉寂、最无望的时刻，帕斯捷尔纳克书写着自己最重要和最杰出的作品。

第三十八章　沉寂的时刻

1

四十年代后半时期，堪称苏联最阴暗的时期。制度的膨胀和成熟达到

① 在俄语中，作为人名的“伯林”与作为地名的“柏林”均为 Берлин。

顶点,不再有边界意识,国家和世界几乎被拖进一场大灾难,与这场可能发生的灾难相比,德意志第三帝国和第二次世界大战俨如苍白的素描。此后才是势所难免的解冻。不妨根据当时的刊物来追溯这一进程:大约在1945年7月前夕,报纸和杂志偶尔还刊登一些新的诗歌和小说,没有华而不实的闲谈。可是刚一到秋天,所有胜利都被归于斯大林名下,普通士兵从书页中消失了,取而代之的是高呼万岁的爱国主义蜡像,只想着如何尽快地将生命贡献给祖国和敬爱的领袖。

三十年代,斯大林还把自己比作列宁,四十年代——比作伊凡雷帝,到了五十年代,浮现在他面前的起码也是帖木儿①(所以斯大林奖金开始授予跟金帐汗国相关的历史史诗。瓦·扬②的《拔都汉》③成了中小学图书馆里最热门的读物)。1947年,国家完全被普遍的压抑所笼罩,而就在这期间,帕斯捷尔纳克却有一种近乎欣快之感,对他而言,每十年的第七个年头总是标志着创作上升期的开端。这究竟是怎么回事?莫非他为自己国家的耻辱和堕落而欢欣?不,当然不是。在1947年,任何一个正常人的头脑都会想到,无论什么样的必要性都不足以证明斯大林及其随从的行为是正确的。终于可以做自己了,可以跟时代彻底了断,再不必尽力融入其中。1945年12月23日,在写给奥丽嘉·弗莱登伯格的信中,帕斯捷尔纳克表达得也相当直露:“我的生命中再没有什么结节和创伤。我突然感到可怕的自由。周围的一切都可怕地成为我自己的。”这里的“可怕”一词并非偶然。这不单纯是极度自由的表达,而且也是激情的颤栗,胜利的恐惧面临着真正的永恒性,诗人与这种永恒性之间已不存在中间物。国家最终失去了自己的道德正义。

1946年9月,帕斯捷尔纳克给玛丽娜·巴兰诺维奇寄去了日后归于尤里·日瓦戈诗作的《晴朗的初秋》手稿。这首诗收录于1948年的帕斯捷尔

---

① 帖木儿(1336—1405),帖木儿帝国的开国君主。该帝国于十四世纪后期兴起于中亚,统治范围扩及西亚和南亚,1500年为成吉思汗后裔昔班尼汗所灭。

② 瓦西里·格利高里耶维奇·扬(1874、1875—1954),俄苏历史小说作家,代表作是“蒙古人入侵三部曲”,即《成吉思汗》(1939)、《拔都汗》(1942),以及去世后出版的《迈向最后的海》(1955,一译《走向最后的海洋》)。

③ 拔都(约1200—1255),钦察汗国(即金帐汗国)的创建者,成吉思汗长子术赤的次子,蒙古历史上最杰出的军事统帅之一。

纳克单卷本文集，这也是他生前出版的最后一部著作，发行了两万五千册，由于很快遭到批判，存世数量不多。

醋栗叶粗糙，质地如布料。
屋里哈哈笑，玻璃叮叮响，
有人酿私酒，腌菜，撒胡椒，
把丁香芽添入醋渍的菜肴。

树叶好像喜爱嘲笑之人，
把这喧声抛向起伏的山坡，
榛树在太阳下晒得焦黄，
仿佛被野火的热浪熏烤。

在这里，道路沉入峡谷，
可叹干枯倒地的水朽木，
可叹那斑斑驳驳的秋色，
将一切堆积在沟壑的初秋。

可叹这个世界原本简单，
并非有的聪明人所设想，
就像小树林浸没在水中，
世间万物终将归于尽头。

当面前的一切燃烧殆尽，
怎样眨眼也都无济于事。
唯有秋日里苍白的烟炱，
像蛛网一样缭绕在窗口。

一条从园子里伸出的小径
洞穿篱笆，消失在白桦林。
屋里是笑声和家务的嘈杂，

远处是同样的嘈杂和笑声。

这是一首神秘的诗,或许,这也是1946至1953年间帕斯捷尔纳克才华绽放时期写下的杰出诗篇之一。在这首诗中,一切都被隐秘的意义所照映,因而试图将它发表在杂志上的所有努力都是徒劳:显然,这里感受不到借景抒情的纯真意味。尘世之外的反光在这首诗中如此鲜明,甚至《新世界》编辑部著名的老好人克里维茨基也被激怒:他眼中这幅秋日山谷的画面,除了晴朗初秋的景致,别无其他。

有两个世界介入此诗,直到最末的诗行,才突然出现此前未曾提及的第三个。

因而画面蓦地越出了框架。第一个世界,是家居的世界,那里不会有人想到自然界中的灾变(对帕斯捷尔纳克来说,苏联历史在此时期已是一种"自然",既然其中不存在基督教精神,其发展只是依照粗鄙的物质法则,而非形而上的法则)。而那些粗鄙的物质活动,恰恰发生在家里,借助它们,人们意欲将生活封存、"罐装"在惬意的凝固状态中。"酿私酒,腌菜,撒胡椒",以及哈哈大笑,忙忙碌碌,无不喻示着欢快陶醉的家务(从画面中那些活动的鲜艳感来看,农村人家的厨房又让人联想到女巫的厨房)。然而,能够远播任何声音的林间回声,却把这家务的嘈杂抛向"起伏的山坡"——抛向诗的第二幕背景,在愈渐成熟的灾祸映衬下,所有可怜的劳碌都显出可笑的一面。因而树林才发出嘲笑。这里已然是衰败的景象:榛树在太阳下枯萎,道路隐没于峡谷,所有垃圾,从衰老的水朽木到一切人造的废弃物,全都自动地堆积在那里。"可叹这个世界原本简单,/并非有的聪明人所设想",这表明,无论你怎样周旋,制作多么离奇的家庭罐装食品,用手头碰到的所有东西酿造私酒,装作什么都没发生的样子,一切法则早已为你写就。谁拒绝按照精神的法则来生活,谁就注定要生活在自然的法则之下,所以,对那些将自己凝滞的时间献给永恒的人而言,秋天的来临和"晴朗初秋"的景致乃是应然的报偿。

剩下的是什么——活在这屋子里,等待它在远比屋舍本身更为坚实的自然力的威迫下訇然倒塌?不,感谢上帝,还有出路——一条"洞穿篱笆的小径",这如同篱笆豁口的出路,只可能是秘密的,超常规的。但它确实存在,并隐约可见,并消失在白桦林中。我们想起来,在尤里·日瓦戈心目中,明净的白桦林永远像是上帝的栖居之地，而且个人之路确实会消失在那片明净而神秘的空间。可谁又知道，个性化究竟还会给人留下什么。重要的是，从树林背后传来另一种嘈杂，另一种笑声，仿若另一种生活的承诺。在秋天透明的树林中，所有声音都比往日更清晰，而这不同世界的交相呼应，正是《晴朗的初秋》一诗的基调，如此之多震颤的响音 a 和 o 汇聚其间。

秋天，这个凋敝的世界格外粗糙，“质地如布料”。一切活到了尽头，进入了明显消沉的衰败阶段，所以蛛网并非偶然地缭绕在林间，就像未来之火浅淡的青烟。篱笆上的豁口和远处神秘的笑，却是真实的存在。

2

1945 年秋天，帕斯捷尔纳克去第比利斯，参加了尼科洛兹·巴拉塔什维利去世一百周年的纪念活动。巴拉塔什维利是格鲁吉亚最重要的抒情诗人之一，只活了二十七岁，留下了大约五十首短诗和长诗。帕斯捷尔纳克用四十天译完了这些作品，甚至以他一贯的高效率来衡量，这也是绝无仅有的一次。

帕斯捷尔纳克接受此项预定不仅是为了钱，所谓“练练手”是有必要的，就像涅克拉索夫在创作大篇幅的长诗之前习惯于玩几个晚上的扑克牌，以便“让神经紧张起来”。在形式上，巴拉塔什维利成了帕斯捷尔纳克给自己上的最后一课：原作丰富多样的节奏、格鲁吉亚语诗律在俄语中的对应之难（《梅兰尼》一诗的对等翻译至今被认为不可能）、巴拉塔什维利对短句的执着——这一切都是很好的经验，如果帕斯捷尔纳克还需要经验的话。

正像帕斯捷尔纳克所预想——与其说他改写了巴拉塔什维利的诗，不如说用格鲁吉亚题材创造了优秀的俄罗斯变奏曲。巴拉塔什维利早期诗作充满浪漫的印记，成熟期则有着帕斯捷尔纳克所称的“饱胀的表现力”。

> 别国疆土的侵占者
> 改不掉血战的旧习，
> 他们征服了半个世界，
> 梦想着剩下的一半。

可我们是大地之子，
从生到死在田间辛劳。
活着的时候，谁被土地
认作僵尸，谁就是可怜之人。

令人惊奇的是，1945 年，这位巴拉塔什维利的作品居然以这种形式呈现于世人面前！

钢琴声
争抢似的
伴送着
声乐部分
平缓、悲伤的
宣叙调。

渐渐地
你伸展
双翼
不留一丝
皱褶
遨游在天空。

弧形的黑眉
每个弯折
都竖起来，
脖颈的线条，
我的痛苦
像无底深渊。

这些译诗中最出色的当数《蔚蓝的颜色，天堂的颜色》，而简洁、典雅、哀而不伤的原诗，在当年用格鲁吉亚语写成的自撰墓志铭中，也是出类拔萃之作。这首诗在格鲁吉亚非常流行，帕斯捷尔纳克译得也很传神。

这是他最伤心的旅程之一。他在第比利斯认识和喜爱的人几乎都不在世了。10 月 19 日,尼娜·塔毕泽参加了在肖特·鲁斯塔维利剧院的纪念仪式,他有意地只跟她一个人打招呼。仪式上拍摄了纪录片,帕斯捷尔纳克也被摄入镜头,因而成为独一无二的记录。这差不多是我们见到帕斯捷尔纳克生前形象的唯一可能,如果不算 1934 年作协第一次大会期间摄制的零碎片段,以及伊琳娜·叶梅里扬诺娃于 1956 至 1958 年间作为爱好者留下的若干画面。他读了《蔚蓝的颜色,天堂的颜色》,就像出版了帕斯捷尔纳克音像辑录的列夫·希洛夫所说,他仿佛在为格鲁吉亚朋友们朗读着安魂曲。这段影片里的帕斯捷尔纳克,面容凝重坚毅,表情少到极点,词语从他口中吐出,有如为亡灵祷告。人们充分意识到这一时刻的重要性,全都庄严肃穆地听着。

就在 1945 年秋天,一位卷头发的语言系大学生,胜利前夕因伤复员的战士,带着自己的诗作来找他。这是帕斯捷尔纳克的崇拜者,在他就读的语言系,有一个年轻诗人的小组,全都模仿《生活,我的姐妹》和《主题与变奏》的风格写诗。大学生读了几首诗,帕斯捷尔纳克一边听,一边望着远处,显然在想别的事情。对这些作品,帕斯捷尔纳克没有具体说什么,只是劝作者不要报考高尔基文学院,称这是"高尔基的一个天才的错误"。他还补充说,听别人的诗,他一般不提任何建议,最好拿给别的什么人看看。但他跟大学生说话的语调却是既温和又信任,就像跟地位同等的人在一起,这种说话方式,使他终生保持着感召力。

十五年过后,昔日的语言系大学生将成为著名诗人①,他将写下《在塔毕泽·纪齐安住所旁的沉思》:

> 请爱惜我们诗人,避免混账的毒手,
> 避免草率的判决,避免盲目的女友。
> 爱惜我们吧,趁着还能保全的时候。
> 只是别等我们躺倒成了骨头才爱惜。

---

① 即下文中的布拉特·沙尔沃维奇·奥库贾瓦(1924—1997),俄罗斯著名诗人,小说家和剧作家。从二十世纪五十年代末到八十年代,他自创词曲,用吉他自弹自唱,抨击时弊,歌颂人性,在苏联社会影响深远。

只是别用猎户对快马的方式来爱惜，
只是别用沙皇对猎户的方式来爱惜……
你们会得到诗与歌，而且不止一次。
只有你们才爱惜我们，请爱惜我们。

这位怪异的诗人开创了在吉他伴奏下表演诗歌的艺术形式。1958 年，整个文学的莫斯科都传唱着他的歌曲，帕斯捷尔纳克或许也喜欢上了它们，只不过，他当时的心思既不在歌曲，也不在谁的诗作上。年轻的诗人自己也很腼腆，初次会面给他留下了极其深刻的记忆，在 1984 年的一次创作晚会上，他说："我永远不会忘记，我是如何折磨帕斯捷尔纳克的。"整个一生，他都称帕斯捷尔纳克为自己的老师，如果说帕斯捷尔纳克有过真正的私淑弟子，他们仿效的不是他早期抑或晚期的风格，而是富于牺牲精神的美德，那么，布拉特·奥库贾瓦有理由开列这样一张名单。

临别时，尼娜·塔毕泽把纪齐安留下的所有书写纸都赠给了帕斯捷尔纳克，包括几叠象骨色的厚纸。他用这些纸开始写他的长篇，后来他坦言，塔毕泽的礼物"温暖了我的想象力"：格鲁吉亚之行的伤感，以及与几位幸存同仁友好相见的温暖，确实为他解除了语言的束缚。自 1946 年起，散文创作①真正开始了。

作品第一个名称是《不再有死亡》，题记源于《圣经》："神要擦去他们一切的眼泪；不再有死亡，也不再有悲哀、哭号、疼痛，因为以前的事都过去了"（启 21:4）。这个出自《启示录》的题记，明显在提示人们，整个二十世纪俄罗斯历史具有启示录特征，同时也要让幸存者真正看到"一个新天新地"（启 21:1）。着手创作长篇小说这件事情，帕斯捷尔纳克告诉了奥丽嘉·弗莱登伯格、娜杰日塔·曼德尔施塔姆、亚历山大·格拉德科夫，他并不隐瞒自己的创作，反而从最初就强调，真理的开启，不是为了将它掩藏。小说已在他头脑中成型，尽管名称不断改换：有过这样一些选择——《少男少女》《英诺肯季·杜多罗夫》《蜡烛燃烧》《冬天的气息》《世间凡人》《俄罗斯浮士德的经验》《新美德之准则》《雷瓦》（一条流经乌拉尔地区的河流，小说写到的尤梁津就坐落在河岸边），甚至《世纪之交》，他喜欢别雷回忆录的

① 指《日瓦戈医生》的创作。

标题《两个百年的交界》。

在1945年最后几个小时，在十二月的柔雪下，帕斯捷尔纳克与亚历山大·格拉德科夫见了面。他始终欣赏这个谦逊的厌倦了公开怨诉的人（有一次，诗人对他说："我们毕竟在契斯托波尔度过了一段美好时光！所以我觉得，见到您永远是一件高兴的事情"……）。当帕斯捷尔纳克从地铁站走回家时，格拉德科夫问他正在写什么。

"长篇小说，"帕斯捷尔纳克答道。

"是继续三十年代就已经动笔的作品吗？一些片段当时发表在报纸上？"

"其中的某些东西会放进去，但形式上变化很大。这部小说……是关于我的学派的人们，我要说的是，如果我有学派的话。"

就在1945至1946年间的冬天，帕斯捷尔纳克的个人生活发生了有益的转变。我们对此一无所知，除了知道确有其事。济娜伊达·尼古拉耶夫娜后来解释了其中缘由，称阿季克死后，她断绝了同丈夫之间的亲近——这是一种独特的修士生活，彼此相安无事；还有一部分原因是，她已经老了，而帕斯捷尔纳克依然年轻，格拉德科夫甚至称他是"所有当代诗人中最年轻的"……为转入人生与创作的新阶段，需要新的爱情，否则就无法实现。这段爱情通常会派来几位女信使。正如娜佳·西尼亚科娃的出现先于列娜·维诺格拉德，伊琳娜·阿斯穆斯先于济娜伊达·尼古拉耶夫娜，1945年冬天，在遇到奥丽嘉·伊文斯卡娅之前，帕斯捷尔纳克心中又产生了恋情。他究竟爱上了谁，我们无从知晓，真相将来也未必能解开。他善于保守秘密。1946年1月26日，在写给尼娜·曼德尔施塔姆的信中，他朦胧地暗示："一道刺骨的幸福的个人印记刻在我生命里。"格拉德科夫猜想，这里说的就是奥丽嘉·伊文斯卡娅，但帕斯捷尔纳克儿子的解释却指出了他的错误：与伊文斯卡娅的邂逅是八个月之后的事情。我们也不妨认为，"幸福的个人印记"与新的恋情不相干（帕斯捷尔纳克不见得会向娜杰日塔·雅科夫列夫娜这位喜欢嘲笑的刻薄女性吐露心迹，况且上文这句话也会让人联想到他妻子，如果是这样，一些比附也就显得太过牵强）。也有可能，他说的是已在信中向娜杰日塔·雅科夫列夫娜提到的，言下之意是，当他不再把目光投向当代人和旁人，才终于开始了自己的、个人的生活，而非社会性的生活。

“让我们为黑色躯体中实在的生命颁发勋章!”——他在写给阿列克谢·克鲁乔内赫一首戏谑的即兴诗中说道。

1946 年 2 月,在莫斯科大学俱乐部,亚历山大·格鲁莫夫①采用帕斯捷尔纳克的译本,演出了独幕剧《哈姆雷特》。这是莫斯科第一次上演由他的译作编创的舞台剧。演出获得了成功,报纸上也有好评。不久之后,他就写下位居尤里·日瓦未来诗作之首的《哈姆雷特》(只不过是总共八行的最初版本)。

公开的表演还在继续。4 月初,阿赫玛托娃来到莫斯科,跟帕斯捷尔纳克一起举办了两场晚会(晚会上半段登台的是她,下半段是他):4 月 2 日,在作家俱乐部,次日,在当初召开作协代表大会的圆柱大厅(当然,这一场并未全部交给他们两人,参与者还有莫斯科和列宁格勒的几位作家,但帕斯捷尔纳克朗诵的时间超过了预先安排。他和阿赫玛托娃都博得了一片喝彩)。

不夸张地说,阿赫玛托娃此时的境况可谓悲惨。她早已不像原先那样庄重、忧郁,倒像是不幸的化身。她的儿子刚从部队复员,还没有就业,只能在大学历史系吃力地读书,等候恢复工作。阿赫玛托娃在疏散时指望与之结合的弗拉基米尔·加尔辛②,于列宁格勒围困期间成了鳏夫,他们走到一起的障碍似乎已不复存在,可加尔辛好像做了一个梦,梦见死去的妻子禁止他把阿赫玛托娃带进家门;此事是否属实,谁也不知道,众所周知的只有一件事情,那就是,他手捧鲜花迎接阿赫玛托娃从莫斯科归来,把她送回了喷泉宫。这对她是沉重的打击,原先还没有人跟她这样分手,她最诧异的莫过于变化之突然。普宁一家——尼古拉·尼古拉耶维奇、他的妻子和守寡的女儿(她丈夫,小阿妮娅的父亲,死在了战场上),也从疏散的后方回到喷泉宫。一家人过得穷困潦倒。关于《星》和《列宁格勒》杂志的决议出台,以及日丹诺夫宣称用带铁掌的靴子将阿赫玛托娃踩进泥巴里的报告③之后,阿

① 亚历山大·尼古拉耶维奇·格鲁莫夫(1923—1972),苏联演员,朗诵家,音乐学家。

② 参见本书第二十九章。

③ 1946 年 8 月,苏共中央作出《关于〈星〉和〈列宁格勒〉杂志的决议》,两天之后,为传达此项决议的精神,列宁格勒市委书记安德烈·日丹诺夫在苏联作协列宁格勒分会和市委会议上做了臭名昭著的报告。日丹诺夫的报告称,“阿赫玛托娃的选题范围完全是个人化的……(阿赫玛托娃)是集淫荡与祷告于一身的荡妇兼修女”,左琴科的作品也被称为“野兽般地仇恨苏维埃制度的有毒作品”。

赫玛托娃问拉涅夫斯卡娅[1]:“这个强大国家为何要用自己所有的坦克碾过一个老妇人的胸廓?”这个问题,没有人明白。

但是,当时距离决议还有四个月,阿赫玛托娃在莫斯科暂时受到了欢迎,她和帕斯捷尔纳克的形象留在一张著名的照片上——他的面容既紧张又幸福,她则是一副庄严而呆板的神色。5 月 27 日,在综合技术博物馆为他举办了庆祝晚会,他专程从别列捷尔金诺赶到莫斯科。大部分时间,他尽可能在别墅里度过,把空余的每一分钟都用于小说的创作。1946 年夏天来临之际,小说已进展到拉拉的第一次出场,即《另一境地的少女》(《日瓦戈医生》第二章),但对于少女本人,帕斯捷尔纳克还未加笔墨,他仿佛等待着与这位女主人公原型的相遇。

3

1946 年 5 月中旬,尼古拉·扎波罗茨基和伊拉克里·安德罗尼科夫[2]一起来到别列捷尔金诺,拜访了帕斯捷尔纳克。他当时在莫斯科,几乎无家可归,无处登记身份,只能暂住在安德罗尼科夫家里。随后,扎波罗茨基应瓦西里·伊里延科夫之邀,住在他的别墅,也算是在别列捷尔金诺落了脚。帕斯捷尔纳克家他去了几次,其中一次是跟朋友,文艺学家尼古拉·斯杰潘诺夫一起。

扎波罗茨基与帕斯捷尔纳克的关系并非始终如一。1928 年,帕斯捷尔纳克收到前者寄来的组诗《报栏》,冷淡地表示了感谢,但没有一项证据表明,他喜欢这些诗作。扎波罗茨基也只看重帕斯捷尔纳克后期作品,早期的在他看来过于矫饰。在写给未来杰出翻译家、叙事长诗作者安德烈·谢尔盖耶夫的信中,他指出:“建议您对比一下帕斯捷尔纳克诗集里的旧作和战争期间及战后的诗……他近期的作品当然最为出色:矫揉造作不见了,帕斯捷尔纳克反倒留下了。”这是一个争议性的观点,远非所有人都认同,就像

---

① 法伊娜·格奥尔基耶夫娜·拉涅夫斯卡娅(1896—1984),苏联杰出的戏剧演员和电影演员。

② 伊拉克里·卢阿尔萨博维奇·安德罗尼科夫(1908—1990),苏联作家,电视节目主持人,苏联人民演员(1982)。

扎波罗茨基的战后诗作也未必被所有人视为其巅峰之作一样：在许多人眼里，他首先仍然是《报栏》和《农耕盛事》的作者。但如今对我们重要的不是他们发展历程的相同点（按照库什纳激进的观点，同处创作后期的扎波罗茨基和帕斯捷尔纳克，在许多方面都容易被混淆，无论《报栏》作者和《斯佩克托尔斯基》作者之间的差异多么明显）。重要的是，扎波罗茨基在其困难时期从帕斯捷尔纳克身上寻找着支持与安慰。他不久前才从监禁中归来，还未平反，在莫斯科一文不名，寄居在朋友那里，七年没写诗。直到1946年，扎波罗茨基才重新拾笔，刚一开始，就写出了《在这片白桦林》《盲人》和《早晨》这样的杰作。当时对他而言，帕斯捷尔纳克不仅是诗人，也是诗歌之可能的明证。如果说扎波罗茨基三十年代对帕斯捷尔纳克主要是质疑，那么在四十年代则是心悦诚服。他曾经对利季娅·楚科夫斯卡娅说，"应当把《圣诞之星》挂在墙上，每天向它脱帽致敬。"

整个1946年，是帕斯捷尔纳克的翻译苦役之年。利季娅·楚科夫斯卡娅试图在电话交谈中安慰他——毕竟这一切是为了小说！但她自己也知道这些安慰之空虚：他几乎没有写小说的力气了。"洗漱、遛弯儿，终究妨碍不了他写自己的东西"——这已是1947年她在日记中写下的话。翻译热爱自由的匈牙利经典诗人裴多菲，成了压在帕斯捷尔纳克身上的重担。

1946年3月，以丘吉尔的富尔敦演说为标志，拉开了冷战序幕。忙于报道纽伦堡审判的苏美英三国新闻记者们，一时间不知道彼此该如何交流。与外国人会面再度被禁止。公平地说，这个过程是双向的——不仅在苏联出现了反西方的歇斯底里，西方同样掀起了反苏浪潮。8月，双方关系降至新的冰点。当月14日，苏共中央作出《关于〈星〉和〈列宁格勒〉杂志的决议》。轮到左琴科和阿赫玛托娃成为牺牲品。决议当天，左琴科在街上遇见了还未获知消息的阿赫玛托娃（她刚巧有一星期没读报纸了）：

"安娜·安德烈耶夫娜，现在该怎么办？"

"忍着！"阿赫玛托娃干脆地回答。她不明白对方在说什么。她确实在忍耐，左琴科却差点疯了，很快就丧失了写作能力。不彻底的平反也未能使他恢复元气。

帕斯捷尔纳克知道,下一个将是他。一派山雨欲来之势。他明白这喻示着什么,但一点也不害怕。果然,像先前一样,在9月召开的苏联作协主席团(第十次)全会上,猛烈的批判落在他身上,9月9日的《真理报》刊发决议,给帕斯捷尔纳克贴上缺乏思想的标签,并称他为远离现实之人。他只是耸耸肩,既定当天在别列捷尔金诺别墅朗读小说第一章的活动也未取消。受邀者有:原"拉普分子"泽林斯基(直到五十年代中期,帕斯捷尔纳克同此人的关系也算友好,而泽林斯基日后对他中伤之恶毒,甚至超过了需要)、女诗人兼翻译家薇拉·兹维亚津采娃、尼古拉·维尔蒙-维尔蒙特、楚科夫斯基、他的儿子尼古拉和妻子……楚科夫斯基觉得这场活动像是硬撑场面;帕斯捷尔纳克却没有流露出受到决议刺激的样子。小说没有给科尔涅·楚科夫斯基留下好的印象,他感觉其中的基督教脉络过于古旧,语言和情节——格调不高,总之,在他这位"来自底层"的自修者和唯美主义者看来,所有一切都是异样的。他认为日瓦戈医生的诗(帕斯捷尔纳克此前已写下《三月》和《晴朗的初秋》)不错,合乎帕斯捷尔纳克的气质,但并未表现出主人公的心境。

与此同时,对帕斯捷尔纳克公开的批判持续不断。他非但不理会,反而对尼娜·塔毕泽写道:"亲爱的尼诺奇卡,秋天的闲扯丝毫未让我感到难过。难道我们当中有谁如此愚钝或傲慢,只会坐在那儿想,他是跟人民同在还是不在一起?唯有这些说大话者和无耻之徒才会到处使用这个可怕的大词,而不关心这个词是否还剩哪怕一丁点意义。"

也正是在这个时候,帕斯捷尔纳克的生命中发生了重要的转折,起初跟他的文学命运无关,却扭转了他的人生命运。1943年与他同去奥廖尔的康斯坦丁·西蒙诺夫被任命为《新世界》主编。西蒙诺夫认同甚至奉行自由主义。决议之后,正是他获得了首次发表左琴科《游击队故事》的权利,这虽是作者最弱的一些文字,却使其重新回到了文学。他还想发表阿赫玛托娃的作品。当帕斯捷尔纳克遭受迫害之际,西蒙诺夫毫不犹豫地安排人向他索诗。《新世界》编辑部收到了一份措辞谦和的复信:

"夏天,我开始创作散文体长篇小说'少男少女'(现在的标题,或许也是暂定的)。虽然它应涵盖最近的四十五年(1902—1946),但历史事件的塑造并非作品的主旨,而是情节的历史背景,小说故事的精加工,仿效了狄更斯或陀思妥耶夫斯基等人对情节的理解。

近日我将恢复这些天来中断的工作，没有任何定金也许我会更乐意，免得一纸合同将自己跟尚未完成的东西绑在一起。这几天内情况该明朗了。如果我的事情顺利，我就不签协议，以便保持一份自由（以免总是惦记预付的稿酬和自己承担的责任）。

如果我不能理手头的钱物，我再请编辑部为我办理这部小说的相关事宜（必须一次性预付最少不低于百分之二十五的稿酬），预计二十个印张，期限在一年内，也就是从未来的1947年9月起，须提交小说并开始付印。”

西蒙诺夫立刻与他签订了合同，并且答应预支稿酬。于是，未来的《日瓦戈医生》书稿就预售给了《新世界》杂志，这在很大程度上决定了小说往后的命运，而1946年10月，帕斯捷尔纳克本人也出现在他十年没来过的编辑部。他在这里遇到了诗歌部的编辑人员奥丽嘉·伊文斯卡娅，关于这件已然决定他随后十五年个人遭遇的事情，我们将在下文中讲述。

不妨先说说在诗人命运中始终扮演着双重角色的西蒙诺夫。

4

帕斯捷尔纳克对西蒙诺夫的负面看法似乎是一个谜：是的，几乎所有苏联诗人在他眼里都是同一张面孔，是的，里尔克的“函授弟子”（帕斯捷尔纳克）无意分辨明显无趣的食粮在口味上的细微差别；当米哈伊尔·卢科宁在批斗会上对他横加指责时，他有意识地叫错这位战地诗人的姓氏——要么是卢托辛，要么是卢科什金，从中得到了并无恶意的乐趣；他还近乎挑衅似的故意不读年轻人的作品，并对此毫不隐瞒。更令人诧异的是，对于年轻一代当中最具天赋也可说最负盛名的诗人之一，他始终抱有强烈的反感。问题未必在于西蒙诺夫最终未能刊发帕斯捷尔纳克的选诗。帕斯捷尔纳克对待西蒙诺夫的态度，不仅由于屈辱般的文人的自爱，甚至也不是由于西蒙诺夫的创作从帕斯捷尔纳克那里撷取了“丰富的供奉”（就像阿赫玛托娃1940年对利季娅·楚科夫斯卡娅所说的那样）。帕斯捷尔纳克本人也未必意识到所谓的“供奉”。可以肯定的是，西蒙诺夫所受的影响，显然更多地来自吉洪诺夫、古米廖夫乃至吉卜林，来自他们那个时代第一梯队中的鲁霍夫斯科伊①、谢尔文斯基等人。

西蒙诺夫属于最积极的"进步分子",亦即上级许可的自由人士,而帕斯捷尔纳克特别反感的恰恰是这种人。当初"列夫"之所以令他厌恶,是因为"委任之下施行粗暴的粗暴行径"。然而,相比被许可的叛逆,他觉得被许可的人道主义反而更糟糕——这个更崇高的概念正是在许可之下自毁名声的。后来,在解冻期间,他坦率地写信向伊文斯卡娅宣称,宁愿要刻板的形式主义,也不要"双重的作假",也就是一边把虚假的官方思想强加于自己,一边戴上自由的假面。他称当时的《文学报》就是双重作假的例子——"人民之声不受当权者干涉",而该报主编正是从《新世界》调来的西蒙诺夫②。帕斯捷尔纳克讨厌自由人士的做派:比之于公开和直接的卑劣,虚假更令他鄙夷。有一次说起苏尔科夫和爱伦堡时,他谈到了这一点。儿子叶甫盖尼记下了父亲的言论:"他(苏尔科夫——德·贝)公开表示不认可我所代表的一切,他的这种态度离不开持续不断的斗争。这是苏维埃的魔鬼,造出它来,目的是为了遏制、斥责、凌辱(……)。但我理解他:在他整个一生中,这些真是无可更改。他生下来,肚脐上就挂着一面鼓。爱伦堡则是苏维埃的天使。问题在于戏剧本身。其中所有角色都是安排好的。爱伦堡去欧洲,跟人家交谈并且展示,我们有何等的自由,一切多么美好。他确信自己知道,应当按照怎样的规则来演戏,在哪里该说什么。这种人我不理解,实情的扭曲和角色的逼真也令人反感。"

这段话也适用于曾在巴黎与布宁交流,与美国记者们(当然是"进步的")相处甚欢的西蒙诺夫。最让帕斯捷尔纳克悲哀的是,每个人只能拥有预先分配的角色。他也知道自己的角色——"天上的神人"、"住别墅的人"云云;仅限于知识分子的小乐趣、被准许的内部迁移、周而复始的翻译、半公开的不满……整个四十年代,他一直痛恨自己的角色——因为对一个疯癫之人、住别墅的人和天上的神人,大可不必理会:不用说,他又在胡扯。这种折磨的理由是,帕斯捷尔纳克不想把自己,把他的巨大魅力和高超技艺奉献出来,服务于为他备好"第一大诗人"地位的当局。他从自己内心找到了拒

---

① 弗拉基米尔·亚历山德罗维奇·鲁霍夫斯科伊(1901—1957),俄苏诗人。

② 1946—1950 和 1954—1958 年间,西蒙诺夫先后两次担任《新世界》杂志主编。1950—1953 年间,担任《文学报》主编。

绝的力量，却不愿容忍“城市疯子”的名号。五十年代的反叛也由此成为可能——一个安静的抒情诗人、一个人们习惯于漠然视之的住别墅的人，突然把一部反苏长篇小说交给了外国。四十年代，“疯癫之人”和“天上的神人”的角色强加在帕斯捷尔纳克身上，他怀着痛楚的妒意，关注着那个填补了头号诗人空缺的人。据回忆，他读西蒙诺夫作品时，也曾想“搞清楚，他究竟为何受人喜爱”。

很难相信，帕斯捷尔纳克——一位品位不凡的诗人，甚至能够鉴赏像叶赛宁和帕维尔·瓦西里耶夫这样离他如此之远的诗歌现象（他视后者高于前者），却未曾听人说起过西蒙诺夫最好的诗作。像1917年的帕斯捷尔纳克一样，战争前夕，西蒙诺夫也幸运地爱上了一位“刻薄、尖酸、轻浮”的“正确女性”。只有为了她，才可能战胜恐惧和顺从；而且西蒙诺夫也经历了诗的奇迹，尽管不如《生活，我的姐妹》那样辉煌。显然，帕斯捷尔纳克发现了这一点，并因此认为他有别于同时代人，而他招人厌恶之处，也与众不同。假如是一名平庸的诗人以谄媚、招摇和虚假玷辱了自己，这或许不会吸引帕斯捷尔纳克的注意——甚至反而引起他的同情：他向来同情那种贫乏的心灵，他鄙视的只是“得志”之人，西蒙诺夫就属于此类。令人备感侮辱的是这位后辈的苏联气质、官方派头和毁谤之词。帕斯捷尔纳克不仅反感西蒙诺夫早期所表现的威风，更反感他的诗歌世界、军旅浪漫情调和记者勇气的世界、野营的白兰地的世界、漂泊的胜利者的世界。战地记者、女演员的恋人、军队首长们的宠儿、一头扎进城里的军官，“手中不是拿着记事本，就是冲锋枪”，这一切带给人的印象，就好像战争是新闻记者们打赢的；勇士、冒险家、身姿潇洒的大师——这便是西蒙诺夫诗中抒情主人公的特征。除了不安，帕斯捷尔纳克对这光辉而又虚假的形象别无感受。

战争年代里，曾经有过一首针对帕斯捷尔纳克的讽刺短诗——“就算您的词汇花样翻新，思想的主宰者却不是您，是西蒙诺夫。”字里行间是幸灾乐祸的意味，而且不准确：战争期间，帕斯捷尔纳克的词汇具有禁欲般的质朴。但关键是，康斯坦丁·西蒙诺夫得以成为思想的主宰者，无非是由于帕斯捷尔纳克近乎遭禁，阿赫玛托娃被迫害，曼德尔施塔姆和茨维塔耶娃被消灭。显然，西蒙诺夫本人跟这些并不相干。他的战争抒情诗固然风行一时，可制造这种氛围的却不是他。说来不合情理，西蒙诺夫的抒情主人公驾驭爱情的能力远不如驾驭战争,因而,他根本算不上无可争议的胜利者,也未行使首席战地记者的特权。战后的西蒙诺夫已不再是诗人,尽管出于惯性,随后十年里,他依旧书写并发表劣质的诗作。1946 年,他是当局的宠儿、每年度的奖金获得者①(肖洛霍夫曾经生气地说,西蒙诺夫很快就该坐到手推车上了,他自个儿拖不动那么多奖项的勋章)、要求细腻与技巧的意识形态订货的执行者。其间很难想象还有什么更让帕斯捷尔纳克无法容忍。西蒙诺夫是善良的,但这是一名成功人士轻佻的善良。他深谙文学之道(当然仅限于他自己的情趣),并且希望米哈伊尔·布边诺夫②或亚历山大·苏洛夫③的名字也能列入祖国文学。他深信一切苏联的东西都应当成为最好。所以,即便西蒙诺夫本人不喜欢也不理解帕斯捷尔纳克,向他索诗仍属其出版计划的应有之义。

帕斯捷尔纳克的答复是,除非拿到小说预付稿酬,否则一句诗也不给。1946 年 12 月,稿酬发放了,于是,帕斯捷尔纳克把未来日瓦戈组诗中的几首新诗交给了《新世界》。科尔涅·楚科夫斯基的女儿利季娅·楚科夫斯卡娅当时在《新世界》诗歌部工作。利季娅·科尔涅耶娃崇拜帕斯捷尔纳克,尽管不失自己的要求和原则(她做事向来如此)。她不顾眼睛疼痛,每天都要阅读大量劣作,她之所以接受这份工作,只为了偶尔使那些真正的诗得见天日。帕斯捷尔纳克提交作品时,未有任何特别的指望,利季娅·科尔涅耶娃则真诚地相信,选诗一定会发表,帕斯捷尔纳克的处境也将有所转变。转变果真发生了,却并非如她所愿。

西蒙诺夫读了帕斯捷尔纳克的诗,表示了赞赏。随后,在副主编亚·克里维茨基(这是他在《红星报》任职期间就结识的朋友,一个粗鲁、短视的人)影响下,他收回成命,并于 3 月 7 日通知了楚科夫斯卡娅。由克里维茨基陈述的理由令人震惊:“真没料到!一位大诗人,怎么会拿出这种诗来?关于战争,关于人民,只字未提!他写的不过是自己的境遇罢了!”事实上,

---

① 从 1942 年到 1950 年,西蒙诺夫先后六次获得斯大林文学奖,此外还有许多其他奖项。

② 米哈伊尔·谢苗诺维奇·布边诺夫(1909—1983),俄苏散文家,斯大林文学奖获得者(1948)。

③ 安纳托里·阿列克谢耶维奇·苏洛夫(1910—1987),俄苏戏剧家,两次获得斯大林文学奖(1949,1951)。

他的境遇好不到哪去——在3月3日的青年作家大会上，法捷耶夫再度向帕斯捷尔纳克发难（诚然，势头有点低落，缺乏激情，像是在敷衍）。接着，别尔佐夫又挑起话头，众人随声附和，指责他的晦涩，清晰明了的《乌拉尔印象》（1915年！）一诗反倒被当作靶子。目睹了这一幕的楚科夫斯卡娅，在日记中坦言：遇到这种匪夷所思的情形，她甚至也可能萌生批判帕斯捷尔纳克的念头，而且从他笔下，她会找出“真正玄虚”的更明显例证。不过，楚科夫斯卡娅起码从西蒙诺夫那里得到了一点：答应以个人名义给帕斯捷尔纳克打电话，告知选诗被取消。她本人向心爱的诗人寄去了一封道歉信。西蒙诺夫，顺带说一句，履行了诺言，打了电话。他才从英国回来，向帕斯捷尔纳克转达了小妹利季娅的问候，交给他一个包裹，并邀请他到《新世界》编辑部谈谈。

据帕斯捷尔纳克回忆，在这场谈话中，仅有的人话就是关于他妹妹和她的孩子，西蒙诺夫称自己很吃惊，几个男孩长得那么漂亮，俄语说得也很好。说到选诗的命运，他使用的却不是人的语言，而是官员的语言。帕斯捷尔纳克相当尖刻地嘲讽了他。这位《新世界》的主编，同时代人当中最有地位的苏联文学家，毕竟还未丧失难为情的本能，他想让帕斯捷尔纳克相信，他本人不反对发表那几首诗，可现在不是时候……是帕斯捷尔纳克自己引起了非难……连国外也知道他，不过，对他的理解并不正确……（法捷耶夫从英国回来时也不失时机地指责帕斯捷尔纳克，说那里也有人知道他。我们在下文还会谈到此事）。总之，有一些意见……现在不合时宜。况且对诗中描绘的景致，理解可能也不尽相同。双重意蕴。要是万一……您明白吗？

帕斯捷尔纳克不能容忍要他书写命题文章，更不能容忍在他面前撒谎，把责任推卸到看不见的全能领导者身上。他以刻薄的口吻回答西蒙诺夫：康斯坦丁·米哈伊洛维奇，这究竟是怎么回事？您，苏联的主编，党员，莫非有谁妨碍您编杂志和刊登您认可的东西！这简直就是十足的破坏行径！您应该立即向中央汇报这一情况！

西蒙诺夫领教了讽刺。他重申愿意发表帕斯捷尔纳克的诗作，只不过，诗人得换一种方式，拿出思想更明确的作品。

帕斯捷尔纳克终于发起火来。在与利季娅·楚科夫斯卡娅的交谈中，他这样转述了自己的回答：“难道您不明白，我作为无党派人士，并非出于偶然？难道您认为我脑子会笨到申请入党的地步？或者我的右手干枯了？莫非您想强迫我在全体会议上做解释？嗯，好吧，等我解释清楚，我就会被碾成粉末，您将在此情形下愉快地出场……”

1947年5月11日，帕斯捷尔纳克在谈话之后又向西蒙诺夫寄去了一封严厉的书信。在这封信中，尊严明显转化为孤傲：帕斯捷尔纳克向斯大林的宠儿提出钱的事情——需要他的许可，以便得到《一九〇五年》再版（虽然未能落实）的预付稿酬；1947年，作协书记弗谢沃洛德·维什涅夫斯基坚决主张，不能把钱给帕斯捷尔纳克，要把他“叫到书记处，让他做出解释”。“维什涅夫斯基这个怪人，”帕斯捷尔纳克对西蒙诺夫写道，“如果他需要我的血来提高他个人作品的生命力，我会直接采血给他；为何非要把我杀了，何况这在技术上大概并不容易。”

但信中的要点不在于此，而在第一段：

“针对我的普遍的胡扯，着实让人难以理解。我不能理解，为什么翻译莎士比亚的六部戏剧，为认识整个年轻文学（格鲁吉亚文学——德·贝）奠定基础，我本人却被搁置于某个虽然不大，但尚未彻底毁坏的社会犯罪部分，为什么这一切——并非苏联式的活动，但做出这十分之一而且做得很糟的，却是出自苏联式的作用力？我不能理解的还有，为什么那些受到同样处置的老派无党派人士，却被当成‘我们自己人’，未经讯问就颁奖给他们，并以同样方式承认他们的这一名号，可我在对准我的望远镜之下只能独自编创自己的X射线透视法，若想成为“我们自己人”，则必须同那些对我以诚相待的人们断绝关系，转而投向对我怀有敌意之人，另外还要抛弃基督教和托尔斯泰主义残余，而这两者，对于任何一个步入俄国文学舞台并向远方进发的人来说，均为一定时期内绕不开的思想。这一切纯属谵妄与荒诞，人生短暂，不能将浪费时间于此。不过，我已无所畏惧。我的生命如此笔直，人生的任何周折都可接受。”

作者强调的“任何周折”这句话，经常被引用，但不见得比他准确定义的一条苏联主要原则更重要，即逆向式选种法——平庸者获擢拔，有才之士却受到险恶的对待。在1947年，向仅次于法捷耶夫的第二号俄国文学官员写信提到这些，需要非凡的勇气。不过，这也是一种特殊的策略。帕斯捷尔纳克知道，西蒙诺夫始终扮演着勇敢军官的角色（他在战场上也确实很勇敢)，他赞赏请求者有意显露的勇气。

迫害暂时尚未扩展，阴云则越来越密集。在此情形下，到处都有人向帕斯捷尔纳克建议，要么跟西方崇拜者断绝关系，就像他当初被迫跟纪德划清界线，要么对斯大林唱赞歌，或者哪怕是发表声明，承认个人的错误……有一次，阿格尼娅·巴尔托[1]见到利季娅·楚科夫斯卡娅，承认自己迷恋帕斯捷尔纳克的诗，她深感遗憾的是，他“不肯写下任何真正苏维埃的东西！喏，比方说，写写共青团员！只是为了和解！这毕竟对他轻而易举，根本算不了什么！而他的处境立刻就会改变，一切都将随之修正”。就像济娜伊达·尼古拉耶夫娜为难他，要他“发表声明”一样，巴尔托也想让楚科夫斯卡娅相信：“只要鲍里斯不做声明，他的事情就无法解决。”

“可是究竟什么样的声明能够颠覆荒谬?”楚科夫斯卡娅问道。“荒谬之所以强大，正因为不可颠覆。所以阿赫玛托娃对一切毁谤报以沉默——保持尊严，缄口不语。”

“哦，天哪，鲍里斯——跟阿赫玛托娃，这两个人怎能相提并论？鲍里斯，一个现代的苏联人，可她却散发着陈腐的气息。”

整个夏天，帕斯捷尔纳克不得不继续翻译《李尔王》，已进展到四分之一的长篇小说中断了。但他相信，作品一定会完成，而且一定大获成功。他不在意一次又一次新的攻讦，让他有些惊讶的是，苏尔科夫这个早先就不怀善意的人，居然在3月份的《文化与生活》杂志上发表了《论帕斯捷尔纳克的诗》一文，仍然对他横加指斥，揪住距当时整整三十年的《生活，我的姐妹》不放。

还有另外一个缘故，使得他不愿认真计较正在发生的事情。1947年2月，他写下了《圣诞之星》，而一个人，写下了这样的诗篇，对任何事情都会泰然处之。

5

二十世纪的俄罗斯诗歌，不夸张地说，堪称世界最佳，尽管也有与之竞

---

① 阿格尼娅·利沃夫娜·巴尔托(1906—1981)，俄苏女作家，作品以儿童诗为主。

争的对手。而《圣诞之星》一经问世，就震撼了所有人：无论是早就习惯于言谈和思考时引用帕斯捷尔纳克抒情诗的崇拜者，还是原先根本不接受他作品的人。帕斯捷尔纳克未能见到这首诗在祖国发表：它只是刊印在国外出版的《日瓦戈医生》中，而且它的译文早于正式的俄语文本。在苏联，《圣诞之星》是以手抄形式流传开的。

这首诗构思于 1947 年 1 月 6 日，在鲍里斯·利万诺夫之妻叶甫盖尼娅·卡季米洛夫娜的命名日。据帕斯捷尔纳克证实，就在这个家庭的聚会上，他第一次听到了此诗未来的节奏、短句和长句的交错。但《圣诞之星》最初的声响，却可以从《安全保护证》中听见，从那里的圣诞节和枞树的靛蓝色威尼斯传出来。同一条纽带，就这样联结着威尼斯、文艺复兴、圣诞节和勃洛克，而帕斯捷尔纳克心目中的勃洛克，就像《日瓦戈医生》所说，属于圣诞现象。追忆那些碰巧生活在希律王时代的少男少女的孩童节日，构成了这首诗的主干，但它的内容当然不止于此。

正值冬天。
风从荒原吹来。
山丘隆起，
山洞里冻僵了婴孩。

犍牛用呼吸将他暖热。
一群家畜
待在洞穴，
温暖的烟霭缭绕在马槽周围。

牧羊人抖落皮袄上的草屑，
拍去幼畜身上的黍粒，
从悬崖边
把昏沉的目光投向夜半的远方。

远方是积雪的原野和墓地，
围栏和碑铭，

车辕陷在雪中，
苍茫的星空俯瞰着坟墓。

就在近旁，在守夜人小屋的窗口
一颗神秘的星
发出灯盏的微光，
闪烁在去往伯利恒的路上。

它像草垛，在天空和上帝之外
燃烧起来，
像纵火的反光，
又像火光中的村庄和谷场上的火灾。

它从秸秆和干草炽热的大垛间
缓缓升起，
嵌入宇宙，
这颗新星，震惊了整个天地。

更高处蔓延的霞光烧得通红，
预示着什么，
三个星相家
听从召唤，奔向这罕有的光芒。

骆驼在他们身后驮着礼品。
套挽具的驴子，一头更比一头
矮小，迈着碎步走下山去。

仿佛即将发生的异象
后来的一切都浮现在远方。
世代所有的思想，愿望，世界，

画廊和博物馆所有的未来，
仙子所有的嬉戏，魔法师所有的事业，
世间所有的枞树，孩子们所有的梦。

烛火所有的颤动，所有的彩练，
金丝银片所有的华美……
……风掠过荒原，越来越凶猛……
所有的苹果，所有的金球。

赤杨树冠将水塘一角遮盖，
但透过寒鸦的窝巢和树顶
这一角依然真切可见。
驴和骆驼在水边走动，
牧羊人也清楚地看在眼里。
“咱们一起去吧，去敬拜奇迹。”
他们说着，掩住了皮袄。

沙沙地走在雪地，身子骨热了。
赤脚的印迹像一片片云母
从明朗的林间延伸到小屋。
牧羊犬在星光下朝这些印迹低吼，
就像被蜡烛头的火苗惊吓。

严寒的夜晚像一个童话，
不知是谁从暴风卷集的雪堆
悄悄加入了他们的行列。
狗缓步徐行，小心张望，
向牧人的帮手乞怜，等待灾难。

有几个天使夹杂在人群中间，

也走在这路上，经过这地方。
他们没有实体，无影无形，
所到之处只留下他们的足迹。

众人乱哄哄地围住一块巨石。
天放亮了。雪松显露出枝干。
“你们是什么人？”马利亚问道。
“我们是游牧民和上天的使者，
前来为你们两个唱响赞歌。”
“不能都进去。请在门口稍等。”

晨光熹微，天地间一片灰蒙蒙。
赶牲口的和放羊的挤在一处，
步行者跟骑手相互争吵。
在木头凿成的饮水槽前，
骆驼在嘶号，驴在尥蹶子。

天放亮了。像清除散落的灰烬，
黎明从天空抹去最后几颗星。
马利亚不知拦住了多少来人，
只让星相家进入岩洞。

他浑身闪亮，睡在橡木的马槽，
宛若照进树洞的一缕月光。
驴嘴和牛鼻孔
代替了他身上的羊皮袄。

人们站在阴影下悄声说话，
就像家畜在窝棚里低语。
忽然，不知是谁从昏暗中

把星相家推到马槽左边不远处，

他转身一看：那圣诞之星

像一位宾客，在门边望着童女。

《圣诞之星》用四音步抑扬抑格写成（音步规律从一开始就在变化，诗歌仿佛张开翅翼向上飞升——更准确的比拟应是钟声，诗的语言依照小幅度的双音步，开始以全力扩展）。从第二节到第七节①的构建，均采取对称模式：每节当中，第一行和第四行的四音步长句裹住第二行和第三行的双音步小短句，形成环状。这种对称强化着宁静、平衡与庄重的感觉，赋予所有事件以宗教圣礼的意蕴。此诗有两个显著特点：丰富的俄国乡村生活用语（“黍粒”“谷场”在《圣经》语境下多么奇异，“守夜人的小屋”“纵火”“秸秆”“干草”“皮袄”——居然出现在荒漠！）和贯穿于整个文本的内韵之练。诗中的“彩练”不仅是枞树的装饰物，也是诸多内韵所构成的环链：“颤动—彩练—华美—凶猛—荒原。”②值得一提的还有“所有华美”的精湛对位，以及预示十字架受难的荒原上吹来的风。

有什么可与虚无之寒冷和恐惧相对立？唯有苹果和圣诞树上的金球，唯有“烛火的颤动”：脆弱、抖颤、孩子气、仙子的嬉戏、魔法师的事业。这些方面看似相互排斥，但这孩子气和脆弱越是明朗，庄重感就越是震撼。

按照帕斯捷尔纳克的观点，世界历史和文化始于基督诞生。“画廊和博物馆所有的未来”所表达的，也正是此种寓意。自此以后，历史上开始有了人性，产生了善恶的观念，残酷的“以眼还眼，以牙还牙”的异教法则逐渐消失；历史不再停留于自然，光明与黑暗区分开来，最强者落败，最弱者得胜。关键是，这场人类历史上最伟大的革命（现世的革命性以火灾的场景作为征兆——就像在《生活，我的姐妹》中一样，他借助末世论的象征来言说）之降临，在这里恰似一个节日：帕斯捷尔纳克笔下节日-灾难的永恒形象，含泪的欢悦。基督教带给世界的不仅是圣诞树。为了圣诞的幸福，将付出十字架的受难，将会有锁链而非装点枞树的“彩练”，将会有火焰而非五

① 应为第八节。

② 原文为 трепет–цепи–великолепье–свирепей–степи，这些位于诗句中间的词汇，因末尾音节音韵相近，形成独特的旋律和节奏，亦即不同于“句末韵”（外韵）的内韵。

彩斑斓的焰火。然而，帕斯捷尔纳克所看重的，终究是历史在孩童眼中的幻象。这样的幻象永远是节日般的。节日气氛的缘由就在于，历史像一幕“结局美好”的神秘剧，终于显露无遗。已然出现了历史的意义。

接下来，内韵非但没有减少，反而增加了：“驴和骆驼在水边走动”；骆驼在墓地近旁，皮袄和严寒未显得异样，却给正在发生的事实平添了如同奇迹本身的非理性的普世特征。为使奇迹的非理性更加醒目，帕斯捷尔纳克运用了近似电影艺术的童话的细节：天使无影无形，只在雪地上留下他们赤脚的“印迹”。这让我们想起阿赫玛托娃的“从童年起，我就害怕乔装打扮的人”（《没有主人公的叙事诗》）。阿赫玛托娃总是觉得，乔装者中间藏着某个隐身的主要人物，所有的臆想，都是为了他的假面舞会（这“某个”不露行迹的人，也正是《没有主人公的叙事诗》的主人公）。在《圣诞之星》中，也有不知是何许人的隐身者，行走在牧人中间，但也就在这里，呈示着帕斯捷尔纳克与阿赫玛托娃、勃洛克乃至白银时代整个传统之间的一道鸿沟。害怕什么？狗不具智识，自然会害怕，我们却感到欢喜。我们知道，将会发生什么。整个博大的、节日前的、神秘的生活，乃是为复活而做出的准备！在生活中，我们透过枞树和“锁孔”隐约见到的一切，全都向我们彻底敞开。

帕斯捷尔纳克的马利亚提出纯然孩子般的天真问题：“你们是什么人？”一个温和柔婉的回答：“我们是游牧民和上天的使者，/前来为你们两个唱响赞歌。”随后，这女孩的声音中已可听得出母亲的严厉：“不能都进去。请在门口稍等。”在这首颇具电影画面感的诗中，舞台调度有着明显变化：方才营造着极具散文化的喧嚣事件，转眼间，马利亚又让星相家“进入岩洞”。这里庄严、幸福的宁静，类似于托尼娅分娩后所感受的宁静，只不过，这种庄严之感更为强烈。在诗的末尾，一缕神秘的光照亮了整个洞穴。所有顺服于活生生的上帝的生灵，都被他吸引，将他暖热，也在他的辉耀下取暖。基督的形象由一个代词“他”来展现，一切都是约定的，所有人都知道，马槽里躺着的是谁；而这个“他”，同时也使诗作更显隐秘与庄重。其余在他身旁的人彼此亲近，融化在昏暗中，由此带出最后一节的不定人称结构：

人们站在阴影下悄声说话，
就像家畜在窝棚里低语。

这里再次出现了神秘的“某个人”,他无影无形,不知是谁,但又确实存在:

忽然,不知是谁从昏暗中
把星相家推到马槽左边不远处,
他转身一看:那圣诞之星
像一位宾客,在门边望着童女。

整首诗结束于一连串敞开的、欢悦的声音——孩子般的颤动的、清脆声音 a–a–a①。

玛丽娅·尤津娜曾经写信对帕斯捷尔纳克说,假如他未有任何作品,除了《圣诞之星》,那他也会在尘世和天国得到永生。

不过,还有最后一个原因,使得他在1947年如此幸福,无所畏惧。或许,没有这迟来的幸福,日瓦戈组诗当中那些宗教意味的作品便不会写就:即便俄罗斯最杰出的诗篇——并非关于对女性的爱,但如果缺少这种始终伴随帕斯捷尔纳克晚期抒情的爱,可能也就不会有对上帝热忱的谢意。

第三十九章 奥丽嘉·伊文斯卡娅

1

帕斯捷尔纳克与伊文斯卡娅的爱情史——二十世纪文学分析及评传中幸福的特例。回忆录作者、同时代人乃至当事人本身,总是竭力渲染近观之下极富戏剧色彩的真相。由此出现了截然不同的情形:形形色色的回忆录作者、研究者和是非之人,对这场浪漫韵事的戏剧性波折无不津津乐道,并试图探究其冲突的悲剧性,可两个相爱的人自己始终相信:我们是幸福的。

---

① 《圣诞之星》最末一句“(圣诞之星)像迎候宾客,望着童女”对应的俄语原文是:Как гостья, смотрела звезда Рождества.

其实,只要阅读文献,仔细辨析,回顾那些由伊文斯卡娅形象所引发的诗歌和散文,就不难发现,这才是真相!这场爱,值得伊文斯卡娅遭受两次刑期,也值得帕斯捷尔纳克牺牲家庭和睦并最终付出生命。无论世间如何风言风语,鲍里斯·帕斯捷尔纳克和奥丽嘉·伊文斯卡娅均深信,他们有过幸福的十四年;伊文斯卡娅的作品《时间的俘虏:与鲍里斯·帕斯捷尔纳克在一起的岁月》引人注目,她女儿伊琳娜·叶梅里扬诺娃也留下了许多快乐的回忆。他们四个——帕斯捷尔纳克、他的恋人和她以往婚姻所生的两个孩子——一起度过了一段美好时光。

奥丽嘉·伊文斯卡娅绝非清教徒,甚至在晚年也颇具风韵,而刻印在她年轻时照片上的美貌是如此清纯和靓丽,以至于沙拉莫夫在十七年劳改生涯之后向她示爱也未尝不可理解。伊文斯卡娅经历了不少罗曼史,并不为此而羞愧,她说过,曾经在火车上委身于一个同路人;看她于1939年拍摄的一张题为"镜子前"的著名照片,无论如何都不会说,从男人那里获得的胜绩困扰着她。

他与她的初次见面是在《新世界》编辑部,经由伊文斯卡娅的同事济娜伊达·皮德杜布娜娅介绍。他说:"真有意思,我现在居然还有女性崇拜者!""我的作品几乎全都送人了……不过我会给您找一本!"

"这目光如此威严,如此犀利,如此男人味,简直不可能出错:来者正是我唯一需要的人,他其实已经和我在一起了。这是一个惊人的奇迹。我惶然不安地回到了家。"

她的书写向来是这种风格,说话几乎也是这样:"罕见"、"神奇"之类的修饰语非常多。"他是一个罕见的人。""她是一个神奇的女人。"不折不扣的浪漫,这也恰好是他想要的。要知道,在他的浪漫史中,也充满了这种个人情趣的迷思与激情的喟叹。

"您想让我把这座广场送给您吗?"送她经过普希金广场时,他问道。"我想。"

在最初的交往中,她刚适应了帕斯捷尔纳克的"嗡鸣"——浮想联翩,俗语与哲学抽象性混杂其间——他就突然坦白地说:"您不会相信,我这样一个如您所见的又老又丑、长着一副可怕下巴的人,竟然是那么多女性泪水的原因!"伊文斯卡娅回答道,她想起来,早在三十年代曾经在一场晚会上见过帕斯捷尔纳克，中场休息时，只见他从一群人狂热的簇拥中挣脱出来；她记得一双环抱着他脑袋的女性的手，甚至还有亲吻的声音。帕斯捷尔纳克吓了一跳，矢口否认，后来总是不断地说："瞧你，列柳莎①，没这回事儿，上帝会惩罚你的！"伊文斯卡娅却坚称确有其事。她很想要自己崇拜的人在别人那儿也受到青睐。为答复帕斯捷尔纳克的坦言，她在家写了满满一个小本子，坦率地倾诉了自己动荡的心灵生活史。他为此感动得发狂——这也可算是两人关系之严肃性的证明。

应该说，她确实有值得写的东西。伊文斯卡娅 1912 年生于坦波夫，她母亲是格里耶高等女校②学生，父亲出身于坦波夫的富裕地主家庭，是莫斯科大学"自然学科"的大学生。伊文斯卡娅的母亲玛丽娅·尼古拉耶夫娜，娘家姓杰姆琴科，容貌非凡，却不安分，很快就跟那个坦波夫地主分了手（他后来在内战期间失踪了），然后嫁给了一个名叫德米特里·科斯特克的语文教师，他来自当时位于莫斯科郊外的谢列勃良内-波尔③。奥丽嘉·伊文斯卡娅自幼酷爱诗歌，过目成诵，自己也写（而且写得不坏，起码没有那种风靡一时的"阿赫玛托娃情调"）。她的梦想是考入莫斯科大学语言系，但那里的筛选却非常苛刻，"非无产阶级出身"被排除在外，而她属于"职员子女"，只能选择在生物系就读。学了一年后，她转入高等文学学校（还是由勃留索夫创办）；该校随后被改造为编辑—出版学院，这样一来，根据教育状况，伊文斯卡娅成了女记者——她果真在新闻领域度过了整个青春，工作了很长时间。1930 年，她家搬到波塔波夫胡同。大学毕业后，伊文斯卡娅先后供职于《为掌握技术》《接班人》（该刊物有一个下属的青年记者联合会）和《飞机》等杂志，认识了年轻诗人和同是记者的瓦尔拉姆·沙拉莫夫（后来才知道，他从第一眼就爱上了她，这份爱慕伴随了他在科雷马十七年的地狱生活），跟帕维尔·瓦西里耶夫和雅罗斯拉夫·斯梅利亚科夫是朋友，也认识帕维尔·安托科里斯基、伊里亚·爱伦堡。

在她成长的时代，男女关系相当自由，婚嫁也很随便，甚至流行着所

---

① 奥丽嘉的昵称。

② 1872 年，由俄国著名历史学家、教育家弗拉基米尔·伊万诺维奇·格里耶（1837—1919）在莫斯科创办，宗旨是让俄国女性接受高等教育。

③ 音译地名，意思是"银色针叶林"，地处莫斯科西部，在莫斯科河支流上，以森林景观著称。

谓“杯水理论”,即性需求自然的和即时的满足。伊琳娜·叶梅里扬诺娃自个儿也说不清楚,她父亲,那个“一副运动员身板,像一流体育盛会参加者,神色凝重忧郁,但相貌英俊的高个子男人”,究竟是母亲的第二任还是第三任丈夫。关于父亲的身份她说得更谨慎——不过是“被视为我父亲的人”(事实上,看不出父女之间有何相像)。当得知妻子打算带孩子离去,伊琳娜·叶梅里扬诺娃的父亲上吊了。追荐活动尚未结束,第二个孩子的父亲亚历山大·维诺格拉德科夫就“在楼门口等着”伊文斯卡娅了(女儿甚至准确地记着细节)。“他那俄罗斯人的宽阔胸怀和公务轿车令她心仪。”维诺格拉德科夫是一名苏联干部,以前在贫农委员会担任要职,后来按照苏联惯例,转任苏联国防航空化学建设联合协会①《飞机》杂志编辑部领导,伊文斯卡娅也在那里工作。他可真是典型的苏联人,跟岳母吵了一架,就立刻举报了她。格里耶高等女校毕业生被捕了,原因是她对影片《列宁在十月》持有非议。丈夫的举报,伊文斯卡娅是从迷恋她的律师(不迷恋似乎不可能)那里获知的。听说此事后,她告诉丈夫,一定要和他一刀两断。他受不了威迫,想办法调开律师,亲自为遭他诬陷的岳母做了精彩的辩护,结果,她“仅仅”被处以六年徒刑,罪名是从事反苏宣传。刑期于1944年结束,伊文斯卡娅前往高尔基②去接母亲。她事先了解到,战争期间,犯人们一直被关在劳改营里,不能到外面去,他们饱受饥饿与空袭的折磨,可怜的母亲有可能活不到获释的日子……伊文斯卡娅奇迹般地来到劳改营所在地(那地方有个可怕的名字:苏霍沃—别兹沃德内③),把母亲接出来。原先的一家几口人——不包括死于1942年的维诺格拉德科夫,就这样迎来了胜利之年。

所有这些磨难,或许对帕斯捷尔纳克独具吸引力:到处引起祸乱,却在任何境况下都能生存的拉拉,显然是磨难的产儿,而她一家人复杂、幽暗的生活方式,连同爱欲的激情和永远不安于本分,在某种程度上也像是吸引着日瓦戈的浪漫背景。回到前面的话题,我们要说的是,伊文斯卡娅的母亲直

① 1927年在苏联政府主导下创办的社会政治组织,活动宗旨是在群众中间普及国防和军事知识,1948年改编为苏联陆海空三军促进会。

② 即下诺夫哥罗德,作家高尔基的故乡,1932年改名为高尔基,1990年恢复原名。

③ 意思是“干涸无水之地”。

到晚年也仍然很美，尽管从劳改营回来时，已是瘦得不成样子的老太太。科斯特克去世后，她嫁给了自己早在二十年前就拒绝过的一个崇拜者。帕斯捷尔纳克参加了他们的婚礼，发表了祝酒词，跟“新岳父”谢尔盖·斯杰潘诺维奇·巴斯特雷金成了朋友，亲切地拿“两位新人”打趣逗乐。经过这场婚姻，伊文斯卡娅的母亲玛丽娅·尼古拉耶夫娜焕发了生机。总之，这个家庭的所有女性都是美人——无论外婆还是外孙女，当然，最出色的还是要数奥丽嘉。

她有着罕见的美貌——身材苗条（维纳斯的个头——身高一米六多一点，三十五厘米的纤足），一头金发，笑容迷人，一双明亮的大眼睛，声音悦耳；最关键的是，她热爱帕斯捷尔纳克的诗，到了开口成诵的程度，还是个小姑娘的时候，就跑去参加他的朗诵会（不过，是被她第一个恋人尼卡·霍尔明拉着去的。倾注于帕斯捷尔纳克的精神之恋，根本没有妨碍反而促进了她对这位同级男生的爱）。

帕斯捷尔纳克与伊文斯卡娅之间的恋情迅速发展，或者更准确地说，这分别是两场恋情①：《日瓦戈医生》女主人公的原型刚一找到，作者就以饱满的精力继续书写这部主要作品。有时候，他与伊文斯卡娅只是在莫斯科城里逛逛，事后将她一直送到波塔波夫胡同，她跟母亲、继父、九岁的伊拉②及六岁的米佳就住在那里。该发生的事情，很快就发生了。1947 年 4 月 4 日——伊文斯卡娅忘不了这个日子！

“城里的夏天”，两间空屋子，家人去了郊外。激情达到顶点。燠热。睡眠不足。“睡不够的百年椴树，/一副愁闷的眼神，/唯有花儿未谢，/花香扑鼻……”椴树的气息、滚热的柏油马路、院子里孩子们的叫声……后来，伊文斯卡娅分外愉快地回忆起他们在此期间的关系。她骄傲地提到，“我们几乎每天都见面”，另外还补充说，两人相会时，帕斯捷尔纳克身穿蓝色的绸衫，这件衣服后来写入了日瓦戈医生的诗：“像小树林褪去树叶，/你脱下衣裙，/只穿着带流苏的绸衫/投入拥抱的臂膀。”③……“这是不是太露骨

---

① 此处的“恋情”（浪漫韵事，爱情关系），原文是 роман，一词多义，还可解作“长篇小说”。作者在此一语双关，所谓“两场恋情”，其一指向“主人公原型”，另一指向小说创作。

② 伊拉及下文的伊拉奇卡，均为伊琳娜的昵称。

③ 引自帕斯捷尔纳克《秋天》（1949）。

了?”——由于没有别的听众,帕斯捷尔纳克把自己当年的诗拿出来,给十四岁的安德留沙·沃兹涅先斯基看,并且询问他的意见。安德留沙肯定地回答,不算露骨。伊拉奇卡·叶梅里扬诺娃像爱父亲一样,爱上了这位“古典主义者”。小女孩有一副细长的、略为上挑的眉眼,拉拉的女儿丹卡也一样,她跟伊拉就像是同一个模子里刻出来的。绝妙的是,与母亲的新欢相处,两个孩子很开心,帕斯捷尔纳克也善于用亲切、平等的语言跟他们说话。伊文斯卡娅的母亲真心希望(像奥丽嘉本人一样),帕斯捷尔纳克离开他在气头上时怨恨不迭的家庭。可他却不打算从这个家一走了之。“如今,我比三十年代那会儿聪明些了,”他对一些熟人说,并且不向他们隐瞒自己的幸福,“当时我把一切都毁了,现在却不会。”他不会离开济娜伊达·尼古拉耶夫娜,最能让他跟家联在一起的则是他们共同的儿子,“如此单纯,如此不入时的”廖涅奇卡……

济娜伊达·尼古拉耶夫娜得知了正在发生的事情——有一天,从帕斯捷尔纳克的书桌上,她发现一张留给他的内容直露的便条;她继续收拾他的书房,而他到底还是没学会掩藏什么(也可能,他是有意让她发现便条,任凭她来处置一切?)。济娜伊达·尼古拉耶夫娜大闹了一番。他屈服了,发誓再不跟伊文斯卡娅见面。伊文斯卡娅不甘心就这么了结,通过朋友转告他说,她生了重病,想和他见最后一次……以下是济娜伊达·尼古拉耶夫娜对这场风波的陈述:“他在桌边坐下,给这位女士写了一封信,让我来读。信中说,该是他们停止见面的时候了,因为这种事情不会有任何结果,我和廖尼亚犹如他的珍宝,他永远不会抛弃我们,等等。他把这封信交给我,要我按照市内地址亲自邮寄出去,我立刻就照办了。(……)第二天,讹诈就开始了,主要在电话上。她母亲在电话那头叫嚷着说,我丈夫是个混蛋加恶棍,说他让她女儿怀了孕。我放下电话,问鲍里亚是否确有其事,他回答说,她母亲在说谎,他也不相信这是真的。(……)鲍里亚十分平静,高兴见到这封信使他跟她了断了关系。又过了一天,她的朋友柳霞·波波娃打来电话(……)说,在外面遇到奥·伊①,见她情况不妙,就把她带回自己家,她浑身都是伤痕,她想叫鲍里亚来,哪怕就一小会儿。鲍里亚当我面答道,他永

① 奥丽嘉·伊文斯卡娅名字和姓氏的缩写。

远不会再回到她身边,说他给她写了一封信,内容济娜伊达·尼古拉耶夫娜都知道,并且把一切都交给我来处理。柳霞居然说服了我去看她。在那儿,我看到了一副相当离奇的画面:一个女人躺在我面前,脸上、手上和胳膊上,青一块紫一块。我从第一眼就断定,她把脏东西和煤灰抹在身上,故意装成这副模样。我强忍着恶心,走到床前,对她说,鲍里斯·列昂尼德维奇再不会跟她见面了,她不如死了这条心。我建议她把脸洗干净,回到自己孩子身边,还警告说,如果她再敢勾搭他,我就要报复:我会把他连人带东西一块儿交给她,强迫他们生活在一起,这一切,我说到做到。(……)她要我相信,她怀上了他的孩子。我对她回答说:'那您应该感到幸福呀,您跟自己心爱的人就要有孩子了,换了我是您,对这个事实我会心满意足。'"

伊文斯卡娅的记述虽然少了几分戏剧性,却更可怕:"忽然有一天,鲍·列的幼子廖尼亚病得厉害。就在生病的儿子面前,在济·尼的逼迫下,鲍·列答应再不见我(关于儿子生病,或许是帕斯捷尔纳克向伊文斯卡娅杜撰,目的是解释突然分手并决不回头的理由;济娜伊达·尼古拉耶夫娜根本未提廖尼亚生病——德·贝)。当他请柳霞·波波娃向我告知这个决定,她却断然拒绝了他的请求,说这件事情应该由他本人来办。我记得自己生着病,躺在柳霞家里,她家在福尔曼诺夫胡同。没想到济娜伊达·尼古拉耶夫娜来了。由于失血过量,我的身体快撑不住了,她只好和柳霞一起把我送进医院。现在,我已经忘了跟这个敦实厚重的女人说了些什么,只记得她不停地对我说,她唾弃我们的爱情,她不爱鲍·列,但不允许毁坏这个家。

在我出院后,鲍里亚冒了出来,像什么事都没发生一样,动情地跟妈妈讲和,向她解释,他多么爱我。"

伊文斯卡娅的女儿回忆道:"从大人们压低声音的谈话间,我们听到了一些可怕的事情:她住进了甘努什金精神病院。是老太太亲自写的申请,让人把她带到那里。其实,这不是真的。是她自己去的。她在医院里快死了。但这也不完全是实情。她自己离开家,但没有住进医院,而是住在朋友柳霞那里,老太太认为这个女人才是许多麻烦的源头。她不愿回家。(……)忽然,她回来了,像是个新住进医院的人,愧疚地把一张裹着朴素头巾的苍白小脸探进门。她就这么静悄悄地回来了,看上去有些瘦小,很长时间都没出家门。但后来，一切恢复了原样。”

去医院一事，所有说法都含混不清。伊文斯卡娅提到失血，让人不禁联想到私下里堕胎。她跟帕斯捷尔纳克在一起，先后有两次身孕，第二次，在监狱里流产了。

伊文斯卡娅参加了他的各种朗诵会，聆听他的诗歌和译作，在一些住宅里听他读长篇小说。帕斯捷尔纳克的朋友们兴奋地称他遇到了理想中人。他经历着一个创作上升期，可与之媲美的时期，唯有倾力创作《生活，我的姐妹》的 1917 年夏天。从 1947 至 1949 年，他写下《日瓦戈医生》中的半数诗作，小说本身也已过半，另外还完成了大量译作，为这些作品，他又开始经常联系奥丽嘉·伊文斯卡娅了。

1949 年 10 月 9 日，伊文斯卡娅被捕了。她被卷入《星火》杂志一名副主编波波夫的财务诈骗案，后者好像做了什么伪证；无论那些对她不怀好意的人如何想让她为此案吃苦头，执行逮捕所依照的却不是通常的刑事条款，而是“反革命条款”，即臭名昭著而又可怕的第 58 条第 10 款①。五年刑期相对来说不算长，她将这一结果归因于自己意志坚强，没有自我诬陷。对她的讯问主要围绕着帕斯捷尔纳克——想来可怕，他们想知道他的间谍活动！而任何脆弱的言行都会败坏诗人的声望。一柄达摩克利斯之剑，悬在帕斯捷尔纳克头顶上。在回忆录《耻辱的负担》中，丹尼尔·达宁以《旗》杂志主编弗谢沃洛德·维什涅夫斯基为例，摘引了此人写给诗歌部编辑、评论家安纳托里·塔拉先科夫的一张便条：“你如果替帕斯捷尔纳克辩护，那我会反对你，会跟你斗一架……顺带提一件事，帕斯捷尔纳克逃出莫斯科那会儿，曾经对索菲娅·卡西亚诺娃说：‘很高兴，我还保留着来自德国的书信……’这细节，你可不能放过。我将它公开而正式地告知于你。关于‘杰出人士’——知道得越多越好。”

尽管塔拉先科夫身上带有明显的苏联印记，作为评论家，他的水平也未见得高明，但他还是当天就回复了维什涅夫斯基：“帕斯捷尔纳克所说的书信，无非是 1926 年去世的伟大德语诗人里尔克写给他的。我了解帕斯捷尔

① 1960 年之前，苏联一直沿用 1922 年的苏俄刑事诉讼法和 1926 年的苏联刑法典。这里所说的“第 58 条第 10 款”即出自 1926 年的刑法典，主要针对所谓“恶意散布与煽动推翻、分裂及削弱苏维埃联盟的言论”。

纳克在莫斯科空袭期间的所作所为,他勇敢地扑灭过德国人的‘燃烧弹’,作为地方对空防御组织①(МПВО)成员,他经常彻夜值守在屋顶上。我坚决反对给帕斯捷尔纳克贴上什么亲德言论的标签。这不可能,也根本没有过。我不相信这种说法,永远都不信。”

威胁从最敏感的方面朝帕斯捷尔纳克逼来——他爱着的女人被捕了。挽救他的,也是这个女人。

2

对于在卢比扬卡所遭受的折磨,伊文斯卡娅本人的回忆录着墨不多,笔触平淡。她不喜欢宣扬自己的苦难。伊琳娜·叶梅里扬诺娃后来有机会读到跟母亲案件相关的第 3038 号卷宗(档案号为 P 33 582),并且得到了一份审讯记录,当时的记录,部分地再现于《波塔波夫胡同传奇》。②

“什么时候开始了暧昧关系?”(跟帕斯捷尔纳克;内务人民委员会居然操心这等有趣的事情!——德·贝)

“这种关系是 1947 年 7 月确立的。”(伊文斯卡娅在这里说了假话——她不想败坏帕斯捷尔纳克和自己的名声;原本在头年 10 月的相识,被她推延到 12 月,始于次年 4 月的更为亲密的关系,则推延到 7 月)

“请描述一下帕斯捷尔纳克的政治倾向。对于他的亲英倾向和叛卖思想,您有什么了解?”

“不能把他列入具有反苏倾向者的范围。他也没有什么叛卖思想。他始终爱自己的祖国。”

“是什么将您和帕斯捷尔纳克联系在一起?他的年龄毕竟比您大很多。”

“爱情。”

“不,将你们联系起来的,是你们共同的观点和叛卖思想。”

---

① 1932 年在苏联成立的社会组织,主要宗旨是向群众普及有关应对空袭或化学武器袭击的自救知识。

② 由伊琳娜·叶梅里扬诺娃编写的一部回忆录,主要汇集了对帕斯捷尔纳克、艾弗伦和沙拉莫夫的回忆,以及相关的书信往来。

“我们没有这种思想。过去和现在，我一直爱他，这是对一个男人的爱。”

帕斯捷尔纳克是正确的，当他在写给国外记者的信中提到伊文斯卡娅时说：“我的生命之所以保全，这些年里之所以没有人动我，全都归因于她的勇敢与忍耐。”

伊文斯卡娅在监狱里流产了，出现了大出血，她有可能死在监狱医院。直到她被捕后，帕斯捷尔纳克才得知她怀了孩子。事情已无可挽回。他忍住恐惧和憎恶，几乎每天都去卢比扬卡，要求把孩子还给他！有几次，他公开提出将他逮捕，毕竟，她是由于他而入狱，由于他的罪过！凭什么关押一个仅仅错在为他所爱，她也同样爱他的女人？他没有向济娜伊达·尼古拉耶夫娜隐瞒自己的行踪；他告诉她说，伊文斯卡娅怀了孕，如果孩子交给他的话，他们就在一起生活，住在伊文斯卡娅家。帕斯捷尔纳克的妻子未表示反对，她觉得，这没有什么意义。两人的关系彻底疏远了。在此期间，帕斯捷尔纳克曾对几位亲友说：“当她被人从我这里夺走时，我意识到，这比死还要糟糕。”卢比扬卡方面归还了他为伊文斯卡娅签名的几本书，并且告知了她的流产。此前不久译好的《浮士德》第一部结尾，就像是谶言——玛格丽特身陷囹圄，她的孩子死了（只不过，在歌德笔下，是她亲手溺死了他）。帕斯捷尔纳克非但不能停止《浮士德》的翻译，反而需要尽一切努力完成这部作品。他用译著得来的稿酬供养着奥丽嘉·伊文斯卡娅一家人。为了她的两个孩子不被送入孤儿院，他设法取得了监护人身份。此外，他还定期给流放在图鲁汉斯克的阿利娅德娜·艾弗伦寄钱。他做这一切，就像个英雄，毫无怨言。分成两部的《浮士德》内容复杂，四十个印张的篇幅极其巨大！他用一年时间译完整部作品，又用极快的速度从头至尾誊抄了校对稿。或许，不仅是伊文斯卡娅的坚韧不拔，还有他的四处奔走，才使得她免于更高的刑期，只被处以五年徒刑——根据匪夷所思的罪名：“与间谍活动嫌疑人员关系密切。”

由于跟疑似间谍人员之间的关系，她被遣往波季马①服刑，用丁字镐刨

① 苏联时期莫尔多瓦自治共和国（位于东欧平原东部，现为俄罗斯联邦主体之一，行政类别为共和国）境内的一个村镇。

了四年干枯的土地。帕斯捷尔纳克一直在翻译,得空就写他的长篇小说,另外还完成了以福音书为题材的组诗,诗中充满忧郁、悲恸和爱。他想念伊文斯卡娅,就此写下了二十世纪最出色的爱情诗之一——《相逢》。"仿佛把你当作铁,/用染发剂浸透,/在我的心口/留下刻痕。"俄罗斯文学中是否还有比这更简洁、更可怕也更彻底的爱的定义?据沃兹涅先斯基见证,帕斯捷尔纳克不喜欢"纪念册式的"《冬夜》("蜡烛在燃烧")以及此诗的女崇拜者,可是,当有人称赞《相逢》时,他却显得很得意。

伊文斯卡娅收到这些诗——这些与归来后的她再度相会的冬日期盼,是在波季马最炎热的夏季,在莫尔多瓦滚烫的草原,在关押她的劳改营。那是一天夜里,忽然叫她到劳改营办公室。此前她才洗了衣服,还没有晒干,就这么浑身湿漉漉地去见"老大哥",她感觉窘极了。她被告知,信可以读,但不可以拿走。劳改营里还有一项严苛的考验,谁不能完成劳动定额,就剥夺谁的"通信权",伊文斯卡娅便属于怎么都完成不了定额的人。只有一张帕斯捷尔纳克题字的明信片——"致博罗金诺的仙鹤们!",纯属偶然地落入她手中:女邮递员去洗手,将它落在浴室窗台上。而这次的信,简直就是一个写满了诗的本子!伊文斯卡娅竭力在警卫官面前克制着泪水。她第一次完整地读到了日瓦戈诗作中的福音书组诗,以及献给她的《相逢》;帕斯捷尔纳克在信中说,为了营救她,他正在尽一切努力……她后来回忆,这封信给了她活下去的力量。她出血的症状没有停止,干活时经常昏厥。政工人员不喜欢她,兴许因为她的美貌与轻佻。需要指出的是,那些冷漠抑郁、酷爱纷争的斗士,那些命运悲惨、性格倔强的人,向来对她怀有顽固的成见。众所周知,在卢那察尔斯基心目中高于阿赫玛托娃,并于二十年代为其担任秘书的重要女诗人安娜·巴尔科娃,后来在与伊文斯卡娅一起服刑期间对她多么厌恨。直到人生的最后几天,在所有视原则性为最高美德,视轻佻为最大邪恶的人们那里,伊文斯卡娅仍然是一个不被信任之人。

帕斯捷尔纳克写给她的信,每次落款都是:"你的妈妈。"这动人的私密之举,让她感到格外亲切。

1953 年,她因大赦而获释。帕斯捷尔纳克小心地请伊琳娜向她母亲暗示,他们先前的关系不可思议。她拒绝了他的要求:"您自己来处理吧。"她是对的。帕斯捷尔纳克来到波塔波夫胡同的那个家，见到了变得消瘦、年轻、依旧令人倾倒的伊文斯卡娅——1953 年，谁都不相信，她已经四十一岁，而且逐渐恢复了原有的精力！他向妻子公开宣称，他们之间以往的生活再不可能继续了，他准备给她一笔钱，至于在哪儿居住、过夜、工作，那是他的事情。“这对我来说挺合适”，济娜伊达·尼古拉耶夫娜在回忆中冷淡地说。

3

一个田园诗般的时期就这样开始了：帕斯捷尔纳克忙于小说的收尾，伊文斯卡娅和女儿搬到了离别列捷尔金诺更近的地方，租了当地人家一个角落，房主库兹米奇是一个大鼻子的酒徒。帕斯捷尔纳克真的是白天黑夜都跟她们母女在一起，跟库兹米奇也有交往；他们相互尊重，一本正经地讨论艺术和政治。库兹米奇说的许多话后来都写入了小说。这个性格鲜明的人，精心照料着残疾的妻子，却总是吓唬她说，要“从联欢节带一个土耳其女人回家”（1957 年的世界青年联欢节，散发出解冻的第一缕气息）。当得知帕斯捷尔纳克荣获诺贝尔奖——那可是一大把数不清的钞票！——库兹米奇便常来讨酒喝。帕斯捷尔纳克严肃而诚恳地解释道，他拒绝了奖金。

不过，眼下距离得奖还很遥远，他每天还是去伊文斯卡娅的蜗居，她和女儿远远地望见他从桥上走来：始终戴着有舌的软帽，脚上是一双胶靴，身穿一件简朴的风衣。这时候，人们已不怕相互交谈，前来拜访他、与他结识和聆听诗歌的人络绎不绝，新朋友越来越多。起初，他邀请他们去别墅，去济娜伊达·尼古拉耶夫娜的住处，后来，“如果是个很不错的人”，就带他“去列留莎①那儿”。

当伊文斯卡娅来到列宁格勒时，阿赫玛托娃拒绝接待她。利季娅·楚科夫斯卡娅也与她断绝了往来。兴许是特有的妒意在作怪，但也可能是流言蜚语起了作用。有传闻说，伊文斯卡娅曾经将一位被捕女友托她代收的

① 奥丽嘉的昵称。

钱据为己有。诗人和他们的恋人，永远飘浮在云端，而忘记日常的责任、义务和承诺，这一切，容易被误认为居心不良，要么便是卑鄙龌龊。利季娅·楚科夫斯卡娅属于那种无可挑剔的人，说真的，若要为她的品格增添一些可爱的人性特征，有时候只能设想她未必坚如磐石，想到她也有缺点和毛病，哪怕是抽烟或者喜好奇闻轶事之类！世上哪有坚不可摧的道德堡垒。令人惊异的是，日常生活中的她朴实，快乐，机敏，可一旦写起文章，她的笔就被涅墨西斯①操控。我们不知道伊文斯卡娅是否真的侵吞了本该交给被捕女友的钱。从始至终，她坚决否认有过此事。

她是一个神经质的女人，性情乖张，喜怒无常，我行我素，像挑衅一般，不把自己当作苏联人。她属于他谈论过的那种人："成为女人，是了不起的一步，/让头脑发疯，更是英勇之举。"②她留名于文学史，不是作为要求帕斯捷尔纳克放弃家庭并使之不堪其苦的祸水红颜，而是作为赢得了这样一些献词的女人："请把手从我胸口拿开，/我们是带电的导线。/一不留神，在无意间，/我们又将被抛向对方。"③

第四十章 《浮士德》

1

帕斯捷尔纳克的《浮士德》，并非盲从的译作，而是经典流浪故事的个性化阐说，它与一系列关于浮士德和魔鬼之传奇的诠释交相辉映，而世纪中期对这些诠释的印证又是如此丰富：不道德的悲剧性恋情、牢狱之灾、恋人们的生离死别、诱惑隐士与诗人的魔鬼的力量——这些主题在大量作品中

---

① 最古老、最受崇敬的希腊女神之一。起初，她是命运的化身，后来成为惩罚女神，惩治破坏正常秩序者，因而渐渐起了复仇女神的作用。

② 引自帕斯捷尔纳克《表白》(1947)。

③ 同上。

各自变异，既然二十世纪为此提供了诸多素材。上文已经提到布尔加科夫描述大师、玛格丽特和魔鬼的长篇小说，然而，这部作品的基调却变得全然不同：在结尾处，饱受煎熬的是大师，不是玛格丽特，而经典文本中的格蕾琴①则呈现出受难女巫的特征；我们也曾谈论过托马斯·曼的《浮士德博士》，还将提到他儿子克劳斯②长篇小说《梅菲斯特升官记》的主题——演员与独裁者之间的交易。1948年，出版方要帕斯捷尔纳克翻译的正是《浮士德》，这无疑是命运作用力的又一明证：魔鬼的诱惑这一主题早已介入他的生活，与魔鬼的交易被他躲了过去，有关梅菲斯特的蛊惑手段他也不只是有所耳闻，如今，悲剧性的爱之主题——对死在监牢的玛格丽特的爱，连同《浮士德》第一部的结局，一道进入了他的生命。这样的巧合令人错愕，但没有人会认为它们是偶然的。

帕斯捷尔纳克的《浮士德》，与其说是这部德国长诗的又一次解译，不如说是作者个人思想的表达，有充分理由可以说明，这种表达对帕斯捷尔纳克具有重要意义。就像《日瓦戈医生》的思想过程在《哈姆雷特》的直接影响下形成，小说的形式、它的神话现实主义手法、许多潜藏的情节，均出现在《浮士德》的作用之下；翻译这部作品不仅是痛苦的必然，也是重新认识继承性，明确个人目标和归依传统的一种方式。没有歌德和莎士比亚，帕斯捷尔纳克的眼界就难以达到需要的高度。使米哈伊尔·洛津斯基③在围困的列宁格勒幸免于难的但丁值得赞美；使塔季娅娜·格涅季奇④未至于死在劳改营的拜伦的《唐璜》值得赞美；值得赞美的还有歌德，是他在艺术形式上向帕斯捷尔纳克提出了如此艰深的难题，从而使后者轻易克服了小说诗篇里一切可能的障碍。从日瓦戈医生的许多诗作中，读者会发现“浮士德式的”短句；换句话说，帕斯捷尔纳克晚年作品看似比早年简单、“淡泊”，而且早年作品的印象主义也几乎未留任何痕迹，但事实上，晚年帕斯捷尔纳克

---

① 《浮士德》中玛格丽特的昵称。

② 克劳斯·曼(1906—1949)，托马斯·曼的长子，一位才华横溢的作家，写于1936年的反法西斯讽刺小说《梅菲斯特升官记》是他的代表作。1949年5月22日，他服用过量安眠药，自杀身亡。

③ 参见本书第三十二章相关注释。

④ 塔季娅娜·格利高里耶夫娜·格涅季奇(1907—1976)，俄罗斯翻译家，诗人，1944年被捕入狱，在关押期间翻译了拜伦的《唐璜》。她还是《伊利亚特》及莎士比亚戏剧的重要译者。

才是真正复杂和多义的，因为终于不再有任何东西，能够搅浑他的诗歌内容。

2

帕斯捷尔纳克将《浮士德》移译到鲜活的俄罗斯口头语言，在此过程中，或许就像不少译者那里惯有的情形，除了个人意愿的表达，他还明确地就自己的时代发表了见解，并且准备与之彻底决裂。这也是他的梅菲斯特——艺术家们永远的诱惑者——频频求助于帕斯捷尔纳克及其同时代人所熟知的蛊惑手段之缘由。他在不少书信中（首先是与玛丽娅·尤津娜的通信）抱怨，正是梅菲斯特冗长的独白和拖沓的饶舌，让他疲惫不堪，他认为，这些空谈阻滞了情节的进展。总的来说，《浮士德》不大适合于搬上舞台，但问题当然不在于戏剧节奏的松弛。帕斯捷尔纳克抱怨肉体的疲惫，即便如此，他还是穿越了梅菲斯特独白玄奥的密林。事实上，将十三世纪兴起的"浮士德传奇"同最新解译区隔开来的诱惑者的手段，六十年间少有变化。这是一个至为关键的悲剧情景——起码对于持守着自然泛神论，始终向大自然寻求解救的帕斯捷尔纳克来说是如此。浮士德独自待在森林深处，待在洞窟里；他的宏阔的道白，实属一名不可知论者的真诚祈祷。而梅菲斯特每每出场，则带着各种不变的、同时也应承认是庸俗的引诱，但主要还是怪责。歌德的梅菲斯特，绝非平庸的恶之精灵，他的魅惑甚至作用于上帝："在所有否定的精灵当中，你是最让我受累的促狭鬼和乐天派"；可见，存在着一些更厉害的精灵。但梅菲斯特的危险性就在于，这是迷人的、冒险的、狡黠的恶，因琐碎反而讨人喜欢，由其唆使的细小恶行也情有可原！他最主要的招数，便是乞灵于人性的贪婪、淫欲、怯懦……凭借自己的善举，他屡屡向浮士德发起责难：

可怜的凡夫俗子，你没有我，怎么过日子？
这么些时日，是我把你的胡思乱想医治，
要不是我，怕你早已从地球上消失。
你为什么像猫头鹰枯坐在洞窟和岩缝？
为什么像那蟾蜍

从潮湿的苔藓和滴水的石块汲取养分？
多么美好、舒适的消遣方式！
看起来你身上还依附着博士的幽灵。①

浮士德的回答完全是帕斯捷尔纳克式的：

你可懂得，像这样孤处荒郊，
为我带来了怎样新的生命力？
是的，你要是料到这一点，
定将魔性大发，不让我享受这福气！

然而，在梅菲斯特看来，这种泛神论的欢悦无疑是滑稽的；与此同时，他真正畏惧的也只有这一点——浮士德将借此摆脱他的控制，回归于自我本身：

好一种超凡脱俗的欢娱！
躺在夜露覆盖的丛山中，
怡然拥抱天和地，让自己飘飘欲仙，
以预感的冲动挖掘大地的精髓，
在心胸里感觉那六天的神功，
以傲岸的力量去享用我也不知道的东西，
随即又以爱的欢悦融入万物，
俗骨凡胎全然消亡，
于是把高尚的直觉——
我不好说，怎样去——加以结束！

回归于自我，亦即回到罪恶的温床；魔鬼的逻辑一成不变。他先是向浮士德大施恩惠，然后又数说它们的不当，不断提醒我们的艺术家别忘记人类的虚空，以及在梅菲斯特自己授意和培育之下的恶行。在讽喻性的、过度复杂化的、时而又平淡无奇的纠葛中，一条贯穿于《浮士德》的主脉愈发清晰，也愈发接近于译者：魔鬼主要的使命，是让艺术家意识到他的努力皆为徒

① 这里的三段引诗，出自歌德《浮士德》第一部之《森林和洞窟》。汉译采用绿原先生散文体译本，个别地方有改动。

劳,这个世界不值得为之劳碌。一次又一次,梅菲斯特编织着自己的论据(“你是永远的诡辩家和撒谎者”,这让我们不禁想起,布尔加科夫的列维·马特维将沃兰德称作“老牌的诡辩家”),将爱情偷换为放荡,创作偷换为虚荣,哲学偷换为死亡的畏惧;寻觅着卑鄙的理由,败坏着高尚的意图,提供着应有尽有的诱惑(在《浮士德》第二部中,这是远比青春、爱情和财富更大的诱惑:将会有权力的幻象、强行施恩于人类的机会,还将产生反抗上帝的妄念——总之,知识分子古往今来的一切风尚都将出现)。“世上无物值得宽恕。创作究竟又有何益?”耐人寻味的是,梅菲斯特慷慨陈词,将自己界定为“创造出无数的善,又想把恶带给众人的那一部分力量”,但浮士德对这番虚谎的华丽言辞,始终无动于衷。

浮士德坚持的是什么?首先是他的永无餍足:梅菲斯特的一切恩惠都太少。有一种最高的天赋——创作的天赋;谁了解这毒物,谁的头脑就不会被任何别的东西迷惑(所以,在“女巫的丹房”里,梅菲斯特才提醒那老太婆,“我这位朋友可不在乎这种饮料”)。无论梅菲斯特怎样坚称,世界的运转离不开嫉妒、贪欲和虚荣,也无论他怎样嘲弄心灵的纯洁,他所有的射击还是偏离了靶心。但由于他每次说出三句谎言,就夹带着两句真理——不管他是否揭露了虚伪的神父、倨傲的哲人及自恋的文学家,浮士德都欣然同意。而这也正是帕斯捷尔纳克所厌恨的魔鬼的杂烩。

透过梅菲斯特粗俗的玩笑,透过他的平民做派和精妙权变——跟那些夯货、学者、酒鬼们在小酒馆里用他们的语言说话的能力——传来熟悉的、近乎本土的音调:“满朝文武和命妇,/可怜个个受了苦,/哪怕王后和宫女,/(跳蚤)咬得简直咧嘴哭,/他们不敢掐死它,/浑身发痒也不挠。/我们马上掐死它,/要有一只敢来咬。”①一切当政者就是这样一边要弄人民,一边暗地里鄙视他们,只不过,在苏联当政者那里,这种耍弄更公开,也更明显。看起来,在莱比锡奥尔巴赫小酒馆,梅非斯特的本性尽显无遗:他在这里用各种诱惑收买小市民(在音韵结构、语词和声调方面,这一幕同茨维塔

① 这是梅菲斯特在一家名为“奥尔巴赫”的小酒馆演唱的“跳蚤之歌”。参见《浮士德》中文版(绿原译,人民文学出版社 1994 年版),第 64 页。

耶娃《捕鼠者》中哈默尔恩①的场景有几分相像)；普遍幸福的高潮也就此来临："我们喝得酩酊大醉，/五百头野猪挤成堆。"小市民一旦开始怀疑撒旦的法术，转眼间便拿起刀扑向他——一群乌合之众最容易化欢喜为怨怒；当他们备受魔鬼愚弄之际，他们反而向他施以动人的同情！但梅菲斯特既未能让浮士德萌生爱民之心，也未能让他厌弃民众。无论他俩来到何处——不管是小酒馆、城市花园还是女巫的丹房，浮士德始终重复着那句："让我们离开这地方！"唯独在布罗肯山，在"瓦尔普吉斯之夜"②前夕，他才被精灵们的环舞、沼泽地的磷光和虚幻的美女所吸引，在充满美感的诱惑下，"幻想家浮士德"才会被收买。然而，凌晨时分，他愈发感到迷惘，他终于意识到自己的迷醉已持续一年，在此期间，格蕾琴生了女儿，亲手杀死了她，因杀婴之罪落入监牢。第二天就将是她的死期。

我们知道，歌德一直在尽力洗脱其过错——他曾经参与并支持过一桩杀婴案的死刑判决③，杀婴题材在他心头挥之不去；从此以后，所有触及该题材的后来者之命运，无不处在《浮士德》(其中隐秘的意蕴远远超出我们所能想象)的悲剧性影响下。费特、勃留索夫、布尔加科夫、托马斯·曼父子与那该死的浮士德博士在人生遭际方面的神秘交集值得探究。但帕斯捷尔纳克却没料想到，原本被他视为挣钱工具的翻译，竟然也将影响到他的命运。1949年10月15日，他写信对尼娜·塔毕泽说："我亲爱的朋友尼娜，

---

① 又译作哈梅林，德国下萨克森州的一个小镇。自十三世纪以来，这里流传着彩衣魔笛手的故事，后来成为《格林童话》中的名篇。据传说，一个身穿彩衣的陌生人来到哈默尔恩，听说老鼠成灾，便吹奏魔笛，老鼠抵挡不住笛声的诱惑，纷纷跟随他走进激流，淹死在河里。由于镇上居民拒不付钱酬谢魔笛手，他便吹起另一种曲调，镇上的孩子们全都从家里跑出来，跟随这欢快的笛声，消失不见了。

② 根据流传于欧洲的宗教传说，每年四月三十日到五月一日之间的夜晚，魔鬼和女巫们在布罗肯山上举行狂欢。瓦尔普吉斯(710—779)是西欧不少国家最受崇敬的女圣徒之一，五月一日也是圣瓦尔普吉斯的瞻礼日，她的名字因而与魔鬼联在一起，"瓦尔普吉斯之夜"也成为魔鬼狂欢节的代用语。

③ 歌德在大学时代的学术辩论中就曾讨论过杀婴凶犯是否应该被处以死刑。他接触过杀婴案件审判的卷宗，有可能亲眼目睹了处决的场面，对沦为男性玩物的杀婴女犯深表同情。《浮士德》中的"格蕾琴悲剧"显然与这些直接经验和个人思考密切相关。歌德与杀婴案更直接的接触是在安娜·卡特琳娜·霍恩一案。这名未婚少女于1783年4月杀死了自己刚刚出生的儿子。当年秋天，有关该案件的判决在枢密院(由包括歌德在内的三人组成)进行表决，虽然法官倾向于对该女子处以终身监禁，但这位"格蕾琴之父"的答案却是："……我认为保留死刑比较合适。"长期以来，他的这一决定性意见饱受诟病。

想想我在遭受怎样的痛苦，请您可怜可怜我吧。生活逐字逐句地重复着《浮士德》的最后一幕，‘地牢中的玛格丽特。’我可怜的奥跟在我们亲爱的塔①身后，陷入了绝境。她为我吃了多少苦头！如今再加上这些。”文本对命运的可怕宰制令人不寒而栗。毕竟，那些让伊文斯卡娅身陷囹圄的人，跟《浮士德》并无任何关联，他们也根本不知道，帕斯捷尔纳克正在翻译这部作品。

但巧合仍在继续。如今，帕斯捷尔纳克需要另外供养伊文斯卡娅一家人——她的母亲和两个孩子。为了挣更多钱，他开始翻译自己从不喜欢的《浮士德》第二部。在这一部当中，浮士德经受了权力与荣誉的诱惑；在前所未有的权力与荣誉的标志下，帕斯捷尔纳克将度过接下来的十年。对他的收买与以往不同，将会比三十年代更狡诈。收买将再度落空，但这一次，他却要付出整个生命。

第四十一章　第六次降生②

1

我们正在走向帕斯捷尔纳克一生中又一个新的时期，其间由他的言行所引发的争议与非难，未必不如三十年代多。我们所说的，是帕斯捷尔纳克对时代、朋友和妻子说够了那著名的“是—是—是”之后，突然冒出尖锐的“不”的时期。

就此而言，他的经历与托尔斯泰有相像之处。首先是字面意义上有趣的交集：众所周知，《战争与和平》起初的名称是《1805 年》，而帕斯捷尔纳克将他的革命叙事诗称作《一九〇五年》，显然不无用意。但这只是表面现

① 此处的“奥”即奥丽娅·伊文斯卡娅，“塔”即塔毕泽。

② 这个标题从字面看，与本章内容无关。译者认为，此处或许是指《日瓦戈医生》的完成，有如《圣经》中上帝于“第六日”完成了世界的创造。

象，内在的相像更为深刻。晚年托尔斯泰谈起文学，难掩鄙薄与愤懑，他甚至认为，文学家应当尽量少一些。两者之间还有一种本质性的对应——帕斯捷尔纳克像托尔斯泰一样，始终保持着不妥协的姿态，在生命的尽头，他越来越厌恨当局，厌恨对手和追随者们同等的愚蠢，厌恨妻子——应该说，大部分情况下，她的举止要比索菲娅·托尔斯塔娅聪明、得体，尽管落在她身上的十字架不见得更轻……像晚年托尔斯泰一样，帕斯捷尔纳克也从家庭的宾朋中拣选出少数几位最忠实者，将他们聚拢在身旁：他对他们温和、亲切、坦诚，对其他人则苛刻，近乎粗暴。晚年托尔斯泰能把任何话题都转换为必须爱所有人，在最后的岁月里，帕斯捷尔纳克也总是将所有言谈转向他的长篇小说，以及小说中所表达的非正统基督教哲学。对于自己的早期经验，晚年帕斯捷尔纳克和托尔斯泰均表示不满。他们生活的外在现实也彼此相近：老年的帕斯捷尔纳克和托尔斯泰均成为国外崇拜的对象，几乎被视为圣经意义上的人物，而国内对待他们的态度则错综复杂，间或是挖苦加讽刺，难以一概而论。诺贝尔奖准备授予托尔斯泰，他提前拒绝了；帕斯捷尔纳克也被授予该奖项，他同样拒绝接受，虽说是迫于压力。别列捷尔金诺别墅和亚斯纳亚-波良纳各自变成一方圣地，朝圣者当中既有寻觅上帝的知识分子，也有自发的追寻真理的人，所谓“蒙昧的大众”。在宣扬劳动、节制和禁欲生活的过程中，他们的住所时常宾客云集。帕斯捷尔纳克被苏联作协开除，托尔斯泰则被革除教籍，尽管这两个事件在本质上不可相提并论。帕斯捷尔纳克蒙受的苦难只能去猜想，假如他一直活在人世，像托尔斯泰一样，眼看着六十年代警察的惩治施加于他的年轻读者和思想传人，听到赫鲁晓夫向沃兹涅先斯基吼叫，了解到人们为保存和传播他的小说而获刑……在生命行将结束时，作为一名主要的托尔斯泰主义者，以及法庭审讯、土地私有制和兵役的反对者，托尔斯泰甘愿被当局逮捕。帕斯捷尔纳克害怕被捕，但有好几次曾经说过，倘若他被逮捕，这将改变模棱两可的压抑状况，无论他的处境还是当局的形象，最终都会因此变得明朗。

托尔斯泰与帕斯捷尔纳克的地位自然不可同日而语，两者间的差别，大概就像是亚斯纳亚-波良纳的地产与别列捷尔金诺的别墅。虽则如此，在五十年代，帕斯捷尔纳克身处堕落的苏联现实，仍然延续了晚年托尔斯泰的路线，继承了他的道德原则而非艺术原则。诚然，帕斯捷尔纳克也在艺术方面努力追随他，写得更清晰、更朴实、“更赤裸”；在《日瓦戈医生》中，如同在《谢尔盖神父》和《假息票》中一样，也能听到《圣经》的音调。两者之间另有差异——帕斯捷尔纳克书写着小说—童话，托尔斯泰则尽力追求极度的现实性，倘若用他的眼光来看，《日瓦戈医生》或许有许多东西都是臆造品和装饰物，但这属于无可更改的事实，鉴于气质上的固有差异对人的影响。晚年帕斯捷尔纳克甚至比晚年托尔斯泰更温和；不过，《日瓦戈医生》与托尔斯泰晚年散文之间难免某种更深刻的相像，因为托尔斯泰也喜欢预言式的情节，相比之下，《谢尔盖神父》的故事情节的真实性未必多于《日瓦戈医生》。分别针对帕斯捷尔纳克和托尔斯泰的主要责难之一也是相同的：他们作品中的庄稼汉（在帕斯捷尔纳克那里，还有工人和铁路工作者）说起话来，不像是在生活中。托尔斯泰对民间语言的模仿、他的《识字课本》中的故事、五幕剧《黑暗的势力》中阿基姆的口拙连同他没完没了的“这个”，均显得不自然；针对帕斯捷尔纳克，则有一个老生常谈的说法，称他笔下的角色都用达里和奥斯特洛夫斯基的语言说话。事实上，就职责而言，无论托尔斯泰还是帕斯捷尔纳克，都不是速记员，将民间语言浓缩到几近戏仿的程度，才是他们的事业：正如《日瓦戈医生》中“嗡嗡叫的马蝇”或“昔日的格罗梅科一家”，阿基姆的“这个”，同样令人印象深刻。

如同托尔斯泰，晚年帕斯捷尔纳克脱离了自己的“阶级”。帕斯捷尔纳克反感五十年代的作家界、文学和演艺界的浪漫艺术家，他向少数青年朋友和最普通的人士寻求理解，也像托尔斯泰一样，经历了一个怀疑自己是否正确的痛苦时期，毕竟，不可能所有人都错到那般地步，而唯独他是正确的！

就像托尔斯泰的学说——他曾经无数次向人们阐述他的信仰“究竟何在”，《日瓦戈医生》的基督教哲学同样难以用合乎逻辑的方式来表述。关键在于，指责他们两人高傲无比，这是一个太大的诱惑。约拿·克隆施塔茨基①与托尔斯泰的论战值得重读，充斥其间的责难恰恰指向后者的高傲与自我陶醉；帕斯捷尔纳克所有的故交，从费定到利万诺夫，全都谈到过他的极端自负和自我中心主义。鲍里斯·利万诺夫的儿子、莫斯科艺术剧院首

① 约拿·克隆施塔茨基（1829—1908），俄国东正教神职人员，俗名为伊万·伊里奇·谢尔吉耶夫。

席演员和帕斯捷尔纳克的亲密朋友瓦西里·利万诺夫,将四分之一世纪以来的这些责难归纳如下:

“帕斯捷尔纳克所理解的天资并非一种神赐,而是个性的殊异品质,它存在于上帝的旨意之外,使人与上帝齐平,赋予天资卓异者以优先于众人——群体的道德权利。

“按照这种理解,耶稣——人子,就才气而言,好像一位长者,就自我牺牲的命运与荣耀而言,好像一个值得羡慕的人。

“帕斯捷尔纳克的基督教接近于莱蒙托夫:‘我抑或上帝,抑或——没有谁’①。

“帕斯捷尔纳克力图使尤里·日瓦戈的形象成为‘我的基督教’之化身。不难理解,这种信念的基石实为过度的自傲。因而,帕斯捷尔纳克小说的主人公不是别的什么,而是作者一己之私的顺理成章的确证。”

1956年,《新世界》拒绝刊登《日瓦戈医生》,该杂志几名评论家的意见,几乎如出一辙。费定认为小说是“天才之作”(1956年8月31日,他对楚科夫斯基这样说道:“这是一部极端自我中心的天才的作品,目空一切,过于讲求质朴,同时也充满了书卷气。”——无论我们如何看待费定,他确实懂得散文为何物;他的描述相当准确)。

即便在一些善意的回忆中,类似的标签也一直伴随着帕斯捷尔纳克。沉湎于自我,只为自己忙碌,不考虑周围人,不听他们的声音,脱离同时代人乃至整个时代……就连一向热爱他,对他颇怀感激,收到过他上百封书信和数十笔汇款的阿利娅德娜·艾弗伦,也曾以纯粹茨维塔耶娃式的辛辣口吻谈论他:“帕斯捷尔纳克是一个极其善良和富有同情心的人,然而,他的善良不过是自我中心主义的高级形式;他,一个好人,生活、工作得更自在,睡得也更香;他以同情别人的灾祸来化解自己的——已然和未然的灾祸;从自己身上洗去真实的和臆想的罪愆。他本人知道这一点,这也是他亲口说过的。”

伊文斯卡娅一边解释这段引文,称之为“有趣的”,一边表示反对:“可我却认为,假如每个人的自我中心主义都表现得像在帕斯捷尔纳克那里一

---

① 引自莱蒙托夫《不,我不是拜伦,我是另一个……》(1832)。

样,那就让上帝把所有人都变成自我中心主义者吧:那样的话,善意和同情一定会充满整个世界。”

伊文斯卡娅是在替恋人辩护,掺杂其间的高尚情怀与自我牺牲精神,足以让读者又一次羡慕这位幸运儿:就该这么爱他!但我们也不妨试着理解阿利娅,理解她的善良与严苛、她的忠诚与坚忍。难道她不认为他是自己的拯救者?难道她作为茨维塔耶娃的女儿,四分之一世纪以来见证并参与了母亲的生命,居然不明白,对于诗人什么是专注于自我?或许,这番关于帕斯捷尔纳克的尖刻言论,也是出于一种潜在的愿望,为的是捍卫母亲留给世人的记忆(事实上,母亲去世后,阿利娅别的什么都没做):是的,玛丽娅性情乖戾,是的,她有些自私自利,是的,她公然利用过他人。但这种自我中心主义是否有可能反倒更好?因为——更诚实?起码它不会假作良善;毕竟,从本质上看,帕斯捷尔纳克行善,是为了良心不受折磨;帮助他人,是为了不被打扰!他屡屡以金钱换得心安,是因为生命中的主要事业不允许他在别人身上耗时许久。为了避免麻烦,他宁可多花些钱,也不愿花费时间和精力——因为所有闲暇和余力,他都要用于个人目的,用于文学和屈指可数的几个最亲近的人。

然而,难道绝大多数人行善的动机不也如此?倘若将自己分给所有人,就会一无所有;而有选择地分送,则未见得真诚:从这种不平衡中,将产生不公正。同样还是阿利娅,在前引文章中写道,能行善事且暗地里不期望报答者,少之又少。相比终日为自己涂脂抹粉的顽固的利己主义者,这位幸福的、因自己未能尽力而介怀的自私之人,是多么可爱!

在他周围,似乎没有人未曾得到过他的资助。对他来说,帮助别人大概是友好交往的必要条件,这并非因为他意识不到人与人的平等关系,有意做出一副宽怀大度的保护者的姿态。他本能地难以从无法分享的事物中获得愉悦。他不喜欢谈论这一点;即使他的前妻、某种程度上还有阿利娅和伊文斯卡娅一家,全都离不开他的供养——有时候他还是更愿意用金钱换取人心,他自己也对此心知肚明。但钱财在他眼里,终究只是过往的生活及耗去的时间和精力的一种物质表达:把钱分给别人,也就分享了人生。正如他本人对花费在小说创作的时间之见解,他通过翻译来挣钱,不啻于为自己购得了“一昼夜的第二十五个小时”。所有“自己的事”只能零打碎敲,并且是在心力高度紧张的状态下。

严格地说,帕斯捷尔纳克只承认两种善事:创作(他将其理解为奉献的形式)和金钱的接济。其他的一切,不仅占用时间,而且破坏人生的法度——到头来,他却时常做出此类事情,为安慰、救助和劝说某人而违背个人原则……他有一个自认为公道的观点:一切形式的仁善,要么是法利赛人的伪善,要么便是强制。给别人钱,意味着分享了从"模棱两可的话语和事情"当中所赢得的一小部分自由。随后,人们将自行决定,他们应当为自己做什么。不以别的任何手段干涉他人生活,不仅是一种自我保护的方式,也是一种信任他人的行为。我们不禁想起,茨维塔耶娃在对别人狂热的奉献中是多么强势,多么以自我为中心又多么甘愿牺牲自我,尤其能说明问题的是她与不幸的施泰格尔①之间的故事,不管后者是否接受,她径自将迟到的母爱的力量全都倾注于他。相比之下,仅限于汇款的帕斯捷尔纳克("你的汇款②非常好",流放中的阿利娅强作欢颜,说出了这句双关语),确实显得更人道,也更单纯。

2

1952 年,发生了一件不寻常的事情——费定家的别墅烧毁了。他与帕斯捷尔纳克是邻居,鲍里斯·列昂尼德维奇参与了这场灭火行动。

费定的别墅之所以失火,是因为当时在别列捷尔金诺既没有自来水,也没有暖气,只能用炉子取暖和烧饭。那是一个干燥、凉爽的夏日。费定的夫人多拉·谢尔盖耶夫娜正在厨房做午饭,屋顶突然起火了——一大张纸飞出炉膛(作家夫人们习惯于用草稿纸生炉子),落在天花板上,燃了起来。帕斯捷尔纳克的儿媳加琳娜·涅加乌斯详细描述了济娜伊达·尼古拉耶夫娜如何把费定的孙女瓦莲卡从卧室里抢救出来,房主本人如何把物品和藏书抛出书房,帕斯捷尔纳克又是如何一桶一桶从井里打水……消防车过了

① 安纳托里·谢尔盖耶维奇·施泰格尔(1907—1944),俄国诗人,1920 年随家人移居国外,与茨维塔耶娃虽只有一面之缘,但两人之间书信往来频繁,茨维塔耶娃为他写有组诗《写给孤儿的诗》(1936)。

② 在俄语中,"汇款"一词(перевод)还有"翻译、译文"之意,故而在此形成双关语。

很久才赶到,可是车上没装多少水。这时,加琳娜·涅加乌斯平生初次听到了帕斯捷尔纳克的怒吼。他向消防队大发雷霆。随后跳上汽车踏板,与消防队员们一起乘车,在他引导下驶向小河。水终于装满了,经过一番努力,浇灭了大火,别墅却几乎片瓦无存。"我第一次见到鲍里斯·列昂尼德维奇暴怒、急躁、激动的样子。他表现得那样出色,那一天的记忆让人终生难忘。"

费定当时已是苏联作协书记,因此他的别墅重建得很快,还没到冬天,工程就完工了。费定请来作家们庆贺乔迁。帕斯捷尔纳克坐在主宾席。客人地位显赫,《新世界》编委会成员都来了——费定也是编委之一;还有《旗》杂志主编弗谢沃洛德·维什涅夫斯基,五十二岁的年纪,十足的文坛显贵①,一副中风病人的体格,言谈中夹杂着水兵的口头语和脏话。当他们喝得酒酣耳热之际,维什涅夫斯基站起身,提议为真正的苏联诗人帕斯捷尔纳克的未来干一杯。他着重强调了"苏联"一词。帕斯捷尔纳克冷冷地用叉子戳着色拉,又同样冷冷地拖长了声调:"弗谢—耶沃洛德,去你妈×。"

一开始谁都不明白怎么回事。维什涅夫斯基拿着酒杯,像一尊雕像似的愣住了。帕斯捷尔纳克没有停下手头的动作,对那些耳背的人清晰地重复了一句:"你妈×!"

出现了难堪的场面,好歹又被压下去,费定缓和了所有人的情绪。关于帕斯捷尔纳克这场恶作剧的传闻扩散开来,我们所知的这一幕出自亚·格拉德科夫的日记,是当时在场的帕乌斯托夫斯基告诉他的。据安德烈·沃兹涅先斯基见证,鲍里斯·列昂尼德维奇从未骂过脏话,唯一的例外是曾经当他面说过那"三个字母的词",②而且是引用费特的语句。帕斯捷尔纳克固然喜欢越轨,酷爱惊奇,但不至于如此这般……这件轶闻比表面上更能说明帕斯捷尔纳克。

在解冻初年,他并未急于加入揭露者的行列,关于斯大林,他几乎没有写下任何东西。但我们不应忘记,《日瓦戈医生》完成于斯大林的最后岁

---

① 作者可能有误,维什涅夫斯基生于1900年12月21日,死于1951年2月28日。此处前后所记述,真实性有待考证。

② 在俄语中,"三个字母的词"是一个不便说出的委婉词,用于替代口语的脏话 хуй(男性生殖器官),这个词正好是三个字母。

月，为了让这部作品被更多人读到，作者非但未提醒读者不要传播原稿，反而极力鼓励此举。小说创作期间的帕斯捷尔纳克达到了从心所欲的境界：如果说三十年代，他的整个创作与行为犹如自我强制的圣礼，那么在四十年代末五十年代初，他已不再受制于任何东西。那些保留至今的见证，足以表明他近乎佯狂的胆量。

但这还算是好的；把那位文坛萨沃纳罗拉[①]奚落一番，不失为开心乐事。帕斯捷尔纳克写给儿子的信，显然对他的声誉更危险，公开这封信件，需要不小的勇气。有一次，在与阿利娅·艾弗伦的争吵中，帕斯捷尔纳克的长子声称他没有什么可难为情的——父亲高尚的品格允许将一切公诸于众，这是他的决定和他的选择。提起下面引用的书信，叶甫盖尼·鲍里索维奇说它让自己变得清醒，甚至为之欣慰。1954 年，他戍守在与蒙古接壤的恰克图[②]，饱受孤寂之苦，他想念父亲，希望完成学位论文并重返莫斯科，回到母亲和前妻塔季娅娜身边。几经犹豫，他终于给鲍里斯·列昂尼德维奇写了一封措辞哀伤的信："鲍里奇卡[③]，请原谅我把你卷进我自己的事情里，原谅我没让你安心工作。但我处境艰难，我的状况如同你当初去巴黎时不止一次和特别强烈地感受到的状况，就像两滴水。我现在觉得自己孤苦伶仃，无心于服役、家庭和工作。这样下去，让人难以忍受。这是一些幻影，却不自然地变得比现实更强大。如今，它们摧残着我这活生生的、自爱的和爱生活的人，简直要断送我的性命。"

由于孤独，帕斯捷尔纳克时年三十岁的儿子产生了幻觉。他觉得房间里好像到处是人，他与他们交谈，指证着什么……在写给父亲的书信中，叶甫盖尼·鲍里索维奇几次提到他们之间的相像和血缘关系。大概正是这一点激怒了帕斯捷尔纳克；问题不在于他发现儿子像是自己的退化与"稀释"的翻版，而它同时又受制于母亲的素质与任性。相反，在小说前几章的一次公开朗读之后，针对有人批评日瓦戈的形象似乎不现实，他回答说："这部小说写的是我的长子。"帕斯捷尔纳克爱儿子，从后者身上他看到自己的延

---

① 十五世纪意大利多名我会修士，以严厉布道著称。参见本书第二十二章相关注释。此处应指受到帕斯捷尔纳克奚落的弗谢沃洛德·维什涅夫斯基。

② 俄罗斯布里亚特自治共和国南部城市，与蒙古隔河相望。

③ 叶甫盖尼·帕斯捷尔纳克对父亲的爱称。

续，正因如此，他才难以接受其脆弱的性格和请求被关怀；他忍无可忍，也可能是因为儿子提到了他本人当初的脆弱时期。不管怎样，他对儿子苦苦哀告的回复，就像一瓢凉水，当头浇落：

“亲爱的热涅奇卡！（……）就你所写的全部内容，我只向你说一点。兴许受妈妈影响，你把一切都夸大到可怕的程度：你的走投无路的处境、你对妈妈坦率直言所能带给她的影响之重要性、我的意义（不存在的）、我的热忱（更少有的）。你写道：‘爸爸，我和你是同一血缘。’这见鬼的血缘，你的或我的，与我又有何干？在五脏六腑而不只是头脑方面，我与‘浮士德’的诸种血缘更接近，你是以他为前提而感谢我。

“除了主观世界的温暖，毕竟也还有一个客观世界，自尊心迫使你与它和解，应当克制与它的冲突，并准备心平气静地退让或牺牲。譬如说妈妈的绘画，由于人为因素，她脱离了这个世界，因而从未与生活相遇，也不曾经受过真实性的检验。

“我始终对你强调一点：在自己的生活、工作和服役中，要遵守通常的和既定的规范。在这些真实的界限内缓步前行（安静而诚实地由此进发，就能抵达上帝才知道的远方）。单凭冲动、狂热、幻想、造作，你将永远一事无成！既然日常生活和家庭生活中的自然性被赋予你，就不要认为这是不值一提的小事，有时候，这也会引起麻烦。长时期内不要给我写信。我没有工夫，可是不回复你，把你丢下，又不合情理，我也于心不忍。任何事情我都不干涉，关于你的来信，我不会告诉妈妈和塔尼娅①。我有另一些操心事，在这些方面我什么也不懂。1954 年 1 月 31 日。”

帕斯捷尔纳克信中的语气，很像是车尔尼雪夫斯基写给自己那荒唐儿子的绝笔信，怀着嘲讽但也许是同情，纳博科夫在小说《天赋》中引用了此信……关键在于，难道不是帕斯捷尔纳克本人，从巴黎给妻子寄去了一封充满无来由猜疑的不理智的书信？难道不是个人可怕的经验，致使他如此严厉地提醒儿子防止“萌芽中的不理智”？然而，这样的严厉究竟何时对何人——哪怕处于萌芽中的不理智状态——有过帮助？最简单的说法是，当帕斯捷尔纳克刻意摆出一副严厉面孔，以挽救心爱的长子，他的心简直要碎

---

① 叶甫盖尼·帕斯捷尔纳克的前妻。

了，可是他于1952年至1954年间写给儿子的另一些书信，也同样散发着冷漠的气息，从中不难看出，他全身心地投身于创作，不愿为别人的问题分心。但在其中一封信里，他却直言不讳地说，儿子的苦闷会分散他的精力。帕斯捷尔纳克以挑剔的眼光细读了叶甫盖尼寄来的诗作，并回复说，他的语言胜过大多数初学者；信中说到"被战胜的痛苦，并且是被深沉和高尚的情感所战胜，而它的表达又是如此亲切，如此柔和(……)。这才是关键，其余的全都微不足道"——从头至尾，这封信只有这一句温暖的、富于人性的话语。而在随后的1955年，当儿子对阿尔谢尼·塔尔科夫斯基①的诗作《秋天》表示赞赏时，他却又说："我和你更长于此道。但你要想从事文学，除非等我死后。"

1956年，他写了一首关于昔日同路人的短诗：

朋友，亲人，可爱的废物，
你们与时代的口味相吻合！
哦，我将会怎样背叛你们，
蠢人，懦夫，小人物。

或许，这正是上帝的旨意，
让你们找不到生活的出路，
只能服服帖帖地
将各个部委的门槛踏破。②

同样是在1956年，他与涅加乌斯之间发生了短暂的龃龉——涅加乌斯的酗酒、庸俗的玩笑及对待生活的轻浮态度刺伤了他……他们随后便和好了，可帕斯捷尔纳克却越来越无法容忍先前的旧友，1959年，他甚至与鲍里斯·利万诺夫断绝了往来，后者作为他忠实的同伴，在口头和书面上不知得

---

① 阿尔谢尼·亚历山德罗维奇·塔尔科夫斯基(1907—1989)，俄罗斯诗人，翻译家，著名电影导演安德烈·塔尔科夫斯基的父亲。

② 据奥丽嘉·伊文斯卡娅在其回忆录《时间的俘虏：与鲍里斯·帕斯捷尔纳克在一起的岁月》中记述，在与利万诺夫的一次争吵之后(即本节提到的)，帕斯捷尔纳克亲口向伊文斯卡娅诵读了这首诗，诗的第三节她未能记录下来。这件事情发生在1959年，而不是1956年。另有资料标注此诗写于1957年。

到过他多少醉意与温情的赞誉……有一天，利万诺夫突然来到别列捷尔金诺，还带来两个陌生的醉汉，他答应让他们看看“活的帕斯捷尔纳克”。刚一进门，他就露出演员的本色，有说有笑，帕斯捷尔纳克虽然早已习惯这种风格，还是忍不住发起火来。导火索是一位来客怯生生地称他为“著名翻译家”。帕斯捷尔纳克请利万诺夫离开，对方未听从。据伊文斯卡娅回忆，利万诺夫照例称帕斯捷尔纳克首先是伟大的诗人，小说则不是他的事业，听了这话，帕斯捷尔纳克粗暴地打断了他：“你想饰演哈姆雷特，但你凭什么资格饰演他？！”（利万诺夫的儿子认为，帕斯捷尔纳克不可能说出这种话）。第二天，他给利万诺夫写了一封信，此后他们就不再见面了。此信乍看太过自傲，细读却不难品出深藏的创痛和受辱的尊严。以下便是这封写于1959年9月14日的信：

“亲爱的鲍里斯：

“（……）近一年来，虽然我不敢自夸健康，但确实忘记了失眠的滋味，你昨天来我家之后，我却因为对生活和自我的厌倦而茫然若失，双份的安眠药都未能让我入睡。

“问题不在于酒，也不在于你的缺乏礼数，问题出在我身上；我早就挣脱并远离了灰暗、僵冷和可憎的过去，而你在举手投足间无不体现着以往的迹象。我早就请你不要向我发表祝酒的辞令。这并非你所擅长。我受不了你的赞颂。我不喜欢你动不动就说，是敏感和良心、是我父亲、是列维坦，造就了我。那种不言自明的东西，不需要什么宗谱。我也不需要你为了永久的纪念而施予的有影响的支持。没有你的护佑，我应该也能活下去。或许你在个人生活中习惯了夸大其词，但我不是青蛙，不必将我吹捧成犍牛。我知道，我扮演着许多角色，但对我来说，死都要比分享你所呼吸的烟气和欺骗更甜美。

“我经常成为一名见证者，见到你用语言来回复那些与你、伊万诺夫、波戈金、卡皮察①等等绝交的人。连上帝也会帮助你。（你我之间）什么都不曾发生。在我面前，你是完全正确的。

---

① 彼得·列昂尼德维奇·卡皮察（1894—1984），苏联物理学家，苏联科学院院士（1939），1978年与两位西方人共同荣获诺贝尔物理学奖。

"反过来说,我对你不公,我不信任你。而你离开我生活,彼此不见面,也不会失去什么。我不是忠实的同伴。对你、涅加乌斯和阿斯穆斯,我宁可说些温存的话语,先前我也曾经这么说过。当然,我更愿意把你们全都绞死。

你的鲍里斯。"

这封信无需注解。充溢其间的不仅有愤懑,它指向长期深入骨髓的不可救药的庸俗做戏,也有多年虚伪、"与屈辱相伴"的虚情假意所引发的极度疲惫——源于个人生活之虚假的托尔斯泰式的疲惫;实际上,这里距离出走也只剩半步,只不过,托尔斯泰逃离了所有人,帕斯捷尔纳克则将所有人驱散。这一切由来已久:"可怜的鲍里斯·利万诺夫跟我闹了一场别扭,目的是捍卫某个不知何许人,我怎样都无法阻止他。一切令人厌倦,我也厌倦了自己。第二天,由于昨天那场不愉快,我感冒病倒了。同样因反感而引起的某种类型的并发症,让我面部出现了眼袋,眼圈周围布满红肿,犹如眼镜蛇。嫌恶之感透过浑身的燥热,纠缠我,我对自己也感到恶心,只有坐下来工作,不干别的事情,这一切才自行消退,就像用手摘除一样"(摘自1950年4月6日写给尼娜·塔毕泽的信)。

当时,在1950年4月,鲍里斯·利万诺夫还只是"可怜的"。

与利万诺夫分手两星期后,帕斯捷尔纳克试图和解,1959年10月3日,他请利万诺夫夫妇"越过那封信",一同来庆贺济娜伊达·尼古拉耶夫娜的命名日,但利万诺夫却伤透了心。1960年初,帕斯捷尔纳克甚至跟尼娜·塔毕泽发生了争吵——她觉得,他似乎为她关于奥丽嘉·伊文斯卡娅的评论而怨恨,事实也的确如此。出现了尴尬的局面。在拉多·古吉亚什维利[1]的女儿丘胡尔特玛调解下,他们重归于好,刚得知帕斯捷尔纳克生病的消息,尼娜·塔毕泽就立即从第比利斯赶来看他。他的病情本身却不明朗,或许也可说,因为最后一次绝交而变得明朗:他拒绝让奥丽嘉·伊文斯卡娅前来。在他身边,只剩下几位家庭成员和纪齐安·塔毕泽的遗孀。

---

① 拉多(弗拉基米尔)·达维多维奇·古吉亚什维利(1896—1980),格鲁吉亚风景画家。

3

我们在此探寻托尔斯泰与帕斯捷尔纳克晚年世界观的源头，其主要成分是禁欲的人生、拒绝一切多余之物的理念、对极简生活的怀恋——并非在取消生活基本程式（譬如艺术、仁慈、教育，尽管艺术也曾刺伤过托尔斯泰）意义上，而是在避免谎言、偏执与混乱意义上。这对于一生中害怕以严厉话语或草率意见伤害他人的帕斯捷尔纳克尤为紧要；这漫长而过剩的委婉是必要的，是为了在生命的尽头更加决然与无情地说出最主要的，其间已无任何妥协。

托尔斯泰的哲学之所以在同时代人中间如此流行，因为这是文明危机的哲学，是源于一个世纪的难捱倦怠之后果。托尔斯泰喜欢“*fin de siècle*”①这一概念，而他最终定型于十九世纪八十年代的思想，也曾经成为倦于个人复杂性的时代末期的标志。需要一种极度的简化，在此意义上，与其说托尔斯泰是俄国革命的一面镜子（列宁语），不如说俄国革命是托尔斯泰一面扭曲的镜子。托尔斯泰不接受亚历山大二世虚假的自由主义，帕斯捷尔纳克则不愿把赫鲁晓夫的自由主义当真；此前，二者分别对尼古拉一世的棍棒体制和类型学上与之近似的斯大林主义感到厌恨。就危机（心理的和创作的）耐受力而言，托尔斯泰和帕斯捷尔纳克尤其相近：就症状学而言，托尔斯泰“阿尔扎玛斯的恐惧”②和帕斯捷尔纳克在巴黎时的癫狂颇为相像，并且因为远离家园而加深。

让帕斯捷尔纳克和托尔斯泰厌恶的是政治、蛊惑、做戏、虚假、官方宗教（在帕斯捷尔纳克的时代，退化的共产主义意识形态发挥着官方宗教的作用）。所有这些丑恶现象的对立面是自由的、非官方的、教会之外的宗教（帕斯捷尔纳克虽不敌视官方教会，但也不是任何教堂的本堂

---

① 法语：时代终结。

② 出自托尔斯泰小说《狂人日记》（草婴先生译作《疯人日记》）。这篇小说受果戈理同名小说启发，创作于 1884 年，采用第一人称叙事，讲述了“我”于 1869 年某月在奔萨省廉价购得庄园，途中在阿尔扎玛斯过夜，因精神突变，经历了死亡的恐惧和思想危机，幡然醒悟后反被“人们的共同世界”视为疯子（参见张直心：《〈狂人日记〉：鲁迅与托尔斯泰同名小说互阐》，载《文学评论》2011 年第 5 期）。

教民）。

距离最后的真理越近越好。帕斯捷尔纳克卸除了个别人身上的历史责任，从而抵达了托尔斯泰历史哲学的逻辑终点。

在弃绝种种诱惑之前，帕斯捷尔纳克也曾像托尔斯泰一样为诱惑所吸引。帕斯捷尔纳克对苏联庸俗之风的憎恶，产生于接受它、喜爱它的真诚意愿；他在《日瓦戈医生》中对民众盲信与兽性表达了清醒的忧虑，这意味着他开始重新审视先前的“爱慕”。

但我们不应给帕斯捷尔纳克的反叛添加额外的物质因素。问题终归不在于周旋与虚耗。当生命行将终结时，托尔斯泰或帕斯捷尔纳克气质的艺术家否定个人经验，并非由于外因，而是由于生活得太紧绷。他可能会厌倦任何生活，无论好的还是坏的，贫寒的还是丰裕的：任何情况下他都有可能将以往一笔勾销，开启新的绝对单纯的生活。但这挑战般的清高自傲还有另一面：不仅是倦于个人生活，还有对俄罗斯生活及其绝境的倦怠。

1955 年，在与儿子的一次交谈中，帕斯捷尔纳克提醒他：“如果将来你写我，一定要记住，我不是什么极端主义者，其余的随你怎么写。”儿子为父亲的嘱托而吃惊。这与谈话的主题毫不相干。帕斯捷尔纳克有理由担心，在未来读者心目中，他将成为一个极端主义者：五十年代，他的天纵之才比性格更突出，因而他当然也算是极端主义者。

然而，对他人的爱能怎样？辛勤传布的善又能怎样？难道唯有当权者才有责任表现出宽容？托尔斯泰为我们留下了多少愤恨、憎恶和偏激的事例；又有多少回忆，提到帕斯捷尔纳克对周围人懒于理解，也无意理解！但不管怎样，他都应该明白：就连赫鲁晓夫——国家的主宰者，也并非其本人全方位的主人；他身边有一个必须与之展开斗争的敌意的圈子；上层有很多相互污损的人士，总想诋毁诗人……他为何对斯大林有许多谅解——容忍其对现实状况的无所察知，却不愿宽谅其从劳改营和流放中解放了千百万人的继任者？

帕斯捷尔纳克在 1937 年的言行远非谨慎，到了 1945 年，针对文学和其他领域的权势，他又发表了更激烈的言论。关键就在于，托尔斯泰和帕斯捷尔纳克呈现于世人面前的人生教训具有原则性——不能要求一个真理向其开敞的人始终宽容。三十年代的帕斯捷尔纳克走过了一条宏阔的道路，但尚未向自我彻底敞开，当时他还能坚强地忍耐许多东西。五十年代的帕斯捷尔纳克则摆脱束缚，臻于巅峰，二十年前视为理所应当的，他已经彻底无法容忍。

所有“与历史同在的诗人”、艺术家和有能力发展的思想者，在完成世界观的定型，推演出绝对严谨的“普遍万有理论”之际，全都听不得任何别的理论，也容不得对他们的创见表现出质疑或冷漠。这便是他们身上背负的十字架。康德不惮于将其道德学说比作灿烂星空；帕斯捷尔纳克确信，他的长篇小说的存在比他个人肉体的生存更宝贵。但凡用高于众人的声音传扬爱的人，注定只能向志趣相投者或自然风光表达爱。托尔斯泰称那些原本得到指引、能够逃离起火的屋子却使劲封闭出口的人是疯子；帕斯捷尔纳克也有类似的感受。谁从自身发现了完整的世界，谁就会把外在世界仅仅视为障碍。

4

1952 年秋天，帕斯捷尔纳克终于决定为自己镶一副新牙——济娜伊达·尼古拉耶夫娜认识一位出色的牙医，她说服丈夫去找他。假牙镶得不成功，他无法咀嚼，动不动就要缝线和修补，非常难受。10 月 20 日，一次例行的诊治之后，他回到家，突然失去了知觉。妻子给他敷上热水袋，叫了救护车。只过了七分钟，救护车就以惊人的速度赶来，医生当场怀疑是心肌梗塞。注射了樟脑和吗啡。帕斯捷尔纳克很快苏醒了，称自己胸部剧痛。医生警告说，如果不尽快去医院，病情可能成为一场灾难。让妻子惊讶的是，帕斯捷尔纳克立刻同意了。他被抬上车。去鲍特金医院的路上，他开始吐血。心脏科病房没有空位，只能把他安置在走廊，按照苏联医院的习惯，妻子被禁止在身边陪护，不得不返回莫斯科的家里。

后来发生的事情，帕斯捷尔纳克本人用几乎同样的表达方式描述过数次，当时的情状，简直难以理喻。非但没有死的恐惧、肉体的疼痛、待在医院走廊里的绝望，他反而感受到一种欢欣和幸福的迸发。这要么是鸦片全碱的作用，要么是某些重病患者偶尔诉说的异常欣快之表现——大脑仿佛要补偿痛苦，忽然往血液中掺入空前多的胺多酚①和极乐荷尔蒙。不管怎样，在10月21日那天夜晚，在医院走廊，帕斯捷尔纳克经历了又一次创作的升华，以及他在致尼娜·塔毕泽的信中所描述的无可比拟的幸福时刻：

“刚一开始，我就被送进来，起先在夜晚的五个小时里，我在诊疗室静躺，后来到了深夜，我躺在市立医院常有的阔大而拥挤的走廊，在昏迷和恶心及呕吐的间隙，一种平静和喜乐将我裹挟！

“我想，假如我死去，将不会有什么不妥当和不可弥补的后果。济娜和廖涅奇卡的钱够用半年到一年，而且他们将得到照料，也会找点事做。他们会有一些朋友，没有人欺负他们。结局猝然降临到我身上，并非在创作的高潮，在我埋首于某个未竟之作时。那不多的、由时代提出的、在重重阻碍中仍可做完的，都已经完成了（翻译莎士比亚、《浮士德》和巴拉塔什维利）。

“身边的一切都以熟悉的节奏运转着，物体如此鼓凸地簇集，如此尖利地摊开阴影！长度快有一俄里的走廊连同入睡的人体，在漆黑和寂静中隐没，尽头是一扇窗，朝向墨水般浑浊的雨夜的花园，泛动着城市之光，树冠以外的莫斯科之光。这条走廊、窗边值班护士桌上的灯罩的绿色热气、阒寂、女护理员的身影、窗外和背后的死的临近——所有这些凝聚在一起，如此深不可测，就像一首超人的诗！

“那似乎是生命最后一瞬的时刻，让人比此前任何时候都想跟神说话，赞美眼前所见的一切，将它们捕捉并深深刻印。‘上帝’，我悄声低语，‘感谢你投下如此浓厚的色彩，造就了这般生与死，感谢你的语言——绚丽壮观，宛若天籁，感谢你使我成为艺术家，创作即是你的学派，感谢你始终为这个夜晚塑造着我。’我因这幸福而欢欣而悲泣。”

这里格外鲜明地呈示着帕斯捷尔纳克的主题——视灾祸为意外的幸福；作为生活底衬的悲剧，再度浮现于外，暴露并消除所有外在之物，剩下的唯有触及事物隐秘本质的喜悦与陶醉。关于这个夜晚，他后来写下他最具现代色彩、最有音乐魔力的诗作之一，作者的朗诵保留下来，从录音中，甚至也能感觉到他当初所感受的崇敬和祈祷般的喜乐，他以为自己就要死去。

---

① 大脑中枢神经系统受到某种刺激时，分泌出的一种化学物质。具有镇定作用，可以减轻疼痛感，甚至使人心情愉快。

人们像挤在橱窗前，
几乎将人行道拦腰截断。
担架推进车厢。
卫生员跳进驾驶室。

救护车绕开便道、
楼门、看热闹的闲人
和街头夜晚的慌乱，
闪着火光隐入黑暗。

民警局、街道、人脸
从路灯的光影下一掠而过。
氯化铵的玻璃器皿
跟随女医师一起摇晃。

下着雨，诊疗室静悄悄，
除了排水管沮丧的响动，
只有笔尖在病历表上
逐行的勾画。

整座楼房都满了。
只好将他安置在门口。
碘散发出刺鼻的气味，
从室外飘进窗里。

窗户用正方形拥抱
花园一角和一小片天空。
新来的人端详着
病房、天花板和白大褂。

助理护士正在询问，
忽然摇了摇头，
他意识到自己身处绝境，
未必能活着出来。

于是他把感恩的凝望
投向窗口，一道墙壁
在窗外发光，它那光亮
仿佛是来自城里的火灾。

在那里，霞光映红了道口，
在城市的反光中，
枫树垂下多节瘤的枝干，
向病人致以告别的鞠躬。

“上帝啊，你的这些事业
何其完美”，病人暗自想起——
这些床褥、人群和墙壁，
这死亡之夜和夜的城市。

我服下一剂安眠药，
哭泣着，揉着手帕，
哦，天父，激动的泪水
让我看不清你的圣容。

一缕微光落在床前，
为我带来甜美的感知：
我和我的命运，
皆为你无价的恩赐！

当病床上的结局来临之际，
我感觉着你手上的温热。
你攥住我，像攥住一件制品，
你收存时，像把戒指放回匣子。

这首诗标注的时间为1956年，但它的构思正是萌生于那天晚上，在医院走廊里，帕斯捷尔纳克浮想联翩，想到与家庭、生活和创作的别离，他潸然泪下，以感恩之情向上帝祷告。

《在医院》是帕斯捷尔纳克又一首死的赞歌，这让我们想起在《此世》中，借杜多罗夫之口，他发表了个人独白，欢迎自己的死。还会想起《八月》一诗连同死后变容的奇迹，以及那个不为生离死别所触动的声音。这种对待死亡的欢庆与庄严的态度，并非出于生活的厌倦（他的主人公始终对生活怀有感恩），而是终于彻底从一切次等品中解脱的幸福。除了感激的泪水，别无其他——没有恐惧，也没有拯救的哀告，唯有绵延不尽的温情与感动，因为上帝的世界"绚丽壮观，宛若天籁"，在那不幸的时刻，甚至苏联医院的走廊，甚至湿淋淋的枫树和它嶙峋的树枝，也都有了壮观的形象和婉转的音色。树木蓦然呈现的慈爱、多节瘤枝干喻示的同情，正是整首诗情感的顶点，在此之后面向上帝，并不显得煽情、虚假和谄媚。唯一被拔高的是那忠实而隐秘的声音：上帝，请原谅，"激动的泪水让我看不清你的圣容。"

带着极度喜悦的压迫感，他朗读了这首诗。造物主之仁慈的反作用力，并非人人皆可承受，而此诗却真的将帕斯捷尔纳克从种种悲观中解救出来。在最严重的危机时刻，他居然还能说"哦，上帝，你的事业何其完美"，即使身处绝望和死的险境，他还在审视着神意的和谐，可见他是一个更看重命运变幻而非个人平安的人；而前者想必已然接近于神圣。

帕斯捷尔纳克在医院所体验的欣快之感，或多或少属于身体的自然反应，只不过，这不完全由药物而引发，这也是肉体上乃至潜意识中的感觉，觉得这次不会有事。早在1941年秋天，他就曾问过妻子和自己："为什么我心里没有恐惧？"他的直觉如此发达，甚至到了近乎神秘地预感得救的程度，并且应验无误。1952年，他遇到了同样的幸福——奇迹般解脱的喜悦。

济娜伊达·尼古拉耶夫娜早上来到医院，看到他几乎与健康人无异，快乐地大声欢迎她。他完全清楚自己的病情，没有丝毫抱怨。他坚决反对将他从走廊挪走，反对享受任何优待。先后有两具遗体被人抬着从旁边经过。妻子知道他生性敏感，担心他见到这类场面，感觉不好受。她跑到苏联作协，要求将丈夫转到克里姆林宫医院，但医生却说，转移过程中的颠簸很危险。帕斯捷尔纳克在鲍特金医院待了一个半月，直到终于康复，才转入克里姆林宫医院第七分院。

他的儿子前来看他，记住了一个神秘的巧合，这样的巧合在帕斯捷尔纳克一生中向来有许多：他躺在一间有两个床位的病房里，旁边的床上，是党的一名大领导。这位病友不堪忍受寂寞和恐惧，一直开着收音机，帕斯捷尔纳克为此深受折磨，却还是忍住了，他知道此人必死无疑。病友的脊背疼得厉害，医生安慰他，说这是脊柱神经根炎，但帕斯捷尔纳克了解到（大概还是从那几位医生的交谈中），他的病友得的是肺癌，剩下的日子屈指可数。1960 年 4 月，当他身上出现了同样的疼痛，他立刻为自己做出诊断，因而在任何谈话中，他都不相信那些偏离本质的判断。亲友看望时，他无法多说话，就让儿子详细地叙说自己的情况，但正像儿子所觉察的那样，父亲不在意他的“伤心与不安”，而是沉湎于某种新的内在经验的感受。

他坚持要求妻子切勿向苏联作协求助，这个想法本身就让他厌恶；妻子还是不顾他的反对，从文学基金会弄到了两张去波尔谢沃的疗养券，没有花费一个戈比。波尔谢沃理应唤起他愉快的回忆，1935 年的巴黎之旅结束后，他曾在那里疗养过一段时间。1953 年 1 月 6 日，他出了院，2 月 3 日，他们夫妇俩动身去了疗养院。3 月 5 日，帕斯捷尔纳克在波尔谢沃解冻的树林里散步时，忽然看到一群人举着镶黑边的红旗打那里经过，立刻便意识到，事情终于发生了。①

超乎人们臆想的是，他对解冻的到来非但未有任何排斥，反而报以巨大的创作热情。1953 年夏秋之间，他写下了日瓦戈组诗中的十一首。在给朗诵家、别列捷尔金诺别墅的常客德米特里·茹拉夫廖夫的信中，他写道：“不夸

---

① 指斯大林去世。

张地说，这种从自我本身、从所谓‘你感觉如何，心境就如何’的定势中解脱的自由，这种对手头的事情、对那些外在于你的变化的专注，我只是在‘生活，我的姐妹’时期体验过。这一次，同样不可遏止的收获的喜悦再度重现，更多地影响着小说的创作。多么可惜，已经写完了三个本子。它们或许会使读者望而却步并感到扫兴，还会打消我着手写第四本的意愿，而这第四本才是主要的，这取决于它如何被书写……”他给尼娜·塔毕泽的信中有一句话时常被引用：“尼娜，不知这工作的陶醉、这幸福，是因为什么缘故降临在我身上。”这封信是在1953年那个奇迹的夏天之后寄出的：“有时我觉得自己好像不在自我控制中，而是在上帝造物的双手中，这双手将我造就成一个连我都不明白的东西，我像您一样为之恐惧。不，这不真实，也不可怕。”

夏天又一次成为他的合作者——浑然忘我的不寻常的自由之夏。但如果说1917年的夏天越来越慌张，爱情越来越痛苦，诗歌越来越绝望，那么1953年夏天则给人以豁然开朗之感和空前的希望。另一种最高的现实，再度介入日常的、近乎无可忍受的现实，正是在这种意外缓释的作用下，帕斯捷尔纳克当时的书写，首先是他的长篇小说，出现了一些极为出色的篇章；有理由相信，日瓦戈组诗的形象性或多或少近似于《生活，我的姐妹》：

请把整个身体
抻得笔直，
在群星聚集的
宿营地。

它们秩序井然。
时间进程久远。
你那不可侵扰的梦
也将是甜美的。

这首题为《在敞开的天空下》的诗，是为日瓦戈组诗而作，尽管后来没有纳入其中。此诗让人想起他很久以前的“那些寂静中的出口多么美妙！”①：

① 引自帕斯捷尔纳克《草原》(1917)。

又是空间的寥廓，又是天空的迫近，又是无所不能以及与上帝齐平的自我感觉。他在一封向奥丽嘉·弗莱登伯格祝贺新年的信中写道："当然，我认为没有发生什么本质性的变化，除了我们生活中最主要的一点。姓名和个性不再有日常化和普遍化的消失，幸存者的命运有所改善，某些人正在回归。"

在此期间，一些从劳改营归来的人开始拜访帕斯捷尔纳克。最先到来的是瓦尔拉姆·沙拉莫夫，对他附带着诗作的书信，帕斯捷尔纳克予以详尽而不乏敬意的评点（在短篇故事《信》中，沙拉莫夫叙说了他是如何等了一个星期，终于等来了帕斯捷尔纳克的这封回信）。很少有人能够获得帕斯捷尔纳克赞赏与审慎的评论，沙拉莫夫正是其中之一：这不仅是出于对他甚至在俄罗斯二十世纪血腥历史映衬下也堪称可怕的悲惨命运的尊敬。这也是向他的勇气与坚忍的致敬：他从不抱怨，一直在写诗。帕斯捷尔纳克视他为真正的诗人，同他倾心交谈。沙拉莫夫起初还没有权利在莫斯科居住，当他来到别列捷尔金诺时，帕斯捷尔纳克接待了他，就像接待一个同等地位的人。一些人找到帕斯捷尔纳克，只为了确证他的真实存在，向他说声"谢谢"，因为他的诗曾是苦难意识所攀附的救命稻草。有一次，未经书信联系和提前通知，来了一位刚获自由的教师，他只想见见帕斯捷尔纳克，别无他求。帕斯捷尔纳克把自己的大衣给了他。

整个 1954 年，他都沉浸于创作。在年轻评论家弗拉基米尔·奥格涅夫帮助下，他的一部分作品以《长篇小说里的诗》为标题，于当年 4 月公开发表。三个月前，奥格涅夫约请帕斯捷尔纳克为《文学报》提供新的诗作：自 1946 年以来，这还是第一次有人建议他发表原创诗，在他看来，这无疑是变化的征兆。奥格涅夫收到了帕斯捷尔纳克一个大的选辑，但由于当时的《文学报》仍处于西蒙诺夫领导下，发表这些诗……终究未获准许！在前引致弗莱登伯格的新年贺信中，帕斯捷尔纳克称"还没有空气"，他这么说没错。年轻评论家自感愧对帕斯捷尔纳克，不知道该如何通知他稿件被拒，就向薇拉·英蓓尔[1]讲述了此事。后者立刻表示愿意提供帮助："《旗》杂志主编如今是柯热夫尼科夫，我跟他交情不错，我也是编委会成员，交给我吧，

---

① 薇拉·米哈伊洛夫娜·英蓓尔（1890—1972），俄苏女诗人，散文家。

再由我来转交。”她甩了甩灰白的鬈发，乘车来到《旗》杂志。帕斯捷尔纳克的诗很快就发表了。

就这样，帕斯捷尔纳克连同他原创的、非翻译的文本，出现在苏联报刊上！他乐于见到《三月》《白夜》《春天泥泞的道路》《表白》《城里的夏天》《风》《酒花》《婚礼》《离别》和《相逢》（缺最后一节）公开发表，这等于提前为《日瓦戈医生》做了广告，也似乎表明了小说的合法化。虽然西蒙诺夫在一篇评论中指出，帕斯捷尔纳克这些新作的社会意义比从前更少了，作者却没有因此而沮丧。作品中最好的篇章渐渐走向读者；他突然开始相信，终有一天，《日瓦戈医生》也会问世。他的诗震撼了读书界，在苏联抒情诗的背景下，这是某种前所未有的创造——简单明澈，并且看似合乎苏联规范，实则如此不同，仿佛这一切是在另一个平行的宇宙中写就，用的是现代俄语，说的却是另外一些几乎禁绝的东西！帕斯捷尔纳克晚年抒情诗之神奇就在于此。阿赫玛托娃读了《婚礼》之后，对利季娅·楚科夫斯卡娅赞叹道：“多么完美！”仔细想来，这真是一位抒情诗人对另一位至高的称颂；帕斯捷尔纳克掌握并超越了苏联经验，使语言更为简洁，更具现代感，而他用这种语言谈论的却是“幸福与坟墓”、福音书、生命与死亡。

1954 年夏天，小说初稿即已完成，但直到次年 8 月，第二稿才修改完毕。此后，作者又花费三个多月时间，对整个小说文本做了最后的校正，12 月 10 日是他认定的完稿日期。“您无法想象此中的收获！数十年间折磨人、引发困惑和争议、导致昏聩和不幸的那个谜团，终于被发现并赋予名称。一切都弄清了，一切都被命名，一切都是简单、透明、伤感的。最可贵和最主要的、土地和天空、博大而炽热的情感、创造的精神、生和死，再度被阐明，重新获得定义……”这段话出自他写给尼娜·塔毕泽的书信。

5

另一件事情，神秘地巧合于小说的完成。1955 年 7 月 6 日，因慢性肝炎和肝硬化，奥丽嘉·弗莱登伯格去世了。

她时年六十五岁，如果说他——她的同龄人——在这个岁数看上去仍然身体健壮，精力充沛，比实际年龄显得年轻，那么她的生命却早已活到了尽头。她孤身一人。她的著作始终未能出版，唯有惊人的学术洞见成为少数几位既不成功也不愿钻营的忠实弟子们共同的遗产。他们当中无人取得辉煌的业绩，她最好的作品也只是停留于手稿和版样而已。她没有任何继续工作的动力，对未来的信心也荡然无存。

1954 年，科津采夫以帕斯捷尔纳克的翻译为蓝本，将《哈姆雷特》搬上列宁格勒的舞台；为了这场戏剧，帕斯捷尔纳克专门赶译了莎士比亚的第七十四首十四行诗①，但科津采夫使用的却是马尔夏克的译作。帕斯捷尔纳克没有出席首场演出，而且也不是特别想去，因为他对《日瓦戈医生》太过专注，甚至不愿有片刻的分神。奥丽嘉·弗莱登伯格看了演出，随后给他写了一封热情洋溢的信。总的来说，她的最后一些书信透散着如此的柔情和敬意，如此清醒地意识到自己的无助和失败——相较于他的成功，因而，她昔日的清高很容易被人谅解。

“我早就想向你敞开心扉。我的损失无可弥补。我失去了自己。哦，是的，我是一个被彻底杀死的人。由于氧气的匮乏，我变得虚弱，变得枯萎。Mr. Bonnivard② 并非我理想中的人物，尽管他的居留之地令旅行者们赞叹。换了我是拜伦，我绝不会使用‘chainless mind’③这个说法。他不知道，人们就着什么将现实主义吞食。

“关于我家里的所有情况，也就仅限于此。”

伯尼瓦尔——拜伦《锡雍的囚徒》的主人公。锡雍城堡早已成为博物馆，参观者只要愿意，就能看到“岁月幽暗的苔藓，覆盖着地牢里的七根石柱”。④ 但拜伦的囚徒却在诉说着自己的意识、失去的锁链，以及奴役所无力掌控的头脑。作为一名严格的现实主义者，弗莱登伯格反对浪漫主义的说辞。对她而言，真正的现实主义意味着，她在苏联非自由的桎梏中失去了

① 参见《哈姆雷特》第五幕第 2 场。

② 英语：“伯尼瓦尔先生。”伯尼瓦尔，十六世纪日内瓦一位反抗专制的异端人士，被囚禁于锡雍城堡六年之久。拜伦根据他的英雄事迹，写了抒情诗《咏锡雍》和叙事长诗《锡雍的囚徒》（1816）。

③ 英语：“没有锁链的思想”或“不受束缚的思想”。

④ 引自拜伦《锡雍的囚徒》（1816）。

遨游和思考;铁板不仅遮蔽了她的生活,也遮蔽了她的思想意识。许多人对自己的看法同样如此。

弗莱登伯格像一个古希腊人那样活着和死去。她的命运,是一场古希腊悲剧而非基督教神秘剧,起码,是她接受并造就了这场悲剧。1955年初,她病倒了。前来看望并照料她的只有帕斯捷尔纳克一位表亲玛丽娅·马尔科娃(马尔古利乌斯),歌唱家和演员,比他们两人小三岁。她写信告诉帕斯捷尔纳克,奥丽嘉住院了,信中的责怪明显可见:“想必你已经知道她生病了,因为你们那儿有个年轻人来看她,可她无法接待他,只能在电话里对他说自己病重,等等。但你们谁都没有关注此事。就好像她对此感到惬意,即便孤独无依!(……)祝你健康,但愿上帝让你,就像让我一样,永远体会不到孤独。”信中说的年轻人是维亚切斯拉夫·弗谢沃洛多维奇·伊万诺夫。

“我总是立刻就回复奥丽娅的书信,”帕斯捷尔纳克在回信中辩解道,“假如她不是那么聪明,那么有天赋,假如我不是爱着她和你,那就无所谓了,你们两人,像两种声音贯穿于我一生,我为这样的人生感激不尽。(……)近来,我跟谁都没有通信,甚至对身边的人,包括长子和舒拉,也避而不见(所以我不知道那位年轻人去了列宁格勒,也不了解奥丽娅的病情),这并非因为我犯糊涂了,以至于摆起谱来,把自己当成了人物,也不是因为什么臆想的、完全脱离了自然的名望,而是因为,在1955这一年,特别是眼下这个夏天,我有一个大部头的作品急于收尾,我不想留下未完成的内容。这就是我那长篇小说的第二稿,初稿的某些部分,你已经读过。(……)不满意这部作品的,不止你一个。不喜欢它并且表示反对的人不在少数。满意者屈指可数。如果考虑到,这部作品只是为了心灵,它永远不会或者只有在遥远的未来才能得见天日,也就是说,它不可能用现实需要和出版期限来衡量,不会是外快的源泉,恰恰相反,它的书写断断续续,舍弃了订货式写作的好处,是一项得不偿失的劳作,那你就会明白,若要实现这个理想,只能采取强制手段,暂时与周围所有无关于自我期许的人们断绝联系。”

接着,他按照自己一贯的观念,试图让马尔科娃相信,生活对待我们,永远比我们想象的更仁慈,我们的诸多恐惧均无来由,只不过,结局美满的童话似乎也在枯竭。或许，他自己也意识到情况的严重性，他的安慰之词因而反倒像是平生绝无仅有的公文：“我明白奥丽娅这种病会造成怎样的威胁。但凭借个人经验，我越发深信，看似日积月累和不可避免的灾难，未经爆发就会消退，危险也将消失，对于善好的结局，我不会失去信心。”行文至此，他坦言：“我身体健康，内心充满力量，甚至不敢说自己是何等幸福。你的鲍里亚。”

因为这封信，或许很多人都不会原谅他，尤其是不喜欢《日瓦戈医生》的人。难道为了一部著作——不管它是神圣的悲剧抑或亵渎的闹剧，就可以蔑视朋友、儿子，现在则轮到心爱的表妹，半个世纪以来最主要的对话者，热爱他的才华、崇拜他的活力、在他怀疑自我之际一再盛赞其伟大的女性！1935 年，难道不是奥丽嘉·弗莱登伯格在他的巴黎之旅后帮助他恢复了平静？难道不是她一直充当着他最好的读者，整个家族中，难道不是她和母亲两人最先理解并接受了他的第二次婚姻？如今，这个女人孤独无助，饱受病痛的折磨，躺在医院里奄奄一息，可他却告诉他们共同的亲戚，说自己幸福得有些不得体，并且以长篇小说的创作为托词，拒绝探望那个行将死去的人！只有十分喜爱帕斯捷尔纳克，才会理解并原谅他。表妹没有叫他来，而且已经不可能给任何人写信。她几乎丧失了语言能力。“专家们未曾向我们预言好的出路。她处在衰竭状态，情况很严重。吃不进也喝不下，也不是随时都想开口说话。虚弱得厉害。（……）她忘掉了自己一生的著作，做好了最坏的准备。”马尔科娃为这些著作的命运担忧，弗莱登伯格却再也无法考虑什么了。在她直到 1978 年才终于出版的主要作品《形象与概念》的手稿上，她写下这样一段话：“我失去了学术著作的权利。因而我的书写是为了记忆。我与学术思想已经绝缘，与学生和朋友们断绝了联系，课堂被占用。在这种情况下，我决定整理自己三十七年来的研究经验，以便就此沉寂。路人，请以科学之名为这部作品祈祷！奥丽嘉·弗莱登伯格。1954 年 3 月 20 日。”

这段题词完全是古希腊风格，就像墓碑上的铭文。尤其是“路人”这一称呼。是的，即便她与茨维塔耶娃之间，也可能会有相互理解，甚至可能超过帕斯捷尔纳克对她们两人的理解。“我也是一个路人！”——在茨维塔耶娃那里，这同样是一种古希腊式和前基督时代的情结，并且更明朗，也更可怕。一如希腊本身。

然而，通过帕斯捷尔纳克写给马尔科娃的信，我们还是能够理解他的内心。“我的这些信想必让你难过，你可能觉得，我丝毫不关心奥丽娅和她的命运，甚至在她活着的时候就如此平静地将她埋葬，哦，你错得可真不轻！但我对个人及一切所爱的终结却考虑得那样多，并且早早做好了准备，接受这结局，除此之外，我们又能做些什么？当所有值得珍惜的机会与这注定失去的整个宝贵的生命交集在一起，我们唯一能做的便是，将我们全部的爱倾注于生动的创建与塑造，倾注于有益的劳动和创造性的工作。”

帕斯捷尔纳克不愿参加葬礼。他藏身于“创造性的工作”。但我们会想起他以平和的斯多葛精神迎接个人之死，没有任何惊恐，还会想起他临终时留下的清醒与庄重的嘱托……在他身上，是否真的有过茨维塔耶娃信中所云歌德式“非人的气质”？“与母亲擦肩而过，错失十二年的等候”①——他拒绝与表妹最后相见，难道不是跟当初的情形如出一辙？从莫斯科到列宁格勒，仅仅一夜车程……

我们试着提出三种并非相互冲突而是互补的解释。首先，按照帕斯捷尔纳克的基督教世界观，重要的不是安慰什么人，不是说些真诚或虚伪的话语，这类安慰有损双方的自尊，因为它们以假话为前提，尽管目的是救助。在语言中延续一切消逝之物的存在，才是诗人和艺术家的使命。帕斯捷尔纳克也以这种方式理解对表妹的责任。他与奥丽嘉在作品中道别。当他埋首创作时，已经感觉不到自己完全是一个人，而是上帝手中的一件工具，是一支攥紧的铅笔，“你攥住我，像攥住一件制品”——同时又像工具，不得自由。这并非虚言，而是他真实的想法。假如他不这么想，或许就难以幸存。

第二种解释与第一种密切相联：帕斯捷尔纳克不认为死是值得关注的事情，无论这听起来多么荒谬。他从自己的世界里排除了死，并非出于惧怕，而是因为死被他视为世间存在的结束，仅此而已。这依然是日瓦戈主要思想的延续：“死是与我们不相干的事情。”福音书中对此也有令人惊颤的断语：“又有一个门徒对耶稣说：‘主啊，容我先回去埋葬我的父亲。’耶稣

① 1935年，茨维塔耶娃曾致信帕斯捷尔纳克，指责他心硬，未与父母相见。参见本书第二十九章。

说：‘任凭死人埋葬他们的死人，你跟从我吧。’”（《马太福音》第八章第21节）。

强者理当包容，而且也能够包容；基督教并非感伤的童话，其中有许多东西，并非任何人都能承受。对帕斯捷尔纳克而言，艺术是基督徒献身的主要形式，是唯一生动的事业。疾病、死亡、日常生活、社会乱局、政治幻象等等不属于他的一切，要么被清除一空，要么在任何情况下都无法进入他的心灵。就让死人埋葬他们的死人，活人则去做自己的事情。

还有更具人性的第三种解释：帕斯捷尔纳克当初未去探望流放中的曼德尔施塔姆，是因为不想跟一个陷入困境的人争执，也可能是不想摆出一副健康美满的形象，让身遭病痛与恐惧的他感到难堪。后来，弗莱登伯格经历了破碎的人生，各方面都很失败，帕斯捷尔纳克则处在幸福与创作能力的巅峰，因而他可能会意识到，将这一切展现在病榻上行将死去的表妹面前，是不得体的行为：毕竟，幸福难以掩饰。他未能拯救她，却有可能因两人命运的反差而突显她的困顿无望和徒劳一场，从而给她带来最后的打击。这不是他想要的结果。

如果有谁无视以上所述，仍然觉得，这是一个显年轻的、轻佻的、自私与孱弱之人的故事，他以书写一部带有救世野心的劣作为托词，在生命的最后岁月里终于脱离众人，以他荒唐的自负伤害了所有爱他的人，那我们只能说，这种观点不值一驳。确实有许多人以为，帕斯捷尔纳克在其长篇小说上失去了理智——因为自负，因为长期不被认可，最后还因为老年人自我批评的缺失。一个更看重生而非死的人，往往将自己置于艰险的境地；一个更强调创作（也包括自己的）而非泛泛地在作品中表现仁爱的人，往往在伦理上遭受怀疑。但仔细想来，奥丽娅·弗莱登伯格应该会理解他。

“对死者最好的纪念，就在于将他们同幸存者密切结合的紧张充实的创造性活动。我觉得，在此方面，无须再做任何安排。（……）我的主要的命运尚未定型，它径自离开我如此之远，让我既无法对它施加影响，也无法确知它什么。”

通常认为，这段话意指《日瓦戈医生》在意大利的出版，或者是当局暗地里的活动。我们更愿意将此看作他对天命的断言。

第四十二章 《日瓦戈医生》

1

我们试着来分析《日瓦戈医生》;由于四周掀起的风暴,它将自己的种子播撒到远方。这部被称为“天才的失败之作”“充满缺陷”以及“二十世纪主要长篇小说”的作品,在西方曾经两次被搬上荧屏,在俄罗斯却一次都没有。① 帕斯捷尔纳克为它而生,并付出了一生的代价。关于这部作品,撰写了大量论著,所有文献的篇目加在一起,一定比小说本身更厚。但时至今日,这仍然是世界文学当中最神秘的作品之一。

如果把《日瓦戈医生》视为一部传统的现实主义小说,我们就会遇到许多牵强附会和无法解释的奇谈怪论。这些荒诞之说的简单罗列,只能让那些希望看到文学准确反映时代的人厌恶这部作品。首次将小说改编成国产影视剧本的作者尤里·阿拉波夫正确地指出:阅读《日瓦戈医生》应当慢速,就像它被书写时那样。每天一两页,有时一段就够了,读者一整天都会感到自己是幸福的,会听到仿佛是帕斯捷尔纳克直接向你耳边发出的悲欣交集的声音:

“托尼娅高高地躺着,比通常死去的人躺得还高,她仿佛精疲力竭,浑身冒着热气,这股热气淹没了吃尽苦头的人。她高高地躺在产房中间,像一艘穿越死亡之海的船,承载着不知来自何方的新的灵魂,抵达一片生命的陆地,刚刚抛下船锚,把这样的灵魂送到岸上,然后停在港湾,开始轻松惬意地歇息。那负荷过重的、疲劳的缆索和樯桅,连同消逝的记忆,也全都在歇息,彻底忘记了不久前在哪里,驶过什么地方,又如何抛锚停泊。

---

① 2005 年,根据《日瓦戈医生》改编的十一集电视连续剧在俄罗斯拍摄完毕,并于次年公开播映。

谁也不了解她这艘船悬挂的旗帜代表哪个国家，所以也不知道对她该使用哪一种语言。”①

在《日瓦戈医生》中，帕斯捷尔纳克备感骄傲的正是风格和音调，后者传递着主要的信息；故事情节倒并不出色。《诗人与散文》的作者尼·法塔耶娃认为，相比帕斯捷尔纳克的早期散文，这本书里语句和段落平均短了一倍。《日瓦戈医生》以短句写成，没有帕斯捷尔纳克那里常见的形容词短语和大段的描写，只有《圣经》式的简洁和哀婉动人的短音。寻找这种音调，在本质上构成了帕斯捷尔纳克散文创作的主要任务，直到四十年代末，眼界才达到应有的高度。作品中的所有主人公，全是少男少女，全都令人哀怜，“上帝把衣袖贴向眼眸”，②为所有人哭泣，甚至也为那些最卑劣的人物；这是出自布宁的意象，到了晚年，他也像帕斯捷尔纳克一样，写得极其简短和浓缩。

帕斯捷尔纳克亲口说，《日瓦戈医生》“苍白乏味”。事实并非如此——语言的中立性不会欺骗读者。这里虽然没有他早年书写的炽烈，却有着对于世界无尽的财富连同其绵长童话的顺服，从中找不出一个偶然的词语。

小说第一次朗读之后，帕斯捷尔纳克遇到了前所未有的反应：超过一半的听众惊惶不安，更严重地说，是大失所望。为阐释人物性格，他读了几首诗，博得了好评。景物描写也受到称赞。帕斯捷尔纳克反而十分懊恼。他当然知道自己擅长写景。

正是在当时，他比平生任何时候都更需要认真的批评者、读者兼朋友以及懂行的专家，能够对他本人直截了当地说明，他究竟遇到了什么状况？这是怎样一部奇书，居然独立于他，自行书写，又是怎样的力量控制着他的手？他向来不喜欢谈论自己的创作，从不向旁人征询意见，但如今，他却尽可能把书稿送给所有人，其中也有关系十分遥远的偶遇者（正如《二月》一诗所云：“越偶然，就越真实”）。打印件所剩无几。他急切地向每个人询问观感。听到最多的是同一种回复：诗好，风景也好。他与几位不能接受《日瓦戈医生》的朋友断绝了往来。因这部小说而与他产生龃龉的人当中，也包

---

① 引自《日瓦戈医生》第四章第5节。

② 引自伊万·布宁《孀妇在夜晚哭泣》（1924）。

括安娜·阿赫玛托娃。两人的关系陷入了僵局。

2

《日瓦戈医生》——象征主义之后的象征主义小说。帕斯捷尔纳克本人称之为童话。这部作品确实“超越了帕斯捷尔纳克”,因为这是他为数不多的整全之作;它不可能隐而不发——最近半个世纪的俄罗斯历史,总需要有人加以思考,思考的立足点并非种种事件,而是它们的起因。然而,考虑到这些事件导致的一系列后果,这种思考只有在二十世纪后半期才是可行的。“苦难历程”在此意义上的失败显而易见。必须承认,关于俄国革命,帕斯捷尔纳克写下了一部几乎是仅有的完整意义的长篇小说,作品书写的不是人与事,而是那些掌控着人与事及它们自身的力量。

只有通过这样的视角,才可能看清这部小说;在不同时期,它遭到了同样的批评:不自然、牵强、不可信……“没有这回事!”“这回事”的确不应该有。《日瓦戈医生》——充满隐喻和夸张的醒世寓言。它不可信,正如神秘历史转折中的生活之不可信。

小说情节简单,象征结构一目了然。拉拉——俄罗斯,对生活的不适应及日常现实中的机敏集中在她身上;不幸的女人和不幸的国度,吸引着众多幻想家、冒险分子和诗人。安季波夫——拉拉的恋人、革命家、坚毅的行动者;科马罗夫斯基——权力和财富的象征,以庸俗和生存之道见长。与此同时,拉拉乃至俄罗斯,注定为不善于安顿她、照料她,却始终理解她的诗人而存在。尤里·日瓦戈——俄罗斯基督教的化身,帕斯捷尔纳克认为其主要特征是牺牲精神和宽宏大度。俄罗斯从来都不属于诗人,永远横亘于两者之间的,要么是旧世界无所不能的残酷性,要么是新世界无所不能的激进性。当斯特列里尼科夫饮弹自尽,科马罗夫斯基不知所踪,尤里·日瓦戈自己也溘然辞世,他们与拉拉之间的关联便再度破灭了。

但帕斯捷尔纳克在艺术上的精准,不仅体现于俄罗斯命运的象征主义描绘:他看破了革命者势所难免的落败和钢铁意志的斯特列里尼科夫们的消亡,取而代之的是一干卑鄙小人。只是在 1917 年,革命精神才将日瓦戈医生虏获,随后,它很快脱离了现实,像战争宣传的谎言和哥萨克的马鞭,布尔什维克蠢钝的僵直令主人公心生厌恶。对拉拉和尤拉来说,并没有什么祖国。他们唯一的庇护所是瓦雷金诺废弃的屋舍,只有在那里,在空间和历史之外,他们才是幸福的;而俄国革命只有在听凭俄罗斯和诗人相融合的短暂时刻,才是有价值的。不久以后,他们又注定相互离散。

《日瓦戈医生》的意义当然不止于俄罗斯命运的此种象征主义记述。这是一个饱受苦难之人的呐喊,他不仅受制于野蛮与偏执的权力,也受制于个人的良知,双重的压力迫使他一生都在损害着自己。他于1937年向想象中的对话者发问:"可我又该如何充实我的胸怀?"——直到1947年,才找到了答案。《日瓦戈医生》的呐喊可以归结为一点:"正确的是我,不是你们!"

在一生中,小说主人公做到了其塑造者所期望却未能做到的一切:革命爆发后,他立刻离开了莫斯科,无论在行为上还是在意念上,他都不曾与新政权合作过;他从一开始就书写着简洁明快的诗篇。他始终相信,唯有特立独行才是正确的选择,因而独行者的命运也就成了小说的主题。1947年,帕斯捷尔纳克终于意识到二十年岁月的激荡是为了什么。如他所希冀的那种个人的一生,理当成为小说的主要情节。

3

通常认为,多到不可思议的巧合、偶遇和情节的韵律,构成了《日瓦戈医生》的主要特征,一些读者为之欣喜,另一些则表示不满。尤里·日瓦戈在俄罗斯漂泊,留给人的印象却是,他离家不远,在同一个儿童的国度踯躅不前,孩子们在那里急匆匆地长大,养育自己的孩子,从未走出封闭的空间,他们像台球一样相互碰撞,时不时落入种种惨祸的网袋。帕斯捷尔纳克本人在谈及"任意巧合的敞露无遗"时解释说:"我希望以此展现存在的自由和近乎不可信的逼真。"他的解释委婉而不充分,虽则适用于"苦难历程"的情形;总的来说,关于俄国革命的大散文,恰恰就建立于诸多情节巧合之上。各色人物不断遇到一起,无力摆脱对方。如果说帕斯捷尔纳克和阿·托尔斯泰——两人之间没有任何私人恩怨,世界观方面也并不相通——在不同时期不约而同地采用了同样的手法(卡维林在《船长与大尉》、爱伦堡在其早期冒险—哲理小说，以及格罗斯曼一定程度上在其战争散文中，均采用了这一手法），那就说明他们的共同点绝非偶然。此外，我们还会想起索尔仁尼琴在其文论集《文学遗产》中提出的“史诗形式的创作手法”。事实上，自托尔斯泰时代起，情节塑造的手法便始终如一：作者从若干家族着笔，继而在宏大事件的力场中将家族命运离奇的波折与交集铺陈开来。如果以这种观点来剖析《战争与和平》，便不难发现，其中不可思议的巧合与神秘遭逢丝毫不比《日瓦戈医生》少，只不过，在托尔斯泰作品的广阔背景下，巧合并不明显。然而，也正是托尔斯泰，将情节脉络闭合起来，使小说承重结构愈加稳固，并且在此构架周围布满开阔的思绪、战争和哲学的插议、历史哲学的猜想，等等。另一方面，相比《日瓦戈医生》，托尔斯泰塑造的角色有十倍之多，其中包括一些时常丑化的历史人物，在《战争与和平》中，他们被作者大胆地重新审视；或许帕斯捷尔纳克对历史人物不感兴趣，故而有意绕开了他们。他向来只关注“空中道路”上的变数，天意执行者于尘世间的选择，在他看来是几近偶然和有悖原则的。但如果还是说巧合，那么，日瓦戈与安季波娃周期性的相遇，则丝毫不比安德烈公爵与彼埃尔在每个重大历史转折点上的相遇更离奇（托尔斯泰对历史的思考，终究需要有人来应和），或者也不比偏偏是尼古拉·罗斯托夫来到博古恰罗夫庄园镇压农民造反这件事情更不可思议，在那里，他碰巧拯救并爱上了玛丽娅公爵小姐，而他自己的妹妹却背叛了这位小姐的哥哥；这场造反确实有必要发生在保尔康斯基的领地！①

诚然，帕斯捷尔纳克广泛地运用了巧合的手法，尽可能使之突显，并带着个人的愉悦，堆叠各种偶然性，赋予它们以韵律。在错综复杂的关系中，潜藏着“命运的交叉”，亦即《日瓦戈医生》这部令人惊叹的小说的整个乐章，倘若抛开这些，那就只剩下被人们称道的风景，再加上几个警句。甚至在临死之际，不幸的医生居然与某人再度相遇，从而让他预先对自己命运中离奇的邂逅展开了平生最后一次思考。引起他思考的是一个老太太，她跟随着他乘坐的电车，时而落在后面，时而又赶上来。“尤里·安德烈耶维奇想起在学校读书时做过的习题。两列火车在不同时间出发，以不同速度行

---

① 参见《战争与和平》第三卷第二部第14节。

驶。要求算出两列火车到达终点所需的时间和先后。他回忆着解答这道题的方法,却怎么也想不起来。于是他丢下这个念头,开始更复杂的思考。他想到几个同时在生活道路上行进的人,行进的速度各不相同;不知在什么情况下,一个人在运气上会超过另一个人,一个人比另一个人长寿。他觉得这有点像是人生竞技场上的相对性原则。不过到最后,他的思绪全乱了。于是他把这个念头也丢下了。"①在当时的情境下,思绪怎么可能不乱!似乎存在着某种解决类似问题的通用方法!在窒闷的电车里,日瓦戈医生由于心脏病发作,突然死去(没有赶上俄罗斯历史上那些最可怕的事件),谁会想到,为描写他死亡的章节设定终点的,竟是一个出自小说情节边缘的人物。别忘了日瓦戈曾经待过的那个小城麦柳泽耶夫!那里有个老太太,热中于风流韵事,一心想撮合他和拉拉,因为她要么是个法国人,要么……是的,是一个瑞士人——"白发红颜的老奶奶弗列莉小姐。"也别忘了她总觉得有人敲门的那个雨夜!② 在小说结尾,她走在去大使馆取护照的路上,已经是第十次赶过那辆电车,"却一点儿也不知道她赶过了日瓦戈,并且在寿命上也超过了他。"

以上这些巧合难以置信,更难以解释。归根结底,小说富于乐感的悲剧力量及其艺术感染力,均与这种不可信密切相联。日瓦戈医生独自置身于这个玄奥的宇宙,尽管他也曾浪迹四方,颠沛流离,其实却像索洛维约夫"爱的太阳"一样纹丝不动——只有在此意义上,他才真正算是帕斯捷尔纳克小说的核心人物。早在学生时代,为抚慰临终的安娜·伊万诺夫娜·格罗梅科,他便向她陈述了其哲学最基本的原理,在人生的最后二十年中,他始终持守着自己的信念。帕斯捷尔纳克不止一次强调,他所赋予小说主人公的世界观,在当时还未曾有过,故而难以表述。这样的世界观,属于经历了二十世纪俄国历史大灾难的人。

作者思想的承载者坚定不移,自一开始就对所有事物予以准确的评断,几乎从无偏误(唯有革命曾一度让他以为是"了不起的外科手术",但他并

---

① 引自《日瓦戈医生》第十五章第 12 节。

② 《日瓦戈医生》第五章中的小城,位于俄国西部边境。一战末期,日瓦戈曾经在那里的野战医院工作,拉拉是医院护士。弗列莉小姐是这一章写到的人物,在小说收尾的章节,她再次出场,见证了他猝然死去。

未跟同时代人一道卷入任何蛊惑与诱骗，而是很快就意识到革命的代价）。在这位二十年来岿然不动的睿智的主人公周围，像理所应当，像围绕着原子核，一些分量略轻的“次要”人物在他们交错的轨道上各自周旋。日瓦戈医生与这些人的相遇，如同地球与哈雷彗星的相遇——主要是为了以个人的坚守来突显他们身上毁灭性的变迁。

譬如说安季波夫-斯特列里尼科夫。起初，他从我们的主人公身边掠过，后者并不知道他的存在——他们的交集非常间接（《日瓦戈医生》第二章第 8 至第 9 节）：1906 年的一天，尤拉的舅舅尼古拉·尼古拉耶维奇·维杰尼亚宾站在窗边，望着游行集会上被驱散的奔逃的人群。男孩巴沙当时就在这些逃散的人中间。接下来，他和尤拉的命运交缠在一起，但彼此仍然各不知情——尤里·安德烈耶维奇发现了来自“另一境地的少女”，而爱上她的恰好是巴沙；两人结为夫妻，拉丽萨·费奥多罗夫娜将丈夫送上前线，随后她自己也上了前线，去寻找下落不明的他，就这样遇到了日瓦戈，可他却根本不知道帕维尔·安季波夫是何许人。直到小说第一部的末尾，日瓦戈才与拉拉的丈夫再次相遇，那时他已经被人们叫作斯特列里尼科夫了。主人公惊异于这位无党派军事要员的特点：“思维异常清晰，异常准确。富有正义感，精神极其高洁，感情炽热而深厚。”可是，在小说第二部结尾，当斯特列利尼科夫又一次出现，我们会看到，他身上发生了怎样的巨变！谬误和落魄成了他的主要特点。他曾经爱着和深信不疑的那场革命，如今反过来追逐他，而且必然不会扑空：“我的一切努力都化为泡影。明天他们就要来抓我了……他们抓住我，不会给我申辩的机会，他们会扑上来，又骂又叫，不让我开口说话。难道我还不知道这一套？”①正所谓“伸冤在我，我必报应”（《罗马书》第十二章第 19 节）。日瓦戈怀着同情，见证了这一切。斯特列里尼科夫的生命在他眼前停止运转，固有的道德胜利无疑也随之破灭，而他则挡住了时代的诱惑，不曾向谁复仇，也不曾戕害谁。他以截然不同的方式赢得了自己的拉拉——自己的俄罗斯。“您究竟为此做了什么，”斯特列里尼科夫问道。“这完全是另一个问题了，”日瓦戈医生含混地回答；他确实没有做什么。他保

---

① 引自《日瓦戈医生》第十四章第 17 节。

持着自己如其所是的本色，仅此而已。

在他周围，杜多罗夫和戈尔顿的人生轨迹同样如此：不是迷恋恐怖，就是醉心于宗教，而最终目的都是为了归顺，为了成为随波逐流的苏联知识分子；对他们这种人，日瓦戈医生将毫不容情地断言："这就好像一匹马开口说话，说它如何在跑马场上绕着自己兜圈子。"①不过，在他潜意识中，还有一番更明确也更严厉的表达："亲爱的朋友们，你们两位以及你们所代表的那个圈子之平庸，是多么不可救药啊，就连你们常挂在嘴边的权威人士的才华与艺术也不例外。你们身上唯一生动和闪亮的地方就在于，你们和我在同一时代生活过，并且知道我。"②1956 年，《新世界》编委会拒绝发表《日瓦戈医生》，在写给帕斯捷尔纳克的令人感伤的著名退稿信中，格外醒目地摘录了上引语句——它引起了康斯坦丁·费定的强烈不满，致使这位主编亲自担负起撰写信件"分析性部分"的重任。费定明白，尽管他与帕斯捷尔纳克有交情，也有相互恭维，但这段关于"不可救药的平庸"的话语，径直指向的却是他，当然也指向"甘愿为苏联政权服务"的所有人，正如他在信中不禁叫嚷的那样。他恼羞成怒，甚至没有发现作者对杜多罗夫和戈尔顿的善意——日瓦戈生命中这两位永恒的伴侣最终获得了希望，战争打开了他们的视野；他们在阳台上读日瓦戈医生的诗，俯瞰战后的莫斯科，这正是小说终场的一幕。日瓦戈消逝于生者的世界，却依然是这个世界意义的核心，因为他在身故之后，还能让朋友们感受到他们个人存在的某个新阶段的来临，从而彰显他们被战争释放出来的品质。

小说中的所有人物均与日瓦戈形成对比，每个人身上都留有他的个性之光，每个人都领受过他严厉的目光——诗人的目光，用尤恩娜·莫里茨③的话来说，犹如"瞬息间仁慈地剥去表皮"。结构之意义所依凭的是主人公与各个次要角色的无数次相逢：在个人及共同经历的各个阶段，日瓦戈从未改变，在他的帮助下，作者揭示出那些相信他人意见与时代诱惑的人们身上有益的、更多是毁灭性的变化。小说主人公的形象，犹如音乐盒里的主轴，

---

① 引自《日瓦戈医生》第十五章第 7 节。

② 同上。

③ 尤恩娜·彼得洛夫娜·莫里茨（1937— ），俄罗斯女诗人。

待在原地转动，继而带动其他部件，产生鸣响；但它们震颤的声音却越来越微弱，越来越细碎……这音乐持续着，直到发条彻底崩断。也就是到1929年为止。

在日瓦戈的每条道路上，加里乌林[1]都一直保护他——可是，在当时的俄国，出身底层的白军军官难道还少吗？他不止一次地与捷连季·加卢津同行，后者甚至有过几乎是死而复生的经历（“他和别人一起集体被游击队枪决，但他未被打死，从死尸堆里爬出来，”然后流浪在俄罗斯各地）。捷连季·加卢津，小说中另一个来自底层社会的角色，代表着所有“不良少年、品质败坏的恶棍、现实主义者中落后的留级生”。[2] 在返回莫斯科的途中，像当初离开时一样，日瓦戈遇到了曾与格罗梅科一家同乘一列火车接受“强制劳动”的瓦夏·勃雷金——对这个时代和这片地方而言，瓦夏·勃雷金难道不是典型的形象？这也是帕斯捷尔纳克在俄国农村所见一切美好——温顺、仁善、忍耐的化身。被迫参加强制劳动、逃跑、遭受诋毁、被捕、流亡、枯萎、浪迹天涯——这样的命运不也是屡见不鲜？在帕斯捷尔纳克这部象征主义小说中，主人公遇到的与其说是有血有肉的各种人，毋宁说是一些人格化的概念和典型化的遭际——因此，这些人物姓甚名谁，难道是如此重要？我们可以把所有西方血统的随波逐流者都叫作戈尔顿，把所有悔过的叛乱分子都叫作杜多罗夫，把所有会被革命吞噬的孩子叫作斯特列里尼科夫。只剩下托尼娅、尤拉和拉拉为单数。他们是小说中凤毛麟角的鲜活人物。

4

在《日瓦戈医生》中，姓名具有特殊作用——这是小说为读者所诟病的另一点。为什么作品中各个角色的称呼都那样拗口？究竟从俄罗斯哪个角落，作者挖出了诸如安菲莫夫·叶菲莫维奇·萨姆德维亚托夫、利维里·阿维尔季耶维奇·米库利增、阿格里宾·顿佐夫、叶甫格拉夫·日瓦戈、瓦霍

① 帕维尔·安季波夫儿时的伙伴。后来加入白军，成为苏俄革命政权的反对者。

② 参见《日瓦戈医生》第十四章第16节。

夫、马尔克洛夫、斯维里多夫之类的名号？如何理解在二十世纪初居然还有叫作鲁米娜·奥尼西莫夫娜或者谢拉菲玛的女性？以及从故事情节边缘冒出的什么玛特廖娜·斯捷潘诺夫娜……聋哑人马克西姆·阿里斯塔尔霍维奇·克林佐夫-波戈列夫希赫，他的姓氏又能给他带来怎样的幸福！还有桑卡·帕夫努特金和科斯卡·涅赫瓦列内赫……他们的形象取自何人，他们的言谈又出自何地？小说中姓名常见的人物也只有尤里·安德烈耶维奇（日瓦戈这一姓氏却很稀少）、托尼娅（家族姓氏为格罗梅科，同样不多见）、她的母亲安娜·伊万诺夫娜、父亲亚历山大·亚历山德罗维奇、尤里的舅舅尼古拉·尼古拉耶维奇，再加上拉丽萨·费奥多罗夫娜·基莎尔（婚后改姓安季波娃）。甚至姓名不具特殊意义的帕维尔·安季波夫，也有一个古怪的昵称“巴图利亚”。

心怀不满的读者难以理解，既然帕斯捷尔纳克有太多疏漏和失误，岂可视之为偶然。事实上，就像小说中巧合的情形，这的确是作者有意为之：人物姓名越古怪，他们对于日瓦戈医生就越像陌路人。所有这些人都来自另一个世界——要么是荒凉的西伯利亚，要么是各个城市的郊野；他们要么属于其他社会阶层，要么属于别的人类种群。说到这里，让我们把目光转向一个耐人寻味的演化过程：在《日瓦戈医生》未完成的前身《日乌利特笔记》中，所有角色的姓名都很普通：譬如弗拉基米尔·瓦西里耶维奇、奥丽嘉·瓦西里耶夫娜、列夫·尼古拉耶维奇，甚至工厂里的劳动者也有一个纯属中性的姓名——彼得·捷连季耶夫（尼姆弗多拉·别奥诺夫娜·哈尔鲁什京娜这个怪异的名字是例外），而主人公的姓名则极其罕见：帕特里克（帕特里基）·日乌利特！他是这些正常人当中绝对的怪人——帕斯捷尔纳克在1936年的自我感受也是如此。但十年过后的帕斯捷尔纳克，已然是一个相信其正确性的人，相信微不足道的少数人乃至单一个体的正确性。如前所述，这种意识是以高昂代价换得的。他从身心交瘁的独行者变成了救赎者，从白乌鸦变成了唯一正常（在最高意义上）的人，从奥丽嘉、弗拉基米尔和格拉菲拉们包围着的帕特里克，变成了安菲姆、马尔克和捷缅京们包围着的尤里·安德烈耶维奇……需要指出的是，不管尤里这个名字多么常见，但在民间传说的传统中，这却是战无不胜的格奥尔基的别名。尤里·日瓦戈无论如何都算不上作时代的牺牲品；他是毋庸置疑的胜利者，他的胜利只有通过那些落在他所有同伴身上的灾祸才得以彰显。个人的错谬和疲倦之感，致使帕斯捷尔纳克未能完成《日乌利特笔记》，未能详尽描绘时代及其本人在时代中的道路，而十年过后，当他完成了《哈姆雷特》的翻译，经历了战争与思想转折，他已经完全能够胜任这一使命了。

5

对《日瓦戈医生》最流行的批评之一，是认为尤里·日瓦戈面目不清。瓦西里·利万诺夫甚至将他跟苏联文学某个典型的正面形象做比较，并以后者的言论为例，试图证明其可贵的优点。至于日瓦戈，则让人无法给出任何明确的评断，除了他的鼻子有点翘。“我们通过整部小说所认识的尤里·日瓦戈，会是这些诗的作者吗?”——利万诺夫提出了质疑。“不会。因为写下这些诗的人，无疑只能是鲍里斯·帕斯捷尔纳克。”尤里·日瓦戈太过玄虚，不可能写出《圣诞之星》、《受难的日子》和《相逢》。难以相信，这个丧失了意志、敏感脆弱、时常哀泣的人，竟然创作了《城里的夏天》或《复活节前一周》这样的诗篇。

这是严肃的批评，并且不会有最终的结论。相信抑或怀疑尤里·安德烈耶维奇的才华，终究是每位读者个人的事情。在小说《〈堂吉诃德〉的作者彼埃尔·梅纳德》中，博尔赫斯研究了一种独特现象——作者个性映射在文本中的反光：这部关于那位疯癫的西班牙贵族的长篇小说，如果确实出自该贵族当过俘虏、断过手臂、受过许多磨难的同时代人之手①，那么，三百年后，某位法国历史学家、书呆子、隐修士写下此书，便纯属另一码事。同样也可认为，帕斯捷尔纳克进行了大胆的实验：他将自己的诗赋予另一人，其个性之光因而投映于新的文本，目的是以另一种方式让人们看到其中的别样意蕴，而不仅仅将它们视为帕斯捷尔纳克的诗。顺便说一句，许多读者起

---

① 1571 年，在欧洲神圣同盟(由包括西班牙王国在内的诸多欧洲基督教国家组成)与奥斯曼帝国之间展开的勒班陀战役中，《堂吉诃德》作者塞万提斯(1547—1616)左臂被打残，由此落得“勒班陀残臂人”的绰号。1575 年，塞万提斯在乘船返回西班牙途中被非洲柏柏尔海盗俘获，送至阿尔及利亚，后被家人用五百金盾赎回。

初就是这样——从《日瓦戈医生》文本之外，认识了这些诗：在小说出版前的很长时期内，它们有一部分刊登在苏联杂志上，进入帕斯捷尔纳克作品集，手抄本传播得远比《日瓦戈医生》更广泛（试试用打字机打一本六百页的书！）。而且奇异的是，相比作为帕斯捷尔纳克本人的诗，它们作为日瓦戈的诗，确实给人以不同的感受；只需对比带有拉拉形象的《酒花》和《秋天》（“我让家人各自出行”），自会认为这是三十岁男人的手笔，而不会有阿赫玛托娃所厌恶的“老年轻薄”之感。是的，日瓦戈并非帕斯捷尔纳克，但一个具有日瓦戈性格特征的人，难道不可能写出帕斯捷尔纳克晚年的诗？当然，他未必能写出《施密特中尉》和《斯佩克托尔斯基》，因为他根本不会对此感兴趣。生存本身即是帕斯捷尔纳克的目标，而二十年代的尤里·日瓦戈则沦落于尘世；不知道究竟谁的选择更妥当；日瓦戈未能有“第二次诞生”的机会，帕斯捷尔纳克或许却更愿意把这种机会从自己的生命中剔除掉……《日瓦戈医生》——绝非玄秘的现象，亦非空虚的幻境，然而，只有在这里，帕斯捷尔纳克起初便可能成为的那个人，才会找到慈柔的勇气，与时代的诱惑相抗争。

日瓦戈身上缺少作为“有趣之人”的天才特征，这一点也是帕斯捷尔纳克有意为之。关键不在于他是否为天才——这属于一个人身后的定论：“看吧，我们不了解他，他原来竟是这样一个人。”关键是，一个毫不出众的常人，并不享有任何免罪的特权，却有着与生俱来的普世性的权利，以使自己摆脱时代迷误，避免对同类的杀伐，并止步于公众的队列之外。此项权利不应以任何事物为保障，无论出身，还是天才的诗篇。日瓦戈首先是一个人，其次才是一个诗人，他因此才显得有趣，而不像是马雅可夫斯基，将其诗人身份看得比个人身份更高。对日瓦戈的评判，不妨以否定的方式为主，即从事物的反面来看：我们无法轻易断言他是怎样一个人，因为其个性的尺度，如同上帝的存在，“不可证明，只可呈现。”我们只能说，他不是什么人：他不是自我损害的知识分子，不是汲汲于“平常趣味”的庸人，不是革命狂，不是反抗权力的斗士，不是异见人士，不是“生活的行家”。归根结底，他不是一个庸俗之人。

在历史上一个最血腥世纪开初的十余年间，日瓦戈医生这种人是否可能存在？在朗读小说前几章时的开场白中，帕斯捷尔纳克曾不止一次提到过，尼古拉·尼古拉耶维奇·维杰尼亚宾[1]的哲学——对群体性的强烈批判、教会之外自由的基督教信仰、对官方思想的怀疑态度——当时尚不存在，却有存在的可能性。纵观二十世纪初的宗教复兴，在其广阔之极的光谱上，似乎真的找不到这样的色彩，但维杰尼亚宾有许多思想都接近于"路标派"，而且在启示录式的预感方面，他也绝不孤单。需要的只是赋予事物以恰当的命名——俄罗斯有过这样的人，可是，就连弗拉基米尔·希尔洛夫[2]也很清楚，一切最终滑向了何方。相比之下，如彼埃尔·别祖霍夫般执着于精神求索并为之困惑的那种人，在1812年倒是难以存在：浏览当时的丛刊，你会为他们的头脑简单而吃惊。但如果接着读一下巴丘什科夫[3]只为自己书写的日记（它们在风格上与二十世纪的日记难以区分），就会理解，每个时代都可能有像别祖霍夫一样探寻、像保尔康斯基一样思考的人；你也会理解，托尔斯泰连同他的叔本华式的历史哲学，完全适合于叔本华思想流行的时代……总之，就像一个文学笑话所说："真搞不懂，没读过陀思妥耶夫斯基，人怎么能活下去！——喏，普希金不就那么活着嘛！"如果将二十世纪一二十年代知识分子（既非文学界也非戏剧界，而是普普通通乃至来自乡野的知识分子）的日记和书信公开出版，那就一定会证明，在俄罗斯民族自我意识的核心，存在着类似于维杰尼亚宾思想的哲学。此外，东正教通灵者、未能存世的《夜之旅人》和《世界的玫瑰》作者丹尼尔·安德烈耶夫[4]的小组，同日瓦戈的精神气质也较为相近，只不过，这是一个秘传组织，帕斯捷尔纳克对此却没有什么好感。但我们要看到，在苏联时期，一切宗教思想都被迫转入地下，甚至东正教学说无形中也具有了秘传的特征。

6

关于尤里·日瓦戈的基督教思想，同样有许多争议，相应地，对帕斯捷

---

① 日瓦戈医生的舅舅，也是他的精神导师。

② 参见本书第二十一章。

③ 康斯坦丁·尼古拉耶维奇·巴丘什科夫（1787—1855），俄国早期浪漫主义诗人，对普希金有过重要影响。

④ 丹尼尔·列昂尼德维奇·安德烈耶夫（1906—1959），俄苏神秘主义诗人。

尔纳克主要的批评是,他将主人公与耶稣等同起来。批评者从中看到的是自傲,却忘记了,陀思妥耶夫斯基也曾期望书写自己的耶稣——"一个完美的人":《白痴》的构思便来源于此。帕斯捷尔纳克自设的目标只是书写一个如他所理解的好人,因为牺牲精神、慷慨大度、顺服于命运、不参与杀戮及劫掠等等,足以让其自视为一名基督徒。

日瓦戈因敌我不分时常受人诟病,《新世界》杂志退稿信批评的小说情节,成为一项著名的罪状:从一个受伤的高尔察克①电话兵身上,日瓦戈发现了一只护身香囊,里面装着写有圣经《诗篇》第九十篇文字的纸片,而这种香囊,同样是红军游击队员缝在衣服里的护身之物。② 然而,帕斯捷尔纳克珍视的也恰是这一幕——因为红白双方早已两两相抵,在"拼斗与杀戮"中,他们平分秋色;红白之间的厮杀,并非为了日瓦戈所看重的事物,在他看来,整个历史存在于另一个空间:

"世界发生了变迁。罗马已然终结,数量的权威不复存在,整个族群和全体居民由武力所决定的共同生活的义务结束了。领袖和民族退居到过去。

"取而代之的是个性和自由的鼓吹。个人的生活成为上帝的纪事,将自己的内容填满天地之间。正如一首报喜节的赞美诗中所云,亚当想当上帝,却犯了错,没有当成,如今上帝自己成为人,以便让亚当成为上帝('上帝是人,于是让亚当变成上帝')。

"……在关心劳动者、保护母亲、反对金钱万能等方面,我们的革命时代堪称前所未有、令人难忘的时代,取得了不可磨灭的成就。至于生活的观念及当前灌输的幸福哲学,则简直难以相信这些表述的严肃性,充其量,这不过是荒唐的陈年旧迹。幸亏这些关于领袖和民族的说辞无法倒转生活的车轮。否则,就会使我们回到旧约描述的游牧部落和族长制的时代。幸亏这是不可能的。"③

---

① 亚历山大·瓦西里耶维奇·高尔察克(1874—1920),俄国海军上将,北极探险家,苏俄国内战争时期反苏维埃政权的白军领袖之一,曾自立为俄国最高执政官,一度占领西伯利亚、乌拉尔和伏尔加河等大片区域。1920 年初,因捷克军团出卖,被红军俘获,旋即遭处决。

② 参见《日瓦戈医生》第十一章第 4 节。

③ 引自《日瓦戈医生》第十三章第 18 节。

这段话出自西玛之口，她是帕斯捷尔纳克心目中仅次于拉拉的女性——一位摆脱了苏俄时代基督教“地下”系统，跟宗派与聚落之类“平庸性的庇护所”不相干的女基督徒；在1918甚或1920年，未必有谁像她那样思考，但对帕斯捷尔纳克而言，可信度毕竟不是最主要的。

西玛有关耶稣和抹大拉的马利亚的言论同样不容忽视，她说，“情欲”在《新约》中的意思首先是受难；这种说法消解了她所称“大腹便便、油光满面”的僧侣们带入到基督教的爱之罪恶观。不过，早在《安全保护证》中，帕斯捷尔纳克就说过，没有什么能比导致受孕的运动更纯洁。尤拉与拉拉的情欲，犹如日瓦戈的诗，也是一种宗教意义的奉献。《日瓦戈医生》的一些读者不能接受这一点，但小说本身具有强大的说服力，在痛楚、甜蜜、绝望的《荒野中的花楸树》这一章之后，很难不相信，唯有这样的情爱才是对一个疯狂世界的回答。

总的来说，这是一部清晰、开敞的小说，因而我们的目的不是解读或评述它，我们只想说明，它的写法为何是这样，而不是别的什么样。

7

正是质朴与直白，保证了《日瓦戈医生》在西方的流行，西方人虽不了解俄罗斯民族的现实（因而也就无法判断小说叙事的可信度），却赞赏作品中朴实和人性的情节、诚挚的表述，以及人道主义的传统。即使许多人对小说的基督教思想理解流于肤浅，它那生动感人的音调和炽热的情感，依然赢得了所有人的青睐。

在此背景下，针对这部在畅销书榜单上压倒《洛丽塔》的作品，弗拉基米尔·纳博科夫没完没了的揶揄，听起来异常刺耳。是他将日瓦戈称为“莫名冲动的医生”，将拉拉称为“来自恰尔斯克[①]的女巫”，而整部作品则被比作“马粪纸托盘上静静的顿河”，也就是将帕斯捷尔纳克与肖洛霍夫相提并论，后者被他视为一个没有人性的作者，不断地恶化，最终归向一部低劣的长篇。

---

① 哈萨克斯坦东部城市（Чарск），词干的俄语读音与“女巫”（чаровница）相似。

通常认为，纳博科夫这种回应的侵略性是由文学外围状况所引发，或者更简单地说，是源于粗鄙的妒意：帕斯捷尔纳克是多年来的诺贝尔奖候选人，并于1958年荣获该奖（这件事情在纳博科夫来看，占上风的实属政治意见，而非文学意见）……然而，对于纳博科夫而言，至关重要的应是阿赫玛托娃所称“文学的良好风尚”：尖刻批评他人的同时（针对的恰恰是全然忘记了这种风尚的人），他终于意识到何为同行之间的团结，并且学会了赞赏那些甚至是自己的文学或思想对跖者身上的才华。

用我们的眼光来看，《洛丽塔》作者对待《柳维尔斯的童年》作者的态度（许多研究者都指出了此种对应关系），基于一种深刻的内在矛盾：他们两人几乎是真正意义上的对跖者，彼此互为镜中影像。帕斯捷尔纳克是先锋美学与传统美学（如果不说是清教伦理的话）的集大成者；纳博科夫之异常则在于，他对先锋主义者明显表现出一种托尔斯泰主义式的反感，而大多数国内先锋主义者的亲苏倾向及其社会革命性，对这一感受只起到微不足道的影响：在《芬尼根的守灵夜》①或安德烈·别雷富有韵律的散文中，并无任何苏维埃成分。纳博科夫十分怀疑形式主义实验及传统诗学和叙事性的崩坏。作为文体大师，他绝非创新者——其形式多样的标志性的散文手法，大多数都能够在他所推崇的托尔斯泰和契诃夫那里找到。纳博科夫一系列著名的主题、种种话题“隐秘的絮语”，从《安娜·卡列宁娜》中也不难发现，而且表现形式更鲜明，即使是长大了的谢廖沙“玩铁路游戏”②那一幕也一样。这里埋藏着纳博科夫起初难以觉察的秘密，因而侨民批评界才为之恼怒——一位看似十分传统的作家出现在世界面前，内心却迸发出某种咄咄逼人的新意，他有意识地宣告自己抛弃了俄罗斯文学传统道德，连同它对“宏大思想”、对道德训诫及道德反省的癖好，这一切，便是他的新意之所在。喜欢妥协与折中的人们向来欣赏的一个论题是：无论通过什么方式，美学迟早会将唯美主义者引向传统道德，而美不可能是不道德的；话虽如此，

① 爱尔兰先锋主义作家詹姆斯·乔伊斯（1882—1941）最后一部长篇小说，将神话、民谣和写实情节融为一体。

② 参见《安娜·卡列宁娜》第七部第19节。谢廖沙是安娜和卡列宁的儿子。

纳博科夫的创作却没有任何向俄罗斯传统回归的印记。对亨伯特①或万温②的道德谴责，终究是作家个人的事情；作者对普宁③毋庸置疑的同情仍显淡薄，有时甚至近乎嫌恶；纳博科夫看待人世的态度，与辛辛纳特斯④相似——包围在他身边的，仿佛是一群不值得同情的布偶。这样的立场其实不乏悲剧性，相比俄罗斯永恒的怜爱、对那些期待将同情者踩入污泥的沦落之人不加选择的善意。我们的任务却是——记录纳博科夫与祖国文学道德传统决裂这一事实；在暴露了人道主义总体危机的二十世纪，这完全是顺理成章的一步，因而，形式绝对创新、人道主义情感却非常传统的《日瓦戈医生》，不可能不引起纳博科夫思想上的敌意。

在某种程度上，《日瓦戈医生》也是对十九世纪兴起的俄国心理小说之否定——自1919年至1936年，帕斯捷尔纳克书写一部长篇小说的所有努力，均遭到全面的失败，一群意欲按照各自信念与志向行事，却又只能听从于社会决定论的小说人物也随之化为泡影。唯有凭借音乐性的、某种意义上甚至是神秘主义的历史观，彻底抛开传统的心理主义，抛开“多余人”形象与主题的僵固理解，书写一部长篇诗化小说、一部无须在其中寻找日常真实性的小说——童话才成为可能。《日瓦戈医生》叙说的是，命运的逻辑、诗人一生的个人逻辑如何编织现实，以使那些杰作——时代仅有的见证呈现于世间。整个俄国革命的发生都是为了（或者，如果可以说，是因为）尤里·日瓦戈与拉拉理所应当的结合，为了他们在瓦雷金诺与世隔绝的爱之奇迹的实现，为了《冬夜》《相逢》和《圣诞之星》的书写。人并非为时代服务，相反，时代的进展，是为了人完善其自身，连同最大限度的表现力与自由；真正的英雄，不是周遭情状的牺牲品，而是它们的主人，并且是全权的主人，而他对此浑然不觉，他的行为仅仅凭借灵感，就像工具凭借控制它的力量。

---

① 纳博科夫《洛丽塔》中的男主人公。

② 纳博科夫第六部英文长篇小说《阿达》（创作于1963—1968年全名为《阿达，或激情的快乐——家庭纪事》）中的男主人公。

③ 纳博科夫长篇小说《普宁》中的主人公。

④ 纳博科夫反乌托邦小说代表作《斩首之邀》中的主人公。

第四十三章　解冻

1

几乎所有研究者和许多当代人士都提出同一个问题：三十年代，帕斯捷尔纳克为何安然无恙，而五十年代，却遭到前所未有的迫害？

关于大恐怖期间神奇的获救（“难以理喻，我竟然如此胆大包天!!”——在写给奥丽嘉·弗莱登伯格的一封信中，谈到那一时期，他一连使用了两个感叹号），我们已在探讨帕斯捷尔纳克与斯大林相互关系的章节做了说明。他在“大相径庭的两极”间接的对决中拥有一定的胜算，恰恰是因为斯大林看重并尊敬人的正直品格。神经质、怯懦、“犹太人心思的颤栗”——斯大林及其仆从在曼德尔施塔姆身上所感受并视为弱点的那一切，似乎与帕斯捷尔纳克毫不相干：整个三十年代，除了1935年的精神危机，他多半时候都是平静的。他从来不为个人的性命担忧，所以才有旁人看来“不可思议”的胆气。唯有尚未触及生死、始终被命运保全、被周遭环境护佑的幸运儿才拥有这样的人生观。根据某些战地回忆录所记述，士兵通常不怕死，直到第一次受伤：第一次的创伤会突破心理防线。“原来，这也有可能落到我头上。”受伤，意味着劫数。帕斯捷尔纳克将自己裹在“光的茧壳”和“射线的厢室”里，顺利度过了三十年代，因而他的生活、他的举止，无不具有某种幸福的自信，认为自己不会做出任何的屈服。这种信心难免让周围人浮想联翩：他有大人物的庇护（他们有的出现得过早——首先是布哈林），有跟格鲁吉亚的联系（尽管斯大林本人当时已经断绝了其格鲁吉亚之根脉），最后还有不得触碰他的秘密指令（这更像是神话，但斯大林确实因为什么给他打了电话！此举并非出于偶然！）。当其余人无不颤抖着表示顺从之际，使帕斯捷尔纳克得以保全的统治者的逻辑却是这样：别列捷尔金诺像一座死城，沉默无语，唯独他向左邻右舍放声高喊："济—娜，我去皮里尼亚克家—啦！"无须从斯大林的个人指令中寻找他的秘密信号和暧昧偏好。时代本来就是如此，将软弱者碾成齑粉，偶尔又将强硬者赦免。

五十年代究竟发生了什么？帕斯捷尔纳克先前的幸运为何就此结束？他只是在国外出版了一部小说，并无任何超过三十年代的叛逆之举：1937年，他前往莫斯科，要求将自己的签名从那封赞同处决反苏分子的作家公开信上删除，相比在1957年出版一部关于俄罗斯基督教的长篇，这一举动无疑危险得多！赫鲁晓夫时代的离奇就在于，它对正派人的威胁之大，胜过对盲从者、投机分子及阳奉阴违者的威胁。除了口号的纷飞、目标的空谈及国家对好人好事的表彰，每个时代还有某些难以领会的神秘特征。但也就仅此而已。赫鲁晓夫解冻时代的精神本身，是盲目的、过渡性的、似是而非的——总之，是有那么点东西，但正派与开明却为这个时代所匮缺。正直的品格不被褒扬，因为即使出于最善良的主观意愿，也只是要为那被狠命剥开的头颅蒙上一副"人脸"的橡胶面具，这当中没有正直可言。

娜塔利娅·伊万诺娃在《小树林的对话者与领袖》一文中，提出了一个耐人寻味的见解：帕斯捷尔纳克未曾参与任何揭露个人崇拜[①]的活动。在我们看来，其中的原因有许多：他自认为没有资格（因为当年未遭迫害），他为自己同所有人一起忍受而羞愧；他不愿加入合唱，跟一群庸俗之人温情地告别"斯大林的旧日"（能够抵御这诱惑的，除了他，似乎只有西蒙诺夫）；最可能的原因或许是，他觉得在苏联，专制是第一流的，自由却是二流的。他不愿加入专制的"酒神狂欢"，恰恰因为这是被许可的。此处"第一流"一词，显然不具正面意蕴：换句话说，它指的是审美意义的完整程度。斯大林的专制确乎是专制，赫鲁晓夫的自由却并非自由。帕斯捷尔纳克之所以自1955年便极度怀疑解冻，起因就在于此，而且有不少证据表明这一点。像以往一样，他本人的诗作足以说明问题，例如他于1956年写下的一首诗，正是针对苏共二十大和法捷耶夫自杀的直接回应：

---

① 1956年2月，在苏共二十大结束前夕，赫鲁晓夫做了题为《关于个人崇拜及其后果》的秘密报告，揭开了斯大林问题的冰山一角。

就要迎来四十周年,①
个人崇拜溅满脏污,
但崇拜恶与崇拜单一
依然是流行的风尚。

每一天都蠢钝地
带来一组组照片
充斥着猪样的嘴脸,
每一天着实令人难堪。

而且恶语和恶俗
依然受到尊崇,
即令在纵饮之下饮弹,
也无力消除这一切。

伊文斯卡娅曾经谈及帕斯捷尔纳克看待解冻的态度,用我们的眼光来看,她的说法离题太远:她认为,帕斯捷尔纳克希望并期待赫鲁晓夫亲自过问他的“事情”。斯大林倒是过问了,有时还很管用;这当中有着“相互间的理解”。据诗人的情人回忆,诺贝尔奖风波期间,他不断强调说,斯大林作为独裁的象征,从诗歌中看到了权力——某种程度上不亚于其本人所拥有的权力。这一点无须争辩:斯大林确实赋予了文学以过高的、近乎神秘的意义。另一个问题是,这种意义几乎让所有与帕斯捷尔纳克同时代的主要文学家都付出了生命的代价,但他似乎却认为,比之于赫鲁晓夫时代相对的太平,三十年代一轮又一轮的逮捕,更像是对作家们以礼相待的证明。在他看来,暴君统治下的死亡威胁,反而比“平庸专制”下遭受迫害更自然。他的看法纯粹是美学的,有争议性的,但也在情理之中。或许,他这么想是因为,他没有坐过一天的监牢,没有体会到此中滋味。但也可以反过来看:唯有他,未曾身陷囹圄,未曾担忧被移送有关部门,未曾像阿赫玛托娃那样等待着牢狱之灾轮到自己,像特瓦尔多夫斯基那样将全家人送往流放之途,像沙

① 指十月革命胜利四十周年。

拉莫夫那样经受了科雷马十七年严寒，所以才有可能全面评断这场解冻的是非和真伪：感恩之情蒙不住他的双眼。帕斯捷尔纳克以清醒的头脑和坚定的意志迎来了解冻，并且在丝毫不为斯大林辩解的同时，表达了对于赫鲁晓夫的鄙薄。他与后者之间没有私交。

由此呈现出帕斯捷尔纳克的与众不同——相比五十年代，三十年代更能引起他的兴趣、敬意，甚至是追怀。他能够谅解那些对专制表示沉默与迎合的人们，这毕竟关乎人的生死！但他却无意谅解那些在人为的、被许可的自由主义面前左右逢源之人。庸俗终究是庸俗。在一封写给伊文斯卡娅的短签中，帕斯捷尔纳克就此话题彻底敞开了自己的想法，信中提到他的组诗在《旗》杂志和《文学莫斯科》丛刊上的发表："但总的来说，我现在更倾向于'官办'杂志，而不是这些'作家的'和'合作式'的新创举，它们所能做的是如此之少，与官方刊物的差别又是如此之小。此即闻名已久的所谓'言论自由'的偷换，那偷换它的事物，在形式上反倒需要更为恶劣的造假。要知道，《文学报》就这样出现于战后，作为'政府无权干预'的人民之声。我宁可要《新世界》也不要丛刊，应当向克里维茨基①告知此意。"

帕斯捷尔纳克觉得，给智识退化的苏维埃王国披上自由的轻纱，是不光彩的事情，他不愿为此牺牲名誉：在他的印象中，即使五十年代后期公然的形式主义，也要胜过被许可的自由——唯有庸俗之辈、表演家和"诗歌政论家"，才会在那种自由下如鱼得水。大难不死的人们也发出欢呼，他却不希望加入其中；这种姿态与其说取决于事件的矢量，不如说取决于原则的纯正。（1956 年，《文学莫斯科》编委会以篇幅太长为由，拒绝刊登《日瓦戈医生》，真正的原因却是，这部小说对他们而言过于激进；帕斯捷尔纳克没有忘记此事。）

问题还在于，类似斯大林统治时期的各个时代，势必造就宁折不弯、意志刚强的人，当然也会造就懦夫、诽谤者和告密者，但在这样的时代，善恶之间的鸿沟也愈加分明。五十年代则到处是"进步的"告密者、温和的自由派和怯懦的揭发者。正是对他们，帕斯捷尔纳克已经忍无可忍；也正是他们，

① 当时担任《新世界》杂志副主编。参见本书第三十八章。

在1958年10月29日那次臭名昭著的会议上,急不可耐地对他展开了揭发。不管看上去多么怪异,三十年代的人们终究更理解帕斯捷尔纳克是何许人,他们深知其个性的尺度。在五十年代的苏联,在倾向于当局的作家界,总有那么一些人,由于个人的短浅而无力评断帕斯捷尔纳克:对他们而言,他已不再是一个值得推崇的人物。

2

然而,以上关于赫鲁晓夫解冻的简评将不完整,也明显不公允,倘若接下来我们继续按照老布尔什维克的逻辑来解读帕斯捷尔纳克对赫鲁晓夫的反感:譬如说,斯大林头脑聪明,赫鲁晓夫却有点儿……实际情况可能更简单,也更可怕:别忘了艺术家的自我保全这一概念。需要保全的不仅是卑微的性命,还有艺术家的才华。这就是苏联电影和书籍中经常给叛徒添加种种创作能力的原因。订货归订货,但执行者毕竟对心理学略知一二,知道一个有天赋的人更看重自己的才华,而不是公共的事业。自我保全的本能占据着上风,直到保全才华的更强大本能被开启,并向他提示:这里是不可为妥协而逾越的界限。

帕斯捷尔纳克为何像娜塔利娅·伊万诺娃所关心的那样,"参与了斯大林崇拜的创造,而没有参与它的揭露?"这是因为,他不喜欢参与任何集体的巫术,但他能够避开个人崇拜的揭露,而逃避创造,他却无能为力。帕斯捷尔纳克为何批评赫鲁晓夫,却几乎未曾——至少在书面上——批评过斯大林?这不仅因为,斯大林是比赫鲁晓夫更大的人物;归根结底,二者均为历史的工具。只不过,在三十年代,事关他想要跟领袖谈论的"生死问题"。到了五十年代,对周围的愚蠢和庸俗可以进行口头或书面抨击,无须特别担心即刻降临的惩治。为何冬天穿皮袄,夏天却不用?这大概不是因为,人们出于对冬天的敬意,尽可能穿得更好些,对七月的夏日却傲慢地予以藐视。

还有一个重要情况。名著《帕斯捷尔纳克的抒情诗》作者瓦基姆·巴耶夫斯基有一句话经常被引用:"别忘了,杀害帕斯捷尔纳克的不是斯大林主义,而是解冻。"这句话乍看没错,但仔细考虑,则有争议:严格意义上的解冻，从1953年春天持续到1956年秋天。其顶点当然是赫鲁晓夫在苏共二十大上的报告。1956年，静悄悄的回潮已然开始，六年之后，赫鲁晓夫尚能遏止这股潮流，召开了苏共二十二大，准许了《伊万·杰尼索维奇的一天》①发表。然而，1962年以后，历史却进入到第二个层面，直至1964年"敬爱的尼基塔·谢尔盖耶维奇"②本人被褫夺权位。经由"唯意志论"、"玉米"③和知识分子的分裂，自由很大程度地败坏了自己的声誉。那些一边助长赫鲁晓夫的恣肆，一边将其推翻在地并为恶名远扬的唯意志论极力造势的人，不失时机地利用了他的失势，目的是得到权力，然后旋紧螺丝帽。

1956年堪称苏联历史转折的一年。当年不仅召开了苏共二十大，而且发生了布达佩斯起义，对这场起义的镇压之血腥和残酷，远远超过十二年后的"布拉格之春"。正是在这一年，苏联知识分子最杰出的代表们已不再有幻想。时代的转变并非发生在赫鲁晓夫被罢黜之后，而是大约在他当政的中期。在1956年初的欣快氛围中一度赢得西方知识分子好感的苏联，骤然间又丧失了这些好感。这种状况并非帕斯捷尔纳克荣获诺贝尔奖的首要因素。西方向一个异类分子授奖，严重刺激了苏联官方高层。双方关系又回到冷战时期的低温，在相互冲突中，一些后来非常热心的人士也纷纷谴责帕斯捷尔纳克——冷战最著名的牺牲品。

1958年，两位大诗人——弗拉基米尔·鲁霍夫斯科和尼古拉·扎波罗茨基突然相继去世④。1953年至1956年间，他们两人都经历了真正的创作高潮，就像帕斯捷尔纳克在《日瓦戈医生》收尾时所经历的那样。鲁霍夫斯科伊创作了长诗《世纪中间》《二分点》和《蓝色的春天》；扎波罗茨基则写下数量非常可观的新作（每年超过三十首诗——这是他年轻时都不曾达到的水平）。他们尚未步入老境，便意外地离开人世（扎波罗茨基活了五十五岁，鲁霍夫斯科伊——五十六岁），可以认为，二者的死跟解冻不无关系。简单来说，他们如同深水鱼类，一旦捞出水面，自然活不下去。但另一位天

---

① 索尔仁尼琴的著名短篇小说。这篇小说的发表，拉开了苏联"劳改营文学"的序幕。

② 赫鲁晓夫的名字和父称。

③ 赫鲁晓夫执政期间，试图解决农业发展困境，在苏联推广玉米种植，遭到失败。"玉米"成为人们对赫鲁晓夫"唯意志论"和农业改革的笑柄。

④ 此处不准确。弗拉基米尔·鲁霍夫斯科伊去世的日期是1957年6月5日。

才[①]却告诉人们,“幸福不会让人死去。”

像鲁霍夫斯科伊和扎波罗茨基,也像那些对苏联艰难时世之终结短暂地抱有信心的人们,帕斯捷尔纳克并非死于解冻,而是死于解冻中的回潮。

当然,我们也不能说,他从一开始就完全不相信解冻!在《浮士德》第一版译本上,他曾向出版家兼时评作者彼得·恰金赠诗一首:

翻译《浮士德》
经历了多少停顿!
好在拙作终于问世,
世上的一切都动起来。
良好的进展
在道理中依次获取。
书籍的出版越发频繁,
人的出产也不慢。

时值1953年秋天,诗的调子相当乐观;再有一整年的辛苦,才能完成帕斯捷尔纳克视之为主要事业和一生见证的长篇,这一年里,充斥着模棱两可的把戏,平反也是有选择和不充分的,到头来,一切幻象都烟消云散,帕斯捷尔纳克写下了题为《心灵》的绝望诗篇:

我的心灵,为我周围
所有人而忧伤!
你活生生地成为一座坟
埋葬着饱受苦痛的人。
…………
在我们这个自私的时代
你就等于一只骨瓮
使那些遗骸得到安宁,
出于良知,也出于恐惧。

“自私的时代”——如此直露的表述,在帕斯捷尔纳克那里实属少见;

---

① 指帕斯捷尔纳克。

倘若是三十年代，他就不会这么写。在他笔下，有过嗜血的、卑鄙的、可悲的人，却没有自私的人。五十年代，人们争相忏悔，急欲用脏污将个人崇拜填埋，他首先从中看到的却是一种曲意逢迎的倾向，也就是说，个人崇拜的时代在延续，只不过流于琐屑，愈加退化，范围有所调整。

谁注定活着受夸赞，
谁理当死后遭辱骂——
唯独我们有影响力的
马屁精心知肚明。

这是《风（关于勃洛克的四个断想）》的片段，勃洛克本人的形象并未在诗中展现，他只是被塑造为自由和真实性的抽象的象征。这首诗总体上不算是《雨霁》组诗中最好的诗篇，某些局部的表达之钝拙、音调之牵强，比《我懂了：万物有灵》[①]有过之而无不及。

割草吸引了勃洛克，
少爷操起了镰刀把，
猛然间差点伤了刺猬，
大镰刀划过两条蛇……

而且这里的语义也模棱两可——在俄罗斯，人们通常把兔子叫作“大镰刀”，兔子又怎么可能“划过两条蛇”；这还不是勃洛克，正像“少爷”这一代称，“吸引”一词跟我们从诗文与书信所认识的真实勃洛克多么不相称。所有的一切再次表明，帕斯捷尔纳克距离勃洛克是何等遥远，尽管对他的热爱从未消退。事实上，这首诗写的不是现实中的诗人，甚至不是他在文选中的形象（“勃洛克在天上看见花纹。/天穹向他预示大雷雨，/预示恶劣天气，/暴风骤雨和气旋”[②]）。整首诗的意义就在于宣告诗人理想形象的第一个断想：“他并非按规划而扬名，/他永远在流派和体系之外，/他并非人工制造的产物，/没有人将他强加给我们。”这样的诗人对立于谎言的时代与局势，也只因这种对立，他的存在才不可或缺。

---

① 参见本书第二十八章。

② 引自帕斯捷尔纳克《风（关于勃洛克的四个断想）》（1956）。

正如我们所见，转折发生在 1956 年，恰恰在这一年，解冻结束了，延续八年的缓慢倒退开始了。

3

当然，以上所述并不能抹煞赫鲁晓夫的伟大功绩。我们只是试图解释，为什么社会民主化必然导致对那些突然间失去地位的天才人物的迫害："首鼠两端之人"压垮持守原则者，平庸的随大流者向巨匠发起猛攻。与此同时，他们的动机不仅表现出对国家的忠诚，而且具有自由主义色彩（在那个时代，忠实于国家就相当于自由主义）："我们国家刚开始活出点人样，他就在那儿撬墙角！"

令人吃惊的是，同行对帕斯捷尔纳克的憎恶是群体性的、步调一致的，几乎没有谁是例外（在当时的苏联作协，勉强有百分之二三的作家们止步于迫害之外，为帕斯捷尔纳克大声辩护的人却一个都没有！），而憎恨的理由恰恰源于一些貌似崇高的臆想。他胆敢侵犯我们的自由！我们善良、人道的当局刚刚让我们能呼吸，他却要把它逼向角落！曾几何时，当我们躲在自己的角落里颤抖，遭到抓捕之际，唯独他安然无恙（顺带说一句，一些捱过劳改营的作家，譬如谢列勃里亚科夫和马尔汀诺夫，攻击帕斯捷尔纳克的劲头尤其猛烈）！

对帕斯捷尔纳克的迫害并非赫鲁晓夫时代悲剧性的过火行为。今天，共产主义和自由主义的魅惑均已消退，当初的迫害显然才是那个时代极端而显著的表达。在"前基督巨怪"的统治下，天才尚能经历巨怪之恶而保全自身。只有在那些曾经顺服于前基督巨怪的人们胜出的时代，他才失去了保全的可能性。

1934 年 8 月 29 日，大恐怖第一波浪潮前一年，在苏联作协第二十一次例会上，作家们济济一堂的圆柱大厅，热烈欢迎了帕斯捷尔纳克的演讲。

二十四年零两个月过后，在赫鲁晓夫二十大报告后的所谓素食主义时代，在文学家中央大楼主厅，作家们同样济济一堂，会议仅有一次被打断，目的不仅是要求开除帕斯捷尔纳克的作协会员资格，而且要求将他驱逐到国外。

曼德尔施塔姆说得太对了:“写作者乃是一个皮肤味道难闻、饮食方法极其肮脏的种族。这个被逐出城市的种族,在自己的呕吐物上游移、栖宿,在乡村受到排挤,但随便走到哪里,都会向政权靠拢,后者则像对待妓女一样,给他们从黄色单元楼划拨一块地方。因为无论在何处,文学只履行一项使命:帮助长官让士卒俯首帖耳,帮助法官对注定灭亡者裁定惩治。作家——鹦鹉和神父的杂交物。他是鹦鹉一词最高意义的化身。”

苏联解冻的命运决定于1956年5月的最初几天:莫斯科广播电台意大利语栏目播出了一条新闻(纯属反宣传和灌输式的官方消息,正像所有的对外广播),称鲍里斯·帕斯捷尔纳克完成了一部长篇巨著,几乎涵盖二十世纪三分之二的历史时期,直至第二次世界大战结束。这部作品将很快在俄罗斯出版。

伊文斯卡娅提出了一个合理的观点,她认为,正是这无可厚非的新闻,使坚守的承诺像雪块一样松动了。无疑,帕斯捷尔纳克原本不会将小说送交国外,但问题是,事态的发展超乎意料,以至于反宣传的莫斯科广播电台这条消息成了错误。因为意大利共产党员费尔特利涅里①听到了苏联共产党制作的节目,5月末,他向帕斯捷尔纳克派去自己的密使谢尔吉奥·德安杰罗。

保密学的爱好者一定会有疑问:这看似没有任何意义,却惹来一堆麻烦的新闻,到底有什么不对劲? 1954年,《旗》杂志也曾透露了一条消息,关于“一部散文体长篇小说”,随即石沉大海,被人们遗忘。两年后,一档针对西方的广播节目,为何突然认为有必要向意大利人告知帕斯捷尔纳克作品很快出版?

赫鲁晓夫解冻的设计师们一边向西方听众讲述帕斯捷尔纳克的长篇新作,并宣告它的即将问世,一边根据苏联在国际舆论界的新形象来调整自己的节目。首先当然是面向态度友好的舆论界,而新现实主义时期的意大利恰恰不乏对苏联的好感。共产主义者在该国的影响,比在任何一个西方民主制国家都要大。苏联政权与他们的分歧“纯粹是风格上的”,就像后来与西尼亚夫斯基的分歧。(当时谁知道,风格的差异居然成为关键!)这里说的是稍大的自由度、讨论的开放性(所有时期的托派分子都推崇讨论,一句

① 吉安贾科莫·费尔特利涅里(1926—1972),意大利出版商,左翼政治家,见下文。在国际出版界,费尔特利涅里这个名字,象征着纯粹、先锋的图书出版。

可爱的民间用语也由此而来:"重复不断,像托洛茨基那样"),以及程度略大的激进主义(在苏联宣传中被称作修正主义)……换句话说,当时影响力远胜于右翼的意大利共产党左翼,认为斯大林主义是丑恶的,是通往共产主义光明之路上的行政—官僚主义障碍,并要求取消意识形态禁锢,宣称共产主义与其说有着一张人道主义的玫瑰色面孔,不如说是一张深红色的斗士面孔,眉宇间带着加里波第①式的褶皱。

有几场讲话,被视为向西方激进主义的让步,内容涉及突破意识形态禁区,出版一些几乎被遗忘和受迫害作家的著作,其中包括帕斯捷尔纳克;通过当时的报刊和1955年至1956年间的出版动态,不难断定,苏联当局有意展示解冻的橱窗,作为时代的象征之一。斯大林主义罪行披露之后,为苏共政治声誉而担忧的思想工作者们几乎找不出几个合适的作者。阿赫玛托娃吗?可她"太不像我们自己人",从来不是我们的,她的组诗《光荣属于和平》可是谁都骗不了②。出版她的文集倒也无妨,连她本人也可以放出去——放到国外去,以使侨居的残渣余孽们一睹昔日偶像的尊荣;可阿赫玛托娃身上哪有什么新时代的象征?她整个人都是旧的……要么是左琴科?有过这样的努力,书也出了,人也请到《鳄鱼》杂志③编辑部来了;可这终究是一个饱受摧折的人,一个重病患者,一种沉重的、无以排遣的压抑感替代了他所固有的忧郁气质;一个早已无所作为,有些疯癫迹象的作家。"作家带着一颗吓怕了的心,他的技能也丧失殆尽"——每当别人问他正在写什么,他便大声地念叨这句出自他书信里的话。是的,他什么都没写。(《关于〈星〉和〈列宁格勒〉杂志的决议》改写了阿赫玛托娃和左琴科的命运,直到1991年"8·19政变"前夕,在苏共的最后时日,此项决议才被取消。)

剩下还有谁?经历了斯大林劳改营,却始终对党忠贞不渝的加琳娜·谢列勃里亚科娃吗?西方又有谁认得这位加琳娜·谢列勃里亚科娃……尼古拉·阿谢耶夫?可阿谢耶夫近三十年来究竟写下了什么好作品,除了一部长诗《马雅可夫斯基现在开始》?尼古拉·扎波罗茨基可以吗?应该说,

---

① 朱塞佩·加里波第(1807—1882),意大利统一运动领导人,民族英雄。

② 1949年,阿赫玛托娃的儿子列夫再度入狱,为使儿子早日出狱,她写下组诗《光荣属于和平》,讴歌斯大林,称"哪里有斯大林,哪里就有自由",但斯大林并未领情。

③ 苏联和俄罗斯的幽默讽刺杂志,创办于1922年。

他曾经被寄予希望，介绍到意大利（又是意大利！），发表了一些文字，受到了追捧。扎波罗茨基却无动于衷。从他与周围人（无疑，在他周围不乏告密者，所以他一生都害怕被盯梢）的谈话可以看出，虽然他表面上对当局忠心耿耿，内心却无法原谅。是啊，有谁能原谅呢！假如有人向他问起往事，难道他会缄口不语吗……在一次与英国大学生的交谈中，连左琴科都称自己不同意当年的决议。那是丑闻。而丑闻须杜绝。在我们的作家当中，有谁不曾故作镇定，貌似忠诚，私底下却在谴责“极端与冒进”，又有谁不曾卷入任何运动，不曾极力颂扬“犯下个别错误”的领袖？西方最了解的人是哪位，归根结底，谁在二十年代享有盛誉，文学影响力不亚于“海明威和普里斯特利”？谁最适合于向外推出？显然，帕斯捷尔纳克是最佳人选；有关方面也打算利用他，展开一场意识形态的行动，就像1935年在巴黎的那场几近完美的行动。你们不是想要苏联作家吗？那就满足你们的需求——给你们巴别尔和帕斯捷尔纳克，活生生的苏联作家，甚至不乏西方绅士派头。1935年给苏联领导人留下了宝贵的经验：为使人们相信民主和人道主义原则的确凿无疑，不妨展现作家风采。两年时间足矣——直到搜捕风潮来临。

帕斯捷尔纳克被误认为是“我们的人”，只要他愿意，就能利用他来挽救苏联的形象。正因为这样的企图，才有了从《日瓦戈医生》在西方出版到1958年“运动”之间相对较长的平静。

1956年5月播出的意大利语节目，是一场精心构思的行动的开端，其目的是将帕斯捷尔纳克变成新苏联自由的象征，乃至与欧洲共产党友好交往的象征；有必要向这些政党提供一切证据，以表明解冻之真实而非虚假。

但莫斯科的对外广播却有一个无可弥补的缺陷：偶尔，真的有人会收听它的节目。于是，相当年轻且非常果敢的出版商吉安贾科莫·费尔特利涅里在意大利获知了帕斯捷尔纳克长篇新作的消息。

4

1926年6月19日，吉安贾科莫出生于一个富有的意大利银行家家庭，八岁那年，父亲卡尔罗·费尔特利涅里故去（另一个说法是，他在银行危机期间自杀身亡），妹妹安托内莉刚满七岁。1940年，依然年轻的孀妇吉安贾涅利扎·费尔特利涅里改嫁给路易吉·巴尔基尼，一位性情古怪的新闻记者和冒险家。帕斯捷尔纳克似乎总是受到某些名声不佳、饱经沧桑和生性浪漫之人的青睐，或者说，他能够触动他们的心灵。正所谓“渔夫远远望见渔夫”（顺便说一句，因为批评墨索里尼，吉安贾科莫的母亲曾经遭到拘禁，这让我们不禁想起伊文斯卡娅的母亲）。吉安贾科莫十七岁时参加了反法西斯抵抗运动，二十岁加入了意大利共产党。“我在一种只能用资产阶级眼光来衡量的氛围中长大：家庭教师的陪伴、优越的条件、四处旅行等等，对我来说太过平常，与此同时，我与同龄人之间却是彻底隔绝的。直到1941年，我还未曾进入学堂，只是以私家方式接受教育。我就这样成长起来，几乎没有一个朋友。如果始终是类似的情形，怎么可能发生转变，使得我加入意共，如今成为它的积极分子？是什么促使我做出这样的决定，不仅意识到参加意共的必要性，而且还与工人阶级先锋一道为反对资本主义和争取社会主义而奋斗？我想，首要的动因或许是下面这件事情：1936年，我母亲购得一座大花园，为了它的修葺，一批雇佣工人和农民干了好几年。我很快就跟他们成了朋友，并且第一次见识了与我置身其中的镀金世界截然不同的另一个世界……罗马解放之后不久，我有幸读到两部十分重要和现实的著作。这便是《共产党宣言》和列宁的《国家与革命》……”这段话引自他向米兰党校提供的一份自述材料。接下来，他说到发生在1946年的另一件事：母亲和继父反感他的思想倾向，决定动用特工组织中的关系，以战后和平时期持有枪支为理由，假装逮捕他。父母原以为他会吓得逃到国外，而他们正好也打算移民。他果真去了国外——到了西班牙，但当年7月就返回米兰。1947年，他娶了彼扬卡·纳加罗为妻（也是一名共产党员），同时成为数百万遗产的继承人。根据父亲的遗嘱，当他长大成人，也就是年满二十一周岁，即可获得继承权。“米兰中心建筑”和“建筑与投资公司”这两家股份制公司均归于他名下，外加几座大型木材加工厂，以及“联合银行”若干股份。在他位于圣巴贝拉广场的住宅里，悬挂着斯大林的肖像。总之，这是米兰的萨瓦·莫洛佐夫①，但思想远比莫洛佐夫“先进”。

---

① 萨瓦·季莫菲耶维奇·莫洛佐夫（1862—1905），著名的俄国富商，企业家，科学和文艺事业的资助人。

自1955年起，费尔特利涅里开始从事出版业。由他出版的首批著作，包括罗素勋爵的《纳粹党徽的祸害》(1958)和贾瓦哈拉尔·尼赫鲁的《自传》。出版社设立在米兰，法特贝内弗拉特里大街3号。费尔特利涅里对出版业的兴趣，很快超过了他所继承的其他产业。每当有人把出版图书称作他的业余爱好，他就会立刻打断对方。他征集作品时像个共产主义者，推出这些作品时却像个资本主义者，蝇头小利也不放过。作为名副其实的左翼人士，他出版了匈牙利共产党人的一系列作品，其中最主要是后来被贴上修正主义分子和变节者标签的纳吉·伊姆雷①。1955年，公司所属罗马书店的经理谢尔吉奥·德安杰罗向费尔特利涅里提议，到苏联去寻找天才之作。为出席意—苏两党联合广播仪式，他本人正好才去了一趟。他还告诉费尔特利涅里，他们的广播节目播出了关于帕斯捷尔纳克长篇小说的消息。费尔特利涅里对小说手稿产生了兴趣，要求给他弄一份来。

费尔特利涅里后来的遭遇相当离奇，我们来简要说明：他与指斥匈牙利事件为反革命暴乱的意共闹翻；比共产党人更加左倾；热情支持菲德尔·卡斯特罗。1972年3月14日，他试图将十五块梯恩梯炸药放置在一座高压电线塔上，不慎被炸身亡。

帕斯捷尔纳克为何决定迈出前所未有的一步，将《日瓦戈医生》送交国外？有几个缘由碰巧汇集于此，对于他堪称命运微妙之功的准确见证。自1927年皮里尼亚克在法国发表了小说《红木》以来，就不再有苏联作家将自己私下的创作交给国外。帕斯捷尔纳克是皮里尼亚克的朋友和坚定的辩护者。与其说他渴望分担皮里尼亚克的不幸，不如说意欲摆脱监管之下的文学写作，冲破思想路线的禁锢。这完全符合他的精神气质，他按照皮里尼亚克的方式行事，仿佛重现了二十年代中期的文学状况，自由当时虽残剩无几，却依然存留于散文和评论中。帕斯捷尔纳克本人可能无意寻找外国出版商——并非由于胆怯，而是由于无助，由于他始终不愿以一己之力干预人

① 纳吉·伊姆雷(1896—1958)，匈牙利改革家，匈牙利共产党和人民共和国主要缔造者之一。1953—1955年间任总理，因主持改革被迫下台。在1956年匈牙利"十月事件"期间，再次出任总理，组织多党联合政府，试图摆脱苏联控制。苏联出兵后，进入南斯拉夫使馆避难，随后被送往罗马尼亚，很快又被押解回国。1958年6月16日，以组织推翻国家罪和叛国罪被执行绞刑。

生。然而,当命运之神亲自为他送上礼物,将一位来自意大利的密使派到别列捷尔金诺,他毫不犹豫地接受了这一切。

济娜伊达·尼古拉耶夫娜把丈夫的毅然决然归因于“所有人都喝多了”。也许,白兰地为帕斯捷尔纳克增添了勇气,但如果没有白兰地,想必他也会把自己的“日瓦戈”交给德安杰罗。帕斯捷尔纳克深信,凭借持之以恒的精神和坚定的使命感,他重新获得了生机。斯多葛学派的古老原则,放在帕斯捷尔纳克的表述中,听来或许更乐观:“去做应做的事情,会有应得的结果。”

对他而言,两个意大利人的出现是幸事,使得他做出正确的选择。而命运本身关心的是让他的事业得见天日——不是总有一天,而是正当其时。

第四十四章　1956:拒绝选择

1

作为常人的帕斯捷尔纳克,有责任为艺术家帕斯捷尔纳克创造适宜的生存条件,而不只是勉强将就。1956年,他期盼已久的条件终于齐备,各方面都呈现着被他奉为原则的对偶性,形成一幅相当和谐的画面。他不住在城市,也不在乡下,而是在森林环抱的作家村,距离莫斯科还有二十分钟车程。他有一座文学基金会分配的别墅,可以在菜园和田地里干活,不受任何强制;他从事最普通的农活,不为糊口,只为心灵。他有两个家:伊文斯卡娅将他的两处居所分别称作“大别墅”和“小别墅”——其中之一住着渐渐老去的济娜伊达·尼古拉耶夫娜,伊文斯卡娅和女儿租住在另一处,两者之间仅仅相隔一座小桥。当他离开伊文斯卡娅去工作,便对她说:“我应该报答你”,可他更喜欢待在自己习惯了的书房,在舒适的环境中书写;的确,奥丽嘉那里没有书,没有方便的书桌,也没有安静的气氛。那里只有一座爱巢。

他在俄罗斯写作,出版却将在国外。他的政治地位模糊不定,而这种状况也恰好为他所珍惜，正如我们所知，一切确定性在他看来都像是局限性，一切理念的忠诚，都意味着自我背叛。他不写任何爱国主义的文字，也不写什么明显反对苏联之作。小说在期刊上的发表遭到否决，但著作合同已经签订。有关方面又一次试图将他打造为被许可的自由之橱窗，但他成功地逃离了这一角色。他的生命臻于他钟爱的、并且早在写给斯大林的信中就曾经提及的"神秘性"。敬重他的人是少数，对多数人而言，他是封闭的；无论面对排挤还是半官方的恩宠，都不会使他痛苦，1935 年他却认为这种恩宠像是一笔抬得过高、受之不公的预付款，让他的精神几近崩溃。模糊不定的还有他的基督教世界观，但不是教会的，比苏联控制下的东正教版本更激进，更少形式化。他持反对派立场，但不是地下的，写得很多，但发表得很少，他的长篇小说业已完成，暂时却只能以手抄本形式流传。在世界声誉和喧嚣的批判到来前夕，他的心绪反而格外平静，梦幻般的创作高峰随之而来，1956 这一年里，他写下了三十多首诗。这便是幸福。但它也可能不完整，倘若不是伴随着痛苦的负罪感；帕斯捷尔纳克从不避讳这种感受，甚至为自己的双重生活寻找各种理由："上帝派我来折磨我自己和我的亲人，以及所有不该被折磨的人。"但这毕竟如此美好！帕斯捷尔纳克的所有杰作都出现在罪错与幸福的这种对位中；就这样，1956 年的情况越来越好。他心怀愧疚，但两个家里都有他的容身之地；他的愧疚还不至于毁坏生活，妨碍他写诗。他愧疚——但不是为个人的天赋，到头来，天赋对其承载者已无所需求。

苏联时期的正面人物所做的只是选择、拒绝和抛弃：在他们面前，始终是所谓的二元对立——最为直露的表达来自马雅可夫斯基，可以想见，他的《"人民演员"先生》(1927)中的这一句会让帕斯捷尔纳克多么反感："今天/谁不跟我们/一起歌唱，/谁就是——/反对我们。"人被驱入臆造的、时常是自杀式的选择范围内；囚徒般的感知，才是苏联知识分子正常的自我感知。那又能怎样？既然无可选择，也没有第三条道路(当然也有过——关于侨民生涯的最好著作之一、唐·阿米纳多①的回忆录正好就叫作《第三条道路上的列车》)。

---

① 俄苏讽刺诗人，原名为阿米纳德·彼得洛维奇·施波良斯基(1888—1957)。

步子要向左迈出，向右就被视为大逆不道。这种逻辑也势必盛行于异见者中间——斗争之中没有其他逻辑，因为我们总是无意识地效仿自己的敌人。这个国家变成了一座统一的军营，迫使人们每走一步都要选择，因此，就连它最具天资的诗人们也为选择的片面性而震惊：既然做出选择，那就只能坚守。通过马雅可夫斯基事件，我们已经谈论过这种无异于自寻死路的忠诚——他整个一生的自杀策略都与此相吻合。或许，帕斯捷尔纳克是唯一的特例，一次并永远地放弃了二元对立。这不仅体现在他与斯大林的交谈中，也体现在他与当局的所有对话中。他每每迫于压力在黑白之间选择，却径自发出异样的声音："蓝—色！""绿—色！"1931 年，他离家出走，试图"按照时代的节奏生活和思考"，这也是他跟自己四十年人生的了断，是朝向新轨道或当时所谓"同路人时代"的转折；选择自然是艰难的，其结果则是无谓的损伤。苏联人所做的只是抛弃：抛弃过去，抛弃错误，抛弃他们囚禁在古典主义高大建筑的可怕地牢里、未能及时将某些东西抛弃掉的亲友……

帕斯捷尔纳克无意成为自杀者，在他的观念中，自杀犹如面对世人、上帝和天赋的罪愆，倘若被谅解，也只是在它戳穿虚假的罗网之际。需要指出的是，他唯一一次企图自杀的严肃念头（不算 1958 年那次，那纯属示威之举）恰恰与选择的情境相关——济娜伊达·尼古拉耶夫娜同他和涅加乌斯之间为期两年的周旋、他对旧爱和新欢的歉疚，让他进退两难。"不能再犯错了。"跟一个坚毅、威严的女人生活了十六年之后，他爱上了另一个女人，一个被扭曲的、处处带来混乱和幸福的不幸之人，但如今，对他而言，这并不表明他应当抛弃儿子、住所、书房、生活方式及创作。帕斯捷尔纳克不为自己拥有两个家庭而羞愧。他总是向好友或他欣赏的新人们介绍奥丽嘉，把她当作自己的缪斯、奇迹和真正的妻子；对于此种情形，他身边的人无不习以为常。为了如愿地生活，起码不至于羞耻（因为做出一切却又遮遮掩掩不敢声张），需要钢铁般的意志，千万不可优柔寡断。

苏联作协的其他成员像法利赛人①一样谴责帕斯捷尔纳克的风流韵

① 耶稣时代一个著名的犹太团体，耶稣经常批评法利赛人不明白《圣经》，假冒为善，"没有真的义"。

事，在他们看来，这等事情就像日瓦戈的罗曼史，同样触犯了禁忌。然而，他们中的大多数其实并没有指斥他的道德权利。文学界和学术界时常爆出丑闻：1954 年，揭露了一个淫窟，祖国科学的许多名流均是那里的常客；大约就在同一时期，阿谢耶夫年老色衰的妻子奥克桑娜，“迷人的小山羊”，娜佳·西尼亚科娃的妹妹（1914 年，帕斯捷尔纳克曾与之有过一段倏忽即逝的伤心往事）也制造了一场公开的丑闻，闹得沸沸扬扬，原因是丈夫找了一位年轻的恋人；阿谢耶夫却没有帕斯捷尔纳克那样的胆气，只得溜回到家里。怀着难以掩饰的忿恨，济娜伊达·尼古拉耶夫娜回忆了战后开始蔓延的十足的腐化之风——一些老作家拜倒在年轻情人的石榴裙下，由于战争，那些女孩遇不到足够多的同龄男性；出现了“女猎人狄安娜”①部落。伊文斯卡娅当然不属于这个部落，但在济娜伊达·尼古拉耶夫娜看来，帕斯捷尔纳克的行为正是上述风气之结果。

相形之下，在“最后的”“黄昏的”恋情当中，非但没有任何犯罪的印记，反而可以从艺术史上找到通常称作“第二春”的无数例证。七十三岁时写下《马里恩巴德哀歌》的歌德，认为此乃真正伟大的标志。当诗人年迈之际，倘若错过最后一次情感的迸放，便可能失去一个完全复苏的自我；而帕斯捷尔纳克的晚期抒情诗也可能是另一种形式，或者根本不会写成，如果不是因为那最后的、义无反顾的激情。萨莫伊洛夫、奥库贾瓦、列维坦斯基——所有这些有幸活到头发斑白的俄罗斯大诗人，在他们晚年均留下了出色的爱情诗。就连八十高龄的尼古拉·吉洪诺夫——胸前挂满勋章的老人，苏联保卫和平委员会主席，社会主义劳动英雄，各种奖项和荣誉获得者，苏维埃代表，去世前一年也爱上了一位给他打针的年轻女护士，四十多年未写过抒情诗的他，居然诗兴大发，写下一系列情诗。

从繁复多样中，从幸福、痛苦与羞耻中，接受并吸取一切。对于帕斯捷尔纳克而言，1956 年即是这样一种关于包容的壮丽尾声。

甚至肉体的痛楚也未能使这节日般的和谐变得黯淡。1957 年 3 月的一天，他从家里出来，乘车去莫斯科艺术剧院参加一场戏剧彩排，那是以他

---

① 罗马神话中的月亮和狩猎女神，与希腊处女神和丰产女神阿耳忒弥斯的混同一体，形象是一个年轻的女猎人，身穿猎装，背负箭筒。“女猎人狄安娜”在此处，指的是二战之后出现在苏联的渔猎男性的苏联女子。

的翻译为蓝本的席勒悲剧《玛丽·斯图亚特》。突然，他的膝盖一阵剧痛，疼得他差点喊出声来（他随后给玛丽·斯图亚特的扮演者塔拉索娃写信，带着旧式的书卷气："我打算在不远的将来，向您郑重地陈说此事"）。原来是关节炎犯了。在克里姆林宫附属医院，他经受了两个月的折磨，又在莫斯科郊外的乌兹科耶疗养院度过了同样长的时间。

相比1952年他在鲍特金医院，在心肌梗塞发作后所感受的意外幸福，这次的病院经历是多么不同！他的书信充满了对病痛的抱怨，他时不时地发火，耍脾气，某种程度上是因为，他写信给伊文斯卡娅，主要却为了不让她来看他。妻子守在他身边，几乎形影不离，跟伊文斯卡娅接触，会导致尴尬的局面。与此同时，种种迹象表明，他还受到良心的折磨：两个家的生活又一次开始让他感到压抑："我们的举止，像品行败坏的孩子，我是无人能及的白痴和恶棍。这就是代价。"他用这样两句话来描绘自己的痛苦："我片刻无法阖眼，像蛆虫般蠕动，简直找不到可以忍耐片刻的姿势。"他觉得疾病正是幸福的代价。伊文斯卡娅急切地想见到他，帕斯捷尔纳克阻止了她，先以自己的状况为由（"难以忍受的不可思议的疼痛"），然后是严格的医院规章。他似乎想把生活最后一次转向他所认为的正确和道德的轨道，但这永远只能在理论上成立。总算和情人再度相见后，他重新焕发了精神，并且意识到，没有她是不可能的。就在这羞愧与幸福的交集中，他写下了《酒神节》——未完成的《霞光》之后唯一的长诗。这是一部神秘莫测的作品，因为它的基调不明朗，内容也几近虚幻；对帕斯捷尔纳克来说，它却充满隐秘的意蕴，贯穿于《日瓦戈医生》的重要主题和思想在诗中延续。

帕斯捷尔纳克通常很少为后人留下作者注解，却对《酒神节》做出了格外详细的解释，这似乎是因为，他本人也将此诗的出现看作一个谜。1957年8月21日他给尼娜·塔毕泽写信，据他在信中回忆，长诗源于"《玛丽·斯图亚特》在剧院的排练、城里的两个命名日之夜，以及我从积雪的原野驶向城市一路所见的夜景。像往常一样，我很想把这一切立刻写入同一首诗。古人称之为酒神节、近乎圣礼的纵情狂欢、轻松与神秘的混合体的那种形式，仿佛在我面前浮现。"他也给塔拉索娃写了一封信，说的几乎是同样一番话："我希望借助同一种涵盖这些主题的组合法，把这零散的、千差万别的一切聚拢在一起，并且把它们立刻写下来。按照我的构思，这部作品是以古希腊和古罗马意义的酒神精神为标志，也就是以某种开创了古希腊悲剧、抒情艺术及其整个文化最好和最善部分的堪称神圣的特征之自由和狂欢为形式。（……）假如您总体上不喜欢它，或者觉得它不成章法，请您别怪罪，也请原谅我将您带入这样的上下文。”“不成章法”——这话很重，只有真正了解上下文的人，才可能对长诗产生这样的感受。

“古希腊和古罗马意义的酒神精神”“涵盖这些主题的组合法”——所有这些都显得晦暗和封闭。相比之下，帕斯捷尔纳克对自己的孩子说得更直接，也更简单。为了向儿子叶甫盖尼说明他的构思通常始于何处，他首先谈到了作品的结构和最初的整体印象，这种印象随后贯穿于作品，成为构建情节的主脉。《酒神节》中也有类似的通透主题——自下而上照亮舞台的电灯光，或者从幽暗处投向墙壁的车灯、教堂里映在信众脸上的烛光、布满羞愧神色的面孔。这里提到羞愧跟信中所说“不成章法”一样重要。《酒神节》个性化的潜在命题，正是幸福的狂欢、悲剧边缘的狂欢、圣礼边缘的罪恶感。这部作品具有鲜明的个性（并且是逐渐地显现，从起初的思路来看，却像一部中性的写景之作），这一点可以通过诗律的选择来证明；他选择的是双音步抑抑扬格。若干种固定的韵律伴随着帕斯捷尔纳克的一生，它们并非由他所独创，却是经由他而完善，以至于今天还会让人首先联想到他。例如偶数行短句的抑扬格——“蜡烛在桌上燃烧，/蜡烛燃烧”（《冬夜》）；《雨霁》当中的名篇《山回路转》也是用同样的格律写成。从帕斯捷尔纳克那里，不难发现诗律和意义之间的关联，或者用哲学语言来说，叫作“音步的语义链”。在他的诗学体系中，每一种格律都与主题的光谱明确对应，双音步抑抑扬格的运用并不频繁，选择它，是为了个性化的诗句，这些句子仿佛出现在幸福与羞愧、绝望与失望的交汇处，永远惶然不安。不妨回顾一下《无所归依的人》：“我们的花园充满忧伤。/它一天比一天更美。/若是今年在这里住下/该有多少喜乐与悲欢。/但住客却不再喜欢/自己的幽居。/他打发了家人，/角落里只剩一个敌人”……在这首诗及《酒神节》中，他均以第三人称叙说自己，就好像有些愧疚：1941 年——是因为不能投身沙场，到了 1957 年，则因为“他毁弃了追求的理由，/为了初次的欢爱，/当时，他的行为不可思议！”。[1]

《酒神节》的格律并非一开始就确定好了。帕斯捷尔纳克本来以为，他

---

① 引自帕斯捷尔纳克《酒神节》（1957）。

要说的完全是另一码事,他手头在写的诗也暂时没有情节和标题,而是仅限于莫斯科冬夜的回忆,以及2月24日同时为“谢拉皮翁兄弟”两位旧成员费定和伊万诺夫祝贺生日的情景。帕斯捷尔纳克起初采用的是三音步抑扬格:“枝形吊灯闪烁,/宴席毁于葡萄酒、亲家母、女婿、儿媳,/那是某些人的命名日……”随后,他以同样的格律尝试书写另外的内容,说起冬天的城市:“各种牌子的汽车,/匍匐的车灯之光。/屋顶和拱门都不见了,/人行道却很耀眼”①——同样是贴在地面上摇曳的光;未来事件的地点——庆贺“某些人的命名日”的莫斯科民宅和冬天的城市,也已经触手可及。但诗的格律乃至主要的抒情主题,却是后来才定型。在某些泛音方面,这部作品令人不禁想起布尔加科夫在《大师和玛格丽特》中描写的三十年代的莫斯科。同样的奢靡、享乐、触犯禁忌的罪恶的欢悦,既像是“莫文联”②的欢宴,又像魔鬼撒旦的晚会:

在隔壁的餐厅里
青菜、鱼子酱堆成山,
淡紫色的餐盘盛满
鲑鱼、鲱鱼和奶酪。

还有餐巾的窸窣,
还有调料的辛辣,
还有各色葡萄酒,
还有各种伏特加。

伴随着嘈杂的喧声
肩膀、脊背和胸脯
连同女人们的耳坠
淹没于吊灯的光影。

---

① 此处引用的这几句,应为《酒神节》初稿中的诗句,不同于正式版本。

② “莫斯科文学家联合会”的简称,在《大师和玛格丽特》中,“莫文联”拥有一座名为“格里鲍耶陀夫之家”的二层小楼,是“莫文联”成员吃喝玩乐的场所。

这画面上最醒目的是荷兰情调的富足——伦勃朗式的肉感、静物的过剩、宴饮的奢华;但在帕斯捷尔纳克笔下,早从三十年代起,就有了“哪里有盛宴,哪里就是瘟疫”的描绘。这里则出现了浮士德式的命题——触犯禁忌的罪恶恋情;一幅谴责和欣赏兼而有之的自画像(再次以第三人称,就像《无所归依的人》),确实与浮士德很相像。作者在细节方面也是准确的——所有饮品当中,他更喜欢白兰地,最好是产自格鲁吉亚。

女演员像躁狂症患者
望着这一幕幕,
不知是谁在喝白兰地
默默地喝到黎明。

几个莫名其妙的人
为他流下泪水。
酒杯第十六次端起,
他也视而不见。

他为自己巩固着
称作沉默者的权利,
他在女人中间机灵,
在男人中间——孤僻。

作为三度离异之人,
他已活到了两鬓斑白,
他独自证实了
同时代女性的生活。

女友和女伴们的馈赠
被他挪用于周转,
而他回赠她们的礼物
则是整个世界。

这说明，只有利用女性的青睐与帮助，他才能回赠以诗歌；对作者而言，这是相当典型和满足虚荣的道白。至于这里所塑造的对象，已然明确无疑。主人公爱上了一位舞蹈演员，他们之间是真正伙伴式的平等关系（“他们简直是同貌人”，也就是说，致使他们相互亲近的，除了吸引力，还有对艺术及艺术奇迹的共同参与）。浮士德式的命题愈渐强烈地在诗中回响：

可是，他们这厚脸皮
热手中攥着娴熟的巫术，
怜悯、良心和恐惧
在他们看来又算什么？

海水没及双膝，
他们陷入疯狂，
对于他们两个
独处的瞬间胜过宇宙。

无疑，这不是谴责而是欣赏。即便这些画面经受着“墙外的严厉目光”，对于帕斯捷尔纳克而言，为了“他们两个”，一切臆想也都是可行的。玛丽·斯图亚特的整个悲剧仅被当作非法恋情的背景。苏格兰人的女王是什么人都无所谓，只要别是女卫道士——当身陷囹圄之际，她却是真正的卫道士，“仿佛逃离了一场又一场舞会。”死的轻率和毁灭边缘的游戏的勇气，正是贯穿于《酒神节》的主题：

母亲生下她这样
蜻蜓般活泼的女孩，
她伤害男人的心，
又用女人的温存俘获。

也许就因为这缘故，
像火焰般炽烈，
女儿将头颅
放到行刑者手中。

…………

需要多少勇气，
才能游戏岁月，
游戏如山谷，
游戏如河流。

游戏如钻石，
游戏如美酒，
就像有时注定
游戏而不拒绝。

最后两行诗句看似只为了配合韵脚，因而较少被引用，但事实并非如此。在晚年帕斯捷尔纳克那里，不存在偶然性，语句越加打磨，反而越是真实可信；同样，这不甚清晰的两行，实为重要的作者自道。上引游戏的山谷与河流的诗节，展现着一个主要动词的两种意义（游戏就在于此）：火焰、波浪、闪光，各有其用，各自游戏①。游戏被神圣化和诗意化，由此开始了酒神节及其濒于悲剧边缘的死亡之舞，而参与这舞蹈，却不是个人选择的问题。呈现于我们面前的，不是浪漫艺术家的消遣，而是抽签的游戏、命运的游戏："就像有时注定。"你将无可逃避。就算那几个莫名其妙的人怀有同情——他们本该妒忌才是。

《酒神节》结尾——帕斯捷尔纳克一个重要主题的余绪：植物世界，尤其是花的世界，对于他永远是不解之谜。《日瓦戈医生》本来有一大段文字，描述人类生活的一切重要时刻——从各种庆典到安葬，鲜花始终与人相伴，经过帕斯捷尔纳克的删改和简化，这一段落从小说中消失了（伊文斯卡娅曾经提到此事，从她所说来判断，这些思想在上文引用过的小说第十五章得到简要阐述）。这种让他联想到死亡、崩溃和衰败的非道德的绝对之美——出淤泥而不染的美（因为"泥土的成分不辨脏污"），便是帕斯捷尔纳克心中最主要的谜。罪恶的游戏结束了，爱与欢宴的夜晚收场了，剩下的唯

① 此处的主要动词即 играть（"游戏"），"各有其用，各自游戏"系对原文 играть роль（具有"扮演角色"和"发挥作用"两种含义）的意译。

有沉睡的花，唯有道德领域内无从解释的非善非恶的美。艺术家倾尽一生，只留下他所创造的文本和他所安顿的词语，而这一切，如今同样无所谓善也无所谓恶。善恶从何而来，又在于何处——这难道有什么区别？“谁都想不起什么。”

这句“谁都想不起什么”，就像是对《相逢》结尾的直接回应：“但谁又能知道/我们是谁，来自何处，/当那些岁月只剩下流言/而我们已不在人世之际？”所有剩下的，只是“蔓延的芬芳，净化着万物/这香气丝毫无关于/玻璃瓶里数十朵玫瑰。”就这样，帕斯捷尔纳克总结着自己近乎平静而又愧疚的两年幸福时光，或许，这也是对其最后二十年的总结。4月里的那场疾病过后，他与伊文斯卡娅的接触时断时续，两人的关系走到了尽头，最后的净化与禁欲时期来临了。

2

1957年，帕斯捷尔纳克写了一首题为《夜》的诗，这是一首奇异的诗，就形式而言，又是他整个创作中最明朗的作品之一。奇异的是另一些东西——诗的思想脉络，还有异乎寻常的背景。我们习惯于看到，帕斯捷尔纳克抒情诗以及几乎所有散文当中的事件在俄罗斯中部地区展开，或者以莫斯科这座错乱与多样的城市为舞台；莫斯科连绵起伏的丘陵地形与帕斯捷维尔纳克的句法学相得益彰：没有直路，胡同却是一条接一条……突然间耸起一座拱门，穿过它，即可进入另一个空间。

《夜》不属于别列捷尔金诺组诗，也不属于莫斯科诗篇，它的全新的视角，达到了梦幻般的高度，标志着帕斯捷尔纳克面向西方乃至全世界读者的敞开。主人公已然不是透过别墅窗口看世界，他的目光提升得更高，他想象自己是夜半时分的飞行员，而飞行员又被带到宇宙之巅。宇宙主题在帕斯捷尔纳克笔下只出现过一次——也就是在这首诗里，虽然1957年10月4日，苏联恰好发射了第一颗人造卫星，但给帕斯捷尔纳克带来灵感的，应该不会是卫星（《夜》写于当年夏天），而是伏努科沃机场①起降的普通飞机。

---

① 莫斯科三个主要民用机场之一，从1937年开始营运至今。

这些飞机在别列捷尔金诺上空日夜盘旋，当地居民无不记得它们日常训练的情景。此外，帕斯捷尔纳克在1957年还读过圣埃克絮佩里①的作品。

在帕斯捷尔纳克那里，三音步抑扬格并不密集，语义也并非单调如一。运用这种格律书写的作品，包括上文引用过的纪念诗人尼古拉·德缅季耶夫的《致夭亡者》，以及以尤里·日瓦戈之名写下的《相逢》。1936年《夏日笔记》组诗也是用同样的格律（尽管夹杂着其他阴性和阳性的韵脚）写成的，还有写于1941年的《虚惊》——帕斯捷尔纳克最忧伤和绝望的诗篇之一，像我们随后在《夜》中看到的一样，这首诗当中也有事物名称的罗列：

洗衣盆和木桶，
早晨开始的忙乱，
烟雨的黄昏，
潮湿的夜晚。

黑暗的叹息中
吞咽的泪水，
十六俄里之外
火车头的呼唤。
…………
透过前厅的窗口，
我望见我的最后时刻
像往年一样
推迟来临。

冬天为自己扫清道路，
从山丘穿越
树叶黄色的恐惧，

① 安东尼·德·圣埃克絮佩里（1900—1944），法国作家，飞行员，经典童话《小王子》的作者，还著有《夜航》《人类的大地》等。1944年7月31日，圣埃克絮佩里在执行飞行任务时失踪，直到2000年4月，飞机残骸才在法国南部马赛海底附近被发现。

停驻于我的生命。

上文提到的诗作，分别以不同形式标志着新的阶段、新的成熟程度，以及我们此前说过的新的音高。它们之间没有明显的相像，但视角大多由高向低，要么是敌人从丘陵上窥看围困中的莫斯科，要么是飞行员透过云层俯瞰大地，或者《相逢》的主人公从某个死后的远方回望自己的一生。

在《夏日笔记》中，这种从山坡、从土丘、从桥上的视角也一再重复："茴香花开在山坡，/大卫王的群山/耸立如金字塔，/自上而下俯瞰花园。"组诗当中"乌云挤撞成一堆，/目光无力控制"，则与二十年后《夜》的声音遥相呼应："天体迷失了方向，/挤作一团。"

夜在急匆匆地行走，
融化，当飞行员
从沉睡的世界
凌空而起，冲向云端。

他被浓雾淹没，
消失在气流中，
变成布料上的十字
和被单上的记号。

他底下是夜的酒吧，
异国的城市，
是军营、司炉工，
火车站、列车。

机翼将阴影整块地
摊开在云层。
天体迷失了方向，
纷纷挤作一团。

机身可怕之极的倾斜
忽然倒转银河，
转向另一个
神秘莫测的宇宙。

在那些无际的空间
燃烧着一片片陆地。
在地下室和锅炉房
锅炉工人彻夜不眠。

在巴黎的屋檐下
不知是金星还是火星
正看着海报上
预告了什么新的剧目。

在那美好的远方
在瓦片覆顶的
古老阁楼里，
有人难以入睡。

他仰望着行星，
仿佛整个苍穹
都属于他每天夜晚
放心不下的事物。

这份清单上汇集着如此之多形态各异、互不相干的事物，锅炉工与巴黎的新剧目、银河、德国阁楼里（或许就在马堡）的诗人并行不悖，联结一切的唯一特征是彻夜不眠。这样便产生了诗的主题——各种自愿或被迫值夜之间的潜在关系，纵横交错，形成一个没有睡梦的巨大空间的形象。仿佛有一个庞大的观察团，正在执行夜间的巡查，但只有夜色笼罩的大地，保持着观察者的清醒。夜晚则惶恐不安，因此才有“燃烧着一片片陆地”的景象，它们甚至能够被灯光点燃，而无论“机身可怕之极的倾斜”，还是“神秘莫测的宇宙”，也都蕴含着不安之感。然而，在这慌乱的夜晚，一架飞机航行中的轰响，却给人带来安慰和希望。在一系列未曾入睡、越过大洋相互传送的秘密信号的链条上，锅炉工、夜间杂耍的演员、阁楼里的诗人，乃至从伏努科沃机场起飞，冲向别列捷尔金诺上空的飞行员，全都拥有相互平等的地位。由此出现了惶恐与安适混杂的音调（没有惶恐的安适，其实不存在），在欢快而平淡的“1957 年诗歌节”上，这个音调从一首悄然入选的质朴诗作中发出来，使读者为之倾倒。曾经有过这种选辑——从 1956 年到 1989 年，每年发布一次；由诗人各自提交他在一年内写下的最好或最流行的一首诗。帕斯捷尔纳克选择的是《夜》。他本来就喜欢这首诗，也愿意朗诵。一份录音保留了他典型的音调——在每四行的头一句，嗓音都比较高，到第四句则是悦耳的降调；那标志性的低声惊叹也清晰可闻：“仿佛整个苍穹/都属于他每天夜晚/放心不下的事物”——不，这又是怎样的骄傲与职责?! 作者与读者分享惊喜，一个夜晚不眠者的秘密国际联盟的巨幅画面展现在读者面前；作者“放心不下的事物”已不仅是国家——就连整个世界也取决于他，跟他传递眼神，这也是“失眠者兄弟会”向他的问候和汇报。他们每个人都克服着昏沉的睡意，在他们的努力下，世界才幸免于癫狂与崩溃：

别睡，别睡，工作吧，
不要停止劳碌。
别睡，要战胜瞌睡，
就像飞行员，像星星……

别睡，别睡，艺术家，
不要向睡梦屈服，
你是永恒的人质，
你是时间的俘虏。

最后四句被引用的频率，或许超过了帕斯捷尔纳克其他诗作引用率的总和。事实上，这也几乎是帕斯捷尔纳克的最佳警句：“你是永恒的人质，/你是时间的俘虏”，不妨试试能否写得更好。然而，奇怪的是，这首书写失眠的诗却做出了一个关于艺术家命运的宏大抽象的结论;为使诗歌读完之后留下余音,这里出现了帕斯捷尔纳克另一个最重要的主题之一:关于见证的主题。归结起来,艺术家的全部任务就在于不入睡,即使平静与安宁的诱惑将他战胜。他没有飞行员冒险式的自由,也无法奔向那美好的远方,去寻找自己的同道。他置身于大地之上,远离异国灯火辉煌的陆地,而那些陆地却知道他是何许人,因为他已被列入世界的语境。但就算作为“时间的俘虏”,他也有自己的事业——“别睡,要战胜瞌睡,/就像飞行员,像星星”:责任使所有人相互平等。

任何一个人,只要在军旅经历过夜晚的战斗值勤——哪怕不是在战时,只要在夜间收听过无线电通话或广播节目,在救护车或海船上值过夜班,或者沿着难以辨识的夜路,在星光似的路灯映照下驾车飞驰,都会理解作者创作《夜》时的心境,并意识到他的准确无误。在同样的时刻,对同样辗转不眠的每个人之间神秘关系的感知,正是一种对世界的特殊认知,其中充满了隐秘的骄傲,它甚至也属于没有任何必要、只因失眠而醒着的人。不管怎样,当“深渊向我们敞露”之际,每个尚未入睡的人,都会是夜晚阴险意图的反对者。每个不曾被睡意战胜的人,同样也会参与那善意的密谋,“就像飞行员,像星星。”

除了以上所有意义,这首诗似乎还预见到来自西方的盛誉。一个巨大、僵硬的世界,但这也是一个即将迎来《日瓦戈医生》广泛流传的世界。帕斯捷尔纳克相信会有反响。他果真没错。

3

《新世界》杂志退还《日瓦戈医生》,并以编委会名义给作者发送了一封详细的退稿信之后,帕斯捷尔纳克决定将书稿送交《文学莫斯科》丛刊。

《新世界》的退稿信,列举了作品当中形形色色的叛逆思想,严厉批评了“种种个人主义倾向”。当诺贝尔奖授予帕斯捷尔纳克的消息发布之后,《文学报》立刻在苏联率先刊登了这封信,因此,信的内容广为人知。这封由全体编委会签名的信件虽然气势汹汹,却未能使帕斯捷尔纳克相信,小说将不会在他的祖国跟读者见面。他反而认为作品的出版是有可能的。事实上，如何处理这部作品，苏联上层也没有统一的意见。关于小说的传言不胫而走。有人主张对它彻底修改，然后交由国家文学出版社（以下简称“文学社”）出版。出版社社长柯托夫欣赏《日瓦戈医生》，但1956年9月，他去世了，出版计划随之搁浅。然而，与帕斯捷尔纳克之间的合同已经签订，唯一目的是让他不要再把作品交到别处。

此前，《文学莫斯科》丛刊退还了手稿，据说是考虑到篇幅问题。帕斯捷尔纳克一切都明白了，他跟丛刊领导之间的关系也破裂了。

与此同时，在“文学社”建议下，帕斯捷尔纳克整理了一部诗集，并为此写下了《人与事》——像是《安全保护证》缩减版，其中的论断新颖尖锐，说理也很到位。1957年的世界青年联欢节过后，斯拉夫学文化学者、外国记者和其他各色人等纷纷来到莫斯科，他们对俄罗斯感兴趣，而且大多数人对它怀有善意，就在2月，帕斯捷尔纳克认识了来自法国的年轻女士杰奎琳·德普吕艾雅尔。杰奎琳从他那里得到了小说另一份打印稿，以便送交伽利玛出版社①。他与她签订了一份委托书，由她负责代理自己在国外的事务。

费尔特利涅里写信给他，询问《日瓦戈医生》的俄罗斯版本何时付梓。尽管“文学社”做出了承诺，帕斯捷尔纳克却已经知道，小说根本不会出版——起码在他有生之年。他秘密授权这位出版商于1957年秋天印行意大利语译本。费尔特利涅里作为一名诚信的资本家，还是征询了“文学社”的意见，得到的回答是，编辑工作正在进行，在苏联版发行之前，请等待下去。就在这时，波兰杂志《Opinie》（“意见”）刊登了日瓦戈的几首诗，以及描写斯特列里尼科夫的若干片段，苏联作协秘书处为此传唤了帕斯捷尔纳克。他以生病为由没有到场，而是让伊文斯卡娅代替自己。作协要求她与德安杰罗联系，不惜一切代价索回小说手稿。

作协领导的行动并未仅限于此。在当时的意共领袖帕尔米罗·陶里亚蒂的帮助下，有关方面开始向费尔特利涅里施加压力。费尔特利涅里答复说，他认为《日瓦戈医生》是一部杰作，无论如何他都要出版此书。陶里亚

① 1911年创办于巴黎，以创办者加斯东·伽利玛的名字命名，起初主持出版工作的是安德烈·纪德。该出版社以出版文学作品见长。

蒂诚恳地劝导他,可费尔特利涅里却不是第一次跟意共闹僵,而陶里亚蒂也不打算彻底失去这样一位赞助商。11 月,小说的意大利语版终于问世,随后是法语版。意大利语版的译者是佩德罗·茨维捷列米奇,他充分意识到这项使命之伟大,译得既动情又精细。

苏联“国际图书”组织威胁将费尔特利涅里送上法庭。直到最后一刻,苏尔科夫仍然要求将手稿归还苏联,说是“为了完成统计工作”,而这种虚伪正是最让帕斯捷尔纳克恼怒的。小说刚一发行(1957 年 11 月 23 日开始在书店发售),苏联当局便立刻要求帕斯捷尔纳克与西方记者见面,要他在见面会上表示自己与据称将手稿偷运出境的出版商脱离了关系。这个主意出自苏共中央文化部部长波利卡尔波夫。1957 年 12 月 17 日,一群外国记者被送到帕斯捷尔纳克的别墅,但出乎所有人意料,他说,唯一的遗憾是缺少了小说俄语版。“我的作品遭到批判,可是,居然谁都没读过。为了批判,一共只用了几页的摘抄……”

事到如今,该拿他怎么办?小说声名远播,半年之内就有了二十三种语言的版本,其中包括印度的乌里部族①语。

西方读者写给帕斯捷尔纳克的书信纷至沓来。信中的坦率与诚恳令他感叹。苏联方面不知该如何应对局势。小说的出版已排除于计划之外,1957 年整理的单卷本文集也被禁止,但尚未采取直接的惩治,尽管苏尔科夫在一次公开讲话时声称,帕斯捷尔纳克写了一部反对苏联的长篇小说,并将它交给外国。不到万不得已,他们还不想制造丑闻,因为害怕损害苏联的新形象。如果小说未曾公诸于世,一切很可能就此终止,退一步来说,如果它在西方只获得有限的成功,或者根本没有任何反响,当然也就不会有 1958 年秋天展开的野蛮迫害。

但《日瓦戈医生》这部长篇小说不仅成了畅销书,而且赢得了所有文学奖中最有声望的奖项。

---

① 一个人口稀少的部族,主要分布在印控克什米尔境内。

第四十五章　迫害

1

1958 年 10 月 23 日，继伊万·布宁之后，鲍里斯·帕斯捷尔纳克成为第二位荣获诺贝尔文学奖的俄罗斯作家，“因为在现代抒情诗方面的杰出成就，以及对俄国古典散文传统的发扬。”

围绕此次授奖，始终争论不休：对帕斯捷尔纳克缺少好感的人至今相信，《日瓦戈医生》，继而是诺贝尔奖，充当了冷战武器。这是对帕斯捷尔纳克离奇的责难。苏联政权完全能够阻止将小说利用于冷战：只要出版这部作品即可，苏联体制不会因此而崩溃。济娜伊达·涅加乌斯在一封写给肖洛霍夫的未寄出的信中表达了正确的见解——后者对《日瓦戈医生》有过激烈的否定，尽管他也不觉得小说的少量印行会有何不妥：肖洛霍夫本人的《静静的顿河》显然更有可能“动摇（苏联的）基础”，结果非但没有动摇，反而跻身于经典作品之列；在相对自由的五十年代，这样的长篇巨著却未必能出版。

政治动机是否对授奖产生了显著影响？那些无望获此殊荣的人喜欢说，是的，诺贝尔奖早已是一个政治奖项，它的授予无论如何都不会依照“汉堡规则”①……或许是这样吧，但二十世纪真正的大作家，几乎全都获得

① 原文 гамбургский счёт，直译为“汉堡算法”。这是一句熟语，意思是严格按照专业标准制定的价值评判准则，而不取决于当下形势、官方立场及个人私利。“汉堡规则”原是俄苏文艺理论家维克托·什克洛夫斯基一部评论集的名称（1928），在其中一篇同名短文中，什克洛夫斯基称，“汉堡规则”出自德国的摔跤表演：“汉堡规则是一个极其重要的概念。所有摔跤表演者在竞技时，均是遵从戏班班主的指示，偷奸耍滑，双肩着地。每年只有一次，他们在汉堡的小酒馆聚集，关起门，挂上窗帘，展开长久、丑陋、残酷的较量。由此确定各个表演者真正的级别，以免敷衍、走过场。汉堡规则在文学中是必须的。照此规则，不会有谢拉菲莫维奇和维列萨耶夫的一席之地。他们到不了城里。在汉堡，布尔加科夫——扮演丑角。巴别尔——属于轻量级。高尔基——令人怀疑（时常在形式上）。赫列勃尼科夫是冠军。”

过诺贝尔奖;至于“乡土派”的马尔克斯和索尔仁尼琴何以获奖,而两位充满书卷气的后现代先知博尔赫斯和纳博科夫却未曾获得,这个问题可以另行讨论。可我们不能否定,诺贝尔奖是世界上最重要的奖项——姑且不说是不朽的;时局以及明显政治正确的考量偶尔会影响到授奖,但对于帕斯捷尔纳克的获奖而言,这些因素恰恰不值得夸大。把诺贝尔奖授予他,并非为了激怒苏联,因为整个世界都善意地期待着它的良好转变。帕斯捷尔纳克获奖,与其说是作为反苏分子,不如说是作为苏联的代表。诺贝尔委员会意欲选择和表彰的俄罗斯作家,乃是反潮流人士、人道主义者、用自己的声音拒斥谎言与教条的大师;况且在诺贝尔奖的授奖词中,帕斯捷尔纳克是被称作俄罗斯现实主义长篇小说传统的继承者,尽管我们已经看到,他的作品同现实主义传统的关系十分有限。

不妨假设一下,倘若瑞典文学院院士们是出于时局的考量,有意褒奖一名勇于抗拒暴政的反苏分子,那他们就不能不明白,他们在此情形下的决定,其实无异于签署了帕斯捷尔纳克的死刑判决。与此相反,瑞典方面意识到时代变了,即使帕斯捷尔纳克因一部小说而获奖,也不会有生命的危险。他们真诚地以为,苏联会接受奖项并以此为荣。当然,诺贝尔委员会同样不希望引发一场针对帕斯捷尔纳克的迫害,否则,就一定会在授奖之前再三斟酌。苏联政府的激烈反应——大概惊醒了欧美许多乐观派乃至合作与趋同的支持者——就连最敏锐的苏联问题专家也始料未及。事实上,早在1958年春天,苏联为争夺诺贝尔奖已经提前开始了准备。严格地说,在世界潮流席卷俄罗斯的背景下,最有资格展开竞争的正是俄罗斯文坛上的对跖者——肖洛霍夫和帕斯捷尔纳克。五十年代末期,由于镇压和禁锢,苏联文学失血过多,具有世界影响的人物屈指可数,而瑞典方面却早已打算把诺贝尔奖授予一名苏联作家,因为俄罗斯正处于整个世界关注的中心:个人崇拜的揭露、自由宽松的气息、人造卫星……1954年,肖洛霍夫的名字出现在诺贝尔奖的榜单上。当时瑞典皇家科学院按照惯例,向全世界的作家—院士征询意见,其中包括苏联作家、科学院院士、海洋题材作家、军事画家谢尔盖·谢尔盖耶夫-岑斯基。岑斯基提名的人选正是肖洛霍夫,此后,肖洛霍夫每年都获得提名,直到1965年终于荣获诺贝尔奖。1958年,苏联当局迫切希望他获奖,为此花费了整整一年,试图营造一场国际性的宏伟胜利,尤其值得一提的是，就在《日瓦戈医生》问世的同时，《静静的顿河》未经删节，首次被译成欧洲多国语言。在意大利，这两部小说于同一月份之内开始发售（《静静的顿河》的第一个译本早在1945年就已出版，只是做了很大程度的删改和剪裁）。1958年1月，意共评论家卡尔罗·萨利纳里发表文章，对比了肖洛霍夫和帕斯捷尔纳克，对《日瓦戈医生》的失望溢于言表："我们在下文将会看到，这两位作家互为对跖者，在排除任何口味偏好的前提下，需要对二者做出明确倾向的选择。有人采取不可靠的夸张，要让人相信，这部小说（《日瓦戈医生》——德·贝）堪称百年间最重要的小说，然而，谁都不愿自己花功夫来搞清楚为什么是这样。据说，小说'揭示了人类自由的根源之所在'。围绕《日瓦戈医生》首先展开了一场丑闻的运动……苏共二十大和匈牙利事件之后，人们格外留意所谓社会主义国家经验已然失败之类的流行观念……这是一场没有上帝的神秘剧……帕斯捷尔纳克从神秘莫测的个人主义角度看待社会事件和精神状况，相比之下，肖洛霍夫的思想观点则植根于牢靠的历史原则……"接下来，还是以同样的论调，萨利纳里特别强调说，格利高里·梅列霍夫①经受的革命，比尤里·日瓦戈所经受的还要残酷。帕斯捷尔纳克的小说最让这位党员评论家欣赏的是"乡村里的好空气"，可其中却看不到历史的真理；作者主要的诉求并未直观地呈现，而是包裹在一些美学思考中。萨利纳里还说，肖洛霍夫的作品具有深刻的社会论据，在帕斯捷尔纳克那里，一切则来源于个人主义的心理感受；而且十分明显的是，两者的差异背后潜藏着一个更简单的解释：在塑造其遭到毁灭和碾压的主人公时，肖洛霍夫倾向于论证并承认，压垮主人公的那一切不可避免，导致了他的生活彻底崩溃，不正确的选择之代价由此可见；帕斯捷尔纳克将日瓦戈引向了甚至更悲惨的结局（而格利高里终究活了下来），但这只是对他个人的证明，不是对整个时代。萨利纳里最反感的正是这一点。相反，就在同一时间，即1958年1月，彼埃尔·朱恩在《文学通讯》杂志上撰文，欢迎帕斯捷尔纳克《中篇故事》的法语译本（在法国，对他的关注成为时尚，开始翻译和出版他所有能被找到的文字），并且表达了如下观点："帕斯捷尔纳克拒绝为了意识形态而牺牲其诗人个性，他就像一位创作自由的

① 《静静的顿河》主人公。

卫士，代表着在自己国家被禁止或注定被遗忘的俄国作家的伟大一代。”

经过详尽的摘录和分析，所有这些评述均被送交苏共中央文化部。1958年3月31日，距离诺贝尔奖新的获奖者正式公布还有七个月，康斯坦丁·西蒙诺夫向苏共中央寄去了一封加盖“秘密”字样的函件：“不久前，国际瑞典笔会讨论了诺贝尔文学奖问题。下列作家被提名为候选人：米哈伊尔·肖洛霍夫、鲍里斯·帕斯捷尔纳克、埃兹拉·庞德（美国）以及阿尔贝托·莫拉维亚（意大利）。鉴于瑞典作家们发表了有利于米·亚·肖洛霍夫的言论，但作家的心情远非永远可靠，在与苏联代表团（格·莫·马尔科夫同志和帕·马·托别尔同志）的会谈中，一位对我方态度友善的瑞典作家埃里克·阿斯科伦德提出，有必要在我国报刊上报道米·肖洛霍夫的活动，并提高其在斯堪的纳维亚国家的知名度，他认为，这可能对诺贝尔文学奖的决选问题产生预期的影响。请中央指示。”

作协秘书处下达的任务，包括不惜任何代价促成肖洛霍夫通过诺贝尔奖提名，因而西蒙诺夫进一步请示苏共中央，以使这曾让自己受辱的昔日敌人向世界声誉迈进。4月5日，苏共中央文化部部长波利卡尔波夫下令《真理报》《消息报》《文学报》和《新时代报》刊发文章，介绍肖洛霍夫创作的巨大意义，这些文章给人留下的印象是：别看在1953年至1958年间，自《一个人的遭遇》问世以来，肖洛霍夫没有发表过一篇文学作品，但他的沉寂却是因为一直在埋头创作《被开垦的处女地》第二部，当被问到作品何时完成，肖洛霍夫本人开玩笑地敷衍说：“活干得越快，越容易生出瞎子来。”苏联官员把赌注押在埃里克·阿斯科伦德和斯温·斯托克这两位重要的苏联友人身上。马尔科夫还补充了他个人的建议（苏共中央4月7日记录，又是附带着“秘密”字样）：“显然，不排除其他手段，包括国外和苏联一些重要活动家在斯堪的纳维亚国家和其他国家各个机构就此问题发表言论。”就在当天，一封绝密电报急速发往斯德哥尔摩：“斯德哥尔摩。苏联大使。有情报称一批知名人士打算推举帕斯捷尔纳克为诺贝尔奖候选人。有必要通过与我们关系亲密的文化活动家让瑞典社会知道，如果诺贝尔奖授予肖洛霍夫，苏联将予以高度赞赏。因此应当强调肖洛霍夫作为杰出作家与社会活动家的工作之正面意义，他去年的斯堪的纳维亚之行也可用作素材。同样重要的是，帕斯捷尔纳克作为一名文学家，并未获得苏联作家和其他国家进步文学家们的认可。推举帕斯捷尔纳克角逐诺贝尔奖,将被视为针对苏联社会的不友善举动。”

《日瓦戈医生》在苏联禁止出版之后,为避免局势公开化,采取了一系列措施,鲍里斯·波列沃依①致苏共中央一封惊慌失措的书信(1958年9月17日收到并登记)明显表现出这一点,信中说,既然诺贝尔奖授予一部叛逆小说这件事情可能被制造成一起轰动的反苏新闻,何不反其道而行之,尽快刊印此书,印数限定在五千到一万册之间?苏尔科夫对此表示同意:书可以出,不能发售,只能“在内部渠道”流传。有意思的是,苏共中央委员会居然认真审议了此项建议:“鲍·帕斯捷尔纳克的长篇小说《日瓦戈医生》,乃是对马克思主义意识形态和革命斗争实践的敌对之作,是对革命活动家和革命参与者的恶意诋毁。在小说中,我国近半个世纪以来整个历史时期的塑造,均是从一个怀恨的小市民异样的立场出发,革命在他看来,无异于一场无谓和残酷的暴动,充斥着混乱和野蛮。(……)至于资本主义的宣传,则需要认识到,这部诺贝尔奖提名小说在我国的仓促出版,无论如何都会被用来诋毁苏联缺乏‘创作自由’。”

1958年10月,形势明朗了,帕斯捷尔纳克几乎握有百分之百的获奖希望。苏共中央文化部和苏联大使馆工作人员已经无力回天。然而,苏共中央所属两个部门——文化部和宣传部,还是制定了一份进攻行动计划:

“近来,一批敌视苏联的外国人士发起了一场运动,以使帕斯捷尔纳克获得诺贝尔奖,其背后目的则是利用此事反对我国。在这种敌对行动可能得逞的情形下,我们认为有必要从我方立场出发,采取下列回应措施:

“组织《新世界》杂志编委会在报刊上发表关于此事的言论。以缩写形式刊发该杂志编委会成员1956年9月致帕斯捷尔纳克的信函,此信对小说(《日瓦戈医生》)提出了全面批评,并解释了杂志为何不发表这部毁谤之作。

“刊发苏联著名作家的集体言论,以表明奖金授予帕斯捷尔纳克乃是针对我国的敌对行为。

“在国外新闻界一些代表人物中间,也有人推测说,诺贝尔奖可能会由

① 鲍里斯·尼古拉耶维奇·波列沃依(1908—1981),俄苏记者,散文家。

帕斯捷尔纳克和肖洛霍夫两人分享。倘若米·亚·肖洛霍夫同志与帕斯捷尔纳克一道获得本年度诺贝尔奖，那么，为表示抗议，肖洛霍夫同志应公开拒绝该奖，并在报刊上发表声明，称自己无意获得某一为达到反苏目的而授予的奖项。肖洛霍夫同志的这种言论将更有必要，如果该奖果真在他和帕斯捷尔纳克之间分享。

"如果诺贝尔奖授予帕斯捷尔纳克，他应当让世人相信，他将拒不接受此类意图明显有悖于我们祖国利益的奖项。为表明这一立场，帕斯捷尔纳克可利用自己对意大利出版商费尔特利涅里的声明，反对将未经修改的小说公诸于众。为实现这一目的(让帕斯捷尔纳克表态)，有必要借助资格最老的无党派作家康·费定和弗谢·伊万诺夫对帕斯捷尔纳克的影响，多年以来，帕斯捷尔纳克与这两人关系密切，他经常会考虑他们的意见。(……)最好是邀请作家康·亚·费定和弗谢·维·伊万诺夫到苏共中央书记处，就此问题进行商讨。

德·波利卡尔波夫、列·伊里伊乔夫①。"

诺贝尔委员会，正像上文所说，并未让苏共中央委员会得偿所愿。1958年10月23日，济娜伊达·尼古拉耶夫娜的命名日前夕，鲍里斯·列昂尼德维奇·帕斯捷尔纳克被授予诺贝尔文学奖。

这下该怎么办？苏联方面没有就此达成统一意见。自由之翼折断在云间，保守势力在倒退，温和派沉入水底——这种不确定的局面使得所有人都心浮气躁，怨愤十足。出现了不可思议的蠢行和丑剧，在斯大林时期，是不可能弄出这些名堂的。10月23日，苏共中央委员会通过了《关于鲍·帕斯捷尔纳克毁谤性长篇小说的特别决议》。"认定诺贝尔奖授予帕斯捷尔纳克的长篇小说是向我国发起的敌对行为，是国际反动势力用来燃起冷战的武器，在这部小说中，十月社会主义革命、完成这场革命的苏联人民和苏联社会主义建设，均遭到诋毁式的描述。命令《新世界》杂志和《文学报》刊登《新世界》编委会当初的信函……责成《真理报》筹备并发表评论，对帕斯捷尔纳克小说本身予以严厉批判，进而揭露资产阶级报刊借助帕斯捷尔纳克

---

① 列昂尼德·费奥多洛维奇·伊里伊乔夫(1906—1990)，苏联哲学家，党务活动家。1958—1961年间担任苏共中央宣传鼓动部部长。

获得诺贝尔奖一事所展开的敌对运动之目的。组织并发表一批苏联著名作家的言论,务须说明,向帕斯捷尔纳克的授奖实属引燃冷战之图谋。”

紧接着,苏共中央头号思想家、“苦行僧”和“灰衣主教”米·安·苏斯洛夫①发出一道特别手谕,命令火速联系费定,以便通过他来“影响”帕斯捷尔纳克。10 月 24 日,波利卡尔波夫亲自找到费定,要求费定尽快到朋友那里去,说服他拒绝诺贝尔奖。

于是,费定就去了。

2

10 月 23 日早晨,诺贝尔基金会秘书安德斯·埃斯特林给帕斯捷尔纳克拍了一封电报,祝贺他获奖,并邀请他出席定于 12 月 10 日在斯德哥尔摩举行的颁奖仪式。帕斯捷尔纳克用法语回复了埃斯特林的电报:“无限感激,感动,自豪,吃惊,惭愧。”当晚 11 点,得知帕斯捷尔纳克获奖的消息,邻居伊万诺夫一家来向他表示祝贺。第二天,济娜伊达·尼古拉耶夫娜怀着某种不安的预感,为自己的命名日准备酒席,但由于向来沉稳的性格,她并未表露出丝毫忧郁的神色。一大早,一头灰发、仪表堂堂的费定来到帕斯捷尔纳克的别墅,没有向女主人问好,也没有为她的命名日道贺。二楼的书房里,开始了一场提高嗓门的交谈。据叶甫盖尼·帕斯捷尔纳克回忆,父亲当时情绪激动,无法接受老朋友和多年的邻居用以往从未有过的公职人员的腔调跟自己说话。他态度强硬,表示不会放弃诺贝尔奖,费定好像是要替官方代言,而非表达个人观点,也使他为之震惊。费定压低了声调,做出推心置腹的样子,说自己也是迫不得已(“波利卡尔波夫就一直待在我家里!”),还说如果帕斯捷尔纳克不放弃,后果将难以预料。帕斯捷尔纳克不相信。他仍然真诚地以为,苏联作协会把授奖当作荣誉!

尤其让帕斯捷尔纳克感到屈辱的是,费定被利用,向他施加影响(波利卡尔波夫本人怎么不亲自来找他!),这位朋友却不反对此种卑劣行径。

---

① 米哈伊尔·安德烈耶维奇·苏斯洛夫(1902—1982),苏联党和国务活动家,长期担任苏共中央书记、中央政治局委员,主要负责意识形态工作。

帕斯捷尔纳克请费定给他一点时间来考虑,并且答应,一旦做出决定,就登门告知。费定下了楼。济娜伊达·尼古拉耶夫娜在楼下截住他,问道:

“您为什么不祝贺我们获奖?您不知道这件事吗?”

“知道,”他忧心忡忡地说,“事情很糟糕!”

“是对作协而言吗?”济娜伊达·尼古拉耶夫娜故意又问了一句。“是对作协——情况真的不妙啊。”

费定气冲冲地走了,向波利卡尔波夫转述了谈话内容,后者回到莫斯科,等待事态进一步发展。

据济娜伊达·尼古拉耶夫娜说,跟费定谈话之后,帕斯捷尔纳克一度失去了知觉。这是她后来向帕斯捷尔纳克长子诉说的情形。她的话未必可信——休克还不至于。随后,心神不安的帕斯捷尔纳克去找了伊万诺夫,说费定乃至苏联作协整个领导班子执意要他放弃诺贝尔奖——帕斯捷尔纳克仍然没看出最高当局在这背后的恶意。同样老资格、同为无党派、数十篇杰作尘封于书桌的伊万诺夫语气坚定地说:“你是伟大的诗人,配得上世界上现有的任何奖项。”帕斯捷尔纳克受到了鼓舞和安慰,回到家,没再去找费定。费定一直等到傍晚,打电话告诉波利卡尔波夫,谈话无法继续进行,也就是说,帕斯捷尔纳克不打算放弃奖金。波利卡尔波夫立即向苏斯洛夫发去一封公函。

形势急转直下。10 月 25 日,召开了苏联作协理事会主席团党组会议。

10 月 24 日早晨,科尔涅·楚科夫斯基带着外孙女柳莎,向济娜伊达·尼古拉耶夫娜和诺贝尔奖新任得主表示祝贺。他见到一群热闹的人,其中包括几名摄影记者。尼娜·塔毕泽也是来宾之一。在当时拍摄的所有照片上,楚科夫斯基留下了节日般的表情,帕斯捷尔纳克快乐而庄重,济娜伊达·尼古拉耶夫娜则闷闷不乐。当楚科夫斯基起身离去时,帕斯捷尔纳克跟他一起出门,去“小别墅”找奥丽嘉·伊文斯卡娅,与她商议事态,并拿出几份写好的感谢电文,让她发到莫斯科。楚科夫斯基去费定那里探听情况。他从费定口中首次听到了“自由知识分子”后来将一再提起的煽情说辞:“帕斯捷尔纳克会把我们大家都害惨。眼下,对知识分子的残酷讨伐已经开始。波利卡尔波夫可不是以自己的名义来的。那边在等着回话。他需要经受制度的检验。我又能怎么办?毕竟,我不是挂名的主席,而是实实在在的作协领导。我有责任表示反对他。”

傍晚，楚科夫斯基回到别墅，收到了苏联作协理事会主席团定于10月27日召开紧急会议的通知。他又一次急匆匆地去找帕斯捷尔纳克——这符合他的脾气，尽管《日瓦戈医生》他并不喜欢（“自我中心主义的萎靡之作，远逊于他的诗”）。诺贝尔奖颁布两个月前，济娜伊达·尼古拉耶夫娜偶然碰到楚科夫斯基，问他是否读了小说，他刻薄地回答说自己不读那种热门作品。然而，有别于费定和大多数同行的是，楚科夫斯基实在难以容忍一个人——而且是一个他从不怀疑的伟大诗人——“需要经受制度的检验。”应当赶紧做点什么，不能袖手旁观，要写，要制定战术……“列宁主义戏剧家”尼古拉·波戈金的妻子安娜·尼康德洛夫娜来了。帕斯捷尔纳克的幼子廖尼亚也坐在桌旁。楚科夫斯基看到帕斯捷尔纳克一副倦容，但家里氛围还算平静。济娜伊达·尼古拉耶夫娜跟尼娜·塔毕泽商讨着出席诺贝尔奖颁奖仪式该如何着装……这时，一名作协联络员忽然上门，给帕斯捷尔纳克送来参会通知。“他的脸色阴沉下来，捂住胸口费力地上了楼，进到自己的书房。我一下意识到，他不会被赦免，举国上下为他备好了一场惩处，他将遭受万众践踏，直到迫害致死，就像左琴科、曼德尔施塔姆、扎波罗茨基、米尔斯基、本尼迪克特·利夫希茨等人所遭遇的那样。我脑子里冒出一个疯狂的念头，想把他从这种种鞭笞之下解救出来。”（10月27日，当楚科夫斯基写下这篇日记，就已经知道自己的想法不切实际——鞭笞无论如何是摆脱不掉的）。楚科夫斯基按照自己的风格提出一项计划——他做事向来干脆利落，对帕斯捷尔纳克这样审慎而又迂腐的人偶尔也能有所帮助：应当一大早去找福尔采娃（时任苏共中央书记处书记，1960年起担任苏联文化部长），向她申明，帕斯捷尔纳克本人因“国外围绕他的名字掀起狂潮”而愤怒，他自己根本不愿在境外出版《日瓦戈医生》，他与那些“凑集在他的小说周围，蓄意挑起政治事端的匪帮”毫不相干。帕斯捷尔纳克仔细听了楚科夫斯基这一番话，并不喜欢他的建议，但同意给福尔采娃写信。他上了楼，十分钟后（“最多不超过十分钟！”——楚科夫斯基感到吃惊）就拿着写好的信回来了。这表明，帕斯捷尔纳克这些天来虽然精神高度紧张，但情绪并未低落，反而保持着个人正义的强大力量。费定对小说的断语——天才的、清高的——完全适用于这封信：“我想，诺贝尔奖带给我的喜悦不会是孤单的，它涉及我作为其中一部分的社会。我觉得这项荣誉不仅授予我，也授予我所从属的文学。扪心自问，我也算为它做过点什么。无论我与时代之间的争议多么巨大，我都不认为此时此刻它们需要用斧头来解决……我相信大地和生活中存在着崇高的力量，唯有天空能禁止我始终保持高傲和自信。”

楚科夫斯基自己反倒被信的内容吓了一跳。这样的书信只会使形势恶化。他在日记里写道：“当时我只好说自己的神经不听使唤了。我差点是哭着回到了家。”

10 月 25 日，召开了只有党员才能出席的作协理事会第一次会议，到会者共有四十五人，包括奥沙宁、莎吉娘、格·莫·马尔科夫、雅申、萨尔塔科夫、阿尼西莫夫、格拉西莫夫、格里巴乔夫、米哈尔科夫等。在各自的发言中，台球般秃顶的格里巴乔夫和结巴异于常人的米哈尔科夫呼吁将帕斯捷尔纳克驱逐出境。莎吉娘——马克思和歌德的崇拜者、别雷的知心好友、几部神秘戏剧集和长篇小说《中央水电站》作者、戴着助听器的小老太太——积极支持二者提议。当时的情形，还是波利卡尔波夫最有资格来总结，他在会后向苏斯洛夫提交了相关的汇报。

实际上，决定也应在这次党务会议上做出，随后只需经由作协理事会全体会议批准，继而在公共大会上发布。波利卡尔波夫确实相信，一开始就将定下最严厉的论调，而公共大会仅限于表达社会谴责，即便也可能异常激烈。至于是否将帕斯捷尔纳克从苏联作协开除，自然是党务会议的议题，但波利卡尔波夫满以为，党员们只会吓唬一下帕斯捷尔纳克，非党员则会比较宽容。对于这些作家，他还抱有一丝幻想，后来的事实却表明，非党人士反而比党员更凶狠。

10 月 26 日，《真理报》发表了达维德·扎斯拉夫斯基的一篇短评，标题为《由一棵文学杂草引发的反动宣传之喧嚣》。扎斯拉夫斯基——帕斯捷尔纳克多年来的批判者，以执行党的任务为乐事。伊文斯卡娅幸灾乐祸地回忆道，扎斯拉夫斯基这个昔日的孟什维克，曾被列宁本人冠以多个有损尊严的别号，自二十年代起，便曲意逢迎，邀功请赏，不断排挤着文学中一切鲜活的东西……就在同一天，《文学报》略经删减，刊登了《新世界》编委会关于《日瓦戈医生》的退稿信。这项奇怪的决定充分表明苏联高层的涣散——如此一来,小说中叛逆的片段辑录无异于落入了每个苏联读者手里,换句话说,苏联方面公布了威逼帕斯捷尔纳克删除的所有内容!没有一处景物,没有一幕爱情或抒情的场景,也没有任何来自日瓦戈或维杰尼亚宾的洞见,转化为社会性的财富;帕斯捷尔纳克最纯净的文字反而成了出版界向苏联读者隐瞒的秘密(但这里也有某种特殊意义——小说中所有的美好,所有使之独具魅力和令人信服的内容,全都隐匿和沉寂了)。然而,这些相当数量的、在苏联时期任何气候下都不可能面世的叛逆之辞和思想,却公诸于世,被公众获悉;世界上没有一个政府会采取类似措施。1958 年 10 月,苏联领导人还无暇盘算自己的行为。

3

这些日子里,帕斯捷尔纳克表现得格外镇定。他没有看报纸。亲友们都记得他精神饱满的样子。他继续着自己一生的事业——仍然在工作:翻译尤里乌斯·斯洛瓦茨基的《玛丽·斯图亚特》。他开玩笑说,这已是平生遇到的第三位“玛丽·斯图亚特”(第一位是斯温伯恩的,第二位是席勒的①),如今,她对于他就像是家庭的一员,是“玛涅奇卡”。②

与此同时,舆论界也没闲着:要求以苏联文学青年的名义谴责帕斯捷尔纳克。一些志愿者带着联名书,挨个走访了高尔基文学院的宿舍,大约三分之一的学员签了名。为逃避签名,有人躲进茅厕,有人旷课,也有人跑到熟人处过夜。参加示威的志愿者寥寥无几,也就三十人而已;缺乏公开游行的技巧,哪怕是向国家表忠心的游行,也早就不举办了。仓促地弄出一幅题为《犹大,滚出苏联去》的招贴画,帕斯捷尔纳克被画成犹大的模样,面部的犹太特征突出,旁边乱画了一个歪斜的口袋,里面装着美元,犹大贪婪地向口袋扑过来。这帮人举着招贴画,来到沃洛夫斯克大街上的作协所在地,声称这就要乘车去帕斯捷尔纳克的别墅,找他算账。作协秘书康斯坦丁·沃隆科夫出来发话说,他高度评价青年人的爱国热情,去别墅就不必了。共青团

---

① 参见本书第八章。

② “玛丽”在俄语中的昵称。

诗人们过剩的积极性顿时消退了一半。他们卷起“犹大”，各自散去。

10月26日是帕斯捷尔纳克在苏联度过的最光荣的一天。伊琳娜·叶梅里扬诺娃，奥丽嘉·伊文斯卡娅的女儿，对事态抱着年轻人的漫不经心，向帕斯捷尔纳克讲述了两个婆娘在地铁里的争吵：“你怎么敢对我吼叫?!难道我是你的什么日瓦嘎(戈)不成?!”叶梅里扬诺娃的大学同班同学——年轻诗人潘克拉托夫和哈拉巴罗夫来到别列捷尔金诺，安慰帕斯捷尔纳克。他们在伊文斯卡娅那里见到了他，然后陪他回家，经过一座变电室，道路从附近拐向“大别墅”。火车呼啸着一掠而过。潘克拉托夫吟诵道：“为了让痛苦的暗流/温暖人生的清寒。”①帕斯捷尔纳克一直克制着情绪——连熟人的到访他都感到不愉快，况且来的是两个外人，这时却不禁潸然泪下。叶梅里扬诺娃张罗着写信为帕斯捷尔纳克辩护，用她的话来说是“收缩”，并把高尔基文学院一些学员向他表示同情的便条转交给他；国外的贺信也纷至沓来——伊文斯卡娅的幼子米佳在邮电局工作，鲍里斯·列昂尼德维奇对他说：“你的工作单位对我最友好。”

10月27日(叶梅里扬诺娃记错了，她说是10月28日)，帕斯捷尔纳克身着平时不喜欢的正装，前往莫斯科——不是去自己在拉夫鲁申巷的住所，而是来到波塔波夫胡同，找伊文斯卡娅。科马·伊万诺夫一路上陪着他，因为朋友们担心他遭遇不测，尽可能不让诗人单独去任何地方。大家商讨着唯一的问题——帕斯捷尔纳克要不要去那个“渎神委员会”？显然，话题是围绕着开除出作协一事而展开，恐怕会有人当他面大放厥词，还有一点也不清楚：倘若他真的到场，会不会促使某个与会者改变想法，抑或引起更大的丑闻；人群向来不乏为自己上发条的能力。伊万诺夫坚持说，无论如何都不能去。帕斯捷尔纳克犹豫了片刻，同意了，说要写一封信给大会，然后就进到隔壁房间去写了。为了给帕斯捷尔纳克鼓劲儿，有人拿给他一瓶他喜爱的白兰地。据叶梅里扬诺娃回忆，他写得很快，而且像往常那样一气呵成。伊万诺夫去邻居家给沃隆科夫打电话，预先通知说，帕斯捷尔纳克不能到会，他本人会把帕斯捷尔纳克的信带去。

长期以来，人们一直以为这封提纲式的信件已经遗失，因而伊文斯卡娅

---

① 引自日瓦戈组诗里的《大地》一诗。

和叶梅里扬诺娃无法原谅自己未能将它复制。一些要点,保留在10月27日许多参会者的笔记中,尽管如此,帕斯捷尔纳克的宣言仍然给作家们留下了深刻印象。三十五年以后,此信的打字机复制件才从总统档案馆被发现。这份文件完全配得上它所享有的荣誉。

“1.我很想参加会议,进城来也是为此目的,但我突然感到身体不适。请同志们别把我的缺席当作怠慢。这封便函写得仓促,或许不如我希望的那样流畅,那样有说服力。

“2.事到如今,面对此起彼伏的喧嚣和文章,我仍然认为,做一个苏联人并书写《日瓦戈医生》之类的作品是可能的。只不过,我对苏联作家的权利和机会理解得更宽泛,我并未因为这种认识而辱没作家的称号。

“3.我根本不指望真相能还原,正义被维护。但我还是要提醒大家,有关传送手稿的故事,损害了事件的逻辑性。小说送到我们的出版社,正值杜金采夫①的作品公开出版,文学形势总体上有所缓和。我的小说也有望出版。直到半年以后,手稿才落入一名意大利共产党出版商手里。也就是当人们都知道《新世界》编委会写了《文学报》后来摘引的信函之际。我与‘文学社’签订的合同无人提及,实际上,双方之间在这件事上的联系,持续了半年之久。也不提我曾向意大利出版商要求延期,并且他也给了期限,以便‘文学社’借此时机出版一个经过审定的版本,作为意大利语译本的基础。延期根本没有派上用场。如今,各家报纸以大量印数专门刊登有碍于小说出版、而我同意删除的那些不被接受的段落,结果,除了危及我个人的种种祸事之外,什么都没有发生。为什么三年前它就不能出版,在适当注解的前提下?

“4.我不认为自己是文学里的寄生虫。扪心自问,我也算为它做过点什么。

“5.自命不凡从来不是我的毛病。了解我的人都能证明这一点。相反,我曾以个人名义写信给斯大林,请求他给予我在安静和独立状态下工作的权利。

---

① 弗拉基米尔·德米特里耶维奇·杜金采夫(1918—1998),苏联作家,1956年出版长篇小说《不单单为了面包》,引起广泛争议,被视为苏联“解冻文学”代表作之一。

“6. 我想，诺贝尔奖带给我的喜悦不会是孤单的，它涉及我作为其中一部分的社会。在我看来，授予我这个生活在俄罗斯的现代作家因而也是苏联作家的荣誉，同样连带着授予了整个苏联文学。令人痛心的是，我却如此茫然，仿佛迷失了方向。

“7. 关于奖项本身的实质。没有什么能使我承认这显赫地位是一种耻辱，使我以粗鲁的方式回应自己所赢得的荣誉。至于说金钱方面的事情，我可以请瑞典科学院把奖金纳入和平委员会基金，我本人不用去斯德哥尔摩领奖，或者干脆把这笔钱交由瑞典当局处理。我希望跟我们的某位相关人士，也许是德·亚·波利卡尔波夫，一起谈谈此事，在我从已经和仍将遭受（原文如此——德·贝）的打击下恢复过来的一个半到两个星期之后。

“8. 同志们，我听凭一切发落，并且不会责怪你们。形势有可能迫使你们在对我的处理方面走得很远，等你们迫于同样形势的压力，再来为我平反，那就为时已晚。此种情形在以往却是屡见不鲜！我请你们别急。这不会为你们增添荣耀和幸福。

鲍·帕斯捷尔纳克。”

但凡读过帕斯捷尔纳克作品的人，都会立刻想起信中最后几句话的源头：

如同你们，我也是时代
大变迁的一部分。
我将接受你们的判决，
并无怨恨和怪责。

或许，当你们清除人类
也不会有一丝颤栗。
说到底，教义的殉难者，
你们也是世纪的牺牲品。

三十年来，我满怀着
对于故土的爱，

你们的宽厚仁慈
我既不期待也不会错失。

人民刚以新的方式
意识到监护的结束,
就被拉扯进了药房,
抛下种种赏赐的权利。

一切再度被剥夺。
事到如今,善良的意愿,
从一个又一个地点
引领我们走向暴动。

条文盲目的权威
将我置于深渊近旁,
我不知什么是畏惧,
我的灵魂没有羞愧。

我知道,我倚靠它站立的
那个木柱,将成为历史上
两个不同世纪的分界,
我为我的选择而快乐。①

书信和诗作几乎有着一字不差的吻合,难怪帕斯捷尔纳克曾向叶甫盖尼·叶甫图申科建议,永远不要书写关于个人死亡的诗,也不要预言自己的命运,因为这些全都会应验! 或许,他的话语恰好还影射了一对矛盾,即他自己的命运与施密特的命运之间的对应关系(就此而言,一切尽在情理中,甚至包括杰奎琳·德普吕艾雅尔和雷娜塔·施韦泽来到俄罗斯跟他的会

① 引自帕斯捷尔纳克《施密特中尉》(1927)。此处引用不连贯,参见《施密特中尉》第三章第8节。

面;这两位女性对话者写给他的书信,也让人联想到济娜伊达·利兹伯格[①]与施密特的通信)。相似之处还在于,对施密特的审判以及对帕斯捷尔纳克的迫害,均是在相对自由的宽松时期展开,制度先后所展示的,与其说是自己的牙齿,不如说是界限。有些事物不可逾越——这不取决于受刑者有多大的罪行;他十分清楚,他的罪是象征性的,仅此而已。他的境遇,是作为人质的境遇,之所以要惩罚他,仅仅因为不这样的话,国家就会垮台。它本来经得起一部长篇小说在苏联出版的考验(就像1905年,帝国经受了一场不幸和无望的"奥恰科夫起义",半个世纪之后,又经受了小说中那些叛逆之词的发表)。然而,对沙皇俄国的考验却是,一名军官事实上背叛了誓言,倒向一群起义的水兵……苏联则需要处理一名作家擅自在国外出版作品,因此获得诺贝尔奖,并且不打算放弃它……国家有权利惩治"变节者",而两个"变节者"也都明白这一点,这正是两者相像的主要情节,但也是帝国行将崩溃的征兆。因为它的一切法则都已不再绝对——这些法则背后缺失了至上的道德内容。从真理、正义和最高法则那里遗留下来的,唯有"条文盲目的权威"。在此情形下,施密特和帕斯捷尔纳克分别以自身昭示着两个帝国的猝然覆灭,不管它们怎样努力适应新时代,试图从顶层展开自由化。无论施密特还是帕斯捷尔纳克,都清晰地预见了各自的迫害者迅疾的灭亡。1958年,帕斯捷尔纳克不可能不明白,迫害他的人"也将为暴君的罪孽坐进监牢/一身肮脏发白的破烂衣衫",[②]所以他给苏联作协的信写到末尾,预言了未来的平反。他写《施密特中尉》并非随意,虽然在遭到茨维塔耶娃激烈批评之后,他不再喜欢自己的作品。但这部长诗对于他,不失为个人遭受刑罚的宝贵经验,哪怕这场刑罚出于国家的名义。到了1958年,想必他已经改变了对《施密特中尉》的看法。

帕斯捷尔纳克历史哲学的观念主要来自俄国经验,因而这种观念也略显狭隘:只有在俄罗斯,异教才经常成为主导性的宗教,以便再次成为异教;

---

① 真实的历史人物,施密特中尉的朋友,两人在火车上偶然相遇,一见钟情,彼此倾心。他们的书信往来从1905年7月22日开始,持续到1906年2月20日施密特临刑之前。爱情、友谊、善、正义等等,是两人通信中的主题。帕斯捷尔纳克的叙事长诗《施密特中尉》有多个段落,再现了施密特给利兹伯格写信的情景及内容。

② 引自帕斯捷尔纳克《施密特中尉》第三章第7节。

只有在这里，在人民的默认下，才有一些僭主者同另一些进行着无休止的争斗；也只有在这里，才有相对的自由派和相对的极权分子交替变换着冰封和解冻，并对同一种价值反复予以不同的评判，以至于任何一个被打入深渊之人都有理由期望亡故后的平反（如果活得更长久，或许在有生之年便可等来昭雪）。无论帕斯捷尔纳克写给作协的信件多么出色，都应该承认，信中基本上没有什么新的东西；自二十年代以来，他的历史哲学并未有所改变。如果说 1923 年的帕斯捷尔纳克认为，俄国社会运动翻云覆雨，终究是围绕着"假造"兜圈子（《崇高的疾病》），那么在 1926 年（《施密特中尉》）和 1958 年，他同样清楚地认识到，革命的乌托邦正是他此前所说的假造。所有想要"为朋友舍命"的人，最终又回到自己的轨道。

正因为如此，在俄罗斯谈论历史，总是暗示着某种现代性，而各色历史学家却始终停留于后知后觉。

4

关于苏联作协理事会这次会议，有过不止一次的描述。康斯坦丁·冯申京①留下了详尽的记录。开会地点是人们称为"罗斯托夫之家"②的白厅。波利卡尔波夫来了。由于事先未得到任何指示，他神色忧郁，茫然不知所措。主席团相当一部分人并不了解究竟发生了什么。除了《新世界》先前的编委会成员，谁也没读过《日瓦戈医生》。冯申京回忆起一位灰白胡须的老者，不停地念叨着："这跟瑞典有哪门子关系？！"终于有人讲解了事情的本质。开始读帕斯捷尔纳克的信。会议主席是尼古拉·吉洪诺夫——正是此人，曾于 1924 年向帕斯捷尔纳克询问他新写的长诗，表示对"差异迥然的抒情材料之进展"感兴趣，曾经和他去过格鲁吉亚，也曾和雅什维利及塔毕泽一道开怀痛饮……与会者开始发言。起初，情绪平淡，却一团和气。最令人诧异的是，一切操作都是"从底层"，也就是说，没有来自外部的特殊压

① 康斯坦丁·雅科夫列维奇·冯申京（1925—2012），俄苏诗人，许多流行歌曲的词作者，他的家族于十九世纪中期从荷兰移居俄国。

② 亦即隶属于苏联作协的"作家之家"，位于莫斯科市内的波瓦尔街。在托尔斯泰《战争与和平》中，这里是罗斯托夫家族的宅邸。

力。大家认为理当如此，尽管“上面”尚未做出最终的决定；尽管两三个友善的声音足以打破温吞的局面；尽管可以像帕斯捷尔纳克本人在另一场合所做的那样，以大智若愚的方式缓和僵局：“不要吵吵嚷嚷！如果吵嚷，那就用不同的腔调！”遗憾的是，这种情景并未出现；也找不出一个人，像帕斯捷尔纳克当初在讨论曼德尔施塔姆问题时，尽力使他避开最主要的打击——谴责但不带恶意，这样才能安抚有意施加迫害的众人……

凭什么他总是应该走运？诺贝尔奖——因为什么功劳？难道因为抒情诗？瑞典人从哪儿知道他的抒情诗，他毕竟二十年都没发表过这玩意儿了。这一切都是我们的敌人采取的行动。决不能姑息纵容。逻辑大概就是如此。

按照这种逻辑，各个与会者——马尔科夫、米哈尔科夫、卡塔耶夫、古里阿、扎里亚恩，阿扎耶夫、吐尔逊-扎德、斯莫里奇、尼古拉耶娃、楚科夫斯基（尼古拉）、帕诺娃①、卢科宁、普罗科菲耶夫、卡拉瓦耶娃、雷连科夫、索波列夫、叶尔米洛夫、安东诺夫、格里巴乔夫、波列沃依、斯米尔诺夫（两位姓斯米尔诺夫的人士——谢尔盖·谢尔盖耶维奇和谢尔盖·瓦西里耶维奇）、雅申、尼林、本茨洛娃、希巴切夫、阿巴什泽、托克姆巴耶夫、拉西莫夫、阿塔洛夫、柯热夫尼科夫、阿尼西莫夫——共同将帕斯捷尔纳克逐出了自己的行列。发言反对开除的只有两位：格里巴乔夫（“这会在国际方面损害我们”）和特瓦尔多夫斯基（“三思后行”）。坚持开除的理由则是别出心裁。战争末期，一批作家被授予“保卫莫斯科”奖章。帕斯捷尔纳克未去领奖章，而是让儿子替自己去了。这难道不是藐视集体和奖励？薇拉·帕诺娃的言辞尤为激烈，要知道，她可是一位勇敢的大作家，反法西斯讽喻之作《几点了？》的作者，作品中分别暗示了斯大林和元首的形象。会议开了一段时间，特瓦尔多夫斯基、雷连科夫、谢·谢·斯米尔诺夫和冯申京受不了窒闷而又矫情的气氛，出来到小吃部喝饮料。自然又说起帕斯捷尔纳克。

“我甚至不认识他，”冯申京说道。

“损失不大，”特瓦尔多夫斯基悻悻地说。

---

① 薇拉·费奥多洛夫娜·帕诺娃（1905—1973），俄苏女作家，三次获得斯大林奖金。下文所说她的作品《几点了？》，是一部长篇童话小说，全称为《几点了？冬夜之梦》，创作于1962年，1981年正式出版。

片刻的沉默。

“我们不反对诺贝尔奖本身，”特瓦尔多夫斯基说，“哪怕授予马尔夏克也好。谁又能有什么意见？”

回到会场，会议仍在进行，几个人又出来抽烟……这一次，议论的话题是伊萨科夫斯基的新婚。他们站的地方，悬挂着一幅油画，画面是高尔基向斯大林和伏罗希洛夫朗读《少女与死神》①：这幅画在苏联又被戏称为“高尔基加入作协”。

《旗》杂志总编柯热夫尼科夫走出来，根据此人的汇报，格罗斯曼的长篇小说《生活与命运》后来遭到查禁，整部作品一页不剩，全都被没收，包括打字员那里的复写稿（格罗斯曼有先见之明，私藏了两份）。

“怎么着，萨沙，”他问特瓦尔多夫斯基，“你打算出那小说，对吗？”

“这是在我之前的事情，”特瓦尔多夫斯基说，“其实，他们那些人也不想出。你懂的。”

“我倒觉着你很想呀。”

“知道是怎么回事儿吗？”特瓦尔多夫斯基一本正经地说，“请从这儿走开。”

“我干吗要走！”

“因为你既没有诚信，也没有良心。”

“这跟诚信和良心有什么关系？”

“你滚吧……”——特瓦尔多夫斯基发怒了。

柯热夫尼科夫走了——又回到会场，在大厅门口，差点跟正往外走的波利卡尔波夫撞个满怀。后者愁眉苦脸，问那几个聚在油画底下的人：

“究竟应不应该开除？”

特瓦尔多夫斯基的回答很简短：

“我已经说过了。”

斯米尔诺夫、冯申京和雷连科夫跟他是一样的态度。

这并没有妨碍斯米尔诺夫三天后主持莫斯科作家全体会议，批准作协理事会主席团的决定，也没有妨碍雷连科夫写下《对所有诚实者的挑战》一

---

① 高尔基的童话诗，创作于 1892 年。

文(《文学报》,1958 年 11 月 1 日)。无疑,“对所有诚实者的挑战”指的是小说在国外的出版,而不是一致同意将帕斯捷尔纳克开除。

波利卡尔波夫本人反而有些犹疑。苏斯洛夫向他发出明确的指示——“控制开除(帕斯捷尔纳克)一事。”但他显然不够果决,他毕竟只是一名普通的苏联官员,不无善良的本性。假如作家们仅以善意的愤慨敷衍了事,而不是提出要对帕斯捷尔纳克采取组织上的措施(不管怎么说,他的第 65 号作家会员证,属于高尔基签发的首批一百本之一),波利卡尔波夫未必会坚持更严厉的方案。作家的言行却有过之而无不及。莫斯科作家全体会议定于 10 月 31 日召开。

在第二场和第三场会议之间相隔的三天里,还发生了许多不可思议的事情。看起来,作家同行们谁都不愿率先打破局面。帕斯捷尔纳克本人打破了它。

他放弃了诺贝尔奖。

5

这个姿态多么优雅,就多么无意义;多么高傲,就多么动人。它显示出帕斯捷尔纳克是一个典型的、本色难移的白银时代人物——在那样的时代,姿态具有无限多的意蕴。帕斯捷尔纳克真诚地希望,自愿放弃世界上最负盛名的文学奖项这一事实,将使那些加害于他的人感到内疚。可事情已不是发生在白银时代。

程序一经启动,迫害就不会停止,唯有最高领导人的决定才能使之中断,但赫鲁晓夫并未下达这样的指令。况且,事已至此,苏联政府根本不在乎帕斯捷尔纳克放弃诺贝尔奖。既然该奖授予了他,既然苏联为此蒙羞,那就应该把奖金交给那个什么和平基金会。帕斯捷尔纳克非但没有因为放弃而缓解自己的处境,反而彻底毁坏了它。关键是,这场定于 10 月 31 日、装神弄鬼的作家全体会议,已经绝对不可能取消。

10 月 27 日的作协理事会议结束后,派了一名文学基金会的医生,给帕斯捷尔纳克诊断,以免出现意外。医生以官方名义定期上门,理由是帕斯捷尔纳克自己声称身体不适,故而未能出席“小法庭的审判”;对他的嘲弄,说来也是精心安排，就像当年沙皇政府为恰达耶夫安排的医疗检查。10 月 29 日早晨传来了消息，苏联科学院院士塔姆、弗兰克和切连科夫共同荣获诺贝尔物理学奖；苏联报刊随即刊登文章，说物理学方面对学者的评判还是客观的，而文学奖则变成了政客手中的工具……傍晚，物理学家列昂托维奇，也是一位院士，表示想来看望帕斯捷尔纳克并让他相信，苏联物理学家们想法不一样，他们大多数都站在他这一边，为他的成就而喜悦。叶甫盖尼·鲍里索维奇开车将列昂托维奇带到别列捷尔金诺。帕斯捷尔纳克正好不在家，过了几分钟才回来。长子回忆道，"他的脸色灰白，可怕。"帕斯捷尔纳克一进门，就说他放弃了诺贝尔奖。

他为什么这样做？有一种意见是（叶甫盖尼·鲍里索维奇也表示认同），奥丽嘉·伊文斯卡娅起了关键作用，诺贝尔奖风波令她惊恐万状："你不会有事儿，可我却要粉身碎骨。"帕斯捷尔纳克跟她通电话，提前什么也没告诉她，随后拍了两封电报，一封给斯德哥尔摩方面，另一封给"文学社"。第一封电报里说："鉴于我所从属的社会对于贵方嘉奖之认识，我只能放弃这一不应得的奖项。请勿因我的自愿放弃而不快。"第二封的内容是命令式的要求："请把工作①给予伊文斯卡娅，我已放弃诺贝尔奖"（奥丽嘉·伊文斯卡娅肯定地说，第二封电报并非发给出版社，而是直接发给苏共中央。这似乎更像是实情）。

第二天，也就是 10 月 30 日，帕斯捷尔纳克来到波塔波夫胡同找伊文斯卡娅。阿利娅·艾弗伦也在场。他开始征求意见——是否应当放弃诺贝尔奖？"这就是他的风格，"伊文斯卡娅回忆道，"先把事情做了，然后再跟人商量。"

伊文斯卡娅生气了。要知道，他们明明制定了行动路线，他怎么就变卦了?!

"可我已经放弃了，"帕斯捷尔纳克说，"并且给安德斯·埃斯特林拍了电报。"

"真棒，鲍里奇卡，真是好样的。"阿利娅说着，吻了他。她知道，放弃对他意味着什么，她不想勾起他内心的伤痛。

---

① 这里的"工作"是指国家文学出版社向伊文斯卡娅承诺的翻译约稿。

此前一天，时任苏联共青团中央第一书记、后来成为克格勃头目的弗·谢米恰斯特内在全体会议上发表讲话，纪念共青团成立四十周年。在这场庆祝活动中，他顺带把关注点转向了帕斯捷尔纳克。这位脸膛红润、喜欢荤段子和即兴演说、气质酷似“亲爱的尼基塔·谢尔盖耶维奇”的共青团领袖，嘴里冒出了两个跟动物相关的比喻：先是称帕斯捷尔纳克为“癞皮羊”，然后又说，帕斯捷尔纳克“不能跟猪相提并论……我必须告诉你们，这是对猪的诽谤。但凡跟猪打交道的人都知道，这是一种肉体纯洁的动物，从来不在用餐的地方拉屎撒尿”。“用餐！”——这当然还是出于委婉的感受。令人惊奇的是，帕斯捷尔纳克诗歌所有的乐调，突然间全都开始在他的命运中鸣响：想想看，在描写1905年的“波将金号”一章①，他是如何捍卫“用餐”一词的……曾经有多少次，他在亲朋好友中间把赫鲁晓夫称作“傻瓜和猪”，如今，他终于得到了真正的最高级别的回应。谢米恰斯特内宣称，如果帕斯捷尔纳克想要离开这个国家，苏联政府不会加以阻拦。

这听起来近乎驱逐令。

帕斯捷尔纳克问长子：你跟我一起走吗？

“任何时候，到任何地方，随您便！”——叶甫盖尼激动地回答。

“可济娜伊达·尼古拉耶夫娜和廖涅奇卡却不想，”帕斯捷尔纳克忧伤地说。

济娜伊达·尼古拉耶夫娜确实丝毫不肯让步：你想去哪儿、跟谁一道，都没关系，但你得把我和廖尼亚留在祖国。这对帕斯捷尔纳克来说是不可接受的。伊文斯卡娅和女儿愿意跟他一起走，却担心未来的放逐生涯，担心在国外他们也不得安宁。所以她要帕斯捷尔纳克给赫鲁晓夫写信，请求别对他采取像剥夺国籍这样的可怕措施。

帕斯捷尔纳克写了这封信，准确地说，是修改了伊文斯卡娅和阿利娅·艾弗伦在全苏著作权保护局几位律师建议下起草的文本。应伊文斯卡娅之请，维亚切·弗谢·伊万诺夫也参与了信件的推敲和斟酌。以下是这封信的内容：

“尊敬的尼基塔·谢尔盖耶维奇，我谨向您个人、苏共中央委员会和苏

---

① 参见帕斯捷尔纳克《一九〇五年·海上暴动》(1926)。

联政府求助。

"我从谢米恰斯特内同志的报告中获悉,政府'对我离开苏联不会设置任何障碍'。

"这对我来说是不可能的。我生在俄罗斯,我的生活和工作与它休戚相关。

"我无法想象自己的命运与它分割开来。不管我有怎样的过错和迷误,我都未能料到自己竟然会卷入西方围绕我的名字所掀起的政治风波。

"意识到这一点,我向瑞典科学院告知了自愿放弃诺贝尔奖的决定。

"到祖国之外的地方去,对于我无异于死亡,因此我请求不要对我采取这一极端措施。

"扪心自问,我为苏联文学也曾做过一些事情,我应该还能为它效力。

鲍·帕斯捷尔纳克。"

10月31日夜晚,伊琳娜·叶梅里扬诺娃把信带到老广场上的苏共中央所在地。伊文斯卡娅后来多次称这封信是自己的罪过。她强调说,为了让帕斯捷尔纳克放弃诺贝尔奖,她给他带来了太大的压力。但是他,想必不只为伊文斯卡娅担忧——济娜伊达·尼古拉耶夫娜对诺贝尔奖同样不抱任何美好期待,并且是从一开始。我们难以断言,帕斯捷尔纳克放弃这项世界上最主要的文学奖,究竟是对还是错。无论如何,苏联方面都未能使他公开悔过——他写给赫鲁晓夫的信不卑不亢,还有11月5日发表在《真理报》上的声明,即便经过各种手段的校改和编辑,也还是找不出放弃著作和信念的内容。至于可能发生的离境出走……帕斯捷尔纳克曾对伊文斯卡娅说过,就算允许他把想带的人都带走,就算西方永远被他视若节日,他也不可能长久生活在那里。"要有故土的平凡日子、故土的白桦树、故土的不愉快,甚至——习以为常的迫害。还有希望。"

2003年,在俄罗斯作为主宾国的法兰克福交易会期间,五位圣彼得堡作家,包括笔者,来到马堡,漫步在大学校园。所有话题自然都是围绕着帕斯捷尔纳克;为了向他致敬,五个人登上山顶,秋天的红色葡萄藤盘绕在山间,"城市尽收眼底。"关于帕斯捷尔纳克1958年是否值得离开苏联,展开了热烈的争论。两位诗人深信,帕斯捷尔纳克私下里确实打算离开,所以他才会跟长子商量,后者也才会说,无论去哪里,都跟随他一道! 两位散文家坚持认为,没有济娜伊达·尼古拉耶夫娜和廖尼亚,他是不会走的,而他又没办法说服济娜伊达·尼古拉耶夫娜;即使他有心抛弃年老的、早已跟他疏远的妻子,甚至二十岁的儿子(想当初,他就曾把八岁的热尼亚留给了前妻),单纯地留下与“留作人质”……这当中也应该会有某种区别。假如他真的要走——哪怕把奥丽嘉和她的孩子们也带走,哪怕他将迎来全世界的承认、西欧和他从未见识过的美国、荣耀、大学里的演讲、舒适生活、优渥的待遇,那么,他也会把家人留在苏联,因为他相信,总有人因为他而想要跟他的家人清算。剩下的一位评论家,逐一点评了上述意见,试图让大家相信,帕斯捷尔纳克并不想走——他一直暗自怀疑,欧洲也有其卑污,只是比苏联略为干净,而且他的这一想法始终未变。话题在帕斯捷尔纳克喜爱的咖啡馆里延续,然后是据说他曾经光顾过的啤酒馆(从招牌上的标示可知,这家啤酒馆始建于1680年),几个人怎么都弄不明白,从那致命的决定之后,四十五年过去了,他究竟是拯救还是毁灭了自己? 或许,他的出走会给那些最终穿越铁幕的人们开辟一条道路,向他们指明,只要愿意,就能离开? 一个人倘若突破了禁锢,其他人会不会也想这么做? 或许,还会接连出现扎米亚京式的声明:“请将我逐出苏联”? 万一他不是活了七十岁,而是像某些人对他的预期那样,活了一百岁? 要知道,在1959年,即去世前一年,他依然精神饱满,活力十足,显得格外年轻。但另一方面,他是否有可能恰好因为迁往异国的土地而一蹶不振? 然而,这又能说是什么异国的土地——假如一生中能够第三次来到马堡,重温昔日的时光,带着奥丽嘉和她的孩子游览,与他最迷恋的女人一起度过余生,这一切对他难道不是幸福? 还有巴黎,还有与幸存侨民们的交谈,以及美国之行,拜访海明威,后者曾发誓要接纳帕斯捷尔纳克,竭尽全力满足他的任何需求……直到临近深夜,在马堡空荡荡的哥特式街道上,在庄严肃穆的寂静中,孤独的摩托声从远处公路上传来,偶尔打破这寂静,所有这些设想才交织在一处:离境出走的决定,会使帕斯捷尔纳克整个一生美妙而悲恸的结局消解于无形,也会使他死去之后的凯旋化作泡影。这样就不会有他的比任何抗议都强有力的死。不会有他的葬礼上那一场哀伤的盛典。不会有传奇。归根结底,对俄罗斯自由最具意义的是:他向世人证明,可以离去,或者也可以留下,从而赢得胜利。

如此说来，他平生第一次未能避免非此即彼的选择、那恼人的“不是—就是”（因为第三种方案根本不可能有），在此情形下，他做出了正确的选择。不过，他同时也让所有将选择强加于他的人都失望了。他终于还是留下了，也可说没有留下：他的生命只剩下一年半的光景。

6

会议在沃洛夫斯克街上的“电影宫”举行。那里如今是“电影演员剧院”，正好面对着苏联作协理事会。整个作协没有一座礼堂，能将莫斯科作家尽都容纳。

这一天，一些人直接离开莫斯科。一些人请了病假。胆子最大的，索性不来了。没有人为他辩护。

主持会议的是谢尔盖·谢尔盖耶维奇·斯米尔诺夫（伊文斯卡娅将他定义为“正派的人”，她解释说，所有并非出于个人主动而只是在上边指令下卑鄙行事之人，都可以这么称呼）。他说，帕斯捷尔纳克始终远离人民，朋友们曾为其辩护，如今他却露出了真面目；原以为他不关心政治，他却写了一部毒辣的政治长篇；他落入了加缪和丘吉尔之流的反革命团伙……斯米尔诺夫还提到了克努特·汉姆生①，说读者来到其住处，将其作品扔到围墙外。汉姆生，顺带说一句，系二战期间在法西斯报刊上撰文，公然支持希特勒的少数挪威知识分子之一，由于附敌叛国，二战之后遭到软禁。

斯米尔诺夫接着说，也许谢米恰斯特内关于猪的提法有点粗俗，至于说要把表面的侨民变成货真价实的侨民……则是非常正确的！应当提请政府剥夺帕斯捷尔纳克的苏联国籍。会场上一片掌声。“四十年来，一个充满恶毒仇恨的隐蔽的敌人，就生活在我们中间，我们还把自己的面包分给他。”

列夫·奥沙宁旧话重提，讲述了帕斯捷尔纳克不来领取1945年授予他的“劳动英勇”奖章一事。“他是我们这个阶层里最典型的世界主义者！”泽

---

① 克努特·汉姆生（1859—1952），挪威作家，1920年获得诺贝尔文学奖。主要作品有《大地的成长》《神秘》《饥饿》等。晚年政治立场倾向于法西斯主义，颂扬德国纳粹侵略行径，1946年，被挪威最高法院判为叛国罪，软禁在奥斯陆一家老人院，最终在那里去世。

林斯基说，诺贝尔文学奖授予帕斯捷尔纳克，不啻于一颗文学原子弹，这是对苏联政府的当头一击，以至于在这场进步作家会议上说出帕斯捷尔纳克的名字，就好像在社会上发出一个不体面的声音！“去吧，去到那儿领取你的三十块银币吧！我们这里如今不需要你，我们将建设我们为之付出生命的那个世界！”泽林斯基以赤裸裸的告密结束了发言：是周围人营造了对帕斯捷尔纳克的崇拜！“由于我对帕斯捷尔纳克的批评，维亚切斯拉夫·弗谢沃洛多维奇·伊万诺夫不再跟我握手。”也就是说，良心的概念基本上已经作废：一个人因为别人未跟他握手，就在大庭广众下报告此事。

弗拉基米尔·别尔佐夫——《马雅可夫斯基生平与创作纪事》的编著者，“准列夫派”评论家，发誓说没觉察出帕斯捷尔纳克的卑劣品质，当此人刚开始与马雅可夫斯基一道出现时……“帕斯捷尔纳克的诗歌信念，在于‘他自个儿肚脐眼周围八万俄里以内’！关于帕斯捷尔纳克，我曾发表过《杜撰的形象》一文，惹恼了阿谢耶夫、什克洛夫斯基……我和我们的许多同志简直难以想象，作家居住区里竟然生活着这样的人。我也无法相信，我跟帕斯捷尔纳克竟然是邻居。不能将他列为苏联居民统计中的一员。”别兹缅斯基回忆了当初如何跟帕斯捷尔纳克争论，争论中又如何正确地抨击了布哈林。那时候，还没有人支持他们，可“列夫派”这群人终究是对的！帕斯捷尔纳克的长篇小说被称作“有毒的”，驱逐帕斯捷尔纳克，会使空气得到净化：“把毒草清除干净！”此后，还将有许多涉及草类的俏皮的双关语。谢·米哈尔科夫甚至发表了一篇寓言，说的就是某种叫作“帕斯捷尔纳克”的禾本植物（尽管作为菜园植物的“帕斯捷尔纳克”①与禾本植物毫不相干，可这位苏联伊索兼植物学家，岂能羞于创造性的臆想?!）。

斯卢茨基说，应当从自己的人民中间寻求认可，而不是从人民的敌人那里；“瑞典科学院对我们的了解，只是通过波尔塔瓦战役②，还有他们更为仇视的十月革命。”帕斯捷尔纳克，斯卢茨基说，乃是“诺贝尔反共奖”得主。

---

① 小写的“帕斯捷尔纳克”，是植物学名词，汉译名称是“欧洲防风”。这种植物形状像胡萝卜，可入药，也可作为蔬菜用于烹饪。参见本书第九章相关注释。

② 发生于1709年6月的一场战役，系俄国为争夺波罗的海霸权与瑞典之间“大北方战争”（1700—1721）中的著名战役。经过短暂激烈的鏖战，彼得大帝统帅的俄军取得决定性胜利，此战役标志着俄国军事实力的崛起和瑞典的衰落。

加琳娜·尼古拉耶夫娜，长篇小说《收获》和《道路上的战役》的作者，称自己“一度认可并喜欢过帕斯捷尔纳克作品的某些方面”。这是前所未闻的勇敢。那些“描写大自然、描写列宁”的诗打动了她。然而，说到这里，她话锋一转：“帕斯捷尔纳克的历史，是一部叛卖的历史。《新世界》同志们的信太温和了。我更倾向于让此人在苏联的土地上无处容身。”

年轻的弗拉基米尔·索洛乌辛，不久以前的克里姆林宫学员，在批评帕斯捷尔纳克时，引用了“英明的”毛泽东本人对南斯拉夫修正主义的斥责。谢尔盖·巴鲁兹津声称，人民不知道作家帕斯捷尔纳克，却知道叛徒帕斯捷尔纳克。“狗的天性你改变不了，”这位著名的儿童诗人和散文家补充说。列昂尼德·马尔汀诺夫说，进步的人类“与我们同在，而不是与帕斯捷尔纳克”（据在场的人证实，他当时的发音是“帕斯捷尔尼亚克”，①但没有使用明显的粗鲁字眼）。

鲍里斯·波列沃依说：“帕斯捷尔纳克本质上，用我的眼光来看，正是文学界的弗拉索夫②。弗拉索夫将军被苏联法庭枪毙了！”

一个声音从座位上传来：“绞死了！”

斯米尔诺夫感觉这场巫术表演将逾越一切可能的界限，于是中止了讨论，从而使后面的与会者避免了耻辱。

英蓓尔提议，决议中应列入向政府请求褫夺帕斯捷尔纳克苏联国籍这一条。

全体一致通过了决议。帕斯捷尔纳克在其中被称为自恋的唯美主义者和颓废分子、诽谤者、叛徒；并且真的向政府提出了褫夺其苏联国籍的请求：“所有珍视进步与和平之理想的人们，永远都不会像对待常人一样，向他这个出卖祖国和人民的人伸出手来！”

伊文斯卡娅提出，对那些在表决前悄悄溜进小吃部或卫生间的人，不要太过严厉地谴责。他们所做的，只是为了不参与丑剧，为了哪怕消极地表示

---

① 在这里，马尔汀诺夫故意说错帕斯捷尔纳克的名字，以表蔑视。

② 安德烈·安德烈耶维奇·弗拉索夫（1900—1946），曾经是苏联红军将领，二战初期屡立战功，1942 年被德军俘虏，继而投降法西斯德国，1944 年组建了直属德国统帅部的“俄罗斯解放军”。1945 年 6 月，他率领这支军队向美军投降，随后被遣送回苏联，次年 3 月被苏联最高军事法庭判处绞刑。

反对。当然,在当时的情形下,这种“勇敢”也算是某种行为……

是否能为“那些举手赞同的人”辩解?有这个必要吗?

在对帕斯捷尔纳克口诛笔伐的人员名单上,不乏真正的有才之士,他们的数量之多令人惊讶,有些人急于落井下石,即便无缘亲临10月28日那场臭名昭著的会议,也还是从雅尔塔的“创作之家”发来电报。他们当中包括谢尔文斯基和什克洛夫斯基!谢尔文斯基为其行为饱受折磨,直到生命的最后一刻。在二十年代末的作家们看来,他甚至与帕斯捷尔纳克处于同一行列;巴格利茨基曾经毫不夸张地写道:“行军包里是火柴和烟草,是吉洪诺夫、谢尔文斯基和帕斯捷尔纳克。”谢尔文斯基先前也曾有过不光彩的行径,包括对马雅可夫斯基的嘲讽;在一首为马雅可夫斯基之死题写的诗作中,甚至出现了这样的语句,大意是:作者本来可以说,“敌人的尸首闻起来不错”,可他非但没有这样说,反而深感悲痛,尽管随后他又轻描淡写地解读了诗人之死:“世界将一双小眉毛一笔勾销。”“小眉毛”与“马雅可夫斯基”正好押韵。

耐人寻味的是,在给作协拍发那封有损声誉的电报以示忠心和愤怒之前几天,正在雅尔塔创作休假(在此期间炮制了一整部诗剧)的谢尔文斯基,先是给帕斯捷尔纳克拍了一封高度赞扬的贺电,但很快就省过味来,紧接着,给他写了以下内容的书信:“亲爱的鲍里斯·列昂尼德维奇!今天有人转告我说,英国广播发布了您获得诺贝尔奖的消息。我立刻拍了电报,向您表示祝贺。如果没记错的话,您是第五位获奖的俄罗斯人:在您之前还有梅奇尼科夫、巴甫洛夫、谢苗诺夫和布宁①——如此看来,您已经跻身于一个不错的群体。然而,与您作品相关的情况表明,您单方面接受该奖,简直就是挑衅。我知道,我的建议对您而言——nihil②,而且您也永远不会原谅我比您年轻十岁。但我仍然要冒昧地对您说,‘藐视党的意见’,哪怕是您视为不正确的意见,在现今国际形势下无异于攻击您所生活的国家。敬请

① 谢尔文斯基说法不准确。事实上,俄国历史上第一位诺贝尔奖得主是巴甫洛夫,获奖时间是1904年,梅奇尼科夫比他晚了四年,两者均获得生理学或医学奖。布宁于1933年获得文学奖,谢苗诺夫则是1956年化学奖得主。

② 拉丁语,也出现在英语、法语等西方语言中,意思是“无”“虚无”,此处可意译为“无足轻重”“无所谓”等。

相信我的不十分准确，但也许‘有点儿准确’的政治嗅觉。友好地拥抱您。爱戴您的伊里亚·谢尔文斯基。”

可以认为，谢尔文斯基是部分真诚的——他懂得自己与帕斯捷尔纳克在分量上的差别，所以问题不在于妒意，而在于他有意引导这位更有才华却又更天真的同行迈向正确的道路。10 月 28 日，他已经和什克洛夫斯基一起匆匆来到雅尔塔当地的《疗养报》，为了在报上表达个人的愤怒！……“帕斯捷尔纳克永远用一只眼睛观望西方，同时干下卑鄙的卖国勾当”；对诗人来说，这样的用词算是好的……什克洛夫斯基的言论还算比较得体：“他的作品不仅反苏，而且体现出作者对苏联生活本质的一无所知……脱离了作家的集体……被小恩小惠诱惑……”

在与几个年轻学生的一次交谈中（顺便说一句，他们根本没有问他什么），谢尔文斯基本人想出了另一番说辞，他说，最好还是让我们来谴责帕斯捷尔纳克，而不是那一帮真正的酷吏和走狗。这样就不会有事。总的来说，这种自我辩解可以理解。为了书写，诗人理应自重。深受压抑并被指为怯懦的诗人，是无法进行书写的；谢尔文斯基为自己辩解的同时，挽救的不是名誉，而是他个人从事文学的权利。

那天在会议上发言的人当中，唯有鲍里斯·斯卢茨基——苏共二十大不久后成名的一批诗人之一，完全是特立独行的。在文史哲学院的诗人群体以及著名的六人组合（科罕—库里奇茨基—霍夫曼（萨莫伊洛夫）—利沃夫斯基—纳罗夫恰多夫），他和科罕一起被视为领袖。他在战争中服役至少校军衔，作战出色，战前就写得很多（有时一天三首），然后沉寂了很久，写起了纪实散文。斯卢茨基经历了艰难苦痛的过程，才形成自己新的风格。这是一种尖锐、生涩、刻意散文化的诗体。从他的文字（包括著名的《科隆陷坑》）所透射出的真实，并非任何散文均可承受，而诗的语句则足以道出这些。只有通过这种新风格，诗歌才能够直接而详尽地表述现代性；这对俄罗斯诗歌是一场革命。当萨莫伊洛夫也开始发表作品之际，斯卢茨基仍然无人问津，但他自己也并非多么急切。爱伦堡为他的诗作提前写好了热情的序言，这些诗成为解冻的标志和象征。这一切距离帕斯捷尔纳克无比遥远；帕斯捷尔纳克与斯卢茨基之间的距离也同样遥远。战地诗人不欣赏帕斯捷尔纳克的战争抒情诗，未完成的《霞光》在他们看来是抽象思辨的，充满了不熟悉的词语;他们见识过太多可怕的事物,所以不难理解,帕斯捷尔纳克在他们中间被视为别墅知识分子、造作和复杂的化身。这些目睹了死神近在咫尺的诗人,直到后来才明白,帕斯捷尔纳克对生死的言说一点也不少于他们。或许(这恐怕也是最可信的观点),斯卢茨基比同龄人更加痛苦地捱过了战争,始终未能从家人死于敌占期间的震颤中恢复常态,他的内心有着最终使他发狂的难以愈合的创伤,因而从一开始,他就与帕斯捷尔纳克对世界和谐美好的感知格格不入。凭借战前养成的狂热的组织能力,以及五六十年代不可思议的文学积极性(整日无休止的创作,再度出现一天写两三首诗的情况),斯卢茨基抑制了创伤,头脑中那种可怕的认知——世界建立在疏松沙地而非坚石之上,也渐渐消退。帕斯捷尔纳克在世界观上对于斯卢茨基是异己,或许还可以认为,在本体论方面也如此;他自身便是生活的确证,斯卢茨基则在潜意识中无法谅解他这一点。帕斯捷尔纳克以基督教为支撑,斯卢茨基则缺少这样的支撑,可以说,他整个人生都是在帕斯捷尔纳克三十年代前半段所经历的那种精神危机下度过的(伴随着同样的病状——偏头痛、失眠、创作上突发的沉寂)。许多战地诗人均认同斯卢茨基对帕斯捷尔纳克的态度,但区别在于,其中没有任何世界观方面的原因:他们只不过是觉得,帕斯捷尔纳克的一生脱离了人民,他未曾参加过战争,也不理解战争,他一直停留在过去,如今竟然开始诋毁;斯卢茨基对他的抨击还不够!叶甫图申科相信,斯卢茨基准备发言为帕斯捷尔纳克辩护,"请小心分配重点,"在吸烟室里他提醒说。"别担心,所有的重点都安排得当,"斯卢茨基回应道。他发表了批判的言论——彬彬有礼,未夹带任何惩治的吁求。后来,他经常提起自己当初的行为,比帕斯捷尔纳克提起跟斯大林的谈话更频繁,而且总是忏悔,从不辩解。甚至有传言说,对帕斯捷尔纳克的负罪感,导致他最后十年的精神失常,但仔细想来,这其实是预先注定的,最后的打击是妻子的死。

一些"关心解冻命运"的文学家,构成了一个单独的群体。如今,当政府中的民主力量如此需要我们的支持,当他们如此艰难地与官僚体系展开斗争,当每一项成果得来都如此不易,当上边又开始说起列宁的准则……值此非常时期,岂能在国外出版一部反革命小说?!"他什么事儿都不会有,可我们大家这回却要完蛋了!"——会议前夕知识分子言谈的主题就是这样，相比赫鲁晓夫式的申斥所表现出的正统共产主义之狂暴，这种庸俗风气反而更糟糕。

卡塔耶夫正是其中的一员。百年以后，他的“孤帆闪耀着白光”①也会广为传诵。他曾经出席了《斯佩克托尔斯基》的首场朗诵，为这部“用诗歌书写的散文”而痴迷；六七十年代，他将为自己已然毁灭的炽热青春写下悲痛欲绝的作品，但在五十年代，这仍是一位气派的别列捷尔金诺住户、奇闻轶事的爱好者、优雅的庸俗之辈……顽固保守分子薇拉·英倍尔同样属于这个群体，她甚至是温和民主的反对者，一个终生胆小怕事的女人，在自己的长篇叙事诗里，都不忘为斯大林干上一杯，“就像为一切事物的顶峰。”

关于他们，还能说些什么，如果连坚若磐石并深知苏联政权的利季娅·科尔涅耶夫娜·楚科夫斯卡娅也在日记中写道，她无论如何都不能为帕斯捷尔纳克辩护，这会要了老爷子（她这样称呼父亲）的性命，他本来就患有血管痉挛、头痛和失眠……一些人家有年迈的双亲，一些人书稿有待付梓，那可是一生的心血；还有人——完全有意识地不愿与明白一切，但活得怯懦的同行们相对立，或许，这种态度甚至值得称道。

“您怎么看，他们会不会把别墅收走？”——帕斯捷尔纳克问当时为数不多的来访者。别墅没有被没收。保留了帕斯捷尔纳克的文学基金会成员资格。不仅如此，在1959年，还派来一名信使向他询问，想不想重新加入作协并放弃《日瓦戈医生》的著作权。暗示作协有意接纳他。毕竟，带有高尔基签名的作家证还在他手里。他断然拒绝了来者：“他们想装出一副什么都没发生的样子。”

他意识到，作协将他除名，同时也将他的命运带到了新的层面，这是由至高无上的安排所预定，必须喝下这杯苦酒，否则，命运将不会圆满。一个人的颤栗、怯懦、恐惧，在艺术家那里，均被视为最高的逻辑。正是遭到开除之后，帕斯捷尔纳克成了世人眼里的受难者。全世界表达同情的信件，纷纷飞到别列捷尔金诺，如同当年在亚斯纳亚-波良纳的情形。在一些国外斯拉夫学研究者的记忆里，给菜园松土的帕斯捷尔纳克，像田地里耕种的托尔斯泰一样，成为俄罗斯的象征。整个世界怀着好奇，观望着帕斯捷尔纳克的

---

① 此句出自莱蒙托夫的名诗《帆》(1841)，在这里带有戏谑之意。

各各他——这是同样的庸俗,不比本地方更妙,它源自异国他乡,像一堵墙,将帕斯捷尔纳克包围。

7

1958 年 10 月 31 日傍晚,伊文斯卡娅去索比诺夫胡同看望母亲。有人在那儿找到了她——苏共中央打来了电话。

"奥丽嘉·弗谢沃洛多夫娜,"波利卡尔波夫说,"请穿上大衣,到外面来。我们这就开车来接您,一起去别列捷尔金诺。需要把鲍里斯·列昂尼德维奇送到中央。"

伊文斯卡娅赶紧给女儿拨了电话,要她去别列捷尔金诺,提前通知帕斯捷尔纳克。她徒劳地希望伊琳娜更早赶到:没过几分钟,政府的"吉尔"牌轿车就飞驰而来,车上是全苏著作权保护局局长格奥尔基·赫辛。接着驶来一辆黑色的"伏尔加"。赫辛宣布了行动计划:伊文斯卡娅上第二辆车,前往别列捷尔金诺,让帕斯捷尔纳克做好思想准备,多余的话不能说,然后直接带他去中央。

伊文斯卡娅坐进"伏尔加"。他们迅速驶向别列捷尔金诺,遇到红灯也不停。当伊琳娜·叶梅里扬诺娃坐出租车抵达巴甫连珂街①,两辆黑色轿车已经停在了路边。"你跑哪儿去了?!"母亲向女儿低吼了一声。只有叶梅里扬诺娃能把帕斯捷尔纳克从别墅里叫出来——伊文斯卡娅没有资格进入。叶梅里扬诺娃上前敲门,开门的是帕斯捷尔纳克的儿媳加琳娜·涅加乌斯。济娜伊达·尼古拉耶夫娜随后也出来了,伊琳娜晚间的到访惊动了她。"请您转告一声,就说叶梅里扬诺娃想见他。"婆媳两人转身去叫帕斯捷尔纳克,他从楼上的书房里下来,已经穿戴完毕,似乎知道要去哪儿,为什么去。叶梅里扬诺娃见他精神饱满的样子,有些吃惊。伊文斯卡娅、叶梅里扬诺娃、帕斯捷尔纳克一起坐上"伏尔加",向城里驶去。后面跟着那辆"吉尔"。

令人惊讶的是,一路上,他们居然欢声笑语。帕斯捷尔纳克确信,赫鲁

① 位于别列捷尔金诺。

晓夫本人将接见他，他的命运马上就会见分晓。这是某种信念的回声——只消与当政者直截了当地谈一谈，一切都将奇迹般地改变。至于当政者是否决定跟他直接谈话，则毋庸置疑！否则，何必让人晚上九点坐着“吉尔”前来！他沉浸于快乐的想象，甚至联想到一个永恒的主题——普希金式的与沙皇之间“假想的交谈”①，或者类似布尔加科夫写给叶莲娜·谢尔盖耶夫娜②的滑稽小品，关于同斯大林想象中的对话……“我该对他说些什么？说我被弄得手忙脚乱，便裤还没来得及换。看看我这狼狈模样！而他们可能会说：‘就因为这张嘴脸，闹出了多大动静！’”伊文斯卡娅坚持先去一趟波塔波夫胡同：她需要打扮一下，换身衣服……就在她“涂脂抹粉”时，帕斯捷尔纳克习惯性地咕哝道：“不用又涂又抹的，奥丽娅！就算这样，上帝也没欺负过你。”拿了一小瓶缬草酊、一瓶瓦洛科金③，帕斯捷尔纳克喝了一杯浓茶。汽车开到了老广场，在夜晚的莫斯科，到那里顶多只要二十分钟。他们被带到第五号大门。

在入口处，要求帕斯捷尔纳克出示证件。他露出在车上时的表情，解释说：离开别墅时，手忙脚乱，证件忘了随身携带。“我口袋里只有一本作家证，就是把我开除的那个作协颁发的。”

“拿出来吧，”警卫说，帕斯捷尔纳克的调侃使他有些不自在。“在我们这儿可以。这就已经很管用了。”

通行证事先开好了，供帕斯捷尔纳克和伊文斯卡娅使用。帕斯捷尔纳克要求让叶梅里扬诺娃也进去——“这姑娘为我们带着药品。”警卫说，应该到楼上去办理通行证。几个人和伊文斯卡娅一起上了楼。通行证上允许进入的地点正是波利卡尔波夫的办公室。这可真教人大失所望——最高当政者不肯屈尊，帕斯捷尔纳克心头的火气却冒了上来。

“哎呀呀，德米特里·阿列克谢耶维奇！”④他故作同情地高声说，“您的脸色这么苍白，看起来真糟糕！不会是生病了吧？”

---

① 1824年底，普希金写下一篇短文，标题便是《与亚历山大一世之间假想的交谈》，由于草稿多次涂改，并且只有草稿传世，此文的解读历来存有歧义。

② 叶莲娜·谢尔盖耶夫娜·布尔加科娃(1893—1970)，布尔加科夫的第三任妻子，《大师和玛格丽特》女主人公玛格丽特基本的原型。

③ 一种用于血管舒张的药物。

④ 波利卡尔波夫的名字和父称。

波利卡尔波夫脸色确实不很好——经过一星期的不眠之夜,能好到哪儿去!办公室里还有一个拿着公文夹的瘦子,伊文斯卡娅隐约感觉好像从照片上见过,却认不出这究竟是谁。波利卡尔波夫请他们在深深的皮圈椅上坐下。

“劳驾您为楼下的姑娘开张通行证,”帕斯捷尔纳克请求说,“她要帮我服用缬草酊。”

“好像我们这儿不能服用似的,”波利卡尔波夫摇摇头,“干吗把小姑娘牵扯进来,上帝能听见,也知道是怎么回事儿。”

“让她来弄,没什么大不了的。”帕斯捷尔纳克倔强地说。

“行啦,就让她等着吧。”伊文斯卡娅插了一句。

波利卡尔波夫从桌子后面站起身,郑重地宣布,帕斯捷尔纳克的来信已收到(他没有明说,是谁收到了信——一切不言自明;正像他们说“您的小说读过了”)。

“这就是答复,”他停顿了一下,“准许您留在祖国。当然,我们现在不可能阻止人民的愤怒。当务之急是您本人跟人民之间的和解。比方说,让明天的《文学报》停印,我们无能为力……”

“您可真不害臊,德米特里·安德烈耶维奇!”帕斯捷尔纳克吼起来,也跳起来,“说什么人民的愤怒?!亏您身上还有点人味儿!(能否想象一名苏联作家,用这种言语跟苏共中央一名部长打交道?)您在搞什么名堂呀?!人民——一个神圣的词语,而您把它弄出来,就像出于需要,从裤裆里掏出来!人民这个词,不许随便乱说!”

波利卡尔波夫想发作,克制住了,狠狠地吸了一口气,在办公室踱起步来,以使自己恢复平静,然后又站到帕斯捷尔纳克面前。

“好吧,好吧,现在我们就和解。”

突然,他做出十分友好的姿态,亲昵地拍了拍帕斯捷尔纳克的肩膀,压低声音,说道:“你这老头儿,可是捅了娄子啊……”

据伊文斯卡娅回忆,帕斯捷尔纳克不能容忍人家叫他“老头儿”。他知道,在六十八岁的年纪,“老头儿”听起来已不仅是一种称呼,更是一种确认。但他感到受辱,想必不是因为“老头儿”一词,而因为有人对他、诺贝尔奖得主、世界知名度仅次于赫鲁晓夫的苏联公民,居然以“你”相称,并且用近乎信任的口吻,但这毕竟是在他们对他做出种种处置之后。

“请收回您这副腔调。不许跟我这样说话。”

此刻,他的样子与日瓦戈跟科马罗夫斯基谈话时别无二致——“您放肆了。”

“捅了就是捅了。你把刀捅进俄罗斯的脊背,事到如今,自个儿去收拾吧……”

他也许在开玩笑,也许是引用报纸上的套话。帕斯捷尔纳克却无心玩笑,也不想解释什么:

“劳驾您收回自己的话!我不会再跟您枉费口舌!”说完,像做给人看似的(他喜欢戏剧效果,就像现在这种!),朝门口走去。

“拦住他,”波利卡尔波夫向伊文斯卡娅喊了一声。帕斯捷尔纳克走得不快,同时盘算着好让人拦住他;伊文斯卡娅一把抱住他,向波利卡尔波夫吼道:

“您迫害他,却要我——阻拦?!请您把话收回!”

“好好好,我收回,”波利卡尔波夫嘟囔着。

帕斯捷尔纳克不情愿地转身回来,波利卡尔波夫说,近期之内,愤怒大概会消退(已经避开了“人民”这个词,也许指的是别的什么愤怒),他也就能安心工作了。两人开始一本正经地互称为“您”,公事公办地约定条件。“您被准许留在祖国生活和工作,但请您别跟外国人交往。”“我怎么能不让人家来找我?”(这是他以其人之道还治其人之身——你们不能阻止人民的愤怒,我也不能阻止人民的爱戴。)“您请便。不妨张贴一个公告,说您任何人都不见。”“那样的话,哪怕把来信转交给我也好!近来,我的所有邮件都被扣留了!”“没有谁扣留您的邮件……好吧,我来处理……”两人道了别,帕斯捷尔纳克就走出去了,波利卡尔波夫拦住伊文斯卡娅,在门口停留了一会儿:

“让他安静地度过十月的节日,然后,他大概总得发表一个声明……附带一封书信……我们这边自己起草文本,他签字……”

“我不懂。”伊文斯卡娅说。

“可您想想:这难道不是给你们卸下了负担?!”

“我不懂。”她重复道。

当她回头追赶他，他已经沿着台阶下楼了。

“这些可怕的墙，”帕斯捷尔纳克说，“里面的人也是可怕的。不是人，是机器。他们现在要是能向我张开臂膀，喏，就这样。”他张开两臂，仿佛为了拥抱。“他们要是能说点人话……可他们却害怕，什么都怕。”“害怕把秘密泄露出来，”他随口引用了《货郎》①里的一句。“他们没有情感。但不管怎么说，我让他们感到了不安，他们也算是自找的。”

回来的路上，他像去莫斯科时一样欢快，有说有笑，给叶梅里扬诺娃模仿分角色对话。伊拉的心情则越来越沉重，她觉得，他的强颜欢笑倒像是难耐的屈辱。于是，她开始背诵：“混沌岁月里，幸福的结局/渺然难寻……”

忽然，他哭起来。

“多好啊，”他倾听着施密特中尉从他自己不喜欢的那部长诗里发出最后的道白，连声喟叹，“多好啊，多么正确……”

他们在别墅附近让他下了车，他朝自己家走去，汽车掉头驶向莫斯科，开到河边时，车轮陷住了。无论司机和伊文斯卡娅母女怎样推搡泥泞中的黑色“伏尔加”，都无济于事，只好跑到帕斯捷尔纳克家去求助。家庭女工塔季娅娜·马特维耶夫娜出来和大家一起推车，廖尼亚·帕斯捷尔纳克也赶来为她做帮手。汽车不住地打滑，溅起泥浆，中央派来的司机骂骂咧咧，帕斯捷尔纳克的儿子和女佣使出浑身力气，要把党的豪华轿车从它深陷其中的淤泥里推出来。伊拉·叶叶梅里扬诺娃禁不住哈哈大笑，对母亲说，复杂形势下也有某种象征性的东西。这两位女性同是山穷水尽之人，她们淡看一切的禀赋却始终吸引着帕斯捷尔纳克。第一阶段的迫害以这怪诞的一幕告终，此后趋于消退。第二天清早，满满一包信件就送到了帕斯捷尔纳克的别墅。

但这显然已经没有任何意义了。

8

为什么会发生这种出人意料的缓和？主要原因据说是贾瓦哈拉尔·尼

---

① 指涅克拉索夫1861年创作的长诗《货郎》。另有人根据此诗和民间曲调编创了俄罗斯民歌《卖货郎》。

赫鲁的说情，这位印度领导人在整个世界享有崇高威望，他亲自打电话给赫鲁晓夫，请求保障帕斯捷尔纳克的人身安全和自由。赫鲁晓夫当即答复尼赫鲁，要他相信，没有人动帕斯捷尔纳克，塔斯社随后发布一项声明，称帕斯捷尔纳克甚至可以畅行无阻地到瑞典领奖。其实谁都未曾注意到他放弃了奖金。

“塔斯社依照授权宣告，如果鲍·列·帕斯捷尔纳克有意前往境外领取授予他的奖金，将不会受到国家机关方面的任何阻拦。（……）如果鲍·列·帕斯捷尔纳克希望彻底离开其反苏作品《日瓦戈医生》所诋毁的那个社会制度和人民的苏联，官方机构也不会对其设置任何障碍。他将得到离开苏联国境及其个人体验‘资本主义天堂之美好’的一切必要条件。”这段文字刊登在11月2月的《真理报》上。

与此同时，甚至斯坦贝克、格雷厄姆·格林[①]、欧文·斯通[②]（他将赫鲁晓夫的行为与希特勒的暴行相提并论——1936年，希特勒禁止反法西斯主义记者、1938年死于集中营的冯·奥西茨基[③]领取诺贝尔和平奖）等历来被视为苏联友人或者至少是左派的人士，也纷纷发表言论，声援帕斯捷尔纳克，谴责苏联作家们出卖了俄罗斯文学传统。这场国际风波谁都没有料到。迫害理当停息，妥协也必不可少——帕斯捷尔纳克需要写一封既保证不损伤他的尊严，又能表示认错的书信。波利卡尔波夫、伊文斯卡娅和帕斯捷尔纳克本人一道商量着错在何处，也就是说可以让步到何种程度。他们为这封信忙碌了整整三天。

由帕斯捷尔纳克提交的书信内容如下：

“在这疾风骤雨的一星期里，我并没有受到司法迫害，我的生命、自

---

① 亨利·格雷厄姆·格林（1904—1991），英国小说家，剧作家，评论家。

② 欧文·斯通（1903—1989），美国传记作家，一生共创作了二十五部传记小说，其中最有名的是《梵高传——对生活的渴求》（1934）。

③ 卡尔·冯·奥西茨基（1889—1938，又译作奥西埃茨基、奥西耶茨基），德国魏玛和纳粹时期的记者、自由主义知识分子，1933年被新上台的希特勒政权囚禁于集中营，1935年获得诺贝尔和平奖（并非作者所说的1936年），纳粹德国禁止他领奖。希特勒认为“和平奖颁发给奥西茨基是对其本人的侮辱”，并为此颁布一项法令，禁止德国人领取诺贝尔奖。1936年11月7日，奥西茨基获释，当月23日，诺贝尔委员会来到他的住处为他颁奖。1938年5月4日，因肺结核和在集中营遭受的折磨，奥西茨基在柏林一家医院去世。

由乃至所有的一切，均未遭受威胁。如果说由于加在身上的种种考验，我付出了什么，那也不过是自己的健康罢了，凭借精神的饱满和人类的同情而绝非刚强的体格，我曾经保持着健康。在众多声讨我的人当中，或许有个别几位缄口不语，我一直不知道他们究竟是谁。据传言(或许这是误传)，海明威和普里斯特利为我鸣不平……(这两位让他于心不安！他曾羡慕他们的荣耀，如今，他们回过头来保护他，视之为同类，这对他无异于至高的褒奖——德·贝)还有一些同情者，他们大概就是我的家人，甚至也可能来自最高政府部门。我向他们所有人表示衷心的感谢。

“我并非身处绝境。我们还将活下去，坚信真善美的力量。苏联政府向我提供了自由离境的机会，但我没有利用它，因为我的事业与故土紧密相联，难以辗转于另一片土地。

“我们还将活下去，相信并盼望——就这样，直到离别的来临。”

书信的定稿刊登在1958年11月6日的《真理报》上。迫害的潮水随之回落。当代读者能明显感觉到，帕斯捷尔纳克在此文本中保持了最大限度的尊严，而且没有表示悔过，但这封信的基调完全不同于前几封。这既不是对《日瓦戈医生》的否弃，也不是向那些迫害他的人妥协。

“正如我所遭遇的一切乃是我个人行为自然的结果，在获得诺贝尔奖一事上，我所有的表现均属自由、自愿。

“我把荣获诺贝尔奖视为文学的嘉奖，我为之欣喜，并向瑞典科学院秘书安德斯·埃斯特林拍电报表达了心情。但我错了。即便如此，我的错误事出有因，因为早在此前，大约是五年前，我就被提名为候选人，当时我的小说尚未问世。

“一星期以来，我目睹了围绕我小说的政治运动发展到何等规模，继而认为这次授奖是一种政治举措，如今已造成骇人听闻的后果，出于未受任何人强迫的个人动机，我将自愿的放弃公诸于众。”

(……)(这里显然是外人插入的一段，称驱逐出境对帕斯捷尔纳克而言不可思议，因为他不仅与自己国家的土地和自然相联，也与人民及其“美好的现实”和未来休戚相关；“美好的现实”出自帕斯捷尔纳克之口，也是多么不可思议的说法，就好比说，“著名的劳动者”——德·贝)

“我从未有过损害自己国家和人民的意图。

“《新世界》编委会事先提醒我，小说可能被读者理解为一部反对十月革命和苏维埃制度的作品。我没有意识到这一点，现在，我为此而遗憾。

“事实上，如果留意那些从小说批判得出的结论，即可看到，似乎我在小说中支持以下错误原则：我仿佛确信，任何革命均为历史性的不合法现象，十月革命便属于此类失去法度的现象，它给俄罗斯带来不幸，并导致下一代俄罗斯知识分子的毁灭。

“我很清楚，我不能将这样的论断归于自己名下。”

（一个确实精彩的转折——帕斯捷尔纳克否定的不是自己的观点，而似乎是《新世界》编委会对它们的荒谬解读，这样看来，西蒙诺夫连同费定，才真正是这些牵强附会之说的作者——德·贝）

“在这疾风骤雨的一星期里，我并没有受到迫害，我的生命、自由乃至所有的一切，均未遭受威胁。我想再次强调，我所有的行为都是自愿完成的。我身边的朋友们十分了解，世界上没有什么能迫使我扭曲心灵，或者违背良心行事。这次也不例外。多余地确认一下：没有谁强迫过我什么，我做出这一声明，怀着一颗自由的心，怀着对公共事业以及我个人未来的光明信念，怀着对我身居其中的这个时代和周围人们的骄傲。”

（这是运用伊索式语言的成功范例；此处“多余地确认”，如今又有谁会信以为真?！——德·贝）

“我相信，我会从内心找到力量，以此恢复自己的良好名声和同志们受损的信任。

鲍·帕斯捷尔纳克。”

此后，他的生活恢复了平静。来信源源不断，根据最接近的统计，三年期间他总共收到两万多封，所有的他都读过，对其中许多都写了回信！不过，短暂的歇息仅持续到1959年3月，迫害随即进入新的也是最后的阶段，并最终夺去他的生命。

第四十六章　镜中人:阿赫玛托娃

1

当我们谈起帕斯捷尔纳克的最后岁月,他同阿赫玛托娃的交往随之成为探讨的话题。正是在此际,显现出三十年代甚至四十年代仍被掩盖的差异,两种人生策略的所有区别也才浮出水面,尽管从表面看,帕斯捷尔纳克与阿赫玛托娃之间命运的相像远远多于著名的四人组合①(算上马雅可夫斯基,便是五人组合)其余代表之间。

他与阿赫玛托娃的关系之复杂,远超与同时代任何一位诗人的关系。表面上一切都好——彼此恭维、相互题赠诗集和照片、来自他的敬意和殷勤、来自阿赫玛托娃的尊重和感谢、为数不多却被回忆录作者们仔细记述的几次相会,总之,这完全不是他与茨维塔耶娃那种神经质的、炽热的亲近,也不是与马雅可夫斯基那种激赏和冷淡的交替,而是平静的、乍看忠实的友情,别无亲密之感。两人有着太过良好的教养。然而,"在自己的暗流下,"用纳博科夫的话来说,这种情谊却更像是敌意,起码,阿赫玛托娃对帕斯捷尔纳克背后的议论,最好情形下不过是宽容,最坏则是鄙薄。相比之下,曼德尔施塔姆同帕斯捷尔纳克的分歧似乎复杂得多,但读起帕斯捷尔纳克的诗来,他却怀着更明显的妒意和好感;从精湛的审美的高度,阿赫玛托娃漠视帕斯捷尔纳克的狂喜,对他的独白报以不屑而含混的回复,他的欢欣更是遭到她极度的怀疑:"他从来不读我的作品。"这个结论得自于帕斯捷尔纳克 1940 年一封热情洋溢的信,他在信中一边称赞她的诗集《六部诗集选辑》,②一边却又为她三十年前的旧作叫好。

---

① "四人组合"的其余两人是茨维塔耶娃和曼德尔施塔姆。

② 茨维塔耶娃于 1940 年出版的一部诗集,当年年底被苏联当局密令销毁。

说实话，鲍里斯·列昂尼德维奇也感觉到与安娜·安德烈耶夫娜的交往并非特别自在。他投身于自己惯有的绚丽辞藻，却撞上了俄罗斯诗歌贵妇冷冰冰的彼得堡教养。要是他的言行再单纯些，私事方面再听听他人的意见，再用天真无邪的腔调讲讲共同熟人的小趣闻（应当承认，阿赫玛托娃喜欢各种传言），冰冻倒有可能开裂；但首先，帕斯捷尔纳克永远都不会让自己降低到此类行为，其次，高深话题即使转向日常，也不见得保证带来暖流。不妨大胆地说，阿赫玛托娃只在两种情况下可能对一个人产生兴趣：要么他给她留下了作为男人的印象（古米廖夫、卢里耶①、希列伊柯②、涅多勃洛沃③、加尔申④），要么在基本气质特征上跟她有相像之处——对生活深入彻底的否定、悲怆的世界观；在她的价值体系里，甚至茨维塔耶娃的悲惨境遇也不够充分，因为其中有太多的冲动、神经质……尊严则太过稀少。阿赫玛托娃喜欢那些能够抗拒诱惑的诗人，茨维塔耶娃和帕斯捷尔纳克正好相反，他们渴望尝试一切，然后才加以拒斥；帕斯捷尔纳克和茨维塔耶娃每迈出一步，都会使自己陷入难堪，二者均不善于在肉体层面保持正确。阿赫玛托娃却只看重事物的正确性：没有任何诱惑，唯有高傲、纯洁的悲剧体验，呈现于苦修之境（“兔笼里的苦修”，曼德尔施塔姆曾经刻薄地开玩笑说，但他身上其实也有这种气质，所以他们从未有过激烈的争执）。而曼德尔施塔姆和布罗茨基——阿赫玛托娃在不同时期始终认可的两位大诗人——恰恰也只把诗歌视为一种正确性的意识，并且出色地展现了所谓的自重。帕斯捷尔纳克和茨维塔耶娃的表现力，在阿赫玛托娃看来，乃是恶俗的趣味。除此之外，她显然妒忌帕斯捷尔纳克的荣耀，也曾公开承认羡慕他的命运。

但这并未影响到帕斯捷尔纳克的热情书信，以及阿赫玛托娃两首优秀的诗作：一首是给帕斯捷尔纳克的赠诗（《他，把自己比作马的眼睛》，

---

① 阿尔图尔·文森特·卢里耶（1892—1966），俄罗斯二十世纪先锋音乐最重要的代表之一，曾与阿赫玛托娃关系密切，1922 年移居柏林，自 1941 年起定居美国。

② 弗拉基米尔·卡季米洛维奇·希列伊柯（1891—1930），俄罗斯东方学专家，诗人，翻译家，阿赫玛托娃的第二任丈夫。

③ 尼古拉·弗拉基米洛维奇·涅多勃洛沃（1882—1919），俄罗斯诗人，评论家，在创作方面对阿赫玛托娃颇有影响。

④ 弗拉基米尔·格奥尔基耶维奇·加尔申（1887—1956），苏联医学科学院院士，病理解剖学家，从 1939 年开始追求阿赫玛托娃，1944 年两人关系破裂。阿赫玛托娃晚年《没有主人公的叙事诗》第二部及尾声即是为他而写。

1936),另一首——纪念他的死。她还为他写过一首四行短诗(《这里的一切理应属于你》,1958),表达自己的同情,却因为生硬教训的音调而稍显倨傲:“请向他人赠以世界的玩物——名声,/走回家去,什么都别等。”问题是,他何必向他人赠以世界的玩物?他可未曾得到过多少名声,只是荣获了应得的;阿赫玛托娃获得的声誉远胜于别人,顺便说一句,这也是她为之着迷的东西。“被名声压扁的可怜女人!”——楚科夫斯基于1922年写道。“走回家去,什么都别等,”听起来就像是“待在家,向谁都别敞开,哪儿都别去!”……至于她每每以年长自居,倒不难理解;不过,多数情况下,她又非常善于隐藏这一点。

相对而言,帕斯捷尔纳克更直露。有好几次(在索性不再节制的最后岁月里),他未能禁住诱惑,公开刺伤了阿赫玛托娃。她则在言谈中掩饰着对他那几个女人的嫌恶——为的是,但愿不破坏“文学的良好风尚”,不参与迫害或者不让人怀疑,她好像——是她!——对某人有醋意……阿赫玛托娃通常很少正面评价诗人的妻子:她们所有人——从娜塔利娅·尼古拉耶夫娜①直到济娜伊达·尼古拉耶夫娜——都会引起她一成不变的反感。娜杰日塔·雅科夫列夫娜·曼德尔施塔姆是例外,其余诗人们,在安娜·安德烈耶夫娜看来——都不走运。但即使在此背景下,说起从未对她做过恶事的奥丽嘉·伊文斯卡娅,阿赫玛托娃的固执和厌恨之深,也令人惊诧。我们倾向于认为,绝非伊文斯卡娅的出现导致了诗人之间关系变冷,但正是这种起初被掩盖的、连阿赫玛托娃本人也未充分意识的冷淡,激起了她对帕斯捷尔纳克最后一位恋人的极端排斥。

2

当帕斯捷尔纳克与阿赫玛托娃相识之际,她已有理由被视为俄国头号女诗人,而他只是一个急追猛赶的无名新手。第一部诗集《黄昏》(1912)让阿赫玛托娃一举成名,随后便是名称和外观同样简朴的第二部——《念珠》(1914)。1913年,帕斯捷尔纳克刚开始写作。她的一切都比他更早——早

① 普希金的夫人。

一年出生,1907 年发表处女作,1911 年已经小有名气,1922 年写下了代表作,1940 年实现了幻觉一般缠绕着她的早年构思……早在 1918 年,她对新政权就不抱任何幻想,帕斯捷尔纳克却似乎还没明白发生了什么,她在 1938 年即已创造出新的风格、《安魂曲》和战争抒情诗的风格,三年之后,帕斯捷尔纳克才通过别列捷尔金诺组诗摸索出一套新手法。她总是处于领先——有时不太多,有时相当明显;作为古米廖夫的妻子,阿赫玛托娃属于他那一代——"1913 年的一代。"帕斯捷尔纳克年龄比她略小,正像未来派比阿克梅派略为年轻,尽管二者与这两个流派的关联,纯粹是相对而言。但心理和"文学"年龄的差异、各自所属的时代,决定了他对她的热情加崇敬——偶尔过分夸张,近乎揶揄。

曼德尔施塔姆并非随意地写道,阿赫玛托娃的诗"即将成为俄国伟大象征之一"。这种室内的、"隐秘的"抒情,从第一个词语开始便独具魅惑,发出强有力的悲声,明显过于庄严和哀伤,以使读者能用希望聊以自慰,仿佛谁的爱方才破灭:世界訇然崩溃,承受它的垮塌也应像承受爱的分离那样,不为所动。1915 年,涅多勃洛沃首次表述了阿赫玛托娃诗歌这一思想的伟大意义,并将其上升到全俄罗斯乃至全世界的高度。阿赫玛托娃说他的短评"解开了我的生命之谜"。从她最初的诗作即可看到,她的哀哭或冷漠不仅是为个人的命运,一场大火灾的反光投射于她的抒情:她的坚忍与淡泊,既是个体命运的预见,也反映着未来灾祸的普遍意识,而她青春时代爱的悲欢正是就此意义而言——未超出淬炼和预演的范围。在阿赫玛托娃的诗中,与心爱之人离别的预感、末世的期待、面对情人和上帝的负罪感,均是与生俱来,根深蒂固;而她的人生从一开始就好像处于"那些平静、晒黑的农妇们谴责的目光"①下,处于那屹立在贫寒土地的巨型石人的注视下;阿赫玛托娃比别人更早感受到这内在于自身的目光,或许是因为,她更早地感到了自己的罪过:"在这里我们都是酒徒,浪荡子/……那正在跳舞的女人,/必将下地狱。"②从始至终,她的全部诗作都体现着两种悲剧情结的交融:一方面是先知般挥之不去的个人正确性的意识;另一方面则是同样牢固

① 引自阿赫玛托娃《你知道,我不禁心怀忧伤》(1913)。

② 引自阿赫玛托娃《在这里我们都是酒鬼、浪荡子》(1913 年 1 月 1 日)。

的罪错意识、一切灾祸理应如此且无可避免的意识;正是这种痛苦的交集,让那些对阿赫玛托娃不怀善意的人们一再说起她的两副面孔:修女和荡妇。后来日丹诺夫的报告也借用了这两个形象,报告的评析部分即是源于1910年代的粗俗小品文。可我们不能说,阿赫玛托娃的诗根本不曾为此类解读提供了口实,因为用肤浅和厌恨的眼光来看,她的罪错意识无异于正确性的意识,许多人更愿意从中看到的不是悲剧,是姿态。正是这种交集,也预先决定了阿赫玛托娃的主要抒情特征——她的叙事性;将共同的罪孽和共同的悲剧归之于个人的体验。俄国知识分子视为罪的悲剧集合体的那一切,在阿赫玛托娃那里无不具有个人的、隐幽的特点,但这并非对有过或未曾有过的背叛之悔罪,而是意识到自己注定的毁灭。是的,我们是酒徒和浪荡子,但并非因为,我们在简单肤浅、令庸俗之人感到可亲的意义上纵酒、放荡:毋宁说这接近于曼德尔施塔姆所云:"有一种劳动的放荡,它就在我们的血液里。"①我们有罪,是因为注定的毁灭,而不是相反。

我们已经了解到,帕斯捷尔纳克试图从私密角度感受革命,将其看作一场为女性受辱的尊严而展开的复仇;这种把历史当作个人戏剧加以体验的努力,无疑是阿赫玛托娃式的。对阿赫玛托娃而言,革命是复仇,也是勃洛克式的"报应"——因为幸福、罪孽和存在的事实本身;这些末世论的预感拉近了她与勃洛克之间的距离,甚至使她咏唱幸福爱情的诗篇都带有悲剧色彩。对帕斯捷尔纳克而言,正如我们此前所说,从报复开始,衍生出假定幸福与公正的新生活,其中没有罪,只有和谐。革命在勃洛克和阿赫玛托娃看来,乃是这样一种事件,它以自身尺度取代了关于公正抑或不公的言论;这是某种圣经式的惩罚,一切生灵均注定无可逃避。需要凭借高尚、"不动心"的隐忍来接受惩罚。帕斯捷尔纳克则认为,二十年代甚至三十年代的革命同样是正义的复仇,是被侮辱与被损害者的报复,在他看来,这并非圣经意义上的事件,而可以说,是合乎彼得②尺度的事件(参见《崇高的疾病》),换言之,他的革命预感不属于末世论的范畴。世界并未终结。"老一代"与"年轻一代"的差别也就在于此。相像则是以社会灾变的隐秘体验为

① 引自曼德尔施塔姆《莫斯科午夜》(1931年5月—6月4日)。

② 指彼得一世,也可理解为彼得式的世俗化改革。

基础:在阿赫玛托娃那里,共同毁灭的感受投映于个人的罪错意识——面对自我、恋人、孩子("我是一个坏母亲"①)。在帕斯捷尔纳克那里,宏大的社会灾变成了为遭受强暴和侮蔑的女性复仇的历史,对于被压迫者的同情则投向著名的"女性之伤"。角色各不相同,自我认知迥然有别,思路却是一致的——同样是由个体到全体、由抒情到叙事的个人发展模式,同样是社会悲剧投映在个人境遇,并专注于相应的情节。阿赫玛托娃年轻时的基本抒情主题,乃是为罪孽恋情付出代价之必然,以及纯洁、和谐、田园诗般的爱之不可能;抒情女主人公随意毁坏任何家庭和婚姻,尔后从各处逃离,谁都无法使其顺服。"要我顺服于你吗?你简直发了疯!/能使我顺服的,唯有上帝的意志。"②帕斯捷尔纳克的基本抒情主题恰恰在于希望,他希望实现个人关系的和谐,由此通向世界的和谐,希望在获得其早期抒情诗之"雷雨姑娘"和"暴风飞蛾③叶莲娜④的爱情之后,能够以某种方式预防灾祸,制止流血;阿赫玛托娃的世界滑向深渊,无可挽回,帕斯捷尔纳克的世界则绝非不可救药,只要"活下去,相信并盼望",不仅自己的生命会得到安顿,社会生活也会井然有序……这仍然是自我认知与解读的迥然差异,诗歌策略却相当接近;如果以图解形式来看帕斯捷尔纳克与同时代人之间的关系,那么,在创作意向、对客观化的追求、叙事主题的抒情感受及抒情系列的叙事结构等方面,阿赫玛托娃无疑比其他人离他更近,气质上却离他更远;这种区别之所以格外明显,或者可以说,格外地不可调和,是因为我们比较的是同等格局的两位诗人,假如拿帕斯捷尔纳克与曼德尔施塔姆相比,从抒情禀赋的特征来看,两者之间的共同点则少得多。

3

阿赫玛托娃大体上属于"旧约诗人",帕斯捷尔纳克则属"新约诗人",

---

① 参见阿赫玛托娃《摇篮曲》(1915)。

② 引自阿赫玛托娃《要我顺服于你吗?你简直发疯了……》(1921年8月)。

③ 参见帕斯捷尔纳克《暴风飞蛾》(1923)。此诗化用了俄国诗人费特的抒情诗《化成蛹的暴风》,费特在原诗中通过幼虫、虫茧渐变成暴风飞蛾描绘了一个女孩发育的过程。

④ 指帕斯捷尔纳克早年爱慕的女孩叶莲娜·维诺格拉德。这段无果而终的恋情,只是诗人青春梦幻的寄托。

两者最基本的差异就在于此。在她的诗作中,旧约典故共有几十处。毫无疑问,阿赫玛托娃那里也有新约诗,首先当然是《安魂曲》,但《安魂曲》里面恰恰缺少了耶稣复活这个新约主题。“马利亚浑身颤抖,嚎啕大哭,/心爱的门徒呆立一旁,/谁也不敢把目光投向/那圣母默默驻足之地。”①在1940年,盼望复活是不可能的。“复活之努力”只限于记录、保留,不至于遗忘。

一个悖论——这在帕斯捷尔纳克命运中往往层出不穷:阿赫玛托娃,一位受了洗、入了教、称托尔斯泰为“异教首领”的信徒,对基督教抱有非常严肃的态度。帕斯捷尔纳克则成长于一个完全世俗化的家庭,直到三十年代末,名义上仍被认为是苏联诗人,极少去教堂;基督教外在仪式的一面好像也难以吸引他。虽则如此,他晚年诗歌的每个词句,都是关于复活,关于未来生命的热望,而阿赫玛托娃似乎没有任何这样的期望;只是在聆听歌唱时,她才会有片刻的联想,“仿佛那前方不是坟墓,/而是飞升的神秘楼梯”,②但只是——“仿佛”! 她确实隐约看到一条“说不出通往何方的路”,从了不起的《滨海十四行》(1958)蜿蜒伸展,但从她任何一首诗中都听不到《八月》那种死后的庄严回声,仿若末日审判的号声,泛出秋日里青铜的光泽,赭色和姜黄色掺杂其间。甚至在《安魂曲》的尾声,在关于纪念碑的独白中,阿赫玛托娃想象故去之后的自己也像岩石,没有生命,对于帕斯捷尔纳克而言,死却根本不存在——剩下的并非石头,而是“昔日的我发出的预言”,是“不为衰朽触动的声音”。③

问题究竟何在? 是因为男性心灵由来已久的脆弱、自私,以及令他畏怯故而不能安然接受的消亡吗? 此类解释流传甚广。难怪在行将离世的日子里,扎波罗茨基抓住一切机会向所有人阐述其永生不死的理论——“生命与我无处不在”,一旦有谁未能对此予以应有的重视,他便勃然作色。诚然,他的思想完全不属于基督教范畴,而更像某种泛神论:基督教典故在他早期乃至晚期诗作中几乎无迹可寻,如果不算那首杰出的《逃向埃及》(1955);他活在赫列勃尼科夫非善非恶的异教世界,个人转化为活生生而又无意义的草木的物质,在他看来并非个体的失丧。帕斯捷尔纳克,正如我

---

① 引自阿赫玛托娃《安魂曲·受难十字架》(1940年,喷泉宫)。

② 参见阿赫玛托娃《聆听歌唱》(1961年12月19日,圣尼古拉节,列宁医院)。

③ 参见帕斯捷尔纳克《八月》(1953)。

们所知，将人类想象成“植物王国”的对应物，扎波罗茨基则认为自己是它的一部分，是“大自然的理智”。是的，男性真有可能无法忍受个人局限和消亡的念头，女性则创造生命，她们更切近生命的本源，对待死亡和不朽的态度更亲密；女性的宗教性往往比男性更深入，更合乎天性，而没有那些挣扎和犹疑；有人会说，这种状况的原因是女性的愚蠢，也有人却说是智慧。无论如何，比之于女性，男性抒情诗里对不朽的痛苦渴念和感伤，听起来总是更响，也更绝望。“有的女人，亲近于潮湿的土地，/她们每个脚步，都伴着嘹亮的哭声。/送别复活者和初次欢迎死者，/即是她们的使命”①——曼德尔施塔姆临死前不久，描写了他始终青睐的这一女性类型；这是献给娜塔莎·施塔姆贝丽②的诗，但从阿赫玛托娃身上他看到了同样的特征，同样是天性中深刻的宗教性、坚定不移和生死之间隐秘的亲缘。在帕斯捷尔纳克的世界里，死之所以不存在，或许正因为它不可想象。阿赫玛托娃的世界存在着死，并且能够与之和解，而生与死的边界又是限定不变的；从阿赫玛托娃任何一首诗中，都找不出帕斯捷尔纳克那种气喘吁吁的幸福。她本人称自己的诗平缓、黑暗、阴沉，这种说法不无刻意的自贬，也暗含着辩驳，但事实上，呈现于阿赫玛托娃面前的生，也确实离死不远。大可径直向死神开口说：“你终究会到来，那为何不是现在？”③死与阿赫玛托娃抒情诗中的人物在同一张桌前就座——“葡萄酒灼烫，好似毒药”④；空气充满死的气息，而它就守望在各个角落：“为了你，我支付了/现款，/在纳甘手枪下度过了/整整十年”⑤；“因为这样的杂耍，/坦率地说，/我宁可等待书记的/一粒铅弹。”⑥相形之下，死神似乎比“非人美貌的女秘书”⑦更仁慈。这不是马雅

① 引自曼德尔施塔姆《写给娜·施塔姆贝丽的诗》之二（1937年5月4日）。

② 娜塔利娅·叶甫盖尼耶夫娜·施塔姆贝丽（1908—1988），曼德尔施塔姆流放沃罗涅日期间最亲密的好友之一，1935—1971年间在沃罗涅日航空技术学校担任俄罗斯语言文学教师。1936年9月初与诗人相识，迅速成为他精神上的知己。曼德尔施塔姆为她写有多首诗作，并且将1932—1934年间的三大本诗歌手稿交由她保管。二战之后，诗人遗孀几经辗转找到施塔姆贝丽，所有诗稿全都完好无损。两人由此结下终生友谊。

③ 引自阿赫玛托娃《安魂曲·致死神》（1939年8月19日，喷泉宫）。

④ 参见阿赫玛托娃《新年叙事曲》（1923）。

⑤ 引自阿赫玛托娃《没有主人公的叙事诗》（1965）。

⑥ 引自阿赫玛托娃《因为这样的杂耍》（1937）。

⑦ 参见阿赫玛托娃未完成的诗体悲剧《埃努玛·埃利什。序幕，抑或梦中之梦》（1942年开始动笔，断断续续写到诗人临终前）。

可夫斯基那种为了抒情的自动上弦装置而念念不忘的浪漫毁灭,不是抽屉里永远摆放着的勃朗宁手枪,不是由于不幸的爱情所导致的自杀——这是“发出木箱气味”的死,它“像有经验的匪徒,带着重锤”悄悄走近,或者“像毒气弹”飞进来①。死去之后,同样不存在回返的希望,因为道路“说不出通往何方”,即使可以找到一条路,那它也会延伸到不可思议的远方,太过遥远,就连回声也无法抵达。“所有可亲之人的灵魂都在高远的星空。”②这是一条通往至善的路。怎么可能再有回程!

但我要警告你们,
这是我最后一次活着。
无论燕子还是槭树,
芦苇还是星辰,
无论泉水,
无论钟声——
都不再是我让人烦恼的理由,
我也不会出于难耐的怨愁
再去造访别人的梦境。③

这场与世界义无反顾的离别,俨如恋人间的分手——“我永远不会回到你身旁。”当然!这可不是扎波罗茨基所幻想的,化作一棵草再回来,也不是帕斯捷尔纳克用来跟送行者打招呼的死后的声音。一切全都一去不返。阿赫玛托娃并不祈求仁慈,不盼望同情——在她的世界里,盼望是有损尊严的事情;形式纯粹、无杂质的隐忍精神,坚如磐石。这也是旧约的世界。

非理性——阿赫玛托娃诗歌技艺的基本特征。她比帕斯捷尔纳克更喜爱“神秘性”(按照库什纳讽刺的说法,每当需要四音节修饰语时,她就把这个词填入诗行),但如果说在帕斯捷尔纳克那里,“神秘性”主要相对于个人生活和个性而言,它意味着拒绝“橱窗镜的反光”,在阿赫玛托娃那里,则表示人生在世的玄虚莫测。无须任何解释,也不必展示道德意图:阿赫玛托娃

---

① 参见阿赫玛托娃《安魂曲·致死神》(1939年8月19日,喷泉宫)。
② 引自阿赫玛托娃《所有可亲之人的灵魂都在高远的星空》(1921)。
③ 阿赫玛托娃《但我要警告你们》(1940年11月7日)。

当之无愧的弟子布罗茨基曾经写道,他喜欢旧约,胜过新约,因为上帝非理性的意志比赏罚的观念更令他崇敬!阿赫玛托娃的世界里没有因果关系:"从利巴瓦[1]到符拉迪沃斯托克",无辜的女人被所有人咒骂;心爱的男人反而带来折磨……对阿赫玛托娃创作手法的全面解释,就在于1944年那首著名的六行诗《背叛》:

不是因为镜子破了,
不是因为风在烟囱里哀号,
不是因为想你的念头
掺杂了别的什么——
不是因为,根本不是因为
我在门口迎来了他。

不应该认为,这是对神秘性有意识的玩弄,以及个人风格的滥用——毋庸讳言,六十年代,阿赫玛托娃的缺陷也就在于此。这里的一切都极其明朗,如同曼德尔施塔姆屡屡带着敬意说起的"棋局":所有重要的和不幸的事件凭空而来,无缘无故,也不在理性解说的范围内。"是什么,就是什么。"争斗和论辩徒劳无益,因为没有相应的对象。

帕斯捷尔纳克充满喜乐的复活节的诗歌世界与之对比,反差多么鲜明!在帕斯捷尔纳克的价值体系中,奇迹始终在场,但也另有一个悖论——这里不存在非理性的厄运主题,就像不存在残酷的奇迹。在这里,基督教的赏罚观念超越了旧约的非理性,正义超越了强力。

对这一差别的解读各不相同。譬如说,1958年之前,帕斯捷尔纳克尚不知何谓真正的迫害,阿赫玛托娃则从苏维埃政权一开始就已领教了,1946年,斯大林决议的打击更是落到她头上,而这终归要比赫鲁晓夫时代开除出作协更糟糕。帕斯捷尔纳克没有哪个儿子被逮捕,也不必为营救自己的孩子,以发表效忠之作为代价,向人苦苦央告;他没有受过穷,也未遭官方文学的废黜,直到他自己把自己从中勾销……但事实上,我们仍然能够想到帕斯捷尔纳克二十年代以来遭受的一系列迫害——这可绝不

① 拉脱维亚港口城市,拉脱维亚语名称是"利耶帕亚"。

是议会辩论的说辞:1932 年 4 月,他差点被逐出文坛;1937 年他冒着生命危险,拒绝在支持斯大林处决“反苏分子”的联名信上签名;1938 年和 1949 年,根据某些人先后的供词,足以使他彻底毁灭……而 1946 年的决议虽然封闭了阿赫玛托娃与读者交流的路径,长达十年之久,但 1947 年的批判运动却将帕斯捷尔纳克禁锢在翻译领域内。阿赫玛托娃没有别列捷尔金诺的别墅和莫斯科的住房,但她也未曾背负翻译的苦役,正是这种艰苦的劳作,在 1945 年挤占了帕斯捷尔纳克的原创。总之,比较谁受苦更多,谁身上的创伤更深,并没有多少意义——尽管安娜·安德烈耶夫娜,应该说,不止一次(虽说只在口头上)试图证明自己在此方面的领先地位:“几天前,因为帕斯捷尔纳克,我跟一位朋友发生了争吵。他竟然想让人相信,鲍里斯·列昂尼德维奇似乎是一个受难者,身遭排挤和摧残等等。真是信口胡言!鲍里斯·列昂尼德维奇其实是一个非常幸运的人。首先,就本性而言,他生来是幸运的;他如此热爱大自然,从中获得了多少幸福!其次,怎么能说对他的摧残?什么时候?又是怎样的排挤?他所有的作品总是能发表,不在国内,就在国外。如果有什么东西哪儿都发表不了,他就把诗作交给两三个崇拜者,瞬间就在人们手头传开了。哪来的什么排挤?他永远不缺钱。几个儿子,感谢上帝,也都平平安安(她划了个十字)。只消对比一下其他人的命运:曼德尔施塔姆、科维特柯①,别列茨·马尔基什②、茨维塔耶娃——随便哪一个,都可以说,帕斯捷尔纳克是最幸运的。”

她的对话者利季娅·楚科夫斯卡娅嘴上没有反对,却在日记里写道:“何必在痛苦方面一较高下?”她为帕斯捷尔纳克辩解道:“帕斯捷尔纳克是天生的幸运儿,穿着衬衫来到人世③,随着岁月的流转,学会了感知连绵春日也无法治愈的他人之伤痛。”也许,她由此开始怀疑(尽管没有大声说出来),阿赫玛托娃的伤痛可能不仅是伤痛,也是自我肯定的理由,以及她的

---

① 列夫(列勃)·莫伊谢维奇·科维特柯(1890—1952),苏联犹太诗人,1952 年因“背叛祖国罪”被处以死刑,1955 年获得平反。

② 别列茨·达维多维奇·马尔基什(1895—1952),苏联犹太诗人,用意第绪语写作,1949 年作为犹太反法西斯委员会主席团成员被苏联政权逮捕,1952 年被处以死刑。

③ 俄罗斯谚语,意思是说一个人生来就很幸运。

世界赖以支撑的基础;没有伤痛的阿赫玛托娃是不可理喻的,在此之上,她构建了自己的抒情和命运,并且不惮于向自己预言失落和所有的离别,虽然她知道,一切都会应验。对帕斯捷尔纳克而言,伤痛、悲剧、苦难,均属事物正常法则的违背;他不会在苦难中自我欣赏,而是以此为羞耻。阿赫玛托娃以她的悲剧铸造出纪念碑的底座,在帕斯捷尔纳克看来,伤痛只是伤痛而已,无助于他的写作,却有所妨碍。

很难说,这是否反映出气质和生活取向的差异:毕竟,如果愿意的话,阿赫玛托娃的人生同样可以说幸运之极。在俄罗斯,没有一位女诗人生前享有她那样的荣耀和尊崇;她永远受到人们的簇拥,其中许多人仰慕她,记下她的每句话,甘愿为她做出牺牲……作家同行们不敢妒忌她——阿赫玛托娃高于妒意;对她的帮助被视为荣幸、功绩、节日。她的命运里没有那种始终困扰帕斯捷尔纳克的犹疑不定;当局从未试图将她攥在掌心,强迫她在同意处决叛逆者的联名信上署名,要求她在大会讲坛上悔过。《安魂曲》和《没有主人公的叙事诗》在国外的发表,也未曾引发国内对她的迫害。如此说来,问题甚至不在于观点,而恰恰在于取向;阿赫玛托娃的世界,是成为伟大抒情诗源泉的苦难世界,帕斯捷尔纳克的世界,则是以痛苦而圆满的"复活之努力"征服苦难的世界。

4

在俄罗斯诗歌中,她或许是勃洛克唯一公认的全权继承人,这一继承关系最可靠的标准,是同时代人对待二者既热烈又略显神秘的态度。阿赫玛托娃和勃洛克让人联想到另一种现实的现象。相比之下,帕斯捷尔纳克几乎自成一体。济娜伊达·尼古拉耶夫娜对此深有体会,所以对利季娅·楚科夫斯卡娅说,鲍里亚是现代人士,阿赫玛托娃则"散发着陈腐的气息"。她的确属于另一个时代和另一个世界,而帕斯捷尔纳克连同其"天上的神人"的所有特征,以及他从苏维埃语汇中成功提取的所有天籁之音,终究来源于此,却又与之渐行渐远。阿赫玛托娃早期主题的范围,使人将其创作的源头甚至不是归于普希金,而是归于杰尔查文(难怪她首先爱上的俄国诗人是他,更晚些时候才开始阅读其他诗人)。高扬的颂诗的音律、皇村①的大理石雕像、森林女神……自青年时代起，阿赫玛托娃就感觉自己并非师承于人们通常所认为的涅克拉索夫，或者是莱蒙托夫（尽管认知方面固有的“恶魔式”悲剧情结，拉近了她与莱蒙托夫的距离），而是年轻的、中学时期的普希金：“黝黑的少年徘徊于林荫路，/在湖岸边黯然神伤。”②阿赫玛托娃与中学生普希金之间有许多共同点，关键不仅在于皇村的氛围，更在于古希腊罗马和前基督时代的命运观、对预兆的痴迷——普希金最终未能摆脱的玄想之魅惑；在于喜怒无常和美好梦想的结合。阿赫玛托娃的世界，是晚年杰尔查文和成熟期茹科夫斯基③的世界，她的诗歌之神，是杰尔查文的颂诗之神。

阿赫玛托娃作为浪漫诗人，对命运的宰制始终持有古希腊罗马式悲剧性的非善非恶的观念；那些将她称为“新萨福”④（她最终厌倦了这个称呼，并公开表示反感）的人们，无不下意识地感受到这些古典文化的根源。勃洛克从她身上发现了继承人和某种竞争者的特征，无论他在与楚科夫斯基交谈时怎样嘲讽她（“‘你的夜晚肮脏’——这一句到底什么意思？她大概是想说，‘你的双脚不干净’”！），在这嘲讽背后，却是妒忌、平等、神秘关联的体验。难怪勃洛克会请阿赫玛托娃前来，与她分享即兴诗，就她的长诗《在海边》（1914）写下内容详尽的书信（在信中强调，透过所有“女性的”和“外来的”因素，他感到“这是真正的长诗，而您是——真正的女人”）。像对待一切女继承人，他谨慎地对待她，担心损伤她的自尊，或者给她造成负担，但在主要方面他说的没错：阿赫玛托娃是真正的女人。他也曾有过不满：“她应当像面对上帝那样书写，而不是像面对男人”，但这个断语却又准确地揭示了她的方法及宏观历史的隐秘感悟；不难发现，阿赫玛托娃诗歌里的男人也像上帝，不可理喻、非理性、无条件地受到爱戴（《你甚至不能杀死我

---

① 位于圣彼得堡南部约二十五公里处，原为瑞典贵族庄园，1728年改名为“皇村”（又称“沙皇村”），是历代沙皇及俄国贵族度夏胜地。这里不仅风景秀丽，还有俄国文化史上著名的皇村中学，普希金的文学之路即是由此地开始。

② 引自阿赫玛托娃《黝黑的少年徘徊于林荫路》（1911年9月24日，皇村）。

③ 瓦西里·安德烈耶维奇·茹科夫斯基（1783—1852），俄国十九世纪初期浪漫主义诗人，翻译家，在诗歌写作方面对普希金产生了巨大影响。别林斯基说，“没有茹科夫斯基，我们也就没有普希金。”

④ 萨福，古希腊著名女诗人，生活在公元前七世纪。

的爱》,1917)。而我们也不难将这一责难返还给勃洛克本人——当他面向“美妇人”[1]乃至“圣母”,[2]实际所指却是某位具体的女性,并且令不少人因此陷入难堪。阿赫玛托娃的抒情诗有时轻俏,有时充满自恋(按照曼德尔施塔姆在与赫尔施坦因交谈时的说法),有时表现出不假掩饰的自我欣赏,但基本上还是继承了勃洛克,从而成为“最近时期”坚忍存在的见证。确切地说,阿赫玛托娃的诗有两个主要部分是从勃洛克那里继承而来:其一为末世论,其二为所有追随者及同道始终难以企及的神圣音乐性。后者其实也是所谓“神秘歌吟的天赋”,只能得自于上帝:在二十世纪的俄罗斯,没有人比阿赫玛托娃和勃洛克更具音乐性。不过,“更具音乐性”并不完全等同于更具韵律(就拿茨维塔耶娃《捕鼠者》中的复调来说,同样也是音乐,只不过是更复杂的一种)。勃洛克和阿赫玛托娃的诗易于记忆,琅琅上口,构成了我们这个世界的一部分,故而在俄罗斯享有盛誉;想来奇怪的是,这种迷人的音乐性恰恰取决于末日迫近之感,只在深渊边缘才发出悦耳的声音。每个人都有各自的自动上弦装置——如果说马雅可夫斯基为了充分的创作需要个人毁灭的预感,那么勃洛克和阿赫玛托娃则需要整个宇宙共同毁灭的预感;在五人组合中,帕斯捷尔纳克差不多是仅有的一位,灵感不是来自毁灭,而是来自奇迹般的获救。

阿赫玛托娃意识到自己是勃洛克的继承人,因此她像帕斯捷尔纳克一样,与之展开无休止的对话,诚然,与帕斯捷尔纳克相比,这种对话不太明显,尽管他们几乎同时写下了各自“关于勃洛克的片段”。在一次共同参与的朗诵会上,阿赫玛托娃把嘲讽归还给了勃洛克:“亚历山大·亚历山德罗维奇,我不能在您之后上台朗诵!”——“得了吧,安娜·安德烈耶夫娜,咱可不是男高音”:

> 在那里,在诗行之间,
> 越过啊呀和哎哟,
> 勃洛克——时代悲剧性的男高音

---

① 指勃洛克的第一部诗集《美妇人集》,出版于1904年。

② 参见勃洛克《没有笑容,你的身影浮现》(1905),诗中直接出现了圣母的形象。

向你发出鄙夷的微笑。①

当然，这一回应没有任何贬损之意。如果是帕斯捷尔纳克，那他肯定不会允许自己跟勃洛克这样说话——后者在他心目中，永远是活生生的；正因如此，他的涉及勃洛克的片段，均是与勃洛克几乎毫不相干的诗篇，它们确实无关于勃洛克，帕斯捷尔纳克所认为共同的根基和源泉，才是关键之所在。

5

令人惊异的是，帕斯捷尔纳克与阿赫玛托娃在五十年代竟然互不理解。《日瓦戈医生》和《没有主人公的叙事诗》的两位作者，对待各自作品的态度如此相似，就连缺乏训练的读者也不难看出这两部集大成之作在类型学上的一致，而它们的创造者彼此却看不清对方。仔细想来，这也并非不可理喻——每个自认为真理向其本人敞开的人，对他人的真理至少是无动于衷，更多则是不宽容。此外，毋庸讳言：帕斯捷尔纳克对别人的诗往往是冷淡的，能够吸引他的，只有形式、气质和才情相近的作品，在最后的岁月里，他在此方面的热度好像也消退了——不管怎么说，当初对待茨维塔耶娃的那种激情已然被淡漠所取代。他年轻时随便遇到谁都愿意表示赞赏，到了五十年代，却要求别把人家的诗拿给他看，因为他不理解有什么必要（言外之意是：既然已经有了他！）。关于《没有主人公的叙事诗》，帕斯捷尔纳克向阿赫玛托娃说过一些不着边际的话，但她还是记下了他的评论，就像记下所有向她说起的涉及长诗的鲜明话语。帕斯捷尔纳克说，长诗让他想到俄罗斯民间舞蹈的形象，舞者叉开双手，在观众面前跑跳，而她的抒情诗则像是蒙着手帕，站立不动。这个比喻当中舞蹈的话题有可能吸引阿赫玛托娃，她曾经根据长诗情节构想过一部芭蕾舞剧，甚至为其勾勒了梗概。但密闭的、“用同情的墨水”手写的《没有主人公的叙事诗》，连同幽深的典故和多义的象征，却与读者面前叉开双手的跑跳绝少相像，而开敞、澄明、“不知羞耻”的阿赫玛托娃的抒情诗，也与蒙

① 引自阿赫玛托娃《在黑暗的记忆里摸索》（1960年9月9日）。

着手帕的站立相去甚远。

他们对待各自晚年杰作的态度有许多共同点：帕斯捷尔纳克经常说，《日瓦戈医生》的存在高于其个人肉体的存在（这个说法让利万诺夫夫妇陷入了惊恐），阿赫玛托娃则称《没有主人公的叙事诗》是自己最主要的成就，它的地位高于抒情诗。小说的主题和冲突，长诗的节奏及其狂欢形象，多年来犹如幻象，分别追逐着他们两人。小说与长诗中的圆圈舞、狂欢节、圣诞枞树，无不带有多重意蕴；无论长诗还是小说，都是对前革命时代的“清算”，是可怕的三十年代的可怕纪念碑。《日瓦戈医生》和《没有主人公的叙事诗》，堪称两位作者最直接和最充分的个性表达。阿赫玛托娃不断说起并写到她的长诗，想象它的命运——那是一场在伦敦上演的古怪的芭蕾舞，所有参与演出的人后来全都神秘地死去……帕斯捷尔纳克则不厌其烦地谈论和讲解他的小说。阿赫玛托娃以书信形式写了《关于长诗的散文》，收信人一部分是虚拟的，一部分是真实的（例如利季娅·楚科夫斯卡娅）；帕斯捷尔纳克五十年代的书信也有大量涉及小说的内容。他们把各自的主要著作拿给所有新认识的人来读，并且不安地询问：“喏，怎么样？”两部总结性的作品都是自传性的，都描写了爱的三角关系，两者的情节都相当简单——而关键不在于此。小说和长诗有许多神秘和秘密。日尔蒙斯基称长诗“充满了象征主义者的梦想”，但正如我们已经说过的那样，这个观点不仅可信，也适用于小说。帕斯捷尔纳克小说的象征性，超过了别雷、索洛古勃和勃留索夫的全部作品。

阿赫玛托娃却为小说中一些事实的出入而不满，她理解的一九〇零年代并非如此；帕斯捷尔纳克对长诗所依凭的历史也知之甚少，因而只能通过猜想来重构其意义。就这样，几乎推迟了半个世纪才写成、为二十世纪俄罗斯文学大厦加冕的两部象征主义代表作，非但不为大多数同时代人所理解，很多方面对于作品的创造者同样幽深莫测，遑论他们彼此之间的领会与接受！

1959 年 8 月 21 日，为庆贺维亚·弗谢·伊万诺夫的生日，帕斯捷尔纳克与阿赫玛托娃最后一次会面。两人被安排面对面坐下。“这也是他们在漫长中断之后的首次相见，这两个中心之间的紧张状态决定了当时的气氛，”米哈伊尔·波利万诺夫回忆道，“场面略感局促。所有来客都像是加入了一场暗中的心理较量。”(顺便说一句,因为他们在场,利季娅·楚科夫斯卡娅也觉得尴尬:两位天才同在一个房间,实在不容易。)阿赫玛托娃呆呆地沉默着,帕斯捷尔纳克却很活跃,甚至有些亢奋地说个不停。经过再三请求,阿赫玛托娃朗诵了《诗人》、《读者》(她提前解释说,诗里的“莱姆—莱特”,[①]即舞台上的脚灯)和《夏园》[②]。帕斯捷尔纳克立刻记住了《读者》开头的一节,朗诵刚停,他就激动地重复:

不要过于伤感,关键是
不要掩藏。哦,不!
为了让同时代人明白,
诗人将自己彻底敞开。

“这对于我是多么熟悉啊! 戏剧感就像一切艺术的原型。”他议论道;他没有说自己正在写一部关于戏剧的剧本[③],只提到话剧创作并非易事:“剧中角色怎样都无法独立自主地生活。”还说他开始阅读赫尔岑,目的是深入时代,而赫尔岑却令他失望。

阿赫玛托娃谈到《真理报》向她索要诗作,她给了《夏园》,未被采纳。

“那当然啦!”——帕斯捷尔纳克感叹道。“这就好比向他们提议开一个‘文学之页’栏目,用玫瑰色的纸张,带着小花边!”

这句话并无丝毫贬抑,只不过强调了阿赫玛托娃的诗与报刊诗作那种呆板腔调之间的显著差异,阿赫玛托娃却对“小花边”一词感到委屈,顿时兴味索然。

大家请帕斯捷尔纳克也读几首诗,他辞谢的时间比阿赫玛托娃还长,说他对新作不满意,推辞不过,才不大情愿地先朗诵了《雪在下》,然后是《唯一的日子》。阿赫玛托娃不为所动。

1960 年 5 月 11 日,她去看望病中的帕斯捷尔纳克,但院方已经不允许任何人靠近他身边。有人向她转达了谢意。

为纪念他的去世,她先后写了同题不同视角的两首诗,一首是《诗人之

---

① 英语词 limelight 的俄语音译,意思是“石灰光、石灰光灯、白炽灯、众人关注的焦点”等。

② 这三首诗均为阿赫玛托娃晚年作品,均作于 1959 年 7 月。

③ 指帕斯捷尔纳克 1959 年开始创作的话剧《盲美人》。详见本书第四十九章。

死》,一首是《如同失明的俄狄浦斯的女儿》①;后一首诗回忆了她去鲍特金医院的情景,因心肌梗塞发作,他住进了这家医院:

如同失明的俄狄浦斯的女儿,
缪斯引领预言家迈向死神,
一棵发了疯的椴树
却在这哀伤的五月开满鲜花
正对着窗口,就在这扇窗前
他曾经告诉我,他面前
盘旋着一条金色、飞升的路,
最高意志在那里将他保全。

如今,阿赫玛托娃自己也躺在鲍特金医院;提前了一个月,一棵椴树开放在她窗前。当初帕斯捷尔纳克试着断断续续地向她讲述了后来写给尼娜·塔毕泽的一切,后来成为病院诗主题的一切;如今,目睹他死后的盛典,她似乎第一次相信了他。

第四十七章　镜中人:沃兹涅先斯基

1

帕斯捷尔纳克从来不缺乏崇拜者和模仿者,但弟子——只有一个。在最后的岁月里,面对苏联现实中形形色色的誓愿、许诺和诱惑,他有意无意地说出坚定而愤怒的“不”,取代了他那永远漠然的“是”,年轻读者受此感染,纷纷向他讨教。他们将自己的诗作寄来,或者通过共同的熟人(包括他的长子叶甫盖尼·鲍里索维奇)转交,有人想让他去第比利斯,还有人非要

① 两首诗均写于莫斯科鲍特金医院,时间分别是1960年6月1日和6月11日。

来他家里做客。对于大多数人,帕斯捷尔纳克的回复既尖锐又单调:您不是没有才华,但您的诗就像其他千百人一样。他鄙夷地提到安托克里斯基、吉洪诺夫、阿谢耶夫,总之,苏联诗人当中未曾让他动怒的只有“农民诗人”特瓦尔多夫斯基、伊萨科夫斯基等,从他们身上,他感觉到鲜活而非书面的经验,这种经验的表达,摆脱了造作的热情。

帕斯捷尔纳克谢绝了大部分收信人和对话者拜他为师的请求,历史未能留下这些人的名字;三封辩驳的回信保留至今,从中可以看出,他是多么憎恶苏联空洞浮夸的文风乃至苏联色彩同样浓厚的文学教育体制。他对这一传统的态度犹如勃洛克对古米廖夫的社团①:古米廖夫自以为能令人受教,实际上却在身旁聚集了一群对其言听计从的年轻崇拜者。这一切并非文学,而是文学政治,正像勃洛克一篇文章的标题——“没有神明,没有灵感”②;文章发表半年之后,他和古米廖夫便相继死去。

不过,有一个人最终还是成为帕斯捷尔纳克的弟子,并且丝毫未辱没这一骄傲的名号。或许,与大多数寄到莫斯科或别列捷尔金诺的诗歌习作相比,这名莫斯科中学生的诗看起来不算平庸,或者是他年仅十四岁的事实发挥了作用,虽然他已经爱上了先锋派,吸引他的不是金玉其外的苏维埃文艺学派,而是真正的早期未来主义;也有可能,1947 年的帕斯捷尔纳克格外孤独。不管出于什么原因,他没有拒绝安德烈·沃兹涅先斯基,他们展开了大量严肃认真的交谈。沃兹涅先斯基自己承认,帕斯捷尔纳克并未替他校正声调,只是修改了若干诗行,同时却又教他学会了自己擅长的主要一点——才华的保全。在思想强制的时代,需要适应形势,在无所损伤的限度内表现忠诚,以使才华完好无缺。沃兹涅先斯基果真通过最小程度的妥协,达到最大程度的自由,从而为俄罗斯诗歌开创了许多新的机会,其命运也获得了不可思议的回报——与旷世天才的十四年友谊!他不仅在一代杰出诗人中鹤立鸡群,而且对所有闪现出天才火花的人都有求必应,即使对方没有请求,如果需要,他也会施以援手。

---

① 指 1920 年秋在古米廖夫主持下创办的文学社团“发声的贝壳”(Звучащая раковина)。

② 出自普希金的名诗《致凯恩》(1825)。

2

沃兹涅先斯基十岁那年，初次听到帕斯捷尔纳克的作品。这是几个战争叙事诗的片段。十四岁时，他给帕斯捷尔纳克寄去了自己的诗，让他万分惊喜的是，后者打来电话，邀请他到家里来，把一小本自己的新作拿给他读，基本上都是《长篇小说里的诗》。

“在那些年里，他孤独而失落，种种戕害令他心力交瘁。他渴望真诚、干净的人际关系，渴望挣脱群体——而且还不仅是这些。或许，这种跟一个少年、一个中学生之间奇怪的关系，这近乎友谊的交往，能够说明他的某些特征？或许，在我身上，他爱的是当初那个作为中学生投在斯克里亚宾门下的自己？是童年吸引了他。”沃兹涅先斯基本人如此解释这段友情，他的解释想必是准确的。帕斯捷尔纳克喜欢少年，这是他钟爱的年纪，他了解少年的全部悲剧性，故而尽力帮助他们克服它。据瓦西里·利万诺夫回忆，当他还是个孩子的时候，帕斯捷尔纳克是第一个对他以“您”相称的人。“这种秘密的年龄的共性，将我们联在了一起。”——沃兹涅先斯基似乎没有夸大其词，也没有自我迷恋。

不管怎么说，他的影响终究在沃兹涅先斯基身上留下了印记，这些影响并非形式上的，它们远比表面看上去深远，它们的独特意义也就在于此。首先，像帕斯捷尔纳克一样，沃兹涅先斯基喜爱并欢迎暴露事物本质的灾祸。帕斯捷尔纳克生前就很赏识他的《建筑学院的火灾》①一诗，诗中描写了其母校被一场大火吞没，他的毕业设计也付之一炬。沃兹涅先斯基打算大学一毕业就放弃建筑专业，终于得偿所愿。这是一首非常幸福的诗，虽然也带有悲剧色彩；这里没有目睹火灾时孩子般幸灾乐祸的好奇，只有个人避免了使命的背叛而为之庆幸；但关键在于，这是突如其来的自由之感，在话剧《此世》的废弃城市里，帕斯捷尔纳克的杜多罗夫也曾有过这样的感受。

全都烧干净了！
民警局挤满了人！

---

① 这首诗作于1957年，沃兹涅先斯基当年毕业于莫斯科建筑学院，尚未成名。

一切——结束了！

一切——开始了！

去看场电影吧！

他的这首诗，纯粹是帕斯捷尔纳克的风格，当然，这并非得自任何学派的传授。同样的快乐的悲剧因素，也体现于他最著名的作品、后来改编为摇滚剧的叙事长诗《阿沃斯！》①（1970）。

帕斯捷尔纳克给予沃兹涅先斯基的第二条深刻教诲是关于诗歌使命的思想——诗歌延续着逝者的存在，为他们哭泣。在沃兹涅先斯基的诗作中，安魂曲是主要体裁之一。他用诗歌送别所有与他相识的逝者，还有那些并无私交、仅仅有所耳闻的人，越过彼此的间隔，他爱着他们。他有意为逝去的维索茨基②、萨哈罗夫③写诗，甚至也为1991年保卫白宫的三个死难者④；在某些人看来，这似乎是自作多情，有人甚至提到见风使舵、想借他人的荣耀为自己贴金云云。这些看法根本不可信：他一个人的荣耀已经足够了，三十年间，他跻身于国内和世界最著名的五位俄罗斯诗人的行列。这是帕斯捷尔纳克的遗训——延续那些逝去之人的生命，为那些饱受折磨的人们哀哭；诗歌即是哀哭。他也为帕斯捷尔纳克写下了安魂曲：

他的屋舍敞露。

空荡荡的楼层。

客厅里——没有人。

---

① 这部叙事长诗根据1806年俄国外交家、旅行家尼古拉·列扎诺夫在北美航海的史料写成。列扎诺夫的船队由两艘帆船组成，“阿沃斯”是其中之一，另一艘叫作“朱诺”。1981年，由《阿沃斯！》改编的摇滚剧《朱诺与阿沃斯》在莫斯科首次上演。

② 弗拉基米尔·谢苗诺维奇·维索茨基（1938—1980），苏联著名诗人，戏剧演员，深受喜爱的吟游歌手。1980年7月25日因心脏病突发离开人世。

③ 安德烈·德米特里耶维奇·萨哈罗夫（1921—1989），苏联核物理学家，主持苏联第一枚氢弹的研制，被称为“苏联氢弹之父”。人权运动活动家，1975年获得诺贝尔和平奖。

④ 1991年8月19日，苏共党内强硬派突然宣布成立紧急状态委员会，试图废止戈尔巴乔夫的总统职权，代为行使国家全部权力，此即震惊世界的“八·一九事件”，又称“八·一九政变”。这一事件遭到苏联社会的普遍反对，莫斯科民众走上街头，阻挡苏军对俄罗斯联邦最高苏维埃所在地“白宫”（现为俄罗斯联邦政府大楼）进行占领。在双方对峙中，有三名苏联青年遭到步兵战车碾压，不幸身亡。事件仅仅持续三天，便宣告失败，由此拉开了苏联解体的序幕。事后，一息尚存的苏联政府追授三名青年为“苏联英雄”。

俄罗斯——没有心。①

他从未使用过帕斯捷尔纳克心爱的格律，反而有意识地回避其旋律和音调，截短了诗句，从更为正统的未来派那里追溯自己的历史，甚至对追求音效的未来派诗人感兴趣。但他的诗始终充满基督教的祈祷的内容，而这也正是帕斯捷尔纳克式的内容，当然，其源头也可归之于他的神职家族②。沃兹涅先斯基的姓氏并非凭空得来。圣礼的音调，据他个人承认，同样无意识地贯穿于他另一些诗作，他在其中的哀哭并非为逝者而是为未写成的作品。《因两部未降生的长诗而哭泣》(1965)一诗，正是真正成熟的沃兹涅先斯基的起点。但他的祈祷的音调、它们的私密性和爱之抒情的倾向性，依然是源于帕斯捷尔纳克，源于"抹大拉的马利亚"。总的来说，俄罗斯诗歌里的宗教因素和私密的因素鲜有区分：在阿赫玛托娃的抒情诗中，她对上帝的颂歌和对恋人的赞美时常难以分辨，在帕斯捷尔纳克笔下，尤拉和拉拉的关系则让人联想到耶稣和抹大拉的马利亚。这里没有渎神之意，尽管在这种抒情中，淫佚的风险永远是巨大的；没有什么能比迷狂的宗教情色更低级了。全部困难就在于，要使爱情上升为信仰，在帕斯捷尔纳克那里，这一点总是做得很成功；在沃兹涅先斯基那里也一样：

你究竟还需要我什么？
生铁栅栏。门洞幽暗。
我是田野的音乐，你是花园的。
你究竟还需要我什么？

这是"列扎诺夫向圣母的祈祷"——《阿沃斯！》当中最出色的章节之一。帕斯捷尔纳克式的音调、睡梦里才有的无以名状的哀伤(这些诗行确实是他做梦时想出来的)，同样出现在他的名诗《萨迦》(1977)中，这首诗后来被谱成了列扎诺夫咏叹曲。③

你在黎明将我唤醒，

① 引自沃兹涅先斯基《树冠与树根》(1960)。

② 沃兹涅先斯基的高祖父安德烈·波利萨多夫系东正教高级神职人员，曾经担任穆罗姆报喜修道院院长。

③ 即苏联摇滚剧《朱诺与阿沃斯》中的咏叹曲。

赤脚出门为我送行。
你永远不会忘记我,
你永远不会见到我。

绝望的红褐色的草莓
不眨眼睛,因风流泪。
归来,是不祥的预兆。
我永远不会见到你。

纵使我们再一次
重返地球(根据哈菲兹),
我与你仍将擦肩而过。
我永远不会见到你。

这里没有任何的先锋主义,也不可能有;在这样的高度上,何处是先锋,何处是传统,已经完全不重要了。

然而,如果说他在诗作中力图避免他人对自己的明确影响,并有意识地消除它们的痕迹,那么也可说,在文学行为中他同样有意识、有目的地遵从着帕斯捷尔纳克的榜样和教诲:帮助年轻人,在他们受到压力时挺身而出,为他们的作品撰写和发表序言,以示褒扬,如果有可能,还将作品寄到国外。不管是谁,但凡有一丝才华闪现,他都会慷慨无私地予以盛赞。后来,他的评断不再有人相信。有人嘲笑他对别人的庇护,但没有谁敢于否认他的帮助往往是雪中送炭。无论他自己也曾身陷怎样的密林和远方,无论他营造着怎样的类似伊索寓言的怪诞之作和影像,相比同时代人的文学产品,他的诗都堪称是创造性的,偶尔略显无赖,但永远是有趣的。尽管他有时急于将时代的标志随意拿来填入诗歌,从因特网到人体穿刺艺术(这当然已经完全不是帕斯捷尔纳克式的了),注定破灭的爱的声音依然透过所有这些层面,冲决而出。我想,帕斯捷尔纳克应该会喜欢他那些最后的诗篇。

我并非切什梅①的英雄。
我的内心是干热风。
而他们终将羞愧并消失，
那些与我心灵为敌的人。②

第四十八章 《雨霁》

1

1958年11月6日，《真理报》刊发了帕斯捷尔纳克的声明，从此以后，他的名字就不再遭受苏联报刊版面的蹂躏。他翻译卡尔德隆③的作品（没有太多乐趣——卡尔德隆对他来说太过冷漠和封闭），构思话剧，回复不计其数的信件，书信源源不断，直到他去世的一刻。

他收到四面八方的来信：来自视他为同乡的马堡（当地一个加油站女老板给他寄来了纪念品——几只小陶罐）；来自汉堡（一位木偶艺人抱怨行业的衰落，请求他为保护木偶剧公开说几句话，甚至在可能情况下予以资助；与木偶艺人之间的这段故事，似乎在《盲美人》中有所反映，我们将在下文证明这一点）；来自法国（一个小女孩寄来她的诗，把飞上太空的狗称为不幸的科学牺牲品④）……这一切不仅开阔了他的视野，而且唤起了创作《夜》时的那种心绪：人与人休戚相关之感）。书信的作者越是离奇古怪，他就越是明白，这些人才是他真正的读者。种种情形，不一而足。

---

① 位于土耳其西部爱琴海沿岸。1770年7月，俄罗斯与土耳其在切什梅海湾展开海战，结果俄军以极小代价歼灭土耳其海军，从而在黑海海域站稳脚跟。

② 引自沃兹涅先斯基未完成的长诗《第二部电视剧》之《第四浪漫曲》，写作年代不详。

③ 卡尔德隆·德·拉·巴尔卡（1600—1681），西班牙剧作家，诗人。

④ 二十世纪五六十年代，苏联方面多次将狗用于太空飞行试验，其中以1957年11月苏联第二次人造卫星发射时搭乘的小狗"莱卡"最为有名，这是飞上太空的第一个地球生命，经过数小时飞行，小狗"莱卡"死于试验中。

他喜欢被欣赏。这是他习惯的氛围。处于被关注的中心，闪耀，馈赠，高谈，即兴作诗，向世界挥洒爱的柔波，沉浸于每一处遇到的泉流，这些对于他全都是自然而然的，有时很难让人理解，在这一切几乎缺失的情况下，他是如何度过生命的光阴。如今，整个世界都是他的舞台。欣喜的认可、个人遭遇的叙说、儿童绘画和礼物，所有这些都向他证实：他在自己的小说里拨动了极其重要的音弦，他写了一本世界意义的、并非清晰易懂的书，这意味着他的使命业已完成。这样的感受贯穿于他最后组诗的所有诗篇。

然而，这种境况的双重性却令他难以忍受，因为，如果说1956年他还能设法使一切兼容并存，那么如今则是一波未平一波又起，他完全成了一个尖锐的矛盾体。奥丽嘉·伊文斯卡娅越来越频繁地发话说，厌倦了只做他的情人；济娜伊达·尼古拉耶夫娜无法平静地听到情敌的名字，没完没了地指责他的双重生活。他们永远好客的家变得压抑、神经质，餐桌前相聚的亲朋好友越来越少。钱不够花，尽管还不至于让他饿死——有几部根据他译本改编的话剧正在上演。这里也有一个矛盾：剧作搬上了舞台，却不见译者的姓名。他是举世公认的人物，他的名字和作品在祖国却遭到禁止。这既非战争又非和平：没有迫害，也没有和解。他被遗忘了。他受不了这种状况：将他置于死地的与其说是迫害，不如说是迫害过后他的无所适从的处境。

这种双重性在组诗《雨霁》中也留下了印记，尽管它们基本上写于1958年之前。他以这些诗作完成了又一个创作周期，但像以往一样，诗中依然闪动着未来的微光。它们对于《长篇小说里的诗》之作用，如同《主题与变奏》对于《生活，我的姐妹》：风格模仿的时期，有时是对已探明的矿床进行开发。然而，正如《主题与变奏》涵盖了一个转向二十年代叙事情节的时期，《雨霁》也预示着一个并不像组诗所显现的那样单纯、澄澈的新时期。

关于晚年帕斯捷尔纳克，存在着可以理解的意见分歧：一些人说，他开始写得更易懂，也更寡淡。另一些人说，他晚年的诗总体上是薄弱的，这不过是老年人的练习，手的锻炼。还有人认为，直到此时，帕斯捷尔纳克才终于达到了和谐与基督教的顺服。不管怎么说，正是这些作品几乎成了俄罗斯最有名的诗篇，因为它们非常简单，琅琅上口；著名的《在各方面我都希望直达本质》一诗也纳入了组诗，另外还有《人有名气不见得光彩》（这是叶甫盖尼娅·卡季米洛夫娜·利万诺娃当着帕斯捷尔纳克的面偶然脱口而出的一句话，他随即写成了一首诗)。

当然，这还是那个不会跟谁混淆的帕斯捷尔纳克：

请看，灯罩的火的表皮
让那陋室、墙角、窗沿
我们的影子和形体，
产生出怎样的变幻。①

这是他的近音词、他的通透的声音、他的非重读音节的堆叠。

有别于帕斯捷尔纳克的是另一方面：说理的依据之戏谑和琐屑。如果抛开《心灵》这种悲怆有力、仿若同时代人挽歌的诗作，如果不考虑其中几篇诗歌宣言(略为率直的)，那就根本不可理解——他向来喜欢采用重大主题，使之延伸到象征，乃至雷雨、风车和浮冰，如今简直像是在书写诗体日记：

慢悠悠地去采蘑菇。
公路。森林。沟渠。
路上的电线杆
忽而向左，忽而向右。
…………
蘑菇藏在树墩后面，
树墩上落着小鸟。
我们的影子成了路标，
以免我们迷失方向。②

或者：

母驼鹿咀嚼林中的矮草，
窸窸窣窣地抚弄嫩叶。
橡果在枝头来回晃动，
偶尔触碰到它的脊背。

① 引自帕斯捷尔纳克《无题》(1956)。
② 引自帕斯捷尔纳克《采蘑菇》(1956)。

蝴蝶花、金丝桃，
洋甘菊、柳兰、大翅蓟，
全都受了占卜的哄骗，
围住灌木丛好奇地观看。①

或者：

鲜红的蜻蜓穿梭不停，
熊蜂飞舞在各个角落。
大车上传来女庄员的笑声，
扛镰刀的割草人从一旁经过。②

帕斯捷尔纳克晚年只有很少的几首诗，在结构上类似于他早期最出色的作品——整个文本由同一个形象、出人意料的隐喻或排比构筑而成。帕斯捷尔纳克收录自己最后组诗的集册之名称，正是得自《雨霁》一诗（1956）。在这里，他早年的泛神论仿佛又回来了——森林被比作巨大的教堂，置身其中的人，渴望“含着幸福的泪水”，坚守感恩的祈祷。“当阴雨的日子来到尽头，/蓝天会在乌云间睁开眼睛，/缝隙里的天空多么欢喜，/青草的内心多么庄严！”在这首诗里，先前那个帕斯捷尔纳克的声音清晰可闻，还可认得出他的内韵、语汇和熟悉的散文语句——“随着光照的交替，/森林变换着色调……”

但大自然没有人，就会悄无声息，人应当像扎波罗茨基主张的那样，成为大自然的思想：

你懂得茂盛的植物王国，
强大的飞禽走兽的国度，
都在等待祭坛和神启，
等待着英雄和勇士。③

---

① 引自帕斯捷尔纳克《寂静》（1957）。
② 引自帕斯捷尔纳克《草垛》（1957）。
③ 引自帕斯捷尔纳克《粮食》（1956）。

这首诗容易被当作扎波罗茨基的作品，这种相像被人们一再指出。但也有大量无可置疑的区别——晚年扎波罗茨基在语汇方面更为中性，语义方面的非理性也明显得多。他早期的超现实主义从未消失，只是嵌入了文本的潜意识：

他朝着桥的方向走去，
进入一片春天的密林，
松树在那里向坟墓鞠躬，
屹立，仿佛灵魂的聚会。①

这场“灵魂的聚会”，纯属扎波罗茨基的手笔，符合他的风格——把所有抽象事物变成可见、具体和近乎粗陋的事物。在其诗歌的经典形式背后，又一次颤动着恐惧和疯狂：几乎近在眼前的物体，却显得陌生。就像在组诗《报栏》中那样，在扎波罗茨基晚年诗作中，世界分解为无数个组成部分；没有描写，没有个性化的事物，任何东西都带着不定冠词——秋天的树叶不过是一片树叶，动物园里的天鹅不过是一个命名，决不能加以描写；没有那种使帕斯捷尔纳克诗歌的氛围得以聚合或分化的空气。扎波罗茨基诗歌中的行为发生于空气缺失的空间，那里的一切都不可信：万物一如既往，仿佛初次被观察，带有“奥贝利乌派”所认可的陌生化特征。因而可以称天鹅为飞禽，而美则被称作闪烁在容器中的一团火；他的这些诗，俨然是以一本劣质旅行指南的征引为开端——诸如“俄罗斯风景的魅力，/有着真正的快乐”②之类，然后突然迅疾地转向他偏爱的超现实主义：“云世界的白塔/喷出火光”③……在经历了既非“奥贝利乌”又非象征主义而是出色未来主义学派的晚年帕斯捷尔纳克那里，一切截然不同：他依然是一个描写精细、表述清晰的诗人，霞光在他那里不只是霞光，更是永不重复的具体事物：

晚霞樱桃色的黏液
渐渐凝结成块状。④

① 引自扎波罗茨基《路人》(1948)。
② 引自扎波罗茨基《奥卡河黄昏》(1957)。
③ 同上。
④ 引自帕斯捷尔纳克《金色的秋天》(1956)。

它红得像醋栗果子露，
下沉，燃烧，熄灭了。①

阳光像柠檬汁
淌入凹地和坑洼，
像光的水泊冻成冰块。②

樱桃色的黏液、醋栗果子露、柠檬汁，在他笔下，每一次日落都有自己的气味和色泽。他晚年诗作的单纯，绝非单调贫乏；它们依然质地细密，只是声音更稀薄，形似词错综格（парономасия）也不像以往那样密集。帕斯捷尔纳克依然是一位专注于具体事物的诗人，保留着未来派的狂放描写和精确比喻。他的大自然并非在那里故弄玄虚，而是有着生动的行为。他长期以来所追求的"空前的质朴"，早先即已获得成功，并且永远略带戏拟的意味。直到晚年，当他的境界单纯到极致，不再为创新而创新，当他有意压低声调或使之中性化，他开始变得像"奥贝利乌派"；若不是因为个人与现实的关联之深，恐怕他会更加接近于"奥贝利乌"的诗学。

帕斯捷尔纳克这一时期的一些诗作，跟涅克拉索夫的作品最为相像。归根结底，正是从涅克拉索夫那里，衍生出勃洛克和他的茨冈人的悲声、风和火车在秋日里凄厉的嘶鸣；以及"奥贝利乌派"和他们戏拟式的庄重、刻意降低的语体；以及阿克梅派和他们充分表意的精准词汇；还有未来派及其漫画手法、散文句式和语词的创新。马雅可夫斯基曾经一边引用《现代人》丛刊，一边大声惊叹道："难道这不是我写的？"帕斯捷尔纳克最终落回到共同的根基，在组诗《雨霁》中，有许多涅克拉索夫学派的痕迹，甚至包括他当时正在构思的话剧，怎么看也都像是属于涅克拉索夫的时代。

宽宽地，宽宽地
小河和草地铺展开。
割草的时节，慌慌张张，

① 引自帕斯捷尔纳克《冬天的节日》（1957）。
② 引自帕斯捷尔纳克《雪地上的脚印》（1957）。

四处的农活干个不停。
河水边割草的农夫
忙得没工夫闲看。

(《风(关于勃洛克的四个断想)》)

这哪里是什么勃洛克？不妨就这样继续追问：

……黑麦还没有完全运光，
但是收割完了——他们多么轻松！
男人们搬运着一捆捆的麦束，
达丽亚在紧靠河边的田中
挖掘着自己种的马铃薯。①

或者说，这"勃洛克式的"组诗中的语句究竟从何而来：

天空的变幻预示着不祥，
朝霞满是一块块紫斑，
就像未愈合的抓痕，
又像割草人腿上的血迹。②

与之对比的是：

微微扶起沉重的犁木，
农妇划破自己的光脚——
哪有工夫把血止住！③

从早年偏好来看，帕斯捷尔纳克倾向于未来派，就思想观念而言，则是一个象征派，在他最后的组诗篇章中，怎么会有这种出人意料的明显朝向涅克拉索夫的转变？又怎么会产生对农奴制俄国和农奴制艺术家的兴趣？这是因为，他在此期间的诗作已开始具有新的社会意义，这不仅是知识分子的声音，也是人民的声音。一切始于涅克拉索夫那里屡见不鲜的风景诗，其中却蕴蓄着越来越鲜明、越来越悲戚的社会之音。

---

① 引自涅克拉索夫叙事长诗《严寒，通红的鼻子》(1863)。此处采用魏荒弩先生译文。
② 引自帕斯捷尔纳克《风(关于勃洛克的四个断想)》(1956)。
③ 引自涅克拉索夫抒情诗《在热火朝天的农忙季节》(1862)。此处采用魏荒弩先生译文。

暴风雪在外面飞舞，
彻底将万物裹挟，
女售报员满身雪花，
售报亭隐约可见。

我们在漫长的时日，
不止一次感觉到，
雪是为掩盖而飘落，
是为了将目光转移。
…………
一切都躲进白絮，
视野被大雪遮挡——
像个酒鬼，一道阴影
摸索着穿过院落。

动作匆匆忙忙：
这一次，或许
又得向什么人
隐瞒什么罪恶。①

此外，这首诗的格律也与涅克拉索夫极其相像（“我们迷人的京城/有着无尽的财富”②），手法也如出一辙。当然，我们可以认为，这里说的是个人过错的隐瞒，以及为自己的双重生活而愧疚，但此诗第一节提到的售报亭却让人不禁联想到更宽泛的喻义：整个城市生活彻底变成羞愧之事的掩盖，所有的一切——包括大自然，彼此之间达成了协议，不承认那隐秘的罪恶。

帕斯捷尔纳克晚年诗作运用了涅克拉索夫的经验，这绝非作者偶然为之：这是他关于人民的漫长思考之延续（剧作《盲美人》的情形亦然）。人民在《日瓦戈医生》里的两副面容显而易见——天使的和野兽的；不过，正如

① 引自帕斯捷尔纳克《初雪》（1956）。
② 参见涅克拉索夫早年叙事长诗《演说家》（1843—1845）。

瓦夏·勃雷金的形象,天使的面容也略带温顺愚钝的特征,野兽的面容则显露出大自然的威力。帕斯捷尔纳克并未对这人民的本质做出终极的定论;当他在晚年思考这一问题,已不再是以“强忍着爱慕”的知识分子身份,而是作为涅克拉索夫风格的贵族,他所感受到的与其说是过错,不如说是责任。这种责任就在于开启并阐说人民自己的心灵,使其免受非人的压迫和牲畜般的劳作。但就像涅克拉索夫一样,他举目四望,却只看到昏然的麻木。

帕斯捷尔纳克笔下同样出现了涅克拉索夫式的女性观的主题,或者说,这一主题其实始终是涅克拉索夫式的(要知道,后者也完全有权利可以这样说自己:“我为女性的命运而伤痛,”①而且他确实也曾说过:“你,命运啊!俄罗斯女人的命运。”)。②

倘若假以时日,帕斯捷尔纳克或许会沿着更新后的涅克拉索夫之路继续行进:他也会有自己的《片刻的骑士》③(不过,他的《斯佩克托尔斯基》已经展现了此诗的意境),以及自己的人民史诗。很难想象有哪首诗比《转变》(1956)更像涅克拉索夫的诗作了:

我曾经靠近穷人身旁——
并非出于高尚的眼光,
因为只有那里的生活
不需要奢华和排场。

虽然我也熟悉贵族
以及文雅的阶层,
我却与寄生者为敌,
又是流浪汉的朋友。

我想尽办法结交那些

① 引自帕斯捷尔纳克《冰与泪的春日》(1931)。
② 引自涅克拉索夫抒情诗《在热火朝天的农忙季节》(1862)。
③ 涅克拉索夫创作于1862年的抒情诗。

拥有劳动荣誉之人，
为此，我获得了尊敬，
也有人视我为卑贱。

未经粉刷的地下室
和没有窗帘的阁楼，
它们的贮藏不言自明，
物质和肉身各有分量。

自从腐化触及时代，
我自己也开始败坏，
人人都以痛苦为羞耻，
争当小市民和乐天派。

当初我信赖的人们，
早已不值得我相信。
我找不到一个人，
自从他被所有人丢弃。

在一个人民国家，一个宣称人民政权的国度，人民反而被丢弃。“小市民和乐天派”取代了人民，却找不出一个真正的人！帕斯捷尔纳克有意将他最后的岁月用于寻觅这个人；他早年有过浪漫主义的莱蒙托夫时期，接着迎来了国家主义的普希金时期，最后，到了五十年代，则是涅克拉索夫时期。耐人寻味的是，勃洛克也经历了同样姓名和主题的循环，在音调方面同样仿效前人，时而涅克拉索夫，时而莱蒙托夫，时而普希金。甚至阿赫玛托娃也不否认自己曾经受教于涅克拉索夫。假如帕斯捷尔纳克意识到，涅克拉索夫（与帕纳耶娃①合著）的长篇小说《浪迹三方》（1848）同样建立在东方游

① 阿甫多吉娅（叶甫多吉娅）·雅科夫列夫娜·帕纳耶娃（1820—1893），俄国女作家，回忆录作者，原为作家伊万·帕纳耶夫的妻子，从1846年开始与涅克拉索夫同居，这种关系延续到1863年。

历和大量不足为信的巧合基础上，小说中的庄稼汉几乎也像《日瓦戈医生》和《盲美人》里的人物那样用华丽而不自然的语言说话，那该是何等趣事。假如勃洛克也写长篇小说，他写出来的恐怕也会是类似的东西；而他的剧作，无论怎么说，都很像《盲美人》，在下文里我们将证明这一点。

《雨霁》根本不像有些文学评论介绍的那样，是清澈宁静的组诗。这其实是一部极度惊惶、充满迷离预感的作品，其中几乎永远幽暗阴沉的景致也并非偶然；之所以会有密集的写景，不过是因为，帕斯捷尔纳克往往从大自然最先发现未来转变的征兆，他向大自然讨教，尽可能理解空气的运动是怎么回事，“大气层”中进行着怎样的神秘迁移。社会生活陷入某种停滞，解冻时断时续，因而帕斯捷尔纳克才会倾听风云雨雪的声音，想要弄明白，接下来会如何？接下来，从各方面来看，都没有任何好的迹象：大自然惶恐不安，森林里阴雨连绵，雪试图掩盖某个可耻的秘密。世界在平衡点上停滞不前——未来将趋向何方？

睡眼惺忪的时针
懒得在表盘上转动，
一日长于百年，
拥抱无止无终。①

这是组诗当中最后的一首，也是他最后一首完整的诗。1959 年 1 月。冬至。平衡点。究竟何去何从？

不过，猜测是徒劳无益的。最后的诗篇反映着惘然若失和暴风雪的等待。他预感这场暴风雪将带给他光辉的胜利和死后的追认，但俄罗斯的主要问题仍将悬而不决；就此而言，他同样没错。

2

在这一时期，他每天的日程如下：早晨七点醒来，收拾屋子。用扫帚清扫地板，再用干抹布擦拭灰尘。在院子里洗脸，不管天气多么寒冷。吃早

① 引自帕斯捷尔纳克《唯一的日子》(1959)。此处采用吴笛先生译文。

餐，烧煮极浓酽的茶，斟入一个心爱的带蓝边的茶碗，拿到楼上书房。工作到一点，下楼，夏天在菜园里忙活（最喜欢用锄头松土），冬天就散散步。将近三点回来，夏天在园子里淋浴，如果是冬天，就在家里；三点钟，一家人一起吃午饭。汤一定要喝滚烫的，喝得很快，喝汤时禁止说话；然后闲聊几句。午饭后，总要睡一会儿，但不超过半小时；他持守着自己在《斯佩克托尔斯基》里表述的原则："别在白日里睡。"再工作到八点，然后散步，夜里十点多晚餐，吃的始终是同一样：冷却的炖肉，再加他偏爱的格鲁吉亚"马佐尼"酸奶。这种一成不变的作息，让所有关注他的人都感到吃惊：叶甫盖尼·鲍里索维奇和尼娜·塔毕泽分别对他的描绘，别无二致。

他更愿意读信，却不读报纸，甚至为此闹出笑话：有一天，他乘坐电气火车去莫斯科，看见身边有人在读《真理报》。他扫了一眼，读到一则标题："皇帝抵达莫斯科"，心头不禁一颤：岂有此理！仔细看才发现，新闻说的是埃塞俄比亚皇帝海尔·塞拉西到访。回家之后，他一边哈哈大笑，一边给长子讲了此事，后者将其记录下来。

就在这种半合法、半隔绝的状况下，也发生了不少荒诞可笑的事情：有一次，客人企图从阁楼爬进来，拜访他。这是一个痴迷于人生意义问题的狂热青年。另一个狂热青年，总觉得自己恍若身在梦境，他问帕斯捷尔纳克是否也有过此类情况。还有一些狂热青年来自列宁格勒，其中包括诗人弗拉基米尔·利夫希茨之子、后来成名的诗人列夫·洛谢夫。

帕斯捷尔纳克称自己感觉像活在一个神秘莫测的空间。直到 1959 年 1 月，当他写下《诺贝尔奖》一诗，这种似是而非的生活才终于结束。

我身陷绝境，犹如困兽。
隐约有光、人影和自由，
追猎的喧声就在我背后，
我已无路可逃。

昏暗的树林和池岸，
倒伏的云杉的躯干。
所有通道都已切断。
要来的就来吧，无所谓。

我做了什么恶事，
难道我是歹徒和凶犯？
我让整个世界哭泣
只因我故土的美丽。

包围圈越来越紧，
我却愧对于另一人：
我的右手不在身上，
心灵之友不在身旁。

此刻，我宁愿这绳索
依然套在喉咙上，
为了让我的右手
替我擦干泪水。

最后两节同他与伊文斯卡娅的争吵有关。这是一场很像分手的激烈冲突。争吵的原因是，帕斯捷尔纳克决定离家出走，为此，她甚至跟帕乌斯托夫斯基商量，打算去塔鲁萨①，暂住在他那里。但 1959 年 1 月 20 日，也就是他们原定一起动身的那天，他来到伊文斯卡娅的"小别墅"（这是他对她的"陋室"的叫法，她的一些好友也这么叫），脸色苍白，称无力彻底了断。伊文斯卡娅一气之下去了莫斯科，临走时说，再也不愿跟帕斯捷尔纳克有任何瓜葛。

"是的，你现在可以把我丢下不管，我现在是孤家寡人一个，"他为自己辩解道。

"装腔作势！"——她回答说。

"列留莎，你很快会明白这一切。"他咕哝道。

可她什么也不想明白。

① 俄罗斯古城，位于莫斯科以南 100 多公里。

傍晚，他给她打电话说：“奥留莎①，我爱你！”

她挂断了电话。

过了几天（在伊文斯卡娅的回忆录里，就像在《安全保护证》里一样，时间有时会压缩成若干个微妙的动态情节），波利卡尔波夫给她打来电话：

“他这次搞的，比长篇小说还要糟糕！”

“怎么回事？我跟他分手了，什么都不知道……”

“吵架啦？有的是时间！到处都在流传他交给外国人的诗……”

波利卡尔波夫刚说完，帕斯捷尔纳克的电话立刻打过来。原来，与伊文斯卡娅争吵过后，他写了这首诗，寄望于她，希望她的态度能有所缓和（他不愿相信她的离去和义无反顾的分手）。一个外国记者在路上碰到他，问他想不想说点什么。帕斯捷尔纳克回答说，心爱的人丢了，还把诗拿给那记者看。

帕斯捷尔纳克向情人的叙说未免浪漫，他这么说，是想让自己的懊悔更显动人，但正像以往那样，事情的经过其实平淡得多。1 月 30 日，他把诗交给了《每日邮报》记者安东尼·布朗，目的不是发表，而是请他转交杰奎琳·德普吕艾雅尔。他拿出的这份，最末两节改换成了一节：

可是，就算离坟墓不远，
我仍然相信——
善的灵魂终将战胜
卑鄙和仇恨的势力。

又是涅克拉索夫式的主题——“哦，缪斯，我已走到坟墓的门边，”②并且是同样的韵脚：гроба—злоба③。帕斯捷尔纳克交给西方记者的正是这个修改过的版本，这一事实表明他对公开其诗作的许可；他只是不想发表那个涉及伊文斯卡娅的版本，以免刺伤亲友。如此看来，即使他真的说过最好不要发表此诗，语气大概也不坚决。

思想的诞生，不是为了埋葬于书桌。

---

① 奥丽嘉的昵称，同“列留莎”。

② 参见涅克拉索夫《哦，缪斯，我已走到坟墓的门边》（1877）。

③ 即“坟墓”—“仇恨”，在俄语中韵脚相同。

2 月 11 日,《每日邮报》刊登了这首诗,注解当中说,诺贝尔奖得主正在自己的祖国遭受迫害。

从《每日邮报》另一位记者多勃逊那里,帕斯捷尔纳克得知了此事,不禁喟然长叹:"你们赠给了我一份多好的生日礼物啊!"接着解释说,事到如今,迫害将进入新的阶段。"他们禁止我与外人往来,"他继续说道,"那我该怎么办呢?或许,你们可以告诉我?我无法一味地保持沉默。我像是亲手给自己挖掘了坟墓——在这里和在国外。我是一个不幸的人,一个最不幸的人。"

多勃逊觉得他天真,对别墅以外的生活一无所知(在他们看来,他也的确是一个"住别墅的人")。为了打动读者,这位英国记者不惜笔墨,甚至提到帕斯捷尔纳克花白头发的大脑袋,看上去跟瘦弱的身躯不相称。楚科夫斯基在 1959 年的日记里也写道,帕斯捷尔纳克老得厉害,变成了一个"小老头",他那年轻人的步态开始显得别扭,但日记里未曾提及帕斯捷尔纳克身体的衰弱。

"在我印象中,他就像一位遭到狠命殴打的教授,头脑有些发蒙,他害怕再有新的伤痕落在身上。"多勃逊描绘道。

多勃逊和沙皮罗(合众国际社记者)文章的译本被发送到苏斯洛夫那里,经由他亲自过目,再转发给波利卡尔波夫。

2 月底,英国首相麦克米伦到访莫斯科。他有意会见帕斯捷尔纳克,而且并不隐瞒此意。有关方面给帕斯捷尔纳克打来电话(叶甫盖尼·鲍里索维奇证实,电话来自苏联部长会议国家机要局),通知他从 2 月 20 日到 3 月初不得待在别列捷尔金诺。

他决定去格鲁吉亚。2 月 20 日,帕斯捷尔纳克夫妇乘飞机抵达第比利斯,他们请尼娜·塔毕泽不要安排热闹的迎接。飞行途中,帕斯捷尔纳克感觉良好,降落时突然恶心起来,脸色变得苍白,落地后才勉强缓过来。这是他最后一次访问格鲁吉亚。尼娜·塔毕泽想方设法替他保守秘密,所以才没有多少喧哗的酒席。

但他依然具有焕发生机的能力。在画家拉多·古贾什维利家(帕斯捷尔纳克初次登门拜访,已是四分之一世纪前的往事),在他宽敞的工作室,举行了一场烛光晚宴,菜肴丰盛,客人们也经过了挑选。帕斯捷尔纳克在这里见到了画家年方十九岁的女儿——丘胡尔特玛·古贾什维利。她是一位芭蕾舞演员，炽热的姑娘，但有些古怪，情绪起落不定，有着罕见的美貌。帕斯捷尔纳克立刻拜倒在她裙下，为她读诗，一起在第比利斯游逛（对于这一切，济娜伊达·尼古拉耶夫娜只好无奈地摆摆手）。他们后来还长期保持书信往来。他始终善于让别人爱上自己，现今的情况则是，丘胡尔特玛成了他心目中理想的恋人：忧郁、神秘、鲜明的旧时代气质……拉多·古贾什维利为女儿外表的神奇变化喜不自禁：永远的"不笑女郎"①开始露出笑脸，开始对生活感兴趣，绽放出芬芳……她带帕斯捷尔纳克参观第比利斯郊外的考古工地，他情不自禁地想写一部长篇小说，关于十世纪的格鲁吉亚、圣尼诺②以及基督教的接受……十天过得飞快。当尼娜·塔毕泽将帕斯捷尔纳克夫妇送上火车（他坚决反对乘飞机回莫斯科），帕斯捷尔纳克站在车厢踏板上对她大声说："尼娜，在您自己家找找我吧！"

古贾什维利家里至今保存着帕斯捷尔纳克最后一次用来喝酒的高脚杯，酒没喝完，早就蒸发了，只有一道血红色的痕迹留在玻璃杯上。

他曾经多不情愿丢下习惯了的作息，飞往格鲁吉亚，如今就多不情愿重新待在家里，艰难地回到中断的工作，怀念着格鲁吉亚的友人。糟糕的预感折磨着他，乍看像是无缘无故，其实，对于细微的变化乃至难以觉察的空气流动，他向来反应灵敏。当然，他不可能知道，自从外出之后，究竟发生了什么，编织出了怎样的网罗，但他感觉，摆在面前的"诺贝尔奖"这一关不好过。

1959年2月20日，就在他动身前往格鲁吉亚的当天，苏联总检察长鲁坚科，即在纽伦堡审判中以苏联名义宣读起诉词的那名官员，向苏共中央发送了一封密函，内容如下：

> 经过审阅塔斯社及文学与出版事业管理局关于帕斯捷尔纳克·鲍·列将其反苏诗作《诺贝尔奖》转交《每日邮报》记者安·布朗一事的材料，认为有必要采取下列措施：

---

① 俄罗斯民间童话中的人物，从来不笑或者很难被逗笑，更常见的叫法是"不笑女王"。

② 俄语里称作"圣尼娜"。格鲁吉亚基督教启蒙者，生活于公元三世纪末到四世纪中期，作为功德等同于圣徒的女性为后世所纪念。

传唤帕斯捷尔纳克至苏联检察院,以便进行正式讯问;

讯问之前,向帕斯捷尔纳克申明,其长篇小说《日瓦戈医生》及《诺贝尔奖》一诗含有诋毁苏联国家与政治制度的诽谤性内容,其在创作及向境外传播这些作品时所表现的行为,已成为国际反动势力针对苏联展开敌对行动的工具,不仅有悖于苏联公民行为准则,而且构成特别危险的侵害国家之罪行,依照法律,应追究刑事责任;

同时向帕斯捷尔纳克申明,苏联检察院掌握的材料证实,他(帕斯捷尔纳克)滥用了苏联政府所给予的宽大处理,罔顾爱国主义的公开保证及"歪曲和谬误"的自我谴责,走向了欺骗和两面派之路,暗中继续有意识、有预谋地从事损害苏联社会的反人民活动;

讯问过程中,向帕斯捷尔纳克出示刊登其诗作的《每日邮报》复制件;

将帕斯捷尔纳克的供词完整记入讯问笔录,并要求其签名;

讯问结束时,告知帕斯捷尔纳克,苏联检察院将对其行为展开相应调查;

认为帕斯捷尔纳克的刑事责任可免予追究,关于其案件的法庭审判亦可免除。各方面情况表明,组织这场审判并不适宜。在谴责帕斯捷尔纳克背叛行径的同时,苏联社会舆论要求剥夺其国籍,将其驱逐出苏联国境。根据现行法律,法庭不可做出此项或彼项判决。

鉴于帕斯捷尔纳克背弃了苏联人民,政治与道德的堕落致使其自绝于苏联社会,故而理当决定剥夺其国籍并驱逐出境。按照1938年8月19日颁布的苏联国籍法第7条"6"款,此项决定应由苏联最高苏维埃主席团予以通过。

苏联总检察长呈文,作为评判该问题之依据,谨供苏联最高苏维埃主席团参考。

附带根据相关命令制定的方案一份。

请审议。

多亏《追猎的喧声就在我背后。鲍里斯·帕斯捷尔纳克与权力。1952—1972》这部文献集,我们才完全准确地知道残害帕斯捷尔纳克的日期。导致绝症的过程始于1959年3月14日,当时帕斯捷尔纳克正在散步,突然被人推搡进一辆汽车，直接带到检察院。他没来得及向任何人提前通知此事。苏联总检察长鲁坚科——帕斯捷尔纳克称之为“没有脖子的人”，亲自对他展开讯问。

我们手头有一份记录，标有谈话的确切时间：从12点到14点。在这两小时内，苏联总检察长鲁坚科以其威风的权势和强硬的语调向帕斯捷尔纳克施压，以刑事立案威吓他。斯大林当年未曾禁止帕斯捷尔纳克向人讲述他们之间的交谈，鲁坚科则警告说，倘若帕斯捷尔纳克向谁说起检察院的传唤，那么，按照俄罗斯联邦法第96条，他将承担“泄露调查材料”之责任。他们要帕斯捷尔纳克明白，如果再有外国记者拜访他，或者对他的采访发表在西方某地，后果会很严重，他将受到背叛祖国罪的指控。一切交往都应当断绝。“完全明白，我会无条件服从”——这是笔录里帕斯捷尔纳克的回答。这份经他签名的笔录未有任何改动。

鲁坚科大概夸大了帕斯捷尔纳克行为的“怯懦”，甚至可能对他有几分庇护；话说回来，鲁坚科即使表现出怜悯，或许还有羞愧，那也未尝不可理喻；他毕竟不是维辛斯基①，不至于没有一丝人的情感。但正是这次讯问，对帕斯捷尔纳克来说，成了他以往生活和新生活之间的一道分水岭：他终于明白，他迎面撞上了“国家的偶像”，双方之间再无任何中间物，玩笑结束了，一头庞然巨怪露出狰狞面目。“依然是当初遭遇的困惑/当头脑出现慵懒的状况”②——这是他曾经的自道，列举了自己性格中的普希金特征；但这一次，他所遭遇的却是一种恣肆的、非理性的力量，他所感受的困惑比此前绝望得多。

此外，他的物质状况甚至比二十年代还糟糕：四十年苦役般的劳作之后，他反而再次变得一文不名，没有钱，存款也已用尽（他和妻子本来就没有什么积蓄，他几乎把所有钱财都分给了别人，济娜伊达·尼古拉耶夫娜也不记得，究竟有多少家庭得到过他的资助）。他不得不向一位名叫鲁格的德国记者借钱——打算由费尔特利涅里来偿还。情况比料想的复杂，因为他不了解费尔特利涅里与德安杰罗的矛盾和越发混乱的交往；没多久，费尔

---

① 安德烈·亚努阿列维奇·维辛斯基（1883—1954），苏联法学家，外交家，从1935年到1939年，担任苏联总检察长，在大清洗运动中扮演了关键性的角色，留下了残酷无情的恶名。

② 引自帕斯捷尔纳克《百余年，并非昨日的瞬间》（《斯坦司》，1931）。

特利涅里跟杰奎琳·德普吕艾雅尔也闹翻了。帕斯捷尔纳克身在俄罗斯，根本无法改变这些关系。“我将您看作我最好的朋友之一，对这些朋友的亏欠，我永远偿还不尽。德普吕艾雅尔女士同样如此，并且更可贵。我不希望我的朋友们相互争吵。恳请您妥善处理同她之间一切需要处理的问题”——早在1958年1月，他就给费尔特利涅里写过信，可是一年过后，什么都没解决。国外的稿费依然不被准许汇入俄罗斯。与此同时，也应当承认，一些人自称，甚至真诚地自认为帕斯捷尔纳克的朋友，这时候表现得却不够格。费尔特利涅里虽然思想左倾，毕竟是“资本大鳄”，正像帕斯捷尔纳克曾经对他近乎亲昵的称呼；他想得到帕斯捷尔纳克所有文字包括早期作品在境外的出版权，甚至寄来一份合同样本，而其中恰恰规定了此项权利归其所有。德安杰罗向帕斯捷尔纳克承诺，汇寄一部分用卢布结算的稿费，但直到他去世后才终于兑现——伊文斯卡娅得到了一笔数额不大的钱款，却因为这笔钱立即遭到逮捕。帕斯捷尔纳克做出了一个前所未有的举动——给波利卡尔波夫写信，要求把稿费汇到莫斯科，哪怕是一部分（他在国外挣得的数目已超过一百万美元，他本人对此没有什么概念）；他同意将绝大部分所得转给和平基金会，条件是，剩余部分由济娜伊达·尼古拉耶夫娜和伊文斯卡娅分享。1958年10月，波利卡尔波夫对帕斯捷尔纳克及其影响和地位尚怀有畏惧，到了1959年，他在这方面已然无所顾忌了。他知道检察长对帕斯捷尔纳克的一番恫吓，有鉴于此，但凡不同的声音都可能招惹事端，而任何国际声誉其实都无济事于，他也知道，帕斯捷尔纳克在西方当然有可能被视为俄罗斯头号诗人，但在苏联，这不过是一个没有生活来源的无助老人，尽可以对其为所欲为。帕斯捷尔纳克在苏联的监狱加温室度过了四十余年，完全想象不出，何谓文学代理人，如何与出版商打交道，如何签合同，商定按印数应得的稿酬，如何在继承人之间分配；他二十年代的信件表明，与苏联出版商他也不是很善于争议和商谈，他宁可接受对自己极为不利的约束性条款，也不愿降低身段，讨价还价。他也根本料想不到，在为他的自由和尊严而激烈斗争的西方，居然利用他的无助及无力处理其个人作品再版中的财务纠纷，对他大肆盘剥。早期作品的译本不断问世，他从中却一无所得。帕斯捷尔纳克身处两方面的窘境。在俄罗斯，他遭到恐吓和调查，在西方则被人洗劫；他相信意大利、德国和法国友人的无私，但他们当中,大概只有杰奎琳·德普吕艾雅尔一个人真诚地捍卫着他的利益,不求回报。与她的通信是他主要的排遣方式。另一个乐趣来自他跟雷娜塔·施韦泽①的书信往来。帕斯捷尔纳克赶上了与她相识——1960 年 4 月,她来过莫斯科。

他爱上了话剧的创作,并且深信这将是一部不亚于《日瓦戈医生》的作品。这些日子里,唯有创作加上与读者的通信,使得他不至于在与日俱增的绝望中沉沦。尤其令他欣慰的是,在俄罗斯,也有人并不相信对他的诽谤。“谢谢,我亲爱的朋友奥列格·冈察洛夫!今天,您的仁爱的文字来得多么及时,多么恰当,要是您知道我的心情就好了!我不能说自己从未听到过称赞、赏爱和认可的话语。可我的处境却如此迷惘,如此之多相互交缠、冲撞的痛苦将我裹挟!(……)我的内心一整天都沉重不堪,就像等待着刑罚或某种损失。就在这时,我收到了您的信件。我想,这回要读到的也无非是‘犹大’或者‘出卖祖国’,或者别的什么打着官腔表达义愤的东西吧。

“可是,当我开始读您的信,压抑了一整天的忧伤和遗憾的泪水禁不住夺眶而出,我一边读着您充满善的金玉之词,一边暗自啜泣。愿上帝因这些词句而赐予您幸福。我拥抱您。您的鲍·帕斯捷尔纳克。”这位冈察洛夫,是利沃夫的地质工作者,他写信给帕斯捷尔纳克,称他没有读过《日瓦戈医生》,但不相信官方的指控,对诗人怀有深切的同情。类似的来信不是很多,但确实有一些,除了纯属自愿和自发表示谴责、诅咒的大量书信之外(托尔斯泰当初也收到许多这样的来信——并非指斥他破坏宗教集会,而是出于真诚的意愿,要将他“撒旦般的倨傲”束缚住)。

还有一件帕斯捷尔纳克为之喜悦的事情,那便是恢复了与国外侨民的联系:他给旅居德国的哲学家费奥多尔·斯捷蓬(Федор Степун)写信,与生活在巴黎的鲍里斯·扎伊采夫建立了书信往来,并收到他们寄来的书籍。

---

① 雷娜塔·施韦泽(1917—1976),德国女诗人,文学评论家。在《日瓦戈医生》问世之前,她通过德国媒体了解了帕斯捷尔纳克的生平与创作,于是写信给他并收到回复,由此开始了书信往来。1960 年 4 月,帕斯捷尔纳克临终前,施韦泽终于来到别列捷尔金诺,看望了病中的他。1963 年,施韦泽在德国出版了与帕斯捷尔纳克的书信集,其中收录了他的三十三封来信,她写给帕斯捷尔纳克的则有六十二封,最后一封信寄到别列捷尔金诺时,帕斯捷尔纳克已经离开人世。

俄罗斯侨民欣喜地接受了《日瓦戈医生》,从中发现了“日瓦戈精神”的见证,以及不再被人相信的文化继承性。来自俄罗斯侨民的书信再次证明,帕斯捷尔纳克在二十年代留下来,是一个正确的抉择。倘若他去了西方,他的生活或许不会这般艰难,也不会有他所遭受的压力,但他就不可能写出《日瓦戈医生》,而日瓦戈组诗这样的诗篇也未必会出现于西方。能够如此表演的唯有奴役之下的演员;他希望阐释这一点,所以才竭尽全力,急欲完成一部关于农奴剧团的戏剧,哪怕只是第一幕。

第四十九章　《盲美人》

1

有关帕斯捷尔纳克写到临终并寄予厚望、认为不亚于《日瓦戈医生》的这部话剧,向来少有人提及。这其实不难理解。甚至习惯了帕斯捷尔纳克早期散文之迷狂的读者,也会因《盲美人》而完全陷入困惑。众所周知,每逢一个新阶段的开始,帕斯捷尔纳克往往写得不好,但从来不至于如此糟糕,除了 1936 年的组诗。人们有时会觉得,正因为作品未完成,他才幸免于举世的羞辱。继《日瓦戈医生》不可理喻和疾风骤雨般的成功之后,此种无稽之作“urbi et orbi”,①意味着作者个人立场的严重毁坏。正如我们所见,《盲美人》中有着帕斯捷尔纳克重要而隐秘的思想,它们的表达不乏他所惯有的率直和无畏,总体而言,这次戏剧经验却比他早期散文更贫弱。剩下的只是为诗人永恒的朝气和随时准备投身于新经验的漩涡而赞叹。毫无疑问,假如他哪怕再活五年,新的高峰就会被征服。想想看,克格勃前来收缴这部尚未写成即已知名的剧作第一幕手稿,却是何等困惑、失望乃至愤怒!

---

① 拉丁语:系罗马教皇对教徒的祝词,意思是“降临于罗马城和全世界”。此处带有戏谑意味。

幸亏伊文斯卡娅事先全部做了复制，作品才未曾湮灭在“办事机关”幽深的内部。他们期待发现什么极端反苏的证据，不成想竟是这种东西！当福尔摩斯从一封可怕的信件看到一行跳舞的小人时[①]，大概也会有类似的感受。

没有任何保障，能使剧作得以完成。况且帕斯捷尔纳克还可能放弃它，或者彻底改写。不要忘记，我们手头只有一个很长的序幕，以及预计五幕中的第一幕（“利维坦”[②]实属异想天开：恐怕没有一部剧作能承受这样的戏剧叙事）。倘若《此世》更完整地保留下来，连同诗与散文的交替，很有可能，我们也会惊异于它的处置不当；而我们又怎能知道，是否只因为认定其不合时宜，便促使帕斯捷尔纳克产生了烧毁草稿的念头？诚然，蹩脚的现象在历史题材的作品中更是屡见不鲜，譬如阿·托尔斯泰关于彼得大帝时代的长篇小说[③]（同样也未完成），各色人物在其中说着不自然和费解的话语，外在细节的现实可信度与故事的牵强造作之间形成显著的矛盾。

帕斯捷尔纳克时而打算创作一部侦探小说，讲述一个长期侨居国外的人非法潜回俄罗斯（纳博科夫《光荣》[④]的特殊延续——以马丁道路的中断为开端），时而又想着书写十世纪的格鲁吉亚、圣尼诺和早期基督教。“让我们快快前往，/那去处辽阔又荒凉！”[⑤]——正像众宾客在“瓦尔普吉斯之夜”的相互唱和；而这不停息的运动又怎能不令人赞叹！在艺术领域，这种随时迎接失败的精神，要比坦途之上屡次有保障的成功可贵得多。

以下是《盲美人》的内容梗概。在哥特风格的背景下，情节在苏姆佐夫森林展开：这是俄国中部的荒僻之地，或许更接近于作者向来钟爱的乌拉尔山，弗拉基米尔大道穿过森林，沿着这条道路，一群苦役犯被遣送西伯利亚。他们中有些人成功地逃脱，就在林子里躲起来；在这“进去出不来”的深山老林，有个名叫科斯特加的苦役犯，带领同伙开挖地道，几乎形成一整片地

---

① 出自《福尔摩斯探案集》之《跳舞的小人》。“跳舞的小人”图案是故事中凶犯所使用的特殊密码。福尔摩斯刚看到这些图案时，感到非常惊异和困惑。后来破解密码，却未能阻止凶案发生。福尔摩斯用同样的密码给凶手写信并将其抓获。

② 《圣经》传说中的深海巨怪，多为邪恶象征，具有难以控制的强大力量。

③ 指阿列克谢·托尔斯泰的长篇小说《彼得大帝》（1929—1945）。

④ 纳博科夫创作于1932年的长篇小说，马丁是小说主人公。布尔什维克革命爆发后，几经辗转，进入剑桥大学学习。在经历了流亡、求学和爱情的挫折之后，马丁冒险闯入苏联，又在二十四小时内离开，以这种特殊方式再现了往昔的记忆与梦想。

⑤ 引自歌德《浮士德》，此处采用绿原先生译文，与俄语原文有区别。

下网络。周围所有的村子都害怕他。剧中主要角色生活的庄园，叫作“皮亚季布拉特斯科耶”①，不少可怕的传说都与之相关：五个地主兄弟为它争得不可开交，始终解决不了纠纷，后来，他们的产业落入多穆娜·乌波伊尼扎之手——这是本地方的萨尔蒂契哈，对农奴不仅愚弄，还有花样百出的凌虐；换做别人，这些行为不至于引火烧身，但乌波伊尼扎还与叶卡捷琳娜女皇本人争抢情人，因此被冠以残暴成性的罪名判处绞刑，接着又蒙获恩典，改为公开鞭笞。极其残酷的鞭刑之后，将她送进一座修道院的地牢（又是地牢！很显然，如果剧作最终完成，这应是一条重要脉络）。乌波伊尼扎在牢狱里居然跟看守生了个孩子，而这个孩子才算是整个情节的开端。他被秘密地带回皮亚季布拉特斯科耶，在那里长大成人，后来成为一名近卫军军官，再往后便不知所踪，可庄园主的陈列室里却摆放着他的石膏胸像：乌波伊尼扎的儿子长成了一个美男子。本地女居民无论年龄、地位，全都跟他有过露水相逢，结果，马克斯·诺罗夫采夫伯爵（1795 年出生）和他的贴身仆人普拉东·谢戈洛夫，几乎长着同一副石膏胸像的面孔，因而这座村庄，就像农庄机械师赫德昂所说，是“一整个胸像的部落”。有一种迷信的说法——倘若打碎胸像的脑袋，末日就会降临于庄园。此即戏剧人物在序幕中叙说的“史前史”。

1835 年 10 月 20 日深夜，是序幕的第一个场景。马克斯·诺罗夫采夫伯爵和他年轻的妻子叶莲娜·阿尔杰米耶夫娜·苏姆佐娃从省城一道返回。叶莲娜·阿尔杰米耶夫娜恨自己的丈夫，他不仅将田产挥霍一空，典当了所有能典当的东西，又想侵吞她的钻石首饰。这些首饰是她主要的陪嫁品，夹在她的宽腰带里随身携带，但也有一些祖传的物件存放在她床头柜的抽屉里。诺罗夫采夫不断要求妻子把全部财产交给他，那样的话，庄园的状况才会真正好转。叶莲娜·阿尔杰米耶夫娜爱的却是农奴普拉东·谢戈洛夫，他属于她娘家彩礼的一部分，作为陪嫁品被诺罗夫采夫得到。在这里，帕斯捷尔纳克有些搞混了：诺罗夫采夫跟普拉东有着同一张面孔，普拉东显然是他的同父异母兄弟，却并非来自皮亚季布拉特斯科耶，而是来自邻近的苏姆佐夫庄园。如此说来，他们命运多舛的父亲在周围地方也播下了情爱

① 意译为“五兄弟庄园”。

的种子。诺罗夫采夫也清楚地意识到这种混乱:“等你回到自己的领地,仿佛进入一个中了魔法的王国。什么都搞不懂。全都乱成一团。出于惧怕,不能惩罚这奴才,谁知道他可能跟你什么关系,会不会是你的堂兄弟或表舅。这柜子里的美男子是何许人,我问您,您怎么如此出奇地像他的模样?这究竟是我们伯爵家族的创建者,还是我们的庄稼汉的先祖?我的权力在何处结束,公爵林场里的强盗营生又从何处开始?”这一切确实令人困惑,就像一个剧中人物所云:非驴非马,岂有此理(就方言俗语之丰富来说,这部话剧对《日瓦戈医生》恰好形成呼应,甚至因为过于粗俗和虚假,有些农奴之间的对话不堪卒读)。

剧情从庄园里迎接诺罗夫采夫伯爵夫妇的到来开始;窗外闪过几个神秘的身影——这是强盗科斯特加和逃亡的农奴廖什卡·列沙科夫在准备突袭。随着事件的进展,管家普罗霍尔向两个怀孕的女奴露莎和格拉莎讲述皮亚季布拉特斯科耶的往事,姑娘们在铺地毯,哥萨克小女孩米什卡帮着挂窗帘。她们得知,多穆娜·乌波伊尼扎酷爱向农奴展示一身假面舞会的可怕装扮——连同带有鱼须的脑袋;她的多米诺斗篷①至今保留在庄园里。普罗霍尔想吓唬这几个女孩,便穿上斗篷,跑来跑去。就这样,《盲美人》中出现了帕斯捷尔纳克钟爱的俄国象征主义题旨——首先是安德烈·别雷的象征主义:出自《彼得堡》②的红斗篷、可怕的宏大灾变的征兆。

在随后的场景中,争吵不断的诺罗夫采夫夫妇回来了:马克斯伯爵神情不安,脸抽搐着,手在颤抖。叶莲娜·阿尔杰米耶夫娜用一种未曾有过的迷离语言在说话;她独自的道白以及对仆人普拉东·谢戈洛夫的爱之表白,将清高的贵族精神、斯拉夫主义的粗粝风格和俄国民间哭诉歌奇异地混杂在一起:“这奢华与我何干,让它见鬼去吧!真想把这些匣子、箱子通通扔到他的丑脸上,扔到他贪婪、财迷的眼皮底下。拿去吧,噎死才活该。只要这别是普拉东。我从小就受不了他受人奴役。逆来顺受、卑躬屈膝的仆人身份跟他真不般配。他是另外某种人。据说,他有神秘的血统。归根结底,他还是普拉东。漫长等待的时刻到来了。你的奴隶生涯结束了。收工了。我

① 一种化装舞会上穿的带风帽和袖子的斗篷。
② 安德烈·别雷的象征主义长篇小说,创作于1913—1914年。

今天就解放你。我不知道该怎么办,可我知道一定要解放。你再也不用向谁弯下脖颈。你将挣脱束缚,获得自由,从我身边远走高飞,我的雄鹰。然后,我可能也会追随你。也许就是这么回事(她心怀狂喜,在几张圈椅之间蹦跳起来)。"这是一位不可思议的女士,通过下文我们知道,她已经二十五岁,并且怀了普拉东的孩子,这一事实很快会显露;她甚至经常自言自语,就像宣扬热爱祖国的训导手册作者面对人民说话。接下来的场面是如此不堪,以至于让人觉得这部剧作不是悲剧,甚至也不是闹剧,而是一部芭蕾舞剧(它与《没有主人公的叙事诗》之间惊人的相似就在于此):马克斯抓起妻子床头柜里的钻石首饰,叶莲娜·阿尔杰米耶夫娜试图夺回来,马克斯甩开她,普拉东·谢戈洛夫跑出来,抓住主人的胳膊,马克斯朝他大吼:"不要命啦,你这没良心的混蛋!"谢戈洛夫向伯爵提出用手枪决斗,因为要跟一个农奴决斗,伯爵恼羞成怒。其间谢戈洛夫一直攥着伯爵的胳膊不放,叶莲娜·阿尔杰米耶夫娜则在一旁叫嚷:"真行啊,普拉东,好样的!你这胆大包天的冒失鬼!把一切全都亮出来,碰碰运气。跟他干一场。你能有这个念头,真让人吃惊。开枪决斗吧,伯爵。他对您向来恭敬。不过,这件事我要替他负责,既然他不是您的理由。"这时,管家普罗霍尔跑过来报告说,农奴合唱队马上要为再度归来的主人们唱赞歌。诺罗夫采夫取消了不合时宜的赞歌,要求农奴们进入房间,捉拿谢戈洛夫。一群人蜂拥而入。伯爵终于挣脱了贴身仆人强有力的双手,拿起手枪。钟情于普拉东的露莎扑倒在老爷脚下。伯爵不听她的,开了枪,但他的手一抖,子弹没有伤到普拉东,却击碎了柜子上摆放的石膏胸像的头颅。或许,这个片段中融入了帕斯捷尔纳克回忆卓娅·玛斯连尼科娃为他雕塑肖像时的情形。那是一场长得不堪忍受的工作,有一次,雕像融化了,另一次,差点摔成碎片。

石膏粉尘落进怀孕的露莎眼睛里,致使她双目失明。对于故事情节的种种荒诞离奇,读者不应感到惊异:帕斯捷尔纳克需要一个盲美人,于是她就被石膏弄瞎了眼睛;可以说,象征主义戏剧的作者们不考虑真实性。伯爵下令派人去找县警察局长斯特拉东·西拉季耶维奇·斯特拉东-纳列托夫(读者会赞赏人物的姓名,帕斯捷尔纳克对此也有自信:斯特拉东·西拉季耶维奇、帕霍姆·苏列皮耶夫、赫德昂·维特霍别谢尔尼科夫、约安尼基·维肯季耶维奇、科谢诺冯特·诺罗夫采夫、伊里涅依、帕霍姆·皮季里梅奇、古里、玛芙拉、叶甫季格涅·科尔托姆斯基……只有主要人物彼得·阿伽松诺夫的姓名还算正常;这种对比关系在《日瓦戈医生》中同样可见)。科斯特加趁乱钻进窗子,换上了女士的多米诺斗篷。四处陷入混乱。科斯特加掠取了一部分钻石,露莎的父亲帕霍姆·皮季里梅奇对他暗中相助,普拉东·谢戈洛夫则从窗口跳出去,消失不见了。序幕结束。

十五年过去了。在此期间,叶莲娜·阿尔杰米耶夫娜与丈夫重归于好,两年后,为他送葬,又过了没多久,嫁给了他的侄子伊里涅依,跟他生养了两个孩子——科里亚和瓦丽娅。她的头生子彼得交给了农奴们抚养,因为人们误以为他是盲美人露莎的儿子:露莎本人"由于眼睛看不清,在门厅摔了一跤",就流产了。露莎作为闺中密友生活在叶莲娜·阿尔杰米耶夫娜身边。1850 年,皮亚季布拉特斯科耶来了一位名叫里马尔斯的瑞典少尉——也就是普拉东·谢戈洛夫。在当年的反叛中,他逃到瑞典(为什么偏偏是瑞典?!),出色地掌握了语言,加入了军队,从此青云直上。叶莲娜·阿尔杰米耶夫娜依然爱他,可是里马尔斯少尉不能在皮亚季布拉特斯科耶久留。短暂的相会之后,两人分手道别,也正是这一场景,才表现出帕斯捷尔纳克在剧中仅有的鲜活音调,读者终于可以感受到,自己面对的是一位大作家:"那你告诉我,一切为何这般不如意?那就请你为我找寻顺心的生活吧。常言说得好:不要随心所欲,而要按照神的旨意活着。我真的要感谢你,上帝,我的伟大庇护者,我的尽善尽美的保护神,是你吩咐我活得如此艰难和迷惘,如此不可思议,是你命令我的心如此甜蜜地流尽鲜血。只有斯特拉东之类的蠢货,才睁着浮肿、肥腻的小眼睛,满心以为,活着仿佛是为了快感的满足,他们把皮靴踩得咔咔响,发号施令,喝五吆六,整顿秩序。说到底,生活乃是闪亮的微痛,是光明之力静悄悄的打击,他们做梦都想象不出,这是无声、持久、永恒的威力。"

在这十五年里,普罗霍尔·梅德维杰夫也有许多意外的遭遇:庄园遭劫前夕,有人见到他身穿那件多米诺斗篷,所有人便认为,抢掠勾当的祸首不是科斯特加,而是他。他遭到三次鞭笞,差点死去,然后被遣送到西伯利亚。经受了十年不应得的苦役,他才终于回到皮亚季布拉特斯科耶——科斯特加落入法网,招认了全部真相。重归故里的普罗霍尔开了一爿旅店,很快发了财。面对普罗霍尔,露莎的父亲帕霍姆·苏列皮耶夫感到良心不安。想当初,他知道一切,却帮助劫掠,并以为那个无辜之人大概已被鞭打致死。

这便是戏剧的开端,其主角应是叶莲娜·阿尔杰米耶夫娜的私生子彼得·阿伽松诺夫。原来,伊里涅依·诺罗夫采夫在皮亚季布拉特斯科耶经营着全俄罗斯有名的一个剧团,作为庄园的一部分财产。两个京城的人们都来观看演出。在第一幕中,一位名叫亚历山大·仲马的法国旅行家抵达距离庄园最近的火车站。他对1835年那场农民反叛颇有耳闻,也想着见见农奴演员们,更主要的是,他急欲考察当地农奴的风习。据传言,再有不到半年时间,农奴就要获得解放。在这里,帕斯捷尔纳克有意识地指向整整一百年前的1860年①,意在强调不同时代的相似。或许,帕斯捷尔纳克有过苏维埃奴役制行将崩溃的幻想,由于一系列宫廷变故,崩溃实际上延迟了三十年。不过,从解冻以来,自由能够带来什么,就一直是全社会为之激动的问题。

关于皮亚季布拉特斯科耶,仲马从家庭教师萨沙·维特霍别谢尔尼科夫那里听到了许多。他给叶莲娜·阿尔杰米耶夫娜第二次结婚生下的两个孩子瓦丽娅和科里亚授课。叶莲娜·阿尔杰米耶夫娜本人死于1859年。她的长子彼得·阿伽松诺夫,在农奴家庭长大成人,成为诺罗夫采夫农奴剧团的演员。剧团名声在外,最好的演员被派往巴黎学习,整个欧洲都为他们喝彩。然而,阿伽松诺夫在剧团里却有一个冤家对头——对他死乞白赖的女服装保管员戈里亚切娃(在另一版本里,是“兹维列娃”)。她想折磨主人公,让他吃尽苦头。彼得·阿伽松诺夫则打算取材《圣经》,写一部题为《报喜节》的话剧,并且热切盼望着自由,以便创建属于自己的剧团。他时常跟家庭教师维特霍别谢尔尼科夫争吵,因为后者对演员们宣讲向制度发起武装斗争的必要性。阿伽松诺夫不喜欢斗争,更向往自由的、创造性的劳作。维特霍别谢尔尼科夫也曾试图鼓动普罗霍尔·梅德维杰夫,但他父亲(皮亚季布拉特斯科耶机械师赫德昂)的这位知交宽厚地劝阻了年轻人。帕斯捷尔纳克誊抄了序幕和第一幕前四个场景,另外还有四个场景是草稿。例行演出的季节结束了;地方警察局长斯特拉东·斯特拉东-纳列托夫不断

① 指俄国历史上有名的亚历山大二世改革。这场改革正式开始于1861年,废除农奴制是核心内容。

骚扰农奴演员斯焦莎·苏列皮耶娃(露莎的侄女),令她不堪羞辱,逃向森林。实际上,是普罗霍尔·梅德维杰夫将她藏进了自己家。他没有向任何人——甚至包括进步的维特霍别谢尔尼科夫,泄露过这个秘密。剧作在此戛然而止。

2

实话说,帕斯捷尔纳克一生从未有过如此牵强和不堪卒读的作品。向莎士比亚学习的愿望,跟他开了一个拙劣的玩笑——《盲美人》俨如帕斯捷尔纳克《论莎士比亚戏剧的翻译》一文的直接体现。帕斯捷尔纳克认为,话剧中关键是节奏、戏谑与悲情的交替、鲜明的语言表达、崇高诗性独白语境之下浓郁的方言土语;所有这些,《盲美人》应有尽有:平民角色像莎士比亚的丑角一样说话,只不过换成了俄国情调,风流浪漫的主要人物倾吐着冗长、抽象的道白,这一切合在一起,与绝非依照莎士比亚规范构建的奥斯特洛夫斯基气质的俄国日常生活戏剧发生了严重矛盾。此外,《盲美人》还是一部有关演员的剧作、有关戏剧的戏剧,这一特征不断被强调,帕斯捷尔纳克甚至让自己的彼得·阿伽松诺夫就戏剧性进行整段的独白,就像道出《哈姆雷特》的主题:"这是一部关于人生所遭遇的角色的话剧,也是一部关于人如何扮演这个角色的话剧。哈姆雷特演的是一个疯子。思想者的角色落到他头上。就连父亲影子的出现也不过是戏剧性的现象,是主要现象和次要现象。然而,他却是个幻影,一个幽灵,这毕竟也是最高级的戏剧性。这是在个性掩盖之下通向戏台的思想出口……'捕鼠机'①——只是场景的疱疹,作用于悲剧的身躯,并显露其病状。而这悲剧其实已经完全是一具戏剧的病体了。"

如此看来,《盲美人》同样显出极为稚拙的戏剧病状:主要人物发出独白,叙说各自的信念、迷惘和生平。作者让他们吐露心迹,并非在炫技,而是为避免像契诃夫那样将要点锲入潜台词,或者像奥斯特洛夫斯基那样详尽地记录日常生活,以此展现不同人物。所有庄稼汉说话的腔调都一样,仿佛

---

① 参见《哈姆雷特》第三幕第二场。

是某一类标准的、彻底规范化的农民。所有知识分子——他们一共有三位，仲马、维特霍别谢尔尼科夫和阿伽松诺夫——言说的方式也都很相像。个别一些人物，譬如叶甫季格涅·科尔托姆斯基，被赋予"此情此景"之类的口头禅。个性化仅限于此。笔者也无意夸大帕斯捷尔纳克标志性的巧合，它们在《盲美人》中俯拾皆是：亚历山大·仲马来到俄罗斯，在火车站上，遇到克里米亚战争期间曾经在塞瓦斯托波尔见过多次的残疾人……在同一地点，他与里马尔斯-谢戈洛夫不期而遇……彼得·阿伽松诺夫在巴黎学习时，结识了仲马的儿子……这些大量的巧合，一部分是某种文学幼稚病的后果，或许还因为，在每个"新的未成熟"的开端（无论对音乐、哲学的喜好，还是从事文学），帕斯捷尔纳克不惮于从起点向道路纵深的开进：两种古旧、极简的组织叙事的形式——"无巧不成书"的偶遇和游历。《日瓦戈医生》整个就建立在游历之上，家族的秘密和厄运的遭逢则构成了《盲美人》。但是，正像托尔斯泰将单纯及手法的裸现视为最高的艺术成就，帕斯捷尔纳克当然也不认为如此简单的舞台技巧有何不体面。戏剧创作终究是一门粗陋的艺术，戏剧不喜欢精细，因而帕斯捷尔纳克不怕在剧情中带入舞蹈的多米诺斗篷、在圈椅之间欢跳的怀孕的伯爵夫人，以及像日瓦戈一样思索的农奴哈姆雷特。

尤其要说明的是，他需要这部话剧的整个故事结构，仅仅为了透彻地道出俄罗斯的命运和使命，而道出这一切，远非像帕斯捷尔纳克的戏剧手法那么简单。

3

关于《盲美人》的思想和主旨，只能进行大略的探讨，因为作品连预定篇幅的三分之一都未达到；但主要冲突已经具备，即梅德维杰夫与维特霍别谢尔尼科夫之间的争论。人物越正常，其姓名就越常见，我们对帕斯捷尔纳克诗学的这条规律并不陌生；梅德维杰夫——整部话剧中最正常的人。他的思想单纯而健康："现在是无师自通者的时代，比如说，像我这种人。罗斯—母亲亟需事业。亟需不知疲倦、精明强干的人。地主们喂养了一帮闲人、拍马屁的骗子手，自己却沦为乞丐。如今，灵巧、勇敢、渴望工作的庄稼人正在成长。他要帮助她昂首站立。她,俄罗斯,将与他一道变得富足,但愿你们别因为妒忌而使坏,别设置障碍。在我们这儿,只有你们仍然满腔仇恨,其余那些爱怨恨的人,已经跟普通人脱离了干系。”这番独白针对的是革命者和民粹派萨沙·维特霍别谢尔尼科夫,对于此人,梅德维杰夫这样评述道:“你们自以为是为了新事物挺身而出,实则比我们这些人衰老得多。你们是拧着来的分裂派、伪君子和假道学。你们看不见,有人只凭借劳动就能站起来,自己成为自己的主人。你们无不惧怕他心灵的获救。那样的话,他就不会活生生地落入你们不信神的乐土,不会有益于你们山羊统治的公正王国。你们可能将面对越来越多无能的懒汉加穷光蛋。这便是未来的世界,这便是未来的事业。”

这当然是帕斯捷尔纳克自己的声音,他终于明白,自命为苏维埃人,亦即“不信神的乐土”之上的正人君子,恰恰意味着成为懒汉,甘于平庸(不过,他早在三十年代末就预料到这种状况)。梅德维杰夫不断思考,就像从自由盛典中发现“山羊”之淫威行将降临的陀思妥耶夫斯基,甚至也像充满戏剧气质的勃洛克。1913 年,正是勃洛克,不知何故忽然灵光闪现——他的乐观主义的火花通常持续不到一个星期——从俄罗斯看到了“新美利坚”,写下了相应的诗篇:一首太过牵强、绝非勃洛克式的劣作①。他天才地猜想到所有毁灭性、灾难般的剧变,并且对此有所回应,但他的乌托邦简直令人不堪忍受:

唯有你蓝色的安息神香,
偶尔向我透出别样的气息……
不,不是老年的面孔,也不是
莫斯科花头巾下枯槁的容颜!

就在那里,在水位高涨
针茅草垂向泥土的河对岸,
散发着燃煤自由的烟气,
迢遥的远方传来轰响……

① 即《新美利坚》,写于 1913 年 12 月 12 日。

不，不是发绺在那里被风卷起，
不是军乐的铜铃在荒草间闪亮……
那是工业的烟囱冒出黑烟，
那是工厂的汽笛正在嘶鸣。

草原之路没有终点，杳无尽头，
茫茫原野，除了风还是风，
忽然，高高耸起厂房的楼层，
工人简陋的屋舍联结为城市……

在空旷荒蛮的辽阔大地上
你还是曾经的你，但又不是，
你朝我转过一副新的面孔，
另一种梦想同样动人心魄……

黑色的煤——地下的弥赛亚，
黑色的煤——这里的沙皇和新郎，
新娘，俄罗斯，但你那些
铁石的歌声并不可怕！

煤呻吟着，盐泛着白光，
铁矿也在发出哀号。
在苍茫的草原上空，那是
新的美利坚之星向我闪耀。

每当勃洛克意识到某种艺术思辨的东西，他便一如既往地试图将其转化为激情和音乐性，借助复沓（“求祷啊求祷”）和集体浪漫主义套式（“另一种梦想同样动人心魄”）之类纯粹形式化的手法，结果却是枯燥无味，乏善可陈，关键在于，无论诗人给自己提出怎样的目标，他的直觉终究比思辨强大。在勃洛克那里，煤“呻吟着”，铁矿“发出哀号”——一派阴郁的景象；

丝毫没有勤勉、自立的欢欣，也看不到俄国资本主义的迹象。总的来说，每当俄罗斯艺术家们有意塑造家业兴旺的地主、成功的商人、有思想的开明商人，终究免不了虚假造作：譬如果戈理《死魂灵》第二部的情形、冈察洛夫[1]《悬崖》当中描写锯木厂的一幕，以及勃洛克和帕斯捷尔纳克各自对于工业化“新美利坚”的诗意幻想……（需要指出的是，多年以后，帕斯捷尔纳克的弟子安德烈·沃兹涅先斯基不忘前辈们的苦涩教训，针对普罗霍尔·梅德维杰夫这种勤勉的小业主、白手起家的男子汉，他直截了当地宣称：

暂且说，你的人生
是为了手稿第二卷。
如果一无所成，
我就把你烧掉）。[2]

难怪当初《福马·高尔杰耶夫》[3]发表之后，一些俄国商人带着希望询问高尔基：“马亚金——确有其人吗？您见过这种人？”或许，确实有过马亚金这类人物，但他们的成功仅仅在于个人的兴旺发达；谁都不会相信他们能够治理国家，当然，这也并非他们的追求。甚至可以想见，假如这种梦想成为现实，那么，对于“新美利坚”式的工业腾飞，俄罗斯艺术家但凡有短暂的体验，这个新国度的残酷、金牛犊[4]的无上权力就足以让他不寒而栗。勃洛克著有一部诗剧《命运之歌》（1919），在修辞上与后来的《盲美人》十分相像，其中描绘了诺夫哥罗德工业市场，慌乱不安的主人公赫尔曼在此场景中的道白，远比《新美利坚》更具说服力：

这些高之又高的愿望
究竟要把我们带到哪儿去？
机器取代了进取的精神！

---

① 伊万·亚历山德罗维奇·冈察洛夫（1812—1891），俄国小说家，代表作是长篇小说《奥勃洛莫夫》，以描写俄国地主知识分子慵懒灰暗、沉闷无趣的精神世界而著称。《悬崖》是冈察洛夫第三部、也是最后一部长篇小说，发表于 1869 年。

② 此节引自沃兹涅先斯基未正式发表的诗作，写于二十世纪八十年代，确切出处有待查考。

③ 高尔基第一部长篇小说，创作于 1894—1898 年。马亚金是小说主要人物之一，制绳厂厂主，店铺老板。

④ 源于《圣经·出埃及记》的文化典故，喻指物质崇拜和金钱崇拜。金牛犊原是以色列人制造和崇拜的一尊偶像，被摩西用火焚烧，磨得粉碎，撒在水面上。

崇高的梦想，变成了茨冈人的！

帕斯捷尔纳克在俄国资本主义时代生活了二十七年，可是我们不能说，这种社会制度曾经令他欢欣鼓舞。但如今，在共产主义乌托邦破灭之际，他的许多期愿都与一位能干的俄国农夫联系在一起；这位农夫铭记着上帝，善于为自己做工，因别人的罪愆三次受到鞭笞，差点断送性命，居然没有变得穷凶极恶……帕斯捷尔纳克对普罗霍尔·梅德维杰夫如此欣赏，甚至连他自己都未发现其所青睐的人物与剧中最丑恶的女性角色兹维列娃之间可疑的相像（而且他们两人的姓氏在语义上也很接近①）："我的头一个丈夫，一名军官，无端遭人诬告而被革职。他受不了屈辱，自个儿做了了断。也就是说，他开枪自杀了，剩下我一个无助的女人。我本该充满仇恨，起来反抗那些长官。可即使我身陷痛苦，俄罗斯的福祉也比我的渺小更宝贵，比我的伤痛和苦涩的泪水更崇高。（……）在我们这儿，有人竟如此热衷于自由。这些人是我们的戏子。我冒昧地问一句，他们要自由干吗？他们还有什么不知足的？伯爵大人对他们的奖赏和抚爱胜过对伯爵的孩子。免除了他们的老人和妻儿的沉重劳役。伯爵像亲生父亲一样爱着他们，却不让他们休假——会散了摊子，他说，一个个会消失不见，变成醉鬼。他们表演着滑稽剧，他一边流泪，一边亲吻他们的手。他们可真不知天高地厚！让人不敢靠近！别看有着奴才的称号。说起话来更是放肆！简直狂妄自大！可就算你才华横溢，天赋卓异，难道你就没有羞臊和良心，难道你不记得你这卑贱的在册男丁究竟是何许人，莫非你忘了你是可以像物件一样买卖和抵押？"梅德维杰夫对向往自由的萨沙·维特霍别谢尔尼科夫所说的，难道不是如出一辙，尽管是以另一种表达方式？

当然，勤劳致富的旅店老板普罗霍尔，纯属虚构的角色。帕斯捷尔纳克本人也清楚地意识到，俄罗斯主要的灾难就在于人民历来缺失自由。"我们的国家是公家的，"维特霍别谢尔尼科夫说道。一纸公文在这里决定一切。"掌管俄罗斯的不是历代沙皇，而是那些鹰犬、警察局里的低级警员、干到县警察局长的士卒、十四等文官。"或许，帕斯捷尔纳克完全同意这样的揭露，尽管维特霍别谢尔尼科夫提出的解决之道，在他看来是虚假的。科

① 在俄语中，梅德维杰夫这一姓氏的词根是"熊"，兹维列娃的则是"野兽"。

谢诺冯特·诺罗夫采夫的农奴、剧中配角叶甫谢伊的言论更是一针见血："为了把人从地主老爷身边放开，任凭他到哪里去，这当然需要一些贵族用来消磨光阴的咖啡美梦，以及另一些老爷品茗时的闲谈。不会有那种地主出于自愿给人以自由的事情。"科谢诺冯特·诺罗夫采夫准备掮自己的农奴几个耳光，以回答他如此的不信任，却又奇迹般地忍住了，装腔作势地嚷道："这可恶的奴隶占有制，究竟要将我们变成怎样的牲畜！"耳光伴随着自由的布道——一个准确而怪诞的意象，充分表达了帕斯捷尔纳克对待俄国贵族自由主义的态度。就此而言，他甚至也有先见之明——一百年过去了，自由主义者始终没有停止以掮耳光的方式传播自由。

总的来说，《盲美人》中的自由思想恰恰暴露了自己的弊端，堪称对《新的成熟》这篇真诚文字的回应。自由的布道者，要么是科谢诺冯特之类虚夸的人物，要么是像维特霍别谢尔尼科夫这样的破坏分子，可我们却不应当规定自由，而要为有成效的劳作创造条件。所有人都摆出辛劳的架势，其实只是在观望。第一位体现自由精神的人是普罗霍尔·梅德维杰夫，他是体力、手工及商业劳动的化身；第二位则是主角德米特里·阿伽松诺夫，或者说成功者米佳伊。正如帕斯捷尔纳克的所有人物，其姓名也极具象征性。德米特里（起先叫作"彼得"），意思是成果卓著；阿伽松诺夫这一姓氏，则指向柏拉图《对话集》提到过的公元前五世纪一位古希腊悲剧作家、诗人、演员①。他的作品只有若干语句存世，其中一句是"不可信的事物极有可能"。他是斯多葛学派的先辈，也是欧里庇得斯②的导师。

阿伽松诺夫的言谈俨如帕斯捷尔纳克本人："不瞒你说，我并非你的同谋（不难猜到，他这是在对维特霍别谢尔尼科夫说话——德·贝）。我对自由的爱完全是另一种类型。我不喜欢立法者，无论现今的，还是你们正在培养的那些，倘若你们出于共同的和你们自己的不幸，不定什么时候采取什么行动的话。我喜欢生产的大地、结果的树木、抽穗的庄稼。我喜欢耕种土地和侍弄田园的劳动者。我喜欢用自己的双手孜孜不倦地将梦想彻底转化为

---

① 即阿伽松，又译作"阿伽通"，是柏拉图《会饮篇》里那场宴饮的主人，他谈到凡人的爱，随后引起苏格拉底关于神的爱亦即美的灵魂之爱的发言。

② 欧里庇得斯（前480—前406），与埃斯库罗斯和索福克勒斯并称为古希腊三大悲剧作家，一生创作了九十多部作品，保留至今的有十八部，包括《独目巨人》《美狄亚》《海伦》等。

现实的人,我不理解并鄙视那种忙于编造总体上模糊不清、几乎无法界定之理想的聪明人。我喜欢农民、手艺人,骨子里狂热地喜欢艺术家,至于你和你的地下工作者们,甚至当你们作为受难者登上断头台时……哎,这还有什么可说的。”

曾几何时,帕斯捷尔纳克被共产主义乌托邦所吸引,并且也曾为此选择过戏剧体裁:笔者所说的,当然是同样源于柏拉图的“对话”。柏拉图可谓帕斯捷尔纳克的第一位导师——与其说在哲学方面,不如说在戏剧创作方面。柏拉图对他的影响超过莎士比亚:各色人物展开紧张的智力对话,故事情节则很快开始成为障碍,显得造作而不必要。帕斯捷尔纳克曾经以戏剧形式塑造了赫列勃尼科夫和加斯杰夫①气质的乌托邦。如今,他更倾向于普罗霍尔·梅德维杰夫式的资本主义乌托邦。但我们需要指出,在这两种情形中,他首先期望的都是劳动者和艺术家的国度,是把工作当成主要乐趣和唯一目的的人。人人都有所创造:梅德维杰夫们创造食物,阿伽松诺夫们创造印象,而在他们之间,还有高贵神秘的叶甫格拉夫们在行动,抵御着混沌状态。然而,由于导致共产主义乌托邦破灭的同样原因,资本主义乌托邦不可能实现,只不过,它的覆亡要更晚些,或者还可以说,更安逸些。以劳动和创作为主要乐趣的人,在任何社会都是少数——大部分人喜欢的要么是权力和压迫(所以他们在共产主义制度下才感到惬意),要么是金钱(所以他们适合于活在资本主义制度下)。资本主义迅速沦为庸俗、贪欲和谎言的王国,这也是促使帕斯捷尔纳克当初放弃侨居的潜在动因之一。帕斯捷尔纳克清楚地知道,德米特里·阿伽松诺夫对于普罗霍尔·梅德维杰夫是无用之人,在梅德维杰夫们的王国里,没有阿伽松诺夫们的一席之地,唯有维特霍别谢尔尼科夫才需要阿伽松诺夫,但也只是在其未来王国的初期;阿伽松诺夫随后就不得不为获胜的无产阶级服务,被迫阅读那些宣传鼓动的文字……但普罗霍尔·梅德维杰夫也有可能需要他,目的只是在戏剧独白中宣传自己的烟草。帕斯捷尔纳克对此不可能不明白(尽管对大多数并不愚钝的人来说,十九世纪九十年代的俄国资本主义完全出乎意料)。可是,经历了共产主义的诱惑,继而如此坚决地否弃它,如此凛然地弘扬独立、自

① 阿列克谢·卡皮东诺维奇·加斯杰夫(1882—1939),俄罗斯革命者,工会活动家,诗人。

由的个性，以便在道路尽头用一个勤劳男子汉的形象自我安慰，并借助帕斯捷尔纳克向来反感的民粹主义和路标转换派的尺度，写下一部充分满足“平庸口味”的典型斯拉夫主义的话剧，所有这一切，究竟是否值得?!

当然，《盲美人》远非仅限于危险的幻想家与富有创造力的劳动者之间这种对比。这其实仍是一部关于俄罗斯的戏剧。俄罗斯只是出现于序幕和尾声（尾声帕斯捷尔纳克未能写成，但他谈到过这部有待完成的话剧，从中可以知道，在剧作末尾，阿伽松诺夫应该会让自己的义母露莎恢复视力），由于偶像的崩溃，她被石膏粉尘弄瞎了眼睛，多亏天才的继子，才终于重见光明。问题不在于这一凭空臆造的象征性冲突，而在于俄罗斯为何失明。帕斯捷尔纳克对此有所感知，并且为之不安。

有人写道（例如在帕斯捷尔纳克五卷本文集注解中），盲美人的形象同样来自勃洛克，来自他的《报应》。这种解说或多或少是合理的。《盲美人》中本来就有许多勃洛克式的东西，当然是形式的而非内容的：勃洛克绝非生产劳动的爱好者，如果说斧头尚能引起他的兴趣，那么镰刀（正像《关于勃洛克的四个断想》中所描绘）或铁锹则几乎不可能；翻译的苦役和繁冗的零工不适合于他，出于严格的自律，他从来不会强迫自己书写；帕斯捷尔纳克相信进步，勃洛克则憎恶进步（“在那里，外交家的头脑/决定着血亲的内讧，在那里，新造的火炮/阻碍着对敌人正脸相迎”；进步使得人类面目全非，“到头来，神圣战斗的天使/自己飞离了我们”①）。但《盲美人》的形式，显然让人不时地想到勃洛克。不妨比较一下叶莲娜·阿尔杰米耶夫娜的爱情独白和譬如《命运之歌》中这样的段落：“我命中注定的良人，到我身边来，望着我吧！你看我一双明眸，正期待你的风暴！你听我的声音，宛转如银色的溪水！请你松开我白皙的小手，从我处子的胸前摘下沉重的十字架！那黑黢黢的鸦群早早将我惊醒，它们在我头顶盘旋，不让我安睡。是你保护我免遭一切灾祸，免受任何人侵害，是你给我讲童话，铺好天鹅绒的床褥，守护着我的少女之梦。”这很感人，也很糟糕——但如果说在勃洛克的象征主义戏剧（按照作者的界定，甚至是戏剧叙事诗）中，这样的道白还能说得过去，与总的抒情语境也算契合，那么，在帕斯捷尔纳克的日常生活历史剧中，

---

① 引自勃洛克《报应》（1910—1921）。

它们听起来则异常刺耳。至于说盲美人(或者——睡美人)的塑造,帕斯捷尔纳克或许真是想到了《报应》第二章引言当中描绘魔法师—胜利者的片段:

他用奇怪的圆形勾勒出
俄罗斯的轮廓,将魔法师
玻璃般的目光投进她眼眸;
伴随着美妙童话的叙说
美人不难入眠——她的知觉
渐渐模糊,昏睡让她
忘记希冀、沉思和激情——
但即使身处巫术的桎梏,
幽暗依然为她的面容增色:
她落入魔法师的掌控
反而充满了力量,
这些力量被一双铁手
攥成无用的一团……

这个片段本身就来自果戈理的小说《可怕的复仇》,来自其中描述魔法师和被他施加了咒语、任其摆布的美人的情节。帕斯捷尔纳克大概不会反对将自己的美人也塑造成睡美人——由于强烈的精神打击,以及石膏胸像的头颅被子弹击碎,她陷入了嗜睡症,却还活着,直到四十年后才醒过来;这当然会是一个有力度的变调,但帕斯捷尔纳克认为,他毕竟是在写一部现实主义戏剧,尽管不乏象征的成分……或许,在序幕里就可以让她受伤,继而引发同样的嗜睡症的迷梦——一个象征俄罗斯灵魂、青春不老的美人,将成为剧情所表达的重要思想。原本笼罩在恐怖氛围下的皮亚季布拉特斯科耶,由此也将平添几分哥特式的意蕴。但对帕斯捷尔纳克关键却在于,她不是睡美人,而是盲美人。这也不失为他在剧作中的主要成就之一。

民众缺乏历史性的自由和道德目标——这是《盲美人》最重要的主题:“鞑靼统治之下数百年的非独立状态,阻滞了我国制度的发展。在我们这里,清醒的日常生活和个人尊严所构成的公民情感已然消亡或弱化,可是,源于圣书的预定使命和全人类的相互关系，却获得了比世界上任何地方都更强大的力量。”但也许不必将一切归因于鞑靼人的桎梏，关于其影响，现代历史学家至今聚讼不休。说到“预定使命和全人类的相互关系”，同样是争议性的，并且明显带有民粹主义的印记；至于弱化的公民情感和个人尊严，帕斯捷尔纳克本人则未必会与他的维特霍别谢尔尼科夫展开争论。

顺带说一句，维特霍别谢尔尼科夫的姓氏让人有理由联想到《旧约》①——后来，也正是从民粹主义产生了“前基督时代的巨灵”。显然，代表基督教世界观的人物是德米特里·阿伽松诺夫，但如果说维特霍别谢尔尼科夫拥有自己的社会乌托邦，那么，阿伽松诺夫的正面观念则极度模糊：只要得到自由。还有工作。这便是一切。他未曾考虑过，自由有朝一日将剥夺他的工作；应当围绕这一点来营造后续事件的冲突，当农奴剧团不复存在之际。

4

《盲美人》的主要人物是农奴剧团的演员，而这个剧团在帕斯捷尔纳克看来，是艺术的完美隐喻。难怪自1947年以来，他就想写一位生而为奴、没有自由的演员，这个想法一直让他难以平静，他还曾写信向西蒙诺夫提及此事。然而，正如我们从帕斯捷尔纳克的文章及书信所知，艺术终究是一个非自由的空间，即便这种非自由是自愿和愉悦的。剧团经理是善良、开明的地主伊里涅依·诺罗夫采夫。布景和服装的资金不缺乏，伙食费同样不少。农奴们对这些演员从不抱怨：毕竟是自家弟兄，是一群庄稼人！阿伽松诺夫在巴黎学习了八年。他跟老爷说起话来很随意。是的，他不自由，但仅限于一纸契约。他是老爷的骄傲、皮亚季布拉特斯科耶的门面，两个京城的居民都来观赏他的表演。或许，正是这样一座温室，才堪称艺术发展的理想之地。阿伽松诺夫当然也盼望自由：“哦，但愿我成为一个自由人。我会跟斯焦莎、跟卡佳·兰杜辛娜、跟维特霍别谢尔尼科夫老师再加三两个最好的演员一道，立刻奔向彼得②。我们会在那里建立自己的剧团。资金、人、关系，

① 在俄语中，“维特霍别谢尔尼科夫”这一姓氏的前半部分“维特霍”（Ветхо）取自《旧约》中的“旧”字（Ветхий），不仅发音相近，而且别有寓意。

② 彼得堡在民间的俗称、昵称。

都会有的。我们大家将展开最艰难的事业，勇往直前，赢得胜利，声名传遍世界。这才应当是归宿！”但所有这些梦想都很像是布拉蒂诺和皮埃罗创建自由的“闪电木偶剧院”的愿望——倘若仔细研究便会发现，《盲美人》与《金钥匙，或布拉蒂诺历险记》[1]之间确实有着惊人的相像。在阿·托尔斯泰的这部作品中，也有一座了不起的、本质上被奴役的剧院、一群不自由的演员，以及卡拉巴斯-巴拉巴斯[2]（帕斯捷尔纳克的剧团主人则是人道的、文明的），甚至好像为了将这种相像填满，同样也有一个逃亡的姑娘马尔维娜。《盲美人》草稿结束于农奴演员斯焦莎·苏列皮耶娃的出逃，斯特拉东·斯特拉东-纳列托夫（第一稿里写作“沙东诺夫”，具有双重含义：要么是摇摆不定，要么是闲逛[3]）的骚扰令她不堪羞辱。在《金钥匙》中，皮埃罗则念诵道：“马尔维娜逃往他乡，/我的新娘不见了踪影！”

所有这些并不像表面那样显得惹人发笑。世纪之初，俄国艺术中的一切都拧成了死结。《金钥匙》由阿·托尔斯泰本人改编为话剧，成了专门针对勃洛克《草台滑稽戏》（1906）的刻薄戏仿。天才的日常生活题材作家和糟糕的诗人阿·托尔斯泰，厌恨象征主义者和伟大诗人勃洛克，借助贝索诺夫[4]这个形象对其大加讥讽，却又不满足于《苦难的历程》，故而让他的皮埃罗编造着对于《沼泽小鬼怪》[5]的戏仿：“我们坐在小草包上，/四周盛开着美丽的鲜花，/多可爱呀，黄色的小花，/多芬芳呀，黄色的小花。”帕斯捷尔纳克则向《草台滑稽戏》和《命运之歌》归返，一再地运用农奴剧团和逃亡的木偶新娘之主题，亦即世界抒情诗中两个至为重要的主题：艺术的社会地位、艺术与权力的关系，还有失去的恋人。在这条道路上，他无法彻底绕开《金钥匙》——同样的主题，在后者当中也被改写。但二者的相像并非偶然：无论是谁，作为木偶剧院的木偶或者农奴剧团的演员，都不会对自身无所感知，哪怕是最有特权的苏联艺术家。与此同时，无论奴役状态看上去令

---

① 阿·托尔斯泰根据意大利作家科洛迪经典之作《木偶奇遇记》改写的中篇童话小说，发表于1936年。这部童话的主人公布拉蒂诺也是一位老人制作的木头人，皮埃罗及下文里的马尔维娜，均为木偶剧院的小木偶，与布拉蒂诺一道经历了许多奇遇。

② 《金钥匙》中的反派角色，木偶剧院的老板，木偶学博士。

③ “沙东诺夫”系音译，词根为 шатун，即“游荡不定的人”或“流浪者”。

④ 阿·托尔斯泰《苦难的历程》三部由之一《两姊妹》中的诗人。

⑤ 勃洛克写于1905年的一首短诗。

帕斯捷尔纳克何等压抑，他也不会意识不到，其他任何状态下的生存，简直是不可能的：他的天赋只有在半似自愿的苦役中才可能发展。正因如此，话剧主要冲突的收场最好是等到农奴剧团一场火灾过后（话剧最初的标题便是《火灾》）。火灾的发生应当正逢自由法令的颁布[①]，随后将会是自由转化为悲剧，以及只有在诺罗夫采夫庄园的温室条件下方可发生的艺术之毁灭。解放和火灾之后阿伽松诺夫又会有怎样的遭遇，我们无从知晓。他有可能被普罗霍尔·梅德维杰夫收留在旅店，也可能被维特霍别谢尔尼科夫带入自己的地下室。这样就决定了艺术家在自由来临之际的两条道路。可惜帕斯捷尔纳克没来得及将话剧写到农奴解放和剧场的火灾，否则，一定会得出真正宏大的预见；但在作者意识中，农奴解放与农奴剧团的火灾相去不远，而且在象征层面上互为同义，这一点已经颇能反映帕斯捷尔纳克对待自由、艺术和国家庇护的态度。显然，建立自己的剧院、突然找到资金、关系、机会等等美好愿望，只有在《金钥匙》里才会实现，在这里，布拉蒂诺和小伙伴们通过魔法出现在苏联木偶剧院的舞台上，开始愉快地为新艺术服务……阿伽松诺夫身处自由时该如何行事，艺术家又该如何对待自由？这个问题不可能不吸引认真考虑着离去的帕斯捷尔纳克；早在奴役的权利取消之前，他就意识到自己是一名被奴役的演员。

5

帕斯捷尔纳克的剧作还有一处重要的情节，也很像《金钥匙》——当然是无意识的。如果有谁向他提及这种相像，他或许会非常反感，但对于《情节与体裁的诗学》作者奥丽嘉·弗莱登伯格来说，这可能是一个恰到好处的话题：农奴（或木偶）剧团的历史，需要拾遗补缺。《盲美人》有自己的狐狸阿利萨和花猫巴西利奥[②]；这也正是剧作中最出色的部分，讲述酗酒的地主叶甫季格涅·科尔托姆斯基与他两个农奴——奶娘玛芙拉及古里叔叔的故事。两个老人四处乞讨，将大部分所得供奉给科尔托姆斯基。他以此维

---

① 准确地说，是1861年2月亚历山大二世颁布的农奴解放法令。

② 《金钥匙》中的两个艺术形象。

持生活，然后继续酗酒。这部分内容足以让人相信，话剧的书写，出自书写《生活，我的姐妹》及《日瓦戈医生》的同一人之手。

科尔托姆斯基以他最后的农奴为耻。他们无私地爱着他，因为他而备受欺凌。这一温顺、忘我和屈辱的爱之命题，在剧作中表现得入木三分，而古里和玛芙拉在车站和普罗霍尔酒馆的出场，则是《盲美人》最精彩的场景。"他败光了整个庄园，又打发他们满世界索要地租，求讨钱物。由于年老体衰，他们练就了另一门手艺。他自个儿却头戴礼帽，领带挺括，招摇过市。"阿伽松诺夫对甲长西林说。"一旦他看到、想到，他的人是这等破落，他一定会跟我们脱离关系。在我们身边，他既懦弱又腼腆。我是他的奶娘，阿波罗·维涅迪克蒂奇[1]是我喂养大的，古里这个叫花子也对他百般呵护。他说，我刺伤了他，他感到了羞辱：'首先是人—人—格。'那我们只好悄悄躲开他，不让他发现，但又惦念着，他可别遇到什么事儿。我们爱惜他。可我们刚一露面，他便排斥我们。他会说，他们不是我的农奴，我不知道这些人是谁，我也是第一第——次见到。"

这两个"惦念着"老爷的贫寒之人，才真正代表俄罗斯，他们的形象远比契诃夫的费尔斯[2]更有力。仅仅在玛芙拉这段道白中，就蕴含着比阿伽松诺夫随后所有言谈中更多的活生生的基督教情感。阿伽松诺夫宣称，他要写一部题为《报喜节》的戏剧。他打算按照托尔斯泰的风格来写，带着俄国民间风情和口头语言，就像帕斯捷尔纳克写他自己的"星相家的敬拜"——《圣诞之星》。"请安心吧，他说，我是保护神，从天上径直来到你身边。这事情是如此平常。为了不忘记，顺带再说一句，请记住，圣洁的你，将产下圣子。"

或许，阿伽松诺夫的《报喜节》会出现于剧中——帕斯捷尔纳克强调，莎士比亚将《捕鼠机》带入《哈姆雷特》的文本，并非无心之举。很有可能，剧团的焚毁正巧赶上《报喜节》的上演——在期待已久的沙皇自由法令颁布那一天，美好的消息因而变成一场灾祸。我们有可能看到阿伽松诺夫带领一群无家可归的演员，游荡于附近的乡间，古里和玛芙拉也可能加入其

① 由于《盲美人》是未完成的剧作，人物姓名在手稿中经常前后不一致。此处的"阿波罗·维涅迪克蒂奇"即是叶甫季格涅·科尔托姆斯基。

② 契诃夫经典剧作《樱桃园》里善良、忠实的老仆人。

中：既然农奴演员被放归自由，剧团却毁于火灾，那么，阿伽松诺夫最好的结局无非是成为流浪艺术家。这总要好过在梅德维杰夫的酒馆卖唱或者在维特霍别谢尔尼科夫的地下室制造炸弹。很难说，帕斯捷尔纳克如何结束剧作。无可争议的只有一点：他感到养育他的剧场行将瓦解。他写下自己的《报喜节》，开始等待自由。至于说农奴剧团的演员们将会有怎样的命运，生活本身自有解答，正如涅克拉索夫所云，“人们又想出了许多别的圈套，/代替农奴制的罗网。”①一场短暂的火灾将旧有文化焚烧殆尽，诺罗夫采夫庄园文明的伪装者不是被毁灭，就是沦为赤贫，在此之后，农奴剧团得到重建——只是舞台布景更粗劣，导演也更愚蠢。

不过，阿伽松诺夫也可能会死于这场带给他自由的火灾。倘若如此，便纯粹是勃洛克式的意蕴：知识分子自身应当在他添加木柴的火堆中焚燃。像尤里·日瓦戈一样，阿伽松诺夫注定厄运难逃。此种关于艺术家命运的预言将会是悲壮的。勃洛克无疑会这样结束剧作；而预感死亡将至的帕斯捷尔纳克让其主人公在自由来临之际死去也未可知。难怪他在草稿中会写道：“阿伽松诺夫——深沉、迂腐、独特、喜好幻想之人（à la② 勃洛克）。”当然，我们无法断言，这场毁灭会让盲美人终于重见光明。毕竟，他们不知有多少人已然坠入了这深渊……

按照构思，幸运儿只有普罗霍尔·梅德维杰夫一个。自由法令颁布之后，他不再藏匿斯焦莎·苏列皮耶娃（据帕斯捷尔纳克的草稿所描述，她率直、尖刻、直言不讳，就像茨维塔耶娃），接着又娶她为妻。她的演员生涯或许会就此终结，但正如常言说，戏剧并非唯一的归宿。不排除在话剧的尾声，像杜多罗夫和戈尔顿一样，她会与普罗霍尔一道阅读德米特里·阿伽松诺夫残留的《报喜节》手稿，并且从中获得希望与安慰。

我们无意嘲讽帕斯捷尔纳克糟糕的剧作，却为他依然葆有如此丰富的生长力而欣慰，也为他如此清晰地预感奴役的剧场即将崩溃而喜悦，四十年来，在这座剧场的舞台上，他一直扮演着头号诗人的角色。不过，命运注定他在奴役权取消之前即得解放，而无需地主诺罗夫采夫给予的自由证

① 引自涅克拉索夫《自由》（1861）。
② 法语：“以……的风格”“像……气质。”

书——他的自由证书得自于更高的层级。

1959 年 9 月，他对美国指挥家伯恩斯泰因如是说：

“艺术家同天父上帝交谈，为他书写自己的作品。后者则向前者演示戏剧，让不同角色扮演不同形象，以使艺术家有东西可写。他写的可能是悲剧，也可能是滑稽剧……但这已经是次要的了。”

第五十章　告别

1

1960 年 4 月，帕斯捷尔纳克初次感觉到疾病的征兆。他的左肩胛骨开始发痛，没过多久，就已经无法以坐姿书写，只能站着誊抄话剧的开篇。大夫从他体内发现了积液，但他不相信。他想起当初在鲍特金医院的一位病友，医院也曾说此人患有神经根炎，体内有积液，可帕斯捷尔纳克知道，这位病友患上了肺癌。

当年 4 月复活节那天，帕斯捷尔纳克最后一次来到波塔波夫胡同，跟伊文斯卡娅相见。母女俩正在为伊琳娜·叶梅里扬诺娃的法国未婚夫乔治·尼夫送行，一场大病之后，他准备回巴黎休养。“鲍·列心情不错，晒黑了，看起来跟健康人没两样，依旧语出惊人。”在这次见面中，帕斯捷尔纳克劝告伊琳娜·叶梅里扬诺娃不要移民。“你习惯于用苏联的条件向自己解释人的愚蠢，可是在那边，你会径直遇到愚蠢，遇到卑鄙与无耻，而这些都是无条件的，对你会是一种精神上的打击。可我相信你的命运。”他还称赞了乔治·尼夫——为他的率真与质朴。几个人喝了两瓶“寡妇香槟”。① 帕斯捷尔纳克说他想写一本书，关于文明的意义，关于艺术中的人性在俄罗斯和西

① 即“凯歌香槟”，创立于 1772 年，1805 年，酒厂老板不幸去世，他的年轻遗孀继承了丈夫的事业，不断追求完美和创新，酿造出品质超群的产品，从而使“凯歌香槟”成为世界最著名的香槟品牌之一。

方的沦落。“不,这当中总该有某种意义,理当如此!”他打算把这些思想的一部分带入阿伽松诺夫之口,通过剧中人物来预断艺术在未来时代的命运,或者写下单独的篇章。傍晚,他和伊文斯卡娅一起去了别列捷尔金诺。她回自己的住处,他回“大别墅”,在那里接待了同他长期通信并首次来访的雷娜塔·施韦泽。书房里的简短交谈过后,他领她去跟伊文斯卡娅相识。施韦泽动不动扑过来吻他,他假装生了气,请求伊文斯卡娅谅解。回到家时,他在过道里一边脱衣服,一边嘟哝道:“大衣真沉啊!”然后却在复活节的餐桌前坐了许久,又是一番激情的言谈,喝了许多酒,很开心。

次日,他的胸部出现了剧烈的疼痛。伊文斯卡娅带他找一位熟识的神经外科大夫,吉森加乌森男爵夫人①。她查看了他的身体,赞美了他年轻时的诗文,用沉静的女低音宣称,未发现任何大问题。帕斯捷尔纳克略微打起了精神。

4月末,他的病症明显恶化。他费力地来到别墅管理处,往莫斯科打电话。伊文斯卡娅询问他感觉如何,他用虚弱的声音说:“哎,活不到一百岁!”同时从另一只话筒听他们谈话的叶梅里扬诺娃叫喊道:“你能,能活到!”

4月20日,施韦泽前来道别,将她侄子一副带有寓意、题为“老虎”的图画赠送给他,老虎一条后腿画成黑色,男孩的意思是,帕斯捷尔纳克在故土玷污了自己。帕斯捷尔纳克兴奋地赞叹道:“这是小夏加尔②!”当即给男孩写了明信片,表示谢意。帕斯捷尔纳克送别施韦泽,从门前的台阶上向她挥手,艰难地回到楼上的书房,对尼娜·塔毕泽说:“请别吓唬济娜和廖涅奇卡,可我相信,我得的是肺癌,肩胛骨疼得要命。”

4月23日,他又一次去“小别墅”找伊文斯卡娅——面色苍白,神情惶然;她回忆道,他那样吻着她,仿佛想要还原生命、健康、力量……

5月1日,克拉谢宁尼科娃来看望他。按照她的讲述,叶甫盖尼·鲍里索维奇写道:“他请她一道忏悔,双眼闭合,变形的面容发亮,一口气背诵了所有相关的祈祷文。仪式的力量和活生生的基督降临之感是如此惊人,甚

① 原文如此。

② 马尔克·扎哈洛维奇·夏加尔(1887—1985),白俄罗斯裔法国画家,二十世纪先锋派绘画艺术的杰出代表,出生在沙皇俄国,1922年离开苏俄迁往西欧,最后定居在法国。

至当他意外地说到死亡的迫近，也成了细枝末节。”

5月的节日期间，雨下个不停。伊文斯卡娅和女儿搬回了别列捷尔金诺的住处，等待帕斯捷尔纳克，却不见他的踪影，直到5月3日傍晚，科马·伊万诺夫送来了他像往常一样乐观的书信。帕斯捷尔纳克称自己有心绞痛，血压过高，神经衰弱，“别难过，我们要战胜的不是这种东西。”信的结尾说。

5月5日，他的病情突然加剧，却没有改变日常作息。第二天，他想洗个头，胸口和肩部一阵急骤的疼痛差点让他失去知觉。怀疑是心肌梗塞。心电图未显示任何异常。根据5月9日的心电复检，涅恰耶夫医生断定为深度双部位梗塞，弗赫利森教授支持这一诊断，于是，文学基金会门诊部为帕斯捷尔纳克派来了安娜·戈洛捷茨医生。

他已经躺倒在床榻上，在一楼的钢琴房，不被允许起身。他的弟弟和弟媳赶到了别列捷尔金诺，塔玛拉·伊万诺娃[①]也时不时来看望。帕斯捷尔纳克没有喊疼，只是为禁止翻身侧卧而痛苦——按规定必须平躺。他睡不着觉，不禁思前想后，连声喟叹，对护士说这是“没有梦的噩梦”。济娜伊达·尼古拉耶夫娜说，他晚上通常会吃点东西，以便更好地入睡。医生允许夜里十一点给他喂食，但他还是睡不着。

帕斯捷尔纳克受不了别人看到他胡子拉茬的模样。他让儿子给他刮脸，廖尼亚照办了。阅读同样不许可，他却依然说着、想着文学，呓语中念叨的也是文学：“莎士比亚和歌德的译本之间相互争吵，吸引我，又消失不见了。”

护士告诉他最好别说严肃的事情。

“那我该说什么？”他生气了。“莫非左肩胛骨不成？它可不会讲俄语。”

他不断地向几位护士致歉：瞧，我病了，你们不得不照料……

“您有什么错？”

“我的左肩胛骨早就出现了不适和疼痛，但似乎并不严重。而有时也会很严重，以至于不敢承认。原先我以为，通过病体内部的抵抗即可战胜疾

---

① 弗谢沃洛德·伊万诺夫的妻子。

病。我错了,是我给自己造成了这一切。”

这种相信身体状况取决于精神状况的观念,完全是帕斯捷尔纳克式的。难怪两三年前的一天,当济娜伊达·尼古拉耶夫娜问到他哪儿不舒服,是精神的还是肉体的,他大声说:“我生来不是为了以肉体的方式感知自己!”

楼上,他的书房里正在维修。没完没了。关于修缮的话题,伴随了他一生,如今再度浮现。

卓娅·玛斯连尼科娃带来了这时节少见的樱桃,榨汁给他喝。他的进食已经很困难了,说了一句:“好极了。”

13 日晚上,情况更糟了。他第一次叫喊肚子疼,夜里,对安娜·戈洛捷茨说,他生命的历史不会随着疾病的历史而终结。“往后议论还会持续一段时间,但接下来,所有人都会认可。不管怎么说,我终归是诺贝尔奖得主。”

心电迹象每况愈下。腿部也开始疼痛。在鸦片全硷的作用下,他似醒非醒地说:“脚后跟自做主张,就像我忘了姓甚名谁的私敌。”即便如此,他却不让护士靠近,直到妻子给他梳洗完毕,他自己亲手装上假牙。他称之为“活在牙齿下”。

5 月 14 日,应伊文斯卡娅的请求,1952 年为帕斯捷尔纳克治疗过心肌梗塞的多尔戈普罗斯克教授前来查看他的状况。次日会诊,断定是胃癌。未告知亲属。给他注射了强力镇痛剂,他睡着了,一醒过来就问:

“列昂诺夫在哪儿?”

“列昂诺夫没来。”护士回答。

“他刚才还坐在这儿,我们聊着《浮士德》……请别再给我打什么麻药了。”

为缓解病痛,给他使用了氧气帐,这样他就能入睡了。

有一次,护士问道:“您自我感觉怎样?”

“一切都有可能发生,但在此过程中,我倒觉得平静。”他回答道。

他不再喝他喜欢的浓茶。他得知自己有溃疡,又不知听谁说,在此情形下,味道浓郁的饮食对身体最有害。开始拒绝家庭女工塔尼娅为他准备的食物:“在这个问题上,她简直愚蠢透顶。”

“瞧您说的,塔尼娅奉献了整个一颗心!”

“她奉献的是心,脏污却留下来。”

他对尼娜·塔毕泽说:“我爱你们所有人。但如今,我已不存在,只剩下胸口和肚子里一团乱糟糟的东西。”

有几个荷兰人送来一大束郁金香,他请求不要带进房间,因为不喜欢花瓶里的鲜花,只喜欢大自然里的。他每天都问樱桃是否已经开花。那是一个湿热的5月,但樱桃迟迟未开。“在我生病期间,我宁愿天是阴的。”他伤心地说。他受不了热天气。

安娜·戈洛捷茨称赞了他年轻人般健康的肌肉、弹性的皮肤。五月的最后日子里,他却越来越消瘦。他最害怕的是,亲人们提出把伊文斯卡娅叫到他身边来。戈洛捷茨猜测,在他看来,这意味着他的情况没救了。济娜伊达·尼古拉耶夫娜甚至打算在她到来之际离家外出,他拒绝了这个主意。

在5月18日的晨检中,戈洛捷茨触摸到他左侧锁骨上部有病灶转移,便立刻赶往莫斯科,寻求咨询。

傍晚,又给他摆设了氧气帐。他几乎动弹不得。

“看我变成了什么! 落入了书页之间枯燥的表格。”

玛尔法·库兹米尼奇娜是一位上了年纪、态度严厉的护士。帕斯捷尔纳克对她说:“玛尔法·库兹米尼奇娜,您大概没有受过生活的宠爱。但您有一颗善良的心,您如此威严,爱惜名誉,您一切都能办到,只要您愿意。请为我做点什么吧,玛尔法·库兹米尼奇娜,我真想活下去。您别急,请坐下,考虑考虑再去做……我过着双重的生活。哦,要是您了解‘她’,您就不会谴责我。您也曾有过双重生活吗?”

他再未跟任何人说过伊文斯卡娅,只是偶尔打发十六岁的护士玛丽娜·拉索辛娜去伊文斯卡娅那边,安慰她。

5月22日,在自己的兄弟、一位著名的放射科专家帮助下,叶莲娜·塔格①居然把一台透视仪搬到了别墅。

“喏,这下好了,”帕斯捷尔纳克说,“一切都会弄清楚,会是另一种结果。”

根据透视图像,塔格教授断定是左肺癌肿,而且两片肺叶均有扩散。这

① 叶莲娜·米哈伊洛夫娜·塔格(1895—1964),俄苏诗人、散文家、回忆录作者。

是一种最迅速的癌变，通常由强烈的精神打击所导致。看来，症状是从1959年最后数月开始发展的，当时形势模棱两可，当局直接的威胁取代了迫害。

透视过后，帕斯捷尔纳克瘦得厉害。第一次不戴假牙。这副义齿就这么搁在他床头，在一只珐琅脱落的褐色匣子里。匣子跟了他许多年。始终完好无损。

护士告诉他，片子上表明是慢性肺炎。他不信。

23日，文学基金会门诊部主治大夫来看望他。“可爱的大夫，”他说，“有点儿像费定。”

一些外国记者时刻守候在别墅附近。整个莫斯科都知道了诊断，西方也有所了解。帕斯捷尔纳克要求把妹妹利季娅从伦敦召回。她原本准备立刻启程，但苏联大使馆延误了签证。

5月27日凌晨4点，帕斯捷尔纳克的脉搏消失了，给他打了几针，才恢复过来。“我感觉很好。本来什么都感觉不到了，可你们的针剂又把我带回到不安。”

“假如就这样死去，”几天来他重复着同一句话，“也没什么可怕的。”

“生命美好，”他对护士说，“如果生命延续，我将用它反抗庸俗。在世界文学和我国文学中。太多的庸俗。一切的书写都文不对题。”

他还说，要写护士的工作：“嗯，是的，你们是劳动者。世上的麻烦如此之多，任何活动都如此复杂和艰难，在这里却展现得如此高尚、真挚和无私。这就是我要写的。”

又问奥列沙是否还活着。他不知道，奥列沙于4月病倒，5月初就去世了。

“我感觉自己周围充斥着污秽，”他对长子说，“听说应该吃东西，好让胃口动起来。但这很折磨人。文学界同样如此。认可根本算不上认可，而是一无所知。没有往事的回忆。人际关系以不同方式毁坏了。仿佛置身于一堆秽物。不仅在我们这儿，全世界到处都一样。为保全人的自由不羁的天赋，整个生命都成了一场与占尽优势的庸俗之间的对决。整整一生消耗于此。”

5月27日，为他输了血。他说自己在战争期间献过血。当针头从静脉拔出，血液流到了床铺和医生的白大褂上。

"血腥的画面。"帕斯捷尔纳克说。

第二天早晨，他问医生：

"您收治过我这样心肌梗塞之后出现并发症的病人吗？"

"是的。"医生回答说。

"他们康复了吗？"

"是的。"

"那就说说他们的名字吧。"

她说出了几位作家的姓名。他似乎平静了。

夜里，值班护士当他面睡着了一会儿，很快醒过来，感觉他正看着她。

"对不起。"护士难为情地说。

"没关系，"他微笑了一下，"您的状况不错。"

有一次，戈洛捷茨请他朗读。

"要知道，我自己就在写书，为什么要我读别人的？"他有点气恼地答道。

28 日，他的病情彻底恶化了。

"既然你们知道一切，"他对护士说，"又何必用这种索套拴住我，让我活命？请看看自己的心灵深处。生命是美好的，非常美好。但终究难免一死。"

到了第二天，他却迫不及待地等着输血，因为第一次输血后，他感觉好得多。叫来了廖尼亚，问他考试情况如何。傍晚，热尼亚也来了。帕斯捷尔纳克叫他来，但一句话都没说。

卡希尔斯基教授是唯一一位未收取诊费的大夫。他说，帕斯捷尔纳克只剩下不到五天光景了。一星期过去，帕斯捷尔纳克却还活着。5 月 29 日，尼娜·塔毕泽来探望。他像往常一样，抓住她的手，摸了摸手指，说了一句："盖那茨瓦列。"①塔毕泽当天特意涂了点口红，穿得比平时鲜艳些——帕斯捷尔纳克说过，她和济娜完全变了，显得不成样子，他还一再说自己就

---

① 格鲁吉亚一个常用语的俄语音译，相当于"亲爱的""我的朋友""同志"，表示对听者的喜爱与敬意。

要死了，这会让她们摆脱对他的担忧。尼娜决定以一副略显年轻和新鲜的面容出现在他面前：

“您的身体有好转，我和尼娜看起来也挺好！”

他摇摇头说：“不，尼诺奇卡，我的身体糟透了，你们俩也不怎么样。”

5 月 30 日早晨，像平常一样，他让妻子给自己梳头，俏皮地说，分头不是这么刷出来的。等候输血。医生半天未做决定，他不知道是为什么。输血终于开始了，一股鲜血从他喉咙里喷涌出来。

“丽达[①]已经上路了，”长子反复说，“等她来吧。”

“丽达——这好呀！”他说。

他请妻子单独跟他待在一起。

“我热爱生活，我也爱你，”他对她说，“但我与你离别并无遗憾：周围有太多的庸俗，不仅在我们这里，整个世界都一样。无论如何，我都不会与之和解。我对你感激不尽。”

他让妻子把两个儿子叫到跟前。

“怎么样，我们该告别了吧？”

这句话夹带着疑问。

“你们两个是我合法的儿子——我死以后，除了自然的悲伤和痛苦，除了这一损失本身之外，你们不会受到任何威胁。你们是被法律所承认的。但我的存在还有另一面，非法的一面。它在国外广为人知。之所以如此，是因为我的命运、我的事业中的遭遇，尤其是因为近来卷入的诺贝尔奖风波……等丽达来了，她会关注这些情况。有很多东西，她应该不仅从你们这里得知。丽达会处理好这一切……这——是非法的一面，在我死后，谁都不可能维护它。你们懂了吗？”

“您是想说，”热尼亚问道，“您要把您留下的一切托付给我们，对吗？”

“不，根本不是这个意思。我希望你们与此无关，但愿这种迫不得已的淡漠不要让你们难堪，成为累赘。”

他的喘息变得急促了。

“你们下一个程序是什么——氧气帐吗？那就用氧气帐吧。”

---

① 利季娅的爱称。

他对托着他头部的玛尔法·库兹米尼奇娜说：

“我有点听不清。眼前好像有一团雾。不过，这终究会消退吧？”

济娜伊达·尼古拉耶夫娜和两个儿子一直守在他身旁。

当晚十一点，他对妻子说：

“请原谅。”

停顿了片刻，又说：

“我快乐。”

2

与此同时，在他终生与之过从密切、交往偶尔也有中断的那些人中间，正在筹备一场恍若神秘剧的酒宴：有人忙碌于宴席前，查看大家是否都已来到他喜爱的地点；主持人纪齐安·塔毕泽一边安排客人们就座，一边斟满用来罚酒的硕大角杯，为操持盛宴的权利而自豪；帕奥罗的朋友建议弗拉基米尔①的朋友不必从一开始就将情况道明（“想想您当初的感觉”），莱纳占据了略近的位置：“我总算能见到他了！”一群老者聚到近前：喂，快点儿……人们尚未各自落座，闲谈一如平常：哎呀，要是预先知道，有谁会耽搁哪怕一分钟！事实上，假如前天不被干扰，他恐怕早就出现在这里了。即将到来的欢聚的气氛吸引了所有人——包括对他心怀怨恨者，尽管这类人，应当承认，远比通常此等重要客人来临之际要少。计划反复斟酌，方案一改再改，需要立即将他列入其中，因为他这个级别的大师在这里也会争先恐后，况且您知道，这是非凡的时辰。幸福的等待达到高潮，想到他最终的旅途之艰辛，也不再有人觉得伤感：归根结底，每个人都会经历这一程，没什么大不了。他曾经频频做出异样之举，仿佛早已……说实在的，倘若所有人都有这般举止，世界又该多美好！

旋风飞舞，乌云疾驰，群星传递眼色；一切均已齐备，腾空了走廊，餐桌上完成了最后的摆设；忽然间，从天上的欢宴透出一道苍白的反光，将他亲

---

① 此处“弗拉基米尔”或许指的是弗拉基米尔·马雅可夫斯基。随后提到的“莱纳”指莱纳·里尔克。

手栽植的樱桃树的林荫映得发白。5月里不常见的热天。活动定于十一点二十分进行。“他来了,他在这儿!”坐席间传来窃窃私语。带着无限诚挚的表情,帕奥罗和纪齐安向他迎面走来,没有谁跟他们竞争最先欢迎他的权利。他环顾四周,看到无数模糊的人影排成队列,隐没于庆典的金辉;所有人都怀着悲欣交集的复杂心情,渐渐地,欣喜明显占据了上风。他已经听到乐师们调试弓弦。只等他首先致辞,宴饮即可展开;无须在此字斟句酌并为之劳神——显然,每个人都能够正确地理解。奇怪的是,呼吸越来越轻松。他朝着朋友们迈开脚步:面前是连绵的祝酒,华丽的辞藻充满敬意。此时此刻,只要一句无比简朴的话语就已足够,只要一个词,他们就会认出原先的他,不怀疑他的真实。因为自己幸福之至的感悟再度神奇地吻合于现实,而洋溢着喜气的现实则无限超越了这些感悟,他的心头不由得涌起快慰,他向迎面而来的人们俯首示意,简短地说了一句:

“我快乐。”

一片欢呼声:这依然是他,是真正风华正茂的他。其余的人以为,他转身面对他们,大概是想说他感到欢欣——为他们的光临,为安然死于家中,或者为他遭受的苦难终于结束,但这一切其实都无关紧要了……

尾声　死后的生命

1

“清晨,太阳信守诺言/如期而至,透过窗口/将橘黄色的光线/斜射在窗帘和沙发之间。”①1960年5月31日的清晨来临了——这是人世间失去帕斯捷尔纳克的第一天。

济娜伊达·尼古拉耶夫娜和家庭女工塔尼娅一起洗净了他的身体。早

① 引自帕斯捷尔纳克《八月》(1953)。

晨六点，伊文斯卡娅匆匆赶来，没有遇到阻拦。她在床边待了许久，与他无声地道别。她感觉他似乎余温尚存，手仍然是软的。6月1日，城里运来了棺木，将遗体殓入。文学基金会派来两名操办丧事的人员，向济娜伊达·尼古拉耶夫娜询问，她觉得葬礼该如何进行。“要让音乐不断奏响，”她答复道，“我的心情平静，事情也要办得平淡、简朴，就像他平淡、简朴的一生。”

灵柩停放在餐厅。体格健硕、发胖的尤津娜被人搀扶着，费力地登上台阶。她、斯塔西克·涅加乌斯和里赫特①分别演奏了乐曲。在小提琴和大提琴伴奏下，尤津娜弹了帕斯捷尔纳克心爱的三重奏——柴科夫斯基的《追忆一位伟大的艺术家》。② 然后单独弹奏了舒伯特的多首乐曲。雕塑家维连斯基从死去的帕斯捷尔纳克面部翻制了面模。鲜花簇拥着灵柩，络绎不绝的人群从旁边绕过，跟他告别。

黄昏时分，伊琳娜·叶梅里扬诺娃和乔治·尼夫前来送别帕斯捷尔纳克。向来惧怕死亡和死人的伊琳娜对他冰冷的遗容深感震惊：她从未见过他梳分头的样子，原先他额头上总是留有下垂的额发。

“躺在这里的简直就是另一个人——一副高贵的面容，年迈、静穆、消瘦，谴责的（不，不如说是严厉的）神色。曾几何时，这样的人完全有可能活在世上，但不是鲍·列，而是别的什么人。死，无论他有过多少对它的思索，无论他就此写过多少文字并且多少次准备迎接它，都不曾接近他。死并非来自他的日常生活。他们之间没有共同语言。死并不能适应他——它直接偷换了他。这变化令我如此惊颤，甚至哭不出来。倒像是如释重负。我沉思了片刻，才恍然大悟：‘这一切与他何干？这不是他，不是！’

“我和乔治·尼夫相互看了一眼。是的，鲍·列不在这个空间。可他又在哪里？我无法描述自己的感觉。或许，这是我一生中绝无仅有的宗教体验。心脏一阵颤动：万一呢？万一，难道是预兆与暗示——我们不会死，直到最终也不可能死？存在万一吗？

“大家走出来，站在门廊边。他在这里，与我们同在。瞧，这是他爱过的天空、树木，这沟渠、远处的钟楼，春日里斜落的太阳——所有这些都是更

---

① 斯维亚托斯拉夫·特奥菲洛维奇·里赫特（1915—1997），德意志血统的乌克兰钢琴家，二十世纪最伟大的钢琴艺术家之一。

② 这是柴科夫斯基《a小调钢琴三重奏》的副标题。

大的他，超过我们留在房间里的那个。这的确是对于奇迹的感受。就这样——'刹那间，出其不意地'，它与我们这些未及准备的唯物主义者不期而遇。

"返回到村庄。奇迹没有抛开我们。它从每一条细小沙路的转弯后面望着我们。从半干的小溪边。从一片荒诞的干草垛——如今，对我们来说，这片草垛永远就在'没有月光的长长草棚的阴影里'①……而更多地——是从天空。奇迹跟随我们，直到那座屋舍，然后消失了，让我们独自跟混沌与恐惧待在一起。但关键是，它曾经来过，转瞬即逝，这便给了我们力量。"

傍晚，来自别列捷尔金诺教堂的大司祭约瑟夫给他做了安魂祈祷。葬礼定于6月2日这天。基辅火车站郊区线路售票窗口旁，贴出了一张手写的通知：

"同志们！1960年5月30日深夜至5月31日凌晨之间，当代最伟大的诗人之一鲍里斯·列昂尼德维奇·帕斯捷尔纳克与世长辞。民间祭祷仪式将于今日15点举行。别列捷尔金诺站。"

刊登在《文学报》上的公告，作为报复死者的实例，作为卑鄙的明证，足以载入史册："苏联文学基金会理事会宣告，由于长期身患重病，作家、文学基金会成员帕斯捷尔纳克·鲍里斯·列昂尼德维奇于本年5月30日去世，终年七十岁，故此向死者家属表示慰问。"

整个村庄的人们，身着最好的崭新衣装，都来为他送行。从莫斯科赶来了许多花白头发的女士和神情严肃、身板挺直的老者——为这些昔日的少男少女，他书写了自己的作品；他们早已不再相聚了。这曾经是莫斯科日益稀少的一小群旧知识分子，他们关系密切，从他身上找到了自我慰藉与辩白。他们当中有不少人毁于时代，但终究不可能毁掉所有人。

天气闷热，雷声滚滚，酝酿着一场降雨。在别列捷尔金诺墓地，两个儿子选定了一块望得见车站和村舍的位置。科马·伊万诺夫、廖尼亚、热尼亚、斯塔西克、费奥多尔·帕斯捷尔纳克（亚历山大·列昂尼德维奇之子）等人抬着灵柩。文学基金会的主持者担心示威游行。

"我向你们保证，他不会被偷跑，"济娜伊达·尼古拉耶夫娜尖刻地说，

① 引自帕斯捷尔纳克《爱吧，走吧，雷雨未停息》（1917）。

“也不会有人开枪。参加活动的是工人和农民。大家全都爱他。出于这种爱,谁也不敢破坏秩序。”

由于送行的人越聚越多,出殡耽搁了半小时。

第一个走在灵柩后面的是济娜伊达·尼古拉耶夫娜,利万诺夫搀着她。前来送别帕斯捷尔纳克的人数不详,但所有回忆录作者均指出,此种规模的人群实属意外:他们提到的数目在两千到四千之间。不可能有准确的人数,因为有人中途离开,有人傍晚才赶到。人们抬着他的遗体,沿着晒热的路,向山丘上的墓地久久地行进。灵柩是敞开的,最后一次,帕斯捷尔纳克的侧影漂在别列捷尔金诺的道路之上,树林、田野、远处过往的列车最后一次为他送行。他面部的犹太特征忽然愈发清晰:鼻子微微隆起,面颊凹陷。一抹黝黑在苍白的脸上几乎显不出来。嘴唇和双眼塌陷了,表情痛苦而严厉。一如通常下雨前的时刻,草、叶子、泥土、发烫的树皮,格外用力地散发着浓烈的气息,跟在他身后捧着的鲜花也吐散出熏人的花香。默默地走着,没有乐队,没有音乐。在这群人中间,有些人大概不是来参加葬礼,而是参加政治集会。也有些人,大概丝毫不了解帕斯捷尔纳克名字的含义。谁都没有注意到他们,事情也跟他们不相干。人们沉默、隆重地庆祝他最后一个节日和最后一场胜利。四周的世界绽放了,用初夏的全部美好为他送行。他漂浮在道路上空,就像漂在解除了苦痛的云间,像《日瓦戈医生》里分娩后的塔尼娅;所有罪错都已洗赎,所有苦难都被战胜。剩下的只是告别。

利季娅·楚科夫斯卡娅向人群望了一眼,看见了自己的哥哥尼古拉①和嫂子玛丽娜、诗人阿基姆、彼得罗维赫②、勃加德列夫——里尔克的译者、丽塔·莱特、雅申、尼古拉·柳比莫夫、科佩列夫、拉涅夫斯卡娅、哈尔吉耶夫、卡维林和帕乌斯托夫斯基。阿斯穆斯在灵柩前简短致辞,称帕斯捷尔纳克是一位伟大的诗人和伟大的劳动者,度过了平民式的朴实无华的人生,热爱国家和人民。演员尼古拉·戈卢本采夫朗诵了《假如我知道,历来如此》③,米哈伊尔·波利万诺夫读了《哈姆雷特》。人群中突然有人叫喊道,

---

① 尼古拉·科尔涅耶维奇·楚科夫斯基(1904—1965),俄苏作家,散文和诗歌译者。

② 玛丽娅·谢尔盖耶夫娜·彼得罗维赫(1908—1979),俄苏女诗人,翻译家。

③ 帕斯捷尔纳克写于1932年的一首抒情诗。

帕斯捷尔纳克写了一部诚实的小说,可他却受尽了迫害。发出叫喊的是一些显然未读过小说的普通人。

济娜伊达·尼古拉耶夫娜想说:“永别了,真正的杰出的共产主义者,你以整个一生证明了自己无愧于这一称号。”又忍住了。她最后一次吻了丈夫。钉上了棺木,放入墓穴,但谁都没走开。诗一直读到夜晚。一个教会学员以年轻神父的名义简短发言,称帕斯捷尔纳克是基督徒。雨终于落下来。所有人都散去了。

女作家、司法工作者弗丽达·维格多洛娃听到了两个穿便装的人员在交换意见,他们隶属于某个众所周知的机构:

“我们要不要驱散这场违法活动?”

“让他们去违法,就这么着吧。”

2

“苏共中央文化部关于鲍·列·帕斯捷尔纳克葬礼的情况通报。1960年6月4日。

“6月2日,在根据其本人意愿于别列捷尔金诺墓地举行的帕斯捷尔纳克葬礼上,聚集了大约五百人,其中包括一百五十至二百名显然来自旧知识分子阶层的老年人;年轻人数量与之大体相当,包括某些艺术教育单位、高尔基文学院和莫斯科大学学生。一些作家及艺术活动家以文学基金会名义送来花圈,另有一些是以个人名义。美联社①记者沙皮罗‘代表美国作家’送了花圈。原本还有康·帕乌斯托夫斯基和苏联人民演员鲍·利万诺夫的发言。但临到最后一刻,他们两人均以身体不适为由,放弃了。

“艺术学教授阿斯穆斯在墓前发言。他将帕斯捷尔纳克称为天才的翻译家和作家,并且在结尾宣称,只要地球上存在俄罗斯语言和俄罗斯诗歌,帕斯捷尔纳克的名字就会活下去。就在棺木下葬之际,一名青年站到土丘上,开始了语无伦次的演说,称帕斯捷尔纳克是‘天才的’、‘伟大的’,等等,

① 上文为合众国际社。前后不一致。

末了还说，‘帕斯捷尔纳克关于仁爱的教诲，应当像珍珠一样洒满大地，落进每个人心中……’

“人群中传来喊叫：‘我想代表工人说两句……’接着，一名‘阿飞’模样的青年声嘶力竭地发言说：‘在我们国家，不允许帕斯捷尔纳克这种伟大作家出版自己的作品……任何一位苏联作家，都未达到我们敬爱的帕斯捷尔纳克这样的创作高度……’有十到十五人，站成一排，鼓起掌来，现场大多数人则对那名青年的叫嚣不以为然。旁边一位抱小孩的妇女大声说道：‘这算什么作家，竟然反对苏维埃政权！’棺木入土后，大多数旁观者离开墓地。坟墓附近只剩一伙年轻人，在这里读诗，纪念帕斯捷尔纳克，但没有反动政治内容。其中，高尔基文学院毕业生、早已被团组织开除的哈拉巴罗夫不仅读了其本人的诗作，还发表了演说。

“凑集在葬礼上的外国记者难免失望，因为他们期待的丑闻和轰动事件并未发生，甚至民警局工作人员也未出现，而他们原以为，起码能够为自己的报纸拍几张民警的照片。

“最后需要说明的是，利用帕斯捷尔纳克葬礼制造轰动效应、煽动不良情绪的企图未能得逞。我国文学报刊未就帕斯捷尔纳克亡故发表悼词，仅以文学基金会名义发布公告一事，在文艺知识分子群体中得到了正确领会。

“谨此提请苏联作协和苏联文化部注意对创作青年和大学生加强教育工作的必要性，在他们中间，有一部分人（寥寥无几）染上不健康的不满情绪，试图将帕斯捷尔纳克塑造成一名不为时代所理解的伟大艺术家。

“苏共中央文化部副部长阿·彼得洛夫、文化部机关主任伊·切尔诺乌灿。”

3

《八月》将是我们在本书展开分析的最后一首帕斯捷尔纳克诗作。

费定当初的惊叹犹在耳畔——“纯粹是关于死亡，同时又有多少生命包含其中！”对帕斯捷尔纳克而言，这里没有什么矛盾。令人称奇的是另一种东西：如此骄傲——和这般顺服。

这首十四节诗[1]属于日瓦戈组诗，写于 1953 年，为纪念五十年前他在夜间摔落马背之后奇迹般的获救，当然，诗的缘起也不仅限于此。帕斯捷尔纳克一生都在书写安魂曲和挽歌，因为他将艺术的目的视为一切死亡和消失之物的存续：或许，其他任何形式的不朽皆不可知，起码他的小说和诗文并未明示个人不朽的信念。这种神秘不宜大声宣讲——艺术对此沉默不言；其在尘世间的事业，是为了保存逝者的面容。《八月》犹如自挽，为帕斯捷尔纳克描写其个人之死的少数诗作之一。这是与日瓦戈、与他的长篇小说及生活的告别。

我想起枕头为何沾湿，
因为泪水洒落在上面：
我梦见你们一个一个
穿过树林来跟我道别。

你们三三两两，迤逦而来，
突然，有人提到，
今天是八月六日，按旧历
是基督变容节。

这一天，从他泊山[2]
一道并不耀目的光射出。
秋天，像清晰的征兆，
吸引了所有的目光。

于是，你们来了，
从凋落、颤动的赤杨林
来到墓园，树叶焦黄
像压扁的姜饼泛着微光。

---

① 此处系作者笔误，应为十二节。

② 位于约旦河西岸，有迦南人建圣殿于此山。在新约时代，他泊山因耶稣显现圣容而闻名。

高高的树梢静穆，
连接遥远的天空，
公鸡啼声悠长
在远处一遍遍回响。

在树下，在教堂墓地里
死神正紧盯我苍白的脸，
像一位官府调查员，
估算我适合多大的墓穴。

所有人都能清楚地听见
一个平静的声音就在近旁。
那是昔日的我发出的预言，
是不为衰朽触动的声音……

将自己的声音比作“预言”，这多不符合帕斯捷尔纳克的风格！但五十年代多为佯装的顺服总算被抛开。此处的意蕴，也不在于艺术家成为上帝，而在于死成为庆典。这也即是变容。

别了，基督变容节的蓝天
和第二救主节的金辉。
愿女人最后的温存
抚慰我命中的苦痛。

“别了！夭亡的岁月。
别了！勇敢的女人，
在耻辱的深渊中抗争，
我正是你的战场。

别了，奋力张开的翅膀，

倔强地向上飞翔，
世界的形象在奇迹中显现，
在词语和艺术中开创。”

《八月》一诗叙说的是，死最终如何将时间与永恒、人性与神性之间的界限抹平：进行着两种形式的变容。关于第一种，我们无从得知——死后发生的事情，尚不曾有人提及。但第二种却是众所周知：不久前还活在同时代人中间的诗人，历经创伤、赞誉、爱戴和嫉恨，离开了日常的现实，他的路归于尽头，昨日还在近旁的东西，永久地远去了。如今，他的伟大毋庸质疑，道路的终极逻辑清晰可辨，而这种转变不仅发生在艺术家身上，也会垂顾所有未妨碍造物主塑造他们命运的人，以及任何一个履行预定使命、忠于自我的人。《八月》——巨大的安慰、哀伤化为庆典的变易、变容节蓝色天空的光影中漫长苦痛的消融。尤里·日瓦戈死于1929年8月末——帕斯捷尔纳克使他具有了预言的禀赋。八月——夏天最后一个月份，果实成熟，大地富足，苹果压弯枝头，帕斯捷尔纳克对苹果树如此喜爱，甚至将其用于自况。八月——一年之中的最高点，枯萎前夕激动不安的狂欢；行将凋落和死灭的繁华。正是在此顶点上，在力量与成熟的极盛期，日瓦戈完成了他所有的诗作，那时，夏日的炽烈尚未彻底消退，初秋的明澈已经悄然显现。八月——极限的时节，某种峰值点。随着帕斯捷尔纳克的死，二十世纪一个炎热、多雷雨的夏天结束了。浑浊、泥泞的秋天接踵而至。

4

葬礼之后，不少人留在伊文斯卡娅租住的木屋里过夜。客人们被安排睡在地板上。深更半夜，此前一直克制着情绪的伊文斯卡娅突然跳起来，尖叫了一声：“伊尔卡，眼下究竟还会发生什么？！”

积聚、酝酿了一整天的暴雨，狠命地下个不停。

两天后，伊文斯卡娅手头的一份《盲美人》被没收了。她要求出具收条。

“您自己懂的，我们属于不给收条的机构。”一名国安人员耸了耸肩。

8月16日，伊文斯卡娅被指控犯有“走私罪”，遭到逮捕。9月5日，她的女儿伊琳娜·叶梅里扬诺娃也被捕了。这场变故原因何在,母女俩无论当时还是后来都没弄明白。当然,帕斯捷尔纳克活着的时候,她们就收到过国外的汇款,但在他生前,还没有人动她们。他刚刚故去,便开始了秋后算账。

1960 年 12 月 7 日,经由非公开的审理,判处伊文斯卡娅八年徒刑,叶梅里扬诺娃——三年。她们随同一批女贼、女同性恋和一路上用天使般的嗓音歌唱的修女,被押送到莫尔多瓦的劳改营,在那里度过了一半刑期后,在国际社会强烈抗议下获释。苏尔科夫不得不回答国际笔会周而复始的问题和愤怒的信件。谢尔吉奥·德安杰罗给他写了一封公开信:"苏尔科夫先生,我本人非常了解您的精神状况。您始终憎恨帕斯捷尔纳克,并且明显受制于此种感受,作为苏联作协第一书记,您做出了种种反对他的举动,以此向自己的国家表示丑恶不堪的效劳。接着,当帕斯捷尔纳克获得诺贝尔奖以后,您完全丧失理智,针对帕斯捷尔纳克采取了一系列措施,这不仅激怒了各国社会舆论,在共产党集团内部也引起严重的混乱。可是,就连帕斯捷尔纳克的死也未能平息您的暴戾,借助虚假的指控和诽谤,您将戾气转而抛向两个无助加重病的女人。我不会错误地相信,您将改变立场,表现出沉稳的情感和人性来。但您自己也别想错了,别以为您能够消灭伊文斯卡娅的事业。所有正直之人的觉悟不允许您消灭它,直至完全公正的裁决。"

1988 年 11 月 2 日,伊文斯卡娅和女儿伊琳娜·叶梅里扬诺娃获得彻底平反。伊文斯卡娅生前终于等来这一刻。1995 年 9 月 8 日,她在莫斯科去世,此前,她的作品《时间的俘虏:与鲍里斯·帕斯捷尔纳克在一起的岁月》已在俄罗斯出版(法语版早在 1978 年就问世了)。这部回忆录的可信程度我们无法妄加评断。但这些充满着爱与赞美的回忆,甚至对于备受忠实崇拜者宠爱的帕斯捷尔纳克而言,也无疑是罕见的。

5

1960 年 7 月 4 日,尼娜·塔毕泽将济娜伊达·尼古拉耶夫娜·帕斯捷尔纳克带到格鲁吉亚,让她恢复精神和体力。在帕斯捷尔纳克病故的第四十天,格奥尔基·列昂尼泽在自己的别墅为他举行了追荐仪式。斯坦尼斯拉夫·涅加乌斯和列昂尼德·帕斯捷尔纳克从莫斯科赶来。9月,济娜伊达·尼古拉耶夫娜返回莫斯科,着手整理档案。出于惯有的勤勉,她往手稿中间垫上薄纸,用打字机重打了丈夫的书信,将橱柜里的文件夹摆放整齐。档案规模不大,因为帕斯捷尔纳克不保留草稿,不在意公开发表的作品原稿。济娜伊达·尼古拉耶夫娜希望组建一个处理帕斯捷尔纳克文学遗产的委员会,她的请求得到尼古拉·吉洪诺夫的回应。吉洪诺夫板着脸,不客气地接待了她,称她为"您",称呼她的名字加父称①,尽管二十年代,他十分仰慕帕斯捷尔纳克,到了三十年代,简直成了诗人家里的"自己人"。不过,委员会总算成立了,随后历经周折,于1961年获准出版帕斯捷尔纳克单卷本文集。济娜伊达·尼古拉耶夫娜提出以1957年未能出版的著作为基础——《人与事》正是为这部作品而创作。苏尔科夫却自行挑选了帕斯捷尔纳克的诗。济娜伊达·尼古拉耶夫娜惊讶地发现:他只挑了苏联色彩浓厚、最为官样的无奈之作!她罗列了一个清单,其中包括需要纳入文集的二十五首诗。这些诗被转交给同意加入委员会的爱伦堡(同样不情愿,一再推脱才勉强答应。他称自己不赞成帕斯捷尔纳克晚年对待马雅可夫斯基的态度;而事实上,帕斯捷尔纳克那一代诗人无不经历了难以忍受的嫉恨,况且爱伦堡清楚地知道,帕斯捷尔纳克对他的作品不屑一顾;帕斯捷尔纳克对待犹太身份的态度也令他不悦——似乎也是背信弃义,就像在马雅可夫斯基的事情上。在涉及他人的方方面面,某些人的原则性竟然如此之强!)。让济娜伊达·尼古拉耶夫娜感到意外的是,她提供的那些诗全都收进了文集。1961年复活节那天,她犯了严重的心肌梗塞,这恰恰被她归因于文集所引发的紧张情绪。她躺倒在别墅里,就在帕斯捷尔纳克最后一次发病时待的那间钢琴房。苏尔科夫来看望她,出乎她的意料,他仿佛是一个明智、有礼的对话者。这个一半意大利血统的女人之轻信令人咋舌。

1962年底,她花光了平常从帕斯捷尔纳克给她的家庭开支中攒下的存款(每月一万旧卢布;她一共积攒了两万),到了第二年,只得申请养老金。给她拨付了三千卢布的一次性贷款,全部用于还债。腐化堕落、疲弱无力的苏维埃政权却继续报复帕斯捷尔纳克,将他的妻子置于拮据和无望的境地。

---

① 这种称呼的方式通常用于正式场合,看似得体,却带有公事公办、不讲情面的意味。

济娜伊达·尼古拉耶夫娜背了一身债务,当年秋天,被迫变卖了帕斯捷尔纳克的书信原件。

1963年,她向卓娅·玛斯连尼科娃口授了自己的回忆录。

1966年3月10日,楚科夫斯基、爱伦堡、卡维林和其他一些人联名致信苏共中央主席团,请求为济娜伊达·尼古拉耶夫娜发放养老金。未有回应。在生命的最后一年,她敛住傲气,寻求帮助,但无论吉洪诺夫还是费定都没有答复她。帕斯捷尔纳克的遗孀备感孤独、无助和屈辱,在别列捷尔金诺度过了余生,小说和诗歌在国外的无数次再版,并未给她带来一个戈比。她没有向任何人表露自己的绝望。她不动声色,家里照旧井井有条,谁都不曾听到过她抱怨。

她死于1966年6月23日——跟丈夫一样,得的是肺癌;同样神志清醒,直到最后一刻,英雄般的忍耐也让女护理员们震惊。她被葬在别列捷尔金诺墓地,挨着帕斯捷尔纳克。

叶甫盖尼娅·弗拉基米洛夫娜·帕斯捷尔纳克死于1965年7月10日。

1976年,帕斯捷尔纳克的小儿子列昂尼德意外身亡,年仅三十八岁,正好是日瓦戈医生的年纪,而且死时的情形也如出一辙:一个炎热的夏日,他驾驶私人轿车,遇到交通堵塞,停了下来,突然,心脏病发作了。事情发生在马涅什广场。“一切都应验了”——要知道,这个地点距离行将死去的尤里·日瓦戈坐电车驶过的尼基塔大街没多远。

6

1988年,《新世界》杂志前四期终于在作者的祖国发表了《日瓦戈医生》(尽管作品刚一完成,帕斯捷尔纳克就向该杂志提供了书稿)。对它的反响有些怪异:报纸上展开了几次更像是礼节性的讨论,难以想象,八十年代苏联读者对这部作品的理解居然如此贫乏。相比之下,早在1956年,小说在国外就引发了更有成效的探讨。1988年前后,还记得革命的一代人,几乎所剩无几;帕斯捷尔纳克小说所针对的那些人,已不复存在。理应把作品当作其宣言和辩词的旧知识分子消亡了;新知识分子退化了。少数真正需要小说的读者，早已读过私下流传的版本。充溢其间的基督教热情，被大多数读者视为异样，可见，在此意义上的苏联宣传远远胜过其他方面。而且读者的兴趣主要集中于相对晚近的事件——对腐败和镇压、对斯大林公然的暴行和安德罗波夫秘密勾当的轰动性揭露，关于俄国革命的著作则无人问津（在这时期，读者虽然也接触到阿尔丹诺夫[①]这类作家的优秀著作，但他无法取代皮库里[②]，也达不到托尔斯泰的水准）。八十年代后半期，读书蔚然成风。从普拉东诺夫的《基坑》到尤兹·阿列什科夫斯基[③]较时兴的散文，违禁文学的浪潮将读者席卷。当初在苏联文学对最主要问题保持冷漠的背景下，在谎言、虚伪和最好不过是局部真理的氛围中，帕斯捷尔纳克的小说引爆世界文坛，如今却落入了擅长扼杀某些更深刻作品之语境。尽管如此，还是出现了若干更具实际意义的评论："爱国主义倾向"（新斯拉夫派在八十年代的称谓）的批评家弗拉基米尔·古谢夫发表文章，希望最终停止对帕斯捷尔纳克小说意义及长处的夸大，关于主人公，他却道出了关键的一点：日瓦戈医生，在他看来，属于本国"多余人"传统，而俄罗斯所谓的多余人，即是将自我与超时间的理想人格相提并论之人。谁都未曾对日瓦戈形象予以更到位的评述。英国文学研究者和翻译家德米特里·乌尔诺夫《个人力量的无限拔高》一文，从传统现实主义角度批评了小说。为作品辩护的是安德烈·沃兹涅先斯基，他称《日瓦戈医生》是二十世纪最主要的著作之一（对这一评价，叶甫图申科随后也表示认同，强调这是唯一将个人冲突置于社会冲突之上的俄国小说）。关于帕斯捷尔纳克魔幻现实主义的本质及其基督教观念，则鲜有论者提及。《日瓦戈医生》被草率地纳入中学教育大纲，而在此前的改革年代，当局却一直致力于打消中学生阅读此书的愿望。用中学生的眼光来看，这纯粹是一本沉闷的书，因而很难理解，起初它凭什么在西方暴得大名，随后却在我们这儿遭到禁止，它的收藏和传播都可

---

① 马尔克·阿尔丹诺夫（1886—1957），俄罗斯作家，哲学家，十月革命后迁居欧美，从1987年开始，作品开始在苏联及俄罗斯公开出版，代表作是长篇历史小说三部曲《泉》（1929）、《逃亡》（1932）、《洞穴》（1934—1936），反映第一次世界大战和十月革命对俄国社会进程的重大影响。

② 瓦连京·萨弗维奇·皮库里（1928—1990），苏联作家，创作主要以世界历史事件为题材。

③ 尤兹·阿列什科夫斯基（1929—　），原名为约瑟夫·叶菲莫维奇·阿列什科夫斯基，俄罗斯诗人，散文家，自1979年起生活在美国。

能招致刑罚。直到 1994 年,“好莱坞大风格”旧片重映活动隆重进驻莫斯科,或多或少唤醒了人们对小说的兴趣。由大卫·里恩执导、奥马尔·沙里夫和朱莉·克里斯蒂领衔主演的电影《日瓦戈医生》[①]在莫斯科展映数场,场场爆满,放映厅挤得透不过气。大部分观众觉得影片场景有如“参天的酸果蔓”,[②]但笔者欣然发现,这反倒吻合于(当然是在不经意间)帕斯捷尔纳克的现实主义及其奇思异想。某些镜头,譬如日瓦戈身处一片水仙花开放的原野(岂止西伯利亚,就连克里米亚都从来没有水仙),或者一座带有许多小圆顶的巨大木屋,激起了哄堂大笑;而斯特列里尼科夫一上来就问日瓦戈为何写诗反对苏维埃的那个片段,则博得暴风雨般的掌声。事实上,这些看似愚蠢的处理远比死抠字眼更符合原作精神:它们能够传达本质,至于局部细节,向来不为象征主义者所关注。俄罗斯方面没有推广影片的租赁,众多电影爱好者只得观赏录像。

就在苏联公开发表小说的 1988 年,叶甫盖尼·帕斯捷尔纳克来到斯德哥尔摩,替父亲领取了瑞典科学院颁发的证书和奖章[③]。正式认定当年的放弃为虚假和被迫,至此,帕斯捷尔纳克的诺贝尔奖得主称号终获确认。

1990 年,在帕斯捷尔纳克诞辰一百周年之际,举行了带有改革时期自由气息却不乏苏联式浮华的纪念活动——他的五卷本文集开始出版,第二年,完成了这套迄今为止最全的文集。九十年代,陆续推出了一批跟帕斯捷尔纳克相关的大部头作品,包括数卷书信集、同时代人的回忆集、传记、学术研讨资料、抒情诗和散文的大量再版。2002 年,英国根据《日瓦戈医生》拍摄了电视剧。自 1995 年起,塔甘卡剧院开始上演尤里·柳比莫夫编剧、阿尔弗雷德·什尼特克作曲的戏剧《日瓦戈(医生)》。2003 年,小说搬上荧屏的工作在俄罗斯也终于启动,摄制了五集电视连续剧。

从 1990 年开始,位于别列捷尔金诺的帕斯捷尔纳克故居博物馆正式开放,平常开馆时间为上午十点到下午四点。博物馆所在的街道,仍然叫作巴

① 美国米高梅电影公司 1965 年出品,翌年赢得奥斯卡最佳编剧、最佳摄影、最佳音乐等五项大奖。

② 又称小红莓、蔓越橘、蔓越莓,低矮的灌木类植物,浆果红色,味酸。“参天的酸果蔓”源于荒唐的吹嘘,意指“外行的、贻笑大方的事物”。

③ 根据本书附录“帕斯捷尔纳克生平与创作年表”,帕斯捷尔纳克的儿子替他领取诺贝尔奖章和证书的时间为 1989 年 10 月。

甫连珂街。

帕斯捷尔纳克一共有四个孙子和十个重孙。

7

改革终结以后,大众文化作为市场产物来势凶猛(国家当时沦入愚蠢的境地,实为有意识的自由主义自残策略之结果),在此期间,帕斯捷尔纳克仿佛变成了他自己的墓碑。他从鲜活的文化语境中消隐,他的小说好歹还有人读,以便应付考试,诗歌则几乎不再受人青睐。经过八十年代末的热捧和一百周年纪念的喧嚣,他俨然成为一整套正宗俄苏遗珍的一部分:鱼子酱、套娃、普希金、宇宙空间、《日瓦戈医生》。偶或有人模仿他,却是拙劣不堪。正如托尔斯泰和陀思妥耶夫斯基之间永恒的较量,占上风的一方要么是前者《旧约》式的威力和唯理主义,要么是后者《新约》式的敏感和病态的昏热,在曼德尔施塔姆与帕斯捷尔纳克的角逐中,频现于引文并被后现代主义者奉为先知的曼德尔施塔姆暂时赢得了胜利(他眷恋着世界文明!)。

然而,帕斯捷尔纳克终究不可战胜:对他不友善的人们,谈到他始终带着难以驱遣的憎恶,是他们将荣耀与引用率重新归还给他。帕斯捷尔纳克的基督教思想、他的丰富而自由的创作天赋、他的心灵的健康,曾经让苏联时期的庞然大物感到难堪,如今则刺痛着当代文化的宵小之辈。他们躲避他,唯恐避之不及。而这种在伪先锋派、道德相对主义者、空洞实验及丑闻公关手段的爱好者中间激起恼恨的能力,恰恰保证了帕斯捷尔纳克的不朽。

他一生主要的教训何在——假如从某个人的一生总是可以汲取教训的话?

若要以他为榜样,起码需要具备他的才华。这恐怕就是答案。他本人无数次提到“文学学习”之虚幻。仿效他,就像仿效一切大诗人,是徒劳无益的。

他的基督教思想,也并非为了所有人,而仅仅适合于那些值得赠予并与之分享什么的人。缺乏真正的精神富足,便无从领会心灵极度丰富之经验。对命运倾尽身心的顺服,同样不适合于任何气质。勇敢地迎接诱惑,是为了更明确地拒斥,这是行之有效的战术,但也是危险的,如果考虑到人们在现今时代不得不应对怎样的诱惑。并非每个人都能够挣脱魔爪。

或许,他的诗歌和散文、戏剧和书信、风格和声音的主要长处就在于,它们分别以同等的说服力证明着另一个世界及其瑰丽色彩的可能性,证明着变容的神奇、造物主生动的在场。每一个语法上的错漏、含混的呢喃、偶尔的口误,都是新意的透散,是失言和错误在其间免于惩处的那些群落传出的消息。他写下的一切,无异于幸福与仁慈的许诺:所有人都会被原谅,所有人都会得到垂怜,仍将有许多奇迹被呈现。

文学对人类别无亏欠。

2003 年 9 月至 2004 年 7 月

鲍里斯·帕斯捷尔纳克生平与创作年表

1890 年

2 月 10 日(俄历 1 月 29 日),临近午夜,在莫斯科,画家列昂尼德(约瑟夫)·奥西波维奇·帕斯捷尔纳克与钢琴家罗扎利娅·伊西多洛夫娜·帕斯捷尔纳克(娘家姓霍夫曼)家中产下一子,取名鲍里斯。

1893 年

2 月 13 日,弟弟亚历山大出生。

1894 年

8 月,列·奥·帕斯捷尔纳克被任命为莫斯科绘画、雕塑与建筑学校助教。全家迁至米亚斯尼茨克街一套厢房中居住。

11 月 23 日,列夫·托尔斯泰来帕斯捷尔纳克家做客。从这一天起,鲍里斯·帕斯捷尔纳克便开始记事,“再没有大的中断和模糊。”

1895 年

11 月 19 日,帕斯捷尔纳克的母亲中断自己的演艺生涯,此后十二年未登台演出。

1898 年

春天,列·奥·帕斯捷尔纳克为《复活》创作三十三幅插图。

4 月,列·奥·帕斯捷尔纳克结识莱纳·马利亚·里尔克。

1900 年

2 月 6 日,妹妹约瑟芬娜-约安娜(若尼娅)出生。

5 月,里尔克第二次到莫斯科。与帕斯捷尔纳克一家相识。

8 月,根据针对犹太人的“百分比限额”制度,第五古典中学拒绝接收鲍里斯·帕斯捷尔纳克，但承诺晚些时候会直接录取他进入二年级就读。

1901 年

5 月，在动物园举办了“达荷美的阿玛宗人①”盛大游行演出。

夏天，全家迁至学校的主楼居住。

1902 年

3 月 8 日，妹妹利季娅-伊丽莎白出生。

1903 年

6 月，在小雅罗斯拉维茨郊外的别墅，帕斯捷尔纳克一家与斯克里亚宾相识。

8 月 6 日，在一次夜间牧马时，帕斯捷尔纳克从马上坠落，右腿摔断，因接合不当，比左腿短了三公分②，致使其后来无法服兵役。

1904 年

12 月，在彼得堡度过圣诞假日，住在姑妈安娜·奥西波夫娜·弗莱登伯格家里。去科米萨尔热夫斯卡娅剧院观看演出。

1905 年

10 月 25 日，鲍里斯在街上遭到哥萨克骑兵巡逻队马鞭抽打。

12 月底，举家迁往德国。

1906 年

8 月 11 日，全家从柏林出发，返回俄罗斯。

1908 年

5 月，鲍里斯以优异成绩从第五古典中学毕业。

6 月 16 日，向莫斯科大学法律系递交入学申请。

1909 年

3 月，帕斯捷尔纳克为斯克里亚宾演奏自己的奏鸣曲及其他作品。尽管受到赞赏，但他决定终止音乐方面的学习，转向哲学。

从春天到夏天，首次尝试散文和诗歌写作。

1910 年

2 月，奥丽嘉·弗莱登伯格到莫斯科旅行。受其影响，帕斯捷尔纳克决

---

① 古希腊神话中的女人部落，强悍善战。

② 本书第二章提到帕斯捷尔纳克从马上坠落，导致他右腿比左腿短一公分半，前后所述不一致。

定放下文学创作，深入研究哲学，以便“约束自己的思想意识”。

夏天，十三岁少女叶莲娜·维诺格拉德从伊尔库茨克来到莫斯科，帕斯捷尔纳克与之相识。

10月，在弗·谢·索洛维约夫宗教与哲学协会与康斯坦丁·洛克斯相识。

11月7日，鲍里斯与父亲前往列夫·托尔斯泰去世的阿斯塔波沃。

1911 年

上半年，在文学社团“谢尔达尔达”的活动中结识谢尔盖·勃布罗夫。

4月，举家迁至沃尔洪卡街9号，帕斯捷尔纳克在这里时断时续地生活到1938年。

1912 年

4月21日，赴德国马堡。

5月9日，帕斯捷尔纳克报名参加了以赫尔曼·柯亨为首的马堡学派研讨班。

6月16日，向伊达·维索茨卡娅求爱，但她拒绝嫁给帕斯捷尔纳克。

6月28日，在法兰克福与奥丽嘉·弗莱登伯格会面。

8月3日，帕斯捷尔纳克赴威尼斯。

8月25日，返回俄罗斯。

秋天，“谢尔达尔达”改组为“抒情诗”文学小组。

1913 年

2月10日，在“缪斯革忒斯”出版社所属的美学研究小组，帕斯捷尔纳克做了题为《象征主义与不朽》的报告。

2月底，发表处女作：《抒情诗》丛刊出版，其中收录的鲍里斯·帕斯捷尔纳克五首诗作首次公诸于众。

1913年12月，诗集《云雾中的双子座》出版。

1914 年

1月，创建“离心机”文学社，脱离“抒情诗”文学小组。

4月，《卢克诺克》丛刊出版。

5月5日，初遇马雅可夫斯基。

1915 年

3月，帕斯捷尔纳克获准在工厂主菲利普家担任家庭教师。

5 月 28 日，莫斯科发生反德骚乱。菲利普家族破产。在骚乱中帕斯捷尔纳克部分手稿被毁。

5 月，诗集《缪斯女神的春天代理处》出版，这是帕斯捷尔纳克与马雅可夫斯基首次一起发表作品。

6 月，前往哈尔科夫看望娜杰日塔·西尼亚科娃。

10 月 24 日，前往彼得格勒。与布里克一家相识。

12 月，动身去乌拉尔。

1916 年

1 月至 7 月，在弗谢沃罗达-维里沃化工厂工作，担任财务核算助理。

秋天，翻译斯温伯恩的悲剧《沙特拉尔》。

帕斯捷尔纳克在卡马河畔静山化工厂厂长卡尔波夫家担任家庭教师。

12 月，诗集《跨越障碍》出版。

1917 年

2 月，帕斯捷尔纳克返回莫斯科。

春天，与叶莲娜·维诺格拉德恢复交往。

夏天，完成未来诗集《生活，我的姐妹》中的大部分作品。

6 月，叶莲娜·维诺格拉德搬到沃罗涅日附近的罗曼诺夫卡。

1918 年

1 月，与拉丽萨·莱斯纳相识。

2 月，在莫·蔡特林(阿马里)家的晚会上与玛丽娜·茨维塔耶娃初次相识。

3 月，叶莲娜·维诺格拉德出嫁。创作组诗《断裂》。

秋天，开始书写长篇小说《三个名字》，其中第一部后来改为中篇小说《柳维尔斯的童年》，结尾则被销毁。写下纲领性的文章《若干原则》(正式发表于 1922 年)。

1919 年

10 月，到卡西莫夫看望母亲的亲属。

从春天到秋天，开始创作诗集《主题与变奏》及文论集《Quinta essentia》①。

---

① 拉丁语:《第五元素》。

1921 年

8 月，与叶甫盖尼娅·卢里耶相识，她后来成为帕斯捷尔纳克的妻子。

9 月 16 日，帕斯捷尔纳克的父母永远离开俄罗斯，定居柏林。

12 月 27 日，帕斯捷尔纳克凭嘉宾证列席全俄苏维埃第九次代表大会，见到列宁。

1922 年

1 月初，与奥西普·曼德尔施塔姆及其妻子相识。

1 月 14 日，在彼得格勒，帕斯捷尔纳克作为未婚夫与未婚妻一家正式见面。

1 月 24 日，帕斯捷尔纳克与叶甫盖尼娅·卢里耶办理结婚登记手续。

4 月，《生活，我的姐妹》在"格尔热宾"出版社出版。

4 月 13 日，在屠格涅夫阅览室举办的诗歌晚会上观众爆满，受到热烈欢迎。

6 月 14 日，开始与玛丽娜·茨维塔耶娃书信往来。

7 月，与弗拉基米尔·希尔洛夫和奥丽嘉·希尔洛娃夫妇相识。

8 月中旬，在克里姆林宫与托洛茨基见面。

8 月 17 日，帕斯捷尔纳克夫妇乘船由彼得格勒前往柏林。

1923 年

1 月，诗集《主题与变奏》在"彼得罗波利斯"（柏林）出版社出版①。

2 月，与妻子一起在马堡短暂停留。

3 月 21 日，返回俄罗斯之前，帕斯捷尔纳克与父母最后一次相见。

9 月 23 日，儿子叶甫盖尼诞生。

9 月至 11 月，长篇叙事诗《崇高的疾病》首次发表。

12 月 17 日，在勃留索夫五十周岁生日庆祝会上，帕斯捷尔纳克朗诵了诗歌初稿《致瓦列里·勃留索夫》。

1924 年

1 月 24 日，帕斯捷尔纳克与曼德尔施塔姆随同成千上万悼唁的人群一道瞻仰列宁灵柩。

2 月，开始创作中篇小说《空中道路》。

---

① 本书第三章称《主题与变奏》被帕斯捷尔纳克卖给了柏林的"赫利孔"出版社。

11月，经由历史学家和记者雅科夫·切尔尼亚克出面举荐，帕斯捷尔纳克获得机会，在联共(布)中央委员会所属列宁学院整理“国外列宁生平”相关资料，此项工作进行了三个月。

1925年

3月，开始创作长篇诗体小说《斯佩克托尔斯基》。

秋天，书写长诗《一九〇五年》开头的章节。

1926年

3月22日，帕斯捷尔纳克收到父亲的书信，信中提到里尔克了解并赞赏他的诗作。

2月至12月，创作长诗《施密特中尉》。

12月29日，里尔克去世。

1927年

3月，“列夫”成员与托洛茨基会面，这是在后者倡议下进行的。

5月，帕斯捷尔纳克与“列夫”彻底决裂。

8月，在《新世界》杂志发表《施密特中尉》，同时还发表了献给茨维塔耶娃的贯顶诗。

1928年

7月，《一九〇五年》和《施密特中尉》单行本出版。

夏天，修订早期诗歌作品和《崇高的疾病》。

秋天，继续创作长篇诗体小说《斯佩克托尔斯基》。开始《中篇故事》的写作。

1929年

上半年，动笔创作《安全保护证》第一篇。

7月，《中篇故事》在《新世界》杂志发表。

8月，《安全保护证》第一篇发表在《星》杂志。

秋天，写作《斯佩克托尔斯基》结尾部分。结识亨里希·涅加乌斯和他的妻子济娜伊达·尼古拉耶夫娜·涅加乌斯(娘家姓叶列梅耶娃)。

12月30日，最后一次尝试与马雅可夫斯基和好。

1930年

2月，受托洛茨基和勃留姆金一案牵连，弗拉基米尔·希尔洛夫被捕，随后遭枪决。

4 月 14 日，马雅可夫斯基自杀。

7 月，与弟弟亚历山大一家、阿斯穆斯夫妇及涅加乌斯夫妇赴伊尔宾旅行。开始与济娜伊达·涅加乌斯恋爱。

8 月，在基辅至莫斯科的火车上，帕斯捷尔纳克第一次向济娜伊达·尼古拉耶夫娜表白爱情。

8 月至 10 月，写作《安全保护证》第二篇和第三篇。

10 月，帕奥罗·雅什维利访问莫斯科期间，帕斯捷尔纳克与之结识。

1931 年

1 月 27 日，帕斯捷尔纳克离开家，第一次在济娜伊达·尼古拉耶夫娜处留宿。

1 月至 4 月，帕斯捷尔纳克在鲍里斯·皮里尼亚克位于亚姆斯科耶—波列的家中暂住。

5 月至 6 月，《安全保护证》结尾部分发表于《红色处女地》杂志。

5 月 5 日，帕斯捷尔纳克承诺返回家庭；送妻子和儿子去柏林。

5 月 12 日，济娜伊达·尼古拉耶夫娜动身去基辅。

5 月 28 日，短暂访问基辅之后，帕斯捷尔纳克随作家代表团赴车里雅宾斯克。

7 月 11 日，与济娜伊达·尼古拉耶夫娜和她的儿子亚德里安（阿季克）一道动身去梯弗里斯。

7 月 14 日，结识纪齐安·塔毕泽。

10 月 18 日，返回莫斯科。

12 月 24 日，叶甫盖尼娅·帕斯捷尔纳克与儿子返回莫斯科。

1932 年

2 月 3 日，帕斯捷尔纳克试图服毒自杀。

2 月中旬，苏联作协分给帕斯捷尔纳克和济娜伊达·尼古拉耶夫娜一套两居室的住房，位于特维尔街心花园 7 号。

3 月，《安全保护证》单行本出版。

4 月 6 日，苏联作家联合会（ФОСП）举办帕斯捷尔纳克专场晚会，即将出版的诗集《第二次降生》中的诗作受到热烈讨论。

4 月 23 日,“拉普”解散。

6 月 8 日,应斯维尔德洛夫斯克州委员会邀请,帕斯捷尔纳克与济娜伊达·尼古拉耶夫娜及孩子们到斯维尔德洛夫斯克旅行。

8 月,诗集《第二次降生》在“联邦出版社”出版。

10 月 11 至 13 日,帕斯捷尔纳克诗歌专场晚会在列宁格勒举行,大获成功。

10 月,回到沃尔洪卡。叶甫盖尼娅·帕斯捷尔纳克带儿子搬到位于特维尔街心花园的住处。

11 月 10 日,《文学报》为曼德尔施塔姆举办朗诵会。两位诗人争论艺术家的自由问题。

1933 年

11 月,随作家代表团赴格鲁吉亚访问。

1934 年

5 月 14 日,奥西普·曼德尔施塔姆被捕。

5 月 22 日,在“关于抒情诗”的讨论会上,针对阿谢耶夫的报告作了发言,引起众多争议。

6 月的第二个星期,帕斯捷尔纳克与斯大林在电话中交谈。

8 月 29 日,帕斯捷尔纳克在苏联作家协会第一次代表大会上发言。全体起立欢迎帕斯捷尔纳克的言论。

秋天,《第二次降生》再版,增添了题为《波浪》的序曲,以示对尼古拉·布哈林的敬意。

1935 年

2 月,帕斯捷尔纳克翻译的诗集《格鲁吉亚抒情曲》出版。

3 月至 8 月,出现了严重的抑郁症、失眠和焦虑。

6 月,前往巴黎参加旨在保卫文化的反法西斯大会。

6 月 22 日,与妹妹约瑟芬娜在柏林最后一次相见。

6 月 24 日,在大会上发言,呼吁作家们“不要搞什么组织”。与玛丽娜·茨维塔耶娃见面,结识她的丈夫谢尔盖·艾弗伦和女儿阿利娅·艾弗伦。

7 月 6 日,从伦敦乘船返回列宁格勒。

8 月，帕斯捷尔纳克在莫斯科郊外的波尔谢沃接受治疗。

10 月 24 日，尼古拉·普宁和列夫·古米廖夫在列宁格勒被捕。安娜·阿赫玛托娃动身前往莫斯科。

10 月 30 日，阿赫玛托娃与帕斯捷尔纳克给斯大林写信。

11 月 3 日，普宁和古米廖夫获释。

12 月底，帕斯捷尔纳克给斯大林寄送诗集《格鲁吉亚抒情曲》和一封感谢信。

1936 年

2 月 10—24 日，苏联作协理事会第三次(明斯克)全体会议召开。

2 月 16 日，帕斯捷尔纳克发言反对文学创作中的陈词滥调和整齐划一。

3 月 13 日，在有关形式主义问题的讨论中，帕斯捷尔纳克激烈回应了半官方性质的批评。

6 月 15 日，谈及"斯大林宪法"的《新的成熟》一文，发表在《消息报》。

7 月，帕斯捷尔纳克与安德烈·纪德会面，后者来到苏联是为书写关于全世界第一个社会主义国家的著作。帕斯捷尔纳克提醒纪德留意"波将金村现象"①和官方谎言。

10 月，在《新世界》杂志发表组诗《夏日笔记》。

1937 年

1 月，在苏联作协理事会纪念普希金去世一百周年纪念大会上发言。

2 月 27 日，布哈林被捕。

6 月 14 日，帕斯捷尔纳克拒绝在赞成处决图哈切夫斯基、雅基尔、艾德曼等人的公开信上签名。

7 月 22 日，帕奥罗·雅什维利开枪自杀。

10 月 10 日，纪齐安·塔毕泽被捕。

12 月 31 日，帕斯捷尔纳克的儿子列昂尼德出生。

---

① 出自俄国历史的典故。波将金系俄罗斯帝国女皇叶卡捷琳娜二世的情夫，陆军元帅，俄军总指挥。为使叶卡捷琳娜二世对其领地的富足留下良好印象，波将金不惜工本，在女皇必经的道路旁建起一批豪华的假村庄。后来，"波将金村"成为金玉其外弄虚作假的代名词，用来嘲讽那些看似堂皇实则空洞的事物。

1938 年

1 月 10 日，国立梅耶荷德剧院关闭之后，帕斯捷尔纳克与梅耶荷德共进午餐。

2 月至 4 月，完成《哈姆雷特》最初的译本。

1939 年

春天到秋天，创作长篇小说《日乌利特笔记》，战争期间，草稿毁于别列捷尔金诺。

8 月 23 日，帕斯捷尔纳克的母亲罗扎利娅·伊茜多洛夫娜在牛津去世。

1940 年

从春天到夏天，书写别列捷尔金诺组诗第一组诗作。

6 月，《哈姆雷特》译本在《青年近卫军》杂志发表。

1941 年

5 月，帕斯捷尔纳克决定离家出走，但战争的爆发打乱了他的计划。

7 月 9 日，济娜伊达·尼古拉耶夫娜带儿子廖尼亚疏散到后方。

7 月至 8 月，帕斯捷尔纳克在拉夫鲁申巷的住所屋顶上扑灭燃烧弹，在预备役短期集训队练习射击。

8 月 27 日，玛丽娜·茨维塔耶娃在叶拉布加自杀。

10 月 14 日，帕斯捷尔纳克被疏散到契斯托波尔，与阿赫玛托娃乘坐在同一车厢。

1942 年

1 月至 4 月，翻译《罗密欧与朱丽叶》。

夏天，完成剧作《此世》梗概，后将写好的内容销毁。

10 月 2 日，返回莫斯科。

12 月 26 日，重返契斯托波尔。

1943 年

6 月 25 日，全家返回莫斯科。

7 月，诗集《在早班火车上》在“苏维埃作家”出版社出版。

8 月末至 9 月初，前往解放后的奥廖尔。完成随笔《军队纪行》和《解放的城市》。

11 月,叙事长诗《霞光》序曲在《红星报》发表。

1944 年

1 月至 3 月,创作叙事长诗《霞光》和军事题材诗歌。

1945 年

2 月,出版诗集《辽阔的大地》。

4 月 20 日,亚德里安·涅加乌斯因骨结核病去世。

5 月 31 日,帕斯捷尔纳克的父亲列昂尼德·奥西波维奇·帕斯捷尔纳克在牛津辞世。

5 月到 12 月,帕斯捷尔纳克的系列诗歌晚会相继在学者之家、莫斯科国立大学和综合技术博物馆举行。

8 月,翻译尼科洛兹·巴拉塔什维利的全部短诗和叙事诗。

9 月,结识英国外交官以赛亚·伯林。

10 月 19 日,在第比利斯鲁斯塔维利剧院纪念尼科洛兹·巴塔什维利的朗诵会上表演。

1946 年

1 月,开始创作长篇小说,后来定名为《日瓦戈医生》。

2 月,根据帕斯捷尔纳克的译本,亚历山大·格鲁莫夫主演的独幕剧《哈姆雷特》在莫斯科首演。

4 月 2 日至 3 日,与安娜·阿赫玛托娃联合举办诗歌晚会。

9 月,苏联报刊和作家会议对帕斯捷尔纳克展开激烈的攻击。

10 月,结识奥丽嘉·伊文斯卡娅。

1947 年

5 月,康斯坦丁·西蒙诺夫拒绝在《新世界》杂志发表帕斯捷尔纳克的诗。

夏天,翻译《李尔王》。

1948 年

1 月,列入“苏联文学金色丛书”的鲍里斯·帕斯捷尔纳克《诗选》被销毁,共计两万五千册。

秋天,翻译《浮士德》第一部。

1949 年

10 月 9 日，根据刑法第 50 条第 10 款（接触间谍嫌疑人员），奥丽嘉·伊文斯卡娅被捕。

秋天，翻译《浮士德》第二部。

1950 年

夏天，完成长篇小说《日瓦戈医生》初稿。

1952 年

10 月 20 日，帕斯捷尔纳克犯了严重的心肌梗塞。

11 月至 12 月，在鲍特金医院治疗。

1953 年

2 月，帕斯捷尔纳克夫妇入住“波尔谢沃”疗养院。

3 月 5 日，斯大林去世。

夏天，组诗《尤里·日瓦戈的诗》完成。

9 月，奥丽嘉·伊文斯卡娅从劳改营获释回来。

1954 年

4 月，长篇小说中的十首诗作在《旗》杂志上发表。

5 月，格·科津采夫导演的《哈姆雷特》在列宁格勒首演。

1955 年

7 月 6 日，奥丽嘉·弗莱登伯格去世。

12 月，《日瓦戈医生》创作完毕。

1956 年

5 月，在长期拖延和眼见小说（《日瓦戈医生》）于俄罗斯出版无望的情况下，帕斯捷尔纳克将手稿交给意大利出版商费尔特利涅里的代理人。

6 月，佩德罗·茨维捷列米奇开始把小说译为意大利语。

9 月，《新世界》编辑部拒绝发表小说，并寄给帕斯捷尔纳克一封退稿信，指出小说在思想和艺术上均站不住脚。

10 月，《文学莫斯科》丛刊编委会拒绝将小说稿件刊登在第 3 期(未出版)。

1957 年

2 月，帕斯捷尔纳克与法国斯拉夫学研究者杰奎琳·德普吕艾雅尔女士相识，并办理委托书，由其负责代理自己在国外的事务。

春天和夏天，创作抒情组诗《雨霁》。

11月23日，长篇小说《日瓦戈医生》在意大利出版，随即成为畅销书。

12月17日，在帕斯捷尔纳克的别墅为外国记者举行新闻发布会，帕斯捷尔纳克声明，他不打算放弃小说著作权，并对作品在意大利出版表示欢迎。

1958年

10月23日，帕斯捷尔纳克荣获诺贝尔文学奖。

10月25日，苏联作协召开党务会议。

10月26日，《文学报》刊登《新世界》杂志编委会给《日瓦戈医生》的退稿信。

10月27日，苏联作协理事会主席团讨论关于帕斯捷尔纳克长篇小说《日瓦戈医生》在境外发表的事实。

10月29日，帕斯捷尔纳克被迫致电诺贝尔委员会，放弃领奖。苏联共青团中央第一书记弗拉基米尔·谢米恰斯特内在庆祝共青团成立四十周年大会上发言，声称苏维埃政府准备将帕斯捷尔纳克驱逐出境。

10月30日深夜至31日凌晨，帕斯捷尔纳克给赫鲁晓夫写信，请求不要剥夺他的苏联国籍。

10月31日，莫斯科作家全体会议将帕斯捷尔纳克开除出作协，并提请政府剥夺其国籍。

11月5日，经苏共中央文化部审定，帕斯捷尔纳克的信在《真理报》发表。信中包含他放弃接受诺贝尔文学奖的声明，以及准许他在苏联生活和工作的请求。

1959年

1月末，写下《诺贝尔奖》一诗。

1月30日，帕斯捷尔纳克将《诺贝尔奖》交给《每日邮报》记者安东尼·布朗。

2月11日，《诺贝尔奖》刊登在《每日邮报》上。

2月20日，在苏共中央要求下，帕斯捷尔纳克偕妻子飞抵格鲁吉亚，使到访苏联的英国首相麦克米伦无法与之会面。

3月2日，帕斯捷尔纳克夫妇乘火车返回莫斯科。

3 月 14 日，在别列捷尔金诺散步时，帕斯捷尔纳克受到苏联总检察长鲁坚科传唤，送往莫斯科后遭到讯问。鲁坚科威胁将追究其刑事责任，并要求停止与外国人来往。

从夏天到秋天，创作话剧《盲美人》。

1960 年

4 月初，帕斯捷尔纳克的身体首次出现了致命的症状。

5 月 30 日，23 时 20 分，鲍里斯·列昂尼德维奇·帕斯捷尔纳克因肺癌转移至胃部在别列捷尔金诺去世。

6 月 2 日，帕斯捷尔纳克被安葬于别列捷尔金诺墓地。尽管官方消息未透露葬礼的时间和地点，仍有四千余人前来送别帕斯捷尔纳克。

8 月 16 日，奥丽嘉·伊文斯卡娅被指控犯有走私罪，遭到逮捕。

9 月 5 日，伊文斯卡娅的女儿伊琳娜·叶梅里扬诺娃被捕。

1965 年

7 月 10 日，叶甫盖尼娅·弗拉基米洛夫娜·帕斯捷尔纳克去世。

8 月，作为“诗人丛书”大系之一，帕斯捷尔纳克作品集获得出版。

1966 年

6 月 23 日，济娜伊达·尼古拉耶夫娜·帕斯捷尔纳克去世。

1988 年

1 月至 4 月，长篇小说《日瓦戈医生》在《新世界》杂志连载。

1989 年

10 月，帕斯捷尔纳克的儿子叶甫盖尼·鲍里索维奇领取诺贝尔奖章和证书。

1990 年

2 月，位于别列捷尔金诺的帕斯捷尔纳克故居博物馆正式开放。

1990 年 2 月至 1991 年 2 月，“文学出版社”出版五卷本《鲍里斯·帕斯捷尔纳克文集》。

2004 年

2 月，十一卷本《鲍里斯·帕斯捷尔纳克全集》准备付印。

原著参考书目

Перечень даже самых значительных статей о Борисе Пастернаке составил бы книгу толще этой. Здесь указаны лишь те публикации, без которых, на наш взгляд, ни один исследователь Пастернака и просто вдумчивый его читатель не смогут обойтись.

Пастернак Б. Л. Полное собрание сочиненний и писем. В 11 т. М.: Слово/Slovo, 2004 (издание будет завершено в 2006 г.).

Пастернак Б. Л. Собрание сочинений. В 5 т. М.: Худож. лит., 1989—1992.

«Гамлет» Бориса Пастернака. М.; СПб.: Летний сад, 2002.

Пастернак Б. Л. Письма к родителям и сестрам. 1907—1960. М.: Новое литературное обозрение, 2004.

Борис Пастернак, Марина Цветаева. «Души начинают видеть». Письма 1922—1936гг. М.: Вагриус, 2004.

Пастернак Б. Л. «Существованья ткань сквозная». Письма к Евгении Пастернак. М.: Новое литературное обозрение, 1998.

Пастернак Б. Л. «Пожизненная привязанность». Переписка с Ольгой Фрейденберг. М.: Арт-Флекс, 2000.

Пастернак Б. Л. «Чтоб не скучали расстоянья». Биография в письмах. М.: Арт-Флекс, 2000.

Пастернак Б. Л. Второе рождение. Письма к З. Н. Пастернак.

« А за мною шум погони... ». Борис Пастернак и власть. Документы и материалы. М.: Роспэн, 2001.

Альфонсов В. Лирика Бориса Пастернака. СПб.: Сага, 2001.

Баевский В. Пастернак-лирик. Смоленск, 1993.

Борис Пастернак, Марина Цветаева, Райнер Мария Рильке. Письма 1926 года. М.: Книга, 1990.

Вильям-Вильмонт Н. Борис Пастернак. Воспоминания и мысли// Новый мир. 1987. № 6.

Воспоминания о Борисе Пастернаке. М.: Слово/Slovo, 1990.

Гинзбург Л. Записные книжки. Воспоминания. Эссе. СПб.: СПб-Искусство, 2002.

Гладков А. Встречи с Пастернаком. М.: Арт-Флекс, 2002.

Данин Д. Бремя стыда. М.: Раритет-537, 1997.

Емельянова И. Легенды Потаповского переулка. М.: Элис Лак, 1997.

Жолковский А. Блуждающие сны и другие работы. М., 1994; Инвенции. М., 1995.

Иванова Н. Пастернак и другие. М.: Эксмо, 2003.

Ивинская О. Годы с Борисом Пастернаком. В плену времени. М.: Либрис, 1992.

Катанян В. А. Запечатанная бутылка. Н. Новгород: Деком, 1999.

Ливанов В. Неизвестный Борис Пастернак. М.: Дрофа, 2002.

Мандельштам Н. Вторая книга. М.: Согласие, 2002.

Мандельштам О. Слово и культура. Статьи и рецензии. М.: Худож. лит., 1987.

Масленикова З. Борис Пастернак. Встречи. М.: Захаров, 2001.

Пастернак А. Воспоминания. М.: Прогресс-Традиция, 2002.

Пастернак Е. Борис Пастернак. Биография. М.: Худож. лит., 1997.

Пастернак З. Н. Воспоминания. М.: ГРИТ, Дом-музей Бориса

Пастернака,1993.

Синявский А. Борис Пастернак (предисловие). Большая серия «Библиотеки поэта». М.: Худож. лит.; Л., 1965.

Смирнов И. Роман тайн «Доктор Живаго». М.: Новое литературное обозрение, 1996.

Сухих И. Живаго жизнь: стихи и стихии. В кн.: Борис Пастернак. Доктор Живаго. СПб.: Азбука-классика, 2004.

Тынянов Ю. Промежуток. В кн.: История литературы. Критика. СПб.: Азбука-классика, 2001.

Фатеева Н. Поэт и проза. Книга о Пастернаке. М.: Новое литературное обозрение, 2003.

Флейшман Л. Борис Пастернак в двадцатые годы. СПб.: Академический проект, 2003.

Флейшман Л. Борис Пастернак в тридцатые годы. The Magnes Press. The Hebrew University. Jerusalem, 1984.

Цветаева А. Воспоминания. М.: Изографус, 2001.

Чуковская Л. Борис Пастернак//Соч. В 2 т. М.: Арт-Флекс, 2001.

Чуковская Л. Записки об Анне Ахматовой. В 2 т. СПб.: Нева; Харьков: Фолио, 1992.

Чуковский К. Дневник. В 2 т. М.: Современный писатель, 1994.

译　后　记

2005年，俄罗斯久负盛名的青年近卫军出版社“杰出人物传记丛书”①推出了作家、诗人德米特里·贝科夫撰写的《帕斯捷尔纳克传》。这部作品甫一问世，就非同凡响，不仅一举摘得俄罗斯2006年度畅销书奖和奖金规模世界第二的“大书奖”头名，而且一版再版，迄今为止，印数起码超过六十万册。这的确是一部大书——因为超长甚至显得过剩的篇幅，也因为与篇幅相匹配的内容、思想、对诸多奇迹的演绎和颂赞，借用传主的表述，这部书同样不失为一个“造书的奇迹”。俄罗斯当代作家弗拉基米尔·齐布利斯基评论说，“这是关于诗歌与散文自身的履历。其余的一切，包括诗人本人的生活，都只是词语诞生前后的种种情形。也正是这些才吸引了作者，并且决定作品能否吸引读者。‘其余的一切，都是文学。’”阅读这部作品，令人“在帕斯捷尔纳克之下得到净化”。2007年，著名文学教育家、深受爱戴的文坛长者尤里·哈尔芬（1929—2014）在《文学》杂志上撰文指出，“创作分析与诗人作为个体的分析相得益彰，使德米特里·贝科夫的著作成为传记文学中极其罕见、极为出色的现象。”

由《帕斯捷尔纳克传》引发的反响经久不息。2015年，帕斯捷尔纳克诞辰125周年前夕，俄罗斯“自由广播电台”与作者展开对谈，称“十年来，当我们说到‘贝科夫’，指的则是‘帕斯捷尔纳克’。这部记述一位伟大诗人和小说家生平的作品……改变了对传记体裁可能性之认知，在一定意义上也

---

① 最早创立于1890年的丛书系列，1924年中断，1933年在高尔基倡议下重新恢复，1938年至今归属于俄罗斯青年近卫军出版社，到目前为止已出版了将近两千部俄罗斯和世界杰出人物传记，对俄罗斯社会文化生活影响深远。

让帕斯捷尔纳克重归社会关注的视域,将一位经典作家变成我们同时代的人。”作者对此回应说:“因为帕斯捷尔纳克,世界见到了俄罗斯的美丽,并且为它在二十世纪的遭遇而恐惧。”面对传记给自己带来的殊荣,作者称这是对帕斯捷尔纳克美好一生及其艺术行为的褒扬,获奖的是他,“我仅仅充当了传递者。”

德米特里·利沃维奇·贝科夫 1967 年出生于莫斯科,1984 年考入莫斯科大学新闻系,攻读文学批评专业。大学期间,他积极参加文学社团活动,已有诗作入选多种诗集。1991 年大学毕业后,贝科夫在著名诗人、也是帕斯捷尔纳克生前忘年交和唯一“私淑弟子”沃兹涅先斯基举荐下加入苏联作家协会。耐人寻味的是,此时距离苏联作协一致表决恢复帕斯捷尔纳克会员资格不过两年,距离苏联瓦解的时日则屈指可数。

贝科夫俨然是专为从事创作而生,他具有“七普特男性美”①的健硕体格,精力过人,在写作方面异常丰产(据译者不完全统计,现已出版八部诗集、七部长篇小说、多本写给孩子的童话集),他的文学同行称他一只手写诗和大部头的长篇,另一只手为大众媒体撰写评论,同时还参与多项社会活动,发起“公民诗人”运动,主持电视和广播节目。

2003 年 9 月到 2004 年 6 月,贝科夫仅用八个多月就完成了俄文原版将近九百页的《帕斯捷尔纳克传》。惊人的写作速度得自此前为期一年半的材料收集与梳理,而“希望看到自己和帕斯捷尔纳克出现在同一封面上”的创作动因甚至可以追溯至上世纪八十年代阅读“禁书”的青春体验,这就像一粒橡树的种子,从一开始就孕育着长成大树的全部特质。贝科夫在一次访谈中提到当年《日瓦戈医生》在中学生中间的私下流传。有一天,一位关系要好的女生告诉他:“有人借给我一本‘医生’,让我看了一晚上,我也可以借你一晚上。实话说,这本书真是胡扯。”多年以后,作者在传记中写道,帕斯捷尔纳克是幻想的生动见证,与他的相遇如同吉兆,而阅读这部写给“少男少女们”的诗化的长篇应当慢速,“就像它被书写时那样,每天一两页,有时一段就够了,读者一整天都会感到自己是幸福的,会听到仿佛是帕斯捷尔纳克直接向你耳边发出的悲欣交集的声音。”很难想象,帕斯捷尔纳

---

① 出自茨维塔耶娃散文《记忆之井》。“普特”是俄制重量单位,1 普特相当于 16.3 公斤。

克的名字是否给昔日的中学生贝科夫带来“刹那间幸福的刺痛”，但幸福乃至幸运，实属《帕斯捷尔纳克传》最重要的主题之一。贝科夫认为，在惯于书写失意与民怨的俄罗斯文学语境下，帕斯捷尔纳克属于凤毛麟角的异数，他对幸福的追寻令人怦然心动。

当然，通过一部文学传记，将帕斯捷尔纳克塑造为一个幸福明朗的人，一个醉心于生活的歌者，显然是空前的冒险，既带有粉饰之嫌，又可能扭曲传主形象，让读者怀疑其整个艺术格局与价值取向。别忘了布罗茨基对帕斯捷尔纳克与曼德尔施塔姆、茨维塔耶娃以及阿赫玛托娃的比较。这位“六十年代的产儿”认为，与后三者相比，帕斯捷尔纳克不算是大诗人，而是“小宇宙的诗人”，“他的小宇宙的激情，彰显着爱之壮丽，细节之绚烂等等。他的诗行，也是一个小宇宙……作为手艺人，他有趣得简直让人着迷。”曼德尔施塔姆在沃罗涅日流放期间也曾不无贬抑地谈到帕斯捷尔纳克的现实观：“一个健康的人，把一切都看作现象：动不动就是雪啊、天气啊、人们行走啊……”鉴于同时代人的评述和帕斯捷尔纳克生平研究在俄罗斯已然蔚为大观，为他这样一位备受爱戴但向来不乏争议的诗人立传，需要的远不只是素材的堆叠、取舍、剪裁，使之服务于立意，更需要体裁的创新、结构的营建、叙事手法的变换，以及统摄全局的超强能力。惟其如此，才能够最大限度地避免米沃什说的“一切传记都是作伪”，犹如一个“没有软体动物曾经生活在其中的空贝壳。”

诚如贝科夫本人所言，“幸福也可能是有失分寸、不合时宜和自私自利的，这样的幸福不啻于凌辱。”人是意义的动物，幸福的伦理学要义在于摆脱外物施加于人的满足感，成为是其所是的那个人。在写作过程中，他似乎预见到传记潜在的危机，故而从一开篇就确定采取多种文体及多元的价值立场。他将文本、命运和帕斯捷尔纳克三者等同起来，力图运用一种内在生成的语言，以分析帕斯捷尔纳克作品的方式分析其生平，打破传记体裁通常所依凭的线性时间的单向叙事模式。他选择夏天作为大自然繁荣与慷慨的象征，作为对诗人履历和精神气质的“模仿”，将明显区分为三个时期的夏日之光抛洒在“幸福的人”身上，整部传记相应地也分为三个部分：六月——世界的正午、生活—姐妹、暑热、像“云朵滴落在印花布上”的爱情、印象主义的光与色的碎影、时代的翻覆、乐观精神的革命悲剧；七月——诱惑、城里的夏天、“瘟疫时期柏拉图的会饮”、斯大林的三十年代、恐怖剧、所有的一切相互怀念；八月——延续四十年的少年成长期，归结于患难、忍耐与盼望所催生的一部长篇童话，犹如苹果树自由地开花结果，被果实压弯枝条。这是艺术风格从混沌到澄明，从极为主观的抒情直抵散文叙事的嬗变，这也是一个人在尘世间可能历经的变易，是充分的成熟，最终上升为宗教意蕴十足的变容（преобржение）——并非教会意义的，而是个体意义的。三个部分，构成一个完整的夏季（传记文本也在这种时空体中不断滋长，大有将“贝壳”撑破之势），与帕斯捷尔纳克相关的所有重要转变和奇迹，都发生在这个季节，尽管他笔下与生活中从来不乏俄罗斯的暴风雪，他的春天和秋天也同样充满奇丽的意象和生动的气息。

与季节的隐喻相对应，作者的构思也从三条路径介入而得以实现：首先是逻辑的，其次是审美的，最后才是价值层面上的伸展和收束。三者相互衔连，贯穿于帕斯捷尔纳克作为一个人和一个诗人的生命历程，一方面揭示出诗人的诗学特征；另一方面也完成了一个幸福命题的论证。

说到这里，不妨回顾一下帕斯捷尔纳克晚年名诗《在医院》。在某种程度上，这首诗也可反过来佐证贝科夫的构思。1952 年，诗人突发心肌梗塞，饱受折磨。病愈四年之后，他在诗中想象和预见着“病床上的结局”，并把感恩的凝望投向窗外，在那里，霞光像火灾映红了世界的道口：“‘上帝啊，你的这些事业/何其完美，’病人暗自想起/这些床褥、人群和墙壁，/这死亡之夜和夜的城市。”当听到诗人流着激动的泪水，转向上帝发出礼赞，我们并不会感到突兀或造作，因为这是事件发展的结果，事件将人裹挟，合乎逻辑的选择除了礼赞（“像一声压抑得太久的叹息”）并从中获得崇高的美感，别无其他。诗人相信，相对于当下，还有另一种现实。而美则是通往幸福与信仰的终极道路，引领人在永恒事物中获得支撑。由此可见，作者与诗人之间潜存着某种互译关系。或者按照巴赫金的理论，传记世界是个未封闭和未完成的世界，它不具有独立于统一且唯一生存事件的稳定边界，因而这也是传主与作者共属的世界（参见巴赫金：《审美活动中的作者与主人公》）。通过诸多奥秘的解译，作者和诗人一道参与了世界的构建，出色地诠释了诗人的生命哲学以及由此决定的艺术哲学：将一切灾祸视为意外的幸福，灾祸降临之际，即是内在本质浮现于外之际；最大的灾祸是死，“死又是从罪来的，”只有在濒死的绝境，人才有可能真正认识自我，认清并领受上帝的事业，从非自由的存在状态中洗赎罪愆，完全得释放，成为一个幸福的完人。

此外，按照整体布局的逻辑和命运的逻辑（如果有的话），贝科夫精心设计了八个相对独立的章节，用以呈现帕斯捷尔纳克在不同时期的人生际遇、精神困惑、借助艺术创造而展开的左冲右突。这八个章节拥有一个共同的命名——“镜中人”，从马雅可夫斯基到茨维塔耶娃到阿赫玛托娃乃至斯大林，这些离他或远或近的人物确实像镜子，反映并塑造着他的面容。与此同时，每一面镜子也会映照或吸收各自不同的影像，芸芸影像汇集起来，足以形成更多人物关于历史与事件的丰富见证。

这些同时代人，有的积极参与并影响了国家的进程、文学的命运，更多的却是卷入了时代的旋流，倏忽即逝。但他们无不曾鲜活地存在于当时的岁月，浸淫其中，透散着随同时光消逝而无可追忆的独特气息。打开这一面面镜子，那些久别人世的形象似乎触手可及。德米特里·贝科夫在“镜中人”中营造的正是此种近乎迷幻的体验，使读者恍若置身于往昔，看到的是昔日的人们，听到的是他们的声音。帕斯捷尔纳克作为一名社会直觉天生敏锐、并不排斥社会交往的艺术家，则始终居于各类遭逢的核心，就像一颗恒星，众多行星由于偶然或必然的机缘为他所吸引，环绕他，各自闪烁，或明或暗，周行不止，偶或还有激烈的碰撞，甚至相互吞噬。就这样，贝科夫复活了年代久远的印象和破碎的记忆，让人对越来少的人与事知道得越来越多，并且再现了一片色彩斑斓的俄罗斯文学星空，早在近百年前，这种景象就已出现于帕斯捷尔纳克笔端：“讲完可怕的故事，/它们留下准确的地址，/敞开门，相互问询，/像在剧场里一样走动……”（帕斯捷尔纳克：《夏夜群星》）

巴赫金曾经说过，“传记是一种馈赠，我将其当作他人对他人的赠予而接受它。”这样看来，我们眼前的传记，首先来自帕斯捷尔纳克对其诗歌同行贝科夫的惠赐，然后则是两位俄罗斯诗人对所有读者共同的馈赠，这一个充分实现的共时性的行为——凭借人的情感和理智，凭借诗歌和散文的语言，以及帕斯捷尔纳克诗文所独有的音乐和绘画。传记中蕴含着某种双向的授受，对此或许帕斯捷尔纳克也会欣然同意，甚至会主动提醒读者加入进来。

以上所述，只是译者对《帕斯捷尔纳克传》这部大书的粗浅理解，关于诗歌如何诞生，如何生长起来，如何与人相遇，如何在混沌虚空留下吉光片羽，这些问题显然还需要更多翻译之外的专业知识，有待于深入研究，我也愿意并期望就教于大方之家。

自2009年秋季与人民文学出版社签约以来，译者将大部分时间和精力倾注于此书，周而复始的案头工作俨如西绪福斯的劳作。这部传记篇幅宏大，文体驳杂，几乎涉及所有文学体裁，引文十分繁密，全书引用的诗句超过三千行，天才诗人思想火花频现的书信片段殊为难解，传记作者的思维也极具跳跃性，并且不带任何注解，只有若干个增添行文难度的按语。

数年间，除了完成传记正文的翻译，译者为此书添加了一千三百个以上的注释，力求每句引诗均有出处，并查明准确的创作时间（这是解析帕斯捷尔纳克许多诗篇的天然暗记），相关知识背景也着力予以简介。出自其他作者的诗文及书名，均查对既已出版的汉译本，书名译法尽可能统一。当工作进展到中后期阶段，我的老师顾蕴璞先生主持翻译的《帕斯捷尔纳克诗全集》问世了，这给我手头的事情带来了便利。在坚持独立创作的前提下，对前辈译家的适当借鉴无疑是自我提高的重要环节。传记中引用到《日瓦戈医生》、《人与事》和《安全保护证》的地方，译者也参考了力冈和冀刚先生、蓝英年先生、桴鸣和乌兰汗（高莽）先生的译本，特此说明并向各位先生表示敬意。他们学养深厚，译文精湛，不愧为我学习的榜样。

值得一提的是，在艰难岁月里，翻译也是帕斯捷尔纳克维持生计和排解愁绪的方式。他留下了俄语中最好的《浮士德》和《哈姆雷特》，他的翻译观对后世也深有启发。针对《日瓦戈医生》英译本在西方受到的诟病，他认为不必苛求译者。

这并非他们的过错。“他们和所有译者一样，已习惯于再现字面的意思，而不是表达文字的音色。其实重要的是音色。”是的，重要的是音色！这无形中成了我在复现帕斯捷尔纳克诗文意蕴时的基本原则。在我面对许多文本内外的困难时，他的“在沸水中越来越好”的人生信条，也给予我莫大的激励。

对于译者而言，翻译此书几乎就是一个不可能完成的任务，好在终于坚持下来，过去的努力大概没白费。从书房到窗外的广阔空间，仿佛有一条暗径，将我引向此前未曾有过的一段生命旅程，途中的认知与发现，远不止一堆书面的文字。而帕斯捷尔纳克就像一张通行证，像一道口令，让我结识了不少纯粹的读书人，或者未必爱好文学但一定热爱生活的朋友。彼此之间，交流与分享轻松自然，而非羞于启齿的事情。另有一些旧友，通过我的近乎愚拙的持守，想必更加了解了一个平凡的人。这样的收获，令人心安，这是译者最初动笔时没有料到的。

借此机会，我要特别感谢北大俄语系教授、中国资深翻译家顾蕴璞先生。早在读研究生时，译者身为晚辈后学，便有幸蒙获顾先生教诲，受益良多。此次翻译《帕斯捷尔纳克传》，顾先生始终对我悉心指导，并以八十五岁耄耋之龄为本书撰写了高质量的序言，对帕斯捷尔纳克的艺术思想予以了精当的学术评价。顾先生与先师臧仲伦先生一样，是我在学业上最重要的导师，虽然直到今天，译者充其量只是触到了文学翻译的边缘。两位先生的言传身教和大家风范，我将终生铭记。我也要对人民文学出版社资深编辑张福生老师致以诚挚的谢意。张老师文辞斐然，心胸开阔，将如此厚重的作品交给一个名不见经传的译者，他对我一再宽容，使我在彻底完稿的前提下，还能按照出版社的严格要求，不断完善译稿。中国人民大学教授、诗人王家新老师也是我要深表谢忱的人。从最初开始，他就告诉我，翻译《帕斯捷尔纳克传》，相当于向这位伟大诗人的致敬。王老师长期无私的指教和鼓励，给了我勇气和信心，对我的读诗和译诗助益极大。事实上，值得感念的师友的名字还可一直罗列下去。我愿仿效帕斯捷尔纳克惯有的节日感，把我与每一位友人的相逢看作幸福的节日。

在这里，请允许我向我的爱人潘海燕女士说一声谢谢。在平日的生活中，除了厨房勉强算是用武之地，译者所能操持的领域几乎一片空白。没有爱人的充分理解和全力支持，我是根本无法译完这部大书的。

译　者

2016 年 4 月于北京